Microeconomia

Decima edizione

John Sloman
Dean Garratt
Jon Guest
Edizione italiana a cura di Filippo Reganati

ECO LIBRO Pearson

Pearson

Curatore dell'edizione italiana: Filippo Reganati

Traduzione e realizzazione editoriale: Infostudio
Grafica di copertina: Simone Tartaglia
Immagine di copertina: Feylite/Shutterstock; Wasted Generation/Shutterstock
Stampa: Rotolito S.p.A. – Pioltello (MI)

9788891910004

Printed in Italy

10ª edizione: febbraio 2021

Ristampa	Anno
01	24

LIBRI DI TESTO E SUPPORTI DIDATTICI
Il sistema di gestione per la qualità della Casa Editrice è certificato in conformità alla norma **UNI EN ISO 9001:2015** per l'attività di **progettazione, realizzazione e commercializzazione di: • prodotti editoriali scolastici, dizionari lessicografici, prodotti per l'editoria di varia ed università • materiali didattici multimediali off-line • corsi di formazione e specializzazione in aula, a distanza, e-learning.**
Member of CISQ Federation

CERTIFIED MANAGEMENT SYSTEM
ISO 9001

Sommario breve

Sommario

Presentazione dell'edizione italiana

La presentazione di questo volume non può prescindere dalla risposta al quesito che intercetta la scelta di ampliare la già vasta offerta di manuali di Economia politica.

La domanda rispetto alla materia, all'interno degli atenei italiani, è molto cambiata negli ultimi anni. La frammentazione dell'offerta formativa, conseguenza della riforma universitaria, ha fortemente diversificato obiettivi didattici e competenze. Si è infatti assistito a una frammentazione della disciplina, associata alla diversificazione dei programmi, e a una rilevante compattazione dei saperi.

All'interno delle aule di Economia, in particolare, se da un lato si è ridotta la domanda di un insegnamento teorico e formalizzato, espressa dagli studenti di Scienze economiche, dall'altro è aumentata, invece, la richiesta di una disciplina maggiormente dinamica, in quanto applicata, prediletta dai corsi in Scienze aziendali.

A ciò si aggiunga il fatto che l'Economia politica, che prima della riforma interessava prevalentemente i corsi economici, delle Scienze politiche e degli studi giuridici, è oggi presente in un'ampia pluralità di indirizzi incardinati presso le Scienze sociali (Comunicazione, Sociologia, Cooperazione e Sviluppo) e anche altri percorsi umanistici (Turismo, Moda).

Questi cambiamenti di natura istituzionale hanno pertanto reso necessario un inevitabile adattamento dei manuali.

Microeconomia di Sloman, Garratt e Guest è un prodotto capace di ben rispondere e di adattarsi efficacemente alle nuove esigenze. Tale capacità di adattamento deriva dai diversi punti di forza che lo caratterizzano. Il testo, infatti, mantiene innanzitutto un ottimo rapporto tra rigore teorico ed esemplificazione; non solo nell'impostazione generale e nella trattazione specifica degli argomenti, ma anche nella ricca serie di box che affiancano gli stessi.

Questo consente al volume di fornire allo studente un'immagine estremamente attuale di quanto esposto. Si rende dunque evidente come l'Economia non sia mera applicazione della matematica, ma un campo che, se ben delineati i confini metodologici all'interno dei quali essa si struttura, ha forti valenze esplicative dei fatti sociali e dei comportamenti degli agenti.

Altro punto di forza è la flessibilità nell'utilizzo, che si concretizza nella possibilità di rivolgersi a un pubblico plurale. Il manuale, infatti, risulta idoneo sia per gli studenti di Economia, sia per gli altri corsi che hanno inserito la disciplina economica all'interno del loro piano formativo.

Nel curare l'edizione italiana si è deciso di apportare modifiche rilevanti rispetto alla versione originale inglese, soprattutto al fine di calibrare il testo ai programmi svolti nelle nostre università, applicando tre ordini di intervento che si traducono in processi di adattamento, snellimento e contestualizzazione al caso italiano.

Le prime nove edizioni di *Microeconomia* hanno riscosso un notevole successo in Gran Bretagna e nel resto del mondo e dunque, al pari delle precedenti, la presente edizione è perfettamente indicata ai fini di ottenere una solida conoscenza di base sia dei principi dell'Economia sia delle sue applicazioni.

Uno degli obiettivi ha inteso una struttura tale da agevolare la comprensione di quanti si accostano per la prima volta allo studio della materia, con diversi paragrafi e inserti schematici, inserendo tuttavia approfondimenti in grado di stimolare quanti si sono già avvicinati alla disciplina, attraverso integrazioni e analisi dai contenuti attuali e innovativi. Sono stati, infine, introdotti

- Le continue turbolenze nei mercati finanziari internazionali, culminate nella crisi bancaria del 2007–2008, con molti paesi che ancora oggi devono affrontare elevati livelli di indebitamento pubblico e privato e con le politiche di austerità che agiscono da freno sulla crescita.
- La rapida crescita economica di alcuni paesi in via di sviluppo, come l'India e la Cina, che sono sempre più influenti nell'economia globale.
- L'abbandono della semplicità ideologica di una soluzione "liberista" per tutti i problemi economici
- Un'Unione europea che fatica a riformare le sue istituzioni e i suoi processi, nonché a stimolare la crescita economica.
- L'aggravarsi della crisi di molti dei paesi più poveri al mondo, spesso afflitti da malattie, conflitti e carestie, che paiono bloccati in un eterno ciclo di povertà.
- Un mondo che fatica enormemente ad affrontare il cambiamento climatico e a gestire le sue conseguenze economiche, sociali ed ecologiche.

Gli economisti sono chiamati a offrire soluzioni a questi problemi e a molti altri. Nel libro vedremo quali soluzioni possono offrire.

Nonostante il continuo mutamento del contesto in cui viviamo, tuttavia, alcuni principi economici fondamentali rimangono immutati. Nonostante le (abbondanti) divergenze di opinione tra gli economisti, vi è un consenso generalizzato su come analizzare tali principi.

Pensiero critico e inserimento nel lavoro

Quando vi avvicinerete alla laurea e inizierete a cercare un impiego, dovrete dimostrare ai potenziali datori di lavoro di possedere le competenze necessarie per analizzare e risolvere problemi e per comunicare idee e soluzioni a colleghi e clienti. Tutto ciò richiede la capacità di pensare in modo critico e di applicare concetti e idee fondamentali a situazioni nuove. Le università si rendono conto di ciò e oggi nei corsi di studio l'inserimento professionale è considerato un obiettivo chiave.

La capacità di inserirsi nel mondo del lavoro è un tema centrale in questo libro. Il pensiero critico viene sviluppato attraverso continui stimoli a riflettere su quanto si è letto, per migliorare e approfondire l'apprendimento. Inoltre, diversi box con casi di studio e applicazioni sono riportati in ogni capitolo, per applicare le teorie economiche descritte a una varietà di situazioni e dati del mondo reale.

Se il vostro docente consiglia l'uso di MyLab Economics ad accompagnare il testo, vi troverete numerose domande aggiuntive e strumenti in lingua inglese per consentirvi di monitorare i vostri progressi. Queste domande vi permetteranno di riflettere su quanto appreso e di valutare i punti in cui dovete studiare ancora.

Il pensiero critico viene incoraggiato anche attraverso numerosi box denominati "Concetti fondamentali" che spiegano idee e concetti fondamentali per l'economia. Capire questi concetti ed essere in grado di applicarli vi consentirà di "pensare come un economista" e di mettere in relazione le diverse parti di una materia.

Nel testo, una specifica icona indica i punti in cui un concetto fondamentale viene richiamato, in modo che possiate facilmente individuare l'uso di tali concetti in contesti nuovi.

Inoltre, ci sono numerose "idee chiave" che vi incoraggiano a inquadrare concetti nuovi in un quadro di riferimento. Anche qui ci sono icone a margine del testo che vi aiutano a individuare l'idea chiave relativa.

In tutto il libro siete incoraggiati a riflettere su quanto appreso, ad applicarlo al mondo reale e a usare dati del mondo reale per dare concretezza a temi e problemi di tipo economico.

Oltre al libro di testo, è disponibile un nuovo blog (in inglese) dove più volte al mese sono pubblicati nuovi articoli e notizie. Ogni articolo del blog tratta temi economici al centro delle cronache e li mette in relazione a concetti e teorie fondamentali dell'economia. Sono forniti i collegamenti a numerosi articoli, video, podcast, dati e report; ogni articolo termina con una serie di domande per stimolare la discussione. Il blog è raggiungibile all'indirizzo *go.pearson.com/uk/sloman*. Ci sono articoli archiviati da molti mesi, e potete anche effettuare ricerche per parole chiave.

Ancora una volta, l'utilizzo di notizie, domande e dati riferiti al mondo reale vi aiuta ad applicare le teorie e i concetti appresi in questo libro e a sviluppare la capacità di pensiero critico così importante per il mondo del lavoro.

Per quanto riguarda le possibilità di trovare impiego, i candidati in grado di essere flessibili nel ragionamento e capaci di applicare concetti e teorie in situazioni nuove e magari strane per analizzare e risolvere problemi sono maggiormente apprezzati dai datori di lavoro. Questo libro vi aiuta a sviluppare tali capacità. Inoltre, l'uso dei dati riportati nel libro e nelle risorse online vi consentirà di fare esperienza nell'uso di evidenze per supportare e valutare le vostre argomentazioni.

I datori di lavoro attribuiscono grande valore alle competenze di problem-solving, e in effetti apprezzano i laureati in materie economiche, o almeno quelli che hanno studiato alcuni elementi di tali materie nei loro corsi di laurea, proprio per le competenze che consentono di sviluppare. E questo vale non solo per l'impiego in ruoli di tipo economico, ma anche per numerose professioni dove lo studio dell'economia è considerato un elemento in grado di fornire un armamentario di competenze applicabili a varie situazioni non necessariamente di tipo economico.

Speriamo che questo manuale vi offra una piacevole introduzione al mondo dell'economia e vi consenta di acquisire gli strumenti necessari per comprendere e criticare le politiche economiche perseguite da altri.

Caratteristiche didattiche

- Il testo è redatto con uno stile diretto e immediato, mirato sempre alla massima chiarezza. Sono stati inseriti numerosi esempi per agevolare la comprensione.
- Tutti i termini economici sono evidenziati nel testo alla prima occorrenza, e le relative definizioni sono contenute in un box nella stessa pagina. Ciascun termine è evidenziato anche nell'indice analitico, per consentire agli studenti di consultare la definizione alla bisogna. L'inserimento delle definizioni nelle pagine in cui i termini sono contenuti consente agli studenti di apprezzarne l'uso nel contesto.
- Le idee chiave sono evidenziate e spiegate alla prima occorrenza. Ognuna di esse è di fondamentale importanza per lo studio dell'economia. Tali idee ricorrono in tutto il libro e sono evidenziate da un'icona a margine che rimanda alla pagina dove sono state introdotte per la prima volta.
- Il testo espone diversi "concetti fondamentali". Apprendendo questi concetti economici di primaria importanza, e imparando a spiegarli e ad applicarli, gli studenti possono acquisire la capacità di "pensare da economisti" e mettere in relazione tra loro le diverse parti della materia. Ancora una volta, le occorrenze di questi concetti nel testo sono evidenziate da un'icona a margine.
- Il volume contiene numerosi box ricchi di applicazioni che rendono più interessante lo studio della materia e mettono in relazione la teoria economica al mondo reale, dando vita agli argomenti trattati. Grazie a questi box, il libro è esaustivo senza risultare scoraggiante, e introduce contenuti più avanzati ove appropriato. Molti box possono essere utilizzati per le esercitazioni in classe.
- Viene fatto ampio uso dei dati, spesso con collegamenti alle fonti, in modo che gli studenti possano riflettere sulle scelte di politica economica sulla base di dati concreti.
- Ciascun capitolo contiene una breve introduzione che offre una panoramica degli argomenti trattati, per aiutare gli studenti a comprendere la struttura del capitolo e la relazione tra i diversi argomenti.
- I grafici e i diagrammi hanno una veste cromatica uniforme e sono corredati ove appropriato di riquadri di spiegazione. Queste caratteristiche rendono gli ausili grafici più comprensibili e interessanti.
- Il volume contiene paragrafi contrassegnati dal simbolo ➤ e box con materiale più avanzato che possono essere omessi senza pregiudicare la continuità della trattazione. Pertanto, il testo può essere utilizzato da studenti con esperienze e abilità differenti, e in corsi di diversi livelli di difficoltà.
- I box "In termini matematici" illustrano alcuni argomenti facendo ricorso agli strumenti propri della matematica, utilizzando talvolta il calcolo differenziale. Questi box sono destinati all'utilizzo nei corsi più rigorosi e vanno incontro alle esigenze degli studenti di questi corsi più di quanto non facciano altri testi di livello introduttivo. Alcuni di questi box si servono di equazioni simultanee, altri di semplici tecniche di ottimizzazione non vincolata, altri ancora dell'ottimizzazione vincolata, utilizzando sia il metodo della sostituzione sia i moltiplicatori di Lagrange. I box sono brevi e possono essere omessi dagli studenti dei corsi non matematici senza perdita di continuità.
- Ogni capitolo si chiude con una serie di domande di ripasso che possono essere assegnate come esercitazione a casa o in classe. In alternativa, gli studenti possono servirsene per accertarsi di aver compreso gli argomenti di ciascun capitolo.
- Al termine di ciascun capitolo è presente un riepilogo degli argomenti trattati, per favorire la riflessione e la verifica dell'apprendimento.

La nuova edizione

In questa nuova edizione del volume, il testo è stato interamente rivisto e aggiornato attraverso l'introduzione di due nuovi capitoli: il Capitolo 5 esamina il comportamento del consumatore in condizioni di incertezza e il Capitolo 13 è dedicato alle politiche ambientali.

Inoltre, mostriamo come molte teorie siano state sviluppate per spiegare problemi particolarmente sentiti nell'epoca di riferimento, e come tali teorie si siano evolute per riflettere le problematiche di oggi. Continuiamo a sottolineare il collegamento tra la storia del pensiero economico e la storia economica.

Sono inclusi numerosi esempi applicativi per illustrare aspetti teorici e politici, e per mettere in relazione gli argomenti con temi di attualità, in modo da catturare l'attenzione degli studenti. Nello specifico, sono stati effettuati i seguenti interventi:

- molti box sono stati rivisti;
- il testo presenta molti esempi nuovi;
- la trattazione teorica è stata rafforzata;
- la trattazione delle politiche tiene conto dei cambiamenti intervenuti dopo la precedente edizione del volume. Il testo consente agli studenti di capire come applicare i concetti fondamentali dell'economia per analizzare le azioni dei politici e le possibili alternative.

Buona fortuna e buon divertimento.

John, Dean e Jon

Gli autori

John Sloman è Visiting Fellow all'Università di Bristol e associato dell'Economics Network (www.economicsnetwork.ac.uk), un'organizzazione del Regno Unito di cui è stato direttore fino al 2012. L'Economics Network ha sede presso l'Università di Bristol e fornisce molteplici servizi volti a favorire la promozione e la condivisione delle buone prassi nell'apprendimento e nell'insegnamento dell'economia. È sostenuto da contributi della Royal Economic Society, della Scottish Economic Society e da dipartimenti di economia di varie università in tutto il Regno Unito.

Sloman è anche visiting professor presso la University of West England di Bristol, dove ha diretto la School of Economics dal 1992 al 1999 e ha insegnato fino al 2007. Ha tenuto una varietà di corsi, tra cui principi di economia per gli studenti di scienze sociali ed economia aziendale, nonché economia dello sviluppo, sistemi economici comparati, macroeconomia intermedia ed economia manageriale. Ha anche insegnato economia in diversi corsi professionali. È coautore con Dean Garratt di *Essentials of Economics* (Pearson Education, 8th edition 2019; trad. it *Elementi di economia*, Il Mulino), con Dean Garratt ed Elizabet Jones dell'Università di Warwick di *Economics for Business* (Pearson Education, 8th edition 2019), con Elizabeth Jones di *Essential Economics for Business* (Pearson Education, 6th edition 2020). Grazie all'aiuto di coautori di ogni parte del mondo, sono disponibili traduzioni o edizioni dei diversi libri in numerosi paesi.

Sloman è molto interessato a promuovere nuovi metodi di insegnamento dell'economia, tra cui esercitazioni di gruppo, esperimenti, giochi di ruolo, *computer-aided learning* e utilizzo di risponditori e podcast. Ha organizzato e tenuto conferenze per docenti e studenti di economia nel Regno Unito e in molti altri paesi.

Nell'ambito della sua collaborazione con l'Economics Network, Sloman ha contribuito a due siti web per studenti e aspiranti studenti di economia: Studying Economics (www.study-ingeconomics.ac.uk) e Why Study Economics? (www.whystudyeconomics.ac.uk).

Dal marzo al giugno del 1997 è stato visiting lecturer presso la University of Western Australia, dove ha fatto ritorno nella stessa veste nel luglio e nell'agosto del 2000. In quei mesi è stato anche visiting lecturer presso la Murdoch University di Perth.

Nel 2007 ha ricevuto un Lifetime Achievement Award per il suo ruolo "di straordinario docente e ambasciatore dell'economia", conferito congiuntamente dalla Higher Education Academy, dal Government Economic Service e dalla Scottish Economic Society.

Dean Garratt è Senior Teaching Fellow all'Aston Business School. In precedenza è stato principal lecturer e course leader presso la Nottingham Business School. Insegna economia a vari livelli, in corsi di macroeconomia e di principi di economia per studenti di facoltà economiche e manageriali.

È molto impegnato nell'incoraggiare gli studenti a comunicare i temi economici in modo più intuitivo, ad approfondire il loro interesse per l'economia e ad applicare la teoria economica a un'ampia varietà di temi.

In precedenza Garratt ha lavorato in qualità di assistente economico presso il Tesoro britannico prima e il Council of Mortgage Lenders (oggi UK Finance) poi. Nell'ambito di queste istituzioni ha effettuato ricerche su diverse questioni attinenti al settore delle famiglie e ai mercati delle abitazioni e dei mutui ipotecari.

È Senior Fellow dell'Higher Education Academy e associato dell'Economics Network che mira a promuovere un insegnamento di alta qualità. È stato coinvolto in diversi progetti tesi a favorire un approccio basato sui problemi (PBL, *problem based learning*) all'insegnamento dell'economia.

Nel 2006 Garratt è stato insignito di un Outstanding Teaching Price dall'Economics Network. Questo premio viene conferito agli accademici per un insegnamento esemplare che è fonte di ispirazione per un profondo interesse in economia. Nel 2013 è stato designato docente dell'anno dagli studenti della Nottingham Business School.

Garratt è assessore accademico per il Government Economic Service (GES). In questo ruolo aiuta a valutare potenziali candidati agli Economic Assesment Centres (EAC). Ha anche gestito sessioni del Graduate Development Programme (GDP) dell'HM Treasury inglese dedicate ai principi per l'elaborazione di politiche e gli sviluppi contemporanei in macroeconomia.

Quando non lavora, Garratt segue con passione diversi sport. Nativo di Leicester, è abbonato al Leicester City Football Club e al Leicestershire County Cricket Club.

Jon Guest è Senior Teaching Fellow all'Aston Business School e Teaching Associate alla Warwick Business School. È entrato nell'Aston University nel settembre 2017, dopo essere stato Senior Lecturer alla Nottingham Business School, Principal Teaching Fellow alla Warwick Business School e Senior Lecturer alla Coventry University.

Ha insegnato in vari corsi tra cui principi di microeconomia, micronomia livello intermedio, problemi economici ed economia comportamentale. Ha anche insegnato economia in vari corsi professionali per il Government Economic Service e l'HM Treasury.

Ha lavorato allo sviluppo di metodi di insegnamento che promovano un ambiente di apprendimento più attivo in classe. In particolare, ha pubblicato articoli e portato avanti numerosi progetti di ricerca sull'impatto dei giochi ed esperimenti sull'apprendimento degli studenti, tra cui una versione online dello spettacolo TV *Deal or No Deal* e giochi in classe in cui gli studenti assumono i ruoli di acquirenti e venditori. Recentemente ha inserito nel suo insegnamento una serie di brevi video su temi economici e ha implementato elementi di didattica capovolta (*flipped classroom*). È anche interessato a modi innovativi di fornire agli studenti un feedback del loro lavoro.

Attraverso il suo ruolo di associato dell'Economics Network, Jon Guest ha tenuto sessioni su pratiche pedagogiche innovative presso numerose università e in occasione di importanti eventi nazionali. È anche assessore accademico per gli Economics Assessment Centres gestiti dal Government Economic Service, un ruolo che prevede l'esame dei candidati e la valutazione della loro capacità di applicare il ragionamento economico a una varietà di problematiche politiche. È anche stato esaminatore esterno per diverse università inglesi.

La qualità dell'insegnamento di Jon Guest ha ottenuto un riconoscimento formale quando è diventato il primo Government Economic Service Approved Tutor nel 2005 he ha vinto il premio assegnato dagli studenti dell'Economics Network nello stesso anno. Ha inoltre ottenuto il prestigioso National Teaching Fellowship conferito dall'Higher Education Academy nel 2011.

Jon Guest scrive regolarmente ed è redattore di *Economic Review*, ed è coautore dell'ottava edizione del volume *Economics for Business*. Ha pubblicato capitoli di libri su temi di economia dello sport e scrive regolarmente per il sito web "Sloman in the News". Ha anche pubblicato ricerche sulle capacità di autovalutazione degli studenti universitari.

Nel tempo libero Jon Guest ama la corsa e ha portato a termine la maratona di Londra, anche se oggi deve accettare di essere più lento di entrambi i suoi figli, Don e Tom. È anche un tifoso di lunga data del Portsmouth Football Club.

Ringraziamenti

Come per le passate edizioni, abbiamo un debito di riconoscenza nei confronti di molte persone. L'intero team di Pearson ci ha assicurato come sempre un aiuto e un sostegno preziosi. Un ringraziamento particolare va a Natalia Jaszcuk e Catherine Yates, le redattrici, che sono state di grandissimo aiuto in tutte le fasi di produzione del libro. Grazie anche a Joan Dale Lace, per il meticoloso lavoro di editing del manoscritto, e a Sue Gard che ha riletto con attenzione tutto.

Un grande ringraziamento va a Alison Wride di EML Learning che è stata coautrice nelle precedenti tre edizioni; ora ha deciso di concentrarsi sul suo lavoro presso il Government Economic Service, ma molte delle sue idee sono state mantenute anche in questa nuova edizione. E un ringraziamento particolare a Mark Sutcliffe della Cardiff School of Management, che ha fornito grande aiuto e sostegno per le prime edizioni e il cui contributo è sempre molto apprezzato.

Grazie anche ai colleghi e agli studenti di molte università per l'aiuto e l'incoraggiamento e, come per le passate edizioni, per gli utili suggerimenti che ci hanno consentito di migliorare il testo. Abbiamo tentato di incorporare le loro idee nel manuale ove possibile. Scrivete o inviate un'email se desiderate inoltrarci altri spunti al riguardo. Desideriamo ringraziare in modo particolare i seguenti revisori delle precedenti edizioni. Le loro analisi e i loro commenti hanno contribuito alla preparazione della nuova edizione.

Revisione della nona edizione:

- Professor Francesco Feri, Royal Holloway, University of London, UK.
- Helen Arce Salazar, The Hague University of Applied Sciences, Netherlands.
- Dr Marie Wong, Middlesex University, UK.
- Professor Peter Schmidt, Hochschule Bremen, City University of Applied Sciences, Germany.
- Dr Sambit Bhattacharyya, University of Sussex, UK.

Revisione della decima edizione:

- Dr Giorgio Motta, Lancaster University, UK.
- Dr Eric Golson, University of Surrey, UK.
- Dr Giancarlo Ianulardo, University of Exeter, UK.

Uno speciale ringraziamento a Peter Smith della University of Southampton, che ha rivisto e aggiornato il corso online di MyLab Economics. È magnifico poter contare sul suo apporto e le sue idee per migliorare i volumi e i supplementi.

Infine, un ringraziamento alle nostre famiglie che sono state tolleranti e ci hanno fornito sostegno durante la stesura di questa nuova edizione. Un enorme grazie a Alison, Pat e Helen: senza il loro incoraggiamento questo progetto non sarebbe stato portato a termine.

Tour guidato

Come usare questo libro: una guida per gli studenti

Una delle principali differenze tra l'istruzione universitaria e i vostri studi precedenti è che sarete chiamati ad assumervi maggiori responsabilità per l'apprendimento. Naturalmente i corsi che seguirete saranno in qualche modo strutturati: nella maggior parte dei casi avrete orari di lezione ben definiti, magari integrati da workshop, seminari o esercitazioni. Ad alcuni di voi saranno assegnati esercizi da svolgere a casa o in classe, la composizione di saggi scritti o l'analisi di casi; e naturalmente alla fine del corso dovrete sostenere uno o più esami. Nonostante questo, però, l'orario dei corsi sarà probabilmente più ridotto rispetto al passato e dovrete stabilire da soli quanto studiare e come utilizzare al meglio le risorse disponibili.

Ognuno di noi apprende in modo diverso. In qualità di Autori di questo manuale non possiamo certo consigliare a ognuno di voi il metodo di studio più adatto; tuttavia, nel corso degli anni abbiamo tenuto corsi di economia a moltissimi studenti e l'esperienza ci insegna che dedicare un po' di tempo, all'inizio del corso, a riflettere su come apprendere al meglio è un investimento prezioso. Per cominciare, potreste provare a rispondere ad alcune domande.

- Avete una buona capacità di concentrazione?
- Siete in grado di isolarvi da tutto il resto e di focalizzare la vostra attenzione su un argomento in particolare?
- Avete l'abitudine di leggere un giornale o una rivista dalla prima pagina all'ultima? In questo caso potreste leggere ciascun capitolo dall'inizio alla fine, soffermandovi sui diversi box mentre leggete, oppure studiandoli dopo aver terminato la lettura del testo principale.
- Siete abituati a fare più cose contemporaneamente?
- Vi piace studiare con la televisione o la radio accesa?
- Preferite sfogliare rapidamente una rivista o un articolo, leggendo solo le parti che vi interessano, per poi tornare sul resto in un secondo tempo? Se il vostro stile è questo, per apprendere al meglio dovrete seguire l'istinto, pur rispettando le scadenze imposte dal corso. Potreste iniziare la lettura di un capitolo dall'introduzione per poi "tuffarvi" in un box che vi interessa, quindi tornare al corpo del capitolo, riservandovi di leggere gli altri box quando la concentrazione cominci a calare.

La struttura di questo manuale è ispirata a un obiettivo fondamentale: esporre con la massima chiarezza e comprensibilità una materia stimolante ed estremamente attuale. Per questa ragione il libro presenta una serie di caratteristiche importanti, che spiegheremo nel seguito. Quale che sia il vostro stile di apprendimento, potrete trarre il massimo da questo manuale dedicando un po' di tempo a familiarizzare con la gamma di risorse disponibili.

PARTE

A

Introduzione

Capitolo 1

Che cos'è l'economia

La Parte A di questo volume presenta un'introduzione all'economia, spiegando che cos'è, presentando alcuni dei concetti fondamentali e, soprattutto, spiegando perché è un argomento di studio così importante. L'economia non è una serie di fatti o teorie da imparare a memoria; è più interessante e, allo stesso tempo, più utile di questo. Lo studio dell'economia fornisce gli strumenti che consentono di riflettere sul mondo in modo differente: aiuta a comprendere le decisioni che le persone prendono ogni giorno, per esempio quali prodotti acquistare, o quale carriera intraprendere; le decisioni prese dai governi sull'entità dell'imposizione fiscale o su come utilizzare i fondi pubblici. L'economia è una materia affascinante e interessante per tutti, non solo per quanti decidono di approfondirne lo studio.

Studiare economia significa appropriarsi di strumenti efficaci per sviluppare il pensiero analitico e risolvere problemi con maggiore efficacia, per questo i laureati in economia sono tanto apprezzati dai datori di lavoro. Studiare economia, pertanto, è assai utile per una carriera lavorativa di successo.

La disciplina economica si basa su alcuni semplici concetti fondamentali che possono essere applicati a un'ampia gamma di problemi economici. Nel Capitolo 1 tratteremo questi concetti, ma già nel seguito iniziamo a esaminare alcuni interessanti problemi che fanno dell'economia un argomento di studio così ricco. Una volta completata la lettura di questo libro, sarete in grado di affrontare questi problemi e molti altri.

A che cosa serve l'economia

Anche se non avete mai studiato economia, aprendo il giornale troverete l'articolo di un "giornalista economico". Accendete la televisione e vedrete al telegiornale molti servizi dedicati alla situazione economica. Nelle cene fra amici, non di rado il discorso cade sul prezzo di questo o di quel prodotto, o su quanto sia aumentato il costo della vita.

L'economia è parte integrante della nostra quotidianità e, anche volendo, non potremmo ignorare le questioni economiche su scala locale, nazionale e internazionale: gli aumenti dei prezzi, le variazioni dei tassi di interesse, la disoccupazione, le recessioni o gli effetti della globalizzazione.

Inoltre, la vita ci pone continuamente a confronto con problemi economici e decisioni che ci riguardano da vicino: che cosa cucino per pranzo? Dovrei risparmiare per le vacanze estive o spendere di più vivendo giorno per giorno? Dovrei iscrivermi all'università o cercare subito un lavoro? Se vado all'università, dovrei lavorare part-time?

In questo breve capitolo introduttivo cercheremo di fornire i primi strumenti per iniziare a pensare come un economista.

Se vi dicessimo che l'economia è un problema di massimizzazione soggetto a vincoli, probabilmente smettereste di leggere e passereste ad altro. È meglio vederla da un altro punto di vista. L'economia è un modo di rispondere ad alcune tra le più importanti domande che una società deve affrontare. E anche a domande molto più "piccole" che riguardano tutti noi. Nel seguito presenteremo alcune di queste domande. Attenzione però: una volta che comincerete a pensare da economisti, non sarete più capaci di smettere.

L'economia di un'isola

Nel Capitolo 1 introdurremo diversi concetti economici fondamentali e presenteremo alcune definizioni formali dei problemi economici che la società e gli individui affrontano. Ma cominciamo con un piccolo volo della fantasia. Supponiamo di svegliarci domattina con la responsabilità di governare l'economia di un'isola. Chi è il soggetto in questo caso? Forse siamo noi autori insieme a voi lettori. O forse è il vostro gruppo di studenti di economia, o un gruppo di estranei presi a caso. Non ha alcuna importanza in effetti, perché si tratta di un problema del tutto immaginario. Dopo i primi momenti di emozione per un incarico che prevede il governo di un'intera economia, probabilmente inizieremo a renderci conto che non sono tutte rose e fiori. Un'economia comprende persone che hanno bisogno di mangiare, di una casa e di cure sanitarie. L'isola potrebbe essere vicina ad altre isole amiche e disposte a scambi commerciali, oppure nemiche e pronte a tentare un'invasione.

Subito si presentano numerose decisioni da prendere? Che cosa produrrà quest'isola, per consentire la vita dei suoi abitanti? Sarà autosufficiente o dovrà "scambiare" beni con altri paesi? Come faranno le persone a sapere che cosa produrre? Come saranno condivisi i prodotti? Saranno distribuiti a tutti, anche a quelli che non lavorano? Che cosa faremo se alcune persone sono troppo anziane per poter lavorare e non dispongono di risparmi o parenti? Che cosa dovremmo fare nel caso in cui la banca dell'isola esaurisse il denaro? Come possiamo essere certi che avremo risorse sufficienti per sostenere le persone quest'anno e il prossimo?

Naturalmente non capita mai di ottenere d'incanto l'incarico di governare un'isola (o forse accade solo nei reality show in televisione), anche se tra i lettori potrebbe esserci chi ha aspirazioni politiche. Ma le domande precedentemente poste rappresentano una riflessione sulle sfide reali che i paesi devono affrontare. In tutto il libro esamineremo il ruolo del governo: scelte da effettuare, decisioni da prendere, approcci di diverso tipo che i politici possono assumere, e che cosa accade quando governi di paesi diversi devono lavorare insieme.

I libri e i media

Negli ultimi anni la disciplina economica ha subito un importante cambiamento, per due motivi principali.

Nel 2007–8 si è verificata una grande crisi finanziaria che ha portato al collasso di numerose banche in tutto il mondo e a una recessione nell'economia globale. Si è poi cercato di studiare i motivi per cui gli economisti non avessero previsto la crisi, e questo ha portato a parlare di economia e di economisti in modo molto più ampio rispetto al passato. Come disse Oscar Wilde: "C'è una sola cosa peggiore del far parlare di sé: il non far parlare di sé". Tutto ciò si è tradotto in un grande interesse per lo studio dell'economia all'università.

Il secondo motivo ha a che fare non tanto con l'economia in sé ma con il modo in cui si scriveva di questo tema in passato. All'inizio del nuovo millennio sono stati pubblicati numerosi libri che presentavano l'economia come una serie di quesiti che stimolavano il pensiero, piuttosto che come un argomento puramente accademico. Tra questi *The Undercover Economist*[1] di Tim Harford e *Freakonomics,*[2] risultato della collaborazione tra l'economista Steven D. Levitt dell'Università di Chicago e il giornalista del *New York Times* Stephen J. Dubner.

Oggi si parla di economia ovunque: sui giornali, su Internet, nei blog e nei programmi radio e televisivi. Se state leggendo questo libro per un corso di studi universitario, forse penserete di non avere il tempo di andare oltre l'elenco dei testi consigliati. Ma provate ad assumere un punto di vista più ampio. Vi renderete conto che siete in grado di sviluppare il vostro cervello "economico" focalizzandovi sui problemi economici. Se prendete l'abitudine di individuare i temi e i problemi economici ogni volta che leggete un giornale o consultate un sito web di notizie, farete un bel passo in avanti sulla strada che potrà portarvi a diventare degli economisti.

Potreste cominciare consultando il sito di notizie economiche (in inglese) di questo libro (www.pearsoned.co.uk/sloman), dove potete trovare collegamenti ad articoli, analisi e domande, nonché ai capitoli del testo.

1 Tim Harford, *The Undercover Economist* (Little, Brown Book Group, 2005).

2 Steven D. Levitt e Stephen J. Dubner, *Freakonomics: A Rogue Economist Explores the Hidden Side of Everything* (William Morrow and Company, 2005).

Alcuni esempi di problemi concreti dell'economia

Esaminiamo solo alcuni esempi di problemi e concetti economici che si possono trovare nella vita di ognuno.

Un aumento di stipendio

Lavorate? Ricevete uno stipendio? In caso affermativo, segnate la vostra paga oraria e il numero di ore di lavoro alla settimana.

Supponiamo che veniate pagati 7,50 euro l'ora. Vi piacerebbe un aumento a 15 euro l'ora? E che cosa fareste del denaro in più ricevuto? Potreste usarlo per andare in vacanza, o per incrementare i vostri risparmi, o semplicemente uscire la sera una volta in più, o andare a pranzare in un ristorante più costoso.

Prima di cominciare a parlare di questo, però, torniamo per un attimo ai vostri appunti. Se il salario è raddoppiato, quante ore lavorate ora? Forse avete mantenuto lo stesso orario, o forse pensate che valga la pena lavorare di più, o invece decidete di lavorare meno ore per avere più tempo da dedicare ad altro. Potreste chiedere ai vostri amici come reagirebbero in una situazione simile. Forse voi, o qualcuno dei vostri amici, al momento non lavorate, ma potreste farlo se venissero offerte retribuzioni più elevate.

Finora abbiamo esaminato la situazione dal vostro punto di vista, ma ci sono anche altre parti in causa: i datori di lavoro. Questi, se vogliono che le persone lavorino di più, potrebbero considerare l'offerta di una retribuzione oraria più alta. Ma immaginate lo sconforto nel caso in cui le persone preferissero lavorare di meno e non di più. Nei Capitoli 10 e 11 vedremo che anche i governi potrebbero essere interessati a questa situazione.

Siamo troppo indebitati?

Se pensate ai debiti che avete contratto per l'università, o a quello della vostra carta di credito, probabilmente risponderete subito: "Sì".

Il debito nasce dal prestito: più denaro prendete a prestito e meno ne rimborsate, più grande sarà il debito. Ma accendere un prestito non è sempre un male. Forse non vi attirava l'idea di dover chiedere un prestito per iscrivervi all'università, ma probabilmente avete pensato che fosse la scelta migliore.

Sperate che la laurea vi consentirà di ottenere un salario più elevato che andrà a più che compensare il debito sottoscritto per sostenere gli studi. Lo stesso avviene quando si acquista una casa. Le persone sono disposte a indebitarsi con un mutuo per poter disporre di un'abitazione tutta per sé e magari poterne acquisire una più grande in futuro (in inglese si parla di *housing ladder*, letteralmente "scala della proprietà immobiliare").

E gli stati? Dopo la crisi finanziaria del 2007–8, molto stati di tutto il mondo si sono indebitati molto per sostenere le loro economie. Hanno usato il denaro preso a prestito per finanziare le banche in difficoltà e per investire in infrastrutture quali strade, ospedali e banda larga. Poi però, quando il debito pubblico è esploso, diversi stati hanno deciso di cambiare rotta e hanno avviato politiche di austerità, con tagli alla spesa pubblica e aumento delle imposte. Ma era la cosa giusta da fare? Il debito era veramente troppo elevato, o sarebbe stato meglio continuare a indebitarsi per investire in infrastrutture e far crescere l'economia? Su questo aspetto il dibattito tra economisti e politici è ancora oggi molto aperto.

Decisioni e informazioni

Gli economisti dedicano parecchio tempo a parlare e a riflettere sulle informazioni, che sono fondamentali per prendere decisioni. E come avete già avuto modo di notare, l'economia richiede molto spesso di decidere. Per esempio, come si fa a decidere a quale università fare richiesta di iscrizione? Servono tante informazioni di vario tipo: i requisiti di ammissione, la struttura dei corsi, la capacità dei docenti di insegnare e suscitare interesse per gli argomenti, le statistiche sui livelli di occupazione dei laureati, la vita sociale nell'università, le possibilità di trovare un alloggio adatto. E probabilmente vi verranno in mente almeno altre tre o quattro domande a cui vorreste trovare risposta.

Consideriamo ora un altro esempio. Supponete di voler decidere se andare a vedere un film appena uscito nei cinema. Potete ottenere informazioni sulla trama, gli attori, gli effetti speciali e così via. Potete anche leggere le recensioni dei critici e di altri spettatori che valutano la qualità del film. Tutte queste informazioni vi aiuteranno a scegliere se spendere o meno soldi e tempo per andare a vedere il film in questione.

In modo simile, potete ottenere informazioni su molti altri beni o servizi che intendete acquistare parlando con amici o familiari, cercando su Internet o esaminando gli scaffali dei negozi.

Ora consideriamo altri tipi di informazioni. Supponiamo che qualcuno possa dirvi con esattezza quanto tempo vi resta da vivere se continuerete con il vostro attuale stile di vita. Sarebbe un'informazione utile? Come potrebbe cambiare le vostre scelte quotidiane? Vi comportereste diversamente, disponendo di tale informazione? La vostra risposta dipende da chi vi fornisce l'informazione? Forse sarete più inclini a credere a uno scienziato anziché a un astrologo!

Nella realtà nessuno potrà indicarvi con esattezza la vostra aspettativa di vita (in giorni). Gli incidenti possono sempre capitare e la medicina compie continui progressi. Al momento il massimo che si può ottenere è una previsione informata, basata solitamente su dati statistici e probabilità. Ma queste previsioni informate sull'aspettativa di vita sono fondamentali per le società di assicurazione che devono decidere sui premi assicurativi.

Siamo circondati da informazioni di ogni tipo, viviamo infatti nell'era delle informazioni. Il problema, quindi, spesso non è la mancanza di informazioni, ma come selezionare le informazioni affidabili. Speriamo che la lettura di questo libro vi aiuterà a valutare meglio le informazioni e la loro utilità per prendere decisioni di tipo economico.

Meglio risparmiare o spendere di più?

Le situazioni descritte precedentemente riguardano prevalentemente decisioni individuali che in genere sono quelle più semplici da individuare. Esistono però decisioni che riguardano un'intera economia o un intero paese. Vediamo un esempio.

Quanto risparmiate? La risposta dipenderà dal vostro reddito, dalle vostre abitudini di spesa e probabilmente da altri aspetti un po' più difficili da concretizzare, come il vostro attuale livello di fiducia o la vostra "bravura" nel risparmiare.

Ora pensiamo al risparmio su scala nazionale. Probabilmente avrete sentito qualcuno dire che dobbiamo risparmiare di più. Ci sono vari motivi per dire che il risparmio è "cosa buona". La vita dell'uomo si allunga e, se non risparmiamo di più, rischiamo di non avere sufficienti risorse per vivere bene quando saremo vecchi. Il risparmio costituisce anche una risorsa utile per le situazioni di emergenza. Chi risparmia in genere non fa debiti, perciò non deve pagare interessi, anzi li riceve, e si assommano al reddito.

Tutte queste motivazioni possono essere riprodotte su scala nazionale. Probabilmente avrete ascoltato dei politici affermare che il paese deve risparmiare per il futuro, soprattutto con l'allungarsi della vita media. La nazione, sostengono costoro, deve ridurre il debito per poter ridurre l'ammontare degli interessi da pagare e consentire così di migliorare il livello di servizi importanti come la sanità e l'istruzione. E qualora dovessero verificarsi situazioni di emergenza (la crisi finanziaria del 2007-8 è un ottimo esempio) il paese si troverà in una posizione migliore ove le banche dispongano di parecchia liquidità. È anche vero che il risparmio delle singole persone costituisce una fonte di finanziamento per le imprese che vogliono e devono ricorrere a prestiti per effettuare investimenti.

A questo punto vi starete chiedendo dove sia il problema, dato che in questo caso sembra tutto molto chiaro.

Proviamo a pensare all'opposto del risparmio. Se non risparmiate, che cosa fate con il vostro denaro? Lo spendete, e si spera che ve lo godiate. Immaginate l'opposto: che abbiate risparmiato una gran parte del vostro reddito, molto più di ora. Avete speso solo per le necessità più stringenti, avete coltivato direttamente quanto bastava per mangiare, avete indossato gli stessi vestiti per anni e non avete mai acquistato apparecchi tecnologici, né siete mai usciti la sera a divertirvi. Sembra una vita miserabile.

Ora riportiamo anche questo esempio su scala nazionale. Se le persone cominciano a spendere meno, che cosa succederà? Le imprese avranno presto difficoltà. Le banche saranno piene di risparmi, ma nessuno chiederà prestiti. Con un livello generale di spesa in diminuzione, molte imprese non saranno in grado di fare utili e dovranno chiudere. L'economia entrerà in recessione e molto presto potrebbe trovarsi in forte crisi.

Naturalmente questo esempio è volutamente esagerato, ma vi consente di farvi un'idea del problema. Il risparmio è buona cosa, ma anche la spesa lo è. E allora che cosa dovremmo fare? Che cosa dovrebbe incoraggiarci a fare il governo?

Applicazione dei principi dell'economia

Pensare come un economista: un'avvertenza

Mentre consultate il libro, per intero o anche solo alcune parti, cercate di individuare i problemi di cui abbiamo parlato in precedenza e anche altri. È un'attività che va anche oltre lo studio formale: l'economia riguarda le persone e la società, non è un argomento arido, ma riguarda tutto ciò che ci circonda. Prendete l'abitudine di pensare sempre come un economista. Se c'è una decisione da prendere, esiste anche un punto di vista economico da cui partire per ragionarci sopra.

Per aiutarvi a pensare come gli economisti, abbiamo individuato una serie di "concetti fondamentali" conoscendo i quali, e imparando ad applicarli in vari contesti, potrete acquisire una più profonda comprensione dei problemi economici e delle relative scelte. Ciascuno di questi concetti viene descritto in un apposito riquadro e, nel momento in cui vi torneremo sopra nella trattazione, troverete a margine del testo un'icona con indicazione della pagina in cui si trova il riquadro di descrizione corrispondente.

Pensare come un economista è un approccio che favorisce il ragionamento analitico e aiuta a prendere decisioni migliori. Inoltre, esistono evidenze del fatto che può anche aiutare a fare carriera e a lavorare in modo migliore.

Riteniamo tuttavia opportuno avvertirvi: una volta che avrete cominciato a pensare da economisti, non potrete più tornare indietro. È una mentalità che vi accompagnerà per tutta la vita. Tenete presente però che talvolta dovrete faticare per convincere le persone che vi circondano e che non ragionano allo stesso modo.

Godetevi il libro e, cosa ancora più importante, godetevi il percorso attraverso l'economia e la nuova luce che getterà sul mondo che vi circonda.

CAPITOLO

1

Che cos'è l'economia

Sommario del capitolo

Nella parte introduttiva abbiamo presentato alcuni dei problemi che rendono così interessante l'economia. Ora cominciamo a spiegare più in dettaglio alcuni concetti e a introdurre alcuni degli strumenti che vi serviranno per analizzare i problemi e trovare le soluzioni.

In economia esistono alcuni concetti fondamentali che sono semplici, ma si applicano a una grande varietà di problemi. Cominciamo a esaminarli in questo capitolo, iniziando così il percorso che vi aiuterà a "pensare da economisti" e a costruire così solide fondamenta per una carriera di successo.

Nella parte introduttiva ci si è chiesti di che cosa si occupi l'economia. In questo capitolo cercheremo di rispondere a questa domanda e di fornirvi una panoramica della materia che vi apprestate a studiare. Vedremo come si articola la disciplina e faremo una distinzione fra le sue due branche principali: la microeconomia e la macroeconomia.

Esamineremo poi i diversi modi in cui operano vari tipi di economie, da quelle centralizzate dei paesi dell'ex blocco sovietico a quelle con un mercato più libero, le più diffuse nel mondo di oggi. Inoltre, analizzeremo il funzionamento dei "mercati".

1.1 Che cosa studiano gli economisti?

Molti sono convinti che l'economia si occupi essenzialmente di *soldi*, e in una certa misura è vero. L'economia, infatti, ha molto a che vedere col denaro: con quanto le persone guadagnano, quanto spendono, quanto costano i diversi beni, nonché con i profitti delle imprese e la quantità totale di moneta presente. Tuttavia, come vedremo più avanti in questo volume, il denaro ha importanza solo relativamente a ciò che ci consente di fare; è uno strumento, ma l'economia è molto più che il semplice studio del denaro e della moneta. La disciplina economica si occupa dei seguenti aspetti.

- La ***produzione*** di beni e servizi: quanto produce un'economia, nel suo complesso e in termini di singoli articoli; quanto produce ciascuna impresa o individuo; quali tecniche di produzione vengono utilizzate; quante persone sono occupate.
- Il ***consumo*** di beni e servizi: quanto spendono (e quanto risparmiano) le persone; qual è la quantità acquistata di un particolare bene; quali prodotti gli individui scelgono di comprare; in che misura il consumo è influenzato dai prezzi, dalla pubblicità, dalla moda, dal reddito delle persone e da altri fattori.

Tuttavia, non abbiamo ancora risposto del tutto alla domanda iniziale: esiste un ingrediente cruciale che fa di un problema una questione di interesse economico? La risposta è che esiste un problema fondamentale con il quale tutti gli individui e tutti i paesi si devono confrontare, a prescindere dal loro livello di ricchezza: è il problema della *scarsità*, che sta alla base di tutti gli altri problemi economici. Gli economisti danno una definizione ben precisa di scarsità.

Il problema della scarsità

La stragrande maggioranza delle persone, se potesse scegliere, vorrebbe avere a disposizione più denaro, ma non è il denaro in quanto tale che interessa, bensì la possibilità di acquistare, con quel denaro, più beni e servizi, oggi o nel futuro. I desideri e i bisogni delle persone, a loro volta, variano a seconda dei livelli di reddito e dei gusti individuali. Chi vive in un paese povero potrebbe desiderare di avere accesso all'acqua potabile, all'istruzione o a un alloggio adeguato. Gli abitanti delle nazioni più ricche potrebbero desiderare una seconda auto, vacanze più lunghe e più tempo da trascorrere con amici e familiari. Con l'aumentare del livello di ricchezza, i desideri possono cambiare, ma non scompaiono. I desideri e i bisogni umani sono virtualmente infiniti.

Tuttavia, i mezzi per soddisfare i desideri e i bisogni delle persone sono limitati: in ogni dato momento, nel mondo si produce una quantità limitata di beni e servizi, perché il pianeta dispone di una quantità limitata di ***risorse***. Queste risorse, chiamate ***fattori di produzione*** in economia, si dividono in tre grandi sottogruppi.

- Risorse umane: ***lavoro***. La forza lavoro è limitata per numero e competenze, e questo limita la produttività del lavoro, quanto il lavoro può produrre.
- Risorse naturali: ***terra e materie prime***. La terra del pianeta è limitata, così come le sue materie prime.
- Risorse prodotte: ***capitale***. Il capitale è composto di tutti i fattori di produzione che sono stati a loro volta prodotti. Il mondo ha una disponibilità limitata di stabilimenti, macchinari, mezzi di trasporto e altri beni strumentali, e la produttività di questo capitale è limitata dallo stato attuale della tecnologia.

Ecco dunque il problema economico fondamentale: i desideri e i bisogni umani sono virtualmente illimitati, mentre le risorse necessarie a soddisfarli sono limitate. Possiamo pertanto definire la scarsità come segue.

IDEA CHIAVE 1 La ***scarsità*** è l'eccedenza dei bisogni e dei desideri umani rispetto a ciò che può essere prodotto per soddisfarli. A causa della scarsità, occorre scegliere tra varie alternative.

PAROLE CHIAVE

Produzione Trasformazione, da parte dell'impresa, dei fattori di produzione in prodotti finiti, allo scopo di realizzare un profitto (o di raggiungere qualche altro obiettivo).

Consumo Utilizzo di beni e servizi finalizzato al soddisfacimento dei bisogni. Il consumo comporta di norma l'acquisto di beni e servizi.

Fattori di produzione (o risorse) Fattori utilizzati per la produzione di beni e servizi: lavoro, terra, materie prime e capitale.

Lavoro Tutte le forme di apporto umano, sia fisico che mentale, alla produzione corrente.

Terra e materie prime Fattori di produzione provenienti dalla natura: per esempio, la terra non lavorata e i depositi di minerali nel terreno.

Capitale Tutti i fattori di produzione che sono stati a loro volta prodotti: per esempio stabilimenti, macchinari e utensili.

Scarsità Eccedenza dei bisogni e dei desideri umani rispetto a ciò che può essere prodotto per soddisfarli.

Certo, non tutti devono affrontare il problema della scarsità in egual misura. Una famiglia povera che non può permettersi di acquistare il cibo o un alloggio dignitoso difficilmente vedrà come un "problema" il fatto che una famiglia benestante non possa permettersi una settimana bianca in una località di lusso. Gli economisti, infatti, lungi dall'affermare che il problema della scarsità sia uguale per tutti, prestano grande attenzione alla questione della distribuzione delle risorse, sia essa fra individui, fra le regioni di uno stesso paese o fra le diverse nazioni del mondo.

Questo problema economico – risorse limitate a fronte di desideri e bisogni illimitati – spinge le persone, ricche o povere che siano, a mettere in atto determinati comportamenti, che costituiscono l'oggetto dell'analisi economica. Questa disciplina studia infatti gli individui al lavoro, impegnati a produrre i beni i servizi di cui la gente ha bisogno; analizza il comportamento delle persone in quanto consumatori, che acquistano i prodotti che desiderano; esamina le azioni dei governi volte a influenzare i livelli e le modalità di produzione e consumo. Studia perfino i motivi per cui le persone si sposano e i fattori che determinano il numero di figli che fanno. In breve, l'economia studia tutto ciò che concerne il processo di soddisfacimento dei desideri e dei bisogni umani.

Domanda e offerta

Lo studio dei processi di consumo e produzione può essere affrontato anche in termini di *domanda* e *offerta*. Infatti, la domanda, l'offerta e la relazione che le lega costituiscono il nucleo dell'analisi economica. Ma che rapporto ha tutto questo con il problema della scarsità?

La *domanda* è legata ai desideri e ai bisogni. Se tutti i beni e i servizi fossero gratuiti, la gente si limiterebbe a domandare ciò che desidera. Nel complesso, desideri e bisogni sono virtualmente infiniti, limitati forse solo dall'immaginazione. L'*offerta*, al contrario, è limitata: la
IC1 p8 quantità che un'impresa è in grado di produrre dipende dalle risorse e dalle tecnologie disponibili.

Dato il problema della scarsità, e in considerazione del fatto che i desideri e i bisogni umani eccedono la quantità di beni e servizi che può essere prodotta per soddisfarli, la domanda *potenziale* è superiore all'offerta *potenziale*. La società deve pertanto trovare un modo per affrontare questo problema, cioè per far sì che la domanda sia pari all'offerta. Questo si applica tanto al sistema economico nel suo complesso – la domanda *aggregata* deve corrispondere all'offerta *aggregata*, cioè la spesa totale nell'economia deve corrispondere alla produzione totale – quanto al livello dei singoli beni e servizi: per esempio, la domanda e l'offerta di case, automobili, tablet e pacchetti di vacanze.

Ma se la domanda potenziale supera l'offerta potenziale, come si possono portare in equilibrio la domanda e l'offerta *effettive*? Per ottenere questo risultato è necessario ridurre la domanda e/o incrementare l'offerta. L'economia studia questo processo, analizzando il modo in cui la domanda si adatta all'offerta disponibile e quello in cui l'offerta si adegua alle richieste dei consumatori.

Un'importante suddivisione

La disciplina economica si divide tradizionalmente in due branche principali: la *macroeconomia* e la *microeconomia*; la prima studia gli aggregati economici e la seconda le unità individuali.

La ***macroeconomia*** si occupa dell'economia nel suo complesso e studia pertanto la ***domanda aggregata*** e l'***offerta aggregata***. Per "domanda aggregata" si intende la spesa totale nell'economia – dei consumatori, dei clienti esteri per i beni esportati, del governo, o delle imprese che acquistano beni strumentali o scorte di materie prime. Per "offerta aggregata" si intende la quantità totale di beni e servizi prodotti nell'economia.

La ***microeconomia*** si occupa delle unità individuali del sistema economico, esaminando la domanda e l'offerta di singoli beni, servizi e risorse, quali automobili, burro, abbigliamento, tagli di capelli, idraulici, commercialisti, altiforni, computer e petrolio.

Macroeconomia

IC1 p8 Poiché esiste la scarsità, le società si adoperano affinché le loro risorse siano utilizzate *appieno* e la produzione nazionale cresca nel tempo.

È consigliabile che le risorse siano sfruttate al meglio perché non tutte le risorse possono essere risparmiate. Per esempio, se per una settimana gli operai non vanno

PAROLE CHIAVE

Macroeconomia Branca dell'economia che studia gli aggregati economici, quali il livello generale dei prezzi, la produzione e l'occupazione nell'economia.

Domanda aggregata Spesa totale per l'acquisto dei beni e dei servizi prodotti nell'economia.

Offerta aggregata Quantità totale di prodotto nell'economia.

Microeconomia La branca dell'economia che studia le unità individuali, quali le famiglie, le imprese e i settori, e analizza le interrelazioni fra queste unità per determinare le modalità di produzione e distribuzione di beni e servizi.

al lavoro, quella risorsa va perduta: il lavoro, infatti, non può essere accantonato per il futuro.

Per capire perché le società desiderano la crescita, torniamo per un momento al tema dei desideri e bisogni illimitati: se la produzione cresce, sarà possibile soddisfare più desideri e bisogni, e gli individui e le società potranno migliorare la propria condizione.

Conseguire la crescita e sfruttare pienamente le risorse non è facile, come dimostrano i periodi di elevata disoccupazione e stagnazione che, in diverse epoche, si sono verificati in varie parti del mondo (per esempio nelle recessioni degli anni Trenta, dei primi anni Ottanta e nel periodo immediatamente successivo alla crisi del 2007-8). Inoltre, i tentativi dei governi di stimolare la crescita e l'occupazione possono portare a un aumento dell'inflazione e a un'impennata delle importazioni. Non di rado i sistemi economici hanno conosciuto cicli in cui la crescita si è alternata alla recessione, per periodi variabili da pochi mesi a qualche anno. Questo fenomeno è noto come "ciclo economico".

I problemi macroeconomici sono strettamente collegati all'equilibrio fra domanda aggregata e offerta aggregata.

Se la domanda aggregata è troppo elevata rispetto all'offerta aggregata, è probabile che si generino inflazione e disavanzi commerciali.

- Per ***inflazione*** si intende un generale aumento dei prezzi in tutto il sistema economico. Se la domanda aggregata aumenta in misura sostanziale, è probabile che le imprese rispondano innalzando i prezzi. Dopo tutto, se la domanda è elevata, potranno sempre vendere quanto prima (se non più di prima) anche a prezzi più alti, e realizzare così maggiori profitti. Se le imprese attuano un aumento generalizzato dei prezzi, si genera inflazione. Confrontando i livelli dei prezzi tra periodi differenti possiamo misurare il **tasso di inflazione**, generalmente riportato come tasso *annuo*: l'aumento percentuale nei prezzi su un periodo di 12 mesi.
- Si ha un ***saldo commerciale*** in disavanzo quando le importazioni superano le esportazioni. Se la domanda aggregata aumenta, è probabile che i consumatori acquistino più prodotti importati. In altre parole, parte della spesa supplementare sarà destinata all'acquisto di beni di provenienza estera, per esempio televisori giapponesi, computer cinesi, automobili tedesche e così via. Inoltre, se il tasso di inflazione è elevato, i beni di produzione interna diventano meno competitivi rispetto a quelli importati, al punto che i consumatori interni tenderanno a comprare beni di importazione e i consumatori esteri acquisteranno meno prodotti esportati.

Se la domanda aggregata è troppo bassa rispetto all'offerta aggregata, si producono probabilmente disoccupazione e recessione.

- La ***recessione*** si verifica quando la produzione economica si contrae per un periodo di almeno due trimestri consecutivi. In altre parole, durante tale periodo la crescita diventa negativa. Non tutti i periodi durante i quali l'economia si contrae sono "recessioni", ma sono la durata e la persistenza della contrazione a determinare una recessione. Le recessioni sono associate a un basso livello di spesa per consumi. Se le persone spendono meno, è probabile che i negozi si trovino ad avere merci invendute; a loro volta, pertanto, acquisteranno meno dai produttori, che dovranno ridurre la produzione e acquistare meno beni strumentali, quali i macchinari.
- I tagli alla produzione spesso portano alla ***disoccupazione***. Se le imprese producono meno, infatti, avranno bisogno di impiegare meno lavoratori.

La politica macroeconomica, pertanto, tende a concentrarsi sull'equilibrio di domanda e offerta aggregata. I governi possono attuare ***politiche della domanda***, che mirano influenzare il livello della spesa nell'economia, con ripercussioni sul livello della produzione, sui prezzi e sull'occupazione; oppure ***politiche dell'offerta***, volte a influenzare direttamente il livello della produzione, per esempio creando incentivi all'innovazione per le imprese.

PAROLE CHIAVE

Inflazione Aumento generale del livello dei prezzi nell'economia.

Tasso di inflazione (annuo) Aumento percentuale del livello dei prezzi su un orizzonte temporale di 12 mesi.

Saldo commerciale Differenza tra esportazioni e importazioni di merci e di servizi. Se le esportazioni superano le importazioni si registra un "avanzo (o surplus) commerciale" (un saldo positivo). Se le importazioni sono superiori alle importazioni, si registra un "disavanzo (o deficit) commerciale" (un saldo negativo).

Recessione Periodo durante il quale la produzione nazionale cala per almeno due trimestri consecutivi o più.

Disoccupazione Numero di individui in età lavorativa e alla ricerca attiva di un impiego che sono attualmente senza lavoro (le modalità per il computo degli individui inclusi nella stima ufficiale della disoccupazione sono oggetto di acceso dibattito).

Politiche della domanda Politiche volte ad alterare il livello di domanda aggregata e, dunque, il livello della produzione, dell'occupazione e dei prezzi.

Politiche dell'offerta Politiche volte ad alterare direttamente il livello di offerta aggregata (anziché quello della domanda aggregata).

Microeconomia

Microeconomia e scelta

IC 1 p8 Dal momento che le risorse sono scarse, occorre operare delle scelte. In ogni società si hanno tre principali categorie di scelte possibili.

- *Quali* beni e servizi produrre e in che quantità, dal momento che non ci sono abbastanza risorse per produrre tutto ciò che le persone desiderano? Quante auto, quanto frumento, quante assicurazioni, quanti iPhone, e così via, saranno prodotti?
- *Come* produrre i beni e i servizi? Quali risorse utilizzare e in che quantità? Quali tecniche di produzione? Le automobili, per esempio, saranno fabbricate da macchinari robotizzati o assemblate dagli operai? Per produrre energia elettrica si utilizzerà carbone, petrolio, gas naturale, fissione nucleare, energie rinnovabili come l'eolica, o un misto di queste risorse?
- *Per chi* produrre? In altre parole, come sarà distribuito il reddito nazionale? Dopo tutto, quanto più elevato è il reddito, tanto maggiore è la quantità di produzione totale che il singolo potrà consumare. Quali retribuzioni percepiranno i braccianti agricoli, i deputati, i giocatori di calcio o i commercialisti? E quale sarà l'entità delle pensioni erogate agli aventi diritto? Quanta parte del reddito nazionale andrà ad azionisti e proprietari terrieri?

Tutte le società devono operare queste scelte, siano esse effettuate da individui, gruppi o governi. Si tratta di scelte microeconomiche, dal momento che concernono non la quantità totale di produzione nazionale, ma i singoli beni e servizi che la compongono.

Scelta e costo-opportunità

Le scelte comportano rinunce. Più cibo sceglierete di acquistare, meno denaro avrete a disposizione per comprare altri beni; quanti più alimenti una nazione produce, tanto minore è la quantità di risorse disponibili per produrre altri beni. In altre parole, la produzione o il consumo di un bene comporta la rinuncia a beni alternativi. La rinuncia alle alternative nella produzione (o nel consumo) di un bene prende il nome di ***costo-opportunità***.

CONCETTO FONDAMENTALE 1 — Scelta e costo-opportunità — PENSARE COME UN ECONOMISTA

IC 1 p8 Come abbiamo visto, la scarsità è il problema fondamentale dell'economia.

Ciascuno di noi si confronta con la scarsità, che si presenta sotto diverse forme: con un reddito limitato, non possiamo acquistare tutto ciò che vorremmo; ma anche se avessimo il denaro, il tempo comunque è limitato e pertanto non potremmo comunque godere di tutti i beni che vorremmo consumare.

Lo stesso principio si applica a livello delle nazioni: un paese ha risorse limitate, quindi non può produrre tutto ciò che i suoi cittadini vorrebbero. Ovviamente, questo è vero anche su scala globale: il pianeta non ha risorse infinite, e la tecnologia e le nostre capacità di sfruttare queste risorse sono limitate.

Con risorse limitate e desideri infiniti, siamo costretti a operare delle scelte. In realtà, ogni volta che svolgiamo un'attività compiamo una scelta fra alternative. Se decidiamo di guardare la televisione, rinunciamo a trascorrere la serata fuori; se acquistiamo un paio di scarpe per 70 euro, rinunciamo a spendere quella cifra per qualcos'altro. Analogamente, se una nazione dedica una quota maggiore delle proprie risorse alla produzione di beni manifatturieri, ne avrà meno da investire nella fornitura di servizi; se investe maggiori risorse nella riduzione dell'inquinamento ambientale, potrebbe essere costretta a produrre meno beni materiali destinati al consumo.

La migliore alternativa a cui rinunciamo per fare qualcosa è il ***costo-opportunità*** di quella attività: è ciò che avremmo fatto con il nostro tempo o con il nostro denaro se non avessimo operato quella particolare scelta. Questo è uno dei concetti fondamentali dell'economia, perché, una volta che l'avrete compreso, influenzerà il vostro modo di affrontare i problemi economici. Utilizzando il concetto di costo-opportunità, imparerete a ragionare come un economista, cioè in modo probabilmente diverso da un commercialista o da come avete fatto finora. Potrebbe sembrare semplice, ma in alcuni casi determinare il costo-opportunità di un'attività può risultare difficile. Ci imbatteremo spesso in questo concetto.

Considerare il costo-opportunità significa riconoscere l'esistenza di trade-off: scegliere una maggiore quantità di una cosa, o dedicare più tempo a un'attività, equivale a rinunciare a qualcos'altro. Per esempio, di norma operiamo un trade-off fra lavoro e svago; quanto più lavoriamo, tanto meno tempo abbiamo da dedicare ai nostri passatempi preferiti. In altre parole, il costo-opportunità di lavorare è il tempo libero a cui rinunciamo. Un discorso analogo vale per le nazioni: ogni paese, infatti, deve scegliere se produrre alcuni beni piuttosto che altri. Più un paese spende per la difesa, meno risorse avrà da destinare ai beni e ai servizi per i consumatori. Questo dilemma prende il nome di trade-off tra "burro e cannoni". In altre parole, il costo-opportunità di destinare una maggiore quantità di risorse alla difesa è dato da una minore produzione di beni di consumo. Esamineremo questi trade-off a livello nazionale nel paragrafo "La microeconomia e la curva delle possibilità di produzione".

Preso atto della necessità di operare scelte fra alternative, per prendere decisioni accorte occorre soppesare i benefici di una scelta rispetto al suo costo-opportunità. Questo processo, noto in economia come "comportamento economico razionale", è approfondito nel Concetto fondamentale 8 (Capitolo 4).

IDEA CHIAVE 2 Il ***costo-opportunità*** di un'attività è ciò a cui si rinuncia per effettuarla. È la migliore alternativa possibile a quella attività.

Se i braccianti di un'azienda agricola possono produrre in alternativa 1000 tonnellate di frumento o 2000 tonnellate di orzo al giorno, il costo-opportunità di produrre 1 tonnellata di frumento è dato dalle 2 tonnellate di orzo alle quali si rinuncia. Il costo-opportunità di acquistare un libro di testo è il nuovo paio di jeans che volevate regalarvi ma di cui dovrete rimandare l'acquisto. Il costo-opportunità di risparmiare per la vecchiaia è il consumo a cui si rinuncia da giovani.

CF 1 p11 Il costo-opportunità in quanto base delle scelte è il primo dei "Concetti fondamentali" che esaminiamo in questo volume; nel corso del testo ne troverete 14. Una volta compresi ed esaminati a fondo, questi concetti influiranno in maniera decisiva sulla vostra comprensione e analisi dei problemi economici, e vi aiuteranno a "pensare come un economista".

Scelte razionali

Gli economisti parlano spesso di ***scelte razionali***. Operare una scelta razionale significa semplicemente soppesare i *costi* e i *benefici* di diverse attività e scegliere quella che consente di massimizzare l'obiettivo. Per consumatori e lavoratori significa effettuare scelte che massimizzano il loro benessere. Per un'impresa potrebbe significare scegliere che cosa produrre, e in quale quantità, per massimizzare i profitti.

Immaginate di fare la spesa in un supermercato e di voler acquistare un pollo. Preferite spendere di più e comprare un pollo allevato a terra e alimentato con mangimi biologici, o preferite spendere meno? Per operare una decisione razionale (cioè accorta), dovrete soppesare i costi e i benefici di ciascuna alternativa. Il pollo allevato a terra potrebbe avere un sapore migliore e alleviare le vostre preoccupazioni riguardo al maltrattamento degli animali da allevamento, ma ha un elevato costo-opportunità: dal momento che è costoso, se decidete di acquistarlo dovrete rinunciare al consumo di molti altri beni. Se, al contrario, optate per il pollo allevato in batteria, avrete più denaro per acquistare altre cose: in questo caso, il costo-opportunità è inferiore.

Pertanto, il comportamento economico razionale si traduce – nel caso dei consumatori – nella scelta dei beni che danno più valore in cambio del denaro speso, cioè il *massimo beneficio relativo al costo.*

Lo stesso principio si applica alle imprese al momento di decidere che cosa produrre. Per esempio, una casa automobilistica dovrebbe aprire un'altra linea di produzione? Ancora una volta, per prendere una decisione razionale sarà necessario soppesare i benefici e i costi. I benefici sono i ricavi che l'impresa otterrà dalla vendita di un maggior numero di auto; i costi comprendono la manodopera supplementare, le materie prime, la componentistica e così via. Aprire la nuova linea di produzione sarà redditizio solo se i ricavi supereranno i costi sostenuti, in altre parole se i profitti aumenteranno.

Nella situazione più complessa in cui si tratta di decidere quale modello di auto produrre, o quante auto produrre di ciascun modello, l'impresa deve soppesare i benefici e i costi relativi a ognuno di questi aspetti, cioè dovrà optare per il mix di produzione più redditizio.

Costi e benefici marginali

Secondo gli economisti, per operare scelte razionali occorre soppesare i costi e i benefici marginali, vale a dire i costi e i benefici di incrementare o ridurre leggermente una determinata attività. I costi e i benefici marginali differiscono dai costi e i benefici totali dell'attività stessa.

Consideriamo un esempio noto a tutti. A che ora puntate la sveglia la mattina? Poniamo che dobbiate uscire di casa alle 8.30; magari puntate la sveglia alle 7.00, in modo da avere tempo per alzarvi e prepararvi, al costo di rinunciare a un po' di sonno. Oppure potete decidere di svegliarvi alle 8.00: in questo modo dormirete di più, ma dovrete prepararvi molto in fretta.

Qual è la decisione razionale riguardo all'orario della sveglia? Per decidere occorre soppesare i costi e i benefici del sonno extra. Ogni minuto in più che trascorrete a letto vi garantisce più riposo (il beneficio marginale), ma vi costringerà, una volta svegli, ad affrettarvi maggiormente (il costo marginale). La decisione deve pertanto essere presa sulla base dei costi e dei benefici del sonno addizionale, e non considerando i costi e i benefici totali di un'intera notte di sonno.

Questo stesso principio si applica alle decisioni razionali prese da consumatori, lavoratori e imprese. Per

PAROLE CHIAVE

Comportamento economico razionale Prediligere le attività il cui beneficio marginale supera il costo marginale e rinunciare a parte delle attività il cui costo marginale supera il beneficio marginale.

Costo-opportunità Costo di un'attività misurato in termini della miglior alternativa a cui si rinuncia.

Scelte razionali Scelte effettuate soppesando i benefici di un'attività rispetto ai suoi costi-opportunità.

Costo marginale Costo addizionale derivante dallo svolgere un'unità aggiuntiva di un'attività.

Beneficio marginale Beneficio addizionale derivante dallo svolgere un'unità aggiuntiva di un'attività.

esempio, le case automobilistiche che abbiamo appena menzionato soppeseranno i costi e i benefici marginali della produzione delle auto, cioè confronteranno i costi e i ricavi associati alla produzione di auto addizionali. Se la produzione incrementale accresce i ricavi più che i costi sostenuti dall'impresa, è redditizio produrre quelle auto in più.

CF 8 p107 Il ***comportamento economico razionale***, quindi, si fonda sulla valutazione del beneficio e del costo marginale di ogni attività. Se il beneficio marginale supera il costo marginale, è razionale intraprendere l'attività (o dedicarvisi in misura maggiore). Se il costo marginale supera il beneficio marginale, è razionale non intraprenderla (o dedicarvisi in misura minore).

Il comportamento economico razionale è trattato nel Concetto fondamentale 8 (Capitolo 4).

Obiettivi microeconomici

La microeconomia si occupa dell'allocazione delle risorse scarse, esaminando *cosa* si produce, *come* e *per chi*. Ma per stabilire se una data allocazione delle risorse sia soddisfacente dal punto di vista della società, occorre valutarla alla luce di due obiettivi fondamentali: l'*efficienza* e l'*equità*.

Efficienza. Se è possibile migliorare la condizione di tutti (o quanto meno migliorare la condizione di alcuni senza peggiorare quella di altri) modificando ciò che viene prodotto e il metodo di produzione, questo cambiamento sarebbe efficiente. Affinché una società raggiunga la piena ***efficienza economica***, devono essere soddisfatte tre condizioni.

- Efficienza nella produzione (***efficienza produttiva***). Questa condizione è soddisfatta quando ciascun bene è prodotto al minimo costo. Adottare altre modalità di produzione costerebbe di più.
- Efficienza nel consumo. Questa condizione è soddisfatta quando i consumatori allocano la loro spesa in maniera tale da ottenere la massima soddisfazione dal proprio reddito. Qualunque altra allocazione delle opportunità di consumo peggiorerebbe le condizioni delle persone.
- Efficienza nella specializzazione e nello scambio. Questa condizione è soddisfatta quando le imprese si specializzano nella produzione di beni e servizi per la vendita ai consumatori e gli individui si specializzano in determinate mansioni lavorative per poter acquistare tali beni e servizi, cosicché tutti massimizzano i benefici ricevuti relativamente ai costi sostenuti per ottenerli.

Le ultime due condizioni concorrono all'***efficienza allocativa***. In qualsiasi attività economica, l'efficienza allocativa aumenta ogni qualvolta il beneficio marginale di incrementare quell'attività (e, di conseguenza, di dedicarsi meno a un'attività alternativa) è superiore al costo marginale. La piena efficienza economica si ottiene una volta realizzati tutti questi miglioramenti.

IDEA CHIAVE 3 L'***efficienza economica*** viene raggiunta quando ciascun bene è prodotto al costo minimo e gli individui e le imprese ottengono il massimo beneficio dalle proprie risorse.

Equità. Pur in presenza di livelli di produzione e consumo efficienti, un'allocazione delle risorse potrebbe essere considerata ingiusta se alcune persone sono ricche e altre povere. Un altro obiettivo microeconomico, pertanto, è quello dell'*equità*. Una distribuzione del reddito è considerata equa se è ritenuta giusta e ragionevole. Il problema di questo obiettivo, tuttavia, sta nel fatto che individui diversi hanno opinioni differenti in merito a ciò che è equo. Una persona ricca potrebbe propendere per un grado di iniquità molto più elevato rispetto a una persona povera. Analogamente, i governi progressisti sono generalmente favorevoli a una maggiore ridistribuzione del reddito dai ricchi ai poveri rispetto ai governi conservatori. L'equità viene pertanto descritta come un giudizio di valore, in quanto tale concetto dipende dai valori degli individui o della società.

IDEA CHIAVE 4 L'***equità*** viene raggiunta quando il reddito è distribuito in maniera considerata giusta e ragionevole. È importante notare che una distribuzione equa non coincide necessariamente con una distribuzione eguale, e che persone diverse hanno opinioni differenti in merito a ciò che è equo.

PAROLE CHIAVE

Efficienza economica Situazione in un cui ciascun bene è prodotto al costo minimo e gli individui e le imprese ottengono il massimo beneficio dalle proprie risorse.

Efficienza produttiva Situazione in cui le imprese producono la massima quantità per un dato livello di fattori di produzione, o producono una data quantità minimizzando i costi.

Efficienza allocativa Situazione in cui la combinazione esistente di beni prodotti e venduti assicura la massima soddisfazione a ogni consumatore, dato il livello di reddito di ognuno. Una ridistribuzione del reddito porterebbe a una diversa combinazione di beni efficiente sul piano allocativo.

Equità Distribuzione del reddito considerata equa o giusta. L'equità non coincide necessariamente con l'uguaglianza e persone diverse hanno opinioni differenti in merito a ciò che è equo.

BOX 1.1 ANALISI DI CASI E APPLICAZIONI

Il costo-opportunità dello studio

A che cosa rinunciate?

IC 2 p12 Forse non ci avete mai pensato, ma è assai probabile che ogni giorno vi troviate a soppesare i costi-opportunità. Operiamo continuamente delle scelte: che cosa acquistare, mangiare, indossare, se trascorrere la serata fuori, quanto studiare e così via. Ogni volta che scegliamo di fare qualcosa, di fatto rinunciamo a un'alternativa, che costituisce il costo-opportunità dell'azione prescelta.

A volte, i costi-opportunità delle nostre azioni sono i costi monetari diretti che dobbiamo sostenere; altre volte, la situazione è più complessa.

Consideriamo ora i costi-opportunità delle vostre scelte in quanto studenti.

Acquistare un libro che costa 59,99 euro

Questa scelta comporta un pagamento diretto in denaro. In questo caso dovete considerare i beni che, avreste potuto acquistare in alternativa con la stessa somma, poi dovete soppesare i benefici della migliore alternativa rispetto a quelli derivanti dal libro di testo.

Andare a lezione

Oggigiorno gli studenti di molti paesi versano le tasse universitarie; tuttavia, una volta pagata la retta, la frequenza delle lezioni non comporta un costo monetario (marginale) extra, né è possibile ricevere un rimborso per le lezioni non frequentate. La retta, una volta pagata, costituisce un cosiddetto "costo sommerso" (*sunk cost*).

Tuttavia, non per questo i costi-opportunità sono pari a zero: se andate a lezione non potete impiegare quel tempo a studiare in biblioteca, a dormire o a svolgere un lavoro remunerato. Se avete preso la decisione razionale di andare a lezione, avrete probabilmente considerato tali alternative.

Ripassare per un esame di economia

Il costo-opportunità corrisponde alla migliore modalità alternativa per cui avreste potuto dedicare il vostro tempo: per esempio, ripassare per un altro esame. Probabilmente vorrete suddividere il tempo in modo ragionevole tra i vari esami. Una decisione *ragionevole* può essere quella di non ripassare sempre economia se potete ottenere un beneficio maggiore ripassando un altro argomento. In tal caso il costo-opportunità (marginale) di ripassare economia supera il beneficio (marginale).

Scegliere di conseguire una laurea

Quali sono i costi-opportunità di frequentare l'università?

Apparentemente i costi dell'istruzione universitaria potrebbero comprendere le seguenti voci:

- rette;
- libri, cancelleria, ecc.;
- vitto, alloggio, divertimenti, spostamenti e altre spese quotidiane.

Ma la somma di queste tre voci non dà il costo-opportunità: questo, infatti, è rappresentato dal *sacrificio* di andare all'università *anziché* fare qualcos'altro.

Supponiamo che l'alternativa sia accettare un lavoro che vi è stato offerto; l'elenco corretto dei costi-opportunità dell'istruzione universitaria comprenderebbe dunque:

- libri, cancelleria, ecc.;
- alloggio e spese di viaggio supplementari oltre a quelle che avreste sostenuto se aveste accettato il lavoro;
- la retribuzione che avreste percepito lavorando, meno l'eventuale reddito da studente;
- le rette universitarie pagate da studente.

Le implicazioni sociali della scelta

In pratica, le scelte operate dalle persone potrebbero non essere né efficienti né eque. Le imprese possono utilizzare tecniche di produzione inefficienti o essere gestite con scarsa perizia; gli individui prendono spesso decisioni sbagliate riguardo a che cosa comprare o al lavoro da fare; i governi possono impiegare il gettito fiscale in maniera poco accorta, generando sprechi o inefficienza; nella società in generale può sussistere un elevato grado di iniquità e ingiustizia.

Per di più, gli effetti delle scelte delle persone si ripercuotono spesso sugli altri. Prendiamo il caso dell'inquinamento: per un'impresa potrebbe essere redditizio scaricare rifiuti tossici in un fiume, ma ciò che per l'azienda rappresenta un guadagno non è necessariamente "redditizio" per la società, dal momento che una simile azione può provocare gravi danni ambientali.

Lungo il corso del testo valuteremo la capacità dell'economia di conseguire svariati obiettivi economici e sociali, a livello microeconomico e macroeconomico; esamineremo inoltre le cause di diversi problemi e che cosa si può fare per risolverli.

Illustrare i temi economici: la curva delle possibilità di produzione

I libri e i saggi di economia spesso contengono diagrammi, che sono molto utili a illustrare le relazioni economiche e consentono di spiegare con chiarezza e semplicità idee e argomenti che altrimenti richiederebbero molto tempo per essere compresi.

Due tipi di diagrammi frequentemente usati in economia sono i grafici e i diagrammi di flusso. In questo paragrafo e nel prossimo prenderemo in esame un esempio di ciascuno, scelto in modo da illustrare la distinzione fra le questioni microeconomiche e quelle macroeconomiche.

Iniziamo analizzando la ***curva delle possibilità di produzione***, un grafico che, come molti diagrammi usati in economia, rappresenta un quadro semplificato della realtà, ovvero un'immagine spogliata di tutti i dettagli non necessari a spiegare l'argomento.

Ovviamente, questa operazione non è priva di rischi: nel tentativo di tracciare un diagramma sufficientemente facile da capire, c'è la possibilità di incorrere in un eccesso di semplificazione, con il rischio di creare un diagramma fuorviante.

La Figura 1.1 mostra una curva delle possibilità di produzione, tracciata sulla base dei dati riportati nella Tabella 1.1.

Supponiamo che una nazione immaginaria impieghi tutte le proprie risorse – terra, lavoro e capitale – nella produzione di due soli beni: cibo e abbigliamento. Nella tabella sono illustrate le diverse combinazioni di produzione possibili in un dato periodo di tempo (per esempio, un anno). Dedicando tutte le proprie risorse alla produzione di cibo, la nazione potrebbe produrre 8 milioni di unità di cibo, ma nessun capo di abbigliamento. In alternativa, producendo 7 milioni di unità di cibo, potrebbe disporre di risorse sufficienti per produrre 2,2 capi di abbigliamento. All'estremo opposto, la nazione potrebbe produrre 7 milioni di capi di abbigliamento e non destinare alcuna risorsa alla produzione di cibo.

Tabella 1.1 Combinazioni massime di cibo e abbigliamento che è possibile produrre in un dato periodo di tempo.

Unità di cibo (milioni)	Capi di abbigliamento (milioni)
8,0	0,0
7,0	2,2
6,0	4,0
5,0	5,0
4,0	5,6
3,0	6,0
2,0	6,4
1,0	6,7
0,0	7,0

I dati contenuti nella tabella possono essere rappresentati in un grafico (Figura 1.1). Misuriamo le unità di cibo su un asse (in questo caso quello delle ordinate) e quelle di abbigliamento sull'altro (asse delle ascisse). La curva mostra tutte le combinazioni dei due beni che possono essere prodotte utilizzando a pieno regime e con efficienza tutte le risorse della nazione. Per esempio, la produzione potrebbe avere luogo nel punto *x*, che rappresenta 6 milioni di unità di cibo e 4 milioni di capi di abbigliamento. Le combinazioni di produzione che giacciono all'esterno della curva non sono raggiungibili; per esempio, non è possibile produrre la combinazione di cibo e abbigliamento rappresentata dal punto *w*, perché la nazione non possiede risorse a sufficienza.

È importante notare che questo diagramma è basato su due ipotesi semplificatrici. La prima è che sia possibile produrre solo due beni; questa ipotesi viene fatta allo scopo di rappresentare le combinazioni di produzione su un semplice grafico composto da due soli assi. La seconda

PAROLE CHIAVE

Curva delle possibilità di produzione Curva che mostra tutte le possibili combinazioni di due beni che un paese può produrre in uno specifico periodo di tempo, impiegando a pieno regime e con efficienza tutte le proprie risorse.

Figura 1.1 Curva delle possibilità di produzione.

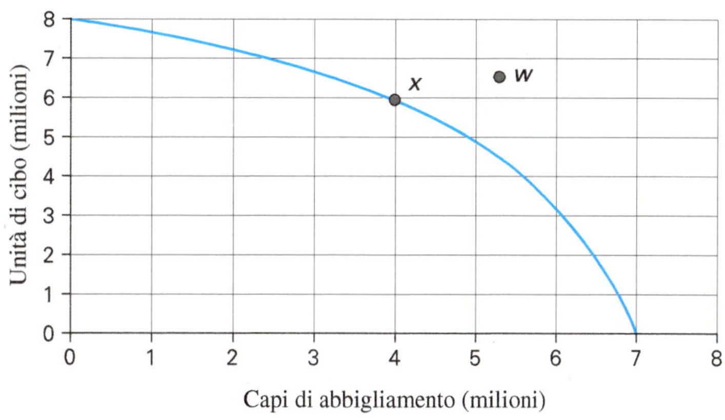

BOX 1.2 ANALISI DI CASI E APPLICAZIONI

Scarsità e abbondanza: pranzare gratis?

IC1 p8 La scarsità è un problema economico fondamentale. Ma davvero *tutti* i beni e i servizi sono scarsi? Esiste qualcosa che desideriamo e che sia davvero disponibile in abbondanza?

Anzitutto, chiariamo il significato di *abbondanza*. Nel linguaggio economico, per abbondanza si intende la situazione in cui l'offerta di un bene supera la domanda a fronte di un prezzo pari a *zero*. In altre parole, anche se il bene è gratuito, non c'è penuria. Per di più, la sua fornitura non deve comportare un costo-opportunità. Per esempio, se il governo fornisce gratuitamente l'assistenza sanitaria, tali servizi sono comunque scarsi in senso economico, perché il governo (e i contribuenti con esso) sostiene un costo.

In apparenza ci sono due beni disponibili in abbondanza: l'aria e l'acqua.

Aria

In un certo senso, l'aria *è* effettivamente abbondante: nella maggior parte delle situazioni, l'aria respirabile non manca. Ma se consideriamo l'aria pulita e non inquinata, ci accorgiamo che in alcune parti del mondo questo bene è scarso. Rendere disponibile aria pulita ha un costo. Magari non siamo noi a pagarlo direttamente – l'aria ripulita potrebbe essere gratuita per il "consumatore" – ma i contribuenti o il settore industriale interessato (e di conseguenza i suoi clienti) dovranno sobbarcarsi le relative spese.

Anche chi vive in zone scarsamente inquinate probabilmente ha sostenuto un costo per trasferirsi laggiù e sottrarsi all'inquinamento. Ancora una volta, dunque, all'ottenimento di aria pulita è associato un costo-opportunità.

Acqua

Anche l'abbondanza di acqua dipende dalla zona in cui si vive e dagli usi a cui l'acqua è destinata.

Nei paesi caratterizzati da abbondanti precipitazioni, l'acqua per irrigare i campi non manca; nei paesi a clima secco, invece, occorre allocare risorse all'irrigazione.

L'acqua potabile, poi, non è affatto abbondante: è necessario costruire riserve idriche e incanalare, purificare e pompare l'acqua.

ipotesi è che esista un solo tipo di cibo e un solo tipo di capo di abbigliamento, come si evince dal fatto di esprimere la produzione in determinate unità di misura (per esempio, tonnellate). Se vi fossero diversi tipi di cibo, sarebbe possibile aumentare le tonnellate prodotte per una data quantità di abbigliamento semplicemente riallocando la produzione da un genere alimentare a un altro.

Queste due ipotesi, ovviamente, costituiscono due enormi semplificazioni se consideriamo la complessità delle moderne economie del mondo reale. Tuttavia, il diagramma ci consente di illustrare con semplicità alcuni principi importanti, il che è senza dubbio uno dei suoi vantaggi principali.

La microeconomia e la curva delle possibilità di produzione

IC2 p12 La curva delle possibilità di produzione illustra i concetti microeconomici di scelta e costo-opportunità. Se il paese sceglie di produrre più capi di abbigliamento, dovrà rinunciare in parte alla produzione di cibo. Le unità di cibo non prodotte rappresentano il costo-opportunità dei capi di abbigliamento addizionali.

Il fatto che la produzione di una maggiore quantità di un bene comporti la rinuncia a una parte della produzione dell'altro è illustrato dalla pendenza negativa della curva. Per esempio, la nazione potrebbe spostarsi dal punto x al punto y nella Figura 1.2. Così facendo, pro-

Figura 1.2 Costi-opportunità di produzione crescenti.

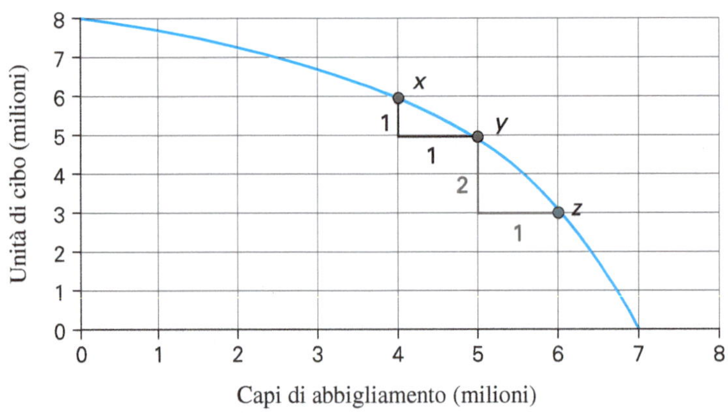

durrebbe 1 milione di capi di abbigliamento in più, ma 1 milione di unità di cibo in meno. Pertanto, il costo-opportunità del milione di capi di abbigliamento in più sarebbe il milione di unità di cibo non prodotte.

Il diagramma illustra inoltre il concetto di ***costi-opportunità di produzione crescenti***: la situazione in cui un paese per produrre una maggiore quantità di un bene deve rinunciare a produrre quantità sempre maggiori di un altro. La causa è che i diversi fattori di produzione hanno proprietà diverse: le persone hanno competenze differenti, il terreno ha caratteristiche diverse da regione a regione, le materie prime sono diverse fra loro, e così via. Pertanto, nel momento in cui un paese si concentra di più sulla produzione di un bene, deve iniziare a utilizzare risorse meno adatte, che sarebbe più opportuno destinare alla produzione di altri beni. Nel nostro esempio, quindi, la produzione di una quantità sempre maggiore di capi di abbigliamento comporta un *costo marginale* crescente: per ogni ulteriore capo di abbigliamento prodotto è necessario rinunciare a una quantità sempre maggiore di cibo.

La presenza di costi-opportunità di produzione crescenti spiega perché la curva delle possibilità di produzione è concava verso l'origine anziché essere una linea retta. Pertanto, nella Figura 1.2, man mano che la produzione si sposta dal punto *x* al punto *y*, la quantità di cibo a cui si rinuncia aumenta per ogni capo addizionale di abbigliamento prodotto. Il costo-opportunità del quinto milione di capi di abbigliamento è 1 milione di unità di cibo; il costo-opportunità del sesto milione di capi di abbigliamento è 2 milioni di unità di cibo.

La macroeconomia e la curva delle possibilità di produzione

Non vi è alcuna garanzia del fatto che le risorse siano impiegate appieno o utilizzate nel modo più efficiente possibile. La produzione potrebbe attestarsi su un punto all'interno della curva: per esempio, il punto *v* nella Figura 1.3. In questo caso specifico, l'economia produce una quantità di entrambi i beni inferiore alla sua effettiva capacità, perché alcune risorse non vengono impiegate (per esempio, alcuni lavoratori potrebbero essere disoccupati) e/o perché non vengono utilizzati i metodi di produzione più efficienti.

Mettendo pienamente a frutto le proprie risorse, tuttavia, il paese potrebbe portarsi sulla curva, per esempio nel punto *x* o nel punto *y*, incrementando così la produzione sia di abbigliamento che di cibo.

Ciò che interessa qui non è tanto la combinazione di beni prodotta (questione microeconomica), quanto stabilire se la quantità totale prodotta sia la massima possibile (questione macroeconomica). È probabile che le possibilità di produzione di una nazione crescano nel tempo. L'***investimento*** in nuovi impianti e macchinari accresce lo stock di capitale; potrebbero essere scoperte nuove materie prime; la tecnologia potrebbe progredire; grazie all'istruzione e alla formazione, la forza lavoro diventerà probabilmente più produttiva. Tutto ciò consente di espandere la produzione effettiva, per esempio dal punto *x* al punto *x'* nella Figura 1.4.

PAROLE CHIAVE

Costi-opportunità di produzione crescenti
Situazione in cui la produzione di quantità addizionali di un bene comporta la rinuncia a quantità sempre maggiori di un altro.

Investimento Produzione di beni non destinati al consumo immediato.

Figura 1.3 Utilizzare appieno le risorse.

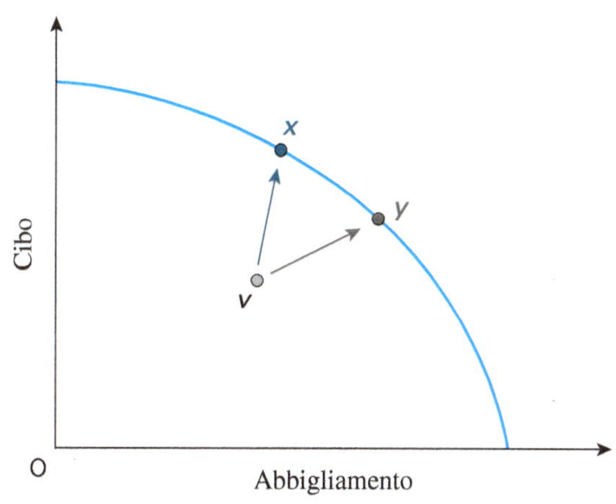

Figura 1.4 Crescita della produzione effettiva e potenziale.

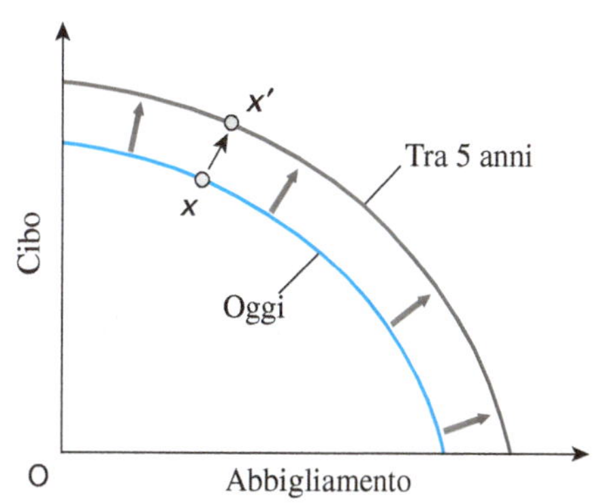

Illustrare i temi economici: il flusso circolare dei beni e dei redditi

Il processo di soddisfacimento dei desideri e dei bisogni umani coinvolge produttori e consumatori, i quali sono legati da una duplice relazione che può essere illustrata con un diagramma di flusso circolare (Figura 1.5). I consumatori di beni e servizi sono racchiusi entro il più ampio termine "famiglie", di cui, com'è ovvio, fanno parte anche i lavoratori e, in alcuni casi, i proprietari di altri fattori di produzione, come la terra. I produttori di beni e servizi sono le "imprese".[3]

Imprese e famiglie sono legate da una duplice relazione di "domanda e offerta".

In primo luogo, come illustrato nella parte superiore del diagramma, le famiglie domandano beni e servizi offerti dalle imprese. In questo processo avviene uno scambio. In un'economia che si avvale della moneta quale mezzo di scambio (a differenza di quanto avviene in un'***economia fondata sul baratto***), le imprese cedono beni e servizi in cambio di pagamenti in denaro; in altre parole, il flusso di denaro va dalle famiglie alle imprese sotto forma di spesa per consumi, mentre il flusso di beni e servizi procede in senso inverso, dalle imprese alle famiglie.

L'incontro di acquirenti e venditori prende il nome di ***mercato***; può trattarsi di un mercato rionale, di un negozio o di un sito web per lo shopping online. Si parla quindi del mercato delle mele, del petrolio, delle case, dei televisori e così via.

In secondo luogo, le imprese e le famiglie interagiscono nel mercato dei fattori di produzione, come si vede nella parte inferiore della Figura 1.5. Questa volta i ruoli di domanda e offerta sono invertiti: le imprese domandano i fattori di produzione di proprietà delle famiglie (lavoro, terra e capitale), quindi si genera un flusso di servizi del lavoro e di altri fattori dalle famiglie alle imprese, che, in cambio, corrispondono alle famiglie pagamenti in denaro, sotto forma di salari, rendita, dividendi e interessi. Proprio come nel caso dei mercati di particolari beni, esistono anche specifici mercati dei fattori: il mercato dei muratori, dei calciatori, della terra e così via.

Esiste quindi un flusso circolare di reddito: le famiglie guadagnano un reddito dalle imprese e le imprese guadagnano un reddito dalle famiglie. Esiste anche un flusso circolare di beni e servizi, ma in senso opposto: le famiglie offrono i servizi dei fattori di produzione alle imprese, che li impiegano per offrire beni e servizi alle famiglie.

3 In pratica, gran parte della produzione della società avviene all'interno della famiglia ed è destinata al consumo dei componenti dei nuclei famigliari. Esempi di tali attività produttive sono cucinare, fare le pulizie, coltivare ortaggi, imbiancare e arredare la casa, occuparsi dei figli. Inoltre, le imprese acquistano e vendono beni, siano essi materie prime, beni strumentali o semilavorati, rivolgendosi ad altre imprese. Ciò nonostante, è utile illustrare i flussi di beni, servizi e denaro tra famiglie e imprese quando si spiega il funzionamento dei mercati.

PAROLE CHIAVE

Economia fondata sul baratto Economia in cui gli individui scambiano direttamente beni e servizi senza il pagamento di un corrispettivo monetario. In una simile economia i lavoratori verrebbero pagati con un paniere di beni.

Mercato Interazione fra acquirenti e venditori.

Figura 1.5 Il flusso circolare dei beni e dei redditi.

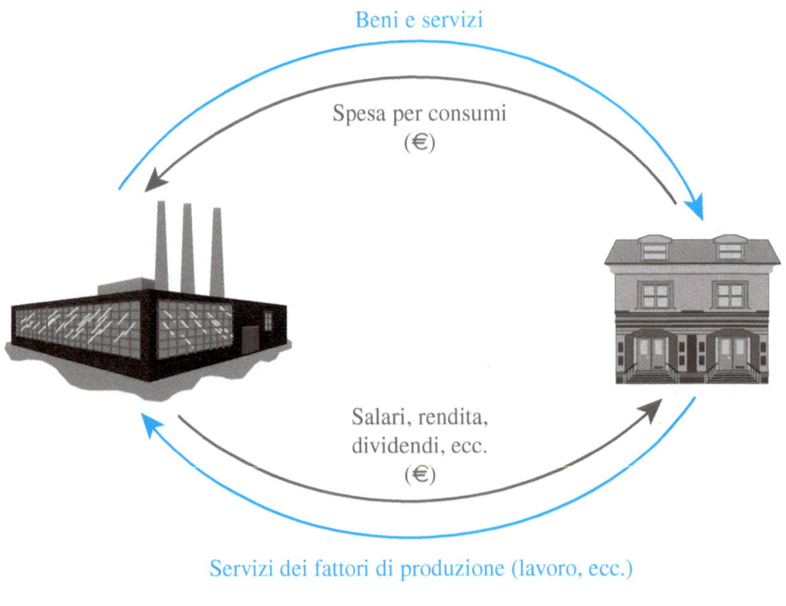

Questo diagramma di flusso, come la curva delle possibilità di produzione, può aiutarci a distinguere fra microeconomia e macroeconomia.

La microeconomia si occupa della composizione del flusso circolare, ovvero delle combinazioni di prodotti che costituiscono il flusso di beni, del modo in cui i fattori di produzione vengono utilizzati per produrre tali beni e dei soggetti a cui vengono pagati salari, dividendi, rendite e interessi.

La macroeconomia si occupa della dimensione totale del flusso e dei fattori che ne provocano l'espansione e la contrazione.

1.2 I diversi sistemi economici

La classificazione dei sistemi economici

IC1 p8 Tutte le società si confrontano con il problema della scarsità, che però affrontano in maniera nettamente diversa. Una differenza importante, a tal proposito, è il grado di intervento pubblico nel sistema economico, cioè la misura in cui il governo decide "cosa", "come" e "per chi" produrre.

A un estremo si colloca l'***economia centralmente pianificata o dirigista***, nella quale tutte le decisioni economiche sono prese dal governo.

All'estremo opposto si trova l'***economia di libero mercato***, nella quale non c'è alcun genere di intervento pubblico: le famiglie decidono la quantità di lavoro e di altri fattori di produzione che desiderano offrire e i beni che desiderano consumare, e le imprese decidono quali beni produrre e quali fattori di produzione impiegare. Di conseguenza, i livelli di produzione e di consumo dipendono dalle interazioni delle singole decisioni di domanda e offerta nel libero mercato.

Nella realtà, tutti i sistemi economici sono una via di mezzo tra questi due modelli, ed è il grado di intervento pubblico a fare la differenza. In Cina il governo svolge un ruolo centrale, mentre negli Stati Uniti ha un ruolo molto più marginale. È comunque utile analizzare questi due estremi per contestualizzare le diverse ***economie miste*** del mondo reale. La commistione di intervento pubblico e mercato può essere illustrata in un diagramma come quello nella Figura 1.6, che mostra la collocazione di alcune economie del mondo reale lungo lo spettro individuato dai due estremi.

Il diagramma è utile perché fornisce una semplice rappresentazione del mix di intervento pubblico e mercato

PAROLE CHIAVE

Economia centralmente pianificata o dirigista Economia in cui tutte le decisioni economiche vengono prese dalle autorità centrali.

Economia di libero mercato Economia nella quale tutte le decisioni economiche sono prese individualmente dalle famiglie e dalle imprese, senza alcun intervento da parte del governo.

Economia mista Economia in cui le decisioni vengono prese in parte dal governo e in parte attraverso il mercato. Nella realtà, tutte le economie sono miste.

Figura 1.6 Classificazione dei sistemi economici.

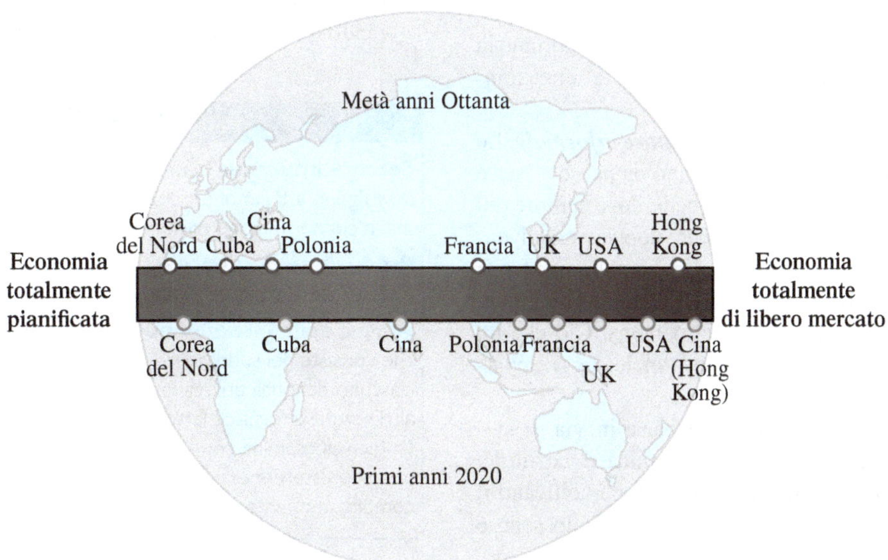

presente in diversi sistemi economici, e può essere usato per mostrare i cambiamenti avvenuti nel corso del tempo.

Il problema di questo tipo di classificazione è che è monodimensionale ed eccessivamente semplificata. Le nazioni si differenziano per il *tipo* di intervento pubblico, oltre che per il grado del medesimo. Per esempio, i governi possono intervenire nell'economia attraverso la pianificazione, la proprietà pubblica, la regolamentazione, le imposte e i sussidi, i partenariati con le imprese private e così via. Due nazioni potrebbero trovarsi in una posizione vicina sullo spettro, ma essere caratterizzate da tipi piuttosto diversi di intervento pubblico.

Dall'inizio degli anni Ottanta si è verificato un generale spostamento verso destra lungo lo spettro. Nei paesi dell'ex blocco sovietico tale spostamento ha fatto seguito all'abbandono della pianificazione centralizzata e all'adozione generalizzata dell'impresa privata, specialmente dalla fine di quel decennio in poi; nelle economie occidentali, invece, tale fenomeno è stato il risultato della deregolamentazione dell'industria privata e della privatizzazione.

Il settore informale: la terza dimensione

In tutte le società vengono prese decisioni economiche, siano esse individuali o di gruppo, che non coinvolgono né il governo né il mercato. Per esempio, molte attività svolte entro le mura domestiche – come cucinare, pulire, imbiancare, cucire o rammendare i vestiti, fare giardinaggio, allevare i bambini o prendersi cura degli anziani – possono essere considerate attività economiche, in quanto sono presenti un prodotto (come un pasto o un servizio fornito) e un costo-opportunità sostenuto dal produttore (in termini di attività alternative a cui si rinuncia); tuttavia, tali attività non danno luogo a pagamenti in denaro.

Analogamente, molte attività svolte da alcuni gruppi, come i club e le organizzazioni benefiche, comportano la fornitura di beni e/o servizi, ancora una volta senza transazioni in denaro.

Queste attività hanno luogo nel ***settore informale***. Le dimensioni relative del settore variano da paese a paese e nel corso del tempo. Nei paesi ricchi, dove sempre più spesso le donne continuano a lavorare dopo essere diventate madri, spesso si impiegano altre persone per fare i lavori domestici, come le pulizie e la cura dei bambini, che prima si svolgevano in prima persona. Ciò che un tempo faceva parte del settore informale, oggi appartiene al mercato.

Nelle aree più povere di molti paesi in via di sviluppo, gran parte dell'attività economica è costituita dalla ***produzione di sussistenza***: le persone coltivano il cibo che consumano, cuciono i vestiti che indossano e così via. Sebbene alcuni fattori di produzione (per esempio, i materiali da costruzione) debbano essere acquistati sul mercato, gran parte della produzione avviene nel settore informale e non dà luogo a scambi monetari. L'importanza del settore informale, specialmente nei paesi in via di sviluppo, non deve essere sottovalutata. Questo settore riscuote sempre maggiore interesse da parte degli economisti, soprattutto quelli più interessati ai lati negativi della crescita economica.

L'economia dirigista

Normalmente associata ai sistemi economici socialisti o comunisti, in cui la terra e il capitale sono di proprietà collettiva, l'economia dirigista è caratterizzata da un forte intervento pubblico volto a pianificare l'allocazione delle risorse a tre importanti livelli.

- Lo Stato pianifica l'allocazione delle risorse fra il consumo corrente e l'investimento per il futuro. Sacrificando parte del consumo attuale e investendo parte delle risorse, è possibile stimolare la crescita economica.

  CF 1 p11 La quantità di risorse che lo Stato sceglie di destinare all'investimento dipende dalla sua strategia macroeconomica generale, vale a dire dall'importanza che attribuisce alla crescita rispetto al consumo corrente.

- A livello microeconomico, lo Stato pianifica la produzione di ogni settore industriale e di ciascuna impresa operante nel sistema economico, le tecniche da usare, la manodopera e le altre risorse di cui necessitano i settori e le imprese.

  Al fine di assicurare la disponibilità dei fattori di produzione necessari, lo Stato effettua di norma una ***analisi delle interdipendenze strutturali***, considerando tutti i settori industriali alla stregua di utilizza-

PAROLE CHIAVE

Settore informale Comparti dell'economia in cui si svolgono attività di produzione e/o di scambio, ma in cui non vi sono pagamenti monetari.

Produzione di sussistenza Produzione di beni e servizi destinati al consumo di chi li produce.

Analisi delle interdipendenze strutturali Analisi che consiste nel suddividere nell'economia in settori, ciascuno dei quali utilizza fattori di produzione prodotti da altri settori e fornisce fattori di produzione ad altri settori. La tecnica esamina come i fattori utilizzati e prodotti possano essere messi in relazione con le risorse complessivamente disponibili nel sistema economico.

tori dei fattori di produzione di altri settori, nonché produttori dei beni necessari ai consumatori o agli altri settori. Per esempio, il settore siderurgico impiega i fattori di produzione offerti dai settori del carbone e del ferro, e produce beni necessari ai comparti degli autoveicoli e delle costruzioni. L'analisi delle interdipendenze strutturali mostra, per ciascun settore, le fonti di tutti i fattori di produzione e la destinazione di tutti i beni prodotti. Avvalendosi di questa analisi, lo Stato tenta di far combaciare i fattori di produzione e i prodotti di ciascun settore, affinché la domanda pianificata dei prodotti di ciascun settore sia pari all'offerta pianificata.

- Infine, lo Stato pianifica la distribuzione della produzione fra i consumatori. Le modalità con cui viene organizzata questa operazione dipendono dagli obiettivi che si dà il governo: per esempio, i beni potrebbero essere distribuiti alla popolazione secondo i rispettivi bisogni, oppure in misura maggiore a chi produce di più, creando così un incentivo a lavorare più alacremente. I beni e i servizi possono essere distribuiti direttamente (per esempio, con un sistema di razionamento) oppure indirettamente, mediante la distribuzione di redditi monetari che gli individui decidono come spendere. In quest'ultimo caso, lo Stato può sempre cercare di influenzare le decisioni di spesa fissando prezzi adeguati: bassi per incoraggiare il consumo ed elevati per scoraggiarlo.

Valutazione dell'economia dirigista

Con la pianificazione centralizzata, il governo può assumere una visione complessiva del sistema economico e allocare le risorse del paese in base a specifici obiettivi nazionali. Assegnando all'investimento una considerevole quantità di risorse, si possono ottenere elevati tassi di crescita; pianificando con attenzione l'allocazione del lavoro in accordo con le necessità produttive e le competenze dei lavoratori, si può annullare quasi del tutto la disoccupazione; infine, si può decidere di distribuire il IC 4 p13 reddito nazionale secondo un principio di uguaglianza oppure secondo i bisogni.

È possibile, inoltre, prendere in considerazione le ripercussioni sociali della produzione e del consumo (per esempio, gli effetti sull'ambiente), posto che il governo sia in grado di prevedere questi effetti e scelga di tenerne conto.

IC 2 p12 Nella realtà, un'economia dirigista potrebbe conseguire questi obiettivi solo a fronte di un elevato costo economico e sociale, per le seguenti ragioni.

- Quanto più ampia e complessa è l'economia, tanto più arduo è il compito di raccogliere e analizzare le informazioni essenziali per la pianificazione, che risulterà pertanto assai difficoltosa. Inoltre, le pianificazioni complesse sono verosimilmente costose da amministrare e richiedono una burocrazia imponente.
- IC 3 p13 Se non esiste un sistema di prezzi, o se i prezzi sono fissati arbitrariamente dallo Stato, è probabile che la pianificazione provochi un uso inefficiente delle risorse. È difficile valutare l'efficienza relativa di due tecniche alternative che si avvalgono di fattori di produzione diversi, se non è possibile stabilire il valore di questi fattori. Per esempio, come si può prendere una decisione razionale tra l'impiego di una fornace a petrolio e una a carbone, se i prezzi del petrolio e del carbone non ne riflettono la scarsità relativa?
- È difficile proporre incentivi adeguati per incoraggiare lavoratori e dirigenti a essere più produttivi senza che la qualità ne risenta. Per esempio, se vengono accordati premi di produzione a seconda della quantità prodotta, una fabbrica potrebbe produrre beni scadenti, dal momento che, abbassando la qualità, è in grado di produrre più pezzi. Per scongiurare questo problema, può essere necessario ingaggiare un elevato numero di addetti al controllo della qualità.
- Il completo controllo statale sull'allocazione delle risorse comporterebbe una considerevole perdita in termini di libertà individuale: le persone non avrebbero scelta riguardo a dove lavorare e i consumatori non potrebbero decidere che cosa comprare.
- Se la produzione è pianificata ma i consumatori sono liberi di spendere i loro redditi monetari come desiderano, al mutare delle preferenze dei consumatori si porrà un problema: se decidono di acquistare di più si creerà una penuria di alcuni prodotti, se decidono di acquistare di meno si produrrà un'eccedenza.

Molti di questi problemi si verificarono nell'ex Unione Sovietica e nei paesi del blocco sovietico e, in parte, furono la causa che portò al sovvertimento dei loro regimi comunisti.

PAROLE CHIAVE

Meccanismo dei prezzi In un'economia di mercato, sistema per cui le variazioni dei prezzi in risposta ai cambiamenti della domanda e dell'offerta hanno l'effetto di rendere la domanda uguale all'offerta.

L'economia di libero mercato

Libertà di scelta

In un libero mercato, gli individui sono liberi di prendere le proprie decisioni economiche: i consumatori possono decidere che cosa acquistare con il loro reddito, e quindi sono liberi di prendere decisioni di domanda; le imprese sono libere di decidere che cosa vendere e quali tecniche di produzione impiegare, e quindi sono libere di prendere decisioni di offerta. Le decisioni di domanda e di offerta interagiscono attraverso il ***meccanismo dei prezzi***, il cui responso deve essere accettato da consumatori e imprese.

Il meccanismo dei prezzi

Il funzionamento del meccanismo dei prezzi può essere descritto come segue: i prezzi reagiscono alle situazioni di penuria e di eccedenza, aumentando nel primo caso e diminuendo nel secondo. Ecco come.

Se i consumatori desiderano una maggiore quantità di un bene (o se le imprese decidono di tagliare la produzione), la domanda risulta superiore all'offerta. La penuria che ne deriva spinge al rialzo il prezzo del bene, dando ai produttori un incentivo a incrementare l'offerta, grazie alla prospettiva di maggiori profitti. Al contempo, l'aumento del prezzo scoraggia i consumatori dall'acquistare una maggiore quantità. *Il prezzo continua a salire finché la penuria non viene eliminata.*

Se, al contrario, i consumatori desiderano una minore quantità di un bene (o se le imprese decidono di espandere la produzione), l'offerta risulta superiore alla domanda. L'eccedenza che ne risulta spinge al ribasso il prezzo del bene, incentivando i produttori a ridurre l'offerta, dal momento che la produzione diventa meno redditizia. Inoltre, la flessione del prezzo incoraggia i consumatori a comprare di più. *Il prezzo continua a diminuire finché l'eccedenza non viene eliminata.*

Il prezzo in corrispondenza del quale la domanda è pari all'offerta è detto ***prezzo di equilibrio***, dove per ***equilibrio*** si intende una posizione dalla quale non vi è una tendenza intrinseca ad allontanarsi.

La reazione della domanda e dell'offerta alle variazioni del prezzo illustra una caratteristica molto importante del funzionamento dei sistemi economici: *gli individui rispondono agli incentivi*. Pertanto, è essenziale che gli incentivi siano appropriati e abbiano l'effetto desiderato. Questo argomento sarà esaminato nel Concetto fondamentale 5 (Capitolo 2).

CF 5 p46

PAROLE CHIAVE

Prezzo di equilibrio Prezzo in corrispondenza del quale la quantità domandata è pari alla quantità offerta: il prezzo al quale non vi è né penuria né eccedenza.

Equilibrio Posizione dalla quale non vi è una tendenza intrinseca ad allontanarsi.

L'effetto di variazioni della domanda e dell'offerta

Come reagisce il meccanismo dei prezzi a variazioni della domanda dei consumatori o dell'offerta dei produttori? La domanda dei consumatori tende a mutare nel tempo: per esempio, gli individui potrebbero iniziare a prediligere le biciclette da città rispetto alle mountain bike. Anche l'offerta può cambiare nel tempo: per esempio, grazie al progresso tecnologico il costo della produzione di microchip in grande scala può diminuire, mentre la produzione artigianale di mobili diventa relativamente più costosa.

Le variazioni dei prezzi derivanti da variazioni della domanda e dell'offerta fungono sia da segnali che da incentivi.

Variazioni della domanda. Un aumento della domanda è segnalato da un aumento del prezzo, che a sua volta funge da incentivo a espandere l'offerta. L'alto prezzo di questi beni rispetto ai costi di produzione segnala che i consumatori sono disposti a veder destinate diversamente le risorse. Le imprese quindi reagiscono riallocando le risorse dalla produzione dei beni con un rapporto prezzo/costo inferiore (e di conseguenza meno redditizi) alla produzione di beni che garantiscono maggiori profitti.

Una diminuzione della domanda è segnalata da una flessione del prezzo, che funge da incentivo a una riduzione dell'offerta, in quanto la produzione di tali beni diventa meno redditizia.

Variazioni dell'offerta. Un aumento dell'offerta è segnalato da una diminuzione del prezzo, che a sua volta costituisce un incentivo a incrementare la domanda.

IDEA CHIAVE 5 Le ***variazioni della domanda o dell'offerta*** provocano un riallineamento nei mercati. Lo "squilibrio" generato da variazioni della domanda e dell'offerta provoca un adeguamento automatico dei prezzi, che ripristina l'equilibrio tra domanda e offerta.

Il riallineamento dei mercati che porta in equilibrio la domanda e l'offerta è discusso nel Concetto fondamentale 4 (Capitolo 2).

L'interdipendenza dei mercati

L'interdipendenza dei mercati dei beni e dei fattori. Se la domanda di un bene aumenta, il prezzo sale e la produzione diventa più redditizia, tanto che le imprese reagiscono offrendo una quantità maggiore. Tuttavia, per espandere la produzione le imprese hanno bisogno di una maggiore quantità di fattori di produzione. La domanda di tali fattori pertanto aumenta, spingendo al rialzo i prezzi di questi ultimi. I fornitori rispondono a questo incentivo offrendo una maggiore quantità. Questa dinamica può essere riassunta come segue.

1. Mercato dei beni:
   - la domanda del bene aumenta;
   - si genera una penuria;
   - la penuria spingc al rialzo il prczzo dcl bcnc;
   - l'aumento del prezzo elimina la penuria, perché riduce la domanda e incoraggia le imprese a espandere la produzione.
2. Mercato dei fattori:
   - la maggiore offerta del bene provoca un aumento della domanda dei suoi fattori di produzione;
   - si genera una penuria di tali fattori;
   - la penuria spinge al rialzo i prezzi;
   - l'aumento dei prezzi elimina la penuria, riducendo la domanda e incoraggiando i fornitori dei fattori di produzione a incrementare l'offerta.

I cambiamenti nei mercati dei beni provocano quindi cambiamenti nei mercati dei fattori, come riassunto nella Figura 1.7.

IC 5 p22 L'interdipendenza esiste anche nella direzione opposta: i mercati dei fattori influiscono sui mercati dei beni. Per esempio, la scoperta di un nuovo giacimento minerario provoca un abbassamento del prezzo della materia prima; questo, a sua volta, spinge al ribasso i costi di produzione delle imprese che impiegano quella materia prima e fa aumentare l'offerta di prodotti finiti. La risultante eccedenza deprime il prezzo del bene, incoraggiando i consumatori ad acquistarne di più.

L'interdipendenza dei diversi mercati dei beni. L'aumento del prezzo di un bene induce i consumatori ad acquistare prodotti alternativi, i cui prezzi finiscono necessariamente per aumentare. Questo, a sua volta, incoraggia i produttori a offrire una maggiore quantità dei beni alternativi.

Conclusione

Sebbene in un'economia di libero mercato gli individui perseguano il proprio interesse personale, di fatto tutti sono incoraggiati a rispondere ai desideri e ai bisogni degli altri attraverso l'incentivo del meccanismo dei prezzi (vedi Box 1.3).

Valutazione dell'economia di libero mercato

Il fatto che un'economia di libero mercato si regoli automaticamente è di certo uno dei suoi principali vantaggi: per coordinare le decisioni economiche non occorre una burocrazia costosa e complessa, e il sistema economico è in grado di rispondere in fretta a variazioni delle condizioni di domanda e offerta.

Quando i mercati sono altamente concorrenziali, nessuno ha più potere di altri; la concorrenza fra le imprese tiene bassi i prezzi e incentiva l'efficienza. Quanto più le imprese sono in concorrenza fra loro, tanto più sono reattive ai desideri dei consumatori.

Maggiore è l'efficienza con cui le imprese riescono a combinare i fattori di produzione, maggiori sono i loro profitti. Maggiore è l'efficienza dei lavoratori, più sicuri sono i loro posti di lavoro e più elevati i loro salari. Più alta è l'attenzione con cui i consumatori decidono che cosa acquistare, più elevato è il rapporto qualità/prezzo che riescono a ottenere.

IC 1 p8 Pertanto, il perseguimento dell'interesse personale che ispira le decisioni di acquisto e di vendita nei mercati concorrenziali contribuisce a minimizzare il fondamentale problema economico della scarsità, incoraggiando l'uso efficiente delle risorse della società in linea con i desideri dei consumatori. A partire da questa

Figura 1.7 Il meccanismo dei prezzi: l'effetto di un aumento della domanda.

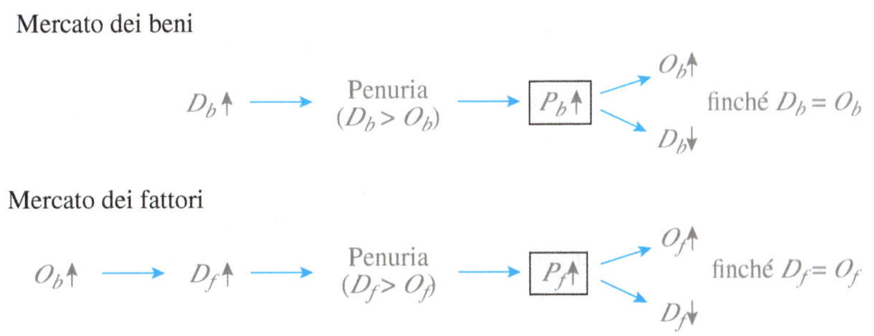

BOX 1.3 **ESPLORARE L'ECONOMIA**

La "mano invisibile" del mercato

Molti economisti affermano che la moderna scienza economica è nata nel 1776, l'anno in cui fu pubblicato *La ricchezza delle nazioni* di Adam , uno dei più importanti testi di economia mai scritti.

IC 5 p22 Il volume, suddiviso in cinque libri, è di respiro molto ampio, ma espone una tesi fondamentale: in generale, le economie di mercato sono molto utili al bene comune. I mercati guidano la produzione e il consumo come una *mano invisibile* e, sebbene tutti perseguano il proprio interesse personale, l'interazione nel mercato porta al conseguimento del bene sociale.

Nel Libro I, Capitolo 2, Smith scrive:

> *L'uomo ha invece quasi sempre bisogno dell'aiuto dei suoi simili e lo aspetterebbe invano dalla sola benevolenza [...] Non è certo dalla benevolenza del macellaio, del birraio o del fornaio che ci aspettiamo il nostro pranzo, ma dal fatto che essi hanno cura del proprio interesse. Noi non ci rivolgiamo alla loro umanità, ma al loro egoismo e con loro non parliamo mai delle nostre necessità, ma dei loro vantaggi.*

Più avanti, nel libro IV, capitolo 2, continua:

> *Ogni individuo si sforza continuamente di trovare l'impiego più vantaggioso possibile per qualunque capitale di cui possa disporre. In effetti, è al suo proprio vantaggio che egli mira, e non a quello della società. Ma la considerazione del suo proprio vantaggio lo porta naturalmente, o meglio necessariamente, a preferire l'impiego più vantaggioso per la società [...] ed è condotto da una mano invisibile, in questo come in molti altri casi, a perseguire un fine che non rientra nelle sue intenzioni. Né il fatto che tale fine non rientri sempre nelle sue intenzioni è sempre un danno per la società. Perseguendo il proprio interesse, egli spesso persegue l'interesse della società in modo molto più efficace di quanto intende effettivamente perseguirlo.*

Pertanto Smith affermava che, salvo una o due eccezioni, lo Stato non dovrebbe interferire con il funzionamento dell'economia, ma adottare una politica del *laissez-faire* o "non interventista" e favorire la libera impresa e il libero scambio fra le nazioni.

Questa apologia del libero mercato ha indotto diversi esponenti della destra politica a considerare Smith il padre del "movimento libertario", la corrente di pensiero che propugna un intervento minimo dello Stato nell'economia (si veda il Box 12.6), tanto che una delle più famose istituzioni libertarie porta il nome di Adam Smith Institute.

Ma Smith non ignorava gli svantaggi dei mercati non regolamentati. Nel Libro I, Capitolo 7, considera il problema del monopolio:

> *Un monopolio concesso a un individuo o a una compagnia commerciale ha lo stesso effetto di un segreto nel commercio o nelle manifatture. I monopolisti, mantenendo il mercato costantemente in condizioni di insufficiente rifornimento, non facendo pienamente fronte alla domanda effettuale, vendono le loro merci molto al di sopra del prezzo naturale, ed elevano molto al di sopra del saggio naturale i loro guadagni, consistano questi di salati o di profitti.*

Più oltre, nel testo (Libro I, Capitolo 10), Smith considera i pericoli connaturati alle situazioni in cui le imprese si coalizzano per perseguire il reciproco interesse:

> *È difficile che persone dello stesso mestiere si incontrino, sia pure per far festa e per divertirsi, senza che la conversazione finisca in una cospirazione contro lo stato o in qualche espediente per elevare i prezzi.*

argomentazione, i sostenitori del libero mercato traggono spesso la conclusione che il perseguimento del guadagno personale porti al bene della società. Questa CF 2 p25 affermazione è al centro di accesi dibattiti e ha profonde implicazioni morali (vedi il Concetto fondamentale 2). Nella realtà, tuttavia, i mercati non raggiungono la massima efficienza nell'allocazione delle risorse scarse e i governi sentono quindi la necessità di intervenire per risolvere questo e altri problemi legati al libero mercato, tra cui i seguenti.

- La concorrenza fra le imprese è spesso limitata. Può accadere che pochi produttori controllino un settore, applicando prezzi elevati e realizzando lauti profitti.
- Invece di rispondere ai desideri dei consumatori, le imprese potrebbero tentare di persuaderli attraverso la pubblicità.
- IC 4 p13 La scarsa concorrenza e gli elevati profitti possono indebolire gli incentivi all'efficienza.
- Il potere e la proprietà potrebbero essere distribuiti in modo ineguale, e chi li detiene (per esempio, le grandi imprese, i sindacati o i proprietari terrieri) potrebbe guadagnare a spese degli altri.
- I consumatori e le imprese potrebbero non disporre di tutte le informazioni relative ai costi e ai benefici associati ai diversi beni e fattori di produzione, e pertanto potrebbero prendere decisioni sbagliate.

CONCETTO FONDAMENTALE 2 **L'interazione economica volontaria è vantaggiosa** PENSARE COME UN ECONOMISTA

L'interazione economica può assumere svariate forme e spesso avviene nei mercati. Per esempio, lo scambio di beni comporta un'interazione fra il consumatore e il venditore; l'assunzione di un dipendente dà luogo a un'interazione fra il datore di lavoro e il lavoratore; l'approvvigionamento di materie prime prevede un'interazione fra l'impresa acquirente e il fornitore.

In ciascun caso è previsto un beneficio reciproco, in assenza del quale l'interazione non avrebbe luogo. Immaginate di spendere 400 euro per andare in vacanza: se il soggiorno risulta all'altezza delle vostre aspettative, ne trarrete un beneficio e sarete soddisfatti di aver speso quella somma per il viaggio anziché per altro; il beneficio marginale della vacanza supera il costo marginale. Anche l'agenzia di viaggio e il tour operator ottengono un guadagno, perché realizzano un profitto dalla vendita della vacanza. Si tratta di una situazione "win-win", a volte definita "*gioco a somma positiva*": un'interazione che produce un beneficio netto positivo. Un altro esempio è lo scambio internazionale . Due nazioni intrattengono rapporti commerciali solo se ne traggono un beneficio reciproco: in caso contrario, infatti, lo scambio non avrebbe luogo. In particolare, il valore dei prodotti consumati da entrambi i paesi è superiore a quello del consumo in assenza dello scambio, dal momento che ciascuna nazione può specializzarsi nella produzione e nell'esportazione dei beni per cui gode di un vantaggio comparato, importando invece dall'altro paese i beni nella cui produzione è più carente.

L'esistenza di un beneficio netto dall'interazione volontaria è un *concetto fondamentale*, perché consente di considerare l'attività economica sotto una luce diversa. Spesso è importante identificare i benefici complessivi, per metterli a confronto con quelli derivanti da forme di interazione alternative. Per esempio, anche se i lavoratori e l'impresa che li assume traggono un guadagno rispettivamente dai salari corrisposti e dalla produzione realizzata, potrebbe essere possibile riorganizzare la forza lavoro in maniera tale da aumentare la produzione; in tal modo, l'impresa potrebbe corrispondere salari più elevati e registrare comunque un aumento dei profitti. Così, entrambe le parti potrebbero beneficiare di una contrattazione costruttiva su salari e nuove prassi lavorative.

A volte si può avere l'impressione che l'interazione volontaria favorisca una parte a scapito dell'altra: per esempio, se un'impresa aumenta i prezzi, quest'ultima potrebbe ottenere un guadagno a spese dei consumatori. Ma non è strettamente vero: certo, i consumatori sono penalizzati rispetto a prima, ma, se sono ancora disposti a comprare il bene, devono tenere presente che il beneficio di acquistare è superiore a quello di rinunciare all'acquisto. Entrambe le parti traggono dunque un beneficio dallo scambio, anche se l'impresa in misura maggiore.

- Alcune imprese potrebbero adottare prassi socialmente indesiderabili: per esempio, le industrie chimiche potrebbero inquinare l'ambiente.
- Alcuni beni socialmente desiderabili potrebbero non essere prodotti da imprese private: per esempio, chi si impegnerebbe in attività anti-terrorismo, se queste non fossero finanziate dal governo?
- Un'economia di libero mercato potrebbe portare a instabilità macroeconomica; potrebbero verificarsi periodi di recessione con alta disoccupazione e calo della produzione, alternati a periodi di inflazione.
- Infine, viene spesso mossa un'obiezione etica: un'economia di libero mercato, premiando il comportamento finalizzato al raggiungimento dell'interesse personale, potrebbe incoraggiare l'egoismo, l'avidità, il materialismo e la sete di potere.
- CF 3 p26 Il fatto che il libero mercato potrebbe non riuscire a conseguire vari obiettivi sociali è oggetto del Concetto fondamentale 3.

L'economia mista

A causa dei problemi del libero mercato e del dirigismo, tutte le economie del mondo reale presentano caratteristiche di entrambi i sistemi. Nelle ***economie miste*** il governo potrebbe controllare:

- i ***prezzi relativi*** dei beni e dei fattori di produzione, mediante le imposte e i sussidi o il controllo diretto dei prezzi;
- i redditi relativi, attraverso le imposte sul reddito, le prestazioni assistenziali e previdenziali o il controllo diretto di salari, profitti, rendite e così via;
- le forme di produzione e di consumo, attraverso la legislazione (per esempio, dichiarando illegale la produzione di beni pericolosi), la fornitura diretta di beni e servizi (per esempio, l'istruzione e la difesa) oppure le imposte e i sussidi;
- i problemi macroeconomici, quali disoccupazione, inflazione, mancanza di crescita, disavanzi correnti della bilancia dei pagamenti e fluttuazioni dei tassi di cambio, attraverso il prelievo fiscale e la spesa pubblica, il controllo del credito bancario e dei tassi di interesse, il controllo diretto dei prezzi e il controllo del tasso di cambio.

PAROLE CHIAVE

Economia di mercato mista Un'economia di mercato caratterizzata da un parziale intervento pubblico.

Prezzo relativo Prezzo di un bene rispetto a quello di un altro.

CONCETTO FONDAMENTALE 3 **Non sempre i mercati realizzano gli obiettivi sociali** PENSARE COME UN ECONOMISTA

Abbiamo visto che le forze del mercato sono in grado di portare automaticamente in equilibrio la domanda e l'offerta. Benché gli esiti di questo processo siano spesso desiderabili, nulla garantisce che si ottenga sempre questo risultato. In assenza di controllo, le forze del mercato possono arrecare gravi danni agli individui, alla società e all'ambiente.
I mercati tendono a rispecchiare le azioni combinate dei singoli consumatori e delle imprese; tuttavia, nel prendere le loro decisioni, gli attori economici possono comportarsi egoisticamente, senza tenere conto delle più ampie ripercussioni delle loro azioni. Se c'è domanda di armi da fuoco, le forze del mercato rendono l'offerta redditizia; la domanda di automobili potenti, a consumo elevato, crea un mercato per le imprese produttrici. Le forze del mercato non sono né gentili né altruiste, ma rispecchiano meccanicamente il comportamento umano.
Inoltre, i mercati riproducono non solo i comportamenti egoistici, ma anche l'ignoranza. Chi acquista un giocattolo potrebbe non sapere che è pericoloso, ma nel comprarlo incoraggia le imprese prive di scrupoli a continuare a produrlo; parimenti, un'impresa potrebbe non accorgersi della pericolosità di un componente di un suo macchinario finché non si verifica un incidente; nel frattempo, continua a usarlo perché è redditizio.
Se le retribuzioni sono determinate puramente sulla base della domanda e dell'offerta, alcune persone, come i giocatori di calcio e i dirigenti di banca, potrebbero ricevere compensi molto elevati; al contrario, altri lavoratori, come gli addetti alle pulizie o i commessi dei negozi, potrebbero percepire salari molto bassi.
Anche se la disuguaglianza che ne risulta è considerata ingiusta, le sole forze del mercato non saranno sufficienti a costruire una società equa.
Riconoscere i limiti e i fallimenti dei mercati è un *concetto fondamentale*, perché ci aiuta a capire in che modo concepire leggi, imposte o sussidi per contrastare tali fallimenti; inoltre ci consente di valutare i meccanismi della domanda e dell'offerta alla luce di una vasta gamma di obiettivi sociali, per appurare se il sistema di mercato sia il più idoneo per raggiungere tali scopi.
Ma riconoscere i fallimenti del mercato è solo un primo passo. Bisogna stabilire, infatti, se il governo sia in grado di risolvere i problemi (ed eventualmente come), o se i limiti dell'azione pubblica rendano la soluzione peggiore del problema.
Esamineremo queste tematiche in diversi passi del testo, preparando il terreno nel Concetto fondamentale 7.

Il fatto che l'intervento pubblico possa contribuire a rettificare diversi fallimenti del mercato è oggetto del Concetto fondamentale 7 (Capitolo 3). Tuttavia, è importante ricordare che le azioni del governo possono portare conseguenze negative oltre che positive. Approfondiremo il tema dell'intervento pubblico nelle economie miste nei Capitoli da 11 a 14.

1.3 La natura del pensiero economico

L'economia è una scienza sociale; vediamo adesso in che senso può essere considerata una *scienza* come la fisica o l'astronomia, quale accezione assume la parola "sociale" in questo contesto, che cosa possono fare gli economisti e qual è il loro ruolo nell'aiutare i governi a formulare le politiche economiche.

L'economia come scienza

La metodologia usata dagli economisti ha molto in comune con quella impiegata dagli studiosi di scienze naturali: entrambi cercano di elaborare teorie o ***modelli*** che vengono poi utilizzati per *spiegare* e *prevedere* i fenomeni economici. Un astronomo, per esempio, sviluppa modelli dei movimenti planetari per *spiegare perché* i pianeti si trovano nella loro posizione attuale e *per prevedere* la loro posizione futura.

I modelli in economia

Gli economisti si avvalgono di modelli che illustrano relazioni semplificate fra diversi fenomeni economici. La semplificazione è voluta: gli economisti sanno che i loro modelli non assomigliano molto al mondo che vorrebbero spiegare. Per esempio, un modello di un mercato mostra le relazioni fra domanda, offerta e prezzo. Molti modelli possono essere descritti a parole, ma di solito si rappresentano con maggiore accuratezza in forma grafica o matematica.

Elaborare i modelli

I modelli vengono elaborati a partire da ipotesi generali sulle cause dei fenomeni economici: per esempio, la domanda dei consumatori aumenta all'aumentare del reddito. Queste ipotesi si basano spesso su osservazioni. La formulazione di affermazioni generali a partire da specifiche osservazioni prende il nome di ***induzione***.

PAROLE CHIAVE

Modello economico Presentazione formale di una teoria economica.

Induzione Formulazione di teorie generali a partire da osservazioni specifiche.

Usare i modelli

Spiegazione. I modelli forniscono spiegazioni illustrando la causa dei fenomeni: a che cosa è dovuta l'inflazione, perché i lavoratori di alcuni settori guadagnano più di quelli di altri e così via. Un modello viene costruito per spiegare meglio una particolare relazione o insieme di fenomeni. Un modello economico potebbe essere realmente utile per uno scopo ma poco utile per altri.

Previsione. A volte i modelli vengono utilizzati per fare semplici previsioni: per esempio, "l'anno prossimo il tasso di inflazione sarà inferiore al 5%". Di solito, tuttavia, le previsioni sono espresse in forma ipotetica: per esempio, "se la domanda del bene *x* aumenta, il suo prezzo sale". L'utilizzo di modelli per trarre conclusioni su specifiche situazioni è detto ***deduzione***.

Quando si fanno simili deduzioni, occorre ipotizzare che nel frattempo non si siano verificati fatti in grado di influenzare il risultato: per esempio, se la domanda del bene *x* aumenta, il suo prezzo sale ipotizzando che il costo di produzione del bene *x* non sia diminuito. Questo genere di ipotesi è noto come ***ceteris paribus***, un'espressione latina che significa "a parità di altre condizioni".

Valutare i modelli

I modelli possono essere giudicati in base all'efficacia con cui spiegano e prevedono gli eventi, ma non in base al grado di somiglianza con il mondo reale.

Se le previsioni sono sbagliate, la prima cosa da fare è verificare se le deduzioni sono state effettuate in maniera corretta; se la risposta è affermativa, il modello deve essere adattato o sostituito con un modello alternativo dotato di una migliore capacità predittiva. Ma in economia, come in molte altre discipline, gli studiosi sono spesso restii ad abbandonare i loro modelli, preferendo piuttosto apportare le modifiche strettamente indispensabili. Questo può scatenare vivaci dibattiti fra le diverse "scuole di pensiero", ciascuna delle quali difenderà il proprio modello affermando che dipinge un quadro più accurato dell'economia.

Di recente abbiamo assistito a lunghi dibattiti sul motivo per cui i modelli economici non hanno previsto la crisi finanziaria del 2007-2008. Nel settembre del 2010 Ben Bernanke, il presidente della Federal Reserve, affermò che la scarsa capacità previsionale dei modelli economici non era da interpretarsi come un'indicazione della loro inadeguatezza; secondo Bernanke, invece di abbandonare tali modelli, occorreva approfondire l'analisi dell'impatto del sistema finanziario sulla crescita e la stabilità. Alcuni sostenevano che i modelli erano stati utilizzati male, per uno scopo diverso da quello per cui erano stati progettati. John Kay sostenne (in *Obliquity*, Penguin Books, 2010) che era come utilizzare una mappa della metropolitana di Londra per trovare un percorso da compiere a piedi. Altri dissentivano, sostenendo che molti dei modelli più consolidati avevano mancato di prevedere la crisi perché erano sostanzialmente errati, e dovevano essere sostituiti con modelli più aggiornati o completamente nuovi.

Gli economisti come detective

Poiché mancano evidenze conclusive su quante parti dell'economia funzionino, gli economisti devono anche essere in grado di fare i detective. Ciò comporta la necessità di un terzo tipo di ragionamento (oltre a induzione e deduzione), noto come ***adduzione***, che consiste

PAROLE CHIAVE

Adduzione Impiego di porzioni di evidenze per sviluppare una spiegazione plausibile, che possa essere poi utilizzata per raccogliere ulteriori evidenze.

Deduzione Impiego della teoria per trarre conclusioni in merito a specifiche situazioni.

Ceteris paribus Espressione latina che significa "a parità di altre condizioni". Tale ipotesi si rende necessaria quando si effettuano deduzioni dalle teorie.

BOX 1.4 **ANALISI DI CASI E APPLICAZIONI**

Ceteris paribus

Dal momento che il mondo reale è complesso, i modelli economici si basano necessariamente su ipotesi semplificatrici. A volte, tuttavia, gli economisti vengono accusati di partire da presupposti irrealistici che invalidano i loro modelli. Una vecchia barzelletta illustra efficacemente questa situazione.

Un chimico, un ingegnere e un economista fanno naufragio su un'isola deserta, non hanno di che mangiare e sono disperati. Un giorno scoprono una cassa piena di cibo in scatola portata a riva dalle onde. Quando capiscono di non avere modo di aprire le scatolette, decidono di sfruttare ciascuno la propria specializzazione per trovare una soluzione. Il chimico va alla ricerca di minerali che, opportunamente scaldati, siano in grado di fondere il coperchio delle scatolette. L'ingegnere si mette a raccogliere pietre e poi calcola da che altezza farle cadere per spaccare i coperchi delle scatolette. Nel frattempo, l'economista si siede e pensa: "Ipotizziamo di avere un apriscatole...".

nell'effettuare ipotesi o stime informate a partire da evidenze limitate. Si utilizzano i frammenti di evidenze disponibili come indizi per capire che cosa accade davvero. Così si formulano molte ipotesi iniziali, poi il ricercatore (o detective) utilizza quegli indizi per cercare ulteriori evidenze che possano essere utilizzate per un'induzione che consenta di sviluppare una teoria più robusta. Gli indizi possono portare su una falsa pista, ma a volte consentono di sviluppare una nuova teoria o di correggerne una esistente.
Un buon ricercatore sarà molto attento agli indizi, studiando con cura anche i dettagli per non lasciarsi scappare schemi o modelli che in precedenza siano stati ignorati o scartati.

Prima della crisi bancaria del 2007-8 e della recessione nel mondo sviluppato, molti economisti stavano raccogliendo indizi e cercando di utilizzarli per sviluppare una teoria del rischio sistemico nei mercati finanziari. Utilizzavano le competenze di un "detective economico" per cercare di scoprire non solo ciò che stava accadendo, ma anche le possibili conseguenze per il futuro. Alcuni hanno usato con successo l'adduzione per prevedere la crisi imminente. La maggior parte non è stata in grado di farlo.

L'economia come scienza sociale

L'economia studia il comportamento umano. Una difficoltà di questo filone di analisi sta nel fatto che, il più delle volte, gli individui tengono comportamenti molto diversi e hanno gusti e atteggiamenti differenti. Tuttavia, questo problema non è poi così grave come sembra: *in media*, infatti, gli individui assumono atteggiamenti e comportamenti piuttosto prevedibili. Per esempio, se il prezzo di un prodotto aumenta del 5%, possiamo ragionevolmente prevedere, *ceteris paribus*, che la quantità domandata diminuirà di circa il 10%. Ciò non significa che la domanda di ogni singolo individuo diminuirà del 10%, ma solo che la domanda *totale* subirà una flessione di tali proporzioni. Alcune persone potrebbero ridurre sensibilmente la domanda, altre continuare a domandare la stessa quantità di prima.

Ciò nonostante, vi sono aspetti del comportamento umano molto difficili da prevedere, anche se prendiamo in considerazione interi gruppi di persone. Per esempio, come reagiranno le imprese a un aumento dei tassi di interesse, nel prendere le decisioni di investimento? Questo dipende da numerosi fattori, come la fiducia delle imprese, che è notoriamente difficile da prevedere. Come reagirà un produttore a una variazione dei prezzi attuata da suoi concorrenti? In questo caso la decisione dell'impresa dipenderà probabilmente dalle sue aspettative in merito alla reazione dei concorrenti al suo comportamento. Come reagiranno le persone a una crisi globale come quella che ha colpito il sistema bancario e creditizio nel 2007-2008? Ciò dipende in gran parte dagli umori delle società finanziarie, delle imprese e degli individui. Un atteggiamento pessimista (o anche ottimista) può diffondersi in fretta, ma non in misura facilmente prevedibile.

Per tutte queste ragioni, in economia possono coesistere modelli spesso contrastanti, che partono da ipotesi diverse e giungono a conclusioni politiche differenti. Di conseguenza, l'economia può essere spesso assai controversa. Come vedremo più oltre in questo volume, i diversi partiti possono sposare scuole di pensiero economico differenti: per esempio, la sinistra politica potrebbe caldeggiare un modello secondo il quale il governo deve intervenire per ridurre l'elevata disoccupazione, mentre i partiti di destra potrebbero aderire a un modello secondo cui la disoccupazione si ridurrà con un minore intervento pubblico e un ruolo maggiore del libero mercato.

Una branca dell'economia che ha conosciuto una crescita notevole negli ultimi anni è l'economia comportamentale, che – nel tentativo di comprendere meglio il processo decisionale di investitori, consumatori e altri attori economici – aggiunge ai modelli tradizionali alcuni elementi psicologici.

Gran parte delle prime evidenze a supporto dell'economia comportamentale proviene da esperimenti di laboratorio in cui le persone prendono decisioni in ambienti simulati – normalmente un laboratorio informatico. Evidenze più recenti provengono da esperimenti sul campo, in cui le persone prendono decisioni in un ambiente più naturale e non sono a conoscenza del fatto che il loro comportamento è tenuto sotto osservazione. Approfondiremo l'economia comportamentale nei Capitoli 4, 5, 9, 10 e 13.

L'esistenza di diverse teorie economiche non implica che gli economisti siano sempre in disaccordo. A dispetto di quanti affermano che "se *tutti gli economisti del mondo* si sdraiassero uno in fila all'altro, non raggiungerebbero una *conclusione" (come recita un motto popolare)*, in realtà c'è un ampio margine di accordo fra gli economisti su come analizzare il mondo e quali conclusioni trarre.

Economia e politica

Gli economisti svolgono un ruolo cruciale nell'aiutare i governi a formulare le politiche economiche. Per capire questa funzione è necessario fare una distinzione fra affermazioni positive e affermazioni normative.

Un'***affermazione positiva*** è un dato di fatto. Può essere giusta o sbagliata, ma la sua esattezza è verificabile sulla base di dati concreti. "La disoccupazione è in aumento", "Entro il prossimo anno l'inflazione supererà il 6%" e "Se il governo abbassa le tasse, le importazioni aumenteranno" sono esempi di affermazioni positive.

Un'***affermazione normativa*** è un giudizio di valore in merito a ciò che è giusto o sbagliato, positivo o negativo, desiderabile o non desiderabile. "È giusto che i ricchi paghino più tasse dei poveri", "Il governo dovrebbe ridurre l'inflazione" e "Si dovrebbero alzare le pensioni di anzianità" sono tutti esempi di affermazioni normative, che non possono essere dimostrate o sconfessate con la prova dei fatti.

CF 1 p11 Gli economisti possono contribuire alle decisioni di politica economica solo con affermazioni positive, cioè esaminando le conseguenze di specifici provvedimenti; se viene chiesto loro un parere su due politiche, possono stabilire quale delle due avrà maggiori probabilità di conseguire un dato obiettivo, ma – in quanto economisti – non dovrebbero esprimersi sul fatto che gli scopi della politica siano desiderabili o meno. Per esempio, gli economisti potrebbero sostenere che un incremento della spesa pubblica ridurrà la disoccupazione e alimenterà l'inflazione, ma – in quanto scienziati – non possono decidere se questa politica sia desiderabile.

IDEA CHIAVE 6 ***L'importanza della distinzione fra affermazioni positive e normative.*** Gli economisti possono contribuire alle decisioni di politica economica solo con affermazioni positive, perché, in quanto scienziati, non dovrebbero esprimere giudizi normativi. Questo genere di giudizio, infatti, è concesso loro solo in quanto individui, quindi senza alcun diritto morale in più di quello che spetta a ogni altra persona.

PAROLE CHIAVE

Affermazione positiva Affermazione priva di giudizi di valore, che può essere verificata con la prova dei fatti.

Affermazione normativa Giudizio di valore.

I paragrafi in pillole

Paragrafo 1.1

1. Il problema fondamentale dell'economia è la scarsità. Dato che i fattori di produzione (lavoro, terra e capitale) sono limitati, è impossibile fornire a tutti ogni cosa che desiderano. La domanda potenziale supera l'offerta potenziale.
2. La disciplina economica è normalmente suddivisa in due branche principali: la macroeconomia e la microeconomia.
3. La macroeconomia si occupa di aggregati quali il livello generale della disoccupazione, della produzione, della crescita e dei prezzi nel sistema economico.
4. La microeconomia si occupa delle attività dei singoli soggetti all'interno del sistema economico: imprese, settori, consumatori, lavoratori e così via. Dal momento che le risorse sono scarse, le persone devono operare delle scelte. In un modo o nell'altro, la società deve scegliere quali beni e servizi produrre, come produrli e per chi produrli. La microeconomia studia queste scelte.
5. Per compiere scelte razionali è necessario soppesare i benefici marginali di ciascuna attività rispetto ai suoi costi-opportunità marginali. Se i benefici marginali superano i costi marginali, è razionale scegliere di dedicarsi in misura maggiore a quell'attività.
6. La curva delle possibilità di produzione mostra le possibili combinazioni di due beni che una nazione può produrre in un dato periodo di tempo. Se la nazione produce una combinazione di beni che si trova sulla curva, la produzione di una maggiore quantità di un bene comporta una produzione inferiore dell'altro. Questo costo-opportunità è rappresentato dalla pendenza della curva. Se l'economia produce una combinazione di beni all'interno della curva, a causa del mancato utilizzo di alcune risorse oppure di un'inefficienza, essa può produrre una maggiore quantità di entrambi i beni mettendo a frutto le risorse inutilizzate o impiegandole in modo più efficiente. Nel lungo periodo, un'economia può produrre una maggiore quantità di entrambi i beni spostando verso l'esterno la curva attraverso l'investimento, il progresso tecnologico e così via.
7. Il flusso circolare dei beni e dei redditi illustra le interrelazioni fra le imprese e le famiglie in un'economia che si avvale della moneta quale mezzo di scambio. Le imprese e le famiglie si incontrano nei mercati. Nei mercati dei beni, le imprese offrono i loro prodotti alle famiglie, in cambio di un flusso di pagamenti in denaro dalle seconde alle prime. Nei mercati dei fattori, le imprese domandano i fattori di produzione offerti dalle famiglie, in cambio di un flusso di pagamenti in denaro che procede in senso opposto rispetto al precedente.

Paragrafo 1.2

1. I sistemi economici dei diversi paesi differiscono in base al ruolo del mercato e del governo nell'allocazione delle risorse.
2. A un estremo, in un'economia dirigista, lo Stato prende tutte le decisioni economiche: pianifica le quantità di risorse da destinare al consumo corrente e da investire per la produzione futura; pianifica la produzione di ciascun settore, i metodi di produzione impiegati e la quantità di risorse che gli saranno assegnate; infine, pianifica la distribuzione della produzione fra i consumatori.

3. Un'economia dirigista presenta il vantaggio di poter affrontare direttamente i diversi obiettivi economici, quali una rapida crescita e la lotta alla disoccupazione e alla disuguaglianza. Tuttavia, questo tipo di sistema economico è tendenzialmente inefficiente e burocratico; i prezzi e le scelte dei metodi di produzione sono probabilmente arbitrari; gli incentivi possono essere inappropriati; e si possono verificare penurie ed eccedenze.
4. All'estremo opposto sta l'economia di libero mercato, in cui le decisioni sono il risultato dell'interazione fra domanda e offerta e le variazioni dei prezzi sono il meccanismo attraverso il quale la domanda e l'offerta pervengono all'equilibrio. Penurie ed eccedenze vengono eliminate, rispettivamente, dall'aumento o dalla diminuzione del prezzo.
5. Un'economia di libero mercato si regola automaticamente. La concorrenza tra i produttori, se sufficientemente intensa, può contribuire a tutelare gli interessi dei consumatori. Nella pratica, tuttavia, la concorrenza può essere limitata; può sussistere un alto grado di disuguaglianza; le attività economiche possono produrre conseguenze sociali e ambientali avverse; e si può generare instabilità a livello macroeconomico.
6. Nella realtà, tutte le economie presentano un misto di mercato e intervento statale; sono il grado e la forma di quest'ultimo a distinguere un tipo di economia dall'altro.

Paragrafo 1.3

1. La metodologia usata dagli economisti è analoga a quella utilizzata dagli studiosi di scienze naturali. Gli economisti elaborano modelli di cui si servono per spiegare e prevedere i fenomeni economici; questi modelli possono essere testati facendo riferimento ai fatti e verificando l'accuratezza delle loro previsioni o spiegazioni. I modelli sbagliati possono essere abbandonati o corretti.
2. Essendo una scienza sociale, l'economia studia le azioni umane. Fare previsioni accurate in economia è molto difficile, dal momento che questa scienza deve occuparsi di un ambiente in continuo mutamento.
3. Esaminando le conseguenze di diverse strategie, gli economisti possono assistere i governi nella formulazione delle politiche economiche. A tal fine, è importante separare le affermazioni positive sugli effetti dei provvedimenti dalle affermazioni normative sugli obiettivi delle politiche. Gli economisti, proprio in quanto tali, non hanno un diritto superiore di esprimere giudizi normativi; tuttavia, svolgono un ruolo cruciale nel valutare se una politica persegua gli obiettivi del governo (o dell'opposizione).

Domande di ripasso

1. Immaginate che, in un dato periodo di tempo, un paese possa produrre solo beni e servizi in una delle seguenti combinazioni:

Unità di beni										
0	10	20	30	40	50	60	70	80	90	100
Unità di servizi										
80	79	77	74	70	65	58	48	35	19	0

   a) Tracciate la curva delle possibilità di produzione.
   b) Supponendo che il paese produca 40 unità di beni e 70 di servizi, qual è il costo-opportunità di produrre altre 10 unità di beni?
   c) Spiegate in che modo i dati illustrano il principio di costo-opportunità crescente.
   d) Ipotizzate ora che il progresso tecnologico porti a un aumento del 10% della produzione di beni per ogni data quantità di risorse. Tracciate la nuova curva delle possibilità di produzione. Come è cambiato il costo-opportunità di produrre unità addizionali di servizi?
2. Immaginate di vincere al Superenalotto. Il vostro "problema economico" sarebbe risolto?
3. Supponete che in una famiglia un genitore lavori a tempo pieno e l'altro si occupi delle faccende domestiche e dei figli. Come calcolereste il costo-opportunità di consentire anche al secondo genitore di lavorare a tempo pieno? In che modo questi calcoli sarebbero rilevanti al momento di decidere se valga la pena accettare il lavoro?
4. Quando avete deciso di studiare economia, si è trattato di una decisione "razionale" (per quanto basata sulle informazioni limitate di cui disponevate in quel momento)? Quali informazioni aggiuntive avreste voluto avere per assicurarvi di prendere la decisione giusta?
5. In che modo la specializzazione riduce il problema della scarsità?
6. La ridistribuzione del reddito dai ricchi ai poveri allevierebbe il problema della scarsità?
7. Supponete che il fracking si diffonda anche in Europa, con un conseguente aumento importante delle forniture di petrolio e shale gas. Illustrate gli effetti di questa fatto sul mercato del petrolio e del gas e su quello di altri combustibili.
8. Fate due esempi di affermazioni positive sull'economia e due di affermazioni normative; fate poi due esempi di affermazioni apparentemente positive, ma contenenti implicazioni o sfumature normative.

ONLINE

Sulla piattaforma MyLab dedicata a questo testo troverete materiali di supporto e approfondimento. All'interno dello stesso ambiente è disponibile la piattaforma inglese MyLab Economics che offre ulteriori risorse, un ricco apparato multimediale ed esercizi guidati.

PARTE

B

Fondamenti della microeconomia

Capitolo 2
Domanda e offerta

Capitolo 3
Il mercato e l'intervento pubblico

La prima metà di questo libro è dedicata alla microeconomia. Questa branca della disciplina economica si occupa delle singole parti dell'economia e non del sistema economico nel suo complesso; ma lungi dall'essere scarsamente rilevante, come il prefisso "micro" potrebbe lasciar intendere, attiene ad alcune grandi tematiche del mondo moderno. Per comprendere come funziona l'economia a questo livello micro, dobbiamo capire il funzionamento dei mercati, e quindi della domanda e dell'offerta.

Nel Capitolo 2 vedremo come l'interazione di domanda e offerta determini i prezzi (e dunque l'allocazione delle risorse) in un'economia di libero mercato. Esamineremo anche il grado di reattività di domanda e offerta al mutare delle circostanze di mercato.

I mercati però non sempre sono liberi, perché spesso sono oggetto di varie forme di intervento pubblico. Nel Capitolo 3 vedremo alcuni dei motivi per cui i governi potrebbero scegliere di rifiutare il mercato libero ed esamineremo i metodi utilizzati per influenzare prezzi, produzione e allocazione.

Nelle Parti C e D tratteremo in maggiore dettaglio i mercati, la loro efficienza e l'intervento pubblico.

CAPITOLO

2

Domanda e offerta

Sommario del capitolo

Come abbiamo visto nel Capitolo 1, in un'economia di libero mercato i prezzi svolgono un ruolo determinante nella trasmissione di informazioni dagli acquirenti ai venditori e viceversa. In questo capitolo esamineremo in maggior dettaglio tale "meccanismo dei prezzi".

In particolare, studieremo i fattori che determinano la domanda e l'offerta, nonché la relazione fra domanda, offerta e prezzo. Analizzeremo poi in che modo il meccanismo dei prezzi trasmette informazioni dai consumatori ai produttori e viceversa, e spiegheremo come i prezzi fungono da incentivo. Per esempio, se i consumatori desiderano fare più vacanze brevi nelle città europee, vedremo in che modo questo aumento della domanda porta a un aumento dei prezzi, incentivando le imprese ad aumentare la produzione.

In altre parole, capiremo il meccanismo con cui il libero mercato reagisce ai cambiamenti della domanda o dell'offerta attraverso una serie di aggiustamenti che portano la domanda e l'offerta a raggiungere una posizione di "equilibrio".

Dobbiamo però capire anche il grado in cui i prezzi e la produzione reagiscono a cambiamenti della domanda e dell'offerta. Di quanto aumenterà la domanda di brani musicali da scaricare se il loro prezzo diminuisce? Di quanto salirà l'offerta di nuove abitazioni se i prezzi immobiliari aumentano? Per rispondere a simili domande, nel Paragrafo 2.4 svilupperemo il concetto di elasticità della domanda e dell'offerta.

Analizzeremo infine la rapidità con cui i mercati raggiungono l'equilibrio e il modo in cui le aspettative individuali riguardo alle variazioni dei prezzi influiscono sui prezzi effettivi. In particolare, prenderemo in esame la speculazione, ovvero il tentativo degli individui di realizzare un guadagno attraverso la previsione dei prezzi futuri.

In questo capitolo prenderemo in esame mercati altamente concorrenziali, con molte imprese in competizione tra loro, che in termini economici chiamiamo mercati in ***concorrenza perfetta***, nei quali i consumatori e i produttori sono troppo numerosi per esercitare un controllo sui prezzi e si definiscono quindi ***price taker***.

Nel caso dei consumatori, essere price taker significa dover accettare per dato il prezzo dei beni acquistati. Questa descrizione è valida nella maggior parte delle circostanze; quando si va alla cassa del supermercato, non si può certo mercanteggiare con la cassiera sul prezzo di una scatoletta di fagioli o di una confezione di gelato.

Nel caso delle imprese, i produttori che operano in regime di concorrenza perfetta sono piccoli e soggetti a troppe pressioni concorrenziali da parte di altre imprese per poter alzare i prezzi. Per esempio, consideriamo il caso dei trader che operano sul mercato dei cambi vendendo euro; se cercano singolarmente di vendere a un prezzo più alto, non troveranno alcun acquirente, perché chi vuole acquistare euro può trovare tutti quelli che gli servono al prezzo di mercato.

Ovviamente, molte imprese *hanno* in realtà il potere di scegliere i prezzi, anche se questo non significa che possano applicare qualunque prezzo desiderino; infatti, devono tenere conto della domanda generale dei consumatori e dei prezzi dei concorrenti. Per esempio HP, nel fissare il prezzo dei suoi computer portatili, deve accertarsi di restare concorrenziale rispetto ai modelli di altre marche quali Dell, Toshiba, Lenovo e così via. Ciò nonostante, la maggior parte delle imprese può fissare i prezzi con una certa flessibilità, cioè può esercitare un certo grado di "potere di mercato".

Se le cose stanno così, perché studiamo i mercati *perfetti*, in cui le imprese sono price taker? Una ragione è che tali mercati forniscono un'utile approssimazione del mondo reale e ci permettono di comprendere come funziona un'economia di mercato. Molti mercati, in effetti, operano in maniera molto simile a quelli che descriveremo nelle prossime pagine.

Un'altra ragione è che i mercati perfetti costituiscono un modello ideale con il quale confrontare il mondo reale, dal momento che sono caratterizzati da un uso e un'allocazione efficiente delle risorse. Gli economisti possono pertanto utilizzarli come riferimento nel confrontare i prezzi, la produzione, il profitto e così via in diversi tipi di mercato. Per esempio, il consumatore tenderà a pagare prezzi più elevati in un mercato dominato da poche imprese o in un mercato perfettamente concorrenziale? Sky reagirà a un aumento della domanda di servizi televisivi come farebbe un agricoltore davanti all'aumento della domanda di cavolfiori?

I mercati con imprese dotate del potere di fissare i prezzi sono esaminati nei Capitoli 7 e 8. Per il momento ci concentreremo sulle imprese price taker.

2.1 La domanda

La relazione fra domanda e prezzo

Una mattina, aprendo i giornali leggete: "Gravi perdite dei raccolti in Brasile e Africa orientale: prezzi del caffè alle stelle". Poco dopo scoprite che nei negozi i prezzi del caffè sono notevolmente aumentati. Che cosa fate? Probabilmente riducete il consumo di caffè, magari passando da sei a quattro tazze al giorno, o addirittura smettete del tutto di bere caffè.

Questo non è che un esempio della relazione generale fra prezzo e consumo: *se il prezzo di un bene aumenta, la quantità domandata diminuisce*. Questa relazione, che prende il nome di ***legge della domanda***, è spiegata da due fattori.

- All'aumentare del prezzo le persone si sentiranno più povere: con il denaro di cui dispongono non potranno più permettersi di acquistare la stessa quantità del bene. Il potere di acquisto del loro reddito (il *reddito reale*) diminuisce. Questo è l'***effetto di reddito*** di un aumento del prezzo.
- Se il prezzo aumenta, il bene costerà più dei beni alternativi o "sostituti", e i consumatori preferiranno acquistare questi ultimi. Questo è l'***effetto di sostituzione*** di un aumento del prezzo.

Analogamente, se il prezzo di un bene diminuisce, la quantità domandata aumenta: le persone possono permettersi di acquistare di più (effetto di reddito) e smetteranno di consumare beni sostituti (effetto di sostituzione).

Tornando al nostro esempio, all'aumentare del prezzo del caffè non potremo permetterci di acquistarne la stessa quantità e probabilmente consumeremo, al suo posto, più tè, cioccolata in tazza, bibite gassate o persino acqua.

IDEA CHIAVE 7 ***Gli effetti di reddito e di sostituzione*** sono concetti utili in quanto spiegano perché i consumatori reagiscono all'aumento del prezzo di un bene acquistandone una minore quantità. La portata di questi effetti dipende da una serie di fattori, che determinano la forma della curva di domanda.

Attenzione al significato della locuzione ***quantità domandata***. Questa infatti si riferisce alla quantità che i consumatori sono disposti e in grado di acquistare a un dato prezzo in un determinato periodo di tempo (per esempio una settimana, un mese o un anno), e non alla quantità che gli individui *vorrebbero* consumare. Per quanto potreste desiderare uno yacht di lusso, la vostra domanda di quel bene sarà quasi certamente nulla al prezzo corrente.

La quantità domandata potrebbe anche essere diversa dalla quantità effettivamente acquistata. Un consumatore potrebbe essere disponibile e in grado di acquistare il bene, senza però trovare un fornitore disponibile a vendere a quel prezzo.

La curva di domanda

Consideriamo i dati ipotetici riportati nella Tabella 2.1, che mostra quanti kilogrammi di patate verrebbero acquistati al mese a fronte di diversi prezzi.

Le colonne (2) e (3) mostrano le ***schede di domanda*** di due individui, Catia e Simone. La colonna (4) mostra la ***scheda di domanda di mercato***, cioè la domanda totale di tutti i consumatori. Per ottenere la scheda di domanda di mercato delle patate, basta sommare le quantità domandate a ogni prezzo da *tutti* i consumatori: in altre parole, la quantità domandata da Catia, da Simone e da chiunque altro voglia consumare patate. Notate che la domanda è definita in relazione a *un periodo di tempo* (non a un *momento preciso*). Potremmo quindi analizzare la domanda giornaliera, settimanale o annuale.

La scheda di domanda può essere rappresentata graficamente da una ***curva di domanda***. La Figura 2.1 mostra la curva di domanda di mercato delle patate corrispondente alla scheda nella Tabella 2.1. Il prezzo delle patate è indicato sull'asse delle ordinate, la quantità domandata sull'asse delle ascisse.

Il punto *E* mostra che, al prezzo di 100 centesimi al kilogrammo, vengono domandate mensilmente 100.000

PAROLE CHIAVE

Concorrenza perfetta (definizione preliminare) Situazione in cui i consumatori e i produttori sono price taker (le altre caratteristiche di un mercato perfettamente concorrenziale sono esaminate nel Capitolo 7).

Price taker Un individuo o un'impresa che non ha il potere di influenzare il prezzo di mercato.

Legge della domanda La quantità domandata di un bene in un determinato periodo di tempo diminuisce all'aumentare del prezzo e aumenta al calare del prezzo, a parità di altre condizioni (*ceteris paribus*).

Effetto di reddito L'effetto di una variazione del prezzo sulla quantità domandata derivante dall'aumento o dalla diminuzione del potere di acquisto dei consumatori in conseguenza della variazione del prezzo.

Effetto di sostituzione L'effetto di una variazione del prezzo sulla quantità domandata dovuto al maggiore o minor consumo di prodotti alternativi (sostituti) da parte del consumatore.

Quantità domandata Quantità di un bene che un consumatore è disposto e in grado di acquistare a un dato prezzo in un determinato periodo di tempo.

Scheda di domanda individuale Tabella che mostra le diverse quantità di un bene che un individuo è disposto e in grado di acquistare a fronte di diversi prezzi in un determinato periodo di tempo.

Scheda di domanda di mercato Tabella che mostra le diverse quantità totali di un bene che i consumatori sono disposti e in grado di acquistare a fronte di diversi prezzi in un determinato periodo di tempo.

Curva di domanda Grafico che illustra la relazione fra il prezzo di un bene e la quantità domandata di quel bene in un determinato periodo di tempo. Il prezzo è misurato sull'asse delle ordinate, la quantità domandata sull'asse delle ascisse. Una curva di domanda può essere relativa a un singolo consumatore, a un gruppo di consumatori, o – come accade più di frequente – all'intero mercato.

Tabella 2.1 La domanda di patate (mensile).

	Prezzo (centesimi al kg) (1)	Domanda di Catia (kg) (2)	Domanda di Simone (kg) (3)	Domanda totale di mercato (migliaia di tonnellate) (4)
A	20	28	16	700
B	40	15	11	500
C	60	5	9	350
D	80	1	7	200
E	100	0	6	100

Figura 2.1 La curva di domanda delle patate (mensile).

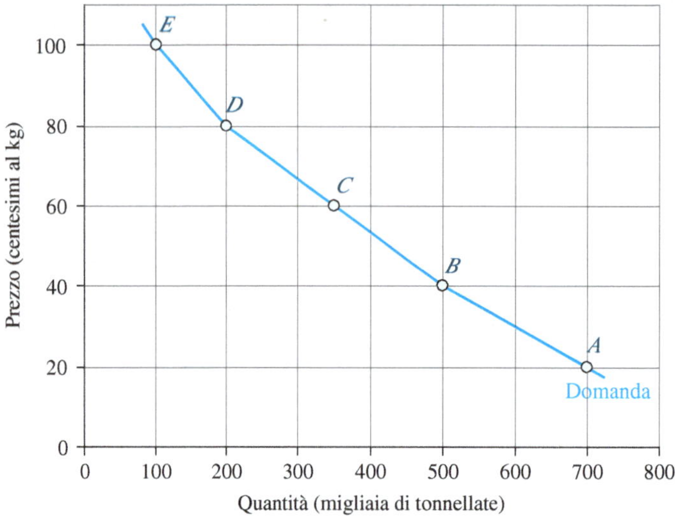

tonnellate di patate. Se il prezzo cala a 80 centesimi, scendiamo lungo la curva per arrivare al punto *D*, che mostra come la quantità domandata sia salita a 200.000 tonnellate al mese. Analogamente, se il prezzo diminuisce ancora a 60 centesimi, scendiamo ulteriormente lungo la curva e raggiungiamo il punto *C*, dove la quantità domandata è pari a 350.000 tonnellate. I cinque punti sul grafico (*A*–*E*) corrispondono alle cifre nelle colonne (1) e (4) della Tabella 2.1.

Il grafico ci consente inoltre di desumere le probabili quantità domandate a fronte di prezzi diversi da quelli riportati nella tabella.

Si potrebbe anche tracciare una curva di domanda per un singolo consumatore. Come le curve di domanda di mercato, le curve di domanda individuali sono generalmente inclinate verso il basso da sinistra a destra, cioè hanno pendenza negativa. Quanto minore è il prezzo del prodotto, tanto maggiore sarà la quantità tendenzialmente acquistata.

A questo punto occorre sottolineare due aspetti.

- Nei libri di testo le curve di domanda (e di altro tipo) vengono utilizzate solo occasionalmente per tracciare dati specifici. Più spesso vengono usate per illustrare argomentazioni teoriche generali. In questi casi, gli assi indicheranno semplicemente il prezzo e la quantità, senza specificare le unità.
- Il termine "curva" viene utilizzato anche quando nel grafico compare una retta. In effetti, quando le curve di domanda vengono impiegate per illustrare argomenti specifici, spesso sono tracciate come linee rette per semplificare l'analisi.

Altre determinanti della domanda

Il prezzo non è il solo fattore a determinare la quantità di un bene acquistata dai consumatori. La domanda è influenzata anche dagli elementi descritti a seguire.

Gusti. Quanto più un bene è considerato desiderabile, tanto maggiore è la domanda. I gusti sono influenzati dalla pubblicità, da trend e moda, dall'osservazione degli altri consumatori, da considerazioni sulla salute e dall'esperienza di consumo precedente. Per esempio, ultimamente gli uomini seguono la moda di lasciar crescere la barba e questo ha un impatto negativo sulla domanda di rasoi.

Il numero e il prezzo di beni sostituti (cioè alternativi). Quanto più alto è il prezzo dei ***beni sostituti***, tanto maggiore è la domanda del bene. Per esempio, la domanda di sigarette elettroniche è influenzata dal prezzo delle sigarette tradizionali: se quest'ultimo sale, la domanda di sigarette elettroniche aumenta.

Il numero e il prezzo dei beni complementari. I ***beni complementari*** sono quelli consumati insieme: automobili e benzina, carta e cartucce di inchiostro, pizza e birra. Quanto più elevato è il prezzo dei beni complementari, tanto minore è la quantità acquistata e, di conseguenza, la domanda del bene considerato. Per esempio, la domanda di giochi da console dipende dal prezzo delle console, come Sony PlayStation® e Microsoft Xbox®: se quest'ultimo diminuisce e si acquista una maggiore quantità di console, la domanda di giochi aumenta.

Reddito. All'aumentare dei redditi individuali, aumenta anche la domanda della maggior parte dei beni (i cosiddetti ***beni normali***). Tuttavia, questa regola generale ammette alcune eccezioni: al crescere del proprio reddito, le persone spendono meno in ***beni inferiori***, come i prodotti di fascia bassa, e iniziano a consumare prodotti di qualità superiore.

Distribuzione del reddito. Se il reddito nazionale fosse ridistribuito dai poveri ai ricchi, la domanda di beni di lusso aumenterebbe; al contempo, a causa dell'ulteriore impoverimento, le fasce meno abbienti della popolazione sarebbero spinte ad acquistare una maggiore quantità di beni inferiori, la domanda dei quali subirebbe a sua volta un aumento.

Figura 2.2 Un aumento della domanda.

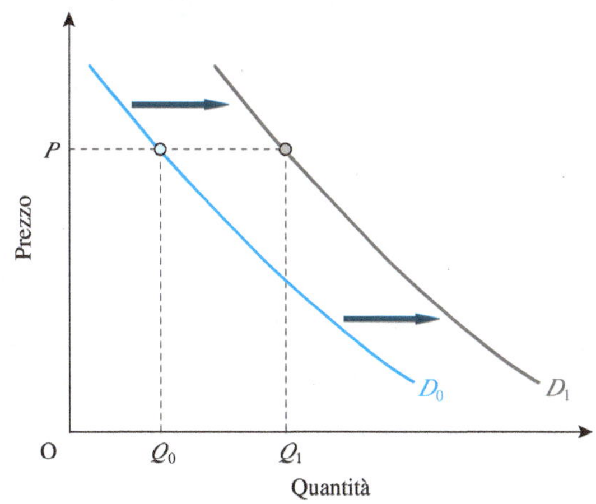

Aspettative su future variazioni dei prezzi. Se gli individui si attendono un aumento dei prezzi in futuro, è probabile che acquistino subito una maggiore quantità del bene, prima che il prezzo salga.

Movimenti lungo la curva di domanda e spostamenti della curva

Ciascuna curva di domanda è tracciata "a parità di altre condizioni" (*ceteris paribus*), cioè ipotizzando che tutte le determinanti della domanda, a eccezione del prezzo, restino costanti.

L'effetto di una variazione del prezzo viene dunque illustrato semplicemente da un movimento lungo la curva di domanda: per esempio, dal punto *B* al punto *D* nella Figura 2.1, dove il prezzo delle patate aumenta da 40 a 80 centesimi al kilogrammo.

Se invece varia una delle altre determinanti, la curva di domanda si sposta ed è quindi necessario tracciarne una nuova. Se la variazione di una delle altre determinanti – per esempio, un incremento del reddito – provoca un aumento della domanda, l'intera curva si sposta verso destra, a indicare che in corrispondenza di ogni prezzo viene domandata una quantità maggiore di prima. Per esempio, nella Figura 2.2, al prezzo *P* era domandata inizialmente una quantità Q_0, mentre dopo lo spostamento della curva la quantità domandata aumenta a Q_1 (notate che D_1 non è necessariamente parallela a D_0).

Se la variazione di una determinante diversa dal prezzo provoca una diminuzione della domanda, l'intera curva si sposta verso sinistra.

Per distinguere fra spostamenti della curva di domanda e movimenti lungo la curva stessa, si è soliti operare una distinzione fra una variazione della *domanda* e una variazione della *quantità domandata*.

Uno spostamento della curva di domanda viene definito ***variazione della domanda***, mentre un movimento lungo la curva di domanda a seguito di una variazione del prezzo è descritto come una ***variazione della quantità domandata***.

PAROLE CHIAVE

Beni sostituti Coppia di beni considerati dai consumatori alternativi tra loro. All'aumentare del prezzo di uno dei due beni, la domanda dell'altro diminuisce.

Beni complementari Coppia di beni consumati insieme. All'aumentare del prezzo di uno, la domanda di entrambi i beni diminuisce.

Beni normali Beni la cui domanda aumenta all'aumentare del reddito dei consumatori.

Beni inferiori Beni la cui domanda diminuisce all'aumentare del reddito dei consumatori.

Variazione della domanda Espressione utilizzata per indicare uno spostamento della curva di domanda, che si verifica in seguito alla variazione di un fattore determinante della domanda diverso dal prezzo.

Variazione della quantità domandata Espressione utilizzata per indicare un movimento verso un nuovo punto lungo la curva di domanda, che si verifica in seguito a una variazione del prezzo.

*IN TERMINI MATEMATICI

Possiamo rappresentare la relazione fra la domanda di mercato di un bene e le determinanti della domanda con la cosiddetta ***funzione di domanda***, che può essere espressa tanto in termini generali quanto con l'attribuzione di valori specifici alle variabili.

Funzioni di domanda semplici

Le equazioni di domanda sono spesso usate per esprimere la relazione tra la quantità domandata e una singola determinante. Un'equazione che mette in relazione la quantità domandata al prezzo può assumere la seguente forma:

$$Q_d = a - bP \qquad (1)$$

L'equazione effettiva potrebbe essere:

$$Q_d = 10.000 - 200P \qquad (2)$$

A partire da questa formula si può calcolare una scheda di domanda completa, o una curva di domanda, come illustrato nella tabella e nel diagramma. Al variare del prezzo (P), l'equazione restituisce la variazione della quantità domandata (Q_d).

Scheda di domanda per l'equazione (2)

P	Q_d
5	9000
10	8000
15	7000
20	6000
25	5000

Curva di domanda per l'equazione (2)

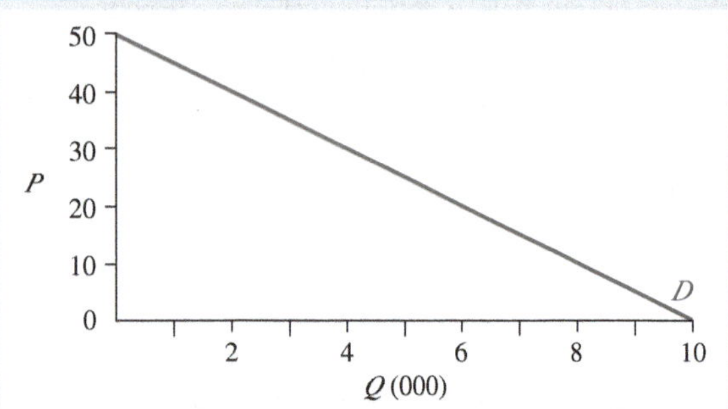

Questa equazione si basa su un'ipotesi *ceteris paribus*: si presuppone infatti che tutte le altre determinanti della domanda restino costanti. Se una di queste determinanti varia, l'equazione stessa si modifica e si verifica uno spostamento della curva, cioè una variazione della domanda. Se varia il solo termine a, si produce uno spostamento parallelo della curva; se varia il termine b, cambia la pendenza della curva. Le equazioni semplici possono essere usate per mettere in relazione la domanda anche con altre determinanti.

Per esempio, un'equazione che esprime la relazione tra quantità domandata e reddito assume la forma:

$$Q_d = a + bY \qquad (3)$$

Funzioni di domanda più complesse

Analogamente, possiamo mettere in relazione la quantità domandata con due o più determinanti. Per esempio, una funzione di domanda può assumere la seguente forma:

$$Q_d = a - bP + cY + dP_s - eP_c \qquad (4)$$

Questa equazione ci dice che la quantità domandata (Q_d) diminuisce all'aumentare del prezzo del bene (P), aumenta all'aumentare del livello di reddito del consumatore (Y), aumenta all'aumentare del prezzo di un particolare bene sostituto (P_s) e diminuisce all'aumentare del prezzo di un particolare bene complementare (P_c), secondo le proporzioni date dai rispettivi parametri b, c, d ed e.

Stimare le equazioni di domanda

Per capire come cambia esattamente la domanda al variare di alcune determinanti, tenendo le altre costanti, si possono effettuare analisi empiriche. Usando la tecnica statistica dell'***analisi di regressione***, si può stimare un'equazione di domanda.

Per esempio, supponiamo di aver osservato che la domanda di burro (misurato in unità da 250 grammi) dipenda dal suo prezzo (P_b), dal prezzo della margarina (P_m) e dal reddito totale annuale dei consumatori (Y). L'equazione stimata della domanda settimanale potrebbe assumere la seguente forma:

$$Q_d = 2.000.000 - 50.000P_b + 20.000P_m + 0{,}01Y \qquad (5)$$

Così, se il prezzo del burro fosse 50 centesimi, quello della margarina fosse 35 centesimi e il reddito totale dei consumatori ammontasse a 200 milioni di euro, e se P_b e P_m fossero misurati in centesimi e Y in euro, la domanda di burro sarebbe pari a 2.200.000 unità:

$$\begin{aligned} Q_d &= 2.000.000 - (50.000 \times 50) + (20.000 \times 35) \\ &\quad + (0{,}01 \times 200.000.000) \\ &= 2.000.000 - 2.500.000 + 700.000 + 2.000.000 \\ &= 2.200.000 \end{aligned}$$

PAROLE CHIAVE

Funzione di domanda Equazione che esprime la relazione matematica tra la quantità domandata di un bene e i valori dei fattori determinanti della domanda.

Analisi di regressione Tecnica statistica che consente di stimare la relazione funzionale fra due o più variabili.

La branca dell'economia che applica le tecniche statistiche ai dati economici è detta ***econometria***. Non è questa la sede per una trattazione approfondita di questa disciplina, tuttavia è importante sottolineare che l'econometria, come le altre branche della statistica, non è in grado di produrre equazioni e grafici che consentano di fare previsioni totalmente affidabili. Le equazioni si basano spesso su dati incompleti o inattendibili, e le relazioni (che spesso sono derivanti dal comportamento umano) possono cambiare nel tempo.

2.2 L'offerta

Offerta e prezzo

Immaginate di essere un agricoltore e di dover decidere che cosa fare della terra di vostra proprietà. Una parte del terreno si trova in una fertile vallata e un'altra parte su una collina dal suolo povero. Pertanto, potreste decidere di coltivare verdure nella vallata e di allevare pecore in collina.

La vostra decisione dipenderà in larga misura dal prezzo che otterrete per le verdure, la carne e la lana. Per quanto riguarda il terreno pianeggiante, pianterete le verdure che vi garantiscono il rendimento migliore: se, per esempio, il prezzo delle patate è alto, potreste destinare un'ampia porzione del terreno in piano alla loro coltivazione; se il prezzo aumenta, potreste decidere di impiegare l'intero terreno pianeggiante per la coltivazione delle patate; infine, se il prezzo delle patate sale alle stelle, potreste persino decidere di coltivarle pure in collina, anche se il raccolto per ettaro sarà molto inferiore.

In altre parole, quanto più elevato è il prezzo di un particolare prodotto agricolo, tanto maggiore è l'estensione del terreno destinato alla sua coltivazione. Questo principio illustra la relazione generale tra offerta e prezzo: *se il prezzo di un bene aumenta, aumenta anche la quantità offerta*. Le ragioni di questo fenomeno sono tre.

- All'aumentare dell'offerta, superato un certo livello di produzione, i costi delle imprese tendono a crescere sempre più rapidamente. Nel caso dell'azienda agricola appena esaminato, per espandere la produzione di patate è necessario impiegare terreno sempre meno adatto alla coltivazione di questo tubero, con un conseguente aumento dei costi di produzione. Discorso analogo vale per le fabbriche; oltre un certo livello di produzione è probabile che i costi aumentino rapidamente, dal momento che si devono corrispondere gli straordinari agli operai e i macchinari si avvicinano sempre più alla massima capacità produttiva. Se al crescere della quantità prodotta i costi di produzione unitari aumentano, le imprese sono disposte a espandere la produzione solo se riescono a spuntare un prezzo più elevato.
- Quanto più elevato è il prezzo di un bene, tanto più redditizia è la sua produzione. Le imprese hanno pertanto un incentivo a produrne in quantità maggiore, distogliendo parte delle risorse dalla produzione di beni meno redditizi.
- Nel tempo, se il prezzo di un bene resta elevato, nuovi produttori saranno incoraggiati a entrare nel settore, provocando così un aumento dell'offerta totale del mercato.

I primi due fattori influiscono sull'offerta nel breve periodo, il terzo esplica i suoi effetti nel lungo periodo (spiegheremo la differenza fra offerta di breve e di lungo periodo nel Paragrafo 3.2).

La curva di offerta

La quantità che i produttori sono disposti a offrire in corrispondenza di vari livelli di prezzo può essere illustrata in una ***scheda di offerta***. La Tabella 2.2 mostra la scheda di offerta mensile delle patate, sia di un singolo agricoltore (coltivatore X) che di tutti i coltivatori (il mercato nel suo complesso). Notate che la quantità offerta a un dato prezzo potrebbe essere diversa da quella effettivamente venduta: parte dell'offerta potrebbe rimanere invenduta.

La scheda di offerta può essere rappresentata graficamente con una ***curva di offerta*** relativa a una singola impresa o al mercato (cioè al settore nel suo insieme).

PAROLE CHIAVE

Econometria Disciplina che applica le tecniche statistiche ai dati economici per identificare e sottoporre a verifica le relazioni economiche.

Scheda di offerta Tabella che mostra le diverse quantità di un bene che i produttori sono disposti e in grado di offrire a fronte di diversi prezzi in un determinato periodo di tempo. Una scheda di offerta può riferirsi a un singolo produttore, a un gruppo di produttori o alla totalità dei produttori (scheda di offerta di mercato).

Curva di offerta Grafico che illustra la relazione tra il prezzo di un bene e la quantità offerta di quel bene in un determinato periodo di tempo.

Tabella 2.2 L'offerta di patate (mensile).

	Prezzo delle patate (centesimi al kg)	Offerta del coltivatore X (tonnellate)	Offerta totale del mercato (migliaia di tonnellate)
A	20	50	100
B	40	70	200
C	60	100	350
D	80	120	530
E	100	130	700

La Figura 2.3 illustra la curva di offerta di *mercato* delle patate. Come nel caso della curva di domanda, il prezzo è tracciato sull'asse delle ordinate e la quantità su quello delle ascisse. Ciascuno dei punti da *a* ad *e* corrisponde a una coppia di dati nella Tabella 2.2. Per esempio, un aumento del prezzo da 60 a 80 centesimi al kilogrammo provoca un movimento lungo la curva di offerta dal punto *c* al punto *d*: l'offerta totale di mercato aumenta da 350.000 a 530.000 tonnellate al mese.

Non sempre le curve di offerta hanno pendenza positiva; a volte possono essere verticali, orizzontali o con pendenza negativa, a seconda del periodo di tempo considerato per esaminare le reazioni delle imprese a variazioni del prezzo. Questo aspetto sarà esaminato nel Paragrafo 3.1 dedicato all'elasticità e, più in dettaglio, nei Capitoli 6 e 7.

Altre determinanti dell'offerta

Come la domanda, l'offerta è determinata non solo dal prezzo, ma anche da altri fattori.

Costi di produzione. Quanto più elevati sono i costi di produzione, tanto minore è il profitto realizzato a ogni dato livello di prezzo. All'aumentare dei costi le imprese riducono la produzione, dando probabilmente la precedenza a prodotti alternativi i cui costi sono rimasti più contenuti.

Una variazione dei costi è riconducibile a diversi fattori.

- Variazioni dei prezzi dei fattori di produzione: all'aumentare dei salari, dei prezzi delle materie prime, dei tassi di interesse e così via, i costi di produzione aumentano.
- Cambiamenti della tecnologia: il progresso tecnologico può alterare in maniera sostanziale i costi di produzione. Consideriamo per esempio la portata della rivoluzione dei microchip, che ha cambiato radicalmente i metodi di produzione e di gestione dei dati in tutti i settori economici del mondo.
- Cambiamenti organizzativi: le imprese che riorganizzano la produzione possono realizzare considerevoli risparmi sui costi.

Figura 2.3 La curva di offerta di mercato delle patate (mensile).

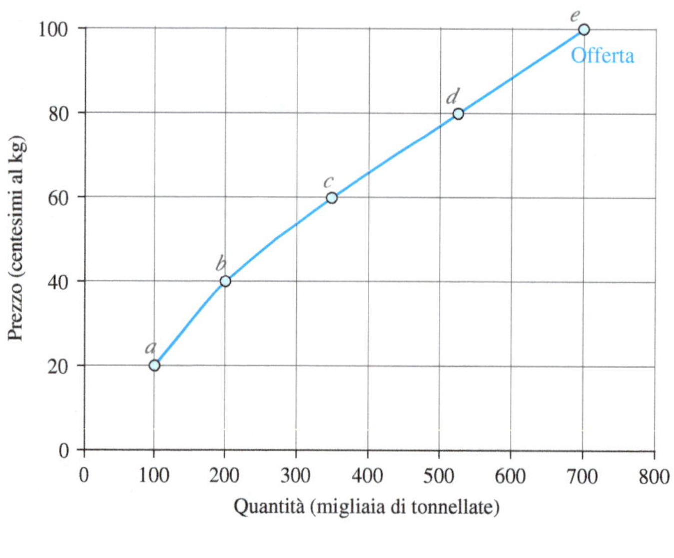

- Politiche pubbliche: i sussidi possono provocare un abbassamento dei prezzi, mentre imposte e tasse possono causarne un aumento. Le regolamentazioni pubbliche potrebbero anche causare un aumento dei costi, come avviene per esempio con i salari minimi e l'obbligo per i datori di lavoro di versare contributi pensionistici.

Redditività dei beni alternativi (sostituti nell'offerta). Se la produzione di un bene ***sostituto nell'offerta*** diventa più redditizia, è probabile che le imprese inizino a produrre questo bene, riducendo l'offerta di quello prodotto in precedenza. Un bene alternativo può diventare più redditizio se il suo prezzo aumenta e/o i costi di produzione diminuiscono. Per esempio, se il prezzo delle carote sale, o il loro costo di produzione si riduce, gli agricoltori potrebbero decidere di tagliare la produzione di patate in favore di quella di carote.

Redditività dei beni a offerta congiunta. Due beni prodotti simultaneamente sono detti ***beni a offerta congiunta***. Un esempio è il processo di raffinazione del greggio: durante la lavorazione, oltre alla benzina, vengono prodotti anche altri carburanti, come il gasolio, e idrocarburi, come la paraffina. Se in ragione di un aumento della domanda e quindi del prezzo viene prodotta più benzina, aumenta anche la produzione degli altri carburanti.

Condizioni naturali, "shock casuali" e altri eventi imprevedibili. A questa categoria appartengono le condizioni climatiche e le malattie che colpiscono i raccolti, le guerre che influiscono sull'offerta di materie prime importate, i guasti dei macchinari, le vertenze sindacali, i terremoti, le inondazioni, gli incendi e così via. Per esempio, nell'aprile 2017 il raccolto di uva nel Regno Unito e in Francia fu notevolmente influenzato da forti gelate e questo portò a una riduzione dell'offerta di vino.

Obiettivi dei produttori. Un'impresa orientata alla massimizzazione del profitto offre tendenzialmente quantità diverse rispetto a un'impresa che persegue un altro obiettivo, come la massimizzazione delle vendite. Per la maggior parte della nostra trattazione ipotizzeremo che le imprese massimizzino il profitto. Nel Capitolo 9, tuttavia, esamineremo altri obiettivi.

Aspettative su future variazioni dei prezzi. Se si attendono un aumento dei prezzi, i produttori potrebbero ridurre temporaneamente la quantità venduta, accumulando scorte di merci e immettendole sul mercato solo quando il prezzo effettivamente sale. Al contempo, le imprese potrebbero acquistare nuovi macchinari o assumere nuovi lavoratori, per essere in grado di far fronte alla richiesta dopo l'aumento del prezzo.

Numero di produttori. Se nuove imprese entrano nel mercato, è probabile che l'offerta aumenti.

Movimenti lungo la curva di offerta e spostamenti della curva

Vige qui lo stesso principio esposto per le curve di domanda. L'effetto di una variazione del prezzo è illustrato da un movimento lungo la curva di offerta, per esempio dal punto *d* al punto *e* nella Figura 2.3, dove il prezzo aumenta da 80 a 100 centesimi e la quantità offerta passa da 530.000 a 700.000 tonnellate al mese.

La variazione di una qualsiasi altra determinante dell'offerta provoca invece uno spostamento dell'intera curva, verso destra se l'offerta aumenta, verso sinistra se diminuisce. Nella Figura 2.4, se la curva originaria è O_0,

Figura 2.4 Spostamenti della curva di offerta.

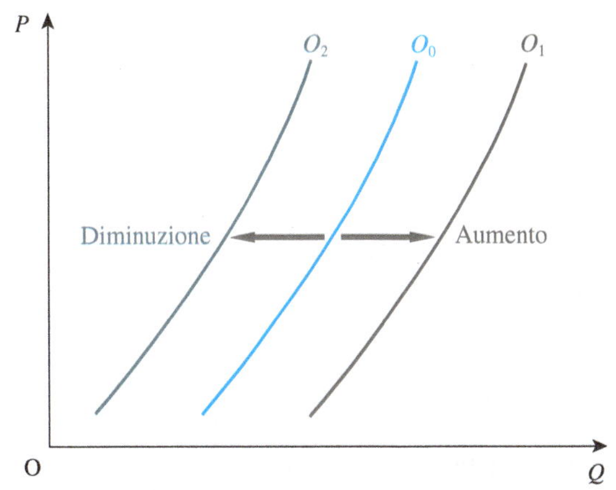

PAROLE CHIAVE

Sostituti nell'offerta Due beni per i quali l'aumento della produzione dell'uno distoglie risorse dalla produzione dell'altro.

Beni a offerta congiunta Due beni tali per i quali l'incremento della produzione di uno porta a un aumento della produzione dell'altro.

Variazione della quantità offerta Espressione utilizzata per indicare un movimento verso un nuovo punto lungo la curva di offerta, che si verifica in seguito a una variazione del prezzo.

Variazione dell'offerta Espressione utilizzata per indicare uno spostamento della curva di offerta, che si verifica in seguito alla variazione di un fattore determinante dell'offerta diverso dal prezzo.

*IN TERMINI MATEMATICI

Usando i dati delle ricerche e l'analisi di regressione è possibile stimare equazioni che mettono in relazione l'offerta con alcune sue determinanti. Occorre specificare che non tutte le determinanti (per esempio, la natura e gli obiettivi delle imprese) possono essere quantificate facilmente, quindi potrebbe essere necessario ometterle dall'analisi.
La forma più semplice di equazione di offerta esprime una relazione tra l'offerta e una sola determinante; per esempio, una funzione che lega l'offerta al prezzo ha la seguente forma:

$$Q_o = c + dP \quad (1)$$

Usando l'analisi di regressione è possibile stimare i valori di c e d, ottenendo un'equazione di offerta simile alla seguente:

$$Q_o = 500 + 1000P \quad (2)$$

Se, oltre al prezzo, varia una qualsiasi delle altri determinanti, si produce una nuova equazione. Per esempio, se i costi di produzione diminuiscono, l'equazione potrebbe diventare:

$$Q_o = 1000 + 1500P \quad (3)$$

Per mettere in relazione l'offerta con più determinanti occorrono equazioni più complesse, come questa:

$$Q_o = 200 + 80P - 20a_1 - 15a_2 + 30j \quad (4)$$

dove P è il prezzo del bene, a_1 e a_2 sono le redditività di due beni alternativi che possono essere offerti al suo posto e j è la redditività di un bene a offerta congiunta.

la curva O_1 rappresenta un aumento dell'offerta (viene offerta una quantità maggiore per ogni livello di prezzo) e la curva O_2 una diminuzione dell'offerta (viene offerta una quantità minore per ogni livello di prezzo).

Un movimento lungo la curva di offerta viene di norma definito ***variazione della quantità offerta***, mentre uno spostamento della curva viene descritto come ***variazione dell'offerta***.

2.3 La determinazione del prezzo e della quantità prodotta

Prezzo e quantità di equilibrio

Componiamo ora l'analisi della domanda e dell'offerta per vedere come si determinano il prezzo effettivo di un prodotto e l'effettiva quantità acquistata e venduta in un libero mercato concorrenziale.

Torniamo all'esempio della domanda e dell'offerta di mercato delle patate, usando i dati delle Tabelle 2.1 e 2.2, riportati nuovamente nella Tabella 2.3. Quali sono il prezzo e la quantità prodotta che si determinano in questo mercato? A un prezzo iniziale di 20 centesimi al kilogrammo, la domanda supera l'offerta di 600.000 tonnellate (*A* – *a*); non potendo ottenere la quantità desiderata, i consumatori sono disposti a pagare un prezzo più elevato. I produttori, dal canto loro, non potendo o non volendo soddisfare la domanda, sono ben felici di accettare un prezzo più alto. Di conseguenza, la penuria provoca un aumento del prezzo. Lo stesso accadrebbe al prezzo di 40 centesimi al kilogrammo: si avrebbe ancora una penuria e il prezzo continuerebbe a salire. Tuttavia, all'aumentare del prezzo la quantità domandata diminuisce e la quantità offerta aumenta, eliminando progressivamente la penuria.

CF 4 p43 Che cosa accadrebbe se il prezzo iniziale delle patate fosse molto più elevato, per esempio 100 centesimi al kilogrammo? In questo caso, l'offerta supererebbe la domanda di 600.000 tonnellate (*e* – *E*). Tale eccedenza provocherebbe un abbassamento dei prezzi, perché gli agricoltori entrerebbero in concorrenza fra loro per vendere la produzione in eccesso. La stessa situazione si verificherebbe al prezzo di 80 centesimi al kilogrammo: ci sarebbe comunque un'eccedenza e il prezzo diminuirebbe.

Tabella 2.3 La domanda e l'offerta di mercato delle patate (mensile).

Prezzo delle patate (centesimi al kg)	Domanda totale del mercato (migliaia di tonnellate)	Offerta totale del mercato (migliaia di tonnellate)
20	700 (*A*)	100 (*a*)
40	500 (*B*)	200 (*b*)
60	350 (*C*)	350 (*c*)
80	200 (*D*)	530 (*d*)
100	100 (*E*)	700 (*e*)

In realtà vi è un solo prezzo sostenibile: quello in corrispondenza del quale la domanda è pari all'offerta; in questo caso è un prezzo di 60 centesimi al kilogrammo, a fronte del quale la domanda e l'offerta ammontano entrambe a 350.000 tonnellate.

CONCETTO FONDAMENTALE 4 **I mercati portano in equilibrio domanda e offerta** PENSARE COME UN ECONOMISTA

"Sarà il mercato a decidere"; "Le forze di mercato dettano legge"; "Non ci si oppone al mercato".
Questi detti sottolineano il potere delle forze di mercato e la loro influenza sulle nostre vite: i mercati determinano i prezzi dei beni che acquistiamo e i nostri redditi; persino i governi faticano a controllare molti mercati importanti e, se anche vorrebbero evitare un crollo del mercato azionario o l'eccessivo aumento dei prezzi del greggio, di fronte alle forze del mercato sono relativamente impotenti.
Per molti versi, un mercato è come la politica. I consumatori, scegliendo di acquistare determinati beni, esprimono una preferenza per la loro produzione. Le imprese che trovano "un mercato" per i loro prodotti sono ben liete di acconsentire a produrli. Il meccanismo è semplice: se i consumatori desiderano una maggiore quantità di un bene, incrementano i loro acquisti e quindi "danno il loro voto" (cioè spendono il loro denaro) a favore di un aumento della produzione. La penuria che ne deriva spinge al rialzo il prezzo, incentivando l'impresa a produrre una maggiore quantità del bene. In altre parole, le imprese accontentano i desideri dei consumatori, non certo per "amore" dei consumatori stessi né perché sia il governo a imporglielo, ma perché è nel loro interesse. Offrono di più perché, in virtù del prezzo più elevato, è redditizio espandere la produzione.
Questo è un *concetto fondamentale* perché capire le forze di mercato, cioè le forze di domanda e offerta, significa andare dritti al cuore dell'economia di mercato. In questo processo i prezzi sono la chiave di tutto, infatti sono le variazioni del prezzo a portare in equilibrio la domanda e l'offerta: se la domanda supera l'offerta il prezzo aumenta, riducendo la domanda e stimolando l'offerta finché le due non tornano in equilibrio; se l'offerta supera la domanda il prezzo diminuisce, inducendo le imprese a ridurre la quantità offerta e i consumatori ad acquistare di più, finché ancora una volta non si raggiunge un equilibrio.
In questo processo i mercati operano come una "mano invisibile", espressione coniata dal famoso economista Adam Smith (Box 1.3). I prezzi di mercato spingono i produttori a rispondere alla domanda e i consumatori a reagire alle variazioni dell'offerta.
Se è vero che, in molte circostanze, i mercati portano i risultati desiderati – per esempio, stimolando un'espansione della produzione all'aumentare della domanda – accade anche che le forze di mercato sortiscano effetti perversi. Ci occuperemo di questi aspetti in diverse parti del volume, ma in questa fase è importante osservare che raramente i mercati sono perfetti. I fallimenti del mercato, dall'inquinamento al dominio delle grandi multinazionali, sono una realtà, la comprensione della quale ci porta al Concetto fondamentale 7.

Equilibrio parziale

L'equilibrio che prenderemo in esame nei prossimi capitoli è detto "equilibrio parziale", perché ogni volta ci soffermeremo solo su un segmento del sistema economico, e in particolare un solo mercato (per esempio, quello delle uova). Inoltre, l'equilibrio che analizzeremo è parziale persino all'interno di un singolo mercato, perché ipotizziamo che il prezzo sia la *sola determinante* che porti in equilibrio la domanda e l'offerta, e che tutti gli altri fattori rimangano invariati. In altre parole, quando facciamo riferimento all'equilibrio di prezzo e quantità, supponiamo che tutte le altre determinanti della domanda e dell'offerta restino costanti.
Se varia un'altra determinante della domanda o dell'offerta, si produce un nuovo equilibrio parziale, in quanto il prezzo aumenta o diminuisce e consumatori e produttori reagiscono di conseguenza. Per esempio, se dilaga il timore di un contagio legato a una malattia delle galline e il consumo di uova crolla, l'eccedenza che ne risulta provoca una diminuzione del prezzo e della quantità di equilibrio.

Come abbiamo visto nel Paragrafo 1.2, il prezzo al quale la domanda coincide con l'offerta è detto *prezzo di equilibrio*; torniamo su questo argomento nel Concetto fondamentale 4. Nella Tabella 2.3, partendo da qualsiasi punto, il prezzo tende a portarsi al livello di 60 centesimi al kilogrammo. Il prezzo di equilibrio, infatti, è l'unico che mette d'accordo produttori e consumatori, cioè l'unico in corrispondenza del quale l'offerta dei primi è esattamente pari alla domanda dei secondi.

IDEA CHIAVE 8 ***L'equilibrio è il punto in corrispondenza del quale si compongono interessi contrastanti.*** È solo in questo punto che i consumatori sono disposti ad acquistare la stessa quantità che i produttori sono disposti a offrire. In un'economia di libero mercato, questo punto viene raggiunto automaticamente grazie al meccanismo dei prezzi.

Curve di domanda e di offerta

La determinazione del prezzo e della quantità di equilibrio può essere illustrata con l'ausilio delle curve di domanda e di offerta: l'equilibrio è il punto di intersezione fra le due curve. La Figura 2.5 mostra le curve di domanda e di offerta di patate corrispondenti ai dati della Tabella 2.3; il prezzo di equilibrio è P_e (60 centesimi) e la quantità di equilibrio è Q_e (350.000 tonnellate).

A ogni prezzo superiore a 60 centesimi si genera un'eccedenza. Per esempio, al prezzo di 80 centesimi vi è un'eccedenza di 330.000 tonnellate ($d - D$): la quantità offerta è superiore a quella che i consumatori sono disposti e in grado di acquistare a quel prezzo, quindi il mercato non è in equilibrio. Pertanto, il prezzo scende fino al livello equilibrio di 60 centesimi, dando luogo a un movimento lungo la curva di domanda dal

Figura 2.5 La determinazione dell'equilibrio di mercato (patate/mese).

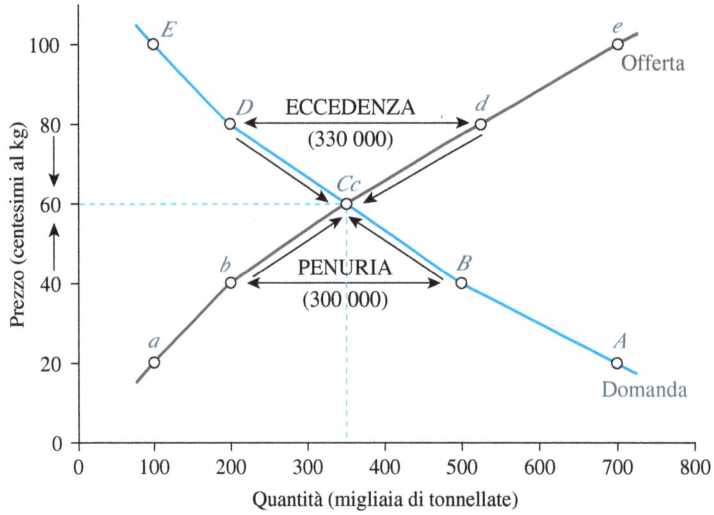

*IN TERMINI MATEMATICI

Nei due precedenti box dedicati all'interpretazione matematica dei concetti economici abbiamo visto come si possano rappresentare le curve di domanda e offerta per mezzo di equazioni. Supponiamo che le equazioni per le curve di domanda e di offerta di un particolare mercato siano le seguenti:

$$Q_d = a - bP \qquad (1)$$

$$Q_o = c + dP \qquad (2)$$

Per trovare il prezzo di equilibrio di mercato, poniamo il membro destro della prima equazione uguale a quello della seconda, dal momento che, in una situazione di equilibrio, la quantità offerta (Q_o) è pari alla quantità domandata (Q_d). Otteniamo così:

$$c + dP = a - bP$$

Sottraiamo c e aggiungiamo bP a ciascun membro:

$$dP + bP = a - c$$

$$\therefore (d + b)P = a - c$$

$$\therefore P = \frac{a-c}{d+b} \qquad (3)$$

Per trovare la quantità di equilibrio (Q_e), sostituiamo l'equazione (3) nell'equazione (1) o nella (2) (dal momento che $Q_d = Q_o$). Così, dall'equazione (1),

$$Q_e = a - b\left(\frac{a-c}{d+b}\right) = \frac{a(d+b) - b(a-c)}{d+b} = \frac{ad+ab-ba+bc}{d+b} = \frac{ad+bc}{d+b} \qquad (4)$$

o, dall'equazione (2),

$$Q_e = c - d\left(\frac{a-c}{d+b}\right) = \frac{cd+cb+da-dc}{d+b} = \frac{cb+da}{d+b} \qquad (5)$$

Pertanto:

$$Q_e = \frac{ad+bc}{d+b}\text{[equazione (4)]} = \frac{cb+da}{d+b}\text{[equazione (5)]}$$

punto D al punto C e a un movimento lungo la curva di offerta da d a c.

Se il prezzo è inferiore a 60 centesimi si genera una penuria. Per esempio, al prezzo di 40 centesimi vi è una penuria di 300.000 tonnellate (B – b). Il prezzo sale allora a 60 centesimi, provocando un movimento lungo la curva di offerta dal punto b al punto c e un movimento lungo la curva di domanda da B a C.

Il punto di equilibrio è Cc, dove la domanda è uguale all'offerta.

Movimento verso un nuovo equilibrio

IC 5 p46 Il prezzo di equilibrio resta immutato solo fintanto che le curve di domanda e di offerta restano a loro volta invariate. Se una delle due curve si sposta, si crea un nuovo equilibrio.

Una variazione della domanda

Al variare di una delle determinanti della domanda (diversa dal prezzo) si produce uno spostamento della curva di domanda, che provoca a un movimento *lungo* la curva di *offerta* fino ad arrivare al nuovo punto di intersezione.

Per esempio (Figura 2.6), un aumento del reddito dei consumatori spinge la curva di domanda da D_1 a D_2; pertanto, in corrispondenza del prezzo originario P_{e1} si genera una penuria pari a $h - g$, che a sua volta spinge al rialzo il prezzo verso il nuovo punto di equilibrio P_{e2}. Nel frattempo si verificano un movimento lungo la curva di offerta dal punto g al punto i e un movimento lungo la nuova curva di domanda (D_2) dal punto h al punto i. La quantità di equilibrio aumenta da Q_{e1} a Q_{e2}. Pertanto, l'effetto dello spostamento della domanda è un movimento *lungo* la curva di offerta dal vecchio al nuovo equilibrio, da g a i.

Una variazione dell'offerta

Analogamente, la variazione di una determinante dell'offerta (diversa dal prezzo) causa uno spostamento della curva di offerta, che provoca un movimento *lungo* la curva di domanda verso il nuovo punto di intersezione.

Per esempio (Figura 2.7), se i costi di produzione aumentano, la curva di offerta si sposta verso sinistra, da O_1 a O_2: in corrispondenza del vecchio prezzo P_{e1} si genera una penuria pari a $g - j$, pertanto il prezzo aumenta da P_{e1} a P_{e3} e la quantità diminuisce da Q_{e1} a Q_{e3}. In altre parole, si verificano un movimento lungo la curva di domanda dal punto g al punto k e un movimento lungo la nuova curva di offerta (O_2) da j a k. Per riassumere: lo spostamento di una curva provoca un movimento lungo l'altra curva verso il nuovo punto di intersezione.

La variazione simultanea di due o più determinanti può causare uno spostamento di *entrambe* le curve. In questi casi, l'equilibrio si sposta semplicemente dal vecchio al nuovo punto di intersezione delle curve.

Gli incentivi nei mercati

In questo capitolo abbiamo visto che gli individui e le imprese rispondono agli incentivi. Gli aumenti o le diminuzioni dei prezzi derivanti da variazioni della domanda e dell'offerta fungono tanto da segnali quanto da incentivi. Di questo si occupa il Concetto fondamentale 5.

Figura 2.6 L'effetto di uno spostamento della curva di domanda.

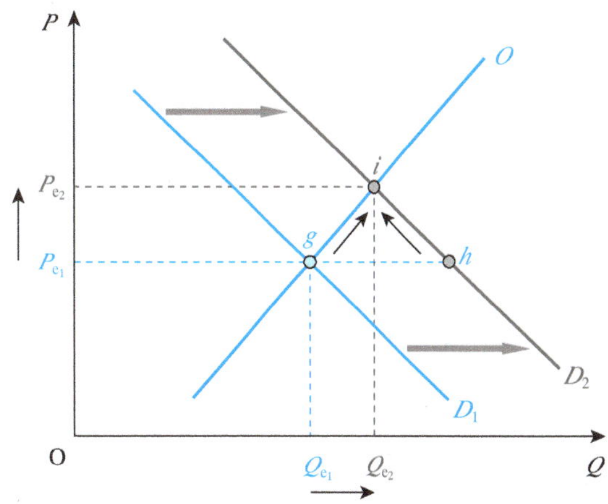

Figura 2.7 L'effetto di uno spostamento della curva di offerta.

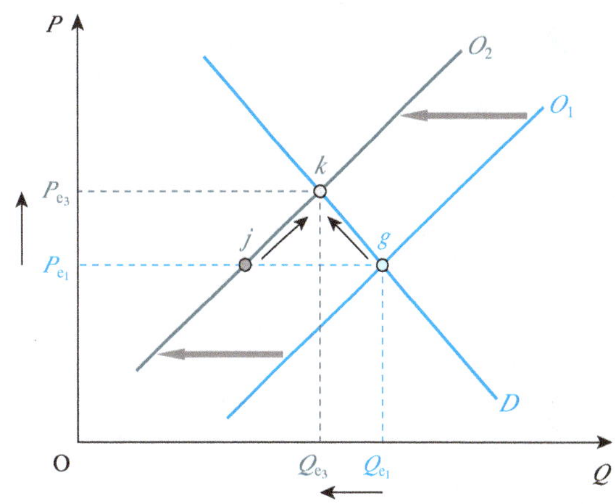

➤ Identificare la posizione delle curve di domanda e offerta

Sia la domanda sia l'offerta dipendono dal prezzo, che è a sua volta determinato dalla loro interazione. Per questo è difficile capire che cosa accade al variare di prezzo e quantità e stabilire la forma esatta delle curve di domanda e offerta.

Supponiamo di voler identificare la curva di domanda del bene X. Osserviamo che al prezzo di 20 centesimi la quantità acquistata è pari a 1000 unità; successivamente, il prezzo sale a 30 centesimi e la quantità acquistata scende a 800 unità. Quale conclusione possiamo trarre sulla curva di domanda?

In realtà, senza ulteriori informazioni possiamo desumere ben poco. Consideriamo le Figure 2.8 e 2.9: entrambe sono coerenti con i dati che abbiamo descritto.

CONCETTO FONDAMENTALE 5 **Le persone rispondono agli incentivi** PENSARE COME UN ECONOMISTA

L'importanza degli incentivi giusti

Che cosa vi spinge ad alzarvi dal letto e andare a lezione in orario? Che cosa vi aiuta a decidere di indossare un caschetto quando andate a fare una gita in bicicletta? Che cosa induce un'azienda a investire in formazione per i suoi dipendenti? Gli incentivi guidano il comportamento degli individui e delle imprese, anche quando non ci accorgiamo della loro esistenza.

Incentivi finanziari e non finanziari

Se si genera una penuria di un bene, il suo prezzo di mercato aumenta, il costo-opportunità sale e le persone sono incentivate a consumare meno. Analogamente, le imprese sono incentivate a produrre di più, perché la produzione è più redditizia.
Questo è un esempio di incentivo finanziario per acquirenti e produttori. Altri tipi di incentivi finanziari sono i salari, le borse di studio e gli sgravi fiscali per gli investimenti delle imprese.
Tuttavia, se esaminiamo le motivazioni delle decisioni individuali, ci accorgiamo che anche gli incentivi non finanziari svolgono un ruolo importante. Quando facciamo beneficienza, tifiamo per una squadra di calcio o decidiamo di attraversare una strada trafficata senza passare sulle strisce pedonali, reagiamo a incentivi non finanziari.

Gli incentivi portano a risultati desiderabili?

Torniamo all'esempio della penuria di un bene e del conseguente aumento del prezzo. Gli incentivi che ne risultano potrebbero essere considerati desiderabili: la penuria viene eliminata e i consumatori possono acquistare una quantità maggiore del bene laddove, inizialmente, la domanda superava l'offerta. Tuttavia, si potrebbero fare molti esempi di incentivi "perversi", che sortiscono effetti indesiderati. Mettiamo il caso di un corso universitario il cui esame sia incentrato solo su due capitoli di un testo: questo potrebbe indurvi a studiare solo le parti indispensabili e a tralasciare il resto del volume. Oppure, la produzione di auto più sicure potrebbe indurre a una guida più spericolata; un aumento dell'imposta sul reddito potrebbe spingere i contribuenti con i redditi più elevati a lavorare meno o a evadere le tasse, con un conseguente calo del gettito fiscale.

Affinché un sistema economico funzioni a dovere, è importante quindi che gli incentivi siano adeguati e non provochino effetti indesiderati. Questo è un *concetto fondamentale*, perché praticamente ogni azione intrapresa da famiglie e imprese è influenzata da incentivi. Occorre quindi capirne la natura, i possibili effetti e come migliorarli.
Possiamo vedere il risultato di incentivi inadeguati esaminando quanto è successo nell'ex Unione Sovietica ai tempi della pianificazione centralizzata, quando gli obiettivi dati ai direttori delle fabbriche erano spesso inadatti. Per esempio, se gli obiettivi erano misurati in tonnellate, vi era l'incentivo a produrre beni con un peso specifico molto elevato, tanto che i mobili e gli utensili da cucina erano solitamente molto pesanti. Se gli obiettivi erano fissati per aree merceologiche (per esempio, le lastre di vetro), l'incentivo era produrre oggetti sottilissimi; se erano fissati in numero di unità, l'incentivo era produrre beni di qualità scadente.
Nonostante gli insegnamenti che si sarebbero dovuti trarre dal fallimento della pianificazione sovietica, assistiamo ancora oggi alla mancanza di una reale comprensione degli incentivi e del ruolo che possono svolgere. Se alle banche viene ordinato di incrementare il proprio capitale finanziario, si dà loro un incentivo a tagliare il prestito alle piccole imprese; se la qualità di un'università viene misurata in numero di laureati col massimo dei voti, vi sarà un incentivo ad aiutare gli studenti a ottenere voti alti agli esami.
Esamineremo il ruolo degli incentivi più oltre nel testo, in particolare quando ci occuperemo dell'economia comportamentale.
Un incentivo fondamentale è quello del profitto. Se la concorrenza è veramente intensa, il perseguimento del profitto si traduce nella vendita di prodotti di qualità migliore a un prezzo più basso, poiché le imprese fanno di tutto per battere i concorrenti. In altri casi, tuttavia, le imprese possono conseguire lauti profitti controllando il mercato e colludendo con i concorrenti; qui l'incentivo del profitto ha un effetto perverso, perché porta a un aumento dei prezzi e a una diminuzione delle possibilità di scelta per i consumatori.

BOX 2.1 **ANALISI DI CASI E APPLICAZIONI**

I corsi azionari

Domanda e offerta in azione

Le società quotate in borsa possono raccogliere capitali emettendo azioni che vengono scambiate sul "mercato azionario primario". I detentori di azioni ricevono un "dividendo", normalmente distribuito ogni dodici mesi, il cui valore dipende dagli utili realizzati dalla società. Le persone o le istituzioni che acquistano azioni, tuttavia, potrebbero non volerle detenere per sempre, ed è qui che entra in gioco il "mercato azionario secondario", quello in cui avvengono le transazioni successive al collocamento iniziale. Tutte le principali nazioni al mondo hanno un mercato azionario primario e uno secondario.

Alla Borsa di Londra (London Stock Exchange, LSE) sono quotati circa 2220 titoli azionari e altri valori mobiliari, e le contrattazioni avvengono dal lunedì al venerdì. I prezzi delle azioni (o corsi azionari) dipendono dalla domanda e dall'offerta: per esempio, se in un dato momento la domanda di azioni Tesco supera l'offerta, il prezzo aumenta finché domanda e offerta non sono di nuovo in equilibrio. I corsi azionari sono soggetti a fluttuazioni durante l'intera giornata di contrattazione, e a volte le variazioni di prezzo possono essere sostanziali.

Per dare un quadro complessivo dell'andamento del mercato, le borse valori pubblicano indici dei corsi azionari. Nel Regno Unito, il più famoso è il FTSE ("footsie") 100, un acronimo che designa l'indice del "Financial Times Stock Exchange" comprendente le 100 società a più alta capitalizzazione. L'indice rappresenta un prezzo medio di questi 100 titoli azionari. Il grafico riportato qui illustra le fluttuazioni del FTSE 100 dal 1995 al 2017. Calcolato per la prima volta il 3 gennaio 1984 con un livello base di 1000 punti, l'indice raggiunse un picco di 6930 punti il 30 dicembre 1999 e scese a 3287 il 12 marzo 2003, prima di risalire nuovamente a un picco di 6730 il 12 ottobre 2007. Poi, con la crisi finanziaria l'indice scese a 3512 il 3 marzo 2009. Durante l'ultima parte del 2009 e del 2010 l'indice cominciò a recuperare ancora, superando i 6000 punti alla fine del 2010, per fluttuare attorno a 5500 durante il 2011-12. Poi l'indice cominciò un trend in ascesa nel 2013 arrivando a 7104 il 27 aprile 2015, prima di riscendere vicino a 6000 all'inizio del 2016.

Dopo lo shock iniziale del voto per la Brexit a giugno 2016, l'indice tornò a salire oltre 7000 nello stesso mese, anche a causa della caduta del tasso di cambio della sterlina dovuta all'incertezza sulla Brexit. Molte delle società incluse nell'indice FTSE 100 avevano attività denominate in dollari, perciò il calo del tasso di cambio della sterlina significava che tali attività in dollari valevano più sterline.

Quali sono le cause delle fluttuazioni dei corsi azionari? Perché nel 1999 le quotazioni erano così elevate, mentre a soli tre anni di distanza si erano dimezzate, e che cosa accadrà con l'uscita del Regno Unito dall'Unione europea? Per rispondere a queste domande occorre esaminare le determinanti della domanda e dell'offerta di azioni.

Financial Times Stock Exchange Index (FTSE) (3/1/1984 = 1000)

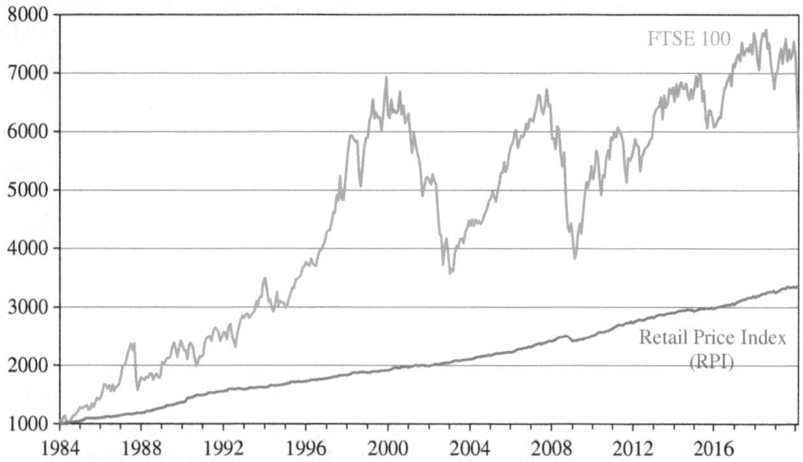

Nota: le cifre dell'indice FTSE sono basate su valori a fine mese.
Fonti: dati di RPI All Items Index (ONS) e vari, 2020.

Domanda

Esistono cinque fattori principali che influiscono sulla domanda di azioni.

Il "dividend yield". Si tratta del dividendo su ogni azione calcolato in percentuale del prezzo. Quanto maggiore è il *dividend yield*, tanto più le azioni rappresentano una forma di risparmio interessante. L'aumento dei corsi azionari verificatosi fra il 2003 e il 2007 fu dovuto soprattutto agli elevati profitti delle imprese e, di conseguenza, ai lauti dividendi. La crisi finanziaria e il rallentamento dell'economia mondiale spiegano la diminuzione dei profitti e quindi dei dividendi avvenuto a partire dal 2007 e il successivo recupero dell'economia globale ha causato una risalita.

Il prezzo e/o il rendimento di prodotti sostituti. I principali sostituti delle azioni di una determinata società sono altre azioni; pertanto, se ci si attende che le azioni Tesco – rispetto ad altri titoli azionari – offrano dividendi elevati in relazione ai corsi azionari, gli investitori sono indotti ad acquistarle. Per quanto riguarda le azioni in generale, i principali sostituti sono altre forme di risparmio. Così, se il tasso di interesse sui conti di risparmio presso gli istituti di credito diminuisce, i titolari di tali conti saranno tentati di prelevare il proprio denaro e investire in azioni.
Un altro importante sostituto delle azioni è la proprietà immobiliare: se i prezzi degli immobili aumentano rapidamente, come accadde nel 2002-2003, la domanda di titoli azionari tende a diminuire, perché i risparmiatori, prevedendo un ulteriore aumento dei prezzi, decideranno di investire in immobili. Se i prezzi del mercato immobiliare si stabilizzano, come avvenne nel 2005-2006, gli investitori si rivolgeranno nuovamente al mercato azionario, e la domanda di azioni aumenterà. Con il rallentamento globale nel 2008 che causò un crollo dei prezzi degli immobili e anche delle azioni, gli investitori andarono in cerca di altri sostituti: oro e titoli di stato divennero molto popolari poiché erano considerati investimenti più sicuri.

I redditi. Se l'economia è in rapida crescita e i redditi individuali sono in aumento, gli individui sono più propensi a risparmiare e quindi a investire in azioni. Per esempio, nella seconda metà degli anni Novanta, quando i redditi dei cittadini britannici crescevano a un tasso medio annuo superiore al 3%, i corsi azionari aumentarono rapidamente (vedi grafico). Quando nei primi anni Duemila i tassi di crescita calarono, anche i prezzi delle azioni diminuirono. Poi il trend si ripeté con tassi di crescita in aumento dal 2003 al 2007 e di nuovo in calo con la recessione del 2007. Con i primi segni di recupero globale, i corsi azionari salirono nuovamente tra il 2012 e la metà del 2015.

Ricchezza. Per "ricchezza" si intendono i patrimoni composti da proprietà e risparmi accumulati dagli individui. Negli anni Novanta e a metà degli anni Duemila si registrò un aumento della ricchezza che molti impiegarono nell'acquisto di azioni.

Aspettative. Dal 2003 al 2007 gli investitori si aspettavano che i prezzi delle azioni continuassero a salire. Erano ottimisti riguardo la crescita dell'economia e in particolare di alcuni settori, come quello dello svago e l'high-tech. I forti acquisti di azioni spinse verso l'alto i prezzi, alimentando la speculazione su un'ulteriore crescita e incoraggiando altri acquisti.
Con la crisi finanziaria e i timori di una recessione, la fiducia nei mercati si indebolì e questo provocò un drammatico crollo dei prezzi delle azioni. Prevedendo ulteriori cali, gli investitori non acquistavano, riducendo così la domanda e quindi favorendo il calo dei prezzi. Anche dopo la crisi i prezzi rimasero volatili a causa dell'incertezza sulle prospettive dell'economia globale. Solo quando gli individui cominciarono a riacquistare fiducia sulla possibilità di una ripresa economica i prezzi tornarono a salire in modo significativo.
Tuttavia, l'incertezza tornò a crescere a causa delle preoccupazioni circa la lentezza della ripresa in Europa, il rallentamento della crescita in Cina e molti altri paesi in via di sviluppo e le conseguenze della Brexit. L'impatto della speculazione verrà esaminato più in dettaglio nel Paragrafo 3.2.

Offerta

I fattori che influenzano l'offerta di azioni sono per lo più gli stessi che determinano la domanda, ma agiscono nella direzione opposta.
Se il rendimento di forme alternative di risparmio diminuisce, coloro che detengono azioni diventano restii a venderle, perché rappresentano una forma di risparmio più redditizia; di conseguenza, l'offerta di azioni diminuisce. Una situazione analoga si presenta nel caso di un aumento del reddito o della ricchezza, perché gli investitori tenderanno a conservare le azioni in loro possesso.
Per quanto riguarda le aspettative, se si prevede un aumento dei corsi azionari, gli investitori preferiranno non vendere le proprie azioni; si registrerà quindi una diminuzione dell'offerta e un aumento dei prezzi. Se, al contrario, è previsto un calo dei prezzi, gli individui venderanno le loro azioni subito, prima che i corsi diminuiscano; l'offerta dunque aumenterà, provocando una flessione dei prezzi.

Corsi azionari e imprese

Il prezzo delle azioni è una variabile cruciale per le società quotate in borsa: un calo delle quotazioni viene interpretato come un segnale che "il mercato" sta perdendo fiducia nell'impresa, come è avvenuto con Tesco verso la fine del 2014. Questo può comportare notevoli difficoltà nella raccolta di fondi sia attraverso il collocamento di ulteriori azioni nel mercato primario, sia mediante prestiti bancari. Inoltre, il calo dei corsi azionari rende una società più vulnerabile a un'offerta pubblica di acquisto (OPA), la procedura mediante la quale una società acquisisce il controllo su un'altra offrendo di acquistare tutte le sue azioni.
L'OPA ha successo se gli azionisti di maggioranza accettano il prezzo proposto; una tale situazione ha maggiori probabilità di verificarsi qualora il recente andamento dei corsi azionari sia stato deludente.

Nella Figura 2.8 la curva di domanda è rimasta al suo posto: l'aumento del prezzo e la diminuzione delle vendite sono interamente dovuti a uno spostamento della curva di offerta; il movimento dal punto *a* al punto *b* è dunque un movimento lungo la curva di domanda. Se siamo certi che la curva di domanda non si è spostata, siamo in grado di stabilirne la posizione (o quantomeno di fissare due punti su di essa).

Nella Figura 2.9, tuttavia, osserviamo uno spostamento non solo della curva di offerta, ma anche della curva di domanda. Supponiamo che i consumatori sviluppino una maggiore predilezione per il prodotto: in questo caso, un movimento da *a* a *b* *non* permette di identificare la curva di domanda. I dati sul prezzo e sulla quantità non bastano per ricavare la curva, o le curve, di domanda.

Il problema è che, a fronte di uno spostamento della curva di offerta, spesso non siamo in grado di stabilire se la curva di domanda si sia spostata ed eventualmente di quanto. Per esempio, come possiamo stabilire di quanto sono cambiati i gusti dei consumatori?

Possiamo considerare la questione anche dal punto di vista opposto: è difficile identificare una curva di offerta se la curva di domanda si sposta. La variazione del prezzo e della quantità è interamente dovuta allo spostamento della curva di domanda, o si è spostata anche quella di offerta?

Quando non siamo in grado di individuare con esattezza la causa che determina le variazioni di prezzo e quantità, siamo di fronte al cosiddetto ***problema di identificazione***.

Figura 2.8 I problemi legati all'identificazione della posizione e della forma della curva di domanda: spostamento della sola curva di offerta.

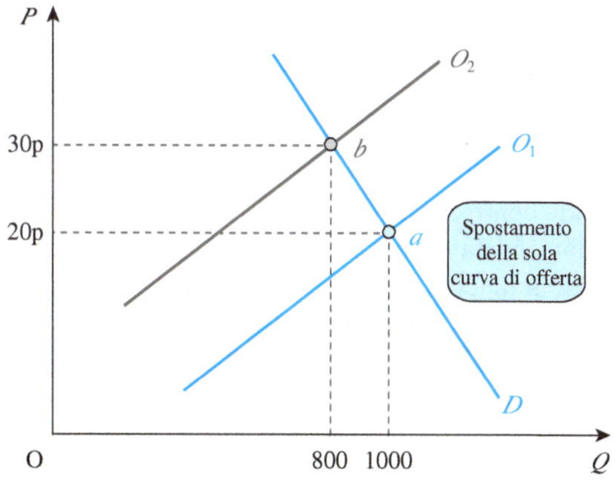

Figura 2.9 I problemi legati all'identificazione della posizione e della forma della curva di domanda: spostamento della curva di domanda e di offerta.

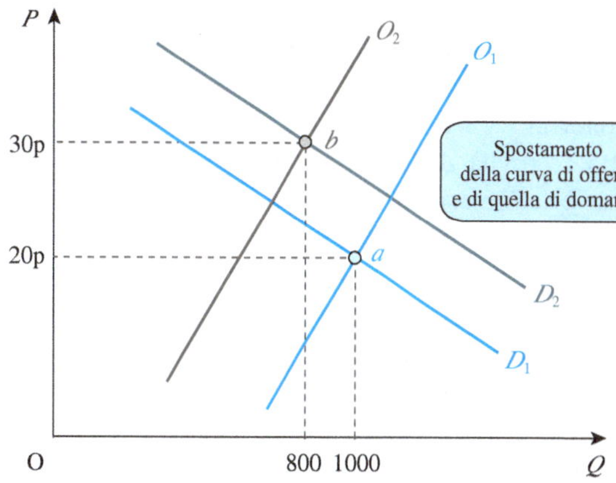

PAROLE CHIAVE

Problema di identificazione Il problema di identificare la relazione tra due variabili (per esempio, prezzo e quantità domandata) a partire dai dati quando non è noto se o come le variabili siano state influenzate da altri fattori determinanti. Per esempio, è difficile identificare la forma della curva di domanda dalla semplice osservazione del prezzo e della quantità quando non è noto se le variazioni di altri fattori determinanti abbiano spostato tale curva.

2.4 L'elasticità

Elasticità della domanda al prezzo

Se il prezzo di un bene aumenta, la quantità domandata diminuisce. Questa affermazione, di per sé piuttosto chiara, non ci dice abbastanza. Ciò che interessa, infatti, è sapere *di quanto* diminuisce la quantità domandata o, in altre parole, quanto è *reattiva* la domanda a un aumento del prezzo.

Consideriamo il caso di due prodotti: petrolio e cavolfiori. Per quanto riguarda il petrolio, con ogni probabilità un aumento del prezzo provoca un calo relativamente contenuto della quantità domandata. Per continuare a spostarsi in auto, infatti, le persone dovranno pagare un prezzo più alto per il carburante. Qualcuno potrebbe optare per la bicicletta, oppure ridurre i chilometri percorsi, ma nel breve periodo un aumento del prezzo di benzina e gasolio inciderà relativamente poco sulla decisione di utilizzare l'automobile.

Diverso è il caso dei cavolfiori, per i quali un aumento del prezzo potrebbe causare una sostanziale diminuzione della quantità domandata: i consumatori accorti, infatti, possono acquistare altre verdure a prezzi più ragionevoli.

La reattività della domanda a una variazione del prezzo è detta ***elasticità della domanda al prezzo*** ed è un concetto fondamentale dell'economia. Per esempio, se conosciamo l'elasticità della domanda al prezzo di un prodotto, possiamo prevedere l'effetto sul prezzo e sulla quantità di uno spostamento della curva di *offerta* di quel prodotto.

La Figura 2.10 illustra l'effetto di uno spostamento dell'offerta con due curve di domanda assai diverse (D e D'). La curva D' è più elastica della curva D su ogni intervallo di prezzi dato. In altre parole, per ogni data variazione del prezzo, lungo la curva D' si avrà una variazione della quantità domandata più pronunciata che lungo la curva D.

Supponiamo che inizialmente la curva di offerta sia O_1 e che questa intersechi entrambe le curve di domanda nel punto a, in corrispondenza del prezzo P_1 e della quantità Q_1. Vediamo adesso come variano il prezzo e la quantità se la curva di offerta si sposta a O_2. Nel caso della curva di domanda meno elastica, D, si producono una variazione del prezzo relativamente ampia (a P_2) e un calo della quantità relativamente contenuto (a Q_2): l'equilibrio corrisponde al punto b. Nel caso della curva di domanda più elastica D', invece, si registrano un aumento del prezzo relativamente contenuto (a P_3) e una diminuzione relativamente pronunciata della quantità (a Q_3): l'equilibrio corrisponde al punto c.

Figura 2.10 Domanda e offerta di mercato.

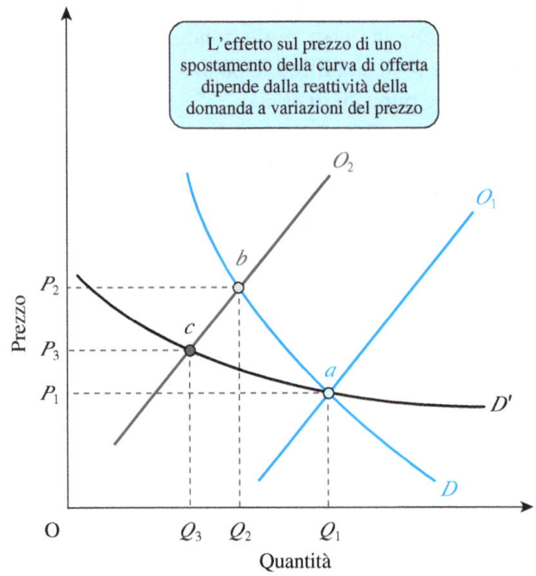

Misurare l'elasticità della domanda al prezzo

Volendo confrontare l'entità delle variazioni della quantità domandata e del prezzo, dobbiamo esprimere tali variazioni in termini percentuali o proporzionali, perché prezzo e quantità sono misurati in unità diverse. Ricorriamo allora alla seguente ***formula dell'elasticità della domanda al prezzo*** (ε_{DP}): la variazione percentuale (o proporzionale) della quantità domandata divisa per la variazione percentuale (o proporzionale) del prezzo. In termini matematici,

$$\varepsilon_{DP} = \frac{\%\Delta Q_D}{\%\Delta P}$$

dove ε (la lettera greca epsilon) indica l'elasticità e Δ (la lettera greca delta maiuscola) indica una variazione.

Così, se un aumento del 40% del prezzo del petrolio provoca una diminuzione della quantità domandata di

PAROLE CHIAVE

Elasticità della domanda al prezzo Reattività della quantità domandata a variazioni del prezzo.

Formula dell'elasticità della domanda al prezzo (ε_{DP}) Variazione percentuale (o proporzionale) della quantità domandata divisa per la variazione percentuale (o proporzionale) del prezzo: $\%\Delta Q_D \div \%\Delta P$.

appena il 10%, l'elasticità della domanda al prezzo del petrolio nell'intervallo considerato sarà:

$$-10\%/40\% = -0{,}25$$

Se, invece, una diminuzione del 5% del prezzo dei cavolfiori provoca un aumento del 15% della quantità domandata, l'elasticità della domanda al prezzo dei cavolfiori nell'intervallo in questione sarà:

$$15\%/-5\% = -3$$

Le cifre indicano che la domanda di cavolfiori è più elastica di quella del petrolio. Ma che cosa dimostrano questi dati? Qual è il significato di –0,25 e –3?

Interpretare le cifre dell'elasticità

L'uso di termini proporzionali o percentuali

L'elasticità è misurata in termini proporzionali o percentuali per i motivi che seguono.

- L'uso di percentuali o proporzioni permette di confrontare le variazioni in due elementi qualitativamente diversi ed espressi con differenti unità di misura, cioè di confrontare variazioni *quantitative* e variazioni *monetarie*.
- Questo tipo di misurazione è il solo metodo accurato per stabilire l'*entità* di una variazione del prezzo o della quantità. Consideriamo un semplice esempio. Il prezzo di un bene aumenta di €1. Si tratta di un incremento significativo o modesto? Per rispondere a questa domanda dobbiamo conoscere il prezzo originario: se ad aumentare di €1 è il prezzo di una scatoletta di fagioli, allora siamo di fronte a una variazione considerevole; se ad aumentare di €1 è il prezzo di una casa, invece, la variazione è minima. In altre parole, è l'incremento percentuale o proporzionale del prezzo che determina la reale entità della sua variazione.

Il segno (positivo o negativo)

Le curve di domanda hanno generalmente pendenza negativa; ciò significa che prezzo e quantità variano in direzioni opposte. Un *aumento* del prezzo (variazione positiva) provoca una *diminuzione* della quantità domandata (variazione negativa). Analogamente, una *diminuzione* del prezzo causa un *aumento* della quantità domandata. Pertanto, nel calcolare l'elasticità della domanda al prezzo dividiamo un numero negativo per un numero positivo, o un numero positivo per un numero negativo. In entrambi i casi, il risultato sarà un numero negativo.

Il valore (maggiore o minore di 1)

Se ignoriamo il segno negativo e ci concentriamo solo sul valore dell'elasticità, possiamo stabilire se la domanda è ***elastica*** o ***anelastica***.

Domanda elastica ($\varepsilon > 1$). Si ha una domanda elastica se una variazione del prezzo provoca una variazione proporzionalmente maggiore della quantità domandata. In questo caso il valore dell'elasticità è maggiore di 1, poiché dividiamo un numero più grande per un numero più piccolo. Per esempio, se il valore dell'elasticità è –2,5, significa che qualora i prezzi aumentassero dell'1%, la domanda diminuirebbe del 2,5%. I clienti sono molto sensibili a variazioni del prezzo.

Domanda anelastica ($\varepsilon < 1$). Si ha una domanda anelastica se una variazione del prezzo provoca una variazione proporzionalmente minore della quantità domandata. In questo caso il valore dell'elasticità è minore di 1, poiché dividiamo un numero più piccolo per uno più grande. Per esempio, se il valore dell'elasticità è –0,3, significa che qualora i prezzi aumentassero dell'1%, la domanda diminuirebbe dello 0,3%. I clienti sono poco sensibili a variazioni del prezzo.

Domanda a elasticità unitaria ($\varepsilon = 1$). Si ha una ***domanda a elasticità unitaria*** se il prezzo e la quantità domandata variano nella stessa proporzione. In questo caso l'elasticità è pari a 1, poiché dividiamo un numero per se stesso. Un aumento del prezzo dell'1% farebbe diminuire la domanda dell'1%.

Determinanti dell'elasticità della domanda al prezzo

IC 9 p61 L'elasticità della domanda al prezzo varia notevolmente da un bene all'altro. Per esempio, la domanda di vacanze in un resort ha normalmente un'elasticità al prezzo maggiore di 5, mentre l'elasticità della

PAROLE CHIAVE

Domanda elastica (rispetto al prezzo) Situazione in cui la variazione percentuale della quantità domandata è superiore alla variazione percentuale del prezzo. Ignorando il segno negativo, l'elasticità ha valore maggiore di 1.

Domanda a elasticità unitaria Situazione in cui la variazione percentuale della quantità domandata è pari alla variazione percentuale del prezzo. Ignorando il segno negativo, l'elasticità ha valore pari a 1.

domanda di energia elettrica è inferiore a 0,5 (ignorando il segno negativo). Vediamo ora perché alcuni beni hanno una domanda altamente elastica mentre altri sono caratterizzati da una domanda fortemente *an*elastica, e che cosa determina l'elasticità della domanda al prezzo.

Il numero e la prossimità dei beni sostituti. Questa è la determinante fondamentale dell'elasticità della domanda al prezzo: quanto maggiori sono il numero e la prossimità dei beni sostituti, tanto maggiore è la possibilità che i consumatori optino per tali alternative quando il prezzo del bene aumenta. Pertanto, l'elasticità della domanda al prezzo sarà maggiore.

Tornando al nostro esempio del petrolio e dei cavolfiori, siccome non esiste un sostituto prossimo del petrolio, la domanda è relativamente anelastica; al contrario, dal momento che le alternative ai cavolfiori sono innumerevoli, la domanda di questa verdura è relativamente elastica. Il numero di sostituti è fortemente influenzato dall'ampiezza di definizione del mercato.

Un mercato di definizione molto ampia, come quello dell'alcool, presenta pochissimi sostituti. Gli acquirenti tendono a essere relativamente poco sensibili al prezzo. Usando dati degli studi *UK Expenditure and Food Survey* e *Living Costs and Food Survey*, Pryce, Hollingsworth e Walker[1] hanno stimato un'elasticità di –0,41 per l'alcool venduto *on trade* (in pub e ristoranti) nel Regno Unito, e di –0,66 per l'alcool venduto *off trade* (in supermercati e negozi di alcolici). In un mercato a definizione più ristretta, come quello della birra, probabilmente ci saranno più sostituti (per esempio vino, superalcolici e sidro) quindi la domanda tenderà a essere meno anelastica rispetto al prezzo. Si è stimata un'elasticità di –0,81 per il mercato della birra venduta off trade e di –0,99 per il sidro off trade.[2] La domanda per un bene prodotto da un'unica impresa (per esempio una particolare marca di whisky o birra) sarà probabilmente ancora più sensibile al prezzo. I consumatori possono passare a un altro fornitore dello stesso prodotto.

La quota del reddito spesa per l'acquisto del bene. Quanto maggiore è la quota del reddito spesa per l'acquisto di un bene, tanto più si è costretti a ridurne il consumo quando il prezzo aumenta: l'effetto di reddito sarà più pronunciato e l'elasticità della domanda maggiore.

Per esempio, il sale presenta un'elasticità della domanda al prezzo assai contenuta, sia perché non esiste un sostituto prossimo, sia perché all'acquisto di sale è destinata di solito una quota minima del reddito dei consumatori. Pertanto, se il prezzo di questo bene aumentasse notevolmente, gli individui non avrebbero particolari difficoltà a sostenere la spesa corrispondente, e l'effetto di reddito dell'aumento del prezzo sarebbe molto contenuto. Di contro, l'effetto di reddito sarebbe molto maggiore nel caso di una voce di spesa importante quale il mutuo per la casa. Infatti, se i tassi di interesse aumentano, gli individui potrebbero essere costretti a ridurre in misura sostanziale la domanda di abitazioni, magari acquistando abitazioni più piccole ed economiche, o vivendo in affitto.

Orizzonte temporale. Se il prezzo di un bene aumenta, occorre tempo per modificare le proprie abitudini di consumo e trovare alternative. Quanto più tempo passa dalla variazione del prezzo, tanto più elastica sarà probabilmente la domanda.

Per comprendere questo concetto, torniamo all'esempio del petrolio. L'Office for Budget Responsibility stima che l'elasticità della domanda al prezzo per i carburanti è –0,07 nel breve termine e –0,13 nel medio termine. Altri studi hanno stimato un'elasticità di circa –0,85 nel lungo termine.[3] Perché la domanda di carburanti è molto più anelastica al prezzo nel breve termine rispetto al lungo termine? Se i prezzi dei carburanti aumentano, le persone avranno difficoltà a ridurne significativamente il consumo nel breve termine. Se le possibilità di trasporto pubblico sono limitate, dovranno comunque usare l'auto per recarsi al lavoro e per altri scopi. Alcune persone, pur mantenendo invariato il numero di viaggi, potrebbero essere in grado di ridurre leggermente il consumo di carburante guidando con più attenzione. Le imprese dovranno comunque utilizzare i carburanti per il trasporto dei loro beni e il petrolio potrebbe essere una fonte energetica importante per un processo di produzione che non è facile modificare.

Con il passare del tempo, le persone troveranno altri modi per reagire, per esempio acquistando automobili più efficienti nei consumi, usando il car sharing o trasferendosi più vicino al luogo di lavoro. Anche le imprese potranno modificare i loro processi produttivi e le modalità di trasporto dei beni.

1 Robert Pryce, Bruce Hollingsworth e Ian Walker, 'Alcohol quantity and quality price elasticities', *The European Journal of Health Economics*, Vol 20 (ottobre 2018).

2 David Whitaker, 'Modelling UK alcohol and tobacco demand using the Living Costs and Food Survey', Deloitte Media (giugno 2019).

3 *Analysis of the Dynamic Effects of Fuel Duty Reductions* (HM Treasury, aprile 2014).

Elasticità della domanda al prezzo e spesa totale

Una delle più importanti applicazioni dell'elasticità della domanda al prezzo riguarda la sua relazione con la quantità totale di denaro che i consumatori spendono per comprare un bene. La ***spesa totale per l'acquisto di un prodotto* (*ET*)** non è altro che il prezzo del prodotto moltiplicato per la quantità acquistata:

$$ET = P \times Q$$

Per esempio, se i consumatori acquistano 3 milioni di unità (Q) al prezzo unitario di €2 (P), spenderanno un totale di 6 milioni di euro (ET).

La spesa totale per l'acquisto di un prodotto è pari al ***ricavo totale* (*RT*)** ottenuto dalle imprese dalla vendita del prodotto (al lordo delle imposte o di altri costi).

Per stabilire che cosa accade alla spesa totale per l'acquisto di un prodotto (e, di conseguenza, al ricavo totale delle imprese) in caso si verifichi una variazione del prezzo, occorre esaminare l'elasticità della domanda al prezzo.

Domanda elastica

All'aumentare del prezzo, la quantità domandata diminuisce e viceversa. Se la domanda è elastica, la quantità domandata varia proporzionalmente più del prezzo, pertanto la variazione della quantità ha un effetto maggiore sulla spesa totale per l'acquisto di un bene rispetto alla variazione del prezzo. Per esempio, se il prezzo aumenta, la domanda dei consumatori diminuisce in misura così pronunciata che la spesa risulta *inferiore* a prima. Possiamo riassumere questo principio come segue:

- P aumenta; Q diminuisce in misura proporzionalmente maggiore; ET diminuisce;
- P diminuisce; Q aumenta in misura proporzionalmente maggiore; ET aumenta.

In altre parole, la spesa totale varia nella stessa direzione della *quantità*.

Questo caso è illustrato nella Figura 2.11. Le aree dei rettangoli nel diagramma rappresentano la spesa totale. L'area del rettangolo, come sappiamo, è data dal prodotto della base per l'altezza: in questo caso moltiplichiamo il prezzo (altezza) per la quantità acquistata (base), ottenendo la spesa totale. Fra il punto *a* e il punto *b* la domanda è elastica. Un aumento del prezzo da €4 a €5 provoca una diminuzione proporzionalmente maggiore della quantità domandata, da 20 a 10 milioni di unità. La spesa totale *diminuisce* da 80 milioni di euro (area a righe) a 50 milioni di euro (area colorata).

Figura 2.11 Elasticità della domanda al prezzo e spesa totale: domanda elastica fra due punti della curva.

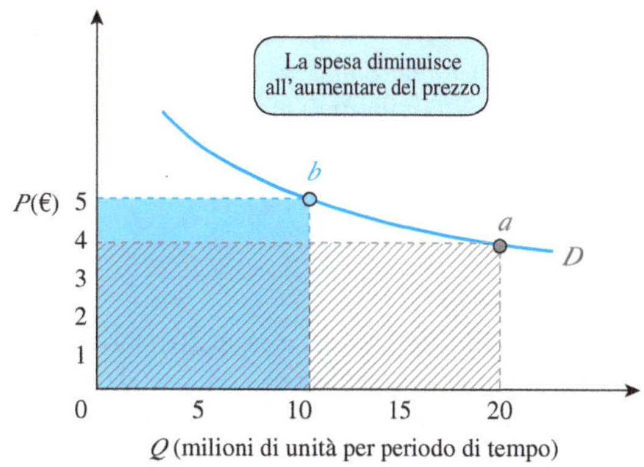

Se la domanda è elastica, pertanto, un aumento del prezzo provoca una diminuzione della spesa totale e, di conseguenza, un calo del ricavo totale delle imprese che vendono il prodotto. Una diminuzione del prezzo, al contrario, indurrà i consumatori a spendere di più e quindi le imprese registreranno maggiori guadagni.

Domanda anelastica

Se la domanda è ***anelastica*** si verifica la situazione opposta: i prezzi variano proporzionalmente in misura maggiore della quantità, quindi una variazione del prezzo ha un effetto maggiore sulla spesa totale rispetto a una variazione della quantità. Per riassumere:

- P aumenta; Q diminuisce in misura proporzionalmente minore; ET aumenta.
- P diminuisce; Q aumenta in misura proporzionalmente minore; ET diminuisce.

In altre parole, la spesa totale per l'acquisto di un prodotto varia nella stessa direzione del *prezzo*.

PAROLE CHIAVE

Spesa totale per l'acquisto di un prodotto (ET) (per periodo di tempo) Prezzo del prodotto moltiplicato per la quantità acquistata: $ET = P \times Q$.

Ricavo totale (RT) (per periodo di tempo) Proventi complessivi ottenuti da un'impresa dalla vendita di un prodotto, al lordo delle imposte e di altri costi. È dato dal prezzo moltiplicato per la quantità venduta. $RT = P \times Q$.

Domanda anelastica (rispetto al prezzo) Situazione in cui la variazione percentuale della quantità domandata è inferiore alla variazione percentuale del prezzo. Ignorando il segno negativo, l'elasticità ha valore minore di 1.

Questo caso è illustrato nella Figura 2.12. Fra i punti *a* e *c* la domanda è anelastica. Un aumento del prezzo da €4 a €8 provoca una diminuzione proporzionalmente minore della quantità domandata, da 20 a 15 milioni di unità. La spesa totale *aumenta* da 80 milioni di euro (area a righe) a 120 milioni di euro (area colorata).

In questo caso, il ricavo delle imprese aumenta se si verifica un aumento del prezzo e diminuisce se si verifica una diminuzione del prezzo.

Casi particolari

La Figura 2.13 illustra tre casi particolari: (a) una domanda totalmente anelastica ($\varepsilon_{DP} = 0$), (b) una domanda infinitamente elastica ($\varepsilon_{DP} = \infty$) e (c) una domanda a elasticità unitaria ($\varepsilon_{DP} = -1$).

Domanda totalmente anelastica. La curva di domanda è una retta verticale. In questo caso la quantità domandata resta invariata, indipendentemente dall'andamento del prezzo. È ovvio che, quanto più il prezzo aumenta, tanto maggiore sarà il livello della spesa totale per l'acquisto di un prodotto. Pertanto, nella Figura 2.13(a), la spesa in corrispondenza di P_2 sarà maggiore che in P_1.

Figura 2.12 Elasticità della domanda al prezzo e spesa totale: domanda anelastica fra due punti della curva.

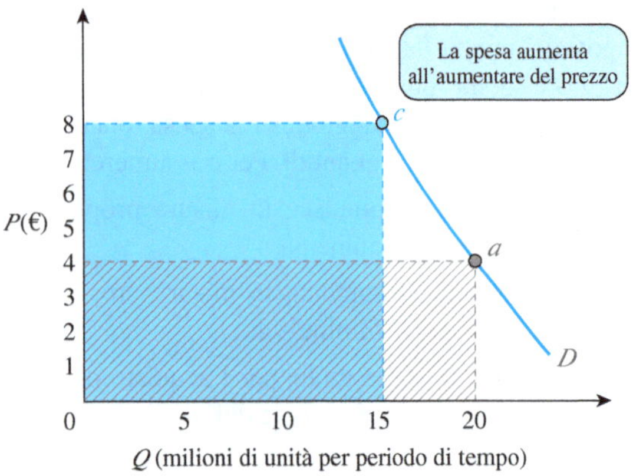

Domanda infinitamente elastica. La curva di domanda è una retta orizzontale. In corrispondenza di qualsiasi prezzo superiore a P_1 nella Figura 2.13(b) la domanda è pari a zero, ma a P_1 (o in corrispondenza di qualsiasi prezzo inferiore a esso) la domanda è "infinitamente" grande.

Questa curva di domanda apparentemente inverosimile è, in realtà, relativamente comune per il *singolo produttore*. Come abbiamo visto, in un mercato perfetto le imprese sono piccole rispetto al mercato nel suo complesso (come l'agricoltore che coltiva frumento in un minuscolo podere) e devono accettare per dato il prezzo che scaturisce dalla domanda e dall'offerta nell'*intero mercato*, ma a quel prezzo possono vendere tutta la quantità prodotta (la domanda non è infinita *in senso letterale*, ma solo rispetto all'impresa). In questo caso, quanto maggiore è la produzione della singola impresa, tanto maggiore è il ricavo ottenuto. Nella Figura 2.13(b), in corrispondenza di Q_2 si ottiene un ricavo maggiore che in Q_1.

Domanda a elasticità unitaria. In questo caso il prezzo e la quantità variano esattamente nella stessa proporzione. Un aumento del prezzo sarà esattamente controbilanciato da una diminuzione della quantità, lasciando invariata la spesa totale. Nella Figura 2.13(c), l'area a righe è esattamente uguale a quella colorata: in entrambi i casi, la spesa totale è pari a €800.

Contrariamente a quanto si potrebbe pensare, la curva di domanda a elasticità unitaria non è un retta inclinata a 45° rispetto agli assi, bensì un'*iperbole rettangolare*. La curva assume questa forma perché l'aumento proporzionale della quantità deve sempre essere pari alla diminuzione proporzionale del prezzo (e viceversa). Man mano che ci muoviamo verso il basso lungo la curva di

Figura 2.13 Elasticità della domanda al prezzo: casi particolari.

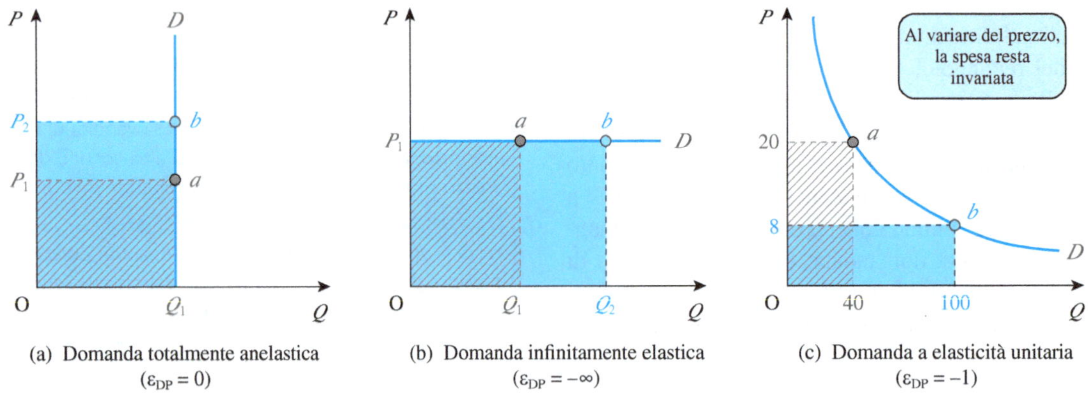

BOX 2.2 ANALISI DI CASI E APPLICAZIONI

La pubblicità e i suoi effetti sulle curve di domanda

Come incrementare le vendite e alzare i prezzi

Se un claim pubblicitario afferma che il prodotto di marca X ci renderà più belli, migliorerà le nostre vite, renderà i nostri abiti più profumati, ci permetterà di stringere nuove amicizie, ci farà vivere nuove esperienze o ci permetterà di salvare il pianeta, dovremmo chiederci quale sia l'intento dei pubblicitari: se pensate che sia unicamente quello di vendere il prodotto, avete ragione solo in parte.

In realtà, la pubblicità persegue un duplice scopo:

- spostare la curva di domanda del prodotto verso destra;
- renderla meno elastica al prezzo.

Questo fenomeno è illustrato nel diagramma che segue.

Effetto della pubblicità sulla curva di domanda.

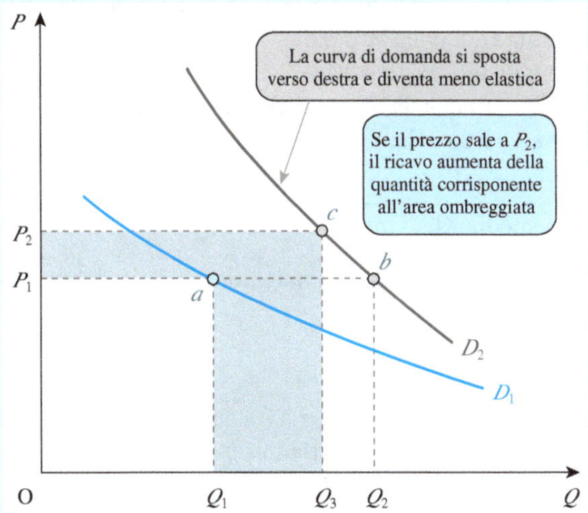

D_1 mostra la curva di domanda originale con il prezzo a P_1 e la quantità domandata a Q_1. D_2 illustra la curva dopo una campagna pubblicitaria: lo spostamento verso destra consente di vendere una maggiore quantità (Q_2) in corrispondenza del prezzo originale; inoltre, se la domanda viene resa altamente anelastica, l'impresa può alzare il prezzo e registrare comunque un sostanziale aumento delle vendite. Così, nel diagramma il prezzo può essere portato a P_2 e le vendite a Q_3, ancora nettamente al di sopra di Q_1. Il guadagno complessivo in termini di ricavo è illustrato dall'area ombreggiata.

Spostare la curva di domanda verso destra

La pubblicità può spostare la curva di domanda verso destra in due modi: richiamando l'attenzione sul prodotto e incrementando le dimensioni del relativo mercato; oppure stimolando il desiderio per il prodotto, in modo che i consumatori siano disposti a pagare un prezzo più elevato per ogni unità acquistata. In entrambi i casi, la curva di domanda si sposta verso destra.

Rendere la curva di domanda meno elastica

Se la pubblicità crea una maggiore fedeltà alla marca, la curva di domanda del prodotto diventa meno elastica. Le persone devono essere indotte a credere (a torto o a ragione) che le marche concorrenti siano inferiori; un simile risultato può essere ottenuto con la pubblicità comparativa (nei paesi in cui la legge lo consente) o differenziando a tal punto il prodotto rispetto agli altri da convincere i consumatori che nessun altro articolo è in grado di stargli alla pari. Questi approcci consentono all'impresa di aumentare i prezzi al di sopra di quelli dei concorrenti senza subire un calo significativo delle vendite. L'effetto di sostituzione ne risulterà smorzato perché i consumatori sono indotti a credere che non esistono sostituti prossimi.

domanda, affinché la variazione *proporzionale* del prezzo sia sempre uguale alla variazione proporzionale della quantità, è necessario che la quantità aumenti in misura sempre maggiore e il prezzo diminuisca in misura sempre minore in termini *assoluti*. Per esempio, un aumento della quantità da 200 a 400 unità è identico a un aumento da 100 a 200 in termini proporzionali, ma è una variazione doppia in termini assoluti. Una diminuzione del prezzo da €5 a €2,5 è identica in percentuale a un calo da €10 a €5, ma in termini assoluti è pari alla metà.

L'elasticità arcuale

Abbiamo definito l'elasticità della domanda al prezzo come la variazione percentuale o proporzionale della quantità domandata divisa per la variazione percentuale o proporzionale del prezzo. Vediamo ora come misurare, nella pratica, tali variazioni con riferimento a una specifica curva di domanda, analizzando due metodi: il primo è il *metodo arcuale*, il secondo (che esamineremo nel paragrafo successivo) è il *metodo puntuale*.

Un errore che gli studenti commettono molto frequentemente è quello di pensare di poter parlare dell'elasticità *di un'intera curva*: si tratta di un'idea sbagliata perché, nella maggior parte dei casi, l'elasticità varia per tutta la lunghezza della curva.

Esaminiamo la curva di domanda illustrata nella Figura 2.14: fra i punti *a* e *b* la spesa totale aumenta ($P_2Q_2 > P_1Q_1$): pertanto fra questi due punti la domanda è elastica. Fra i punti *b* e *c*, invece, la spesa totale diminuisce ($P_3Q_3 < P_2Q_2$): qui la domanda è anelastica.

Figura 2.14 Differenti elasticità lungo diversi segmenti di una curva di domanda.

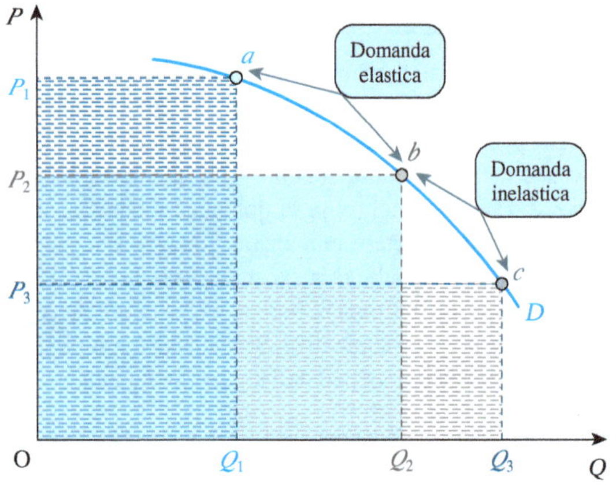

Di norma, quindi, possiamo fare riferimento solo all'elasticità di una porzione della curva di domanda, non dell'*intera* curva. Tuttavia, esistono due eccezioni a questa regola: la prima è quando l'elasticità è costante lungo tutta la curva, come nei tre casi particolari illustrati nella Figura 2.13; la seconda si ha quando due curve sono tracciate sullo stesso diagramma, come nella Figura 2.10. In questo caso possiamo affermare che, a ogni dato livello di prezzo, la curva di domanda *D* è meno elastica della curva *D'*. È tuttavia importante notare che ciascuna delle due curve presenterà diverse elasticità per tutta la lunghezza.

Sebbene di norma non si possa parlare dell'elasticità di un'intera curva, possiamo nondimeno fare riferimento all'elasticità fra due punti di una curva, la cosiddetta ***elasticità arcuale***. In realtà, la formula per calcolare l'elasticità della domanda al prezzo che abbiamo utilizzato finora non è altro che quella dell'elasticità arcuale.

Esaminiamola più nel dettaglio. Come ricorderete, la nostra formula era:

$$\frac{\Delta Q \text{ proporzionale}}{\Delta P \text{ proporzionale}} \left(\text{dove } \Delta \text{ significa "variazione"}\right)$$

Per calcolare una variazione proporzionale della quantità dividiamo quella variazione per il livello di Q: $\Delta Q/Q$. Analogamente, misuriamo la variazione proporzionale del prezzo dividendo quella variazione per il livello di P: $\Delta P/P$. L'elasticità della domanda al prezzo può dunque essere scritta come:

$$\frac{\Delta Q}{Q} \div \frac{\Delta P}{P}$$

Quale valore attribuiamo a P e a Q? Consideriamo la curva di domanda nella Figura 2.15. Qual è l'elasticità della domanda fra i punti m e n? Il prezzo è diminuito di €2 (da €8 a €6), ma a quanto ammonta la variazione proporzionale: a $-\frac{2}{8}$ o $-\frac{2}{6}$? La convenzione vuole che si esprima la variazione come proporzione della media dei due prezzi, €8 e €6, cioè prendendo il prezzo medio, €7. Pertanto, la variazione proporzionale è $-\frac{2}{7}$.

Figura 2.15 Misurare l'elasticità.

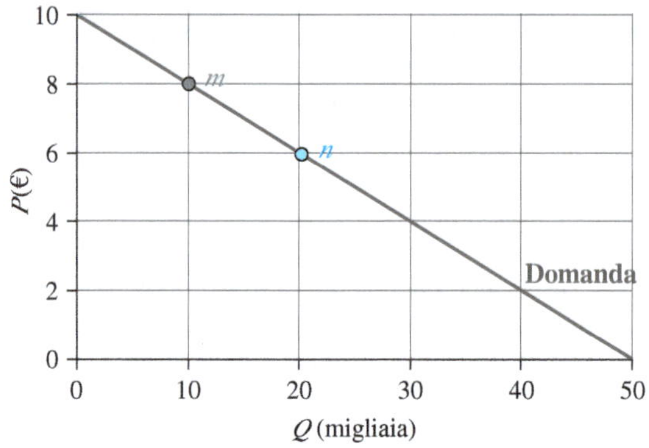

Analogamente, la variazione proporzionale della quantità fra i punti m e n è $\frac{10}{15}$, dal momento che 15 è il valore medio fra 10 e 20.

Così, usando la ***formula del punto medio***, l'elasticità fra m e n è data da:

$$\frac{\Delta Q_D}{\text{media } Q_D} \div \frac{\Delta P}{\text{media } P} = \frac{10}{15} \div \frac{-2}{7} = 2{,}33$$

Dal momento che 2,33 è maggiore di 1, la domanda è elastica fra m e n.

➤ L'elasticità puntuale

Invece di misurare l'elasticità fra due punti sulla curva di domanda, potremmo volerla misurare in corrispondenza di un unico punto, per esempio il punto r nella Figura 2.16. Per misurare l'***elasticità puntuale*** dobbiamo anzitutto riordinare i termini nella formula $\Delta Q/Q \div \Delta P/P$. Così facendo, possiamo riscrivere la formula dell'elasticità della domanda al prezzo nella seguente forma:

$$\frac{\Delta Q}{\Delta P} \times \frac{P}{Q}$$

PAROLE CHIAVE

Elasticità arcuale Misurazione dell'elasticità tra due punti di una curva.

Formula del punto medio per l'elasticità della domanda al prezzo $(\Delta Q_D/\text{media } Q_D) \div (\Delta P/\text{media } P)$.

Elasticità puntuale La misura dell'elasticità su un punto della curva. La formula dell'elasticità della domanda al prezzo usando il metodo dell'elasticità puntuale è $dQ/dP \times P/Q$, dove dQ/dP è il reciproco della pendenza della tangente alla curva di domanda in corrispondenza del punto in questione.

BOX 2.3 **ANALISI DI CASI E APPLICAZIONI**

Sull'autobus: i prezzi dei biglietti

Immaginate che una compagnia di trasporti urbani, dovendo sostenere un aumento dei costi, voglia mettere in campo una strategia volta a evitare eventuali perdite.
In un primo tempo la compagnia valuta di aumentare le tariffe, ma questa potrebbe rivelarsi una scelta sbagliata, specie se i servizi esistenti sono sottoutilizzati. Allo scopo di stabilire quale strategia sia la migliore, commissiona allora un sondaggio per stimare la domanda dei passeggeri in corrispondenza di tre diversi livelli di prezzo a corsa: l'attuale prezzo di 50 centesimi al kilometro, un prezzo più elevato (60 centesimi) e uno più basso (40 centesimi). I risultati del sondaggio sono illustrati nelle prime due colonne della tabella.
La domanda si rivela essere elastica, perché esistono mezzi di trasporto alternativi. Data l'elasticità della domanda, una riduzione della tariffa dagli attuali 50 centesimi a 40 può incrementare il ricavo totale, portandolo da 2 a 2,4 milioni di euro all'anno.
Vediamo però cosa accade ai profitti della compagnia, che corrispondono alla differenza fra il ricavo totale delle corse e i costi operativi totali. Se gli autobus sono sottoutilizzati, è probabile che i passeggeri in più possano essere trasportati con le vetture attualmente non in uso, quindi senza costi aggiuntivi.
Alla tariffa di 50 centesimi, il profitto ammontava originariamente a 0,2 milioni di euro (2,0m – 1,8m); dopo l'aumento dei costi, a una tariffa di 50 centesimi è associata una perdita di 0,2 milioni di euro (2,0m – 2,2m).
Aumentando la tariffa a 60 centesimi, la perdita sale a 0,4 milioni di euro, mentre abbassandola a 40 centesimi si può realizzare un profitto di 0,2 milioni di euro.

Tariffa (€ al km) (1)	Domanda stimata (km/passeggero annui: milioni) (2)	Ricavo totale (milioni di € annui) (3)	Vecchio costo totale (milioni di € annui) (4)	Nuovo costo totale (milioni di € annui) (5)
0,40	6	2,4	1,8	2,2
0,50	4	2,0	1,8	2,2
0,60	3	1,8	1,8	2,2

Figura 2.16 Misurare l'elasticità in un punto.

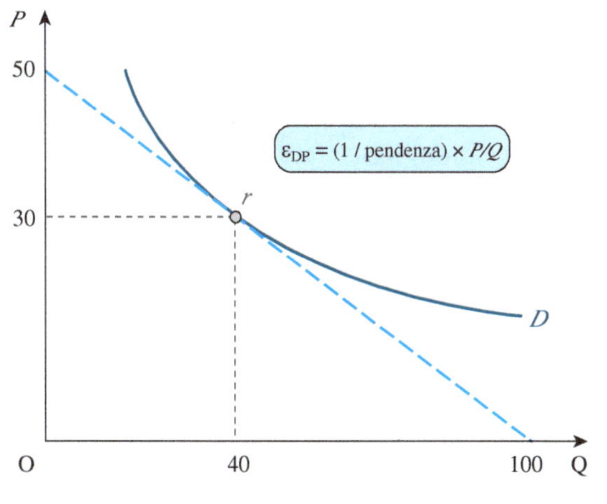

Dal momento che intendiamo misurare l'elasticità della domanda al prezzo su un *punto* della curva di domanda anziché fra due punti, è necessario sapere come reagirà la quantità domandata a una variazione del prezzo *infinitesimamente piccola*. Nel caso del punto *r* nella Figura 2.16, vogliamo sapere come reagirebbe la quantità domandata a una variazione infinitesimale del prezzo a partire da un livello di 30.

Tale variazione è indicata con la lettera *d*. La formula dell'elasticità della domanda al prezzo diventa quindi:

$$\frac{dQ}{dP} \times \frac{P}{Q}$$

dove dQ/dP è il termine del calcolo differenziale per il tasso di variazione della quantità rispetto alla variazione del prezzo (vedi Appendice). Viceversa, dP/dQ è il tasso di variazione del prezzo rispetto alla variazione della quantità domandata. In corrispondenza di ogni dato punto della curva di domanda, dP/dQ è determinato dalla *pendenza* della curva (il suo tasso di variazione). La pendenza della curva si trova tracciando una retta tangente alla curva nel punto in questione e calcolando la pendenza della tangente.

La tangente alla curva di domanda in corrispondenza del punto *r* è illustrata nella Figura 2.16; la sua pendenza è –50/100. Perciò, dP/dQ è –50/100 e dQ/dP ne è il reciproco, –100/50 = –2.

Tornando alla formula $dQ/dP \times P/Q$, in corrispondenza del punto *r* l'elasticità è pari a:

$$-2 \times 30/40 = -1{,}5$$

*IN TERMINI MATEMATICI

Elasticità di una curva di domanda rettilinea

Una curva di domanda rettilinea presenta un'elasticità diversa in corrispondenza di ciascun punto; le sole eccezioni si hanno quando la curva di domanda è verticale ($\varepsilon_{DP} = 0$) oppure orizzontale ($\varepsilon_{DP} = \infty$). La ragione di questa differente elasticità può essere mostrata usando l'equazione per una curva di domanda rettilinea:

$$Q = a - bP$$

Se tracciassimo la curva indicando Q sull'asse delle ordinate e P su quello delle ascisse, il termine "$-b$" darebbe la pendenza della curva di domanda. Dal momento che, invece, indichiamo P sull'asse delle ordinate e Q su quello delle ascisse,[1] il termine "$-b$" rappresenta il reciproco della pendenza illustrata. La pendenza della curva così come illustrata è data da dP/dQ; il suo reciproco è $dQ/dP = -b$.

La formula per calcolare l'elasticità della domanda al prezzo (usando il metodo dell'elasticità puntuale) è:

$$\varepsilon_{DP} = \frac{dQ}{dP} \cdot \frac{P}{Q}$$

che possiamo riscrivere così:

$$\varepsilon_{DP} = -b\frac{P}{Q}$$

Questo è illustrato nel diagramma, nel quale è tracciata la seguente curva di domanda:

$$Q = 50 - 5P$$

1 Tracciare la variabile indipendente (P) sull'asse delle ordinate e la variabile dipendente (Q) su quello delle ascisse è contrario alla normale convenzione. La ragione per cui lo facciamo è che in economia esistono molti altri diagrammi in cui Q è la variabile *indipendente*. Tali diagrammi comprendono le curve di costo e le curve di ricavo, che esamineremo nel Capitolo 5. Come vedrete, la trattazione risulta più chiara se tracciamo sempre Q sull'asse orizzontale anche quando, come nel caso delle curve di domanda, Q è la variabile dipendente.

Elasticità diverse lungo una curva di domanda rettilinea.

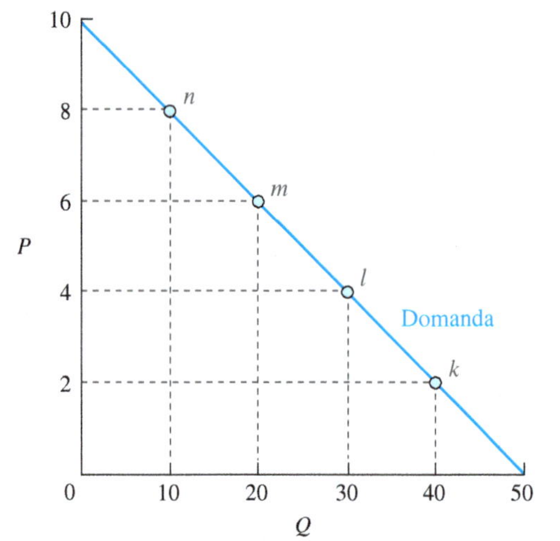

La pendenza della curva di domanda (dP/dQ) è costante (e pari a –10/50 o –0,2). Il reciproco della pendenza (dQ/dP) è quindi –5, dove 5 è il termine b nell'equazione. In questo esempio, pertanto, l'elasticità della domanda al prezzo è data da:

$$\varepsilon_{DP} = -5\frac{P}{Q}$$

Il valore di P/Q, tuttavia, differisce lungo l'intera curva di domanda. In corrispondenza del punto n, $P/Q = 8/10$. Ne consegue che:

$$\varepsilon_{DP} = -5(8/10) = -4$$

In corrispondenza del punto m, tuttavia, $P/Q = 6/20$. Perciò:

$$\varepsilon_{DP} = -5(6/20) = -1,5$$

Invece di tracciare un grafico e misurare la pendenza della tangente, si può utilizzare il calcolo differenziale per derivare l'elasticità puntuale, se è nota l'equazione della curva di domanda.

L'elasticità dell'offerta al prezzo (ε_{DP})

Se il prezzo aumenta o diminuisce, varierà non solo la quantità domandata, ma anche la quantità offerta; per stabilire in che misura, utilizziamo l'***elasticità dell'offerta al prezzo***.

La Figura 2.17 mostra due curve di offerta. La curva O_2 è più elastica su ogni intervallo di prezzo rispetto alla curva O_1. Pertanto, se il prezzo sale da P_1 a P_2, l'aumento della quantità offerta è maggiore su O_2 (si passa infatti da Q_1 a Q_3) rispetto a O_1 (dove si passa da Q_1 a Q_2). Per ogni spostamento della curva di domanda, in corrispondenza

PAROLE CHIAVE

Elasticità dell'offerta al prezzo La reattività della quantità offerta a variazioni del prezzo.

BOX 2.4 ESPLORARE L'ECONOMIA

Uso del calcolo differenziale per calcolare l'elasticità della domanda al prezzo

(Per comprendere il tema di questo riquadro è necessario conoscere le regole del calcolo differenziale. Si veda l'Appendice a fine volume).

Riportiamo un esempio di equazione per una curva di domanda:

$$Q_d = 60 - 15P + P^2$$

(dove Q_d è misurata in migliaia di unità). Da qui è possibile costruire la tabella seguente e il grafico illustrato in figura.

P	*60*	*−15P*	*+P²*	=	*Q_d(000)*
0	60	−0	+0	=	60
1	60	−15	+1	=	46
2	60	−30	+4	=	34
3	60	−45	+9	=	24
4	60	−60	+16	=	16
5	60	−75	+25	=	10
6	60	−90	+36	=	6

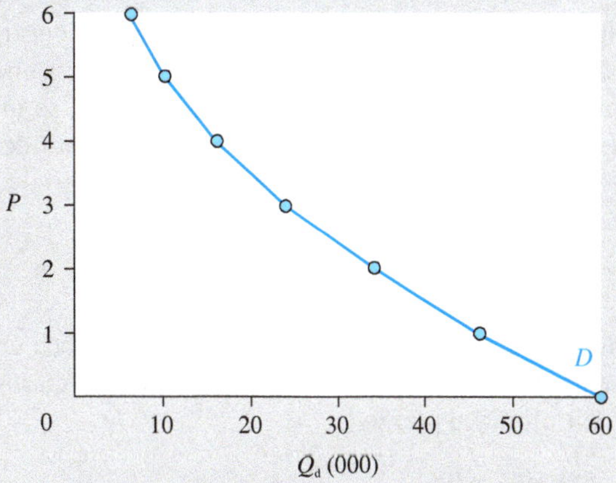

Dall'equazione della domanda si può facilmente ottenere l'elasticità puntuale usando il calcolo differenziale. Occorre conoscere le regole di differenziazione (si veda l'Appendice a fine volume).

Ricordiamo la formula per l'elasticità puntuale:

$$P\varepsilon_D = dQ/dP \times P/Q$$

Il termine dQ/dP si può calcolare differenziando l'equazione della domanda:

Dato $Q_d = 60 - 15P + P^2$

Abbiamo $dQ/dP = -15 + 2P$

Quindi, al prezzo 3, per esempio,

$dQ/dP = -15 + (2 \times 3)$

$= -9$

Quindi l'elasticità della domanda al prezzo quando il prezzo è 3 è

$= -9 \times P/Q$

$= -9 \times 3/24$

$= -9/8$ (che è elastico)

Figura 2.17 Curve di offerta con diverse elasticità dell'offerta al prezzo.

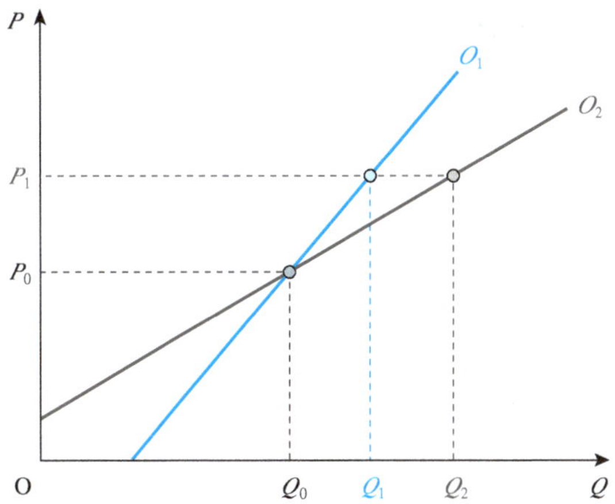

della curva O_2 si verificherà una variazione maggiore della quantità offerta e una variazione minore del prezzo rispetto alla curva O_1. Pertanto, l'effetto sul prezzo e sulla quantità di uno spostamento della curva di domanda dipende dall'elasticità dell'offerta al prezzo.

La ***formula dell'elasticità dell'offerta al prezzo*** (ε_{OP}) è: la variazione percentuale (o proporzionale) della quantità offerta divisa per la variazione percentuale (o proporzionale) del prezzo.

PAROLE CHIAVE

Formula dell'elasticità dell'offerta al prezzo (ε_{OP})
La variazione percentuale (o proporzionale) della quantità offerta divisa per la variazione percentuale (o proporzionale) del prezzo: $\%\Delta Q_O \div \%\Delta P$.

In termini matematici, scriviamo:

$$\varepsilon_{OP} = \frac{\%\Delta Q_O}{\%\Delta P}$$

In altre parole, la formula è identica a quella dell'elasticità della domanda al prezzo, con la sola differenza che in questo caso la quantità è quella *offerta*. Così, se un aumento del prezzo del 10% provoca un aumento del 25% della quantità offerta, l'elasticità dell'offerta al prezzo è:

25%/10% = 2,5

Se, invece, un aumento del prezzo del 10% provoca un aumento di appena il 5% della quantità offerta, l'elasticità dell'offerta al prezzo è:

5%/10% = 0,5

Nel primo caso l'offerta è elastica ($\varepsilon_{OP} > 1$), nel secondo è anelastica ($\varepsilon_{OP} < 1$). Notate che, a differenza dell'elasticità della domanda al prezzo, ε_{OP} è un numero positivo, perché il prezzo e la quantità offerta variano nella *stessa* direzione.

Determinanti dell'elasticità dell'offerta al prezzo

Aumento dei costi a fronte di un incremento della produzione. Per ogni dato aumento di prezzo, quanto più bassi sono i costi di produzione di un'unità addizionale di prodotto, tanto più le imprese saranno incentivate a produrre, e di conseguenza l'offerta sarà più elastica.

L'offerta è tanto più elastica quanto più le imprese dispongono di un'ampia capacità di riserva, possono ottenere rapidamente le necessarie forniture di materie prime supplementari, possono abbandonare agevolmente la produzione di beni alternativi e possono evitare di ricorrere agli straordinari, che comportano un aumento delle retribuzioni orarie.

Orizzonte temporale

- Nell'immediato. È improbabile che le imprese siano in grado, in poco tempo, di espandere notevolmente la produzione. L'offerta è di fatto fissa, o può aumentare nella misura delle giacenze disponibili, ed è dunque altamente anelastica.
- Nel breve periodo. Col passare del tempo è possibile incrementare la quantità di alcuni fattori di produzione (per esempio, le materie prime), mentre altri resteranno fissi (per esempio, i macchinari). Nel breve periodo si registra un aumento moderato dell'offerta.
- Nel lungo periodo. Le imprese possono incrementare tutti i fattori di produzione e nuovi produttori possono entrare nel settore. Pertanto, l'offerta è probabilmente molto elastica nella maggior parte dei casi; in alcune circostanze, la curva di offerta di lungo periodo potrebbe persino avere pendenza negativa (vedi il Paragrafo 6.3 sulle economie di scala).

Misurare l'elasticità dell'offerta al prezzo

Una curva di offerta verticale ha elasticità pari a zero ed è totalmente insensibile alle variazioni di prezzo. Una curva di offerta orizzontale, invece, ha elasticità infinita: non esiste un limite alla quantità offerta in corrispondenza del prezzo in cui la curva interseca l'asse delle ordinate.

Se due curve di offerta si intersecano, quella più ripida è caratterizzata da un'elasticità al prezzo inferiore (per esempio, la curva O_1 nella Figura 2.17). Tuttavia, una curva di offerta rettilinea che parte dall'origine degli assi cartesiani ha un'elasticità pari a 1 per tutta la sua lunghezza, *indipendentemente dalla pendenza*. Questo risultato, forse un po' sorprendente, è illustrato nella Figura 2.18, dove tre curve di offerta che partono dall'origine degli assi hanno ciascuna una pendenza diversa. Su ogni curva sono indicati due punti e in tutti i casi l'aumento proporzionale di Q *è pari* all'aumento proporzionale di P. Per esempio, sulla curva O_1 si osserva che, se il prezzo raddoppia da €3 a €6, la produzione aumenta da 1 a 2 unità.

Questo dimostra che non è la *pendenza* della curva a determinarne l'elasticità, ma la variazione proporzionale delle variabili lungo la curva.

Le elasticità di altre curve di offerta variano lungo la rispettiva curva. In questi casi si deve parlare di elasticità fra due punti sulla curva o in corrispondenza di un punto specifico. Per calcolare la prima facciamo ricorso alla **formula arcuale**, per calcolare la seconda ci serviamo del metodo puntuale. I due metodi sono gli stessi che

Figura 2.18 Curve di offerta a elasticità unitaria.

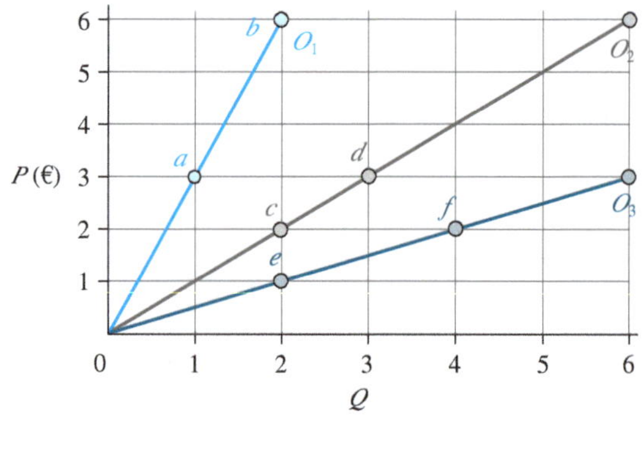

*IN TERMINI MATEMATICI

Dimostriamo perché una curva di offerta rettilinea che interseca l'origine degli assi ha un'elasticità pari a 1. Supponiamo che l'equazione di offerta sia:

$$Q_O = a + bP \quad (1)$$

Se la curva di offerta passa per l'origine, $a = 0$. Scriviamo quindi:

$$Q_O = bP \quad (2)$$

La formula dell'elasticità puntuale per l'elasticità dell'offerta al prezzo è analoga a quella dell'elasticità della domanda al prezzo (vedi il precedente Box "*In termini matematici") ed è data da:

$$\varepsilon_{OP} = \frac{dQ_O}{dP} \cdot \frac{P}{Q_O} \quad (3)$$

ma

$$b = \frac{dQ_O}{dP} \quad (4)$$

poiché questa è la pendenza dell'equazione (il reciproco della pendenza della curva). Sostituendo l'equazione (4) nella (3) otteniamo:

$$\varepsilon_{OP} = b \cdot \frac{P}{Q_O} \quad (5)$$

Sostituendo l'equazione **(2)** nella **(5)** otteniamo:

$$\varepsilon_{OP} = b \cdot \frac{P}{bP} = \frac{bP}{bP} = 1$$

Domande

Dati i seguenti valori di prezzo e quantità:

P	2	4	6	8	10
Q	0	10	20	30	40

(a) Tracciare la curva di offerta.

(b) Usando il metodo arcuale, calcolare l'elasticità al prezzo dell'offerta (i) tra P = 2 e P = 4; (ii) tra P = 8 e P = 10.

(c) *Usando il metodo puntuale, calcolare l'elasticità al prezzo dell'offerte in P = 6.

(d) L'elasticità della curva di offerta aumenta o diminuisce all'aumentare di P e Q? Perché?

(e) Quale sarebbe la risposta al punto (d) se la curva di offerta fosse una retta che interseca l'asse orizzontale a destra dell'origine?

abbiamo utilizzato per le curve di domanda: la sola differenza è che, nelle formule, la lettera Q si riferisce alla quantità offerta anziché alla quantità domandata.

Elasticità della domanda al reddito

Finora abbiamo esaminato la reattività della domanda e dell'offerta a una variazione del prezzo. Quest'ultimo, però, è solo una delle determinanti di domanda e offerta. In teoria, infatti, potremmo analizzare la reazione di domanda e offerta a una variazione di una *qualunque* delle loro determinanti e ottenere molti tipi diversi di elasticità della domanda e dell'offerta.

IDEA CHIAVE 9 ***Elasticità.*** La reattività di una variabile (per esempio, la domanda) alla variazione di un'altra (per esempio, il prezzo). Questo concetto è fondamentale per capire il funzionamento dei mercati. Quanto più le variabili sono elastiche, tanto più il mercato è reattivo al variare delle circostanze.

Nella pratica, ci sono altre due elasticità particolarmente utili ai fini del nostro discorso, ed entrambe riguardano la domanda.

La prima è l'***elasticità della domanda al reddito***, che misura la reattività della domanda a una variazione del reddito dei consumatori (Y) e ci consente di prevedere di quanto si sposterà la curva di domanda a seguito di una data variazione del reddito. La ***formula dell'elasticità della domanda al reddito*** (ε_{DY}) è: la variazione percentuale (o proporzionale) della quantità domandata divisa per la variazione percentuale (o proporzionale) del reddito.

In termini matematici:

$$\varepsilon_{DY} = \frac{\%\Delta Q_D}{\%\Delta Y}$$

Come si può vedere, la formula è identica a quella dell'elasticità della domanda al prezzo, la sola differenza è che dividiamo la variazione percentuale della domanda per la variazione percentuale del reddito che l'ha causata, anziché per il prezzo. Pertanto, se un aumento del reddito del 2% provoca un incremento della quantità domandata dell'8%, l'elasticità della domanda al reddito è:

$$8\%/2\% = 4$$

PAROLE CHIAVE

Elasticità della domanda al reddito Reattività della domanda a variazioni del reddito dei consumatori.

Formula dell'elasticità della domanda al reddito (ε_{DY}) Variazione percentuale (o proporzionale) della quantità domandata divisa per la variazione percentuale (o proporzionale) del reddito: $\%\Delta Q_D \div \%\Delta Y$.

La principale determinante dell'elasticità della domanda al reddito è il grado di "necessità" del bene. Nei paesi ricchi la domanda di beni di lusso cresce rapidamente all'aumentare del reddito degli individui, mentre la domanda di beni primari aumenta solo di poco; pertanto, beni come le borsette firmate e le vacanze all'estero hanno un'elevata elasticità della domanda al reddito, mentre beni come la verdura o le calze sono caratterizzati da una bassa elasticità della domanda al reddito.

Se l'elasticità della domanda al reddito è positiva e maggiore di 1, allora la quota del reddito dei consumatori spesa nel bene aumenta all'aumentare del reddito. Se l'elasticità è positiva ma minore di 1, allora la quota del reddito dei consumatori spesa nel bene diminuisce all'aumentare del reddito. In entrambi i casi le persone domandano una maggiore quantità del bene all'aumentare del reddito. Tuttavia, la domanda di alcuni beni in realtà *diminuisce* allorché i redditi individuali superano un certo livello. È questo il caso dei beni inferiori, come quelli delle linee "primo prezzo" dei supermercati e le corse in autobus, che i consumatori abbandonano in favore di prodotti di qualità più elevata non appena cominciano a guadagnare di più. A differenza del ***beni normali***, che hanno un'elasticità della domanda al reddito positiva, i ***beni inferiori*** sono caratterizzati da un'elasticità della domanda al reddito negativa.

L'elasticità della domanda al reddito è un concetto importante per le imprese che vogliano stimare la dimensione futura del mercato del loro prodotto: se quest'ultimo ha un'elevata elasticità della domanda al reddito, è probabile che le vendite registrino un'impennata quando il reddito nazionale aumenta, ma potrebbero anche calare significativamente qualora l'economia entri in recessione.

Elasticità incrociata della domanda al prezzo (ε_{DAB})

L'***elasticità incrociata della domanda al prezzo*** misura la reattività della quantità domandata di un bene alla variazione del prezzo di un altro bene (sostituto o complementare che sia) e ci consente di prevedere l'entità dello spostamento della curva di domanda del primo al variare del prezzo del secondo.

La ***formula dell'elasticità incrociata della domanda al prezzo*** è: la variazione percentuale (o proporzionale) della quantità domandata del bene A divisa per la variazione percentuale (o proporzionale) del prezzo del bene B. In termini matematici:

$$\varepsilon_{D_{AB}} = \frac{\%\Delta Q_{D_A}}{\%\Delta P_B}$$

Se B è un *bene sostituto* di A, la quantità domandata di A *aumenta* all'aumentare del prezzo di B. In questo caso, l'elasticità incrociata è un numero positivo. Per esempio, se la domanda di burro aumenta del 2% quando il prezzo della margarina (bene sostituto) sale dell'8%, l'elasticità incrociata della domanda al prezzo del burro rispetto alla margarina è:

$$2\%/8\% = 0{,}25$$

Al contrario, se B è un *bene complementare* di A, la quantità domandata di A *diminuisce* all'aumentare del prezzo di B e quindi al diminuire della quantità domandata di quest'ultimo. In questo caso, l'elasticità incrociata è un numero negativo. Per esempio, se un aumento del 4% del prezzo del pane provoca un calo del 3% della domanda di burro, l'elasticità incrociata della domanda al prezzo del burro rispetto al pane è:

$$-3\%/4\% = -0{,}75$$

La principale determinante dell'elasticità incrociata della domanda al prezzo è la prossimità dei beni sostituti o complementari: quanto maggiore è la prossimità, tanto più forte sarà l'effetto, sul primo bene, di una variazione del prezzo del bene sostituto o complementare e, di conseguenza, tanto più elevata sarà l'elasticità incrociata in valore assoluto. Per esempio, si è stimato un valore di 1,169 per l'elasticità incrociata della domanda di bevande alcoliche al prezzo (whisky, vodka e così via) rispetto al prezzo della birra commerciale. Ciò suggerisce che questi beni siano sostituti moderatamente vicini nel consumo.

PAROLE CHIAVE

Beni normali Beni la cui domanda aumenta all'aumentare del reddito dei consumatori. Questi beni sono caratterizzati da elasticità della domanda al reddito positiva, che risulta maggiore per i beni di lusso rispetto ai beni di prima necessità.

Beni inferiori Beni la cui domanda diminuisce all'aumentare del reddito dei consumatori. Questi beni sono caratterizzati da un'elasticità della domanda al reddito negativa.

Formula dell'elasticità dell'offerta al prezzo (metodo arcuale) (ΔQ_O/media Q_O) ÷ (ΔP/media P).

Elasticità incrociata della domanda al prezzo Reattività della domanda di un bene a variazioni del prezzo di un altro bene.

Formula dell'elasticità incrociata della domanda al prezzo (ε_{DAB}) Variazione percentuale (o proporzionale) della quantità domandata del bene *a* divisa per la variazione percentuale (o proporzionale) del prezzo del bene *b*: $\%\Delta Q_{DA} \div \%\Delta P_B$.

CONCETTO FONDAMENTALE 6

Elasticità di una variabile a una variazione di un determinante

PENSARE COME UN ECONOMISTA

Come abbiamo visto a proposito dell'elasticità al prezzo della domanda, l'elasticità misura la prontezza di reazione di una variabile (per esempio la quantità domandata) a una variazione di un'altra variabile (per esempio il prezzo). Si tratta di un concetto fondamentale per comprendere il funzionamento dei mercato: più le variabili sono elastiche, più il mercato reagisce prontamente a cambiamenti dell'ambiente in cui opera.

L'elasticità non è solo un termine tecnico. Non è difficile apprendere la formula

$$\varepsilon_{DP} = \frac{\%\Delta Q_0}{\%\Delta P}$$

nel caso dell'elasticità al prezzo della domanda e poi interpretarla come

$$\varepsilon_{DP} = \frac{\Delta Q_0}{\text{media } Q_0} \div \frac{\Delta P}{\text{media } P}$$

usando il metodo dell'elasticità arcuale, o come

$$\varepsilon_{DP} = \frac{dQ_0}{dP} \times \frac{P}{Q}$$

usando il metodo dell'elasticità puntuale.

Possiamo anche scrivere la formula generale per l'elasticità come

$$\varepsilon_{XY} = \frac{\%\Delta X}{\%\Delta Y}$$

La formula si riferisce alla prontezza di reazione della variabile X a una variazione della variabile Y (dove X potrebbe essere la quantità offerta o domandata e Y potrebbe essere il prezzo, il reddito, il prezzo di beni sostituti o qualsiasi altro determinante della domanda o dell'offerta). Anche qui possiamo usare il metodo dell'elasticità arcuale o quello dell'elasticità puntuale. Spesso gli studenti hanno difficoltà iniziali nell'uso delle formule, ma è principalmente questione di esercizio.

L'elasticità è un *concetto fondamentale* perché sta proprio al cuore del meccanismo di funzionamento dei sistemi economici. In un'economia, i prezzi agiscono come segnali di una variazione della domanda o dell'offerta, e anche come incentivo per le persone a reagire alle nuove condizioni. Maggiore è l'elasticità della domanda, più ampia sarà la reazione a una variazione nell'offerta. Maggiore è l'elasticità dell'offerta, più ampia sarà la reazione a una variazione della domanda.

Comprendere l'elasticità e ciò che ne determina il livello ci aiuta a capire come reagirà un'economia ai mutamenti continui che sono caratteristici del mondo reale.

In un'economia di mercato perfetta, le imprese affrontano una curva di domanda infinitamente elastica (orizzontale): sono *price taker*, cioè non hanno modo di influire sul prezzo ma sono altamente dipendenti dalle forze del mercato (cfr. la Figura 2.13(b) e il testo relativo).

Le grandi imprese, invece (e anche alcune più piccole), sono in una posizione molto diversa. Se in un mercato c'è solo un'impresa o due, probabilmente ognuna di queste dovrà affrontare una domanda relativamente anelastica, quindi ha la possibilità di aumentare i prezzi e far crescere i profitti. Come abbiamo visto, se la domanda è anelastica al prezzo, un aumento dei prezzi causerà un aumento dei ricavi dell'impresa (cfr. la Figura 2.13(b)). Anche se la domanda è elastica, ma con una curva inclinata verso il basso, l'impresa potrebbe aumentare i profitti alzando i prezzi, purché il calo dei ricavi sia inferiore alla riduzione dei costi dovuti alla minore produzione.

In generale, meno elastica è la curva della domanda dell'impresa, maggiore sarà il potere che questa avrà di aumentare i prezzi facendo crescere i profitti.

Non basta conoscere l'elasticità al prezzo della domanda per comprendere come operano le economie di mercato. In un mercato perfetto, l'offerta di mercato tende a essere molto elastica, soprattutto nel lungo periodo dopo che le imprese hanno avuto il tempo di entrare nel settore. Quindi, se viene scoperta una nuova tecnica produttiva a basso costo, che fa aumentare i profitti in un settore, ci saranno nuove imprese pronte a entrare nel mercato attratte dalla possibilità di ottenere profitti elevati.

Questo aumento dell'offerta avrà l'effetto di trainare verso il basso i prezzi e quindi anche i profitti. Ciò significa che in settori altamente concorrenziali le imprese reagiscono molto rapidamente alle variazioni delle condizioni economiche, altrimenti rischierebbero di fallire. Esamineremo più in dettaglio questo processo nel Paragrafo 7.2.

Se la competizione è minore, le imprese hanno la vita più facile, ma ciò che è un vantaggio per loro potrebbe essere un danno per i consumatori, che potrebbero finire per pagare prezzi più alti e ottenere beni di qualità inferiore – anche se non è detto che ciò accada.

Esamineremo questo aspetto nei Paragrafi 7.3 e 7.4, nonché nel Capitolo 8.

Per riassumere, affrontare l'elasticità non è solo questione di fare calcoli, significa comprendere la vera essenza dei meccanismi di funzionamento delle economie.

Per valutare gli effetti della variazione del prezzo di un bene concorrente o complementare sulla quantità domandata dei loro prodotti, le imprese devono conoscere l'elasticità incrociata della domanda al prezzo, che costituisce un'informazione essenziale per redigere un programma di produzione.

Un'altra applicazione del concetto di elasticità incrociata della domanda al prezzo si ha nel campo del commercio internazionale e della bilancia dei pagamenti. Per stabilire in che modo una variazione del prezzo dei beni di produzione interna influisce sulla domanda di beni importati, occorre esaminare l'elasticità incrociata della domanda al prezzo di questi ultimi: se l'elasticità è elevata (perché i beni importati sono stretti sostituti dei beni di produzione interna) e se, nel paese, i prezzi aumentano a causa dell'inflazione, la domanda di importazioni aumenterà in maniera sostanziale, provocando un deterioramento della bilancia dei pagamenti.

*IN TERMINI MATEMATICI

Calcolare l'elasticità della domanda al reddito e l'elasticità incrociata della domanda al prezzo a partire da un'equazione di domanda

La seguente equazione di domanda mette in relazione la quantità domandata (Q_A) del bene A con il suo prezzo (P_A), il reddito dei consumatori (Y) e il prezzo di un bene sostituto B (P_B):

$$Q_A = a - bP_A + cY + eP_B$$

Notate che questa è un'equazione "lineare", perché non contiene potenze, come P^2 o Y^2.

La formula[1] dell'elasticità della domanda al reddito per il bene A sarà:

$$\varepsilon_{DY} = \frac{\partial Q_A}{\partial Y} \cdot \frac{Y}{Q_A}$$

Dal momento che il termine $\partial Q_A / \partial Y$ rappresenta la variazione di Q_A per una data variazione di Y (cioè il valore di c), possiamo scrivere:

$$\varepsilon_{DY} = c \cdot \frac{Y}{Q_A}$$

Analogamente, la formula dell'elasticità incrociata della domanda al prezzo del bene A rispetto al bene B sarà:

$$\varepsilon_{DAB} = \frac{\partial Q_A}{\partial P_B} \cdot \frac{P_B}{Q_A} = e\frac{P_B}{Q_A}$$

1 Notate che in questo caso usiamo il simbolo ∂ anziché d per rappresentare una variazione infinitamente piccola. Questa convenzione si utilizza quando l'equazione contiene più di una variabile indipendente (in questo caso P_A, Y e P_B). Il termine $\partial Q_A / \partial Y$ è la "derivata parziale" (vedi Appendice A) e si riferisce al tasso di variazione di Q_A al variare di solo *una* delle tre variabili (in questo caso Y).

2.5 La dimensione temporale

CF 6 p63

In una situazione di disequilibrio, il prezzo, la domanda e l'offerta non variano istantaneamente fino a pervenire a un nuovo equilibrio di lungo periodo. Pertanto, è necessario analizzare il percorso temporale seguito dall'offerta nel reagire alle variazioni della domanda e quello seguito dalla domanda nel rispondere alle variazioni dell'offerta.

Variazioni di breve e di lungo periodo

I produttori e i consumatori hanno bisogno di tempo per reagire a una variazione del prezzo, quindi l'elasticità varia a seconda dell'orizzonte temporale considerato: quanto più lungo è il periodo di tempo, tanto più pronunciata è la reazione, e quindi tanto maggiore è l'elasticità della domanda e dell'offerta.

Questo concetto è illustrato nelle Figure 2.19 e 2.20. In entrambi i casi, allorché l'equilibrio passa da *a* a *b* a *c*, si genera un'ampia variazione del prezzo (da P_1 a P_2) e una modesta variazione della quantità (da Q_1 a Q_2) nel breve periodo, ma una piccola variazione del prezzo (da P_1 a P_3) e una forte variazione della quantità (da Q_1 a Q_3) nel lungo periodo.

Aspettative sui prezzi e speculazione

Nel mondo reale le curve di domanda e offerta si spostano continuamente e, di conseguenza, i prezzi possono aumentare o diminuire. Le aspettative di una futura variazione dei prezzi incidono sul comportamento *odierno* di acquirenti e venditori. Per esempio, se siamo in dicembre e state valutando di acquistare un nuovo televisore, magari potreste decidere di aspettare le svendite di gennaio e nel frattempo accontentarvi di quello che avete. Se invece, sempre nel mese di dicembre, vedete la pubblicità di una vacanza estiva che vi interessa, potreste decidere

Figura 2.19 Reazione dell'offerta a un aumento della domanda.

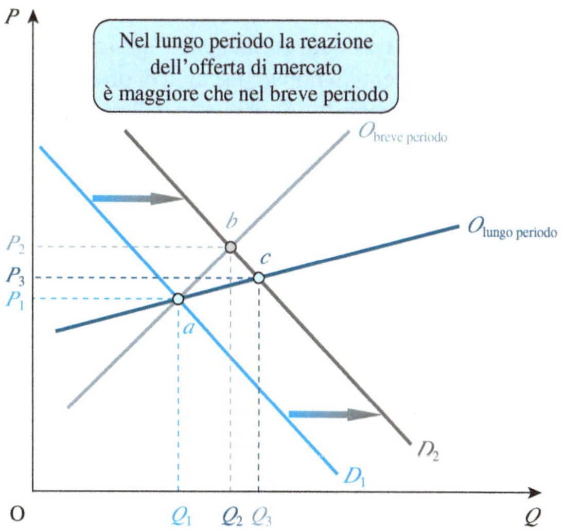

Figura 2.20 Reazione della domanda a un aumento dell'offerta.

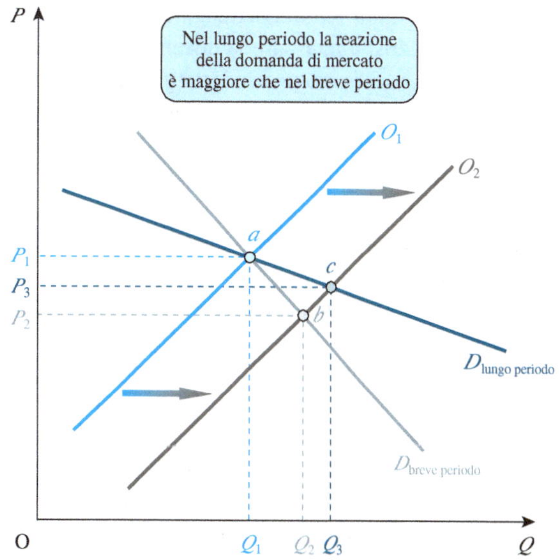

di prenotare subito, nel timore che, col passare dei mesi, il prezzo aumenti. La convinzione che i prezzi possano calare indurrà i consumatori ad attendere.

I venditori si trovano nella situazione opposta. Se state valutando di vendere la vostra casa e i prezzi del mercato immobiliare sono in calo, vorrete vendere il più presto possibile; se, al contrario, i prezzi stanno salendo, attenderete il più a lungo possibile per strappare un prezzo più alto. Gli individui sono indotti a vendere subito se sono convinti che i prezzi diminuiranno e ad aspettare se credono che saliranno.

IDEA CHIAVE 10 ***Le azioni delle persone sono influenzate dalle loro aspettative.*** Gli individui reagiscono non solo a ciò che accade nell'immediato, ma anche a ciò che ritengono possa accadere in futuro.

La formulazione di decisioni di acquisto e di vendita sulla base della previsione dei prezzi futuri prende il nome di ***speculazione***. Tale comportamento si fonda spesso sulle tendenze correnti dei prezzi: se questi stanno salendo, gli individui potrebbero cercare di stabilire se siano sul punto di raggiungere un picco massimo per poi scendere di nuovo, oppure se continueranno ad aumentare. Effettuate le proprie previsioni, le persone agiranno sulla scorta di esse; le loro azioni influiranno quindi sulla domanda e sull'offerta, che a loro volta avranno un effetto sul prezzo. La speculazione è una caratteristica piuttosto comune in molti mercati, per esempio la borsa valori, il mercato dei cambi e il mercato immobiliare.

A volte gli individui sfruttano gli aumenti attesi dei prezzi puramente a scopi di guadagno, senza alcuna intenzione di conservare ciò che hanno acquistato. Per esempio, se ci si attende che le quotazioni di una particolare società aumentino, gli investitori potrebbero acquistare le azioni finché il prezzo è basso e rivenderle in un secondo momento, quando il prezzo è aumentato, ottenendo così un profitto dall'incremento dei corsi azionari.

Analogamente, è possibile trarre vantaggio da una riduzione attesa del prezzo vendendo oggi per ricomprare in futuro. Per esempio, se possedete azioni Fiat e vi attendete un calo del loro prezzo, potreste decidere di venderle per ricomprarle quando le quotazioni scenderanno. Ancora una volta, otterrete un profitto dalla differenza di prezzo. Talvolta il termine *speculazione* viene usato in senso stretto per indicare l'acquisto (o la vendita) di materie prime o attività finanziarie al solo scopo di realizzare un guadagno da una successiva vendita (o riacquisto) a un prezzo più elevato (o inferiore). Il termine ***speculatori*** si riferisce di solito a quanti si dedicano a questo genere di attività.

Nel caso più estremo, gli speculatori non hanno nemmeno bisogno di investire direttamente il proprio denaro:

PAROLE CHIAVE

Speculazione Attività che consiste nel prendere decisioni di acquisto e di vendita sulla base della previsione dei prezzi futuri.

Speculatori Individui che acquistano (o vendono) materie prime o attività finanziarie con l'intenzione di realizzare un profitto dalla vendita (o dal riacquisto) delle stesse a una data futura e a un prezzo più alto (più basso).

se acquistano un bene e lo rivendono sufficientemente in fretta a un prezzo più elevato, possono impiegare il denaro ottenuto dalla vendita per pagare il venditore originario, limitandosi a intascare la differenza. In alternativa, gli speculatori possono vendere un bene che nemmeno possiedono, a patto che siano in grado di riacquistarlo in tempo (a un prezzo più basso) per cederlo all'acquirente originario. Anche in questo caso, si limitano a intascare la differenza di prezzo.

Tuttavia, sebbene possano registrare elevati guadagni, gli speculatori corrono anche grossi rischi: le loro previsioni possono rivelarsi errate ed essere fonte di perdite anziché di profitti.

Nondimeno, di solito gli speculatori tendono a guadagnare anziché a perdere, perché la speculazione tende ad ***autorealizzarsi***: in altre parole, le azioni degli speculatori spesso determinano l'effetto stesso che essi avevano previsto. Per esempio, se gli speculatori credono che il prezzo delle azioni Telecom stia per aumentare, le acquisteranno, ma così facendo contribuiranno a incrementare la domanda e a spingere *effettivamente al rialzo* il prezzo: la profezia è autorealizzante.

La speculazione può contribuire a ridurre o a esacerbare le fluttuazioni dei prezzi, e può essere quindi stabilizzante o destabilizzante.

Speculazione stabilizzante

La speculazione tende ad avere un effetto ***stabilizzante*** sulle fluttuazioni dei prezzi quando i produttori e/o i consumatori ritengono che la variazione del prezzo sia solo *temporanea*.

Un calo iniziale del prezzo. Nella Figura 2.21, la curva di domanda si è spostata da D_1 a D_2, l'equilibrio si è portato dal punto *a* al punto *b* e il prezzo è sceso a P_2. Come reagiscono gli individui alla diminuzione del prezzo?

Dal momento che considerano la flessione del prezzo solo temporanea, i produttori *riducono l'offerta*, in attesa che il prezzo aumenti di nuovo: la curva di offerta si sposta da O_1 a O_2. Dopo tutto, perché vendere adesso se, aspettando, si può ottenere un prezzo più alto?

Per trarre vantaggio dal calo temporaneo del prezzo, i compratori *incrementano* gli acquisti e la curva di domanda si sposta da D_2 a D_3.

L'equilibrio si sposta al punto *c*, mentre il prezzo sale di nuovo verso P_1.

Un aumento iniziale del prezzo. Nella Figura 2.22, la curva di domanda si è spostata da D_1 a D_2 e il prezzo è aumentato da P_1 a P_2.

I produttori immettono subito sul mercato i loro prodotti, prima che il prezzo diminuisca di nuovo; la curva di offerta si sposta quindi da O_1 a O_2. Gli acquirenti, invece, attendono che il prezzo cali: la curva di domanda si sposta quindi da D_2 a D_3. L'equilibrio si porta verso il punto *c*, e il prezzo scende verso P_1.

Un esempio. Un caso di speculazione stabilizzante si verifica nei mercati dei prodotti agricoli. Prendiamo il caso del frumento. Quando, all'inizio dell'estate, il

PAROLE CHIAVE

Speculazione autorealizzantesi Situazione in cui le azioni degli speculatori tendono a causare proprio l'effetto che essi avevano previsto.

Speculazione stabilizzante Situazione in cui le azioni degli speculatori tendono a ridurre l'ampiezza delle fluttuazioni dei prezzi.

Figura 2.21 Speculazione stabilizzante: un iniziale calo del prezzo.

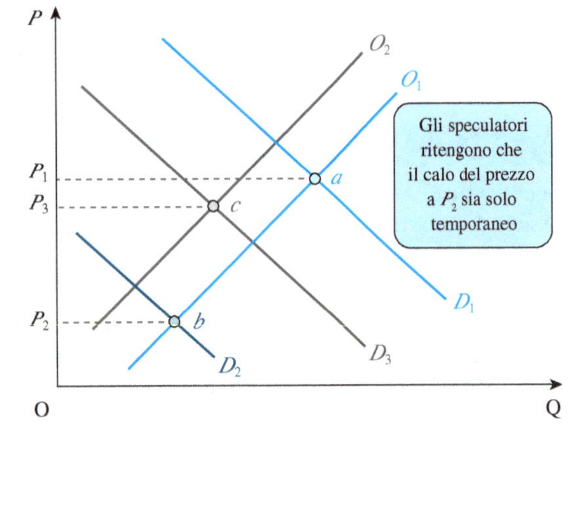

Figura 2.22 Speculazione stabilizzante: un iniziale aumento del prezzo.

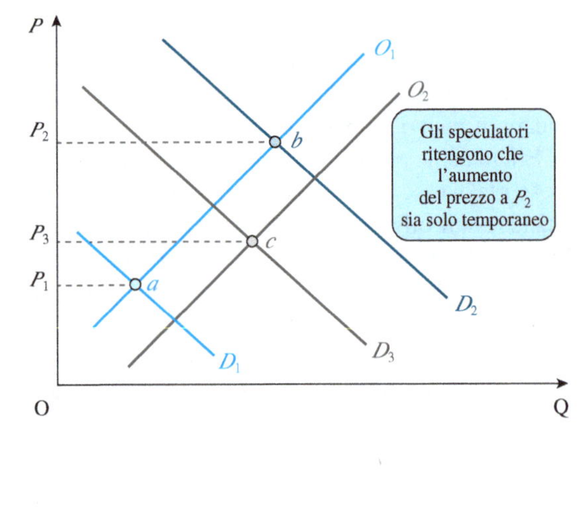

grano viene mietuto, l'offerta è abbondante; se tutto il frumento prodotto venisse immesso sul mercato, il prezzo crollerebbe a picco e, nei mesi successivi, una volta venduto tutto il raccolto, il prezzo subirebbe un'impennata. Quello che abbiamo appena descritto è uno scenario assai prevedibile.

Che cosa fanno dunque gli agricoltori? Semplicemente, speculano. Sapendo che, una volta mietuto il frumento, il prezzo tenderà a calare, anziché immetterlo tutto sul mercato lo immagazzinano. Quanto più il prezzo scende, tanto maggiore è la quantità messa da parte, *in previsione di un futuro aumento del prezzo*. Ma l'accumulazione delle scorte impedisce al prezzo di diminuire: in altre parole, ha un effetto stabilizzante.

Col passare dei mesi, quando il prezzo comincia a salire, gli agricoltori iniziano gradualmente a immettere le scorte sul mercato: quanto più il prezzo aumenta, tanto maggiore è la quantità offerta *in previsione di una nuova diminuzione del prezzo entro il raccolto successivo*. Ancora una volta, però, l'incremento dell'offerta ha l'effetto di stabilizzare i prezzi, evitando che aumentino troppo.

Questa speculazione potrebbe essere effettuata, anziché dai coltivatori, dagli intermediari: se a ridosso del raccolto c'è un'eccedenza di grano e i prezzi sono relativamente bassi, i consorzi agricoli acquistano il frumento e lo immagazzinano per poi rivenderlo nei mesi successivi, se si verifica una penuria. In questo modo, gli intermediari stabilizzano i prezzi, esattamente fanno i coltivatori quando si occupano della vendita diretta del prodotto.

Speculazione destabilizzante

La speculazione tende ad avere un effetto ***destabilizzante*** sulle fluttuazioni dei prezzi quando i produttori e/o gli acquirenti ritengono che una variazione del prezzo sia foriera di analoghi cambiamenti futuri.

Un calo iniziale del prezzo. Nella Figura 2.23, la curva di domanda si è spostata da D_1 a D_2 e il prezzo è sceso da P_1 a P_2. Questa volta, ritenendo che il calo del prezzo sia foriero di un'ulteriore diminuzione, i produttori vendono prima che il prezzo scenda ancora, e la curva di offerta si sposta da O_1 a O_2. I consumatori, dal canto loro, attendono finché il prezzo non diminuisce ulteriormente, e la curva di domanda si sposta da D_2 a D_3. Le azioni di acquirenti e venditori provocano un nuovo calo dei prezzi a P_3.

Un aumento iniziale del prezzo. Nella Figura 2.24, un aumento della domanda da D_1 a D_2 provoca un aumento del prezzo da P_1 a P_2. I produttori attendono che il prezzo salga ulteriormente e la curva di offerta si sposta da O_1 a O_2. I consumatori invece acquistano subito, prima che i prezzi crescano ancora, quindi la curva di domanda si sposta da D_2 a D_3. Di conseguenza, il prezzo continua ad aumentare fino a P_3.

Nel mercato immobiliare, la speculazione ha spesso un effetto destabilizzante. Supponiamo che gli individui si accorgano che i prezzi degli immobili stanno iniziando a salire, per esempio a causa di un aumento della domanda dovuto a un calo dei tassi di interesse sui mutui oppure a un periodo di crescita economica. Le persone potrebbero interpretare l'aumento dei prezzi come il segnale di un boom del mercato immobiliare e convincersi che i prezzi continueranno a salire. I potenziali acquirenti, pertanto, cercheranno di comprare al più presto, prima che i prezzi aumentino ancora. Questo provocherà un'espansione

PAROLE CHIAVE

Speculazione destabilizzante Situazione in cui le azioni degli speculatori tendono ad ampliare le fluttuazioni dei prezzi.

Figura 2.23 Speculazione destabilizzante: un iniziale calo del prezzo.

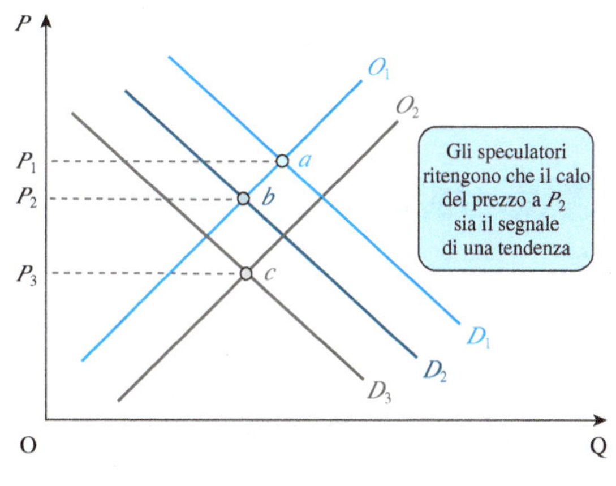

Figura 2.24 Speculazione destabilizzante: un iniziale aumento del prezzo.

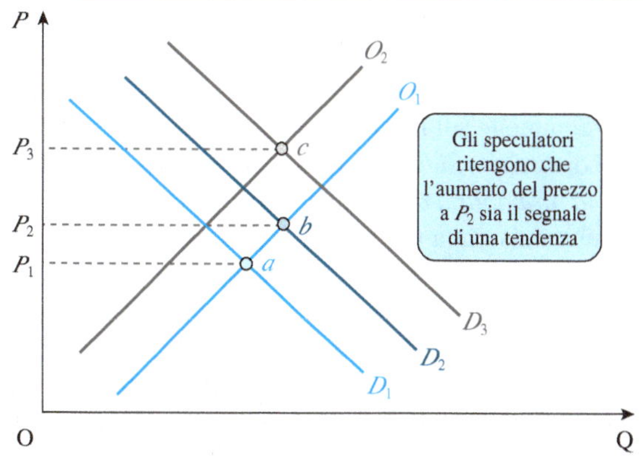

della domanda (come illustrato nella Figura 2.24) e, di conseguenza, aumenti dei prezzi ancor più vertiginosi. Ciò è precisamente quanto accadde nel mercato immobiliare britannico fra il 1999 e il 2007 e a partire dalla metà del 2013. Al contrario, nel 2008 i prezzi cominciarono a diminuire: pensando che i prezzi sarebbero calati ancora, i potenziali acquirenti attesero prima di entrare nel mercato, provocando ulteriori crolli dei prezzi.

Conclusione

In alcune circostanze l'azione degli speculatori può contribuire a ridurre al minimo le fluttuazioni dei prezzi (speculazione stabilizzante), soprattutto quando i mercati sono relativamente stabili, con moderati spostamenti delle curve di domanda e di offerta.

In altri casi, tuttavia, la speculazione può ampliare le fluttuazioni dei prezzi, specialmente in tempi di incertezza economica, quando si verificano significativi cambiamenti nelle determinanti di domanda e offerta. A fronte di questa incertezza, gli individui potrebbero ritenere che le variazioni dei prezzi siano il segnale di una tendenza e quindi affrettarsi a imitare gli altri, alimentando ulteriormente l'aumento o la diminuzione dei prezzi.

Gestire l'incertezza e il rischio

Benché gli individui formulino spesso previsioni sull'andamento dei prezzi, in molte occasioni nessuno può essere certo della direzione o dell'entità di tali variazioni. Prendiamo il caso del mercato azionario: se pensate, per esempio, che il valore delle azioni Unicredit sia destinato a salire in misura considerevole nel prossimo futuro, potreste decidere di acquistare subito tali titoli azionari e rivenderli una volta che il prezzo sarà aumentato. Tuttavia, non potete essere certi che la vostra previsione sia esatta. Le azioni, anziché salire, potrebbero perdere valore; se acquistate i titoli, dunque, vi esponete a un azzardo.

Esistono due tipi di azzardo. Il primo è quello in cui le probabilità sono note, come nel caso arcinoto del lancio della moneta: testa si vince, croce si perde. In questo caso, le probabilità di vittoria sono esattamente del 50%. Chi scommette sul lancio di una moneta opera in condizioni di ***rischio***. *Si ha una situazione di rischio quando è nota la probabilità del verificarsi di un evento*. Di per sé, il rischio misura la *variabilità* di un risultato; per esempio, se scommettete €1 sul lancio di una moneta, in modo tale che se esce testa vincete €1 euro e se esce croce perdete €1, la variabilità è data dall'intervallo [–€1 +€1].

La seconda forma di azzardo, nonché la più consueta, è quella in cui le probabilità non sono note, o lo sono solo per sommi capi. È questo il caso delle operazioni di borsa: un investitore potrebbe essere convinto che un titolo sia destinato a salire, ma non conoscere l'esatta probabilità di tale evento. In queste condizioni, chi si espone all'azzardo opera in condizioni di ***incertezza***: è questa la situazione in cui *la probabilità del verificarsi di un evento non è nota*.

Una precisazione è d'obbligo: il concetto di "azzardo" non attiene solo alle scommesse sportive, al gioco al casinò o ad analoghe attività sulle quali ognuno di noi ha un'opinione e un giudizio morale personali. Il rischio e l'incertezza pervadono l'intera vita economica. Tutti noi, ogni giorno, prendiamo decisioni in condizioni di incertezza (e talvolta di rischio), che si tratti di scegliere quale carriera intraprendere, se e quando comprare una casa o, molto più banalmente, se prendere l'ombrello quando usciamo.

IDEA CHIAVE 11 ***Le azioni delle persone sono influenzate dal loro atteggiamento nei confronti del rischio.*** Molte decisioni vengono prese in condizioni di rischio o di incertezza. Generalmente, quanto più basse sono le probabilità che si verifichi il risultato desiderato di un'azione (o quanto più incerto è il risultato stesso), tanto meno probabile è che le persone intraprendano quell'azione.

Nel prosieguo del testo avremo modo di vedere come il rischio e l'incertezza influiscano sulle decisioni economiche: per esempio, nel Capitolo 4 esamineremo i loro effetti sugli atteggiamenti e le azioni dei consumatori, e spiegheremo come sia possibile ridurre l'incertezza stipulando una polizza assicurativa. Adesso, però, soffermiamoci sull'atteggiamento adottato dalle imprese nel prendere decisioni di offerta in condizioni di incertezza.

Accumulare scorte come mezzo per ridurre l'incertezza

I produttori hanno a disposizione un metodo molto semplice per affrontare il problema dell'incertezza: accumulare scorte. È questo il caso dei coltivatori di frumento che abbiamo descritto nel paragrafo precedente: al momento della semina, gli agricoltori non sanno quale sarà il prezzo del frumento quando questo verrà mietuto e immesso sul mercato. Essi si trovano dunque in una

PAROLE CHIAVE

Rischio Situazione in cui l'esito (desiderabile) di un'azione può prodursi o meno, ma è nota la probabilità del suo verificarsi. Quanto più bassa è la probabilità, tanto maggiore è il rischio associato all'azione.

Incertezza Situazione in cui un esito può prodursi o meno, e la probabilità del suo verificarsi è ignota.

BOX 2.5 **ANALISI DI CASI E APPLICAZIONI**

Scommettere sul calo dei prezzi delle azioni

Esiste una forma di speculazione potenzialmente molto dannosa per i mercati azionari: la ***vendita allo scoperto*** (*short selling*), in cui gli operatori cercano di sfruttare la previsione di un calo delle quotazioni azionarie vendendo azioni di cui non sono in possesso. Come funziona questo meccanismo? Supponete che un'azione sia attualmente quotata a €10 e che gli operatori ritengano che il prezzo stia per scendere. Loro vorrebbero trarre vantaggio dalla situazione, ma non possiedono quelle azioni, allora le prendono a prestito da altri che ne sono in possesso, con l'accordo di restituirle a una data specificata. Per questo accordo pagano una commissione. Nel frattempo, gli operatori vendono le azioni sul mercato al prezzo attuale di €10 e attendono che il prezzo cali. In questo momento si trovano "scoperti" sulle azioni (nel senso che non le possiedono ancora, ma si sono impegnati a restituirle).

Supponete che appena prima della data specificata per la restituzione delle azioni, il prezzo del titolo sia sceso a €8. L'operatore allora acquista le azioni e le restituisce a chi gliele ha prestate, incassando la differenza di €2 (meno le commissioni).

Chiunque può vendere azioni allo scoperto, ma generalmente sono gli operatori di vari enti finanziari che mettono in pratica questo meccanismo, poiché in caso di guadagni possono ottenere anche enormi bonus da parte dei loro datori di lavoro. Tutto ciò incoraggia l'assunzione di rischi e le prospettive di breve termine, anziché fornire alle imprese capitali in un'ottica di lungo termine.

Le vendite allo scoperto durante la crisi bancaria del 2008

La pratica della vendita allo scoperto si è diffusa molto e ha contribuito all'instabilità dei mercati, contribuendo a estremizzare i crolli dei prezzi azionari quando vi erano previsioni di calo. Questo costituì un serio problema nel 2008, quando le preoccupazioni circa i debiti inesigibili e le perdite del settore bancario portarono molti operatori finanziari a vendere allo scoperto le azioni delle banche e di altre istituzioni finanziarie ritenute a rischio.

Le vendite allo scoperto delle azioni di HBOS (Halifax Bank of Scotland) nel settembre 2008 furono un importante fattore che contribuì al crollo dei prezzi del titolo. HBOS, la più importante istituzione del Regno Unito nel settore dei mutui, aveva subito delle perdite a seguito del calo dei prezzi delle case e delle difficoltà di molti proprietari a rimborsare le rate mensili dei mutui. Il prezzo delle azioni HBOS crollò di oltre il 70% in pochi giorni. Il calo fu trainato dalla speculazione, in gran parte attraverso le vendite allo scoperto. Il 17 settembre fu annunciata l'acquisizione di HBOS da parte di Lloyds TSB.

Le preoccupazioni circa il fatto che le vendite allo scoperto potessero costituire un fattore di instabilità nei mercati finanziari hanno portato numerosi governi – o istituzioni pubbliche di regolamentazione – a introdurre divieti temporanei di attuare tali pratiche. Nel settembre 2008 la Financial Services Authority, all'epoca ente di regolamentazione del settore nel Regno Unito, annunciò un divieto di vendite allo scoperto per un periodo di quattro mesi. Nello stesso periodo l'autorità di regolamentazione statunitense, la SEC (Securities and Exchange Commission), annunciò un intervento simile. Entrambi i divieti furono imposti per qualche mese, mentre la Danimarca fece un intervento simile per più di due anni.

Nel maggio 2012 l'Unione europea approvò una legge che forniva all'ESMA (European Securities and Markets Authority) il potere di vietare le vendite allo scoperto in situazioni di emergenza, per esempio quando potevano minacciare la stabilità del sistema finanziario europeo. Il governo inglese si oppose, ma la Corte di giustizia europea respinse la causa nel 2014.

La vendita allo scoperto è sempre redditizia?

La vendita allo scoperto, come altre forme di speculazione, è una specie di scommessa. Se scommettete su un calo dei prezzi e i prezzi calano, vincete la scommessa e ottenete un profitto. Se invece sbagliate, e i prezzi aumentano, subirete una perdita. Nel caso delle vendite allo scoperto dovrete acquistare le azioni (per restituirle a chi ve le ha prestate) a un prezzo più elevato di quello a cui le avete vendute.

Questo è proprio ciò che accadde nel settembre 2008. Mentre le banche centrali di tutto il mondo intervenivano a sostegno dei mercati, mentre il governo statunitense annunciava che avrebbe acquisito i debiti inesigibili delle banche e con l'annuncio dei un futuro divieto di vendite allo scoperto, i prezzi delle azioni salirono rapidamente. L'FTSE aumentò dell'8,8% il 19 settembre. Coloro che si trovavano in "allo scoperto", cioè che avevano venduto azioni prese a prestito, dovettero riacquistare tali azioni a un prezzo molto più alto, e subirono così perdite di centinaia di milioni di euro. Ma non si attirarono affatto le simpatie del pubblico, che attribuirono alla loro "avidità" buona parte della colpa per il crollo dei prezzi delle azioni nelle settimane precedenti.

PAROLE CHIAVE

Vendita allo scoperto Operazione con cui si vendono azioni di cui non si è in possesso, chiedendole a prestito, nella speranza che il loro prezzo cali prima di doverle restituire. La differenza tra il prezzo di vendita e quello del successivo acquisto (meno le commissioni) è il profitto ottenuto.

BOX 2.6 **ANALISI DI CASI E APPLICAZIONI**

Operare nei mercati a termine

Un modo per ridurre l'incertezza

Un modo per ridurre o persino eliminare l'incertezza è quello di operare nei ***mercati a termine***. Esaminiamo le attività dei venditori e poi quelle degli acquirenti.

Venditori

Supponiamo che un agricoltore voglia immagazzinare il raccolto di frumento per rivenderlo in futuro, aspettandosi di ottenere un prezzo superiore a quello attuale. Purtroppo c'è la possibilità che il prezzo diminuisca, quindi, in ragione di questa incertezza, l'agricoltore potrebbe non essere disposto ad assumersi il rischio.

Un risposta a tale problema è data dal *mercato a termine delle materie prime*, nel quale si pattuiscono prezzi per l'acquisto o la vendita di un bene a una data futura.

Per esempio, se oggi è il 20 ottobre, l'agricoltore potrebbe ricevere la quotazione di un prezzo per la consegna a sei mesi (cioè in aprile): in questo caso si parla di ***prezzo a termine***. Supponiamo che il prezzo a termine per la consegna a sei mesi sia di €160 alla tonnellata; se le parti si accordano per questo prezzo e stipulano un contratto a sei mesi, stabiliscono di vendere una determinata quantità di frumento a €160 alla tonnellata il 20 aprile. Indipendentemente dalle fluttuazioni del ***prezzo a pronti***, il prezzo di vendita è stato fissato, quindi, se anche da ottobre ad aprile il prezzo di mercato corrente scende a €140 (o sale a €180), il prezzo di vendita resta fisso a €160. Pertanto, l'agricoltore *non corre alcun rischio legato all'abbassamento del prezzo*. Ovviamente, se in aprile il prezzo a pronti è *maggiore* di €160, l'agricoltore subirà una perdita.

Acquirenti

Supponiamo ora che, allo scopo di pianificare le spese, un produttore di farina voglia conoscere il prezzo che dovrà pagare per il frumento non solo oggi, ma anche in diverse date future. In altre parole, desidera ottenere *oggi* le quotazioni per gli acquisti di frumento che effettuerà in futuro, al fine di eliminare il rischio dell'*aumento* dei prezzi.

Immaginiamo che in data odierna (20 ottobre) il produttore di farina desideri *acquistare* il 20 aprile lo stesso quantitativo di frumento che l'agricoltore vuole vendere nella stessa data futura. Se i due pattuiscono un prezzo a termine di €160, possono stipulare un contratto che garantisce al compratore il prezzo di acquisto, indipendentemente dalle fluttuazioni del prezzo a pronti. Pertanto, l'acquirente *non corre alcun rischio legato all'aumento del prezzo*. Ovviamente, se in aprile il prezzo a pronti è *inferiore* a €160, l'acquirente subirà una perdita.

La determinazione del prezzo a termine

Nei mercati a termine i prezzi vengono determinati come negli altri mercati: dall'interazione di domanda e offerta. Per esempio, il prezzo del frumento a sei mesi o quello del caffè a tre mesi è il prezzo di equilibrio fra domanda e offerta nel rispettivo mercato a termine. Se oggi il prezzo dello zucchero a cinque mesi è €220 alla tonnellata e gli acquirenti si aspettano che, entro quel periodo, il prezzo a pronti scenda a €170 in ragione degli abbondanti raccolti di barbabietola, pochi acquirenti saranno disposti a pagare il prezzo a termine di €220 (al contrario dei venditori, che vorrebbero vendere a quel prezzo). L'eccesso dell'offerta a termine rispetto alla domanda spingerà il prezzo al ribasso.

Speculatori

Molti operatori nei mercati a termine non sono né produttori né consumatori delle materie prime che vendono o acquistano: sono speculatori, a volte singoli individui, ma più spesso società finanziarie.

Facciamo un esempio. Supponiamo che il prezzo del caffè a sei mesi (aprile) sia di €1300 alla tonnellata. Uno speculatore ritiene probabile che nei prossimi sei mesi il prezzo a pronti del caffè aumenti oltre quel livello, e decide di acquistarne 20 tonnellate al prezzo a termine di aprile.

Lo speculatore, però, non ha alcuna intenzione di prendere in consegna la merce. Poniamo infatti il caso che dopo quattro mesi la previsione si avveri e che il prezzo a pronti (febbraio) sia aumentato e, di conseguenza, sia salito anche il prezzo di aprile (insieme ad altri prezzi a termine). Lo speculatore decide quindi di *vendere* 20 tonnellate di caffè al prezzo a termine di aprile (due mesi), che ora è – per esempio – di €1500 alla tonnellata. Lo speculatore è dunque "coperto".

Quando arriva il mese di aprile, lo speculatore, che ha pattuito l'acquisto di 20 tonnellate di caffè a €1300 alla tonnellata e la vendita della stessa quantità a €1500 alla tonnellata, dovrà solo trasferire il contratto a termine all'acquirente. Venditore e compratore si accordano per la consegna e lo speculatore ottiene un profitto di €200 alla tonnellata. Se, al contrario, le previsioni dello speculatore si sono rivelate errate e il prezzo è *diminuito*, questi registra una perdita, dovendo vendere il caffè a un prezzo inferiore di quello di acquisto.

Gli speculatori che operano nei mercati a termine corrono quindi un rischio, a differenza di venditori e acquirenti diretti, per i quali i mercati a termine eliminano il rischio. Le società finanziarie che offrono contratti a termine applicano una commissione proprio per questo: si assumono il rischio.

PAROLE CHIAVE

Mercato a termine Mercato nel quale si stipulano contratti per l'acquisto o la vendita di un bene a una data futura e a un prezzo stabilito alla data della negoziazione.

Prezzo a termine Prezzo pattuito oggi per la compravendita di un bene (per esempio, una materia prima) a una data futura prestabilita.

Prezzo a pronti (o spot) Prezzo di mercato corrente.

situazione di incertezza: se non accumulano scorte, dovranno accettare il prezzo di mercato al momento della mietitura; se, al contrario, dispongono di uno o più silos per lo stoccaggio, possono conservare il frumento finché il prezzo di mercato non sale e venderlo solo a quel punto. In alternativa, se al momento della mietitura il prezzo è alto, possono vendere subito il raccolto.

In altre parole, gli agricoltori possono scegliere quando vendere.

I paragrafi in pillole

Paragrafo 2.1

1. Se il prezzo di un bene aumenta, la quantità domandata in un dato periodo di tempo diminuisce. Questa è la "legge della domanda", che si applica sia alla domanda individuale che alla domanda di mercato nel suo complesso.
2. La legge della domanda è spiegata dagli effetti di reddito e di sostituzione di una variazione del prezzo.
3. La relazione fra prezzo e quantità domandata in un dato periodo di tempo può essere illustrata in una tabella (o "scheda"), oppure sotto forma di grafico. In quest'ultimo caso, il prezzo è tracciato sull'asse delle ordinate e la quantità domandata per periodo di tempo su quello delle ascisse. La curva di domanda che ne risulta ha pendenza negativa.
4. Fra le altre determinanti della domanda si annoverano i gusti, il numero e il prezzo dei beni sostituti, il numero e il prezzo dei beni complementari, il livello e la distribuzione del reddito, le aspettative su future variazioni dei prezzi.
5. L'effetto di una variazione del prezzo è illustrato da un movimento lungo la curva di domanda; chiamiamo questo effetto "variazione della quantità domandata".
6. Al variare delle altre determinanti della domanda, l'intera curva subisce uno spostamento; chiamiamo questo effetto "variazione della domanda". Uno spostamento verso destra rappresenta un aumento della domanda, uno spostamento verso sinistra una diminuzione.
7. *La relazione fra la quantità domandata e le determinanti della domanda (compreso il prezzo) può essere espressa sotto forma di equazione.

Paragrafo 2.2

1. Se il prezzo di un bene aumenta, la quantità offerta in un dato periodo di tempo solitamente aumenta a sua volta. Questo principio si applica sia all'offerta dei singoli produttori che a quella del mercato nel suo complesso.
2. Nel breve periodo, se il prezzo aumenta, i produttori sono incoraggiati a incrementare l'offerta, perché (a) sono disposti a sostenere i maggiori costi unitari associati all'aumento di produzione e (b) espandono la produzione del bene il cui prezzo è aumentato a scapito di altri prodotti meno redditizi. Nel lungo periodo, l'aumento dell'offerta è dovuto anche a una terza ragione: l'ingresso di nuovi produttori nel mercato.
3. La relazione fra prezzo e quantità offerta in un dato periodo di tempo può essere illustrata in una tabella (o scheda), oppure sotto forma di grafico. Come nel caso della curva di domanda, il prezzo è indicato sull'asse delle ordinate e la quantità per periodo di tempo su quello delle ascisse. La curva di offerta che ne deriva ha pendenza positiva.
4. Fra le altre determinanti dell'offerta si annoverano i costi di produzione, la redditività dei prodotti alternativi e dei beni a offerta congiunta, gli shock casuali e le aspettative su future variazioni dei prezzi.
5. L'effetto di una variazione del prezzo è illustrato da un movimento lungo la curva di offerta; chiamiamo questo effetto "variazione della quantità offerta".
6. Al variare delle altre determinanti (*diverse* dal prezzo), l'intera curva di offerta subisce uno spostamento; chiamiamo questo effetto "variazione dell'offerta". Uno spostamento verso destra rappresenta un aumento dell'offerta, uno spostamento verso sinistra una diminuzione.
7. *La relazione fra la quantità offerta e le determinanti dell'offerta può essere espressa sotto forma di equazione.

Paragrafo 2.3

1. Se la domanda supera l'offerta si crea una penuria, che a sua volta provoca un aumento del prezzo del bene.
2. Se l'offerta supera la domanda si crea un'eccedenza, che a sua volta provoca una diminuzione del prezzo.
3. Il prezzo si stabilizza in corrispondenza del punto di equilibrio, dove la domanda è pari all'offerta.
4. Uno spostamento della curva di domanda o di offerta genera una penuria o un'eccedenza; di conseguenza, il prezzo aumenta o diminuisce fino a raggiungere un nuovo equilibrio in corrispondenza dell'intersezione delle curve di domanda e di offerta.
5. È difficile individuare la posizione di una curva di offerta (o di domanda) semplicemente considerando la relazione fra prezzo e quantità in diversi periodi di tempo, perché l'altra curva potrebbe essersi spostata (in misura sconosciuta).

Paragrafo 2.4

1. L'elasticità è la misura della reattività della domanda (o dell'offerta) a una variazione di una delle determinanti da cui essa dipende.
2. L'elasticità si definisce come la variazione proporzionale della quantità domandata (o offerta) divisa per la variazione proporzionale della determinante presa in considerazione.

3. Se la quantità domandata (offerta) varia proporzionalmente più della determinante presa in considerazione, il numero che quantifica l'elasticità è maggiore di 1 (in valore assoluto): la domanda (offerta) è quindi elastica. Se la quantità domandata (offerta) varia proporzionalmente meno della determinante presa in considerazione, l'elasticità è minore di 1 e la domanda è anelastica. Se la quantità domandata (offerta) e la determinante variano nella stessa proporzione, l'elasticità è pari a 1 e la domanda (offerta) è a elasticità unitaria.
4. L'elasticità della domanda al prezzo misura la reattività della domanda a una variazione del prezzo. Dal momento che le curve di domanda hanno pendenza negativa, l'elasticità della domanda al prezzo ha valore negativo. La domanda è tanto più elastica quanto maggiori sono il numero e la prossimità dei beni sostituti, la quota del reddito spesa per l'acquisto del bene e il periodo di tempo trascorso dalla variazione del prezzo.
5. Se la domanda è elastica al prezzo, un aumento del prezzo provoca una riduzione della spesa totale per l'acquisto del bene e, di conseguenza, una riduzione del ricavo totale dei produttori.
6. Di solito, le curve di domanda presentano diverse elasticità; pertanto si è soliti fare riferimento solo al valore specifico dell'elasticità fra due punti della curva o in corrispondenza di un unico punto.
7. L'elasticità misurata fra due punti è detta elasticità arcuale. Applicata all'elasticità della domanda al prezzo, la formula è:

   $$\frac{\Delta Q_D}{Q_D\text{media}} \div \frac{\Delta P}{P\text{medio}}$$

8. *L'elasticità misurata in un determinato punto è l'*elasticità puntuale*; la sua formula, quando applicata all'elasticità della domanda al prezzo, è:

   $$\frac{dQ}{dP} \times \frac{P}{Q}$$

   dove dQ/dP è il reciproco della pendenza della tangente alla curva di domanda in corrispondenza del punto in esame.
9. L'elasticità dell'offerta al prezzo misura la reattività dell'offerta a una variazione del prezzo e ha valore positivo. L'offerta è tanto più elastica quanto minore è l'aumento dei costi unitari all'aumentare della produzione e quanto più lungo è il tempo trascorso dalla variazione del prezzo.
10. L'elasticità della domanda al reddito misura la reattività della domanda a una variazione del reddito. Per i beni normali ha valore positivo. La domanda è tanto più elastica al reddito quanto più il bene è un articolo di lusso e quanto meno rapidamente la domanda viene soddisfatta all'aumentare del consumo. Per i beni inferiori, l'elasticità della domanda al reddito ha valore negativo.
11. L'elasticità incrociata della domanda al prezzo misura la reattività della domanda di un bene alla variazione del prezzo di un altro bene; nel caso dei beni sostituti ha valore positivo, nel caso dei beni complementari ha valore negativo. L'elasticità incrociata della domanda al prezzo è tanto più elevata quanto più i due beni sono stretti sostituti o complementi.

Paragrafo 2.5

1. Per comprendere appieno i mercati occorre tenere conto della dimensione temporale.
2. Dal momento che a produttori e consumatori occorre tempo per reagire pienamente alle variazioni dei prezzi, possiamo identificare diversi tipi di equilibrio a fronte di differenti orizzonti temporali. Generalmente, la domanda e l'offerta di breve periodo tendono a essere meno elastiche al prezzo rispetto alla domanda e all'offerta di lungo periodo. Di conseguenza, qualunque spostamento delle curve di domanda o di offerta tende ad avere un effetto relativamente maggiore sul prezzo nel breve periodo e sulla quantità nel lungo periodo.
3. Le persone spesso formulano previsioni sulle variazioni dei prezzi, con ripercussioni sulla quantità domandata o offerta. Tale speculazione tende a stabilizzare le fluttuazioni dei prezzi se gli individui ritengono che le variazioni dei prezzi siano temporanee; se invece le persone credono che i prezzi seguiranno lo stesso andamento per un periodo di tempo sufficientemente lungo, la speculazione tenderà a essere destabilizzante (cioè ad aumentare l'ampiezza delle fluttuazioni).
4. Molte decisioni economiche vengono prese in condizioni di rischio o incertezza. L'incertezza riguardo ai prezzi futuri può essere affrontata detenendo scorte, che si possono accumulare quando i prezzi sono bassi e vendere quando sono elevati.

Domande di ripasso

1. In un libero mercato, le schede di domanda e di offerta settimanali delle T-shirt (in milioni) sono indicate nella seguente tabella:

Prezzo (€)	**8**	**7**	**6**	**5**	**4**	**3**	**2**	**1**
Quantità domandata	6	8	10	12	14	16	18	20
Quantità offerta	18	16	14	12	10	8	6	4

   (a) Quali sono il prezzo e la quantità di equilibrio?

   (b) Supponete che una nuova moda faccia aumentare la domanda di T-shirt di 4 milioni di unità per ogni livello di prezzo. Quali sono adesso il prezzo e la quantità di equilibrio? La quantità di equilibrio è aumentata tanto quanto la domanda? Spiegate.

   (c) Tracciate su un diagramma i dati della tabella e segnate il punto di equilibrio. Indicate anche i nuovi dati corrispondenti al punto (b).

2. Su tre diversi diagrammi della domanda e offerta di pane, indicate gli effetti dei seguenti eventi: (a) un aumento del prezzo del frumento; (b) un aumento del prezzo di burro e margarina; (c) un aumento del prezzo di riso, pasta e patate. Per ciascun caso, spiegate le vostre ipotesi.
3. Per quali ragioni potrebbe aumentare il prezzo delle vacanze all'estero? Per ciascun caso, stabilite se i fattori menzionati influiscono sulla domanda, sull'offerta o su entrambe.
4. Nel caso di una variazione della domanda e dell'offerta, se conosciamo la direzione dello spostamento ma non la sua entità, perché siamo in grado di prevedere la direzione della variazione del prezzo *oppure* della quantità, ma non di entrambi? (Suggerimento: esaminate le quattro possibili combinazioni e, se necessario, tracciate un diagramma: (a) *D* sinistra, *O* sinistra; (b) *D* destra, *O* destra; (c) *D* sinistra, *O* destra; (d) *D* destra, *O* sinistra.)
5. Se foste i proprietari di un negozio di abbigliamento, come decidereste i prezzi da applicare a ogni capo durante i saldi di fine stagione?
6. È vero il detto secondo il quale il prezzo di un bene è lo specchio della sua qualità?
7. Supponete che le scorte di petrolio si stiano esaurendo e che l'estrazione del greggio sia sempre più costosa. Disegnate un diagramma per illustrare gli effetti di questa situazione sul mercato del petrolio e su quello degli altri carburanti.
8. Perché, nel lungo periodo, è probabile che l'elasticità della domanda e dell'offerta al prezzo siano maggiori che nel breve periodo?
9. Quali dei seguenti sono caratterizzati da segno positivo e quali da segno negativo: (a) elasticità della domanda al prezzo; (b) elasticità della domanda al reddito (bene normale); (c) elasticità della domanda al reddito (bene inferiore); (d) elasticità incrociata della domanda al prezzo (rispetto alle variazioni del prezzo di un bene sostituto); (e) elasticità incrociata della domanda al prezzo (rispetto alle variazioni del prezzo di un bene complementare); (f) elasticità dell'offerta al prezzo?
10. Quali sono i vantaggi e gli svantaggi della speculazione dal punto di vista (a) dei consumatori; (b) delle imprese?

ONLINE

Sulla piattaforma MyLab dedicata a questo testo troverete materiali di supporto e approfondimento. All'interno dello stesso ambiente è disponibile la piattaforma inglese MyLab Economics che offre ulteriori risorse, un ricco apparato multimediale ed esercizi guidati.

CAPITOLO

3 Il mercato e l'intervento pubblico

Sommario del capitolo

Nei Capitoli 1 e 2 abbiamo preso in considerazione il libero mercato, in cui non vi è intervento pubblico. Tuttavia, come abbiamo visto nel Capitolo 1, il mondo reale è caratterizzato da economie miste; il governo interviene in molti mercati, anche in quelli altamente concorrenziali. Questo intervento può assumere svariate forme.

- Fissazione dei prezzi al di sopra o al di sotto dell'equilibrio di libero mercato.
- Tassazione della produzione o della vendita di diversi beni, come la benzina.
- Sovvenzionamento della produzione o della vendita di diversi beni o servizi, come il trasporto pubblico.
- Produzione diretta di beni o servizi (per esempio, la difesa o il servizio sanitario nazionale).
- Regolamentazione. Il governo può varare diverse leggi per regolamentare il comportamento delle imprese. Per esempio, alcune attività – come lo smaltimento dei rifiuti tossici – possono essere dichiarate illegali; oppure, possono essere rese obbligatorie licenze speciali per la produzione di determinati beni; oppure, ancora, un organismo di controllo potrebbe supervisionare le attività delle imprese e impedire i comportamenti che vanno contro l'interesse pubblico (per esempio, la produzione di giocattoli pericolosi).

L'analisi della domanda e dell'offerta è uno strumento utile per esaminare gli effetti dell'intervento pubblico. Anzitutto, nel Paragrafo 3.1 esamineremo che cosa potrebbe accadere se un governo fissasse i prezzi al di sopra o al di sotto del livello di equilibrio di libero mercato. Nel Paragrafo 3.2 vedremo poi gli effetti delle imposte pubbliche sui prodotti. Esamineremo l'impatto sui prezzi e la produzione e vedremo come esso dipenda dall'elasticità al prezzo della domanda e dell'offerta.

Nel Paragrafo 3.3 esamineremo che cosa potrebbe accadere se un governo decidesse di fare a meno di un sistema di allocazione basato sul mercato, fornendo gratuitamente beni e servizi ai consumatori o vietando alcune attività dannose.

Infine analizzeremo l'intervento del governo nell'agricoltura, un settore che ha ricevuto un massiccio supporto pubblico in molti paesi del mondo; esamineremo le argomentazioni economiche di tale intervento e alcune misure specifiche adottate dai governi.

Il ruolo del governo nell'economia verrà ulteriormente sviluppato nei Capitoli da 11 a 14.

3.1 Il controllo dei prezzi

CF 3 p26 Al prezzo di equilibrio non si ha né penuria né eccedenza, ma non è detto che tale prezzo sia il più desiderabile; il governo, pertanto, potrebbe decidere di tenere i prezzi al di sopra o al di sotto del livello di equilibrio.

CF 7 p77 Se il governo fissa un ***prezzo minimo*** superiore al prezzo di equilibrio (livello minimo di prezzo), si genera un'eccedenza, come è illustrato nella Figura 3.1. Con le curve O e D, il surplus è $Q_o - Q_d$ $(b - a)$. La legislazione impedisce che il prezzo scenda fino a eliminare l'eccesso di offerta.

La dimensione dell'eccedenza a un dato prezzo minimo dipende dall'elasticità della domanda e dell'offerta al prezzo. Per esempio, se offerta e domanda sono meno elastiche (O_1 e D_1 anziché O e D), lo stesso prezzo minimo causerà un'eccedenza minore: $Q_{o_1} - Q_{d_1}(d - c)$. Dato l'impatto del tempo sull'elasticità, l'eccedenza tenderà ad aumentare nel lungo periodo.

Se il governo fissa un ***prezzo massimo*** inferiore al prezzo di equilibrio (livello massimo di prezzo), si crea una penuria, come illustrato nella Figura 3.2. Con le curve O e D, la penuria è $Q_d - Q_o$ $(b - a)$. La legislazione impedisce che il prezzo salga fino a eliminare tale penuria.

PAROLE CHIAVE

Prezzo minimo Livello minimo di prezzo fissato dal governo o da un'altra istituzione. Il prezzo non può scendere al di sotto di questo livello (ma può salire al di sopra di esso).

Prezzo massimo Livello massimo di prezzo fissato dal governo o da un'altra istituzione. Il prezzo non può salire oltre questo livello (ma può scendere al di sotto di esso).

La dimensione della penuria a un dato prezzo massimo dipende dall'elasticità della domanda e dell'offerta al prezzo. Per esempio, se la domanda è meno elastica (D_1 anziché D), lo stesso prezzo massimo causerà una penuria minore: $Q_{o_1} - Q_{d_1}(d - c)$.

Fissare un prezzo minimo (elevato)

Il governo fissa prezzi minimi per impedire che i prezzi scendano sotto una certa soglia. Questa scelta può essere motivata da varie ragioni.

- Tutelare i redditi dei produttori. Se un settore è soggetto a variazioni pronunciate dell'offerta (causate per esempio dalle condizioni climatiche che influiscono sull'andamento dei raccolti), i prezzi possono subire ampie fluttuazioni. I prezzi minimi impediscono che i redditi dei produttori crollino nei periodi in cui i prezzi sono bassi (approfondiremo l'argomento nel Paragrafo 3.4 nel contesto degli interventi in agricoltura).
- Creare un'eccedenza (per esempio di granaglie), specialmente nei periodi di raccolti abbondanti, che possa essere stoccata in vista di futuri periodi di penuria.
- Scoraggiare il consumo di particolari beni. Alcune persone potrebbero consumare un bene in quantità superiore al loro migliore interesse perché non apprezzano appieno i costi futuri per la loro salute. Potrebbero anche agire in modo irrazionale a causa di difficoltà di autocontrollo e problemi di dipendenza. Ne parleremo più in dettaglio nel Capitolo 5.
- Nel caso delle retribuzioni (il prezzo del lavoro), si può utilizzare la legislazione sul salario minimo per

Figura 3.1 Prezzo minimo.

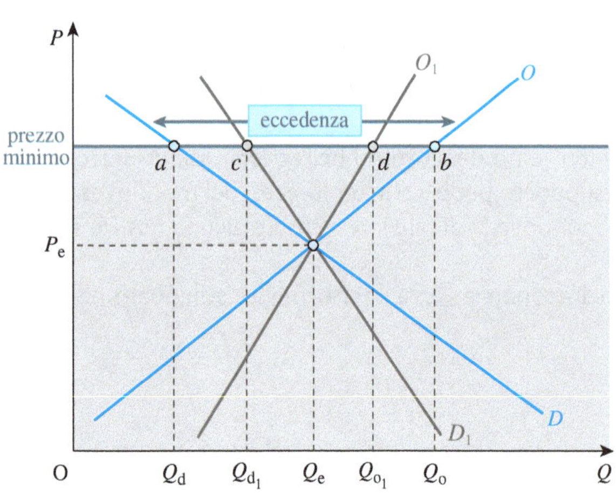

Figura 3.2 Prezzo massimo.

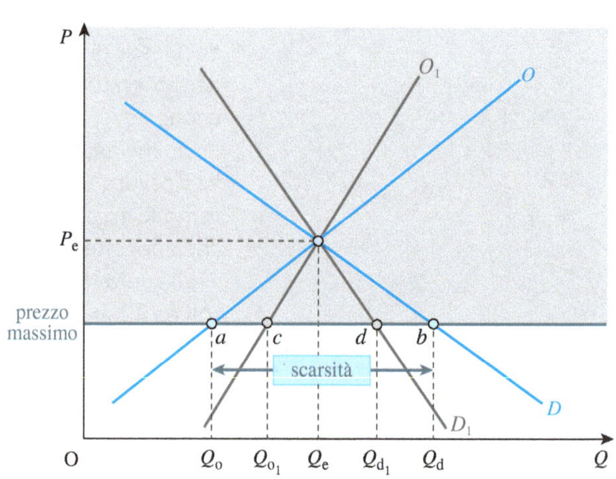

CONCETTO FONDAMENTALE 7 **A volte i governi possono migliorare i risultati del mercato** PENSARE COME UN ECONOMISTA

Nel Concetto fondamentale 3 abbiamo spiegato che i mercati potrebbero non riuscire a conseguire alcuni obiettivi sociali, rendendo necessario un intervento pubblico. Il governo dispone di svariati strumenti di politica economica sia per influenzare i mercati sia per sostituirsi a essi; fra questi figurano la tassazione, i sussidi e le prestazioni assistenziali, le leggi e i regolamenti, le licenze e i permessi, e l'erogazione diretta di beni e servizi da parte di enti o agenzie pubbliche (per esempio il servizio sanitario nazionale).

Il *concetto fondamentale*, in questo caso, non è solo il fatto che il governo intervenga, ma anche che possa correggere, o almeno smorzare, l'effetto dei fallimenti del mercato. Una volta compresa la natura di un tale fallimento, è possibile ideare una politica per correggerlo.

Per esempio, se si potesse stabilire che la produzione di un determinato bene impone alla società un costo unitario di 20 euro in più rispetto al beneficio derivante dal prodotto stesso, il governo potrebbe applicare un'imposta di 20 euro su ciascuna unità.

Nei Capitoli da 11 a 13 prenderemo in esame una serie di questi strumenti di politica economica e cercheremo di individuare il livello *ottimo* di intervento pubblico per conseguire determinati obiettivi sociali, mentre in questo capitolo e nel prossimo offriremo una panoramica di alcuni di tali strumenti.

Purtroppo, i governi stessi sono istituzioni imperfette mosse da diverse motivazioni. Se un consigliere economico raccomanda una particolare politica per correggere un fallimento del mercato, non è detto che il governo la porti avanti con efficacia, e neppure che la metta in atto. A ben vedere, qualche volta l'intervento pubblico può addirittura peggiorare la situazione.

evitare che il salario dei lavoratori scenda al di sotto di un certo livello. Questo provvedimento potrebbe rientrare in una politica di lotta alla povertà e alla disuguaglianza.

Il governo può usare diversi metodi per affrontare le eccedenze associate ai livelli minimi di prezzo.

- Il governo può acquistare l'eccedenza e immagazzinarla, distruggerla o venderla all'estero in altri mercati. Questo metodo è illustrato nella Figura 3.3, dove il governo acquista l'eccedenza invenduta di $b - a$ (cioè $Q_o - Q_d$). Il costo per l'acquisto di tale eccedenza è rappresentato dall'area colorata. Questo è ciò che è accaduto con la politica agricola comune europea in cui agenzie pubbliche denominate "Intervention Board" hanno acquistato eccedenze che spesso (per esempio nel caso di granaglie, latte e carni suine) sono state immagazzinate. La spesa del magazzino andrebbe aggiunta all'area colorata nella Figura 3.3 per ottenere il costo complessivo per il governo di tale politica. Tale costo sarebbe più basso se il governo potesse vendere le eccedenza sul mercato mondiale.
- Può abbassare artificialmente l'offerta (per esempio a Q_d o Q_{d_1} nella Figura 3.1) introducendo contingenti di produzione. Questo ridurrebbe i costi per il governo di dover acquistare l'eccedenza, ma tale politica potrebbe essere difficile da applicare.
- Può stimolare la domanda attraverso la pubblicità, trovando usi alternativi del bene o scoraggiando il consumo di beni sostituti (per esempio con l'applicazione di imposte o contingenti di produzione su beni alternativi come le importazioni).

Figura 3.3 Costo del prezzo minimo per il governo.

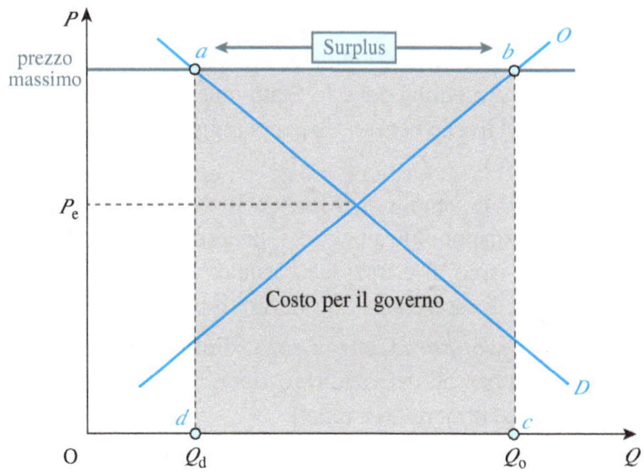

CF 5 p46 Uno dei problemi legati ai prezzi minimi è che, in caso di eccedenza, le imprese potrebbero tentare di eludere i controlli e abbassare i prezzi.

Inoltre, un prezzo troppo alto può assorbire le inefficienze: dal momento che i profitti sono garantiti dal prezzo elevato, le imprese potrebbero non essere incentivate a trovare metodi di produzione più efficienti o a tagliare i costi. Inoltre, un prezzo elevato può dissuadere le imprese dall'offrire beni alternativi, che potrebbero essere prodotti in modo più efficiente o la cui domanda è più elevata, ma che ciò nonostante hanno un prezzo (di libero mercato) più basso.

Fissare un prezzo massimo (basso)

CF 7 p77 Il governo può fissare prezzi massimi per diverse ragioni, spesso legate all'equità. In tempi di guerra o carestia, per permettere anche ai più poveri di acquistare i beni essenziali, lo Stato può stabilire un prezzo massimo per impedire l'eccessivo rincaro di alcuni prodotti. Questo potrebbe rappresentare un problema serio in tempi di carestia o di guerra.

IC 4 p13 Tuttavia, le penurie che risultano da tali politiche sono cause di ulteriori problemi. Se il governo si limita a fissare un prezzo massimo senza prendere altre contromisure, la penuria porterà i venditori a dover allocare i beni tra i potenziali acquirenti in uno o più dei seguenti modi.

- *Il primo che arriva viene servito.* Allocazione in base all'ordine di arrivo delle richieste. In questi casi è probabile che si formino code, o che i siti web si intasino, o che gli acquirenti scelgano di acquistare online. Per cercare di affrontare questi problemi le imprese possono essere costrette ad adottare il sistema delle liste d'attesa. Le code erano parte integrante della vita quotidiana nei paesi come Venezuela e Argentina dove lo Stato teneva i prezzi al di sotto del livello necessario per pareggiare la domanda e l'offerta.
- *A caso.* Il venditore inserisce il nome di ciascun cliente disponibile a pagare il prezzo massimo in un meccanismo di estrazione casuale, e solo chi ha la fortuna di essere estratto riceverà il bene.
- *Favorendo particolari clienti.* Potrebbero essere amici o parenti del venditore, oppure clienti particolarmente importanti e fedeli.
- *In base al merito.* Per esempio, il numero di studenti che vogliono iscriversi a un particolare corso universitario e sono disponibili a pagare la tassa di iscrizione potrebbe superare il numero dei posti disponibili. In questo caso l'università potrebbe iscrivere al corso solo chi ha ottenuto i voti più alti.
- *In base a un regolamento.* Le scuole pubbliche che affrontano una domanda in eccesso spesso allocano i posti disponibili in base alla distanza del luogo di residenza degli alunni dalla scuola (nel caso in cui il prezzo massimo sia zero). A volte vengono anche favoriti gli studenti parenti di altri già iscritti.

Nessuna delle situazioni citate può essere considerata equa, perché diverse persone dovranno rinunciare all'acquisto di beni necessari. Pertanto, il governo potrebbe adottare un sistema di ***razionamento*** e distribuire tessere o buoni per l'acquisto di ogni articolo razionato.

Un problema dei prezzi massimi è la possibilità che che si creino ***mercati sommersi (o mercati neri)***, in cui gli acquirenti, impossibilitati ad acquistare legalmente la quantità desiderata, sono disposti a sborsare cifre molto più elevate, come i prezzi superiori a P_e nella Figura 3.2 (vedi Box 3.2).

Un altro aspetto da considerare è che un prezzo massimo riduce la quantità prodotta di un bene già scarso. Per esempio, in tempi di carestia i prezzi tenuti forzatamente bassi deprimono l'offerta di derrate alimentari (se non immediatamente, al raccolto successivo, perché gli agricoltori seminano meno).

In molti paesi in via di sviluppo i governi controllano i prezzi dei principali generi alimentari per aiutare i poveri delle aree urbane; tuttavia, l'effetto è una riduzione del reddito degli agricoltori, che sono pertanto spinti a lasciare terre e bestiame e a trasferirsi nelle sempre più popolose aree urbane.

Per minimizzare questi effetti, il governo può tentare di ridurre la penuria. A tal fine, può incoraggiare l'offerta attingendo alle scorte, dedicandosi direttamente alla produzione, oppure offrendo sussidi e sgravi fiscali alle imprese; in alternativa, può mirare a ridurre la domanda incentivando una maggiore produzione di beni alternativi (per esempio verdura coltivata in orti casalinghi durante le guerre) o controllando il reddito degli individui.

Un altro esempio di livello massimo di prezzo è il controllo dei canoni di locazione al fine di rendere gli affitti più abbordabili. In questo caso, il "prezzo" è il canone applicato; tuttavia, questa politica rischia di creare una penuria di immobili in locazione.

PAROLE CHIAVE

Razionamento Situazione in cui il governo limita per legge la quantità di un bene che le persone possono acquistare.

Mercato sommerso (o mercato nero) Situazione in cui gli individui ignorano i controlli sul prezzo e/o la quantità fissati dal governo ed effettuano operazioni di compravendita illegali al prezzo che porta in equilibrio la domanda e l'offerta illegali.

BOX 3.1 **ANALISI DI CASI E APPLICAZIONI**

Il mercato sommerso (o mercato nero)

Una conseguenza di prezzi massimi (bassi)

Se il governo fissa un prezzo massimo, è possibile che si crei un mercato sommerso,[1] in cui i venditori ignorano le restrizioni di prezzo imposte dallo Stato. Perché gli operatori dei mercati sommersi hanno interesse a infrangere la legge, dato che rischiano pesanti sanzioni e persino l'arresto?

Effetto del controllo dei prezzi sul mercato nero

Consideriamo il caso dei controlli dei prezzi messi in atto durante la seconda guerra mondiale, quando il governo fissava i prezzi massimi di molti beni essenziali di cui c'era penuria.

Esaminiamo il diagramma: il prezzo di equilibrio P_e è a un livello così elevato da risultare inaccettabile; il prezzo fissato dal governo è P_g, ma in corrispondenza di questo prezzo c'è una penuria di $Q_d - Q_o$. Per affrontare la penuria ci sono varie possibilità: o il governo accetta che si formino code ai negozi, o i negozianti vendono solo ai clienti "regolari", o si introduce un sistema di razionamento.

Tuttavia, quale che sia il sistema adottato, una cosa è certa: molti consumatori devono essere pronti a pagare un prezzo molto maggiore di P_g al fine di ottenere il bene che desiderano. La curva di domanda mostra che, quanto minore è l'offerta, tanto più in alto si collocherà il prezzo di equilibrio sulla curva di domanda.

È qui che entrano in scena i trafficanti del mercato sommerso. Posto che siano in grado di procurarsi le merci (spesso di contrabbando), che abbiano accesso ai consumatori e che questi ultimi siano disposti a infrangere la legge, e supponendo che siano in grado di sfuggire all'arresto, quanti operano sul mercato nero possono applicare prezzi assai superiori a P_g.

Consideriamo il caso estremo. Supponiamo che i trafficanti acquistino tutta l'offerta (Q_o) dai produttori al prezzo ufficiale e poi la rivendano a un prezzo tale per cui domanda e offerta coincidono; il prezzo del mercato sommerso sarà dunque P_b, in corrispondenza del quale la quantità domandata è pari a Q_o. I trafficanti del mercato nero guadagnano il ricavo extra corrispondente all'area ombreggiata nella figura.

Nella realtà, ovviamente, molte persone si procurano i beni di cui hanno bisogno e che desiderano attraverso le fonti ufficiali e pagano solo il prezzo P_g; d'altra parte, se i trafficanti del mercato nero sono pochi e dispongono di una quantità limitata di merci, possono rivenderle a prezzi altissimi, superiori a P_b.

Durante la Seconda guerra mondiale, i "traffichini" (in inglese *spivs*, come venivano chiamati gli operatori del mercato nero) arrivavano ad applicare prezzi da estorsione per articoli come le calze di nylon e il caffè.

[1] In passato era chiamato anche "mercato nero".

Effetto del controllo dei prezzi sui prezzi del mercato sommerso.

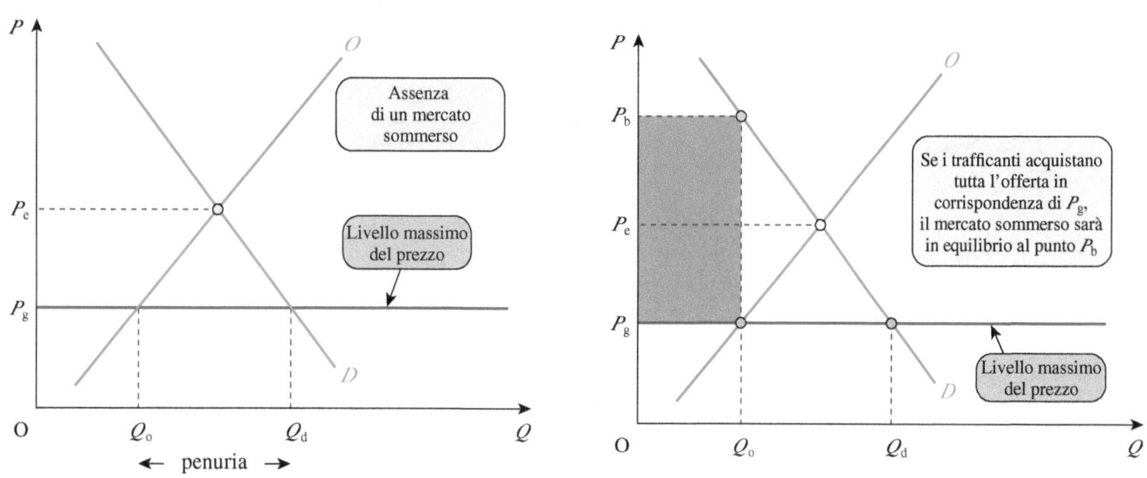

BOX 3.2 **ANALISI DI CASI E APPLICAZIONI**

L'aumento dei prestiti illegali

Le conseguenze dell'imposizione di un prezzo massimo nel mercato dei prestiti a brevissimo termine

Mentre governi di paesi quali Venezuela e Argentina hanno imposto prezzi massimi su un numero elevato di beni di vario tipo, nei paesi occidentali ci sono molti meno esempi di questa politica.

Un caso di rilevanza storica è quello del *rent control* sugli affitti immobiliari nel Regno Unito. Introdotto per la prima volta nel 1915 per reagire alla scarsità di abitazioni in tempo di guerra, fu infine abolito con l'Housing Act del 1988. A partire da gennaio 1989, nel Regno Unito le locazioni private non sono sottoposte a limitazioni. Tuttavia, recentemente il Labour Party ha sostenuto di essere favorevole alla reintroduzione di una normativa simile.

L'introduzione di un prezzo massimo nel mercato dei prestiti a brevissimo termine

Un esempio recente di politica del prezzo massimo nel Regno Unito è dato dal mercato degli HCSTC (*high-cost short-term credit*, crediti a breve termine e ad alto costo), o mercato dei crediti a breve termine, in cui i clienti generalmente prendono a prestito qualche centinaia di euro per un periodo molto breve, solitamente da due a quattro settimane, spesso per pagare una bolletta o una fattura inattesa. In genere si pensa di poter rimborsare il prestito con il prossimo accredito dello stipendio.

Qual è il prezzo del prestito (cioè l'acquisto di denaro) nel mercato del credito. È dato dal tasso di interesse più le commissioni applicate dal prestatore. Se il mercato è concorrenziale e non regolato, tale prezzo è determinato dall'interazione di domanda e offerta. Questo corrisponde al punto *a* nel grafico al prezzo di equilibrio P_e.

Il mercato dei crediti a breve termine è cresciuto fortemente dopo la crisi finanziaria del 2007–8 e ha raggiunto un picco nel 2013 quando la FCA (Financial Conduct Authority) ha stimato che 400 imprese avessero fatto 10 milioni di prestiti con valore di mercato di 2,5 miliardi di sterline. Tuttavia, a seguito di tale crescita i politici cominciarono a esprimere preoccupazioni circa il livello dei tassi di interesse.

Per esempio, un debitore generalmente dovrebbe pagare circa £38 per un prestito di £100 a 30 giorni, che corrisponde a un tasso di interesse di 1,26% al giorno o 4670$ all'anno! Analoghe preoccupazioni furono espresse circa l'entità delle penali imposte ai debitori in caso di ritardo nei rimborsi. Nel tentativo di affrontare tali problemi, la FCA annunciò a luglio 2014 una serie di norme[1] che entrarono in vigore a gennaio 2015 e sono descritte di seguito.

- Per il tasso di interesse fu imposto un limite superiore dello 0,8% al giorno, introducendo così un prezzo massimo. Ciò significa che il costo massimo che un prestatore può applicare a un prestido di £100 a 30 giorni è £24 (supponendo che il rimborso avvenga rispettando la scadenza).

L'impatto dell'imposizione di un prezzo massimo sul mercato dei prestiti a brevissimo termine.

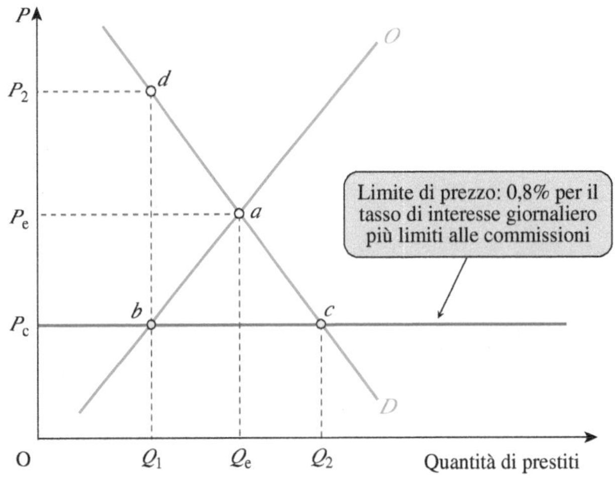

- Per le penali in caso di ritardato rimborso fu imposto un limite massimo £15. Anche per il tasso di interesse sul debito rimanente fu imposto un limite superiore dello 0,8% al giorno.
- L'importo totale che poteva essere addebitato al debitore, anche in caso di insolvenza, fu limitato al doppio dell'ammontare ottenuto a prestito.

L'impatto dei prezzi massimi sul mercato dei prestiti a brevissimo termine

Qual è l'impatto di un prezzo massimo su un mercato concorrenziale se viene fissato al di sotto del livello di equilibrio? È illustrato nel grafico. Con un limite di prezzo P_c, il modello di domanda e offerta predice che la quantità di prestiti offerta cala da Q_e a Q_1 mentre la quantità domandata aumenta da Q_e a Q_2. Sul mercato domina l'offerta e quindi la quantità di prestiti emessa cala a Q_1. Vi è una penuria di prestiti pari a $Q_2 - Q_1$ (*c* – *b*).
E nella realtà quale è stato l'impatto? I dati forniti da FCA[2] mostrano che soltanto 90 prestatori a breve erano attivi sul mercato nel secondo trimestre del 2018, dai 400 attivi prima dell'introduzione della norma. Nell'anno dall'1 luglio 2017 al 30 giugno 2018 queste imprese hanno concesso 5,4 milioni di prestiti, molto meno dei 10 milioni concessi nel 2013. Il mercato è dominato da poche grandi imprese: 10 società hanno gestito l'85% dei nuovi prestiti.
Il modello di domanda e offerta predice anche che l'imposizione di un prezzo massimo genera l'opportunità dello sviluppo di un mercato illegale. Se l'offerta è limitata a Q_1, il prezzo di mercato sarà P_2 (punto *d*), dove la domanda è uguale anch'essa a Q_1. Quindi, se il prezzo imposto dalla legge è P_c, inferiore, ciò significa che ci saranno molte persone disponibili a pagare decisamente di più.
Supponiamo che un singolo individuo sia pronto a pagare P_2. Altri prestatori potrebbero essere disponibili a violare la legge e applicare un prezzo superiore a P_c ma inferiore a P_2, in base alla loro posizione sulla curva dell'offerta. Quindi, cliente e prestatore potrebbero accordarsi con soddisfazione di entrambi a qualsiasi prezzo compreso tra quello che il cliente è disposto a pagare e quello che il prestatore è disposto ad accettare.
Tuttavia, la norma del prezzo massimo rende illegale questa transazione vantaggiosa per entrambi. Se i potenziali clienti sono disponibili a rivolgersi al mercato non ufficiale, potrebbero trovare usurai disponibili a prestare loro denaro a un tasso superiore allo 0,8% al giorno imposto dalla legge, ma inferiore al tasso massimo che i clienti sono disponibili a pagare.

Discutendo l'impatto di un limite imposto al tasso di interesse, Steve Davies dell'Institute of Economic Affairs sostenne che:

> la domanda per questi tipi di prestiti rimarrebbe, ma sarebbe soddisfatta da personaggi pericolosi. Se volete aiutare gli usurai e i criminali ostacolando le imprese che operano nella legalità, questa è la via per farlo.[3]

Nel mese di luglio 2017 la FCA pubblicò uno studio[4] sull'impatto delle proprie normative sul mercato dei prestiti a breve, in cui veniva riportato che un piccolo numero di individui si era rivolto o aveva preso in considerazione la possibilità di rivolgersi a usurai. Molti si erano invece rivolti ad amici o familiari.
La FCA evitò di implementare una limitazione simile sui tassi di interesse per gli scoperti bancari e decise invece di rendere più semplici da capire le commissioni applicate ed evitare che i prestatori applicassero commissioni diverse per scoperti concordati e non. L'impatto delle norme sui prestiti a breve termine sarà nuovamente oggetto di revisione nel 2020 per valutarne l'effetto nel lungo periodo.

1 'FCA proposes price cap for payday lenders', comunicato stampa della Financial Conduct Authority, 15 luglio 2014.

2 *Consumer credit: High cost short-term credit lending data*, comunicato stampa della Financial Conduct Authority, 15 maggio 2019.

3 'Cracking down on payday lenders will hurt the poor', Institute for Economic Affairs, luglio 2013.

4 *High-cost credit and review of the high-cost short-term credit price cap*, Financial Conduct Authority, 31 luglio 2017.

5 *Changes to overdraft charges*, Financial Conduct Authority, 22 gennaio 2020.

BOX 3.3 **ANALISI DI CASI E APPLICAZIONI**

Come fanno i bagarini a guadagnare così tanto?

Alcuni problemi di prezzo nel mercato dei biglietti per eventi

Alcune imprese fissano i prezzi al di sotto dei livelli di mercato. Consideriamo per esempio il settore dei biglietti.

I biglietti per concerti dal vivo, spettacoli teatrali ed eventi sportivi sono venduti dagli organizzatori dell'evento o da siti web autorizzati come Ticketmaster®. Questo è il "mercato primario" in cui organizzatori o promoter fissano i prezzi. Vi è evidenza che i prezzi dei biglietti nel mercato primario siano costantemente inferiori ai livelli di mercato. Per esempio, ricerche svolte da Media Insight Consulting hanno rilevato che, in media, i fan sarebbero stati disposti a pagare £181 per vedere Adele in concerto durante il tour della primavera 2016, mentre i biglietti costavano £65.

Spesso gli organizzatori fissano prezzi inferiori ai livelli di mercato a causa dell'incertezza sulla domanda e perché vogliono evitare che rimangano troppi posti vuoti. Vogliono anche che i fan possano acquistare i biglietti a prezzi ragionevoli. Tuttavia, il fatto che sul mercato primario siano fissati prezzi inferiori a quelli di mercato crea l'opportunità che alcuni possano realizzare notevoli guadagni sul mercato secondario.

Il "mercato secondario" è quello in cui alcune persone rivendono biglietti che hanno precedentemente acquistato sul mercato primario. L'organizzatore dell'evento non può controllare i prezzi in questo mercato. Un tipo di venditore sul mercato secondario è la persona che, a causa di un imprevisto, non può più partecipare all'evento, perciò cerca semplicemente di riprendere il denaro che ha speso. Un altro tipo, invece, è quello che acquista biglietti con il preciso scopo di rivenderli sul mercato secondario realizzando un profitto; queste persone sono dette anche "bagarini" e possono ottenere guadagni considerevoli. Il valore mondiale del mercato secondario per i biglietti è stato stimato in circa 8 miliardi di dollari.

L'opportunità di profitto per i bagarini

Perché i bagarini riescono a ottenere guadagni così grandi? Il grafico aiuta a spiegarlo. La curva dell'offerta è perfettamente anelastica nel breve termine poiché la disponibilità di posti nel luogo che ospita l'evento (stadio, teatro, sala da concerti e così via) è fissata in Q_c. Il prezzo di mercato è P_e, quello a cui la quantità di biglietti domandata è uguale alla quantità offerta. Il prezzo sul mercato primario è P_p, perciò vi è una penuria di biglietti: $Q_d > Q_c$.

Supponiamo che i bagarini siano in grado di acquistare la metà dei biglietti in vendita sul mercato primario (Q_t) usando programmi informatici chiamati *bot* che consentono loro di effettuare più transazioni contemporaneamente.

Supponendo che nessuna delle persone disponibili a pagare un prezzo più alto (rappresentate dai punti da *a* a *b* sulla curva della domanda) acquisti i biglietti sul mercato primario, i bagarini saranno in grado di rivendere tutti i loro biglietti al prezzo P_s. L'area colorata rappresenta il profitto potenziale.

Il mercato secondario dei biglietti

Da alcuni anni i media hanno segnalato diversi casi in cui i biglietti per eventi di vario tipo sono stati venduti sul mercato primario in meno di un'ora, poi sono ricomparsi in vendita a prezzi molto superiori a quelli ufficiali su uno dei

Come guadagnano i bagarini.

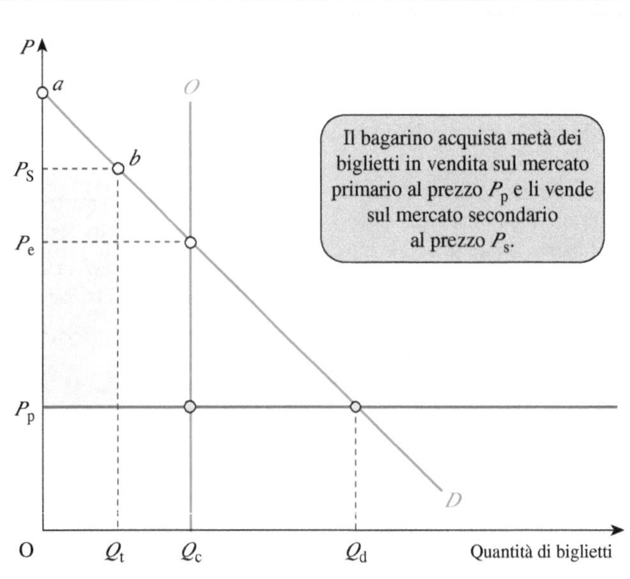

quattro siti web che una volta dominavano il mercato secondario dei biglietti: Viagogo (con sede in Svizzera), Stubhub (di proprietà di eBay), Seatwave e GetMeIn (entrambi di proprietà di Ticketmaster). In un caso estremo, un biglietto di £85 per un concerto di Adele alla O2 Arena nel 2016 fu messo in vendita su GetMeIn al prezzo di £24840!

Tentativi di regolamentare il mercato secondario dei biglietti nel Regno Unito

Consumer Rights Act. Per affrontare questi problemi il governo inglese introdusse nel 2015 il Consumer Rights Act (CRA), che entrò in vigore nel maggio 2015 imponendo i seguenti requisiti a coloro che mettevano in vendita biglietti sul mercato secondario.

- Obbligo di esporre in modo chiaro il valore facciale del biglietto, il posto (settore, fila e numero) e tutte le limitazioni d'uso.
- Obbligo di mostrare chiaramente qualsiasi relazione tra il venditore e l'organizzatore dell'evento o il sito web ufficiale.
- Impossibilità per l'organizzatore dell'evento di annullare i biglietti acquistati sul mercato secondario, a meno che tale condizione fosse stata evidenziata in modo molto chiaro nelle condizioni di vendita originali.

La revisione di Waterson. La legge prevedeva anche che una revisione del mercato secondario dei biglietti fosse attuata 12 mesi dopo l'entrata in vigore. Nel mese di ottobre 2015 il governo affidò tale revisione a una commissione presieduta da un economista, il Professor Michael Waterson. Le raccomandazioni finali furono pubblicate a maggio 2016[1] e prevedevano quanto segue.

- I siti web del mercato secondario dei biglietti dovevano assicurarsi che i venditori rispettassero le condizioni previste dal CRA 2015.
- La vendita dei biglietti sul mercato primario doveva essere resa molto più trasparente. Per esempio, gli organizzatori degli eventi dovevano indicare chiaramente la quota di biglietti già venduta prima di procedere alla vendita generale.
- Si dovevano intraprendere ulteriori iniziative per assicurarsi che i consumatori comprendessero bene la differenza tra mercato primario e secondario.

Il Professor Waterson si oppose a vietare in assoluto il mercato secondario poiché riteneva che (a) ciò avrebbe dirottato i venditori verso settori illegali, aumentando così le opportunità di frodi; (b) avrebbe ridotto il benessere del consumatore, dato che le evidenze trovate durante la revisione indicavano che i prezzi erano applicati erano spesso inferiori al valore facciale dei biglietti. Si oppose anche all'imposizione di un limite massimo ai prezzi di rivendita, sostenendo che generalmente i venditori reagistcono a questi tipi di norme trovando molti innovativi per aggirarle. Pose inoltre il dubbio che il costo delle risorse richieste per imporre un limite di prezzo potesse superare i benefici portati dalla regolamentazione.

Il governo stabilì a marzo 2017 che avrebbe accolto interamente tutte le raccomandazioni della revisione Waterson e annunciò che avrebbe introdotto una nuova legge. Il Digital Economy Act del 2017 includeva le seguenti norme:

- divieto di usare i bot per acquistare grandi quantità di biglietti;
- obbligo per i rivenditori di fornire i numeri identificativi dei biglietti in modo che gli acquirenti potessero individuare il posto preciso nel luogo dell'evento.

Indagine della CMA. Nel mese di giugno 2016 la CMA (Competition and Markets Authority) iniziò un'indagine del tutto separata dei siti web per la rivendita di biglietti sul mercato secondario. A novembre 2017 iniziò poi un'azione contro i quattro siti web leader per contrastare il modo in cui venivano presentate le informazioni di vendita.[3] Tre dei quattro siti web reagirono prontamente apportando le necessarie modifiche; Viagogo si adeguò soltanto a settembre 2019 dopo la minaccia di azioni legali da parte della CMA.[4]

Decisione dell'ASA. A marzo 2018 l'Advertising Standards Authority stabilì che i quattro maggiori operatori sul mercato secondario dei biglietti avevano fornito informazioni di prezzo fuorvianti nei loro siti.

Cambiamenti nei mercati primario e secondario. A seguito della pubblicità negativa, Ticketmaster annunciò ad agosto 2018 che avrebbe chiuso i suoi siti Seatwave e GetMeIn. I consumatori possono rivendere biglietti attraverso il sito web di Ticketmaster, ma il prezzo massimo che possono applicare ora è quello del biglietto originale più eventuali commissioni di prenotazione. Altri siti come Twickets e Swap My Ticket hanno già imposto limitazioni al prezzo di rivendita su basi analoghe. A novembre 2019 Viagogo ha annunciato l'intenzione di acquistare Stubhub da eBay per 3,1 miliardi di sterline.

Le agenzie di management di molti gruppi musicali e artisti hanno preso contromisure per ridurre il bagarinaggio. In particolare, hanno iniziato a utilizzare biglietti elettronici in cui la persona che partecipa all'evento per poter entrare deve presentare la carta di credito o debito usata per acquistare il biglietto nel mercato primario e una foto o altro tipo di documentazione identificativa.

Il mercato secondario dei biglietti è un settore controverso e il suo funzionamento viene continuamente analizzato dai media e dal governo.

---

1 'Independent review of consumer protection measures concerning online secondary ticketing facilities', *Waterson Review*, maggio 2016.

2 'Secondary ticket platforms compliance review', CMA, luglio 2016.

3 'CMA to take enforcement action on secondary ticketing sites', comunicato stampa CMA, novembre 2017.

4 'Viagogo fixes concerns in face of further CMA legal action', comunicato stampa CMA, settembre 2019.

3.2 Le imposte indirette e i sussidi

L'effetto delle imposte sui beni

CF 7 p77 Consideriamo ora un altro esempio di intervento del governo nell'economia: l'applicazione di imposte sui beni. Queste ***imposte indirette***, così vengono chiamate, comprendono l'imposta sul valore aggiunto (IVA) e le accise su sigarette, carburanti e alcolici.

Tali imposte possono essere ***specifiche***, cioè prelevate in misura fissa su ogni unità del bene, come avviene per l'accisa per ogni litro di benzina, oppure essere calcolate in percentuale del prezzo o del valore aggiunto in ciascuna fase di produzione; in quest'ultimo caso si parla di ***imposte ad valorem*** (come l'IVA).

L'applicazione di un'imposta su un bene provoca uno spostamento della curva di offerta verso l'alto, in misura pari all'ammontare dell'imposta (Figura 3.4). Nel caso di un'imposta specifica, si produce di uno spostamento parallelo, dal momento che l'ammontare dell'imposta è lo stesso per tutti i livelli del prezzo; nel caso di un'*imposta ad valorem*, invece, la curva *ruota* verso l'alto. In corrispondenza di un prezzo nullo non vi è alcuna imposta e, pertanto, alcuno spostamento della curva di offerta. All'aumentare del prezzo, il divario fra la curva di offerta originaria e quella nuova si allarga, dal momento che una data imposta *percentuale* rappresenta un ammontare *assoluto* via via maggiore all'aumentare del prezzo.

Per capire perché la curva di offerta si sposta verso l'alto dell'ammontare dell'imposta, esaminiamo la Figura 3.4. Per decidere di produrre la stessa quantità che producevano prima che venisse applicata l'imposta (cioè Q_1), le imprese devono ottenere un prezzo che consenta loro di recuperare in pieno l'imposta dovuta (cioè P_1 + imposta).

Figura 3.4 Effetto di un'imposta sulla curva di offerta.

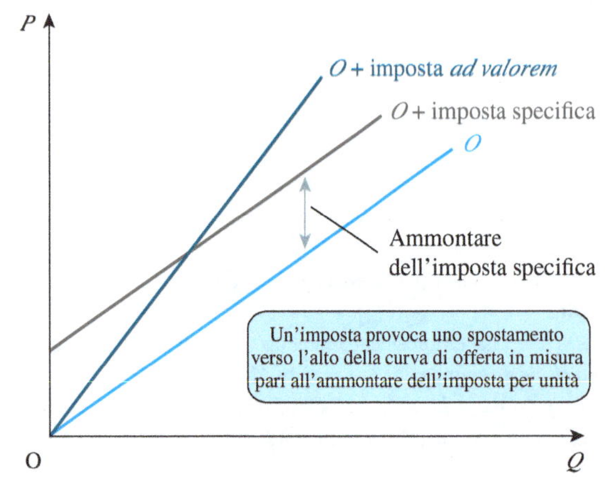

IC 5 p22 L'imposta ha l'effetto di innalzare il prezzo e ridurre la quantità. Tuttavia, il prezzo non aumenta dell'intero ammontare dell'imposta, perché la curva di domanda ha pendenza negativa. Nella Figura 3.5 il prezzo aumenta solo fino a P_2. Ne consegue che l'onere o l'***incidenza*** di tali imposte è distribuito fra consumatori e produttori: i primi pagano nella misura in cui il prezzo aumenta, i secondi nella misura in cui l'aumento di prezzo non è sufficiente a coprire l'imposta.

Elasticità e incidenza della tassazione

L'incidenza delle imposte indirette dipende dall'elasticità della domanda e dell'offerta del bene in questione. Consideriamo i casi (1)–(4) nella Figura 3.6. In ciascuno dei diagrammi (tutti tracciati nella medesima scala), l'entità dell'imposta è la stessa: la curva di offerta si sposta verso l'alto della medesima misura e, in ciascun caso, il prezzo sale a P_2 e la quantità scende a Q_2. Tuttavia, come si può osservare, il prezzo aumenta e la quantità diminuisce in misura diversa di caso in caso, a seconda delle elasticità al prezzo della domanda e dell'offerta.

Il gettito totale dell'imposta è dato dall'ammontare unitario della stessa (la distanza verticale fra le due curve di offerta) moltiplicato per la nuova quantità venduta (Q_2). Questo è illustrato dall'intera area riempita in ciascuno dei diagrammi nella Figura 3.6.

PAROLE CHIAVE

Imposta indiretta Umposta che grava sulla spesa per l'acquisto di un bene. Fra le imposte indirette si annoverano l'imposta sul valore aggiunto (IVA) e le accise su tabacco, bevande alcoliche e carburanti. Contrariamente alle imposte dirette (come quelle sui redditi), che vengono versate direttamente dai contribuenti, l'imposta indiretta viene versata alle autorità fiscali non dai consumatori, bensì indirettamente dai fornitori di beni e servizi.

Imposta specifica Un'imposta su un bene prelevata in misura fissa su ogni unità del bene, indipendentemente dal prezzo di quell'unità.

Imposta *ad valorem* Un'imposta su un bene prelevata in percentuale sul valore di quest'ultimo. Può essere un'imposta di tipo monofase o multifase (come l'IVA). Un'*imposta monofase* è applicata solo a una particolare fase del processo di produzione e distribuzione di un bene o servizio, mentre un'*imposta multifase* (o *plurifase*) colpisce tutte le fasi del processo.

Incidenza di un'imposta Distribuzione dell'onere di un'imposta tra acquirenti e venditori.

Figura 3.5 Effetto di un'imposta su prezzo e quantità.

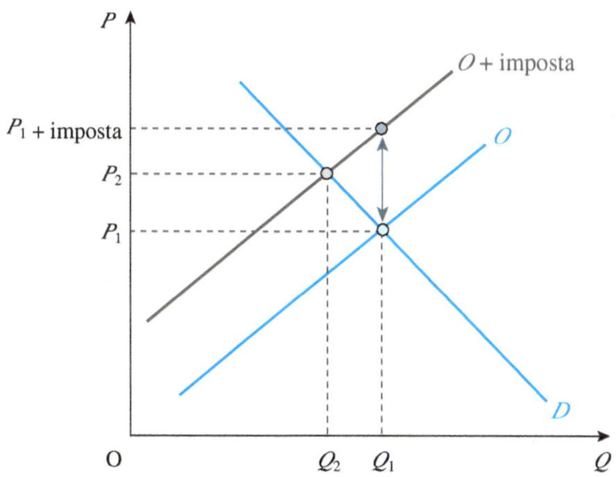

L'aumento del prezzo da P_1 a P_2 moltiplicato per il numero dei beni venduti (Q_2) (area grigia) è l'ammontare dell'imposta che grava sugli acquirenti e rappresenta quindi la ***quota dell'imposta in capo ai consumatori***. La parte restante (area colorata) è la ***quota dell'imposta in capo ai produttori***, ed è pari alla differenza tra il prezzo originario (P_1) e il prezzo netto incassato dai produttori ($P_2 - t$) moltiplicata per Q_2.

PAROLE CHIAVE

Quota dell'imposta su un bene in capo ai consumatori La parte del gettito dell'imposta su un bene derivante da un aumento del prezzo del bene stesso.

Quota dell'imposta su un bene in capo ai produttori La parte del gettito di un'imposta su un bene derivante dalla diminuzione nel prezzo per il produttore (al netto dell'imposta).

Figura 3.6 L'incidenza di un'imposta indiretta.

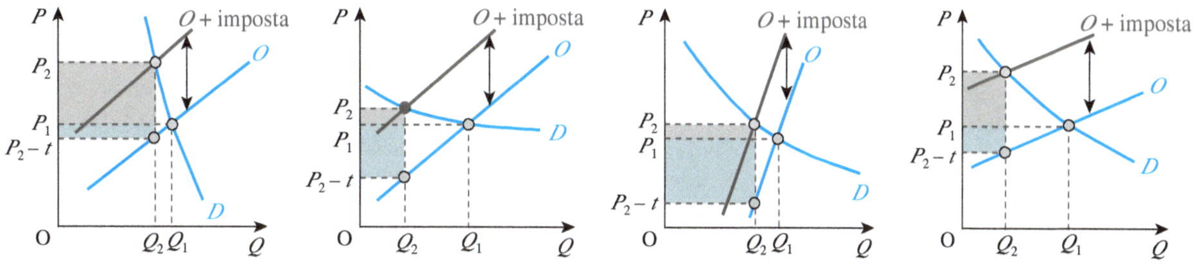

Caso (1) Domanda inelastica

Caso (2) Domanda elastica

Caso (3) Offerta inelastica

Caso (4) Offerta elastica

*IN TERMINI MATEMATICI

Supponiamo che la produzione di un bene venga gravata di un'imposta specifica t per unità di prodotto, che i produttori aggiungono al prezzo ante imposta P_1. Il prezzo pagato dai consumatori è quindi $P_1 + t$.

Ipotizzando che le curve di domanda e offerta siano lineari (vedi box "*In termini matematici" a pagina 48), le corrispondenti equazioni possono essere scritte come segue:

$$Q_D = a - b(P_1 + t) \quad (1)$$

$$Q_O = c + dP_1 \quad (2)$$

In equilibrio $Q_D = Q_O$. Ne consegue che:

$$a - b(P_1 + t) = c + dP_1$$

Riorganizzando i termini, otteniamo:

$$bP_1 + dP_1 = a - c - bt$$

Da cui:

$$P_1 = \frac{a-c-bt}{b+d} \quad (3)$$

Esaminiamo l'esempio che segue. Se le equazioni di domanda e offerta fossero:

$$Q_D = 120 - 10(P_1 + t) \quad (4)$$

e

$$Q_O = 10 + 5P_1 \quad (5)$$

e $t = 2$, allora dall'equazione (3) otterremmo:

$$P_1 = \frac{120 - 10 - (10 \times 2)}{10 + 5} = 6$$

e dalle equazioni (4) e (5):

$$Q_D = 120 - 80 = Q_O = 10 + 30 = 40$$

Il prezzo di mercato sarebbe:

$$P_1 + t = 6 + 2 = 8$$

Dall'analisi svolta in precedenza si possono trarre alcune conclusioni.

- Quanto minori sono l'elasticità della domanda e dell'offerta, tanto minore è la diminuzione della quantità, e quindi tanto maggiore è il gettito fiscale per il governo (casi 1 e 3).
- Quanto minore è l'elasticità della domanda e quanto maggiore è l'elasticità dell'offerta, tanto maggiore è l'aumento del prezzo, e quindi tanto maggiore è la quota dell'imposta in capo ai consumatori (casi 1 e 4).
- Quanto maggiore è l'elasticità della domanda e quanto minore è l'elasticità dell'offerta, tanto minore è l'aumento del prezzo, e quindi tanto maggiore è la quota dell'imposta in capo ai produttori (casi 2 e 3).

Le sigarette, i carburanti e gli alcolici sono i principali obiettivi delle imposte indirette. Dal momento che la domanda di questi beni è elevata e piuttosto anelastica, l'imposta non provoca una riduzione significativa della domanda. Questi beni sono, pertanto, un'importante fonte di gettito fiscale per il governo (vedi Box 3.4).

BOX 3.4 **ANALISI DI CASI E APPLICAZIONI**

Cenere alla cenere? Un dilemma morale per le imposte sul tabacco

I ricavi dalle imposte sul tabacco

In Italia, 11,6 milioni di persone di età maggiore o uguale a 18 anni fumavano sigarette nel 2018. Come reagiscono questi fumatori a variazioni del prezzo?
Molti studi hanno tentato di stimare l'elasticità al prezzo della domanda di sigarette, determinando che la domanda è relativamente anelastica, ai prezzi correnti. Per esempio, Reed, Arnott e Langley (2013)[1] hanno riportato stime comprese tra −0,35 e −0,75 per il Regno Unito. La tassazione del tabacco, quindi, potrebbe essere un mezzo efficace per ottenere ricavi da parte del governo. L'istituto di analisi demoscopiche Eurispes ha stimato che l'incasso annuale per l'erario tra accise e IVA sui tabacchi in Italia è stato nel 2018 di 14 miliardi di euro (pari al 76% della spesa degli italiani, che sfiora i 20 miliardi).
Evidentemente le accise sul tabacco costituiscono un'importante fonte di entrate per il governo. Minore è il numero delle persone che reagiscono a un aumento delle accise smettendo di fumare, o fumando meno, e maggiore è l'aumento delle entrate fiscali ottenuto aumentando le imposte. Se il governo incoraggiasse le persone a fumare, aumenterebbe le entrate ancora di più! Tuttavia, in questo modo si arriva a un dilemma interessante, infatti vi è forte pressione sui governi di tutto il mondo affinché scoraggino le persone dal fumare, tuttavia, più i governi fanno questo, minori saranno le loro entrate fiscali.

I costi di fumare

Qual è l'impatto economico di una riduzione del numero di fumatori? Le entrate fiscali evidentemente diminuirebbero, ma si avrebbe anche un calo della spesa sanitaria legata al fumo.
Uno studio del Ministero della salute inglese,[2] per esempio, ha stimato che il costo totale del fumo per l'economia inglese nel 2015/16 è stato di oltre 11 miliardi di sterline. L'importo complessivo è stato suddiviso in tre categorie: costi per il sistema sanitario, costi per i datori di lavoro e costi generali per la società.
Le cifre di ciascuna categoria sono riportate nella tabella che segue. I costi per il sistema sanitario comprendono: visite extra dal medico di famiglia (794 milioni di sterline), ricoveri extra in ospedale (851 milioni di sterline) e visite specialistiche extra (696 milioni di sterline). I costi per i datori di lavoro includono una media di 2,7 giorni extra di assenza per lavoratore (1,7 miliardi di sterline) e mancata produzione dovuta alle pause per fumare (3,6 miliardi di sterline). I costi generali per la società comprendono livelli più elevati di disoccupazione/inattività economica causata da problemi di salute legati al fumo (1 miliardo di sterline) e potenziali mancati guadagni durante la vita personale (3,1 miliardi di sterline).

• Costi per il sistema sanitario	2,5 miliardi di sterline
• Costi per i datori di lavoro	5,3 miliardi di sterline
• Costi generali per la società	4,1 miliardi di sterline

Questi dati, nonostante le contestazioni di alcuni, sono utili per illustrare l'ampia e variegata entità dei costi potenziali. Esistono poi i costi umani causati da sofferenze e morti. Il tabacco è sempre la principale causa di morti evitabili. I dati dell'Office of National Statistics inglese per il 2018 indicano che 77.800 morti nel Regno Unito sono attribuibili al fumo – il 16% delle morti totali. Nel 2017/18, 489.330 ricoveri in ospedale nel Regno Unito sono stati causati dal fumo. Tuttavia, il sistema sanitario nazionale potrebbe anche ottenere dai fumatori alcuni benefici finanziari, dovuti al fatto che i fumatori muoiono prima, evitando così molte delle cure ad alto costo richieste dai pazienti anziani, e lo stato ne trae un guadagno per la minore spesa in pensioni e altri benefici.

Gli effetti dell'aumento delle imposte sul tabacco

Forse, quindi, l'aumento delle imposte sul tabacco porterebbe un beneficio duplice: non solo farebbe aumentare le entrate fiscali, ma potrebbe anche incoraggiare le persone a smettere di fumare, con una riduzione dei costi per il sistema sanitario, i datori di lavoro e la società. Le entrate fiscali potrebbero anche essere usate per sostenere altre misure contro il fumo.

Alcune stime indicano che il contrabbando di sigarette ha rappresentato circa il 5,5% del mercato italiano nel 2018, comportando una perdita per le casse dello Stato (IVA e accise mai versate) di circa 730 milioni di euro.

Un altro problema riguarda l'impatto sproporzionato delle imposte sulla parte più povera della società. Nel 2019, il 29,6% dei disoccupati era fumatore, rispetto al 22,9% delle persone occupate. La percentuale di fumatori di età compresa tra i 25 e i 44 anni priva di titolo di studio o con licenza elementare era quasi il doppio di quella dei fumatori con laurea. Inoltre, lo 0,5% della spesa media mensile delle famiglie la cui persona di riferimento svolge ruoli manageriali e professionali (per esempio dirigenti, imprenditori e liberi professionisti) è stata destinata al consumo di sigarette, mentre per le famiglie la cui persona di riferimento è impiegata in occupazioni manuali (per esempio operai e apprendisti) la percentuale del reddito destinata al consumo di sigarette è stata pari all'1,5%. Perciò, all'aumentare delle imposte sul tabacco, aumenta la redistribuzione di reddito dai poveri ai ricchi.

Un terzo problema è che l'aumento delle imposte sul tabacco potrebbe non essere più efficace per aumentare le entrate fiscali. L'elasticità al prezzo della domanda di sigarette è stata stimata da uno studio recente[3] tra –1,1 e –1,3 (quindi è elastica). Secondo l'autore dello studio, l'aumento delle imposte sul tabacco a questo punto potrebbe addirittura fare diminuire le entrati fiscali. Per molti aspetti si tratta di un successo, dato che oggi più persone tendono a reagire a un aumento delle imposte sul tabacco smettendo di fumare. Il problema per il governo è la necessità di trovare fonti alternative di entrata per finanziare i servizi pubblici.

Politiche alternative

Per scoraggiare il fumo sono state introdotte anche altre politiche. Nel 2003, in Italia, viene emanata la cosiddetta Legge Sirchia, che estende il divieto di fumo a tutti i locali chiusi, compresi i luoghi di lavoro privati o non aperti al pubblico, gli esercizi commerciali e di ristorazione, i luoghi di svago, palestre, centri sportivi. Le sole eccezioni sono i locali riservati ai fumatori e gli ambiti strettamente privati, come le abitazioni civili.

Nello stesso anno vengono introdotte nuove norme per l'etichettatura dei pacchetti di sigarette, sui quali compaiono più scritte che avvertono sui rischi per la salute provocati dal fumo.

Nel 2012 viene innalzato il divieto di vendita delle sigarette ai minori di 18 anni mentre nel 2013 viene esteso il divieto di fumare anche alle aree all'aperto di pertinenza delle istituzioni scolastiche.

Infine nel 2016, il divieto di fumare si applica alle pertinenze esterne delle strutture ospedaliere universitarie, di quelle degli ospedali nonché negli autoveicoli alle presenza di donne incinte e di minori. Queste misure sembrano aver avuto un certo impatto, anche se una notevole minoranza continua a fumare. Nel 2019 il 22% di tutti gli adulti in Italia era fumatore, rispetto a un picco del 34% che è stato raggiunto nel 1975.

Quali sono le possibili alternative che possano costituire una fonte di entrate fiscali? Molti paesi stanno esaminando la possibilità di introdurre nuove accise sulle sigarette elettroniche. Nel 2019, in Italia gli utilizzatori abituali e occasionali di *e-cig* sono circa 900.000, con un incremento del 1.740% nel triennio dal 2016 al 2018.

1 H. Reed, D. Arnott e T. Langley, 'The price elasticity of demand for cigarettes in the UK, 2001-2011', *European Journal of Public Health*, Volume 23 (ottobre 2013).

2 *Towards a smoke free generation: A tobacco control plan for England* (Department of Health, 2017).

3 D. Whitaker, *Sin tax analysis: Tobacco* (Deloitte LLP, agosto 2019).

Effetto dei sussidi

Un sussidio è un pagamento effettuato dal governo a un produttore o consumatore, in pratica è l'opposto di un'imposta. Per esempio, nel 2018/19 la società di gestione dei treni Northern ha ricevuto 29,5 penny dal governo inglese per passeggero-chilometri trasportato, con un sussidio totale di 763,3 milioni di sterline. Anche gli investimenti in energia rinnovabile, come gli impianti eolici, hanno ricevuto un sostegno notevole dal governo.

Quando un governo paga un sussidio per unità di prodotto al produttore, causa uno spostamento della curva di offerta di mercato verso il basso in corrispondenza all'ammontare del sussidio. Per quale motivo? Consideriamo l'esempio di un sussidio fisso per unità venduta (un sussidio specifico) illustrato nella Figura 3.7. Il mercato inizialmente è in equilibrio nel punto *a* in cui la quantità domandata è uguale a quella offerta. Prezzo e quantità sono, rispettivamente, P_0 e Q_0. Ora supponiamo che il governo introduca un sussidio per unità, di ammontare $a - b$. Le imprese ora sono disponibili a offrire la stessa quantità (Q_0) a un prezzo di mercato inferiore (P_2) dato che il governo paga la differenza ($P_0 - P_2$) attraverso il sussidio. Tale disponibilità a offrire i beni a un prezzo di mercato inferiore vale per qualsiasi le quantità prodotta e quindi la curva dell'offerta di mercato si sposta si abbassa in modo corrispondente all'ammontare del sussidio, fino a *O* + sussidio. Dato che l'ammontare del sussidio pagato dal governo è lo stesso per tutti i prezzi, lo spostamento è in effetti una traslazione in parallelo.

Il sussidio riduce il prezzo di equilibrio da P_0 a P_1 e aumenta la quantità di equilibrio da Q_0 a Q_1. Tuttavia, come si vede, il prezzo non diminuisce di un importo pari al sussidio. Come per l'analisi delle imposte, il grado in cui il sussidio viene trasferito al consumatore dipende dall'elasticità al prezzo della domanda e dell'offerta. La quota del sussidio che va al consumatore è maggiore (cioè il prezzo diminuisce di più) meno elastica è la domanda e più elastica è l'offerta.

Quanto costa il sussidio al contribuente? Dipende da due elementi: l'entità del sussidio per unità e la quantità venduta dopo l'introduzione dello stesso. Questo ammontare è rappresentato dall'area colorata nella Figura 3.7, data dal prodotto del sussidio unitario per la quantità prodotta.

Figura 3.7 Effetto di un sussidio su prezzo e quantità.

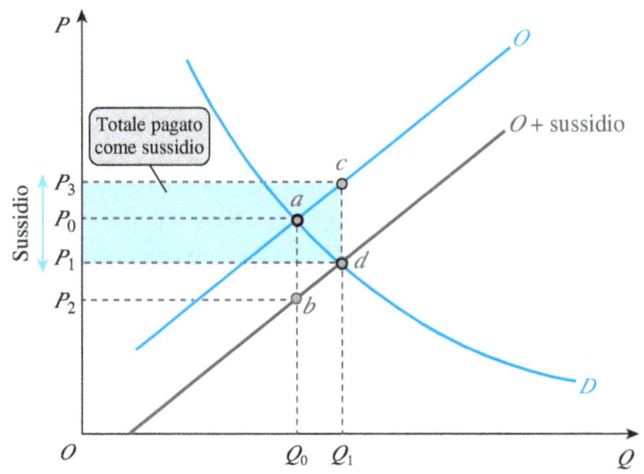

3.3 L'allocazione: quando il governo si sostituisce al mercato

CF 7 p77 A volte il governo potrebbe ritenere che i mercati non siano adatti ad allocare certi prodotti o servizi. In questo paragrafo esaminiamo due casi estremi: il primo è quello dei beni o dei servizi forniti gratuitamente in fase di erogazione, come le cure mediche nell'ambito del servizio sanitario nazionale e l'istruzione nelle scuole pubbliche; il secondo è quello dei beni la cui vendita è vietata o limitata per legge, come le droghe, le armi o la pornografia.

Beni e servizi forniti gratuitamente in fase di erogazione: il caso dei ricoveri ospedalieri

IC 4 p13 La fornitura gratuita di beni e servizi ai consumatori spesso rispecchia il fatto che l'opinione pubblica considera di avere *diritto* a tali prestazioni. La maggior parte delle persone, infatti, ritiene che sarebbe ingiusto far pagare i genitori per l'istruzione dei figli o i pazienti per un ricovero in ospedale, specie quando si tratta di un'emergenza. Tuttavia, esistono anche delle ragioni economiche che spiegano la distribuzione gratuita di beni e servizi: per esempio, garantire ai bambini un'istruzione apporta un beneficio a *tutta* la società.

Ma quali sono le conseguenze della fornitura gratuita di un servizio come l'assistenza sanitaria? L'analisi è simile a quella che abbiamo condotto per il livello massimo di prezzo, con la differenza che, in questo caso, il prezzo massimo è zero.

La Figura 3.8 illustra la situazione, mostrando una curva di domanda e una di offerta per uno specifico trattamento ospedaliero.

Figura 3.8 Domanda e offerta di cure mediche ospedaliere.

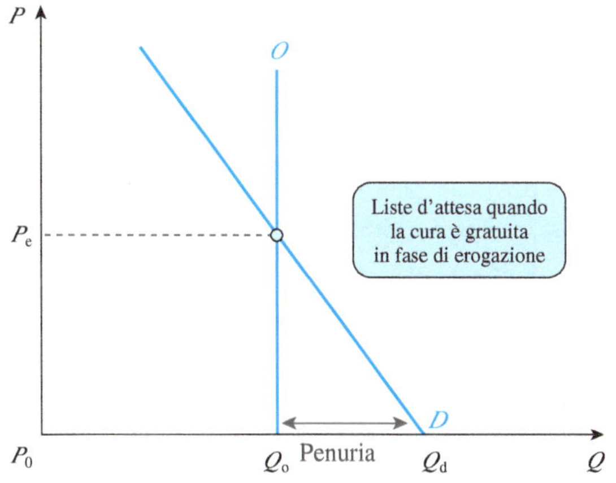

La curva di domanda ha pendenza negativa: se l'assistenza sanitaria fosse a pagamento, la quantità domandata di cure mediche diminuirebbe all'aumentare del prezzo, in parte perché alcuni pazienti non potrebbero permettersele (effetto di reddito) e in parte perché altri opterebbero per farmaci senza obbligo di ricetta. Quanto minori sono le alternative, e quanto meno prossime sono queste alternative al trattamento ospedaliero, tanto meno elastica è la curva di domanda.

La curva di offerta si presuppone totalmente anelastica, quantomeno nel breve periodo, dato lo spazio e le attrezzature mediche disponibili. Nel più lungo periodo, la curva di offerta potrebbe avere pendenza positiva, ma solo se le tariffe applicate fossero utilizzate per assumere più personale e acquistare più attrezzature, oltre che per costruire nuovi reparti di degenza e sale operatorie, anziché affluire nelle casse dello Stato.

In corrispondenza di un prezzo pari a zero, si genera una penuria di $Q_d - Q_o$, mentre solo al prezzo di equilibrio P_e la domanda sarà pari all'offerta.

Per ovviare alla penuria è necessario adottare una qualche forma di razionamento. Un modo per razionare le cure sanitarie è quello di creare liste d'attesa, come quelle adottate in Italia dalla maggior parte delle strutture sanitarie per le operazioni chirurgiche e le visite non urgenti. Il problema di questa "soluzione", però, è che le liste d'attesa continueranno ad allungarsi, a meno che non venga ridotta la penuria. Si verifica poi un altro problema: alcuni pazienti in lista d'attesa potrebbero necessitare di cure immediate, quindi il loro caso avrà la precedenza su quelli non urgenti, provocando un'ulteriore attesa per quanti, per esempio, devono sottoporsi a un'operazione all'anca o alle vene varicose. I sistemi sanitari nazionali che forniscono trattamenti medici gratuiti vengono spesso criticati per la lentezza con cui rispondono ai bisogni dei pazienti.

Variazioni della domanda e dell'offerta

Uno dei problemi della fornitura gratuita di cure mediche è che la domanda è cresciuta più rapidamente dei redditi individuali. A meno che una quota crescente del reddito nazionale non venga destinata al servizio sanitario, è probabile che le penurie si aggravino, poiché la curva di domanda illustrata nella Figura 3.8 tende a spostarsi verso destra più rapidamente della curva di offerta.

Il rapido aumento della domanda è ascrivibile a due ragioni fondamentali. La prima ha a che vedere con le tendenze demografiche: le popolazioni dei paesi ricchi vivono più a lungo e l'età media è in aumento, ma gli anziani necessitano di maggiori cure mediche dei giovani. La seconda attiene ai progressi della scienza e della tecnologia mediche: oggi è possibile curare sempre più malattie, quindi si è prodotta una domanda di cure mediche in passato inesistenti.

Diverse sono le proposte per risolvere il problema dell'aumento vertiginoso della domanda. Molti ritengono che sia necessario espandere l'offerta, pur mantenendo gratuite le cure. In parte, questo risultato può essere raggiunto con una maggiore efficienza, una strategia effettivamente messa in campo in diverse situazioni da parte dei governi e dei dirigenti dei sistemi sanitari nazionali, nel tentativo di ridurre i costi e incrementare la quantità di cure mediche offerte. Spesso, tuttavia, queste soluzioni sono al centro di aspri dibattiti, perché non di rado comprendono una riduzione delle degenze postoperatorie o il dislocamento dei pazienti verso ospedali più lontani, dove le operazioni chirurgiche possono essere eseguite a costi inferiori.

Il solo modo per espandere l'offerta è quello di destinare più fondi alla sanità, aumentando la pressione fiscale o sottraendo risorse ad altre categorie di spesa pubblica, come l'istruzione o la previdenza. Ancora una volta, quindi, la scarsità obbliga a una scelta. Tuttavia, va rilevato che dal 2000 al 2018, in Italia , la spesa sanitaria in percentuale del PIL è diminuita dall'8,1% al 6,6%. Da allora, si è prestata particolare attenzione al miglioramento dei risultati e alla riduzione dei costi amministrativi.

Vietare la vendita di alcuni beni e servizi: il caso delle droghe

La vendita di certi beni e servizi è illegale, tuttavia molti di questi beni godono di un mercato fiorente. In tutto il mondo, la compravendita di droghe, armi e pornografia (negli ultimi due casi, rispettivamente di contrabbando o non regolamentata dalle leggi promulgate in materia dai vari paesi) genera un giro d'affari di miliardi di euro. Nei prossimi paragrafi vedremo quali risultati provoca la decisione di mettere fuorilegge certi prodotti e che cosa accadrebbe se, al contrario, questi stessi articoli fossero legalizzati e quindi soggetti a tassazione.

IC 6 p29 Prima, però, una precisazione è d'obbligo: in quanto economisti, possiamo esaminare gli effetti di tali politiche e dare un contributo al dibattito pubblico, ma non possiamo esprimere giudizi sul fatto che queste politiche siano *moralmente* giuste o sbagliate (nel Capitolo 1, e precisamente nel paragrafo dedicato a Economia e politica, ci siamo occupati della distinzione tra affermazioni positive e affermazioni normative).

Il mercato dei prodotti illegali

La Figura 3.9 illustra il mercato di una droga: se la compravendita non fosse illegale, le curve di domanda e offerta avrebbero un aspetto simile a D_{legale} e O_{legale}, e il prezzo e la quantità di equilibrio sarebbero P_{legale} e Q_{legale}.

CF 1 p11 Supponiamo ora che la droga sia dichiarata illegale: l'effetto di questa decisione ridurrebbe la domanda e l'offerta (entrambe le curve si sposterebbero verso sinistra), dal momento che produttori e consumatori avrebbero timore delle conseguenze legali (sanzioni amministrative o penali) delle loro azioni. Inoltre, indipendentemente dalle pene comminate ai trasgressori, alcuni individui deciderebbero di rinunciare a offrire o domandare la droga, semplicemente per rispetto della legge. Quanto più severe sono le pene, quanto maggiori sono le possibilità di essere denunciati e quanto più ligi sono gli individui, tanto maggiore è lo spostamento verso sinistra delle curve di domanda e di offerta.

Nella Figura 3.9 la curva di offerta si sposta in $O_{illegale}$ e quella di domanda in $D_{illegale}$; la quantità venduta diminuisce a $Q_{illegale}$ e il prezzo sale a $P_{illegale}$. Nel grafico abbiamo ipotizzato che la curva di offerta si sposti in misura maggiore (e, di conseguenza, che il prezzo aumenti), dal momento che le pene per gli spacciatori sono più severe di quelle per gli utilizzatori.

Proibizione e tassazione a confronto

Droghe come la cocaina sono illegali, mentre altre sostanze che possono dare dipendenza, come il tabacco e l'alcol, sono legali e soggette a tassazione. In entrambi i casi, però, l'effetto è quello di ridurre il consumo. Vediamo allora se vi siano differenze, e quali, fra la tassazione di un bene e la proibizione.

Figura 3.9 Mercato di una droga illegale.

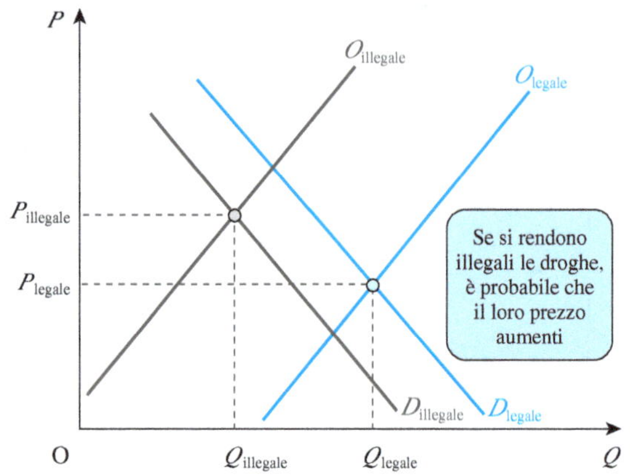

L'applicazione di un'*imposta* su un bene, al pari della proibizione, provoca uno spostamento della curva di offerta verso l'alto a sinistra (come abbiamo visto nella Figura 3.5); la differenza sta però nella curva di domanda che, in presenza di un'imposta, non subisce spostamenti. Pertanto, è necessario uno spostamento della curva di offerta maggiore di quello illustrato nella Figura 3.9 affinché un'imposta abbia lo stesso effetto della proibizione sul livello di consumo; inoltre, a parità di riduzione del consumo, il prezzo in presenza di imposta risulta più elevato rispetto a quello determinato dalla proibizione.

Perché, allora, non tassare certi beni anziché dichiararli illegali? I fautori della legalizzazione delle droghe affermano che in questo modo si eviterebbero le attività criminali associate al traffico di stupefacenti (spaccio, violenza e riciclaggio di denaro sporco) e le conseguenti spese legali e giudiziarie; per di più, la legalizzazione porterebbe a un aumento del gettito fiscale.

I governi, dal canto loro, controbattono che il divieto di vendere droga trasmette un importante messaggio alla società e riflette il pensiero della maggioranza dell'opinione pubblica, giacché tassare un bene significa dichiarare che il suo consumo è accettabile. Inoltre, se venisse applicata un'imposta abbastanza elevata da ridurre il consumo legale a livelli politicamente accettabili, si svilupperebbe un ampio mercato nero, perché gli individui cercherebbero di evadere le tasse.

3.4 L'agricoltura e le politiche agricole

CF 4 p43 Se i governi non intervenissero nei mercati dei prodotti agricoli, questi sarebbero quanto di più simile alla concorrenza perfetta nel mondo reale: esistono infatti migliaia di aziende agricole, ciascuna delle quali è relativamente piccola rispetto al mercato totale, e dunque gli agricoltori sono price-taker.

Eppure, nonostante l'elevato grado di concorrenza, l'intervento pubblico in agricoltura è maggiore che in ogni altro settore economico al mondo. Per esempio, quasi la metà del bilancio dell'UE è destinato al sostegno dell'agricoltura che, quindi, rappresenta una specie di paradosso: se questi mercati sono così perfetti, perché è necessario un così massiccio intervento pubblico?

Le ragioni dell'intervento pubblico

CF 7 p77 Elenchiamo di seguito i problemi più spesso citati riguardo al libero mercato dei prodotti agricoli.

I prezzi agricoli sono soggetti a considerevoli fluttuazioni. Questo provoca una serie di conseguenze.

- La fluttuazione dei prezzi si riflette sui redditi degli agricoltori che, in alcune annate, possono essere molto bassi.
- Di tanto in tanto i consumatori si trovano a sborsare prezzi molto elevati per l'acquisto dei prodotti agricoli.
- IC 10 p65 A causa della fluttuazione dei prezzi è molto difficile fare previsioni sui prezzi futuri; di conseguenza, può essere complicato formulare decisioni economiche razionali. Non potendo prevedere l'andamento dei prezzi, un agricoltore che debba scegliere fra due diverse sementi da piantare non avrebbe gli elementi necessari a decidere.
- IC 11 p68 Questa incertezza potrebbe scoraggiare gli agricoltori dal fare piani di investimento a lungo termine. Per esempio, un allevatore non è incentivato a investire in una nuova mungitrice se, nel giro di due anni, si aspetta un crollo del prezzo del latte. La mancanza di investimenti da parte degli agricoltori riduce la crescita dell'efficienza nel settore.

IC 4 p13 **Gli agricoltori percepiscono redditi molto bassi.** Nel corso degli anni i redditi degli agricoltori hanno subito una flessione rispetto a quelli degli altri settori dell'economia. Per di più, i coltivatori diretti hanno un potere di mercato pressoché nullo: devono acquistare i fattori di produzione (macchinari, fertilizzanti e così via) in mercati non concorrenziali da fornitori che applicano prezzi elevati; inoltre, il più delle volte devono vendere il loro prodotto a prezzi bassissimi alle cooperative che – attraverso una lunga filiera fatta di intermediari, distributori e grossisti – lo distribuiscono nei negozi. Gli agricoltori, quindi, sono schiacciati da entrambe le parti.

Lo stile di vita tradizionale delle campagne potrebbe andare perduto. La pressione sui redditi potrebbe causare disoccupazione tra gli agricoltori e indurli ad abbandonare il mercato. Le aziende agricole più piccole o a conduzione familiare potrebbero essere rilevate da grossi possidenti, e la vita dei piccoli centri rurali potrebbe essere messa a repentaglio, con la disgregazione delle comunità e la chiusura di scuole, negozi e altre attività.

Concorrenza dall'estero. L'agricoltura potrebbe essere minacciata dalle importazioni dall'estero di generi alimentari a basso prezzo, che potrebbero estromettere dal mercato gli agricoltori.

A fare da contraltare a queste argomentazioni c'è la questione cruciale degli oneri associati all'intervento pubblico nel settore agricolo: una maggiore pressione fiscale sui contribuenti, prezzi dei generi alimentari più elevati per i consumatori e i costi per l'economia nel suo complesso che, destinando fondi all'agricoltura, si priva di risorse che sarebbe stato possibile utilizzare con efficienza altrove.

Occorre poi tenere conto delle recenti tendenze dei prezzi dei generi alimentari. All'aumentare della domanda di cibo da parte di paesi in rapida crescita, come Cina e India, e della terra destinata alla produzione dei biocarburanti a scapito delle coltivazioni per uso alimentare, nel mondo i prezzi degli alimenti sono aumentati e, in alcuni paesi, l'agricoltura sta diventando più redditizia.

Cause delle fluttuazioni dei prezzi nel breve periodo

Problemi dell'offerta. Un terreno agricolo non è una macchina, quindi non è possibile prevedere quale sarà la quantità prodotta in base ai fattori di produzione impiegati. Il raccolto è influenzato da una serie di circostanze imponderabili, come le condizioni atmosferiche e le malattie delle piante. L'andamento erratico dei raccolti si traduce in una fluttuazione del reddito degli agricoltori.

IC 9 p61 **Problemi della domanda.** In quanto necessità essenziale, il cibo non ha sostituti. Se i prezzi dei generi alimentari aumentano, le persone non hanno altra scelta che spendere di più o consumare di meno (ma non troppo!). Come illustra la Tabella 3.1, l'elasticità della domanda al prezzo dei generi alimentari è, pertanto, assai ridotta.

Questo principio non si applica tanto ai singoli generi alimentari, perché se il prezzo di un alimento sale, i consumatori possono sempre optare per un alimento alternativo. Per esempio, se aumenta il prezzo della carne di manzo, le persone possono acquistare carne di maiale o di agnello. Nondimeno, alcuni generi alimentari presentano una bassa elasticità della domanda al prezzo, specie se sono considerati alimenti essenziali e non di lusso, se non ci sono sostituti prossimi o se al loro acquisto è destinata una quota relativamente esigua del reddito dei consumatori.

Con una curva di domanda anelastica, le fluttuazioni dell'offerta provocano ampie fluttuazioni del prezzo, come illustrato nella Figura 3.10.

Figura 3.10 Domanda di cibo anelastica al prezzo.

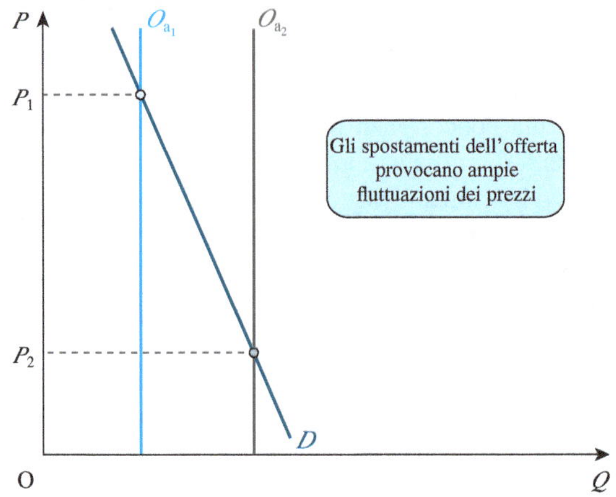

Cause del calo dei redditi agricoli

Problemi della domanda. La quantità di cibo che le persone desiderano consumare è limitata. All'aumentare del loro reddito, gli individui sono portati ad acquistare tagli di carne più pregiati o più cibi pronti, spendendo meno per i generi alimentari di base. L'elasticità della domanda al reddito dei generi alimentari di base è pertanto molto bassa (vedi Tabella 3.1).

La bassa elasticità della domanda al reddito ha un effetto cruciale sui redditi degli agricoltori: infatti, in questo caso, un incremento dell'1% del reddito nazionale si traduce in un aumento del consumo di cibo considerevolmente inferiore all'1%. Il risultato è che il reddito totale degli agricoltori cresce più lentamente di quello di altri settori e i salari degli operai agricoli aumentano più lentamente di quelli di altri lavoratori.

Tabella 3.1 Elasticità della domanda al prezzo e al reddito di vari generi alimentari nel Regno Unito.

Generi alimentari	Elasticità della domanda al prezzo (media 2001-2009)	Elasticità della domanda al reddito (media 1998-2000)
Latte	–0,70	–0,17
Formaggio	–0,60	0,23
Pollame	–0,94	0,16
Carne di agnello	–0,59	0,15
Carne di maiale	–0,77	0,13
Pesce	–0,36	0,27
Uova	–0,57	–0,01
Verdure fresche	–1,00	0,22
Patate	–0,51	0,09
Frutta fresca	–0,99	0,30
Banane	–0,62	0,12
Frutta in conserva ed essicata	–0,78	0,37
Succhi di frutta	–0,79	0,45
Tutti i generi alimentari	–0,07	0,20

Fonti: dati sull'elasticità al prezzo ricavati da John Sloman usando varie tabelle in Richard Tiffin, Kevin Balcombe, Matthew Salois e Ariane Kehlbacher, *Estimating Food and Drink elasticities* (University of Reading, 2011); dati sull'elasticità al reddito: *National Food Survey 2000* (National Statistics, 2001), ricavati da John Sloman dalle Tabelle 6.3 e 6.5.

Problemi dell'offerta. Nel corso degli anni la produttività dei terreni agricoli ha conosciuto un'impennata senza precedenti, grazie agli investimenti tecnologici e al miglioramento dei metodi di coltivazione. Tuttavia, in considerazione del fatto che la domanda di cibo è anelastica al prezzo, l'aumento dell'offerta provoca un abbassamento dei prezzi dei prodotti agricoli, che annulla gli effetti positivi di ogni eventuale riduzione dei costi di produzione. Inoltre, dal momento che la domanda di cibo è anelastica al reddito, nel lungo periodo l'aumento della domanda sarà inferiore all'aumento dell'offerta.

La Figura 3.11 mostra l'andamento di domanda e offerta di un genere alimentare di base, come le patate o altre verdure. La crescita della produttività porta a un aumento dell'offerta da O_1 a O_2, ma, dato che la curva di domanda è anelastica al prezzo e nel tempo subisce spostamenti minimi verso destra, da D_1 a D_2, il prezzo cala da P_1 a P_2.

Come abbiamo visto, gli effetti su scala nazionale dell'abbassamento del prezzo, dell'elasticità della domanda al reddito e dell'aumento dell'offerta in anni recenti sono stati controbilanciati dalla crescente domanda *mondiale* di cibo e dai problemi dell'offerta su scala globale, dovuti alla scarsità dei raccolti, all'au-

BOX 3.5 ANALISI DI CASI E APPLICAZIONI

L'errore di composizione (ovvero, non tutti i mali vengono per nuocere)

Chiedete agli agricoltori che cosa preferirebbero fra un abbondante raccolto e una violenta grandinata che distrugge le piante, e la risposta sarà ovvia: nessuno vorrebbe assistere alla distruzione del proprio podere.
Tuttavia, ciò che si applica a un singolo coltivatore non vale per l'insieme dei contadini: se generalizzato, un disastro potrebbe non essere del tutto dannoso.
Per capire questo concetto apparentemente paradossale, basta pensare che la domanda di cibo è altamente anelastica al prezzo: pertanto, un calo dell'offerta causato da un raccolto scarso provocherà un aumento proporzionalmente maggiore del prezzo. Di conseguenza, a parità di altre condizioni, il reddito degli agricoltori aumenterà, non diminuirà.
Consideriamo il diagramma (a). Giacomo è un agricoltore price-taker: se solo lui avrà un cattivo raccolto, il prezzo non subirà variazioni, ma Giacomo venderà una quantità minore (Q_2) e guadagnerà meno (il suo reddito diminuisce in misura pari all'area ombreggiata). Se, al contrario, tutti gli agricoltori hanno subito una pessima annata, il quadro è piuttosto diverso, come illustra il diagramma (b). L'offerta cala da Q_1 a Q_2, il prezzo sale da P_1 a P_2 e il ricavo aumenta dalle aree (1 + 2) alle aree (1 + 3).
Per concludere, ciò che vale per il singolo agricoltore (diminuzione del reddito) non si applica agli agricoltori nel loro complesso. Questo principio è detto "errore di composizione".

IDEA CHIAVE 12 ***L'errore di composizione.*** Ciò che è valido per un individuo non è necessariamente valido se applicato in tutti i casi.

(a) Agricoltore Giacomo.

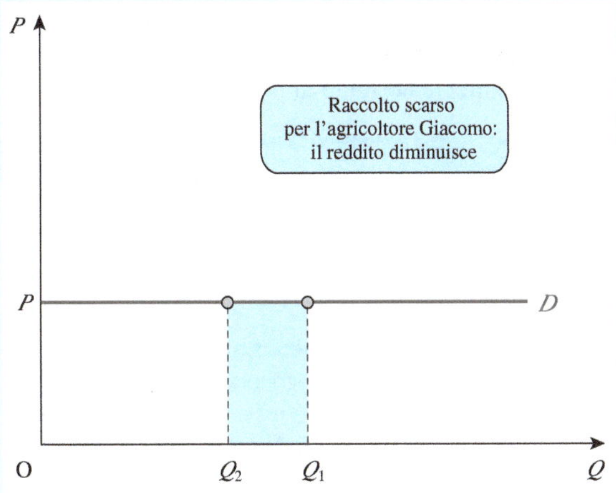

(b) Tutti gli agricoltori.

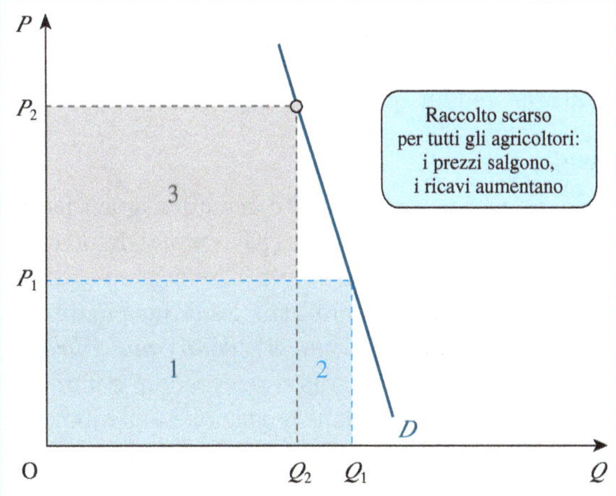

Figura 3.11 Calo dei prezzi dei generi alimentari nel tempo.

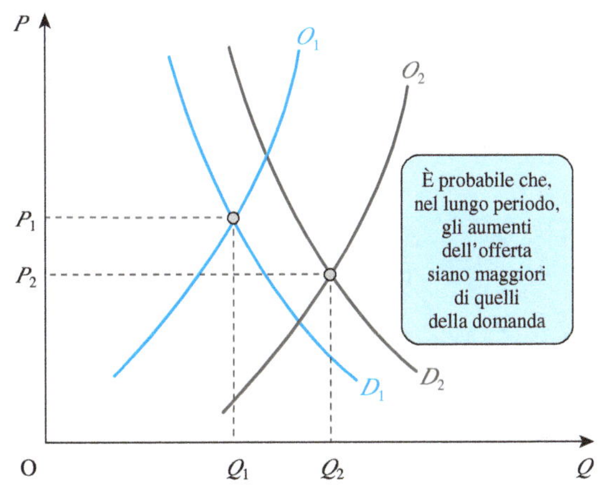

mento dei costi dei fattori di produzione (come carburanti e fertilizzanti) e alla conversione dei terreni alla produzione dei biocarburanti (nel 2013, circa il 35% dei raccolti di granturco degli Stati Uniti è stato utilizzato per la produzione di biocombustibile). L'effetto di tutto questo è un sostanziale aumento dei prezzi della maggior parte dei generi alimentari, in particolare mais, riso, frumento e soia.

L'intervento pubblico

Esistono cinque principali tipi di intervento pubblico finalizzati ad alleviare i problemi del settore agricolo appena esposti.

Scorte-cuscinetto

Un governo accumula ***scorte-cuscinetto*** acquistando generi alimentari e stoccandoli nelle annate di abbondanza, per poi immettere sul mercato le scorte quando i raccolti sono scarsi. Questa tecnica è applicabile solo ai prodotti non deperibili, come le granaglie, o a quelli che possono essere refrigerati, come il burro. La soluzione delle scorte-cuscinetto è praticata fin dai tempi antichi.

In questo modo, il governo fissa un prezzo, supponiamo P_g nella Figura 3.12. In corrispondenza di questo prezzo, la quantità domandata è Q_{d_1}. Se l'annata è buona (O_{a_1}) il governo acquista l'eccedenza, $Q_{o_1} - Q_d$, e la immagazzina; se si ha un'annata scarsa (O_{a_2}) il governo immette sul mercato l'eccedenza $Q_d - Q_{o_2}$.
Se da un lato questo sistema stabilizza chiaramente il prezzo al livello P_g, dall'altro, però, i redditi agricoli subiscono comunque una fluttuazione in funzione dell'entità del raccolto. Per evitare che le scorte aumentino nel tempo, il governo deve fissare un prezzo che mantiene in equilibrio negli anni la domanda e l'offerta: le eccedenze nelle annate abbondanti devono controbilanciare le penurie delle annate scarse. Le scorte-cuscinetto, quindi, possono solo *stabilizzare* i prezzi, ma non *accrescere* i redditi agricoli nel lungo periodo.

Sussidi

Il governo può versare sussidi o garantire sgravi fiscali agli agricoltori per compensare i bassi prezzi di mercato. I sussidi possono essere usati per incrementare i redditi degli agricoltori o per stabilizzarli. La forma più diffusa di sussidio è il ***sostegno diretto al reddito*** o ***aiuto diretto***, in virtù del quale gli agricoltori ricevono un contributo fisso indipendentemente dalla produzione. Dal momento che questi sussidi non sono legati all'entità del raccolto, non costituiscono un incentivo a produrre di più.

Un sistema alternativo è quello di erogare un sussidio *per unità di prodotto*, come abbiamo visto nel Paragrafo 3.2. La precedente Figura 3.7 illustra l'impatto di un sussidio specifico su un prodotto agricolo in un paese dove vi è autosufficienza produttiva: gli agricoltori sono incentivati a espandere la produzione, provocando di conseguenza un calo dei prezzi di mercato.

Se una parte del prodotto viene importata, l'effetto è leggermente diverso. Supponiamo per semplicità che un paese sia price-taker sui mercati mondiali e che pertanto, al prezzo mondiale, la curva di offerta del prodotto sia orizzontale. In altre parole, i consumatori possono acquistare tutta la quantità che desiderano al prezzo di mercato mondiale, P_w nella Figura 3.13. In assenza del sussidio, l'offerta interna è Q_{o_1} e la domanda interna è Q_d; pertanto, la differenza $Q_d - Q_{o_1}$ rappresenta le importazioni.

Supponiamo ora che il governo voglia assicurare agli agricoltori un prezzo pari a P_g. In corrispondenza di questo prezzo l'offerta interna aumenta a Q_{o_2}, ma il prezzo pagato dai consumatori resta invariato a P_w. Il sussidio erogato per unità è dunque $P_g - P_m$. Il costo per i contribuenti è ancora rappresentato dall'area colorata.
Il problema dei sussidi di importo fisso per unità di prodotto è che il prezzo ricevuto dagli agricoltori tende a fluttuare seguendo l'andamento del prezzo di mercato. Un'alternativa, pertanto, sarebbe quella di erogare sussidi inversamente correlati al prezzo di mercato.

Figura 3.12 Scorte-cuscinetto per stabilizzare i prezzi.

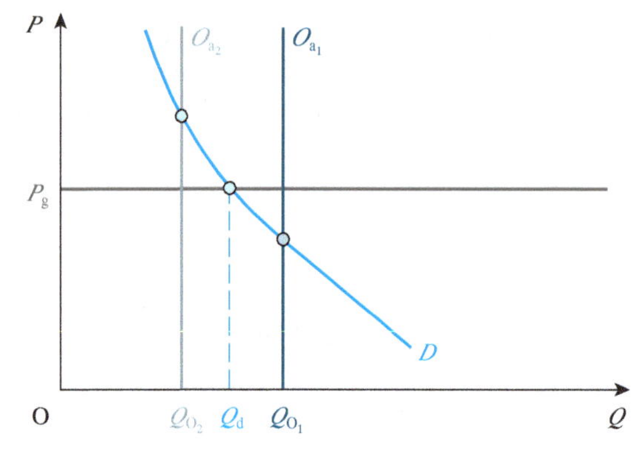

PAROLE CHIAVE

Scorte-cuscinetto Scorte di un bene utilizzate per stabilizzarne il prezzo. Nelle annate di abbondanza le scorte vengono accumulate, in quelle di offerta carente vengono immesse nel mercato.

Sostegno diretto al reddito o aiuto diretto Contributo fisso erogato agli agricoltori indipendentemente dalla produzione corrente. Può essere commisurato agli ettari di terreno, al numero di capi di bestiame o alla produzione passata.

Figura 3.13 Effetto dei sussidi sui prodotti agricoli parzialmente importati.

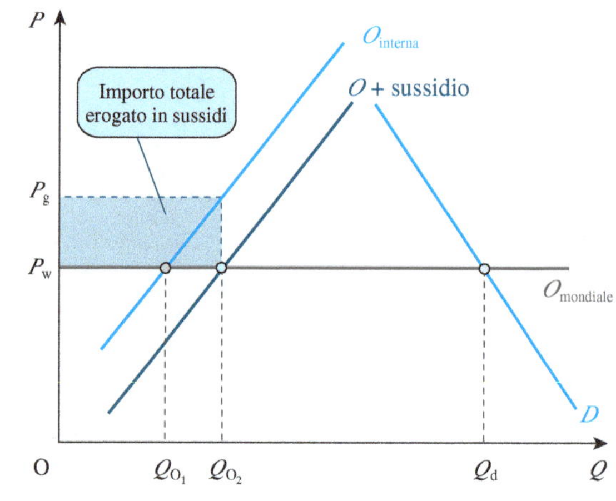

Un vantaggio dei sussidi è che si traducono in un abbassamento dei prezzi per i consumatori. Il rovescio della medaglia, però, è che devono essere finanziati col gettito fiscale: di conseguenza, il governo potrebbe essere costretto ad aumentare le tasse o a distogliere fondi da altre categorie di spesa pubblica.

Prezzo minimo elevato

Se il governo ritiene che i prezzi dei prodotti agricoli siano troppo bassi, può fissare un livello minimo di prezzo superiore al prezzo di mercato per ciascun prodotto, come abbiamo visto nel Paragrafo 3.1. Questa è stata la strategia tradizionalmente adottata dall'UE, ma negli ultimi anni le forme di intervento si sono diversificate.

Ancora una volta, l'effetto dell'imposizione di un prezzo minimo elevato varia da prodotto a prodotto, a seconda che il paese sia un importatore netto o sia autosufficiente. Se il paese è autosufficiente, la precedente Figura 3.2 illustra tale effetto.

Prodotti agricoli per i quali il paese è un importatore netto. Se il prezzo minimo è superiore al prezzo mondiale, il governo deve imporre ***dazi*** o ***tariffe doganali*** sui prodotti importati per portarli al prezzo imposto. Dato che il prezzo mondiale tende a fluttuare, le tariffe doganali dovranno essere variabili.

Gli effetti di questo sistema sono illustrati nella Figura 3.14. Se lo scambio avvenisse liberamente al prezzo mondiale P_w, la quantità domandata sarebbe Q_{d1} e quella offerta internamente Q_{o_1}; la differenza ($Q_{d_1} - Q_{o_1}$) sarebbe importata.

Se il governo impone un prezzo minimo P_{min} e preleva un dazio sulle importazioni per innalzarne il prezzo a P_{min}, anche i prezzi interni aumentano fino a questo livello. La domanda scende a Q_{d_2}, l'offerta interna sale a Q_{o_2} e le importazioni diminuiscono a $Q_{d_2} - Q_{o_2}$. L'ammontare versato in dazi è illustrato dall'area colorata.

Figura 3.14 Prezzo minimo nella situazione in cui parte del prodotto è importata.

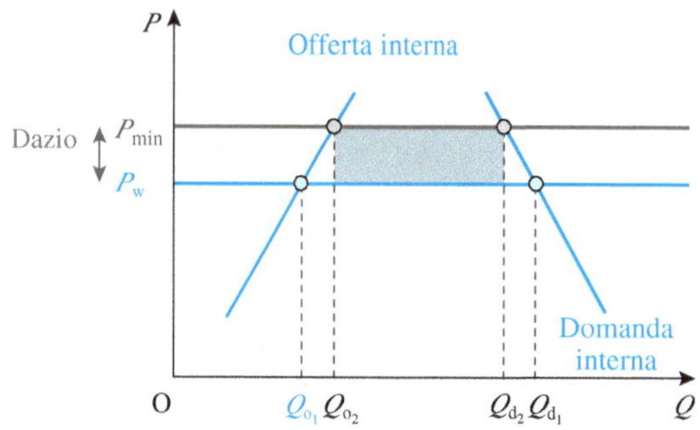

Riduzioni dell'offerta

Un approccio alternativo sarebbe quello di trovare un modo per ridurre l'offerta. Questo, sua volta, causerebbe un aumento del prezzo di mercato ed eviterebbe ai contribuenti di sostenere l'onere per l'acquisto delle eccedenze e per i sussidi.

Nei mercati aperti, tuttavia, una riduzione dell'offerta interna si traduce semplicemente in un aumento delle importazioni, con il risultato che il prezzo non salirebbe al livello desiderato. In un caso simile, oltre a ridurre l'offerta interna, sarebbe necessario introdurre un dazio sulle importazioni (o altre restrizioni sulle medesime). Ma come si fa a ridurre l'offerta? Il modo più semplice è quello di imporre agli agricoltori una quota che specifichi la massima quantità di produzione consentita. Le quote-latte, in vigore nell'UE dal 1984, sono un esempio di questo sistema.

In alternativa, può essere imposto un limite all'estensione del *terreno* adibito alla coltivazione di un particolare prodotto (come accade, per esempio, alla regolamentazione dei vigneti, che in Italia è in vigore dal 1976). Lo svantaggio di questo sistema è che l'offerta, e quindi il prezzo, varia a seconda del raccolto. Un altro sistema è quello di imporre agli agricoltori di destinare una parte dei loro terreni a usi non agricoli. In tal modo, le curve di offerta dei generi alimentari subirebbero un generale spostamento verso sinistra, ma avrebbero comunque pendenza positiva, perché gli agricoltori potrebbero sempre scegliere di coltivare un prodotto o un altro nei terreni restanti, a seconda di quello che garantisce loro il prezzo migliore.

Politiche strutturali

Il governo potrebbe offrire opportunità di riqualificazione professionale o aiuti finanziari alle persone che, abbandonando l'agricoltura, vogliano cambiare lavoro; potrebbe erogare finanziamenti o fornire altri incentivi agli agricoltori per indurli a diversificare la propria attività convertendo i terreni in aree boschive, o dedicandosi al turismo rurale, alla lavorazione dei prodotti agricoli, alla coltivazione di alimenti biologici o di prodotti con una più elevata elasticità della domanda al reddito.

L'Unione europea ha fatto importanti interventi in agricoltura nel periodo della Politica Agricola Comune (PAC), usando una combinazione di prezzi minimi elevati, dazi sulle importazioni, sussidi e riduzioni dell'offerta. Ha applicato inoltre importanti riforme al sistema in risposta a varie critiche e ai cambiamenti della situazione dell'agricoltura.

PAROLE CHIAVE

Dazi (o tariffe doganali) Imposte sui beni di importazione.

I paragrafi in pillole

Paragrafo 3.1

1. Un governo ha a disposizione diversi strumenti per intervenire sul funzionamento dei mercati: può fissare i prezzi, tassare o sussidiare i prodotti, regolare la produzione o produrre direttamente beni.
2. Il governo può fissare prezzi minimi o prezzi massimi. Se il prezzo minimo è superiore al livello di equilibrio, si genera un'eccedenza; se il prezzo massimo è inferiore al livello di equilibrio, si crea una penuria. L'entità dell'eccedenza o penuria dipende dall'elasticità della domanda e dell'offerta al prezzo.
3. I prezzi minimi hanno l'obiettivo di tutelare i redditi dei produttori o di creare un'eccedenza per immagazzinare scorte in caso di future riduzioni dell'offerta. Se il governo non vuole deliberatamente creare un eccesso di offerta, dovrà decidere che cosa fare dell'eccedenza.
4. I prezzi massimi hanno l'obiettivo di favorire i consumatori, ma la penuria che ne risulta porta i venditori dei beni alla necessità di allocarli tra i potenziali clienti in vari modi, tra cui: soddisfacendo i primi arrivati, a caso, favorendo alcuni clienti, utilizzando misure di merito, attraverso appositi regolamenti. In alternativa, il governo può introdurre un sistema di razionamento. I prezzi massimi possono dare origine a mercati sommersi, dove i beni vengono venduti illegalmente.

Paragrafo 3.2

1. L'applicazione di un'imposta su un bene provoca un aumento del prezzo per i consumatori, ma anche un calo del ricavo per i produttori (una volta versata l'imposta).
2. L'"incidenza" di un'imposta dipende dall'elasticità della domanda e dell'offerta al prezzo.
3. La quota dell'imposta in capo ai consumatori è tanto maggiore, e quella in capo ai produttori conseguentemente tanto minore, quanto meno elastica è la domanda e quanto più elastica è l'offerta del bene. Il gettito dell'imposta per il governo è tanto maggiore quanto meno elastiche sono la domanda e l'offerta.
4. Un sussidio è un pagamento effettuato dal governo a un produttore o consumatore. Causerà un calo del prezzo di equilibrio e un aumento dell'offerta.
5. Il costo di uno specifico sussidio per il governo dipenderà dall'entità del pagamento per unità e dalla quantità di equilibrio dopo la sua introduzione.

Paragrafo 3.3

1. A volte, il governo preferisce evitare l'allocazione di mercato per particolare beni o servizi, come quelli forniti gratuitamente in fase di erogazione o quelli illegali.
2. Se i prodotti sono forniti gratuitamente, è probabile che la domanda superi l'offerta. Questo problema si presenta in particolare per le cure mediche, la cui domanda è in rapida crescita.
3. Se viene proibita la vendita di prodotti come la droga, è probabile che si sviluppi un mercato illegale e che domanda e offerta siano minori che nel libero mercato. Il prezzo potrebbe essere più alto o più basso, a seconda di chi corre i rischi maggiori (legali e penali): produttori o consumatori.
4. Un'analoga riduzione del consumo può essere ottenuta con la tassazione. Altri effetti, come quello sul prezzo, sul crimine organizzato o sull'opinione pubblica riguardo all'accettabilità del prodotto, potrebbero invece essere diversi.

Paragrafo 3.4

1. Sebbene in un libero mercato il settore agricolo sarebbe altamente concorrenziale, in tutto il mondo si ha un elevato grado di intervento pubblico in agricoltura. Questo intervento è volto a impedire o ridurre le fluttuazioni dei prezzi, a incoraggiare l'autosufficienza nazionale e a tutelare lo stile di vita rurale tradizionale e l'ambiente rurale in generale.
2. Le fluttuazioni dei prezzi sono il risultato delle variazioni dell'offerta, abbinate a una domanda anelastica al prezzo. Le variazioni dell'offerta, a loro volta, sono dovute a quelle dei raccolti.
3. La domanda di generi alimentari è anelastica al reddito, quindi cresce lentamente nel corso del tempo. L'offerta, d'altro canto, ha evidenziato una crescita generalmente rapida in ragione dei progressi tecnologici e dei nuovi metodi di coltivazione. Questo ha spinto i prezzi al ribasso, un problema aggravato, per gli agricoltori, dal fatto che la domanda di generi alimentari è anelastica al prezzo.
4. L'intervento pubblico può assumere diverse forme: scorte-cuscinetto, sussidi, sostegno ai prezzi, quote e altri metodi per la riduzione dell'offerta, e politiche strutturali.
5. Le scorte-cuscinetto possono essere utilizzate per stabilizzare i prezzi ma non per aumentare il reddito degli agricoltori nel tempo.
6. I sussidi accrescono i redditi agricoli ma riducono i prezzi al consumo al livello del prezzo di mercato (o a quello di equilibrio).
7. Prezzi minimi elevati causano eccedenze, che dovranno essere acquistate dal governo e possibilmente rivendute su mercati internazionali. Nel caso di generi alimentari parzialmente importati, il prezzo elevato si ottiene imponendo dazi variabili.
8. Si può ridurre l'offerta imponendo quote di produzione o limitando le aree dei terreni utilizzabili.

Domande di ripasso

1. Supponete che la domanda e l'offerta di mercato (settimanali) di pomodori corrispondano alle seguenti cifre:

Prezzo (€ al kg)	**4,00**	**3,50**	**3,00**	**2,50**	**2,00**	**1,50**	**1,00**
Q_d *(migliaia di kg)*	30	35	40	45	50	55	60
Q_o *(migliaia di kg)*	80	68	62	55	50	45	38

   (a) Quali sono il prezzo e la quantità di equilibrio?
   (b) Che cosa succede se il governo fissa un prezzo minimo di (i) € 3 al kg; (ii) € 1,50 al kg?
   (c) Supponete che il governo eroghi ai produttori di pomodori un sussidio di € 1 al kg.
      (i) Compilate la nuova scheda di offerta.
      (ii) Qual è il nuovo prezzo di equilibrio?
      (iii) Quanto costa il sussidio al governo?
   (d) Supponete che il governo garantisca ai produttori di pomodori un prezzo di € 2,50 al kg.
      (i) Quanti pomodori dovrà acquistare il governo per garantire la vendita di tutti i pomodori prodotti al prezzo garantito?
      (ii) Quanto costerà questa operazione al governo?
   (e) In alternativa, ipotizzate che il governo acquisti *tutti* i pomodori prodotti al prezzo di € 2,50 al kg.
      (i) A quale prezzo dovrebbe venderli per smaltire l'intera partita?
      (ii) Quale sarebbe il costo netto di questa operazione?

2. Pensate a due beni o servizi che vengono forniti gratuitamente. Per ciascuno di essi stabilite se e in quale forma possa verificarsi una penuria. In che modo è possibile gestire questa penuria? Quelle identificate sono le soluzioni migliori?
3. Se il governo aumenta l'accisa sui carburanti di 5 centesimi al litro, che cosa determina l'entità dell'incremento del prezzo dei carburanti a seguito di questo aumento?
4. Illustrate in quattro diagrammi distinti (come nella Figura 3.6) l'effetto di diverse elasticità della domanda e dell'offerta sull'incidenza di un sussidio.
5. Perché i prezzi dei prodotti agricoli sono soggetti a maggiori fluttuazioni rispetto a quelli dei beni industriali?
6. Confrontate i benefici relativi dei sussidi e dei prezzi minimi elevati (come nel contesto della PAC) per (a) i consumatori; (b) gli agricoltori.

ONLINE

Sulla piattaforma MyLab dedicata a questo testo troverete materiali di supporto e approfondimento. All'interno dello stesso ambiente è disponibile la piattaforma inglese MyLab Economics che offre ulteriori risorse, un ricco apparato multimediale ed esercizi guidati.

PARTE

C

Teoria microeconomica

In questa parte cominciamo a esaminare più nel dettaglio il funzionamento dei sistemi economici a livello micro, partendo da alcune delle grandi questioni del nostro tempo: come fanno i consumatori a scegliere fra beni diversi? Perché alcune imprese realizzano profitti ingenti? Perché esiste un divario così ampio fra poveri e ricchi?

Nei Capitoli 4–6 esamineremo più da vicino la domanda e l'offerta; nei Capitoli 7–9 considereremo come il grado di concorrenza in un settore influisce sui prezzi e i profitti delle imprese; infine, nel Capitolo 10 ci occuperemo della distribuzione del reddito e vedremo a che cosa si devono le differenze fra ricchi e poveri.

CAPITOLO

4

I fondamenti della domanda: il consumatore razionale

Sommario del capitolo

In questo capitolo esamineremo nel dettaglio la domanda dei consumatori. Come abbiamo già visto, se gli individui disponessero di reddito e tempo illimitati non dovrebbero preoccuparsi di come spendono il proprio denaro; nel mondo reale, tuttavia, in ragione dei limiti di reddito e del problema della scarsità, occorre operare delle scelte riguardo a che cosa acquistare. Pertanto, ci si può trovare a dover scegliere fra comprare un libro di testo e assistere a un concerto, fra un nuovo paio di jeans e una cena al ristorante, fra risparmiare per un'auto e avere più denaro per le spese quotidiane.

Nella nostra trattazione partiremo dal presupposto che i consumatori si comportino "razionalmente" (come ricorderete dal Capitolo 1, abbiamo definito razionali le scelte che vengono effettuate soppesando i costi e i benefici delle nostre azioni); il consumatore agisce in modo razionale quando considera i costi e i benefici derivanti dalle possibili alternative di spesa. Lo scopo è quello di ottenere la massima soddisfazione possibile dato il reddito limitato.

Questo non significa che, al supermercato, il consumatore esamini ogni singolo articolo sullo scaffale e valuti il beneficio che ne trarrà a fronte del prezzo sul cartellino; tuttavia, ciascuno di noi ha probabilmente imparato, nel corso del tempo, a riconoscere ciò che desidera e il relativo costo, ed è pertanto in grado di redigere una lista della spesa "razionale" piuttosto in fretta.

Esistono due principali approcci all'analisi del comportamento dei consumatori: l'approccio marginalista e l'approccio ordinalista. In questo capitolo ci occuperemo di entrambi, e descriveremo anche il problema delle scelte razionali in presenza di informazioni limitate.

Prenderemo in considerazione anche il problema di effettuare scelte razionali quando i benefici si verificano durante un periodo di tempo, come nel caso dei beni durevoli, o più avanti nel tempo, come nel caso dei beni per cui esiste una lista d'attesa o per cui soddisfare gli ordini richiede un certo tempo.

CF 1 p11 Prendiamo le mosse dal concetto di ***consumatore razionale***, termine col quale descriviamo un individuo che cerca di trarre il massimo valore dai propri acquisti, dato un reddito limitato. Il consumatore razionale, quindi, cerca sempre di accertarsi che i benefici di ciò che acquista valgano la spesa.

A volte, invece, gli individui possono comportarsi in maniera "irrazionale", acquistando qualcosa d'impulso o per abitudine, senza stare troppo a riflettere sul prezzo o sulla qualità del bene. In generale, tuttavia, gli economisti ritengono ragionevole supporre che le persone si comportino in maniera razionale.

Prima di continuare, è importante fornire due precisazioni. Innanzitutto, non si deve confondere l'irrazionalità con l'ignoranza. In questo capitolo ipotizzeremo che i consumatori si comportino razionalmente, il che non significa però che dispongano di informazioni perfette. Vi è capitato di rimanere delusi da un acquisto effettuato? Forse la qualità non corrispondeva alle promesse della pubblicità? Oppure vi siete resi conto in seguito che avreste potuto acquistare un prodotto alternativo a prezzo più basso? Forse un pacchetto vacanza all'estero si è rivelato non così bello come il sito web vi ha indotti a credere. Questi sono problemi di ignoranza più che di irrazionalità.

IC 6 p29 La seconda precisazione è che l'aggettivo "razionale" non implica alcun giudizio di approvazione di una decisione, ma fa semplicemente riferimento a un comportamento coerente con particolari obiettivi e volto a trarre il meglio da un reddito limitato. Le persone talvolta disapprovano i beni acquistati da altri – come per esempio abiti, cibo spazzatura, biglietti della lotteria – ma noi, in quanto economisti, non possiamo formulare giudizi riguardo agli obiettivi individuali, ma possiamo considerare le implicazioni del comportamento razionale tenuto dalle persone nel perseguimento dei propri scopi. Ed è proprio questo che facciamo quando esaminiamo il comportamento del consumatore razionale: analizziamo le sue implicazioni per la domanda dei consumatori.

4.1 La teoria dell'utilità marginale

L'utilità totale e l'utilità marginale

Le persone acquistano beni e servizi perché ne traggono soddisfazione o, in termini economici, "utilità". Occorre fare un'importante distinzione fra *utilità totale* e *utilità marginale.*

L'***utilità totale*** (*UT*) è la soddisfazione complessiva che un consumatore trae dal consumo di tutte le unità di un bene in un determinato periodo di tempo. Così, se Lucia bevesse 10 tazze di tè al giorno, la sua utilità totale giornaliera derivante dal consumo di tè sarebbe la soddisfazione tratta da quelle dieci tazze.

L'***utilità marginale*** (*U′*) è la soddisfazione aggiuntiva derivante dal consumo di un'unità *addizionale* di un bene in un dato periodo di tempo. Quindi, nell'esempio di Lucia e delle tazze di tè, potremmo fare riferimento all'utilità marginale che Lucia ottiene dalla terza tazza di tè oppure dall'undicesima.

Dal momento che l'utilità è soggettiva, sorge una difficoltà: come misurarla? Non abbiamo modo, infatti, di stabilire la reale natura delle esperienze altrui; non sappiamo, per esempio, quanta soddisfazione trae Nicola dalla prima tazza di tè del mattino, o come paragonare la sua utilità a quella di Lucia.

Per ora limitiamoci a ipotizzare che l'utilità di una persona *sia misurabile* e, per farlo, usiamo un'unità di misura immaginaria che chiamiamo ***util***, pari a un'unità di soddisfazione.

Utilità marginale decrescente

Entro limiti ragionevoli, quanto maggiore è la quantità di un bene che consumate, tanto maggiore è l'utilità totale che ottenete dal consumo. Tuttavia, con l'aumentare della soddisfazione, ogni unità aggiuntiva consumata vi darà probabilmente meno utilità addizionale delle unità precedenti. In altre parole, la vostra utilità marginale diminuisce all'aumentare della quantità consumata. Questo è il ***principio dell'utilità marginale decrescente***.

PAROLE CHIAVE

Consumatore razionale Individuo che soppesa i costi e i benefici derivanti da ogni unità addizionale di un bene acquistato.

Utilità totale Soddisfazione complessiva che un consumatore trae dal consumo di tutte le unità di un bene in un determinato periodo di tempo.

Utilità marginale Soddisfazione aggiuntiva derivante dal consumo di un'unità addizionale di un bene in un dato periodo di tempo.

Unità di utilità (util) Unità di misura immaginaria della soddisfazione derivante dal consumo di un bene.

Principio dell'utilità marginale decrescente All'aumentare del numero di unità consumate di un bene, ogni unità in più che viene consumata assicura una soddisfazione addizionale minore rispetto alle unità precedenti.

IDEA CHIAVE 13 ***Principio dell'utilità marginale decrescente.*** Quanto maggiore è la quantità di un prodotto consumata da un individuo, tanto minore è l'utilità addizionale ottenuta dal consumo di un'unità aggiuntiva.

Per esempio, la seconda tazza di tè del mattino vi dà una soddisfazione aggiuntiva inferiore alla prima, e la terza ve ne dà ancor meno.

A un certo livello di consumo, l'utilità totale raggiunge il massimo; consumando ulteriori unità entro il periodo di tempo considerato, non si otterrà alcuna soddisfazione aggiuntiva; pertanto, l'utilità marginale sarà pari a zero. Il vostro desiderio di tè, per esempio, potrebbe essere pienamente soddisfatto con sette tazze al giorno, e un'ottava tazza non porterà alcuna utilità aggiuntiva (anzi, potrebbe persino provocarvi un fastidio, cioè un'utilità marginale negativa).

Curve di utilità totale e utilità marginale

Se potessimo misurare l'utilità, potremmo costruire una tabella che mostri l'utilità totale e l'utilità marginale ottenute da una persona a fronte di diversi livelli di consumo di un particolare bene. Questi dati potrebbero poi essere riportati su un grafico. Seguendo questo approccio, nella Tabella 4.1 e nella Figura 4.1 mostriamo l'utilità immaginaria che Franco trae dal consumo di diversi pacchetti di patatine.

Esaminiamo prima la tabella: se Franco non consuma patatine, ovviamente non trae alcuna soddisfazione, quindi la sua utilità totale è pari a zero; se consuma un pacchetto al giorno, ottiene 7 util di soddisfazione e la sua utilità totale è 7, così come l'utilità marginale (le due utilità sono pari se viene consumata una sola unità).

Se Franco consuma un secondo pacchetto, ottiene 4 util in più (U'), per un totale di 11 util (= 7 + 4). L'utilità marginale è diminuita perché, avendo già mangiato un pacchetto di patatine, Franco ha meno desiderio di un secondo. Un terzo pacchetto gli dà ancora meno soddisfazione aggiuntiva: l'utilità marginale è scesa a 2 util, per un totale di 13 util (= 11 + 2).

Quando avrà mangiato cinque pacchetti, Franco non ne vorrà mangiare altri: un sesto pacchetto, in realtà, riduce la sua utilità da 14 a 13 util, quindi l'utilità marginale è negativa.

Tabella 4.1 Utilità derivante a Franco dal consumo (giornaliero) di patatine fritte.

Pacchetti di patatine consumati	*UT* in util	*U'* in util
0	0	–
1	7	7
2	11	4
3	13	2
4	14	1
5	14	0
6	13	–1

Figura 4.1 Utilità derivante a Franco dal consumo (giornaliero) di patatine fritte.

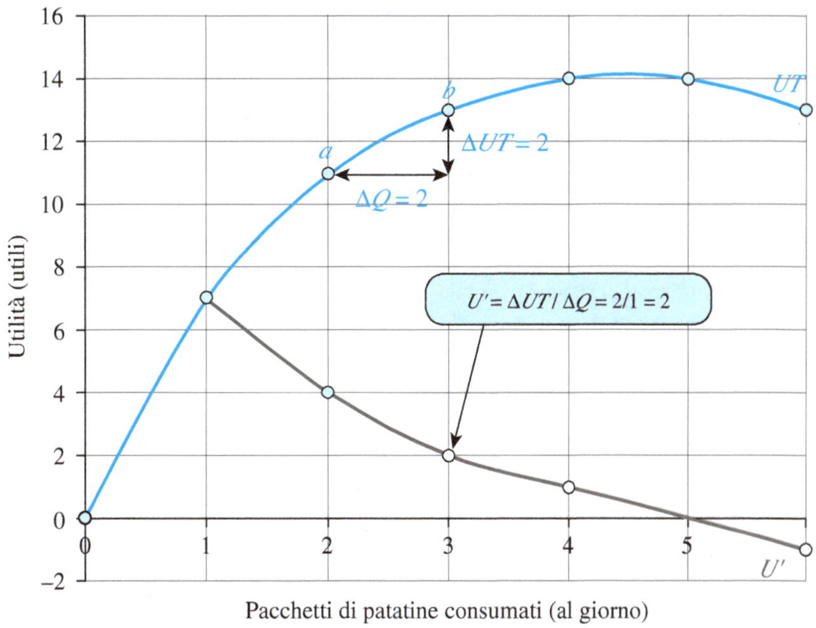

I dati della Tabella 4.1 sono tracciati nella Figura 4.1, riguardo alla quale occorre notare alcune caratteristiche.

- La curva *U′* ha pendenza negativa, illustrando il principio di utilità marginale decrescente.
- La curva *UT* ha inizio nell'origine degli assi: se il consumo è nullo non si ottiene alcuna utilità.
- La curva *UT* raggiunge un picco (o un punto di massimo) quando l'utilità marginale è pari a zero, cioè quando (in corrispondenza di cinque pacchetti di patatine) il consumo di un'unità addizionale non accresce l'utilità totale.
- L'utilità marginale può essere derivata dalla curva *UT*: è la pendenza della retta che congiunge due quantità adiacenti sulla curva. Per esempio, l'utilità marginale del terzo pacchetto di patatine è la pendenza della retta che unisce i punti *a* e *b*. La pendenza di tale retta è data dalla formula:

$$\frac{\Delta UT}{\Delta Q}(=U')$$

Nel nostro esempio, $\Delta UT = 2$ (l'utilità totale è aumentata da 11 a 13 util) e $\Delta Q = 1$ (è stato consumato un pacchetto in più di patatine), quindi $U' = 2$.

L'ipotesi ceteris paribus

La tabella e il grafico che abbiamo tracciato si basano sull'assunto che le altre condizioni restino invariate. Nella realtà le altre condizioni *cambiano*, e piuttosto spesso. L'utilità che Franco ottiene dalle patatine dipende dagli altri alimenti che consuma. Se il sabato ha molto altro cibo da consumare, trarrà poca soddisfazione dalle patatine; se, invece, il lunedì è troppo impegnato per consumare un pasto completo, mangerà con soddisfazione uno o più pacchetti di patatine.

Ogni volta che cambia il consumo di *altri* beni, siano essi sostituti o complementi, si genera una nuova scheda di utilità e le curve si spostano. Ricordate che l'utilità non è una caratteristica connaturata ai beni in quanto tali, ma è nella mente del consumatore, il quale può cambiare idea. Inoltre, possono cambiare anche i gusti, le circostanze e le abitudini di consumo.

Il livello ottimo di consumo con un solo bene: il caso più semplice

Qual è la quantità ideale da consumare volendo utilizzare al meglio un reddito limitato? Per rispondere a questa domanda dobbiamo stabilire come misurare l'utilità, dal momento che, nella pratica, non possiamo servirci degli "util".

Una soluzione è quella di misurare l'utilità in termini monetari. In questo caso, l'utilità diventa il valore che le persone conferiscono al consumo. L'utilità marginale diventa quindi la quantità di denaro che un individuo è disposto a pagare per ottenere un'unità aggiuntiva di un bene; in altre parole, il valore che l'individuo attribuisce a quell'unità aggiuntiva. Se Franco è disposto a pagare

BOX 4.1 ESPLORARE L'ECONOMIA

Uso del calcolo differenziale per ricavare una funzione di utilità marginale

La relazione tra utilità e utilità marginale può essere dimostrata usando il calcolo differenziale (chi non ha familiarità con il calcolo differenziale può ignorare questo riquadro, oppure consultare l'Appendice a fine volume).

Una tipica funzione di utilità del consumatore per un bene può essere della forma:

$$UT = 600Q - 4Q^2$$

dove Q è la quantità del bene consumato. Da qui è possibile costruire la tabella seguente.

Q	*60Q*	*–4Q²*	=	*UT*
1	60	–4	=	56
2	120	–16	=	104
3	180	–36	=	144
4	240	–64	=	176
.	.	.	.	.

L'utilità marginale è la derivata prima dell'utilità totale. In altre parole, è il tasso di variazione dell'utilità totale. Differenziando la funzione *UT* si ottiene

$$U' = \frac{dUT}{dQ} = 600 - 8Q$$

Da cui ricaviamo le cifre riportate nella tabella seguente.

Q	*60Q*	*–8Q*	=	*MU*
1	60	–8	=	52
2	60	–16	=	44
3	60	–24	=	36
4	60	–32	=.	28

Notate che l'utilità marginale diminuisce.

La funzione U' che abbiamo ricavato in questo caso è una retta. Tuttavia, se la funzione *UT* contenesse un termine cubico (Q^3), allora la funzione U' sarebbe una curva.

60 centesimi per ottenere un pacchetto di patatine in più, possiamo affermare che quel pacchetto gli offre un'utilità del valore di 60 centesimi: $U' = 60$ cent.

Quanti pacchetti consumerebbe Franco se agisse razionalmente? La risposta a questa domanda è data dal concetto di ***surplus del consumatore***.

Surplus marginale del consumatore

Il ***surplus marginale del consumatore*** (SC') è la differenza fra ciò che un individuo è disposto a pagare per un'unità aggiuntiva di un bene e il prezzo realmente pagato. Se Franco fosse disposto a pagare 45 centesimi per un altro pacchetto di patatine che, di fatto, gli costa solo 40 centesimi, otterrebbe un surplus marginale del consumatore pari a 5 centesimi.

$$SC' = U' - P$$

Surplus totale del consumatore

Il ***surplus totale del consumatore*** (STC) è la somma di tutti i surplus marginali del consumatore ottenuti da tutte le unità consumate di un bene; è la differenza fra l'utilità totale di tutte le unità e la spesa sostenuta per acquistarle. Se Franco consuma quattro pacchetti di patatine, e fosse stato disponibile a spendere €2,60 per acquistarli, spendendo invece solo €2,20 il suo surplus totale del consumatore è pari a 40 centesimi:

$$STC = UT - ET$$

dove ET è la spesa totale per un bene, cioè $P \times Q$.

Definiamo ***comportamento razionale del consumatore*** il tentativo di massimizzare il surplus del consumatore. Questo obiettivo può essere raggiunto nel modo seguente.

I consumatori continuano ad acquistare unità aggiuntive finché ottengono un surplus addizionale: in altre parole, finché il prezzo che sono disposti a pagare supera quello effettivamente pagato ($U' > P$). Tuttavia, all'aumentare della quantità acquistata, i consumatori ottengono un'utilità marginale decrescente. L'utilità marginale, infatti, continua a diminuire finché $U' = P$, vale a dire finché non si può ottenere ulteriore surplus del consumatore. A quel punto, i consumatori cessano di acquistare unità aggiuntive, perché hanno raggiunto il livello ottimo di consumo e il surplus del consumatore è stato massimizzato. Se i consumatori continuassero ad acquistare oltre questo punto, U' sarebbe inferiore a P, e quindi essi pagherebbero per le ultime unità un prezzo maggiore del loro valore.

Il processo di massimizzazione del surplus del consumatore può essere illustrato graficamente. Consideriamo l'esempio degli acquisti annuali di carburante di Tania, che possiede un'automobile, ma può usare i mezzi pubblici o andare a piedi. Per semplificare l'analisi, ipotizziamo che i costi per l'acquisto dell'automobile e per la scuola guida siano stati sostenuti dai genitori di Tania, e che quest'ultima non abbia l'opzione di vendere la macchina; deve però acquistare il carburante, il cui prezzo corrente è di €1,30 al litro. Nella Figura 4.2 è illustrato il suo surplus del consumatore.

Se Tania usasse pochi litri di carburante all'anno, li impiegherebbe solo per gli spostamenti molto importanti, per i quali non esistono alternative convenienti. In queste occasioni, Tania sarebbe disposta a pagare fino a €1,60 al litro; per i primi litri, quindi, otterrebbe un'utilità marginale di circa €1,60 al litro e un surplus marginale del consumatore di circa 30 centesimi (= €1,60 – €1,30).

Nel momento in cui l'acquisto annuo raggiunge circa 200 litri, Tania sarebbe pronta a pagare solo €1,50 al litro. Gli spostamenti aggiuntivi, per quanto impor-

PAROLE CHIAVE

Comportamento razionale del consumatore
Tentativo di massimizzare il surplus totale del consumatore.

Surplus del consumatore Differenza tra quanto un individuo è disposto a pagare per l'acquisto di un bene (cioè l'utilità) e quanto effettivamente paga.

Surplus marginale del consumatore Eccedenza dell'utilità derivante dal consumo di un'unità addizionale di un bene (U') rispetto al prezzo pagato: $SC' = U' - P$.

Surplus totale del consumatore Eccedenza dell'utilità totale che un individuo trae dal consumo di un bene (UT) rispetto all'ammontare speso dall'individuo per l'acquisto del bene (ET): $STC = UT - ET$.

Figura 4.2 Il surplus del consumatore di Tania derivante dalla benzina.

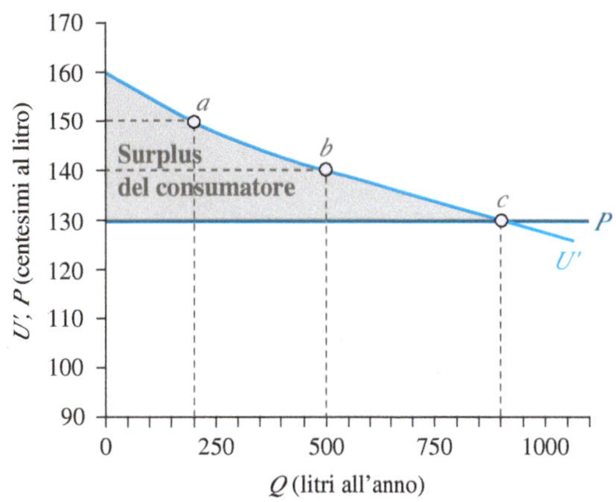

tanti, non sarebbero altrettanto essenziali: magari in queste occasioni potrebbe utilizzare i mezzi pubblici, anche se con qualche inconveniente. In corrispondenza della quantità di 200 litri, il suo surplus marginale del consumatore sarebbe pari a 20 centesimi (= €1,50 – €1,30).

IC 13 p103 Gradualmente, i litri addizionali portano a Tania sempre meno utilità addizionale, poiché l'auto viene utilizzata per spostamenti via via meno importanti. Il 500° litro genera un'utilità addizionale pari a €1,40 e il surplus marginale del consumatore di Tania ammonta a 10 centesimi (= €1,40 – €1,30).

Nel momento in cui l'acquisto annuo di carburante raggiunge i 900 litri, l'utilità marginale di Tania scende a €1,30 e la donna non ottiene più alcun surplus del consumatore addizionale; il surplus totale del consumatore è al livello massimo, quindi $P = U'$.

Il surplus totale del consumatore di Tania è la somma di tutti i suoi surplus marginali del consumatore, cioè la somma di tutte le 900 rette verticali fra il prezzo e la curva U'. Questo è illustrato dall'*area totale* fra P e UM fino a una quantità di 900 litri (cioè l'area colorata in grigio nella Figura 4.2).

Questa analisi può essere espressa anche in termini generali. Nella Figura 4.3, se il prezzo di un bene è P_1, la quantità consumata è Q_1 e la spesa totale del consumatore (ET) è P_1Q_1, illustrata dall'area 1. L'utilità totale (UT) è l'area al di sotto della curva di utilità marginale, cioè la somma delle aree 1 + 2. Il surplus totale del consumatore ($UT - ET$) è rappresentato dall'area 2.

Utilità marginale e curva di domanda di un bene

Curva di domanda individuale

La curva di domanda individuale per qualunque bene corrisponde alla curva di utilità marginale per quel bene, dove l'utilità è misurata in termini monetari.

Questo è dimostrato nella Figura 4.4, che mostra la curva di utilità marginale per un particolare individuo e un particolare bene. Se il prezzo del bene fosse P_1, la persona consumerebbe la quantità Q_1, dove $U' = P_1$. Così, il punto *a* corrisponderebbe a un punto sulla curva di domanda di quell'individuo. Se il prezzo scendesse a P_2, il consumo salirebbe a Q_2, il punto in cui $U' = P_2$; così, il punto *b* sarebbe un secondo punto sulla curva di domanda individuale. Parimenti, se il prezzo scendesse a P_3, la quantità consumata sarebbe Q_3 e il punto *c* corrisponderebbe a un terzo punto sulla curva di domanda.

Pertanto, nella misura in cui gli individui puntano a massimizzare il surplus del consumatore e quindi consumano in corrispondenza del punto in cui $P = U'$, la loro curva di domanda corrisponde alla curva di utilità marginale.

La curva di domanda di mercato

La curva di domanda di mercato non è altro che la somma orizzontale di tutte le curve di domanda individuali, quindi delle curve U'.

IC 9 p61 **La forma della curva di domanda.** L'elasticità della domanda al prezzo riflette la rapidità con cui U' diminuisce all'aumentare del consumo. Se esistono sostituti prossimi di un bene, è probabile che esso sia caratterizzato da una domanda elastica e che la sua U' diminuisca lentamente all'aumentare del consumo, poiché un maggior consumo di questo bene sarà accompagnato dalla diminuzione del consumo dei prodotti alternativi. Dal momento che il consumo totale di questo prodotto e delle alternative aumenta solo di poco (o non è aumentato affatto), l'utilità marginale diminuirà lentamente.

IC 7 p34 Per esempio, è assai probabile che la domanda di una determinata marca di carburante abbia un'elasticità al prezzo assai elevata, giacché le altre marche sono buoni sostituti. Se Eni decide di praticare uno sconto consistente sui propri carburanti (ipotizzando che i prezzi

Figura 4.3 Surplus del consumatore.

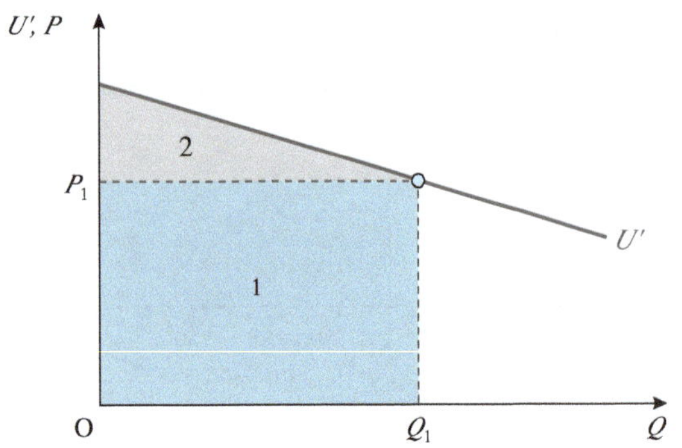

Figura 4.4 Curva di domanda individuale.

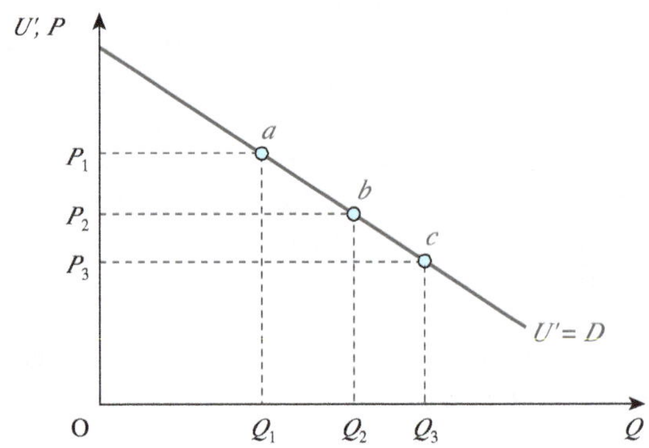

CONCETTO FONDAMENTALE 8 **Le decisioni razionali comportano scelte al margine** PENSARE COME UN ECONOMISTA

Nel prendere una decisione razionale occorre soppesare il beneficio e il costo marginale di ciascuna attività. Se il beneficio marginale supera il costo marginale, è razionale intraprendere l'attività (o effettuarne una quantità maggiore); se il costo marginale supera il beneficio marginale, è razionale non intraprendere quell'attività (o effettuarne una quantità minore).

Consideriamo un esempio. Andate a fare la spesa settimanale al supermercato e avete a disposizione €50 che, chiaramente, volete spendere in maniera oculata. A questo scopo, per ogni articolo che desiderate acquistare dovreste chiedervi qual è il vostro beneficio marginale, in altre parole, quanto sareste disposti a spendere per comprarlo. La risposta a questa domanda dipende dai prezzi e dai benefici delle alternative. Così, se state valutando di spendere 3 dei vostri €50 per una pagnotta di pane integrale, dovreste chiedervi se non sia meglio destinare la stessa somma all'acquisto di un prodotto alternativo, come pane bianco, grissini o cracker. La *migliore* alternativa (che potrebbe essere una combinazione di prodotti) è il costo-opportunità marginale. Se ritenete di trarre il massimo valore dal vostro denaro acquistando il pane integrale, per voi il beneficio marginale supera il costo-opportunità, e acquistare il pane integrale rinunciando alle alternative è un uso efficiente del vostro denaro. Per la maggior parte le decisioni sono più complesse di così, perché comportano l'acquisto di molti altri prodotti, proprio come fate quando entrate in un supermercato, ma il principio è sempre lo stesso. In ciascun caso, una decisione razionale obbliga a soppesare i benefici e i costi marginali.

Quello che abbiamo appena esposto è un *concetto fondamentale*, perché offre un approccio per analizzare i problemi economici. Si tratta di un principio generale che può essere applicato a svariati contesti: decidere cosa acquistare, quanto lavorare, per quale lavoro candidarsi, iscriversi all'università o iniziare a lavorare; oppure – nel caso delle imprese – decidere quanto produrre, se investire in nuovi macchinari o prodotti, quanta e quale manodopera assumere; oppure ancora – nel caso dei governi – quanta parte della spesa pubblica destinare alle infrastrutture, come strade, ospedali e scuole, o quale aliquota fiscale imporre alle imprese inquinanti.

In ognuno di questi casi le decisioni migliori vengono prese soppesando i costi e i benefici marginali.

delle altre compagnie restino invariati), il consumo dei carburanti Eni aumenterà notevolmente e la sua U' diminuirà molto lentamente, perché le persone consumeranno meno carburanti di altre marche. Il consumo *totale* di carburante potrebbe aumentare solo lievemente, e quindi l'utilità marginale diminuire molto poco.

Spostamenti della curva di domanda Qual è la relazione fra gli spostamenti della curva di domanda e l'utilità marginale? In che modo l'utilità marginale (quindi la domanda) del tè viene influenzata da un aumento del prezzo del caffè? Se il prezzo del caffè aumenta, la quantità consumata di caffè diminuisce e l'utilità marginale del tè aumenta, perché, se le persone bevono meno caffè, il loro desiderio di tè è maggiore. La curva U' (e quindi la curva di domanda) del tè si sposta dunque verso destra.

Punti deboli della versione con un solo bene della teoria dell'utilità marginale

Una variazione del consumo di un solo bene influisce sull'utilità marginale dei beni sostituti e complementari, oltre che sulla quantità di reddito disponibile per acquistare altri beni. Così, una spiegazione più soddisfacente della domanda dovrebbe comprendere un'analisi delle scelte fra più beni, anziché l'esame di un bene singolarmente preso.

Per di più, nel derivare una curva di domanda da una curva di utilità marginale misurata in termini monetari ipotizziamo implicitamente che il denaro abbia, di per sé, un'utilità marginale costante. Questo assunto, tuttavia, non è corretto. Se il loro reddito aumenta, gli individui consumano di più e, a parità delle altre condizioni, l'utilità marginale dei beni consumati diminuisce; così, un euro addizionale di consumo arreca meno soddisfazione di prima. In altre parole, è probabile che *l'utilità marginale del denaro diminuisca all'aumentare del reddito.*

Se il prezzo di un bene diminuisce, il reddito reale dei consumatori aumenta, a meno che il bene non rappresenti solo una minima parte della spesa individuale; ma l'aumento del potere d'acquisto induce gli individui ad acquistare una maggiore quantità di beni, con una conseguente diminuzione dell'utilità marginale del loro denaro. Pertanto, l'utilità in senso assoluto non può essere legittimamente misurata in termini monetari. È possibile tuttavia parlare dell'utilità relativa che si ottiene dal consumo di diversi beni per un dato aumento della spesa.

Nel seguito ci occuperemo della scelta fra diversi beni e della sua relazione con l'utilità marginale.

La combinazione ottima di beni consumati

Possiamo usare l'analisi dell'utilità marginale per mostrare in che modo una persona decide razionalmente quale combinazione di beni acquistare. Ognuno di noi, avendo un reddito limitato, è costretto a operare delle

BOX 4.2 ESPLORARE L'ECONOMIA

La rivoluzione dell'utilità marginale: Jevons, Menger, Walras

Il paradosso dell'acqua e dei diamanti

Che cosa determina il valore di mercato di un bene? Conosciamo già la risposta: domanda e offerta. Quindi, se scopriamo ciò che determina la posizione delle curve di domanda e offerta, allo stesso tempo scopriremo ciò che determina il valore di mercato di un bene.

Sembrerà ovvio, ma gli economisti si sono arrovellati per anni sul tema di ciò che determina il valore di un bene.

Alcuni economisti, come Karl Marx e David Ricardo, si sono focalizzati sul lato dell'offerta; per loro, il valore dipende dalla quantità di risorse usate nella produzione del bene, ulteriormente riconducibile alla quantità di lavoro incorporata nel bene in questione. Quindi, secondo la teoria del valore-lavoro, maggiore è la quantità di lavoro coinvolta direttamente nella produzione del bene, o indirettamente nella produzione dei beni strumentali usati per produrre il bene, maggiore è il valore del bene.

Altri economisti si sono focalizzati sulla domanda, incontrando però un paradosso.

Adam Smith verso il 1760 fece l'esempio dell'acqua e dei diamanti: "Come è possibile", chiese, "che l'acqua, talmente essenziale per la vita umana, e che quindi ha un alto 'valore d'uso', abbia un così basso valore di mercato (o 'valore di scambio')? E invece i diamanti, praticamente insignificanti al confronto, abbiano un valore di mercato così alto?". La risposta a questo paradosso arrivò oltre un secolo più tardi, con la rivoluzione dell'utilità marginale avvenuta verso il 1870. William Stanley Jevons (1835–82) in Inghilterra, Carl Menger (1840–1921) in Austria e Léon Walras (1834–1910) in Svizzera, ciascuno in modo indipendente dagli altri, affermarono che l'origine del valore di mercato di un bene è la sua utilità marginale, non la sua utilità totale.

Questa era la soluzione al paradosso dei diamanti e ell'acqua. L'acqua, così essenziale, ha un'utilità totale elevata: un alto "valore d'uso". Ma per la maggior parte di noi, dato che ne consumiamo già tanta, ha un'utilità marginale molto bassa. Lasciate il rubinetto aperto mentre vi lavate i denti? Se lo fate, si vede che per voi l'acqua ha pochissimo valore al margine. I diamanti, invece, che hanno un'utilità totale molto inferiore, hanno un'utilità marginale molto più alta. Ci sono pochissimi diamanti al mondo, quindi le persone ne possiedono talmente pochi che per loro rivestono grande valore al margine. Tuttavia, se fosse scoperta una nuova tecnica che consentisse di ricavare facilmente i diamanti dal carbone, il loro valore di mercato crollerebbe rapidamente. Le persone ne avrebbero molti di più, perciò la loro utilità marginale scenderebbe presto.

L'utilità marginale, però, spiega soltanto il lato della domanda. Il motivo per cui l'utilità marginale dell'acqua è così basso è che l'offerta è molto ampia. Ma l'acqua è molto costosa in Arabia Saudita! In altre parole, per spiegare in modo completo il valore dei beni è necessario considerare sia la domanda che l'offerta.

---

scelte: non si tratta solo di scegliere fra due sostituti ovvi, come una vacanza in Grecia e una in Spagna, ma di allocare il reddito fra tutti i beni e i servizi che potremmo voler consumare, individuando il "paniere" ottimo di beni e servizi da acquistare.

CF 8 p107 La regola del comportamento razionale del consumatore è sintetizzata dal ***principio di equimarginalità***, secondo il quale un consumatore trae la massima utilità da un dato livello di reddito quando il rapporto fra le utilità marginali di due beni è pari al rapporto fra i rispettivi prezzi. Per ogni coppia di beni A e B, il principio può essere espresso algebricamente in questo modo:

$$\frac{U'_A}{U'_B} = \frac{P_A}{P_B} \qquad (1)$$

Per meglio comprendere questa formula, supponiamo che l'ultima unità di A consumata arrechi il triplo di utilità dell'ultima unità consumata di B, ma che A costi solo il doppio di B. In questo caso, il consumatore trarrebbe un beneficio dall'aumentare il consumo di A e dal diminuire la quantità acquistata di B. Tuttavia, sostituendo il consumo di B con il consumo di A, l'utilità marginale di A diminuisce in ragione dell'utilità marginale decrescente, mentre l'utilità marginale di B aumenta. Per massimizzare l'utilità occorre continuare a sostituire B con A finché il rapporto fra le utilità marginali (U'_A/U'_B) non diventa pari al rapporto fra i prezzi dei due beni (P_A/P_B). A questo punto, non è possibile ottenere alcun ulteriore guadagno di utilità sostituendo un bene con un altro: questa è la combinazione ottima di beni da consumare.

IC 13 p103 L'equazione (1) è un esempio specifico del principio di equimarginalità, che si applica a tutte le scelte razionali fra due alternative, siano esse di produzione, consumo, impiego o altro.

PAROLE CHIAVE

Principio di equimarginalità (nel consumo)
I consumatori massimizzano l'utilità totale derivante dal proprio reddito consumando una combinazione di beni tale per cui

$$\frac{U'_A}{U'_B} = \frac{P_A}{P_B}$$

BOX 4.3 **ANALISI DI CASI E APPLICAZIONI**

Il tempo è importante

A che cosa rinunciate?

Per spostarvi, prendete un taxi o andate in autobus? Quanto tempo trascorrete nella vasca da bagno? Passate molto tempo in cucina o ordinate un take-away per cena?

Come abbiamo visto, per prendere decisioni razionali occorre soppesare l'utilità marginale di ciascuna attività rispetto ai costi marginali di ognuna. Gli economisti sono interessati a considerare tutti i costi, incluso il tempo. Uno dei costi-opportunità di svolgere qualunque attività è il tempo impiegato.

Acquistare un pasto in rosticceria è certamente più costoso che cucinare a casa, ma vi fa risparmiare tempo; pertanto, una parte del costo del pasto preparato a casa è il tempo necessario per cucinarlo. Il costo totale della cena preparata a casa non comprende dunque solo gli ingredienti e il gas per la cottura, ma anche il costo-opportunità delle attività alternative che avreste potuto svolgere invece di dedicarvi alla cucina. Siccome nei paesi ricchi molte persone conducono una vita frenetica, al risparmio di tempo viene attribuito un grande valore. L'aumento delle vendite di pasti pronti e la crescente richiesta di colf sono alcune delle conseguenze di questo stile di vita.

Naturalmente, anche le attività ricreative comportano un costo in termini di tempo: infatti, più tempo dedicate allo svago *a* meno tempo avrete per lo svago *b*. Più a lungo indugiate nella vasca da bagno, meno tempo potrete dedicare a guardare il vostro programma preferito alla TV (a meno che non abbiate un televisore in bagno!).

IDEA CHIAVE 14 ***Principio di equimarginalità.*** La quantità ottima di due alternative consumate (o prodotte) si trova in corrispondenza del punto in cui il rapporto fra i benefici marginali delle due alternative è pari al rapporto fra i loro costi marginali:

$$\frac{B'_A}{B'_B} = \frac{C'_A}{C'_B}$$

L'utilità marginale in presenza di diversi beni e la curva di domanda

Vediamo ora come si deriva la curva di domanda dall'analisi appena esposta. Iniziamo reinterpretando l'equazione (1) in modo tale che metta in relazione U' e P del bene A con U' e P di *qualunque* altro bene. In altre parole, la stessa equazione si applicherebbe ai beni B, C, D, E e così via. Per ogni dato livello di reddito, e dati i prezzi del bene A e di tutti gli altri beni, la quantità di A domandata da un consumatore è quella che soddisfa l'equazione (1). Abbiamo quindi determinato un punto sulla curva di domanda individuale del bene A.

Se ora il prezzo del bene A cala, cosicché

$$\frac{U'_A}{U'_B} = \frac{P_A}{P_B} \text{ (e analogamente per i beni C, D, E, ecc.)}$$

il consumatore acquista una quantità maggiore del bene A e una quantità minore di tutti gli altri beni (B, C, D, E, ecc.), finché l'equazione (1) non è nuovamente soddisfatta. Abbiamo così determinato un secondo punto sulla curva di domanda individuale del bene A.

Ulteriori variazioni del prezzo del bene A provocherebbero altrettanti cambiamenti della quantità domandata, al fine di soddisfare l'equazione (1); in tal modo, si possono derivare altri punti sulla curva di domanda individuale.

Se variasse il prezzo di *un altro* bene oppure l'utilità marginale di uno dei beni (compreso il bene A), ancora una volta la quantità domandata del bene A (e degli altri beni) cambierebbe, fino a soddisfare nuovamente l'equazione (1). Queste variazioni della domanda saranno rappresentate da uno spostamento della curva di domanda del bene A.

4.2 Il timing di costi e benefici

Il timing esatto dei costi incorsi e dei benefici ricevuti varia a seconda del tipo di consumo.

Ciò ha varie conseguenze sull'applicazione del modello dela scelta razionale. In alcuni casi, tutti i costi e i benefici di una decisione sono praticamente istantanei, con un lievissimo ritardo tra di essi. Per esempio, se si acquista un caffè il costo è immediato (a meno che non si paghi con carta di credito) e tutto il piacere derivato dal consumo della bevanda si manifesta subito dopo.

Tuttavia, per molti altri tipi di decisioni di consumo, tutti i costi e i benefici non sono istantanei ma si verificano lungo un intervallo di tempo più prolungato. Possono anche esserci ritardi significativi tra l'istante temporale in cui si sostengono i costi e quello in cui si ricevono i benefici. In casi come questi si parla di *scelta intertemporale.*

Consideriamo l'esempio dell'acquisto di un bene di consumo durevole, come un telefonino, una lavapiatti o un'automobile. Per molti di questi prodotti, il costo d'acquisto principale è immediato (a meno che non si scelga di pagare a rate), mentre il flusso di benefici fornito dai beni si distribuisce lungo un periodo di mesi o anni dopo aver pagato i costi iniziali. In altri casi, tutti i benefici sono istantanei, mentre alcuni costi si presentano in futuro; per esempio, quando si valuta se acquistare o meno delle sigarette, i benefici del consumo e i costi monetari sono praticamente immediati, mentre i costi in termini di salute si verificano in futuro. Lo stesso vale per l'acquisto di alcolici e alimenti dannosi per la salute. Una persona razionale, in tutti questi esempi dovrebbe assumere una decisione intertemporale.

Consumo ottimo con scelta intertemporale

In che modo è possibile estendere il modello della scelta razionale per analizzare e spiegare questi tipi di scelte intertemporali? Nella teoria economica standard si assume che la maggior parte delle persone sia impaziente per la maggior parte del tempo; che preferisca consumare immediatamente le cose che gradisce, anziché dover attendere un tempo successivo. E che preferisca rimandare nel tempo qualsiasi costo, per esempio pagando con carta di credito.

Per illustrare questa impazienza utilizziamo un esempio: supponete che siano le 10 del mattino di lunedì e che si debba scegliere tra ricevere un pagamento di €500 subito o attendere fino alle 10 del mattino del giorno dopo. A questo tipo di domanda, la maggior parte delle persone risponde che preferirebbe avere €500 immediatamente.

Il punto fondamentale per comprendere tale impazienza sta nel considerare l'istante temporale in cui si valuta la decisione. Se una persona preferisce ricevere €500 lunedì mattina anziché aspettare martedì, allora deve essere vero che:

$$U^{lunedì}\text{: } u(€500_{lunedì}) > u(€500_{martedì})$$

Questa formula afferma semplicemente che, nella valutazione fatta lunedì ($U^{lunedì}$), l'utilità di ricevere il denaro lo stesso giorno, $u(€500_{lunedì})$, è maggiore di quella di dover attendere fino all'indomani, $u(€500_{martedì})$. Tuttavia, questo non significa che se lo stesso soggetto facesse la sua valutazione martedì i €500 ricevuti quel giorno gli darebbero un piacere minore rispetto a quelli ricevuti il giorno prima. In altre parole:

$$U^{lunedì}\text{: } u(€500_{lunedì}) = U^{martedì}\text{: } u(€500_{martedì})$$

Nella valutazione fatta martedì ($U^{martedì}$) i €500 ricevuti quel giorno fornirebbero infatti la stessa utilità di quella dei €500 ricevuti lunedì a seguito della valutazione fatta nello stesso giorno. L'impazienza, in questo esempio, sta nel fatto che valutando la decisione lunedì, ricevere €500 immediatamente darebbe alla persona più piacere rispetto al dover attendere 24 ore.

Lo sconto: una misura dell'impazienza

Dal punto di vista di lunedì, quanta più utilità fornisce ricevere €500 subito anziché dover attendere fino a martedì? Per cogliere tale impazienza, la teoria economica standard utilizza un metodo che consiste nel pesare costi e benefici futuri. Si chiama **sconto esponenziale** e consiste nel moltipicare costi e benefici che si verificano nel futuro per una frazione inferiore a 1, in modo da introdurre un fattore di correzione rispetto al valore che essi avrebbero immediatamente: in pratica il loro valore attuale. Questa frazione si chiama **fattore di sconto**.

Per illustrare questo concetto, supponiamo che una persona stia valutando una decisione di consumo quando tutti i costi si verificano immediatamente, mentre tutti i benefici si verificano in futuro. Per semplicità assumiamo che i benefici si verifichino tutti nello stesso istante temporale futuro anziché distribuirsi in vari giorni, settimane o mesi. Il bene costa €10 da pagare immediatamente e fornisce 20 euro di utilità esattamente tra un mese (questo capita per esempio se vi è un ritardo di un mese prima della consegna). Poiché tutti i costi sono immediati, sono pesati al 100 per cento del loro valore. A causa dell'impazienza, invece, i benefici futuri vanno pesati moltiplicandoli per una frazione minore di uno, in modo da correggerli rispetto al valore che avrebbero immediatamente per quella persona.

Se l'impazienza della persona potesse essere colta da un fattore di sconto mensile di 0,9, allora €20 di benefici

PAROLE CHIAVE

Sconto esponenziale
Metodo di ridurre costi e benefici futuri a un valore attuale. Il tasso di sconto dipende dal valore, dal punto di vista del consumatore, che hanno l'utilità futura e i costi futuri (da una decisione presa oggi) rispetto a ottenere tale utilità o a sostenere tali costi oggi.

Valore attuale (nel consumo)
Il valore che una persona attribuisce oggi a un bene che non sarà consumato fino a un tempo futuro.

Fattore di sconto
Il valore oggi di decidere di consumare un bene tra un periodo in avanti in rapporto al valore che avrebbe se consumato immediatamente.

*IN TERMINI MATEMATICI

Come si calcola il valore attuale dell'acquisto di un prodotto la cui utilità si verifica lungo un periodo di tempo? Supponiamo che il fattore di sconto di una persona sia 0,8. In altre parole, un bene che porta 100 euro di benefici tra 1 periodo in futuro varrebbe soltanto 0,8 × 100 = 80 euro oggi.
Ma come si calcola il valore attuale dell'utilità di un prodotto che si manifesta tra più periodi futuri? La formula che utilizziamo (che determina l'utilità lungo tutto il periodo di vita espressa in valore oggi) è:

$$U = \sum_{t=0}^{t=n} d\, U_t \qquad (1)$$

dove U è il valore attuale dell'utilità totale di un bene consumato durante vari periodi di tempo, da $t = 0$ a $t = n$; δ^t è il fattore di sconto applicato per ciascun periodo t e U_t è l'utilità guadagnata in ciascun periodo t.

Supponiamo che un bene abbia una vita di tre anni e corrisponda un'utilità di €100 al termine dell'anno 1, €300 al termine dell'anno 2 e €200 al termine dell'anno 3. La sua utilità totale attuale non è la semplice somma delle tre utilità che saranno corrisposte, non è €100 + €300 + €200 = €600, ma si calcola, invece, utilizzando la formula precedente. Ancora, supponiamo che il fattore di sconto sia 0,8. Sostituendo le cifre per il periodo di tre anni nell'equazione (1) otteniamo:

$$\begin{aligned} U &= (0{,}8 \times €100) + (0{,}8^2 \times €300) + (0{,}8^3 \times €200) \\ &= (0{,}8 \times €100) + (0{,}64 \times €300) + (0{,}512 \times €200) \\ &= €80 + €192 + €102{,}40 \\ &= €374{,}40 \end{aligned}$$

tra un mese varrebbero €18 (cioè 0,9 × 20) per quella persona oggi. Il valore attuale dei benefici ottenuti dal consumo del bene (€18) sarebbe comunque superiore al costo immediato (€10), perciò una persona razionale acquisterebbe il bene e si preparerebbe all'attesa.

I livelli di impazienza variano da un individuo all'altro. Più impazienti sono le persone, minore è il loro fattore di sconto e minore sarà il valore per loro di benefici e costi che si verifichino più avanti nel tempo. Per esempio, supponiamo che nel caso precedente la persona fosse più impaziente e avesse un fattore di sconto mensile di 0,4. Allora €20 di benefici ricevuti tra un mese varrebbero soltanto €8 oggi per quella persona. Poiché in questo caso il costo immediato di €10 è maggiore del valore scontato dei benefici futuri, questo individuo più impaziente non acquisterebbe il bene.

Maggiore è il ritardo con cui si verificano costi e benefici, maggiore è la riduzione del loro valore necessaria per calcolare il loro valore per una persona oggi. Se i benefici ottenuti dal consumo del prodotto si verificano tutti tra due mesi, il fattore di sconto sarà minore di 0,9.

Come si calcola il fattore di sconto per un ritardo di due mesi? Assumendo che la dimensione del ritardo tra ciascun periodo sia la stessa, il fattore di sconto per un ritardo di due mesi sarà dato dal fattore di sconto di 0,9 per un ritardo di un mese elevato al quadrato (0,9 × 0,9 = 0,81). Un beneficio di €20 tra due mesi ha un valore attuale di 0,81 × €20, cioè €16,20.

➤ 4.3 L'analisi ordinalista

Le limitazioni dell'approccio marginalista alla domanda

Sebbene la teoria dell'utilità marginale in presenza di diversi beni sia utile a dimostrare la logica soggiacente alla scelta del consumatore, essa presenta comunque un fondamentale punto debole: l'utilità non può essere misurata in senso assoluto, quindi non possiamo mettere a confronto l'utilità marginale di diversi beni.

Un approccio alternativo è quello dell'*analisi ordinalista*, in base della quale non si misura la *quantità* di utilità ottenuta da una persona, ma si *classificano* le diverse combinazioni di beni in ordine di preferenza. In altre parole, questa analisi ipotizza che i consumatori possano decidere se preferiscono una combinazione di beni a un'altra. Per esempio, se vi venisse chiesto di scegliere fra due cestini di frutta, uno contenente 4 arance e 3 pere, e l'altro contenente 2 arance e 5 pere, potreste affermare di preferirne uno all'altro o di essere indifferenti fra i due. Questa analisi, tuttavia, non ipotizza che possiate decidere *di quanto* preferite un cestino a un altro, o quanto vi piacciono entrambi.

Lo scopo dell'analisi ordinalista, quindi, è analizzare la scelta razionale tra due beni *senza dover misurare l'utilità*. Come vedremo, questa analisi può essere usata per mostrare l'effetto su tale scelta di (a) una variazione del reddito del consumatore e (b) una variazione del prezzo di uno o di entrambi i beni. Inoltre, può essere utilizzata per analizzare gli effetti di reddito e di sostituzione di una variazione del prezzo.

L'analisi ordinalista prevede l'uso delle *curve di indifferenza* e delle *rette di bilancio*.

Le curve di indifferenza

Una ***curva di indifferenza*** mostra tutte le combinazioni di due beni che assicurano al consumatore la stessa quantità di soddisfazione o utilità.

Per illustrare come si costruisce una curva di indifferenza, consideriamo l'esempio che segue. Immaginate che un supermercato stia conducendo un'analisi di mercato sulle preferenze dei consumatori in merito a diversi tipi di frutta. Uno degli intervistati, Alì, è uno studente che segue una dieta sana e acquista regolarmente frutta fresca; gli addetti al sondaggio gli chiedono di esprimere un parere su diverse combinazioni di arance e pere. A partire da una combinazione di 10 pere e 13 arance, gli viene domandato di indicare quali altri combinazioni gradirebbe tanto quanto la prima, e dalle sue risposte viene redatta una tabella (Tabella 4.2). In questo caso, Alì sarebbe ugualmente soddisfatto con una qualunque delle combinazioni riportate nella tabella.

Questa tabella, che prende il nome di ***insieme di indifferenza***, mostra le diverse combinazioni alternative di due beni che assicurano al consumatore lo stesso livello di soddisfazione. Da qui possiamo tracciare una curva di indifferenza misurando le unità di un bene su un asse e le unità dell'altro bene sull'altro asse. Così, nella Figura 4.5, basata sulla Tabella 4.2, le pere e le arance sono misurate, rispettivamente, sull'asse delle ordinate e su quello delle ascisse. La curva mostra che Alì è indifferente tra il consumo di 30 pere e 6 arance (punto *a*), di 24 pere e 7 arance (punto *b*) o di qualunque altra combinazione di pere e arance lungo la curva.

Tabella 4.2 Combinazioni di pere e arance che Alì gradisce tanto quanto 10 pere e 13 arance.

Pere	Arance	Punti nella Figura 4.5
30	6	*a*
24	7	*b*
20	8	*c*
14	10	*d*
10	13	*e*
8	15	*f*
6	20	*g*

Notate che non abbiamo detto nulla su *quanto* Alì gradisca le pere e le arance, ma solo che è soddisfatto in egual misura da tutte le combinazioni lungo la curva di indifferenza. Pertanto, tutte le combinazioni gli assicurano la stessa (non specificata) utilità.

La forma della curva di indifferenza

Come potete notare, la curva di indifferenza che abbiamo tracciato non è una retta, ma è convessa verso l'origine degli assi; in altre parole, la sua pendenza diminuisce man mano che ci spostiamo verso il basso lungo la

PAROLE CHIAVE

Curva di indifferenza Curva che mostra tutte le combinazioni di due beni tra le quali il consumatore è indifferente, ossia tutte le combinazioni che gli assicurano lo stesso livello di utilità.

Insieme di indifferenza Tabella che contiene le stesse informazioni di una curva di indifferenza.

Figura 4.5 Una curva di indifferenza.

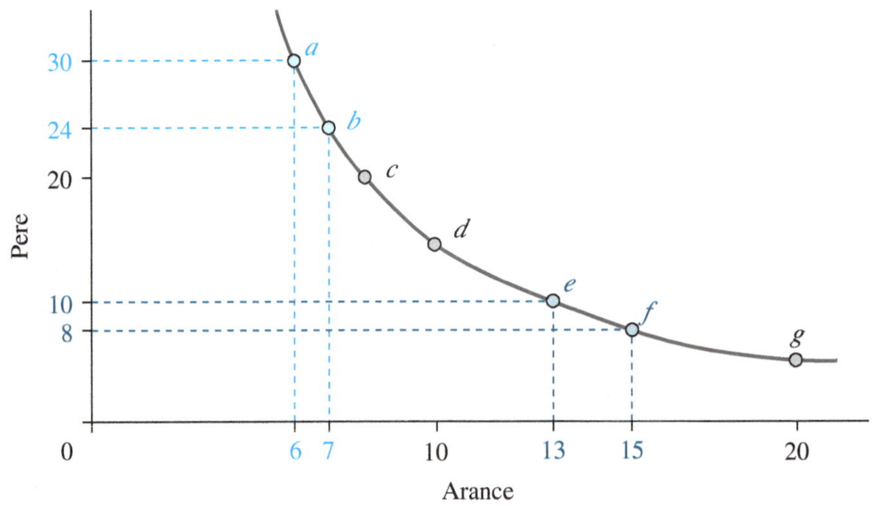

curva. Vediamo perché, di norma, le curve di indifferenza assumono questa forma.

La pendenza della curva indica il tasso al quale il consumatore è disposto a scambiare un bene per un altro, mantenendo invariato il proprio livello di soddisfazione. Consideriamo per esempio il passaggio dal punto *a* al punto *b* nella Figura 4.5: Alì rinuncia a 6 unità di pere e desidera 1 arancia per compensare la perdita; la pendenza della curva di indifferenza è pertanto –6/1 = –6. Ignorando il segno meno, la pendenza della curva di indifferenza è il ***saggio marginale di sostituzione*** (*SMS*), che qui è *SMS* = 6.

Osservate che, man mano che ci muoviamo verso il basso lungo la curva, il saggio marginale di sostituzione diminuisce e la curva diventa sempre più piatta. Per esempio, consideriamo il passaggio dal punto *e* al punto *f*: in questo caso Alì rinuncia a 2 pere e richiede 2 arance per compensare, così, lungo questo segmento della curva, la pendenza è –2/2 = –1 (e quindi *SMS* = 1).

La ragione di un ***saggio marginale di sostituzione decrescente*** va ricercata in parte nel *principio di utilità marginale decrescente* (vedi Paragrafo 4.1), secondo il quale gli individui ottengono sempre meno soddisfazione addizionale quanto maggiore è la quantità consumata del bene. Questo principio, tuttavia, si basa sull'ipotesi che il consumo di altri beni resti *costante*. Nel caso di un curva di indifferenza, tuttavia, questo non è vero: man mano che ci muoviamo verso il basso lungo la curva, infatti, viene consumata una quantità sempre maggiore di un bene e una quantità sempre *minore* di un altro. Ciò nondimeno, l'effetto sulla soddisfazione del consumatore è simile: se Alì consuma più pere e meno arance, la sua utilità marginale derivante dalle pere diminuisce, mentre quella derivante dalle arance aumenta. Pertanto, Alì è disposto a rinunciare a sempre meno pere per ogni arancia in più: l'*SMS*, quindi, diminuisce.

La relazione fra il saggio marginale di sostituzione e l'utilità marginale

Nella Figura 4.5, il consumo corrispondente al punto *a* assicura una soddisfazione pari al consumo corrispondente al punto *b*. Così, l'utilità sacrificata rinunciando a 6 pere deve essere uguale all'utilità ottenuta consumando un'arancia in più. In altre parole, l'utilità marginale di un'arancia deve essere sei volte superiore di quella di una pera: pertanto, $U'_{arance}/U'_{pere} = 6$. Ma, dal momento che questo rapporto è uguale al saggio marginale di sostituzione, misurando X sull'asse delle ascisse e Y sull'asse delle ordinate, possiamo scrivere:

$$SMS = \frac{U'_X}{U'_Y} = \text{pendenza della curva di indifferenza ignorando il segno meno}$$

La mappa di indifferenza

È possibile tracciare più di una curva di indifferenza. Per esempio, con riferimento alla Tabella 4.2, Alì potrebbe indicare un'altra serie di combinazioni di pere e arance che gli garantiscono una maggiore utilità rispetto a quella illustrata nella tabella. Queste combinazioni potrebbero essere tracciate nella Figura 4.5, individuando un'altra curva di indifferenza.

Sebbene l'effettivo livello di utilità corrispondente a ciascuna curva non sia specificato, le curve di indifferenza che giacciono più a destra mostrano le combinazioni dei due beni che apportano una maggiore utilità, mentre quelle spostate più a sinistra mostrano le combinazioni che apportano una minore utilità.

In realtà è possibile tracciare un'intera ***mappa di indifferenza***, in cui ogni curva di indifferenza successiva indica un più elevato livello di utilità. Le combinazioni di beni lungo I_2 nella Figura 4.6 garantiscono al consumatore un'utilità più elevata di quelle lungo I_1; quelle

PAROLE CHIAVE

Mappa di indifferenza Grafico che mostra un insieme completo di curve di indifferenza. Quanto più una particolare curva è distante dall'origine, tanto più elevato è il livello di soddisfazione che rappresenta.

Saggio marginale di sostituzione (fra due beni di consumo) Quantità di un bene (Y) alla quale un consumatore è disposto a rinunciare per ottenere un'unità addizionale di un altro bene (X): ΔY/ΔX.

Saggio marginale di sostituzione decrescente Quanto maggiore è la quantità di X e quanto minore è la quantità di Y che un individuo consuma, tanto minore è la quantità addizionale di Y a cui l'individuo è disposto a rinunciare per ottenere un'unità addizionale di X: in altre parole, ΔY/ΔX diminuisce.

Figura 4.6 Una mappa di indifferenza.

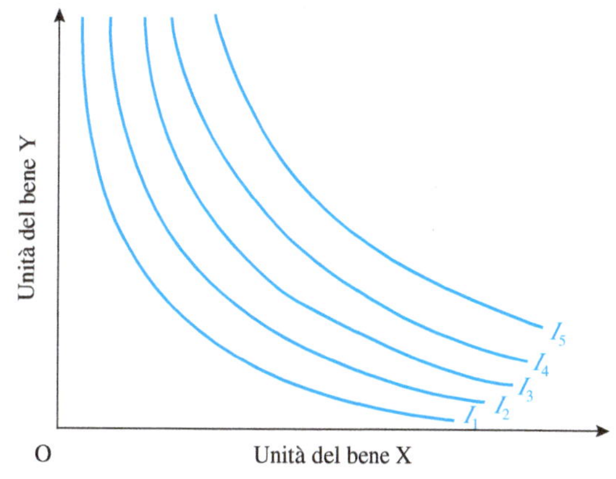

lungo I_3 danno un'utilità maggiore di quelle lungo I_2 e così via. In questo caso, il termine "mappa" è assai appropriato: infatti, proprio come su una carta geografica le curve di livello uniscono punti alla stessa altitudine, così una curva di indifferenza mostra tutte le combinazioni che assicurano un particolare livello di utilità.

La retta di bilancio

Esaminiamo ora la ***retta di bilancio***, un altro importante elemento nell'analisi del comportamento del consumatore. Mentre le mappe di indifferenza illustrano le preferenze individuali, le scelte effettivamente compiute dai consumatori dipendono dal loro reddito. La retta di bilancio illustra tutte le combinazioni di due beni che un consumatore è in grado di acquistare, dati (a) il suo reddito disponibile per l'acquisto dei quei beni e (b) i loro prezzi.

Proprio come abbiamo fatto con la curva di indifferenza, possiamo tracciare una retta di bilancio a partire da una tabella. Le prime due colonne della Tabella 4.3 riportano le combinazioni dei due beni X e Y che possono essere acquistate ipotizzando che (a) il prezzo di X sia €2 e il prezzo di Y sia €1, e che (b) il consumatore abbia un reddito di €30 da suddividere fra i due beni.

Nella Figura 4.7, avendo a disposizione un reddito limitato a €30, è possibile consumare qualunque combinazione di X e Y che si trovi lungo la retta (o al suo interno), mentre non è possibile consumare combinazioni che giacciono al di fuori di essa (cioè nell'area più scura). Quest'area individua l'insieme delle *scelte inammissibili* per un dato vincolo di bilancio.

Vediamo ora come la variazione di una delle due determinanti delle quantità che i consumatori possono permettersi di acquistare (reddito e prezzo dei due beni) influisce sulla retta di bilancio.

Una variazione del reddito

Se il reddito del consumatore aumenta, la retta di bilancio si sposta verso l'esterno, parallelamente alla precedente. Questo caso è illustrato nelle ultime due colonne della Tabella 4.3 e nella Figura 4.8, che mostrano l'effetto di un aumento del reddito del consumatore da €30 a €40 (notate che i prezzi di X e Y restano invariati, rispettivamente, a €2 e €1).

Figura 4.7 Una retta di bilancio.

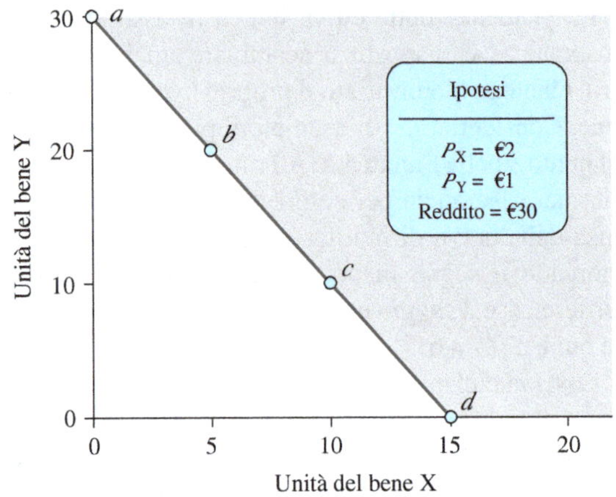

Figura 4.8 Effetto sulla retta di bilancio di un aumento di reddito.

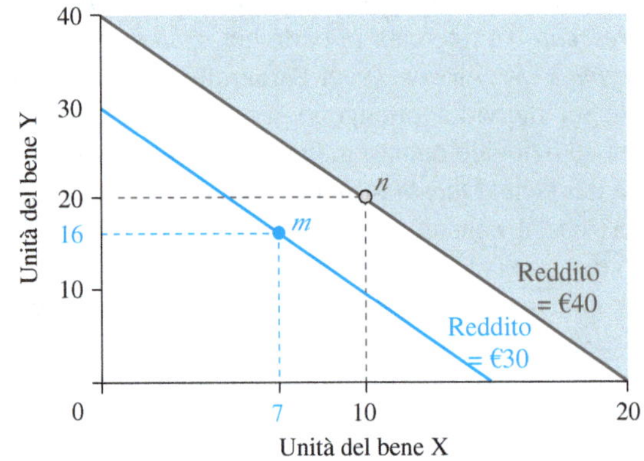

Adesso è possibile acquistare una quantità maggiore di uno o entrambi i beni. Per esempio, se con un reddito di €30 il consumatore acquistava 7 unità di X e 16 unità di Y (punto *m*), con un reddito di €40 può permettersi si

PAROLE CHIAVE

Retta di bilancio Retta che rappresenta tutte le possibili combinazioni di due beni che possono essere acquistate per un dato livello dei prezzi e del reddito individuale.

Tabella 4.3 Possibilità di consumo con un reddito di €30 e €40.

Reddito di €30			Reddito di €40	
Unità del bene X	**Unità del bene Y**	**Punto sulla retta di bilancio nella Figura 4.7**	**Unità del bene X**	**Unità del bene Y**
0	30	a	0	40
5	20	b	5	30
10	10	c	10	20
15	0	d	15	10
			20	0

comprare, per esempio, 10 unità di X e 20 unità di Y (punto *n*), o qualunque altra combinazione di X e Y lungo la nuova, più elevata retta di bilancio.

Una variazione del prezzo

I prezzi relativi dei due beni sono dati dalla pendenza della retta di bilancio, che nella Figura 4.7 è 30/15 = 2 (ignoriamo il segno negativo: in senso stretto, la pendenza dovrebbe essere –2). Analogamente, la pendenza della nuova, più elevata retta di bilancio nella Figura 4.8 è 40/20 = 2; ma in entrambi i casi questa grandezza corrisponde al rapporto fra il prezzo di X (€2) e il prezzo di Y (€1).

Così, la pendenza della retta di bilancio è pari a:

$$\frac{P_X}{P_Y}$$

Al variare del prezzo di uno dei due beni, la pendenza della retta di bilancio si modifica a sua volta. Questo è illustrato nella Figura 4.9 che, come la Figura 4.7, ipotizza un reddito di €30 e un prezzo iniziale di €2 per il bene X e di €1 per il bene Y. La retta di bilancio iniziale è B_1.

Supponiamo ora che il prezzo di X scenda a €1, ma che quello di Y resti invariato (€1). La nuova retta di bilancio avrà adesso intercetta pari a 30 sia sull'asse delle ascisse che su quello delle ordinate. In altre parole, la retta di bilancio ruota verso l'esterno facendo perno sul punto *a*; se, invece, a variare fosse il prezzo di Y, la retta ruoterebbe verso l'esterno facendo perno sul punto *b*.

Il livello ottimo di consumo

Passiamo ora a unire i due elementi dell'analisi: la mappa di indifferenza e la retta di bilancio. Questo ci consentirà di individuare la quantità di ciascun bene acquistata dal consumatore "razionale" a partire da un dato vincolo di bilancio. Esaminiamo la Figura 4.10.

Figura 4.9 Effetto sulla retta di bilancio di una diminuzione del prezzo del bene X.

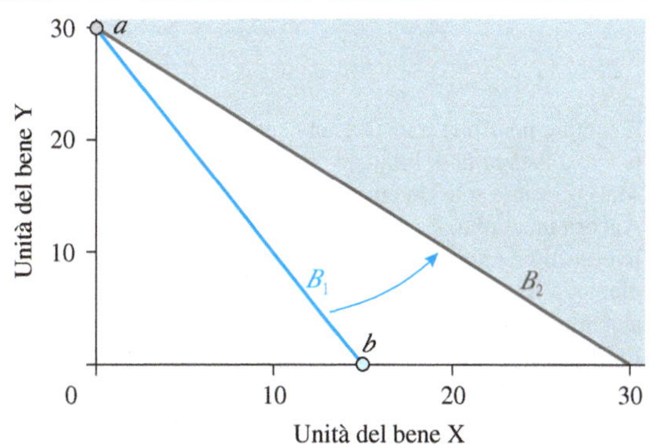

Il consumatore vorrà consumare una combinazione di beni situata sulla curva di indifferenza più elevata che può raggiungere, in questo caso il punto *t* sulla curva I_3. Le curve di indifferenza più elevate, come I_4 e I_5, per quanto rappresentino un'utilità maggiore della curva I_3, si collocano nella regione delle scelte inammissibili: queste curve rappresentano infatti combinazioni di X e Y che non possono essere acquistate con il reddito corrente. Il consumatore *potrebbe* consumare lungo le curve I_1 e I_2, rispettivamente fra i punti *r* e *v*, *s* e *u*, ma otterrebbe un'utilità inferiore rispetto al consumo corrispondente al punto *t*.

CF 8 p107 Il livello ottimo di consumo, quindi, si trova nel punto in cui la retta di bilancio è tangente alla curva di indifferenza più alta possibile. Se la retta di bilancio è tangente a una curva di indifferenza, le due avranno la stessa pendenza (la pendenza di una curva è pari a quella della sua tangente nel punto in questione). Ma, come abbiamo visto, la pendenza della retta di bilancio è:

$$\frac{P_X}{P_Y}$$

e la pendenza della curva di indifferenza è:

$$SMS = \frac{U'_X}{U'_Y}$$

Pertanto, al livello ottimo di consumo:

$$\frac{P_X}{P_Y} = \frac{U'_X}{U'_Y}$$

IC 14 p109 Ma questo non è altro che è il *principio di equimarginalità* che abbiamo esposto nella prima parte del capitolo, con la differenza che questa volta, in virtù dell'approccio ordinalista, non abbiamo bisogno di misurare l'utilità. Tutto ciò che dobbiamo fare è osservare, per ogni due combinazioni di beni, se il consumatore preferisca una all'altra o se sia indifferente fra le due.

Figura 4.10 Il punto ottimo di consumo.

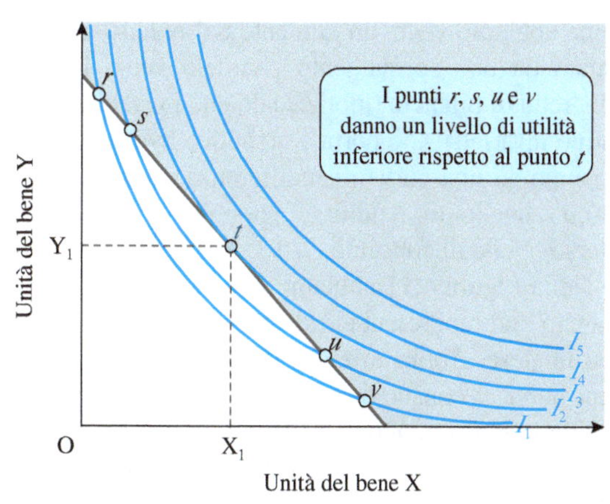

*IN TERMINI MATEMATICI

Possiamo esprimere il punto ottimo di consumo in termini matematici. Con un reddito limitato pari a B, l'obiettivo è massimizzare l'utilità subordinatamente a questo vincolo di bilancio. Quindi:

$$\text{Max } UT(X, Y) \quad (1)$$

subordinatamente al vincolo di bilancio:

$$P_X X + P_Y Y = B \quad (2)$$

L'equazione (1) prende il nome di "funzione obiettivo". L'obiettivo, in questo caso, è massimizzare l'utilità, la quale dipende dal consumo di due beni, X e Y. Per esempio, supponiamo che la funzione di utilità sia:

$$UT = X^{3/4} Y^{1/4}$$

Questa funzione, che prende il nome di "funzione di utilità di Cobb-Douglas", genera curve di indifferenza convesse e regolari. Ipotizziamo inoltre che il prezzo di X sia €4, il prezzo di Y sia €2 e il reddito sia pari a €64. Scriviamo dunque:

$$4X + 2Y = 64$$

Riformulando questo vincolo per esprimere X in funzione di Y, otteniamo:

$$X = 16 - \frac{Y}{2}$$

Sostituendo dapprima questo valore di X nella funzione di utilità (affinché questa sia espressa solo in termini di Y) e poi differenziando l'equazione risultante e ponendola uguale a zero, possiamo risolvere per il valore di Y e poi di X, ottenendo l'utilità massima per il reddito dato. La soluzione è:

$$X = 12 \text{ e } Y = 8$$

L'effetto delle variazioni del reddito

Come abbiamo visto, un aumento del reddito è rappresentato da uno spostamento parallelo verso l'esterno della retta di bilancio (ipotizzando che i prezzi di X e Y restino invariati). Ciò porta a un nuovo livello ottimo di consumo su una curva di indifferenza più elevata. Per ciascun livello di reddito è possibile individuare un diverso livello di consumo.

Nella Figura 4.11 abbiamo tracciato alcune rette di bilancio che rappresentano diversi livelli di reddito del consumatore. Abbiamo evidenziato anche i corrispondenti punti di consumo ottimo (r, s, t, u), ciascuno dei quali individua il punto di tangenza fra la nuova, più elevata retta di bilancio e la curva di indifferenza più esterna

Figura 4.11 Effetti di una variazione del reddito sul consumo.

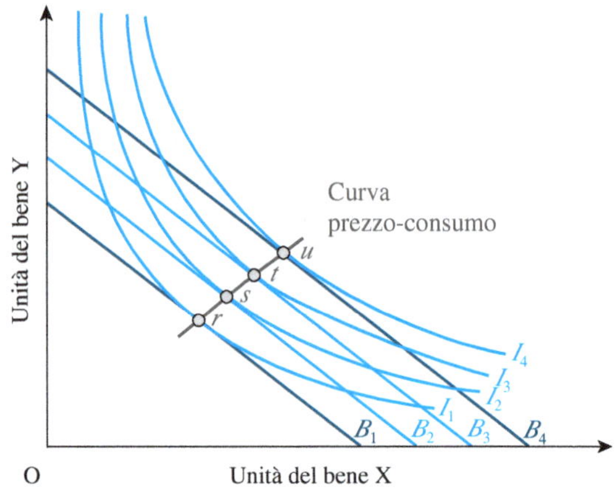

possibile.[1] La linea che unisce questi punti è la ***curva reddito-consumo***.

Se il reddito aumenta e il prezzo dei beni resta invariato, si registra un aumento del ***reddito reale***. In altre parole, il consumatore può acquistare una quantità maggiore di prima. Il reddito reale, però, può aumentare anche se il reddito di un individuo non cambia: se i prezzi diminuiscono, con lo stesso reddito è possibile acquistare più beni di prima. Possiamo analizzare l'effetto di un aumento del reddito reale causato da una diminuzione dei prezzi proprio come facciamo quando ipotizziamo che il reddito aumenta e i prezzi rimangono invariati. Posto che i prezzi *relativi* dei due beni non

PAROLE CHIAVE

Curva reddito-consumo Curva che mostra come varia il livello ottimo di consumo di due beni da parte di un individuo al variare del suo reddito (nell'ipotesi che il prezzo dei beni rimanga costante).

Reddito reale Reddito misurato in termini di potere di acquisto. Se il reddito *monetario* aumenta del 10% ma i prezzi aumentano dell'8%, si potrà acquistare solo il 2% in più rispetto a prima. Il reddito *reale* aumenta pertanto del 2%.

1 È sempre possibile tracciare una curva di indifferenza tangente a una data retta di bilancio (infatti, su un diagramma si possono tracciare tutte le curve di indifferenza che si vogliono). Ancora una volta, si otterrebbe una figura simile alle curve di livello su una mappa. Tali curve possono essere tracciate, poniamo, a intervalli di 10 metri, di 1 metro o di 1 centimetro, o a qualunque distanza soddisfi il nostro scopo. Se, per esempio, l'altitudine massima di un lago fosse di 32,45 metri sopra al livello del mare, potrebbe essere utile tracciare una curva di livello a quell'altitudine per evidenziare i terreni che potrebbero essere soggetti a inondazione.

cambino (cioè che diminuiscano della stessa percentuale), la retta di bilancio si sposterà verso l'esterno parallelamente a quella precedente.

L'elasticità della domanda al reddito e la curva reddito-consumo

La curva reddito-consumo illustrata nella Figura 4.11 mostra che la domanda di entrambi i beni aumenta all'aumentare del reddito. Di conseguenza, i due beni hanno un'elasticità della domanda al reddito positiva: sono entrambi beni normali.

IC 9 p61 Concentriamoci ora solo sul bene X. Se la curva reddito-consumo diventa sempre più piatta all'aumentare del reddito, vuol dire che al consumo del bene X viene destinata una quota crescente del reddito. Quanto più la curva diventa piatta, tanto maggiore è l'elasticità della domanda al reddito di X.

Se, di contro, X fosse un bene inferiore – come una margarina a basso prezzo – la sua domanda diminuirebbe all'aumentare del reddito e la sua elasticità della domanda al reddito sarebbe negativa. Questo è illustrato nella Figura 4.12, dove il punto *b* giace alla destra di *a*, mostrando come, in corrispondenza del reddito più alto B_2, viene acquistata una quantità inferiore di X.

L'effetto delle variazioni di prezzo

Se il prezzo di X o di Y varia, la retta di bilancio ruota su un punto attorno a una delle due intercette. Consideriamo l'esempio di una riduzione del prezzo di X (lasciando invariato il prezzo di Y). In questo caso, la retta di bilancio ruota verso l'esterno. Abbiamo visto questo effetto nella Figura 4.9; le stesse rette del bilancio sono riprodotte nella Figura 4.13, ma con l'aggiunta di due curve di indifferenza.

Il vecchio livello di consumo ottimo era individuato da *j*; dopo la riduzione del prezzo del bene X, si raggiunge un nuovo livello ottimo di consumo in corrispondenza di *k*.

Nella Figura 4.13 potremmo tracciare una serie di rette del bilancio, che ruotano tutte attorno al punto *a*: ciascuna rappresenta un diverso prezzo del bene X, ipotizzando che il reddito monetario e il prezzo di Y restino costanti. Quanto più piatta è la curva, tanto più basso è il prezzo di X. In corrispondenza di ciascun prezzo, si avrà un livello di consumo ottimo; la linea che collega questi punti prende il nome di ***curva prezzo-consumo***.

Derivare la curva di domanda individuale

Possiamo usare l'analisi delle variazioni di prezzo per mostrare come derivare, in teoria, una curva di domanda individuale. Per fare questo, dobbiamo modificare leggermente il diagramma.

Supponiamo di voler derivare una curva di domanda individuale per il bene X. A tal fine, dobbiamo mostrare l'effetto sul consumo di X di una variazione del suo prezzo, ipotizzando che i prezzi di tutti gli altri beni restino costanti. Pertanto, occorre ridefinire il bene Y: invece di essere un bene *unico*, Y rappresenta l'insieme di *tutti gli altri* beni. Sull'asse delle ordinate, però,

PAROLE CHIAVE

Curva prezzo-consumo Curva che mostra come varia il livello ottimo di consumo di due beni da parte di un individuo al variare del prezzo di uno dei due beni (nell'ipotesi che il reddito e il prezzo dell'altro bene restino costanti).

Figura 4.12 Effetto di un aumento del reddito sulla domanda di un bene inferiore.

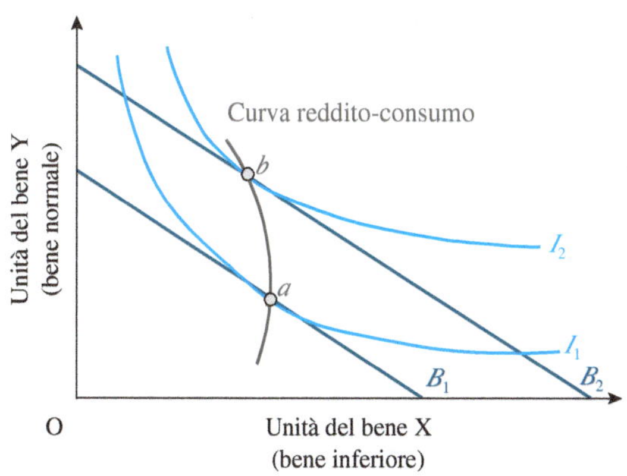

Figura 4.13 Effetto di una diminuzione del prezzo del bene X.

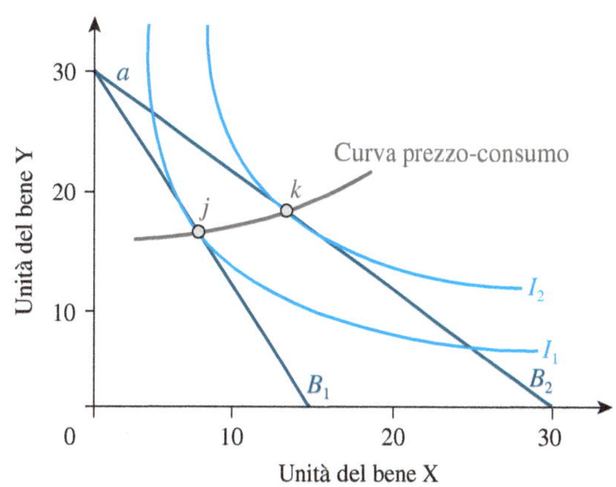

BOX 4.4 **ESPLORARE L'ECONOMIA**

Amore e cura

Un approccio economico al comportamento in famiglia

Abbiamo usato l'analisi ordinalista per esaminare le scelte di un singolo individuo tra due beni. Il principio della scelta razionale, tuttavia, può essere esteso a molti altri campi del comportamento umano, tra cui le situazioni in cui una persona fa parte di un gruppo e in cui il comportamento di un individuo influisce su quello di un altro. Per esempio il modo in cui gli amici si trattano l'un l'altro, le relazioni tra partner sessuali, il modo in cui i genitori trattano i figli, il modo in cui si condividono i compiti all'interno di una famiglia, le modalità con cui sono organizzate le squadre, il camportamento tra i colleghi di lavoro e così via.

In tutti questi casi vi è la necessità costante di prendere decisioni. In generale le persone cercano di prendere le decisioni "migliori", cioè quelle che massimizzano gli interessi dell'individuo o dei membri del gruppo: decisioni considerate "razionali". Ciò comporta il fatto di ponderare (coscientemente o meno) i costi e i benefici delle alternative poste, per determinare quale va nel migliore interesse dell'individuo o del gruppo.

Uno dei pionieri di questo approccio è stato Gary Becker (1930–2014). Becker era docente alla Chicago University fin dagli anni '70 e faceva parte della cosiddetta "scuola di Chicago", un gruppo di economisti di quella università che promuovevano il mercato quale miglior mezzo per risolvere i problemi economici.

Gary Becker tentò di applicare i semplici principi economici della scelta razionale a un'ampia varietà di attività umane, tra cui la discriminazione razziale e sessuale, la competizione in politica e il comportamento criminale. Gran parte del suo lavoro, tuttavia, si concentrò sulla famiglia, un campo che in precedenza era stato appannaggio di sociologi, antropologi e psicologi. Anche quando i membri della famiglia si comportano con amore e altruismo, secondo Becker tendono ad agire "razionalmente" nel senso economico di cercare di massimizzare i loro interessi; semplicemente in questo caso i loro "interessi" includono il benessere degli altri membri della famiglia.

Questo approccio può essere illustrato in modo semplice con l'aiuto della figura qui riportata, dove si assume, per semplicità, che la famiglia sia composta di due soli membri, Judy e Warren. Il consumo di Warren è misurato lungo l'asse orizzontale, quello di Judy lungo l'asse verticale. Il reddito complessivo familiare è dato da Y_T. La retta Y_TY_T rappresenta le loro possibilità di consumo. Se Warren spendesse l'intero reddito familiare da solo, il suo consumo corrisponderebbe al punto *g*. Se Judy spendesse l'intero reddito familiare da sola, il suo consumo corrisponderebbe al punto *f*.

Supponiamo che Warren lavori a tempo pieno e Judy part-time. Di conseguenza, Warren guadagna più di Judy. Warren guadagna Y_W, mentre Judy guadagna Y_J. Se ognuno spendesse il proprio reddito tutto per sé, il consumo corrisponderebbe al punto *a*.

Ora però supponiamo che Warren ami Judy e che preferisca consumare meno di Y_W, per consentire a Judy di consumare più di Y_J. Le sue preferenze sono mostrate dalle curve di indifferenza. Ogni curva mostra tutte le varie combinazioni di consumo tra Warren e Judy che danno a Warren pari soddisfazione (notate che, poiché Warren ama Judy, è soddisfatto del suo consumo quanto del proprio: la felicità di lei gli dà piacere).

La distribuzione ottima del consumo di Warren tra lui e Judy si trova nel punto e_W, che corrisponde alla più alta curva di indifferenza raggiungibile con un reddito complessivo di Y_T. A questo punto, Warren consuma C_W e Judy consuma C_J.

Se Warren amasse Judy "come se stesso" e volesse condividere il reddito complessivo in parti uguali, allora le curve di indifferenza sarebbero meno "profonde", il punto di tangenza alla più alta curva di indifferenza si troverebbe sulla retta inclinata a 45° OE. Il consumo sarebbe situato al punto e_E.

Per Judy si potrebbero disegnare curve di indifferenza simili. Il suo punto di consumo ottimo potrebbe essere in e_J. Ma se Judy amasse Warren "come se stessa", il suo punto di consumo ottimo sarebbe in e_E.

Da questa analisi si possono trarre alcune conclusioni interessanti.

- La redistribuzione del reddito (cioè la redistribuzione del consumo) all'interno della famiglia può andare a vantaggio di tutti i membri. Nel caso che abbiamo considerato, Warren e Judy guadagnano entrambi da una redistribuzione dal punto *a* al punto e_W. L'unica area di

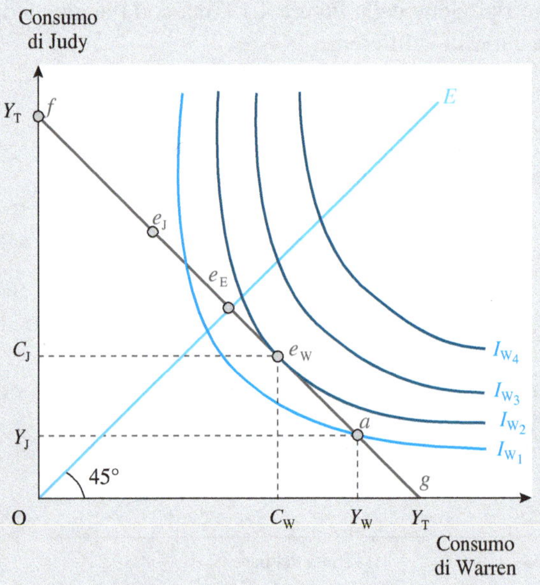

contesa è quella tra i punti e_W ed e_J, in cui si dovrebbero fare delle trattative, per esempio sulla base di uno scambio di favori: "Se lasci che prenda il denaro che mi serve per quel vestito nuovo, mi occuperò io di lavare i panni per un intero mese".

- Nel caso in cui ognuno dei due ama l'altro come se stesso, non vi è area di contesa. Entrambi raggiungono la massima felicità con il consumo al punto e_E.
- Nel caso di "amore estremo", in cui ciascun partner preferisce che l'altro abbia più di se stesso, il punto e_W si troverebbe al di sopra del punto e_E mentre il punto e_J si troverebbe al di sotto di e_E. In questo caso, ognuno dei due cercherebbe di persuadere l'altro a prendere più di quanto voglia. Si instaurerebbe un tipo di trattativa diverso: "Lascerò che mi compri quel vestito soltanto se lasci che lavi io i panni per un mese intero".
- Alcune forme di consumo vanno a beneficio di entrambi i partner, come avviene per gli arredi o una nuova automobile. Questi acquisti avrebbero l'effetto di spostare il punto di consumo al di là della retta Y_TY_T e potrebbero portare entrambi a consumare su una curva di indifferenza più alta. Questo mostra i vantaggi "economici" del consumo collettivo che si possono ottenere nelle famiglie o in altri gruppi (come i club).

dovremo indicare una serie di beni quantificati in unità di misura diverse: litri di carburante, pagnotte di pane, kilogrammi di formaggio, numero di tagli di capelli, e così via. L'unico modo di sommare tutte queste quantità è quello di convertirle in un'unità di misura comune; di conseguenza, le misuriamo in termini della somma complessivamente spesa per il loro acquisto, vale a dire in termini della somma *non* spesa per il bene X.

Tracciando la spesa relativa a tutti gli altri beni sull'asse verticale e ipotizzando che il reddito, i gusti del consumatore e i prezzi di tutti gli altri beni restino costanti, possiamo ora derivare la curva di domanda del bene X (Figura 4.14).

Illustriamo le variazioni del prezzo di X facendo ruotare la retta di bilancio attorno all'intercetta verticale. Tracciando una curva prezzo-consumo, possiamo quindi illustrare la quantità domandata di X in corrispondenza di ciascun prezzo, poi trasferire queste relazioni prezzo-quantità su una curva di domanda.

Nella Figura 4.14, ciascuno dei punti *a*, *b*, *c* e *d* sulla curva di domanda nella parte inferiore del diagramma corrisponde a uno dei quattro punti sulla curva prezzo-consumo (notate che P_2 è la metà di P_1, P_3 è un terzo di P_1 e P_4 è un quarto di P_1).

Figura 4.14 Derivare la curva di domanda del bene X dalla curva prezzo-consumo

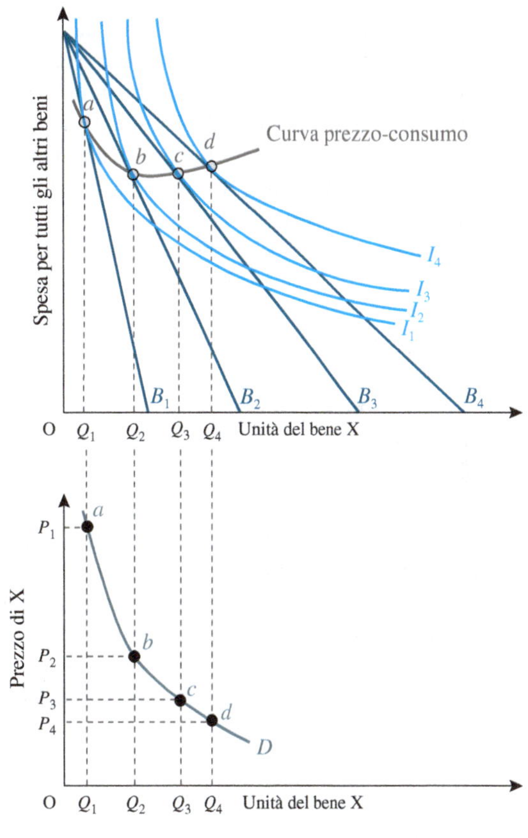

L'effetto di reddito e di sostituzione di una variazione di prezzo

IC7 p34 Come abbiamo visto nel Capitolo 2, se il prezzo di un bene aumenta i consumatori ne acquistano una quantità inferiore, per due ragioni:

- non possono più permettersi di consumare la stessa quantità (***effetto di reddito***);
- il bene adesso è più costoso rispetto agli altri e i consumatori acquistano beni sostituti (***effetto di sostituzione***).

PAROLE CHIAVE

Effetto di reddito (di una variazione del prezzo) Misura in cui la variazione della quantità domandata è ascrivibile alla variazione del reddito reale.

Effetto di sostituzione (di una variazione del prezzo) Misura in cui la variazione della quantità domandata è ascrivibile alla variazione del prezzo relativo del bene.

Possiamo ampliare la trattazione del Capitolo 2 esaminando gli effetti di reddito e di sostituzione usando l'analisi ordinalista. Iniziamo con il caso di un bene normale e vediamo che cosa accade quando il suo prezzo varia.

Bene normale

Nella Figura 4.15 ipotizziamo che il prezzo del ***bene normale*** X aumenti, che la retta di bilancio ruoti verso l'interno da B_1 a B_2 e che il punto di consumo passi da *f* a *h*. Questa variazione del consumo è dovuta in parte all'effetto di sostituzione e in parte all'effetto di reddito.

L'effetto di sostituzione. Per esaminare separatamente questi due effetti, tracciamo una retta di bilancio parallela a B_2, ma tangente alla curva di indifferenza originale I_1, e indichiamola con B_{1a}. Essendo parallela a B_2, questa retta rispecchia il nuovo rapporto fra i prezzi (ottenuto dopo l'aumento del prezzo di X); tuttavia, essendo tangente a I_1, consente al consumatore di ottenere la stessa utilità di prima: in altre parole, il consumatore non subisce una perdita di reddito reale. Quindi, concentrandoci su B_{1a}, che rappresenta un reddito reale invariato, possiamo escludere l'effetto di reddito. Il movimento dal punto *f* al punto *g* è dovuto esclusivamente a una variazione dei prezzi relativi di X e Y. Il movimento da Q_{X_1} a Q_{X_2} rappresenta l'effetto di sostituzione.

L'effetto di reddito. Nella realtà, la retta di bilancio si sposta a B_2 e il consumatore è obbligato a consumare su una curva di indifferenza inferiore, I_2: il reddito reale è diminuito. Il movimento da Q_{X_2} a Q_{X_3} rappresenta dunque l'effetto di reddito.

Nel caso di un bene normale, pertanto, l'effetto di reddito e l'effetto di sostituzione di una variazione del prezzo si rafforzano a vicenda. I due effetti sono *entrambi* negativi, perché comportano una *riduzione* della quantità domandata all'*aumentare* del prezzo (e viceversa).[2]

L'elasticità della domanda al prezzo del bene X è tanto maggiore quanto più pronunciati sono gli effetti di reddito e di sostituzione.

2 È importante non confondere l'effetto di reddito di una variazione del prezzo con l'effetto sulla domanda di un aumento del reddito. In questo secondo caso l'effetto è positivo, perché la quantità domandata di un bene normale aumenta al crescere del reddito (si registra quindi un'elasticità della domanda al reddito positiva). Nel caso di una diminuzione del prezzo, se il bene è normale, il risultante aumento del reddito reale provoca nuovamente un aumento della quantità domandata, ma prezzo e quantità variano in direzioni opposte: si ha dunque un effetto negativo rispetto al prezzo (e quindi un'elasticità della domanda al prezzo negativa).

Figura 4.15 Effetti di reddito e di sostituzione dell'aumento del prezzo del bene X, se X è un bene normale.

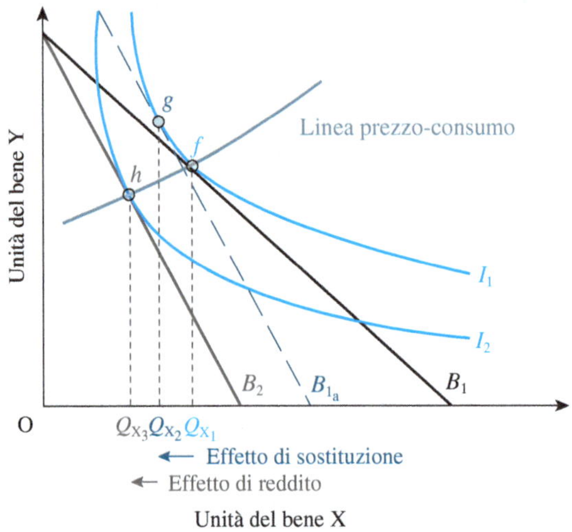

Bene inferiore

All'aumentare del reddito, i consumatori possono permettersi di acquistare beni di qualità più elevata, quindi compreranno una minore quantità di ***beni inferiori***, come la margarina o il caffè solubile di primo prezzo. Di contro, se il reddito diminuisce, le persone riducono il proprio tenore vita, incrementando il consumo di beni inferiori.

L'effetto di sostituzione. Se il prezzo di un bene inferiore (bene X) aumenta, l'effetto di sostituzione ha lo stesso segno di quello relativo a un bene normale, cioè negativo: le persone consumano una quantità inferiore del bene X relativamente al bene Y, dal momento che adesso X è più costoso rispetto a Y. Per esempio, se il prezzo di una margarina economica (bene X) aumenta, i consumatori tendono a utilizzare al suo posto una margarina di qualità superiore oppure il burro (bene Y). Questo effetto è illustrato nella Figura 4.16 da un movimento lungo la curva di indifferenza originale (I_1) dal punto *f* al punto *g*. La quantità domandata di X scende da Q_{X_1} a Q_{X_2}.

PAROLE CHIAVE

Bene normale Bene la cui domanda aumenta all'aumentare del reddito dei consumatori.

Bene inferiore Bene la cui domanda diminuisce all'aumentare del reddito dei consumatori.

Figura 4.16 Effetti di reddito e di sostituzione dell'aumento del prezzo del bene X, se X è un bene inferiore (ma non un bene di Giffen).

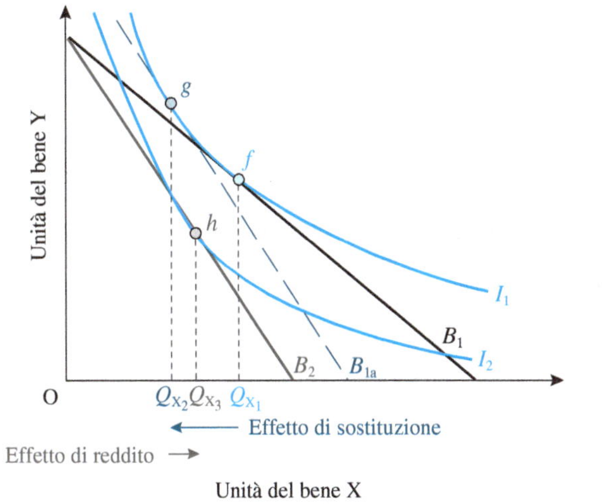

Figura 4.17 Effetti di reddito e di sostituzione dell'aumento del prezzo del bene X, se X è un bene di Giffen.

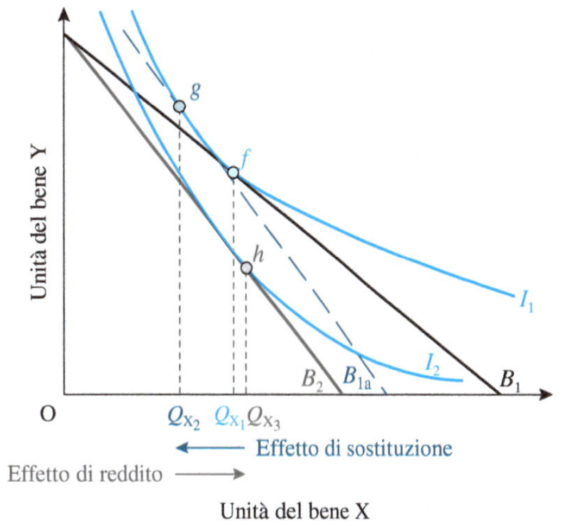

L'effetto di reddito. L'effetto di reddito di un aumento di prezzo, invece, è l'opposto di quello di un bene normale, cioè positivo. La riduzione del reddito reale derivante dall'aumento del prezzo di X tende ad accrescere il consumo di X, perché i consumatori, se il loro reddito reale diminuisce, acquistano una maggiore quantità di beni inferiori, compresa una maggiore quantità di X. Così, il punto *h* si trova a destra del punto *g*: l'effetto di reddito fa aumentare la quantità da Q_{X_2} a Q_{X_3}.

Bene di Giffen: un particolare tipo di bene inferiore

Se un bene inferiore costituisce un'ampia porzione della spesa del consumatore, una variazione del suo prezzo ha un effetto significativo sul reddito reale del consumatore e, di conseguenza, un effetto di reddito pronunciato. In questo caso, è possibile ipotizzare che l'effetto di reddito superi il normale effetto di sostituzione e che un aumento del prezzo di X si traduca in un maggior consumo del bene.

Questo meccanismo è illustrato nella Figura 4.17, dove il punto *h* si trova a *destra* del punto *f*. In altre parole, la diminuzione del consumo (da Q_{X_1} a Q_{X_2}) risultante dall'effetto di sostituzione è più che controbilanciata dall'aumento del consumo (da Q_{X_2} a Q_{X_3}) dovuto all'ampio effetto di reddito positivo.

Questo tipo di bene prende il nome di ***bene di Giffen***, da sir Robert Giffen (1837-1910), il primo – a quanto si dice – ad aver teorizzato che i poveri consumassero più pane all'aumentare del suo prezzo. Infatti, il pane costituiva una parte così importante dei consumi dei meno abbienti che, al crescere del suo prezzo, i poveri non potevano permettersi di acquistare carne, verdure e così via, e dovevano consumare più pane. È possibile che in alcuni paesi a basso reddito, come certi stati africani, gli alimenti di base come la manioca e il mais siano beni di Giffen. Occorre però dire che si tratterebbe di casi molto particolari e che alcuni economisti considerano i beni di Giffen nient'altro che una possibilità teorica.

L'utilità dell'analisi ordinalista

L'analisi ordinalista permette di illustrare la logica delle scelte del consumatore "razionale", di derivare la curva di domanda individuale, e di spiegare l'effetto di reddito e di sostituzione di una variazione di prezzo; il tutto, senza dover misurare l'utilità.

Ciò nondimeno, questa analisi presenta alcuni limiti.

- Nella realtà è praticamente impossibile derivare le curve di indifferenza, perché bisognerebbe chiedere a un consumatore di immaginare una serie completa di diverse combinazioni di beni e di decidere, per ciascun caso, se una data combinazione offra una soddisfazione maggiore, uguale o minore delle altre.
- I consumatori potrebbero agire d'impulso, non comportarsi "razionalmente" e quindi non prestare sufficiente attenzione al grado di soddisfazione che ritengono di poter trarre dal consumo dei beni.

PAROLE CHIAVE

Bene di Giffen Bene inferiore la cui domanda aumenta all'aumentare del prezzo, a causa di un effetto di reddito positivo superiore al normale effetto di sostituzione negativo.

BOX 4.5 ESPLORARE L'ECONOMIA

La teoria del consumatore: un approccio ulteriore

La teoria delle caratteristiche

Sviluppata a metà degli anni Sessanta da Kelvin Lancaster, la teoria delle caratteristiche afferma che i consumatori domandano i beni non in quanto tali, ma per le caratteristiche che possiedono.

Consideriamo l'esempio delle automobili. Nello scegliere fra i diversi modelli, i consumatori non valutano solo i prezzi relativi, ma anche le differenti qualità: comfort, stile, performance, durevolezza, affidabilità, consumi e così via. Sono infatti queste caratteristiche a dare origine all'utilità.

La teoria delle caratteristiche, pertanto, si basa su quattro ipotesi fondamentali:

- tutti i beni possiedono varie caratteristiche;
- le diverse marche presentano tali caratteristiche in proporzione variabile;
- le caratteristiche sono misurabili, sono cioè "obiettive";
- le caratteristiche (unitamente a prezzo e reddito) determinano la scelta del consumatore.

Supponiamo che un individuo debba operare una scelta fra tre diversi prodotti o marche di un prodotto (per esempio, un alimento); ciascuna presenta una diversa combinazione di due caratteristiche (per esempio, proteine e calorie). Le scelte a disposizione del consumatore possono essere illustrate graficamente.

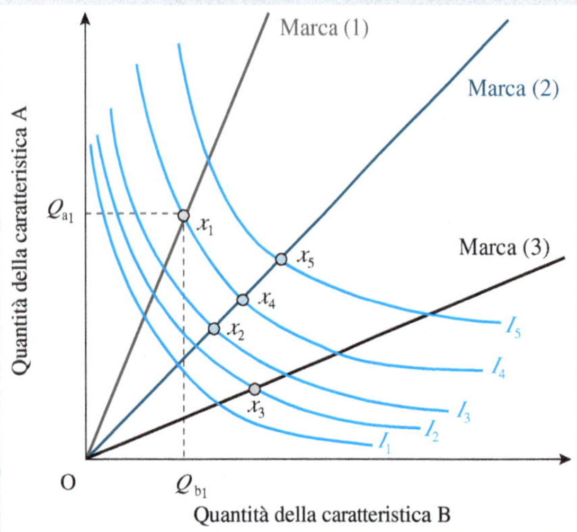

I livelli delle due caratteristiche sono riportati sugli assi cartesiani. Possiamo tracciare una mappa di indifferenza che mostra le diverse combinazioni delle due caratteristiche che apportano dati livelli di utilità. Così, qualunque combinazione delle due caratteristiche lungo la curva di indifferenza I_4 nel diagramma garantisce un livello di utilità più elevato di quelle lungo la curva I_3, e così via. La forma delle curve di indifferenza (convessa verso l'origine degli assi) è data dal saggio marginale di sostituzione decrescente fra le due caratteristiche.

Le quantità delle due caratteristiche offerte dalle tre marche sono illustrate dalle semirette uscenti dall'origine degli assi: quanto maggiore è la quantità consumata di ciascuna marca, tanto più in alto sulla rispettiva semiretta si posiziona il consumatore; pertanto, in corrispondenza di x_1 il consumatore ottiene la quantità Q_{a1} della caratteristica A e la quantità Q_{b1} della caratteristica B.

Ipotizziamo che, per lo stesso prezzo, un individuo possa consumare una quantità corrispondente a x_1 con la marca (1), a x_2 con la marca (2) e a x_3 con la marca (3). Il consumatore sceglierà la marca (1) perché x_1 si trova su una curva di indifferenza più elevata rispetto a x_2 o x_3.

Ipotizziamo adesso che il prezzo della marca (2) diminuisca. Per un dato livello di spesa, il consumatore può ora spostarsi su un punto più alto della relativa semiretta, ma prima di abbandonare la marca (1) attenderà che il prezzo sia diminuito abbastanza da consentirgli di consumare la quantità corrispondente al punto x_4. Se il prezzo scende al punto tale da permettergli il consumo nel punto x_5, il consumatore non avrà esitazioni a cambiare marca.

Questo approccio presenta numerosi vantaggi rispetto alla convenzionale analisi delle curve di indifferenza per illustrare il comportamento del consumatore.

- Aiuta a spiegare la fedeltà alla marca. Al variare dei prezzi, non è detto che i consumatori passino gradualmente da una marca all'altra; è più probabile che restino fedeli alla solita marca fino al raggiungimento di un soglia di prezzo critica. A quel punto, cambieranno marca all'improvviso.
- Consente di illustrare su un unico diagramma la scelta fra diversi beni o marche, ciascuno dei quali è rappresentato da una semiretta.
- Contribuisce a spiegare la natura dei beni sostituti: quanto più questi sono prossimi, tanto più simili sono le loro caratteristiche e, di conseguenza, tanto minore è la distanza fra le rispettive semirette. A sua volta, la prossimità delle semirette facilita il passaggio dal consumo di un bene a un altro al variare del prezzo del primo.
- È possibile illustrare una variazione della qualità di un bene con una rotazione della rispettiva semiretta.

Tuttavia, questa analisi non è priva di punti deboli.

- Alcune caratteristiche non sono misurabili. Per esempio, la bellezza, il gusto o il divertimento sono qualità soggettive.
- Si possono tracciare solo due caratteristiche, mentre la maggior parte dei beni ne possiede svariate.

- CF 9 p129 Le curve di indifferenza si basano sulla soddisfazione che i consumatori pensano di poter ottenere dal consumo di un bene. Questa opinione può essere influenzata dalla pubblicità. Quando poi il bene viene effettivamente consumato, le persone possono esserne deluse o piacevolmente sorprese. In altre parole, i consumatori non sono perfettamente informati, quindi nella pratica il "livello ottimo" di consumo potrebbe non garantire loro la massima soddisfazione per il loro denaro.
- Alcuni beni vengono acquistati di tanto in tanto, e comunque uno alla volta. È questo il caso, per esempio, di alcuni beni durevoli come le auto, i televisori e le lavatrici. Le curve di indifferenza si basano sull'ipotesi che sia possibile incrementare al margine il consumo di un bene riducendo al margine il consumo di un altro, il che non accade con i beni durevoli.

I paragrafi in pillole

Paragrafo 4.1

1. La soddisfazione che le persone traggono dal consumo di un bene è detta "utilità". L'utilità totale è la soddisfazione ottenuta dal consumo complessivo di un particolare bene in un dato periodo di tempo. L'utilità marginale è la soddisfazione ottenuta dal consumo di un'unità addizionale di quel bene.
2. L'utilità marginale tende a diminuire all'aumentare del consumo. Questo concetto è noto come "principio dell'utilità marginale decrescente".
3. L'utilità che gli individui ottengono dal consumo di un bene dipende dalla quantità consumata di altri beni, siano essi sostituti o complementari; una variazione di tale quantità provoca uno spostamento delle curve di utilità totale e marginale.
4. I consumatori "razionali" mirano a massimizzare il proprio surplus del consumatore, che si definisce come l'eccedenza di utilità individuale (misurata in termini monetari) rispetto alla spesa sostenuta per acquistare il bene. Tale eccedenza è massimizzata acquistando in corrispondenza del punto in cui l'utilità marginale di un bene è pari al suo prezzo.
5. Nel caso più semplice, cioè quello in cui il prezzo e il consumo di altri beni sono tenuti costanti, la curva U' di un individuo coincide con la sua curva di domanda.
6. La curva di domanda di mercato non è altro che la somma orizzontale delle curve di domanda di tutti i consumatori individuali. L'elasticità della curva di domanda di mercato dipende dal tasso di diminuzione dell'utilità marginale all'aumentare del consumo. Questo, a sua volta, dipende dal numero e dalla prossimità dei beni sostituti. Se esistono sostituti prossimi e il loro prezzo scende, gli individui saranno pronti a consumarne una maggiore quantità, e così l'utilità marginale diminuisce lentamente. La domanda risulta quindi elastica.
7. Se si misura l'utilità marginale di un bene in termini monetari, si evita di ricorrere a unità di misura immaginarie come gli util; tuttavia, occorre ipotizzare che il denaro abbia un'utilità costante. In realtà, è probabile che l'utilità marginale del denaro diminuisca all'aumentare del reddito.
8. Un metodo più esatto per analizzare la domanda consiste nell'esaminare le scelte individuali fra diversi beni. Un individuo massimizza l'utilità ottenuta da un dato reddito consumando secondo il "principio di equimarginalità", in base al quale la combinazione di consumo ottima si trova uguagliando il rapporto U'/P relativo ai diversi beni.

Paragrafo 4.2

1. I benefici e a volte i costi di alcuni beni di consumo si manifestano lungo un periodo di tempo anziché all'istante. I consumatori devono quindi affrontare scelte di tipo intertemporale.
2. Poiché i consumatori generalmente preferiscono avere un bene subito anziché in futuro, i benefici (e i costi) che si manifestano più avanti nel tempo devono essere scontati fino a un valore attuale.
3. Maggiore è il fattore di sconto, minore sarà il valore attuale di qualsiasi beneficio o costo futuro.

Paragrafo 4.3

1. Nell'analisi della domanda del consumatore, l'approccio ordinalista esime dal dover misurare l'utilità.
2. Una curva di indifferenza mostra tutte le combinazioni di due beni che offrono al consumatore uno stesso livello di soddisfazione. È possibile tracciare una mappa di indifferenza composta da una serie di curve che rappresentano livelli sempre più elevati (ma purtuttavia non specificati) di soddisfazione man mano che si allontanano dall'origine degli assi.

3. Di solito le curve di indifferenza assumono una forma convessa verso l'origine degli assi, in ragione del saggio marginale di sostituzione decrescente fra i due beni. Quando viene acquistata una maggiore quantità di un bene, il consumatore è disposto a rinunciare a una quantità sempre minore del secondo per ogni unità addizionale del primo. Il saggio marginale di sostituzione è dato dalla pendenza della curva di indifferenza, pari a U'_X/U'_Y.
4. È possibile tracciare una retta di bilancio su un diagramma con una mappa di indifferenza per mostrare tutte le combinazioni dei due beni che possono essere acquistate per un dato ammontare di reddito, ipotizzando che i prezzi dei due beni siano costanti. La pendenza della retta di bilancio dipende dal prezzo relativo dei due beni ed è pari a P_X/P_Y.
5. Il consumatore ottiene il massimo livello di soddisfazione per un dato reddito consumando la combinazione di beni individuata dal punto in cui la retta di bilancio è tangente alla curva di indifferenza più elevata possibile. In corrispondenza di questo punto, la retta di bilancio e la curva di indifferenza hanno la medesima pendenza, ovvero $U'_X/U'_Y = P_X/P_Y$. Questo è il "principio di equimarginalità" per la massimizzazione dell'utilità derivante da un dato reddito, presentato nel Paragrafo 4.1.
6. Se il reddito reale del consumatore aumenta, la retta di bilancio si sposta parallelamente verso l'esterno. Il consumatore "razionale" si porta quindi nel punto di tangenza fra questa nuova retta di bilancio e la curva di indifferenza più elevata. La retta che unisce i punti di consumo ottimo per i diversi livelli di reddito si chiama "curva reddito-consumo".
7. Se il prezzo di uno dei due beni varia, la retta di bilancio ruota facendo perno sull'asse dell'altro bene. Una rotazione verso l'esterno rappresenta una diminuzione del prezzo, una rotazione verso l'interno rappresenta un aumento. La retta che congiunge i punti di tangenza di queste rette di bilancio con le relative curve di indifferenza si chiama "curva prezzo-consumo".
8. Misurando sull'asse verticale la spesa per tutti gli altri beni e ipotizzando che il loro prezzo e il reddito del consumatore restino costanti, è possibile derivare una curva di domanda per il bene misurato sull'asse orizzontale. Le variazioni del suo prezzo possono essere rappresentate da una rotazione della retta di bilancio. L'effetto sulla quantità domandata può essere desunto dalla risultante curva prezzo-consumo.
9. L'effetto di una variazione del prezzo sulla quantità domandata può essere suddiviso in effetto di reddito (il risultato di una variazione del solo reddito reale) ed effetto di sostituzione (il risultato di una variazione dei soli prezzi relativi).
10. Per un bene normale, gli effetti di reddito e di sostituzione di un aumento di prezzo sono negativi e si rafforzano a vicenda. Nel caso di un bene inferiore, l'effetto di sostituzione è sempre negativo, ma l'effetto di reddito è positivo e, in una certa misura, controbilancia l'effetto di sostituzione. Se il bene è "di molto" inferiore e l'effetto di reddito (positivo) è maggiore dell'effetto di sostituzione (negativo), siamo in presenza di un bene di Giffen. Un aumento del prezzo di un bene di Giffen provoca dunque un aumento della quantità domandata.
11. Sebbene sia utile per evitare di misurare l'utilità, l'analisi ordinalista presenta alcuni limiti. Nella realtà, infatti, non è facile derivare le curve di indifferenza; i consumatori potrebbero non comportarsi in maniera razionale; il livello "ottimo" di consumo potrebbe non essere tale se il consumatore non dispone delle necessarie informazioni sul bene; le curve di indifferenza non saranno regolari per quegli articoli che, con una sola unità, rappresentano un'ampia proporzione del reddito.

Domande di ripasso

1. Immaginate di avere €10 al mese da allocare fra due beni, A e B, il cui prezzo unitario è rispettivamente di €2 e €1. Le utilità dei due beni sono quelle indicate nella tabella seguente (i due beni non sono sostituti, quindi il consumo di uno non influisce sull'utilità derivante dall'altro).
   (a) Quale sarebbe il rapporto dell'utilità marginale (U'_A/U'_B) per le seguenti combinazioni dei due beni: (i) 1A, 8B; (ii) 2A, 6B; (iii) 3A, 4B; (iv) 4A, 2B? (Ciascuna combinazione costa €10.)
   (b) Dimostrate che in corrispondenza del punto in cui il rapporto dell'utilità marginale (U'_A/U'_B) è pari al rapporto fra i prezzi (P_A/P_B), l'utilità totale viene massimizzata.
   (c) Se i due beni fossero sostituti, perché non sarebbe possibile compilare una tabella come quella seguente?

Utilità derivante a una persona da varie quantità di due beni, A e B.

Bene A			**Bene B**		
Unità al mese	**U' (util)**	**UT (util)**	**Unità al mese**	**U' (util)**	**UT (util)**
0	-	0,0	0	-	0,0
1	11,0	11,0	1	8,0	8,0
2	8,0	19,0	2	7,0	15,0
3	6,0	25,0	3	6,5	21,5
4	4,5	29,5	4	5,0	26,5
5	3,0	32,5	5	4,5	31,0
			6	4,0	35,0
			7	3,5	38,5
			8	3,0	41,5
			9	2,6	44,1
			10	2,3	46,4

2. È ragionevole ipotizzare che gli individui cerchino di uguagliare il rapporto utilità marginale/prezzo dei beni che acquistano, se (a) non conoscono il concetto di "utilità" e men che meno quello di "utilità marginale"; (b) l'utilità marginale non può essere misurata in senso assoluto?
3. Perché le situazioni in cui potreste voler scambiare un bene con qualcun altro sono relativamente rare? In quali circostanze sarebbero più frequenti?
4. Spiegate perché il prezzo di un bene non è indicativo del valore totale che un consumatore gli attribuisce.

*5. Tracciate la mappa di indifferenza di un individuo per i beni X e Y; contrassegnate il livello ottimo di consumo. Illustrate ora i seguenti fenomeni (potreste dover tracciare un diagramma per ciascuna voce):
   (a) Un aumento del prezzo del bene X, mentre il prezzo del bene Y resta invariato.
   (b) Un aumento delle preferenze dell'individuo per il X, a scapito del bene Y.
   (c) Una diminuzione del reddito individuale e un calo del prezzo del bene Y, a seguito dei quali il consumo di Y resta costante (mentre quello di X cala).

*6. Spiegate la differenza fra un bene normale, un bene inferiore e un bene di Giffen, usando le curve di indifferenza per illustrare la vostra risposta.

*7 Supponiamo che i pendolari considerino le corse in autobus un bene inferiore e gli spostamenti in auto un bene normale. Usando le curve di indifferenza, mostrate come (a) un aumento del reddito e (b) una diminuzione dei prezzi dei biglietti dell'autobus influiscono sull'uso di questi due mezzi di trasporto. In che modo sarebbe possibile modificare i gusti degli individui affinché le corse in autobus non fossero più considerate beni inferiori? In tal caso, quale sarebbe l'effetto sulle curve di indifferenza?

ONLINE

Sulla piattaforma MyLab dedicata a questo testo troverete materiali di supporto e approfondimento. All'interno dello stesso ambiente è disponibile la piattaforma inglese MyLab Economics che offre ulteriori risorse, un ricco apparato multimediale ed esercizi guidati.

CAPITOLO

5 Il comportamento del consumatore in un mondo incerto

Sommario del capitolo

In questo capitolo esaminiamo le scelte del consumatore in presenza di informazioni limitate e di comportamenti non necessariamente corrispondenti a quelli dei consumatori "razionali" presi in considerazione nel Capitolo 4.

Quando si acquistano beni o servizi, spesso esiste il rischio che i benefici effettivi non siano quelli attesi; la qualità potrebbe essere inferiore al previsto, o il bene potrebbe durare meno di quanto atteso. Nel Paragrafo 5.1 esamineremo le decisioni di consumo che i consumatori devono affrontare in condizioni di incertezza. Vedremo anche come i consumatori possano assicurarsi contro l'incertezza e i comportamenti delle imprese che forniscono tali assicurazioni.

Nel Paragrafo 5.2 esamineremo il comportamento effettivo messo in atto dagli utenti quando acquistano beni e servizi. A volte non si ha il tempo di valutare costi e benefici di tutti i possibili acquisti, a volte si agisce di impulso, o seguendo semplici regole empiriche. Esamineremo i risultati ottenuti in vari studi e ricerche dagli economisti che conducono esperimenti per indagare come si comportano i consumatori in vari tipi di situazioni.

5.1 La domanda in condizioni di rischio e incertezza

Il problema dell'informazione imperfetta

Nel capitolo precedente ci siamo basati sull'ipotesi che chi acquista beni e servizi conosca il prezzo che pagherà e l'utilità che attribuisce al consumo. In molti casi, questa ipotesi è in effetti ragionevole. Per esempio, se acquistate una barretta di cioccolato, ne conoscete il prezzo e avete un'idea piuttosto precisa di quanto la gusterete. Ma si può dire lo stesso di un ***bene di consumo durevole***, come un telefono cellulare, un'automobile o un computer portatile? In ciascuno di questi casi si acquista un bene destinato a durare a lungo e i cui costi e benefici futuri diventano via via più incerti col passare del tempo.

Consideriamo l'esempio dell'acquisto di un computer portatile che costa €300. Se pagate in contanti, l'esborso immediato non lascia spazio all'incertezza riguardo al costo: è €300; ma i computer possono guastarsi, quindi nel giro di due anni potreste trovarvi a pagare una fattura di €100 per la riparazione. In altre parole, quando acquistate un computer portatile non potete essere certi del "prezzo" complessivo che dovrete corrispondere nel corso della sua vita utile.

IDEA CHIAVE 15 ***Un processo decisionale efficace richiede informazioni certe.*** Se le informazioni sono imperfette, le decisioni saranno probabilmente azzardate e i loro risultati deludenti.

Se i costi del computer portatile sono incerti, i benefici non sono da meno. Al momento dell'acquisto, potreste essere attratti dalla descrizione che ne fa il commesso del negozio o dalla pubblicità su una rivista; tuttavia, dopo averlo usato per un po', potreste scoprire aspetti che non avevate previsto: magari impiega troppo tempo ad avviarsi, o a connettersi a Internet, o a eseguire alcuni tipi di software o giochi.

L'acquisto di beni di consumo durevoli comporta quindi un'incertezza, e lo stesso vale per l'acquisto di attività materiali, come una casa, o finanziarie, come le azioni. In questo caso, l'incertezza riguarda il loro *prezzo* futuro: se acquistate le azioni di una società, i loro corsi potrebbero registrare un'impennata che vi consentirà di rivenderle a un prezzo più elevato e ottenere un profitto, oppure potrebbero diminuire, facendovi subire una perdita. Non potete saperlo con certezza.

I problemi legati al processo decisionale basato su aspettative future sono esaminati nel Concetto fondamentale 9.

Atteggiamenti nei confronti del rischio e dell'incertezza

IC 11 p68 Per capire in che modo l'incertezza influenza i comportamenti individuali, occorre stabilire qual è l'atteggiamento delle persone nei confronti dell'azzardo. Nella nostra analisi ipotizziamo che l'individuo conosca le varie possibilità che comporta assumere un azzardo (cioè conosca le esatte *probabilità* del verificarsi di diversi risultati). In altre parole, ipotizziamo che l'individuo operi in condizioni di rischio più che di incertezza.

Consideriamo un esempio. Supponiamo che vi siano rimasti soltanto €105 di una borsa di studio e non possediate altri redditi o risparmi. State pensando di acquistare un biglietto della lotteria. Quel biglietto della lotteria costa €5 ed esiste 1 possibilità su 10 (probabilità del 10%) che sia vincente. Un biglietto vincente paga un premio di €50. Acquistereste il biglietto della lotteria? La risposta dipende dalla vostra attitudine al rischio.

Per comprendere l'attitudine al rischio delle persone, è importante capire il concetto di ***valore atteso*** di un azzardo, cioè il guadagno che la persona otterrebbe in media se ripetesse tale azzardo molte volte. Per calcolare il valore atteso di un azzardo basta moltiplicare ciascun possibile risultato per la corrispondente probabilità che esso si verifichi. I risultati vanno poi sommati tra loro.

Nel nostro esempio l'azzardo ha due soli risultati possibili: acquistate un biglietto vincente oppure uno perdente. La probabilità che il biglietto acquistato sia vincente è del 10%, che ci porta a un totale di €150 da spendere (€100 che vi sono rimasti dopo aver acquistato il biglietto, più un premio di €50). La probabilità che il biglietto acquistato sia perdente è del 90%, e in quel caso vi rimarranno in tasca soltanto €100 euro. Il valore atteso di questo azzardo, quindi, è:

$$VA_{azzardo} = 0{,}1(€150) + 0{,}9(€100) = 105$$

Probabilità che sia un biglietto vincente
Risultato di un biglietto vincente
Probabilità che sia un biglietto perdente
Risultato di un biglietto perdente

PAROLE CHIAVE

Bene di consumo durevole Bene di consumo che dura che per un certo periodo di tempo, durante il quale il consumatore può continuare a trarre utilità dalla sua fruizione.

Valore atteso Valore medio del risultato di un'attività che viene eseguita molte volte.

CONCETTO FONDAMENTALE 9 **Le azioni delle persone dipendono dalle loro aspettative** PENSARE COME UN ECONOMISTA

In campo economico, la quasi totalità delle azioni viene intrapresa prima di poter godere dei benefici che esse apportano: prima si lavora e poi si riceve il salario, prima si acquista un bene e poi lo si utilizza. Una barretta di cioccolata, per esempio, nella maggior parte dei casi può essere consumata subito, mentre molti "beni di consumo durevoli", come le apparecchiature elettroniche o gli elettrodomestici, si utilizzano per un periodo molto più lungo.

Lo stesso accade con le imprese. Ciò che producono oggi sarà venduto in un momento futuro, quindi le imprese prima sostengono i costi di produzione e poi ottengono un ricavo; quando si tratta di investire in nuove strutture di produzione o nuovi macchinari, inoltre, potrebbe passare molto tempo prima che l'impresa registri un profitto dall'investimento.

In ciascuno di questi casi, quindi, si decide di fare qualcosa oggi in previsione di ciò che accadrà in futuro. Il processo decisionale è corretto solo nella misura in cui lo sono le informazioni su cui si basa: questo è un *concetto fondamentale* in economia. Se le aspettative si dimostrano errate, una decisione apparentemente giusta potrebbe rivelarsi catastrofica. Parte del compito degli economisti consiste dunque nell'esaminare il modo in cui le persone raccolgono informazioni e su quali basi formano le proprie aspettative. Si può dire, quindi, che gli economisti provano a formulare previsioni sul futuro.

Ogni qualvolta le informazioni sul futuro sono imperfette, come accade quasi sempre, il loro utilizzo a scopi decisionali comporta una certa dose di rischio. Le imprese operano continuamente in condizioni di rischio: il rischio che i prezzi di mercato diminuiscano, che i costi aumentino, che i macchinari si guastino, che i concorrenti lancino nuovi prodotti, e così via.

Anche i singoli individui, nelle loro vite quotidiane, sono esposti a rischi legati alle scarse informazioni sul futuro: per esempio, quando decidono di andare in vacanza e rischiano di trovare cattivo tempo, oppure vanno al cinema e il film non risulta di loro gradimento.

A volte gli individui non dispongono delle informazioni necessarie perché non investono tempo o denaro per procurarsele. Un caso del genere potrebbe verificarsi con le istruzioni relative a un prodotto: dopo tutto, basta un po' di ricerca per ottenere le informazioni che servono. Altre volte, invece, le informazioni non sono proprio disponibili, quantomeno non nella forma che servirebbe per decidere con certezza. Un'impresa può condurre una ricerca di mercato per sondare i desideri dei consumatori, ma, fino al lancio del prodotto, non può sapere quanti pezzi saranno venduti. Un analista di mercato può formulare previsioni sull'andamento dei corsi azionari o del tasso di cambio dollaro/euro, ma spesso queste congetture si rivelano errate.

Se non acquistate il biglietto avrete €105 da spendere, con certezza.

$$VA_{noazzardo} = 1(€105) = 105$$

Esistono tre categorie di atteggiamento verso il rischio.

Indifferenza al rischio. Le persone indifferenti al rischio scelgono sempre l'opzione con il massimo valore atteso. Quindi, nel nostro esempio, uno studente indifferente al rischio sarebbe indifferente tra acquistare o non acquistare il biglietto della lotteria, dato che ciascun risultato ha lo stesso valore atteso: €105.

Avversione al rischio. Le persone avverse al rischio non sceglieranno mai un azzardo se ha lo stesso valore atteso di un ammontare certo. Quindi, uno studente avverso al rischio non acquisterebbe mai il biglietto della lotteria.

Tuttavia, affermare che una persona avversa al rischio non assumerà mai dei rischi è una semplificazione eccessiva. Quella persona potrebbe accettare un azzardo se questo ha un valore atteso maggiore di un certo livello. Se la probabilità di acquistare un biglietto vincente della lotteria nel precedente esempio fosse del 20% anziché del 10%, uno studente avverso al rischio potrebbe acquistare un biglietto, poiché il valore atteso dell'azzardo (€120) sarebbe maggiore dell'ammontare certo (€105).

Il fatto che una persona avversa al rischio accetti o meno un azzardo dipende dal livello di avversione al rischio, che varia da un individuo all'altro. Più alto è il livello di avversione al rischio, maggiore è il valore atteso dell'azzardo a cui la persona sarà disponibile a rinunciare per ottenere un ammontare certo.

L'ammontare di denaro certo che fornisce a una persona la stessa utilità di un azzardo è detta ***equivalente certo*** dell'azzardo. Più una persona è avversa al rischio, minore è l'equivalente certo dell'azzardo per lei. La differenza tra il valore atteso dell'azzardo e l'equivalente certo dell'azzardo per una persona costituisce il ***premio di rischio***. Più una persona è avversa al rischio, maggiore è il suo premio di rischio positivo.

PAROLE CHIAVE

Equivalente certo Somma di denaro garantita che una persona considererebbe altrettanto desiderabile del valore atteso di un azzardo. Per una persona avversa al rischio, l'equivlente certo è minore del valore atteso.

Premio di rischio Valore atteso di un azzardo meno equivalente certo dell'azzardo per una persona.

Propensione al rischio. Le persone propense al rischio sceglieranno sempre un azzardo se ha lo stesso valore atteso dell'ammontare certo ottenuto non scegliendolo. Quindi, uno studente propenso al rischio acquisterebbe il biglietto della lotteria.

Anche qui, è una semplificazione eccessiva affermare che una persona propensa al rischio sceglierà sempre un azzardo. Potrebbe invece scegliere un ammontare certo se ha un valore atteso maggiore dell'azzardo. Per una persona propensa al rischio, l'equivalente certo di un azzardo è maggiore del suo valore atteso. Per esempio, se la probabilità di acquistare un biglietto vincente della lotteria nel precedente esempio fosse dell'1% anziché del 10%, anche uno studente propenso al rischio non acquisterebbe il biglietto. O meglio, la decisione dipenderà dal livello di propensione al rischio dello studente. Più una persona è propensa al rischio, maggiore è l'ammontare certo che è disponibile a perdere per accettare un azzardo. Poiché l'equivalente certo dell'azzardo è maggiore del suo valore atteso, il premio di rischio è negativo.

Utilità marginale decrescente del reddito e atteggiamenti nei confronti del rischio

IC 13 p103 Gli scommettitori accaniti potrebbero essere propensi al rischio, sapendo che c'è sempre la possibilità di vincere. Di media, tuttavia, i giocatori d'azzardo perdono più spesso di quanto non vincano: dopo tutto, i bookmaker devono guadagnare la loro parte, quindi le probabilità di vincita sono generalmente sfavorevoli agli scommettitori.

La maggior parte delle persone, invece, è avversa al rischio perché preferisce evitare l'incertezza; per spiegarne il motivo, gli economisti usano l'analisi dell'utilità marginale. Secondo questa analisi, infatti, l'utilità associata a un guadagno di €100 è inferiore alla perdita di utilità derivante dal rinunciare alla stessa somma. Pensate alla vostra personale situazione finanziaria: con ogni probabilità cercate di adeguare, con maggiore o minore successo, il vostro standard di vita al reddito di cui disponete. Se guadagnaste inaspettatamente €100, potreste acquistare abiti nuovi o andare a cena fuori. Ma se perdeste la stessa cifra, potreste incontrare qualche difficoltà a far tornare i conti. Così, se vi venisse offerta una scommessa nella quale avete il 50% di possibilità di vincere o perdere €100, probabilmente rinuncereste.

Il comportamento volto a evitare il rischio concorda con il principio dell'*utilità marginale decrescente*. Nel Capitolo precedente ci siamo concentrati sull'utilità marginale associata al consumo di un singolo bene, che diminuisce all'aumentare del numero di unità consumate (almeno oltre un certo livello). Lo stesso principio si applica al consumo *totale*: quanto maggiore è il consumo totale, tanto minore è la soddisfazione derivante da ogni euro di spesa in più.

Esiste una ***utilità marginale decrescente del reddito***, per cui all'aumentare del guadagno l'utilità derivante da ogni euro addizionale diminuisce: se una persona ha un reddito di €15.000 e guadagna €1000 in più, si sentirà molto meglio, l'utilità marginale di quel reddito aggiuntivo è relativamente elevata; al contrario, per una persona che ha già un reddito di €500.000, €1000 in più hanno un'utilità molto minore.

Per capire perché l'utilità marginale decrescente del reddito genera avversione al rischio, esaminiamo la Figura 5.1, che illustra l'utilità *totale* ottenuta dal reddito.

La pendenza di questa curva rappresenta l'utilità *marginale* del reddito. Al diminuire dell'utilità marginale, la curva si appiattisce progressivamente. Supponiamo che una persona tragga 70 unità di "soddisfazione" dallo spendere €5.000 nei beni che più le piacciono. Questo è mostrato dal punto *a* nella Figura 5.1. Se il reddito di quella persona aumenta da €5000 a €10.000, la sua utilità totale aumenta di 30 unità, da 70 a 100, aumento rappresentato dal movimento lungo la curva dell'utilità totale dal punto *a* al punto *b*. Un analogo incremento del reddito da €10.000 a €15.000 si traduce in un movimento dal punto *b* al punto *c*, ma questa volta l'utilità totale aumenta di sole16 unità, da 100 a 116. L'utilità marginale, quindi, è diminuita.

Immaginate adesso di avere un reddito di €10.000 e che vi venga offerta l'opportunità di scommettere €5000 con una probabilità di vincita e di perdita del 50%: in altre parole, avete il 50% di probabilità di veder aumentare il vostro reddito a €15.000 o di vederlo crollare a €5000. Il valore atteso dell'azzardo è €10.000 e coincide con la cifra ottenuta se non scommettete.

Con un reddito di €10.000, la vostra utilità totale è 100. Se vincete la scommessa e portate il vostro reddito a €15.000, la vostra utilità totale salirà a 116, in caso contrario, resterete solo con €5000 e un'utilità di 70, quindi in diminuzione di 30. Avete quindi una probabilità del 50% di ottenere un'utilità di 116 o 70, nei due casi. L'utilità attesa, o *media*, sarà (116 + 70) / 2 = 93.

Questo punto può essere illustrato nella Figura 5.1 tracciando una retta o corda tra i punti *a* e *c*. I punti lungo questa corda rappresentano tutte le possibili medie

PAROLE CHIAVE

Utilità marginale decrescente del reddito
Situazione in cui ogni euro aggiuntivo di reddito assicura un'utilità addizionale sempre minore.

Figura 5.1 Utilità totale del reddito.

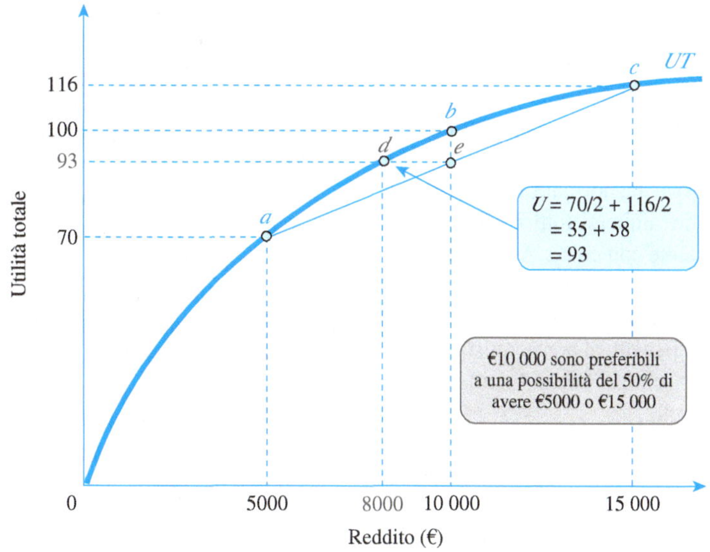

pesate di utilità tra i punti *a* e *c*. In questo esempio, poiché la probabilità è del 50%, l'utilità attesa si trova a metà della corda, nel punto *e*. Come potete vedere dalla curva *UT*, l'utilità attesa dalla scomessa è uguale a quella ottenuta ricevendo €8000 con certezza (punto *d*). Questo è l'equivalente certo della scommessa.

Il premio di rischio è €2000 e corrisponde al valore atteso di €10.000 meno l'equivalente certo di €8000. Per la persona considerata, €10.000 certi offrono un'utilità maggiore della scommessa, perciò tale persona preferirà sempre una somma certa, in questo caso purché sia maggiore di €8000. Quindi l'avversione al rischio rientra nel comportamento razionale che punta alla massimizzazione dell'utilità.

Nella realtà, quando ci assumiamo un rischio non conosciamo quasi mai le esatte probabilità di riuscita. In altre parole, operiamo in condizioni di *incertezza*. Spesso dobbiamo riflettere sulle diverse probabilità che possiamo attribuire a vari eventi. Vi è evidenza del fatto che in alcune circostanze le persone non sono brave a effettuare valutazioni probabilistiche e tendono a commettere errori sistematici. Questo aspetto è discusso in maggiore dettaglio nel Paragrafo 5.2.

L'assicurazione: un metodo per eliminare i rischi

L'assicurazione è l'opposto dell'azzardo, perché elimina i rischi. Per esempio, ogni giorno correte il rischio di perdere il telefono cellulare, o romperlo facendolo cadere: in entrambi i casi dovrete sostenere il costo dell'acquisto di un telefono nuovo per sostituirlo. In alternativa, potete eliminare il rischio sottoscrivendo una polizza assicurativa che rimborsi il costo di un nuovo dispositivo se l'originale viene perso o danneggiato.

Molte persone sono avverse al rischio e spesso sono disposte a pagare un premio assicurativo anche se in questo modo otterranno meno del valore atteso corrispondente ad assumersi un rischio senza assicurazione. Il totale dei premi versati alle compagnie di assicurazione, e quindi i ricavi generati, saranno in genere *superiori* alle somme pagate in caso di risarcimento: è così che tali società realizzano un profitto.

Ma allora questo significa che le compagnie di assicurazione sono meno avverse al rischio dei loro clienti? Perché sono pronte ad assumersi un rischio che i loro clienti non vogliono sostenere? La risposta sta nella ***distribuzione dei rischi***.

La distribuzione dei rischi

Consideriamo il seguente esempio. Supponete di avere €100.000 di beni quali risparmi, automobile, immobili e così via. Ogni giorno andate a scuola/università in auto ed esiste 1 possibilità su 20 (il 5%) che un giorno dell'anno sarete responsabili di un grave incidente per cui la vostra automobile sarà da demolire. Supponete che il valore di mercato dell'auto sia attualmente di

PAROLE CHIAVE

Distribuzione dei rischi (per una compagnia assicurativa) Maggiore è il numero di polizze che la compagnia emette, maggiore è l'indipendenza dei rischi di rimborso relativi e maggiormente prevedibile risulta il numero di richieste di rimborso.

€20.000 e rimanga invariato per i prossimi 12 mesi. Il valore atteso di fare una scommessa (cioè di non acquistare una polizza auto con copertura totale) è 0,95(100.000) + 0,05(80.000) = €99.000.

Se siete avversi al rischio sarete disponibili a pagare più di €1000 per acquistare una polizza a copertura totale sull'auto per un anno. Per esempio, sarete disponibili a pagare €1100 (in più rispetto a una normale assicurazione) per una polizza annuale che rimborsi tutti i €20.000 nel caso in cui abbiate un incidente con colpa. Avendo pagato i €1100 in più, dei €100.000 vi rimarranno €98.900 con certezza. Se siete avversi al rischio, questo potrebbe darvi un livello di utilità maggiore rispetto al non acquistare l'assicurazione assumendovi il rischio di fare un'incidente che porti alla demolizione dell'auto.

La compagnia di assicurazione, tuttavia, non assicura solo voi, ma molti altri guidatori di automobili. Supponete che abbia molti clienti ricchi esattamente quanto voi e che affrontano lo stesso rischio (il 5% ogni anno) di fare un incidente che porti alla demolizione dell'auto. All'aumentare del numero dei clienti, il risultato ogni anno sarà sempre più vicino al valore atteso o medio. Quindi, la compagnia di assicurazione è in grado di predire con fiducia crescente che, in media, 5 su 100 dei suoi clienti causeranno un incidente ogni anno e chiederanno alla loro compagnia assicurativa €20.000, mentre gli altri 95 su cento non causeranno incidenti e quindi non chiederanno rimborsi alla compagnia.

Questo significa che la compagnia assicurativa pagherà €100.000 di rimborsi ogni 100 clienti, che corrispondono a €1000 per cliente. Se ogni cliente è disponibile a pagare €1100 extra per una tale polizza, la compagnia assicurativa otterrà dai premi versati dai clienti ricavi superiori alle uscite per rimborsi. Supponendo che i costi amministrativi di fornire ciascuna polizza per cliente siano inferiori a €100, la compagnia assicurativa è in grado di realizzare un profitto.

Questa è un'applicazione della ***legge dei grandi numeri***, per la quale ciò che è imprevedibile per un individuo diventa altamente prevedibile a livello aggregato. Pertanto, quante più polizze una compagnia di assicurazione stipula, tanto più è prevedibile il risultato totale. In altre parole, la compagnia assicurativa è in grado di convertire la vostra *incertezza* nel suo *rischio*.

Nella realtà, le persone che si assicurano non hanno tutte lo stesso livello di ricchezza e le stesse possibilità di avere incidenti d'auto. Tuttavia, usando dati statistici la compagnia assicurativa sarà in grado di elaborare la probabilità media del verificarsi di un evento per persone che si trovano in condizioni simili. Basare i premi assicurativi sulle probabilità medie potrebbe però creare problemi alla compagnia, come vedremo più avanti.

L'indipendenza dei rischi

Per essere efficace, la distribuzione dei rischi richiede non solo un numero elevato di polizze, ma anche che i rischi siano ***indipendenti***, ovvero che, se una persona chiede un rimborso, questo non aumenti le probabilità che un'altra persona chieda anch'essa un rimborso. Nell'esempio precedente, se i rischi sono indipendenti, nel caso in cui una persona ha un'incidente d'auto, la probabilità che un'altra persona abbia un'incidente rimane sempre del 5%.

Ora consideriamo un esempio differente. Se una compagnia assicurasse 1000 case *tutte nello stesso quartiere* e si verificasse un forte incendio in quella zona, le richieste di rimborso sarebbero enormi. I rischi di incendio *non* sarebbero indipendenti, dato che se una casa si incendia aumenta le probabilità che vadano a fuoco anche quelle vicine. Invece, se la compagnia fornisse polizze assicurative sull'incendio per case distribuite in tutto il territorio dello stato, i rischi sarebbero indipendenti.

Un altro modo in cui le compagnie assicurative possono distribuire i rischi è mediante la ***diversificazione***. All'aumentare dei tipi di polizze offerti (sull'auto, sulla casa, sulla vita, sulla salute e così via), aumenta la probabilità che i rischi siano indipendenti.

I problemi che le compagnie assicurative devono affrontare

Un problema importante per le compagnie assicurative è che operano in un mercato in cui vi è una notevole ***asimmetria informativa***, che si verifica se una parte possiede delle informazioni relative al valore della transazione che la controparte non ha. Nel mercato assicurativo l'acquirente spesso possiede informazioni private su di sé a cui la compagnia assicurativa non può accedere.

L'asimmetria informativa viene spesso suddivisa in due tipologie: con caratteristiche inosservabili e con

PAROLE CHIAVE

Legge dei grandi numeri Quanto maggiore è il numero di eventi di un particolare tipo, tanto più prevedibile diventa l'esito medio.

Rischi indipendenti Situazione in cui due eventi rischiosi non sono collegati tra loro. Il verificarsi dell'uno non incide sulla probabilità del verificarsi dell'altro.

Diversificazione Espansione di un'impresa in nuovi settori di attività.

Asimmetria informativa Quando in una relazione economica una parte ha migliori informazioni rispetto all'altra.

azioni inosservabili. Ciascun tipo può generare un diverso problema: le caratteristiche inosservabili possono generare il problema della *selezione avversa*, mentre le azioni inosservabili possono generare il problema del *rischio morale*. Nel seguito consideriamo entrambi i casi uno per uno.

Potenziali problemi causati da caratteristiche inosservabili: la selezione avversa

I potenziali clienti delle compagnie assicurative hanno caratteristiche diverse. Consideriamo per esempio le assicurazioni auto: alcuni guidatori sono molto capaci e attenti, altri sono meno bravi e altri amano il brivido della velocità. Pensiamo alle assicurazioni sulla vita: alcune persone conducono uno stile di vita molto salutare, con una dieta ben bilanciata e regolare esercizio fisico, mentre altri mangiano troppo e non fanno esercizio.

In ognuno di questi casi il cliente probabilmente conoscerà le proprie caratteristiche meglio della compagnia assicurativa. E tali caratteristiche hanno un impatto sul costo che l'impresa dovrà sostenere per l'assicurazione. Per esempio, i guidatori meno abili tenderanno a fare più incidenti e a fare più richieste di rimborso rispetto a quelli più capaci. I problemi che ne potrebbero nascere si possono illustrare meglio con un semplice esempio numerico.

Nel precedente esempio sulle assicurazioni auto abbiamo assunto che tutti i clienti avessero le stesse caratteristiche: il 5% annuo di probabilità di essere responsabili di un incidente automobilistico con danni stimabili, in media, in €20 000. In realtà, poiché i clienti hanno caratteristiche diverse, le probabilità che causino incidenti variano da un cliente all'altro. Per semplicità assumiamo che una compagnia assicurativa abbia soltanto due tipi di potenziali clienti: una metà di persone molto brave a guidare che hanno l'1% annuo di probabilità di causare un incidente e l'altra metà di persone meno abili che hanno il 9% annuo di probabilità di causare un incidente. Il problema, per la compagnia assicurativa, è che quando un cliente acquista la sua polizza, la compagnia non sa se questi è un bravo guidatore o no.

Nell'affrontare questa situazione, la compagnia assicurativa potrebbe fissare un premio di rischio che le consenta di ottenere un profitto, basandosi sull'assunzione che metà dei clienti sarà composta da guidatori molto bravi e l'altra metà da guidatori pessimi. Usando la legge dei grandi numeri, l'impresa può prevedere che il 5% dei suoi clienti farà una richiesta di rimborso e quindi il rimborso medio sarà di €1000 per cliente (€20 000/20). Ancora una volta, ipotizzando costi amministrativi inferiori a €100 per cliente, la compagnia è potenzialmente in grado di ottenere un profitto su ogni polizza.

Il problema è che i guidatori più bravi potrebbero trovare poco attraente questo premio assicurativo. Per loro il valore atteso dell'azzardo (di non sottoscrivere la polizza) è 0,99(100 000) + 0,01(80 000) = €99 800. Considerando i costi extra resterebbero soltanto €98 900, cioè la loro ricchezza iniziale di €100 000 meno il premio di €1100. A meno che non siano molto avversi al rischio, il massimo importo che sarebbero disponibili a pagare sarà probabilmente molto minore di €1100.

D'altra parte, i guidatori meno abili potrebbero trovare molto attraente l'offerta della compagnia assicurativa. Il loro valore atteso per l'azzardo è 0,91(100 000) + 0,09(80 000) = €98 200. La cifra massima che saranno disponibili a pagare sarà probabilmente maggiore di €1100. In effetti, se fossero tutti avversi al rischio acquisterebbero tutti la polizza anche al costo di €1800, poiché così rimarrebbero con €98 200 – corrispondenti al valore atteso dell'azzardo.

Potrebbe accadere, dunque, che solo i guidatori meno abili acquistino l'assicurazione. In questo caso, 9 clienti su 100 chiederebbero un rimborso di €20 000 ciascuno. Il rimborso medio per cliente sarebbe di €1800. Quindi, la compagnia assicurativa pagherebbe molto più della somma che otterrebbe dai premi assicurativi.

Invece, se la compagnia assicurativa *sapesse* che un potenziale cliente è un guidatore abile, potrebbe offrigli la polizza a un prezzo molto inferiore, a un livello che il guidatore bravo e avverso al rischio sarebbe disposto a pagare. Se tutti i clienti che acquistano la polizza fossero bravi guidatori, allora solo 1 su 100 farebbe una richiesta di rimborso per €20 000 e il rimborso medio per cliente sarebbe di soli €200. Tutti i guidatori abili e avversi al rischio sarebbero disponibili a pagare più di €200 per la polizza.

Se la compagnia non sa quali guidatori sono abili e quali no, questa asimmetria informativa impedirà che avvenga una transazione con beneficio di entrambe le parti.

Questo esempio illustra il problema della ***selezione avversa*** nei mercati assicurativi: è la situazione in cui i clienti con le caratteristiche meno desiderabili dal punto di vista del venditore (cioè quelli che con la massima probabilità faranno richiesta di rimborso) sono quelli che più probabilmente acquisteranno la polizza a un prezzo basato sul rischio medio di *tutti* i potenziali

PAROLE CHIAVE

Selezione avversa nel mercato delle assicurazioni
Quando i clienti con le caratteristiche meno desiderabili per il venditore sono quelli con maggiori probabilità di acquistare una polizza a un prezzo basato sul rischio medio di tutti i potenziali clienti.

clienti. Questo potrebbe portare il mercato assicurativo per persone a basso rischio a crollare, nonostante il fatto che sarebbero possibili transazioni con beneficio di entrambe le parti se vi fosse simmetria informativa.

Il problema della selezione avversa non è una peculiarità del mercato assicurativo. Esistono caratteristiche inosservabili in molti altri mercati, e possono riguardare l'acquirente, il venditore o il prodotto oggetto di scambio. Un esempio ben noto è quello del venditore di auto usate che vende un "bidone" (un'auto con difetti) a un acquirente che non ha le conoscenze tecniche per effettuare le necessarie verifiche. Un altro esempio è quello nel negozio dell'usato che acquista a un prezzo basso un'antichità di grande valore messa a disposizione da un venditore che non ne conosce il valore reale. Nella Tabella 5.1 sono forniti altri esempi.

Possiamo definire la selezione avversa in termini generali come nell'Idea chiave 16.

IDEA CHIAVE 16 ***Selezione avversa.*** Processo di mercato in cui acquirenti, venditori o prodotti con determinate caratteristiche inosservabili (per esempio alto rischio o bassa qualità) hanno maggiori probabilità di entrare nel mercato al prezzo corrente. Questo processo può avere un impatto negativo sull'efficienza economica e causare il collasso di mercati potenzialmente redditizi.

Affrontare il problema della selezione avversa. Esiste il modo di superare i potenziali problemi causati dalla selezione avversa? Uno è che la controparte non informata sulle caratteristiche degli altri chieda loro informazioni in merito. Per esempio, una compagnia assicurativa potrebbe chiedere ai clienti di riempire un questionario fornendo dettagli su stile di vita e anamnesi familiare, o di sottoporsi a una visita medica, in modo da poter valutare il livello di rischio e fissare un premio appropriato. Potrebbero essere previste delle penali per le persone che forniscono informazioni non vere. Questo processo in cui la parte non informata cerca di ottenere le informazioni da quella informata si chiama *screening*.

Un'alternativa è che la persona o parte informata sulle caratteristiche rilevanti agisca per rivelarle alla persona o parte non informata. In questo caso si parla di "segnalazione" o *signalling*. Per esempio, un dipendente potenzialmente preparato e intelligente potrebbe segnalare questo fatto ai potenziali datori di lavoro ottenendo una laurea in economia con buoni voti o lavorando per un certo periodo a titolo gratuito.

Potenziali problemi causati da azioni inosservabili: il rischio morale

Supponete che negli esempi precedenti le diverse caratteristiche dei guidatori fossero perfettamente osservabili da parte della compagnia assicurativa, la quale potrebbe quindi individuare i guidatori più bravi o attenti e applicare a loro una tariffa inferiore rispetto ai guidatori meno capaci o attenti. La compagnia potrebbe comunque dover affrontare problemi causati da *azioni inosservabili*; anche qui si tratta di asimmetria informativa.

Una volta che i guidatori hanno acquistato polizze a copertura integrale, il loro comportamento alla guida potrebbe cambiare. Infatti, ora i guidatori di ogni tipo hanno un incentivo a usare meno cautela nella guida, dato che in caso di incidente tutti i costi saranno coperti dalla polizza e quindi il beneficio marginale di una maggiore attenzione alla guida è ridotto. Di conseguenza, le possibilità che un guidatore capace abbia un incidente salgono sopra l'1% e quelle dei guidatori meno capaci salgono oltre il 9%.

Il problema, per la compagnia assicurativa, è che questi cambiamenti di comportamento sono difficili da osservare. Le compagnie potrebbero trovarsi nella posizione in cui l'entità dei rimborsi richiesti da guidatori capaci e non aumenti fino a superare la somma ricavata dai premi delle polizze, basati sul livello di rischio esistente prima della sottoscrizione.

Si parla in questo caso di ***rischio morale***, che può essere definito in termini generali come la situazione in

PAROLE CHIAVE

Rischio morale Quando in una transazione una parte ha un incentivo a comportarsi in un modo che va a danno dell'altra parte.

Tabella 5.1 Selezione avversa in vari mercati.

Mercato	Caratteristiche nascoste	Parte informata	Parte non informata
Mercato del lavoro	La capacità innata del lavoratore, o il suo amore per il lavoro	Il potenziale lavoratore, cioè chi vende il proprio lavoro	Il datore di lavoro, cioè chi acquista il lavoro
Mercato del credito	La capacità delle persone di gestire efficacemente il proprio denaro	Il cliente che chiede un finanziamento	L'impresa che concede il finanziamento
Mercato di quartiere	Quanto una persona è disposta a pagare	Il cliente	Il venditore del prodotto
Mercato elettronico, per esempio eBay	La qualità o condizione del prodotto	Il venditore del prodotto	L'acquirente del prodotto

cui le azioni o i comportamenti di una parte della transazione cambiano in un modo che va a discapito dell'altra parte. Il rischio morale è causato da una modifica dell'incentivo nel momento in cui si compie una transazione, e può esistere soltanto se vi sono azioni inosservabili.

IDEA CHIAVE 17 ***Rischio morale.*** A seguito di una transazione, le azioni o il comportamento di una parte cambiano in un modo che va a discapito dell'altra parte. Nel contesto delle assicurazioni, si riferisce al caso in cui i clienti dopo aver sottoscritto una polizza si assumono più rischi rispetto a prima.

Il problema del rischio morale può presentarsi in diversi mercati e in varie situazioni.

- Quando una persona ottiene un contratto di lavoro a tempo indeterminato, potrebbe lavorare meno di quanto il datore di lavoro si aspettasse.
- Se altri sono disponibili a pagare i vostri debiti (per esempio i genitori), probabilmente farete meno attenzione alle spese! Questa argomentazione è stata usata contro la cancellazione del debito dei paesi poveri.
- Se una banca sa che sarà salvata dal governo che ne eviterà il fallimento, potrebbe adottare strategie di prestito più rischiose.
- Se noleggiate un'automobile, potreste guidare usando in modo brusco il cambio o i freni, sapendo che non sosterrete voi i costi per un invecchiamento precoce dell'auto.
- Quando lavorano in team, alcune persone potrebbero impigrirsi, sapendo che altri componenti del team, più diligenti, li copriranno (si parla anche di problema del *free rider*, letteralmente "giro gratis").

Affrontare il rischio morale. Quali sono i modi più efficaci di ridurre il rischio morale? Uno è quello di fare in modo che la parte non informata dedichi maggiori risorse al *monitoraggio* di azioni e comportamenti della parte informata, riducendo così l'asimmetria informativa. Per esempio, le compagnie assicurative possono utilizzare dei periti per valutare la legittimità delle richieste di rimborso; i docenti possono servirsi di software di rilevamento dei plagi per scoraggiare gli studenti dal passare ad altri i loro lavori. Tuttavia, il monitoraggio può spesso risultare difficile e costoso.

Un'alternativa è quella di cambiare i termini della transazione, in modo che la parte con le azioni inosservabili sia incentivata a comportarsi in modi che vadano nell'interesse della parte non informata. Per esempio, si potrebbe chiedere ai dipendenti che si assentano per malattia di presentare un certificato medico per evitare abusi; si potrebbero valutare gli studenti che lavorano in gruppo sulla base del loro effettivo contributo al progetto, anziché dare a tutti i componenti del gruppo la stessa valutazione, scoraggiando così il problema del free rider.

5.2 L'economia comportamentale

Il campo dell'economia comportamentale, che si è sviluppato rapidamente negli ultimi 20 anni, integra nella teoria economica standard alcuni semplici spunti offerti dalla psicologia, nel tentativo di migliorare la capacità degli economisti di spiegare e predire i comportamenti. Noi qui ci concentriamo sul comportamento del consumatore, mentre nel Capitolo 9 esamineremo il contributo dell'economia comportamentale a spiegare il comportamento delle imprese.

Che cos'è l'economia comportamentale?

È importante capire che lo sviluppo della moderna economia comportamentale non rappresenta un tentativo di sostituire il corpo consolidato della teoria economica, ma punta invece a completarlo e potenziarlo.

Teorie economiche standard

Per comprendere appieno che cos'è l'economia comportamentale, è utile riflettere sulle teorie economiche standard. Queste si fondano sull'assunzione fondamentale che le persone cercano di massimizzare il proprio interesse, facendo "scelte razionali". E lo fanno valutando accuratamente tutti i costi e i benefici coinvolti nelle decisioni anche più complesse, dopodiché fanno scelte che massimizzano la loro felicità o benessere. Nella maggior parte delle teorie si assume che la felicità delle persone dipenda soltanto dai risultati che ottengono.

Tuttavia, questo non significa che gli economisti credano davvero che ogni persona nel mondo reale faccia scelte razionali; in effetti gli economisti accettano che gli esseri umani commettano errori e spesso si preoccupino anche di ciò che va agli altri. In sostanza, gli economisti assumono che le persone, nei loro modelli teorici, si comportino in modo razionale ed egoistico.

Ma perché assumere che le persone, nelle teorie come il modello della scelta del consumatore, si comportino diversamente dalle persone del mondo reale? Questo è un esempio di *astrazione*. Se le teorie fondate su questa visione semplificata del comportamento umano possono spiegare e predire efficacemente i comportamenti nel mondo reale, allora l'assunzione posta è utile.

L'alternativa sarebbe quella di assumere che le persone nelle teorie fossero complesse quanto nella vita reale. Questo però introdurrebbe un livello di complessità molto maggiore nell'analisi e renderebbe tutto molto più difficile da capire e applicare. Se il modello più semplice è utile per spiegare e predire i comportamenti reali, perché renderlo più complicato del necessario?

Sono appropriate le assunzioni dei modelli standard? Gli economisti hanno sostenuto che il modello della scelta razionale generalmente approssima bene il comportamento umano perché:

- le persone tendono a commettere errori in maniera casuale e incostante per cui gli errori si annullano a vicenda;
- gli individui che non si comportano in modo coerente con il modello di perfetta razionalità ed egoismo saranno buttati fuori dal mercato dalle forze competitive;
- le persone impareranno a prendere decisioni razionali grazie con l'esperienza.

Fino a che punto la teoria economica convenzionale è in grado di spiegare e prevedere il comportamento nel mondo reale? In molti casi lo fa piuttosto bene, il che spiega perché questo libro e molti altri sono pieni di teorie economiche basate sulle assunzioni citate. Ma a volte il comportamento delle persone sembra contraddire le teorie tradizionali. Esamineremo questi casi in questo paragrafo e nel Capitolo 9.

Evidenze sul comportamento umano e sfide per la teoria standard

La base dell'economia comportamentale risiede in parte sull'evidenza ottenuta da ricerche che fanno uso di esperimenti di laboratorio, e tali ricerche hanno prodotto alcuni risultati incongruenti con la teoria mainstream. Per esempio, alcuni studi hanno determinato che le persone tendono a odiare le perdite molto più di quanto la teoria mainstream preveda. E sembrano anche disponibili a pagare per evitare di ottenere risultati che non gradiscono.

Esistono anche alcune evidenze tratte da dati che si verificano in modo naturale e che appaiono anch'esse incongruenti con la teoria. La crisi finanziaria ha dimostrato che nel mondo reale le persone possono ripetere gli errori già commessi. Inoltre, le grandi somme di denaro versate ogni anno in beneficienza suggeriscono che le persone sono influenzate dall'impatto delle loro decisioni sull'utilità degli altri. Altri studi hanno trovato evidenze di comportamenti che risultano incongruenti con il modello della scelta razionale in vari campi, tra cui (a) l'iscrizione a palestre; (b) il mercato immobiliare; (c) il trading finanziario; (d) le decisioni dei tassisti in merito alla fornitura di lavoro.

A seguito di queste scoperte sono state elaborate numerose teorie più coerenti con alcuni risultati riportati in letteratura. Nel prosieguo di questo paragrafo esaminiamo brevemente alcune tra le più influenti di queste teorie.

Razionalità limitata

Una persona potrebbe in linea di principio voler massimizzare l'utilità, ma dover affrontare scelte complesse e informazione imperfetta. A volte *potrebbe* essere possibile ottenere informazioni migliori, ma in altri casi si decide che non vale la pena e la fatica, e magari la spesa, di ottenerle. La capacità di essere "razionali", quindi, è ***limitata*** dalla situazione in cui una persona si trova.

Troppe scelte e informazione limitata

In genere la possibilità di scelta è considerata un elemento positivo, ma a volte i consumatori sono confusi dalle troppe scelte e questo può ostacolare il loro processo decisionale, dato che non hanno il tempo e le informazioni per esaminare tutte le alternative.

Un noto esperimento condotto da Sheena Iyengar e Mark Lepper[1] suggerisce che in alcune circostanze la possibilità di scelta può essere un elemento negativo per i consumatori. L'esperimento è stato condotto approntando dei chioschi che offrivano ai consumatori la pos-

PAROLE CHIAVE

Razionalità limitata Situazione in cui la capacità di prendere decisioni razionali è limitata dalla carenza di informazioni, dal tempo necessario per ottenere tali informazioni o da una scarsa comprensione delle situazioni complesse.

[1] Sheena S. Iyengar e Mark R. Lepper, "When choice is demotivating: can one desire too much of a good thing?", *Journal of Personality and Social Psychology*, vol. 79, n. 6 (American Psychological Association, 2000).

BOX 5.1 ESPLORARE L'ECONOMIA

Economia sperimentale

Un modo per capire il comportamento umano

Nel Capitolo 1 abbiamo spiegato che l'economia è una scienza sociale che utilizza alcune metodologie comuni alle scienze naturali; in entrambe si costruiscono modelli utilizzabili per spiegare ed effettuare previsioni.

Nelle scienze naturali è comune fare ricorso a esperimenti per la verifica di modelli o per determinare le loro caratteristiche. In economia, invece, generalmente non era così, almeno in passato. Con l'emergere dell'economia comportamentale, tuttavia, l'uso degli esperimenti è andato aumentando, sia a fini di ricerca che a fini didattici.

Il tipo più comune di esperimento condotto in economia è l'*esperimento di laboratorio*, che generalmente si svolge in una sala informatica di un'università. I partecipanti sono solitamente studenti, i quali prendono delle decisioni in semplici ambienti online che tentano di simulare un particolare modello o scenario economico. Gli studenti vengono pagati per la loro partecipazione, con premi aggiuntivi in base alle decisioni che prendono durante gli esperimenti.

Un vantaggio degli esperimenti di laboratorio è che consentono agli economisti di controllare l'ambiente in cui si prendono le decisioni. Il principale svantaggio è che i partecipanti prendono le decisioni in un ambiente molto artificiale, e le persone a volte si comportano diversamente quando affrontano gli stessi incentivi nel mondo reale.

Per risolvere questo problema, un numero sempre maggiore di economisti ha iniziato a usare gli *esperimenti sul campo*, che vengono condotti nel mondo reale, quello in cui le persone prendono davvero le loro decisioni. I partecipanti, in questo caso, non sanno che il loro comportamento viene osservato e registrato dai ricercatori.

Sia gli esperimenti di laboratorio che quelli sul campo possono essere utili per capire i motivi per cui le persone si comportano in un certo modo e come un cambiamento degli incentivi possa influenzare il loro comportamento.

sibilità di assaggiare numerosi tipi di marmellate. Si è dimostrato che, anche se i consumatori erano attratti soprattutto dal chiosco che offriva 24 campioni di marmellata, in realtà acquistavano con probabilità 10 volte superiori quando venivano offerte soltanto 6 varietà di prodotto. Un eccesso di scelta sembra ostacolare il processo decisionale e ridurre così l'utilità per i consumatori. Il problema dell'informazione limitata è particolarmente grave nel caso di beni di consumo durevoli. Per esempio, quando acquista un computer portatile, un consumatore potrebbe essere incerto su (a) il livello di prestazioni, (b) l'utilità del prodotto e (c) le possibilità che si guasti.

Anche se le persone a volte non conoscono i costi e i benefici esatti di molte decisioni, tenteranno comunque di comportarsi in modo razionale? In molti casi la risposta è affermativa: faranno semplicemente il meglio che possono.

Euristiche

Per semplificare il problema della scelta, le persone spesso ricorrono a tecniche dette di ***euristica***, le quali rappresentano una sorta di scorciatoie mentali che richiedono modeste quantità di tempo e fatica. Una tecnica euristica è qualsiasi approccio al problem-solving, come decidere cosa acquistare, che risulta pratico e sufficiente per lo scopo, ma non necessariamente ottimale.

Per esempio, le persone possono semplicemente procedere per tentativi, o basarsi su esperienze passate di scelte simili che si sono rivelate buone o cattive. A volte, quando le persone tendono a ritrovare più volte scelte simili, utilizzano un approccio basato su *tentativi ed errori*: provano un prodotto e se lo gradiscono lo acquistano ancora, altrimenti no.

In altre occasioni si utilizzano varie *regole pratiche*: acquistare ciò che acquistano gli amici, o acquistare prodotti in offerta, o di marche ritenute affidabili. Per esempio, una persona potrebbe aver trovato di suo gradimento una particolare marca di prodotti; quando va alla ricerca di un nuovo tipo di prodotto, potrebbe decidere di ricorrere alla stessa marca, anche se non ha mai acquistato prima quel particolare prodotto. Magari avete avuto in passato un televisore Sony e vi è piaciuto, perciò, quando acquistate un computer portatile, scegliete un modello Sony. Questa "fedeltà alla marca" è un elemento che le imprese conoscono e cercano di sviluppare nei loro clienti. Queste regole pratiche possono portare a ottenere stime ragionevolmente vicine all'effettiva utilità che le persone otterranno, risparmiando tempo e fatica. Tuttavia, a volte possono portare a errori di giudizio sistematici e prevedibili sulla possibilità che si verifichino determinati eventi.

Gli economisti comportamentali cercano di capire le diverse ipotesi che le persone fanno e le loro reazioni in

PAROLE CHIAVE

Euristica Utilizzo di strategie che traggono semplici insegnamenti dall'esperienza passata nel compiere scelte simili ancorché non identiche.

BOX 5.2 ESPLORARE L'ECONOMIA

L'effetto dotazione

Un esempio di avversione alle perdite

Consideriamo le due situazioni seguenti, leggermente diverse, per la stessa persona, Chiara: (a) sta pensando di acquistare un bene, come una tazza di caffè; (b) lo ha già acquistato e ora lo possiede. In ognuno dei due casi possiamo pensare a un modo di misurare la valutazione che Chiara fa di quel bene.

Nel primo caso si potrebbe utilizzare come riferimento di misura la massima somma che Chiara è disposta a pagare per la tazza di caffè, cioè la sua *disponibilità a pagare* (DAP). Nel secondo caso il riferimento potrebbe essere la minima somma che si dovrebbe offrire a Chiara per convincerla a vendere la sua tazza a qualcun altro, cioè la sua *disponibilità ad accettare* (DAA).

A parte poche eccezioni, la teoria economica tradizionale prevede che il fatto di possedere un prodotto non dovrebbe influenzare la valutazione di una persona sul prodotto in questione. Quindi, la DAP di Chiara per quel prodotto dovrebbe essere uguale alla DAA.

Ciò significa che le funzioni di utilità e le curve di indifferenza non dovrebbero essere influenzate dal fatto che le persone acquistino e possiedano un prodotto. Per esempio, il diagramma illustrato nella figura seguente illustra l'utilità totale per Chiara delle tazze di caffè. Se Chiara acquista una sola tazza, la sua utilità aumenta da 0 a U_1, cioè passa dal punto a al punto b lungo la curva di utilità. Se Chiara vendesse la tazza, la sua utilità totale diminuirebbe da U_1 a 0, cioè tornerebbe indietro dal punto b al punto a sulla curva, perdendo quindi l'utilità data dal possesso della tazza. In altre parole, la funzione di utilità è invertibile. Poiché il guadagno di utilità dato dall'acquisto della tazza coincide con la perdita di utilità per la vendita della stessa tazza, la DAP dovrebbe essere uguale alla DAA.

Impatto dell'effetto di dotazione

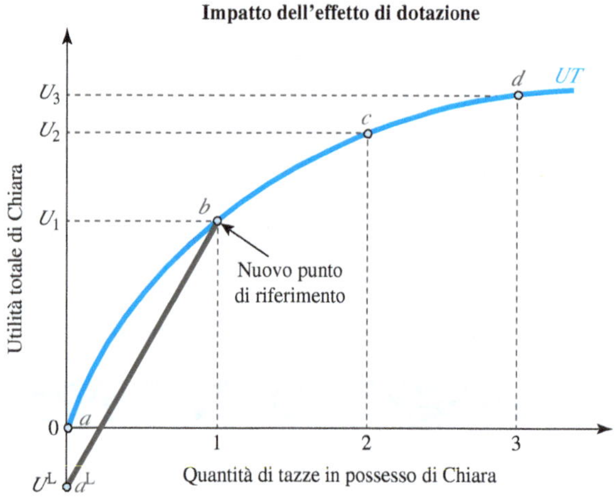

L'effetto dotazione: quando la DAA è maggiore della DAP

In un famoso studio, Kahneman, Knetch e Thaler[1] hanno svolto una serie di esperimenti con studenti dei corsi di laurea in legge ed economia della Cornell University. Gli studenti sono stati divisi casualmente in due gruppi di pari dimensione; quelli di un gruppo hanno ricevuto ciascuno una tazza di caffè e avevano la possibilità di venderla se volevano. Si è chiesta loro la DAA. Gli studenti dell'altro gruppo potevano esaminare le tazze e fare un'offerta per acquistarne una. Si è chiesta loro la DAP. Gli autori hanno determinato che la DAA mediana degli studenti che hanno ricevuto le tazze era di \$5,25 mentre la DAP mediana nell'altro gruppo era di soli \$2,25.

Dato che gli studenti erano stati allocati casualmente nei due gruppi, la teoria standard vorrebbe che la DAP fosse uguale alla DAA. Tuttavia, l'evidenza suggerisce che quelli che all'inizio dell'esperimento hanno ricevuto la tazza la valutavano molto più di quelli che non l'hanno ricevuta.

Un esperimento simile è stato condotto utilizzando delle penne. In questo caso la DAP mediana è rimasta costante a \$1,25, mentre la DAA mediana è variata tra \$1,75 e \$2,50. Ancora una volta, la proprietà sembra avere un impatto sulla valutazione.

Dopo l'acquisto, la proprietà diventa il nuovo punto di riferimento

Una spiegazione di questi risultati è che la proprietà di un bene influenza il punto di riferimento delle persone. Coloro che non possiedono ancora il bene percepiscono (o "codificano") il suo acquisto come un *guadagno* di utilità e passano dal punto a al punto b sulla curva. Dopo aver effettuato l'acquisto, tuttavia, la proprietà del bene è già inclusa nel loro riferimento e la vendita sarebbe codificata come una *perdita*. Se le persone sono avverse alle perdite, allora la vendita del bene ha un impatto negativo molto più ampio, sulla loro utilità, dell'acquisto. Ciò crea un nodo discreto nella funzione di utilità al punto b; la funzione di utilità non è più invertibile. La vendita del bene causerebbe un movimento da b ad d^L. L'impatto negativo generato dalla vendita del bene sull'utilità (da U_1 a U^L) è maggiore del guadagno di utilità generato dall'acquisto del bene (da 0 a U_1). Questo nodo discreto nella funzione di utilità aiuta a illustrare il fatto che la DAA delle persone è maggiore della loro DAP.

1 D. Kahneman, J. L. Knetch e R. H. Thaler, "Experimental tests of the endowment effect and the Coase theorem", *Journal of Political Economy,* vol. 98, n. 6 (1990), pp. 1352–75.

situazioni di razionalità limitata. Tale conoscenza è importante anche per coloro che lavorano nel settore della pubblicità e del marketing, e che vogliono conoscere i modi più efficaci per influenzare le decisioni di spesa delle persone.

Inquadramento e punto di riferimento per le decisioni

Come abbiamo visto l'uso dell'euristica può essere compatibile con l'ipotesi che le persone cerchino di massimizzare il proprio interesse in condizioni di razionalità limitata. A volte, però, le persone prendono decisioni che sembrano contraddire la teoria della scelta razionale, anche tenendo conto dei limiti di tempo e di informazioni e del ricorso all'euristica. Questo avviene a causa del modo in cui le persone percepiscono o "inquadrano" le loro decisioni.

L'inquadramento delle opzioni influisce sulla scelta

Nei modelli tradizionale di scelta del consumatore, gli individui puntano a massimizzare la loro utilità quando scelgono tra beni singoli o tra panieri di beni. Il contesto in cui le scelte vengono presentate non è considerato. Nella vita reale, però, vediamo che il contesto è importante: le persone spesso fanno scelte differenti quando le opzioni sono percepite o ***inquadrate*** in modi diversi. Per esempio, le persone acquisteranno maggiori quantità di un bene quando questo è segnalato come offerta speciale, anche se in realtà il prezzo è identico.

Questo principio ha portato allo sviluppo della teoria del ***nudging*** (letteralmente "colpetto" o "pungolo") su cui si fondano molte tecniche di marketing, per cui le persone possono essere persuase a effettuare una particolare scelta inquadrando quest'ultima in modo ottimistico o presentandola in modo da facilitare la decisione. Esamineremo l'uso della teoria del nudging da parte dei governi più avanti nel Box 5.4.

Preconcetti nella valutazione della possibilità di eventi incerti

Le scelte delle persone riflettono anche vari bias o preconcetti, e questo può renderle non ottimali.

Uso distorto delle informazioni. Le persone tendono ad attribuire un peso sproporzionato a singoli eventi facili da immaginare o da riprendere dalla memoria. Riportiamo di seguito alcuni esempi di questa euristica.

- Tendenza a sovrastimare il peso della singola esperienza di un amico o parente e a sottostimare quella di un gran numero di consumatori mai incontrati. Per esempio, supponete di trovarvi a valutare l'acquisto di un particolare modello di computer portatile e di volerne determinare l'affidabilità. Un vostro amico ha acquistato recentemente lo stesso modello e ha dovuto restituirlo al produttore per effettuare riparazioni costose. Questo potrebbe portarvi a sottostimare l'affidabilità di quel computer e a sovrastimare le possibilità che si guasti, non dando la dovuta importanza alle informazioni ricavate da un sondaggio sull'esperienza di 10 000 utenti di quel modello.
- Tendenza a dare troppo peso alle informazioni più recenti e troppo poco a quelle meno recenti. Per esempio, avete acquistato un particolare tipo di formaggio in passato, ma da parecchio tempo non ne acquistate più. Lo vedete di nuovo al supermercato, ma poiché non ricordate quanto vi era piaciuto, scegliete di acquistare un altro tipo che avete consumato recentemente con gradimento.
- Distorsione della retrospettiva – gli eventi che si verificano realmente sono più facili da immaginare e visualizzare di quelli mai verificatisi. Quindi, le persone tendono a (a) sovrastimare le possibilità che un evento si verifichi, dopo che si è effettivamente verificato; (b) sottostimare le possibilità che un evento si verifichi, se non si è mai verificato. Per esempio, dopo aver visto perdere la loro squadra i tifosi di calcio tendono a pensare che la tattica scelta dall'allenatore fosse sbagliata, molto più di quanto pensassero prima dell'inizio della partita.

Fallacia del giocatore. È la falsa credenza che i risultati del passato abbiano un impatto sulla probabilità del risultato futuro, quando in realtà sono risultati indipendenti. Per esempio, supponete che una moneta sia gettata quattro volte dando sempre testa; potreste pensare, sbagliando, che il risultato croce sia più probabile al prossimo lancio. Un altro esempio è quello della destinazione delle vacanze: supponete che la probabilità che in un particolare villaggio turistico vi sia una settimana di sole sia il 50%. L'anno scorso siete andati proprio là e ha piovuto tutto il tempo. Perciò pensate di andare questa volta dato che, poiché vi è stata tanta pioggia l'anno scorso, quest'anno probabilmente ci sarà il sole.

PAROLE CHIAVE

Inquadramento Il modo in cui una scelta è presentata o percepita. Una persona potrebbe compiere scelte diverse a seconda di un inquadramento ottimistico o pessimistico.

Nudging Teoria secondo cui un "rafforzamento positivo" (un "colpetto") o una facilitazione della decisione può persuadere le persone a fare una scelta rispetto a un'altra.

BOX 5.3 ANALISI DI CASI E APPLICAZIONI

Modellare il bias del momento attuale

Un caso di studio: la palestra

Uno studente, Giorgio, sta valutando se andare o meno in palestra alle 17 per starci un'ora, dopo il termine dei corsi per quel giorno. Supponiamo che abbia pagato un abbonamento mensile e che non vi siano contributi aggiuntivi da versare per ogni presenza in palestra. Quindi, l'unico costo di andare in palestra è il costo opportunità del tempo: per esempio, rinunciare a guardare la TV o a incontrare gli amici. Per rendere l'esempio il più semplice possibile, assumiamo che tutti i benefici, come la salute e una generale sensazione di benessere, si verifichino l'ora dopo la fine degli esercizi, alle 18.
Se i benefici e il costo opportunità di andare in palestra sono valutabili in €20 e €10, rispettivamente, che cosa deciderà di fare Giorgio? I benefici scontati sono maggiori dei costi scontati? La decisione cambia con il passare del tempo? Se Giorgio prende la decisione alle 15, intenderà ancora andare quando riconsidererà la sua decisione alle 17?

Comportamento temporalmente coerente

Per iniziare, consideriamo la decisione dal punto di vista di Giorgio alle 15. In questo istante temporale, tutti i costi e i benefici sono futuri. Assumendo che Giorgio sia impaziente, il valore di questi costi e benefici alle 17 e alle 18, rispettivamente, dovrà essere riportato al valore per Giorgio alle 15.
Sia δ (il fattore di sconto per ora di Giorgio) = 0,9. Usando lo sconto esponenziale, i costi (C) che si verificano tra due ore (cioè alle 17) devono essere moltiplicati per $\delta \times \delta$ (o δ^2) per riportarne il valore alle 15. I benefici (B), che si verificheranno tutti fra tre ore (cioè alle 18), devono essere moltiplicati per $\delta \times \delta \times \delta$ (o δ^3) per riportarne il valore alle 15. Il beneficio netto in euro (dato dai benefici meno i costi) dal punto di vista di Giorgio alle 15 è dato dalla seguente equazione:

$$BN^{15} = \delta^3 B_{18} - \delta^2 C_{17} = 0{,}729(20) - 0{,}81(10) = 14{,}58 - 8{,}1 = 6{,}48$$

Benché i benefici si presentino un'ora dopo i costi, il fatto che il loro valore scontato sia superiore ai costi significa che alle 15 Giorgio pianificherà di andare in palestra alle 17.
Ora consideriamo la decisione di Giorgio dal suo punto di vista alle 17. I costi sono immediati, mentre i benefici arriveranno tra un'ora. Quindi, dovranno essere scontati di 1 e δ rispettivamente, perciò:

$$BN^{17} = \delta B_{18} - C_{17} = 0{,}9(20) - 1(10) = 18 - 10 = 8$$

Alle 17, quindi, Giorgio darà seguito alla sua intenzione di andare in palestra.
Questo semplice esempio mostra come il modello standard di sconto esponenziale con fattore di sconto costante per periodo di tempo impone una coerenza temporale (provate a usare valori diversi per δ, B e C e vedrete che la situazione non cambia). Il fattore usato per riportare i benefici alle 18 è sempre pari al 90% di quello usato per riportare i costi alle 17. Questa differenza percentuale rimane invariata indipendentemente dal punto temporale in cui si valuta la decisione.
Perciò, se Giorgio con il passare del tempo non scopre nuove informazioni sull'entità dei costi e benefici, le sue preferenze rimangono invariate: se alle 15 pensa di andare in palestra alle 17, manterrà il proposito alle 17.

Comportamento temporalmente incoerente: bias del momento attuale

Nel mondo reale osserviamo spesso comportamenti *temporalmente incoerenti*. Una persona pianifica di fare qualcosa in un punto temporale in cui tutti i costi e i benefici sono futuri, ma poi con il passare del tempo tende a cambiare idea una volta che alcuni dei costi e benefici si verificano.
Uno studio più formale svolto da DellaVigna e Malmendier (2006)[1] ha analizzato i dati di tre club di benessere negli Stati Uniti, dove i clienti potevano scegliere tra pagare $80 al mese senza altri contributi per visita oppure pagare $10 per visita senza abbonamento mensile. Gli autori hanno determinato che l'80% di coloro che sceglievano l'abbonamento mensile finiva per pagare un prezzo medio per visita superiore a quello che avrebbe pagato optando per il contributo a visita senza abbonamento. Questi clienti avevano sovrastimato il numero di visite che avrebbero effettuato e non hanno imparato dai loro errori, dato che non hanno cambiato il tipo di abbonamento.
Un modo semplice per estendere il modello precedente in modo da catturare questo tipo di comportamento è il cosiddetto *sconto quasi-iperbolico:* tutti i costi e benefici, a parte quelli immediati, vengono moltiplicare per un altro fattore di ponderazione β. Che cosa accade nel precedente esempio se $\beta = 0{,}5$?
Giorgio continuerà a voler andare in palestra dalla sua prospettiva alle 15:

$$BN^{15} = \beta\delta^3 B_{18} - \beta\delta^2 C_{17} = 0{,}3645(20) - 0{,}405(10) = 7{,}29 - 4{,}05 = 3{,}24$$

Moltiplicando costi e benefici per una frazione costante 0,5 il peso relativo non cambia: il fattore usato per correggere i benefici è sempre il 90% di quello usato per correggere i costi. Questo varrebbe per qualsiasi punto di riferimento (alle 13, alle 14 ecc.) purché costi e benefici si verifichino entrambi in futuro e a un'ora di distanza tra loro.

Tuttavia, le cose cambiano una volta che i costi diventano immediati. Dopo aver pianificato alle 15 di andare in palestra alle 17, Giorgio cambia idea proprio alle 17. I costi ora sono immediati e quindi non sono moltiplicati per β

$$BN^{17} = \beta\delta B_{18} - C_{17} = 0{,}45(20) - 10 = 9 - 10 = -1$$

Quando i costi diventano immediati, mentre i benefici sono ancora futuri, la differenza tra i fattori di ponderazione passa dal 90% al 45% e così si amplia la dimensione dei costi immediati rispetto ai benefici futuri. Questo è un esempio di *bias del momento attuale* e può creare preferenze temporalmente incoerenti.

Il modello di sconto quasi-iperbolico illustra una situazione in cui la valutazione che una persona fa del presente/immediato rispetto a un istante futuro è ancora maggiore di quella che indicherebbero i modelli standard di sconto esponenziale.

1 Stefano DellaVigna e Ulrike Malmendier, "Paying not to go to the gym", *American Economic Review*, vol. 96, n. 3 (giugno 2006).

BOX 5.4 **ESPLORARE L'ECONOMIA**

"Pungolare" le persone senza annullare la possibilità di scelta

Come modificare i comportamenti

Gli economisti comportamentali hanno rilevato che le persone prendono decisioni in base all'abitudine, utilizzando regole semplici, come: "Acquisterò il bene più costoso, perché dev'essere certamente il migliore", oppure "Acquisterò questo bene, perché è in offerta", oppure "Uso sempre la macchina per lavorare, perciò non ho necessità di considerare delle alternative", oppure ancora "Gli altri lo comprano, quindi deve valerne la pena".

Se le persone si comportano in questo modo, come è possibile convincerle a cambiare comportamento? Un governo potrebbe essere interessato a saperlo. Esistono politiche di stimolo che potrebbero indurre gli individui a smettere di fumare, a risparmiare energia, a fare più sport o a mangiare cibi sani? Le imprese, a loro volta, vorranno sapere come incrementare le vendite o motivare i loro dipendenti. Perfino le famiglie con figli potrebbero trarre vantaggio dall'economia comportamentale.

Opt-in e opt-out

Un esempio interessante è quello del "consenso esplicito" ("opt-in") contrapposto al "consenso presunto" ("opt-out"). In alcuni paesi, nel caso delle donazioni di organi, di molti programmi pensionistici aziendali o delle donazioni per beneficenza, gli individui devono dare esplicitamente il consenso all'adesione, cioè devono decidere di partecipare. Il risultato è che molti non lo fanno, in parte perché apparentemente non ne hanno il tempo, anche se in realtà vorrebbero aderire: conducendo una vita frenetica, è fin troppo facile pensare "Lo farò, presto o tardi" e rimandare la decisione per sempre; questo è il bias del momento attuale.

Con un sistema basato sul "consenso presunto" (*opt-out*), gli individui vengono iscritti automaticamente a uno specifico programma, ma possono ritirare il loro consenso in qualsiasi momento. Consideriamo, per esempio, la donazione di organi: se si stabilisse che chiunque perda la vita in un incidente stradale diventa donatore di organi, i singoli potrebbero liberamente rifiutare di donare i loro organi per il trapianto, ma, per farlo, dovrebbero iscriversi in un apposito registro. Lo stesso potrebbe accadere con le donazioni di beneficenza. Alcune imprese aggiungono ai loro prodotti (per esempio, biglietti aerei o bollette per le utenze) un piccolo contributo per opere benefiche, a meno che gli acquirenti non decidano esplicitamente di non aderire al programma. Un altro esempio è quello degli accordi sulle pensioni introdotti a partire dal 2012 nel Regno Unito. Con questi accordi, le imprese possono automaticamente dedurre i contributi pensionistici dalle retribuzioni dei lavoratori, a meno che questi ultimi non decidano di rinunciare ai versamenti previdenziali. I fondi pensione basati sul consenso esplicito hanno tassi di partecipazione di circa il 60%, mentre altri fondi del tutto identici, se non per il fatto che sono basati sul sistema del consenso presunto, coinvolgono una percentuale di lavoratori compresa tra il 90% e il 95%. Questo tipo di politica può migliorare il welfare di coloro che commettono errori sistematici (cioè soffrono da bias del momento attuale) apportando un danno molto limitato a coloro che agiscono in modo temporalmente coerente. Se qualcuno ha interesse a fornire un consenso presunto, può farlo facilmente. Politiche come queste sono un esempio di ciò che in economia comportamentale si chiama "paternalismo soft".

Il punto di riferimento per le decisioni

Abbiamo visto nel Paragrafo 5.1 che le persone tendono a essere avverse alle perdite. L'utilità marginale decrescente del reddito rende questo comportamento razionale. Ma a seconda di come viene inquadrata una scelta, può sembrare non coerente con un comportamento razionale. Per esempio, considerate due modi diversi di inquadrare la stessa scelta:

- "Se decidete di passare all'uso di questo prodotto amico dell'ambiente risparmierete €200 l'anno in costi energetici".
- "Se non decidete di passare all'uso di questo prodotto amico dell'ambiente sprecherete €200 l'anno in costi energetici aggiuntivi".

La prima modalità di presentazione potrebbe portare le persone a percepire i €200 come potenziale guadagno; il punto di riferimento è la situazione attuale prima che la scelta sia effettuata. La seconda modalità è pensata in modo da rovesciare il punto di riferimento del consumatore, in modo che i €200 siano percepiti come una perdita dovuta al mancato passaggio al prodotto nuovo. Se le persone sono più sensibili a una potenziale perdita che a un potenziale guadagno, la seconda modalità di presentazione della scelta ha maggiori possibilità di persuadere le persone ad acquistare il prodotto in questione. Naturalmente le società di pubblicità e marketing sono ben consapevoli di questo.

Il punto di riferimento usato dalle persone per giudicare un risultato come guadagno o perdita potrebbe essere influenzato da vari fattori, tra cui i seguenti.

- *Le aspettative.* Supponete che Dino e Giorgia siano entrambi studenti di un corso di economia. Hanno entrambi profuso lo stesso livello di impegno nella stesura di un compito e ricevono entrambi una valutazione di 24 su 30. Saranno entrambi felici allo stesso modo? Se Dino si aspettava di ottenere 27, quello era il suo punto di riferimento, per cui potrebbe "codificare" il risultato di 24 come una perdita di 3 punti, rimanendone insoddisfatto. Se Giorgia, invece, si aspettava di ottenere 21, potrebbe codificare il risultato come un guadagno di 3 punti e sarebbe molto più felice. Un ragionamento analogo si potrebbe fare nel caso di un lavoratore che si aspetti di ricevere un aumento di stipendio del 3% e ne riceva uno del 2%.
- *Confronti con altri.* Se i clienti ottengono uno sconto del 10% sui prodotti che acquistano, inizialmente ne saranno felici e codificheranno il risultato come un guadagno. Tuttavia, se poi venissero a sapere che altri hanno ottenuto uno sconto del 20% sullo stesso prodotto, potrebbero cambiare il loro punto di riferimento e codificare lo stesso risultato come una perdita.
- *Lento adattamento a una variazione di reddito o ricchezza.* I concorrenti al gioco *Chi vuole essere milionario?* che hanno già vinto €16 000 potrebbero accettare una scommessa 50:50 per vincere altri €16 000 (ottenendo in totale un premio di €32 000) o perdere €15 000 (con un premio totale di €1000). Alla domanda di motivare perché hanno accettato la scommessa, probabilmente i concorrenti spiegheranno che anche in caso di perdita rimarrebbero con €1000 in più rispetto all'inizio del gioco. Commenti come questi suggeriscono che il punto di riferimento dei concorrenti mentre giocano sono fermi al livello di reddito o ricchezza *prima* dell'inizio del gioco, quindi qualsiasi cifra positiva è codificata come un guadagno. In realtà, però, durante il gioco la ricchezza dei concorrenti cambia, infatti quando accettano la scommessa hanno già vinto €16 000. Se la loro percezione del loro reddito o ricchezza fosse stata adattata subito alla nuova situazione, il punto di riferimento avrebbe già incluso la somma di €16 000 e le possibilità di perdere sarebbero state codificate come perdita di €15 000.

Avversione alla perdita dipendente dal riferimento. Le persone sono generalmente avverse alle perdite, lo abbiamo visto nel Paragrafo 5.1 esaminando l'utilità marginale decrescente del reddito. Tuttavia, l'avversione alla perdita può essere amplificata dal punto di riferimento per una decisione. La teoria dell'***avversione alla perdita dipendente dal riferimento*** è illustrata dall'***effetto dotazione*** (in inglese *endowment*), noto anche come ***avversione al disinvestimento***, per cui le persone attribuiscono maggior valore alle cose quando già le possiedono e devono venderle o comunque rinunciarvi, rispetto a quando le acquisiscono per la prima volta. In altre parole, quando il punto di riferimento corrisponde al possesso di un bene, le persone attribuiscono un valore maggiore rispetto a quando il punto di riferimento corrisponde al non possesso.

PAROLE CHIAVE

Avversione alla perdita dipendente dal riferimento
Quando le persone valutano (o "codificano") i risultati come guadagni o perdite in relazione a un punto di riferimento. Questo può significare che le perdite sono sgradite più di quanto indicherebbe la teoria standard con l'utilità marginale decrescente del reddito.

Effetto dotazione (o avversione al disinvestimento)
L'ipotesi che le persone attribuiscano maggior valore alle cose quando le possiedono rispetto a quando stanno solo valutando se acquisirle – in altre parole, quando il punto di riferimento è nel possesso anziché nel non possesso.

Ciò indica che l'avversione alle perdite potrebbe essere ancora più forte di quanto previsto dall'utilità marginale decrescente del reddito nella teoria economica convenzionale (cfr. il Paragrafo 5.1). Il Box 5.2 esamina l'effetto dotazione e mostra che produce un nodo discreto o variazione della pendenza della funzione di utilità nel punto di riferimento.

Bias del momento attuale e autocontrollo

La teoria tradizionale assume che, se le persone pianificano di fare qualcosa in uno specifico tempo futuro, come andare a una lezione alle 10 di lunedì prossimo, a quel tempo lo faranno davvero. Si parla in questo caso di ***coerenza temporale***.

L'unico motivo per cui le persone temporalmente coerenti potrebbero cambiare idea è l'arrivo di nuove informazioni circa la dimensione relativa dei costi e dei benefici delle loro decisioni. Per esempio, alle 15 di lunedì potreste pianificare di andare in palestra alle 17 dello stesso giorno. Ma poi alle 16 cambiate idea perché il vostro migliore amico vi ha detto che verrà a trovarvi alle 17. Questo rimane un comportamento temporalmente coerente, dato che l'unico motivo per cui avete cambiato idea è che sono cambiate le informazioni: il costo opportunità di andare in palestra risulta maggiore di quanto pensavate alle 15.

Nella pratica, spesso le persone hanno comportamenti *temporalmente incoerenti*, soprattutto quando alcuni dei costi o benefici si presentano prima di altri. Le persone in questi casi tendono a cambiare idea. Per esempio, magari avete pianificato di iniziare a ripassare alle 10 di lunedì, ma quando arriva quell'ora state guardando la TV o giocando al computer e quindi pianificate di iniziare il ripasso martedì!

Molte persone verso la fine dell'anno fanno tanti piani che poi per la maggior parte non rispettano! La volontà è debole, le persone tendono a dimenticare i buoni propositi.

In economia comportamentale questa forma di incoerenza temporale è definita ***bias del momento attuale***. Si ha quando le persone attribuiscono un peso molto maggiore ai benefici e/o costi attuali rispetto a quello che sarebbe determinato da un approccio standard basato sullo sconto. Questo significa che attribuiscono un peso eccessivo ai costi di fare le cose che non amano fare, ma pensano siano buone per loro (come l'esercizio fisico o la dieta) e anche ai benefici di fare cose che amano fare, ma ritengono dannose (come mangiare molta cioccolata o divertirsi anziché studiare). Si dice anche: "Il lavoro duro alla lunga paga, ma la pigrizia paga subito".

Ciò suggerisce che, nel confrontare i *pay-off* (benefici meno costi) per esempio tra un mese, con quelli di oggi, le persone tendono a usare un fattore di sconto più elevato rispetto a quando confrontano i pay-off tra due punti temporali distanti sempre un mese, ma entrambi nel futuro. Nel Box 5.3 è descritto un esempio più dettagliato.

Il bias del momento attuale spiega perché molte persone hanno difficoltà a rispettare gli impegni. In effetti, alcuni esperti di economia comportamentale hanno creato un sito denominato *stickK*, pensato per aiutare le persone a rispettare gli impegni formalizzando dei contratti.

Tenere conto degli altri

Il nostro comportamento di consumatori, come in molti altri aspetti delle nostre vite, è spesso influenzato dagli altri: esiste l'effetto che noi abbiamo sugli altri e quello che gli altri hanno su di noi.

Reciprocità

Iniziamo esaminando l'effetto del nostro consumo sulle altre persone. Gli studiosi di economia comportamentale hanno tentato di sviluppare funzioni di utilità in grado di catturare il concetto che i consumatori si preoccupano dei risultati degli altri oltre che dei loro.

Per esempio, avere preferenze *altruistiche* in economia significa che in alcune circostanze sareste disponibili ad aumentare il pay-off per un'altra persona o gruppo di persone a spese vostre: per esempio facendo donazioni a enti di beneficienza o acquistando regali per altri (si veda il Box 4.4, che tratta i concetti di amore e cura per gli altri). Avere preferenze *egoistiche*, al contrario, significa che sareste disponibili a *ridurre* il pay-off di un'altra persona o gruppo di persone a spese vostre.

Le evidenze raccolte attraverso esperimenti suggeriscono che le stesse persone spesso sono disponibili ad aumentare i pay-off di altri a spese loro in alcune situazioni, e a ridurli a spese loro in situazioni diverse. In altre parole, le persone possono avere sia preferenze altruistiche sia egoistiche.

PAROLE CHIAVE

Coerenza temporale Quando le preferenze di una persona rimangono invariate nel tempo. Per esempio, se pianificate di acquistare un libro quando riceverete un prestito e lo acquistate davvero nel momento in cui lo ricevete.

Bias del momento attuale Comportamento temporalmente incoerente per cui le persone attribuiscono maggior peso a un pay-off presente rispetto a uno futuro, più di quanto indicherebbero le tecniche standard di sconto.

BOX 5.5 **ANALISI DI CASI E APPLICAZIONI**

L'economia è lo studio dell'egoismo?

Ciò che è meglio per il singolo è anche il meglio per gli altri?

Molte delle nostre scelte non vengono effettuate in isolamento: se abitiamo in famiglia o condividiamo un appartamento con gli amici, molte decisioni di "consumo" influiranno sugli altri componenti del nucleo familiare, così come molte decisioni dei nostri conviventi avranno un impatto su di noi.

Alcune decisioni vengono prese insieme: cosa cucinare per cena, di che colore dipingere il salotto, se dare o meno una festa. In altre parole, l'utilità che otteniamo da alcune scelte viene condivisa dagli altri membri del nucleo familiare (come accade, per esempio, con i beni consumati "congiuntamente", come il riscaldamento centralizzato).

A volte, tuttavia, succede il contrario. Nel caso dei beni acquistati congiuntamente, come il cibo, il consumo di una persona va spesso a scapito di quello degli altri componenti del nucleo familiare ("Chi ha finito il latte?", "Voglio guardare un altro programma in TV!").

Com'è facile intuire, dunque, quando gli individui fanno parte di un gruppo – una famiglia, una squadra, una comitiva di amici – il comportamento dei singoli influisce sugli altri membri del gruppo. Per questa ragione, dobbiamo rettificare la nostra semplice analisi della scelta "razionale". Consideriamo due situazioni: la prima è quella in cui le persone mirano a massimizzare il proprio interesse personale all'interno del gruppo; la seconda è quella in cui le persone sono autenticamente motivate dagli interessi degli altri membri, vuoi per sentimenti di amore o amicizia, vuoi per dovere morale o per altre ragioni. Esaminiamo queste due situazioni all'interno di una famiglia.

Comportamenti egoistici

Se nel tenere un determinato comportamento non considerate gli altri componenti della famiglia, potreste pagarne le conseguenze. Per esempio, se non pulite il bagno dopo averlo usato o non fate la vostra parte quando si tratta di rigovernare, gli altri membri della famiglia potrebbero arrabbiarsi con voi o comportarsi a loro volta in modo egoistico.

Nel decidere se compiere un'azione esclusivamente per il proprio vantaggio, dunque, una persona "razionale" dovrebbe come minimo considerare le reazioni degli altri componenti della famiglia. Per esaminare simili comportamenti possiamo ricorrere ancora al concetto di utilità marginale: se l'utilità marginale è maggiore del prezzo ($U' > P$), è "razionale" eseguire una quantità maggiore di ogni data attività. In questo caso, però, l'utilità marginale comprenderebbe non solo l'utilità derivante dal diretto consumo di beni o servizi all'interno del nucleo familiare, ma anche le reazioni favorevoli degli altri componenti della famiglia. Parimenti, l'utilità marginale risulterebbe ridotta se gli altri membri della famiglia reagissero in modo sfavorevole. Il "prezzo" (cioè il costo marginale per voi) comprenderebbe non solo il costo monetario che dovete sostenere per consumare un bene, ma anche qualunque altro sacrificio che fate per consumarlo. In altre parole, il prezzo corrisponderebbe al costo-opportunità complessivo.

Esaminiamo innanzitutto il caso di beni o servizi consumati congiuntamente, come un pasto. Vi offrite di preparare la cena? Se foste motivati puramente dal vostro interesse, lo fareste solo se il vostro beneficio marginale (cioè l'utilità marginale) fosse superiore al vostro costo marginale. Il beneficio marginale comprenderebbe il vantaggio di consumare il pasto, più il diritto di non svolgere altre faccende domestiche. Il costo marginale comprenderebbe eventuali costi da voi sostenuti (per esempio, l'acquisto degli ingredienti) e il sacrificio di attività alternative a cui dovete rinunciare (per esempio, guardare la TV). Preparare un pasto per la famiglia è considerato un beneficio marginale o un costo marginale a seconda che l'individuo lo percepisca come un piacere o un dovere.

È chiaro che questi benefici e questi costi sono altamente soggettivi, in quanto dipendono dalle percezioni individuali. Il principio tuttavia è semplice: se agiste solo per interesse personale, preparereste il pasto che, secondo voi, vi garantisce un guadagno superiore al costo.

Esaminiamo adesso la situazione in cui il consumo individuale impedisce a un altro componente della famiglia di consumare lo stesso bene (per esempio, quando mangiate l'ultimo yogurt che avete in frigorifero). Ancora una volta, se vi comportaste in maniera puramente egoistica, dovreste confrontare il piacere derivante da quello yogurt con il suo costo, ovvero l'eventuale scontento degli altri membri della famiglia.

Comportamento nell'interesse della famiglia nel suo complesso

Di solito, tuttavia, le persone non sono del tutto egoiste, specie quando si tratta delle relazioni con i familiari: in questi casi, infatti, gli individui sono spesso disposti a fare sacrifici personali o sforzi notevoli (per esempio, nei lavori domestici o nella cura dei figli) per il bene della famiglia, senza guardare alla motivazione personale delle proprie azioni o al beneficio che ne possono trarre.

In simili casi, le decisioni di consumo possono essere esaminate a due livelli: quello individuale e quello della famiglia nel suo complesso.

Per quanto riguarda gli individui, sarebbe troppo semplicistico condurre un'analisi in termini di costi e benefici marginali personali; spesso, infatti, si ottiene un quadro più accurato se si ipotizza che i componenti del nucleo familiare agiscano nell'interesse della famiglia nel suo complesso, anziché del proprio esclusivo interesse personale. Pertanto, nel decidere quale cibo acquistare per la famiglia, un membro del nucleo familiare terrà probabilmente in considerazione i gusti e le preferenze degli altri, nonché i costi per il bilancio familiare. In altre parole, l'individuo tiene conto dei benefici e dei costi marginali della famiglia nel suo complesso.

Altre forme di altruismo

Si potrebbe affermare che il comportamento disinteressato all'interno della famiglia o di un altro contesto sociale non sia veramente dettato dall'altruismo: dopo tutto, non è irragionevole supporre che gli altri possano riservarci un trattamento migliore se ci comportiamo con attenzione nei loro confronti. Tuttavia, comportamenti apparentemente altruisti si osservano anche al di fuori della cerchia familiare e degli amici. Molte persone scelgono di fare donazioni benefiche, restituire al legittimo proprietario oggetti trovati per caso o donare il sangue. Questa è un'ulteriore area di interesse e di ricerca per gli economisti comportamentali, dal momento che l'apparente contraddizione fra massimizzazione dell'utilità e azioni individuali fornisce l'opportunità di approfondire i concetti di motivazione e utilità.

Per catturare questi concetti, gli studiosi di economia comportamentale hanno sviluppato numerosi modelli di ***reciprocità***. Alcuni suggeriscono che le persone potrebbero sperimentare un aumento della loro utilità comportandosi con gentilezza verso le persone che ritengono siano state gentili con loro. Ma la loro utilità potrebbe crescere anche se sono scortesi verso persone che ritengono siano state scortesi con loro.

L'importanza della relatività

Non solo tendiamo a considerare l'effetto che abbiamo sugli altri e a essere motivati da altruismo o ripicca, ma tendiamo anche a farci influenzare dal comportamento degli altri. Per esempio, se state scegliendo l'acquisto di un auto, potreste essere influenzati dal modello di automobile che guida vostro fratello: se questi sceglie un'Audi, forse vorrete un'auto ancora più costosa, magari una Mercedes (dando per scontato che vi siate già laureati e abbiate un lavoro ben pagato!). Se vostro fratello passa poi alla Jaguar, forse voi sceglierete una Porsche. Volete un'auto migliore, più veloce o più costosa di quella di vostro fratello, perciò vi preoccupate non tanto della scelta dell'auto in sé, quanto della scelta in termini *relativi.*

Questo principio non confuta il concetto secondo il quale la scelta dipende dall'utilità percepita, ma dimostra che spesso l'utilità dipende dal consumo individuale considerato *relativamente* a quello altrui. Ancora una volta, i pubblicitari sono ben consci di questo fenomeno e spesso lo sfruttano per indurre le persone ad acquistare un prodotto mostrando che anche altri lo stanno comprando.

Comportamenti imitativi e pensiero di gruppo

Se gli individui si lasciano influenzare da ciò che acquistano gli altri, operando quindi scelte relative, si può innescare un comportamento imitativo (*herd behaviour*): una moda prende piede, le persone si accaparrano le merci in saldo perché anche gli altri lo fanno, gli investitori acquistano un titolo sul mercato azionario perché è il più venduto, e così via.

Questo fenomeno può essere spiegato in parte con il ricorso a tecniche euristiche in condizioni di razionalità limitata: a volte, acquistare un prodotto che anche altri desiderano potrebbe essere una buona regola empirica, perché gli altri potrebbero disporre di maggiori informazioni. Tuttavia, questo comportamento può essere pericoloso, perché l'imitazione, se diffusa, può generare una spirale al rialzo: le vendite potrebbero aumentare vertiginosamente e il prezzo essere spinto a un livello nettamente superiore all'utilità che si ottiene dall'acquisto. Talvolta gli investitori vengono persuasi ad acquistare attività finanziarie rischiose perché tutti lo fanno, e di conseguenza il prezzo aumenta. Questo genere di fenomeno aiuta a comprendere alcuni aspetti della speculazione destabilizzante che abbiamo esaminato nel Paragrafo 2.5.

Implicazioni per la politica economica

Nel formulare le politiche economiche, i governi mirano generalmente a influenzare il comportamento delle persone, inducendole a lavorare o risparmiare di più, a riciclare i rifiuti, a usare meno l'automobile, a consumare cibi più sani e così via. Per avere successo, la politica economica deve necessariamente prevedere incentivi adeguati: un aumento delle tasse, un sussidio o uno stanziamento di fondi, una nuova legge, una campagna pubblicitaria o un aiuto diretto.

Ma l'efficacia degli incentivi dipende dalle reazioni individuali, per cui i politici devono necessariamente comprendere il comportamento delle persone. In tal senso, l'economia comportamentale può essere utile, dato che non sempre le persone reagiscono in modo razionale. È importante, quindi, capire in che modo il contesto influenza il comportamento e come adeguare di conseguenza gli incentivi politici.

PAROLE CHIAVE

Reciprocità (in economia) Quando il comportamento delle persone è influenzato dagli effetti che avrà sugli altri.

I paragrafi in pillole

Paragrafo 5.1

1. Chi acquista un bene di consumo durevole potrebbe non conoscerne con precisione i benefici e i costi futuri; chi investe in attività finanziarie potrebbe non essere certo di che cosa accadrà al loro prezzo in futuro. L'acquisto in condizioni di informazione imperfetta è pertanto una forma di azzardo.
2. Il valore atteso di un azzardo è la somma che la persona guadagnerebbe in media se l'azzardo fosse ripetuto in molte occasioni. Se conosciamo il valore atteso di un azzardo operiamo in condizioni di rischio. Se non lo conosciamo operiamo in condizioni di incertezza.
3. Le persone possono essere propense, avverse o indifferenti al rischio. In ragione dell'utilità marginale decrescente del reddito, è razionale per gli individui essere avversi al rischio (a meno che l'azzardo non costituisca un piacere in sé).
4. L'assicurazione è un modo di eliminare il rischio. Chi è avverso al rischio può stipulare una polizza assicurativa che, dietro pagamento di un premio, offre una copertura contro i rischi. Dal canto loro, le compagnie di assicurazione sono pronte a offrire tale copertura perché possono cumulare i rischi vendendo un elevato numero di polizze. Secondo la legge dei grandi numeri, ciò che è imprevedibile per un singolo assicurato diventa prevedibile per un elevato numero di sottoscrittori di polizze, a condizione che i rischi siano indipendenti.
5. I mercati assicurativi rappresentano una risposta istituzionale all'avversione al rischio. La loro esistenza rende la società migliore in quanto aumenta l'utilità individuale. Il fallimento del mercato assicurativo può verificarsi per la presenza di asimmetria informativa dovuta a problemi di selezione avversa o di rischio morale. La selezione avversa si ha quando i clienti con le caratteristiche meno desiderabili dal punto di vista del venditore sono quelli che più probabilmente acquisteranno una polizza a un prezzo basato sul rischio medio di tutti i potenziali clienti. Il rischio morale si ha quando gli assicurati hanno un incentivo ad assumersi più rischi.
6. Sia la selezione avversa che l'azzardo morale possono verificarsi in molte relazioni economiche ogni volta che vi è un problema di asimmetria informativa. È possibile ridurre entrambi affrontando il problema dell'asimmetria informativa. Informazioni migliori possono essere offerte da screening, segnalazione, monitoraggio, oppure da incentivi a fornire informazioni più accurate.

Paragrafo 5.2

1. L'economia tradizionale si basa sulla premessa che i consumatori si comportino razionalmente, soppesando costi e benefici delle scelte. L'economia comportamentale riconosce che, nel mondo reale, le decisioni non sono sempre razionali e mira a comprendere e spiegare l'effettivo comportamento degli agenti economici.
2. Gli esperimenti forniscono utili elementi per comprendere come agiscono le persone poste di fronte alle scelte e alle decisioni. L'approccio sperimentale consente agli economisti di verificare i modelli e le teorie esistenti, ma getta anche le basi per formulare nuove teorie sul comportamento umano.
3. La capacità delle persone di prendere decisioni razionali è limitata dai vincoli di informazioni e tempo. Per questo si ricorre a tecniche euristiche o regole empiriche.
4. Le scelte che si fanno dipendono anche da come vengono inquadrate, ovvero presentate o percepite. Le persone possono essere "spinte" a inquadrare le scelte in modo diverso.
5. A volte le persone sembrano comportarsi in modo irrazionale. Questo può accadere a causa di un uso distorto delle informazioni: dare troppo peso all'esperienza degli amici o alla propria, specie quella recente. Oppure a causa dell'errata convinzione che entità indipendenti siano invece correlate (fallacia del giocatore).
6. Comportamenti apparentemente irrazionali possono nascere dalla scelta di un punto di riferimento per il processo decisionale. Il punto di riferimento usato dalle persone per giudicare un risultato come guadagno o perdita può essere influenzato da vari fattori, tra cui le aspettative, il confronto con gli altri e un adattamento troppo lento alle nuove informazioni disponibili.
7. Le persone avverse alle perdite potrebbero attribuire alle cose un valore superiore quando le possiedono già rispetto a quando ne stanno considerando l'acquisto (effetto dotazione) o quando i costi o benefici sono immediati. Questa avversione al rischio dipendente dal riferimento potrebbe spingere le persone a dare un peso superiore alle perdite rispetto a quello attribuibile soltanto in base all'utilità marginale decrescente del reddito.
8. Dare un peso aggiuntivo ai benefici o costi immediati è il cosiddetto "bias del momento attuale" e può portare a comportamenti temporalmente incoerenti, con cambiamenti di idea e azioni che non rispettano i piani previsti.
9. Un comportamento apparentemente irrazionale potrebbe anche essere dovuto al fatto di tenere conto degli altri. Altruismo ed egoismo sono due inclinazioni che influiscono sulla scelta. Le persone possono anche essere influenzate dai gusti degli altri.
10. I governi, nell'elaborare le loro politiche, cercano sempre di più di influenzare il comportamento delle persone studiando incentivi appropriati. L'economia comportamentale fornisce utili spunti in questo campo.

Domande di ripasso

1. La banca centrale (per esempio la Banca d'Inghilterra o la Banca centrale europea) svolge un ruolo cruciale nel garantire la stabilità del sistema bancario nazionale e, in molti paesi, è pronta a salvare le banche che si trovano in difficoltà finanziarie. Questa funzione ha il vantaggio di ridurre la probabilità che le banche falliscano e i depositanti perdano il loro denaro, ma può creare un rischio morale. Spiegate perché.
2. Considerate la legislazione europea che vieta di differenziare i premi assicurativi in base al sesso del sottoscrittore. Quali mercati delle assicurazioni sarebbero influenzati da un analogo divieto di "discriminare" gli assicurati in base all'età? Quali sarebbero le conseguenze?
3. Euro NCAP esegue test sui nuovi modelli di auto per verificare se il livello di sicurezza che offrono in caso di incidente sia superiore al minimo richiesto. Le auto ottengono un punteggio percentuale in quattro diverse categorie, tra cui la protezione di occupanti adulti e quella dei bambini, quindi viene calcolato un punteggio di sicurezza complessivo. In base ai risultati dei test effettuati nel 2014, la Volvo v40 hatchback è stata giudicata l'auto più sicura sul mercato. Se osservaste che le auto di questo modello tendono a essere coinvolte più spesso in incidenti stradali, questo potrebbe essere un esempio di selezione avversa o rischio morale? Argomentate la risposta.
4. Secondo la teoria economica, qual è l'atteggiamento dei consumatori razionali nei confronti della spesa effettuata con la carta di credito e con il contante? Ritenete probabile che ci siano differenze? Se sì, siete in grado di spiegarne i motivi?
5. Che differenze ci sono tra l'economia comportamentale e l'economia classica?
6. Fornite qualche esempio di euristiche che utilizzate e spiegate i motivi per cui le utilizzate.
7. Per quali motivi i prodotti di marca sono più costosi dei prodotti equivalenti ma con marca privata dei supermercati? Come spiega questo fatto l'economia comportamentale?
8. Se acquistate qualcosa nel negozio all'angolo quando sapete che avreste potuto acquistare lo stesso prodotto spendendo meno al supermercato un paio di chilometri più in là, il vostro comportamento è irrazionale? Argomentate la risposta.
9. Perché le palestre incoraggiano le persone a sottoscrivere abbonamenti mensili o anche annuali anziché pagare per singolo accesso?
10. Molte nazioni europee hanno varato programmi per la donazione degli organi. Alcuni di questi sono basati sull'adesione volontaria ("opt-in"), altri sul presunto consenso, che prevede l'inserimento automatico negli elenchi dei donatori con possibilità di ritirare il proprio nome ("opt-out"). Spiegate perché il sistema di presunto consenso può incrementare il numero di donatori rispetto all'adesione volontaria. Ritenete che dovrebbe essere applicato anche in Italia?

ONLINE

Sulla piattaforma MyLab dedicata a questo testo troverete materiali di supporto e approfondimento. All'interno dello stesso ambiente è disponibile la piattaforma inglese MyLab Economics che offre ulteriori risorse, un ricco apparato multimediale ed esercizi guidati.

CAPITOLO

6

I fondamenti dell'offerta

Sommario del capitolo

Finora siamo partiti dall'ipotesi che le curve di offerta abbiano pendenza positiva, cioè che all'aumentare del prezzo le imprese siano incentivate a offrire una quantità maggiore. La quantità offerta dalle imprese, per ogni dato livello di prezzo, dipende per lo più dal profitto: un'impresa tende a espandere la produzione ogni volta che, così facendo, può accrescere il proprio profitto.

Un'impresa registra un profitto se il ricavo derivante dalla vendita dei suoi prodotti è maggiore del costo di produzione. Il profitto totale (Π) è dato, pertanto, dalla differenza fra il ricavo totale delle vendite (*RT*) e il costo totale di produzione (*CT*):

$$T\Pi = RT - CT$$

Quindi, per determinare in che modo un'impresa può massimizzare il profitto o ottenerne un livello sufficiente, dobbiamo anzitutto considerare le determinanti di costi e ricavi.

Nei primi quattro paragrafi di questo capitolo esamineremo una teoria dei costi di breve e lungo periodo, illustrando come la produzione dipenda dai fattori utilizzati e come i costi siano determinati dalla quantità prodotta. Nel Paragrafo 6.5 ci soffermeremo sul ricavo; infine, nel Paragrafo 6.6 vedremo come si determina il profitto, mettendo insieme costi e ricavi. In particolare, illustreremo come varia il profitto al variare della produzione e come si trova il punto di massimo profitto.

Nel Capitolo 4 abbiamo analizzato a fondo la curva di domanda e visto che il consumatore "razionale" soppesa i *benefici* (l'utilità) e i *costi* (il prezzo) associati al consumo di diverse quantità di un bene o combinazioni di beni.

Adesso facciamo altrettanto con la curva di offerta, per analizzare il comportamento del ***produttore razionale*** (l'impresa).

In questo caso esamineremo i benefici e i costi derivanti all'impresa dalla produzione di diverse quantità di prodotto e dall'impiego di metodi di produzione alternativi. A tale scopo, ci porremo alcune domande.

- Quale sarà la quantità prodotta?
- Quale sarà la combinazione di fattori di produzione utilizzata?
- Quale sarà il livello di profitto realizzato?

Il profitto e gli obiettivi dell'impresa

La teoria tradizionale dell'offerta, o ***teoria tradizionale dell'impresa***, afferma che i produttori mirano a *massimizzare il profitto*, un'ipotesi realistica nella maggior parte dei casi. Esamineremo questa teoria nel presente capitolo e nei due che seguono, occupandoci prima dei principi generali che governano la quantità offerta e poi, nei Capitoli 7 e 8, analizzando in che modo l'offerta è influenzata dalle dinamiche competitive con cui l'impresa si confronta.

In alcune circostanze, tuttavia, le imprese potrebbero non voler massimizzare il profitto, mirando piuttosto a massimizzare le vendite o il loro tasso di crescita. In alternativa, le imprese potrebbero non essere mosse da un *unico* obiettivo, ma da una serie di propositi potenzialmente contrastanti perseguiti dai manager nei diversi reparti aziendali. A volte potrebbe persino verificarsi un conflitto fra i proprietari dell'impresa e coloro che la gestiscono.

Non sorprende, dunque, che il comportamento di un'impresa dipenda dalla natura dei suoi obiettivi, cioè di ciò che aspira a ottenere. Nel Capitolo 9 tratteremo diverse ***teorie alternative dell'impresa***, ciascuna basata su particolari obiettivi aziendali diversi dalla massimizzazione del profitto.

6.1 La teoria della produzione nel breve periodo

Il costo associato a ogni dato livello di produzione dipende dalla quantità di fattori impiegata e dal prezzo che l'impresa deve pagare per ottenerli. Consideriamo innanzitutto la quantità di fattori di produzione utilizzati.

IDEA CHIAVE 18 ***La produzione dipende dalla quantità di risorse e dal modo in cui esse vengono utilizzate.*** A diverse quantità e combinazioni di fattori di produzione sono associati differenti livelli di produzione. Affinché la produzione sia efficiente, i fattori di produzione devono essere combinati in proporzione ottima.

Variazioni della produzione nel breve e nel lungo periodo

Un'impresa che desideri espandere la produzione ha bisogno di tempo per acquisire una maggiore quantità di determinati fattori. Per esempio, una fabbrica può facilmente aumentare l'approvvigionamento di energia elettrica richiedendo un maggior voltaggio alla società fornitrice del servizio, mentre l'acquisto e l'installazione di nuovi macchinari, per non parlare della costruzione di un secondo impianto, o di un impianto più grande, necessitano di tempi più lunghi.

È dunque evidente che, volendo incrementare in fretta la produzione, un'impresa può agire solo sulle quantità di determinati fattori: può impiegare più materie prime e più carburante; può riuscire a impiegare più manodopera offrendo ai lavoratori la possibilità di fare straordinari, o assumendo nuovi operai, ma deve accontentarsi di operare con gli edifici e, per la maggior parte, con i macchinari di cui dispone.

È importante distinguere, a tal proposito, tra ***fattori fissi*** e ***fattori variabili***: un fattore *fisso* è un fattore di produzione che non può essere incrementato in un dato periodo di tempo (per esempio, gli edifici); un fattore *variabile*, al contrario, può essere utilizzato in quantità differenti in un dato periodo di tempo.

PAROLE CHIAVE

Comportamento razionale del produttore
Comportamento di un'impresa che soppesa i costi e i benefici di diverse azioni alternative, cercando di massimizzarne il beneficio netto.

Teoria tradizionale dell'impresa Analisi delle decisioni di prezzo e di produzione dell'impresa nelle diverse condizioni di mercato, nell'ipotesi che l'impresa punti a massimizzare il profitto.

Teorie alternative dell'impresa Teorie dell'impresa basate sull'ipotesi che le imprese abbiano obiettivi diversi dalla massimizzazione del profitto.

La distinzione tra fattori fissi e variabili ci consente di distinguere tra ***breve periodo*** e ***lungo periodo***.

Il breve periodo è il lasso di tempo durante il quale almeno uno dei fattori di produzione è fisso. La produzione può essere incrementata solo utilizzando una maggiore quantità di fattori variabili. Per esempio, se una catena di bar riscuotesse maggiore successo, potrebbe servire un maggior numero di clienti al giorno nei suoi locali. Potrebbe anche aumentare la quantità di latte e caffè in grani acquistata. Potrebbe assumere nuovo personale, in base alle condizioni del mercato di lavoro locale, e altre macchine per il caffè, disponendo dello spazio necessario. Nel breve periodo, tuttavia, non potrebbe aprire nuovi locali, perché non ci sarebbe il tempo per affittarli, acquistarli o costruirli.

Il lungo periodo è un arco di tempo abbastanza lungo da consentire all'impresa di variare *tutti* i fattori di produzione. Dato un lasso di tempo sufficientemente lungo, l'impresa può costruire nuovi impianti di produzione e installare nuovi macchinari.

L'effettiva durata del breve periodo non è costante e differisce da impresa a impresa e da un settore a un altro. Se un agricoltore ha bisogno di un anno per ottenere nuovi terreni, fabbricati e attrezzature, per lui il breve periodo è qualunque lasso di tempo compreso entro dodici mesi, mentre il lungo periodo è un orizzonte temporale superiore a un anno; se a una linea aerea servono due anni per acquistare un nuovo velivolo, il breve periodo è compreso fra zero e ventiquattro mesi, e il lungo periodo è superiore a due anni.

Nel prosieguo di questo paragrafo ci concentreremo sulla produzione di breve periodo.

La legge dei rendimenti decrescenti

Nel breve periodo la produzione è soggetta a ***rendimenti decrescenti***. Avrete probabilmente già sentito parlare della "legge dei rendimenti decrescenti": si tratta di una delle "leggi" più note dell'economia; per illustrare il suo ruolo fondamentale nella produzione di breve periodo, esaminiamo il caso più semplice, quello in cui ci sono solo due fattori, uno fisso e uno variabile.

Consideriamo l'esempio di un'azienda agricola e ipotizziamo che il fattore di produzione fisso sia la terra e quello variabile il lavoro. Dal momento che la dotazione di terra è fissa, l'azienda può incrementare la produzione in ogni dato periodo di tempo soltanto impiegando un maggior numero di braccianti. Immaginate però che cosa accadrebbe se, su un dato lotto di terra, si affollassero sempre più operai: dal momento che la resa della terra non può aumentare all'infinito, superato un determinato livello la quantità addizionale prodotta da ciascun bracciante aggiuntivo comincerà a diminuire.

Possiamo ora esporre la *legge dei rendimenti (marginali) decrescenti*.

IDEA CHIAVE 19 ***La legge dei rendimenti marginali decrescenti*** afferma che, data una quantità costante di fattori fissi, incrementando la quantità di un fattore variabile si arriva a un punto in cui la quantità aggiuntiva prodotta da ogni unità addizionale di tale fattore è minore rispetto alla quantità prodotta dall'unità precedente.

La funzione di produzione di breve periodo: il prodotto totale

Vediamo ora in che modo la legge dei rendimenti decrescenti influisce sulla produzione totale di un'impresa nel breve periodo. Quando un fattore variabile viene aggiunto a un fattore fisso, la produzione totale che ne risulta è spesso chiamata ***prodotto fisico totale*** (*PFT*).

La relazione tra fattori di produzione e prodotto totale è illustrata da una ***funzione di produzione***. Nel semplice caso dell'azienda agricola con due soli fattori di produzione – la dotazione fissa di terra ($\bar{L}n$) e la dotazione variabile di braccianti agricoli (Lb) – la funzione di produzione è data da:

$$PFT = f(\bar{L}n, Lb)$$

PAROLE CHIAVE

Fattore fisso Fattore di produzione la cui dotazione non può essere incrementata in un dato periodo di tempo.

Fattore variabile Fattore di produzione la cui dotazione può essere incrementata in un dato periodo di tempo.

Breve periodo Periodo di tempo durante il quale almeno uno dei fattori di produzione è fisso.

Lungo periodo Periodo di tempo sufficientemente lungo da consentire alle imprese di variare *tutti* i fattori di produzione.

Legge dei rendimenti (marginali) decrescenti Se uno o più fattori sono tenuti costanti, si giunge a un punto in cui la produzione addizionale derivante dall'impiego di ulteriori unità del fattore variabile diminuisce.

Prodotto fisico totale Produzione totale di un bene o un servizio, per periodo di tempo, ottenuta da una data quantità di fattori di produzione.

Funzione di produzione Relazione matematica fra la quantità prodotta di un bene e i fattori di produzione impiegati per produrlo. Mostra come la produzione è influenzata dalle variazioni della quantità di uno o più fattori di produzione.

BOX 6.1 ESPLORARE L'ECONOMIA

Malthus e la scienza triste

Crescita della popolazione + rendimenti decrescenti = fame

La legge dei rendimenti decrescenti ha implicazioni potenzialmente catastrofiche per il futuro della popolazione mondiale.

Se la popolazione del pianeta aumenta rapidamente, la produzione di cibo potrebbe non tenere il passo con l'espansione demografica. Al crescere del numero di persone che affollano i terreni disponibili, si potrebbero innescare rendimenti decrescenti del lavoro.

Questo problema si pone già in alcuni fra i paesi più poveri al mondo, specie nell'Africa sub-sahariana: la terra è a malapena in grado di sostentare gli attuali livelli di popolazione e bastano uno o due raccolti scarsi per causare gravi carestie (ne sono un tragico esempio quelle verificatesi negli ultimi anni in Etiopia e Sudan).

La relazione fra popolazione e produzione di cibo venne analizzata per la prima volta più di due secoli fa dall'economista e pastore anglicano Thomas Robert Malthus (1766-1834) nel *Saggio sul principio di popolazione*. Quest'opera conobbe un enorme successo e fece di Robert Malthus il più famoso scienziato sociale del suo tempo.

Nel libro di Malthus si legge:

> *Affermo che il potere di popolazione è infinitamente maggiore del potere che ha la terra di produrre sussistenza per l'uomo.*
> *La popolazione, quando non è frenata, aumenta in progressione geometrica. La sussistenza aumenta soltanto in progressione aritmetica. Una familiarità anche superficiale con i numeri mostrerà l'immensità del primo potere a paragone con il secondo.*[1]

A detta di Malthus, dunque, la popolazione mondiale, se priva di controlli, tende a raddoppiare ogni 25 anni circa, crescendo in proporzione geometrica come la serie numerica 1, 2, 4, 8, 16, 32, 64 e così via. In ragione dei rendimenti decrescenti, tuttavia, la produzione di cibo non riesce a tenere il passo e cresce in progressione aritmetica, come la serie numerica 1, 2, 3, 4, 5, 6, 7 e così via. È chiaro che la popolazione, se non viene frenata, è destinata a superare l'offerta di cibo.

A porre un freno alla crescita demografica contribuiscono, secondo Malthus, le carestie. Al crescere della popolazione la produzione di cibo pro capite è destinata a diminuire, provocando presto o tardi un aumento del tasso di mortalità per inedia. Solo a quel punto la crescita della popolazione si stabilizza, uguagliando il tasso di crescita della produzione di cibo.

A questo punto è lecito domandarsi se le previsioni di Malthus si siano avverate. Va detto che due fattori hanno mitigato le forze descritte dallo studioso.

- Il tasso di crescita della popolazione tende a rallentare con lo sviluppo delle nazioni. Infatti, sebbene i progressi della scienza medica abbiano allungato le aspettative di vita, questa tendenza tende a essere più che compensata dal declino demografico, poiché le persone scelgono di avere meno figli.
- Il progresso tecnologico applicato all'agricoltura, con fertilizzanti migliori e lo sviluppo di colture geneticamente modificate, ha incrementato in maniera sostanziale la produttività per ettaro.

Il tasso di crescita della produzione di cibo ha superato il tasso di crescita della popolazione nei paesi sviluppati e anche in alcuni paesi in via di sviluppo. Ciò nondimeno, lo spettro delle teorie di Malthus aleggia tuttora su diverse nazioni povere, che, pur non essendo in grado di sfamare in maniera adeguata la popolazione, registrano paradossalmente alcuni fra i più elevati tassi di crescita demografica al mondo: attorno al 3% annuo in molti paesi africani.

Un ulteriore motivo di preoccupazione nasce dalla "occidentalizzazione" della dieta in Asia, che ha provocato un aumento del consumo di carne e latticini. Questo si traduce in un maggiore sfruttamento dei terreni, poiché l'alimentazione animale richiede quantitativi molto maggiori di cereali rispetto a quelli dell'alimentazione umana vegetariana.

Vi è poi un terzo fattore citato spesso da alcuni analisti che si dimostrano scettici rispetto alle fosche previsioni di Malthus. A loro avviso, lo studioso ha fortemente sottovalutato la capacità di innovazione dell'essere umano: forse l'ingegnosità umana è la sola risorsa che non soffre di rendimenti decrescenti.

[1] Malthus T.R., *First Essay on Population, Macmillan*, pp. 13-14, 1926 (trad. it. *Saggio sul principio di popolazione* (1798), Einaudi, cap. I, pp. 12-15, 1977).

La funzione indica che il prodotto fisico totale (cioè la produzione dell'azienda agricola) in un dato periodo di tempo dipende dalla quantità di terra e di lavoro utilizzati. Il prodotto fisico totale illustrato dalla funzione di produzione di breve periodo mostra la produzione massima ottenibile aggiungendo una maggiore quantità di un fattore di produzione variabile a un fattore di produzione fisso, cioè mostra punti che sono tutti ***tecnicamente efficienti***.

In realtà, la produzione totale ottenuta da qualsiasi combinazione data di fattori di produzione potrebbe essere inferiore al valore indicato dalla funzione di produzione a causa di inefficienze nella gestione e nei metodi di produzione. Questo tema è trattato in modo più approfondito nel Box 7.5 del Capitolo 7. Inoltre, il livello tecnologico è assunto costante (se vi fosse progresso tecnologico, la funzione di produzione cambierebbe).

Potremmo esprimere la funzione di produzione usando un'equazione, come nell'esempio descritto nel Box 6.4, o in alternativa sotto forma di tabella o di grafico. La Tabella 6.1 e la Figura 6.1 illustrano un'ipotetica funzione di produzione di un'azienda agricola che produce frumento. Le prime due colonne della Tabella 6.1 e il diagramma nella parte superiore della Figura 6.1 mostrano come varia la produzione totale di frumento all'aumentare del numero dei braccianti impiegati su un dato lotto di terra.

Se nessuno lavora la terra, la produzione è pari a zero (punto *a*). Quando vengono assunti i primi operai, la produzione di frumento aumenta, all'inizio sempre più rapidamente: infatti, con uno o due braccianti l'efficienza è bassa, dal momento che gli operai devono occuparsi di un'estensione di terra troppo grande; tuttavia, all'aumentare dei braccianti impiegati, questi possono collaborare – magari specializzandosi in una o più mansioni – e quindi lavorare la terra in maniera più efficiente. Nella Tabella 6.1, la produzione aumenta sempre più rapidamente fino all'assunzione del terzo bracciante (punto *b*). Nella Figura 5.1, la curva *PFT* si fa via via più ripida fino al punto *b*.

Superato quel punto, tuttavia, entrano in gioco i rendimenti marginali decrescenti: il tasso di crescita

PAROLE CHIAVE

Efficienza tecnica L'impresa produce la quantità massima resa possibile dalla tecnologia date le quantità di fattori di produzione in uso.

Figura 6.1 Produzione annua di frumento (tonnellate).

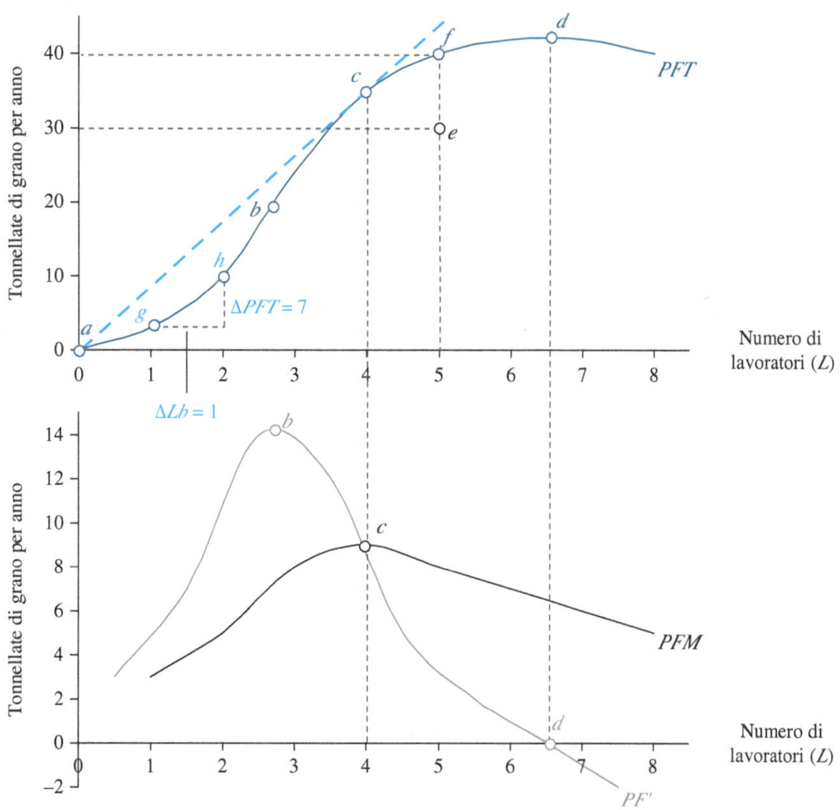

Tabella 6.1 Produzione annua di frumento di un'azienda agricola.

	Numero di lavoratori (Lb)	PFT	PFM (= PFT/Lb)	PF' (= $\Delta PFT/\Delta Lb$)
a	0	0	–	3
	1	3	3	7
b	2	10	5	14
	3	24	8	12
c	4	36	9	4
	5	40	8	2
d	6	42	7	0
	7	42	6	–2
	8	40	5	

della produzione diminuisce sempre più e, in maniera corrispondente, la curva PFT diventa progressivamente meno ripida. Una volta raggiunto il punto d, la produzione di frumento è al massimo: la terra non può produrre più di così e ogni nuovo bracciante assunto finirebbe con ogni probabilità per intralciare il lavoro degli altri. Pertanto è verosimile che, una volta superato il punto d, la produzione diminuisca di nuovo: otto braccianti producono meno di sette.

Tutti i punti lungo la curva della produzione fisica totale sono tecnicamente efficienti, mentre ogni punto al di sotto di essa è tecnicamente inefficiente. Per esempio, se la produzione fosse al punto e con cinque lavoratori che producono 30 tonnellate, sarebbe tecnicamente possibile per quei cinque lavoratori produrre 40 tonnellate.

La funzione di produzione di breve periodo: prodotto medio e prodotto marginale

Oltre al prodotto fisico totale, la funzione di produzione illustra altri due importanti concetti: il ***prodotto fisico medio*** (PFM) e il ***prodotto fisico marginale*** (PF').

Prodotto fisico medio

È il prodotto fisico totale (PFT) per unità del fattore variabile (Q_v). Nell'esempio dell'azienda agricola è la produzione di frumento per bracciante:

$$PFM = PFT/Q_v$$

Nella Tabella 6.1 il prodotto fisico medio del lavoro quando vengono impiegati quattro braccianti è pari a 36/4 = 9 tonnellate all'anno.

Prodotto fisico marginale

È la produzione *addizionale* (ΔPFT) ottenuta dall'utilizzo di *una unità aggiuntiva* del fattore variabile.

Nella Tabella 6.1 il prodotto fisico marginale del quarto bracciante è pari a 12 tonnellate, perché impiegando il quarto operaio la produzione di frumento aumenta da 24 a 36 tonnellate, corrispondenti a un incremento di 12 tonnellate.

Tradotto in simboli, il prodotto fisico marginale è dato da:

$$PF' = \Delta PFT/\Delta Q_v$$

Pertanto, nel nostro esempio:

$$PF' = 12/1 = 12$$

La ragione per cui dividiamo l'incremento del prodotto totale (ΔPFT) per l'incremento della quantità del fattore variabile (ΔQ_v) è che alcuni fattori variabili possono essere incrementati solo di molteplici unità. Per esempio, se volessimo conoscere il prodotto fisico marginale del fertilizzante e calcolassimo la quantità addizionale di frumento prodotta con un sacco da 20 kilogrammi di fertilizzante, per trovare il prodotto fisico marginale di *un* kilogrammo addizionale dovremmo dividere questa quantità prodotta per 20 (ΔQ_v).

Notate che nella Tabella 6.1 le cifre corrispondenti a PF' sono inserite negli spazi fra gli altri numeri: infatti, PF' può essere considerato come la *differenza* tra il livello di produzione associato a diverse quantità di fattori. Per esempio, nella tabella la differenza tra la produzione ottenuta con cinque o sei braccianti è pari a 2 tonnellate.

Le cifre corrispondenti a PFM e a PF' sono tracciate nel diagramma in basso nella Figura 6.1, dal quale possiamo trarre una serie di conclusioni.

- Il prodotto fisico marginale (PF') fra due punti è pari alla pendenza della curva PFT fra questi due punti. Per esempio, se il numero di braccianti aumenta da 1 a 2 ($\Delta Lb = 1$), PFT aumenta da 3 a 10 tonnellate ($\Delta PFT = 7$). PF' è pertanto pari a 7, ovvero alla pendenza della curva fra i punti g e h.
- In un primo momento, PF' aumenta: la curva PFT diventa sempre più ripida.
- Il prodotto fisico marginale (PF') raggiunge un massimo in corrispondenza del punto b, dove la pendenza della curva PFT assume il valore più elevato.

PAROLE CHIAVE

Prodotto fisico medio Prodotto fisico totale (PFT) per unità del fattore variabile in questione: $PFM = PFT/Q_v$.

Prodotto fisico marginale Produzione addizionale ottenuta dall'utilizzo di un'unità aggiuntiva del fattore variabile: $PF' = \Delta PFT/\Delta Q_v$.

BOX 6.2 ANALISI DI CASI E APPLICAZIONI

Rendimenti decrescenti in panetteria

Quando il fornaio ha pane per i suoi denti

Giovanni, come molte altre persone, acquista il pane ogni sabato mattina nella panetteria vicino a casa. Dal momento che il sabato il negozio si riempie di clienti, quel giorno il proprietario si avvale della collaborazione di un maggior numero di addetti alle vendite.

Durante la settimana dietro al bancone c'è un solo commesso, mentre per un certo periodo il sabato mattina ce n'erano cinque. Tuttavia, a causa dei rendimenti decrescenti del lavoro, i cinque addetti non riuscivano a servire contemporaneamente il quintuplo dei clienti.

Il problema nasce dal fatto che alcuni fattori di produzione della panetteria sono fissi.

- Il negozio ha dimensioni date. Siccome il sabato mattina la panetteria è molto affollata, i commessi a volte erano costretti ad attendere che i clienti riuscissero a farsi largo per raggiungere il bancone. Inoltre, con cinque persone a servire, non era infrequente che gli addetti alle vendite si intralciassero a vicenda.
- La panetteria ha una sola cassa, quindi molte volte un commesso doveva attendere che un collega avesse finito di usarla.
- C'è una sola pila di sacchetti di carta per il pane, per cui i commessi erano spesso costretti ad aspettare.

Di conseguenza, il quinto e persino il quarto commesso finivano necessariamente per servire pochissimi clienti in più.

Giovanni frequenta ancora quella panetteria: la cassa è sempre una sola, così come la pila dei sacchetti di carta, ma adesso, di sabato, i commessi sono solo tre. Il negozio, tuttavia, è sempre pieno di clienti.

- IC 19 p151 Superato il punto *b*, entrano in gioco i rendimenti decrescenti: *PF'* diminuisce e la curva *PFT* diventa sempre più piatta.
- In un primo tempo *PFM* aumenta e continua ad aumentare finché la produzione addizionale dell'ultimo bracciante (*PF'*) è maggiore del prodotto medio (*PFM*): *PF'* spinge al rialzo *PFM* (vedi Box 5.3). Questo andamento continua fin oltre il punto *b*: sebbene, superato questo punto, *PF'* inizi a diminuire, *PFM continua* a crescere finché *PF'* è superiore a *PFM*, cioè fino al punto *c*.
- Superato il punto *c*, *PF'* è inferiore a *PFM*. Adesso la produzione addizionale dei nuovi braccianti è inferiore alla produzione media e *PFM* diminuisce.
- Finché *PF'* è maggiore di zero, *PFT* continua ad aumentare: l'aggiunta di nuovi braccianti permette di incrementare la produzione totale.
- In corrispondenza del punto *d*, *PFT* è al suo massimo (la pendenza della curva è zero); l'aggiunta di un bracciante non apporta alcun contributo alla produzione, quindi *PF'* è zero.
- Superato il punto *d*, *PFT* diminuisce e *PF'* diventa negativo.

BOX 6.3 ESPLORARE L'ECONOMIA

La relazione fra grandezze medie e marginali

In questo capitolo abbiamo esaminato i concetti di prodotto fisico *medio* e *marginale*; siccome nelle prossime pagine incontreremo diversi altri esempi di grandezze medie e marginali, è utile esaminare la relazione generale che intercorre fra di esse. In tutti i casi si applicano tre semplici regole; proviamo a comprenderle con il seguente esempio.

Immaginiamo che in una stanza ci siano 10 persone con un'età media di 20 anni. Se un individuo di 20 anni (età *marginale*) entra nella stanza, l'età media resta invariata. Se a fare il suo ingresso è una persona di 56 anni, però, l'età media aumenta: ovviamente non a 56, ma a 23. A questa cifra si perviene dividendo la somma delle età di tutti i presenti (276) per il loro numero (12). Se nella stanza entrasse un bambino di 10 anni, l'età media diminuirebbe.

Da questo esempio possiamo derivare le tre regole universali sulle grandezze medie e i marginali:

- se la grandezza marginale è uguale alla grandezza media, la media non cambia;
- se la grandezza marginale è superiore alla grandezza media, la media aumenta;
- se la grandezza marginale è inferiore alla grandezza media, la media diminuisce.

BOX 6.4 ESPLORARE L'ECONOMIA

La relazione *PFT*, *PF'* e *PFM*

Il prodotto fisico totale di un fattore variabile (per esempio il fertilizzante) può essere espresso da un'equazione, per esempio:

$$PFT = 100 + 32Q_f + 10Q_f^2 - Q_f^3 \quad (1)$$

dove *PFT* è la produzione totale di frumento in tonnellate per ettaro e Q_f è la quantità di fertilizzante applicata, in kilogrammi per ettaro.
Da questa equazione possiamo ricavare la funzione *PFM*, data semplicemente da PFT/Q_f, cioè la quantità prodotta per kilogrammo di fertilizzante. Quindi:

$$PFM = \frac{100}{Q_f} + 32 + 10Q_f - Q_f^2 \quad (2)$$

Possiamo anche ricavare la funzione *PF'*, che è il tasso di crescita di *PFT* se si applica una maggiore quantità di fertilizzante, cioè la derivata prima di *PFT*: dPFT/dQ_f. Quindi:

$$PF' = 32 + 20Q_f - 3Q_f^2 \quad (3)$$

La produzione massima (484 tonnellate) si raggiunge con 8 kg di fertilizzante per ettaro. A tale livello, *PF'* è zero: non è possibile ottenere un ulteriore aumento della produzione.

Q_f	*PFT*	*PFM*	*PF'*
1	141	141	49
2	196	98	60
3	259	86	65
4	324	81	64
5	385	77	57
6	436	72	44
7	471	67	25
8	484	60	0
9	469	52	–31

Questo livello massimo di PFT si può determinare a partire dalle equazioni utilizzando una semplice tecnica. Se *PF'* è zero a questo livello, allora basta trovare il valore di Q_f dove:

$$PF' = 32 + 20Q_f - 3Q_f^2 = 0 \quad (4)$$

Risolvendo questa equazione[1] otteniamo $Q_f = 8$.

1 Applicando il test della derivata seconda (cfr. l'Appendice 1) si può verificare che $Q_f = 8$ fornisce il PFT massimo e non il minimo (sia il punto di massimo sia il punto di minimo di una curva hanno pendenza uguale a zero).

6.2 I costi nel breve periodo

Abbiamo visto come varia la quantità prodotta al variare dei fattori di produzione nel breve periodo; ora utilizziamo questo concetto per mostrare come variano i costi in funzione della quantità prodotta da un'impresa. Ovviamente, prima di decidere quanto produrre, l'impresa deve conoscere con precisione i costi associati a ciascun livello di produzione.

Anzitutto, però, dobbiamo chiarire il significato del termine "costi". Come vedremo, infatti, i "costi economici" di un'impresa non corrispondono necessariamente ai suoi "costi contabili".

Misurare i costi di produzione

Nel misurare i costi, gli economisti si rifanno sempre al concetto di ***costo-opportunità***, che, come ricorderete dal Capitolo 1, è il costo di un'attività misurato in termini delle opportunità a cui si *rinuncia* per eseguirla.

Come si applica questo principio al costo-opportunità di un'impresa? In primo luogo dobbiamo stabilire quali fattori di produzione vengono impiegati, poi dobbiamo misurare la *rinuncia* che essi comportano. Per fare questo, è necessario suddividere i fattori in due categorie.

Fattori di produzione non posseduti dall'impresa: i costi espliciti

Il costo-opportunità di impiegare fattori di produzione non posseduti dall'impresa è semplicemente il prezzo che quest'ultima deve sostenere per acquistarli. Così, se l'impresa utilizza l'equivalente di €100 di elettricità, il costo-opportunità è €100: l'impresa rinuncia a €100 che avrebbe potuto spendere diversamente. Lo stesso si potrebbe dire di macchinari o strutture (fabbriche/negozi/unità produttive). In questo caso parliamo di ***costi espliciti***, perché l'impresa sostiene un esborso diretto di denaro.

PAROLE CHIAVE

Costo-opportunità Costo di un'attività misurato in termini della miglior alternativa a cui si rinuncia.

Costi espliciti Pagamenti dei fattori di produzione effettuati a fornitori esterni.

Fattori di produzione posseduti dall'impresa: i costi impliciti

Un'impresa che possiede già i fattori di produzione (per esempio, i macchinari) che le servono normalmente, non deve pagare per utilizzarli. I costi-opportunità di tali fattori sono quindi ***costi impliciti*** e corrispondono al guadagno che l'impresa potrebbe trarre da un loro impiego alternativo, vuoi all'interno dell'impresa stessa, vuoi noleggiandoli ad altri. I costi impliciti non includono gli esborsi di cassa, meno visibili dei costi espliciti ma altrettanto importanti per i processi decisionali.

Riportiamo qualche esempio di costi impliciti.

- Un'impresa possiede degli edifici. Il costo-opportunità del loro utilizzo in produzione per un anno è il massimo canone di locazione che l'impresa avrebbe potuto riscuotere affittandoli a un'altra impresa nello stesso periodo.
- Un'impresa preleva €100.000 dal suo conto in banca per investire in un nuovo impianto e in nuovi macchinari. Il costo-opportunità di questo investimento non è dato solo dalla somma di €100.000 (costo esplicito) spesa per l'impianto e i macchinari, ma anche dagli interessi bancari ai quali l'impresa rinuncia (costo implicito).
- Il proprietario dell'impresa potrebbe guadagnare €40.000 all'anno lavorando per altri: questa somma costituisce pertanto il costo-opportunità del tempo del titolare nello stesso periodo.

I costi-opportunità di qualsiasi decisione in fase di produzione sono i costi espliciti e impliciti rilevanti per essa, nel senso che sono i costi in cui l'impresa incorre se sceglie quel particolare corso d'azione, per esempio ampliare la produzione o rimanere in attività. Prendendo una decisione diversa questi costi si sarebbero evitati.

Alcuni costi potrebbero rimanere invariati qualunque sia la decisione presa; non sono costi-opportunità e quindi sono irrilevanti: si chiamano ***costi sommersi*** (*sunk cost*) e andrebbero completamente ignorati.

Spesso si ha un costo sommerso se un'impresa ha utilizzato un fattore di produzione in passato e tale fattore non ha più valore in alcun utilizzo alternativo. Per esempio, un'impresa potrebbe aver acquistato un macchinario molto specifico per un processo produttivo; se tale macchinario non ha valore per nessun'altra impresa e non ha nemmeno valore di rottamazione, il costo-opportunità del suo utilizzo è zero. A prescindere dalle decisioni che l'impresa prenderà in futuro, il prezzo che l'impresa ha pagato per il macchinario – il suo ***costo storico*** – non è rilevante: il denaro, una volta speso, non può essere recuperato. In questo caso, se quanto prodotto dal macchinario vale più del costo di tutti gli altri fattori produttivi, l'impresa potrebbe preferire utilizzarlo anziché lasciarlo fermo.

È importante tenere presente che il costo del macchinario non è sempre stato un costo sommerso. Prima del suo acquisto, il costo-opportunità di acquistarlo era il denaro speso per l'acquisto. Solo dopo l'acquisto è diventato un costo sommerso e il costo-opportunità si è annullato. Il timing della decisione è fondamentale per decidere se un costo sia rilevante o sommerso.

IDEA CHIAVE 20 ***Il principio dell'irrilevanza dei costi sommersi ("bygones principle")*** afferma che, nel decidere se produrre o vendere una quantità maggiore o minore di un dato prodotto, si dovrebbero ignorare i costi sommersi (fissi) e prendere in considerazione solo i costi variabili.

Costi e fattori di produzione

I costi di produzione di un'impresa dipendono dai fattori di produzione impiegati: quanto maggiore è la quantità di fattori utilizzata, tanto maggiori sono i costi da sostenere. Per essere più precisi, questa relazione dipende da due elementi.

- *La produttività dei fattori.* Quanto maggiore è la produttività fisica dei fattori di produzione, tanto minore è la quantità necessaria per realizzare un dato livello di produzione e tanto minore, quindi, è il costo di produzione. In altre parole, c'è un collegamento diretto fra *PFT*, *PFM*, *PF'* e i costi di produzione.
- *Il prezzo dei fattori.* Quanto più elevato è il prezzo, tanto più elevati sono i costi di produzione.

Nel breve periodo la dotazione di alcuni fattori è fissa; i loro costi totali, pertanto, non variano al variare della produzione. Un esempio di ***costo fisso*** è il canone di locazione della terra, che resta invariato a prescindere dalla quantità prodotta.

PAROLE CHIAVE

Costi impliciti Costi che non comportano un pagamento diretto in denaro a un terzo, ma che implicano nondimeno la rinuncia a un'alternativa.

Costi sommersi Costi che non possono essere recuperati (per esempio trasferendo beni ad altri usi), per esempio i costi di macchinari specializzati o di una campagna pubblicitaria.

Costo storico Importo originariamente pagato dall'impresa per i fattori di produzione di sua proprietà.

Costi fissi Costi totali che non variano con la quantità prodotta.

Il costo totale dei fattori variabili, invece, varia con la quantità prodotta. Le materie prime, per esempio, danno luogo a un ***costo variabile***: quanto maggiore è la quantità prodotta, tante più materie prime vengono impiegate e tanto più elevato è il loro costo totale.

Costo totale

Il ***costo totale*** (*CT*) di produzione è la somma del *costo variabile totale* (*CVT*) e del *costo fisso totale* (*CFT*) di produzione:

$$CT = CVT + CFT$$

Esaminiamo la Tabella 6.2 e la Figura 6.2: entrambe illustrano il costo totale sostenuto dall'impresa X a fronte di diversi livelli di produzione (*Q*). Analizziamo singolarmente le tre curve di costo.

Tabella 6.2 Costi totali dell'impresa X.

Produzione (*Q*)	*CFT* (€)	*CVT* (€)	*CT* (€)
0	12	0	12
1	12	10	22
2	12	16	28
3	12	21	33
4	12	28	40
5	12	40	52
6	12	60	72
7	12	91	103
.	.	.	.

Costo fisso totale (*CFT*)

Nel nostro esempio, il costo fisso totale è per ipotesi pari a €12. Dal momento che non varia al variare della produzione, è rappresentato da una retta orizzontale.

Costo variabile totale (*CVT*)

Se la produzione è pari a zero, non vengono impiegati fattori variabili, quindi *CVT* = 0. Di conseguenza, la curva *CVT* nasce dall'origine degli assi.

IC 19 p151 La forma della curva *CVT* si spiega con la legge dei rendimenti decrescenti. All'inizio, *prima* che entrino in gioco i rendimenti decrescenti, *CVT* aumenta sempre meno rapidamente al crescere della quantità dei fattori variabili impiegati. Facciamo l'esempio di una fabbrica con una dotazione fissa di macchinari: all'inizio, all'aumentare del numero di operai assunti, essi possono eseguire compiti sempre più specializzati e utilizzare appieno le attrezzature disponibili. Questo corrisponde al tratto della curva *PFT* che cresce più rapidamente (fino al punto *b* nella Figura 6.1).

Nella Figura 6.2, se la produzione aumenta oltre il punto *m*, entrano in gioco i rendimenti decrescenti: siccome la produzione addizionale di ogni nuovo operaio (il fattore variabile addizionale) è via via minore, le unità aggiuntive che vengono prodotte costano, in termini

PAROLE CHIAVE

Costi variabili Costi totali che variano con la quantità prodotta.

Costo totale Somma dei costi fissi totali e dei costi variabili totali: *CT* = *CFT* + *CVT*.

Figura 6.2 Costi totali dell'impresa X.

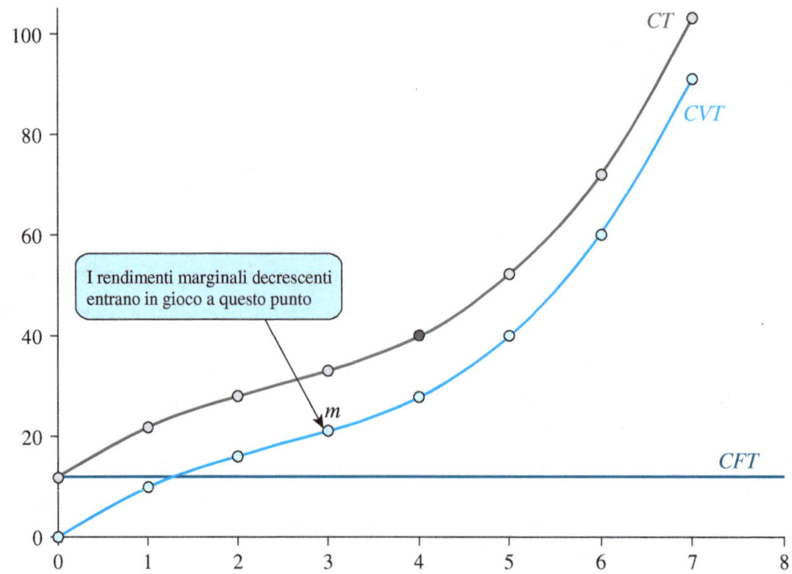

salariali, sempre di più. Pertanto, *CVT* aumenta sempre più rapidamente e la relativa curva diventa progressivamente più ripida. Nella Figura 6.1, questo corrisponde al tratto della curva *PFT* che cresce meno velocemente (quello compreso fra i punti *b* e *d*).

Costo totale (*CT*)

Dal momento che *CT* = *CVT* + *CFT*, la curva *CT* non è altro che la curva *CVT* traslata verticalmente verso l'alto di €12.

Costi medi e costi marginali

Il ***costo medio*** (*CM*) è il costo per unità di prodotto:

$$CM = CT/Q$$

Così, se un'impresa sostiene un costo di €2000 per produrre 100 unità di un bene, il costo medio è pari a €20 per unità (€2000/100).

Come il costo totale, il costo medio può essere scomposto in una componente fissa e una variabile. In altre parole, il costo medio è pari al ***costo medio fisso*** (*CMF* = *CFT*/*Q*) più il ***costo medio variabile*** (*CMV* = *CVT*/*Q*):

$$CM = CMF + CMV$$

Il ***costo marginale*** (*C'*) è il costo associato alla produzione di *un'unità addizionale*, vale a dire l'incremento del costo totale provocato da un aumento unitario della produzione:

$$C' = \frac{\Delta CT}{\Delta Q}$$

Supponiamo, per esempio, che un'impresa produca 1.000.000 di scatole di fiammiferi al mese e che decida di incrementare la produzione di 1000 scatole (un lotto), per cui ΔQ = 1000. Di conseguenza, il suo costo totale aumenta di €30: ΔCT = €30. Il costo di produzione di una scatola di fiammiferi in più è:

$$\frac{\Delta CT}{\Delta Q} = \frac{€30}{1000} = 3 \text{ cent}$$

(Notate che tutti i costi marginali sono variabili, perché, per definizione, all'aumentare della produzione non si registra un incremento dei costi fissi.)

Conoscendo *CFT*, *CVT* e *CT* è possibile derivare *CMF*, *CMV*, *CM* e *C'* per ogni dato livello di produzione usando le definizioni appena esposte. Per esempio, utilizzando i dati della Tabella 6.2 è possibile costruire la Tabella 6.3.

Esaminando le curve *C'*, *CMF*, *CMV* e *CM* ci accorgiamo che derivano, quanto alla forma, dalle curve *PF'* e *PFM* che abbiamo esaminato nel Paragrafo 5.1 e che, come ricorderete, sono analoghe a quelle illustrate nella Figura 6.3.

PAROLE CHIAVE

Costo medio (totale) Il costo totale (fisso più variabile) per unità di prodotto: *CM* = *CT*/*Q* = *CMF* + *CMV*.

Costo medio fisso Il costo fisso totale per unità di prodotto: *CMF* = *CFT*/*Q*.

Costo medio variabile Il costo variabile totale per unità di prodotto: *CMV* = *CVT*/*Q*.

Costo marginale Il costo di produrre un'unità addizionale di prodotto: *C'* = $\Delta CT/\Delta Q$.

Figura 6.3 Prodotto fisico medio e marginale.

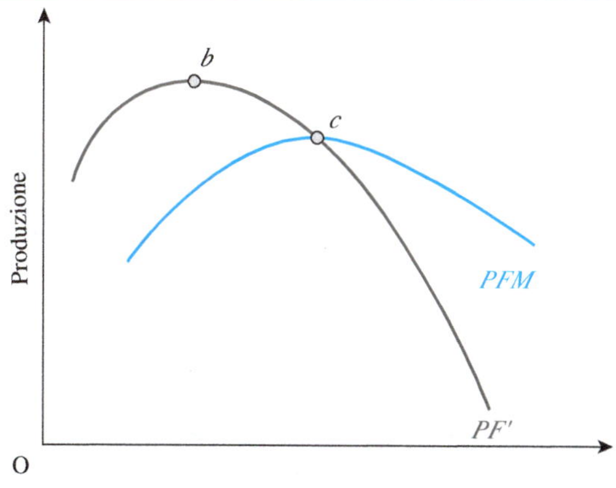

Tabella 6.3 Costo totale, medio e marginale dell'impresa X.

Produzione (*Q*) (unità)	*CFT* (€)	*CMF* (*CFT*/*Q*) (€)	*CVT* (€)	*CMV* (*CVT*/*Q*) (€)	*CT* (*CFT* + *CVT*) (€)	*CM* (*CT*/*Q*) (€)	*C'* ($\Delta CT/\Delta Q$) (€)
0	12	–	0	–	12	–	10
1	12	12	10	10	22	22	...
2	12	6	16	...	28	14	5
3	...	...	21	7	...	...	7
4	...	3	28	...	40	...	12
5	...	2,4	...	8	52	10,4	...
6	...	...	...	10	...	12	31
7	...	1,7	91	13	103	14,7	

Costo marginale (C')

La forma della curva C' è determinata dall'applicazione della legge dei rendimenti decrescenti. Nella Figura 5.4, all'aumentare della quantità impiegata dei fattori variabili, le unità addizionali che vengono prodotte costano inizialmente meno delle precedenti, quindi C' diminuisce. Questo corrisponde al tratto crescente della curva *PF'* nella Figura 6.3 e al tratto della curva *CVT* a sinistra del punto *m* nella Figura 6.2.

Oltre un certo livello di produzione, entrano in gioco i rendimenti decrescenti: questo è contrassegnato dal punto *x* nella Figura 6.4 e corrisponde al punto *b* nella Figura 6.3 (e al punto *m* nella Figura 6.2). Superato quel livello, C' aumenta e *PF'* diminuisce: il costo di unità addizionali di prodotto aumenta sempre di più, perché sono necessari quantitativi via via maggiori dei fattori variabili.

Costo medio fisso (CMF)

Il costo medio fisso diminuisce progressivamente all'aumentare della produzione, perché il costo fisso totale è ripartito su una quantità di prodotto sempre maggiore.

Costo medio variabile (CMV)

La forma della curva *CMV* dipende da quella della curva *PFM*. All'aumentare del prodotto medio dei lavoratori (fino al punto *c* nella Figura 6.3), il costo medio del lavoro per unità di prodotto (*CMV*) diminuisce fino al punto *y* nella Figura 6.4. Da lì in poi, al diminuire di *PFM*, *CMV* deve aumentare.

Costo medio (totale) (CM)

Questo non è altro che la somma verticale delle curve *CMF* e *CMV*. Notate che, al diminuire di *CMF*, il divario fra *CMV* e *CM* si riduce.

Figura 6.4 Costi medi e marginali.

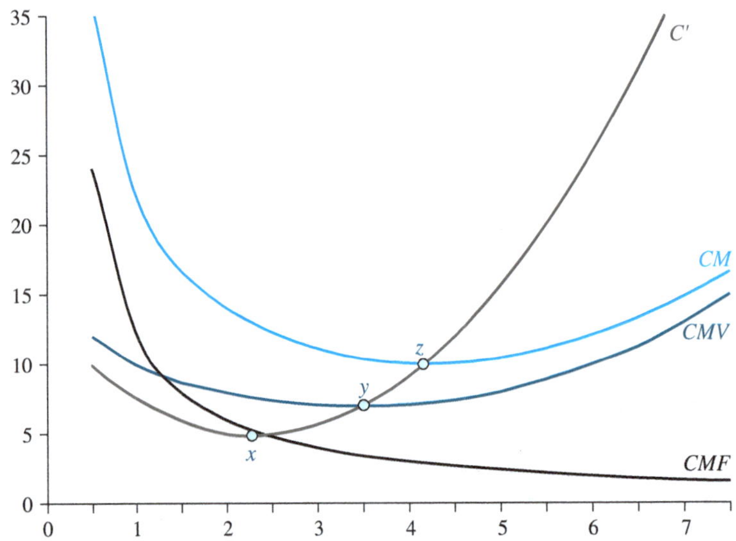

*IN TERMINI MATEMATICI

Le funzioni di costo totale, medio e marginale possono essere espresse algebricamente come segue:

$$CFT = a \quad (1)$$

$$CVT = bQ - cQ^2 + dQ^3 \quad (2)$$

$$CT = a + bQ - cQ^2 + dQ^3 \quad (3)$$

dove a è una costante che rappresenta i costi fissi e i segni dei termini nell'equazione *CVT* sono stati scelti in modo tale da ottenere curve *CVT* e *CT* della forma illustrata nella Figura 6.2.

Dividendo ciascuna delle funzioni precedenti per Q si ottiene:

$$\text{CMF} = \frac{a}{Q} \quad (4)$$

$$CMV = b - cQ + dQ^2 \quad (5)$$

$$\text{CM} = \frac{a}{Q} + b - cQ + dQ^2 \quad (6)$$

Calcolando la derivata prima delle funzioni (2) o (3) rispetto a Q si ottiene:

$$C' = b - 2cQ + 3dQ^2 \quad (7)$$

BOX 6.5 ESPLORARE L'ECONOMIA

Le curve di costo nella realtà: quando i fattori fissi sono divisibili

Le curve di costo non hanno sempre la forma illustrata in queste pagine: talvolta, anziché essere perfettamente convesse, le curve *CMV* e *C'* presentano una parte inferiore piatta, come quelle mostrate nella figura; a dire il vero, non è infrequente che siano orizzontali (e coincidano fra loro) su un ampio intervallo di produzione.

Questo fenomeno si verifica perché i fattori di produzione fissi non vengono necessariamente impiegati sempre a pieno regime. Facciamo un esempio: un'impresa possiede 100 macchinari uguali, ciascuno dei quali necessita di un operatore per manovrarlo. Ipotizziamo che anziché utilizzarli tutti e 100, l'impresa ne impieghi solo 90: in questo caso, avrebbe bisogno di 90 operatori e del 90% delle materie prime.

Analogamente, se l'impresa utilizzasse solo 20 macchinari, i costi variabili totali (lavoro e materie prime) ammonterebbero solo al 20%. In altre parole, il costo medio variabile resta costante, anche su un ampio intervallo di produzione che richiede l'impiego di un numero di macchinari compreso tra 1 e 100.

La ragione per cui il costo medio variabile (*CMV*) e il costo marginale (*C'*) sono costanti è che, al variare della quantità di capitale fisso impiegato, capitale, lavoro e materie prime possono essere utilizzati nella stessa proporzione; di conseguenza, le produttività media e marginale del lavoro e delle materie prime restano invariate.

Solo quando tutti i macchinari sono in uso (in corrispondenza di Q_1), *CMV* comincia ad aumentare al crescere della produzione. Superata la soglia di Q_1, i macchinari devono lavorare a una velocità superiore a quella ottimale, impiegando più materie prime per unità di prodotto (e innescando rendimenti decrescenti per le materie prime), oppure i lavoratori devono effettuare turni più lunghi, con salari più elevati (in corrispondenza delle ore di straordinario).

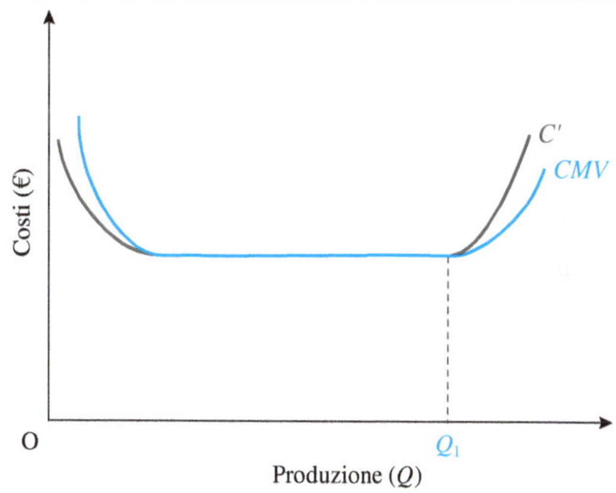

La relazione fra costo medio e costo marginale

Questo non è altro che un esempio della relazione che intercorre, *in generale*, fra grandezze medie e grandezze marginali (vedi Box 6.3).

Nella misura in cui le unità addizionali di prodotto costano meno della media, la produzione di tali unità riduce necessariamente il costo medio. In altre parole, se *C'* è minore di *CM*, quest'ultimo deve essere decrescente. Viceversa, se le nuove unità di prodotto costano più della media, la produzione di tali unità spinge al rialzo il costo medio. In altre parole, se *C'* è maggiore di *CM*, quest'ultimo deve essere crescente. Pertanto la curva *C'* interseca la curva *CM* nel punto di minimo (il punto *z* nella Figura 6.4).

Dal momento che tutti i costi marginali sono variabili, la stessa relazione intercorre fra *C'* e *CMV*.

6.3 La teoria della produzione nel lungo periodo

IC 18 p150 Nel lungo periodo *tutti* i fattori di produzione sono variabili: l'impresa ha il tempo necessario per costruire un nuovo stabilimento (magari in un'altra zona del paese), installare nuovi macchinari, usare nuove tecniche di produzione e, in generale, combinare i fattori di produzione nelle proporzioni e nelle quantità che ritiene più opportune.

Pertanto, nel lungo periodo l'impresa deve prendere diverse decisioni: deve stabilire dove organizzare le proprie attività, su quale scala vuole operare e quali tecniche di produzione impiegare. Queste decisioni influiscono sui costi di produzione, quindi l'impresa deve comprenderle appieno.

La distinzione tra produzione nel lungo periodo e nel breve periodo è illustrata nella Tabella 6.4, dove i numeri mostrano la produzione massima (o produzione tecnicamente efficiente) realizzabile impiegando diverse combinazioni di capitale e lavoro. L'impatto di un aumento della quantità di lavoro può essere visto percorrendo verso il basso ciascuna colonna. Per esempio, se si

Tabella 6.4 Cifre ricavate da una funzione di produzione.

		Numero di macchine				
		1	2	3	4	5
Numero di lavoratori	1	4	7	13	13	12
	2	11	16	19	20	21
	3	16	21	24	25	26
	4	19	24	27	29	30
	5	21	25	28	30	32

impiega 1 lavoratore con 1 macchina l'output massimo realizzabile è 4; se si impiegano 2 lavoratori con 1 macchina l'output totale sarà 11, e così via. L'impatto di un aumento della quantità di capitale – il numero di macchine – si vede percorrendo ogni riga.

La scala di produzione

Se un'impresa raddoppiasse tutti i fattori di produzione – un'operazione fattibile solo nel lungo periodo – raddoppierebbe anche la produzione? Oppure, la produzione sarebbe più che doppia o meno che doppia? Possiamo distinguere tre possibili scenari.

Rendimenti di scala crescenti. A un dato aumento percentuale dei fattori di produzione è associato un *maggior* aumento percentuale della produzione. Per esempio, osserviamo che cosa accade nella Tabella 6.4 se il numero di lavoratori e il numero di macchine usate nella produzione raddoppiano entrambi da 1 a 2. La produzione totale aumenta da 4 a 16 (occorre guardare in diagonale verso il basso). In questo caso, un aumento del 100% nei fattori di produzione porta a un aumento del 400% nella produzione. Si hanno quindi rendimenti di scala crescenti.

Rendimenti di scala costanti. A un dato aumento percentuale dei fattori di produzione è associato un *pari* aumento percentuale della produzione. Questo caso si vede nella Tabella 6.4 quando il numero di lavoratori e quello delle macchine aumentano entrambi da 2 a 3. Questo aumento del 50% nei fattori di produzione porta a un aumento del 50% nella produzione totale che passa da 16 a 24.

Rendimenti di scala decrescenti. A un dato aumento percentuale dei fattori di produzione è associato un *minor* aumento percentuale della produzione. Nella Tabella 6.4, se il numero di lavoratori e quello di macchine aumentano entrambi da 3 a 4 (un aumento del 33,3%), la produzione aumenta da 24 a 29 (un aumento del 20,8%).

Una nota terminologica: il termine "di scala" implica che *tutti* i fattori di produzione vengano incrementati nella stessa proporzione. I rendimenti *di scala* decrescenti sono pertanto piuttosto diversi dai rendimenti *marginali* decrescenti (associati all'aumento del solo fattore *variabile*). Le differenze fra i rendimenti marginali di un fattore variabile e i rendimenti di scala sono illustrate nella Tabella 6.4 percorrendo verso il basso ciascuna colonna – assumendo che il lavoro sia il fattore variabile e il capitale quello fisso.

Economie di scala

Il concetto di rendimenti di scala crescenti è strettamente collegato a quello di ***economie di scala***. Mentre i rendimenti di scala riguardano la variazione della produzione in proporzione alle quantità dei fattori di input impiegati, le economie di scala riguardano la variazione dei costi in rapporto alla quantità prodotta. Un'impresa gode di economie di scala se i costi per unità prodotta diminuiscono al crescere della scala di produzione. Ovviamente, se un'impresa ottiene rendimenti di scala crescenti dai suoi fattori di produzione, nell'espandere la produzione impiegherà una quantità sempre minore di fattori per unità di prodotto. A parità di altre condizioni, questo significa che produrrà a un costo unitario inferiore.

Ci sono diverse ragioni per cui le imprese possono beneficiare di economie di scala, non tutte dovute ai rendimenti di scala crescenti.

Specializzazione e divisione del lavoro. Negli impianti di grandi dimensioni, gli operai possono eseguire mansioni più semplici e ripetitive: con questa ***specializzazione e divisione del lavoro***, è necessaria meno formazione, gli operai possono diventare altamente efficienti nei loro compiti (specie nei cicli di produzione lunghi), si perde meno tempo nel passaggio da un'operazione all'altra e la supervisione è più agevole. È possibile, inoltre, assumere dipendenti e manager con competenze specifiche in determinate aree.

PAROLE CHIAVE

Economie di scala Situazione in cui i costi di lungo periodo per unità prodotta diminuiscono al crescere della scala di produzione.

Specializzazione e divisione del lavoro Processo mediante il quale la produzione viene suddivisa in un certo numero di mansioni più semplici e specializzate, consentendo ai lavoratori di operare con maggiore efficienza.

Indivisibilità. Alcuni fattori di produzione sono disponibili in quantitativi minimi indivisibili. Ne sono un chiaro esempio i macchinari. Pensate a una mietitrebbia: un singolo agricoltore non potrebbe mai sfruttarla appieno, e il costo di un simile macchinario può essere ammortizzato solo con l'utilizzo su grande scala.

Il problema delle ***indivisibilità*** è esacerbato quando, per il processo di produzione, si rendono necessari diversi macchinari di dimensioni differenti. Per esempio, se esistono due macchinari, uno che produce 6 unità al giorno e uno che imballa 4 unità al giorno, per utilizzare a pieno regime tutti i macchinari è necessario produrre un minimo di 12 unità giornaliere, impiegando due macchine per la produzione e tre per l'imballo.

Il "principio del contenitore". Qualunque impianto, macchinario o attrezzo atto a contenere materiali (altiforni, cisterne per il greggio, tubi, recipienti) tende ad avere un costo unitario di produzione tanto minore quanto maggiore è la sua dimensione, in virtù della relazione fra il volume del contenitore e la sua *area superficiale*. Il costo di un contenitore dipende perlopiù dai materiali impiegati per costruirlo e quindi, approssimativamente, dall'area della sua superficie; la sua capacità, invece, dipende prevalentemente dal *volume*. I grandi contenitori hanno, relativamente all'area superficiale, un volume maggiore rispetto ai contenitori più piccoli. Per esempio, un contenitore composto da fondo, copertura e quattro pareti, ciascuna delle quali misura 1 metro per lato, ha un volume di 1 metro cubo e un'area superficiale di 6 metri quadri (6 superfici di 1 metro quadro l'una). Se la lunghezza di ciascun lato venisse raddoppiata (e quindi fosse portata a 2 metri), il volume salirebbe a 8 metri cubi e l'area superficiale a 24 metri quadrati (6 superfici di 4 metri quadri l'una). In tal modo, si potrebbe incrementare la capacità di otto volte, con un aumento dell'area superficiale, e presumibilmente dei costi, di appena quattro volte.

Maggior efficienza dei macchinari più grandi. I grandi macchinari potrebbero essere più efficienti nella misura in cui garantiscono una maggiore quantità di prodotto per un dato quantitativo di fattori di produzione. Per esempio, per azionare un macchinario – indipendentemente dalle sue dimensioni – potrebbe essere sufficiente un solo operaio; inoltre, un grande macchinario potrebbe fare un uso più efficiente delle materie prime.

Sottoprodotti. La produzione su grande scala potrebbe generare una quantità di scarti sufficiente da consentire la produzione di sottoprodotti da parte dell'impresa stessa o di terzi.

Produzione multifase. Una fabbrica di grandi dimensioni potrebbe essere dotata di un impianto di produzione organizzato in fasi differenti, che garantisce un risparmio di tempo e costi nel trasportare un semilavorato da un'impresa o fabbrica all'altra. Per esempio, una grande impresa produttrice di cartone potrebbe essere in grado di convertire cellulosa o carta riciclata in cartone, e poi trasformare il cartone in scatoloni in un'unica sequenza produttiva.

Tutti i precedenti esempi descrivono ***economie di scala di impianto***, che sono determinate dalle grandi dimensioni di una singola fabbrica, luogo di lavoro o macchinario. Esistono poi altre economie di scala associate alle grandi dimensioni dell'*impresa*, che spesso dispone di molti impianti.

Economie organizzative. Nel caso di una grande impresa, i singoli impianti possono specializzarsi in particolari funzioni. L'impresa, poi, può avvalersi di un'amministrazione centralizzata che può occuparsi delle risorse umane e dei salari. Spesso, dopo una fusione tra due imprese è possibile realizzare risparmi ***razionalizzando*** in questo modo le attività.

Ripartizione dei costi generali. Alcune spese sono sostenibili unicamente dalle *imprese* di grandi dimensioni: per esempio, solo le grandi aziende possono permettersi un laboratorio di ricerca. Questo è un altro caso di indivisibilità, con la differenza che questa volta si applica a livello dell'impresa anziché dell'impianto. Quanto maggiore è la produzione dell'impresa, tanto più ampia è la ripartizione dei ***costi generali***.

Economie finanziarie. Spesso le grandi imprese sono in grado di ottenere finanziamenti a tassi di interesse più bassi rispetto a quelle di piccole dimensioni, oppure possono acquistare interi lotti di materie prime (fattori di produzione) a un prezzo inferiore.

PAROLE CHIAVE

Indivisibilità Impossibilità di suddividere un fattore in unità più piccole.

Economie di scala di impianto Economie di scala che insorgono in ragione delle grandi dimensioni di una fabbrica.

Razionalizzazione Riorganizzazione della produzione (spesso a seguito di una fusione) volta a tagliare gli sprechi e la duplicazione del lavoro, e in generale a ridurre i costi.

Costi generali Costi derivanti dalla gestione generale di un'organizzazione e correlati solo indirettamente al livello di produzione.

Economie di scopo. Spesso un'impresa ha grandi dimensioni perché produce un'ampia gamma di prodotti; ciò le consente di produrre ogni articolo a un costo inferiore rispetto a quello di un'impresa mono-prodotto. Queste ***economie di scopo*** scaturiscono dalla possibilità di ripartire sui diversi prodotti i costi generali e le economie finanziarie e organizzative. Per esempio, un'impresa che produce un'intera serie di lettori di DVD, televisori e registratori su hard disk può beneficiare della condivisione dei costi di marketing e distribuzione, nonché dell'acquisto di interi lotti di componenti elettronici.

Diseconomie di scala

Quando le imprese superano una certa dimensione, i costi unitari di produzione potrebbero cominciare ad aumentare. Diverse ragioni spiegano queste ***diseconomie di scala***.

- Al crescere delle dimensioni e della complessità dell'impresa, le comunicazioni fra i diversi reparti diventano meno immediate: il management, quindi, potrebbe dover affrontare problemi di coordinamento e i dirigenti non essere presenti sul campo in prima persona.
- Se le mansioni sono noiose e ripetitive, i lavoratori potrebbero provare un senso di "alienazione" e sentirsi insignificanti rispetto all'organizzazione nel suo complesso. Se non è inconsueto che nelle piccole e medie imprese i lavoratori sentano di "fare la differenza", questo elemento va spesso perduto nelle grandi imprese, dove la scarsa motivazione è spesso causa di una bassa qualità del lavoro.
- A causa di questi fattori e delle più complesse interrelazioni fra le diverse categorie di lavoratori, le relazioni aziendali potrebbero deteriorarsi e potrebbero rendersi necessari più livelli di "gestione del personale".
- Le interruzioni o i ritardi in un reparto dell'impresa possono essere fonti di gravi disagi, a causa della natura della linea di produzione e delle complesse interdipendenze della produzione su grande scala.

La presenza di economie o diseconomie di scala dipende dalle condizioni che si verificano all'interno di ciascuna impresa.

Collocazione geografica

Nel lungo periodo, un'impresa può trasferire la propria sede produttiva. La collocazione geografica influisce sui costi di produzione, in quanto le varie ubicazioni differiscono in termini di disponibilità e costo delle materie prime, tipi di terreni, forniture di energia e utenze, qualifiche, competenze ed esperienza della forza lavoro, livello dei salari, reti di trasporto e comunicazione, costo dei servizi locali, strutture bancarie e finanziarie. Insomma, le diverse sedi produttive si differenziano per disponibilità, adeguatezza e costo dei fattori di produzione.

I costi di trasporto hanno un peso considerevole sull'ubicazione di un'impresa, che, idealmente, vorrà situarsi quanto più vicino possibile ai luoghi di approvvigionamento delle materie prime e al mercato dei prodotti finiti. Se però, come sovente accade, queste due realtà sono geograficamente distanti, l'impresa vorrà minimizzare i costi di trasporto collocandosi in una posizione strategica. In generale, se i costi di trasporto delle materie prime sono superiori a quelli del prodotto finito, l'impresa si posizionerà in prossimità della fonte di approvvigionamento di materie prime (è questo il caso delle imprese che impiegano materie prime più pesanti o ingombranti del prodotto finito). Così, l'industria pesante, che utilizza grandi quantità di carbone e minerali grezzi, tende a essere concentrata vicino alle miniere o ai porti; se, al contrario, il trasporto del prodotto finito è più oneroso, l'impresa si situerà il più possibile vicino al suo mercato.

Se le materie prime o i mercati si trovano in diverse aree geografiche, i costi di trasporto saranno minimizzati nel "centro di gravità", il luogo più vicino alle materie prime o ai mercati che comportano i costi di trasporto maggiori.

La dimensione del settore

Al crescere delle dimensioni di un *settore*, le imprese che operano al suo interno possono beneficiare di ***economie di scala esterne***, ovvero trarre giovamento dalla grandezza dell'*intero settore*, indipendentemente dalle loro dimensioni. In simili circostanze, tra i vantaggi per un'impresa si annoverano: l'accesso a fornitori di materie prime o componenti speciali, una forza lavoro con competenze specifiche, distributori specializzati nella commercializzazione del prodotto finito, banche e altre istituzioni finanziarie esperte delle necessità del settore.

PAROLE CHIAVE

Economie di scopo Situazione in cui al crescere della gamma di prodotti offerti da un'impresa il costo di produzione di ciascuno diminuisce.

Diseconomie di scala Situazione in cui i costi di lungo periodo per unità prodotta aumentano al crescere della scala di produzione.

Economie di scala esterne Situazione in cui i costi di un'impresa per unità di prodotto diminuiscono al crescere delle dimensioni dell'intero settore.

Tutto questo costituisce l'***infrastruttura del settore produttivo***, ossia l'insieme delle strutture, dei servizi specializzati, delle competenze e delle esperienze che possono essere condivise fra le imprese che vi appartengono.

Le imprese operanti in un particolare settore potrebbero essere soggette a ***diseconomie di scala esterne***. Per esempio, l'espansione di un settore potrebbe determinare una crescente penuria di specifiche materie prime o manodopera specializzata; la penuria, a sua volta, provocherà un aumento dei prezzi di questi fattori di produzione e, di conseguenza, dei costi.

La combinazione ottima di fattori: l'approccio del prodotto marginale

IC 18 p150 Nel lungo periodo tutti i fattori di produzione possono variare. L'impresa, pertanto, può decidere quali tecniche di produzione impiegare: come configurare uno stabilimento da costruire, quali modelli di macchinari acquistare, come organizzare della fabbrica, se impiegare processi di produzione altamente automatizzati oppure ad alta intensità di lavoro. Tali scelte, tuttavia, devono essere ponderate con cura: dopo tutto, una volta costruiti gli impianti e acquistati i macchinari, questi diventano fattori di produzione fissi, e il successivo lasso di "breve periodo" potrebbe, in realtà, durare per moltissimo tempo.

Per ogni data scala di produzione, l'impresa si trova quindi a dover scegliere le tecniche e la combinazione ottima di fattori di produzione da impiegare. Esaminiamone il processo decisionale. L'impresa che mira alla massimizzazione del profitto vorrà ovviamente utilizzare la combinazione di fattori meno costosa per ogni dato livello di produzione; pertanto, sostituirà i fattori se, così facendo, potrà ridurre il costo associato al livello di produzione prescelto. Vediamo ora come si determina la combinazione ottima dei fattori.

Il caso semplice: due fattori di produzione

Consideriamo il caso in cui un'impresa utilizza solo due fattori di produzione: il lavoro (L) e il capitale (K). La combinazione di minor costo è quella che soddisfa la seguente uguaglianza:

$$\frac{PF'_L}{P_L} = \frac{PF'_K}{P_K}$$

CF 8 p107 IC 14 p109 In altre parole, la produzione addizionale (PF') derivante dall'ultimo euro speso per ciascun fattore di produzione deve essere uguale per i due fattori. Per capire perché, ragioniamo al contrario e vediamo che cosa accadrebbe se così non fosse.

*IN TERMINI MATEMATICI

Possiamo esprimere algebricamente la funzione di produzione di lungo periodo. Nel semplice modello a due fattori, capitale (K) e lavoro (L), la funzione di produzione è data da:

$$PFT = f(K,L)$$

Una funzione di produzione semplice e ampiamente utilizzata è la ***funzione di produzione di Cobb-Douglas***, che assume la seguente forma:

$$PFT = AK^{\alpha}L^{\beta}$$

Se $\alpha + \beta = 1$, si registrano rendimenti di scala costanti; se $\alpha + \beta > 1$, si registrano rendimenti di scala crescenti; se $\alpha + \beta < 1$, si registrano rendimenti di scala decrescenti.
Una funzione di produzione Cobb-Douglas con molteplici fattori assumerebbe la seguente forma:

$$PFT = AF_1^{\alpha}F_2^{\beta}F_3^{\gamma} \dots F_n^{\omega}$$

dove $F_1, F_2, F_3, \dots, F_n$ sono i diversi fattori di produzione. Per esempio, se i fattori fossero sei, n sarebbe il sesto. Ancora una volta, si dimostra che, se $\alpha + \beta + \gamma + \dots + \omega = 1$, si registrano rendimenti di scala costanti; se $\alpha + \beta + \gamma + \dots + \omega > 1$, si registrano rendimenti di scala crescenti; se $\alpha + \beta + \gamma + \dots + \omega < 1$, si registrano rendimenti di scala decrescenti.

Se la suddetta uguaglianza non fosse soddisfatta, sarebbe possibile ridurre il costo di produzione unitario utilizzando una diversa combinazione di lavoro e capitale. Per esempio, se:

$$\frac{PF'_L}{P_L} > \frac{PF'_K}{P_K}$$

PAROLE CHIAVE

Infrastruttura di un settore produttivo Rete di fornitori, comunicazioni, competenze, strutture di formazione, canali di distribuzione, servizi finanziari specializzati ecc. che sostengono l'attività di un particolare settore produttivo.

Diseconomie di scala esterne Situazione in cui i costi di un'impresa per unità di prodotto aumentano al crescere delle dimensioni dell'intero settore.

Funzione di produzione di Cobb-Douglas Al pari di altre funzioni di produzione, mostra come varia il prodotto totale (*PFT*) al variare dei fattori di produzione (F_1, F_2, F_3 e così via). Nel semplice caso di due soli fattori, la funzione assume la seguente forma:

$$PFT = f(F_1, F_2) = AF_1^{\alpha}F_2^{\beta}$$

Se $\alpha + \beta = 1$, si registrano rendimenti di scala costanti; se $\alpha + \beta > 1$, si registrano rendimenti di scala crescenti; se $\alpha + \beta < 1$, si registrano rendimenti di scala decrescenti.

BOX 6.6 ESPLORARE L'ECONOMIA

Le proprietà della funzione di produzione di Cobb-Douglas

Consideriamo la funzione di produzione di Cobb-Douglas vista nel precedente box "Termini matematici":

$$PFT = AK^{\alpha}L^{\beta} \qquad (1)$$

Rendimenti di scala e funzione di produzione di Cobb-Douglas

Che cosa accadrebbe se raddoppiassimo le quantità di entrambi i fattori K e L usate (in altre parole, se la scala di produzione raddoppiasse)? Se la produzione raddoppia, siamo in presenza di rendimenti di scala costanti; se aumenta più del doppio, siamo in presenza di rendimenti di scala crescenti; se aumenta meno del doppio, siamo in presenza di rendimenti di scala decrescenti. Vediamo che cosa accade se raddoppiamo le quantità di K e L nell'equazione (1):

$$\begin{aligned} PFT &= A(2K^{\alpha})(2L^{\beta}) \\ &= A2^{\alpha}K^{\alpha}2^{\beta}L^{\beta} \\ &= A2^{\alpha+\beta}K^{\alpha}L^{\beta} \end{aligned}$$

Se $\alpha+\beta = 1$, allora $2^{\alpha+\beta} = 2$. Quindi

$$PFT = 2AK^{\alpha}L^{\beta}$$

In altre parole, raddoppiando le quantità di K e L usate si è raddoppiata la produzione: siamo in presenza di rendimenti di scala costanti.
Se $\alpha+\beta > 1$, allora $2^{\alpha+\beta} > 2$. In questo caso, raddoppiando le quantità dei fattori produttivi, la produzione aumenta più del doppio quindi siamo in presenza di rendimenti di scala crescenti. Similmente, se $\alpha+\beta < 1$, allora $2^{\alpha+\beta} < 2$ e abbiamo rendimenti di scala decrescenti.

Determinare il prodotto fisico marginale di lavoro e capitale

Il prodotto fisico marginale (PF') di un fattore è la produzione aggiuntiva ottenuta impiegando una unità in più di quel fattore, mentre gli altri fattori sono mantenuti costanti.

Il PF' di ciascuno dei due fattori nella funzione di produzione di Cobb-Douglas mostrata in precedenza si può determinare differenziando la funzione rispetto a tale fattore (si veda l'Appendice per le regole di differenziazione parziale). Quindi:

$$PF'_K = \frac{\partial(PFT)}{\partial K} = \alpha K^{\alpha-1}L^{\beta} \qquad (2)$$

e

$$PF'_L = \frac{\partial(PFT)}{\partial L} = \beta K^{\alpha}L^{\beta-1} \qquad (3)$$

Per esempio, se la funzione di produzione fosse

$$PFT = 4K^{3/4}L^{1/2} \qquad (4)$$

e se $K = 81$ e $L = 36$, allora, per le equazioni (2) e (4),

$$\begin{aligned} PF'_L &= \frac{\partial(PFT)}{\partial L} = \beta K^{\alpha}L^{\beta-1} \\ &= \frac{1}{2} \times 4(81^{3/4})(36^{-1/2}) \\ &= 2 \times 27 \times \frac{1}{6} = 9 \end{aligned}$$

e

$$\begin{aligned} PF'_L &= \frac{\partial(PFT)}{\partial L} = \beta K^{\alpha}L^{\beta-1} \\ &= \frac{1}{2} \times 4(81^{3/4})(36^{-1/2}) \\ &= 2 \times 27 \times \frac{1}{6} = 9 \end{aligned}$$

In altre parole, una unità in più di capitale farà aumentare la produzione di 6 unità e una unità in più di lavoro farà aumentare la produzione di 9 unità.

IC 19 p151 l'impresa dovrebbe impiegare una maggiore quantità di lavoro relativamente al capitale, poiché, per ogni euro di spesa, ottiene dal lavoro addizionale un rendimento fisico maggiore di quello generato dal capitale aggiuntivo. Tuttavia, all'aumentare della quantità di lavoro per unità di capitale impiegata, entrano in gioco i rendimenti decrescenti e PF'_L diminuisce. Parimenti, al diminuire della quantità di capitale per unità di lavoro, PF'_K aumenta. Questo processo continua finché:

$$\frac{PF'_L}{P_L} = \frac{PF'_K}{P_K}$$

A questo punto, l'impresa smetterà di sostituire il lavoro al capitale.

IC 3 p13 Dal momento che sostituendo un fattore con un altro non si ottengono ulteriori guadagni, questa combinazione di fattori o "tecnica di produzione" risulta la più efficiente, perché rappresenta la maniera meno costosa di combinare i diversi fattori per ogni dato livello di produzione. Quando per efficienza si intende l'impiego della proporzione ottima di fattori di produzione, si parla di ***efficienza produttiva***.

PAROLE CHIAVE

Efficienza produttiva Impiego della combinazione di fattori di minor costo per una data quantità prodotta.

Il caso di più fattori di produzione

Se un'impresa impiega una molteplicità di fattori di produzione, la combinazione di minor costo è data dalla seguente uguaglianza:

$$\frac{PF'_a}{P_a} = \frac{PF'_b}{P_b} = \frac{PF'_c}{P_c} = \ldots = \frac{PF'_n}{P_n}$$

IC 14 p109 dove *a* ... *n* indicano i diversi fattori di produzione. Questa non è altro che una variante del principio di equimarginalità esposto alla fine del Paragrafo 4.1.

La logica di fondo è lo stessa del caso di due soli fattori di produzione: se esiste una disuguaglianza tra i rapporti *PF'/P*, un'impresa può ridurre i propri costi impiegando una quantità maggiore dei fattori con un elevato rapporto *PF'/P* e una quantità minore di quelli con un più basso rapporto *PF'/P*, fino a raggiungere di nuovo l'equilibrio.

Un importante problema che le imprese devono affrontare quando scelgono la tecnica di produzione di minor costo è quello di prevedere l'andamento futuro dei prezzi dei fattori di produzione.

Se il prezzo di un fattore dovesse variare, i rapporti *PF'/P* cesserebbero di essere uguali; a quel punto, per minimizzare i costi l'impresa dovrebbe alterare le combinazioni dei fattori di produzione in modo da ripristinare l'uguaglianza. Tuttavia, una volta adottata una particolare tecnica di produzione, un'impresa potrebbe dover attendere diversi anni prima di poter passare a un'alternativa; così, se investe in metodi di produzione ad alta intensità di lavoro, nel caso di un aumento inatteso dei salari potrebbe pentirsi amaramente di non aver scelto una tecnica di produzione ad alta intensità di capitale. Non esiste una soluzione semplice per questo problema, ma esistono società sono specializzate nel realizzare previsioni di trend su diversi settori che aiutano le imprese a prendere le decisioni migliori.

La combinazione ottima dei fattori di produzione: isoquanti e isocosti

IC 18 p150 La scelta della tecnica di produzione ottima di un'impresa può essere illustrata graficamente partendo dal caso più semplice, quello con due soli fattori variabili, per esempio lavoro e capitale. La quantità di lavoro utilizzata è misurata su un asse, quella di capitale sull'altro.

Nel grafico vengono tracciati *isoquanti* e *isocosti*. Esaminiamoli uno per volta.

Isoquanti

Immaginiamo che un'impresa voglia produrre una determinata quantità di prodotto, poniamo 5000 unità all'anno, e che faccia una stima di tutte le possibili combinazioni di lavoro e capitale che possono garantire quel livello di produzione. Alcune di queste stime sono riportate nella Tabella 6.5.

Tabella 6.5 Varie combinazioni di capitale e lavoro necessarie per produrre 5000 unità di prodotto all'anno.

	a	b	c	d	e
Unità di capitale (*K*)	40	20	10	6	4
Numero di lavoratori (*L*)	5	12	20	30	50

La tecnica *a*, ad alta intensità di capitale, prevede l'utilizzo di 40 unità di capitale e di soli 5 lavoratori; progredendo verso la tecnica *e*, il lavoro sostituisce il capitale e la tecnica diventa quindi a maggiore intensità di manodopera.

Queste tecniche alternative possono essere illustrate su un grafico, dove i punti vengono uniti a formare un ***isoquanto***. La Figura 6.5 mostra l'isoquanto da 5000 unità corrispondente alla Tabella 6.5.

L'isoquanto illustra l'intera *gamma* di metodi alternativi per ottenere una data quantità di produzione; così,

Figura 6.5 Un isoquanto.

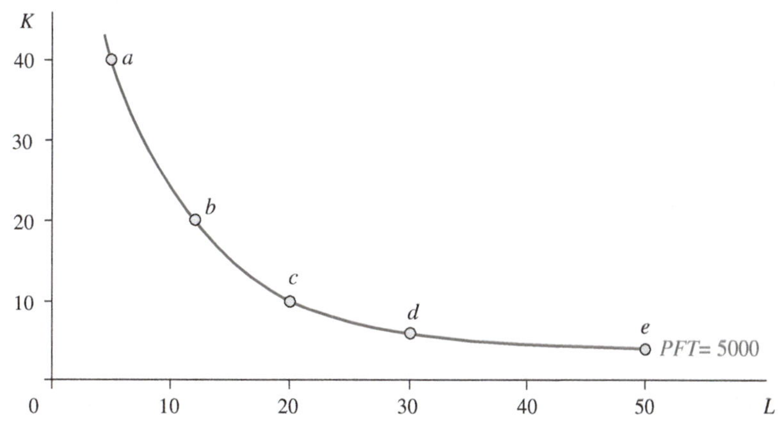

la Figura 6.5 illustra sia i punti *a-e* della tabella, sia tutti i punti intermedi.

Come una curva di indifferenza, un isoquanto ricorda una curva di livello su una carta geografica. È possibile tracciare una serie di isoquanti, ciascuno dei quali rappresenta diversi livelli di produzione (*PFT*). Quanto più la produzione è elevata, tanto più il relativo isoquanto si colloca in alto a destra nel grafico. Così, nella Figura 6.6, l'isoquanto I_5 rappresenta un livello di produzione maggiore di I_4, I_4 un livello maggiore di I_3, e così via.

IC 19 p151

La forma dell'isoquanto. La forma dell'isoquanto, che è concavo verso l'origine degli assi, è data da un ***saggio marginale di sostituzione dei fattori*** (*SMS*) decrescente. Ciò, come vedremo presto, è dovuto alla legge dei rendimenti decrescenti.

Il saggio marginale di sostituzione (*SMS*)[1] indica la quantità di un fattore (per esempio *K*) che può essere sostituita con una unità di un altro (per esempio *L*), tenendo costante il livello di produzione. Quindi, se 2 unità di capitale ($\Delta K = 2$) possono essere sostituite da 1 unità di lavoro ($\Delta L = 1$), il saggio marginale di sostituzione è pari a 2. Infatti:

$$SMS = \frac{\Delta K}{\Delta L} = \frac{2}{1} = 2$$

Fra due punti dell'isoquanto, *SMS* è pari alla pendenza della retta che unisce i due punti. Fra i punti *g* e *h* nella Figura 6.7, $SMS = 2$ ($\Delta K/\Delta L = 2/1$). Questa però non è altro che la pendenza della retta che unisce i punti *g* e *h* (ignorando il segno meno).

Dal momento che l'isoquanto è concavo verso l'origine, man mano che si scende lungo la curva la sua pendenza diminuisce, e così anche il saggio marginale di sostituzione. Sempre nella Figura 6.7, fra i punti *g* e *h* si ha $SMS = 2$, mentre fra i punti *j* e *k* si ha $SMS = 1$.

La relazione fra *SMS* e *PF'*. Per definizione, scendendo lungo l'isoquanto la produzione totale resta invariata. Pertanto, la perdita di produzione dovuta a una riduzione del capitale impiegato (cioè $PF'_K \times \Delta K$) deve essere esattamente compensata dall'aumento della produzione derivante dal maggior impiego di lavoro (cioè $PF'_L \times \Delta L$). Ne consegue che:

$$PF'_L \times \Delta L = PF'_K \times \Delta K$$

Figura 6.6 Una mappa di isoquanti.

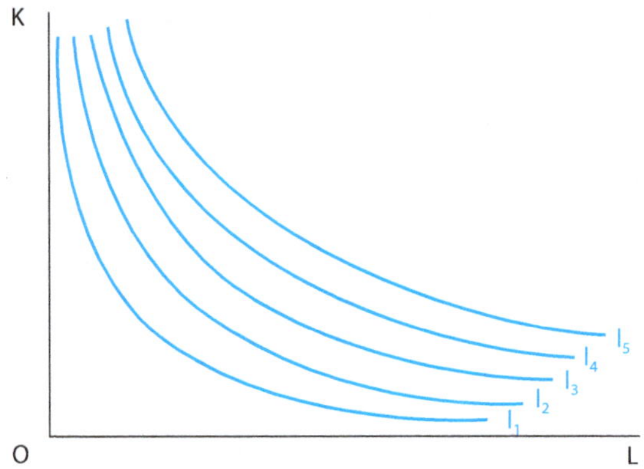

Figura 6.7 Saggio marginale di sostituzione decrescente dei fattori.

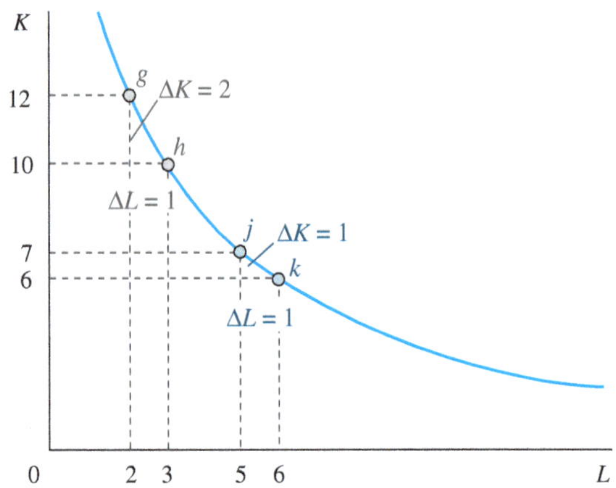

Possiamo riscrivere questa equazione come segue:

$$\frac{PF'_L}{PF'_K} = \frac{\Delta K}{\Delta L} (= SMS)$$

Pertanto, *SMS* è pari al reciproco del rapporto fra le produttività marginali dei due fattori.

PAROLE CHIAVE

Isoquanto Curva che mostra tutte le combinazioni di due fattori con le quali è possibile produrre una data quantità di prodotto.

Saggio marginale di sostituzione dei fattori Saggio al quale un fattore può essere sostituito con un altro, tenendo costante il livello di produzione: $SMS = \Delta F_1/\Delta F_2 = PF'_{F2}/PF'_{F1}$.

1 Come avrete notato, per indicare il saggio marginale di sostituzione dei fattori usiamo lo stesso acronimo SMS che abbiamo utilizzato nel capitolo precedente in riferimento al saggio marginale di sostituzione fra due beni di consumo. Talvolta parleremo semplicemente di "saggio marginale di sostituzione": sarà il contesto a chiarirne l'accezione.

Saggio marginale di sostituzione decrescente e legge dei rendimenti decrescenti. Il principio del saggio marginale di sostituzione decrescente è legato alla legge dei rendimenti decrescenti: scendendo lungo l'isoquanto, vengono utilizzate quantità sempre maggiori di lavoro relativamente al capitale. Dati i rendimenti decrescenti, questo a sua volta provoca una diminuzione del prodotto fisico marginale del lavoro in rapporto al prodotto fisico marginale del capitale. Tuttavia, siccome $SMS = PF'_L / PF'_K$, se PF'_L / PF'_K diminuisce, per definizione deve accadere lo stesso a *SMS*.

Quanto meno sostituibili tra loro sono i fattori, tanto più rapidamente *SMS* diminuisce e, pertanto, più arcuato risulta l'isoquanto.

Isocosti

Abbiamo visto come diverse combinazioni di fattori determinano differenti livelli di produzione. Tuttavia, per scegliere il livello di produzione l'impresa deve tenere conto dei costi.

Ipotizzando che i prezzi dei fattori di produzione siano fissi, è possibile redigere una tabella che illustra le diverse combinazioni di fattori che un'impresa può impiegare per una particolare somma di denaro.

Per esempio, ipotizzando che P_K sia pari a €20.000 per unità all'anno e P_L sia pari a €10.000 per lavoratore all'anno, la Tabella 6.6 illustra diverse combinazioni di capitale e lavoro che costerebbero all'impresa €300.000 all'anno. Questi dati sono rappresentati graficamente nella Figura 6.8. La retta che unisce i punti è detta ***isocosto*** e mostra tutte le combinazioni di lavoro e capitale che costano all'impresa €300.000.

Tabella 6.6 Combinazioni di capitale e lavoro che costano all'impresa €300.000 all'anno.

Unità di capitale (a €20.000 per unità)	0	5	10	15
Numero di lavoratori (al salario di €10.000)	30	20	10	0

Come nel caso degli isoquanti, è possibile tracciare una serie di isocosti, ciascuno dei quali rappresenta un particolare costo per l'impresa; quanto più elevato è il costo, tanto più in alto a destra nel diagramma si colloca l'isocosto.

La pendenza dell'isocosto è pari a:

$$\frac{P_L}{P_K}$$

come si può dimostrare nell'esempio precedente. La pendenza dell'isocosto nella Figura 5.8 è $15/30 = \frac{1}{2}$, che equivale a P_L/P_K (cioè a €10.000/€20.000).

Adesso possiamo collocare gli isoquanti e gli isocosti su un unico diagramma, che utilizziamo per rispondere alle seguenti domande: (a) Qual è la combinazione dei fattori di minor costo associata a un dato livello di produzione? (b) Qual è la massima quantità di prodotto che si può ottenere per un dato costo di produzione?

Esaminiamo una questione alla volta.

PAROLE CHIAVE

Isocosto Curva che mostra tutte le combinazioni di due fattori il cui impiego comporta il medesimo costo.

Figura 6.8 Un isocosto.

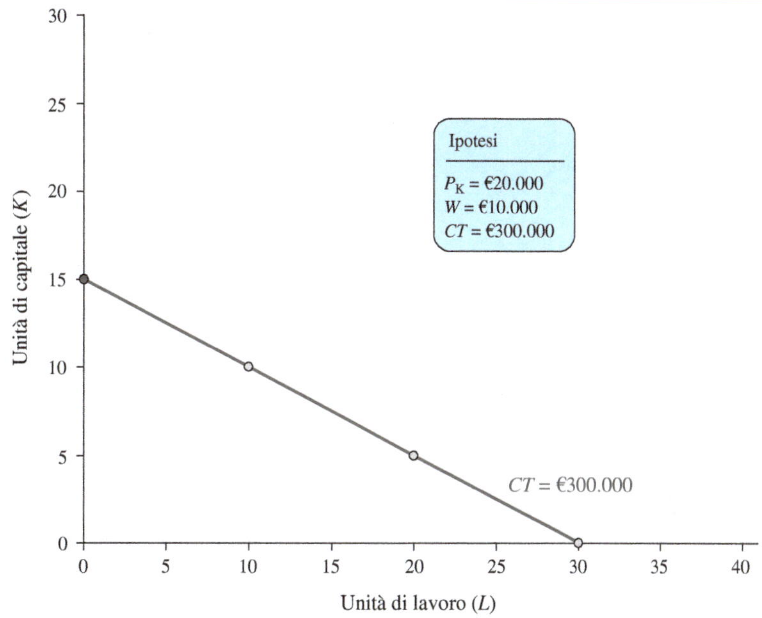

La combinazione dei fattori di minor costo associata a un dato livello di produzione

CF 8 p107 Innanzitutto, tracciamo l'isoquanto per il livello di produzione in questione: per esempio, l'isoquanto di 5000 unità nella Figura 6.5, che riproduciamo nella Figura 6.9. Successivamente, tracciamo una serie di isocosti che rappresentano diversi livelli di costo totale. Quanto maggiore è il livello del costo totale, tanto più distanti dall'origine si collocano gli isocosti.

IC 3 p13 La combinazione di minor costo di lavoro e capitale è data dal punto *r*, dove CT = €400.000. In questo punto l'isoquanto è tangente all'isocosto più vicino all'origine degli assi. Qualunque altro punto sull'isoquanto (per esempio, *s* o *t*) si colloca su un isocosto più elevato.

Il confronto con l'approccio della produttività marginale. Abbiamo già visto che la combinazione di minor costo di lavoro e capitale è individuata dall'uguaglianza:

$$\frac{PF'_L}{P_L} = \frac{PF'_K}{P_K}$$

Come abbiamo appena visto, la combinazione di minor costo si trova nel punto in cui l'isoquanto è tangente a un isocosto (per esempio, nel punto *r* nella Figura 6.9). Per definizione, nel punto di tangenza la pendenza dell'isoquanto è uguale a quella dell'isocosto: la prima è pari a *SMS*, che corrisponde a PF'_L/PF'_K, e la seconda è pari a P_L/P_K. Pertanto possiamo scrivere:

IC 14 p109

$$\therefore \frac{PF'_L}{PF'_K} = \frac{P_L}{P_K}$$

$$\therefore \frac{PF'_L}{P_L} = \frac{PF'_K}{P_K}$$

L'approccio della produttività marginale e quello degli isoquanti/isocosti, dunque, portano allo stesso risultato.

Figura 6.9 Il metodo di produzione di minor costo.

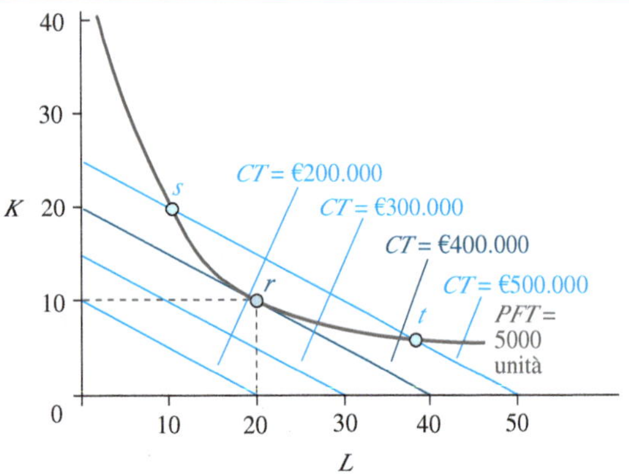

La massima quantità di prodotto per un dato costo di produzione

Iniziamo con il tracciare un isocosto per il particolare livello di costo totale, quindi inseriamo nel grafico una serie di isoquanti che rappresentano i diversi livelli di produzione (*PFT*), come illustrato nella Figura 6.10. Quanto maggiore è il livello di produzione, tanto più lontano dall'origine si colloca il corrispondente isoquanto. Il punto in corrispondenza del quale l'isocosto è tangente all'isoquanto più elevato rappresenta la combinazione di fattori che garantisce la massima produzione per quel livello di costo. Nella Figura 6.10, questo è il punto *h*. Ancora una volta, si tratta del punto in cui le pendenze dell'isocosto e dell'isoquanto sono uguali, cioè in cui $P_L/P_K = SMS$.

Se i prezzi dei fattori di produzione cambiano, si devono tracciare nuovi isocosti. Nella Figura 6.10, se il salario aumenta, a parità di costo complessivo si può utilizzare meno lavoro; di conseguenza, l'isocosto ruota verso l'interno attorno al punto *x* e l'impresa utilizza meno lavoro relativamente al capitale.

Post scriptum: le decisioni in diversi periodi di tempo

Abbiamo operato una distinzione fra breve e lungo periodo, adesso introduciamo altri due periodi di tempo per completare il quadro.

Brevissimo periodo (immediato). Tutti i fattori sono fissi; la produzione è fissa; la curva di offerta è verticale. Su base giornaliera, l'impresa potrebbe non essere affatto in grado di variare la produzione. Per esempio, un fioraio che abbia acquistato i fiori della giornata dal grossista non può modificare la quantità di fiori disponibili per la vendita in quel giorno. Quindi, nel brevissimo periodo il produttore può soltanto vendere un bene già prodotto.

Figura 6.10 Massimizzare la produzione per un determinato costo totale.

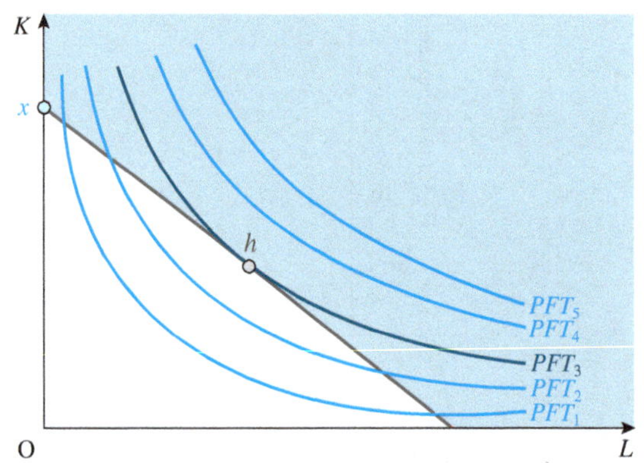

*IN TERMINI MATEMATICI

Possiamo esprimere il punto di produzione ottima in termini algebrici. A tale scopo possiamo procedere in due modi, corrispondenti alle Figure 6.9 e 6.10. Il metodo è analogo a quello utilizzato per trovare il punto di consumo ottimo nel box "*In termini matematici" nel Paragrafo 4.3.

(a) Metodo corrispondente alla Figura 6.9

Il primo metodo consiste nell'individuare la combinazione di minor costo per una data quantità di prodotto (Q). Il problema può essere espresso come segue:

$$\text{Min } P_K K + P_L L \quad (1)$$

subordinatamente al vincolo di produzione:

$$Q = Q(K,L) \quad (2)$$

In altre parole, l'obiettivo è trovare il più basso isocosto (equazione 1) tangente a un dato isoquanto (equazione 2).

(b) Metodo corrispondente alla Figura 6.10

Il secondo metodo consiste nell'individuare la massima produzione possibile in corrispondenza di un dato costo. Possiamo esprimere il problema come segue:

$$\text{Max } Q(K,L) \quad (3)$$

subordinatamente al vincolo di costo:

$$P_K K + P_L L = C \quad (4)$$

In altre parole, l'obiettivo è trovare il più alto isoquanto (equazione 3) raggiungibile lungo un dato isocosto (equazione 4).

Per risolvere (a) e (b) per ogni dato valore di P_K, P_L e, rispettivamente, di Q nel caso (a) o C nel caso (b), possiamo ricorrere a due metodi. Utilizzando il primo, sostituiamo l'equazione di vincolo nella funzione obiettivo (per esprimere K in termini di L) e troviamo il valore di L e quindi di K che minimizza la funzione obiettivo nel caso (a) o la massimizza nel caso (b). Per far questo, differenziamo la funzione obiettivo e la poniamo pari a zero.

Il secondo metodo, più lungo ma basato su calcoli più semplici, comporta l'utilizzo dei moltiplicatori di Lagrange.

Breve periodo. La dotazione di almeno un fattore di produzione è fissa. L'impresa può espandere la produzione, ma, nel far questo, si scontrerà con la legge dei rendimenti decrescenti.

Lungo periodo. Tutti i fattori di produzione sono variabili e l'impresa potrebbe evidenziare rendimenti di scala costanti, crescenti o decrescenti. Tuttavia, sebbene si possa variare la quantità di tutti i fattori di produzione, questi sono di *qualità* fissa.

Lunghissimo periodo. Tutti i fattori di produzione sono variabili, e variabili sono anche la loro qualità e produttività. La produttività del lavoro può aumentare in conseguenza di istruzione, formazione, esperienza e fattori sociali. La produttività del capitale può migliorare a seguito di nuove invenzioni (nuove scoperte) e innovazioni (applicazione pratica delle invenzioni).

Le migliorie della qualità dei fattori di produzione permettono all'impresa di incrementare la quantità prodotta: *PFT*, *PFM* e *PF'* aumentano, e le rispettive curve si spostano verticalmente verso l'alto.

La durata del "lunghissimo periodo" varia da impresa a impresa e dipende dal tempo necessario a sviluppare nuove tecniche, nuove competenze o nuove prassi lavorative. È importante comprendere che le decisioni *relative a* tutti i periodi possono essere prese contemporaneamente. Le imprese non prendono decisioni di breve periodo *nel* breve periodo o decisioni di lungo periodo *nel* lungo periodo: possono infatti decidere oggi per il breve e il lungo periodo.

Per esempio, ipotizziamo che un'impresa registri un aumento della domanda e preveda che tale tendenza continuerà nel futuro prossimo. Alla luce di tali aspettative, l'impresa vorrà espandere la produzione; di conseguenza, prenderà *oggi* quattro decisioni.

- (*Brevissimo periodo*) Prendendo atto che nell'immediato non potrà incrementare la produzione, l'impresa informa i clienti che dovranno attendere. In alcuni mercati, potrebbe alzare temporaneamente i prezzi per raffreddare in parte la domanda.
- (*Breve periodo*) L'impresa avvia una trattativa con i dipendenti per introdurre al più presto gli straordinari, in modo da espandere la produzione nel giro di qualche settimana. Inoltre, ordina una fornitura supplementare di materie prime e lancia una campagna di assunzioni per evitare di dover pagare gli straordinari più a lungo del necessario.
- (*Lungo periodo*) L'impresa inizia le procedure per costruire un nuovo stabilimento. Queste prevedono colloqui con le banche per i finanziamenti e l'esame dei possibili siti di costruzione. Un approccio diverso potrebbe essere la discussione delle necessità con una società di consulenza.
- (*Lunghissimo periodo*) L'impresa istituisce un programma di ricerca e sviluppo e/o formazione nel tentativo di accrescere la produttività.

Nonostante questa distinzione in quattro periodi di tempo, sono i due centrali che ci interessano maggiormente: infatti, nel *brevissimo* periodo l'impresa può fare ben poco, mentre nel *lunghissimo* periodo – pur volendo certamente incrementare la produttività dei fattori di produzione – non sarà nella posizione di effettuare calcoli precisi su come conseguire tale obiettivo (non sapendo con esattezza quali invenzioni saranno realizzate o quali saranno i risultati della divisione ricerca e sviluppo).

6.4 I costi nel lungo periodo

Ci occupiamo ora delle curve di costo di *lungo periodo*. Dal momento che nel lungo periodo non ci sono fattori fissi, non ci sono nemmeno costi fissi. Per esempio, un'impresa può affittare nuovi terreni per espandere le proprie attività, e quindi il canone di locazione aumenta al crescere della produzione. Nel lungo periodo, dunque, tutti i costi di produzione sono variabili.

IDEA CHIAVE 21 ***Costi fissi e periodo di tempo***. Una impresa ha costi fissi solo nel breve periodo, perché nel lungo periodo può variare tutti i fattori di produzione.

Costo medio di lungo periodo

Le curve di ***costo medio di lungo periodo*** (*CMLP*) possono assumere diverse forme, ma quella canonica è illustrata nella Figura 6.11.

In genere si parte dall'ipotesi che, espandendosi, un'impresa sia caratterizzata inizialmente da economie di scala e quindi da una curva *CMLP* con pendenza negativa. Oltre un certo punto, tuttavia, le economie di scala si esauriscono e la curva si appiattisce. Successivamente (di solito, una volta superato un intervallo di produzione in cui *CMLP* rimane costante), le dimensioni dell'impresa diventano talmente grandi da creare diseconomie di scala e quindi una curva *CMLP* con pendenza positiva. In questo stadio, le economie di produzione e finanziarie iniziano a essere controbilanciate dai problemi manageriali legati alla gestione di un'organizzazione grande e complessa.

Ipotesi alla base della curva di costo medio di lungo periodo

Nel costruire una curva di costo medio di lungo periodo partiamo da tre ipotesi di base.

I prezzi dei fattori di produzione sono dati. Per ogni livello di produzione, si ipotizza che i prezzi dei fattori di produzione impiegati da un'impresa siano dati. Pertanto, se tali prezzi *variano*, le curve di costo medio di breve e di lungo periodo subiscono uno spostamento; per esempio, un aumento dei salari contrattati a livello nazionale spinge le curve verso l'alto.

Tuttavia, in corrispondenza di diversi livelli di produzione i prezzi dei fattori potrebbero essere differenti. Per esempio, una delle economie di scala da cui molte imprese traggono vantaggio è la capacità di ottenere sconti di quantità sulle materie prime e altre forniture. In simili circostanze, la curva non subisce *alcuno* spostamento: nei diversi punti della curva l'impresa fronteggia prezzi differenti che si riflettono sulla forma della curva stessa. Per ogni particolare livello di produzione, i prezzi dei fattori di produzione sono comunque dati.

Lo stato della tecnologia e la qualità dei fattori sono dati. Si ipotizza che questi due aspetti varino solo nel lunghissimo periodo. Se un'impresa beneficia di economie di scala, ciò è dovuto alla sua capacità di sfruttare le tecnologie esistenti e di fare un uso migliore dei fattori di produzione attualmente disponibili.

Le imprese scelgono la combinazione di fattori di minor costo per ciascun livello di produzione. L'ipotesi, qui, è che le imprese operino in regime di efficienza, cioè che scelgano la tecnica più economica per produrre ogni data quantità di prodotto. In altre parole,

PAROLE CHIAVE

Curva di costo medio di lungo periodo Curva che mostra come varia il costo medio al variare della produzione, nell'ipotesi che *tutti* i fattori siano variabili. (Si presume che, per ciascuna quantità di prodotto, venga scelto il metodo di produzione di minor costo.)

Figura 6.11 Una tipica curva di costo medio di lungo periodo.

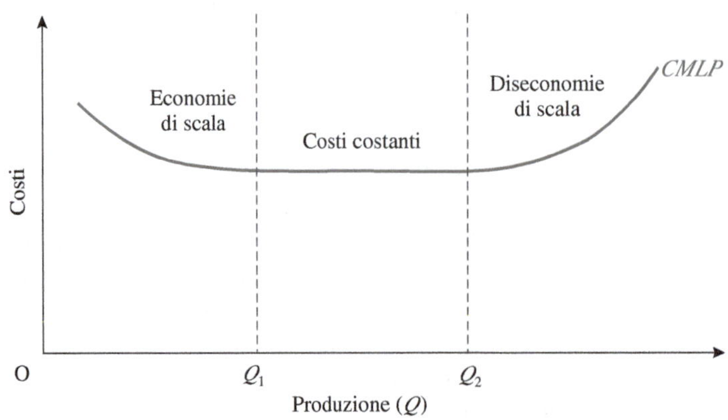

in corrispondenza di ogni punto lungo la curva *CMLP* l'impresa si attiene alla formula della minimizzazione dei costi descritta nel paragrafo precedente:

$$\frac{PF'_a}{P_a} = \frac{PF'_b}{P_b} = \frac{PF'_c}{P_c} = \dots = \frac{PF'_n}{P_n}$$

dove a ... n indicano i differenti fattori di produzione.

Se l'impresa non optasse per la combinazione ottima di fattori, produrrebbe in corrispondenza di un punto situato al di sopra della curva *CMLP*.

Costo marginale di lungo periodo

La relazione fra le curve di costo medio di lungo periodo e di ***costo marginale di lungo periodo*** è la stessa che intercorre fra ogni altra grandezza media e marginale (vedi Box 5.3), come illustrato nella Figura 6.12.

In presenza di economie di scala (diagramma (a)), il costo aggiuntivo delle unità addizionali di prodotto è inferiore al costo medio; la curva *C'LP* giace al di sotto della curva *CMLP*, e il costo marginale riduce il costo medio all'aumentare della produzione.

In presenza di diseconomie di scala (diagramma (b)), il costo aggiuntivo delle unità addizionali di prodotto è superiore al costo medio: la curva *C'LP* giace al di sopra della curva *CMLP*, e il costo marginale spinge al rialzo il costo medio al crescere della produzione. In assenza di economie o diseconomie di scala, la curva *CMLP* è orizzontale: il costo marginale di ogni unità addizionale di prodotto è pari al costo medio, che dunque rimane costante all'aumentare della produzione (diagramma (c)).

La relazione fra le curve di costo medio di lungo e di breve periodo

Esaminiamo il caso di un'impresa con un solo impianto di produzione e con una curva di costo medio di breve periodo illustrata da $CMBP_1$ nella Figura 6.13.

Nel lungo periodo, l'impresa può costruire altri impianti; se si generano economie di scala (per esempio, in virtù di risparmi sull'amministrazione), ogni impianto

PAROLE CHIAVE

Costo marginale di lungo periodo Costo aggiuntivo di produrre un'unità addizionale di prodotto nell'ipotesi che tutti i fattori siano variabili (si presume che, per ciascuna unità addizionale di prodotto, venga scelto il metodo di produzione di minor costo).

Figura 6.12 La relazione fra i costi medi e marginali di lungo periodo.

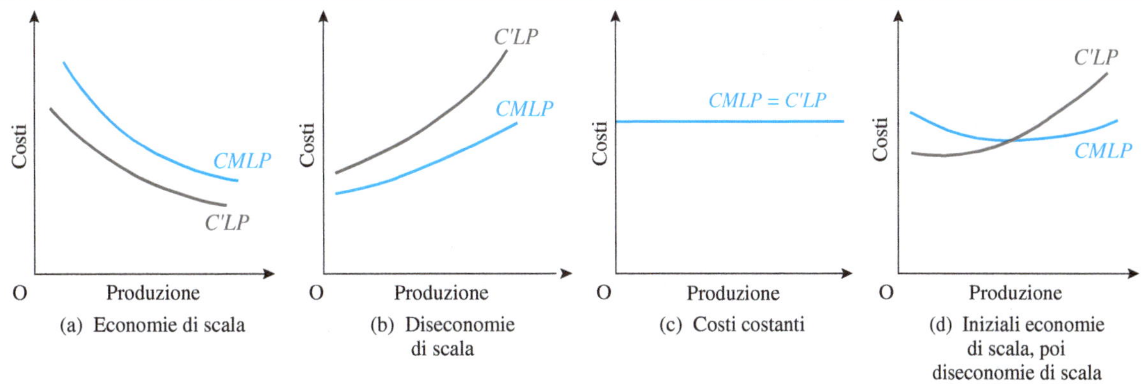

Figura 6.13 Costruire la curva di costo medio di lungo periodo a partire dalle curve di costo medio di breve periodo.

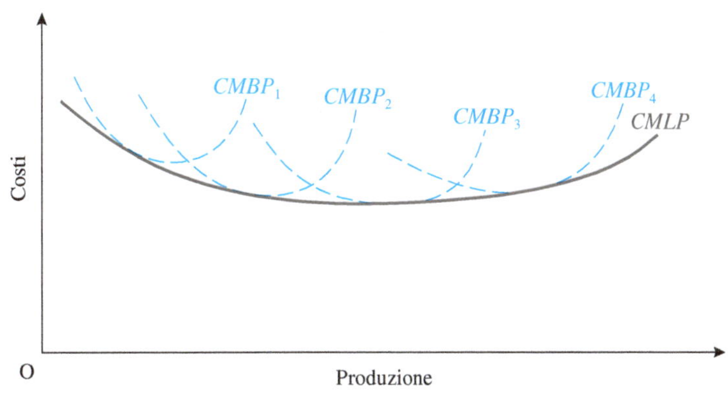

aggiuntivo consentirà all'impresa di operare su una nuova curva *CMBP*, più bassa della precedente. Così, con due impianti la curva rilevante sarà $CMBP_2$, con tre impianti sarà $CMBP_3$, e così via. Ogni curva *CMBP* corrisponde a una particolare quantità del fattore fisso nel breve periodo, in questo caso l'impianto (è possibile tracciare molte altre curve *CMBP* in posizioni intermedie fra quelle illustrate, dal momento che l'impresa potrebbe costruire impianti di diverse dimensioni o espandere quelli esistenti).

Da questa successione di curve di costo medio di breve periodo possiamo costruire una curva di costo medio di lungo periodo, come illustrato nella Figura 6.13. Questa prende il nome di ***curva di inviluppo***, perché racchiude le curve di breve periodo.

Le curve di costo medio di lungo periodo nella realtà

Molte imprese beneficiano di economie di scala: alcune sono caratterizzate da curve *CMLP* progressivamente più basse, come nella Figura 6.12(a), altre presentano economie di scala fino a un determinato livello di produzione, oltre il quale subentrano rendimenti di scala costanti.

Sulla questione delle diseconomie di scala, invece, non ci sono prove conclusive: l'esistenza di diseconomie *tecniche* non è suffragata da dati sufficienti, ma non si può escludere la possibilità di diseconomie dovute a problemi di relazioni manageriali e industriali.

Derivare i costi di lungo periodo da una mappa di isoquanti

Le curve di costo si basano sull'ipotesi che, per ogni dato livello di produzione, l'impresa impieghi la combinazione di fattori di minor costo, cioè che produca in corrispondenza del punto di tangenza dell'isoquanto e di un isocosto, dove $PF'_L/PF'_K = P_L/P_K$ (ovvero $PF'_L/P_L = PF'_K/P_K$). Tracciando una serie di isoquanti e di isocosti, è possibile derivare i costi di lungo periodo per ogni livello di produzione.

Nella Figura 6.14, per un'ipotetica impresa vengono tracciati gli isoquanti a intervalli di 100 unità. Fino a 400 unità di prodotto gli isoquanti sono progressivamente più vicini tra loro, ma una volta superato quel livello la distanza fra gli isoquanti aumenta di nuovo.

La linea che collega *a* a *g*, detta ***sentiero di espansione***, unisce i punti di tangenza degli isoquanti e degli isocosti, rappresentando graficamente le combinazioni di minor costo di lavoro e capitale per ogni livello di produzione, dove il costo totale (di lungo periodo) è dato dall'isocosto. Fino al punto *d*, per produrre 100 unità aggiuntive sono necessarie quantità *addizionali* sempre minori di capitale (*K*) e lavoro (*L*), pertanto il costo marginale di lungo periodo diminuisce. Superato il punto *d*, invece, occorrono quantità addizionali sempre maggiori più *K* e *L*, quindi *C'LP* aumenta.

Così, la mappa di isoquanti nella Figura 6.14 dà origine a una curva *C'LP* convessa verso l'origine. Ne consegue che anche la curva *CMLP* avrà forma convessa (ma più piana) e sarà intersecata dalla curva *C'LP* nel punto di minimo.

PAROLE CHIAVE

Curva di inviluppo Curva di costo medio di lungo periodo tracciata come l'insieme dei punti di tangenza di una serie di curve di costo medio di breve periodo.

Sentiero di espansione Su una mappa di isoquanti, una curva che mostra tutte le combinazioni di due fattori che minimizzano i costi all'aumentare della quantità prodotta. Essendo tracciato nell'ipotesi che entrambi i fattori siano variabili, il sentiero di espansione è riferito al lungo periodo.

Figura 6.14 Derivare una curva CMLP da una mappa di isoquanti.

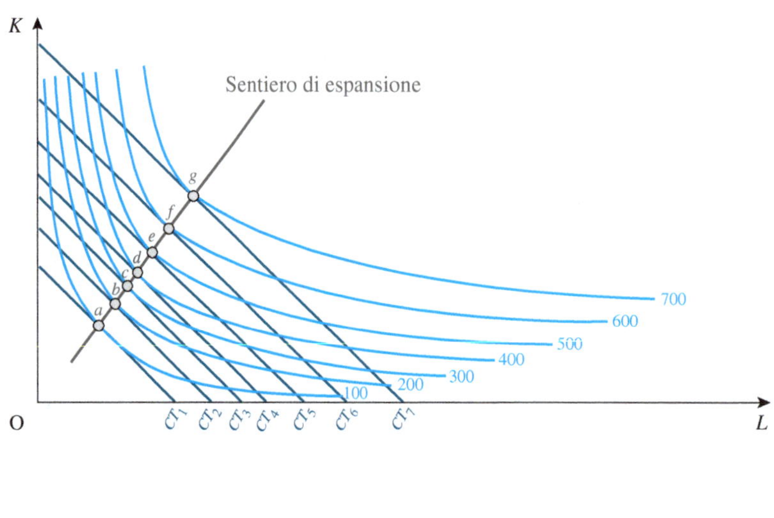

BOX 6.7 **ANALISI DI CASI E APPLICAZIONI**

La scala efficiente minima

L'entità delle economie di scala nella pratica

Due fra i più importanti studi sulle economie di scala si devono a C.F. Pratten[1] alla fine degli anni Ottanta e a un gruppo di consulenti della Commissione europea[2] nel 1997. Entrambi gli studi hanno dimostrato con prove concrete che molte imprese, specie nel settore manifatturiero, sono caratterizzate da sostanziali economie di scala.

Gli studi hanno rilevato che in alcuni casi i costi medi di lungo periodo diminuivano in maniera continuativa all'aumentare della produzione, mentre per la maggior parte delle imprese diminuivano fino a un determinato livello per poi restare costanti.

L'entità delle economie di scala può essere misurata esaminando la *scala efficiente minima* (*minimum efficient scale*, MES) di un'impresa, cioè la dimensione oltre la quale l'impresa non può beneficiare di ulteriori economie di scala significative: in altre parole, il punto in cui la curva *CMLP* si appiattisce. Nei suoi studi Pratten definisce questo livello come la dimensione minima superata la quale ogni eventuale raddoppio della scala produttiva ridurrebbe i costi medi di meno del 5% (in pratica, la porzione inferiore della curva *CMLP*). Nel diagramma, la scala efficiente minima corrisponde al punto *a*.

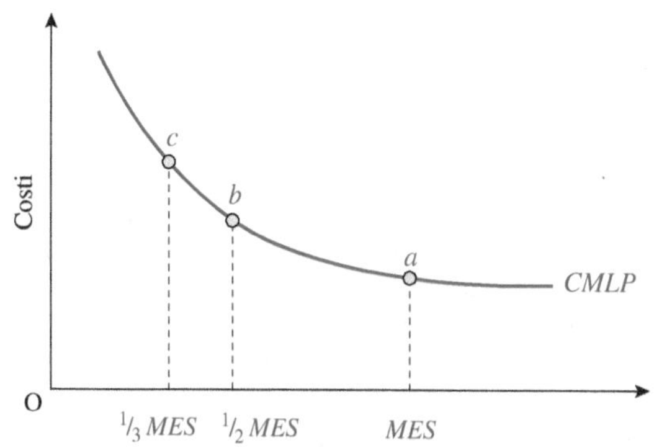

La scala efficiente minima può essere riferita sia a una singola fabbrica che a un'intera impresa. Nel primo caso si parla di *dimensione minima efficiente dell'impianto* (*minimum efficient plant scale*, MEPS).

1 Pratten C.F., *A survey of the economies of scale*, in *Research into the 'Costs of Non-Europe'*, vol. 2, Commission of the European Communities, Luxembourg, 1988.

2 European Commission/Economists Advisory Group Ltd, "Economies of Scale", *The Single Market Review*, Subseries V, Volume 4 (Commission of the European Communities, Luxembourg, 1997).

La scala efficiente minima può inoltre essere espressa come percentuale della dimensione totale del mercato o della produzione totale nazionale. La Tabella (a), che si basa sullo studio di Pratten, illustra la scala efficiente minima per impianti e imprese di vari settori: la prima colonna riporta i dati in percentuale della produzione del Regno Unito, la seconda i dati in percentuale della produzione totale dell'UE. La Tabella (b) si basa sullo studio della Commissione europea del 1997 e illustra la scala efficiente minima per diversi impianti.

Esprimendo la scala efficiente minima come percentuale della produzione totale, si ottiene un'indicazione sul possibile grado di concorrenza nel settore. In alcuni comparti produttivi (come quello delle calzature o delle moquette), le economie di scala vengono esaurite (cioè viene raggiunta la scala efficiente minima) in impianti o imprese di piccole dimensioni in rapporto alla produzione totale del Regno Unito e ancor più rispetto alla produzione totale dell'UE. Tali settori potrebbero accogliere molte imprese e dunque presentare un elevato grado di concorrenza.

In altri comparti, invece, un singolo impianto o un'unica impresa di dimensioni abbastanza grandi potrebbero coprire l'intera produzione del settore nel Regno Unito, senza tuttavia arrivare a beneficiare di economie di scala: in altre parole, la scala efficiente minima è superiore al 100%. Gli esempi della Tabella (a) comprendono produttori di fibre di cellulosa e fabbriche di automobili. In questi settori non può aversi concorrenza dall'interno del paese: infatti, nella misura in cui la scala efficiente minima è superiore al 50%, nel settore può operare una sola impresa di dimensioni sufficientemente grandi da beneficiare pienamente delle economie di scala (a meno che le imprese non esportino). In questo caso, il settore si definisce monopolio naturale.

Come vedremo nei prossimi capitoli, la mancanza di concorrenza può arrecare un danno ai consumatori, perché le imprese potrebbero applicare prezzi considerevolmente superiori ai costi.

Un altro metodo per misurare l'entità delle economie di scala consiste nel calcolare di quanto aumenterebbero i costi qualora la produzione venisse ridotta a una determinata frazione della scala efficiente minima, di norma $^1/_2$ o $^1/_3$. Questo procedimento è illustrato nel diagramma, dove il punto *b* corrisponde a $^1/_2$*MES* e il punto *c* a $^1/_3$*MES*. Quanto maggiore è l'incremento percentuale di *CMLP* tra i punti *b* o *c* e il punto *a*, tanto maggiore è l'entità delle economie di scala ottenute producendo in corrispondenza di *MES* anziché di $^1/_2$*MES* o di $^1/_3$*MES*. Per esempio, nella Tabella (a) le economie di scala ottenute espandendo la produzione da $^1/_2$*MES* a *MES* sono maggiori nel settore dei motori elettrici che in quello delle sigarette.

Tabella (a)

Prodotto	Scala efficiente minima (*MES*) espressa in percentuale della produzione		Costo % addizionale in corrispondenza di ½MES
	GB	UE	
Singoli impianti			
Fibre di cellulosa	125	16	3
Rotoli di alluminio (semilavorato)	114	15	15
Refrigeratori	85	11	4
Acciaio	72	10	6
Motori elettrici	60	6	15
Apparecchi televisivi	40	9	9
Sigarette	24	6	1,4
Cuscinetti a sfera	20	2	6
Birra	12	3	7
Nylon	4	1	12
Laterizi	1	0,2	25
Tappeti e moquette	0,3	0,04	10
Calzature	0,3	0,03	1
Imprese			
Automobili	200	20	9
Autocarri	104	21	7,5
Computer mainframe	>100	n.a.	5
Aeromobili	100	n.a.	5
Trattori	98	19	6

Fonte: vedi nota 1.

Tabella (b)

Impianti	MES in percentuale della produzione UE totale
Aerospaziale	12,19
Macchinari agricoli	6,57
Illuminazione	3,76
Tubi d'acciaio	2,42
Cantieri navali	1,63
Gomma	1,06
Radio e TV	0,69
Calzature	0,08
Tappeti e moquette	0,03

Fonte: vedi nota 2.

L'obiettivo principale degli studi che abbiamo esaminato era stabilire se il mercato unico europeo fosse sufficientemente grande da consentire sia le economie di scala che la concorrenza. Le tabelle suggeriscono che in tutti i casi, a parità di altre condizioni, il mercato UE è effettivamente abbastanza grande da permettere la coesistenza di entrambe. Il secondo studio ha rilevato inoltre che in 47 dei 53 settori produttivi analizzati c'era spazio per l'ulteriore sfruttamento delle economie di scala.

Nell'ambito del Programma quadro di ricerca 2007–13, la Commissione europea ha deliberato il finanziamento di una serie di progetti di ricerca finalizzati ad approfondire il tema della scala efficiente minima in diversi settori ed esaminare l'impatto dell'espansione dell'UE.

6.5 Il ricavo

Come ricorderete, abbiamo definito il profitto totale di un'impresa come la differenza fra il ricavo totale e i costi totali di produzione. Finora ci siamo occupati dei costi, adesso esaminiamo il ricavo.

Come per i costi, distinguiamo tre tipi di ricavo: il ricavo totale (*RT*), il ricavo medio (*RM*) e il ricavo marginale (*R'*).

La relazione tra ricavo e quantità venduta dipende dalle condizioni di mercato alle quali l'impresa opera: le curve di ricavo di un'impresa troppo piccola per influenzare il prezzo di mercato avranno forma diversa da quelle di un'impresa che ha la possibilità di scegliere il prezzo da applicare. Esaminiamo entrambe le situazioni.

Ricavo totale, medio e marginale

Ricavo totale (*RT*)

Il ***ricavo totale*** è il complesso dei proventi derivanti a un'impresa dalla vendita di una data quantità di prodotto (*Q*) in un determinato periodo di tempo. Per esempio, se un'impresa vende 1000 unità (*Q*) al mese al prezzo unitario di €5 (*P*), il ricavo totale mensile è pari a €5000, ovvero €5 × 1000 (*P* × *Q*). Possiamo dunque scrivere:

$$RT = P \times Q$$

Ricavo medio (RM)

Il ***ricavo medio*** è il ricavo per unità venduta:

$$RM = RT/Q$$

Pertanto, se l'impresa ricava €5000 (*RT*) dalla vendita di 1000 unità (*Q*), guadagna €5 per unità. Questa cifra, però, non è altro che il prezzo. Quindi:

$$RM = P$$

La sola eccezione a questa regola si ha quando l'impresa vende i propri prodotti a prezzi diversi a consumatori differenti. In questo caso, *RM* non è altro che il prezzo medio (ponderato).

Ricavo marginale (*R'*)

Il ***ricavo marginale*** è il ricavo totale addizionale derivante dalla vendita di una unità di prodotto in più (per periodo di tempo). Se in un mese l'impresa vende 20 unità in più delle attese, ricavando €100 in più, ottiene €5 per ogni unità addizionale venduta: *R'* = €5. Ne consegue che:

$$R' = \Delta RT/\Delta Q$$

Vediamo adesso come varia ciascuna delle componenti del ricavo (*RT*, *RM* e *R'*) al variare della produzione. Ci serviremo di un'illustrazione grafica come quella utilizzata per i costi.

Curve di ricavo quando il prezzo non è influenzato dalla produzione

Ricavo medio

Un'impresa molto piccola rispetto al mercato nel suo complesso è probabilmente ***price taker***, cioè deve accettare il prezzo determinato dall'interazione di domanda e offerta nel mercato. Tuttavia, essendo piccola, può vendere tutto quanto riesce a produrre a quel prezzo, come illustrato nella Figura 6.15.

La parte sinistra del diagramma illustra la domanda e l'offerta di mercato. Il prezzo di equilibrio è €5. La parte destra del diagramma mostra la domanda per una singola impresa di dimensioni molto piccole rispetto al mercato (osservate le differenze di scala degli assi orizzontali nelle due parti del diagramma).

Poiché l'impresa è molto piccola, non è in grado di incidere sul prezzo di mercato variando la quantità prodotta e venduta; quindi, in corrispondenza del prezzo di mercato fronteggia una curva di domanda orizzontale. L'impresa può vendere 200, 600 o 1200 unità, o qualunque altra quantità, senza alterare il prezzo di €5.

Il ricavo medio, pertanto, è costante e pari a €5 e corrisponde esattamente alla curva di domanda.

PAROLE CHIAVE

Ricavo totale Proventi complessivi ottenuti da un'impresa da uno specifico livello di vendite in un determinato periodo di tempo: $RT = P \times Q$.

Ricavo medio Ricavo totale per unità di prodotto. Se tutto il prodotto è venduto allo stesso prezzo, il ricavo medio è pari al prezzo: $RM = RT/Q = P$.

Ricavo marginale Ricavo addizionale derivante dalla vendita di un'unità addizionale di prodotto per periodo di tempo: $R' = \Delta RT/\Delta Q$.

Price taker Impresa troppo piccola per poter influenzare il prezzo di mercato.

Figura 6.15 Derivare il ricavo medio (RM) e il ricavo marginale (R') di un'impresa price taker.

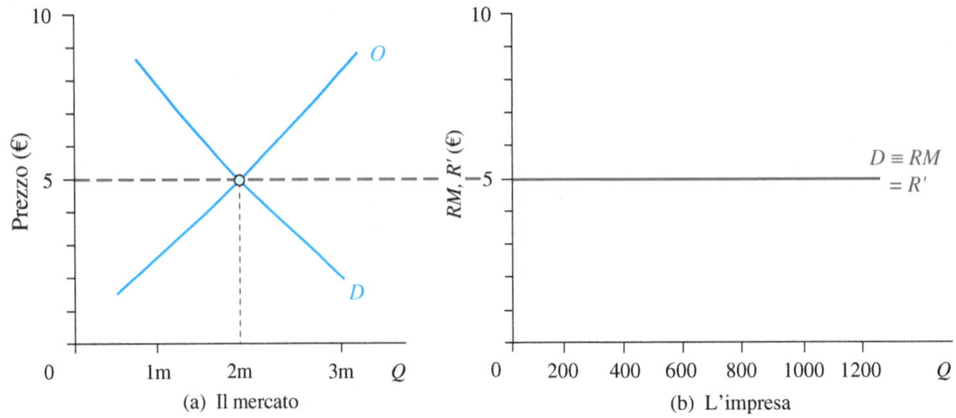

Ricavo marginale

Se un'impresa fronteggia una curva di domanda orizzontale, la sua curva di ricavo marginale coincide con la curva di ricavo medio, dal momento che la vendita di una unità addizionale a un prezzo costante (*RM*) non fa che accrescere il ricavo totale dello stesso importo. Se l'impresa vende una unità addizionale al prezzo costante di €5, ricava €5 in più.

Ricavo totale

La Tabella 6.7 illustra la relazione tra ricavo totale e quantità venduta a fronte di un prezzo unitario costante di €5. Dal momento che il prezzo non varia, il ricavo totale cresce a un tasso costante all'aumentare della quantità venduta. La "curva" *RT* è dunque una retta uscente dall'origine degli assi, come nella Figura 6.16.

Curve di ricavo quando il prezzo varia con la produzione

Le tre curve *RT*, *RM* e *R'* assumono un aspetto piuttosto diverso quando il prezzo varia con la quantità prodotta dall'impresa. Un produttore che detiene una quota di

Tabella 6.7 Derivare il ricavo totale di un'impresa price taker.

Quantità (unità)	Prezzo = *RM* = *R'* (€)	*RT* (€)
0	5	0
200	5	1000
400	5	2000
600	5	3000
800	5	4000
1000	5	5000
1200	5	6000
.	.	.

Figura 6.16 Ricavo totale di un'impresa price taker.

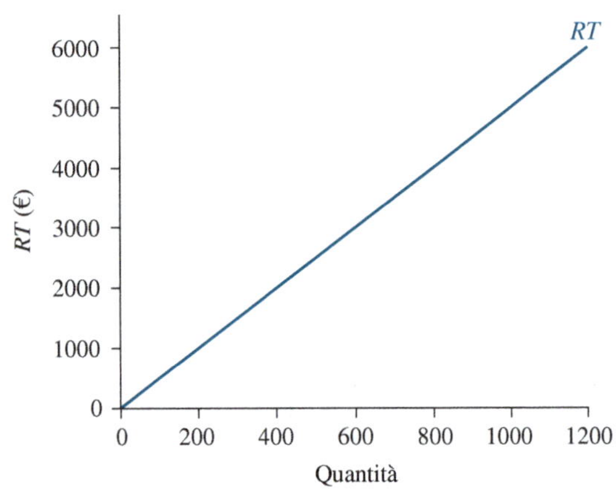

mercato relativamente elevata fronteggia una curva di domanda con pendenza negativa. Ciò significa che, se vuole vendere di più, deve ridurre il prezzo; in alternativa, può decidere di alzare il prezzo, ma in tal caso deve accettare una diminuzione delle vendite.

Ricavo medio

Come ricorderete, il ricavo medio è pari al prezzo. Pertanto, se per vendere una quantità maggiore occorre abbassare il prezzo, il ricavo medio diminuisce all'aumentare della produzione.

La Tabella 6.8 illustra l'esempio di un'impresa che fronteggia con una curva di domanda decrescente. La curva di domanda (che mostra la quantità venduta in corrispondenza di ciascun prezzo) è data dalle prime due colonne.

Come nel caso di un'impresa *price taker*, la curva di domanda coincide esattamente con la curva *RM*. La ragione è semplice: poiché *RM* = *P*, la curva che mette in relazione il prezzo con la quantità (la curva di

Tabella 6.8 Ricavi di un'impresa che fronteggia una curva di domanda con pendenza negativa

Q (unità)	*P* = *RM* (€)	*RT* (€)	*R'* (€)
1	8	8	
2	7	14	6
3	6	18	4
4	5	20	2
5	4	20	0
6	3	18	– 2
7	2	14	– 4
.	.	.	.

domanda) corrisponde necessariamente a quella che rapporta il ricavo medio alla quantità (la curva *RM*).

Ricavo marginale

Se un'impresa fronteggia una curva di domanda decrescente, il ricavo marginale è inferiore al ricavo medio e potrebbe persino essere negativo. Vediamo perché.

Per vendere una quantità maggiore per periodo di tempo, l'impresa (ipotizzando che non faccia pubblicità) deve abbassare il prezzo non solo delle unità addizionali che spera di vendere, ma anche di quelle che avrebbe venduto se non avesse ridotto il prezzo.

Pertanto, il ricavo marginale è il prezzo al quale l'impresa vende l'ultima unità, *meno* la perdita di ricavo che subisce riducendo il prezzo delle unità che avrebbe potuto vendere a un prezzo più elevato. Questo può essere illustrato con la Tabella 6.8.

Ipotizziamo che al prezzo attuale di €7 vengano vendute due unità. Volendo vendere una unità addizionale, l'impresa abbassa il prezzo a €6; così facendo, guadagna €6 dalla vendita della terza unità, ma perde €2 dovendo ridurre il prezzo di €1 sulle due unità che avrebbe altrimenti venduto a €7. Il guadagno netto è pari a €6 – €2 = €4. Questo è il ricavo marginale, cioè il ricavo addizionale ottenuto dalla vendita di una unità in più (notate che nella Tabella 6.8 le cifre del ricavo marginale sono inserite negli spazi tra le cifre delle altre tre colonne).

IC 9 p61 Esiste una semplice relazione fra il ricavo marginale e l'*elasticità della domanda al prezzo*. Come ricorderete dal Paragrafo 3.1, se la domanda è elastica al prezzo, una *diminuzione* del prezzo provoca un aumento proporzionalmente maggiore della quantità domandata e quindi un *incremento* del ricavo; il ricavo marginale, pertanto, è positivo. Se invece la domanda è anelastica, una diminuzione del prezzo si traduce in un aumento proporzionalmente inferiore delle vendite: in questo caso il ricavo diminuisce, perché la riduzione del prezzo più che compensa l'aumento delle vendite. Il ricavo marginale è dunque negativo.

Pertanto, se a fronte di una data quantità venduta il ricavo marginale è positivo (cioè se le vendite per periodo di tempo sono inferiori o uguali a 4 unità nella Figura 6.17), in corrispondenza di quella quantità la curva di domanda è elastica, dal momento che all'aumentare della quantità venduta (in conseguenza di una riduzione del prezzo) il ricavo totale aumenta a sua volta; se invece il ricavo marginale è negativo (come avviene a fronte di una quantità superiore o uguale a 5 unità nella Figura 6.17), la curva di domanda è anelastica in corrispondenza di tale quantità, poiché un aumento della quantità venduta si traduce in una *diminuzione* del ricavo totale.

Di conseguenza, la curva di domanda (*RM*) nella Figura 6.17 è elastica alla sinistra del punto *r* e anelastica alla sua destra.

Ricavo totale

Il ricavo totale è pari al prezzo per la quantità. Questo è illustrato nella Tabella 6.8, la cui colonna *RT* è tracciata anche nella Figura 6.18.

Figura 6.17 Curve RM e R' di un'impresa che fronteggia una curva di domanda con pendenza negativa.

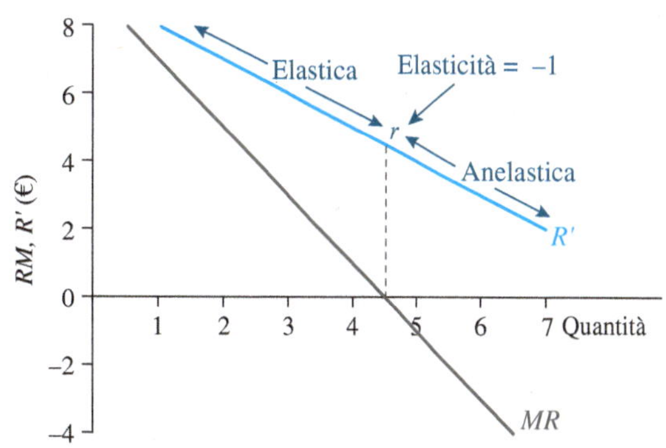

Figura 6.18 Ricavo totale di un'impresa che fronteggia una curva di domanda con pendenza negativa.

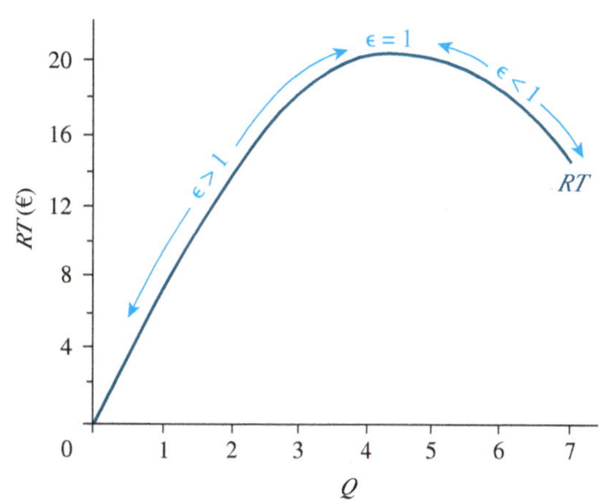

*IN TERMINI MATEMATICI

Come nel caso delle curve di costo (vedi box "*In termini matematici" del Paragrafo 5.2), possiamo esprimere algebricamente anche le curve di ricavo.

Imprese price taker

Le funzioni del ricavo totale, ricavo medio e ricavo marginale assumono le seguenti forme:

$$RT = bQ \tag{1}$$

La "curva" *RT* originata da questa equazione è una retta con pendenza positiva pari a *b*. L'assenza di un termine costante (*a*) implica che la retta passa per l'origine degli assi: infatti, se le vendite (*Q*) sono pari a zero, anche il ricavo totale è zero.

$$RM = \frac{RT}{Q} = b \tag{2}$$

Questa equazione dà una curva *RM* orizzontale in corrispondenza di un ricavo medio (il prezzo) pari a *b*.

$$R' = \frac{dRT}{dQ} = b \tag{3}$$

Differenziando la funzione *RT* rispetto a *Q* si ottiene un valore di *b*. Come abbiamo visto, $RM = R'$ quando l'impresa è "price taker" e fronteggia una curva di domanda orizzontale (al prezzo di mercato).

Imprese price maker: "curva" di domanda rettilinea

Le imprese "price maker", vale a dire quelle in grado di determinare il prezzo di vendita dei loro prodotti, fronteggiano una curva di domanda con pendenza negativa. Nel caso di una curva di domanda rettilinea, le equazioni di ricavo assumono le seguenti forme:

$$RT = bQ - cQ^2 \tag{4}$$

Il termine negativo cQ^2 dà origine a una curva di ricavo la cui pendenza diminuisce fino al raggiungimento di un punto di massimo (vedi Figura 5.18), superato il quale il termine cQ^2 diventa maggiore del termine bQ e *RT* diminuisce.

$$RM = \frac{RT}{Q} = b - cQ \tag{5}$$

Questa equazione dà origine a una curva *RM* (curva di domanda) rettilinea con pendenza negativa e pari a $-c$, intersecante l'asse orizzontale quando cQ diventa maggiore di *b*.

$$R' = \frac{dRT}{dQ} = b - 2cQ \tag{6}$$

Ancora una volta il risultato è una retta con pendenza negativa, in questo caso pari a $-2c$. Notate che la pendenza della curva *R'* è doppia rispetto a quella della curva *RM*.

La relazione fra ricavo marginale ed elasticità della domanda al prezzo

La Figura 5.17 illustra la relazione fra domanda e ricavo marginale, che possiamo esprimere algebricamente come segue:

$$R' = P[1 + (1/P\varepsilon_D)] \tag{7}$$

oppure:

$$P = \frac{R'}{1 + (1/P\varepsilon_D)}$$

Esaminiamo la relazione tra l'equazione (7) e la Figura 5.17. Il termine *P* è necessariamente positivo. Se la domanda è elastica, $P\varepsilon_D$ è inferiore a –1 (cioè il valore dell'elasticità, ignorando il segno negativo, è maggiore di 1). Pertanto, il termine $1/P\varepsilon_D$ assume un valore negativo compreso fra 0 e –1. Di conseguenza, il termine $(1 + (1/P\varepsilon_D))$ è positivo, e così *R'*.

Se invece la domanda è anelastica, $P\varepsilon_D$ ha un valore compreso fra –1 e 0. Pertanto, il termine $1/P\varepsilon_D$ ha valore negativo inferiore a –1 (cioè un valore assoluto maggiore di 1). Questo significa, quindi, che il termine $[1 + (1/P\varepsilon_D)]$ è negativo, al pari di *R'*.

Infine, se la domanda è a elasticità unitaria, il termine $P\varepsilon_D$ ha valore pari a –1, quindi il termine $[1 + (1/P\varepsilon_D)]$ è pari a 0. *R'* deve essere nullo.

Diversamente dal caso di un'impresa *price taker*, in questo caso la curva *RT* non è una retta, bensì una curva dapprima crescente e poi decrescente. Fintanto che il ricavo marginale è positivo (e quindi la domanda è elastica al prezzo), il ricavo totale aumenta al crescere della produzione. Tuttavia, una volta che il ricavo marginale diventa negativo (e quindi la domanda diventa anelastica), il ricavo totale diminuisce. La curva *RT* presenta un punto di massimo in corrispondenza di $R' = 0$, dove l'elasticità della domanda al prezzo è pari a –1.

Spostamenti delle curve di ricavo

Nel Capitolo 2 abbiamo visto che una variazione del *prezzo* provoca un movimento lungo la curva di domanda. Una dinamica simile si applica alle curve di ricavo, con la differenza che la relazione causale procede nella direzione opposta: in questo caso, infatti, ci chiediamo come varia il ricavo a fronte di una variazione della *produzione* dell'impresa. Ancora una volta, l'effetto è illustrato da un movimento lungo le curve di ricavo. Un cambiamento di qualunque *altra* determinante della domanda, come i gusti dei consumatori, il reddito o il prezzo di altri beni, provoca uno spostamento della curva di domanda, determinando una variazione del prezzo al quale ciascuna quantità può essere venduta; di conseguenza, si produce uno spostamento di tutte e tre le curve di ricavo. Un aumento del ricavo è illustrato da uno spostamento verso l'alto, una diminuzione da uno spostamento verso il basso.

6.6 La massimizzazione del profitto

A questo punto possiamo esaminare insieme costi e ricavo per trovare il livello di produzione che massimizza il profitto, nonché l'ammontare del profitto stesso.

Per far questo, possiamo servirci di due metodi. Il primo, e più semplice, consiste nell'utilizzare le curve di costo totale e di ricavo totale; il secondo si avvale delle curve di costo medio e marginale e delle curve di ricavo marginale. Sebbene quest'ultimo metodo sia leggermente più complicato, risulta più utile quando confrontiamo la massimizzazione del profitto in diverse condizioni di mercato.

Esaminiamo i due metodi concentrandoci in entrambi i casi sul breve periodo, quello in cui uno o più fattori di produzione sono fissi. In ciascun caso, ricorriamo all'esempio di un'impresa che fronteggia una curva di domanda con pendenza negativa.

Massimizzazione del profitto nel breve periodo: le curve di costo, ricavo e profitto totale

La Tabella 6.9 riporta i dati sul ricavo totale tratti dalla Tabella 6.8, nonché quelli sul costo totale. Queste cifre sono state scelte espressamente per produrre una curva *CT* di forma canonica.

Come vedrete esaminando la tabella, il profitto totale (Π) si ottiene sottraendo *CT* a *RT*. Se Π è negativo, l'impresa incorre in una perdita. Il profitto totale è massimizzato a fronte di un livello di produzione di 3 unità, in corrispondenza del quale la differenza fra ricavo e costo totale è massima. A questo livello di produzione, il profitto totale è pari €4 (= €18 – € 14).

Tabella 6.9 Ricavo totale, costo e profitto totale.

Q (unità)	*RT* (€)	*CT* (€)	Π (€)
0	0	6	–6
1	8	10	–2
2	14	12	2
3	18	14	4
4	20	18	2
5	20	25	–5
6	18	36	–18
7	14	56	–42
.	.	.	.

Nella Figura 6.19 sono tracciate le curve *RT*, *CT* e Π, mentre il livello del profitto massimo è indicato dalle frecce.

Massimizzazione del profitto nel breve periodo: le curve di costo e ricavo medio e marginale

La Tabella 6.10 si basa sui dati della Tabella 6.9.

Per trovare il massimo profitto dell'impresa procediamo in due fasi: in primo luogo, individuiamo il livello di produzione che massimizza il profitto servendoci delle curve *C'* e *R'*; in secondo luogo, calcoliamo il pro-

Tabella 6.10 Ricavo costo e profitto.

Q (unità)	*P* = *RM* (€)	*RT* (€)	*R'* (€)	*CT* (€)	*CM* (€)	*C'* (€)	Π (€)	Π*M* (€)
0	9	0	8	6	–	4	–6	–
1	8	8	…	10	10	2	…	–2
2	7	14	4	12	…	2	2	1
3	6	18	2	14	$4^{2}/_{3}$	4	4	$1^{1}/_{3}$
4	5	20	0	18	4½	7	2	½
5	4	20	–2	25	5	…	–5	–1
6	3	18	…	36	…	20	…	…
7	2	14	.	56	8	.	–42	–6
.	.	.	.	.	.		.	.

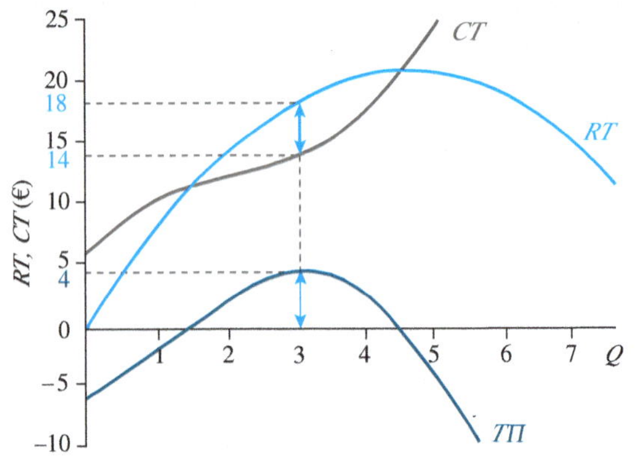

Figura 6.19 Trovare il profitto massimo usando le curve di costo e ricavo totale.

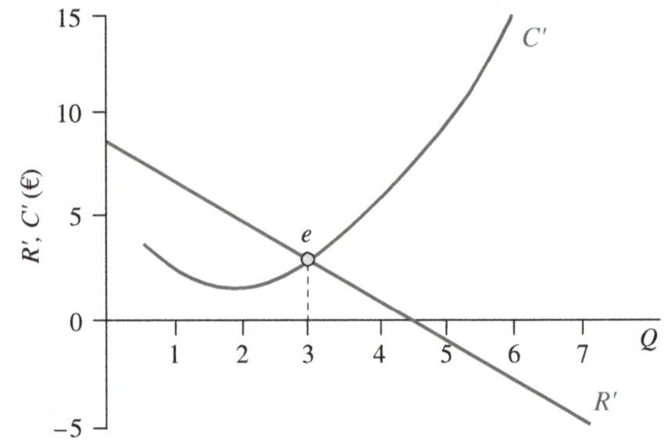

Figura 6.20 Trovare la produzione che massimizza il profitto usando le curve di costo e ricavo marginale.

fitto corrispondente a questo livello di produzione, utilizzando le curve *RM* e *CM*.

Fase 1: calcolare il livello di produzione che massimizza il profitto utilizzando le curve di costo e ricavo marginale

CF 8 p107 Una semplice ***regola di massimizzazione del profitto*** afferma che, se si vuole massimizzare il profitto, R' deve essere uguale a C'. Nella Tabella 6.10 osserviamo che $R' = C'$ a fronte di un livello di produzione pari a 3, che corrisponde al punto *e* nella Figura 6.20.

Per capire perché i profitti sono massimizzati quando $R' = C'$, vediamo che cosa accadrebbe se l'uguaglianza non fosse soddisfatta.

Nella Figura 6.20, a livelli di produzione inferiori a 3, R' è maggiore di C': di conseguenza, se si producono unità addizionali, l'incremento del ricavo totale (R') è superiore all'aumento del costo totale (C'). Il profitto totale, quindi, *aumenta. Nella misura in cui R′ è superiore a C′, si può incrementare il profitto espandendo la produzione.* A livelli di produzione superiori a 3, C' è maggiore di R': pertanto, ogni ulteriore incremento della produzione accresce i costi più dei ricavi, riducendo i profitti. *Nella misura in cui C′ è superiore a R′, si può incrementare il profitto riducendo la produzione.*

Ne consegue che i profitti sono massimizzati in corrispondenza di $C' = R'$, cioè di un livello di produzione pari a 3. Questo è confermato dai dati contenuti nella colonna Π della Tabella 6.10.

A volte gli studenti restano perplessi nell'apprendere che i profitti vengono massimizzati quando $R' = C'$: se l'ultima unità prodotta non genera alcun profitto, com'è possibile che questo venga *massimizzato*? La risposta è semplice: se non si può *aggiungere* niente al totale, questo deve per forza essere al massimo. È come scalare una montagna: se non potete salire oltre, significa che avete raggiunto la vetta.

*IN TERMINI MATEMATICI

Come abbiamo visto, la regola della massimizzazione del profitto afferma che le imprese dovrebbero produrre la quantità tale per cui $C' = R'$. Questa regola può essere derivata algebricamente come segue. Il profitto è definito dalla seguente equazione:

$$\Pi = RT - CT \qquad \textbf{(1)}$$

Il profitto è massimizzato nel punto in cui un'unità di produzione addizionale non consente di incrementarlo, vale a dire dove è soddisfatta la seguente uguaglianza:

$$\frac{\Delta\Pi}{\Delta Q} = \Pi' = 0 \qquad \textbf{(2)}$$

ovvero, dall'equazione (1), dove vale la seguente condizione:

$$\frac{\Delta RT}{\Delta Q} - \frac{\Delta CT}{\Delta Q} = 0 \qquad \textbf{(3)}$$

o ancora, dove:

$$\frac{\Delta RT}{\Delta Q} = \frac{\Delta CT}{\Delta Q} \qquad \textbf{(4)}$$

vale a dire, dove $R' = C'$.

L'equazione (2) può essere esaminata alla luce della Figura 5.19. Il profitto è massimizzato in corrispondenza del picco (punto di massimo) della curva Π. Poiché nel punto di massimo di una curva (oltre che del punto di minimo) la pendenza è zero, $\Delta\Pi/Q = \Pi' = 0$. In altre parole, la tangente al punto di massimo della curva Π è orizzontale.

PAROLE CHIAVE

Regola di massimizzazione del profitto Il profitto è massimizzato quando il ricavo marginale è pari al costo marginale.

BOX 6.8 ESPLORARE L'ECONOMIA

Uso del calcolo differenziale per trovare la produzione di massimo profitto

Supponete che le funzioni di ricavo totale e di costo totale di un'impresa siano:

$$RT = 480 - Q^2$$
$$CT = 12 + 16Q + 3Q^2$$

Da queste due equazioni si può ricavare la seguente tabella:

Q (unità)	*RT*	*CT*	Π (= RT–CT)
0	0	12	–12
1	47	31	16
2	92	56	36
3	135	87	48
4	176	124	52
5	215	167	48
6	252	216	36
7	287	271	16
.	.	.	.

Si vede chiaramente dalla tabella che il profitto è massimizzato con una produzione di 4, dove $\Pi = 52$.
È possibile calcolare la produzione che massimizza il profitto e il livello di profitto anche senza compilare una tabella, ma ricorrendo al calcolo differenziale. Si possono usare due metodi.

Determinare dove R′ = C′

Il ricavo marginale si può determinare differenziando la funzione di ricavo totale,

$$R' = dRT/dQ$$

Infatti il ricavo marginale è il tasso di variazione del ricavo totale, e differenziando una funzione si determina il suo tasso di variazione.
Similmente, il costo marginale si può determinare differenziando la funzione di costo totale

$$C' = dCT/dQ$$

Differenziando *RT* e *CT* si ottiene

$$dRT/dQ = 48 - 2Q = R'$$

e

$$dCT/dQ = 16 + 6Q = C'$$

Il profitto è massimizzato dove $R' = C'$, o in altre parole dove

$$48 - 2Q = 16 + 6Q$$

Risolvendo per Q si ottiene

$$32 = 8Q$$
$$\therefore Q = 4$$

L'equazione del profitto totale (Π) è

$$\Pi = RT - CT$$
$$= 48Q - Q^2 - (12 + 16Q + 3Q^2)$$
$$= -12 + 32Q - 4Q^2$$

Sostituendo $Q = 4$ in questa equazione si ottiene

$$\Pi = -12 + (32 \times 4) - (4 \times 4^2)$$
$$\therefore \Pi = 52$$

Queste cifre trovano conferma nella tabella precedente.

Massimizzare l'equazione del profitto totale

Per massimizzare un'equazione vogliamo trovare il punto in cui la pendenza della curva derivata da essa è zero. In altre parole, vogliamo trovare il massimo della curva Π.
La pendenza di una curva fornisce il suo tasso di variazione e si determina differenziando l'equazione della curva. Nel nostro caso, per trovare il massimo di Π la differenziamo (per trovare la pendenza) e poniamo la derivata a zero (per trovare il massimo.

$$\Pi = -12 + 32Q - 4Q^2 \text{ (vedi sopra)}$$
$$\therefore d\Pi / dQ = 32 - 8Q$$

Uguagliando a zero si ottiene

$$32 - 8Q = 0$$
$$\therefore 8Q = 32$$
$$\therefore Q = 4$$

È lo stesso risultato che avevamo trovato con il primo metodo. Anche qui possiamo sostituire $Q = 4$ nell'equazione di Π per ottenere

$$\Pi = 52$$

Fase 2: misurare l'ammontare del profitto utilizzando le curve di costo e ricavo medio

Una volta determinato il livello di produzione che massimizza il profitto, usiamo le curve di costo e ricavo medio per calcolare l'*ammontare* di profitto corrispondente al livello massimo. Le curve di costo e ricavo medio e marginale corrispondenti ai dati nella Tabella 6.10 sono tracciate nella Figura 6.21.

In primo luogo, si calcola il profitto medio (ΠM), che è pari a $RM - CM$. In corrispondenza del livello di produzione che massimizza il profitto (3), $\Pi M = €6 - €4^2/_3 = €1^1/_3$. Il profitto totale si ottiene moltiplicando il profitto medio per il livello di produzione:

$$\Pi = \Pi M \times Q$$

Il profitto totale è illustrato dall'area ombreggiata ed è pari a $€1^1/_3 \times 3 = €4$. Ancora una volta, i dati nella colonna Π della Tabella 6.10 confermano questo risultato.

Alcune precisazioni

Massimizzazione del profitto nel lungo periodo

Ipotizzando che le curve RM e R' siano uguali nel lungo e nel breve periodo, i profitti di lungo periodo sono massimizzati al livello di produzione in corrispondenza del quale R' è uguale a C' di *lungo periodo*. In questo caso, il ragionamento è lo stesso del caso di breve periodo.

Il significato di "profitto"

IC 2 p12 Il costo totale dell'impresa comprende il costo-opportunità sostenuto dai titolari per il fatto stesso di essere sul mercato. Tale costo-opportunità è il rendimento minimo sul capitale che i titolari devono ottenere per restare sul mercato anziché dedicarsi a un'altra attività. Si tratta di un *costo* perché, al pari di salari, affitti e così via, deve essere coperto affinché l'impresa possa continuare a produrre. Questo costo-opportunità per i proprietari viene talvolta detto ***profitto normale*** ed è *compreso nelle curve di costo.*

Figura 6.21 Misurare il profitto massimo usando le curve di costo e di ricavo medio.

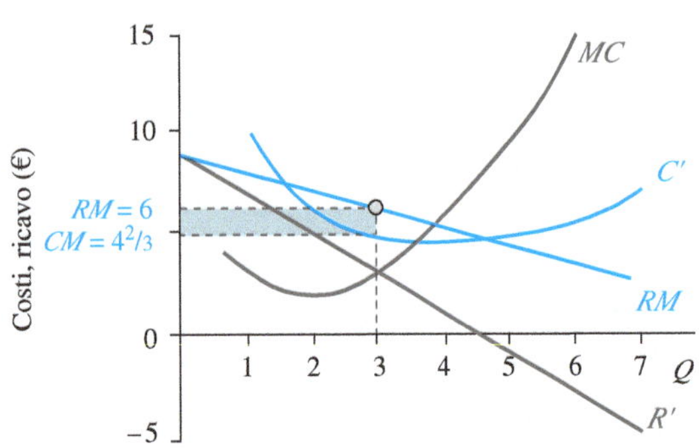

Il saggio di profitto normale si compone di due elementi. Innanzitutto, per avviare un'impresa, occorre investire capitali; vi è dunque un costo-opportunità costituito dagli interessi che il proprietario avrebbe potuto guadagnare investendo in maniera meno rischiosa (per esempio, versando i fondi su un conto di risparmio). Nessuno avvierebbe un'impresa se non si aspettasse di realizzare almeno questo saggio di profitto. Tuttavia, dal momento che gestire un'impresa è rischioso, il saggio di profitto normale deve comprendere anche un rendimento addizionale, a copertura dei rischi.
Pertanto:

Profitto normale (%) = tasso di interesse su un prestito sicuro + premio di rischio

Il premio di rischio varia a seconda del settore di attività: nei comparti caratterizzati da un buon grado di prevedibilità, come quello alimentare, il premio di rischio è relativamente basso; nei settori in cui i risultati sono molto incerti, come quello minerario o dell'alta moda, è relativamente elevato.

Così, se i proprietari di un'impresa guadagnano un profitto normale, saranno (appena) soddisfatti di restare in attività. Se guadagnano più del profitto normale, preferiranno (ovviamente) continuare a operare. Se invece guadagnano meno del profitto normale, dopo un certo periodo di tempo valuteranno di abbandonare il settore e di destinare il capitale ad altri scopi. Come vedremo nel Capitolo 7, il livello di profitto guadagnato da un'impresa gioca un ruolo cruciale nel modo in cui sono strutturati i mercati.

Dato che i profitti normali sono compresi nei costi, qualunque profitto illustrato su un diagramma (per esempio, l'area ombreggiata nella Figura 6.21) deve essere necessariamente superiore al profitto normale. Tale extra-profitto prende diversi nomi, tutti equivalenti: ***superprofitto***, ***profitto supernormale***, ***profitto puro***, ***profitto eco-***

PAROLE CHIAVE

Profitto normale Costo-opportunità dell'attività di impresa: il profitto che si sarebbe potuto guadagnare nella migliore attività alternativa. È considerato un costo di produzione.

Profitto supernormale (altresì detto **profitto puro**, **profitto economico**, **superprofitto** o semplicemente **profitto**) Differenza tra il profitto totale e il profitto normale.

nomico o semplicemente ***profitto***. Questi termini hanno tutti lo stesso significato: indicano l'eccedenza del profitto totale rispetto al profitto normale.

Minimizzazione delle perdite

In determinate circostanze, un'impresa potrebbe non essere in grado di realizzare un profitto, quale che sia la quantità prodotta. Questa situazione è illustrata nella Figura 6.22, dove la curva *CM* giace al di sopra della curva *RM* a tutti i livelli di produzione. In questo caso, la quantità corrispondente a $R' = C'$ è quella che minimizza le perdite.

L'ammontare delle perdite così minimizzate è illustrato dall'area ombreggiata nella Figura 6.22. Anche se l'impresa opera in perdita, non esiste in questo caso un livello di produzione "migliore".

Produrre o non produrre?

IC 20 p157 **Il breve periodo.** Nel breve periodo l'impresa deve sostenere i costi fissi (canoni di affitto, imposte sugli immobili e così via) anche se non produce alcunché. In effetti alcuni di questi costi si potrebbero talvolta evitare con una chiusura temporanea dell'impresa, ma per semplicità, nel seguito assumiamo che tutti i costi fissi siano anche costi sommersi. Questo significa che, se l'impresa è in grado di coprire i propri costi *variabili*, non ha nulla da perdere dal continuare a produrre, dato che in caso di chiusura avrebbe perdite maggiori. Ovviamente, se i ricavi sono maggiori dei costi variabili, l'impresa è in condizione di coprire almeno in parte i costi fissi, quindi seguiterà a produrre.

Che cosa accade, invece, se il ricavo dell'impresa non è sufficiente a coprire i costi variabili, vale a dire se la curva *CMV* si colloca al di sopra (o la curva *RM* al di sotto) della posizione illustrata nella Figura 6.23? In quel caso, se l'impresa produce subisce una perdita maggiore di quella che sosterrebbe se dovesse pagare solo i costi fissi; i proprietari decideranno dunque di fermare la produzione. Il punto che segna il discrimine tra la decisione di produrre o non produrre è detto ***punto di chiusura di breve periodo***.

Il lungo periodo. Nel lungo periodo tutti i costi sono variabili. Pertanto, se l'impresa non è in grado di coprire i costi medi di lungo periodo (che comprendono il profitto normale), sarà costretta a chiudere. Il ***punto di chiusura di lungo periodo*** è quello in cui la curva *RM* è tangente alla curva *CMLP*.

PAROLE CHIAVE

Punto di chiusura di breve periodo Punto in cui la curva di ricavo medio (*RM*) è tangente alla curva di costo medio variabile (*CMV*) e l'impresa è in grado di coprire solo i costi variabili. Se il ricavo scende al di sotto di questo livello, un'impresa che massimizza il profitto è indotta a cessare immediatamente l'attività.

Punto di chiusura di lungo periodo Punto in cui la curva di ricavo medio (RM) è tangente alla curva di costo medio di lungo periodo (CMLP). In questo punto l'impresa può conseguire solo profitti normali. Se il ricavo scende al di sotto di questo livello, un'impresa che massimizza il profitto è indotta a cessare l'attività una volta che tutti i costi sono diventati variabili..

Figura 6.22 La produzione che minimizza le perdite.

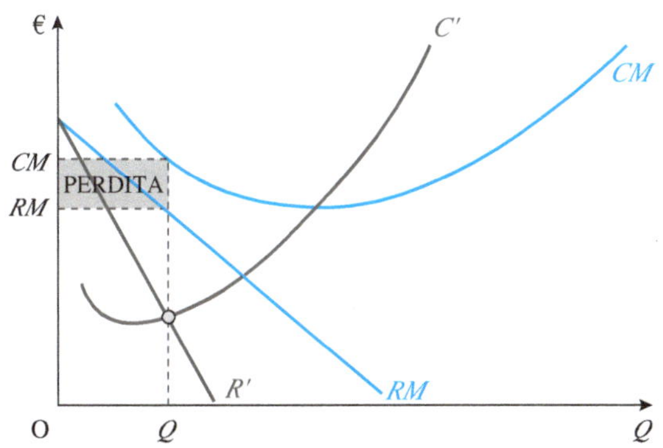

Figura 6.23 Il punto di chiusura di breve periodo.

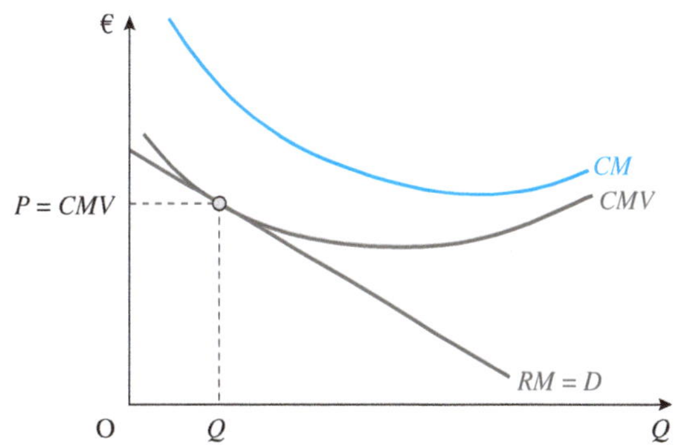

*IN TERMINI MATEMATICI

Possiamo esprimere in termini algebrici i punti di chiusura di breve e di lungo periodo. Come ricorderete, il profitto totale (Π) è definito come segue:

$$\Pi = RT - CT = RT - (CFT + CVT) \quad (1)$$

Se Π ha valore negativo, l'impresa registra una perdita. Questa situazione si verifica quando:

$$RT - (CFT + CVT) < 0$$

oppure:

$$RT < (CFT + CVT)$$

Vediamo adesso in quali circostanze l'impresa dovrebbe cessare l'attività.

Punto di chiusura di breve periodo

In caso di cessazione dell'attività, RT e CVT sono pari a zero, ma nel breve periodo l'impresa deve sostenere comunque i costi fissi totali (CFT); quindi:

$$\Pi = -CFT \quad (2)$$

In altre parole, l'impresa subisce una perdita pari ai costi fissi totali; da questo si evince che dovrebbe cessare l'attività nel breve periodo solo se:

$$\Pi < -CFT$$

vale a dire, se:

$$(RT - CFT - CVT) < -CFT \quad (3)$$

In altri termini, la perdita non dovrebbe superare i costi fissi. Riscrivendo l'equazione (3), l'impresa dovrebbe continuare a produrre finché:

$$RT \geq CVT \quad (4)$$

oppure, dividendo entrambi i termini dell'equazione (4) per la quantità, finché:

$$RM \geq CMV \quad (5)$$

L'impresa, pertanto, dovrebbe cessare l'attività se:

$$RM < CMV$$

Questo è illustrato nella Figura 5.23.

Punto di chiusura di lungo periodo

Nel lungo periodo non ci sono costi fissi, quindi:

$$\Pi = RT - CVT = RT - CT \quad (6)$$

Se l'impresa chiude non registra alcun ricavo, ma non sostiene neppure alcun costo. Ne consegue che:

$$\Pi = RT - CT = 0 - 0 = 0$$

L'impresa dovrebbe pertanto continuare a produrre finché:

$$(RT - CT) \geq 0$$

vale a dire:

$$RT \geq CT$$

oppure, dividendo entrambi i termini dell'equazione per la quantità (Q), finché:

$$RM \geq CM$$

(dove CM, in questo caso, è il costo medio di lungo periodo). L'impresa, pertanto, dovrebbe cessare l'attività se:

$$RM < CM$$

I paragrafi in pillole

Paragrafo 6.1

1. La funzione di produzione illustra la relazione fra la quantità dei fattori di produzione impiegati e la quantità di prodotto ottenuta (per periodo di tempo).
2. Nel breve periodo, si ipotizza che la dotazione di uno o più fattori sia fissa. L'effettiva durata del breve periodo varia da un settore produttivo a un altro.
3. Nel breve periodo, la produzione è soggetta a rendimenti decrescenti. All'aumentare della quantità del fattore variabile impiegato, ciascuna unità addizionale del fattore variabile permette di produrre una quantità aggiuntiva inferiore rispetto all'unità precedente: il prodotto fisico marginale diminuisce e il prodotto fisico totale aumenta sempre meno rapidamente.
4. Finché il prodotto fisico marginale è superiore al prodotto fisico medio, quest'ultimo aumenta. Una volta che *PF'* scende al di sotto di *PFM*, tuttavia, quest'ultimo diminuisce.

Paragrafo 6.2

1. Nel misurare i costi di produzione, si deve prestare attenzione al concetto di costo-opportunità. Se l'impresa non possiede i fattori di produzione, il costo-opportunità equivale semplicemente al costo esplicito dell'acquisto o del noleggio dei fattori, cioè al prezzo pagato per ottenerli. Se, invece, l'impresa possiede i fattori di produzione, il costo-opportunità è dato dal costo implicito, ovvero dal guadagno che l'impresa avrebbe potuto realizzare destinando il fattore di produzione al suo miglior impiego alternativo.
2. Nel breve periodo, la dotazione di alcuni fattori di produzione è fissa, pertanto i loro costi totali sono costanti al variare della produzione. Il costo dei fattori variabili, invece, aumenta al crescere della produzione, e quindi della quantità di fattori variabili impiegata.
3. Il costo totale può essere scomposto in costi fissi totali e costi variabili totali; questi ultimi in un primo momento tendono a crescere più lentamente all'aumentare della produzione, ma poi, quando entrano in gioco i rendimenti decrescenti, aumentano sempre più rapidamente.
4. Il costo marginale – ovvero il costo di una unità addizionale di prodotto – in un primo momento tende a diminuire (in corrispondenza del tratto della curva *CVT* in cui la pendenza diventa progressivamente minore), ma inizia ad aumentare non appena entrano in gioco i rendimenti decrescenti.
5. Il costo medio, come il costo totale, può essere scomposto in costo medio fisso e costo medio variabile. Il costo medio fisso diminuisce all'aumentare della produzione, perché il costo fisso totale viene ripartito su un numero sempre maggiore di unità di prodotto. Il costo medio variabile tende in un primo momento a diminuire, ma una volta superato dal costo marginale, inizia ad aumentare a sua volta.

Paragrafo 6.3

1. Nel lungo periodo un'impresa è in grado di variare la quantità dei fattori di produzione che impiega. Non ci sono fattori di produzione fissi.
2. Incrementando tutti i fattori di produzione della stessa proporzione, l'impresa può conseguire rendimenti di scala costanti, crescenti o decrescenti.
3. Si verificano economie di scala quando i costi per unità prodotta diminuiscono all'aumentare della produzione. Questo può essere dovuto a una varietà di cause, alcune delle quali sono il diretto risultato dei rendimenti di scala (fisici) crescenti: fra queste, i vantaggi della specializzazione e della divisione del lavoro, l'impiego di macchinari più grandi ed efficienti e la capacità di avere un sistema di produzione più integrato. Altre economie di scala derivano dai benefici finanziari e amministrativi delle organizzazioni di grandi dimensioni.
4. I costi di lungo periodo sono influenzati anche dall'ubicazione di un'impresa, che dovrà trovare il giusto compromesso tra la necessità di collocarsi il più vicino possibile alle fonti delle materie prime, da un lato, e al mercato, dall'altro. La sede produttiva ideale dipende dai costi relativi di trasporto dei fattori di produzione e del prodotto finito.
5. Per minimizzare i costi di produzione unitari, un'impresa dovrebbe scegliere la combinazione dei fattori di produzione che le assicura, per ogni fattore, lo stesso rapporto tra prodotto marginale e prezzo: in altre parole, la combinazione di fattori tale per cui $PF'_a/P_a = PF'_b/P_b = PF'_c/P_c = ... = PF'_n/P_n$ (dove *a*, *b*, *c*, ecc. indicano i diversi fattori di produzione). Se il rapporto *PF'/P* per un fattore di produzione è maggiore di quello di un altro, l'impresa dovrà impiegare una maggiore quantità del primo rispetto al secondo.

*6. Un isoquanto illustra le diverse combinazioni di due fattori necessari a produrre una data quantità di prodotto. È possibile tracciare una mappa di isoquanti in cui ogni curva rappresenta un diverso livello di produzione. La pendenza dell'isoquanto ($\Delta K/\Delta L$) corrisponde al saggio marginale di sostituzione dei fattori di produzione (PF'_L/PF'_K). La forma arcuata degli isoquanti è determinata da un saggio marginale di sostituzione decrescente che, a sua volta, deriva dai rendimenti marginali decrescenti.

*7. Un isocosto illustra le diverse combinazioni di due fattori di produzione il cui impiego comporta un dato costo. Prende la forma di una retta e la sua pendenza è pari al rapporto tra i prezzi dei due fattori (P_L/P_K).

*8. La combinazione ottima di fattori di produzione è individuata dal punto di tangenza di un isocosto con un isoquanto, dove PF'_L/PF'_K (pendenza dell'isoquanto) = P_L/P_K (pendenza dell'isocosto). Tracciando un singolo isoquanto tangente all'isocosto più vicino all'origine degli assi, possiamo illustrare la combinazione di minor costo dei fattori necessari per realizzare un dato livello di produzione. Tracciando un singolo isocosto tangente all'isoquanto più distante dall'origine degli assi, possiamo illustrare la massima quantità di prodotto ottenibile per un dato costo di produzione.

9. Si possono distinguere quattro diversi periodi di tempo: oltre al breve e al lungo periodo, esistono il brevissimo e il lunghissimo periodo. Nel brevissimo periodo tutti i fattori di produzione sono fissi; nel lunghissimo periodo è variabile non solo la quantità dei fattori, ma anche la loro qualità (in conseguenza, per esempio, di innovazioni tecnologiche).

Paragrafo 6.4

1. Nel lungo periodo tutti i fattori di produzione sono variabili, quindi non esistono costi fissi di lungo periodo.
2. Nel tracciare le curve di costo di lungo periodo, si ipotizza che i prezzi dei fattori di produzione siano dati, che lo stato della tecnologia sia acquisito e che le imprese scelgano la combinazione di fattori di minor costo per ogni dato livello di produzione.
3. La curva *CMLP* può essere decrescente, crescente o orizzontale, a seconda dell'esistenza, rispettivamente, di economie di scala, diseconomie di scala o nessuna delle due. Normalmente, le curve *CMLP* hanno forma convessa. Con l'espandersi della produzione, inizialmente si generano economie di scala; quando queste si esauriscono, la curva si appiattisce. Se l'impresa diventa molto grande, potrebbe essere caratterizzata da diseconomie di scala; in questo caso, la curva *CMLP* mostrerà pendenza positiva.
4. La curva di costo marginale di lungo periodo (*C'LP*) giace al di sotto (al di sopra) della curva *CMLP* quando questa è decrescente (crescente) e coincide con la curva *CMLP* quando questa non è crescente né decrescente.
5. È possibile tracciare una curva di inviluppo per illustrare la relazione fra le curve di costo medio di breve e di lungo periodo. La curva *CMLP* racchiude le curve *CMBP*, alle quali è tangente.
6. I costi possono essere derivati da una mappa di isoquanti. I costi totali di lungo periodo sono individuati dal sentiero di espansione, che illustra la combinazione di minor costo dei fattori necessari per ogni dato livello di produzione e collega i punti di tangenza di isocosti e isoquanti.

Paragrafo 6.5

1. Il ricavo totale (*RT*) è il complesso dei proventi che un'impresa ottiene dalle vendite in un dato periodo di tempo. È semplicemente il prodotto del prezzo per la quantità: $RT = P \times Q$.
2. Il ricavo medio (*RM*) è il ricavo totale per unità venduta: $RM = RT/Q$. In altre parole, $RM = P$.
3. Il ricavo marginale è il ricavo aggiuntivo ottenuto dalla vendita di un'unità addizionale di prodotto per periodo di tempo.
4. La curva *RM* coincide con la curva di domanda fronteggiata dall'impresa. Nel caso di un'impresa *price taker*, la curva di domanda, e quindi la curva *RM*, è una retta orizzontale che corrisponde anche alla curva *R'*. La curva *RT* è una retta con pendenza positiva che nasce dall'origine degli assi.
5. Un'impresa che fronteggia una curva di domanda decrescente presenta una curva *RM* di forma analoga. La curva *R'* ha a sua volta pendenza negativa, ma giace al di sotto della curva *RM* ed è più ripida di quest'ultima. La curva *RT* parte dall'origine degli assi e ha forma concava.
6. Se la domanda è elastica al prezzo, il ricavo marginale è positivo e la curva *RT* è crescente. Se la domanda è anelastica al prezzo, il ricavo marginale è negativo e la curva *RT* è decrescente.
7. Una variazione della produzione è rappresentata da un movimento lungo le curve di ricavo. La variazione di un'altra determinante del ricavo provoca uno spostamento delle curve verso l'alto o verso il basso.

Paragrafo 6.6

1. Il profitto totale è pari al ricavo totale meno il costo totale. Per definizione, dunque, un'impresa massimizza il profitto in corrispondenza del punto in cui la differenza fra ricavo e costo totale è più ampia.
2. Un altro metodo per calcolare il punto di massimo profitto consiste nel trovare il livello di produzione in corrispondenza del quale il ricavo marginale è pari al costo marginale. Fatto questo, è possibile determinare il livello di massimo profitto calcolando il profitto medio (*RM* – *CM*) e moltiplicandolo per la quantità prodotta.
3. Il profitto normale è il profitto minimo che un'impresa deve guadagnare per restare in attività nel lungo periodo. Viene considerato parte dei costi dell'impresa. Il profitto supernormale è qualunque profitto superiore al profitto normale.
4. Se un'impresa non riesce a realizzare un profitto quale che sia la quantità prodotta, il punto in cui $R' = C'$ individua il livello di produzione che minimizza le perdite.
5. Nel breve periodo, un'impresa si trova costretta a chiudere se non è in grado di coprire i costi variabili. Nel lungo periodo, dovrà chiudere se non è in grado di realizzare profitti normali.

Domande di ripasso

1. La tabella che segue illustra il costo medio e il ricavo medio (prezzo) di un'impresa per ciascun livello di produzione.

Produzione	**1**	**2**	**3**	**4**	**5**	**6**	**7**	**8**	**9**	**10**
CM (€)	7,00	5,00	4,00	3,30	3,0	3,10	3,50	4,20	5,00	6,00
RM (€)	10,00	9,50	9,00	8,50	8,00	7,50	7,00	6,50	6,00	5,50

   (a) Riportate in una tabella *CT*, *C'*, *RT* e *R'* per ciascun livello di produzione (collocate i dati corrispondenti a *C'* e *R'* tra le cifre relative alla quantità prodotta).

   (b) Usando i dati relativi a *C'* e *R'*, trovate il livello di produzione che massimizza il profitto.

   (c) Usando i dati relativi a *CT* e *RT*, controllate le risposte date al punto (b).

   (d) Tracciate su un grafico i dati corrispondenti a *CM*, *C'*, *RM* e *R'*.

   (e) Evidenziate il livello di produzione che massimizza il profitto e i corrispondenti *RM* e *CM*.

   (f) Ombreggiate l'area che rappresenta il profitto corrispondente a questo livello di produzione.

*2. Tracciate l'isoquanto corrispondente alla seguente tabella che illustra le combinazioni di lavoro e capitale necessarie per produrre 100 unità al giorno del bene X.

K	16	20	$26^2/_3$	40	60	80	100
L	200	160	120	80	$53^1/_3$	40	32

   (a) Ipotizzando che il costo del capitale ammonti a €20 al giorno e il salario a €10 al giorno, qual è il metodo di produzione di minor costo per produrre 100 unità? Qual è il costo totale giornaliero? (Tracciate una serie di isocosti.)

   (b) Ipotizzate adesso che il salario aumenti a €20 al giorno. Tracciate la nuova serie di isocosti. Qual è adesso il metodo di produzione di minor costo per produrre 100 unità? Quanto lavoro e quanto capitale verranno impiegati?

3. Scegliete due settori che ritenete molto diversi fra loro. Individuate i fattori di produzione impiegati in questi settori e che nel breve periodo sono (a) fissi; (b) variabili.

4. Sempre in questi due settori, identificate tutte le possibili economie di scala.

5. "Le curve di costo medio di breve e di lungo periodo possono avere forma convessa, ma per due motivi piuttosto diversi". Spiegate questa affermazione.

6. Perché le curve di costo marginale intersecano sia la curva di costo medio variabile sia la curva di costo medio totale nel rispettivo punto di minimo?

7. Tracciate un diagramma come quello nella Figura 6.21 e illustrate l'effetto di un aumento della domanda del prodotto. Contrassegnate il nuovo prezzo e il nuovo livello di produzione di massimo profitto. La quantità prodotta, il prezzo, il costo medio e il profitto sono necessariamente più elevati di prima?

8. In quali circostanze un'impresa che non riesce a trarre profitto dalla vendita dei propri prodotti dovrebbe continuare a produrre? Per quanto tempo l'impresa dovrebbe continuare a produrre in perdita?

ONLINE

Sulla piattaforma MyLab dedicata a questo testo troverete materiali di supporto e approfondimento. All'interno dello stesso ambiente è disponibile la piattaforma inglese MyLab Economics che offre ulteriori risorse, un ricco apparato multimediale ed esercizi guidati.

CAPITOLO

7

Massimizzazione del profitto in regime di concorrenza perfetta e di monopolio

Sommario del capitolo

Come abbiamo visto nel Capitolo 6, un'impresa massimizza il profitto quando il costo marginale è pari al ricavo marginale ($C' = R'$). In questo capitolo approfondiremo tale concetto, ponendoci alcune domande.

- Che cosa determina l'ammontare del profitto realizzato da un'impresa? Il profitto sarà consistente, appena sufficiente per permettere all'impresa di restare nel mercato, o così basso da costringerla a chiudere?
  - L'impresa produrrà una quantità elevata o a contenuta?
  - Il suo processo di produzione sarà efficiente e sfrutterà al meglio le risorse?
  - Il prezzo applicato ai consumatori sarà alto o basso?
- Più in generale, i consumatori trarranno beneficio dalle decisioni dell'impresa? Questa, ovviamente, è una questione normativa (vedi Paragrafo 1.3). Ciò nondimeno, gli economisti identificano e analizzano gli effetti di queste decisioni sui consumatori.

Le risposte a queste domande dipendono in larga parte dall'entità della concorrenza che un'impresa deve affrontare: un produttore operante in un contesto altamente concorrenziale tende ad agire in maniera piuttosto diversa rispetto a uno che si confronta con una concorrenza scarsa o inesistente. In particolare, un'impresa che si misura con molti concorrenti è costretta di norma a tenere i prezzi bassi e a produrre con la massima efficienza, pena la sopravvivenza. Diversamente, un'impresa che opera in un ambiente poco concorrenziale (come nel caso di una società che fornisce servizi idrici, o di una grande casa farmaceutica) può esercitare un considerevole potere di mercato, il che potrebbe tradursi in un consistente aumento del prezzo finale per i consumatori.

In questo capitolo e nel prossimo prenderemo in esame i diversi tipi di struttura di mercato. Cominciamo con i due casi estremi: la concorrenza perfetta (moltissime imprese concorrenti) e il monopolio (un settore in cui opera un'unica impresa).

7.1 Le diverse strutture di mercato

Tradizionalmente, si è soliti dividere i settori in quattro categorie a seconda del grado di concorrenza tra le imprese operanti al loro interno.

A un estremo si colloca la ***concorrenza perfetta***, una struttura di mercato in cui operano molte imprese concorrenti. Rispetto al settore nel suo complesso, ciascuna impresa è troppo piccola per influenzare il prezzo, ed è dunque price taker. All'estremo opposto si colloca il ***monopolio***, un settore in cui opera una sola impresa che, pertanto, non deve affrontare alcuna concorrenza. Nel mezzo si posizionano la ***concorrenza monopolistica***, una struttura di mercato in cui operano molte imprese e dove vige libertà di ingresso, e l'***oligopolio***, in cui operano poche imprese e dove l'ingresso di nuovi concorrenti è soggetto a restrizioni.

Per comprendere più a fondo le differenze tra queste quattro categorie occorre considerare alcuni fattori.

- Il grado di libertà di ingresso delle imprese nel settore. Le imprese possono entrare liberamente o l'ingresso nel settore è soggetto a restrizioni? In questo secondo caso, qual è l'entità delle barriere all'entrata?
- Il tipo di prodotto. Le imprese producono un bene o un servizio identico, o ciascuna produce una propria marca, modello o varietà?
- IC 9 p61 Il grado di controllo dell'impresa sul prezzo. L'impresa è price taker o può scegliere il prezzo da applicare? In questo secondo caso, come influisce la variazione del prezzo sui profitti? In altre parole, quanto è elastica la curva di domanda? Se l'impresa alza il prezzo, rischia di perdere (a) tutte le vendite (curva di domanda orizzontale), (b) un'ampia quota delle vendite (curva di domanda relativamente elastica) o (c) solo una piccola quota delle vendite (curva di domanda relativamente anelastica)?

IDEA CHIAVE 22 ***Potere di mercato.*** Le imprese che godono di potere di mercato possono alzare i prezzi e i profitti al di sopra del livello perfettamente concorrenziale. A parità di altre condizioni, l'impresa guadagna a spese del consumatore. Analogamente, se i consumatori o i lavoratori hanno potere di mercato, possono usarlo a proprio vantaggio.

La Tabella 7.1 illustra le differenze tra le quattro categorie considerate.

CF 5 p46 Il comportamento di un'impresa è determinato dalla struttura del mercato in cui opera. Le imprese in concorrenza perfetta tendono ad adottare strategie assai diverse da quelle che operano in regime di monopolio, le quali a loro volta agiscono diversamente dalle imprese che operano in oligopolio o in concorrenza monopolistica.

Questo comportamento influenza a sua volta i risultati dell'impresa in termini di prezzi, profitto, efficienza e così via, nonché, in molti casi, quelli di altre imprese. La condotta collettiva di tutte le imprese influisce poi sulla performance del settore nel suo complesso. Pertanto, gli economisti individuano una catena di connessioni causali tra la struttura di mercato e la performance di uno specifico settore:

Struttura → Condotta → Performance

Cominciamo con l'esaminare le strutture di mercato che si collocano ai due estremi opposti: la concorrenza perfetta e il monopolio. Successivamente, nel Capitolo 8, prenderemo in esame i due casi intermedi: la concorrenza monopolistica e l'oligopolio. Questi due regimi intermedi sono talvolta racchiusi in un'unica definizione, quella di ***concorrenza imperfetta***. Nel mondo reale, la stragrande maggioranza delle imprese opera in condizioni di concorrenza imperfetta; ciò non toglie, tuttavia, che sia utile studiare i due casi estremi, perché forniscono un contesto per comprendere la realtà che ci circonda. Alcuni settori sono fortemente concorrenziali, e pertanto la loro performance è molto simile a quella che si avrebbe in concorrenza perfetta. Altri, invece, tendono all'estremo opposto: per esempio, se al loro interno ope-

PAROLE CHIAVE

Concorrenza perfetta Struttura di mercato in cui operano molte imprese di piccole dimensioni che producono beni identici e prendono il prezzo per dato (sono *price taker*), e in cui vige in libertà di entrata e di uscita dal settore.

Monopolio Struttura di mercato caratterizzata da una sola impresa nel settore.

Concorrenza monopolistica Struttura di mercato in cui, come in situazioni di concorrenza perfetta, ci sono molte imprese e vige la libertà di ingresso nel settore, ma ciascuna impresa produce un prodotto differenziato ed esercita pertanto un controllo sul suo prezzo.

Oligopolio Struttura di mercato in cui il numero delle imprese è sufficientemente ridotto da consentire la creazione di barriere per impedire l'ingresso di nuovi concorrenti.

Concorrenza imperfetta Nome collettivo con cui si designano la concorrenza monopolistica e l'oligopolio.

Tabella 7.1 Caratteristiche delle quattro strutture di mercato.

Tipo di mercato	Numero di imprese	Libertà di ingresso	Natura del prodotto	Esempi	Implicazioni per la curva di domanda fronteggiata dall'impresa
Concorrenza perfetta	Moltissime	Priva di restrizioni	Omogeneo (indifferenziato)	Cavolfiori, carote (si approssimano alla concorrenza perfetta)	Orizzontale. L'impresa è price taker
Concorrenza monopolistica	Molte/svariate	Priva di restrizioni	Differenziato	Imprese edilizie, ristoranti	Pendenza negativa, ma relativamente elastica. L'impresa ha un certo grado di controllo sul prezzo
Oligopolio	Poche	Limitata	1. Indifferenziato 2. Differenziato	1. Carburante 2. Automobili, apparecchi elettrici	Pendenza negativa, relativamente anelastica ma dipendente dalle reazioni dei concorrenti a una variazione del prezzo
Monopolio	Una	Limitata o completamente bloccata	Unico	Farmaci soggetti a prescrizione medica prodotti sotto brevetto, società di fornitura idrica	Pendenza negativa, più anelastica dell'oligopolio. L'impresa ha un notevole controllo del prezzo

rano un'impresa dominante e poche imprese di dimensioni più piccole. In tali casi il comportamento e la performance dell'impresa risultano più simili a quelli che ci si aspetta di incontrare in un monopolio.

In questo capitolo e nel successivo Capitolo 8 ipotizzeremo che le imprese mirino a massimizzare i profitti, indipendentemente dalla struttura di mercato. Nel Capitolo 9, invece, abbandoneremo questa ipotesi e prenderemo in esame le teorie alternative dell'impresa, che attribuiscono ai produttori obiettivi *diversi* dalla massimizzazione del profitto.

7.2 La concorrenza perfetta

Le ipotesi della concorrenza perfetta

Il modello della concorrenza perfetta si basa su quattro ipotesi fondamentali.

- Le imprese sono *price taker*. Nel settore è presente un numero di imprese talmente elevato che a ciascuna di esse è ascrivibile solo una quota insignificante della produzione totale del settore; di conseguenza, nessuna può influenzare il prezzo del prodotto. Ogni impresa fronteggia una "curva" di domanda orizzontale al prezzo di mercato, quindi il prezzo è determinato dall'interazione di domanda e offerta nell'intero mercato.
- Le nuove imprese hanno completa *libertà di ingresso* nel settore e i produttori esistenti non possono fare nulla per impedire l'entrata di altri concorrenti. Tuttavia, dal momento che avviare un'attività richiede tempo, la libertà di ingresso si applica sul lungo periodo.
- Tutte le imprese producono un *bene identico* (o "omogeneo"), senza alcuna forma di differenziazione o di pubblicità, dato che non avrebbe senso per un'impresa sostenere tali costi.
- CF 9 p129 Produttori e consumatori hanno una *perfetta conoscenza* del mercato. I produttori sono del tutto consapevoli dei prezzi, dei costi e delle opportunità di mercato; dal canto loro, i consumatori conoscono il prezzo, la qualità e la disponibilità del prodotto.

Queste ipotesi sono molto restrittive: nel mondo reale, i settori che le soddisfano sono pochissimi, se mai ne esistono. I più simili al regime della concorrenza perfetta sono probabilmente i mercati di alcuni prodotti agricoli, come per esempio quello delle verdure fresche.

Ciò nondimeno, nonostante la mancanza di casi concreti, il modello della concorrenza perfetta gioca un ruolo molto importante nell'analisi economica e politica, svolgendo prevalentemente la funzione di "idealtipo" per la società. A detta di molti, la concorrenza perfetta porterebbe diversi vantaggi importanti, per esempio mantiene i prezzi vicini al costo marginale ed evita che le imprese realizzino profitti eccessivi nel lungo periodo. Questo modello può pertanto essere utilizzato come metro di giudizio per valutare le imperfezioni dei settori del mondo reale, tuttavia vedremo che presenta anche degli svantaggi rispetto ad altre strutture di mercato.

BOX 7.1 ESPLORARE L'ECONOMIA

Gli indici di concentrazione industriale

Misurare il grado di concorrenza

È possibile trarre qualche indicazione riguardo al grado di concorrenza in un mercato osservando il numero di imprese: quanto più è elevato, tanto più il mercato sembrerebbe concorrenziale. Tuttavia, questo dato non ci dà alcuna informazione sulla *concentrazione* del mercato: al suo interno, infatti, potrebbero operare *molte* imprese (il che indicherebbe una situazione di concorrenza perfetta o di concorrenza monopolistica), ma il 95% della produzione totale potrebbe essere ascrivibile alle due imprese più grandi, che si configurerebbero piuttosto come oligopolisti.

Così, sebbene la presenza di un ampio numero di produttori potrebbe far *sembrare* il mercato fortemente concorrenziale, questa osservazione potrebbe risultare fallace. Pertanto, un altro approccio per misurare il grado di concorrenza è quello di analizzare il livello di concentrazione delle imprese.

Il modo più semplice per misurare la concentrazione industriale consiste nel sommare le quote di mercato delle maggiori imprese operanti nel settore (per esempio, le 3, le 5 o le 15 più grandi). Il risultato è il cosiddetto "indice di concentrazione" delle "3 maggiori imprese", delle "5 maggiori imprese, o delle "15 maggiori imprese". Per stimare la quota di mercato si possono utilizzare diversi criteri: ricavo, produzione, profitto e così via.

La tabella riporta gli indici di concentrazione delle 5 maggiori imprese, calcolati in base alla produzione, per alcuni settori britannici. Come si può notare, il grado di concentrazione varia enormemente da un settore a un altro, ma nella maggioranza dei settori (il 55%) la concentrazione è aumentata nel tempo. Una delle principali ragioni di questa differenza sta nel fatto che, in ciascun settore, le economie di scala si esauriscono in corrispondenza di una diversa percentuale della produzione settoriale complessiva: se il pieno conseguimento di economie di scala si realizza a un basso livello di produzione, ci sarà spazio per la presenza di molte imprese che potranno sfruttare al massimo le economie di scala.

Il grado di concentrazione dipende anche dalle barriere all'entrata presenti nel settore (vedi Paragrafo 7.3) e da altri fattori, come i costi di trasporto e la varietà dei prodotti realizzati all'interno dei singoli comparti produttivi. Per esempio, in comparti quali quello dell'arredamento e delle costruzioni c'è spazio per la presenza di molte imprese in quanto ciascuna di esse può specializzarsi nella produzione di una particolare gamma di prodotti.

Per concludere, possiamo affermare che il grado di concentrazione è una misura *ragionevolmente* efficace del livello di concorrenza in un settore; tuttavia, usato da solo può essere fuorviante, specie perché non tiene conto della concorrenza dall'estero.

Indici di concentrazione delle 5 maggiori imprese relativi a diversi settori.

Settore	2003–4	2015–16
Produzione di cacao e cioccolato confezionato	94	94
Vendite al dettaglio di telefoni cellulari	77	89
Produzione di latte e crema	79	89
Giochi e scommesse	68	85
Pubblicazione di giochi per computer	39	84
Produzione di piatti pronti	68	84
Distillazione di alcolici	77	81
Produzione di automobili	65	78
Produzione di burro e formaggio	54	60
Casting per cinema, TV e teatro	71	52
Contabilità e auditing	40	42
Pub e bar	22	29
Servizi funerari	26	26
Agenzie pubblicitarie	14	15
Riparazione di auto	9	13
Vendita di auto usate	6	11
Vendita di cibi da asporto	8	10
Parrucchieri e saloni di bellezza	10	3

Fonte: Is everybody concentrating?, Resolution Foundation.

Il breve e il lungo periodo

Prima di esaminare prezzi, produzione e profitti, dobbiamo operare una distinzione fra breve periodo e lungo periodo, così come si applicano alla concorrenza perfetta.

Nel ***breve periodo*** il numero delle imprese è fisso. A seconda dei costi e dei ricavi, un'impresa potrebbe registrare profitti ingenti, scarsi o nulli, oppure incorrere in una perdita; e, nel breve periodo, la sua situazione potrebbe restare invariata.

Nel ***lungo periodo***, invece, il livello dei profitti influisce sull'ingresso e sull'uscita dal settore: se le imprese esistenti realizzando profitti supernormali (vedi Paragrafo 6.6), nuovi concorrenti saranno attratti nel settore; al contrario, le imprese operanti in perdita tenderanno a uscire dal settore.

Un avvertimento: anche se nel prosieguo parleremo del *livello* dei profitti (per rendere più comprensibile l'analisi di prezzi e produzione), in realtà di solito è il *saggio* di profitto a determinare la permanenza di un'impresa nel settore o la sua uscita da esso. Il ***saggio di profitto*** (*r*) è il profitto totale (Π) espresso in *percentuale del capitale totale (K) impiegato:* $r = \Pi/K$. Se Π è misurato come profitto al lordo degli interessi, *r* è detto rendimento sul capitale investito (ROCE, *return on capital employed*). Come è facile intuire, affinché un'impresa di maggiori dimensioni sia incentivata a restare in un settore, è necessario che realizzi un profitto *totale* più elevato. Per le grandi imprese, dunque, il profitto normale in termini assoluti deve essere superiore a quello di un'impresa di piccole dimensioni. Il *saggio* di profitto normale, tuttavia, sarà probabilmente simile nei due casi.

L'espansione o la contrazione di un settore nel lungo periodo dipenderà dunque dal saggio di profitto. Naturalmente, siccome il tempo necessario per avviare un'impresa differisce da un settore all'altro, anche il periodo di tempo corrispondente al lungo periodo varia fra i diversi settori.

L'equilibrio di breve periodo dell'impresa

CF 4 p43 La determinazione di prezzo, produzione e profitto di breve periodo in concorrenza perfetta può essere efficacemente illustrata con un diagramma.

La Figura 7.1 mostra un equilibrio di breve periodo per un settore e un'impresa che operano in concorrenza perfetta. I due diagrammi hanno la stessa scala sull'asse delle ordinate e scale diverse su quello delle ascisse. Per esempio, se sull'asse delle ascisse dell'impresa i valori fossero misurati in migliaia di unità, su quello del settore potrebbero essere misurati in milioni o decine di milioni di unità, a seconda del numero di imprese operanti al suo interno.

Esaminiamo ora come si determinano il prezzo, la produzione e il profitto.

Prezzo

In un settore il prezzo è determinato dall'intersezione fra le curve di domanda e di offerta; in corrispondenza di questo prezzo, l'impresa fronteggia una "curva" di domanda orizzontale (ricavo medio); di conseguenza, può vendere qualsiasi quantità al prezzo di mercato (P_e), ma niente a un prezzo superiore.

Produzione

L'impresa massimizza il profitto laddove il costo marginale è pari al ricavo marginale ($R' = C'$), in corrispondenza del livello di produzione Q_e. Notate che in questo caso il prezzo è uguale al ricavo marginale, poiché non è influenzato dalla quantità prodotta dall'impresa (vedi Paragrafo 6.5 e Figura 6.15).

> **PAROLE CHIAVE**
>
> **Breve periodo in concorrenza perfetta** Periodo di tempo non abbastanza lungo da consentire l'ingresso di nuove imprese in un settore produttivo.
>
> **Lungo periodo in concorrenza perfetta** Periodo di tempo sufficientemente lungo da consentire l'ingresso di nuove imprese in un settore produttivo.
>
> **Saggio di profitto** Profitto totale (Π) espresso in percentuale del capitale totale impiegato (*K*): $r = \Pi/K$.

Figura 7.1 Equilibrio di breve periodo di un settore e di un'impresa in concorrenza perfetta.

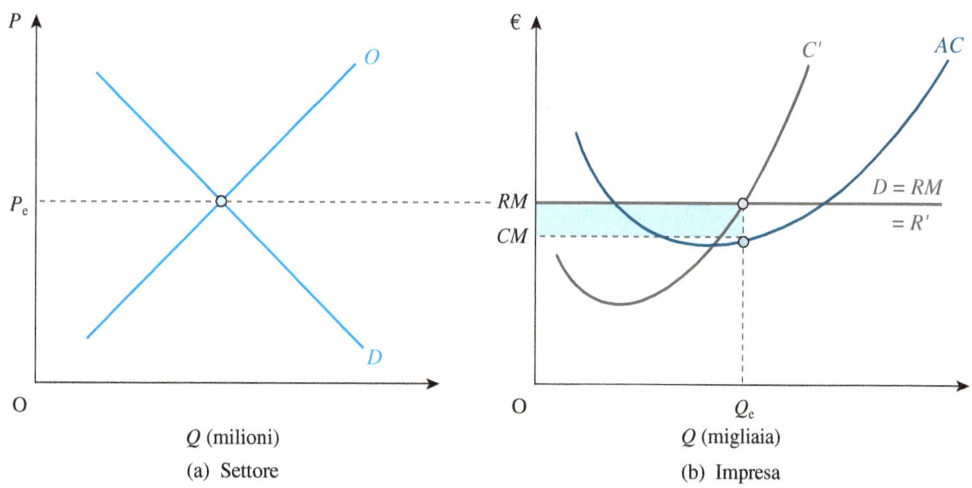

Profitto

Se la curva di costo medio (*CM*), che comprende il profitto normale, giace parzialmente al di sotto della "curva" di ricavo medio (*RM*), l'impresa realizza un profitto supernormale. In termini *unitari*, il profitto supernormale è pari alla distanza verticale fra *RM* e *CM* in corrispondenza di Q_e. Il profitto supernormale *totale* corrisponde al rettangolo colorato nella Figura 7.1.

Se la curva *CM* giace interamente al di sopra della curva *RM*, l'impresa non è in grado di realizzare un profitto ad *alcun* livello di produzione. Questa situazione è illustrata nella Figura 7.2, dove il prezzo di mercato è P_1. In questo caso, nel punto in cui $R' = C'$ l'impresa *minimizza la perdita* (intendendo per perdita qualsiasi risultato inferiore al profitto normale). L'ammontare della perdita è rappresentato dal rettangolo grigio.

Come abbiamo visto nel Paragrafo 6.6, la decisione di restare nel mercato pur subendo una perdita o di cessare immediatamente l'attività dipende dal fatto che l'impresa sia in grado o meno di coprire i costi *variabili* – assumendo che tutti i costi fissi siano anche costi sommersi. Se il prezzo è superiore al costo medio variabile (*CMV*), nel breve periodo l'impresa continua a produrre, perché è in grado di coprire i costi variabili e una parte dei costi fissi; è invece costretta a chiudere se il prezzo di mercato scende sotto a P_2 nella Figura 7.2.

La curva di offerta di breve periodo

La curva di offerta di breve periodo *dell'impresa* corrisponde alla sua curva di costo marginale (di breve periodo).

Una curva di offerta mette in relazione la quantità prodotta con il prezzo; la curva di costo marginale, invece, mette in relazione la quantità con il costo marginale. In condizioni di concorrenza perfetta, tuttavia, $P = R'$ e $R' = C'$, quindi $P = C'$. Pertanto, la curva di offerta e la curva C' coincidono. Per esempio, nella Figura 7.3(b), se il prezzo è P_1 i profitti sono massimizzati in corrispondenza della quantità Q_1, dove $P_1 = C'$; *a* rappresenta dunque un punto sulla curva di offerta. Al prezzo P_2 si produce la quantità Q_2; *b* è quindi un altro punto sulla curva di offerta, e così via.

Pertanto, in regime di concorrenza perfetta, la curva di offerta dell'impresa dipende interamente dai costi di produzione. Questo spiega perché la curva ha pendenza positiva: dato che i costi marginali aumentano all'aumentare della produzione (in ragione dei rendimenti marginali decrescenti), per indurre l'impresa a incrementare la produzione sarà necessario un prezzo più elevato.

Notate che, assumendo che tutti i costi fissi siano anche costi sommersi, l'impresa non produce alcuna quantità a un prezzo inferiore a *CMV*, quindi la curva di offerta è rappresentata solo dal tratto della curva C' al di sopra del punto *e*.

Figura 7.2 Minimizzazione delle perdite in concorrenza perfetta.

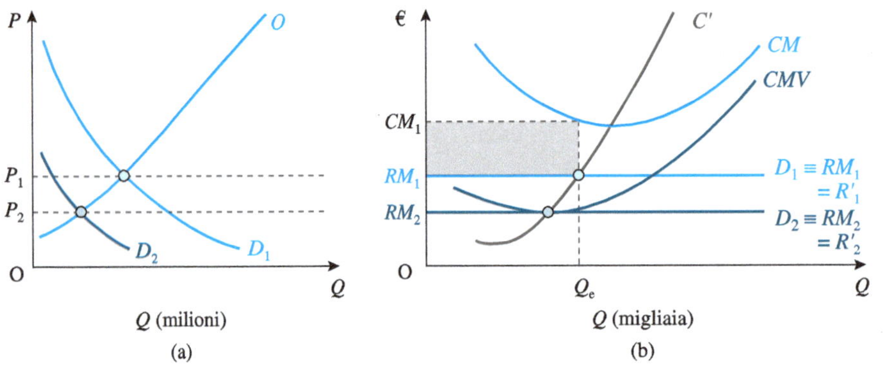

Figura 7.3 Derivare la curva di offerta di breve periodo.

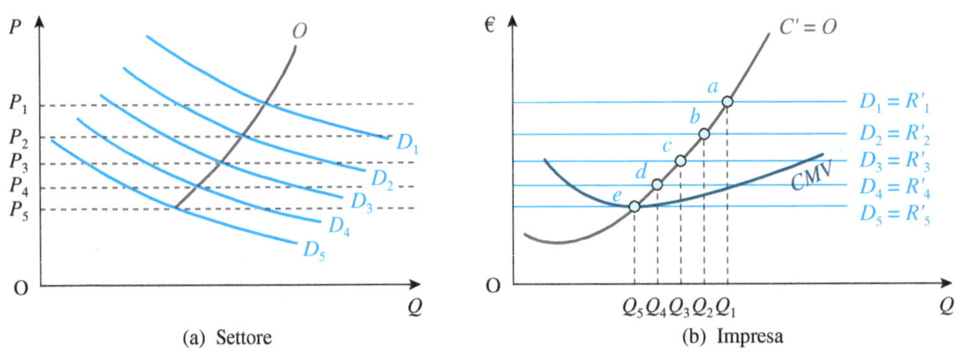

*IN TERMINI MATEMATICI

Come abbiamo visto, la produzione di equilibrio di lungo periodo corrisponde al punto di minimo della curva di costo medio di lungo periodo. Se conosciamo l'equazione del costo medio di lungo periodo, possiamo utilizzare le tecniche di ottimizzazione (vedi Appendice) per calcolare la produzione di equilibrio. Ipotizziamo che la funzione di costo medio di lungo periodo sia:

$$CMLP = a - bQ + cQ^2$$

La tecnica consiste nel calcolare la derivata prima di questa funzione e porla uguale a zero, vale a dire:

$$\frac{d[CMLP]}{dQ} = -b + 2cQ = 0 \qquad (1)$$

Risolvendo l'equazione (1) per Q si ottiene la produzione di equilibrio di lungo periodo. Una volta trovato il valore di Q, possiamo nuovamente sostituirlo nell'equazione (1) per trovare il valore di $CMLP$ e quindi il prezzo di equilibrio (dal momento che $P = CMLP$).
Possiamo poi usare il test della derivata seconda (vedi Appendice a fine libro) per verificare che questo valore rappresenti effettivamente un punto di minimo, e non di massimo, della curva $CMLP$.

La curva di offerta di breve periodo del settore

La curva di offerta dell'intero *settore* rappresenta la quantità totale offerta da tutte le imprese già attive nel settore a ogni possibile prezzo. Non include la produzione realizzata da nuovi entranti, che si manifesta soltanto nel lungo periodo. Per calcolare l'offerta di breve periodo del settore a ogni prezzo basta sommare le quantità che ogni singola impresa vuole offrire a quel prezzo. Per esempio, se nel mercato vi fossero 100 imprese che vogliono tutte offrire 10 unità al prezzo di €5, l'offerta di mercato a €5 sarebbe di 1000. Per ricavare la curva di offerta di breve periodo del settore, quindi, basta sommare le curve di offerta di breve periodo (quindi le curve C') di tutte le imprese operanti al suo interno. Dal punto di vista grafico la curva del settore si ottiene per somma *orizzontale*, dal momento che si sommano le quantità prodotte.

L'equilibrio di lungo periodo dell'impresa

CF 5 p46 Nel lungo periodo, se una tipica impresa realizza un profitto supernormale, altri produttori saranno attratti nel settore.

Parimenti, se espandendo la produzione è possibile guadagnare un profitto supernormale, le imprese consolidate avranno un incentivo a incrementare la scala delle proprie operazioni, giacché tutti i fattori di produzione sono variabili nel lungo periodo.

IC 5 p22 L'ingresso di nuove imprese e/o l'espansione di quelle esistenti provoca un incremento dell'offerta del settore, come illustrato nella Figura 7.4. In corrispondenza del prezzo P_1 le imprese realizzano profitti supernormali, pertanto l'offerta del settore aumenta (la curva di offerta si sposta verso destra). Questo, a sua volta, determina una diminuzione del prezzo. L'offerta continua ad aumentare, e il prezzo a diminuire, finché le imprese ottengono solo profitti normali, ovvero finché il prezzo non scende al livello in corrispondenza del quale la "curva" di domanda fronteggiata dall'impresa è tangente al punto di minimo della sua curva di costo medio di lungo periodo. Q_L è pertanto la produzione di equilibrio di lungo periodo dell'impresa, mentre il prezzo di equilibrio di lungo periodo è pari a P_L.

Poiché la curva $CMLP$ è tangente a tutte le possibili curve CM di breve periodo (vedi Paragrafo 6.4), l'equilibrio completo di lungo periodo sarà quello illustrato nella Figura 7.5, dove è soddisfatta l'uguaglianza:

$$CMLP = CM = C' = R' = RM$$

Figura 7.4 Equilibrio di lungo periodo in concorrenza perfetta.

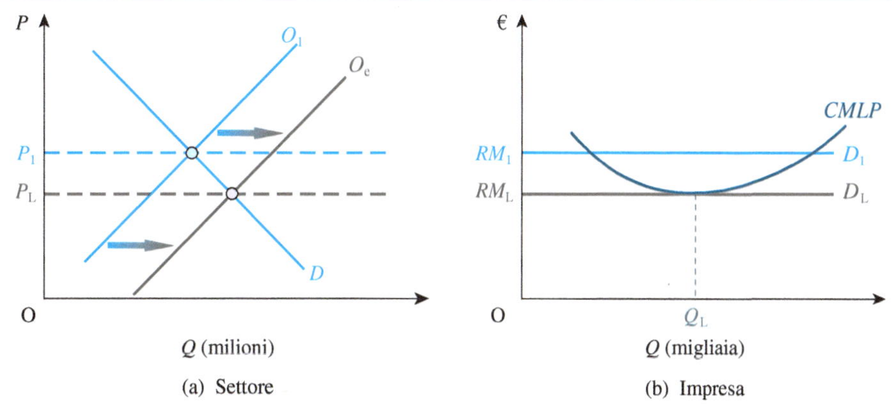

Figura 7.5 Equilibrio di lungo periodo dell'impresa in concorrenza perfetta.

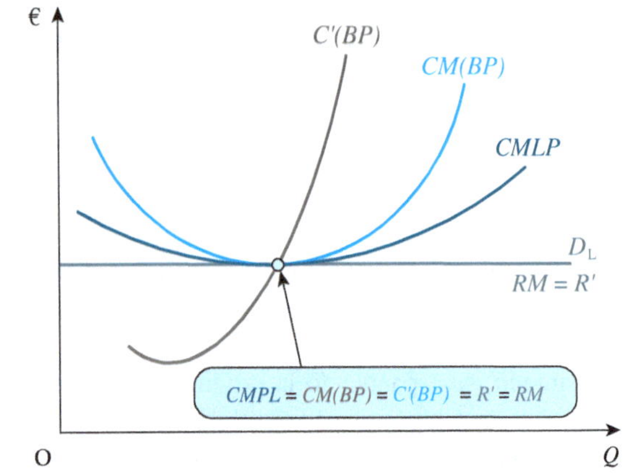

La curva di offerta di lungo periodo dell'impresa

La curva di offerta dell'impresa si ottiene in modo molto simile a quella di breve periodo. La differenza principale è che, nel lungo periodo, l'impresa può correggere tutti i suoi fattori di produzione; questo significa che tutti i suoi costi sono variabili e quindi la curva del costo medio di lungo periodo coincide con la curva del costo variabile medio di lungo periodo. Perciò la curva di offerta di lungo periodo dell'impresa è la porzione della curva del costo marginale al di sopra del punto in cui questa è tagliata dalla curva del costo medio. A prezzi inferiori a questo livello, l'impresa potrebbe minimizzare i costi azzerando la produzione.

La curva di offerta di lungo periodo del settore

La curva di offerta del settore non si può ricavare come quella di breve periodo, cioè sommando in orizzontale tutte le curve di offerta delle singole imprese. Il motivo è che nel lungo periodo il numero di imprese del settore non è più fisso e occorre tenere conto della produzione di tutte le nuove imprese che vi entrano, da sommare alla produzione delle imprese già presenti. La curva di offerta di lungo periodo del settore si può ottenere analizzando l'impatto di un aumento della domanda su un mercato che inizialmente si trova in equilibrio di lungo periodo. Tale equilibrio iniziale è mostrato nel punto *a* nella Figura 7.6(a), dove la domanda di mercato (D_{M_1}) è uguale all'offerta di mercato di lungo periodo e di breve periodo (OLP_M e OBP_{M_1}). Il prezzo di mercato e la produzione sono, rispettivamente, P_1 e Q_{M_1}.

Dato questo prezzo di mercato, l'impresa rappresentativa massimizza il profitto nel punto *x* della Figura 7.6(b), dove $C' = R'$. L'impresa produce Q_{F_1} e, con $P_1 = CM_1$, realizza profitti normali.

Ora ipotizziamo che la curva della domanda di mercato aumenti da D_{M_1} a D_{M_2}. Le imprese del mercato reagiscono ai prezzi più alti aumentando la produzione. L'equilibrio di mercato nel breve periodo si sposta dal punto *a* al punto *b*, con un movimento verso l'alto lungo la curva di offerta di mercato di breve periodo (OBP_{M_1}). Il prezzo di mercato e la quantità aumentano a P_2 e Q_{M_2}.

Dato il nuovo prezzo di mercato P_2, la reazione di massimizzazione del profitto dell'impresa rappresentativa consiste in un movimento verso l'alto lungo la sua curva di offerta o C' dal punto *x* al punto *y*. La sua produzione aumenta da Q_{F_1} a Q_{F_2} e, poiché il prezzo ora è superiore al costo medio dell'impresa, realizza un profitto supernormale. Nel lungo periodo, questo profitto supernormale costituirà un segnale per gli imprenditori e nuove imprese entreranno nel mercato. L'arrivo di nuovi entranti causerà uno spostamento a destra della curva di offerta di mercato di breve periodo (fino a OBP_{M_2}), spingendo verso il basso il prezzo di mercato.

Figura 7.6 Diverse curve di offerta di lungo periodo per un settore in concorrenza perfetta.

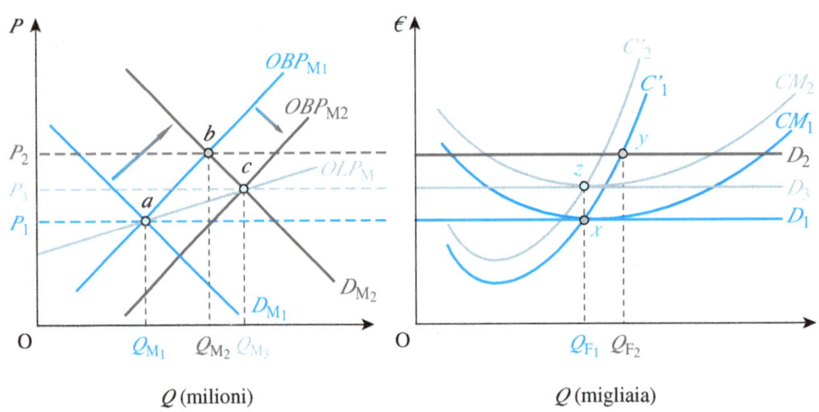

(a) Settore (b) Impresa

I nuovi entranti, oltre a influenzare il mercato del prodotto finale, avranno un impatto anche sui vari mercati dei diversi fattori di produzione. Per esempio, la domanda delle materie prime richieste per produrre il bene aumenterà perché i nuovi entranti si aggiungeranno alle imprese esistenti negli acquisti. Questo potrebbe portare a spingere verso l'alto i prezzi di vari fattori produttivi, come materie prime, energia, lavoro e capitale fisico. Se il prezzo dei fattori produttivi aumenta, le curve *CM* e *C'* dell'impresa nella Figura 7.6(b) si sposteranno verso l'alto, da CM_1 a CM_2 e da C'_1 a C'_2.

Dato l'aumento dei costi di produzione, l'ingresso di nuovi entranti nel settore si arresterà una volta che la curva di offerta di breve periodo si sposti in OBP_{M_2}. Il nuovo equilibrio di mercato di lungo periodo si trova quindi nel punto *c* con il prezzo che ridiscende in P_3 e la produzione del settore che aumenta a Q_{M_2}. Con il nuovo prezzo inferiore di mercato P_3, l'impresa massimizzerà i profitti nel punto *z*. Poiché il prezzo di mercato sarà uguale al – più elevato – *CM* dell'impresa, ne segue che i profitti tornino al livello normale e non vi sarà alcun incentivo all'ingresso di altre imprese nel settore.

La curva di offerta di mercato di lungo periodo (OLP_M) passa per i punti *a* e *c*, le due posizioni di equilibrio di lungo periodo.

Settore a costi crescenti – curva di offerta di lungo periodo inclinata verso l'alto. Nell'esempio della Figura 7.6, la curva di offerta di lungo periodo del settore è inclinata verso l'alto perché la domanda aggiuntiva di fattori produttivi generata dai nuovi entranti spinge verso un aumento dei prezzi. In questo caso si parla di ***settore a costi crescenti*** (e ci sono diseconomie di scale esterne, come descritto nel Paragrafo 6.3). Tale situazione tende a verificarsi quando la domanda di fattori produttivi da parte delle imprese di un settore costituisce una parte relativamente grande della loro domanda totale. Accade in particolare quando molti dei fattori produttivi sono specifici del settore, per esempio attrezzature specifiche per il processo produttivo di un bene particolare. In questi casi, qualsiasi aumento della domanda generato dai nuovi entranti avrà un impatto significativo sulla domanda totale dei fattori prodittivi e aumenta la probabilità che i loro prezzi salgano.

Settore a costi costanti – curva di offerta di lungo periodo orizzontale. In alcuni settori la maggior parte dei fattori produttivi è molto meno specializzata. Pensate per esempio a un fattore produttivo come l'energia elettrica: la domanda di energia elettrica delle imprese di un particolare settore sarà sempre piccola in rapporto all'economia generale; un aumento di tale domanda a causa dei nuovi entranti difficilmente avrebbe un impatto sul prezzo dell'energia elettrica. Se questo vale per tutti i fattori produttivi usati dalle imprese si parla di ***settore a costi costanti***. Con l'ingresso delle nuove imprese, la curva di costo totale medio delle singole imprese rimane invariata. Un settore a costi costanti avrà una curva di offerta di lungo periodo orizzontale.

Settore a costi decrescenti – curva di offerta di lungo periodo inclinata verso il basso. Un'altra possibilità è che l'aumento di domanda generato dai nuovi entranti nel settore causi una riduzione dei prezzi dei fattori di input. In questo caso si parla di ***settore a costi decrescenti***. Tale situazione tende a verificarsi quando l'aumento di domanda di fattori produttivi consente ai fornitori di sfruttare economie di scala interne. Può anche accadere quando le imprese di un settore condividono infrastrutture di trasporto, di formazione o altre. Queste economie di scala esterne (si veda il Paragrafo 6.3) causano uno spostamento verso il basso delle curve di costo nella Figura 7.6(b). Un settore a costi decrescenti avrà quindi una curva di offerta di lungo periodo inclinata verso il basso.

Incompatibilità fra concorrenza perfetta ed economie di scala significative

Perché nel mondo reale la concorrenza perfetta è così rara (posto che esista)? Un'importante spiegazione risiede nelle economie di scala.

In parecchi settori le imprese devono raggiungere dimensioni considerevoli prima di poter sfruttare il pieno potenziale delle economie di scala. Ma la concorrenza perfetta richiede che in un settore operino *molte* imprese price taker, ciascuna delle quali, pertanto, deve essere di piccole dimensioni, spesso troppo piccole per poter beneficiare delle economie di scala.

Di norma un'impresa abbastanza grande da realizzare economie di scala gode anche di potere di mercato, ed è quindi in grado di battere sul prezzo le imprese più piccole, costringendole a uscire dal settore: questo segna la fine della concorrenza perfetta.

In conclusione, un settore può essere caratterizzato da concorrenza perfetta solo se le economie di scala sono minime o del tutto assenti.

PAROLE CHIAVE

Settore a costi crescenti Un settore in cui i costi medi aumentano con l'ampliarsi del settore steso.

Settore a costi costanti Un settore in cui i costi medi rimangono invariati con l'ampliarsi del settore steso.

Settore a costi decrescenti Un settore in cui i costi medi diminuiscono con l'ampliarsi del settore steso.

BOX 7.2 ANALISI DI CASI E APPLICAZIONI

E-commerce e struttura del mercato

La tecnologia ha spostato il potere di mercato?

A causa dell'incessante tendenza alla continua espansione delle imprese, negli ultimi anni molti mercati sono diventati più concentrati e dominati dai grandi produttori. Tuttavia, questo dominio è indebolito da alcune forze che alimentano la concorrenza nei mercati. Una di queste è l'*e-commerce*.
In questo box esaminiamo l'impatto dell'e-commerce sull'ambiente competitivo e il potere di mercato.

Che cosa intendiamo con e-commerce?

Il termine e-commerce o commercio elettronico indica l'acquisto e la vendita di prodotti attraverso mezzi elettronici, nella maggior parte dei casi su Internet. È cresciuto rapidamente negli ultimi anni e non mostra segni di rallentamento. Il grafico illustrato nella figura mostra l'aumento delle vendite al dettaglio online in rapporto alle vendite al dettaglio complessive nel Regno Unito tra il 2007 e il 2020. Si nota che la quota di vendite via Internet aumenta ogni anno avvicinandosi al periodo natalizio, in cui molte persone acquistano regali online.
Secondo lo studio dell'Unione europea *E-commerce statistics for individuals*,[1] il 63% degli individui di età da 16 a 74 anni nell'Unione europea ha acquistato beni o servizi online per uso privato nei 12 mesi precedenti, con un massimo dell'87% nel Regno Unito e un minimo del 22% in Bulgaria. I prodotti più spesso acquistati online sono abbigliamento e articoli sportivi, viaggi e vacanze. La crescita più rapida nell'uso del commercio elettronico si è avuta tra i giovani dai 16 ai 24 anni di età.

Riportare i mercati alla concorrenza perfetta?

In un articolo pubblicato sull'*Economist*[2] nel 2000 si affermava che "Internet taglia i costi, aumenta la concorrenza e migliora il funzionamento del meccanismo dei prezzi. Quindi avvicina l'economia al modello accademico di concorrenza perfetta, che presuppone abbondanza di informazioni, nessun costo di transazione e nessuna barriera all'ingresso". Per capire se questo è vero, consideriamo le ipotesi del modello di concorrenza perfetta.

Elevato numero di acquirenti e venditori. L'espansione dell'e-commerce ha favorito la creazione di molte nuove imprese, nella maggioranza dei casi di piccole dimensioni e che vendono direttamente ai consumatori attraverso i loro siti web o tramite siti quali eBay o Amazon. Nel 2016 eBay ha registrato circa 160 milioni di acquirenti attivi e 25 milioni di venditori attivi, mentre Amazon circa 310 milioni di clienti attivi e 2 milioni di venditori esterni. Circa il 50% dei prodotti spediti da Amazon sono venduti da imprese esterne.
La diffusione globale di Internet aumenta il numero potenziale di acquirenti e venditori che possono fare affari tra loro. Per esempio, nel 2016 il 32% dei consumatori dell'Unione europea che ha acquistato online lo ha fatto da vendi-

Valore delle vendite al dettaglio su Internet in percentuale sulle vendite al dettaglio totali

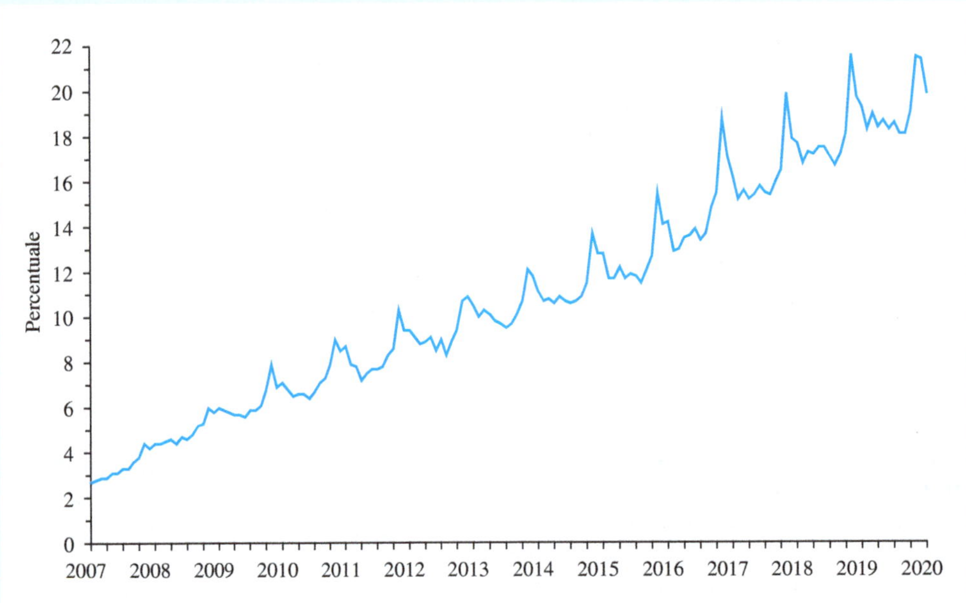

Fonte: basata su serie di dati di J4MC tratte da Time Series Data (National Statistics)

tori di altri stati membri della UE, ma il 20% ha acquistato da venditori al di fuori della UE.

Conoscenza perfetta. Internet ha ridotto in modo significativo alcuni dei costi di transazione legati al mercato. Permette ai consumatori di confrontare i prezzi e altre caratteristiche dei beni di loro interesse utilizzando motori di ricerca come Google Shopping, TrovaPrezzi, NexTag e PriceGrabber. Capita spesso di vedere clienti all'interno di negozi (fisici, in questo caso) che controllano i prezzi dei concorrenti con i loro smartphone. Questo rappresenta una forte pressione di concorrenza per i commercianti.
È interessante notare che sette delle prime 10 imprese di commercio al dettaglio online nel Regno Unito nel 2019 – Argos, Asda, Tesco, Marks & Spencer, John Lewis, Currys PC World, Debenhams – hanno anche negozi fisici. Oggi, per molte imprese, avere successo significa disporre di negozi fisici e anche online.
Anche se la pressione competitiva sembra essere aumentata nell'e-commerce B2C (business-to-consumer), l'impatto potrebbe essere ancora maggiore nell'e-commerce B2B (business-to-business). Molte imprese sono costantemente alla ricerca di fornitori più convenienti e Internet fornisce loro mezzi economici e semplici per condurre tali ricerche.

Libertà d'ingresso. Le internet company sono di norma caratterizzate da costi di avviamento inferiori a quelli delle imprese tradizionali. Di solito operano in sedi più piccole, prive di costi "di vetrina" e con livelli di scorte inferiori; a dire il vero, molte di queste imprese inizialmente vengono gestite da casa o piccoli locali con poco più di un computer e una buona connessione Wi-Fi. Un sito di e-commerce per l'attività si può mettere in piedi in poche ore e anche i costi di marketing possono essere relativamente contenuti, anche grazie alla facilità con cui queste imprese possono essere individuate dai consumatori usando i motori di ricerca.
Le internet company sono spesso più piccole e più specializzate, poiché fanno affidamento sull'"outsourcing" online (acquisto di componenti, attrezzature e altri materiali su Internet) anziché produrre tutto internamente. Queste imprese, inoltre, si servono tendenzialmente di società di trasporto esterne, quindi non devono sostenere elevati costi di distribuzione. Tutto ciò permette alle nuove imprese di avviarsi e iniziare a operare su Internet a costi relativamente bassi.
L'espansione dell'e-commerce rende sempre più sfumata la distinzione fra imprese e consumatori. Con lo sviluppo di piattaforme di mercato online quali eBay e Amazon, un numero crescente di persone può mettersi in affari con estrema facilità. Alcuni vendono gli oggetti che realizzano nel tempo libero, altri si specializzano nella vendita di prodotti sfruttando il potere di marketing di queste piattaforme.
Questi fattori intensificano la concorrenza sui prezzi, ma apportano anche altri benefici: i costi si possono abbassare, perché le imprese risparmiano sulle giacenze, fanno maggiore ricorso all'outsourcing e sviluppano relazioni più efficienti con i fornitori.

I limiti dell'e-commerce

Fra venti anni faremo solo shopping su Internet? Gli unici centri commerciali saranno quelli virtuali? Per quanto l'e-commerce stia rivoluzionando i mercati, scenari come questi sono improbabili.
Lo shopping "dal vivo" offre indubbiamente alcuni vantaggi: si può vedere e toccare l'oggetto prima di acquistarlo. Se lo si acquista, se ne entra subito in possesso, senza attendere. Anche se i tempi di consegna degli acquisti effettuati online si sono abbreviati, non è la stessa cosa.
Inoltre, lo shopping può essere piacevole. A molte persone piace girare fisicamente per negozi, magari con gli amici, provare gli abiti, passare in rassegna libri, gadget elettronici e così via. Il "commercio come terapia" può essere un'attività piacevole e alcuni sono disposti anche a pagare prezzi un po' più alti per poterla svolgere.
Del resto, anziché considerare il commercio tradizionale e online alternativi tra loro, si tende sempre di più a considerarli complementari. Molte persone si recano in un negozio fisico, provano un vestito, o esaminano dei prodotti, poi tornano a casa e li ordinano su Internet. Questo consente loro di spuntare il miglior prezzo e anche di accertarsi meglio delle caratteristiche del prodotto, prima dell'acquisto.
Il grado in cui le persone possono usare l'e-commerce potrebbe essere limitato dalle tecnologie e dalle infrastrutture esistenti. Anche se la qualità dell'accesso a Internet è notevolmente migliorata con il diffondersi della banda larga, l'e-commerce può ancora essere difficoltoso su siti molto trafficati che non sono in grado di gestire un alto numero di utenti.
Alcuni consumatori potrebbero temere che i prodotti acquistati arrivino tardi o non arrivino del tutto. Uno studio del gruppo di consumatori Which[3] ha rilevato che oltre il 50% dei clienti che hanno fatto un acquisto online tra novembre 2018 e gennaio 2019 ha riscontrato problemi con almeno una consegna. Per esempio, il 24% di clienti ha riscontrato una consegna mai avvenuta, mentre il 17% una consegna in ritardo.
Un ultimo fattore che limita la diffusione del commercio elettronico è che spesso richiede di utilizzare una carta di credito o di debito, cosa che non tutti hanno la possibilità di fare, soprattutto i consumatori più giovani o a basso reddito.

Potere di mercato crescente

Secondo alcuni, l'e-commerce stesso potrebbe portare a una limitazione della concorrenza e conferire alle imprese un significativo potere di monopolio. Una maggiore trasparenza dei prezzi potrebbe effettivamente portare a una riduzione della concorrenza. Per esempio, nel mercato tradizionale i venditori possono abbassare i prezzi nella convinzione di poter realizzare più vendite prima della reazione dei concorrenti, ma con la maggiore trasparenza dei prezzi fornita da Internet, i rivali sono in grado di individuare le variazioni di prezzo e di reagire molto più rapidamente. Questo fatto riduce l'incentivo a diminuire i prezzi.

Se le imprese possono monitorare più facilmente le strategie di prezzo dei loro rivali, ciò potrebbe favorire la stipula di accordi per fissare i prezzi. Nel Capitolo 8 sarà discusso in maggiore dettaglio il tema della collusione.
In precedenza si è visto come i costi di marketing per le start-up nel settore e-commerce potrebbero essere inferiori a quelli del commercio tradizionale. Tuttavia, creare un sito web non è sufficiente per avere successo nel business online, occorre che i clienti lo visitino. Le nuove imprese potrebbero avere la necessità di spendere parecchio denaro in attività di marketing per fare conoscere i loro brand e i loro siti. La maggior parte di questa spese potrebbe essere costituita da costi sommersi e quindi andrebbe a costituire una significativa barriera all'entrata. Si potrebbero ridurre i costi per la promozione se il sito del nuovo entrante fosse elencato tra i risultati dei motori di ricerca, tuttavia i clienti tendono a visitare i collegamenti che appaiono ai primi posti tra i risultati, cioè quelli che ottengono un maggior numero di clic, e di solito sono quelli delle imprese più affermate.
Il confronto tra i siti web va ad aumentare la trasparenza, ma può anche portare a un aumento dei prezzi pagati dai consumatori. Molti dei siti comparatori ottengono notevoli profitti applicando una tariffa per ogni cliente che dal comparatore va a visitare il sito di un'impresa; queste spese vanno a sommarsi ai costi e potrebbero portare ad aumenti dei prezzi. Un aspetto importante è l'entità della tariffa applicata dal comparatore. Se i consumatori utilizzano un unico comparatore, questo ottiene un considerevole potere di mercato e può applicare alle imprese tariffe elevate.
Se gli utenti acquisiscono familiarità nell'uso di un particolare sito web, si potrebbero creare dei costi per il passaggio a siti alternativi. Per questo i consumatori tendono a visitare meno i siti rivali e così si riduce la concorrenza.
Potrebbero anche generarsi notevoli economie di scala nella logistica, per esempio immagazzinamento, confezione e consegna dei prodotti ai clienti. Amazon ha investito parecchio nell'automazione dei suoi centri di distribuzione, usando robot Kiva. Questo tipo di investimento di capitale riduce i costi medi dell'impresa soltanto se questa ha grandi volumi di vendite. Nel 2004 il responsabile di Amazon UK affermò che "Uno dei più grandi miti degli anni Novanta era che non vi fossero barriere all'entrata nell'e-commerce".
L'e-commerce è certamente un fenomeno destinato a consolidarsi in tutti i settori. Molte grandi imprese si rendono conto che i loro negozi al dettaglio sono diventati in un certo senso le vetrine delle loro attività online. Sarà interessante vedere se la continua crescita dell'e-commerce porterà a un aumento della concorrenza o del potere di mercato.

---

1 *E-commerce statistics for individuals* (Eurostat, 2019).
2 A thinkers' guide', *The Economist*, 30 marzo 2000.
3 More than half of online shoppers deliveries didn't go to plan last Christmas' Which Press Release (22 dicembre 2019).

Concorrenza perfetta e interesse pubblico

La concorrenza perfetta presenta una serie di caratteristiche vantaggiose per la società.

- CF 8 p107 Il prezzo è uguale al costo marginale. Come vedremo nel Capitolo 12, questo ha importanti IC 3 p13 implicazioni per l'allocazione delle risorse fra prodotti alternativi. Dato che il prezzo è pari all'utilità marginale (vedi Capitolo 4), l'utilità marginale è a sua volta pari al costo marginale. Molti economisti ritengono che questa sia una condizione di *ottimo*.

  Per capire perché, vediamo che cosa accadrebbe se P fosse diverso da C'. Se il prezzo fosse maggiore del costo marginale, i consumatori attribuirebbero alla produzione di unità aggiuntive un valore maggiore ($P = U'$) rispetto al loro costo di produzione (C'); pertanto, le imprese dovrebbero produrre di più. Se il prezzo fosse inferiore al costo marginale, i consumatori attribuirebbero alle unità addizionali un valore inferiore rispetto al loro costo di produzione, e quindi le imprese dovrebbero produrre di meno. Di conseguenza, se $P = C'$, la produzione è al livello ottimale. Come avremo modo di vedere, è solo in concorrenza perfetta che si verifica questa condizione.
- L'equilibrio di lungo periodo si colloca nel punto di minimo della curva *CMLP* dell'impresa; in altre parole, nel lungo periodo l'impresa produrrà, per ogni *data* tecnologia, la quantità di minor costo.
- La concorrenza perfetta è un processo di "selezione naturale": le imprese inefficienti sono costrette a chiudere, dal momento che non riescono a realizzare nemmeno un profitto normale. Pertanto, i produttori sono incentivati a operare nella maniera più efficiente possibile e, quando la situazione lo consente, a investire in nuove, più avanzate tecnologie.
- Poiché nel lungo periodo le imprese producono nel punto di minimo della curva di costo medio e realizzano solo profitti normali, i prezzi sono mantenuti al livello più basso possibile.
- Le imprese, mosse dal desiderio di massimizzare i profitti, reagiscono a ogni variazione dei prezzi indotta da un cambiamento dei gusti dei consumatori. Un aumento della domanda dei consumatori dà luogo a un'espansione dell'offerta, con un incremento dei profitti solo nel breve periodo.

In virtù di questi ultimi due aspetti, si dice che la concorrenza perfetta porta alla ***sovranità dei consumatori***, i quali, attraverso il mercato, determinano cosa e quanto produrre. Secondo questa teoria, le imprese non hanno il potere di manipolare il mercato, né di controllare il prezzo: se vogliono incrementare i profitti possono solo diventare più efficienti, il che va comunque a beneficio dei consumatori.

Possibili svantaggi della concorrenza perfetta

CF 3 p26 IC 4 p13

Tuttavia, persino in condizioni di concorrenza perfetta il libero mercato presenta diversi limiti. Per esempio, non ci sono garanzie che i beni prodotti saranno distribuiti ai membri della società nella proporzione *più equa*; potrebbe dunque sussistere una notevole disparità di reddito (esamineremo questo argomento nel Capitolo 11). Peraltro, una redistribuzione del reddito si tradurrebbe in una diversa struttura dei consumi e quindi della produzione. Così, se si tengono in conto i valori sociali di equità, non vi è certezza che la concorrenza perfetta assicuri la produzione della combinazione ottima di beni e servizi.

Un altro limite è rappresentato dal fatto che la produzione di determinati beni potrebbe causare diversi effetti indesiderati, come l'inquinamento. La concorrenza perfetta non offre alcuna tutela contro questo problema. Per di più, la concorrenza perfetta potrebbe essere meno desiderabile di altre strutture di mercato, come il monopolio.

- Sebbene le imprese in concorrenza perfetta sembrino incentivate a sviluppare nuove tecnologie (al fine di guadagnare profitti supernormali, anche se solo temporaneamente), i profitti normali ottenuti nel lungo periodo potrebbero non essere sufficienti per finanziare le attività di ricerca e sviluppo. Inoltre, dato che in concorrenza perfetta tutti dispongono di informazioni complete, l'investimento in nuovi e più efficienti metodi di produzione potrebbe non essere conveniente, perché i concorrenti non farebbero altro che imitarli.
- I settori perfettamente concorrenziali producono beni indifferenziati, e questa mancanza di varietà potrebbe essere considerata uno svantaggio per i consumatori. Nei regimi di concorrenza monopolistica e di oligopolio si registra spesso una concorrenza agguerrita sulla qualità e il design, che può incentivare le imprese a innovare e migliorare i loro prodotti. Nei settori in concorrenza perfetta questa pressione non esiste.

L'efficienza dei mercati perfetti e i diversi fallimenti del mercato nel mondo reale sono esaminati in maggiore dettaglio nei Capitoli 12–14.

7.3 Il monopolio

Che cos'è un monopolio?

La risposta a questa domanda potrebbe sembrare ovvia: si parla di monopolio quando in un settore opera una sola impresa.

Tuttavia, non sempre un settore con una sola impresa può essere considerato un monopolio; tutto dipende dall'ampiezza della definizione di settore adottata. Per esempio, un'impresa dolciaria potrebbe avere il monopolio su certe barrette al cioccolato, ma non sul cioccolato in generale. Una casa farmaceutica potrebbe avere il monopolio su un certo medicinale, ma in commercio potrebbero esistere molti farmaci alternativi per la cura di una particolare malattia.

In una certa misura, quindi, i confini di un settore sono arbitrari. Per un'impresa è più importante il *potere* di monopolio che può esercitare, il quale, a sua volta, dipende dalla disponibilità di beni sostituti prodotti dai concorrenti. Una società di trasporto ferroviario potrebbe avere il monopolio su una certa tratta tra due città, ma deve affrontare la concorrenza del trasporto su automobili e pullman e, talvolta, aerei.

Barriere all'entrata

Affinché un'impresa possa mantenere la sua posizione di monopolio, l'ingresso di nuove imprese nel settore deve essere ostacolato dalla presenza di ***barriere all'entrata***. Tali barriere esistono anche nel caso dell'oligopolio, ma nel monopolio devono essere sufficientemente elevate da bloccare l'ingresso di nuovi concorrenti. Gli economisti a volte distinguono tra barriere *strutturali* e *strategiche*.

PAROLE CHIAVE

Sovranità dei consumatori Situazione in cui le imprese reagiscono alle variazioni della domanda dei consumatori senza essere in grado, nel lungo periodo, di applicare un prezzo superiore al costo medio.

Barriera all'entrata Qualsiasi fattore che ostacoli o impedisca l'ingresso di nuove imprese in un settore produttivo, riducendo di conseguenza le pressioni concorrenziali sulle imprese esistenti.

- Le barriere strutturali o naturali esistono a causa delle caratteristiche del settore e non sono costruite deliberatamente dalle imprese.
- Le barriere strategiche, invece, sono create dalle imprese per l'unico scopo di ostacolare l'ingresso di nuovi entranti.

In realtà questa distinzione tra barriere strutturali e strategiche è spesso sfumata: le imprese possono infatti sfruttare le caratteristiche tipiche del settore per rafforzare ulteriormente le barriere naturali.

Le barriere all'entrata possono nascere per diversi motivi.

Economie di scala. Se un settore gode di significative economie di scala, potrebbe avere costi di produzione medi, nel lungo periodo, inferiori quando è una sola impresa a realizzare la totalità della produzione del settore. Nella Figura 7.7, D_1 rappresenta la curva di domanda del settore, quella fronteggiata dall'impresa in regime di monopolio, mentre P_{BE} e Q_{BE} rappresentano il prezzo di pareggio e la produzione del settore. Il livello di produzione che massimizza il profitto si troverà al di sotto di questo livello (non mostrato nella figura).

I costi medi di lungo periodo per produrre qualsiasi livello di produzione fino a Q_{BE} sono inferiori se è una sola l'impresa che realizza l'intera produzione del mercato. Lo si può vedere immaginando una situazione in cui le due imprese A e B competono tra loro e condividono il mercato realizzando ciascuna metà della produzione totale: la curva di domanda per ciascuna impresa, sarebbe D_2. Se entrambe le imprese avessero pari accesso alla stessa tecnologia, agli stessi fattori di input a pari prezzo, avrebbero curve di costo medio di lungo periodo identiche, rappresentate da *CMLP*.

Se un'impresa producesse Q_A e l'altra Q_B, la produzione totale del settore sarebbe $Q_A + Q_B$ e il prezzo di mercato sarebbe P_1, dato dal punto *e* sulla curva della domanda di mercato. Entrambe le imprese hanno un costo medio di lungo periodo di $CMLP_1$ per produrre rispettivamente Q_A e Q_B, e ottengono profitti supernormali medi di lungo periodo pari a $b - c$. Invece, se le imprese si fondessero in una sola e la nuova impresa unificata producesse la stessa produzione totale $Q_A + Q_B$, il suo costo medio di lungo periodo sarebbe inferiore: $CMLP_2$ (punto *e*).

Questo è un esempio di ***monopolio naturale***, quando i costi medi di lungo periodo sono inferiori se una sola impresa realizza la produzione dell'intero mercato. In alcuni casi estremi di monopolio naturale, potrebbe essere impossibile per due o più imprese applicare qualsiasi prezzo che consentirebbe di coprire i costi medi di lungo periodo. Sarebbe proprio così nella Figura 7.7 se la curva *CMLP* fosse al di sopra della curva di domanda per le singole imprese (D_2) per la sua intera lunghezza. I monopoli naturali tendono a verificarsi più spesso nei mercati di piccole dimensioni o quando i costi del capitale o infrastrutturali (cioè i costi fissi) sono molto alti.

Per esempio, consideriamo la rete per la fornitura di gas ad abitazioni e locali commerciali. Se due compagnie in concorrenza tra loro costruissero ognuna una propria rete, avrebbero difficoltà a realizzare profitti dato che condividerebbero il bacino di utenza ma dovrebbero sostenere entrambe gli stessi costi per la realizzazione dell'infrastruttura. Un monopolio che fornisse tutti gli utenti avrebbe invece costi medi decisamente inferiori. Un altro esempio di monopolio naturale è quello della fornitura di energia elettrica attraverso la rete nazionale.

Figura 7.7 Monopolio naturale.

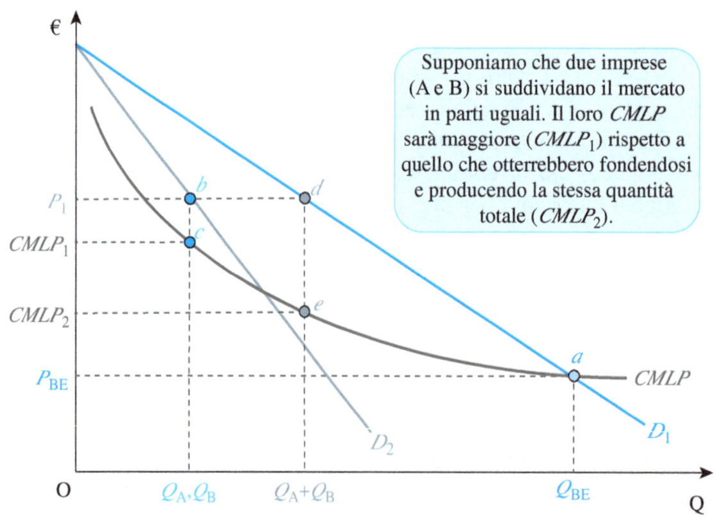

Anche in un settore che non costituisce un monopolio naturale, la presenza di notevoli economie di scala potrebbe fare da barriera all'entrata. Per esempio, un potenziale nuovo entrante potrebbe essere riluttante a entrare nel mercato sapendo che dovrebbe raggiungere elevati volumi di vendita prima di poter competere. Il monopolista beneficia già di economie di scala e può applicare un prezzo inferiore al costo del nuovo concorrente ed estrometterlo dal mercato. Esistono tuttavia circostanze in cui un nuovo entrante potrebbe essere in grado di sopravvivere alla concorrenza, per esempio se si tratta di un'impresa già affermata in un altro settore, come è avvenuto per Virgin Money che è entrata nel mercato bancario inglese nel 2010 con l'acquisto di Church House Trust, e per Amazon che è entrata nel mercato inglese dei supermercati online nel 2016.

Vantaggi di costo assoluti. Se un monopolista ha un vantaggio di costo assoluto, la sua curva di costo medio sarà al di sotto di quella di qualsiasi potenziale nuovo entrante, a qualsiasi livello di produzione. Quali sono i fattori che potrebbero dare tale vantaggio di costo al monopolista?

- *Accesso più favorevole o controllo su fattori produttivi chiave.* In alcuni mercati il monopolista potrebbe avere la possibilità di accedere a importanti fattori produttivi con condizioni più favorevoli per un certo periodo di tempo. Per esempio, se vi fosse un fornitore che fornisse un fattore produttivo di qualità molto maggiore agli altri, il monopolista potrebbe sottoscrivere un contratto esclusivo di lungo periodo con tale impresa, o addirittura acquisire l'impresa stessa. Per esempio, nel 2012 Amazon acquistò Kiva Systems, all'epoca fornitore leader di robotica per molti gestori di magazzini e rivenditori. Dopo l'acquisizione, Kiva fornì soltanto Amazon e divenne Amazon Robotics nel 2015. In casi più estremi il monopolista potrebbe essere in grado di acquisire il controllo completo se vi è un unico fornitore di un fattore produttivo. Per molti anni De Beers ha posseduto sia la maggioranza delle miniere di diamanti del mondo, sia i più importanti sistemi di distribuzione.
- *Tecnologia superiore.* Il monopolista potebbe avere accesso a tecnologia superiore, difficilmente riproducibile o imitabile da parte delle imprese rivali. Per molti anni l'algoritmo di classificazione dei risultati delle ricerche di Google ha consentito all'impresa di generare pagine di risultati che molte persone hanno trovato più utili di quelle dei rivali.
- *Metodi di produzione più efficienti.* Grazie alla consolidata esperienza nella gestione dell'attività, un monopolista affermato potrebbe aver appreso i modi più efficienti di organizzare la produzione dei suoi prodotti o servizi. Queste conoscenze sono per la gran parte riservate, sono state sviluppate e raffinate tramite un processo di tentativi ed errori e non è possibile scriverle in modo che risulti facilmente comprensibile per altri. Il nuovo entrante dovrebbe percorrere la stessa esperienza di apprendimento di diversi anni prima di poter operare sulle stesse curve di costo del monopolista.
- *Economie di scopo.* Un'impresa che produce una varietà di prodotti tenderà ad avere un costo medio di produzione inferiore. Per esempio, una grande società farmaceutica che prodice vari tipi di farmaci e articoli di bellezza può usare sistemi condivisi di ricerca, marketing, immagazzinamento e trasporto per tutti i suoi prodotti. Questi costi inferiori renderebbero più difficile l'ingresso sul mercato di un singolo prodotto nuovo, dato che l'impresa più grande potrebbe tagliare i suoi prezzi per spingere il concorrente fuori dal mercato.

CF 1 p11 **Costi di passaggio ad altro fornitore per i consumatori.** A volte, se i clienti stanno riflettendo sull'acquistare o meno un prodotto da un'impresa diversa, poterbbero decidere di non farlo a causa dei costi aggiuntivi dell'operazione. Questi costi si chiamano ***costi di passaggio ad altro fornitore*** (*switching cost*); di seguito ne riportiamo alcuni esempi.

- *Costi di ricerca.* Quanto è facile per il consumatore trovare e confrontare prezzi e qualità di beni o servizi offerti da fornitori alternativi? Più tempo e fatica serve, maggiori sono i costi di passaggio ad altro fornitore. Alcune imprese sono state accusate di ostacolare deliberatamente i confronti. Per esempio, un report sul mercato bancario realizzato dalla Competition and Market Authority nel 2016[1] ha trovato

PAROLE CHIAVE

Monopolio naturale Situazione in cui i costi medi di lungo periodo in regime di monopolio sono inferiori a quelli che si avrebbero in presenza di due o più concorrenti.

Costi di passaggio ad altro fornitore Costi che i consumatori devono sostenere per passare a un fornitore alternativo.

1 *Retail Banking Market Investigation: Final Report*, Competition and Markets Authority (9/8/16), cfr. section 14.

bassi tassi di passaggio ad altro fornitore tra clienti attuali, perché risultava quasi impossibile confrontare i "prezzi", in questo caso costituiti da una combinazione di spese fisse, costi delle operazioni e interessi applicati.

- *Costi contrattuali.* In alcuni mercati, come quelli dell'energia, della telefonia cellulare e della banda larga, i clienti devono firmare contratti dove è specificato l'obbligo di acquistare un bene o servizio dallo stesso fornitore per un certo periodo di tempo. Se il cliente vuole passare ad altro fornitore prima del termine fissato nel contratto, deve pagare una prefissata penale. Alcune imprese forniscono incentivi per acquisti ripetuti: carte fedeltà, programmi di volo frequent flyer e così via.
- *Costi di apprendimento.* Questi costi possono presentarsi se il cliente investe tempo e fatica per apprendere l'utilizzo di un prodotto o servizio. I costi di passaggio ad altro fornitore aumentano perché le conoscenze richieste sono sempre più specifiche del brand/prodotto fornito da una particolare impresa. Per esempio, un consumatore potrebbe aver speso parecchio tempo per imparare a usare applicazioni che operano sul sistema operativo iOS su un iPhone® e perciò essere restii a passare a uno smartphone che utilizza il sistema operativo Android di Google.
- IC 11 p68 *Costi per l'incertezza sul prodotto.* A volte i consumatori devono acquistare il prodotto e usarlo per un certo tempo prima di riuscire ad apprezzarne tutte le qualità e il loro livello di soddisfazione. Questo fatto potrebbe renderli riluttanti a cambiare fornitore, una volta che hanno trovato e sperimentato un particolare brand o prodotto di loro gradimento.
- *Costi di compatibilità.* Alcuni prodotti contengono in sé due elementi: uno è più durevole, mentre l'altro va sostituito regolarmente. Una volta che i clienti hanno acquistato l'elemento più durevole da un fornitore, sono "vincolati" ad acquistare la parte non durevole dallo stesso fornitore, per motivi di compatibilità. Questo accade per esempio con i rasoi manuali e le lame corrispondenti, con le macchine da caffè e le capsule, con le stampanti e le cartucce di inchiostro.

Alcuni beni o servizi hanno costi di passaggio ad altro fornitore molto alti a causa delle ***esternalità di rete***, che si verificano quando la valutazione di un bene da parte dei consumatori è influenzata dal numero di altre persone che utilizzano lo stesso prodotto. Per esempio, i benefici di avere un telefono mobile aumentano con all'aumentare del numero di altre persone che ne hanno uno. In alcuni casi, la valutazione di un consumatore dipende dal livello di utilizzo di un particolare brand da parte di altre persone. Per uno specifico social network, come Facebook, il successo dipende dal numero di persone che lo utilizzano. Acquirenti e venditori sono disponibili a pagare tariffe più alte per usare Amazon ed eBay come piattaforme di mercato online perché ci sono tantissime altre persone che utilizzano la stessa piattaforma.

Quando un bene o servizio presenta significative esternalità di rete, ostacola l'ingresso di nuovi entranti nel mercato. Anche se un'impresa produce una versione molto migliore e/o meno costosa di un prodotto, è difficile convincere le persone a cambiare fornitore perché non vogliono rinunciare ai benefici di rete prodotti dal loro fornitore attuale. Altri esempi di prodotti con esternalità di rete sono Microsoft Windows, Adobe Acrobat (per i file PDF) e le linee aeree che operano sull'interconnessione di rotte.

Differenziazione del prodotto e fedeltà alla marca. Se un'impresa produce un bene chiaramente differenziato e il consumatore associa il prodotto alla marca, sarà piuttosto difficile per una nuova impresa fare breccia in quel mercato.

Nel 1908 James Spengler inventò e brevettò l'aspirapolvere elettrico. Nello stesso anno, poi, vendette il brevetto al marito di sua cugina, William Hoover, che ne avviò la produzione di massa. Vari decenni dopo la perdita del monopolio legale (parliamo più avanti di questo tema), la gente associa ancora gli aspirapolvere al nome Hoover, anche se non mancano altre marche importanti come Dyson. Quando si parla di ricerche su Internet, spesso le persone dicono "googlare" dal nome del brand del più noto motore di ricerca.

Tra gli altri esempi di marche dall'immagine forte si possono citare Guinness, Kellogg's, Cornflakes, Coca-Cola, Nescafé e Sellotape. Nella maggior parte dei casi una forte presenza della marca non è sufficiente a *bloccare* l'ingresso nel settore, ma potrebbe essere utile allo scopo di rafforzare altre barriere.

Accesso più favorevole o completo controllo dei clienti. Se un'impresa riesce a ottenere un accesso più favorevole o il pieno controllo dei principali punti vendita di un prodotto, potrebbe impedire ai potenziali concorrenti di avere accesso ai consumatori. Per esempio, circa il 50% dei pub nel Regno Unito opera attraverso un modello di contratto denominato *tied lease*, let-

PAROLE CHIAVE

Esternalità di rete Benefici derivanti ai consumatori dall'esistenza di una rete di altre persone che utilizzano lo stesso prodotto o servizio.

teralmente "locazione vincolata", che in sostanza prevede un contratto di fornitura in esclusiva per cui i gestori dei pub devono acquistare quasi tutte le bevande dalla società (per esempio Enterprise Inns, Punch Taverns e J.D. Wetherspoon) che possiede il pub.

Tutela legale. La posizione di monopolio di un'impresa potrebbe essere tutelata da brevetti sui processi di produzione cruciali, da copyright, da diverse forme di licenza (che potrebbero consentire a un'unica impresa di operare in una particolare area), da dazi (tariffe doganali) e da altre restrizioni commerciali volte a estromettere i concorrenti esteri. Fra gli esempi di monopoli protetti da brevetti si annoverano la maggior parte dei nuovi farmaci sviluppati dalle case farmaceutiche, i sistemi operativi Windows di Microsoft, le diverse varietà di piante geneticamente modificate e di pesticidi sviluppate da multinazionali come Monsanto.

Fusioni e acquisizioni. Il monopolista può fare un'offerta pubblica di acquisto per le nuove imprese che entrano nel settore. La sola minaccia di un'acquisizione potrebbe scoraggiare nuovi ingressi nel mercato.

Tattiche aggressive. Un monopolista consolidato potrebbe essere in grado di operare in perdita per un periodo più lungo rispetto a un nuovo entrante. In tal modo potrebbe scatenare una guerra dei prezzi, lanciare massicce campagne pubblicitarie, offrire un allettante servizio post-vendita, introdurre nuove marche per competere con i nuovi entranti, e così via.

Intimidazione. Il monopolista può ricorrere a diverse forme di minaccia, legali o illegali, per estromettere dal mercato i nuovi entranti.

Prezzo e produzione di equilibrio

Dal momento che, per definizione, un monopolio è costituito da una sola impresa, la curva di domanda fronteggiata da quest'ultima coincide con quella del settore.

Rispetto ad altre strutture di mercato, la domanda in condizioni di monopolio è relativamente anelastica al prezzo: il monopolista può alzare il prezzo e i consumatori non hanno imprese alternative a cui rivolgersi, quindi possono solo pagare il prezzo più elevato o rinunciare al consumo del bene.

A differenza dell'impresa che opera in concorrenza perfetta, il monopolista è "price maker", cioè può scegliere il prezzo da applicare. Ciò nondimeno, è sempre vincolato dalla curva di domanda, quindi un aumento del prezzo provocherà una diminuzione della quantità domandata. Non bisogna cadere nell'equivoco di credere che un monopolista possa controllare al contempo il prezzo e la produzione.

Come le imprese in altre strutture di mercato, un monopolista massimizza il profitto scegliendo la quantità che permette di soddisfare l'uguaglianza $R' = C'$. Nella Figura 7.8 il profitto viene massimizzato in Q_m. Il profitto supernormale ottenuto dal monopolista è illustrato dall'area colorata.

Questo profitto è tendenzialmente tanto maggiore quanto meno elastica è la curva di domanda (e, quindi, quanto più ripida è la curva R'), e, di conseguenza, quanto più ampio è il differenziale fra R' e prezzo (RM). L'elasticità della domanda dipende dalla disponibilità di sostituti abbastanza prossimi in *altri* settori. La domanda di un servizio ferroviario è di norma molto meno elastica (e il potenziale di profitto maggiore) se non esiste un servizio di autobus che copre le stesse tratte.

Dal momento che esistono barriere all'entrata, nel lungo periodo i profitti supernormali non vengono annullati dall'ingresso di nuove imprese. La sola differenza fra l'equilibrio di breve periodo e l'equilibrio di lungo periodo, pertanto, è che nel lungo periodo l'impresa produrrà la quantità che soddisfa l'uguaglianza $R' = C'$ *di lungo periodo*.

Fissazione del prezzo limite

Se le barriere all'entrata non sono insormontabili, e se il monopolista registra profitti supernormali molto elevati, nel lungo periodo si rischia l'ingresso di potenziali concorrenti nel settore. In simili casi, il monopolista potrebbe tenere basso il prezzo, limitando deliberatamente l'ammontare del profitto nel breve periodo in modo da non attrarre nuove imprese. Questa pratica prende il nome di ***fissazione del prezzo limite***.

Figura 7.8 Massimizzazione del profitto in monopolio.

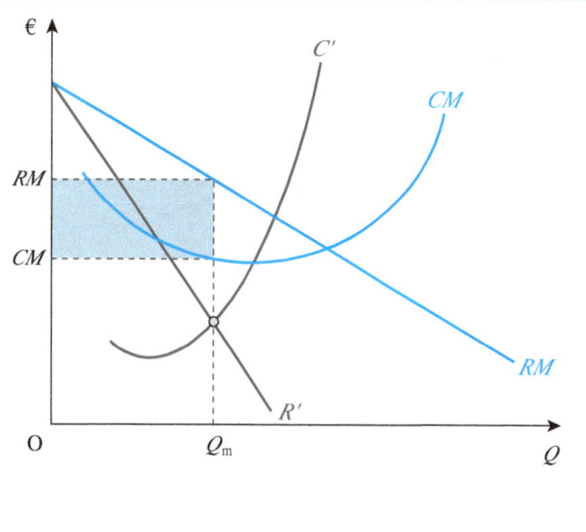

*IN TERMINI MATEMATICI

Dalla Figura 7.8 notiamo che, quanto minore è l'elasticità della domanda in corrispondenza del livello di produzione che soddisfa l'uguaglianza $C' = R'$, tanto maggiore è la distanza fra *RM* e R', e di conseguenza tanto maggiore è la differenza tra R' e il prezzo. La relazione fra prezzo, R' (o C') ed elasticità della domanda al prezzo ($P\epsilon_D$) è data dalla seguente formula:

$$P = \frac{R'}{1 + (1/P\varepsilon_D)}$$

Così, se $R' = C' = €12$ e $P\epsilon_D = -4$, il prezzo di massimizzazione del profitto è pari a:

$$\frac{€12}{1 + (1/-4)} = \frac{€12}{1 - 1/4} = \frac{€12}{0{,}75} = €16$$

Esaminando la formula si nota che, quanto minore è l'elasticità, tanto maggiore è il prezzo relativamente a R' (o C').[1]

1 Questa formula è valida solo se la domanda è elastica, come deve essere affinché R' sia positivo (condizione che è soddisfatta perché C' deve essere positivo a sua volta).

Nella Figura 7.9 sono tracciate tre curve di costo medio: una relativa al monopolista (impresa M), una per un potenziale entrante (impresa A) e una per un altro potenziale entrante (impresa B). Si assume che il monopolista abbia un vantaggio di costo assoluto su entrambe le potenziali entranti (per esempio grazie a un accesso più favorevole ai fattori produttivi), per cui la sua curva *CM* giaccia al di sotto delle altre su tutti i livelli di produzione. Per competere efficacemente con il monopolista, qualunque impresa nuova entrante deve applicare un prezzo uguale o più basso (assumendo che non vi sia differenziazione di prodotto).

La posizione di massimizzazione del profitto di breve periodo per il monopolista corrisponde a produrre nel punto in cui $C' = R'$, il punto *a* nella Figura 7.9, dove l'impresa produrrà Q_1 e applicherà un prezzo P_1. Se il monopolista deve affrontare la potenziale concorrenza di un nuovo entrante come l'impresa A, può modificare il prezzo senza timore che questa entri, infatti i costi medi dell'impresa A sono superiori al prezzo di massimizzazione del profitto e perciò non sarebbe redditizio per l'impresa A entrare nel mercato a quel prezzo o a uno inferiore. Le barriere all'entrata per l'impresa A sono totali.

Invece, se un potenziale nuovo entrante come l'impresa B ha costi medi inferiori a P_1, potrebbe realizzare profitti supernormali entrando nel mercato a quel prezzo. In tal caso, è nell'interesse del monopolista applicare il pezzo inferiore P_L, e produrre Q_2, per ostacolare l'ingresso all'impresa B. Al prezzo P_L, l'impresa B potrebbe al più realizzare profitti normali producendo Q_3 (punto *b*). Tuttavia, se entrasse nel mercato e il monopolista continuasse a produrre Q_2, il prezzo di mercato scenderebbe al di sotto di P_L e il nuovo entrante sarebbe in perdita su tutti i livelli di produzione. Quindi P_L può essere consierato come *prezzo limite*, una soglia al di sotto

PAROLE CHIAVE

Fissazione del prezzo limite Pratica adottata da un monopolista (o oligopolista) che fissa un prezzo inferiore al livello che massimizza il profitto nel breve periodo, con l'obiettivo di scoraggiare l'ingresso di nuove imprese nel mercato.

Figura 7.9 Fissazione del prezzo limite.

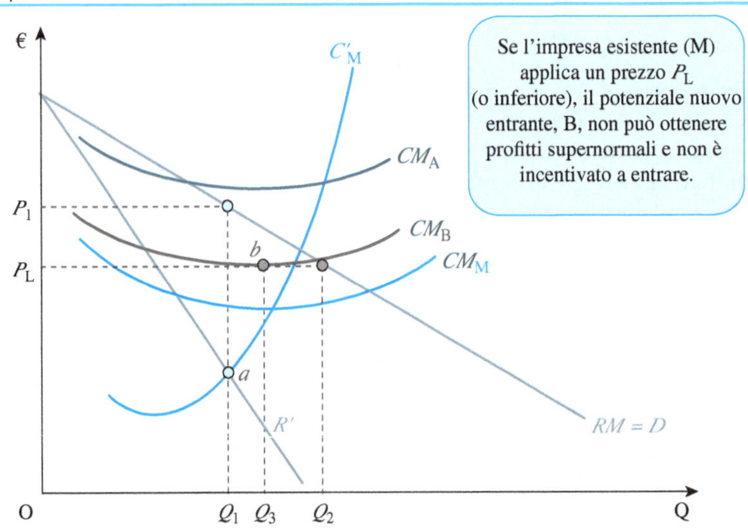

della quale non sarebbe attraente per i potenziali nuovi entranti fare il loro ingresso nel mrecato.

P_L potrebbe essere minore del prezzo che massimizza il profitto del monopolista nel breve periodo, ma potrebbe essere conveniente per il monopolista limitare comunque il prezzo a P_L per proteggere i suoi profitti di lungo periodo dalla concorrenza.

Il timore di un intervento pubblico volto a tenere a freno le pratiche monopolistiche potrebbe avere un analogo effetto restrittivo sul prezzo che viene applicato dal monopolista.

Monopolio e interesse pubblico

Gli svantaggi del monopolio

CF 3 p26 Ci sono diverse ragioni per le quali i monopoli possono andare contro l'interesse pubblico, tanto che, come vedremo nel Capitolo 14, sono state promulgate diverse leggi per regolamentare il potere e/o la condotta dei monopolisti.

Prezzo più elevato e produzione più bassa che in concorrenza perfetta (breve periodo). La Figura 7.10 mette a confronto l'equilibrio di breve periodo in un monopolio con quello in concorrenza perfetta. Il monopolista produce Q_1 al prezzo P_1, dove $C' = R'$.

IC 22 p192 Se lo stesso settore operasse in concorrenza perfetta, invece, l'equilibrio si troverebbe nel punto in cui l'offerta del settore è pari alla domanda. In questo caso, le imprese produrrebbero Q_2 al prezzo P_2; in altre parole, si otterrebbero una produzione maggiore e un prezzo inferiore rispetto al monopolio (come ricorderete, nel Paragrafo 7.2 abbiamo dimostrato che, in concorrenza perfetta, la curva di offerta dell'impresa corrisponde alla sua curva C', e quindi che la curva di offerta del settore coincide con la curva *C' del settore*, la stessa illustrata nella Figura 7.10).

Questa analisi si basa sull'ipotesi che il settore sia caratterizzato dalle *stesse* curve *CM* e C', tanto in concorrenza perfetta quanto in monopolio. Supponiamo, per esempio, che alcuni coltivatori di patate operino inizialmente in concorrenza perfetta. Nella Figura 7.10 il prezzo di mercato è P_2. Successivamente, gli agricoltori si rivolgono a un grossista di patate, che acquista tutta la loro produzione e diventa un monopolista, applicando il prezzo P_1. Dal momento che nel mercato operano sempre gli stessi agricoltori, è improbabile che i costi siano variati in maniera consistente. Tuttavia, come vedremo di seguito, anche se – in regime di monopolio – un settore fosse caratterizzato da curve *CM* e *C' più basse* rispetto a quelle della concorrenza perfetta, probabilmente il monopolista applicherebbe comunque un prezzo più elevato e produrrebbe una quantità inferiore.

Figura 7.10 Equilibrio in un settore in concorrenza perfetta e in un monopolio con identiche curve C'.

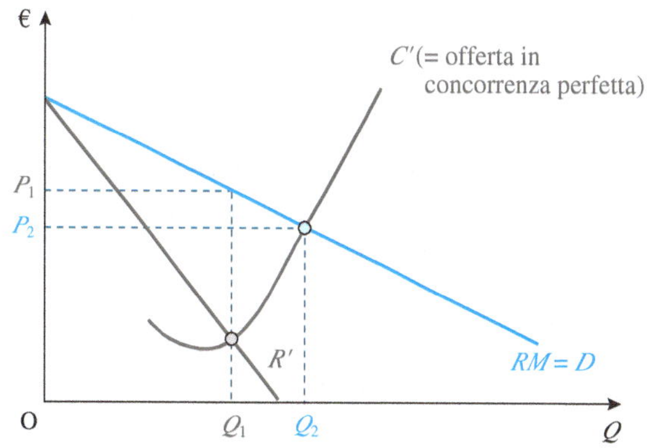

Quando abbiamo esaminato i vantaggi della concorrenza perfetta, abbiamo visto che la quantità corrispondente alla condizione $P = C'$ poteva essere considerata il livello di produzione *ottimo*. Chiaramente, se un monopolista produce al di sotto di questo livello (per esempio in corrispondenza di Q_1 nella Figura 7.10, dove $P > C'$), si può affermare che la quantità prodotta sia inferiore al livello ottimale; infatti, i consumatori sarebbero disposti a pagare un prezzo superiore al costo di produzione per ogni unità addizionale di prodotto.

Prezzo più elevato e produzione più bassa che in concorrenza perfetta (lungo periodo). In concorrenza perfetta, la libertà di ingresso nel settore annulla i profitti supernormali e costringe le imprese a produrre in corrispondenza del punto di minimo della curva *CMLP*. Questo fa sì che, sul lungo periodo, i prezzi restino bassi. Al contrario, in regime di monopolio le barriere consentono al monopolista di realizzare profitti supernormali anche nel lungo periodo. Il monopolista non è costretto a operare nel punto di minimo della curva *CM*, pertanto – a parità di altre condizioni – nel lungo periodo tende a produrre una quantità inferiore a prezzi più elevati.

Curve di costo potenzialmente più elevate per la mancanza di concorrenza. Per sopravvivere nel lungo periodo in condizioni di concorrenza perfetta, un'impresa deve necessariamente utilizzare le tecniche di produzione più efficienti e, laddove possibile, svilupparne di nuove. Il monopolista, invece, protetto dalle barriere all'entrata, è in grado di realizzare lauti profitti pur non impiegando le tecniche di produzione migliori; pertanto, ha meno incentivi a essere efficiente.

D'altro canto, se è in grado di abbassare i costi impiegando e sviluppando tecniche più efficienti, il monopolista può guadagnare ulteriori profitti supernormali, che non saranno annullati dalla concorrenza di nuovi entranti.

IC 4 p13 **Distribuzione impari del reddito.** Il fatto che i monopolisti registrino profitti così elevati potrebbe essere considerato ingiusto dalle imprese che operano in settori concorrenziali, o da chiunque abbia un reddito basso. La portata di questo problema dipende ovviamente dalla dimensione del monopolio e dal suo potere di mercato: i profitti di monopolio guadagnati dall'unico negozio di un paesino di campagna potrebbero essere considerati poca cosa rispetto a quelli di un colosso nazionale o internazionale.

CF 5 p46 Oltre a questi problemi, i monopoli potrebbero non essere incentivati a introdurre nuove varietà di prodotti, e quelli particolarmente grandi potrebbero riuscire a esercitare pressioni politiche e a ottenere trattamenti di favore dai governi.

Vantaggi del monopolio

Nonostante le argomentazioni appena esposte, i monopoli presentano anche alcuni vantaggi.

Economie di scala. Un monopolio può realizzare sostanziali economie di scala grazie a impianti più grandi, a un'amministrazione centralizzata e all'eliminazione di duplicazioni inutili (per esempio, un monopolio nella fornitura idrica elimina la necessità di costruire diverse reti di tubature sotterranee). Se, in virtù delle economie di scala, la curva C' del monopolista è nettamente più bassa di quella che si avrebbe in concorrenza perfetta, l'impresa produce una quantità *maggiore* a un prezzo *inferiore*.

Nella Figura 7.11 il monopolista produce Q_1 al prezzo P_1, mentre il settore in concorrenza perfetta produce Q_2 al più elevato prezzo P_2.

Notate che questo risultato si ottiene solo se la curva C' del monopolista giace al di sotto del punto x nella Figura 7.11. Inoltre, abbiamo visto che la concorrenza perfetta è incompatibile con l'esistenza di significative economie di scala all'interno di un settore; quindi, confrontare un monopolio con una situazione alternativa che non può verificarsi nella realtà è pura speculazione. Perdipiù, se il monopolista dovesse seguire la regola osservata dalle imprese perfettamente concorrenziali, producendo dove $P = C'$, dovrebbe applicare un prezzo ancor più basso (P_3) e produrre a una quantità persino superiore (Q_3).

Figura 7.11 Equilibrio in un settore in concorrenza perfetta e in un monopolio con diverse curve C'.

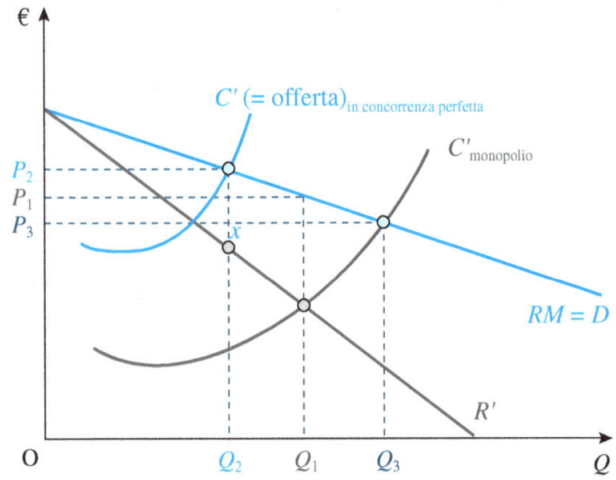

IC 3 p13 **Curve di costo potenzialmente più basse in ragione di una maggiore attività di ricerca e sviluppo e di maggiori investimenti.** Sebbene la sopravvivenza del monopolista non dipenda dal trovare metodi di produzione sempre più efficienti, questi può destinare parte dei profitti supernormali all'attività di ricerca e sviluppo e agli investimenti. Così, le sue possibilità di diventare efficiente sono maggiori rispetto a quelle di una piccola impresa con fondi limitati.

IC 3 p13 **Competizione per il controllo societario.** Sebbene un monopolio non fronteggi alcuna concorrenza nel mercato dei beni, potrebbe confrontarsi con un'altra forma di concorrenza nei mercati finanziari. Un monopolio potenzialmente caratterizzato da costi bassi che viene gestito in maniera inefficiente potrebbe essere oggetto di un'offerta di acquisto da parte di un'altra impresa. Questa ***competizione per il controllo societario*** potrebbe quindi costringere il monopolista a essere efficiente per evitare di essere acquisito.

CF 5 p46 IC 10 p65 **Innovazione e nuovi prodotti.** La prospettiva di profitti supernormali, magari tutelati da brevetti, potrebbe incoraggiare lo sviluppo di nuovi settori (monopolistici) che producono nuovi prodotti.

PAROLE CHIAVE

Competizione per il controllo societario
Competizione per il controllo delle imprese attraverso le acquisizioni.

BOX 7.3 **ANALISI DI CASI E APPLICAZIONI**

Google: un monopolio che abusa del suo potere di mercato?

I primi anni dei motori di ricerca e l'avvento di Google

Google si trova in una posizione dominante nel settore dei motori di ricerca su Internet, di cui a gennaio 2020 deteneva una quota dell'83,75%, oltre a una quota del 95,65% del settore dei motori di ricerca per sistemi mobili.

Tuttavia, non è sempre stato così. Negli anni della nascita, nel 1997, Google era un nuovo entrante che doveva combattere con altre imprese già affermate che dominavano un mercato dinamico e in crescita.

Nel 1994, Lycos e Webcrawler furono le prime imprese a introdurre i moderni motori di ricerca, in cui un utente poteva inserire dei termini da cercare e ottenere un elenco di risultati.

AltaVista entrò nel mercato nel 1995 e presto assunse la posizione dominante, poiché forniva un elenco di risultati che gli utenti ritenevano più utile rispetto algi altri. Verso la fine del 1997 questo motore di ricerca riceveva 80 milioni di clic al giorno ed era il solo fornitore di servizi di ricerca per Yahoo.

Altre imprese quali Inktomi e HotBot riuscirono a entrare nel mercato, ma verso la fine del secolo Google iniziò la sua ascesa: la sua quota di mercato aumentò da meno del 5% all'inizio del 2000 fino a oltre il 50% nel 2003, e nel 2007 Google raggiunse la posizione dominante che mantiene ancora oggi.

Pare che Google abbia raggiunto una posizione dominante utilizzando una tecnologia di ricerca superiore. A parere di molti il suo successo iniziale si deve al fatto che gli utenti ritenevano i suoi risultati molto più utili di quelli forniti dai suoi concorrenti. E sono ormai più di 15 anni che Google mantiene la sua posizione dominante.

Le barriere all'entrata di Google

Vi sono prove che Google abbia intrapreso attività il cui unico scopo fosse quello di ostacolare o limitare la concorrenza? Ha creato barriere strategiche all'entrata? Alcuni costi di passaggio ad altro fornitore esistono a causa delle *esternalità di rete*. Con l'aumento delle persone che usano lo stesso motore di ricerca, l'impresa che lo gestisce può raccogliere sempre più dati sulle ricerche effettuate dagli utenti, e queste informazioni sono utili per migliorare l'elenco dei risultati forniti; per un nuovo entrante risulta quindi più difficile competere avendo una base di utenza molto più ridotta. Questo è un esempio di barriera all'entrata strutturale, perché dovuta alle caratteristiche intrinseche del settore. Tuttavia, l'entità di queste esternalità di rete è minore rispetto ad altri settori digitali quali i social media e i software di office automation.

Altri costi di passaggio ad altro fornitore appaiono trascurabili. È possibile utilizzare motori di ricerca diversi indipendentemente dal dispositivo (fisso o mobile), dal sistema operativo o dal browser in uso. Il servizio è gratuito per cui non vi sono costi di tipo contrattuale. I costi delle ricerche sono minimi: un motore di ricerca può essere usato per trovare i suoi rivali. Anche i costi di apprendimento sono minimi: i clienti possono infatti abituarsi rapidamente agli elenchi di risultati forniti da un motore di ricerca diverso.

Non pare che Google tenda a "vincolare" i suoi utenti, cioè ad aumentare strategicamente i costi di passaggio ad altro fornitore fino al punto da impedire ai suoi utenti di passare a un altro motore di ricerca che troverebbero più utile. Se Google introducesse un piccolo costo per i suoi servizi di ricerca, la maggior parte dei suoi utenti probabilmente passerebbe alla concorrenza.

L'inchiesta dell'Unione europea

Tuttavia, dopo un'inchiesta iniziata nel 2010, a luglio 2016 la Commissione europea inviò a Google una "comunicazione di addebiti supplementare".[1] Uno degli addebiti riguardava il modo in cui la pagina di ricerca generale visualizza i risultati di una ricerca. La Commissione europea accusò Google di usare la sua posizione dominante nel settore dei motori di ricerca per sopprimere la concorrenza in un altro mercato dove affrontava una concorrenza molto più agguerrita: quello dei siti comparatori per il commercio elettronico.

I siti comparatori raccolgono informazioni sui prodotti da una serie di venditori online e li visualizzano in una singola pagina di risultati a seguito di una ricerca effettuata da un consumatore.

La Commissione europea sostenne che Google aveva sistematicamente favorito il proprio servizio comparatore, Google Shopping. Tale servizio appare in modo molto evidente con un riquadro contenente immagini e link in cima alla pagina dei risultati. Per questo Google fu accusata di impedire ai consumatori di vedere altri siti comparatori.

La Commissione europea osservò che Google Shopping era cresciuto molto rapidamente dopo le modifiche apportate alle pagine con i risultati di ricerca, e sostenne che tali modifiche avevano significativamente indebolito i concorrenti nel mercato dei comparatori, facendo da deterrente verso potenziali nuovi entranti.

Google rispose agli addebiti sostenendo che motori di ricerca generici, siti comparatori, siti di fornitori e piattaforme di mercato quali Amazon ed eBay sono tutti in concorrenza tra loro e fanno parte dello stesso mercato, facendo riferimento a studi che negli USA avevano trovato che solo il 28% dei clienti iniziano l'attività di shopping con un motore di ricerca, mentre il 55% va direttamente su Amazon e il 16% va direttamente al sito web del singolo fornitore.

Nel suo report, la Commissione europea sostenne che si trattava di mercati *separati*, dato che società come Amazon pagano i siti comparatori in caso di rimandi al sito. La risposta di Google fu che per le imprese è perfettamente possibile farsi concorrenza e cooperare allo stesso tempo.

A giugno 2017 la Commissione europea comminò a Google una multa di 2,4 miliardi di euro per abuso di posizione dominante e diede alla società 90 giorni di tempo per modificare le pagine delle ricerche.

Google reagì gestendo Google Shopping come business unit separata in Europa e introducendo un sistema di aste dove altri siti comparatori potevano partecipare con offerte per inserire annunci pubblicitari accanto a quelli di Google Shopping. Inoltre presentò appello contro la decisione della Comunità europea.

Sarà interessante vedere gli sviluppi di questa battaglia legale negli anni a venire.

1 "Antitrust: Commission takes further steps in investigations alleging Google's comparison shopping and advertising-related practices breach EU rules", Commissione europea, comunicato stampa, 14 luglio 2016.

Monopolio e discriminazione dei prezzi

Un'ulteriore caratteristica del monopolio è che consente alle imprese di discriminare il prezzo, vale a dire di applicare prezzi diversi o a tutti i consumatori o a diversi gruppi di consumatori, in modo da incrementare ulteriormente i profitti.

Per attuare la discriminazione dei prezzi, le imprese devono detenere un potere di monopolio, per quanto non necessariamente completo.

Esamineremo in maggior dettaglio la discriminazione dei prezzi nel Paragrafo 8.4.

7.4 La teoria dei mercati contendibili

Concorrenza potenziale o monopolio?

Negli ultimi decenni gli economisti hanno sviluppato la teoria dei mercati contendibili, secondo la quale ai fini della determinazione del prezzo e della produzione non è importante che un settore sia *effettivamente* monopolistico o concorrenziale, ma che vi sia una concreta *minaccia* di concorrenza.

Se un monopolio è protetto da elevate barriere all'entrata (per esempio, se possiede tutte le materie prime fondamentali), il monopolista può guadagnare profitti supernormali senza temere la concorrenza. Tuttavia, se un'altra impresa *potesse* acquisire tutti i suoi clienti senza troppe difficoltà, il monopolista agirebbe piuttosto come un'impresa concorrenziale. La minaccia della concorrenza ha dunque un effetto analogo a quello della concorrenza reale.

Consideriamo, per esempio, una società di catering a cui un'università ha commissionato la gestione dei suoi bar e punti di ristoro: la società detiene il monopolio sulla fornitura di pasti agli studenti assumendo che non vi siano altri luoghi per mangiare nelle vicinanze. Se, tuttavia, il catering comincia ad applicare prezzi elevati o a fornire un servizio di scarsa qualità, l'università potrebbe appaltare la gestione dei bar a una concorrente: questa minaccia potrebbe indurre la prima società di catering ad applicare prezzi "ragionevoli" e a offrire un servizio di prim'ordine.

I mercati perfettamente contendibili

Un mercato è ***perfettamente contendibile*** se (a) i costi di ingresso e di uscita per i potenziali concorrenti sono nulli e (b) se l'ingresso può avvenire molto rapidamente, prima che il monopolista possa reagire. In simili circostanze, nel momento in cui diventa possibile guadagnare profitti supernormali, nuove imprese entrano nel settore applicando prezzi inferiori a quelli del monopolista.

Se il monopolista non è in grado di reagire immediatamente, il nuovo entrante acquisisce tutti i cienti del mercato e ottiene profitti supernormali. Quando finalmente il monopolista reagisce abbassando i suoi prezzi, i profitti si abbassano al livello normale e a quel punto il nuovo entrante può uscire dal mercato senza costi. Si parla di ***hit and run***, letteralmente "toccata e fuga".

PAROLE CHIAVE

Mercato perfettamente contendibile Mercato nel quale si può entrare e dal quale si può uscire liberamente e senza costi, e in cui il monopolista non può reagire immediatamente al nuovo ingresso.

Hit and run Strategia per cui un'impresa è disponibile a entrare in un mercato e a ottenere profitti nel breve periodo, quindi uscirne quando le imprese già presenti abbassano i prezzi. L'assenza di costi agevola questa strategia.

IC 10 p65 Secondo questa teoria, basta la sola minaccia dell'ingresso di nuovi entranti per garantire che l'impresa già presente sul mercato (a) tenga bassi i prezzi, così da realizzare solo profitti normali, e (b) produca nel modo più efficiente possibile, sfruttando ogni possibile economia di scala e ogni nuova tecnologia. Se non lo facesse, i concorrenti entrerebbero nel mercato e la concorrenza potenziale diventerebbe reale.

Questa situazione è illustrata nella Figura 7.12. Ipotizziamo che nel settore operi una sola impresa, caratterizzata da una curva di costo medio di lungo periodo data da *CMLP*, e che i profitti siano massimizzati al prezzo P_1, con i profitti supernormali evidenziati dall'area ombreggiata. Se i costi di ingresso e di uscita nel e dal settore sono elevati, il prezzo resterà a questo livello; se invece sono bassi, le imprese concorrenti potrebbero essere tentate di entrare nel settore e subentrare al monopolio. Per evitare che questo succeda, l'impresa esistente dovrà abbassare il prezzo. Se i costi di ingresso e di uscita sono nulli, il prezzo del monopolista dovrà scendere fino a P_2, il livello corrispondente al punto di minimo della curva *CMLP*, dove i profitti sono normali e non incentivano l'ingresso di nuovi concorrenti nel settore. Al contempo, il monopolista dovrà assicurarsi

Figura 7.12 Un monopolio contendibile.

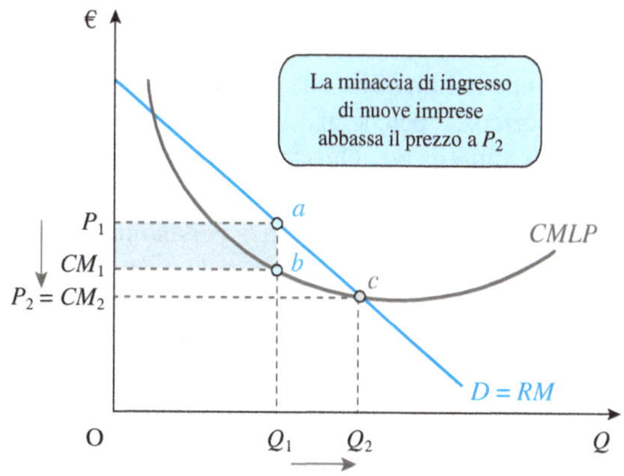

che la curva *CMLP* sia il più possibile bassa (cioè per evitare qualunque inefficienza X, si veda il Box 7.4).

Mercati contendibili e monopoli naturali

Ci si potrebbe domandare perché, in simili casi, i mercati non operino *effettivamente* in concorrenza perfetta anziché restare caratterizzati da un monopolio.

La motivazione più plausibile ha a che fare con le economie di scala e le dimensioni del mercato. Per operare

BOX 7.4 ESPLORARE L'ECONOMIA

L'inefficienza X

Il costo di una vita tranquilla

La critica fondamentale mossa al monopolio riguarda il potere esercitato nella vendita del bene che produce. Il monopolista applica un prezzo superiore a C' (Figura 7.10): questo dà luogo a un'*inefficienza nell'allocazione*, perché al margine i consumatori sono disposti a pagare un prezzo superiore al costo di produzione ($P > C'$); e tuttavia il monopolista mantiene deliberatamente bassa la produzione per massimizzare i profitti (esamineremo nel dettaglio l'inefficienza allocativa nel Paragrafo 12.1).

Tuttavia, i monopoli possono essere inefficienti anche per un'altra ragione: perché possono avere costi più elevati. E per quale motivo? A causa dell'*inefficienza X*[1] (altrimenti nota come *inefficienza tecnica*). In assenza di una pressione concorrenziale sui margini di profitto, il monopolista potrebbe esercitare un minore controllo sui costi, magari assumendo troppo personale o effettuando spese esagerate per uffici di prestigio e attrezzature costose; inoltre, potrebbe investire minori risorse nell'aggiornamento delle tecnologie o di impianti obsoleti, nella ricerca su nuovi prodotti o nello sviluppo di nuovi mercati nazionali ed esteri.

Quanto più la posizione del monopolista è "sicura", tanto minore è l'impegno profuso per migliorarla. Questa inefficienza X si traduce in curve *CM* e C' più elevate del normale. Il risultato è che i consumatori pagano prezzi più alti e l'impresa si allontana ulteriormente da un risultato efficiente e concorrenziale.

A seguito della crisi finanziaria del 2007-8 e della successiva recessione mondiale, in molti paesi si è verificata una significativa riduzione dell'inefficienza X. Per far fronte al calo delle vendite, e al conseguente crollo di ricavi e profitti, molti produttori hanno intrapreso programmi di riduzione dei costi, chiudendo gli impianti obsoleti e tagliando il personale. Le imprese sopravvissute alla recessione (in molte sono fallite) sono uscite dalla crisi più competitive ed efficienti.

Un altro fattore della riduzione dell'inefficienza X è stato l'aumento della concorrenza internazionale. Anche le imprese che hanno potere di monopolio sul mercato domestico, con la crescita dei mercati globali e dell'e-commerce, insieme alla riduzione dei dazi doganali e delle altre barriere allo scambio, si trovano ad affrontare un'agguerrita concorrenza dall'estero.

1 Questa espressione è stata coniata da H. Leibenstein, "Allocative efficiency or X efficiency", *American Economic Review*, giugno 1966.

alla scala efficiente minima, l'impresa potrebbe dover essere talmente grande rispetto al mercato da non lasciare spazio nel settore per altri concorrenti. Se una nuova impresa entra nel mercato, una delle due non sopravvivrà alla concorrenza, perché il mercato non è abbastanza grande per tutte e due. Questo è il caso illustrato nella Figura 7.12: il settore è un monopolio naturale, dato che la curva *CMLP* ha pendenza negativa persino in corrispondenza del livello di produzione individuato dal punto *c*.

Se, tuttavia, non ci sono costi di ingresso e di uscita, le nuove imprese saranno pienamente disposte a entrare nel settore anche se c'è spazio per un solo produttore, o perché convinte di essere più efficienti dell'impresa consolidata, o perché interessate a una strategia hit and run. L'impresa consolidata, però, essendo ben conscia di tutto questo, sarà indotta a produrre nel modo più efficiente possibile realizzando solo un profitto normale.

L'importanza di costi di uscita nulli

C'è sempre un elemento di rischio quando un'impresa intende entrare in un settore. Spesso è difficile prevedere in modo accurato i costi e la domanda futura, e non vi è garanzia che le previsioni fatte siano corrette. Per esempio, potrebbe esserci un imprevisto calo della domanda a causa di uno shock negativo, come una recessione; la tecnologia del nuovo entrante potrebbe diventare rapidamente obsoleta, soprattutto nei settori ad alto grado di innovazione; l'impresa consolidata potrebbe reagire più rapidamente del previsto, impedendo al nuovo entrante di ottenere profitti supernormali.

Ma quanto conta davvero tale rischio? Non può un nuovo entrante adottare una strategia hit and run e abbandonare rapidamente il mercato? Questo dipende dai costi di uscita, ovvero dai *costi sommersi* (trattati nel Paragrafo 6.2). L'avvio di una nuova impresa richiede di solito spese ingenti per lo stabilimento e i macchinari. Queste spese, una volta effettuate, potrebbero risultare impossibili da recuperare. Per esempio, l'impresa perdente potrebbe rimanere in possesso di attrezzature che non è più in grado di usare o di vendere. Questo dissuaderebbe l'impresa dall'entrare nel mercato, che quindi non sarebbe perfettamente contendibile, l'impresa esistente potrebbe realizzare profitti supernormali.

IC 11 p68 Se invece il capitale investito può essere trasferito ad altri usi, il costo di uscita è nullo (o quantomeno molto basso) e le nuove imprese saranno più disposte ad assumersi il rischio di entrare nel settore. Per esempio, una società di trasporti urbani potrebbe inaugurare un servizio su un percorso precedentemente effettuato dalla concorrente e sul quale c'è spazio per un solo operatore. Se la nuova società di trasporti perde la battaglia per il controllo del mercato, potrà sempre usare i propri autobus per servire percorsi diversi. In questo caso, il costo degli autobus non è un costo sommerso.

I costi di uscita nulli, pertanto, incoraggiano nuove imprese a entrare in un settore, perché, in caso di insuccesso potranno sempre trasferire il capitale altrove.

Quanto più bassi sono i costi di uscita, tanto più il mercato è contendibile. Questo implica che le imprese già affermate in altri mercati simili possono competere più efficacemente contro i monopolisti, dal momento che possono trasferire facilmente il capitale investito da un mercato a un altro. Per esempio, gli studi sulle linee aeree statunitensi dimostrano che l'ingresso in una particolare rotta potrebbe essere molto più facile per una compagnia aerea consolidata, che può limitarsi a trasferire gli aeromobili da una rotta all'altra.

Valutazione della teoria

La teoria dei mercati contendibili allarga in confini della semplice teoria del monopolio, che è incentrata solo sulla struttura esistente del settore e non tiene conto della concorrenza potenziale.

I mercati perfettamente contendibili esistono molto di rado, ma – come la concorrenza perfetta – rappresentano un *idealtipo* col quale confrontare il mondo reale. Si potrebbe persino affermare che il modello del mercato perfettamente contendibile sia più utile di quello della concorrenza perfetta, perché l'entità della divergenza da questo ideale fornisce uno strumento migliore per prevedere il comportamento di prezzo e produzione delle imprese di quanto non faccia l'analisi della semplice porzione del mercato attualmente servito dall'impresa esistente.

Tuttavia, si potrebbe obiettare che la teoria non contempla adeguatamente tutte le possibili reazioni dell'impresa consolidata. Anche se non ci sono barriere di costo all'entrata o all'uscita (cioè se il mercato è perfettamente contendibile), l'impresa già presente nel mercato potrebbe lasciar intendere in modo molto chiaro di essere pronta a scatenare una guerra senza quartiere contro ogni eventuale concorrente, e la minaccia di una guerra dei prezzi potrebbe far desistere i nuovi entranti. Nel contempo, l'impresa consolidata potrebbe continuare ad applicare prezzi elevati e realizzare profitti supernormali.

Il contributo forse più importante della teoria è quello di aiutarci a capire l'importanza dei costi sommersi nel determinare i rischi dell'ingresso di nuove imprese e la performance del mercato.

Molti dei fattori in grado di creare barriere all'entrata, come le economie di scala e la differenziazione di prodotto, possono davvero creare tali barriere solo se comportano spese che non possono essere recuperate in seguito uscendo dal mercato.

Mercati contendibili e interesse pubblico

Un monopolio che opera in un mercato perfettamente contendibile può garantire un duplice vantaggio: da una parte l'impresa potrebbe minimizzare i costi grazie alle economie di scala, dall'altra la potenziale concorrenza potrebbe tenere bassi i profitti e dunque i prezzi.

Per questa ragione, gli esponenti della destra politica fanno spesso ricorso alla teoria dei mercati contendibili per giustificare una politica di *laissez-faire* (non interventista) e deregolamentazione (per esempio, in materia di trasporto urbano e aereo), sostenendo che questa teoria giustifica il libero mercato.

In risposta a queste affermazioni occorre tenere conto di due aspetti.

- Pochi mercati sono *perfettamente* contendibili. Se l'ingresso e l'uscita dal settore non sono privi di costi, un monopolio può continuare a registrare profitti supernormali nel lungo periodo.
- Oltre al potere di monopolio, ci sono altri possibili fallimenti del mercato (per esempio l'ineguaglianza e l'inquinamento). Di questi aspetti ci occuperemo nei Capitoli 11 e 12.

Ciò nondimeno, la teoria dei mercati contendibili ha messo in luce l'importanza delle barriere all'entrata nel determinare il comportamento del monopolista, che potrebbe spendere deliberatamente notevoli somme di denaro in pubblicità dato che in questo modo aumenta i costi sommersi e quindi dissuade altre imprese dall'entrare nel mercato. L'entità delle barriere è, pertanto, uno degli argomenti cruciali nella riflessione di politici e studiosi delle politiche di contrasto ai monopoli.

I paragrafi in pillole

Paragrafi 7.1 – 7.2

1. Il modello della concorrenza perfetta si basa su quattro ipotesi fondamentali: numero molto elevato di imprese, completa libertà di ingresso nel settore, produzione di un bene omogeneo e perfetta conoscenza del prodotto e del suo mercato, da parte sia dei produttori che dei consumatori.
2. Nel breve periodo le imprese operanti in un settore perfettamente concorrenziale possono realizzare profitti supernormali, perché non c'è tempo per l'ingresso di nuovi concorrenti. Nel lungo periodo, tuttavia, eventuali profitti supernormali sono annullati dall'ingresso di nuove imprese.
3. L'equilibrio di breve periodo per l'impresa si trova nel punto in cui il prezzo, come determinato dalla domanda e dall'offerta del mercato, è pari al costo marginale. In corrispondenza di questo livello di produzione, l'impresa massimizza il profitto. La curva di offerta di breve periodo dell'impresa coincide con la porzione della curva di costo marginale che giace al di sopra della curva *CMV*.
4. L'equilibrio di lungo periodo è individuato dal punto in cui il prezzo è pari al costo medio di lungo periodo delle imprese. La curva di offerta di lungo periodo del settore dipende dunque da ciò che accade alle curve *CMLP* delle imprese quando la produzione del settore si espande: se tali curve si spostano verso l'alto in ragione dell'aumento dei costi di settore (diseconomie di scala esterne), la curva di offerta di lungo periodo del settore avrà pendenza positiva; se le curve *CMLP* si spostano verso il basso in ragione della diminuzione dei costi (economie di scala esterne), la curva di offerta di lungo periodo del settore avrà pendenza negativa.
5. Le imprese in concorrenza perfetta non possono beneficiare di significative economie di scala (interne). Se potessero, infatti, il settore cesserebbe di essere perfettamente concorrenziale, perché le grandi imprese, in virtù dei costi più bassi, potrebbero estromettere quelle più piccole e con costi più elevati.
6. In regime di concorrenza perfetta, le imprese producono una quantità tale per cui $P = C'$. A detta di molti, questa è una condizione di ottimo. La concorrenza perfetta può stimolare l'efficienza e apportare benefici ai consumatori attraverso la riduzione dei costi e dei prezzi.
7. D'altro canto, le imprese in concorrenza perfetta potrebbero non essere disposte a investire in ricerca e sviluppo, o non avere abbastanza fondi per farlo; inoltre, potrebbero produrre una scarsa varietà di beni. Infine, la concorrenza perfetta non assicura necessariamente una distribuzione equa del reddito né una tutela dagli effetti collaterali dannosi della produzione.

Paragrafo 7.3

1. Un monopolio è un settore in cui opera una sola impresa. In pratica è difficile determinare la reale esistenza di un monopolio, perché questo dipende dall'ampiezza della definizione di settore adottata.
2. Solitamente, per tutelare un monopolio dalla concorrenza di nuove imprese, occorrono barriere all'entrata nel settore. Tali barriere possono essere strutturali o strategiche.
3. Tali barriere includono vantaggi di costo, tra cui le economie di scala – per cui l'impresa può essere un monopolio naturale – e vantaggi di costo assoluti, quali un accesso più favorevole o il controllo dei fattori di produzione, l'uso di una tecnologia superiore, metodi di produzione più efficienti o economie di scopo.

4. Tra le barriere possono esservi anche prezzi di passaggio ad altro fornitore elevati, accesso più favorevole o controllo dei clienti, brevetti o copyright e tattiche per sbaragliare la concorrenza (come le acquisizioni o la pubblicità aggressiva).
5. Il monopolista (al pari di altre imprese) massimizza i profitti in corrispondenza di $C' = R'$. Nel caso del monopolio e a differenza di quanto accade per altre imprese, questa condizione si traduce probabilmente in un prezzo più elevato in relazione al costo marginale, in ragione della minore elasticità della domanda a ogni dato livello di prezzo.
6. I monopoli possono andare contro l'interesse pubblico se applicano un prezzo più alto rispetto al costo di quanto non facciano le imprese concorrenziali; se causano una distribuzione del reddito meno desiderabile; se la mancanza di concorrenza annulla gli incentivi all'efficienza; e se esercitano pressioni politiche finalizzate al proprio interesse.
7. D'altra parte, i vantaggi di eventuali economie di scala possono essere trasferiti in parte ai consumatori sotto forma di prezzi inferiori, e gli elevati profitti del monopolista possono essere usati per finanziare la ricerca e sviluppo e l'investimento, il che a sua volta può condurre a prodotti migliori e, in alcuni casi, a prezzi più bassi.

Paragrafo 7.4

1. La concorrenza potenziale può essere tanto importante quanto quella reale nel determinare la strategia di prezzo e produzione di un'impresa.
2. La minaccia della concorrenza aumenta al diminuire dei costi di ingresso e di uscita dal settore. Se questi costi sono pari a zero, il mercato si definisce perfettamente contendibile. In queste circostanze, un monopolista consolidato che voglia resistere all'ingresso di nuove imprese sarà costretto a tenere i profitti al loro livello normale. Quanto minori sono i costi sommersi, tanto più contenuti sono i costi di uscita dal settore.
3. La teoria dei mercati contendibili permette di effettuare un'analisi più realistica del comportamento di un'impresa rispetto alle teorie basate semplicemente sul numero di concorrenti *esistenti* in un settore.

Domande di ripasso

1. In un settore in concorrenza perfetta vige un prezzo unitario di €14. Un'impresa operante nel settore ha la seguente scheda di costo di breve periodo:

Produzione	0	1	2	3	4	5	6	7	8
CT (€)	10	18	24	30	38	50	66	91	120

   (a) Copiate la tabella e inserite le righe relative al costo medio e al costo marginale per ogni livello di produzione (annotando le cifre del costo marginale nello spazio fra ciascuna colonna).
   (b) Su un diagramma, tracciate le curve *CM*, *C'* e *R'*.
   (c) Contrassegnate il livello di produzione che massimizza il profitto.
   (d) Qual è l'ammontare di profitto (supernormale) guadagnato in corrispondenza di questo livello di produzione?
   (e) Che cosa accadrebbe al prezzo nel lungo periodo se questa impresa fosse rappresentativa delle altre imprese del settore? Perché occorrono informazioni sul costo medio di lungo periodo per dare una risposta precisa a questa domanda?

2. Se un settore in concorrenza perfetta è caratterizzato da una curva di domanda con pendenza negativa, perché la singola impresa operante al suo interno fronteggia una curva di domanda orizzontale?
3. Se in concorrenza perfetta i profitti supernormali sono annullati dall'ingresso di nuovi concorrenti, perché le imprese sono incentivate a diventare più efficienti?
4. È corretto affermare che la concorrenza perfetta è incompatibile con le economie di scala?
5. Su un diagramma analogo a quello della Figura 7.4, illustrate l'equilibrio di lungo periodo per l'impresa e il settore in concorrenza perfetta. Ipotizzate adesso che la domanda del prodotto diminuisca. Illustrate gli effetti di breve e lungo periodo.
6. Perché, nel monopolio, il prezzo di massimizzazione del profitto è maggiore del costo marginale? In che senso questo può essere considerato inefficiente?
7. Su tre diagrammi come quelli nella Figura 7.8, illustrate l'effetto su prezzo, quantità e profitto delle seguenti situazioni: (a) un aumento della domanda; (b) un aumento dei costi fissi; (c) un aumento dei costi variabili. In ciascun caso, tracciate solo le curve *RM*, *R'*, *CM* e *C'*.
8. Pensate a tre esempi di monopolio (locale o nazionale) e valutate in che misura i loro mercati sono contendibili.

ONLINE

Sulla piattaforma MyLab dedicata a questo testo troverete materiali di supporto e approfondimento. All'interno dello stesso ambiente è disponibile la piattaforma inglese MyLab Economics che offre ulteriori risorse, un ricco apparato multimediale ed esercizi guidati.

CAPITOLO

8

Massimizzazione del profitto in regime di concorrenza imperfetta

Nel mondo reale pochissimi mercati sono assimilabili al modello della concorrenza perfetta o del monopolio puro. Nella stragrande maggioranza dei casi, infatti, le imprese competono fra loro, spesso in modo piuttosto aggressivo, ma non sono price taker; in altre parole, godono di un certo potere di mercato. Pertanto, i mercati si collocano perlopiù fra i due estremi rappresentati dal monopolio e dalla concorrenza perfetta, nella categoria della "concorrenza imperfetta".

La concorrenza imperfetta può assumere due forme: la concorrenza monopolistica e l'oligopolio.

In un settore in concorrenza monopolistica operano di norma molte imprese relativamente piccole: pensiamo, per esempio, alla miriade di autofficine, imprese edili, parrucchieri, ristoranti e altre minuscole attività commerciali che costellano le strade cittadine. Queste imprese sono in forte concorrenza fra loro, e tuttavia la concorrenza non è perfetta: ognuna cerca di offrire un prodotto diverso da quello dei concorrenti.

Un oligopolio, invece, è caratterizzato da poche imprese in concorrenza fra loro: le società più famose del mondo, come Ford, Coca-Cola, Nike, BP e Apple, operano il più delle volte in un contesto oligopolistico. Talvolta gli oligopolisti tentano di colludere per tenere alti i prezzi; in altre occasioni, invece, si fanno una concorrenza spietata, giocando al ribasso sui prezzi oppure sviluppando prodotti nuovi o migliori per aggiudicarsi una più ampia quota di mercato. Nel Paragrafo 8.2 esamineremo la collusione e la concorrenza fra oligopolisti e spiegheremo in quali circostanze ciascuna situazione ha maggiori probabilità di verificarsi.

8.1 La concorrenza monopolistica

La teoria della concorrenza monopolistica fu sviluppata negli anni Trenta dall'economista statunitense Edward Chamberlin. Più simile alla concorrenza perfetta che al monopolio, la concorrenza monopolistica può essere descritta come una situazione caratterizzata dalla presenza di molte imprese in concorrenza fra loro, ciascuna delle quali detiene però un certo potere di mercato (da qui l'attributo "monopolistica") e gode dunque di un margine di scelta riguardo al prezzo da applicare al proprio prodotto.

Le ipotesi della concorrenza monopolistica

- Nel settore opera un *numero piuttosto elevato di imprese*, ciascuna delle quali, di conseguenza, detiene una quota di mercato di dimensioni insignificanti; è dunque improbabile che le azioni della singola impresa abbiano un impatto decisivo sui concorrenti. Pertanto, nel prendere le sue decisioni, l'impresa non deve preoccuparsi delle reazioni di altre imprese; in altre parole, può assumere che il comportamento dei rivali *non* sarà influenzato dalle sue azioni.
  Questa è la cosiddetta ipotesi di ***indipendenza*** (come vedremo nel seguito, tale ipotesi non si applica all'oligopolio, dove invece si parte dal presupposto che le imprese siano *interdipendenti*: in altre parole, ciascun oligopolista ritiene che le sue decisioni *influenzino* i concorrenti, e viceversa).
- Vige *libertà di ingresso* nel settore: qualunque impresa, se lo desidera, è libera di avviare una nuova attività nel mercato oggetto di analisi.

Sotto questi due punti di vista, pertanto, la concorrenza monopolistica è simile alla concorrenza perfetta.

- IC 9 p61 A differenza di quanto avviene in condizioni di concorrenza perfetta, tuttavia, ciascuna impresa produce beni o servizi diversi da quelli dei concorrenti; di conseguenza, può alzare i prezzi senza perdere tutti i clienti. La curva di domanda ha pertanto pendenza negativa, pur essendo relativamente elastica in ragione dell'elevato numero di concorrenti ai quali i clienti possono rivolgersi. Questa ipotesi è nota come ***differenziazione del prodotto***.

I ristoranti, i parrucchieri e i piccoli costruttori sono tutti esempi di imprese in concorrenza monopolistica.

La concorrenza monopolistica presenta una caratteristica distintiva: nonostante l'elevato numero di concorrenti nel settore, in una determinata zona spesso opera una singola impresa. Questa situazione si verifica in particolar modo nella vendita al dettaglio: per esempio, anche se in città ci sono tanti parrucchieri, non è raro che in una strada se ne trovi solo uno. In tal caso, il parrucchiere in questione ha un monopolio locale; i clienti sono disposti a pagare un prezzo più alto per un taglio di capelli pur di non doversi recare altrove.

L'equilibrio dell'impresa

Breve periodo

IC 8 p43 CF 8 p107 Come per altre strutture di mercato, il livello di produzione che massimizza il profitto è quello che soddisfa l'uguaglianza $C' = R'$. La rappresentazione grafica della condizione di ottimo è la stessa che per il monopolista, ad eccezione del fatto che le curve RM e R' sono più elastiche, come illustrato nella Figura 8.1(a). Come l'impresa in concorrenza perfetta, anche quella in concorrenza monopolistica può realizzare un profitto supernormale nel breve periodo, illustrato dall'area ombreggiata.

IC 9 p61 L'ammontare del profitto nel breve periodo dipende dal vigore della domanda, ovvero dall'elasticità e dalla posizione della curva di domanda: quanto meno elastica è la curva di domanda e quanto più a destra si colloca rispetto alla curva di costo medio, tanto maggiore è il profitto di breve periodo dell'impresa. Così, un'impresa che si misura con pochi concorrenti e il cui prodotto è fortemente differenziato rispetto a quello di altre imprese potrebbe registrare lauti profitti nel breve periodo.

Lungo periodo

IC 5 p22 Se le imprese operanti nel settore registrano profitti supernormali è probabile che, nel lungo periodo,

PAROLE CHIAVE

Indipendenza (delle imprese in un mercato) Situazione in cui le decisioni di un'impresa in un mercato non hanno un effetto significativo sulle curve di domanda fronteggiate dai concorrenti.

Differenziazione del prodotto Situazione in cui il prodotto di un'impresa è sufficientemente diverso da quello dei concorrenti per consentire al produttore di aumentarne il prezzo senza che i consumatori inizino ad acquistare i prodotti della concorrenza. In questo caso, l'impresa fronteggia una curva di domanda con pendenza negativa.

Figura 8.1 Equilibrio dell'impresa in concorrenza monopolistica.

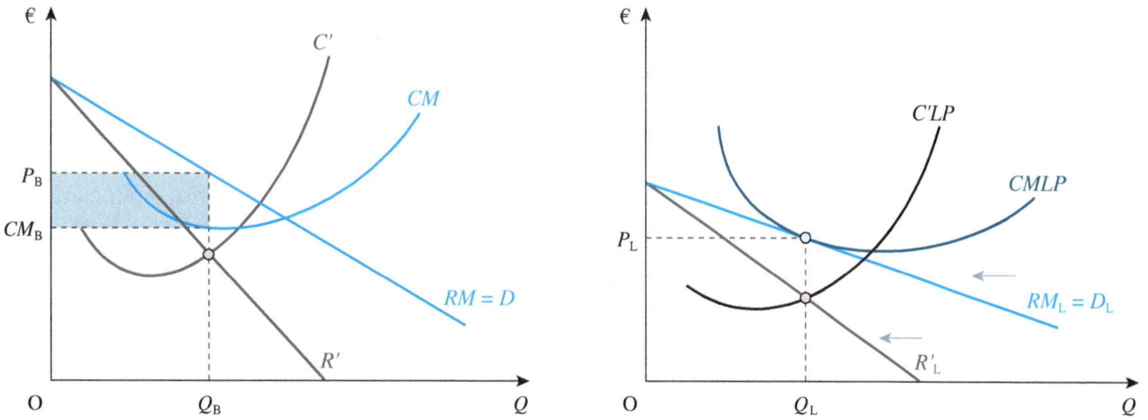

(a) Breve periodo (b) Lungo periodo

nuovi concorrenti entrino nel mercato. Così facendo sottrarranno clienti alle imprese consolidate, la cui domanda diminuirà. La curva di domanda (*RM*) continuerà a spostarsi verso sinistra finché permarranno profitti supernormali e proseguirà l'ingresso di nuovi concorrenti.

L'equilibrio di lungo periodo si raggiunge quando restano solo profitti normali e dunque i nuovi concorrenti non hanno più alcun incentivo all'ingresso. Questo è illustrato nella Figura 8.1(b): la curva di domanda dell'impresa si colloca in D_L, dove è tangente alla curva *CMLP* dell'impresa stessa. La quantità prodotta è Q_L, il livello in corrispondenza del quale $RM_L = CMLP$ (per ogni altro livello di produzione *CMLP* è maggiore di *RM*, quindi l'impresa otterrebbe un profitto inferiore a quello normale).

I limiti del modello

L'applicazione al mondo reale del modello della concorrenza monopolistica presenta svariati problemi.

- CF 9 p129 L'informazione potrebbe essere imperfetta. Le imprese non sono disposte a entrare in un settore se non dispongono di dati precisi sul livello dei profitti supernormali che potrebbero realizzare, o se sottovalutano la domanda del particolare prodotto che intendono vendere.
- Dato che le imprese nel settore producono beni differenti, è difficile, se non impossibile, derivare una curva di domanda per il settore nel suo complesso. Così, l'analisi deve essere limitata a livello dell'impresa.
- È probabile che le imprese si differenzino le une dalle altre non solo per il prodotto o il servizio che offrono, ma anche per le dimensioni e la struttura dei costi. Perdipiù, l'ingresso potrebbe non essere *completamente* libero: per esempio, due stazioni di servizio non possono essere ubicate esattamente nello stesso luogo. Così, mentre l'impresa tipica o "rappresentativa" potrebbe guadagnare solo profitti normali nel lungo periodo, altri concorrenti potrebbero registrare profitti supernormali, magari perché godono di vantaggi di costo o realizzano prodotti non perfettamente imitabili.
- Uno dei maggiori problemi del semplice modello della Figura 8.1 è che si concentra solo sulle decisioni di prezzo e di produzione. In realtà, un'impresa in concorrenza monopolistica che mira a massimizzare il profitto deve anche decidere l'esatta varietà di prodotti da offrire e quanto spendere per la pubblicità. Tutto questo spinge l'impresa a competere su fattori diversi dal prezzo.

La concorrenza su fattori diversi dal prezzo

La ***concorrenza su fattori diversi dal prezzo*** comprende due elementi principali: lo sviluppo del prodotto e la pubblicità.

Lo *sviluppo del prodotto* consistente principalmente nel produrre beni o servizi che siano capaci di ottenere buoni livelli di vendite (cioè siano caratterizzati da una domanda elevata o potenzialmente elevata) e si differen-

PAROLE CHIAVE

Concorrenza su fattori diversi dal prezzo
Concorrenza incentrata sulla promozione (pubblicità, packaging, ecc.) o sullo sviluppo del prodotto.

zino dai prodotti concorrenti (cioè siano caratterizzati da una domanda relativamente anelastica in ragione della mancanza di sostituti prossimi). Nel caso di negozi o di altre imprese che offrono un servizio, lo "sviluppo del prodotto" è finalizzato a fornire un servizio migliore, o quantomeno diverso, da quello dei concorrenti: prestazioni personalizzate, orari di apertura prolungati, disponibilità di articoli particolari e così via.

Lo scopo primario della *pubblicità* è vendere il prodotto, informando i consumatori circa l'esistenza e la disponibilità del prodotto stesso, ma anche tentando deliberatamente di persuadere i consumatori ad acquistarlo. Come nel caso dello sviluppo del prodotto, una pubblicità efficace stimola la domanda e riduce l'elasticità della curva di domanda fronteggiata dall'impresa, perché enfatizza le specifiche qualità del prodotto rispetto ai concorrenti (vedi Box 2.2).

Oltre a incrementare la domanda e quindi i ricavi dell'impresa, lo sviluppo del prodotto e la pubblicità comportano anche un aumento dei costi; pertanto, l'impresa deve calcolare il livello di pubblicità che le consente di massimizzare i profitti.

CF 8 p107 Per ogni dato prezzo e prodotto, il livello ottimo di pubblicità si trova nel punto in cui il ricavo derivante dalla pubblicità *addizionale* (R'_A) è pari al suo costo (C'_A). Finché $R'_A > C'_A$, la pubblicità addizionale contribuisce a incrementare il profitto. Tuttavia, all'aumentare della spesa per la pubblicità si registra probabilmente un incremento sempre minore delle vendite: di conseguenza R'_A diminuisce, finché $R'_A = C'_A$; a quel punto il profitto è massimizzato e non può essere accresciuto ulteriormente.

Questa analisi presenta due problemi.

- È difficile per un'impresa prevedere con esattezza gli effetti dello sviluppo del prodotto e della pubblicità sulla domanda.
- Lo sviluppo del prodotto e la pubblicità avranno probabilmente effetti diversi in corrispondenza di prezzi diversi. La massimizzazione del profitto, pertanto, comporterà una scelta più complessa, in quanto l'impresa dovrà individuare la combinazione ottima di prezzo, tipo di prodotto e livello e varietà di pubblicità.

Concorrenza monopolistica e interesse pubblico

Un confronto con la concorrenza perfetta

Molti sostengono che la concorrenza monopolistica conduca a un'allocazione meno efficiente delle risorse rispetto alla concorrenza perfetta.

La Figura 8.2 mette a confronto le posizioni di equilibrio di lungo periodo di due imprese, una delle quali opera in concorrenza perfetta e quindi fronteggia una curva di domanda orizzontale. Questa impresa produce la quantità Q_1 al prezzo P_1. La seconda impresa opera in concorrenza monopolistica e si misura quindi con una curva di domanda con pendenza negativa, producendo una quantità minore (Q_2) a un prezzo più elevato (P_2). Un'ipotesi cruciale in questa analisi è che le due imprese abbiano la *stessa* curva di costo medio di lungo periodo (*CMLP*). Partendo da questa ipotesi, la concorrenza monopolistica presenta i seguenti svantaggi:

- viene venduta una quantità inferiore a un prezzo più elevato;
- le imprese non producono nel punto di minor costo.

CF 3 p26 Se producessero di più, le imprese si sposterebbero verso un punto più basso sulla rispettiva curva *CMLP*; pertanto, si dice che le imprese in concorrenza monopolistica hanno ***capacità eccedente***. Nella Figura 8.2 questa capacità eccedente è rappresentata da $Q_1 - Q_2$. In altre parole, la concorrenza monopolistica è caratterizzata da un numero piuttosto elevato di imprese (per esempio, stazioni di servizio) che producono tutte una quantità inferiore a quella che minimizza i costi, e sono quindi costrette ad applicare un prezzo superiore a

Figura 8.2 Equilibrio di lungo periodo dell'impresa in concorrenza perfetta e monopolistica.

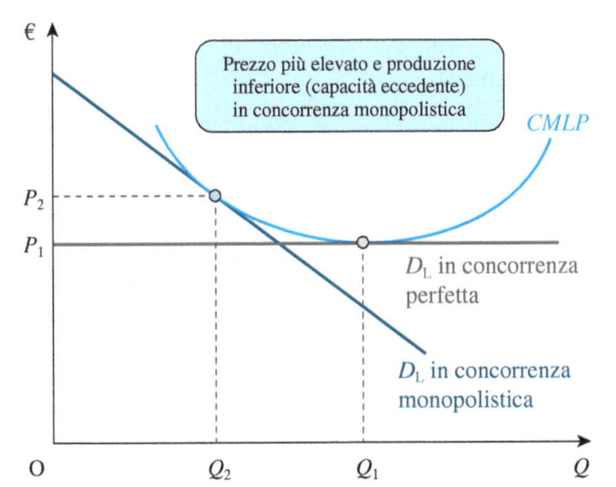

PAROLE CHIAVE

Capacità eccedente (in concorrenza monopolistica) Nel lungo periodo, le imprese operanti in regime di concorrenza monopolistica producono una quantità inferiore a quella corrispondente al livello di costo minimo.

quello che potrebbero praticare se avessero un giro d'affari maggiore. Quante volte vi è capitato di andare alla stazione di servizio e fare la coda alle pompe?

CF 6 p63 D'altro canto, c'è chi sostiene che gli sprechi associati alla concorrenza monopolistica siano insignificanti. Anzitutto, è altamente probabile che la singola impresa fronteggi una curva di domanda molto elastica (sia pur con pendenza negativa), in ragione dell'elevato numero di sostituti. In secondo luogo, anche se l'impresa in concorrenza monopolistica non opera nel punto di minimo della curva *CMLP*, le caratteristiche del settore potrebbero consentire ai produttori di realizzare alcune economie di scala. In tal caso, la curva *CMLP* si collocherebbe più in basso di quanto accadrebbe con un numero maggiore di imprese più piccole, condizione necessaria per mantenere il settore in concorrenza perfetta. L'entità delle economie di scala, ove presenti, varia ovviamente da settore a settore.

Inoltre, è probabile che i consumatori traggano beneficio dalla concorrenza monopolistica, grazie alla maggiore varietà di prodotti fra i quali scegliere. Ognuno ha i suoi gusti e le sue preferenze, perciò il livello di utilità aumenta con la possibilità di scelta.

Un confronto con il monopolio

In questo caso le argomentazioni sono molto simili a quelle che abbiamo esposto nel paragonare la concorrenza perfetta e il monopolio.

Da una parte, la libertà di ingresso nel settore e quindi l'impossibilità di realizzare profitti supernormali nel lungo periodo in concorrenza monopolistica contribuiscono probabilmente ad abbassare i prezzi al consumo e a incoraggiare la riduzione dei costi; dall'altra, è probabile che i monopolisti beneficino di maggiori economie di scala e abbiano a disposizione più fondi per l'investimento e l'attività di ricerca e sviluppo.

8.2 L'oligopolio

Un oligopolio è un mercato in cui poche imprese si spartiscono un'ampia quota del settore.

Tuttavia, sussistono notevoli differenze tra le strutture dei settori oligopolistici, come pure tra i comportamenti delle imprese operanti al loro interno. Le imprese possono offrire prodotti virtualmente identici (per esempio metalli, prodotti chimici, zucchero, carburante); la maggior parte degli oligopolisti, però, produce beni differenziati (per esempio automobili, detergenti, bibite, apparecchi elettrici). Tali oligopolisti si fanno concorrenza soprattutto attraverso il marketing, con pratiche che possono differire in maniera consistente da settore a settore.

Le due caratteristiche fondamentali dell'oligopolio

Nonostante le differenze fra i settori oligopolistici, due caratteristiche cruciali distinguono l'oligopolio dalle altre strutture di mercato.

Barriere all'entrata

Contrariamente a quanto accade nei settori in concorrenza monopolistica, in un oligopolio esistono diverse barriere all'entrata di nuove imprese. Simili a quelle del monopolio (vedi Paragrafo 7.3), queste barriere hanno dimensioni variabili da settore a settore; in alcuni casi l'ingresso è relativamente facile, in altri pressoché impossibile.

Interdipendenza delle imprese

Dal momento che in un oligopolio operano poche imprese, ciascuna deve tenere conto del comportamento delle altre. Ciò significa che gli oligopolisti sono legati da un rapporto di ***interdipendenza***, perché ogni impresa è influenzata dalle azioni dei concorrenti. Per esempio, se un'impresa modifica il prezzo o le caratteristiche del suo prodotto, oppure il livello di pubblicità, le vendite dei concorrenti ne sono influenzate; gli altri oligopolisti possono quindi rispondere modificando a loro volta il prezzo, le caratteristiche del prodotto o la pubblicità. Nessuna impresa può permettersi di ignorare le azioni e le reazioni delle altre imprese nel settore.

IDEA CHIAVE 23 ***Spesso gli individui pensano e si comportano in maniera strategica.*** Il comportamento individuale tende a essere influenzato dalle aspettative circa le reazioni altrui alle proprie azioni. Per esempio, nel decidere se modificare il prezzo o le caratteristiche di un prodotto, le imprese spesso tengono in considerazione le possibili reazioni dei concorrenti.

PAROLE CHIAVE

Interdipendenza (nell'oligopolio) Una delle due caratteristiche cruciali dell'oligopolio. Ciascuna impresa è condizionata dalle decisioni dei concorrenti, e analogamente le sue decisioni influiscono sui rivali. Le imprese sono consapevoli di tale interdipendenza, e questa consapevolezza incide sulle loro decisioni.

IC 10 p65 È pertanto impossibile, per esempio, prevedere l'effetto di una variazione del prezzo sulle vendite di un'impresa senza formulare qualche ipotesi sulle reazioni dei concorrenti. Inoltre, diverse ipotesi conducono a diverse previsioni; di conseguenza, non esiste un'unica teoria dell'oligopolio, perché le imprese possono reagire in maniera diversa e imprevedibile.

Concorrenza e collusione

L'interdipendenza delle imprese in un mergato oligopolistico le trascina in due direzioni molto diverse.

- Ciascuna impresa, studiando attentamente il mercato e la strategia dei concorrenti, potrebbe credere di poter ottenere attraverso la concorrenza una maggiore quota dei profitti di settore.
- Dall'altra parte, le imprese potrebbero ritenere che la competizione sarebbe distruttiva e porterebbe a profitti inferiori, per esempio a causa del taglio dei prezzi. Perciò potrebbero preferire una *collusione* tra di loro attraverso accordi su prezzi, produzione, design di prodotto, ecc. Operando insieme come se fossero un monopolio, le imprese potrebbero intraprendere azioni congiunte per massimizzare i profitti di settore e spartirseli.

Queste due condotte sono incompatibili: quanto più aspra è la concorrenza fra le imprese per conquistare una quota maggiore dei profitti del settore, tanto minori sono i profitti complessivi. Per esempio, la concorrenza sul prezzo si traduce in una riduzione del prezzo medio del settore, mentre la concorrenza attraverso la pubblicità accresce i costi del settore. Comunque la si guardi, i profitti del settore diminuiscono.

A volte le imprese colludono, a volte no. Nel paragrafo seguente esamineremo prima l'***oligopolio collusivo*** (esplicito e tacito) e poi l'***oligopolio non collusivo***.

L'equilibrio del settore in regime di oligopolio collusivo

Le imprese in regime di oligopolio possono decidere di colludere, accordandosi su livelli di produzione, prezzi, quota di mercato, spesa pubblicitaria e così via, al fine di ridurre l'incertezza. La collusione attenua il timore di una guerra sul prezzo o sulla pubblicità, che ridurrebbe i profitti totali del settore.

IC 22 p192 Un accordo collusivo formale si chiama ***cartello***. Se il cartello agisce come un monopolio, ovvero se i suoi membri si comportano come se fossero un'unica impresa, i profitti del settore vengono massimizzati. Questa situazione è illustrata nella Figura 8.3.

Figura 8.3 Un cartello che massimizza il profitto.

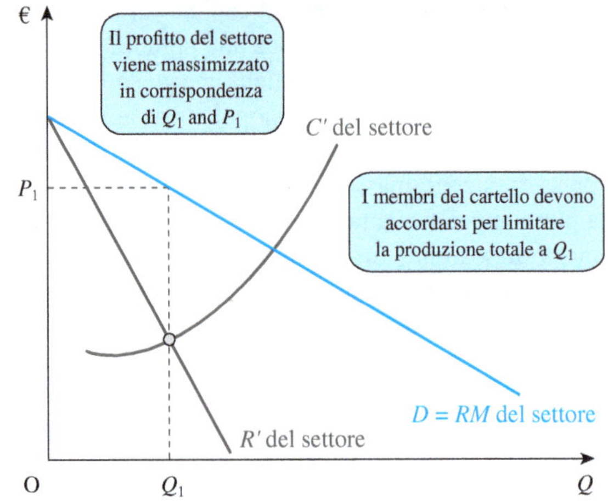

CF 8 p107 Nel grafico sono indicate la curva di domanda totale del mercato e la corrispondente curva R'. La curva C' del cartello è la somma *orizzontale* delle curve C' dei suoi membri (poiché sommiamo la *produzione* di ciascun membro del cartello per ogni livello del costo marginale). I profitti sono massimizzati in corrispondenza di Q_1, dove $C' = R'$. Il cartello deve pertanto fissare un prezzo P_1 (in corrispondenza del quale viene domandata la quantità Q_1).

Essendosi accordati sul prezzo, i membri del cartello possono farsi *concorrenza su fattori diversi dal prezzo*, al fine di aggiudicarsi una quota quanto più ampia possibile delle vendite risultanti (Q_1).

In alternativa, i membri del cartello possono decidere di spartirsi il mercato, stabilendo un ***contingente*** di produzione o di vendita per ciascuno di essi. La somma di tutti i contingenti deve essere pari a Q_1: infatti, se fosse superiore, una parte di produzione resterebbe invenduta al prezzo P_1, oppure il prezzo diminuirebbe.

PAROLE CHIAVE

Oligopolio collusivo Situazione in cui gli oligopolisti si accordano (formalmente o informalmente) per porre un freno alla concorrenza reciproca, stabilendo contingenti di produzione, fissando i prezzi, limitando la promozione o lo sviluppo dei prodotti o acconsentendo a non "sottrarsi" il mercato a vicenda.

Oligopolio non collusivo Situazione in cui gli oligopolisti non hanno alcun accordo fra loro, né formale, né informale, né tacito.

Cartello Accordo collusivo formale.

Contingente (stabilito da un cartello) Quantità di prodotto che ciascun membro di un cartello è autorizzato a produrre o vendere.

BOX 8.1 ANALISI DI CASI E APPLICAZIONI

Aumento della concentrazione industriale

Abbiamo individuato le barriere all'entrata in situazioni di oligopolio quale fattore che mantiene basso il numero di imprese, ma a questo punto ci si chiede come mai il potere di mercato, in alcuni oligopoli, aumenti con il diminuire del numero di imprese. Le cause sono operazioni di fusione e acquisizione, condizioni economiche difficili e aumento della fedeltà al marchio, tutti fattori che possono ridurre la concorrenza. Come abbiamo visto nel Box 7.1, uno dei modi più semplici per valutare il livello di potere di mercato è quello di esaminare gli indici di concentrazione – la quota di mercato delle imprese leader. Nella tabella che segue sono riportati alcuni dati in più.

Indici di concentrazione industriale delle 5 maggiori imprese per vari settori nel periodo 2015-2016 (per ricavi).

Settore	Indice delle 5 maggiori imprese
Produzione di macchine per il movimento terra	96
Produzione di calcestruzzo premiscelato	99
Scommesse e gioco d'azzardo	85
Pubblicazione di giochi per computer	84
Produzione di automobili	78
Vendita al dettaglio di abbigliamento	16
Pub e bar	29
Vendita di veicoli	27
Manutenzione e riparazione di auto	13
Parrucchieri e saloni di bellezza	3

Fonte: Is everybody concentrating?, Resolution Foundation.

I settori con indici di concentrazione più elevati presentano alcune caratteristiche variabili. Spesso vi sono alti costi di capitale per consentire alle imprese di sfruttare economie di scala, come per la produzione di macchine per il movimento terra, quali scavatori e bulldozer.
In settori con prodotti differenziati, come quello dei giochi per computer, vi sono alti livelli di costi sommersi per attività di branding e pubblicità. All'altro estremo, i settori con indici di concentrazione minori tendono ad avere costi fissi e quindi costi di ingresso inferiori. In molti casi la spesa in pubblicità è investita per azioni locali, quando non è assente del tutto (per esempio: parrucchieri e autoriparatori).

Tendenze recenti nel Regno Unito

Evidenze recenti mostrano un aumento generale degli indici di concentrazione. La quota di mercato combinata (per ricavo) delle 100 più grandi imprese (CR100) del Regno Unito è aumentato dal 18,5% del 2003-4 al 23% del 2015-16. Tuttavia, le cifre riferite all'intera economia non illustrano le variazioni tra settori diversi. Per esempio, l'indice CR5 è aumentato di oltre il 10% nella manifattura, mentre è diminuito del 2,5% nel settore dell'edilizia e in quello di energia e acqua.
Quali sono le cause che portano a un cambiamento degli indici di concentrazione? Una spiegazione ovvia è che i settori stessi sono diventati più concentrati: l'*effetto di concentrazione*. Tuttavia, è anche possibile che il CR5 aumenti in assenza di un effetto concentrazione. Ciò accade se i settori dove la concentrazione è più alta crescono più rapidamente di quelli dove la concentrazione è minore: l'*effetto di composizione*. In alcuni settori, come quelli della manifattura e dei servizi economici, l'effetto di composizione è più significativo, mentre in altri, come quelli dell'ospitalità e del commercio al dettaglio, è più forte l'effetto di concentrazione.
I dati di settore possono essere ulteriormente scomposti in sottosettori, come si vede nella tabella. Alcuni sottosettori sono più ampi di altri, perciò un aumento della concentrazione in quei settori ha un impatto maggiore sull'economia.
Uno dei più grandi sottosettori che ha visto un aumento notevole del CR5 (dal 68% all'85%) è stato quello delle scommesse, dove il fattore trainante sono state fusioni e acquisizioni, come quella tra Paddy Power e Betfair nel 2016 che ha creato Flutter Entertainment, e l'acquisizione di Gala Coral da parte di Ladbrokes, sempre nel 2016. La risultante Ladbrokes Coral è stata poi acquisita da GVC nel 2017.

Se a decidere l'entità dei contingenti è il cartello, probabilmente il criterio adottato per la ripartizione sarà quello di dividere il mercato a seconda della quota attualmente controllata da ciascun membro. Questa soluzione sarà probabilmente considerata "equa".

In molti paesi i cartelli sono illegali, perché lo Stato li considera un mezzo per tenere alti prezzi e profitti, andando così contro l'interesse pubblico (vedi Paragrafo 14.1). Tuttavia, anche quando la collusione esplicita è vietata, le imprese possono infrangere o aggirare la legge, oppure, in alternativa, decidere di restare nell'ambito della legalità, ma colludere *tacitamente* osservando i prezzi dei concorrenti e adeguando i propri. Le imprese possono "accordarsi" tacitamente per evitare una guerra dei prezzi o campagne pubblicitarie aggressive.

Collusione tacita: la leadership di prezzo

Una forma di ***collusione tacita*** si ha quando le imprese si adeguano al prezzo stabilito da un leader, che può essere l'impresa più grande, quella che domina il settore; in questo caso si parla di ***leadership di prezzo dell'impresa dominante***. In alternativa, il leader potrebbe semplicemente essere l'impresa che si è rivelata più affidabile, quella che rappresenta il miglior barometro delle condizioni del mercato. In questo caso si parla di ***leadership di prezzo dell'impresa barometro***. Esaminiamo nel dettaglio questi due tipi di leadership di prezzo.

Leadership di prezzo dell'impresa dominante

Vediamo in che modo l'impresa dominante fissa in teoria il prezzo. Il leader massimizza i profitti nel punto in cui il ricavo marginale è pari al costo marginale. La Figura 8.4(a) illustra la curva di domanda totale del mercato e la curva di offerta di tutti i follower.

Queste imprese, come quelle in concorrenza perfetta, accettano il prezzo come dato, solo che in questo caso è il prezzo fissato dal leader, quindi la curva di offerta congiunta dei follower è data semplicemente dalla somma delle loro curve C', proprio come in concorrenza perfetta.

La curva di domanda fronteggiata dal leader è rappresentata dalla porzione della domanda di mercato non coperta dalle altre imprese; in altre parole, è la differenza fra la domanda di mercato e l'offerta dei follower. In corrispondenza di P_1, l'intera domanda del mercato è soddisfatta dalle altre imprese, quindi la domanda rivolta al leader è pari a zero (punto *a*); in corrispondenza di P_2, l'offerta delle altre imprese è pari a zero, quindi il leader soddisfa l'intera domanda del mercato (punto *b*). Pertanto, la curva di domanda fronteggiata dal leader collega i punti *a* e *b*.

Il profitto del leader è massimizzato nel punto in cui il suo costo marginale è pari al suo ricavo marginale, come illustrato nella Figura 8.4(b). Il diagramma è lo stesso della Figura 8.4(a), ma con l'aggiunta delle curve C' e R' dell'impresa dominante. Il costo marginale del leader è pari al ricavo marginale in corrispondenza del livello di produzione Q_L (individuato dal punto *l* sulla sua curva di domanda).

Il leader fissa dunque un prezzo P_L, a cui si adeguano le altre imprese, che producono la quantità Q_F (individuata dal punto *f* sulla loro curva di offerta). Al prezzo P_L, la domanda totale del mercato è Q_T (corrispondente al punto *t* sulla curva di domanda di mercato), una quantità pari alla somma della produzione del leader e dei follower (cioè $Q_L + Q_F$).

Nella realtà, tuttavia, il leader non può applicare questa teoria con facilità: le sue curve di domanda e di ricavo marginale dipendono infatti dalla curva di offerta dei follower, che è impossibile determinare con accuratezza. Al leader non resta dunque che effettuare una stima approssimativa e, in base a questa, scegliere il prezzo e la produzione che massimizzano il profitto.

Un modello più semplice è quello in cui il leader ipotizza di poter mantenere una *quota di mercato* costante

> **PAROLE CHIAVE**
>
> **Collusione tacita** Situazione in cui gli oligopolisti si premurano di non tagliare i prezzi, fare troppa pubblicità o intraprendere altre forme di concorrenza. La collusione potrebbe essere basata su "regole" di comportamento non scritte, come la leadership di prezzo.
>
> **Leadership di prezzo dell'impresa dominante** Situazione in cui le imprese follower scelgono un prezzo pari a quello stabilito dall'impresa dominante del settore (il leader).
>
> **Leadership di prezzo dell'impresa barometro** Situazione in cui l'impresa leader di prezzo è quella i cui prezzi, nell'opinione generale, riflettono nella maniera più soddisfacente le condizioni di mercato.

Figura 8.4 Leadership di prezzo dell'impresa dominante.

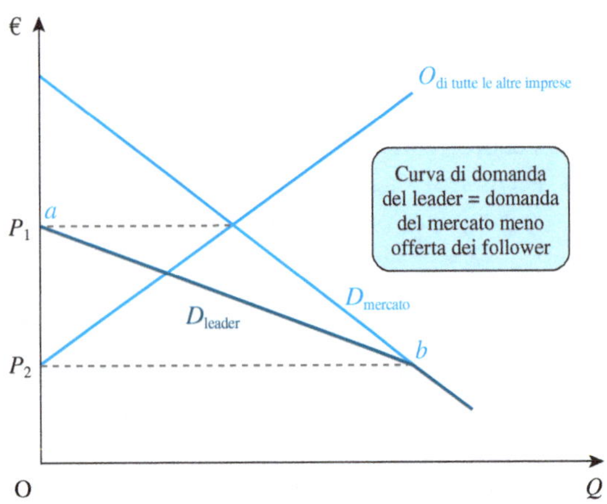

(a) Divisione del mercato tra leader e follower

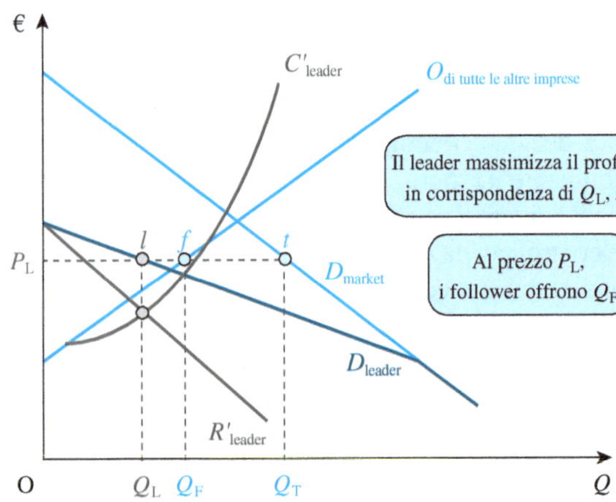

(b) Determinazione del prezzo e produzione

(poniamo il 50%), poiché ritiene che tutte le altre imprese si adegueranno alle variazioni del suo prezzo. Questo è illustrato nella Figura 8.5: il leader conosce la propria posizione sulla curva di domanda che lo riguarda (poniamo il punto *a*); stima quindi la reattività della domanda alle variazioni del prezzo del settore nel suo complesso e costruisce, di conseguenza, le proprie curve di domanda e di ricavo marginale. A quel punto, decide di produrre Q_L al prezzo P_L, collocandosi nel punto *l* sulla curva di domanda (dove $C' = R'$). Le altre imprese si adeguano a quel prezzo; la domanda totale del mercato è Q_T, e i follower coprono la porzione del mercato non servita dal leader, cioè $Q_T - Q_L$.

Questo modello presenta un problema: l'ipotesi secondo la quale i follower vorranno mantenere una quota di mercato costante. Se il leader alza il prezzo, i follower potrebbero voler offrire una quantità maggiore, dato che il nuovo prezzo (= R' per un follower price taker) potrebbe attestarsi al di sopra del loro costo marginale. Dall'altra parte, i follower potrebbero decidere semplicemente di mantenere la propria quota di mercato per timore di una ritorsione da parte del leader, sotto forma di tagli dei prezzi o campagne pubblicitarie aggressive.

Leadership di prezzo dell'impresa barometro

Un'analisi analoga può essere condotta per l'impresa barometro. Sebbene questo genere di impresa non abbia un ruolo dominante nel settore, il suo prezzo viene preso come riferimento dai follower. L'impresa barometro si limita a stimare le proprie curve di domanda e di ricavo marginale – ipotizzando, ancora una volta, una quota di mercato costante – per poi produrre la quantità tale per cui $R' = C'$ e fissare il prezzo di conseguenza.

Nella pratica, l'impresa barometro cambia di frequente. Infatti, che si parli del settore petrolifero, automobilistico o bancario, qualsiasi impresa può prendere l'iniziativa di alzare i prezzi ed essere prontamente imitata dalle altre, specie se tutte erano in attesa che qualcuno facesse la prima mossa (poniamo, a causa di un aumento dei costi). Per esempio, se una banca alza dell'1% i tassi sui mutui ipotecari, è probabile che altri istituti di credito facciano altrettanto.

Figura 8.5 Il leader di prezzo mira alla massimizzazione del profitto per una data quota di mercato.

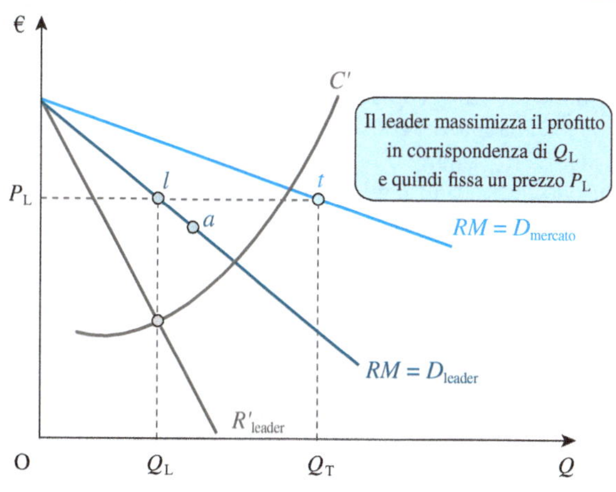

> ***IN TERMINI MATEMATICI**
>
> Nella Figura 8.4 le diverse curve possono essere rappresentate da equazioni che possono essere risolte per calcolare P_L, Q_L, Q_F e Q_T.
> Notate che abbiamo derivato tutte le curve nella Figura 8.4 da tre di esse: la curva di domanda del mercato, la curva di offerta dei follower e la curva C' del leader. Ne consegue che, se conosciamo le funzioni per queste tre curve, possiamo ricavare le funzioni per le restanti.

La collusione tacita: regole empiriche

Anziché seguire un leader consolidato, le imprese oligopolistiche possono mettere in pratica una serie di semplici regole empiriche che, non essendo fondate sull'uguaglianza $C' = R'$, possono comportare, almeno in un primo momento, una perdita di profitto. Tuttavia, nella misura in cui impediscono il dilagare della concorrenza, queste regole contribuiscono a mantenere i profitti nel lungo periodo.

Un esempio di regola empirica è la ***determinazione del prezzo in base al costo medio***, che comporta l'aggiunta di un margine di profitto (*mark-up*) al costo medio. Così, se il costo medio aumenta del 10%, anche i prezzi vengono automaticamente incrementati della stessa percentuale. Questa regola è particolarmente utile nei periodi di inflazione elevata, quando tutte le imprese devono sostenere analoghi aumenti di costi.

Un'altra regola empirica consiste nell'adottare un ***benchmark di prezzo***. Per esempio, un capo di abbigliamento può essere venduto a €19,95, €24,95 o €49,95 (ma non a €18,31 o a €36,42). Se i costi aumentano, le imprese si limitano ad alzare il prezzo fino al benchmark successivo, sapendo che i concorrenti faranno altrettanto.

> **PAROLE CHIAVE**
>
> **Determinazione del prezzo in base al costo medio o al mark-up** Metodo adottato dalle imprese che fissano il prezzo aggiungendo un margine di profitto (*mark-up*) al costo medio.
>
> **Benchmark di prezzo** Prezzo normalmente usato. Nell'aumentare i prezzi, le imprese di norma passano da un benchmark di prezzo all'altro.

BOX 8.2 **ANALISI DI CASI E APPLICAZIONI**

L'OPEC: storia del più famoso cartello al mondo

L'OPEC è probabilmente il più famoso di tutti i cartelli. Istituito nel 1960 dalle cinque principali nazioni esportatrici di petrolio al mondo (Arabia Saudita, Iran, Iraq, Kuwait e Venezuela), conta oggi 13 membri fra cui Nigeria, Angola, Libia ed Ecuador. I suoi obiettivi dichiarati sono:

- il coordinamento e l'unificazione delle politiche petrolifere degli Stati membri;
- l'organizzazione di misure volte ad assicurare la stabilità dei prezzi, eliminando le fluttuazioni nocive e non necessarie.

Negli anni precedenti il 1960 le nazioni produttrici erano entrate in crescente conflitto con le compagnie petrolifere internazionali, che estraevano il petrolio nei termini di "accordi privilegiati". I paesi produttori di petrolio avevano scarsa voce in capitolo circa i livelli di produzione e di prezzo.

Le origini

Nonostante la creazione dell'OPEC nel 1960, fu soltanto nel 1973 che il controllo della produzione del greggio venne effettivamente trasferito dalle compagnie petrolifere alle nazioni produttrici. All'epoca l'OPEC, che contava 13 Stati membri, assunse il potere decisionale sulla quantità di greggio da estrarre e iniziò quindi a esercitare un controllo sui ricavi.

Negli anni Settanta la politica dei prezzi dell'OPEC consisteva nel fissare un prezzo di mercato per il greggio dell'Arabia Saudita (il leader di mercato) e lasciare agli altri Stati membri la libertà di fissare il proprio prezzo in linea con questo. Si trattava di una forma di leadership di prezzo della "impresa dominante".

Finché la domanda restò vigorosa e anelastica al prezzo, questa politica consentì ai membri dell'OPEC di alzare notevolmente i prezzi, con un conseguente incremento dei ricavi. Nel 1973-1974, dopo la guerra arabo-israeliana (guerra del Kippur), l'Opec innalzò il prezzo da circa \$3 a oltre \$12 al barile, mantenendolo pressappoco a questo livello fino al 1979 e le vendite di petrolio rimasero relativamente stabili.

Dopo il 1979, tuttavia, a seguito di un ulteriore aumento del prezzo del greggio da circa \$15 a \$40 al barile, la domanda registrò un calo. Questa flessione fu per larga parte dovuta alla recessione dei primi anni Ottanta che, a sua volta, fu causata in gran parte dalle risposte dei governi agli aumenti dei prezzi del petrolio.

L'impiego dei contingenti di produzione

A fronte del calo della domanda, dopo il 1982 l'OPEC decise di limitare la produzione e di allocare contingenti ai suoi membri nel tentativo di tenere alto il prezzo. Tuttavia, il cartello stava cominciando a vacillare, per le seguenti ragioni:

- la recessione mondiale e il risultante calo della domanda di petrolio;
- la crescente produzione da parte di nazioni non appartenenti all'OPEC;
- il "tradimento" di alcuni membri dell'OPEC che violavano i limiti fissati dai loro contingenti di produzione.

Con un'eccedenza di petrolio, l'OPEC non poteva più mantenere elevato il prezzo, e questo, come illustra il grafico qui riportato, scese.

La tendenza al calo dei prezzi si invertì alla fine degli anni Ottanta. Con il boom dell'economia mondiale, la domanda di petrolio aumentò, unitamente al suo prezzo. Poi, nel 1990 l'Iraq invase il Kuwait, scatenando la guerra del Golfo. Con il blocco delle forniture dal Kuwait e dall'Iraq, l'offerta di petrolio diminuì e si registrò un considerevole aumento dei prezzi.

Con la fine della guerra e la recessione dei primi anni Novanta, però, il prezzo crollò rapidamente, per poi riprendersi molto lentamente quando l'economia mondiale ricominciò a espandersi.

Sul lato della domanda, lo sviluppo delle tecnologie per il risparmio energetico e gli aumenti delle accise sui carburanti sfociarono in una crescita piuttosto moderata dei consumi. Sul lato dell'offerta, la crescente proporzione di greggio offerta da Stati non OPEC e l'adozione nel 1994 di un tetto alla produzione relativamente alto da parte dell'OPEC (24,5 milioni di barili al giorno) contribuirono a mantenere la crescita dell'offerta in linea con quella della domanda.

La situazione per l'OPEC si deteriorò ulteriormente alla fine degli anni Novanta a seguito della recessione in Estremo Oriente. La domanda di petrolio diminuì di circa 2 milioni di barili al giorno. All'inizio del 1999 il prezzo era calato a circa \$10 al barile (appena \$2,70 in prezzi del 1973). Di conseguenza, i membri dell'OPEC si accordarono per ridurre la produzione di 4,3 milioni di barili al giorno, con lo scopo di riportare il prezzo a circa \$18-20 al barile.

Tuttavia, con la ripresa dell'economia asiatica e una generale accelerazione della crescita economica mondiale, il prezzo aumentò rapidamente, superando ben presto la soglia di \$20; all'inizio del 2000 aveva raggiunto \$30, triplicandosi in appena 12 mesi. Tuttavia, a seguito di un nuovo rallentamento della crescita economica mondiale, il prezzo tornò a crollare, raggiungendo \$18 nel novembre 2001.

Eppure, alla fine del 2001 le relazioni fra i produttori OPEC e non-OPEC subirono un cambiamento. I 10 membri del cartello decisero di tagliare la produzione di 1,5 barili al giorno, a seguito di un accordo con cinque dei maggiori paesi produttori non aderenti al cartello, che si impegnarono a ridurre la loro produzione. L'obiettivo di questa manovra era spingere al rialzo i prezzi, per poi stabilizzarli a circa \$25 al barile. L'alleanza fra i produttori OPEC e non-OPEC fu la prima di questo genere nel settore. Sembrava che l'OPEC potesse di nuovo controllare il mercato del petrolio.

L'impennata dei prezzi nel 2003–2008...

Il conflitto politico tra i principali paesi produttori di petrolio nei primi anni Duemila causò problemi di offerta che portarono all'aumento dei prezzi fino a oltre $50 al barile. L'OPEC cercò di allentare i contingenti, ma ebbe difficoltà nell'espandere l'offerta abbastanza rapidamente da poter realmente incidere sul prezzo.

Dal 2006 i prezzi del petrolio aumentarono più velocemente di quanto non avessero mai fatto in passato e, per la prima volta, il prezzo reale del greggio superò il livello degli anni Settanta. La principale causa del rincaro fu l'aumento significativo della domanda, specie in India e in Cina, associato alle continue apprensioni riguardo all'offerta. Il brusco incremento dei prezzi ebbe ripercussioni considerevoli: la pressione inflazionistica aumentò in tutto il mondo, mentre i proventi dei paesi OPEC raddoppiarono nella prima metà del 2008.

... e poi il crollo

Ma poi la crisi finanziaria causò un crollo dei prezzi, che passarono da un massimo di $147 a luglio 2008 fino a un minimo di $34 a dicembre dello stesso anno. Poteva essere una buona notizia per i consumatori, ma il calo dei prezzi rischiava di scoraggiare l'investimento nella prospezione e nello sviluppo dei giacimenti, nonché nella ricerca di fonti energetiche alternative.

L'OPEC rispose alla diminuzione dei prezzi annunciando tagli alla produzione, che fra l'agosto del 2008 e il gennaio del 2009 ammontarono a circa il 14%. Tuttavia, dal momento che all'OPEC si doveva meno di un terzo della produzione globale, questa riduzione rappresentava meno del 5% della produzione mondiale e quindi ebbe poco effetto sul prezzo.

Una nuova minaccia per l'OPEC

Una ripresa della domanda globale portò a un nuovo rialzo dei prezzi, che tra la metà del 2011 e la metà del 2014 rimasero relativamente stabili attorno a $100 – $120 al barile. Tuttavia, l'OPEC stava cominciando ad affrontare la concorrenza sempre più agguerrita di un nuovo entrante: la produzione di shale oil negli USA, che raddoppiò tra il 2011 e il 2014, contribuendo a un crollo del prezzo del petrolio da $112 al barile (giugno 2014) a $30 al barile (febbraio 2016). L'OPEC reagì annunciando che avrebbe mantenuto la produzione sui livelli esistenti nel tentativo di portare fuori dal mercato il nuovo concorrente nel medio-lungo termine. Gli impianti di estrazione dello shale oil hanno costi di avvio molto alti e costi marginali bassi, ma le fonti sono attive solo per pochi anni. I membri dell'OPEC speravano che il prezzo del petrolio più basso avrebbe scoraggiato gli investimenti nell'avvio di nuovi impianti di estrazione dello shale oil una volta esaurite le riserve esistenti.

Tuttavia, con i ricavi dalle vendite di petrolio crollati, l'OPEC e dieci produttori non OPEC, tra cui la Russia, nel dicembre 2016 si accordarono per tagliare la produzione.

I prezzi del petrolio.

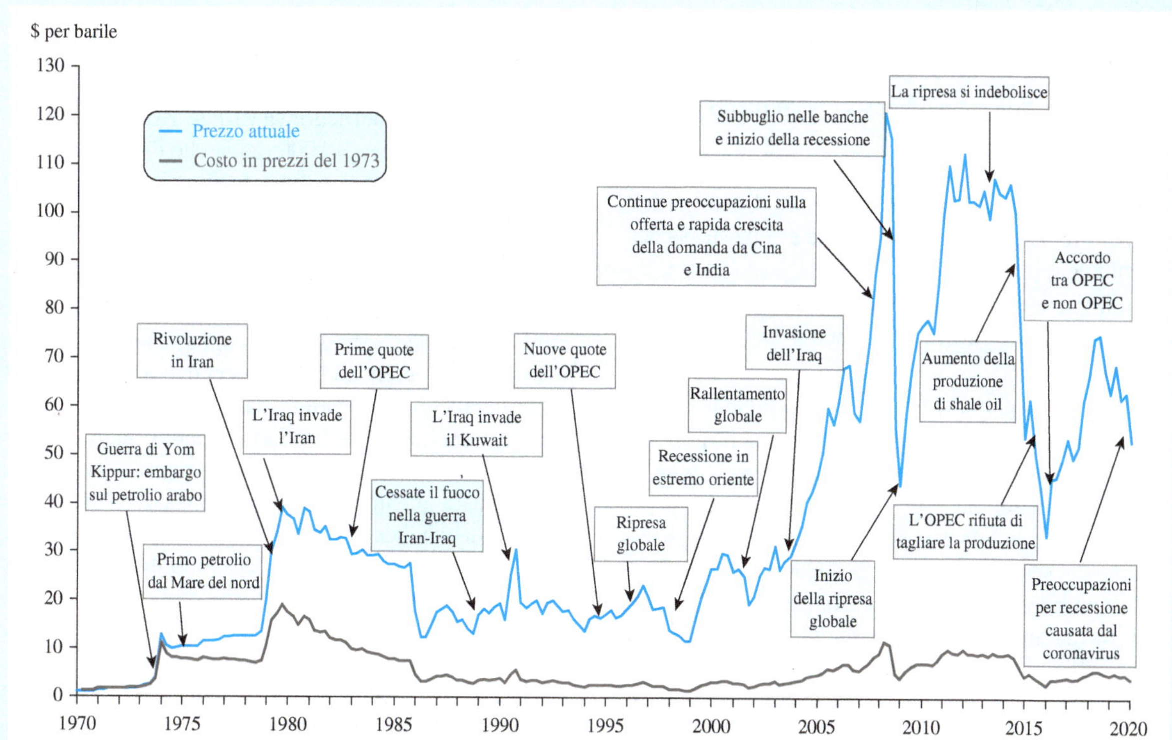

Noto come *OPEC+ Alliance*, quel gruppo controlla circa il 55% della produzione globale. Quella fu la prima volta che i Paesi produttori di petrolio raggiunsero un accordo di quel tipo dal 2001 e il prezzo del petrolio cominciò ad aumentare mentre i Paesi rispettavano le quote concordate.
L'aumento dei prezzi riportò alla redditività i produttori di shale oil. Diversi impianti che erano stati temporaneamente chiusi tornarono operativi e la produzione raggiunse livelli record di oltre 9,1 milioni di barili al giorno all'inizio del 2020. L'OPEC+ Alliance reagì con un'ulteriore estensione dei suoi accordi.
Nel dicembre 2019 il gruppo si accordò per futuri tagli della produzione di 2,1 milioni di barili al giorno. Anche le tensioni nel Medio Oriente e la minaccia di un confronto militare tra Stati Uniti e Iran influenzarono i prezzi nel 2019.
Date le crescenti preoccupazioni di tipo ambientale e la pressione politica verso la riduzione dell'uso di fonti fossili, sarà interessante vedere quale influenza continuerà ad avere in futuro l'OPEC sul prezzo del petrolio.

Le regole empiriche possono essere applicate anche alla pubblicità (per esempio, non si criticano i prodotti altrui, ma ci si limita a lodare i propri) o al design del prodotto (per esempio, tra i produttori di lampadine c'è il tacito accordo di non commercializzare lampadine dalla durata eterna).

I fattori che favoriscono la collusione

La collusione fra le imprese, formale o tacita che sia, è tanto più probabile quanto più le imprese si identificano chiaramente le une con le altre o con un leader, e quanto più ritengono che le altre non infrangeranno gli accordi. Le imprese riusciranno più agevolmente a colludere se valgono alcune condizioni.

- Nel settore operano poche imprese che hanno un'ottima conoscenza dei concorrenti.
- Le imprese non nascondono ai concorrenti i costi e i metodi di produzione.
- Le imprese hanno metodi di produzione e costi medi simili, ed è quindi probabile che vogliano modificare i prezzi contemporaneamente e della stessa percentuale.
- Le imprese producono prodotti simili e possono quindi raggiungere più facilmente un accordo sui prezzi.
- Nel settore è presente un'impresa dominante.
- Esistono significative barriere all'entrata, quindi le imprese operanti nel settore non temono l'ingresso di nuovi concorrenti.
- Il mercato è stabile. Se la domanda o i costi di produzione del settore sono soggetti ad ampie fluttuazioni, è arduo raggiungere un accordo, sia per la difficoltà di formulare previsioni e sia perché gli accordi potrebbero essere soggetti a frequenti modifiche. In particolare, in un mercato in declino le imprese potrebbero essere tentate di farsi concorrenza sul prezzo per mantenere invariate le proprie vendite.
- Il governo non adotta misure per tenere a freno la collusione.

Il fallimento della collusione: l'oligopolio non collusivo

In alcuni oligopoli i fattori che favoriscono la collusione potrebbero essere pochissimi o addirittura assenti. In simili circostanze è più probabile che le imprese si facciano concorrenza sul prezzo.

Anche in presenza di collusione, i singoli oligopolisti avranno sempre la tentazione di "barare" abbassando i prezzi o vendendo una quantità maggiore rispetto al contingente loro assegnato.

Consideriamo l'esempio di un cartello composto da cinque imprese di pari dimensioni, illustrato nella Figura 8.6(a). Ipotizziamo che il cartello fissi il prezzo che massimizza il profitto del settore a €10; ne risulta una produzione del settore pari a 1000 unità, che il cartello suddivide equamente fra i cinque membri, assegnando un contingente di 200 a ciascuno.

Esaminiamo adesso la Figura 8.6(b), che rappresenta la posizione di un membro del cartello, l'impresa A. Ipotizzando che il prezzo del cartello resti fisso a €10, questa cifra corrisponderebbe al ricavo marginale della singola impresa. Si creerebbe così un incentivo a infrangere gli accordi: i membri del cartello sarebbero indotti a vendere una quantità maggiore rispetto al contingente loro assegnato. L'impresa A massimizzerebbe il profitto vendendo 600 unità, la quantità in corrispondenza della quale $C' = P (= R')$, a condizione di poter sottrarre quote di mercato agli altri membri del cartello, in modo da lasciare invariata la produzione totale (e quindi il prezzo) del settore.

In alternativa, i membri del cartello potrebbero essere tentati di abbassare i prezzi. Ancora una volta, ipotizzando che il resto del cartello mantenga il prezzo a €10, l'impresa A fronteggerebbe una curva di domanda relativamente elastica (illustrata da *RM* nella Figura 8.6(b)).

Figura 8.6 L'incentivo per un'impresa a violare il suo contingente di produzione o a praticare un prezzo inferiore a quello del cartello.

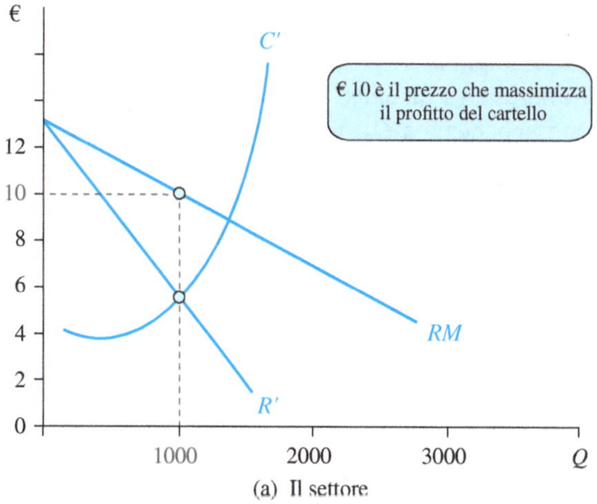

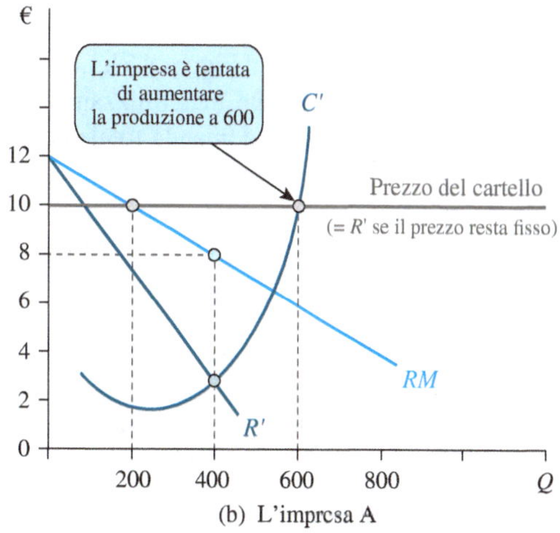

Una modesta riduzione del prezzo attirerebbe un numero consistente di clienti a scapito degli altri membri del cartello; l'impresa A massimizzerebbe il profitto abbassando il prezzo a €8 e incrementando quindi le vendite a 400 unità. Ovviamente, l'impresa che vende una quantità superiore al proprio contingente o abbassa i prezzi si espone al rischio di ritorsioni da parte degli altri membri del cartello, i quali scatenerebbero una guerra dei prezzi che porterebbe, con ogni probabilità, allo scioglimento del cartello stesso.

Oligopolio non collusivo: ipotesi sul comportamento dei rivali

CF 9 p129 Anche qualora non colludano, nel decidere la propria strategia gli oligopolisti devono comunque tener conto della probabile reazione dei concorrenti, analizzandone i comportamenti passati e formulando ipotesi a partire da questi. Esistono tre diversi modelli molto noti, ciascuno basato su diverse ipotesi di base.

Il modello di Cournot: le imprese scelgono la quantità e il mercato determina il prezzo

Uno dei primi modelli di oligopolio venne sviluppato dall'economista francese Augustin Cournot nel 1838. La versione più semplice del ***modello di Cournot*** considera le seguenti assunzioni.

- Ogni impresa deve scegliere un livello di produzione per un determinato periodo senza conoscere i piani di produzione dei rivali (anche se, escludendo le nuove imprese, in generale è possibile sapere quanto i rivali hanno prodotto in passato). In altre parole, le imprese devono prendere decisioni sulla produzione simultaneamente.
- La produzione richiede tempi lunghi ed è relativamente poco flessibile. Per esempio, immaginate un'impresa che investe in una fabbrica o impianto con una specifica capacità produttiva. Una volta iniziati i lavori di costruzione dell'edificio e ordinati e acquistati i macchinari specializzati, è difficile per l'impresa modificare il livello di produzione pianificato in precedenza.
- Mentre la produzione richiede tempi lunghi, il prezzo di mercato può variare in modo istantaneo, perciò ogni impresa è in grado di vendere tutta la produzione che desidera.
- Il prodotto è omogeneo e ogni impresa ha gli stessi costi. Ciò significa che tutte le imprese del mercato vendono tutta la loro produzione allo stesso prezzo.

La combinazione di prezzi flessibili e produzione non flessibile crea un ambiente strategico interessante. Il prezzo che ciascuna impresa riceve per la sua produzione, in ogni periodo dato, dipende anche dalle decisioni di produzione delle altre imprese. Per calcolare il livello della sua produzione che massimizza il profitto, ogni impresa deve stimare il più probabile livello di produzione raggiunto dalle rivali. Il modello di Cournot assume che ogni impresa si aspetti che le sue rivali producano nel periodo corrente la stessa quantità del periodo precedente.

PAROLE CHIAVE

Modello di Cournot Modello di duopolio in cui ciascuna impresa decide il prezzo da applicare e la quantità da produrre ipotizzando che il concorrente produrrà una determinata quantità.

Per semplificare il più possibile l'analisi assumeremo che il settore sia un ***duopolio*** e che le due imprese, A e B, abbiamo entrambe gli stessi costi.

Questa situazione è illustrata nella Figura 8.7(a), che mostra il prezzo e la produzione che massimizzano il profitto dell'impresa A. La curva di domanda totale del mercato è contrassegnata da D_M. Supponiamo che l'impresa B abbia prodotto Q_{B1} unità l'anno scorso; l'impresa A, secondo le assunzioni del modello, ritiene che l'impresa B continuerà a produrre Q_{B1} unità anche quest'anno.

Per calcolare il livello di produzione che massimizza il profitto dell'impresa A dobbiamo determinare la sua ***curva della domanda residua***, che mostra quanta della domanda totale è rimasta per l'impresa A dopo che l'imprsa B ha fornito al mercato la sua produzione. Dato che come produzione di B si assume Q_{B1}, l'impresa A ritiene che la sua curva della domanda residua sia D_{A1}. Questa è la curva della domanda di mercato, D_M, meno Q_{B1} unità, cioè la distanza orizzontale tra D_M e D_{A1} nella Figura 8.7(a).

La curva di ricavo marginale corrispondente a D_{A1} è R'_{A1} e la produzione che massimizza il profitto è Q_{A1}, la quantità in corrispondenza della quale $R'_{A1} = C'_A$. Il mercato si adeguerà immediatamente in modo che l'impresa A possa vendere Q_{A1} unità e l'impresa B possa vendere Q_{B1} unità del prodotto omogeneo al prezzo P_1.

CF 8 p107 Se l'impresa A ritiene che l'impresa B produrrà *più* di Q_{B1}, le sue curve di domanda residua e di ricavo marginale si collocherebbero più a sinistra, mentre la quantità e il prezzo che massimizzano il profitto sarebbero inferiori. Questo mostra che le produzioni sono sostituti strategici: se l'impresa A ritiene che l'impresa B produrrà di più, la sua migliore risposta è quella di produrre meno.

Un limite dell'analisi svolta finora è che illustra soltanto la migliore risposta che massimizza il profitto dell'impresa A a un unico livello atteso di produzione di B, corrispondente a Q_{B1} unità. La ***funzione di reazione*** dell'impresa A, rappresentata dalla curva R_A nella Figura 8.7(b), mostra le sue migliori risposte che massimizzano il profitto per *tutti* i diversi livelli di produzione che la sua rivale possa ottenere. Ha pendenza negativa perché le produzioni sono sostituti strategici: più produce l'impresa B, meno produrrà l'impresa A. Quindi, se l'impresa A ritenesse che B produrrà Q_{B2} unità, produrrebbe Q_{A2} unità (punto *y* nella Figura 8.7(b)).

Possiamo ora condurre un'analisi simile per l'impresa B, ancora una volta usando un diagramma come quello della Figura 8.7(a). Ipotizzando che A produrrà un determinata quantità, B sceglierà di conseguenza il prezzo e la quantità in modo da massimizzare il profitto. La funzione di reazione dell'impresa B è rappresentata dalla curva R_B nella Figura 8.7(b). Per esempio, se l'impresa B ipotizza che A produrrà Q_{A3} unità, sceglierà di produrre Q_{B3} unità (punto *z* nella figura)

PAROLE CHIAVE

Duopolio Oligopolio costituito di due sole imprese.

Curva della domanda residua Illustra la relazione tra la produzione di un'impresa e il prezzo di mercato del prodotto, mantenendo costante la produzione delle altre imprese.

Funzione (o curva) di reazione Funzione che illustra come varia la produzione ottima di un'impresa a seconda del livello di produzione scelto dai suoi concorrenti.

Figura 8.7 Il modello del duopolio di Cournot.

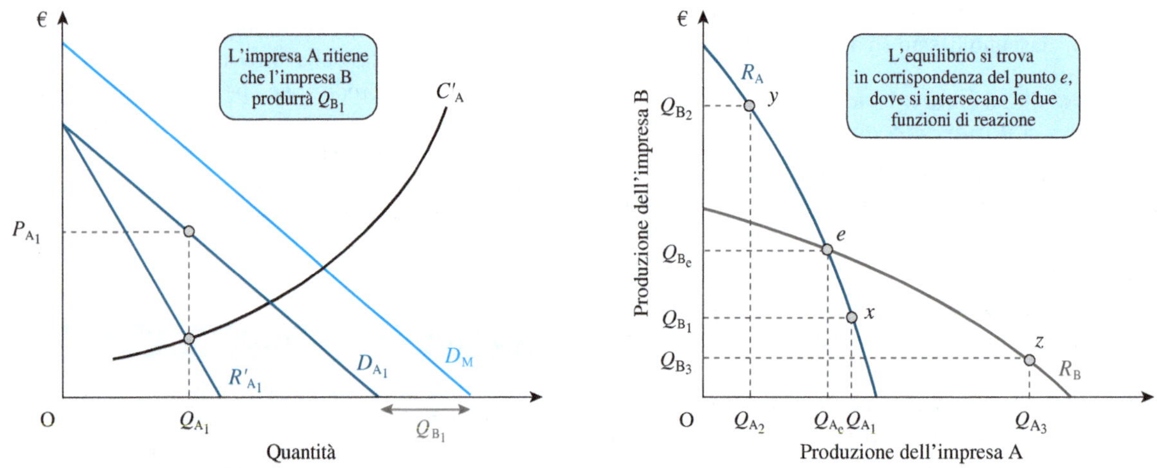

(a) La posizione di massimizzazione del profitto dell'impresa A

(b) Le funzioni di reazione delle due imprese

L'equilibrio di questo mercato, detto ***equilibrio di Cournot***, si trova nel punto *e* della Figura 8.7(b). Soltanto in corrispondenza di questo punto, nessuna delle due imprese sceglierà di modificare la produzione dopo aver scoperto quanto produce la sua rivale. Ma come si fa a raggiungere questo punto se nessuna delle due imprese attualmente realizza tale livello di produzione?

Ipotizziamo che le due imprese producano nel punto *x*. L'impresa A prevede che l'impresa B produrrà Q_{B1}. Mentre l'impresa A si trova sulla sua curva di reazione, l'impresa B non lo è. Se B prevede che l'impresa A produrrà Q_{A1}, la sua mossa migliore è quella di *non* produrre Q_{B1}, ma produrre invece una quantità corrispondente a un punto sulla sua curva di reazione posizionato verticalmente al di sopra di questo (cioè di produrre una quantità *maggiore* di Q_{B1}). Questo processo continua finché non si raggiunge il punto *e*; soltanto lì i livelli di produzione scelti da ciascuna impresa (alla luce delle scelte adottate da ognuna) sommati danno la quantità totale domandata.

I profitti nel modello di Cournot. I profitti complessivi del settore sono *inferiori* a quelli realizzati da un monopolista o da un cartello, perché, come si può osservare nella Figura 8.7(a), il prezzo di equilibrio è inferiore a quello di monopolio. In regime di monopolio, per trovare la produzione che massimizza il profitto dovremmo tracciare la curva R' corrispondente alla curva di domanda del mercato (D_M), che intersecherebbe la curva C' in corrispondenza di una quantità superiore a Q_{A1} e di un prezzo *più elevato* (dato da D_M).

Ciò nondimeno, nel modello di Cournot i profitti del settore sono maggiori che in concorrenza perfetta, dal momento che il prezzo è comunque superiore al costo marginale. Tuttavia, all'aumentare del numero di imprese nel settore, il prezzo si sposterà più vicino al livello di un mercato concorrenziale e i profitti di settore caleranno.

Il modello di Bertrand: le imprese fissano i prezzi e il mercato determina le vendite

Un altro famoso modello di monopolio fu sviluppato dall'economista francese Joseph Bertrand nel 1883. Bertrand criticò il modello di Cournot sostenendo che le imprese tendono più spesso a fissare i prezzi, lasciando che sia il mercato a determinare le quantità vendute. L'economista considerò ancora il caso del duopolio in cui entrambe le imprese hanno gli stessi costi di produzione, ma le conclusioni del suo modello si applicano anche agli oligopoli con tre o più imprese. Il modello di Bertrand si basa sulle seguenti assunzioni.

- Ogni impresa deve scegliere il proprio prezzo senza conoscere il prezzo scelto dall'altra impresa. Essa assume che la rivale applicherà nel periodo corrente lo stesso prezzo che ha applicato nel periodo precedente.
- Le imprese devono fissare i prezzi in anticipo e le decisioni non possono essere cambiate con facilità, quindi i prezzi sono poco flessibili.
- Il prodotto è omogeneo e l'unica cosa che interessa ai clienti al momento dell'acquisto è il prezzo.
- Ogni impresa può modificare il suo livello di produzione all'istante e non ha vincoli di capacità produttiva. Quindi, se un'impresa applica un prezzo più basso della sua rivale, può immediatamente fornire l'intero mercato.

Il modello prevede che ciascuna impresa continuerà a ridurre i prezzi fino ad annullare i profitti supernormali, e questo per una ragione molto semplice: l'impresa A, ipotizzando che B terrà costante il prezzo, prevede che riducendo di poco il proprio prezzo potrà conquistare l'intero mercato, che è in grado di fornire all'istante. Seguendo lo stesso ragionamento, l'impresa B si vedrà costretta a reagire abbassando a sua volta il prezzo. Si innesca così una guerra al ribasso che proseguirà finché i prezzi non scenderanno al livello del costo medio totale, lasciando alle imprese i soli profitti normali.

Questo risultato, molto diverso da quello previsto dal modello di Cournot, è detto *Paradosso di Bertrand* in quanto sembra controintuitivo: un duopolio si ritrova in una situazione molto simile a quella di un mercato perfettamente concorrenziale. La previsione cambia notevolmente se si introducono nel modello la possibilità di differenziare il prodotto e/o dei limiti alla capacità dell'impresa di fornire l'intero mercato (cioè dei vincoli di capacità produttiva). Inoltre, le imprese potrebbero cercare di colludere molto prima che i profitti si riducano a livello normale, o in alternativa potrebbero effettuare un'***offerta di acquisizione*** nei confronti delle concorrenti.

L'equilibrio di Nash. L'esito di equilibrio nei modelli di Cournot o Bertrand non rispecchia l'interesse *congiunto* delle imprese. In entrambi i casi, i profitti totali sono inferiori a quelli realizzati da un monopolista o da un cartello. Tuttavia, in assenza di collusione, ciascuna impresa

PAROLE CHIAVE

Equilibrio di Cournot Situazione in cui le quantità prodotte scelte dalle imprese sono reciprocamente compatibili (ovvero le curve di reazione delle due imprese si intersecano).

Offerta di acquisizione Quando un'impresa cerca di rilevare un'altra offrendosi di acquistarne le azioni dai suoi azionisti.

prende una decisione ottima a partire dalle proprie congetture circa le azioni dei concorrenti. L'equilibrio che si ottiene in questi modelli è detto ***equilibrio di Nash***, dal nome del matematico statunitense John Nash (la vita del quale è narrata dal celebre film *A Beautiful Mind*), che introdusse questo concetto nel 1951. Questo concetto sarà discusso in maggiore dettaglio nel Paragrafo 8.3.

La teoria della domanda ad angolo

Nel 1939, sulle rive opposte dell'Atlantico tre economisti – Paul Sweezy negli Stati Uniti, R. L. Hall e C. J. Hitch nel Regno Unito – svilupparono contemporaneamente una teoria dell'oligopolio non collusivo: la ***teoria della domanda ad angolo***, forse la più famosa fra tutte le teorie dell'oligopolio. Il modello mira a spiegare perché, anche in assenza di collusione fra gli oligopolisti, i prezzi restano stabili.

La teoria si basa su due ipotesi asimmetriche.

- Se un oligopolista abbassa il prezzo, i concorrenti si sentono costretti a fare altrettanto per evitare di perdere clienti in favore della prima impresa.
- Se un oligopolista alza il prezzo, tuttavia, i concorrenti *non* seguono il suo esempio, perché tenendo i prezzi costanti possono attrarre i clienti persi dalla prima impresa.

La logica che segue da queste ipotesi è che ciascun oligopolista fronteggia una curva di domanda con un *angolo* in corrispondenza del prezzo e della produzione correnti (Figura 8.8). Un aumento del prezzo provocherebbe una considerevole diminuzione delle vendite, perché i clienti inizierebbero ad acquistare i prodotti concorrenti, caratterizzati da prezzi relativamente più bassi. La singola impresa è pertanto riluttante ad aumentare il proprio prezzo e la domanda è relativamente elastica nella porzione al di sopra all'angolo. D'altro canto, una diminuzione del prezzo provocherebbe solo un aumento moderato delle vendite, perché i concorrenti abbasserebbero i prezzi a loro volta e i clienti non sostituirebbero un prodotto con un altro. L'impresa è pertanto riluttante a ridurre il proprio prezzo e la domanda è relativamente anelastica nella porzione al di sotto dell'angolo. In conclusione, gli oligopolisti sono generalmente restii a modificare i prezzi.

Questa stabilità dei prezzi può essere illustrata in maniera formale tracciando la curva di ricavo marginale dell'impresa, come nella Figura 8.9.

Per capire come si procede, immaginiamo di dividere il diagramma in due parti: una alla sinistra e una alla destra di Q_1. Per quantità inferiori a Q_1 (parte sinistra del diagramma), la curva R' corrisponde alla porzione più piatta della curva *RM*; per quantità superiori a Q_1 (parte destra del diagramma), la curva R' corrisponde alla porzione più ripida della curva *RM*. Per capire come si costruisce questo secondo tratto della curva R', immaginiamo di prolungare la porzione più ripida della curva

PAROLE CHIAVE

Equilibrio di Nash Situazione in cui tutti prendono la propria decisione ottima sulla base delle proprie ipotesi circa le decisioni dei rivali. In assenza di collusione, nessuna impresa ha un incentivo a muoversi da questa posizione.

Teoria della domanda ad angolo Teoria secondo la quale gli oligopolisti si confrontano con una curva di domanda ad angolo in corrispondenza del prezzo corrente e con una domanda nettamente più elastica nel tratto della curva corrispondente a valori del prezzo superiori al livello corrente. La curva di domanda ad angolo crea una situazione di stabilità dei prezzi.

Figura 8.8 Domanda ad angolo per un'impresa operante in regime di oligopolio.

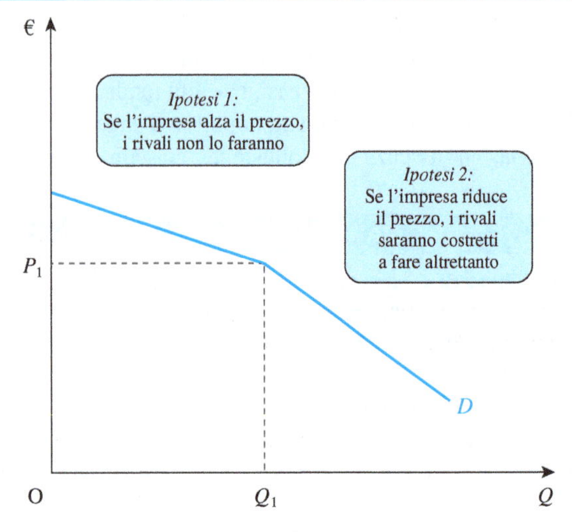

Figura 8.9 Stabilità del prezzo in presenza di una curva di domanda ad angolo.

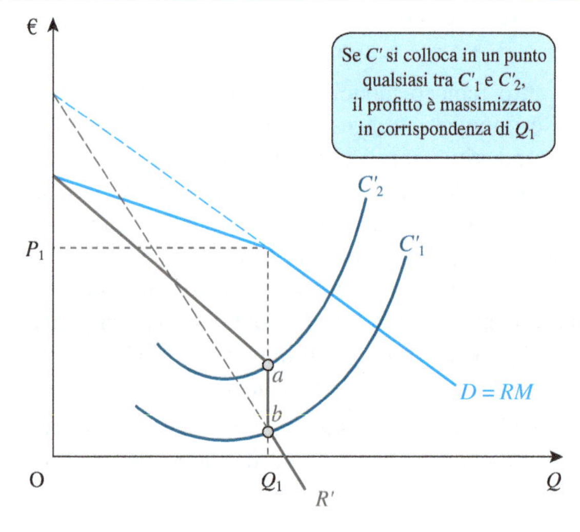

RM fino all'asse delle ordinate. Indichiamo questa curva, e la corrispondente curva R', con le linee tratteggiate nella Figura 8.9. Come potete vedere, fra i punti *a* e *b* c'è una discontinuità; in altre parole, fra questi due punti si trova la porzione verticale della curva R'.

I profitti sono massimizzati nel punto in cui $C' = R'$. Pertanto, se la curva C' giace in qualunque punto compreso fra C'_1 e C'_2 (cioè fra *a* e *b*), il prezzo e la produzione che massimizzano il profitto sono rispettivamente P_1 e Q_1. Di conseguenza, i prezzi restano stabili *anche a fronte di una considerevole variazione dei costi*.

Pur fornendo una semplice dimostrazione del fenomeno della stabilità dei prezzi nel mondo reale, il modello presenta due limiti significativi.

- La stabilità dei prezzi può essere dovuta ad *altri* fattori. Le imprese potrebbero non voler variare i prezzi troppo di frequente, per non trovarsi costrette a modificare i listini, a ricalcolare le previsioni di ricavo e a rivalutare le scorte di prodotti finiti, per non parlare dello scontento dei clienti. La stabilità dei prezzi, pertanto, non dimostra l'accuratezza del modello.
- Sebbene possa contribuire a spiegare la stabilità dei prezzi, il modello non spiega in che modo i prezzi vengono fissati inizialmente; a tale scopo sarebbe necessario un altro modello. Questo è un grave limite in epoche caratterizzate da inflazione elevata, quando gli oligopolisti, come le altre imprese, alzano i prezzi in risposta all'aumento dei costi e della domanda. Tuttavia, il modello è in grado di prevedere che l'oligopolista aumenterà il prezzo solo quando il costo marginale avrà superato C'_2 nella Figura 8.9: effettuato l'aumento, in corrispondenza di quel prezzo si formerà un nuovo angolo. Il prezzo resterà allora fisso a quel livello finché un nuovo aumento dei costi lo spingerà nuovamente al rialzo.

Oligopolio e interesse pubblico

CF 3 p26 Se gli oligopolisti colludono e massimizzano congiuntamente i profitti del settore, di fatto operano come un monopolista. In simili circostanze, gli svantaggi derivanti alla società dal monopolio si produrranno anche in oligopolio (Paragrafo 7.3).

Inoltre, rispetto al monopolio, l'oligopolio potrebbe presentare due ulteriori problemi.

- A seconda delle dimensioni dei singoli oligopolisti, le economie di scala potrebbero non riuscire a mitigare gli effetti del potere di mercato.
- È probabile che gli oligopolisti ricorrano alla pubblicità in maniera molto più massiccia di un monopolista.

La portata di questi problemi, tuttavia, viene a ridursi se gli oligopolisti non colludono, se esiste un certo grado di concorrenza sul prezzo e se le barriere all'entrata sono sormontabili.

Inoltre, in taluni mercati il potere degli oligopolisti potrebbe in una certa misura essere controbilanciato da quello di altre grandi imprese che acquistano i loro prodotti. Per esempio, i produttori oligopolisti di pannolini per neonati vendono una parte consistente della loro produzione alle grandi catene di supermercati, che possono usare il loro potere di mercato per tenere basso il prezzo al quale acquistano i pannolini. Questo fenomeno prende il nome di ***potere controbilanciante***.

Gli oligopolisti godono inoltre di un potere ridotto se il mercato in cui operano è contendibile (vedi Paragrafo 7.4). Più sono bassi i costi di ingresso e di uscita per le imprese, più difficoltà hanno gli oligopolisti a colludere e a guadagnare profitti supernormali.

Per certi versi, gli oligopoli possono arrecare *vantaggi* alla società rispetto alle altre strutture di mercato.

- Gli oligopolisti, come i monopolisti, possono destinare una parte del profitto supernormale all'attività di ricerca e sviluppo. A differenza dei monopolisti, tuttavia, gli oligopolisti hanno un considerevole *incentivo* a farlo. Se il design del prodotto viene migliorato, l'impresa può aggiudicarsi un'ampia quota di mercato, poiché i concorrenti potrebbero non rispondere immediatamente con un prodotto analogamente potenziato. Inoltre, eventuali riduzioni dei costi derivanti da un'innovazione tecnologica consentirebbero all'impresa di realizzare maggiori profitti, potenziando la propria capacità di fronteggiare un'eventuale guerra dei prezzi.
- La concorrenza basata su fattori diversi dal prezzo, come la differenziazione del prodotto, può tradursi in una più ampia scelta per il consumatore. Consideriamo per esempio il caso degli impianti stereo: la concorrenza basata su fattori diversi dal prezzo ha portato alla produzione di un'immensa gamma di prodotti con caratteristiche tecniche differenti, ciascuna delle quali soddisfa le esigenze di clienti diversi.

Tuttavia, è difficile trarre conclusioni generali, dal momento che gli oligopoli si differenziano molto quanto a performance.

PAROLE CHIAVE

Potere controbilanciante Situazione in cui il potere del venditore monopolista/oligopolista è controbilanciato da acquirenti dotati di potere di mercato in grado di impedire che il prezzo venga spinto al rialzo.

8.3 La teoria dei giochi

Quando le imprese operano in ambiente concorrenziale e riconoscono di essere interdipendenti, qual è il risultato più probabile? Se ogni impresa punta a massimizzare il suo profitto, deve ragionare in modo strategico: deve elaborare la sua reazione ottimale alle azioni effettive o più probabili dei suoi rivali.

A prima vista potrebbe sembrare un compito quasi impossibile, data la complessità del ragionamento. Tuttavia, gli economisti hanno sviluppato la ***teoria dei giochi*** che offre un utile quadro di riferimento e una serie di strumenti per affrontare situazioni come quella descritta. Aiutando a individuare la strategia migliore che ogni impresa può adottare per ciascuna ipotesi sul comportamento dei rivali, la teoria dei giochi può essere utile agli economisti per predire il risultato più probabile in mercati dove vi è interdipendenza strategica.

In questo paragrafo vedremo come la teoria dei giochi possa fornire utili spunti per comprendere il comportamento delle imprese nei mercati oligopolisti. È importante ricordare però che la teoria dei giochi si applica anche a un campo molto più vasto, tra cui le trattative sull'uscita del Regno Unito dall'Unione europea. Per alcuni tipi di giochi, tuttavia, la teoria dei giochi fornisce pochi spunti; si tratta per esempio di quelli i cui risultati sono determinati esclusivamente dal caso, come lotterie, bingo e così via, o dove vi è un solo giocatore, come nei solitari. Esistono comunque molte situazioni economiche in cui la teoria dei giochi può fornire spunti interessanti e utili.

Giochi simultanei a mossa singola

Come abbiamo visto, la strategia di massimizzazione del profitto dell'impresa in un mercato oligopolistico concorrenziale dipende in parte da come l'impresa ritiene che i rivali reagiranno alle sue decisioni su prezzi, produzione, sviluppo del prodotto, pubblicità e così via. Se la concorrenza è un evento unico, come avviene quando le imprese competono per uno specifico contratto, può essere modellata come ***gioco simultaneo a mossa singola*** o uniperiodale. Un gioco simultaneo a mossa singola con "informazione completa" presenta le seguenti caratteristiche. Ciascuna impresa:

- è consapevole di tutte le scelte disponibili ai rivali, cioè tutte le decisioni che le imprese rivali potrebbero prendere su prezzi, produzione, pubblicità, sviluppo del prodotto e così via.
- è in grado di calcolare l'impatto sui suoi profitti di ognuna di queste potenziali decisioni;
- prende le sue decisioni senza conoscere le scelte effettuate dai rivali.

Queste assunzioni sono molto simili a quelle dei modelli di oligopolio di Bertrand e Cournot trattati nel Paragrafo 8.2. Gli economisti hanno in effetti reinterpretato entrambi questi modelli come esempi di giochi simultanei a mossa singola. Un altro esempio è il gioco della morra cinese (sasso-carta-forbice): ogni giocatore conosce le tre scelte a disposizione di entrambi i partecipanti al gioco e deve decidere senza sapere la scelta fatta dall'altro. Un ulteriore esempio è quello di un'asta con offerte in busta chiusa, in cui ogni partecipante fa un'offerta senza conoscere le offerte fatte dagli altri.

CF 9 p129 Per un'impresa, un ambiente di questo tipo rappresenta una seria sfida. Per affrontarla, come primo passo l'impresa può valutare l'impatto delle azioni di ogni rivale sul proprio profitto. Tuttavia, per determinare la migliore reazione generalmente è necessario sapere quali azioni abbia effettivamente intrapreso il rivale, e in un gioco simultaneo a mossa singola non è disponibile tale informazione. Come può fare un'impresa a determinare la sua migliore reazione a una decisione di un rivale senza conoscerla?

Giochi simultanei a mossa singola con strategie dominanti

In alcuni ambienti strategici l'impresa non deve preoccuparsi di determinare le più probabili azioni che i suoi rivali intraprenderanno, poiché la sua migliore reazione rimane la stessa indipendentemente dalle assunzioni fatte riguardo il comportamento dei concorrenti. Nella terminologia della teoria dei giochi si dice che l'impresa ha una ***strategia dominante***. Uno dei modi migliori per

PAROLE CHIAVE

Teoria dei giochi Metodo matematico per la formulazione di decisioni in cui si analizzano strategie alternative per determinare la linea d'azione ottimale per la parte interessata in funzione di una serie di ipotesi sul comportamento dei rivali. Ampiamente utilizzata in economia, la teoria dei giochi è uno strumento impiegato anche nella biologia, nella psicologia e nella politica.

Gioco simultaneo a mossa singola Gioco in cui ciascun giocatore ha soltanto una mossa e tutti giocano nello stesso tempo e agiscono senza conoscere le azioni scelte dagli altri giocatori.

Gioco con strategie dominanti Gioco in cui le diverse ipotesi sul comportamento dei rivali portano all'adozione della medesima strategia.

illustrare questo concetto è quello di rappresentare l'ambiente strategico in cui operano le imprese come ***gioco in forma normale***. Una rappresentazione normale (o strategica) di un gioco è strutturata attraverso una matrice che illustra i pay-off (cioè i profitti) conseguenti a ognuna delle varie decisioni disponibili. Un semplice esempio è riportato nella Tabella 8.1.

Questo esempio mostra i vari profitti che due imprese (X e Y) potrebbero ottenere applicando due diversi prezzi – €2 e €1,80. Per semplicità assumiamo che le imprese abbiano costi, prodotti e domanda identici e possano scegliere soltanto uno dei due prezzi.

Per cominciare, consideriamo la posizione dell'impresa Y: dovrebbe fissare il prezzo a €2 o €1,80? Quale decisione porterebbe al maggior profitto? Per rispondere a questa domanda dobbiamo esaminare l'impatto delle diverse decisioni di prezzo dell'impresa X sui profitti dell'impresa Y e determinare la sua migliore reazione Se l'impresa Y assume che l'impresa X scelga un prezzo di €2, deve concentrarsi sulla colonna sinistra della matrice dei profitti. La migliore reazione dell'impresa Y è chiaramente quella di applicare un prezzo di €1,80, ottenendo profitti per 12 milioni di euro, come illustrato nella cella C. Se l'impresa Y fissa il suo prezzo a €2, realizza un profitto minore, di 10 milioni di euro, come illustrato nella cella A.

Che cosa accade se l'impresa Y ora ritiene che l'impresa X scelga un prezzo di €1,80? Tutte le informazioni rilevanti ora si trovano nella colonna a destra della matrice dei profitti. La migliore reazione dell'impresa Y è ancora una volta di applicare il prezzo di €1,80, con cui genera profitti di 8 milioni di euro, come si vede nella cella D. Se l'impresa Y fissa il suo prezzo a €2, ottiene un profitto inferiore, pari a soli 5 milioni di euro, come si vede nella cella B.

Quindi, indipendentemente dai due prezzi che applicherà l'impresa X secondo l'impresa Y, la migliore reazione dell'impresa Y è sempre quella di applicare il prezzo di €1,80, poiché così otterrà il massimo profitto possibile. Applicare il prezzo di €1,80 è una strategia dominante per l'impresa Y.

Se ora osserviamo il gioco dal punto di vista dell'impresa X, otteniamo esattamente lo stesso risultato. Indipendentemente da quale sia il prezzo che l'impresa X suppone che l'impresa Y applicherà, la sua migliore reazione è sempre quella di applicare il prezzo di €1,80. Quindi applicare il prezzo di €1,80 è una strategia dominante anche per l'impresa X.

Poiché entrambe le imprese hanno una strategia dominante, l'esito del gioco è facilmente prevedibile. Entrambe le imprese applicano il prezzo di €1,80 e ottengono un profitto di 8 milioni di euro, come si vede nella cella D. Questo è l'equilibrio di strategie dominanti.

Questo gioco è un esempio di ***dilemma del prigioniero*** (lo scenario originale con due prigionieri è discusso nel Box 8.3). Il dilemma, nel nostro esempio, è che perseguendo una strategia che mira a massimizzare il proprio profitto individuale, ogni impresa guadagna meno di quanto avrebbe potuto ottenere con un'azione collettiva. Se le due imprese collaborassero tra loro (cioè se vi fosse collusione) e concordassero di applicare il prezzo di €2, otterrebbero ciascuna un profitto di 10 milioni di euro (cella A) invece di 8 milioni (cella D). Il gioco illustra in modo chiaro l'incentivo che ogni impresa ha verso un accordo collusivo in assenza di contratti vincolanti.

Giochi simultanei a mossa singola più complessi

In molti casi, una o entrambe le imprese non ha una strategia dominante, e allora la migliore reazione di un'impresa varierà in base all'ipotesi di ciò che farà l'impresa rivale. Consideriamo l'esempio riportato nella Tabella 8.2, molto simile a quello della Tabella 8.1 ma con una diversa struttura dei profitti.

Consideriamo ancora il punto di vista dell'impresa Y. Se tale impresa ritiene che l'impresa X scelga il prezzo di €2, la sua migliore reazione è quella di applicare il prezzo €1,80, ottenendo un profitto di 20 milioni di euro come si vede nella cella C. Se, invece, l'impresa Y ritiene che l'impresa X sceglierà il prezzo di €1,80, la sua rea-

Tabella 8.1 I profitti delle imprese X e Y in corrispondenza di diversi prezzi.

		Prezzo di X: €2	Prezzo di X: €1,80
Prezzo di Y	€2	A 10 milioni di € ciascuna	B 5 milioni di € per Y 12 milioni di € per X
	€1,80	C 12 milioni di € per Y 5 milioni di € per X	D 8 milioni di € ciascuna

PAROLE CHIAVE

Gioco in forma normale Gioco in cui i possibili profitti generati da diverse strategie o decisioni sono presentati in forma di matrice.

Dilemma del prigioniero Situazione in cui due o più imprese (o individui), scegliendo in maniera indipendente la miglior strategia a fronte della scelta operata verosimilmente dall'altro (o dagli altri), finiscono per trovarsi in una situazione peggiore di quella che si sarebbe prodotta se tutti avessero cooperato fin dall'inizio.

BOX 8.3 ANALISI DI CASI E APPLICAZIONI

Il dilemma del prigioniero

La teoria dei giochi non pertiene solo all'economia. Un famoso esempio di gioco non economico è quello del dilemma del prigioniero.
Fabrizio e Alessandra sono stati arrestati per aver commesso insieme una grave frode. I due vengono interrogati separatamente e gli inquirenti danno loro le seguenti alternative:

- se nessuno dei due confessa, il tribunale ha a disposizione abbastanza prove per condannare entrambi a un anno di detenzione;
- se solo uno dei due confessa, potrebbe essere condannato a tre mesi di detenzione, ma il complice rischia una condanna fino a dieci anni;
- se entrambi confessano, saranno probabilmente condannati a tre anni di detenzione ciascuno.

Che cosa dovrebbero fare Fabrizio e Alessandra?

		Alternative di Alessandra	
		Non confessare	Confessare
Alternative di Fabrizio	Non confessare	A Entrambi vengono condannati a 1 anno	C Fabrizio viene condannato a 10 anni Alessandra viene condannata a 3 mesi
	Confessare	B Fabrizio viene condannato a 3 mesi Alessandra viene condannata a 10 anni	D Entrambi vengono condannati a 3 anni

Esaminiamo il dilemma di Fabrizio: gli conviene confessare per ottenere la pena più breve? Di certo sarebbe meglio confessare ed essere condannato a tre mesi piuttosto che non confessare e rischiare un anno di detenzione. Tuttavia, c'è anche un'altra, più valida ragione per confessare: supponiamo che Fabrizio non confessi e che, a sua insaputa, Alessandra vuoti il sacco; a quel punto, Fabrizio verrebbe condannato alla pena più lunga. La decisione migliore è dunque quella di confessare ed essere condannato a non più di tre anni. La migliore risposta di Fabrizio è sempre quella di confessare.
Alessandra fronteggia esattamente lo stesso dilemma, perciò il risultato del gioco è semplice: se entrambi i prigionieri agiscono nel loro migliore interesse e confessano, subiscono entrambi una pena relativamente lunga; solo quando colludono ottengono una detenzione relativamente breve, che rappresenta quindi il miglior esito per entrambi.
Ovviamente la polizia è consapevole di tutto questo e farà del proprio meglio per impedire la collusione; pertanto, gli agenti terranno Fabrizio e Alessandra in celle separate e tenteranno di persuaderli del fatto che l'altro è sul punto di confessare.
La scelta della strategia dipende quindi da:

- l'atteggiamento di Fabrizio e Alessandra nei confronti del rischio, ovvero dalla loro propensione o avversione al rischio;
- le stime di Fabrizio e Alessandra riguardo alla probabilità che l'altro confessi.

IC 12 p93 Il dilemma del prigioniero è un'efficace dimostrazione dell'*errore di composizione* (Box 3.4): ciò che si applica a livello individuale non vale necessariamente per il gruppo nel suo complesso. Infatti, se confessare potrebbe essere nell'interesse del singolo, la confessione da parte di entrambi non è nell'interesse di tutti e due.
Vediamo ora due esempi di dilemma del prigioniero applicato a situazioni del mondo reale.

In piedi alle partite di calcio

Chi assiste a un evento pubblico, come una partita di calcio, spesso resta in piedi per avere una visuale migliore. Tuttavia, una volta che i primi cominciano ad alzarsi, è probabile che gli altri li imitino, perché, ovviamente, se restassero seduti, non vedrebbero nulla. Se tutti stanno in piedi, nessuno è incentivato a sedersi, poiché da seduto non vedrebbe niente. In questo equilibrio di Nash, la maggioranza del pubblico vede peggiorare la propria condizione, poiché – fatta eccezione per le persone più alte – avrà una visuale ridotta e la scomodità di stare in piedi.

Troppa pubblicità

Perché le imprese investono somme considerevoli in pubblicità? Se adottano un atteggiamento aggressivo, è per superare i concorrenti; se agiscono con prudenza, è per cautelarsi dalla possibilità che i rivali facciano più pubblicità. Sebbene in entrambi i casi potrebbe essere nell'interesse della singola impresa aumentare la spesa pubblicitaria, il risultante equilibrio di Nash sarà probabilmente caratterizzato da una pubblicità eccessiva: la spesa totale (di tutte le imprese) non viene controbilanciata da un aumento delle vendite.

Tabella 8.2 Un gioco più complicato.

		Prezzo di X	
		€2	**€1,80**
Prezzo di Y	**€2**	A 18 milioni di € per Y, 5 milioni di € per X	B 15 milioni di € per Y 6 milioni di € per X
	€1,80	C 20 milioni di € per Y 3 milioni di € per X	D 12 milioni di € per Y, 4 milioni di € per X

zione migliore è quella di applicare il prezzo di €2, ottenendo un profitto di 15 milioni di euro come si vede nella cella B. Quindi la migliore risposta cambia in base al prezzo che si pensa applicherà l'impresa X.

Predire in modo accurato le decisioni dell'impresa X è importante per l'impresa Y, se vuole massimizzare i profitti. Se la sua previsione risulta errata, otterrà un profitto inferiore. Qual è il modo più efficace di anticipare le azioni dei rivali? Per l'impresa Y la risposta è cercare di esaminare la decisione dal punto di vista dell'impresa X. Riuscirà Y a mettersi nei panni dell'impresa rivale X e analizzare la competizione dal punto di vista di quest'ultima?

Se l'impresa Y esamina le decisioni di prezzo dal punto di vista dell'impresa X, vedrà che l'impresa X ha una strategia dominante. Se l'impresa Y applica il prezzo di €2 può vedere che la migliore risposta di X è di applicare il prezzo di €1,80 (ottenendo un profitto di 6 milioni di euro anziché 5). Se l'impresa Y applica il prezzo €1,80, la migliore reazione dell'impresa X è quella di applicare anch'essa il prezzo €1,80 (generando un profitto di 4 milioni di euro anziché 3). Quindi, l'impresa Y è in grado di predire con alto grado di certezza che l'impresa X applicherà il prezzo di €1,80 – la sua strategia dominante. La migliore reazione dell'impresa Y, quindi, è di applicare il prezzo di €2,00 e ottenere un profitto di 15 milioni di euro anziché di 12 milioni. Questa combinazione di prezzi nella cella B è l'equilibrio nel gioco.

Esistono giochi molto più complessi di quello descritto nella Tabella 8.2. Per esempio, può darsi che nessuna delle due imprese abbia una strategia dominante; oppure che vi siano più di due imprese e più di due scelte. Come si fa a prevedere il risultato più probabile in queste circostanze? A quale punto ogni impresa non sarà più incentivata a cambiare la sua strategia?

L'equilibrio di Nash e il comportamento atteso

Nel Paragrafo 8.2 abbiamo esaminato il concetto di equilibrio di Nash, la posizione in cui ci si trova se ognuno prende la sua decisione ottimale in base alle sue ipotesi sulle decisioni dei rivali. L'equilibrio di strategie dominanti nel dilemma del prigioniero e l'equilibrio della Tabella 8.2 sono entrambi esempi di equilibri di Nash. In ciascun caso, nessuna delle due imprese è incentivata a cambiare la sua decisione dato che sta facendo la migliore scelta di prezzo in reazione al prezzo scelto dal rivale.

In effetti, tutti gli equilibri di strategie dominanti (in cui entrambe le imprese hanno una strategia dominante) sono esempi di equilibri di Nash. Individuare eventuali strategie dominanti, se esistono, facilita il compito di trovare l'equilibrio di Nash.

In molti giochi vi sono più equilibri di Nash e in questi casi è più difficili prevedere l'esito più probabile.

Se il comportamento effettivo di un'impresa è stato *diverso* da quello atteso, allora le decisioni dei suoi rivali non rappresentano un equilibrio di Nash. In queste situazioni, ciò che l'impresa percepisce come migliore reazione in base al comportamento atteso del concorrente si rivela non essere tale quando si osserva il comportamento effettivo di quest'ultimo. L'impresa avrà un incentivo a cambiare il suo comportamento.

Giochi simultanei a mosse multiple

L'analisi svolta sui giochi simultanei a mossa singola ci fornisce utili spunti, ma i casi di interazioni uniche sono relativamente insoliti. Nel mondo reale, di solito, le imprese nei mercati oligopolistici competono tra loro su mosse ripetute. Decisioni relative a prezzi, pubblicità, sviluppo del prodotto e così via vengono prese continuamente in tutti i mesi e anni di attività delle imprese. Per esempio Apple e Samsung lanciano nuove versioni dei loro smartphone su base annua. Gli esiti previsti dei giochi a mossa singola rimangono gli stessi quando il gioco si ripete?

In precedenza abbiamo esaminato un gioco tipo dilemma del prigioniero a mossa singola in cui l'esito più probabile era per entrambe le imprese di applicare il prezzo di €1,80 (si veda la Tabella 8.1). Entrambe le imprese avevano un forte incentivo verso un accordo collusivo per fissare i prezzi a €2,00. Un'interazione ripetuta tra le stesse imprese cambia l'esito previsto del gioco? Per esempio, se le imprese X e Y prendessero ripetutamente le stesse decisioni di prezzo simultanee, la loro strategia ottimale potrebbe cambiare in modo da applicare il prezzo di €2,00?

La differenza principale tra un gioco a mossa singola e un gioco ripetuto è che nel secondo ogni impresa sa che cosa hanno fatto i rivali nei periodi precedenti. Si genera così la possibilità che le azioni scelte da un'impresa in un periodo abbiano un impatto sul comportamento dei rivali, e quindi sui loro profitti, in periodi successivi. In particolare, le decisioni che generano i più alti profitti oggi potrebbero generare profitti inferiori in futuro. Il potenziale impatto di questo trade-off può essere illustrato utilizzando l'esempio del dilemma del prigioniero della Tabella 8.1.

Supponiamo che l'impresa X e l'impresa Y si siano accordate per applicare il prezzo di €2,00 (o semplicemente si seguano a vicenda nel fare ciò). Ciascuna impresa quindi continuerà ad applicare il prezzo di €2 finché anche l'altra fa lo stesso. Tuttavia, se l'impresa Y taglia il prezzo a €1,80 in un periodo, allora l'impresa X farà lo stesso in tutti i periodi futuri. Quando accade questo, a prescindere da ciò che farà l'impresa Y, difficilmente l'impresa X applicherà mai più il prezzo di €2. Nella teoria dei giochi questa nuova strategia adottata dall'impresa Y è nota come ***strategia trigger***.

Per l'impresa Y, il profilo di profitto delle due diverse strategie di prezzo è illustrato nella Figura 8.10. Seguendo la stessa strategia dominante del gioco a mossa singola e applicando il prezzo di €1,80 (cioè violando l'accordo) l'impresa Y può aumentare il suo profitto nel primo periodo da 10 milioni di euro a 12 milioni. Lo svantaggio di questa strategia è che i profitti in tutti i periodi futuri scenderanno a 8 milioni di euro, dato che l'impresa X reagirà applicando anch'essa il prezzo di €1,80. Questa situazione è illustrata dal profilo di profitto di *a* –> *b* –> *c* –> *d* nella Figura 8.10.

In alternativa, l'impresa Y potrebbe rispettare l'accordo e applicare il prezzo di €2,00 nel primo periodo. Il suo profitto di 10 milioni di euro è di 2 milioni più basso rispetto a quello che avrebbe ottenuto applicando il prezzo di €1,80; tuttavia, finché l'impresa Y mantiene il prezzo a questo livello, anche l'impresa X applicherà il prezzo di €2,00, quindi i profitti dell'impresa Y in tutti i periodi futuri saranno di 10 milioni di euro anziché di 8 milioni. Questa situazione è illustrata dal profilo di profitto *e* –> *f* –> *g*.

Figura 8.10 Profitti per l'impresa Y in un gioco ripetuto.

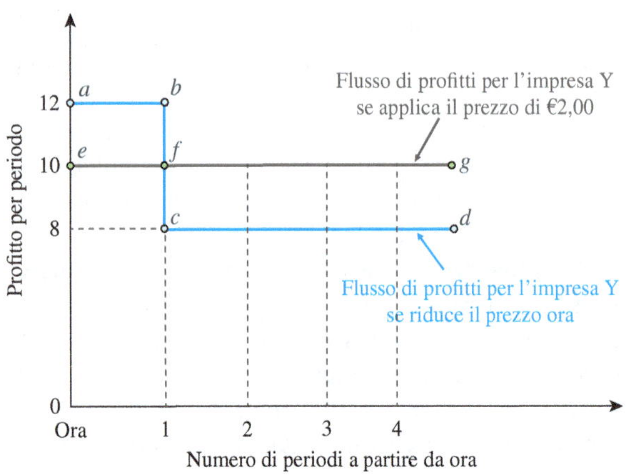

Dopo un po' di tempo, entrambe le imprese Y e X si renderanno conto che l'equilibrio di Nash (€1,80) non è vantaggioso per nessuna delle due, perciò potrebbero orientarsi verso un accordo collusivo più forte che riporti i prezzi a €2. Questo esito è il più probabile quando:

- le imprese attribuiscono parecchio valore ai profitti futuri;
- le imprese competono tra loro molto frequentemente, infatti in questo caso ci sono più periodi futuri in cui beneficiare dei profitti più elevati ottenuti applicando il prezzo di €2 e l'area *fgdc* è maggiore;
- i profitti più elevati ottenuti applicando il prezzo di €1,80 nel primo periodo sono relativamente piccoli; questo riduce l'area *abfe*;
- un'impresa può notare rapidamente che la sua rivale sta applicando il prezzo più basso; questo riduce il tempo durante il quale un'impresa potrà beneficiare dei profitti più elevati ottenuti applicando il prezzo di €1,80, riducendo così l'area *abfe*;
- entrambe le imprese adottano la strategia trigger, mettendosi in una posizione simile.

Induzione a ritroso e passaggio all'equilibrio di Nash. Un altro problema è se entrambe le imprese sanno per quanto tempo saranno mantenuti i design di prodotto e i costi attuali, o in altre parole quando terminerà il round attuale di configurazioni di prezzo ripetute. Se lo sanno, allora le possibilità che le imprese cooperino e applichino prezzi più elevati sono molto inferiori. L'esito più probabile è lo stesso di un gioco a mossa singola, con la strategia dominante che consiste nel tagliare il prezzo.

Per capire il motivo di questa situazione, entrambe le imprese devono riflettere sull'esito più probabile nell'ultimo periodo di competizione (cioè l'ultima volta che sono stati fissati i prezzi prima di cambiamenti nel design del prodotto, nei costi e così via) e poi riconsiderare a ritroso gli esiti più probabili nei periodi precedenti. Questa procedura si chiama ***induzione a ritroso***.

Per ciascuna impresa, l'incentivo ad applicare il prezzo di €2 in ogni periodo è quello di influenzare il

PAROLE CHIAVE

Strategia trigger Quando un'impresa osserva che la sua rivale ha rotto un accordo di comportamento e decide di non cooperare mai più con essa.

Induzione a ritroso Processo per cui le imprese pensano all'esito più probabile nell'ultimo periodo della competizione e poi ripercorrono all'indietro gli esiti più probabili nei periodi precedenti.

comportamento dei suoi rivali nei periodi futuri. Tuttavia, nell'ultimo periodo di competizione non c'è più un futuro da considerare, poiché le imprese non concorreranno più tra loro con lo stesso prodotto. Perciò, l'ultimo periodo è effettivamente lo stesso di un gioco simultaneo a mossa singola ed entrambe le imprese tenderanno a seguire le loro strategie dominanti, cioè ad applicare il prezzo di €1,80.

Se entrambe le imprese si rendono conto nel penultimo periodo di competizione di non poter influenzare ciò che il loro rivale farà nell'ultimo periodo, la loro migliore strategia è sempre quella di applicare il prezzo di €1,80. Se mantengono la stessa linea di ragionamento, applicheranno entrambe il prezzo di €1,80 in ogni periodo di competizione.

Perciò, le possibilità che le imprese applichino un prezzo più alto sono molto maggiori quando entrambe ritengono che la competizione tra loro andrà avanti all'infinito, cioè quando nessuna delle due conosce la data precisa in cui terminerà l'attuale modalità di interazione tra loro.

Giochi a mosse sequenziali

Finora abbiamo considerato giochi simultanei, in cui le imprese prendono le decisioni nello stesso tempo senza conoscere la decisione dell'altra. Tuttavia, in molti ambienti competitivi del mondo reale, un'impresa (quella che fa la prima mossa) prende e attua una decisione (cioè produce una certa quantità di prodotti, fissa un particolare prezzo o introduce un nuovo prodotto) *prima* dei suoi rivali (chi fa la seconda mossa). Coloro che fanno la seconda mossa sono in grado di osservare le azioni di chi fa la prima mossa prima di decidere la loro migliore reazione. Questi ambienti strategici si possono studiare usando i ***giochi a mosse sequenziali***.

Consideriamo il caso di una nuova generazione di aerei di trasporto passeggeri in grado di volare per distanze più lunghe senza dover effettuare il rifornimento. Supponiamo che esista un mercato per una versione a 500 posti di questo tipo di aereo e per una a 400 posti, ma che il mercato per ogni singola dimensione non sia grande a sufficienza perché i due produttori, Boeing e Airbus, possano spartirselo in modo redditizio. Supponiamo anche che il mercato degli aerei da 400 posti fornisca un profitto annuo di 50 milioni di euro a un singolo produttore e che quello degli aerei da 500 posti fornisca un profitto annuo di 30 milioni di euro, ma se entrambi i produttori producessero la stessa versione, subirebbero ciascuno una perdita annua di 10 milioni di euro.

Ipotizziamo che sia Boeing a fare la prima mossa e annunci quale aereo costruirà: la versione a 400 posti o quella a 500 posti. Airbus deve quindi reagire e decidere quale aereo costruirà.

Questo scenario può essere illustrato come gioco a mosse sequenziali (Figura 8.11). Questi giochi sono generalmente illustrati in "forma estesa" usando un ***albero decisionale***, che individua la possibile sequenza di eventi. Il quadratino sulla sinistra dell'albero decisionale mostrato nella Figura 8.11 rappresenta il punto

PAROLE CHIAVE

Gioco a mosse sequenziali Un'impresa (quella che fa la prima mossa) prende e attua una decisione. Le imprese rivali (che fanno la seconda mossa) possono osservare le azioni intraprese da chi fa la prima mossa prima di prendere le loro decisioni.

Albero decisionale (o albero del gioco) Diagramma che mostra la sequenza delle possibili decisioni prese da imprese concorrenti e l'esito di ciascuna combinazione di decisioni.

Figura 8.11 Un albero decisionale.

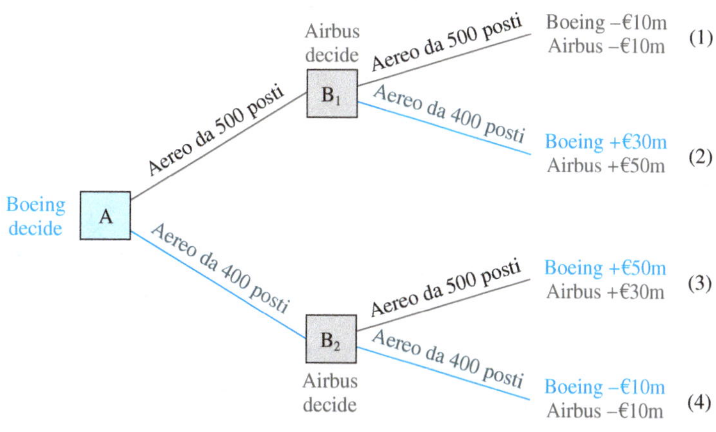

decisionale di Boeing (punto A). Se Boeing decide di costruire l'aereo da 500 posti, ci sposteremo lungo il ramo superiore. Ora è Airbus che dovrebbe prendere una decisione (punto B_1): se anch'essa decide di costruire la versione da 500 posti, arriveremo al risultato 1: una perdita di 10 milioni di euro per entrambi i produttori.

Se Boeing costruisce un aereo da 500 posti, la migliore reazione per Airbus sarebbe chiaramente quella di costruire l'aereo da 400 posti: ci sposteremo al risultato 2, con Boeing che ottiene un profitto di 30 milioni di euro e Airbus un profitto di 50 milioni di euro. Airbus sarebbe molto felice!

La migliore strategia di Boeing nel punto A, però, sarebbe quella di costruire l'aereo da 400 posti. Così ci sposteremmo verso il punto decisionale B_2 per Airbus, che in questo caso avrebbe come migliore reazione quella di costruire l'aereo da 500 posti, ottenendo un profitto di soli 30 milioni di euro (risultato 3), comunque meglio della perdita di 10 milioni di euro che subirebbe se costruisse l'aereo da 400 posti (risultato 4). Quando è Boeing a decidere per prima, l'equilibrio di Nash è quindi il risultato 3.

In questo esempio vi è chiaramente un ***vantaggio della prima mossa***. Una volta che Boeing ha deciso di costruire la versione più redditizia dell'aereo, la migliore reazione per Airbus è quella di costruire la versione meno redditizia. Naturalmente Airbus vorrebbe costruire la versione più redditizia ed essere lei il pioniere, cioè fare la prima mossa. Generalmente la prima mossa andrà all'impresa più avanti nella ricerca e sviluppo e nella capacità produttiva.

L'importanza delle minacce e delle promesse

In un gioco a mosse sequenziali, chi fa la seconda mossa potrebbe minacciare o promettere di comportarsi in un certo modo per cercare di influenzare il comportamento di chi fa la prima mossa. Per esempio, nel gioco precedente Airbus potrebbe annunciare di voler costruire un aereo da 400 posti indipendentemente dalla decisione che prenderà Boeing. E perché Airbus dovrebbe farlo? Se Boeing credesse all'annuncio di Airbus, la sua mossa migliore sarebbe quella di costruire un aereo da 500 posti, ottenendo un profitto di 30 milioni di euro invece di perdere 10 milioni di euro. Quindi l'annuncio di Airbus influenza il comportamento di Boeing in maniera favorevole ad Airbus, che ottiene un profitto maggiore.

CF 5 p46 C'è tuttavia un problema: Boeing probabilmente non crederà all'annuncio di Airbus! Se Boeing costruisse effettivamente un aereo da 400 posti, la migliore mossa di Airbus sarebbe quella di costruire un aereo da 500 posti; Boeing quindi può vedere chiaramente che non è nell'interesse di Airbus dare seguito al suo annuncio. Quindi la strategia non è ***credibile*** e Boeing costruirà l'aereo da 400 posti.

Airbus potrebbe intraprendere azioni irreversibili in modo da impegnarsi in anticipo nella costruzione dell'aereo da 400 posti? La chiave per il successo di questa tattica è che Boeing dovrebbe crederci, quindi la tattica deve essere credibile. Se ciò fosse possibile, Airbus, autolimitandosi, potrebbe effettivamente realizzare un profitto maggiore. In alcune circostanze, un comportamento inflessibile può migliorare la posizione concorrenziale dell'impresa alterando le aspettative dei suoi rivali circa il suo comportamento.

Giochi a mosse sequenziali più complessi

L'esempio degli aerei è la versione più semplice di gioco a mosse sequenziali, con due sole imprese di cui ciascuna prende un'unica decisione chiave. In molte situazioni reali si costruiscono alberi decisionali molto più complessi. Il "gioco" diventa più simile a quello degli scacchi, con molte mosse e varie opzioni per ciascuna. Se ci sono più di due imprese, l'albero decisionale si complica ulteriormente.

Valutazione della teoria dei giochi

La teoria dei giochi fornisce un quadro di riferimento molto utile per aiutarci a riflettere sugli ambienti competitivi in cui vi è interdipendenza strategica. Mette in luce l'importanza che ogni impresa cerchi di pensare alla situazione dal punto di vista del suo rivale in modo da poter elaborare la decisione in grado di massimizzare il suo profitto.

In questo paragrafo abbiamo esaminato diversi giochi piuttosto semplici, in cui vi erano due sole imprese che dovevano scegliere tra due sole opzioni differenti. Nella realtà, molti mercati oligopolistici comprendono un certo numero di imprese, ognuna delle quali deve scegliere tra più opzioni relative a prezzi, design di prodotto, pubblicità e così via. Per tali imprese sarebbe quindi molto difficile, se non impossibile, ottenere precise informazioni su (a) il profitto che tutti i concorrenti potrebbero ottenere con tutte le possibili azioni che potrebbero intraprendere e (b) l'impatto di tutte le possi-

PAROLE CHIAVE

Vantaggio della prima mossa Quando un'impresa viene avvantaggiata dalla possibilità di fare la prima mossa.

Minaccia credibile Minaccia che i concorrenti ritengono credibile perché attuarla è nell'interesse di chi la fa.

bili azioni dei concorrenti sul suo profitto. Questo approccio, quindi, è utile soltanto in casi relativamente semplici, e anche in quei casi le stime di profitto per ciascun esito potrebbero rappresentare soltanto ipotesi un po' grezze.

Anche se ipotizziamo che entrambe le imprese abbiamo informazioni complete sui profitti corrispondenti a tutte le azioni, l'esito di una competizione nel mondo reale potrebbe essere diverso da quello previsto dalla teoria dei giochi standard. Nell'equilibrio di Nash ciascuna impresa assume che i suoi concorrenti si comportino in maniera razionale: che possano considerare tutti i possibili benefici e prendere decisioni in grado di massimizzare i loro profitti.

Prendere decisioni in condizioni di incertezza. Nella realtà chi prende le decisioni può commettere errori sistematici, soprattutto quando deve affrontare problemi molto complessi. Come fa un'impresa a essere certa che un concorrente si comporti davvero in maniera razionale? Non potrebbe scegliere per errore una strategia subottimale?

Se le imprese ritengono che vi sia una forte possibilità che i concorrenti si comportino in maniera irrazionale, l'esito della competizione è molto più difficile da prevedere. Come reazione a questa incertezza potrebbero adottare un comportamento prudente, scegliendo la strategia che minimizza le perdite che subirebbero nello scenario peggiore a causa del comportamento imprevedibile del concorrente. Tale strategia è detta ***maximin***. In alternativa, se le imprese amassero il rischio, potrebbero scommettere sull'esito che massimizza il vantaggio ottenuto con lo scenario migliore. Tale strategia è detta ***maximax***.

Cambiare schemi di comportamento nel tempo. Il comportamento può anche cambiare nel tempo mentre le imprese imparano le conseguenze delle loro azioni e l'ambiente competitivo cambia. Per esempio, le imprese potrebbero competere duramente per un certo tempo (in termini di prezzo o altri) e poi rendersi conto che la competizione dura va a svantaggio di tutte; a questo punto potrebbero iniziare a colludere e accordarsi su rialzi dei prezzi e riduzione della pubblicità. In seguito, dopo un periodo di collusione tacita, potrebbe riprendere la competizione, magari accesa dall'ingresso di una nuova impresa nel settore, dallo sviluppo di un nuovo prodotto, da un cambiamento nella domanda di mercato, o semplicemente dal fatto che una o più imprese non sono più in grado di resistere alla tentazione di "tradire". In breve, il comportamento di particolari oligopolisti potrebbe cambiare anche piuttosto radicalmente nel tempo ove essi trovino nuove informazioni.

Gli obiettivi delle imprese. Infine, finora abbiamo assunto che le imprese si comportino egoisticamente, cioè che prendano decisioni con l'unico scopo di massimizzare i profitti. Ma in realtà le azioni delle persone tendono a essere influenzate dai valori morali. Gli uomini d'affari potrebbero non essere disponibili a comportarsi in modo cinico o disonesto, o di intraprendere attività professionali che considerano scorrette. Nel Capitolo 9 esamineremo alcune delle conseguenze che si rischiano perseguendo obiettivi diversi dalla pura massimizzazione dei profitti.

In assenza di informazione perfetta, l'incertezza riguardo la razionalità dei rivali e gli obiettivi delle imprese che possono variare, la teoria dei giochi semplice non è in grado di predire con accuratezza quale livello di prezzi, produzione e pubblicità sceglieranno le imprese nel mondo reale.

PAROLE CHIAVE

Maximin Strategia di scegliere la tattica in cui il peggior esito possibile è il meno brutto. Solitamente è una strategia a basso rischio.

Maximax Strategia di scegliere la tattica che ha il miglior esito possibile. Solitamente è una strategia ad alto rischio.

8.4 La discriminazione dei prezzi

Finora abbiamo ipotizzato che le imprese vendano ogni unità prodotta allo stesso prezzo, cioè applichino una strategia di *prezzo uniforme*. Tuttavia, se un'impresa è in grado di applicare più livelli di prezzi, potrebbe aumentare i profitti, per esempio applicando un prezzo più alto ai clienti disponibili a pagare di più e un prezzo più basso ai consumatori che acquisterebbero soltanto a quel prezzo. La strategia di applicare più prezzi diversi è nota come ***discriminazione dei prezzi*** ed è un concetto che va spiegato in modo preciso, perché definizioni troppo vaghe possono portare a un'applicazione errata.

Se i costi per l'impresa di fornire clienti diversi non variano, la discriminazione dei prezzi è definita come la pratica di vendere lo stesso prodotto o prodotti simili a consumatori diversi applicando prezzi differenti. Se i costi di fornire consumatori diversi varia, la definizione è un po' più complicata. Infatti, la discriminazione dei prezzi in questo caso è definita come la pratica di vendere lo stesso prodotto o prodotti simili a prezzi diversi, dove la differenza dei prezzi non è interamente giustificata da differenze nei costi di fornitura.

Gli economisti distinguono tre diversi tipi di discriminazione dei prezzi.

Discriminazione dei prezzi di primo grado si ha quando il venditore del prodotto applica a ciascun consumatore il prezzo massimo che egli è disposto a pagare per ciascuna unità. Talvolta si parla di "discriminazione dei prezzi perfetta" o di "prezzi personalizzati". In realtà la discriminazione dei prezzi di primo grado è una sorta di riferimento teorico più che una strategia praticabile, perché è molto improbabile che i venditori possano ottenere informazioni affidabili sulla massima cifra che le persone sono disposte a pagare. Tuttavia, in alcuni casi reali i venditori possono implementare una strategia di prezzo personalizzata che si avvicina a una discriminazione dei prezzi di primo grado. Per esempio, gli operatori che vendono nei mercati all'aperto e quelli specializzati in auto usate tentano di fare proprio questo nelle trattative con i clienti.

Discriminazione dei prezzi di secondo grado si ha quando un'impresa offre ai consumatori una serie di opzioni di prezzi diversi per lo stesso prodotto o prodotti simili e i consumatori sono liberi di scegliere quale opzione preferiscano, ma i prezzi inferiori sono condizionati a fattori quali i seguenti.

- La quantità di prodotti acquistati; per ottenere il prodotto al prezzo inferiore il consumatore deve acquistarne una certa quantità.
- L'uso di coupon/voucher. Per poter acquistare il prodotto a un prezzo inferiore i consumatori devono presentare un voucher o coupon che hanno ottenuto per esempio da un volantino distribuito con un giornale locale, o da Internet.
- Il periodo in cui è effettuato l'acquisto. Per esempio, alcuni prodotti sono proposti a un prezzo più alto quando vengono presentati sul mercato la prima volta. I prezzi dei biglietti ferroviari sono più alti nelle ore di punta.
- La versione del prodotto acquistata. Le imprese possono produrre diverse versioni dello stesso prodotto che hanno o fanno percepire vari livelli di qualità: per esempio i prodotti venduti nei supermercati con il marchio del supermercato stesso. A questo proposito si parla di *versioning*. Un esempio di versioning è la "strategia dei beni danneggiati" per cui le imprese creano versioni di bassa qualità di un prodotto rimuovendo alcune caratteristiche o riducendo le sue prestazioni. Notate che il versioning non è una *pura* discriminazione dei prezzi perché il prodotto risulta leggermente diverso.

Discriminazione dei prezzi di terzo grado si ha quando un'impresa suddivide i consumatori in diversi gruppi in base ad alcune caratteristiche che sono (a) relativamente facili da osservare; (b) informative circa la disponibilità dei consumatori a pagare; (c) legali; e (d) accettabili per il consumatore. L'impresa applica poi un prezzo diverso ai consumatori di gruppi diversi, ma lo stesso prezzo a consumatori dello stesso gruppo. Come esempi possiamo citare l'applicazione di prezzi diversi in base all'età, l'occupazione, la posizione geografica e il comportamento d'acquisto passato del consumatore. Nella Tabella 8.3 sono riportati alcuni esempi specifici

Condizioni necessarie per poter attuare la discriminazione dei prezzi

Come vedremo, praticando la discriminazione dei prezzi un'impresa può realizzare maggiori profitti. Tuttavia, affinché si possano applicare prezzi discriminati devono essere soddisfatte tre condizioni.

- L'impresa deve essere in grado di fissare il prezzo. Pertanto, la discriminazione dei prezzi risulta impossibile in concorrenza perfetta, un regime in cui le imprese sono price taker. In altre parole, le imprese che adottano la discriminazione dei prezzi devono godere di potere di mercato.

PAROLE CHIAVE

Discriminazione dei prezzi Prassi consistente nel vendere lo stesso prodotto a prezzi diversi.

Discriminazione dei prezzi di primo grado
Prassi consistente nell'applicare a ciascun consumatore su ogni unità di prodotto il prezzo massimo che il consumatore è disposto a pagare per quell'unità.

Discriminazione dei prezzi di secondo grado
Prassi consistente nell'applicare a un consumatore un dato prezzo per le prime unità acquistate, un prezzo differente per le unità successivamente acquistate e così via.

Discriminazione dei prezzi di terzo grado
Forma di discriminazione dei prezzi in cui l'impresa divide i consumatori in gruppi e applica un prezzo differente ai consumatori appartenenti ai diversi gruppi, ma lo stesso prezzo a tutti i consumatori di un medesimo gruppo.

Tabella 8.3 Esempi di discriminazione dei prezzi di terzo grado.

Caratteristica	Esempio
Età	Carta sconto per giovani o per anziani sui biglietti dei treni. Biglietti scontati per i bambini al cinema.
Genere	"Serate donna" nei locali notturni in cui i maschi pagano la tariffa piena per le bevande, mentre le donne possono ordinare le stesse bevande a prezzi scontati.
Nazionalità	In diversi paesi i visitatori provenienti dall'estero devono pagare contributi di accesso a vari siti turistici superiori a quelli degli abitanti locali.
Posizione	Le società farmaceutiche spesso applicano prezzi diversi per lo stesso farmaco in paesi differenti. I consumatori degli Stati Uniti spesso devono pagare prezzi più alti rispetto ad altri paesi.
Occupazione	Apple, Microsoft e Orange™ forniscono sconti a dipendenti di istituzioni scolastiche.
Impresa o persona	Gli editori di riviste accademiche spesso applicano tariffe di abbonamento molto inferiori a singole persone rispetto alle biblioteche universitarie.
Comportamento d'acquisto passato	Le imprese spesso applicano ai nuovi clienti prezzi inferiori rispetto a quelli che applicano ai clienti esistenti per lo stesso prodotto o servizio, come sorta di "offerta di presentazione".

- I mercati devono essere separabili. I consumatori nel mercato caratterizzato da prezzi inferiori non devono poter rivendere il prodotto nel mercato dove vigono prezzi più elevati. Per esempio, chi usufruisce di un biglietto di ingresso al cinema a prezzo ridotto non deve poterlo rivendere a coloro che devono pagare il prezzo pieno.
- L'elasticità della domanda deve essere diversa in ciascun mercato. L'impresa applicherà il prezzo più elevato nel mercato in cui la domanda è meno elastica, quindi meno sensibile a un aumento del prezzo.

I vantaggi per l'impresa

La discriminazione dei prezzi consente all'impresa di ottenere un ricavo maggiore a parità di vendite. Vediamo come si applica questa affermazione alla discriminazione dei prezzi di terzo grado.

La Figura 8.12 illustra la curva di domanda fronteggiata da un'impresa che, per vendere 200 unità senza discriminare i prezzi, deve applicare il prezzo P_1. Il ricavo totale dell'impresa corrisponde all'area ombreggiata in verde. Tuttavia, se può praticare la discriminazione dei prezzi di terzo grado, vendendo 150 di quelle

Figura 8.12 Discriminazione dei prezzi di terzo grado.

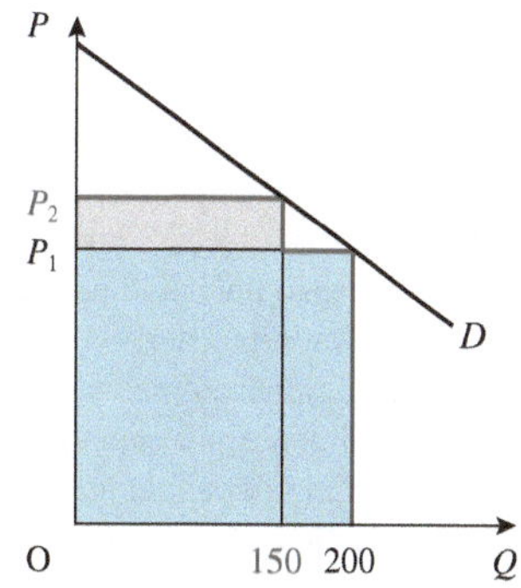

200 unità a un prezzo più elevato, P_2, l'impresa otterrà anche il ricavo rappresentato dall'area ombreggiata in rosa nella Figura 8.12.

Un altro vantaggio della discriminazione dei prezzi per l'impresa è che potrebbe servirsene per buttare fuori dal mercato la concorrenza. Se un'impresa ha un monopolio in un mercato (per esempio quello domestico), potrebbe essere in grado di applicare un prezzo alto a causa di una domanda relativamente anelastica, realizzando così alti profitti. Se si trova sotto un oligopolio in un altro mercato (per esempio quello estero), potrebbe utilizzare gli alti profitti ottenuti nel primo mercato per sussidiare l'applicazione di prezzi bassi anche nel mercato oligopolistico, andando così a estromettere dal mercato i concorrenti.

Prezzi e produzione che massimizzano il profitto

Ipotizzando che l'impresa desideri massimizzare i profitti, quali prezzi discriminatori dovrebbe applicare e quanto dovrebbe produrre? Esaminiamo i casi della discriminazione dei prezzi di primo e di terzo grado.

Discriminazione dei prezzi di primo grado

Dal momento che un aumento delle vendite non comporta una riduzione del prezzo unitario, tranne che per l'unità *addizionale* venduta, il ricavo aggiuntivo guadagnato sull'ultima unità (R') corrisponde al suo prezzo. Pertanto, il profitto è massimizzato in corrispondenza di Q_1 nella Figura 8.13, dove $C' = R'$(= P dell'*ultima* unità).

Discriminazione dei prezzi di terzo grado

Supponiamo che un'impresa venda un dato prodotto (per esempio servizi di pulizia delle finestre) e possa suddividere i suoi clienti in due gruppi in base alla posizione geografica, dove le persone del mercato H hanno un reddito medio più alto rispetto alle persone del mercato L. La situazione è illustrata nella Figura 8.14.

BOX 8.4 ESPLORARE L'ECONOMIA

Aumentare i prezzi quando il costo di produzione è maggiore

Una forma piuttosto comune di discriminazione dei prezzi è la ***fissazione del prezzo in base al carico di punta***, in virtù della quale si applica un prezzo più elevato nei periodi di maggior richiesta e un prezzo più basso in quelli di richiesta minore. Consideriamo l'esempio dei viaggi: sfogliando le brochure o la documentazione online vi accorgerete che i prezzi sono considerevolmente più elevati in alta stagione che in bassa stagione. In maniera analoga, le tariffe telefoniche sono spesso molto più alte per le fasce diurne che per le fasce notturne o i weekend.

Altri esempi di prezzi fissati in base al carico di punta (o "periodo di punta") sono le tariffe ferroviarie e aeree, i prezzi di cinema e ristoranti (più elevati la sera) e le tariffe praticate da palestre e centri sportivi (più elevate nei weekend e la sera).

Questa discriminazione dei prezzi ha in parte a che vedere con l'elasticità della domanda, che diminuisce nei periodi di punta. Per esempio, molti pendolari che utilizzano il treno per andare al lavoro devono rassegnarsi a sborsare una cifra maggiore per viaggiare nei periodi di massima affluenza. Questa è la discriminazione dei prezzi nella sua forma più autentica.

Spesso, però, le tariffe più elevate sono dovute ai maggiori costi marginali sostenuti dalle imprese nei periodi di punta e, pertanto, non possono essere considerate una vera e propria discriminazione dei prezzi. Se alcuni fattori di produzione (come gli impianti e le attrezzature) sono fissi, è probabile che i costi marginali aumentino via via che le imprese espandono la produzione per soddisfare la maggiore domanda. Ciò potrebbe essere dovuto ai rendimenti decrescenti dei fattori variabili, oppure alla necessità di impiegare impianti e macchinari aggiuntivi con costi operativi più elevati.

Consideriamo l'esempio dell'energia elettrica. Nelle fasce orarie di servizio normale si utilizzano le centrali con i costi operativi inferiori, di norma quelle eoliche, a energia nucleare (ove presenti) o a carbon fossile. Al contrario, nei periodi di punta si devono attivare le centrali con i costi operativi più elevati, come quelle a petrolio e quelle a gas (questi tipi di centrali elettriche hanno costi di costruzione relativamente contenuti, ma più elevati costi operativi, principalmente al causa del costo più elevato del combustibile utilizzato). Il risultato è che il costo marginale della produzione di energia elettrica è maggiore nei periodi di punta che nei periodi di servizio normale.

Quali sono i prezzi che massimizzano il profitto nei periodi di punta e di servizio normale? La risposta è illustrata nel diagramma seguente, che mostra le unità (per esempio, di elettricità) prodotte in un'ora. Nel grafico sono raffigurate due curve di domanda (*RM*) – una per il periodo di punta e una per quello di servizio normale – e le corrispondenti curve di ricavo marginale (*R'*). In entrambi i periodi, la produzione che massimizza il profitto si trova nel punto in cui $R' = C'$ (rispettivamente, nei punti *a* e *b*). Nel periodo di punta, alla produzione ottima è associato un prezzo più elevato, P_{punta}, per due ragioni: in primo luogo, la domanda è meno elastica, come dimostra il fatto che nel periodo di punta la differenza percentuale tra il prezzo e *R'* è maggiore rispetto al periodo di servizio normale; in secondo luogo, nel periodo di punta il costo marginale è più elevato.

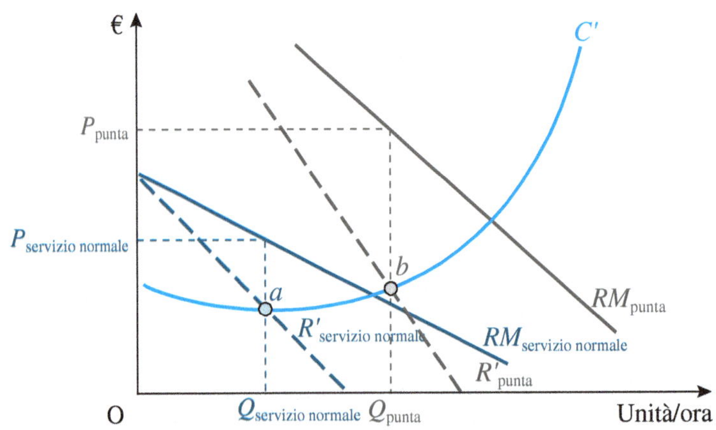

Figura 8.13 Produzione che massimizza il profitto in presenza di discriminazione dei prezzi di primo grado.

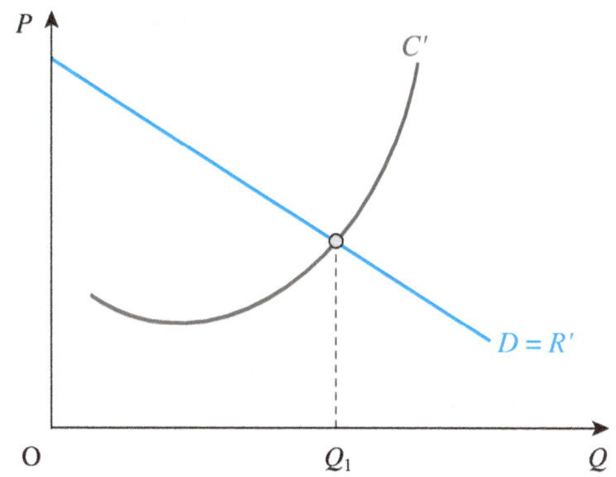

È molto probabile che la maggior parte dei consumatori ad alto reddito sia disponibile a pagare il prodotto una somma maggiore rispetto ai consumatori a basso reddito. Il grafico (a) nella Figura 8.14 illustra la curva di domanda per il prodotto dell'impresa nel mercato ad alto reddito H, mentre il grafico (b) illustra la curva di domanda per il mercato a basso reddito L.

Equilibrio per un'impresa a prezzo singolo. Se l'impresa non fosse in grado di suddividere la clientela in questi due gruppi, si potrebbe ricavare una curva della domanda di mercato, come illustrato nel grafico (c) della Figura 8.14, dove la curva è ottenuta aggregando in orizzontale le curve di domanda dei grafici (a) e (b). La curva della domanda di mercato tra i punti *g* e *h* coincide con la curva della domanda nel mercato H tra i punti *a* e *b*, dato che nessun consumatore del mercato L è disponibile a pagare un prezzo superiore a *d*. Quando il prezzo scende sotto *d*, i consumatori di entrambi i mercati H e L sono disponibili ad acquistare il prodotto, perciò da qui in avanti occorre aggregare in orizzontale le due curve di domanda. Si crea così un angolo nella curva della domanda di mercato al punto *h*. Questo angolo crea una discontinuità nella curva R' tra i punti *j* e *k*. Per semplificare le cose si assume anche che il costo marginale dell'impresa sia costante e che non vi siano costi fissi, quindi $CM = C'$.

CF 8 p107 Per capire come si comporterebbe un'impresa se potesse fissare un unico prezzo per tutti i suoi clienti dobbiamo concentrarci sulla curva della domanda di mercato nel grafico (c). Se fosse un'impresa che massimizza i profitti, produrrebbe dove R'_M (cioè l'R' del mercato) = C'. Questo accade nel punto *l* nel grafico (c) della Figura 8.14. Produrrebbe quindi una quantità Q^* e la venderebbe tutta allo stesso prezzo P^*.

Equilibrio in discriminazione dei prezzi di terzo grado. Che cosa accade se l'impresa può applicare un prezzo diverso ai clienti dei mercati H e L? Al singolo prezzo P^* l'elasticità della domanda al prezzo nel mercato H è inferiore a quella del mercato L (notate che la domanda non è mai elastica in entrambi i mercati a questo prezzo dato che R' è positivo). Quindi l'impresa potrebbe aumentare i profitti applicando un prezzo superiore a P^* nel mercato H e un prezzo inferiore a P^* nel mercato L. Ancora una volta, lo si può vedere nella Figura 8.14.

Nel mercato H l'impresa che massimizza i profitti dovrebbe produrre dove $R'_H = C'$, al punto *c*. Dovrebbe quindi vendere una quantità Q_H al prezzo P_H.

Figura 8.14 Produzione che massimizza il profitto in presenza di discriminazione dei prezzi di terzo grado.

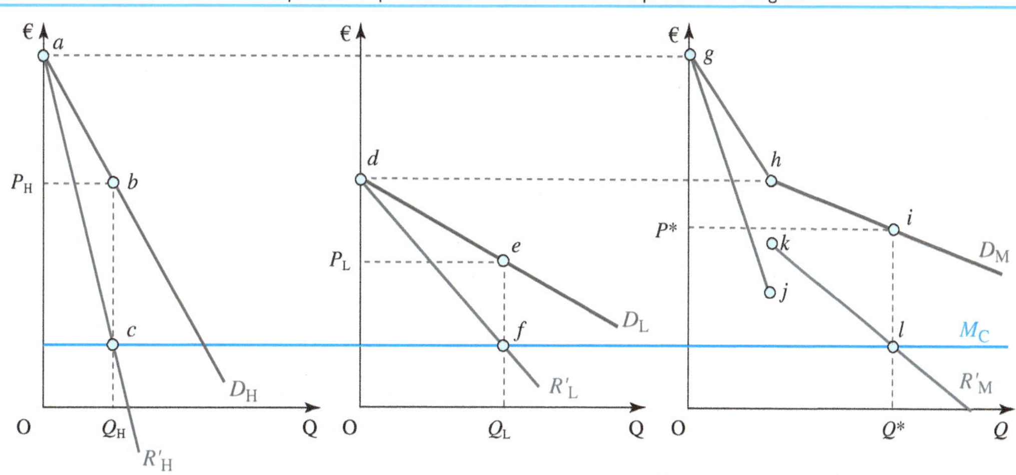

*IN TERMINI MATEMATICI

Possiamo usare il calcolo differenziale per determinare i prezzi e la produzione che massimizzano il profitto nei due mercati, H e L, illustrati nella Figura 8.14. Dalle funzioni di domanda nei due mercati possiamo derivare infatti le funzioni di ricavo totale per ciascun mercato (RT_H e RT_L) e quindi sommarle per trovare quella del mercato nel suo complesso ($RT = RT_H + RT_L$). Il profitto totale è dato dalla seguente equazione

$$\Pi = RT_H + RT_L - CT$$

Per calcolare la produzione che massimizza il profitto in ciascun mercato, calcoliamo la derivata parziale dell'equazione del profitto rispetto alla produzione nei mercati H e L, la poniamo uguale a zero e risolviamo per Q_H e Q_L (vedi le pagine dell'Appendice a fine libro dove si approfondisce l'utilizzo del calcolo differenziale per trovare il valore di massimo). Possiamo poi sostituire questi valori di Q_H e Q_L nelle rispettive funzioni di domanda per calcolare P_H e P_L.

Nel mercato L l'impresa che massimizza i profitti dovrebbe produrre dove $R'_L = C'$, al punto f. Dovrebbe quindi vendere una quantità Q_L al prezzo P_L.

Notate che P_L sta sotto P^*, mentre P_H sta sopra P^*. Inoltre, poiché le curve di domanda sono lineari, la quantità totale venduta in regime di discriminazione dei prezzi di terzo grado è la stessa di quella venduta in regime di prezzo uniforme, cioè $Q^* = Q_H + Q_L$. Vedremo più avanti che questo è un punto fondamentale nel considerare se la discriminazione dei prezzi sia o meno nell'interesse pubblico.

Discriminazione dei prezzi e interesse pubblico

CF 3 p26 Si potrebbe essere portati a pensare che, in ogni circostanza, le imprese incrementino i profitti a spese dei consumatori. Tuttavia non è sempre così, e non è possibile valutare chiaramente la desiderabilità della discriminazione dei prezzi per la società, perché alcuni ne trarranno beneficio, mentre altri ne saranno penalizzati. Per comprendere il motivo di questi esiti ambivalenti, consideriamo gli effetti della discriminazione dei prezzi sui seguenti aspetti del mercato.

Effetti di distribuzione sui clienti che hanno precedentemente acquistato il prodotto a un prezzo uniforme

IC 4 p13 Coloro che pagano il prezzo più elevato probabilmente percepiranno la discriminazione dei prezzi come ingiusta. Per loro il prezzo è aumentato e il surplus del consumatore è inferiore. D'altro canto, coloro che hanno acquistato il prodotto precedentemente ma ora pagano un prezzo più basso si sentiranno avvantaggiati: il loro surplus del consumatore sarà più alto. Si potrebbe valutare se i guadagni siano più socialmente desiderabili delle perdite.

L'impatto di eventuali vendite extra

Nella Figura 8.14, la quantità venduta in regime di discriminazione dei prezzi rimane identica a quella venduta in regime di prezzo uniforme. Tuttavia, in alcuni casi la quantità venduta potrebbe aumentare. Potrebbero esserci dei consumatori, come i pensionati, che in precedenza non potevano permettersi di acquistare il prodotto quando l'impresa applicava il prezzo uniforme, e ora con il prezzo inferiore reso possibile dalla discriminazione dei prezzi possono acquistarlo. Queste vendite extra avranno un impatto positivo sul benessere della società, andando ad aumentare sia il surplus del consumatore sia i profitti.

Effetti di cattiva allocazione

La discriminazione dei prezzi potrebbe causare un effetto negativo sull'allocazione. In regime di prezzo uniforme il prodotto è allocato attraverso il meccanismo del prezzo ai consumatori che lo valutano di più, dato il loro reddito. L'implementazione di un regime di discriminazione dei prezzi di terzo grado potrebbe causare una riallocazione di alcune unità del prodotto dai consumatori con maggiore disponibilità a pagarlo ai consumatori con minore disponibilità.

In assenza di vincoli, tra gli acquirenti potrebbe instaurarsi uno scambio vantaggioso per entrambi. I consumatori che valutano di più il prodotto potrebbero, in alcune circostanze, acquistarlo da quelli che lo valutano meno, a un prezzo che andrebbe a migliorare il benessere di entrambe le parti. Tuttavia, il venditore impedisce che questa rivendita abbia luogo e nel farlo riduce il benessere della società.

Concorrenza

Come abbiamo visto, un'impresa potrebbe usare la discriminazione dei prezzi per estromettere i concorrenti dal mercato, praticando una ***politica di prezzi predatori***. Per esempio, in molte città le grandi compagnie di trasporto urbano hanno utilizzato i profitti guadagnati in *altre* città dove godevano di un monopolio per sussidiare

PAROLE CHIAVE

Politica di prezzi predatori Prassi adottata da un'impresa che fissa i prezzi al di sotto del costo medio per estromettere dal mercato i concorrenti.

BOX 8.5 ANALISI DI CASI E APPLICAZIONI

La discriminazione dei prezzi al cinema

Una delle forme più comuni di discriminazione dei prezzi consiste nell'applicare, per i trasporti pubblici o gli spettacoli, una tariffa inferiore per i bambini. Prendiamo l'esempio del cinema: nella maggior parte dei casi, nella fascia pomeridiana il biglietto per i bambini ha un prezzo inferiore a quello degli adulti, mentre la sera molte sale applicano lo stesso prezzo a bambini e adulti.

Perché le sale cinematografiche adottano questa politica? Dopo tutto, un bambino assiste alla proiezione e occupa una poltrona esattamente come un adulto. In altre parole, non c'è alcuna differenza nel "prodotto" che il bambino "consuma". E perché la sera i biglietti hanno lo stesso prezzo, considerato il fatto che le poltrone e i film sono gli stessi?

La risposta è da ricercare nella massimizzazione del ricavo e nell'elasticità della domanda al prezzo. Una volta che la sala cinematografica ha deciso di proiettare un film, i costi marginali relativi a uno spettatore aggiuntivo sono pari a zero: non occorre assumere altro personale, noleggiare altre pellicole, consumare maggiore energia elettrica e così via. Se i costi marginali sono pari a zero, i profitti sono massimizzati in corrispondenza di un ricavo marginale pari a zero: in altre parole, laddove il ricavo totale viene massimizzato.

Consideriamo l'esempio di una sala cinematografica da 500 posti, come illustrato nei due diagrammi seguenti, che mostrano le curve di domanda e di ricavo marginale per gli adulti e i bambini. Partiamo dall'ipotesi che l'elasticità della domanda per i biglietti dei bambini sia maggiore di quella per i biglietti per gli adulti. Il diagramma (a) illustra la domanda per la fascia oraria pomeridiana. In questo caso, la domanda di biglietti per bambini è relativamente elevata rispetto a quella di biglietti per adulti, ma la domanda complessiva è bassa. Il diagramma (b) illustra la domanda nella fascia serale: qui il livello complessivo della domanda è più elevato, specie per i biglietti per gli adulti, che nella maggior parte dei casi non possono recarsi al cinema di pomeriggio.

Per la proiezione pomeridiana (diagramma (a)), il ricavo viene massimizzato applicando un prezzo di €4 ai biglietti per i bambini, vale a dire in corrispondenza del punto sulla curva di domanda in cui $R' = 0$. A questo prezzo, saranno venduti 200 biglietti a tariffa ridotta.

Ipotizzando che il prezzo applicato ai biglietti per gli adulti sia lo stesso per le proiezioni pomeridiane e serali, per calcolare il prezzo che massimizza il ricavo dobbiamo considerare la domanda *totale* dei biglietti a prezzo pieno (cioè per le proiezioni pomeridiane e serali). Il prezzo ottimo, pari a €7, si trova in corrispondenza del punto in cui il ricavo marginale totale dei biglietti per gli adulti è uguale a zero (vedi diagramma (b)). A questo prezzo, si vendono 100 biglietti per adulti nel pomeriggio e 500 la sera.

Perché, infine, i biglietti a prezzo ridotto non sono disponibili la sera? Nel diagramma (b) la vendita di biglietti a prezzo ridotto porterebbe la domanda a un livello tale da superare la capacità della sala (500 posti); per ogni adulto che non può entrare perché il biglietto è già stato venduto a un bambino, il cinema registrerebbe una perdita.

(a) Numero di biglietti (pomeriggio).

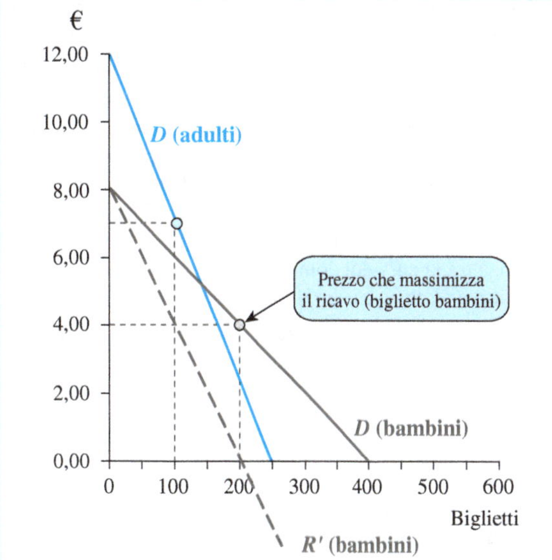

(b) Numero di biglietti (sera e totale).

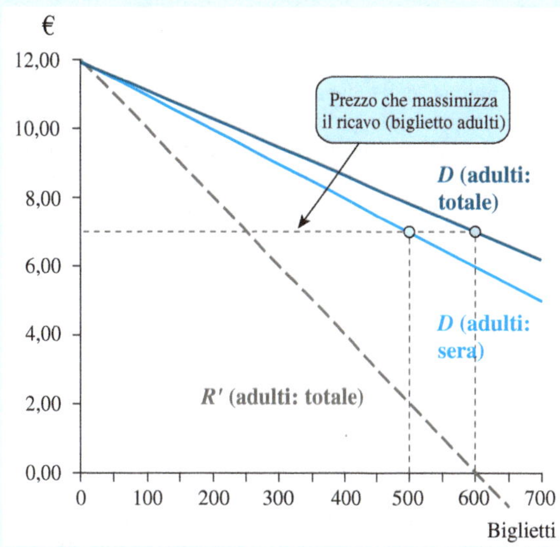

i prezzi dei biglietti e costringere i concorrenti a chiudere; successivamente, hanno alzato le tariffe a un livello superiore a quello praticato in precedenza dai concorrenti. D'altro canto, un'impresa potrebbe usare i profitti realizzati in un mercato con prezzi più elevati per entrare in uno nuovo e resistere a una possibile guerra dei prezzi. In tal modo, la concorrenza aumenterebbe.

Profitti

La discriminazione dei prezzi accresce i profitti dell'impresa. Questa potrebbe essere considerata una ridistribuzione indesiderabile del reddito nella società, specie se il prezzo medio del prodotto aumenta. D'altro canto, i profitti più elevati potrebbero essere reinvestiti, favorendo l'innovazione o una riduzione dei costi futuri.

I paragrafi in pillole

Paragrafo 8.1

1. La concorrenza monopolistica è caratterizzata da libertà di ingresso nel settore e dalla presenza di un numero piuttosto elevato di imprese che operano in maniera indipendente, ciascuna delle quali – producendo beni e servizi differenziati – è tuttavia dotata di un certo potere di mercato.
2. Nel breve periodo le imprese in concorrenza monopolistica possono realizzare profitti supernormali; nel lungo periodo, però, i profitti scendono al livello normale a causa della libertà di ingresso. L'equilibrio di lungo periodo della singola impresa si trova nel punto di tangenza tra la curva di domanda (con pendenza negativa) e la curva di costo medio di lungo periodo.
3. Nel lungo periodo le imprese in concorrenza monopolistica presentano capacità eccedente. La curva di domanda, avendo pendenza negativa, non può essere tangente alla curva *CMLP* nel punto di minimo della curva stessa. Le imprese potrebbero dunque produrre di più a un costo medio *inferiore*.
4. Nella realtà, i profitti supernormali possono permanere nel lungo periodo: le imprese dispongono di informazioni imperfette; l'ingresso potrebbe non essere completamente libero; le imprese potrebbero farsi concorrenza su fattori diversi dal prezzo per mantenere un vantaggio sui rivali.
5. La concorrenza su fattori diversi dal prezzo può assumere la forma dello sviluppo o della promozione del prodotto (pubblicità e così via).
6. In ragione della capacità eccedente, le imprese in concorrenza monopolistica potrebbero avere costi più elevati rispetto alle imprese in concorrenza perfetta; tuttavia, in tale forma di mercato potrebbe esserci un vantaggio per i consumatori derivante dalla maggiore varietà di prodotti.
7. Le imprese in concorrenza monopolistica potrebbero beneficiare di minori economie di scala e destinare meno fondi alla ricerca e sviluppo rispetto ai monopolisti, ma le pressioni competitive potrebbero tenere i prezzi più bassi rispetto al monopolio.

Paragrafo 8.2

1. Un oligopolio è un mercato nel quale operano poche imprese, protette da barriere all'entrata nel settore. Gli oligopolisti sono consapevoli della reciproca dipendenza.
2. Gli oligopolisti desiderano massimizzare i profitti congiunti, e questo li spinge a colludere per tenere alti i prezzi. D'altro canto, siccome desiderano aggiudicarsi la quota di profitti più elevate, sono anche in concorrenza fra loro.
3. Le probabilità di collusione sono maggiori se le imprese sono poche, se si comportano in maniera reciprocamente trasparente, se hanno prodotti e strutture di costo analoghi, se esiste un'impresa dominante, se ci sono significative barriere all'entrata, se il mercato è stabile e se non ci sono leggi che vietano la collusione.
4. La collusione può essere esplicita o tacita.
5. Un accordo collusivo formale si chiama "cartello" e il suo scopo è agire come un monopolio. Un cartello può fissare i prezzi e lasciare che i propri membri si facciano concorrenza per aggiudicarsi quote di mercato, oppure assegnare loro contingenti di produzione. I membri di un cartello hanno sempre la tentazione di "barare" tagliando i prezzi, se ritengono di poter riuscire nel loro intento senza scatenare una guerra dei prezzi.
6. La collusione tacita può assumere la forma della leadership di prezzo, situazione in cui le imprese seguono il prezzo fissato dall'impresa dominante o da quella considerata un "barometro" affidabile delle condizioni di mercato. In alternativa, la collusione tacita può semplicemente comportare l'osservanza di alcune regole empiriche, come la determinazione del prezzo in base al costo medio o a un benchmark.
7. Anche quando non colludono, le imprese sono costrette a tenere in considerazione il comportamento dei concorrenti. Nel modello di Cournot, gli oligopolisti ipotizzano che la produzione dei concorrenti sia data, quindi scelgono il prezzo e la produzione che massimizzano il profitto sulla base di questa ipotesi. Il prezzo e il profitto risultanti sono inferiori a quelli del monopolio, ma più elevati rispetto a quelli della concorrenza perfetta.
8. Nel modello di Bertrand, le imprese ipotizzano che il prezzo dei concorrenti sia dato; questo innesca una concorrenza sul prezzo, che continua finché non restano solo i profitti normali.
9. Nella teoria della domanda ad angolo, le imprese tendono a mantenere i prezzi stabili a meno che non si verifichi uno spostamento pronunciato delle curve di costo o di domanda.
10. L'oligopolio può agire o meno nell'interesse pubblico a seconda delle sue caratteristiche e del grado di concorrenza al suo interno; in particolare, l'inefficienza dell'oligopolio viene a ridursi se esistono poteri controbilancianti, se le imprese non ricorrono a massicce cam-

pagne pubblicitarie, se la differenziazione del prodotto si traduce in un'ampia scelta per il consumatore, se una parte dei profitti viene destinata ad attività di ricerca e sviluppo, e se il mercato è contendibile. Dal momento che queste condizioni variano considerevolmente da un settore all'altro, è impossibile stabilire con esattezza in che misura un oligopolio serva l'interesse pubblico.

Paragrafo 8.3

1. La teoria dei giochi è un metodo per analizzare il comportamento nelle situazioni strategiche, in cui l'esito per un individuo o per un'impresa dipende dalle scelte compiute dagli altri. Pertanto, la teoria dei giochi esamina le diverse strategie che le imprese possono adottare quando l'esito di ciascuna è incerto.
2. Uno dei tipi di gioco più semplici è quello simultaneo a mossa singola, o uniperiodale, spesso presentato in forma normale, cioè come matrice di pay-off. Alcuni giochi simultanei a mossa singola hanno esiti prevedibili, indipendentemente dalle ipotesi formulate da ciascuna impresa riguardo al comportamento dei concorrenti. Alcuni giochi di questo tipo sono caratterizzati da strategie dominanti. Molti altri giochi simultanei a mossa singola sono più complessi e una o entrambe le imprese non hanno una strategia dominante. L'equilibrio di Nash è un modo utile per prevedere l'esito più probabile in ciascuno di questi giochi.
3. Se un gioco simultaneo si ripete, l'equilibrio può cambiare. L'esito finale dipende da numerosi fattori quali il fatto che la data di fine gioco sia conosciuta o meno.
4. Nei giochi a mosse sequenziali la mano passa in sequenza da un giocatore all'altro: in tal caso, le imprese reagiscono non solo alle mosse dei concorrenti, ma anche a ciò che questi dichiareranno di fare. Per poter influenzare le decisioni dei concorrenti, le minacce e le promesse di un'impresa devono essere credibili.
5. Un'impresa potrebbe guadagnare un vantaggio strategico sui concorrenti facendo la prima mossa (per esempio, lanciando un nuovo prodotto). Chi fa la seconda mossa potrebbe ottenere un vantaggio se è in grado di impegnarsi in anticipo a comportarsi in un certo modo. Per illustrare la possibile sequenza di mosse in un gioco a mosse sequenziali si può costruire un albero decisionale.

Paragrafo 8.4

1. Se per l'impresa i costi di fornire i prodotti a clienti differenti non variano, allora la discriminazione dei prezzi è la prassi consistente nel vendere lo stesso prodotto a prezzi differenti a diversi clienti. Se i costi invece variano, la discriminazione dei prezzi è la prassi consistente nel vendere lo stesso prodotto a prezzi differenti dove la differenza di prezzo non è interamente giustificata dalla differenza dei costi.
2. La discriminazione dei prezzi consente all'impresa di ottenere un ricavo maggiore per un dato livello di vendite.
3. Nella discriminazione dei prezzi di primo grado, al cliente viene proposto il prezzo massimo che è disponibile a pagare. Nella discriminazione dei prezzi di secondo grado, al consumatore è offerta una varietà di prezzi diversi per lo stesso prodotto. Il consumatore può quindi scegliere quale opzione preferisce, ma i prezzi inferiori sono condizionati ad alcune caratteristiche dell'acquisto. Nella discriminazione dei prezzi di terzo grado, i consumatori vengono suddivisi in gruppi, e si applicano prezzi più elevati ai gruppi con minore elasticità della domanda.
4. Non è facile determinare se la discriminazione sia o meno nell'interesse del consumatore. Alcune persone ne sono favorite e altre danneggiate.

Domande di ripasso

1. Ipotizzate che vi siano solo due imprese (X e Y) e che queste stiano considerando quale prezzo applicare tra due alternative. Le decisioni sono prese simultaneamente, cioè senza che una delle due imprese possa sapere che cosa ha deciso l'altra. I profitti sono illustrati nella matrice della Tabella 8.4.

Tabella 8.4 I profitti delle imprese X e Y con diversi livelli di prezzi.

		Prezzo di X	
		€25	€19
Prezzo di Y	€20	A 6 milioni di € per Y, 6 milioni di € per X	B 2 milioni di € per Y 5 milioni di € per X
	€15	C 4 milioni di € per Y 3 milioni di € per X	D 4 milioni di € per Y, 4 milioni di € per X

   (a) Qual è la migliore risposta dell'impresa Y per ciascuno dei prezzi che X potrebbe applicare? L'impresa Y ha una strategia dominante?

   (b) Qual è la migliore risposta dell'impresa X per ciascuno dei prezzi che Y potrebbe applicare? L'impresa X ha una strategia dominante?

   (a) Qual è o quali sono gli equilibri di Nash? Qual è il risultato più probabile del gioco? Argomentate la risposta.

2. Ipotizzate che un settore in concorrenza monopolistica sia in equilibrio di lungo periodo. Su un diagramma come quello della Figura 8.1(b), illustrate l'effetto di un calo della domanda sul prezzo e sul profitto di un'impresa (a) nel breve periodo e (b) nel lungo periodo.
3. Sotto quali punti di vista un'impresa in concorrenza monopolistica è tendenzialmente meno efficiente di una in concorrenza perfetta?

4. Nella città o nel quartiere in cui vivete ci sono negozi che restano aperti fino a tardi? Se sì, gli orari di apertura influiscono sui prezzi applicati? A vostro avviso, perché?
5. Fornite tre esempi di settori oligopolistici. In quali modi competono le imprese in ciascuno di questi settori? Perché scelgono quel particolare tipo di concorrenza?
6. Perché, in regime di oligopolio, le imprese di un particolare settore potrebbero colludere in un determinato periodo e farsi un'accanita concorrenza sul prezzo in un altro?
7. Che cosa si intende per *dilemma del prigioniero* applicato al comportamento degli oligopolisti? Cosa determina il risultato del gioco?
8. Indicate tre caratteristiche che una mossa strategica deve avere per poter far cambiare il comportamento di un concorrente in una fase successiva del gioco.
9. Pensate a due esempi di discriminazione dei prezzi. Di quale categoria sono? In che modo i consumatori ne sono avvantaggiati o penalizzati? Di quali informazioni avreste bisogno per formulare una risposta certa?
10. Spiegate perché la crescita del commercio elettronico potrebbe causare un aumento del numero di imprese che attuano una politica di prezzi personalizzati.
11. Affinché un'impresa sia in grado di implementare una strategia di discriminazione dei prezzi, deve essere in grado di evitare che i suoi clienti si rivendano i beni. Quali fattori potrebbero rendere difficoltoso per un consumatore rivendere un bene?

ONLINE

Sulla piattaforma MyLab dedicata a questo testo troverete materiali di supporto e approfondimento. All'interno dello stesso ambiente è disponibile la piattaforma inglese MyLab Economics che offre ulteriori risorse, un ricco apparato multimediale ed esercizi guidati.

CAPITOLO

9 Il comportamento delle imprese

Sommario del capitolo

Le teorie tradizionali dell'impresa esaminate nei tre capitoli precedenti partono dal presupposto che le imprese mirino a massimizzare i profitti. Questa ipotesi è veritiera per molte imprese, ma non per tutte.

Alcune imprese, infatti, potrebbero *voler* massimizzare i profitti, ma non disporre di informazioni sufficienti per farlo; altre, poi, non desiderano nemmeno massimizzare i profitti, se questo comporta la rinuncia ad altri obiettivi, come una crescita rapida o una maggiore quota di mercato.

In questo capitolo ci concentreremo sul comportamento dei responsabili delle decisioni nelle imprese, analizzando i diversi obiettivi che potrebbero perseguire in alternativa alla massimizzazione del profitto, quale per esempio la massimizzazione dei ricavi o della crescita. Esamineremo anche le ripercussioni del perseguimento di obiettivi alternativi sulla redditività dell'impresa e sul prezzo pagato dai consumatori.

Molte imprese, specie quelle di grandi dimensioni, sono organizzazioni complesse, con diversi individui e reparti che mirano a conseguire obiettivi spesso differenti. Che cosa accade quando i diversi obiettivi entrano in conflitto? Come vengono risolti i contrasti? Quali sono le implicazioni per i consumatori e gli altri stakeholder? Esamineremo questi aspetti nel Paragrafo 9.5.

Infine, analizzeremo il processo di determinazione dei prezzi nella pratica. Se le imprese nel determinare i prezzi non utilizzano i concetti di ricavo marginale e costo marginale, o se non mirano a massimizzare il profitto, come scelgono il prezzo da applicare? Come vedremo, spesso le imprese determinano i prezzi sulla base del costo medio.

9.1 I problemi della teoria tradizionale

Le teorie tradizionali dell'impresa basate sulla massimizzazione del profitto vengono spesso criticate in quanto poco realistiche. I loro detrattori muovono due obiezioni principali: (a) le imprese desiderano massimizzare i profitti, ma per qualche ragione non sono in grado di farlo; oppure (b) le imprese perseguono obiettivi diversi dalla massimizzazione del profitto. Esaminiamo entrambe le critiche più in dettaglio.

Difficoltà insite nella massimizzazione del profitto

Una critica mossa alla teoria tradizionale è che le imprese non utilizzano i concetti di ricavo marginale e costo marginale. Ciò potrebbe essere vero, ma le imprese potrebbero nondimeno ottenere il massimo profitto modificando il prezzo per tentativi ed errori, oppure individuando il livello di produzione in corrispondenza del quale la differenza tra ricavo totale e costo totale è massima.

Posto che finiscano per massimizzare i profitti, le imprese arrivano di fatto a eguagliare il costo marginale al ricavo marginale, anche se non adottano esplicitamente questa strategia. In tal caso, i modelli tradizionali sono comunque utili per prevedere i livelli di prezzo e produzione.

La mancanza di informazioni

CF 9 p129 La maggiore difficoltà insita nella massimizzazione dei profitti è la *mancanza di informazioni*. Le imprese potrebbero utilizzare concetti di costo contabile non basati sul costo-opportunità; in tal caso la massimizzazione del profitto sarebbe un'eventualità fortuita, poiché non sarebbe possibile misurarne l'effettivo valore.

IC 15 p128 IC 9 p61 Cosa ancora più importante, difficilmente le imprese conoscono anche in maniera approssimata le loro curve di domanda, e quindi le rispettive curve R'. Per quanto conoscano la quantità venduta al momento, questo dato consente di individuare solo un punto sulla curva di domanda, ma nessun punto sulla curva R'. Per effettuare una stima informata del ricavo marginale, le imprese devono farsi un'idea della reattività della domanda a una variazione del prezzo. Ma qual è il metodo per stimare questa elasticità al prezzo? Le ricerche di mercato potrebbero tornare utili, ma sono spesso inaffidabili.

Nello stimare la curva di domanda fronteggiata da un'impresa, il problema principale è quello di prevedere le azioni e le reazioni delle *altre* imprese e i loro effetti. Anche in condizioni di collusione rimane una considerevole incertezza.

Come abbiamo visto nel Capitolo 8, la teoria dei giochi può aiutere l'impresa a stabilire le strategie relative a prezzi e produzione, ma affinché queste siano accurate, è necessario che l'impresa conosca le conseguenze sui profitti di ogni possibile reazione dei suoi concorrenti.

IC 23 p221 Nel mondo reale nessuna impresa possiede tali informazioni, perché non è in grado di sapere come i consumatori reagiranno alle strategie alternative che ognuno dei concorrenti potrebbe mettere in atto.

L'orizzonte temporale

Infine, si pone il problema di stabilire l'orizzonte temporale nell'arco del quale l'impresa dovrebbe puntare a massimizzare il profitto. Le imprese infatti operano in un ambiente mutevole. Le curve di domanda e di offerta si spostano: alcuni di questi spostamenti sono dovuti a fattori che sfuggono al controllo dell'impresa (come i cambiamenti dei prezzi e dei prodotti dei concorrenti), altri sono una diretta conseguenza delle politiche dell'impresa stessa, come una campagna pubblicitaria o l'installazione di nuovi macchinari.

L'impresa, pertanto, non fronteggia curve di costo e di ricavo statiche dalle quali può evincere il prezzo e il livello di produzione che massimizzano il profitto; al contrario, si confronta con curve variabili e imprevedibili. Se sceglie un prezzo e un livello di produzione che massimizzano i profitti nell'anno in corso, la decisione potrebbe rivelarsi sbagliata nei mesi o anche nelle settimane successive.

Consideriamo un semplice esempio. Supponiamo che l'impresa stia valutando l'opportunità di investire in un nuovo, costoso macchinario. L'investimento comporterebbe un aumento dei costi e una flessione dei profitti nel breve periodo; d'altro canto, se la qualità dei prodotti migliora, è probabile che nel lungo periodo la domanda aumenti. Inoltre, se il macchinario è più efficiente, i costi variabili potrebbero diminuire. In altre parole, è plausibile che il profitto di lungo periodo aumenti, ma in misura assai incerta.

Dati questi problemi connaturati alla scelta del prezzo e del livello di produzione che massimizzano il profitto, è probabile che le imprese ricorrano a semplici regole empiriche per la determinazione del prezzo (vedi Paragrafo 8.2).

Obiettivi diversi dalla massimizzazione del profitto

Un'obiezione ancora più sostanziale alla teoria tradizionale dell'impresa è che i produttori nemmeno *mirano* a massimizzare i profitti (anche se potrebbero).

La teoria tradizionale dell'impresa ipotizza che sia il *proprietario* dell'impresa stessa a prendere le decisioni relative al prezzo e alla produzione. È ragionevole supporre che i proprietari *vogliano* massimizzare i profitti. La questione è stabilire se i proprietari siano realmente responsabili delle decisioni.

Nelle ***società per azioni*** i proprietari sono gli azionisti, i quali, presumibilmente, vogliono che l'impresa massimizzi i profitti in modo da incrementare i dividendi e il valore delle azioni. Gli azionisti eleggono i membri del consiglio di amministrazione che, a loro volta, assumono manager professionisti ai quali viene spesso conferito un ampio margine decisionale. Pertanto, si verifica una separazione fra la proprietà e il controllo dell'impresa.

C'è da chiedersi, dunque, se anche i manager mirino a massimizzare i profitti o se si pongano altri obiettivi.

Si può ipotizzare che i manager puntino a *massimizzare la propria utilità*: per esempio, potrebbero proporsi di ottenere retribuzioni più elevate, di conquistare maggior potere o prestigio, o un'auto aziendale più lussuosa. All'interno di una stessa impresa, poi, i diversi manager potrebbero perseguire obiettivi differenti, anche in conflitto con la massimizzazione dei profitti.

I manager devono comunque assicurarsi che l'impresa realizzi profitti *sufficienti* a soddisfare gli azionisti, ma questo non coincide necessariamente con la *massimizzazione* del profitto.

Le teorie dell'impresa alternative, pertanto, ipotizzano tendenzialmente che le grandi imprese ***perseguano un profitto soddisfacente***: in altre parole, i manager si adoperano per ottenere un livello minimo di profitto prefissato, ma sono scarsamente interessati a profitti superiori a quel livello.

Tali teorie si dividono in due categorie: la prima comprende le teorie secondo le quali le imprese mirano a conseguire un altro obiettivo, posto che realizzino profitti sufficienti (vedi Paragrafo 9.3); la seconda racchiude le teorie secondo le quali le imprese perseguono una serie di obiettivi potenzialmente in conflitto, uno dei quali è un profitto sufficiente (vedi Paragrafo 9.5).

IDEA CHIAVE 24 ***Il comportamento tende a essere influenzato dalla natura delle istituzioni e delle organizzazioni.*** Nelle organizzazioni complesse ci sono diverse forze che influiscono sulle decisioni individuali. Pertanto, nella maggior parte dei casi è semplicistico ipotizzare che un'organizzazione persegua un solo, semplice obiettivo (per esempio, la massimizzazione del profitto di breve periodo).

PAROLE CHIAVE

Società per azioni Società di proprietà degli azionisti. La responsabilità degli azionisti è limitata al valore delle loro azioni, che possono essere acquistate e vendute in borsa.

Perseguimento di un profitto soddisfacente (*profit satisficing*) Quando i responsabili delle decisioni aziendali mirano al conseguimento di un livello di profitto prefissato anziché al livello massimo assoluto.

BOX 9.1 **ANALISI DI CASI E APPLICAZIONI**

Che cosa massimizzare?

Anche i manager sono esseri umani

In quanto studenti di economia, che cosa massimizzate? Mirate a massimizzare i voti ottenuti agli esami? In questo caso forse dovreste trascorrere gran parte del vostro tempo sui libri. Ovviamente, dovreste fare pausa per mangiare e dormire, e avreste bisogno di un po' di tempo libero, ma dovrete dedicare allo studio la gran parte del vostro tempo.
È invece più probabile che, in un modo o nell'altro, cerchiate di massimizzare la vostra soddisfazione. Ottenere buoni voti agli esami è solo uno degli elementi che contribuiscono a questo obiettivo; questo elemento va messo a confronto con il costo-opportunità dello studio, vale a dire con il tempo che non trascorrete con gli amici, facendo sport o un lavoro retribuito, e così via.

Affermare che i manager mirano alla massimizzazione del profitto a scapito di tutto il resto è come sostenere che il vostro obiettivo è unicamente la massimizzazione dei voti. La soddisfazione (o utilità) dei manager dipende da molti fattori, tra cui la retribuzione, la piacevolezza del lavoro, il potere, i rapporti con i colleghi.
La realizzazione di elevati profitti potrebbe essere un obiettivo importante (dopo tutto, contribuisce all'utilità dei manager), ma l'impegno necessario per ottenere profitti aggiuntivi comporta un costo-opportunità per i dirigenti che, per esempio, potrebbero essere costretti a lavorare più a lungo, o a licenziare un collaboratore stretto.

9.2 Economia comportamentale e impresa

Il comportamento dell'impresa è coerente con il modello della scelta razionale?

Nel Paragrafo 5.2 del Capitolo 5 abbiamo introdotto l'economia comportamentale, il campo di studio che integra nella teoria economica standard alcuni spunti tratti dalla psicologia. Abbiamo visto come concetti quali euristica, avversione al rischio, bias del momento attuale e reciprocità possano talvolta consentire di prevedere il comportamento umano con maggiore efficacia rispetto all'approccio tradizionale.

Nel Capitolo 5 ci siamo concentrati sul comportamento del consumatore, mentre in questo capitolo esaminiamo come applicare l'economia comportamentale alla teoria dell'impresa. Per esempio, in quali modi le decisioni del management potrebbero prendere direzioni diverse da quelle considerate razionali? In che modo le azioni delle imprese potrebbero essere influenzate da manager che hanno un forte orientamento all'equità?

Alcune potenziali euristiche

Le imprese operano in ambienti complessi, devono gestire informazioni imperfette e incertezza riguardo il presente e il futuro. Cercare di elaborare e implementare una strategia di massimizzazione del profitto in queste situazioni è un'attività complessa a livello cognitivo che pone un pesante fardello sulla capacità di calcolo ed elaborazione da parte dei manager. In modo simile ai consumatori, i manager possono reagire ricorrendo all'euristica (regole pratiche/scorciatoie mentali) per semplificare le cose. Alcuni esempi di euristiche sono i seguenti.

Copiare la strategia delle imprese più redditizie presenti nel mercato. Questa strategia è possibile soltanto se un'impresa può osservare le azioni e i profitti realizzati dai concorrenti. Se alcune imprese seguono una strategia di imitazione in un mercato oligopolistico, la competizione potrebbe farsi ancora più intensa, con prezzi più bassi e livello di produzione superiore. Secondo alcuni studi, le imprese che si limitano a imitare ottengono performance almeno pari a quelle che elaborano strategie di massimizzazione del profitto originali.

Concentrarsi sui profitti relativi e non assoluti. È più facile osservare se un›impresa ottiene un profitto maggiore dei concorrenti piuttosto che verificare se ottiene il massimo profitto possibile. I manager, quindi, possono giudicare il successo della loro opera mettendo a confronto le performance delle loro imprese con quelle dei concorrenti. Potrebbero esserci anche degli incentivi a favorire questo comportamento, dato che spesso i bonus si basano su profitti relativi e non assoluti.

Questo tipo di comportamento potrebbe condurre le imprese a implementare strategie che riducono i profitti delle loro imprese (per esempio, nel caso di una guerra dei prezzi molto aggressiva), se in questo modo i profitti dei concorrenti si riducono ancora di più. Nel Paragrafo 9.5 vedremo come avere obiettivi multipli possa condurre i manager a concentrarsi sulle loro performance relative.

Realizzare un livello di profitto soddisfacente/target. Anziché andare costantemente alla ricerca di nuove opportunità per massimizzare i profitti in un mercato dinamico, i manager potrebbero limitarsi a cambiare la strategia di un'impresa soltanto quando i profitti scendono al di sotto di un livello prefissato come target. I più influenti sostenitori di questo approccio sono stati Richard Cyert e James March[1] (vedi il Paragrafo 9.5 per ulteriori dettagli), i quali nelle loro ricerche si sono serviti come casi di studio di quattro imprese multinazionali, utilizzando le osservazioni ottenute per sviluppare modelli d'impresa in cui le decisioni sono il risultato di una sequenza di comportamenti. I loro studi hanno evidenziato i limiti dell'assunzione neoclassica della massimizzazione del profitto e si sono dimostrati molto influenti per due aspetti. In primo luogo, hanno condotto a studiare il comportamento delle imprese e dei singoli decision maker. In secondo luogo, i metodi di ricerca da loro usati sono stati adottati da studiosi sperimentalisti non solo in economia, ma in tutte le scienze sociali.

Manager e preferenze sociali

Come abbiamo visto nel Capitolo 8, il comportamento di un'impresa in un oligopolio dipende dalle sue previsioni in merito alle reazioni delle rivali. In un oligopolio collusivo le imprese si accordano per limitare la competizione al fine di massimizzare i profitti congiunti. La teoria dei giochi ci consente di esaminare queste decisioni strategiche in modo più approfondito. Un'assunzione coerente è che le imprese tentano di massimizzare i profitti e ritengono che i loro concorrenti si comporteranno sempre in modo razionale ed egoistico (cioè tendano a massimizzare i loro profitti). Ma questa assunzione è sempre ragionevole?

---

1 Richard Cyert e James March, *A Behavioural Theory of the Firm* (Blackwell, 1963). Trad. it. *Teoria del comportamento dell'impresa*, Franco Angeli, 1973

BOX 9.2 ESPLORARE L'ECONOMIA

Capire i consumatori "irrazionali" per incrementare i profitti

Nel Paragrafo 5.2 abbiamo visto come l'economia comportamentale possa aiutarci a capire il comportamento del consumatore. Abbiamo esaminato in modo abbastanza dettagliato i motivi per cui le azioni delle persone potrebbero non corrispondere alle previsioni della teoria economica tradizionale.

Modalità di presentazione dei prezzi

L'economia comportamentale suggerisce che le imprese potrebbero essere in grado di aumentare i profitti tenendo conto della "irrazionalità" del consumatore. Uno degli ambiti in cui avviene ciò è costituito dalle modalità di presentazione dei prezzi ai consumatori.

Secondo le previsioni della teoria economica standard, modi diversi di presentare lo stesso prezzo non dovrebbero avere alcun impatto sul comportamento del consumatore. Invece, vi è evidenza del fatto che l'impatto ci sia e le imprese possono sfruttarlo per migliorare i loro profitti.

Prezzo suddiviso o *drip pricing*. Un esempio è quello del "prezzo suddiviso" o drip pricing (letteralmente "prezzi goccia a goccia". Si tratta di una strategia per cui, anziché presentare un unico prezzo per un prodotto, il venditore lo suddivide in uno o più componenti; solitamente c'è un prezzo base e poi commissioni aggiuntive per elementi quali gestione, amministrazione, elaborazione, pagamento con carta di credito/debito, imposte, confezionamento e spedizione.

Il ***drip pricing*** prevede che in una prima fase solo una parte del prezzo sia pubblicizzata, poi il venditore include gradualmente commissioni aggiuntive mentre il consumatore procede nel processo di acquisto. Questo approccio è ampiamente diffuso online dove il consumatore percorre una serie di pagine web e vede comparire una serie di supplementi al prezzo.

Per esempio, nel 2013 il gruppo di consumatori *Which* svolse un'indagine di *mystery shopping*[1] relativa ai prezzi dei biglietti per eventi musicali, commedie e spettacoli teatrali. In 76 casi su 78 furono riscontrati addebiti aggiuntivi per la prenotazione e la consegna verso la fine della procedura di transazione. In alcuni casi questi costi aggiuntivi arrivavano a totalizzare un terzo del prezzo del biglietto pubblicizzato.

Evidenza sull'impatto del prezzo suddiviso

Esistono evidenze che il prezzo suddiviso o drip pricing abbia un impatto sul comportamento del consumatore?

Morwitz, Greenleaf e Johnson (1998)[2] hanno svolto un esperimento sulle aste, trovando che quando il prezzo era suddiviso in un prezzo base più un 15% di supplemento, i partecipanti erano disponibili a pagare di più.

1 'Play fair on ticket fees', comunicato stampa Which (17 dicembre 2013).

2 VG Morwitz, EA Greenleaf ed EJ Johnson, 'Divide and prosper: Consumers' reactions to partitioned prices', Journal of Marketing Research 35, pagg. 453–63 (1998).

Hossain and Morgan (2006)[3] hanno condotto un esperimento basato sulle aste di CD e giochi Xbox su eBay, trovando che il prezzo di vendita nelle aste era sempre maggiore quando veniva visualizzato un basso prezzo di riserva con alti costi di preparazione/spedizione, rispetto alla visualizzazione di un prezzo di riserva elevato con bassi costi di preparazione/spedizione.

In un esperimento di laboratorio, Huck e Wallace (2015) hanno trovato che il drip pricing riduceva il surplus del consumatore del 22%.[4]

Quali bias comportamentali possono aiutare a spiegare questi risultati?

Ancoraggio. I consumatori tendono ad "ancorarsi" al prezzo pubblicizzato o evidenziato, ritenendo che costituisca il dato più importante e rilevante. Non sono in grado di tenere pienamente conto degli altri elementi del prezzo (consegna, spese varie ecc.) e per questo tendono a sottostimare il prezzo totale del prodotto.

Avversione alle perdite/effetto dotazione. I consumatori potrebbero decidere di voler acquistare il prodotto una volta visto il prezzo pubblicizzato inizialmente. A quel punto si sentono come se possedessero già il prodotto, perciò il loro punto di riferimento cambia e iniziano ad attribuire al prodotto un valore maggiore. Questo è l'effetto dotazione (trattato nel Box 5.2 del Capitolo 5). L'avversione alle perdite significa che i consumatori sono disponibili a pagare gli elementi aggiuntivi del prezzo per evitare di rinunciare all'acquisto.

Altri esempi di strategie di prezzo che sfruttano bias nei processi decisionali dei consumatori sono i seguenti.

- Prezzo comparativo. Il prezzo del prodotto è visualizzato accanto al prezzo di un altro, per esempio quello applicato in precedenza dallo stesso fornitore.
- Prezzo complesso. Le informazioni sono visualizzate in modo tale che il consumatore deve fare un certo sforzo cognitivo per determinare il prezzo unitario; per esempio: "Acquista tre articoli al prezzo di due".
- Prezzo a tempo. Il consumatore viene informato che l'offerta attuale non sarà più disponibile dopo una certa ora o data futura. Quindi, se il consumatore ritarda, perderà l'occasione.

3 Tanjim Hossain e John Morgan, 'Plus Shipping and Handling: Revenue (Non) equivalence in Field Experiment on eBay', Advances in Economic Analysis and Policy, 6, pagg. 1–26 (2006).

4 Steffan Huck e Brian Wallace, 'The impact of price frames on decision making: Experimental evidence', UCL Working paper (ottobre 2015).

Alcuni manager, anziché essere razionali massimizzatori di profitti, hanno forti preferenze sociali. In particolare, tengono a una distribuzione equa dei profitti tra le imprese del loro settore. Se un'impresa che massimizza i profitti intraprende azioni che le consentono di ottenere una maggiore quota dei profitti complessivi, i manager con forti preferenze sociali potrebbero essere disposti a intraprendere azioni anche costose per punirle. Per "azioni costose" intendiamo azioni che possono ridurre i profitti dell'impresa che le compie, oltre a quelli delle sue rivali. Molti esperimenti hanno trovato evidenza che esistono persone disponibili a ridurre i loro stessi guadagni per punire altri "giocatori" di ciò che loro considerano comportamenti scorretti.

Le preferenze sociali possono aumentare le possibilità che si formi un oligopolio collusivo riducendo la probabilità di tradimento. Consideriamo il seguente esempio: supponiamo che un settore sia dominato da due grandi imprese (impresa A e impresa B). Queste due imprese sottoscrivono un accordo collusivo per applicare prezzi superiori al livello concorrenziale per un periodo di tempo indefinito. Se entrambe le imprese rispettano l'accordo, si spartiscono tra loro il livello superiore dei profitti del settore. Abbiamo spiegato nel Capitolo 8 come le possibilità che entrambe le imprese rispettino l'accordo dipendono da vari fattori, tra cui la dimensione attesa della punizione prevista in caso di tradimento. Quale impatto hanno le preferenze sociali sulla dimensione della punizione attesa?

Supponiamo che l'unico obiettivo dei manager dell'impresa A sia quello di massimizzare i profitti, mentre i manager dell'impresa B hanno una forte preferenza sociale. Se entrambe le imprese rispettano i termini dell'accordo collusivo, i manager dell'impresa B riterranno l'esito equo. Se l'impresa A sa che i manager dell'impresa B hanno questa forte preferenza sociale, ciò avrà un impatto sui costi attesi del tradimento. L'impresa A sa che l'impresa B sarà disposta ad assumere ulteriori azioni che riducano i suoi profitti purché i profitti dell'impresa A si riducano ancora di più. Questo aiuta a livellare i profitti tra le due imprese, cosa che per l'impresa B rappresenta un valore, anche se entrambe finiranno per subire una riduzione dei profitti. Se l'impresa A prevede questa reazione più aggressiva da parte dell'impresa B, sarà scoraggiata dal mettere in atto un tradimento. E l'impresa B? Se l'impresa A rispetta l'accordo, l'impresa B non tradirà perché ritiene l'esito equo.

Nella realtà, l'esito di questi casi di interdipendenza strategica dipenderà da diversi fattori, tra cui (a) la conoscenza che ciascuna impresa ha delle preferenze dei concorrenti e (b) la forza delle preferenze sociali di ciascuna impresa rispetto al suo desiderio di realizzare profitti.

Alcuni potenziali bias

Da tempo gli economisti hanno individuato l'eccesso di ottimismo come un tratto caratteristico di molte persone. Adam Smith ha notato che "Mentre la probabilità di guadagno e più o meno sopravvalutata da tutti, la maggioranza sottovaluta la probabilità di perdita".[2] Esistono diversi fattori per cui tra i manager l'eccesso di ottimismo potrebbe essere ancora maggiore rispetto alla popolazione generale.

Alcune indagini hanno trovato anche evidenza del fatto che i manager tengono conto dei costi sommersi e di quelli evitabili, quando prendono le loro decisioni.[3] Questo può portare a fissare prezzi diversi da quelli che fisserebbe un'impresa che punti esclusivamente alla massimizzazione del profitto (esamineremo le politiche di prezzo basate sui costi nel Paragrafo 9.6).

Le imprese possono utilizzare l'economia comportamentale?

Le imprese possono essere in grado di utilizzare l'economia comportamentale se sono razionali ma i loro clienti fanno uso di euristiche o commettono errori sistematici. Nondimeno, vi è evidenza che molte imprese adottano alcuni di questi principi da anni. Per esempio, alcune imprese sviluppano strategie di marketing non solo incentrate sul prezzo, ma anche adattate alle preferenze (talvolta irrazionali) dei consumatori, come nel caso della tecnica di vendita "2 × 1" e dei punti-fedeltà. Nel Box 9.2 esaminiamo alcuni esempi di come le imprese possono applicare i principi dell'economia comportamentale alle decisioni di prezzo e di marketing.

Ovviamente, per gestire con successo un'impresa, non basta semplicemente comprendere il comportamento dei consumatori. Dal momento che per la maggior parte delle imprese il lavoro è un fattore di produzione primario, e importante tener conto della motivazione dei dipendenti per assicurarsi che lavorino con impegno e che le loro azioni siano in linea con gli interessi dell'impresa. I meccanismi di ricompensa (e, se necessario, di sanzione) sono tanto più efficaci quanto maggiore e la comprensione del comportamento dei lavoratori. Approfondiremo questo aspetto nel Capitolo 10.

2 Vedi Adam Smith, *La ricchezza delle nazioni*, Libro 1, Capitolo 10 (Roma, Newton Compton, 2011).

3 Vedi per esempio Steve Buchheit e Nick Feltovich, 'Experimental evidence of a sunk-cost paradox: a study of pricing behavior in Bertrand–Edgeworth duopoly', University of Aberdeen Discussion Paper, 2008-4 (aprile 2008).

9.3 Teorie alternative sulla massimizzazione

Massimizzazione del profitto di lungo periodo

La teoria tradizionale dell'impresa si fonda sull'ipotesi della massimizzazione del profitto di *breve periodo*. Tuttavia, molte azioni delle imprese possono entrare in conflitto con questo obiettivo ed essere piuttosto mirate alla ***massimizzazione del profitto di lungo periodo***. Per esempio, un'impresa che voglia incrementare le proprie dimensioni o la propria quota di mercato potrebbe intraprendere massicce campagne pubblicitarie o effettuare forti ribassi dei prezzi, sacrificando i profitti di breve periodo. Tuttavia, se queste azioni si traducono in una maggiore quota di mercato dell'impresa, il potere economico risultante potrebbe consentire a quest'ultima di realizzare maggiori profitti nel lungo periodo.

A prima vista, la teoria della massimizzazione del profitto di lungo periodo sembrerebbe un'alternativa realistica alla teoria tradizionale della massimizzazione del profitto di breve periodo. Nella realtà, però, tale teoria non è molto utile per prevedere il comportamento dell'impresa ed è molto difficile da sottoporre a verifica.

Una dirigenza che dichiarasse di voler massimizzare i profitti di lungo periodo avrebbe un alibi per attuare qualsivoglia strategia aziendale. Alla richiesta di spiegare perché l'impresa, poniamo, abbia intrapreso costose ricerche o massicci investimenti, oppure perché abbia scatenato una dannosa guerra dei prezzi, i manager potrebbero accampare la scusa che nel lungo periodo tale strategia sarebbe redditizia. Gli azionisti avrebbero notevoli difficoltà a confutare questa argomentazione, almeno finché non fosse troppo tardi.

Anche qualora un'impresa si desse quale *priorità* la massimizzazione del profitto di lungo periodo, i mezzi per conseguire tale obiettivo sarebbero assai complessi; occorrerebbe infatti un piano di azione ad ampio raggio in materia di prezzi, produzione, investimenti e così via. Tuttavia, le decisioni di prezzo e di marketing prese oggi influiscono sui costi di domani, quindi non si possono dare per scontate le curve di domanda future; analogamente, le decisioni di investimento prese oggi influiscono sui costi di domani, pertanto non si possono prendere per date nemmeno le curve di costo future. È pressoché impossibile, dunque, stimare con precisione gli spostamenti delle curve di domanda e di costo. Oltre a tutto ciò, è assai arduo anche prevedere le azioni di concorrenti, fornitori, sindacati, nonché l'andamento del sistema economico nel suo complesso. Tutto considerato, l'idea che le imprese possano calcolare con precisione i prezzi e il livello di produzione che massimizzano il profitto di lungo periodo non è realistica.

CF 9 p129 Tuttavia, potrebbe essere utile osservare che le imprese, nel prendere decisioni su prezzi, produzione e investimenti correnti, tentano di valutare per approssimazione gli effetti dei nuovi entranti, della domanda dei consumatori, dei costi futuri e così via, cercando di evitare decisioni in apparente conflitto con i profitti di lungo periodo. Spesso, a tale scopo, basta astenersi dal prendere decisioni (per esempio, una riduzione dei prezzi) che possano stimolare reazioni avverse da parte dei concorrenti (per esempio, una guerra al ribasso).

Massimizzazione dell'utilità dei manager

Una delle più influenti teorie alternative dell'impresa è quella sviluppata da O.E. Williamson[4] negli anni Sessanta. Lo studioso affermava che, posto che si realizzino livelli di profitto soddisfacenti, spesso sta alla discrezione dei manager scegliere le politiche da perseguire. In altre parole, i dirigenti dell'impresa sono liberi di mirare al *proprio* interesse. Secondo Williamson, l'interesse dei manager consiste principalmente nel massimizzare la propria utilità.

Williamson identificò una serie di fattori che influiscono sull'utilità dei manager: tra questi, i quattro principali erano la retribuzione, la sicurezza del posto di lavoro, il dominio (che comprende status, potere e prestigio) e l'eccellenza professionale.

Di questi fattori, solo la retribuzione è *direttamente* misurabile, mentre gli altri possono essere misurati solo indirettamente. Un metodo per effettuare tale misurazione è quello di esaminare le diverse voci di spesa dei manager, in particolare per il *personale*, i *benefit* (come l'auto aziendale) e l'*investimento discrezionale*. Quanto più elevato è il livello di spesa per queste voci, tanto maggiori sono tendenzialmente lo status, il prestigio, l'eccellenza professionale e la sicurezza del posto di lavoro per i manager, e, di conseguenza, la loro utilità.

Una volta identificati i fattori che influenzano l'utilità dei manager, Williamson sviluppò diversi modelli per illustrare il modo in cui questi ultimi mirano a mas-

PAROLE CHIAVE

Massimizzazione del profitto di lungo periodo
Teoria alternativa dell'impresa secondo la quale i manager mirano a spostare le curve di costo e di ricavo al fine di massimizzare i profitti in un periodo di tempo più lungo.

4 Williamson, O.J., *The Economics of Discretionary Behaviour: managerial objectives in a theory of the firm*, Englewood Cliffs, N.J., Prentice Hall, p. 3, 1964.

simizzare la propria utilità. Con l'ausilio di questi impianti teorici, lo studioso cercò di prevedere il comportamento dei manager in diverse circostanze, arrivando ad affermare che i suoi modelli davano risultati migliori della teoria tradizionale basati sulla massimizzazione del profitto.

Un'importante conclusione dell'analisi svolta da Williamson è che i costi medi sono probabilmente più elevati quando i manager hanno la possibilità di perseguire la propria utilità. Per esempio, i benefit e un personale inutilmente numeroso fanno lievitare i costi. D'altra parte, la risultante capacità inutilizzata consente ai manager di tenere a freno questi costi in periodi di scarsa domanda (vedi Paragrafo 8.4), in modo da mantenere invariati i livelli di profitto. A sostegno delle proprie tesi, Williamson analizzò una serie di casi concreti. Tali studi mostrarono effettivamente che il personale e i benefit dei manager venivano ridotti nei periodi di recessione e incrementati nelle fasi di boom economico, e che i nuovi manager erano spesso in grado di operare tagli al personale senza influenzare la produttività dell'impresa.

Massimizzazione del ricavo (breve periodo)

La più famosa fra le teorie alternative dell'impresa è probabilmente la teoria della ***massimizzazione del ricavo***, sviluppata nei tardi anni Cinquanta da William Baumol. A differenza di quanto accade nelle teorie della massimizzazione del profitto di lungo periodo e della massimizzazione dell'utilità dei manager, in questo caso è più facile individuare il prezzo e il livello di produzione che, almeno nel breve periodo, consentono di realizzare questo obiettivo.

IC 24 p253 Perché, dunque, i manager dovrebbero voler massimizzare il ricavo delle imprese per le quali lavorano? La risposta è che il successo dei manager, e in particolare dei responsabili delle vendite, può essere giudicato in base al livello del fatturato, che rappresenta un ovvio barometro della salute dell'impresa. Le retribuzioni, il potere e il prestigio dei manager potrebbero dipendere direttamente dai ricavi; i rappresentanti commerciali potrebbero essere pagati a provvigione sulle vendite realizzate. Così, la massimizzazione del ricavo potrebbe essere un obiettivo prioritario rispetto alla massimizzazione del profitto, specie se l'impresa ha un ufficio commerciale molto influente.

Come illustra la Figura 9.1, il ricavo è massimizzato nel punto più elevato della curva *RT*, in corrispondenza del livello di produzione Q_1; per contro, i profitti sono massimizzati in corrispondenza di Q_2. Pertanto, per determinate curve di ricavo totale e costo totale, la massimizzazione del ricavo si traduce di norma in una produzione maggiore e un prezzo inferiore rispetto alla massimizzazione del profitto.

Tuttavia, per accontentare gli azionisti, l'impresa deve comunque realizzare un livello di *profitto soddisfacente*; si può dire quindi che sia soggetta a un vincolo di profitto.

L'effetto di questo vincolo di profitto è illustrato nella Figura 9.2, che mostra una curva di profitto totale (ΠT) (ottenuta calcolando la differenza fra *RT* e *CT* per ogni livello di produzione.) Ipotizziamo che il profitto minimo accettabile sia Π_S (quale che sia la quantità prodotta). Per ogni livello di produzione maggiore di Q_3, si ottiene un

Figura 9.1 Il livello di produzione che massimizza il ricavo.

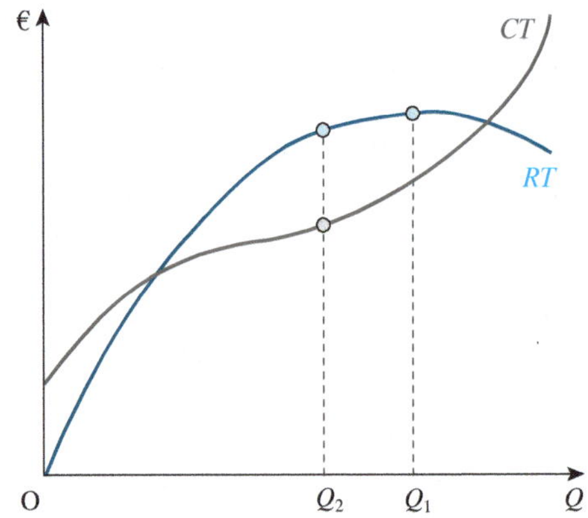

Figura 9.2 Massimizzazione del ricavo con un vincolo di profitto.

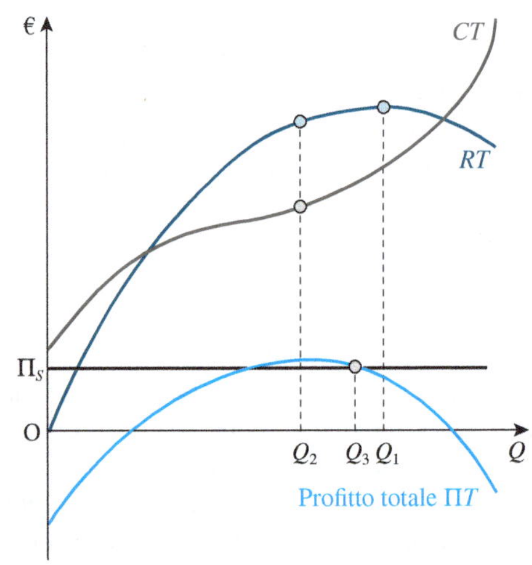

PAROLE CHIAVE

Massimizzazione del ricavo Teoria alternativa dell'impresa secondo la quale i manager mirano a massimizzare il ricavo totale dell'impresa nel breve periodo.

profitto inferiore a Π_S. Così, l'impresa che massimizza il ricavo e al contempo mira a un profitto soddisfacente produce in corrispondenza di Q_3 e non di Q_1. Notate, tuttavia, che questo livello di produzione è comunque superiore a quello che massimizza il profitto, Q_2.

Se l'impresa potesse massimizzare il ricavo e realizzare comunque un profitto superiore al livello minimo accettabile, probabilmente spenderebbe il profitto addizionale in pubblicità per incrementare ancor di più il ricavo. Questo produrrebbe l'effetto di spostare verso l'alto la curva *RT* e la curva *CT* (perché la pubblicità ha un costo).

La massimizzazione del ricavo richiede di norma una spesa pubblicitaria maggiore rispetto alla massimizzazione del profitto. L'impresa che massimizza il profitto investe in pubblicità fino al punto in cui il ricavo marginale della pubblicità è pari al suo costo marginale (ipotizzando che la pubblicità abbia rendimenti decrescenti). L'impresa che mira a massimizzare il ricavo intraprenderà una campagna pubblicitaria più massiccia, perché una maggiore pubblicità – sebbene costi più di quanto faccia guadagnare all'impresa – contribuisce ad accrescere il ricavo totale. L'impresa continuerà a investire in pubblicità finché non avrà assorbito i profitti addizionali superiori al livello minimo.

La massimizzazione della crescita

Anziché mirare alla massimizzazione del ricavo di *breve periodo*, i manager potrebbero adottare una prospettiva di lungo termine e puntare a ***massimizzare la crescita*** dimensionale dell'impresa. I dirigenti potrebbero infatti guadagnare utilità per il fatto di appartenere a un'organizzazione dinamica e in rapida crescita; nelle imprese in espansione le prospettive di promozione sono maggiori, perché tendono a crearsi nuovi posti di lavoro; le grandi società potrebbero pagare retribuzioni più elevate e dare più poteri ai manager.

La misura più efficace della crescita è probabilmente l'espansione del ricavo (o fatturato), una variabile che consente di quantificare in maniera molto semplice le dimensioni di un'impresa. In alternativa si potrebbe misurare il valore capitale dell'impresa; ma poiché questo dipende dalle fluttuazioni del mercato azionario, si tratta di un metodo piuttosto inaffidabile.

PAROLE CHIAVE

Massimizzazione della crescita Teoria alternativa dell'impresa secondo la quale i manager mirano a massimizzare la crescita del fatturato (o del valore capitale dell'impresa) nel tempo.

*IN TERMINI MATEMATICI

Possiamo esprimere la massimizzazione del ricavo algebricamente. Iniziamo dalla situazione in cui non c'è alcun vincolo di profitto.

Massimizzazione non vincolata del ricavo

Ipotizziamo che la funzione del ricavo totale sia data da:

$$RT = bQ - cQ^2 \qquad (1)$$

Da qui si ottiene una funzione R' rettilinea rappresentata da:

$$R' = \frac{dRT}{dQ} = b - 2cQ$$

Il ricavo totale è massimizzato nel punto in cui $R' = 0$; infatti, se il ricavo totale è massimizzato, qualunque incremento della produzione si traduce in una variazione nulla del ricavo totale. In altre parole, in corrispondenza del punto di massimo della curva di ricavo totale nelle Figure 9.1 e 9.2, la pendenza della curva è pari a zero (la retta tangente alla curva è orizzontale). Quindi:

$$R' = b - 2cQ = 0$$

Vale a dire:

$$2cQ = b$$

ovvero:

$$Q = \frac{b}{2c} \qquad (2)$$

Per esempio, se la funzione del ricavo totale è:

$$RT = 120 - 3Q^2$$

dall'equazione (2) si ottiene che la quantità (Q) che massimizza il ricavo totale è pari a:

$$Q = \frac{b}{2c} = \frac{120}{2 \times 3} = 20$$

Massimizzazione vincolata del ricavo

In presenza di un vincolo di profitto, possiamo scrivere la funzione di obiettivo come Max *RT*, subordinatamente a $RT - CT \geq \Pi^*$, dove Π^* è il profitto minimo da raggiungere. Ipotizziamo che le funzioni *RT* e *CT* siano date da:

$$RT = bQ - cQ^2$$

e:

$$CT = a + dQ - eQ^2 + gQ^3$$

Queste due equazioni corrispondono alle forme delle curve *RT* e *CT* nelle Figure 8.1 e 8.2. Il vincolo, adesso, può essere riformulato come segue:

$$RT - CT = -a + (b - d)Q + (e - c)Q^2 - gQ^3 \geq \Pi^*$$

Utilizzando questa equazione, possiamo risolvere per Q.

Un'impresa che punti a massimizzare la crescita deve individuare chiaramente l'orizzonte temporale nel quale realizzare questo obiettivo. Per esempio, si potrebbe massimizzare la crescita in un arco di due o tre anni sfruttando il più possibile i fattori di produzione, stipando negli stabilimenti il massimo numero di macchinari e lavoratori, intraprendendo massicce campagne pubblicitarie e tagliando i prezzi. Tali politiche, tuttavia, potrebbero rivelarsi insostenibili nel lungo periodo, non fosse altro perché l'impresa potrebbe non essere in grado di finanziarle. Operando in una prospettiva di lungo termine (poniamo, dai cinque ai dieci anni), l'impresa potrebbe darsi un ritmo più lento e magari destinare parte delle risorse impiegate nella produzione e nelle vendite allo sviluppo di nuovi prodotti contraddistinti da una domanda elevata e crescente nel lungo periodo.

La crescita dimensionale può essere ottenuta per espansione interna o per mezzo di una fusione.

Crescita per espansione interna

La crescita interna richiede un incremento delle vendite, che a sua volta necessita di un'espansione della capacità produttiva. Al fine di incrementare le *vendite*, l'impresa può intraprendere una massiccia campagna promozionale e tentare di lanciare prodotti nuovi; per espandere la *capacità produttiva*, invece, deve effettuare nuovi investimenti. Tanto le attività promozionali quanto gli investimenti hanno bisogno di finanziamenti.

CF 1 p11 Nel breve periodo, l'impresa può finanziare la crescita contraendo prestiti, reinvestendo gli utili o emettendo nuove azioni. Vi è un limite, tuttavia, al volume dei capitali che è possibile raccogliere attraverso questi tre canali di finanziamento, e dunque al tasso di crescita dell'organizzazione. Se l'impresa si *indebita* eccessivamente, una spesa per interessi molto ingente potrebbe impedirle di assicurare agli azionisti un dividendo soddisfacente; la stessa situazione potrebbe verificarsi se l'impresa reinveste una quota troppo elevata degli *utili*. Il ricorso a una *nuova emissione azionaria* costringerebbe l'impresa a ripartire gli utili distribuiti fra un numero più ampio di azioni. Pertanto, quale che sia la fonte di finanziamento, quanto più l'impresa investe, tanto più diminuiscono i dividendi distribuiti nel breve periodo.

Di conseguenza, gli azionisti potrebbero essere indotti a vendere le proprie azioni, a meno che non ritengano che i profitti di *lungo periodo*, e quindi i dividendi, tornino ad aumentare, in modo da sostenere il valore delle azioni nel lungo periodo. Se gli azionisti vendono le proprie azioni, il loro prezzo diminuisce; se il calo dei corsi azionari è pronunciato, l'impresa rischia di essere acquisita da un'altra e alcuni manager potrebbero perdere il lavoro. Pertanto, a causa dell'***effetto inibitorio di un'acquisizione***, un'impresa che miri a massimizzare la crescita deve distribuire utili sufficienti per evitare di essere acquisita.

Nel lungo periodo un'impresa in rapida crescita potrebbe registrare un incremento dei profitti, specie se può sfruttare le economie di scala e conquistare una più ampia quota di mercato. Questi profitti possono essere utilizzati per finanziare ulteriormente la crescita.

Crescita attraverso l'integrazione verticale

Se le condizioni di mercato rendono difficoltosa la crescita attraverso l'espansione delle vendite, l'impresa potrebbe scegliere di crescere per mezzo dell'integrazione verticale, che presenta una serie di vantaggi.

Economie di scala. Un'impresa che realizza fasi di produzione complementari all'interno di un'unica unità aziendale può godere di economie di scala. Un classico esempio è quello dell'acciaieria che, combinando le fasi di fusione e di laminatura, risparmia i costi che avrebbe dovuto sostenere per riportare a temperatura il minerale di ferro qualora tali operazioni fossero state effettuate da produttori indipendenti. È ovvio che, per la maggior parte delle imprese, l'esecuzione di più fasi di produzione in un unico impianto comporta una riduzione dei costi di trasporto, perché i semilavorati non devono essere spostati da un impianto a un altro.

Riduzione dell'incertezza. Un'impresa non integrata verticalmente potrebbe trovarsi esposta a diversi tipi di incertezza, per esempio in relazione all'andamento futuro dei prezzi, alla disponibilità di fattori di produzione o all'accesso ai mercati.

Barriere all'entrata. L'integrazione verticale potrebbe conferire all'impresa un maggior potere di mercato, consentendole di erigere barriere all'entrata per impedire l'accesso di potenziali concorrenti. Per esempio, un'impresa che effettua un'integrazione verticale a monte, acquisendo il controllo di un fattore di produzione cruciale, può precludere l'ingresso nel mercato a potenziali nuovi entranti, semplicemente rifiutandosi di fornire tale fattore a un concorrente oppure applicando un prezzo elevatissimo, in modo tale che le nuove imprese fronteggino uno svantaggio di costo assoluto.

PAROLE CHIAVE

Effetto inibitorio di un'acquisizione Effetto che il timore di un'acquisizione ha sulla disponibilità di un'impresa a intraprendere progetti che riducono gli utili distribuiti.

IC 24 p253 Il problema principale dell'integrazione verticale è che potrebbe ridurre la capacità dell'impresa di reagire alle mutevoli condizioni di mercato. Un'impresa che opti per l'integrazione verticale potrebbe trovarsi vincolata alla propria fonte di approvvigionamento. Se, per contro, l'impresa fosse libera di scegliere fra diversi fornitori, potrebbe procacciarsi i fattori di produzione a un prezzo inferiore a quello che dovrebbe pagare rifornendo se stessa.

Molte imprese ritengono che l'integrazione verticale *non* sia la scelta più conveniente, quindi si concentrano sulla loro attività economica di base e si avvalgono di fornitori esterni per i fattori di produzione, il marketing e altre funzioni. In tal modo mettono in concorrenza fra loro diversi fornitori e distributori e riescono a spuntare prezzi migliori.

Crescita attraverso la diversificazione

Una strategia di crescita interna alternativa all'integrazione verticale è la diversificazione. Un caso esemplare di impresa altamente diversificata è quello di Virgin, i cui interessi comprendono linee aeree e ferroviarie, automobili, finanza, musica, telefonia cellulare, vacanze, location per feste di nozze, vini, cinema, comunicazioni in banda larga, editoria, voli in mongolfiera e persino viaggi nello spazio.

Se il mercato in cui un'impresa opera dovesse saturarsi, oppure entrare in stagnazione o in declino, la diversificazione potrebbe essere la sola strada per continuare a crescere a ritmi sostenuti. In altre parole, nel mercato esistente potrebbero essere limitati non solo i livelli di profitto, ma anche le opportunità di espansione delle vendite.

La diversificazione presenta inoltre l'ulteriore vantaggio di distribuire i rischi. Se un'impresa produce un unico bene in un singolo mercato, è vulnerabile alle variazioni delle condizioni di quel mercato. Per esempio, se un agricoltore produce soltanto patate e il raccolto di un'annata è scarso, il coltivatore incorre in un'ingente perdita, che potrebbe impiegare anni a recuperare; se invece produce diversi tipi di verdure, o diversifica con l'allevamento, sarà meno soggetto alle avversità climatiche e all'imprevedibilità del mercato.

Crescita per mezzo di una fusione

Una fusione può essere il risultato di un accordo fra due imprese, oppure il frutto di un'offerta di acquisizione di un'impresa da parte di un'altra. In quest'ultimo caso, la seconda impresa si offre di acquistare le azioni della prima a fronte di un pagamento in denaro, o di scambiarle con azioni proprie, oppure, ancora, attraverso l'emissione di prestiti obbligazionari. Gli azionisti della prima impresa, a quel punto, mettono ai voti la decisione (tecnicamente, quella appena descritta si configura più come "acquisizione" che come fusione, ma il termine "fusione" viene generalmente utilizzato sia per i mutui accordi che per le acquisizioni).

Le fusioni possono essere di tre tipi.

- ***Fusione orizzontale***: è la fusione tra imprese di uno stesso settore che operano al medesimo stadio del processo di produzione. Per esempio nell'ottobre 2016 AB-InBev (la più grande imprese di produzione di birra al mondo) annunciò di aver completato l'acquisizione di SABMiller (la seconda impresa del settore al mondo) per 79 miliardi di sterline.
- ***Fusione verticale***: è la fusione tra imprese di uno stesso settore che operano in diversi stadi del processo di produzione. Per esempio, nel 2018 AT&T (una grande impresa di comunicazioni via satellite e TV negli USA) ha acquisito Time Warner (produttrice di contenuti televisivi e proprietaria di HBO, CNN e DC Comics) con un'operazione da 85 miliardi di dollari.
- ***Conglomerato di imprese***: è la fusione tra imprese di settori diversi. Per esempio, Google ha acquisito circa 200 imprese in un'ampia varietà di settori, tra cui robotica, trasmissioni video, formazione e allarmi per fumo. Nel novembre 2019 Google ha annunciato l'intenzione di acquisire anche Fitbit, produttore di smartwatch.

Motivazioni per una fusione

Gli economisti hanno individuato diversi motivi che possono spingere un'impresa ad acquisirne un'altra o a fondersi con essa.

Fusione mirata alla crescita. Le fusioni costituiscono un canale di crescita molto più rapido rispetto all'espansione interna. L'impresa, infatti, acquisisce non solo nuova capacità, ma anche una nuova clientela. Tuttavia, le imprese che mirano alla massimizzazione della crescita corrono il rischio di essere acquisite a loro volta: una crescita rapida accoppiata a profitti e valore azionario relativamente bassi attirano i predatori.

PAROLE CHIAVE

Fusione orizzontale Fusione tra due imprese dello stesso settore che operano nel medesimo stadio del processo di produzione.

Fusione verticale Fusione tra due imprese dello stesso settore che operano in stadi diversi del processo di produzione.

Conglomerato di imprese Fusione tra due imprese di settori diversi.

Fusione mirata a conseguire economie di scala. Una volta conclusa la fusione, le componenti della nuova impresa possono essere riorganizzate attraverso un processo di "razionalizzazione", che potrebbe favorire una riduzione dei costi. Per esempio, dopo una fusione sarà necessaria una sola sede direzionale. La riduzione dei costi è un modo per incrementare i profitti e quindi il tasso di crescita.

In realtà, i dati dimostrano che la maggior parte delle fusioni si traduce in risparmi di costo scarsi o nulli, vuoi perché le potenziali economie di scala non vengono sfruttate per mancanza di razionalizzazione, vuoi perché la riorganizzazione provoca diseconomie di scala. Non è infrequente che i nuovi manager della casa madre siano malvisti e che si crei scontento fra i dipendenti.

IC 22 p192 **Fusione mirata a conseguire un potere di monopolio.** In questo caso la fusione è mirata a ridurre la concorrenza per guadagnare maggior potere di mercato e profitti più elevati. Con meno concorrenza, l'impresa fronteggia una domanda meno elastica e può applicare un ricarico percentuale maggiore sul costo marginale. Questa strategia è ovviamente in linea con la teoria tradizionale dell'impresa.

Fusione volta a incrementare il valore di mercato. Una fusione può arrecare benefici agli azionisti di *entrambe* le imprese che si fondono, nella misura in cui il valore di mercato della nuova entità nata dalla fusione aumenta. Se gli azionisti di entrambe le parti ritengono di poter realizzare una plusvalenza dalla fusione, saranno più disposti ad acconsentire all'operazione.

Nella realtà, tuttavia, i dati tutti a supporto di questa ipotesi sono carenti. Nelle prime fasi di un'ondata di fusioni, come nel 2005-2006, quando è possibile stipulare affari vantaggiosi, il valore azionario delle imprese acquirenti potrebbe aumentare.

Tuttavia, con il dilagare delle fusioni, vengono acquisite imprese più marginali, come accaduto durante l'ondata di fusioni degli anni Novanta, quando nell'80% dei casi si registrò una diminuzione significativa del valore azionario dell'impresa acquirente.

Fusione volta a ridurre l'incertezza. Le maggiori fonti di incertezza per le imprese sono due. La prima è il comportamento dei concorrenti; ne consegue quindi che le fusioni, riducendo il numero dei rivali, possono ridurre l'incertezza. Queste operazioni societarie possono anche abbattere i costi della concorrenza (per esempio, riducendo la pubblicità). La seconda fonte di incertezza è il contesto economico. In un'epoca di rapidi mutamenti, come quelli che spesso accompagnano i boom economici, le imprese potrebbero tentare di tutelarsi fondendosi con altre.

Fusione volta a cogliere un'opportunità. Talvolta, le fusioni sono semplicemente il risultato di opportunità improvvise e inattese. Tali eventi sono per lo più inaspettati e quindi pressoché impossibili da prevedere. Le organizzazioni aziendali dinamiche sono continuamente alla ricerca di tali opportunità.

Altri motivi. Fra gli altri motivi per una fusione si annoverano i seguenti.

- Espandersi per scongiurare la possibilità di essere acquisiti.
- Fondersi con un'altra impresa per evitare di essere acquisiti da un predatore indesiderato (strategia del "cavaliere bianco").
- Scorporo di attività. In questo caso un'impresa ne acquista un'altra per poi smantellarla, vendere le attività redditizie e chiudere le altre.
- Costruire un impero. Questa è la situazione in cui i proprietari o i manager mirano al potere o al prestigio derivante dal controllare diverse imprese (magari famose).
- Ampliare la base geografica dell'impresa fondendosi con un'altra ubicata in una diversa regione del paese o del mondo.
- Ridurre i livelli di tassazione. Alcuni sostengono che numerose operazioni di acquisizione nel settore farmaceutico siano state motivate dal desiderio di ridurre le imposte pagate dalle società. Per esempio, nell'aprile 2014 la società farmaceutica americana Pfizer ha fatto un'offerta di 100 miliardi di dollari per acquistare la società inglese AstraZeneca. Il piano era quello di fondere le due società in una holding con domicilio fiscale nel Regno Unito e quindi assoggettarla all'imposta inglese sulle imprese del 20% (o anche il 10% nel caso di invenzioni brevettate – con lo schema Patent Box) anziché all'imposta sulle imprese in vigore negli USA di quasi il 40%. Anche tenendo conto di vari redditi esteri ed esenzioni fiscali, Pfizer pagava circa il 27,5% di imposte nel 2013 e quindi la fusione le avrebbe consentito un notevole risparmio fiscale. Tuttavia, l'offerta alla fine è fallita.

Queste teorie, insieme a tutta l'area di studio sulle fusioni e le acquisizioni, sono tuttora oggetto di ricerca, ma la maggior parte di esse necessita di maggiori indagini e supporto empirici.

Fusioni e relazione fra crescita e profitto

Affinché un'offerta di acquisizione abbia successo, l'impresa acquirente deve avere profitti sufficienti a finanziare l'operazione; così, quanto più rapidamente punta a crescere, e quante più offerte di acquisizione tenta di chiudere, tanto maggiore deve essere la sua redditività.

Oltre a essere un ovvio canale di crescita, la fusioni possono rappresentare un'occasione per incrementare i profitti, dal momento che possono favorire una diminuzione dei costi medi attraverso le economie di scala e un aumento del ricavo medio grazie a un maggior potere di mercato. Questi profitti, a loro volta, possono costituire un mezzo per finanziare ulteriormente la crescita.

Risulta evidente, pertanto, che – indipendentemente dalla fonte di finanziamento – la crescita è strettamente collegata ai profitti: profitti elevati possono aiutare l'impresa a crescere, e una crescita sostenuta si traduce spesso in un rapido aumento dei profitti.

Tuttavia, questi collegamenti non sono automatici. Per esempio, i profitti di lungo periodo potrebbero non aumentare, se un'impresa investe in progetti rischiosi o a basso rendimento. Da sola, l'espansione non è garanzia di profitto. Inoltre, i profitti elevati non favoriscono necessariamente la crescita se vengono redistribuiti agli azionisti sotto forma di utili e ne viene reinvestita solo una piccola parte.

I profitti elevati possono contribuire alla crescita, ma non la garantiscono.

Crescita attraverso alleanze strategiche

IC 22 p192 Un mezzo per conseguire la crescita è la formazione di ***alleanze strategiche*** con altre imprese, che consentono di espandere le operazioni aziendali in maniera relativamente rapida e a costi abbastanza contenuti. Tali alleanze sono quindi un metodo assai comune adottato dalle imprese per rafforzare la loro presenza nei mercati globali.

IC 24 p253 Esistono diversi tipi di alleanze strategiche fra le imprese, che coprono un'ampia gamma di accordi di collaborazione.

Joint venture. Una ***joint venture*** è un'operazione mediante la quale due o più imprese creano una nuova organizzazione indipendente, di proprietà congiunta. Hulu, impresa attiva nel settore della televisione e dello streaming on demand, è una joint venture tra Disney, 21st Century Fox, NBCUniversal e Time Warner.

Consorzi. Un ***consorzio*** è normalmente creato per un determinato progetto, come una grande opera di ingegneria civile: ha pertanto obiettivi molto specifici e, una volta completato il progetto, viene solitamente sciolto. Negli ultimi anni sono stati creati molti consorzi: due esempi famosi sono Camelot, la società che gestisce la Lotteria Nazionale britannica, e Trans Manche Link, la società che ha costruito il tunnel della Manica.

Franchising. Il ***franchising*** è un tipo di alleanza strategica meno formale, nel quale un'impresa (l'affiliante) conferisce a un'altra (l'affiliata) la licenza di produrre o vendere una parte o la totalità dei suoi prodotti. McDonald's e Coca-Cola sono ottimi esempi di imprese che utilizzano una rete di franchising. In una simile relazione, l'affiliato è responsabile della produzione e/o della vendita, mentre l'affiliante conserva la responsabilità del branding e del marketing.

Subappalto. Come il franchising, il ***subappalto*** è un'alleanza strategica meno formale, nella quale le imprese mantengono la propria indipendenza. Un'impresa che subappalta incarica un fornitore indipendente di produrre un bene o un servizio, anziché effettuare la produzione al suo interno. Le case automobilistiche si avvalgono spesso del subappalto: data la molteplicità e la complessità dei componenti necessari per la fabbricazione di automobili, l'impiego di subappaltatori per la fornitura di particolari articoli, come i freni o i fari, sembra un metodo logico per organizzare l'attività di produzione.

Reti (o network). Una ***rete (o network)*** è un accordo informale tra due o più imprese che collaborano al per-

PAROLE CHIAVE

Alleanza strategica Alleanza tra due o più imprese che collaborano, formalmente o informalmente, al perseguimento di un obiettivo desiderabile per entrambe.

Joint venture Operazione mediante la quale due o più imprese danno vita a un'impresa indipendente di proprietà congiunta.

Consorzio Situazione in cui due o più imprese collaborano a uno specifico progetto e creano una società distinta per gestirlo.

Franchising Alleanza strategica formale nella quale un'impresa conferisce a un'altra la licenza di produrre e vendere una parte o la totalità dei suoi prodotti.

Subappalto Situazione in cui un'impresa incarica un'altra di produrre una parte o la totalità dei suoi prodotti o alcuni fattori di produzione.

Rete o network (di imprese) Accordo informale fra imprese per collaborare al conseguimento di un obiettivo comune.

seguimento di un obiettivo comune; è dunque il meno formale tra i tipi di alleanza descritti finora. Tale forma di collaborazione, assai diffusa in Italia, si basa su un patto di fiducia e lealtà, anziché su un contratto formale tra le parti.

Perché sancire alleanze strategiche?

Un'impresa che miri a espandersi, magari sul piano internazionale, potrebbe trovare vantaggioso unire le forze con un attore consolidato sul mercato, che, in quanto tale, disporrà di conoscenze locali e di una rete affidabile di fornitori e distributori.

IC 11 p68 Inoltre, le alleanze strategiche consentono alle imprese di condividere i rischi, come hanno fatto i membri del consorzio che ha costruito il tunnel della Manica: questa grande opera sarebbe stata un'iniziativa troppo grande e rischiosa per una sola impresa. Con la creazione di un consorzio, invece, il rischio è stato ripartito e i diversi membri hanno potuto specializzarsi nelle rispettive aree di competenza.

Taluni progetti, caratterizzati da costi di avviamento o di gestione proibitivi, potrebbero diventare fattibili se le imprese collaborano e investono congiuntamente i propri capitali. Inoltre, un'alleanza di imprese, con il suo patrimonio di risorse e credibilità, potrebbe avere più facile accesso ai finanziamenti nel mercato azionario oppure nei rapporti con il settore bancario.

Gli ultimi trent'anni hanno visto un fiorire di alleanze strategiche, che sono diventate una strategia di crescita cruciale per molte imprese, a livello sia nazionale che internazionale. Le alleanze strategiche sono considerate un metodo per espandere rapidamente le operazioni aziendali, senza le difficoltà associate al più aggressivo approccio delle acquisizioni o al più lento processo delle fusioni.

Crescita attraverso la globalizzazione

Per molti versi, la strategia globale di un'impresa non è altro che un'estensione della sua strategia nel mercato interno. Tuttavia, l'apertura ai mercati internazionali potrebbe consentire a un'impresa di espandere il proprio mercato e diversificare i rischi.

La globalizzazione permette inoltre di ridurre i costi, vuoi attraverso le economie di scala, vuoi con l'accesso a fonti di approvvigionamento più economiche o a strutture di produzione in paesi dove i salari sono più bassi.

Una strategia di crescita globale potrebbe concretizzarsi semplicemente nell'esportazione o nell'apertura di impianti di produzione all'estero, oppure nella fusione o nella stipula di alleanze strategiche con imprese di altri paesi. Dal momento che le barriere ai commerci e ai flussi internazionali di capitali sono state ridotte, un numero crescente di imprese tenta ogni giorno la via della globalizzazione. Il risultato è che il contesto aziendale internazionale è diventato sempre più concorrenziale.

Equilibrio di un'impresa che mira alla massimizzazione della crescita

Purtroppo non esiste una formula semplice per prevedere il prezzo e il livello di produzione che massimizzano la crescita di un'impresa.

Nel breve periodo un'impresa potrebbe scegliere il prezzo e la produzione che massimizzano il profitto, al fine di assicurarsi tutti i fondi necessari per finanziare i suoi investimenti; d'altro canto, potrebbe essere pronta a sacrificare parte dei profitti di breve periodo per intraprendere una campagna pubblicitaria. Tutto dipende dalla strategia che considera più adatta per conseguire la crescita.

CF 9 p129 Nel lungo periodo le previsioni sono ancor più difficili. Le politiche adottate da un'impresa dipenderanno in maniera essenziale dalle valutazioni delle opportunità di mercato effettuate dai manager; ma questo procedimento comporta un giudizio e non un calcolo esatto, e i diversi manager giudicheranno le situazioni in maniera differente.

Una previsione però è possibile: le imprese che mirano alla massimizzazione della crescita sono più inclini a diversificare la produzione, specie quando l'espansione dei mercati esistenti inizia a raggiungere un limite.

Teorie alternative sulla massimizzazione e interesse pubblico

CF 3 p26 È difficile trarre conclusioni definitive sulle conseguenze di diversi comportamenti di massimizzazione per l'interesse pubblico.

Le imprese che massimizzano i ricavi producono una quantità maggiore rispetto a quelle che massimizzano i profitti, ma i consumatori non beneficiano necessariamente di prezzi inferiori, perché la spesa pubblicitaria è tendenzialmente più elevata, e tali costi si traducono in un aumento dei prezzi.

Le imprese che massimizzano la crescita e i profitti di lungo periodo potrebbero perseguire molte politiche diverse. Se l'attenzione al lungo periodo stimola l'impresa a migliorare i prodotti, a crearne di nuovi e a utilizzare nuove tecnologie, i consumatori trarranno vantaggio da questo atteggiamento.

Se invece l'obiettivo della crescita incoraggia una maggiore concentrazione industriale attraverso le fusioni, il rafforzamento del potere di monopolio che ne risulta potrebbe andare a scapito dei consumatori.

IC 22 p192 Come nel caso della teoria tradizionale, la reattività dell'impresa ai desideri dei consumatori dipende in misura cruciale dalla concorrenzialità del contesto in cui si trova a operare.

9.4 L'asimmetria informativa e il problema principale-agente

Principali e agenti

Per comprendere le teorie alternative a quella tradizionale della massimizzazione del profitto, è utile considerarle quali esempi del problema principale-agente, che ora andiamo a esaminare.

Una delle caratteristiche principali dei complessi sistemi economici moderni è che gli individui (principali) devono delegare ad altre persone (agenti) il soddisfacimento dei propri desideri. Per esempio, per chi vuole vendere una casa è più facile rivolgersi a un agente immobiliare anziché fare tutto da solo. Questi agenti dispongono infatti di conoscenze specialistiche, in virtù delle quali possono far risparmiare al principale una quantità considerevole di tempo e fatica. Questo è un esempio dei benefici della specializzazione e della divisione del lavoro.

Lo stesso vale per le imprese che assumono persone con conoscenze e competenze specialistiche a cui affidare incarichi, avvalendosi spesso della consulenza di esperti o di agenzie specializzate, come quelle pubblicitarie. Un discorso analogo si applica ai dipendenti di un'impresa che possono essere considerati "agenti" dei rispettivi datori di lavoro; gli impiegati possono essere considerati quali agenti del management; i quadri intermedi quali agenti dei loro superiori; gli alti dirigenti quali agenti degli amministratori che, a loro volta, sono agenti degli azionisti. Nelle grandi imprese, dunque, esiste spesso una complessa catena di relazioni principale-agente.

L'informazione asimmetrica

CF 9 p129 Queste relazioni, pero, contengono un elemento di pericolo per il principale: le due parti, infatti, dispongono di ***informazioni asimmetriche***. L'agente è più informato sulla situazione rispetto al principale; questa è infatti, almeno in parte, la ragione per la quale il principale si avvale dei servizi dell'agente. Il rischio, però, è che l'agente non agisca nel miglior interesse del principale e riesca a farla franca proprio in ragione dell'informazione imperfetta di cui quest'ultimo dispone. Per esempio, un agente immobiliare potrebbe cercare di convincere il venditore che e necessario accettare un prezzo più basso per vendere l'immobile, quando in realtà desidera solo risparmiare tempo, energie e denaro.

Spesso anche nelle imprese gli agenti non agiscono nel miglior interesse dei principali; per esempio, i lavoratori potrebbero limitarsi a fare il minimo indispensabile anziché impegnarsi al massimo. Analogamente, data la separazione fra proprietà e controllo, i manager (gli agenti) potrebbero perseguire obiettivi diversi da quelli degli azionisti (principali). È probabile quindi che si generi un'inefficienza X (vedi Box 7.4).

IDEA CHIAVE 25 ***Problema principale-agente.*** Situazione in cui, per mancanza di informazioni, gli individui (i principali) non possono essere certi che gli agenti agiscano nel loro miglior interesse. Gli agenti possono trarre vantaggio da questa situazione a scapito dei principali.

Come possono fare i principali ad affrontare il problema? Esiste una soluzione che si compone di due elementi.

- IC 15 p128 I principali devono trovare il modo di monitorare la performance degli agenti. Per esempio, un'impresa potrebbe affidare a esperti di efficienza l'incarico di esaminare l'operato del management.
- CF 5 p46 In secondo luogo, gli agenti devono essere incentivati ad agire nell'interesse dei principali. Per esempio, le retribuzioni dei manager potrebbero essere strettamente collegate alla redditività dell'impresa.

Le teorie alternative dell'impresa, quindi, pongono l'accento sui meccanismi di incentivo nello spiegare il comportamento dei manager e la performance aziendale che ne consegue.

PAROLE CHIAVE

Informazione asimmetrica Situazione in cui una delle parti di una relazione economica (per esempio, un agente) ha maggiori informazioni rispetto alla controparte (per esempio, il principale).

Problema principale-agente Situazione in cui, per mancanza di informazioni, gli individui (i principali) non possono essere certi che gli agenti si comporteranno nel loro miglior interesse.

In un mercato concorrenziale è più probabile che gli interessi di manager e azionisti coincidano: i primi devono adoperarsi affinché l'impresa operi in maniera efficiente, perché altrimenti questa potrebbe non sopravvivere alla concorrenza ed essi rischierebbero di perdere il posto di lavoro. Al contrario, in regime di monopolio e di oligopolio, dove spesso è relativamente facile guadagnare profitti supernormali, è plausibile che gli interessi di azionisti e manager divergano. In questo caso, sarà nell'interesse degli azionisti istituire meccanismi di incentivo volti a garantire che i loro agenti (i manager) siano motivati a perseguire la redditività.

L'effetto avverso dell'informazione asimmetrica

Se non vi sono efficaci sistemi di monitoraggio e di incentivo, l'informazione asimmetrica può impedire alle imprese di ottenere risultati efficienti. Consideriamo l'esempio di una piccola impresa alla ricerca di finanziamenti a scopo di investimento. È improbabile che le banche e le istituzioni finanziarie abbiano pieno accesso alle informazioni sull'impresa o i suoi proprietari; e dal momento che le opportunità di investimento spesso comportano anche un certo grado di incertezza sul futuro, è verosimile che gli istituti di credito concedano finanziamenti di importo inferiore a quello desiderabile.

Le imprese devono affrontare informazioni asimmetriche anche sulla qualità delle forniture e sulla solvibilità dei clienti (quest'ultimo aspetto potrebbe rivelarsi particolarmente critico per le transazioni fra imprese o che comportano l'erogazione di credito). Se questi problemi vengono riconosciuti al momento di redigere i contratti, le imprese possono affrontare il problema e ottenere risultati migliori; spesso, però, le difficoltà si manifestano quando è troppo tardi.

In determinate circostanze, l'impatto dell'informazione asimmetrica può essere talmente deleterio da avere conseguenze devastanti non solo per il singolo mercato, ma anche per l'economia nel suo complesso, come si vede nell'esempio analizzato nel Box 9.3.

BOX 9.3 **ANALISI DI CASI E APPLICAZIONI**

La crisi dei mutui sub-prime negli Stati Uniti

Col senno di poi

Le cause della crisi finanziaria del 2007-2008, e della recessione globale che ne è seguita, sono numerose e complesse. Tuttavia, un fattore in particolare diede un contributo cruciale al crollo della fiducia nel settore bancario: l'elevato tasso di insolvenza sui mutui nel mercato immobiliare statunitense.

Alle origini della crisi

Nel decennio antecedente il 2006, negli Stati Uniti si era registrata una crescita vertiginosa dei prezzi degli immobili e un aumento significativo del numero di proprietari di abitazioni, che erano stati indotti ad acquistare casa dalla speranza di ottenere elevati rendimenti. In questo arco di tempo, nel sistema finanziario statunitense erano confluiti ingenti flussi di capitali dalle economie asiatiche in espansione, e i tassi di interesse erano contenuti. Ne risultò dunque una facilitazione dell'accesso al credito e un incremento massiccio della disponibilità di mutui ipotecari. La percentuale di proprietari di immobili, in aumento del 7% rispetto al decennio precedente, era prossima al 70%, un massimo storico. Molti acquirenti di abitazioni erano persone di pochi mezzi o con un basso merito di credito, generalmente noti come *mutuatari sub-prime*.

Nel 2006 il mercato immobiliare statunitense raggiunse un picco e il valore degli immobili iniziò a diminuire. Questa inversione di tendenza ebbe un effetto immediato sulla fiducia dei consumatori e la domanda di case di proprietà crollò, provocando una brusca flessione dei prezzi. La "bolla immobiliare" era scoppiata.

Quando l'economia mondiale entrò in recessione, molti mutuatari – in particolare quelli a basso reddito che avevano preso a prestito somme ingenti – cominciarono ad avere difficoltà a pagare le rate dei mutui. L'elevato numero di inadempienze e di pignoramenti che ne risultò ebbe un impatto grave e immediato sul valore degli istituti di credito di tutto il mondo.

Mutuatari sub-prime

Perché il mercato dei mutui sub-prime si rivelò così vulnerabile al crollo dei prezzi delle abitazioni? Per rispondere a questa domanda occorre tenere conto di due aspetti: anzitutto, il volume dei prestiti erogati e il tipo di mutui sottoscritti dai debitori; in secondo luogo, il ruolo degli intermediari.

Ai mutuatari a basso reddito venivano perlopiù concessi mutui a tasso variabile, che li mettevano di fatto in balia delle fluttuazioni dei tassi di interesse. Inoltre, molti di essi venivano spinti a stipulare contratti che prevedevano rate più basse nei primi anni e incrementi successivi, indipendentemente dall'andamento dei tassi. Il risultato era che, in molti casi, le rate raddoppiavano, o persino triplicavano, nel giro di un paio d'anni. Per la maggior parte dei mutuatari questo costituiva un problema insormontabile, dal momento

che era pressoché impossibile che i salari crescessero altrettanto rapidamente.
Tuttavia, gli intermediari avevano trovato una soluzione anche a questo: finché i prezzi delle abitazioni continuavano ad aumentare, i mutuatari sub-prime potevano facilmente rifinanziare i mutui quando veniva il momento di pagare rate più alte. In tal modo, i mutuatari potevano mantenere la proprietà delle abitazioni e gli intermediari godevano di ulteriori commissioni sulle transazioni. Ma una volta che i prezzi cominciarono a diminuire, questa opzione non fu più praticabile e il numero di insolvenze sui mutui crebbe vertiginosamente.

Cartolarizzazione dei mutui sub-prime

Dalla metà degli anni Novanta molti istituti di credito avevano scelto di non detenere i crediti e i rischi a essi associati fino alla scadenza, ma di venderli ad altri investitori sotto forma di titoli garantiti da ipoteca (*mortgage-backed securities*, MBS). Questa prassi incentivava le banche a offrire prestiti ipotecari ai mutuatari sub-prime, poiché non dovevano più sostenere da sole il rischio di insolvenza dei debitori per 20-25 anni.
Il numero delle cartolarizzazioni ebbe un'impennata fra il 1997 e il 2007, con un picco nel 2006, quando il 75% dei mutui sub-prime fu venduto a terze parti. Questa prassi svolse un ruolo cruciale nella crisi finanziaria. Il crollo del mercato immobiliare statunitense, infatti, ebbe ripercussioni non solo sulle banche che avevano concesso i mutui, ma anche sulle istituzioni finanziarie e sugli investitori che, in tutto il mondo, avevano acquistato titoli garantiti da ipoteche o strumenti finanziari analoghi.

Il ruolo dell'informazione asimmetrica

Come si possono interpretare il mercato dei mutui sub-prime e la crisi finanziaria in generale alla luce dell'economia comportamentale, e quale ruolo ha avuto l'informazione asimmetrica? È indubbio che, in tutto il mercato, i principali (e, per quanto conti, anche gli agenti) non disponevano di informazioni complete e quindi non erano in grado di prendere decisioni razionali secondo quanto previsto dalla teoria tradizionale.
A creare una situazione di informazione asimmetrica contribuì il fatto che gli intermediari agivano come agenti per conto dei principali; dal momento che venivano pagati a commissione, erano incentivati a stipulare quanti più mutui possibile, indipendentemente dal rischio di insolvenza. Questo è un esempio di *rischio morale* (vedi Paragrafo 5.1), al quale concorsero diverse condizioni.

- Ai mutuatari sub-prime veniva consentito di autocertificare il proprio reddito; in tal modo, essi potevano nascondere dati essenziali riguardo la propria situazione debitoria e i propri introiti. Ma perché avrebbero dovuto farlo? Perché potevano essere affetti da bias del momento presente e da altri tipi di limiti della razionalità associati a giudizi di tipo probabilistico.
- È stato dimostrato che molti mutuatari non ricevevano informazioni complete o chiare riguardo all'importo crescente delle rate previste dal piano di ammortamento del mutuo. Pertanto, molti individui non erano in grado di prevenire i problemi che avrebbero dovuto affrontare nel giro di due o tre anni.
- Le commissioni incassate dagli intermediari non erano trasparenti, così i mutuatari non potevano capire prontamente le motivazioni per le quali venivano indotti ad acquistare prodotti che si sarebbero dovuti rifinanziare nel giro di qualche anno.
- Per valutare i rischi, le istituzioni finanziarie che acquistavano i titoli garantiti da ipoteca si affidavano alle agenzie di rating, che sottostimavano sistematicamente il rischio degli strumenti finanziari cartolarizzati. Non è ancora chiaro se questa operazione fosse voluta oppure se le agenzie di rating avessero sopravvalutato l'efficacia delle procedure di riduzione del rischio. Come che sia, i mutui sub-prime ad alto rischio finirono nei portafogli di investitori che, se avessero avuto informazioni complete, non li avrebbero mai acquistati.

9.5 Obiettivi multipli

Satisficing e definizione degli obiettivi

IC 24 p253 Le grandi imprese sono spesso istituzioni complesse, con molti reparti (vendite, produzione, progettazione, acquisti, personale, finanza e così via), ciascuno dei quali ha probabilmente scopi e obiettivi propri, che possono entrare in conflitto con quelli di altre divisioni. Il perseguimento di questi obiettivi è a sua volta subordinato al soddisfacimento degli interessi degli azionisti, dei lavoratori, dei clienti e dei creditori (collettivamente definiti ***stakeholder***, o ***portatori di interesse***).

CF 9 p129 Molte imprese stabiliscono obiettivi di produzione, di vendita, di profitto, di detenzione di scorte e così via. Se tali obiettivi non vengono raggiunti,

PAROLE CHIAVE

Portatori di interesse (*stakeholder*) di un'impresa
Soggetti interessati dalle attività e/o dai risultati di un'impresa (clienti, dipendenti, proprietari, creditori, persone che vivono nel vicinato, ecc.). Gli stakeholder potrebbero non essere in grado di prendere decisioni o di influenzare il processo decisionale all'interno dell'impresa.

viene avviata una procedura di "indagine" per determinare che cosa non ha funzionato e come correggere gli errori. Se non è possibile risolvere il problema, i manager probabilmente rivedono gli obiettivi al ribasso; se, al contrario, gli obiettivi sono stati raggiunti facilmente, i manager rivedono gli obiettivi al rialzo. Pertanto, gli obiettivi a cui aspirano i manager dipendono in larga misura dal successo nel conseguimento degli obiettivi *passati*. Inoltre, gli obiettivi sono influenzati anche dalle aspettative sulla domanda e sui costi, dai risultati dei concorrenti e dalle valutazioni riguardo al loro futuro comportamento. Per esempio, se ci si attende che l'economia entri in recessione, gli obiettivi di vendita e profitto potrebbero essere rivisti al ribasso.

Se gli obiettivi entrano in conflitto, il contrasto può essere appianato con un processo di negoziazione fra i manager, il cui esito dipenderà dal potere e dell'abilità dei singoli dirigenti coinvolti e dalla struttura di governance in cui essi operano. Così, a parità di obiettivi contrastanti, le diverse imprese potrebbero adottare soluzioni differenti.

Slack organizzativo

Dal momento la modifica degli obiettivi comporta spesso procedure di indagine e negoziazioni, e quindi un investimento di tempo, e siccome generalmente i manager preferiscono evitare i conflitti, gli obiettivi tendono a essere modificati il meno possibile. Le condizioni del mercato, al contrario, cambiano piuttosto in fretta. Pertanto, per non dover rivedere gli obiettivi, i manager tendono ad avere aspirazioni piuttosto conservatrici. Questo dà origine al fenomeno dello ***slack organizzativo***, un'espressione coniata da Cyert e March (Paragrafo 9.2) per indicare la presenza di capacità sottoutilizzata o ridondante all'interno di un'organizzazione.

Se la performance dell'impresa è migliore delle attese, i manager possono lasciare che si crei una capacità di riserva, da utilizzare quando i risultati sono inferiori alle aspettative. Per esempio, se l'impresa produce una quantità superiore al previsto, si possono accumulare scorte di prodotti finiti alle quali attingere qualora la produzione diminuisca; nel frattempo, gli obiettivi di vendita non vengono incrementati né quelli di produzione vengono ridotti. Infatti, se tali obiettivi venissero modificati e la produzione scendesse al di sotto del target, il reparto produzione potrebbe non essere in grado di soddisfare tutte le richieste del reparto vendite.

Pertanto, tenendo gli obiettivi sufficientemente bassi e consentendo lo sviluppo di capacità inutilizzata, i manager possono raggiungere tutti gli obiettivi con il minimo conflitto.

Tuttavia, la presenza di uno slack organizzativo fa lievitare i costi. Le imprese che operano in un settore concorrenziale potrebbero essere costrette a ridurre tale capacità inutilizzata per sopravvivere. Negli anni Settanta molte imprese giapponesi riuscirono ad ridimensionare la capacità in eccesso impiegando ***metodi di produzione just-in-time***, che prevedono giacenze minime e fornitura dei fattori di produzione all'occorrenza. Com'è facile intuire, questo metodo richiede un rigoroso controllo della produzione e il ricorso a fornitori affidabili. Oggi molte imprese hanno tagliato con successo i costi magazzino utilizzando tali metodi, che sono discussi nel Box 10.8.

Obiettivi multipli: previsioni sul comportamento

Conservatorismo

Alcune imprese potrebbero guardarsi dai cambiamenti, considerandoli rischiosi. I manager potrebbero decidere di attenersi alle prassi correnti. Questo potrebbe valere per politiche di prezzo, tecniche di marketing, progettazione dei prodotti e loro assortimento, organizzazione interna dell'impresa e così via. Questa è un'euristica: se funziona, continua a farlo.

Se qualcosa non funziona, i manager potrebbero modificarla, ma anche qui saranno prudenti, forse imitando i concorrenti di successo.

Questo approccio sicuro, improntato al conseguimento di obiettivi soddisfacenti (*satisficing*), facilita le previsioni circa il comportamento di una data impresa, perché è sufficiente esaminarne le azioni passate. Tuttavia, trarre conclusioni generali su queste imprese prudenti è più difficile, poiché ciascuna seguirà norme di comportamento diverse a seconda delle specifiche esperienze sul mercato.

PAROLE CHIAVE

Slack organizzativo Situazione in cui i dirigenti di un'impresa mantengono una parte di capacità di riserva, per poter rispondere più facilmente ai cambiamenti delle circostanze.

Metodo di produzione *just-in-time* Processo produttivo in cui un'impresa acquista forniture e produce componenti e prodotti finiti secondo le necessità, minimizzando le scorte e i relativi costi. Tuttavia, il processo crea tensioni nella catena di produzione e accresce la probabilità che occasionalmente l'impresa non sia in grado di soddisfare la domanda, per esempio nei periodi di condizioni meteorologiche avverse.

BOX 9.4 **ANALISI DI CASI E APPLICAZIONI**

Potere agli stakeholder?

Chi governa l'impresa?

IC 24 p253 Il concetto di "stakeholder economy" divenne di moda alla fine degli anni Novanta. Secondo i sostenitori di questa idea, l'economia dovrebbe servire gli interessi di tutti, anziché essere governata dalle grandi imprese, le quali a loro volta sono gestite negli interessi degli azionisti (che sono spesso rappresentati da grandi istituzioni, come compagnie di assicurazione e fondi pensione). Quali sono, però, le implicazioni di tutto ciò per la governance delle imprese?

Gli stakeholder di un'impresa comprendono i clienti, i dipendenti (di ogni grado gerarchico), gli azionisti, i fornitori, i creditori e le comunità locali e nazionali.

I fautori della "stakeholder economy" affermano che *tutti* questi gruppi di interesse dovrebbero avere voce in capitolo nel processo decisionale. I sindacati o le associazioni dei lavoratori dovrebbero essere coinvolti nelle decisioni relative ai lavoratori o addirittura all'impresa nel suo complesso; tali organizzazioni dovrebbero essere rappresentate negli organismi responsabili delle decisioni aziendali e magari occupare un seggio nel consiglio di amministrazione. In alternativa, la forza lavoro dovrebbe avere il potere di eleggere i manager.

Nelle decisioni di investimento dovrebbero poi essere coinvolte le banche o altre istituzioni finanziarie. In Germania, dove le banche finanziano un'ampia quota degli investimenti, gli istituti di credito hanno rappresentanti nei consigli di amministrazione della maggior parte delle grandi imprese.

Le comunità locali dovrebbero poter esprimere la propria opinione sui progetti che riguardano il territorio (come la costruzione di un nuovo impianto o gli scarichi di effluenti).

I clienti dovrebbe avere un'influenza maggiore sulla qualità dei beni e dei servizi prodotti: per esempio, dovrebbero essere tutelati legalmente contro la produzione di articoli scadenti o pericolosi.

Se gli stakeholder non possono essere rappresentati direttamente nel processo decisionale, le imprese dovrebbero essere tenute per legge a tutelare gli interessi dei vari gruppi. Per esempio, se agli agricoltori e agli altri fornitori dei supermercati vengono corrisposti prezzi troppo bassi, i comportamenti di acquisto dei supermercati dovrebbero essere regolati da un ente governativo.

Questa visione della "stakeholder economy" è verosimile? Le tendenze dell'economia internazionale sembrano indicare l'esatto contrario. L'espansione delle multinazionali, con il loro potere di trasferire i capitali e la produzione dove conviene di più, ha indebolito il potere dei lavoratori, dei gruppi di interesse locali e persino dei governi nazionali.

I dipendenti che lavorano in un settore di una multinazionale potrebbero avere pochi interessi in comune con i colleghi impiegati in un settore diverso. In realtà, questi interessi potrebbero persino essere in conflitto fra loro, come quando si deve decidere l'espansione o la chiusura di un impianto.

Per di più, molte imprese ricorrono in maniera sempre più massiccia a lavoratori avventizi, part-time, a tempo determinato o interinali. Con i nuovi "mercati del lavoro flessibile", le imprese ricorrono maggiormente al lavoro occasionale, part-time, temporaneo o in affitto, e questi lavoratori sono degli "outsider" rispetto al processo decisionale dell'impresa (vedi Box 10.4).

Inoltre, con la diffusa introduzione di programmi di partecipazione agli utili, i manager sono sempre più incentivati a perseguire i profitti sopra a ogni altro obiettivo. Infine, le politiche di apertura dei mercati e la deregolamentazione, adottate di recente da molti governi di tutto il mondo, hanno ulteriormente indebolito il potere di molti stakeholder.

Ciò nondimeno, negli ultimi anni molte realtà aziendali hanno posto sempre maggiore enfasi sulla "responsabilità sociale di impresa" (*corporate social responsibility*, CSR), dimostrando di dare importanza alla dimensione etica delle loro prassi aziendali. Di caso in caso, poi, occorrerà stabilire se si tratti di un sincero impegno nel pubblico interesse o semplicemente di un tentativo di aggiudicarsi una più ampia quota di mercato attraverso una buona immagine pubblica.

Il confronto con altre imprese

I manager potrebbero giudicare il loro successo confrontando la performance della propria impresa con quella dei concorrenti. Per esempio, una crescente quota di mercato potrebbe essere considerata un indicatore di "successo" più importante del semplice incremento delle vendite. Analogamente, i dirigenti potrebbero confrontare i profitti, il design del prodotto, la tecnologia o le relazioni industriali con quelli dei rivali. Per molti manager conta più la performance *relativa* che quella assoluta.

A fronte di una simile linea di condotta dei manager, quali previsioni si possono fare? La risposta dipende dalla natura della concorrenza nel settore. Quanto più i concorrenti sono innovativi, efficienti e capaci di generare profitti, tanto più i manager cercheranno di emularli.

Quanto più le imprese vogliono portarsi in testa ai concorrenti, tanto più è probabile che si crei un effetto a valanga, con ogni impresa impegnata nel tentativo di avere la meglio sulle altre.

Satisficing e interesse pubblico

IC 24 p253 Le imprese con obiettivi multipli si accontentano di perseguirli in misura soddisfacente. Quanto più numerosi sono gli obiettivi dei diversi manager, tanto maggiore è la possibilità di conflitto e dunque tanto più probabile è lo sviluppo di uno slack organizzativo. Le imprese che tengono un comportamento improntato al *satisficing* sono dunque meno reattive ai cambiamenti della domanda dei consumatori e alle variazioni dei costi, rispetto a quelle che mirano alla massimizzazione dei profitti; pertanto, potrebbero essere meno efficienti.

D'altra parte, tali imprese potrebbero essere meno inclini a sfruttare il loro potere economico applicando prezzi elevati, a intraprendere campagne pubblicitarie aggressive o a corrispondere bassi salari.

Come nel caso di altri produttori, la misura in cui le imprese con un approccio di *satisficing* agiscono nell'interesse pubblico dipende in larga parte dall'intensità e dal tipo di concorrenza che si trovano a fronteggiare e dal loro atteggiamento nell'affrontarla. Le imprese che confrontano la loro performance con quella dei concorrenti sono probabilmente più reattive ai desideri dei consumatori rispetto a quelle che preferiscono non discostarsi da prassi consolidate; d'altro canto, rispetto alle imprese più tradizionali, potrebbero essere più restie a "manipolare" i gusti dei consumatori.

9.6 La determinazione dei prezzi nella pratica

Passiamo adesso a esaminare la tipica procedura adottata dalle imprese per determinare i prezzi. Un possibile approccio consiste nell'individuare il livello di produzione ottimale uguagliando il costo marginale al ricavo marginale, e quindi nel fissare il prezzo corrispondente a quel livello di produzione ricorrendo alla curva (o all'equazione) di ricavo medio.

CF 9 p129 Come abbiamo visto nel Paragrafo 9.1, anche se volessero adottare questo approccio, le imprese spesso non dispongono delle informazioni necessarie; di conseguenza, nella pratica si avvalgono di regole per la determinazione del prezzo relativamente semplici da applicare.

Determinazione del prezzo in base al costo medio

Un possibile approccio è la ***determinazione del prezzo in base al costo medio o al mark-up***: i produttori fissano il prezzo semplicemente aggiungendo un margine di profitto (*mark-up*) al costo medio totale (pari al costo medio fisso più il costo medio variabile). È un'euristica molto semplice:

$$P = CMF + CMV + \text{mark-up}$$

Scelta del mark-up

Il livello di mark-up applicato sul costo medio dipende di norma dagli obiettivi dell'impresa, che potrebbe mirare a un profitto elevato o persino massimo, oppure a un target di profitto basato sugli utili conseguiti in passato; dipende inoltre dalle possibili azioni dei concorrenti e dalle loro reazioni alle variazioni del prezzo praticate dall'impresa, e dal modo in cui queste reazioni influiscono sulla domanda.

Se potesse stimare la propria curva di domanda, un'impresa potrebbe determinare il livello di produzione e il mark-up in modo da evitare penurie o eccedenze. Per esempio, nella Figura 9.3 potrebbe scegliere un livello di produzione inferiore (Q_1) con un mark-up superiore (*fg*), o un livello di produzione superiore (Q_2) con un mark-up inferiore (*hj*), in funzione dei suoi obiettivi. Se non è in grado di stimare la propria curva di domanda, l'impresa può modificare il mark-up e il livello di produzione nel tempo, attraverso una serie di tentativi ed errori, a seconda del successo nel raggiungere gli obiettivi di profitto e di vendite.

Prezzo e produzione di equilibrio

È possibile individuare un prezzo e un livello di produzione di equilibrio per l'impresa che determina i prezzi aggiungendo un mark-up al costo medio? Per rispondere a questa domanda occorre derivare la curva di offerta dell'impresa.

Se l'impresa mira a un particolare livello di profitto *per unità* di prodotto e non modifica il suo obiettivo, la sua curva di offerta si ottiene sommando il mark-up alla curva *CM*, come illustrato dalla curva O_1 nella Figura 9.4; se invece un'impresa mira a un particolare livello di

PAROLE CHIAVE

Determinazione del prezzo in base al costo medio o al mark-up Metodo adottato dalle imprese che fissano il prezzo aggiungendo un margine di profitto (*mark-up*) al costo medio.

Figura 9.3 Scelta del livello di produzione e del margine di profitto (mark-up).

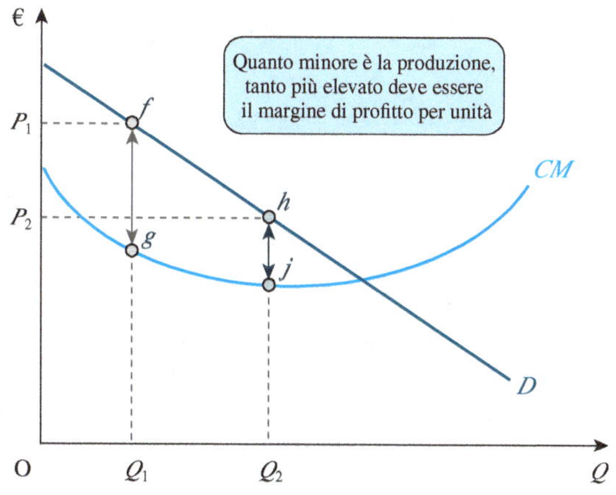

Figura 9.4 La curva di offerta di un'impresa derivata a partire dal costo medio.

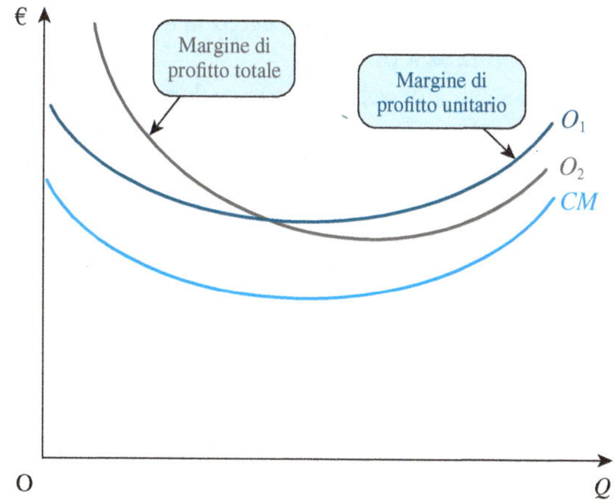

profitto *totale* e non modifica questo obiettivo, la sua curva di offerta assume la forma della curva O_2. Quanto maggiore è la produzione, tanto minore deve essere il profitto unitario (e quindi il mark-up) per ottenere un dato livello di profitto totale.

In ciascun caso, il prezzo e la quantità possono essere derivati dall'intersezione delle curve di domanda e offerta. Se le curve di domanda o di costo (e quindi di offerta) subiscono uno spostamento, il prezzo e il livello di produzione variano di conseguenza.

In questo caso il principale problema sta nel prevedere la curva di domanda, che dipende non solo dai gusti dei consumatori, ma anche dai prezzi e dal comportamento dei concorrenti. Nella realtà, le imprese sono solite stimare le vendite future sulla base dei dati di cui dispongono, aggiungendo una determinata percentuale per tener conto della crescita della domanda e modificando tale percentuale al rialzo o al ribasso se decidono di variare il mark-up.

Variazioni del mark-up

La maggior parte delle imprese adotta di solito un mark-up variabile. Nei mercati in espansione o in cui le imprese detengono un potere di monopolio/oligopolio, la percentuale del mark-up è probabilmente maggiore; nei mercati in contrazione, o a fronte di un aumento dei costi e di una domanda costante, un'impresa potrebbe essere costretta ad accettare profitti inferiori e quindi a ridurre il mark-up.

Le imprese che producono diversi prodotti applicano spesso mark-up differenti a seconda delle condizioni del mercato in cui operano. Non è raro che tali imprese ripartiscano i costi generali in maniera disomogenea fra i diversi prodotti, in modo tale che quelli potenzialmente più redditizi, spesso caratterizzati dalla domanda meno elastica, contribuiscano più di altri alle spese generali.

È ragionevole suppore che, nel determinare i prezzi, l'impresa tenga conto delle azioni e delle possibili reazioni dei concorrenti; per esempio, anche a fronte di una variazione dei costi o della domanda, potrebbe decidere di lasciare i prezzi immutati, per timore delle reazioni dei rivali (si veda a tale proposito la discussione sulla teoria della domanda ad angolo, Paragrafo 8.2). Se i prezzi sono tenuti costanti ma i costi variano, o per via di un movimento lungo la curva *CM* in risposta a un cambiamento della domanda, o per via di uno spostamento della curva *CM*, l'impresa deve necessariamente modificare il livello del mark-up.

Tutto ciò suggerisce che, mentre il mark-up potrebbe essere basato su un obiettivo di profitto, le imprese sono spesso pronte a modificare i loro obiettivi, e quindi i mark-up, a seconda delle condizioni di mercato.

*IN TERMINI MATEMATICI

Il metodo del mark-up per calcolare il prezzo che massimizza il profitto

Un'impresa può utilizzare il metodo del mark-up per determinare il *prezzo che massimizza il profitto*, purché applichi il mark-up al costo marginale (C') anziché al costo medio e purché conosca l'elasticità della domanda al prezzo ($P\epsilon_D$) del suo prodotto.

La regola di determinazione del prezzo è:

$$P = \frac{C'}{1+(1/P\varepsilon_D)}$$

Questa non è altro che la formula per determinare il prezzo di massimo profitto che abbiamo calcolato nel Paragrafo 6.3, con la differenza che utilizziamo C' al posto di R' (se i profitti sono massimizzati, $C' = R'$).

Così, se $C' = €10$ e $P\epsilon_D = -5$, l'impresa dovrebbe applicare un prezzo di:

$$\frac{€10}{1+(1/-5)} = \frac{€10}{1-1/5} = \frac{€10}{0{,}8} = €12{,}50$$

Il punto debole di questa regola per la determinazione del prezzo è che vale solo in corrispondenza del livello di produzione che massimizza il profitto. Se l'impresa è ancora molto distante da questa capacità produttiva, C' e $P\epsilon_D$ potrebbero divergere considerevolmente dai valori che l'impresa dovrebbe usare nei suoi calcoli. Se, tuttavia, l'impresa produce a un livello relativamente prossimo a quello che massimizza il profitto, il prezzo ottenuto dall'applicazione di questa regola è una buona approssimazione del prezzo di massimizzazione del profitto.

BOX 9.5 **ANALISI DI CASI E APPLICAZIONI**

I processi di determinazione dei prezzi nella pratica

Nel 2012 la Banca d'Inghilterra pubblicò un'indagine sulle politiche di fissazione dei prezzi delle imprese del Regno Unito.[1] Le 693 imprese consultate erano rappresentative di imprese che determinavano i prezzi per massimizzare i profitti – enti pubblici e/o istituzioni soggette a particolari regolamentazioni furono esclusi dal campione. Nell'indagine si chiese alle imprese in che modo determinassero i prezzi. I risultati sono illustrati nella Tabella (a).

(a) Come vengono determinati i prezzi?

	Non importante	Poco importante	Importante	Molto importante
Il prezzo è determinato principalmente in base ai prezzi praticati dai concorrenti	4,9	16,3	35,6	32,6
Il prezzo è basato sul costo diretto unitario più una percentuale di mark-up variabile	8,9	14,9	26,2	32,9
Il prezzo è basato sul costo diretto unitario più una percentuale di mark-up fissa	15,9	19,3	19,0	24,7
Il prezzo è determinato dal cliente più importante	22,5	20,5	17,7	9,5
Il prezzo è determinato in altir modi	15,6	3,0	4,3	12,6

Fonte: Jennifer Greenslade e Miles Parker, "New insights into price-setting behaviour in the UK: Introduction and survey results", *The Economic Journal*, febbraio 2012, Vol. 122, Issue 558.

In media, i prezzi praticati dai concorrenti risultano il fattore più importante nel determinare la strategia dei prezzi di un'impresa, con il 68,2% delle imprese che lo considerano importante o molto importante. Il mark-up variabile (58,1%) e il mark-up fisso (43,7%) giocano anch'essi un ruolo importanti. Ulteriori analisi hanno rilevato che le imprese che ritenevano la concorrenza molto importante nel loro settore tendevano a determinare i prezzi in base a quelli praticati dai concorrenti. Le imprese più grandi tendevano maggiormente ad applicare un mark-up variabile.

Lo studio mirava anche stabilire se i fattori che causavano variazioni al rialzo dei prezzi fossero diversi da quelli che ne causavano il ribasso. Alle imprese fu chiesto di valutare l'importanza di varie possibili ragioni (Tabella (b)).

(b) Fattori che determinano un aumento o una diminuzione dei prezzi.

Aumento	%[a]	Diminuzione	%[a]
Aumento del costo del lavoro	67,5	Diminuzione della domanda	67,5
Aumento dei costi di materie prime, carburanti o altri fattori produttivi	62,9	Diminuzione dei prezzi dei concorrenti interni	62,9
Aumento della domanda	54,4	Attesa di una diminuzione della domanda	55,9
Costi crescenti a causa delle normative	45,1	Diminuzione significativa della quota di mercato	50,7
Aumenti dei prezzi dei concorrenti interni	44,9	Attesa di una diminuzione dei prezzi dei concorrenti interni	45,6
Attesa di un aumento della domanda	42,7	Diminuzione dei costi di materie prime, carburanti o altri fattori produttivi	44,1
Aumento dei costi di finanziamento	30,4	Diminuzione del costo del lavoro	29,9
Attesa di un aumento dei prezzi dei concorrenti interni	28,9	Riduzione dei costi causati dalle normative	22,1
Aumento significativo della quota di mercato	26,8	Diminuzione dei prezzi dei concorrenti esteri	20,7

[a] Percentuale di imprese che citano questo scenario come importante o molto importante.
Fonte: come per la tabella (a).

I risultati evidenziano differenze significative. Gli aumenti dei costi, soprattutto del lavoro e delle materie prime, sono i fattori più importanti citati dalle imprese a motivo degli aumenti dei prezzi. Diminuzione della domanda e dei prezzi dei concorrenti sono le motivazioni più importanti fornite per la riduzione dei prezzi. È interessante notare che le imprese tendono a reagire meno agli aumenti dei prezzi dei concorrenti rispetto alle riduzioni dei prezzi. La diminuzione dei prezzi praticati da concorrenti esteri ha un impatto molto minire rispetto a quello dei concorrenti interni.

Studi più recenti

Nel 2019 la Banca Centrale Europea (BCE) ha riportato i risultati di uno studio di 58 grandi imprese non finanziarie che operano in tutta l'eurozona. Alle imprese è stato fornito un elenco di fattori, chiedendo di giudicarne l'importanza per la determinazione dei prezzi (Tabella (c)).

(c) Informazioni considerate dalle imprese al momento di determinare i prezzi da applicare.

Aumento dei prezzi	Posto	Diminuzione dei prezzi	Posto
Prezzi dei concorrenti / quote di mercato	1	Previsioni specifiche sul prodotto	1
Costi delle materie prime o di altri fattori produttivi	2	Situazione economica generale	2
Domanda del prodotto o servizio	3	Previsioni economiche generali	3
Costo del lavoro	4	Costi finanziari	4

Fonte: Richard Morris e Rupert de Vincent-Humphreys, "Price-setting behaviour: insights from a survey of large firms", *European Central Bank Economic Bulletin Boxes*, novembre 2019.

I risultati supportano quelli ottenuti dallo studio della Banca d'Inghilterra. I prezzi praticati dai concorrenti appaiono il fattore più importante che le imprese considerano al momento di determinare i prezzi. Un altro fattore importante sono i costi.

Frequenza delle variazioni dei prezzi

Lo studio della Banca d'Inghilterra ha considerato anche il tema della flessibilità dei prezzi. Soltanto il 20% delle imprese consultate ha variato i prezzi con frequenza almeno mensile, mentre il 33,7% lo ha fatto annualmente.
Tuttavia, occorre tenere conto di notevoli variazioni per settore. Circa il 45% delle imprese del settore del commercio al dettaglio varia i prezzi almeno mensilmente, mentre per le imprese manifatturiere la percentuale è 10,5%. Circa il 10% delle imprese di commercio al dettaglio varia i prezzi ogni giorno, mentre il 43,8% delle imprese manifatturiere lo fa annualmente. Le imprese più grandi e quelle che affrontano una concorrenza più forte tendono a cambiare i prezzi con maggiore frequenza.
Lo studio della BCE ha trovato risultati simili, con circa il 18% delle imprese che varia i prezzi almeno una volta al mese, la maggior parte delle imprese di commercio al dettaglio rivede i prezzi ogni giorno, settimana o mese, mentre le imprese manifatturiere tendono a variarli mensilmente.
Un'altra questione interessante è se la regolarità delle variazioni di prezzo sia aumentata nel tempo. La Banca d'Inghilterra ha chiesto alle imprese se la frequenza delle variazioni dei prezzi fosse cambiata nell'ultimo decennio. Circa il 40% delle imprese ha risposto di aver variato i prezzi più frequen-

temente, mentre il 6% ha indicato che la frequenza delle variazione di prezzo si era ridotta. L'uso di algoritmi specifici da parte dei commercianti online consente ad alcuni fornitori di variare i prezzi anche centinaia di volte al giorno.

Prezzi sticky

L'evidenza indica che i prezzi sono *sticky* cioè "vischiosi", nel senso che non sempre si modificano a seguito di variazioni dei costi e della domanda. Le imprese che hanno risposto all'indagine della Banca d'Inghilterra hanno affermato che i motivi più importanti per non aumentare i prezzi sono stati i seguenti.

- Mancanza di coordinamento (il rischio che i concorrenti non cambino i prezzi).
- Esistenza di accordi espliciti (che specificano la possibilità di variare i prezzi soltanto quando si rinegozia il contratto).
- Un accordo implicito (per esempio il desiderio di non danneggiare le relazioni di lungo periodo con i clienti).
- Preoccupazioni più generali sulla possibilità di guastare le relazioni con la clientela.

Un importante motivo per non ridurre i prezzi è la paura che così facendo si comincerebbe una guerra dei prezzi. I "costi dei menu" (cioè il tempo e l'impegno necessari per variare i prezzi) non si sono rivelati un fattore importante.
Lo studio della BCE ha trovato risultati molto simili, con assenza di coordinamento, contratti espliciti e contratti impliciti citati quali motivi importanti per i prezzi "vischiosi".

1 Jennifer Greenslade e Miles Parker, 'New insights into price-setting behaviour in the UK: Introduction and survey results', *The Economic Journal*, febbraio 2012, Vol. 122, Issue 558.

I paragrafi in pillole

Paragrafo 9.1

1. Alla teoria tradizionale della massimizzazione del profitto vengono mosse due critiche principali: (a) le imprese potrebbero non disporre di tutte le informazioni necessarie alla massimizzazione del profitto; (b) le imprese potrebbero non essere interessate a massimizzare i profitti.
2. La mancanza di informazioni sulla domanda e sui costi, nonché sulle azioni e le reazioni dei rivali, e il mancato uso del concetto di costo-opportunità potrebbero indurre un'impresa ad adottare semplici regole empiriche per la determinazione dei prezzi.
3. Nelle grandi imprese la proprietà è spesso separata dal controllo. Gli azionisti (i proprietari) potrebbero ambire al massimo profitto, ma le decisioni spettano ai manager, i quali potrebbero mirare a massimizzare la propria utilità a scapito di quella degli azionisti. Questo porta le imprese a perseguire un profitto "soddisfacente".

Paragrafo 9.2

1. L'economia comportamentale è utile a comprendere come e perché gli obiettivi e le strategie delle imprese si discostano dalla tradizionale massimizzazione del profitto. Questa deviazione è in parte spiegata dal fatto che i manager utilizzano varie scorciatoie mentali o euristiche per semplificare le decisioni complesse prese in condizioni di incertezza, per esempio attraverso imitazione e focalizzazione sulle performance.
2. Dal momento che le imprese sono guidate da individui, che sono motivati da svariati fattori, come la correttezza, non sorprende che molte di esse non adottino strategie "egoiste". La forza e la consapevolezza di eventuali preferenze sociali aiuteranno a determinare l'esito di equilibrio nel mercato.
3. Le imprese possono servirsi dei principi identificati dall'economia comportamentale per incrementare i propri profitti. Dalle relazioni con i consumatori possono nascere svariate opportunità, specie nell'ambito del marketing e delle politiche di determinazione dei prezzi. È anche possibile fare leva su una comprensione approfondita dei comportamenti per migliorare i contratti con i lavoratori o con i fornitori.
4. Proprietari e manager possono essere caratterizzati da diversi gradi di ottimismo e di atteggiamento verso il rischio. Un'impresa che non è disposta a prendere decisioni coraggiose può accrescere le proprie probabilità di sopravvivenza, ma al costo di profitti inferiori. Infatti, le strategie troppo prudenti possono rendere l'impresa vulnerabile, se i concorrenti, con un comportamento più spregiudicato, sono in grado di aggiudicarsi una maggiore quota di mercato.

Paragrafo 9.3

1. Anziché massimizzare i profitti di breve periodo, un'impresa potrebbe adottare una prospettiva di più lungo termine. Tuttavia, è piuttosto difficile prevedere il comportamento di un'impresa che massimizza il profitto di lungo periodo, perché (a) i diversi manager daranno probabilmente giudizi differenti su come ottenere il massimo profitto e (b) le curve di domanda e di costo potrebbero subire spostamenti imprevedibili sia in reazione alle politiche dell'impresa sia a causa di fattori esterni.

2. I manager potrebbero mirare a massimizzare la propria utilità, la quale – a sua volta – dipende da fattori come la retribuzione, la sicurezza del posto di lavoro, il potere all'interno dell'organizzazione. Tuttavia, dal momento che l'utilità dei manager è il risultato di una serie di variabili, è difficile usare questa teoria per formulare previsioni generali sul comportamento delle imprese.
3. I manager potrebbero trarre utilità dalla massimizzazione dei ricavi, anche se questo non li esime dal garantire un livello soddisfacente di profitto. Un'impresa che massimizza i ricavi produce una quantità maggiore e fa un ricorso più massiccio alla pubblicità rispetto a una che mira alla massimizzazione del profitto. Il livello dei prezzi, invece, può essere più elevato o più basso, a secondo degli effetti relativi della pubblicità addizionale sulla domanda e sui costi.
4. Molti manager mirano a massimizzare la crescita della loro organizzazione, nella convinzione che ciò abbia un impatto positivo sulle retribuzioni, sul potere e sul prestigio di cui godono.
5. La crescita può essere conseguita attraverso l'espansione interna, che può essere finanziata reinvestendo gli utili, emettendo azioni o ricorrendo all'indebitamento. Quale che sia il metodo di finanziamento adottato, l'impresa deve realizzare profitti sufficienti per evitare di essere vulnerabile a un'acquisizione.
6. L'integrazione verticale può ridurre i costi di un'impresa grazie a diverse economie di scala; può inoltre contribuire ad attenuare l'incertezza, dal momento che le imprese verticalmente integrate possono, auspicabilmente, contare su propri canali di fornitura e/o di distribuzione al dettaglio.
7. La crescita può essere conseguita anche attraverso una fusione, che può essere orizzontale, verticale o in forma di conglomerato di imprese. Le operazioni di fusione si verificano di norma a ondate. Sono state individuate diverse motivazioni che spingono le imprese a fondersi: tra queste, la crescita, le economie di scala, il potere di mercato, l'incremento del valore azionario, l'attenuazione dell'incertezza o, più semplicemente, la volontà di cogliere al volo le occasioni.
8. Un altro modo per conseguire la crescita è quello di dare vita ad alleanze strategiche con altre imprese. Le alleanze presentano il vantaggio di consentire un più facile accesso ai nuovi mercati, di favorire la condivisione del rischio e di consentire la cumulazione dei capitali. Per molte imprese la strategia di crescita include l'espansione nei mercati esteri.
9. Come nel caso delle teorie della massimizzazione del profitto di lungo periodo, è difficile prevedere le strategie di prezzo e di produzione di un'impresa che mira alla massimizzazione della crescita. Molto dipende dalle valutazioni dei manager circa le opportunità di espansione.
10. Il perseguimento di obiettivi alternativi alla massimizzazione del profitto può andare a vantaggio dei consumatori nella misura in cui stimola le imprese a sviluppare nuovi prodotti e a trovare metodi di produzione nuovi e più efficienti, ma può andare a detrimento dei consumatori nella misura in cui induce le imprese ad avviare massicce campagne pubblicitarie o a fondersi, incrementando la concentrazione del potere di mercato.

Paragrafo 9.4

1. Il problema dei manager che non perseguono gli stessi obiettivi dei proprietari è un esempio di *problema principale-agente*: gli agenti (in questo caso, i manager) potrebbero non soddisfare sempre i desideri dei principali (in questo caso, i proprietari).
2. Le possibili soluzioni per i proprietari sono (a) monitorare la performance dei manager e (b) incentivare i manager ad agire nell'interesse dei proprietari. Se queste soluzioni sono inefficaci, l'informazione asimmetrica può impedire all'impresa di ottenere risultati efficienti.

Paragrafo 9.5

1. Nelle grandi imprese le decisioni vengono prese o influenzate da una serie di persone diverse, fra cui manager di vario livello, azionisti, lavoratori, clienti, fornitori e creditori. Se queste persone hanno obiettivi differenti, è probabile che si generi un conflitto. Un'impresa non può massimizzare più di un obiettivo alla volta; l'alternativa è tentare di conseguire diversi obiettivi in misura soddisfacente.
2. Se in un dato anno gli obiettivi vengono raggiunti facilmente, è probabile che ne vengano fissati di più ambiziosi per l'anno successivo. In caso contrario, l'impresa effettua un'indagine per capire come correggere il problema. Ciò potrebbe comportare la revisione degli obiettivi al ribasso, nel qual caso i manager intraprendono un processo di negoziazione.
3. Per evitare che insorgano conflitti, e fare in modo che i manager riescono a lavorare più facilmente, è necessario che nei diversi reparti dell'impresa si crei una capacità produttiva inutilizzata, detta slack organizzativo, che può essere utilizzata in caso di necessità e senza modificare gli altri obiettivi.
4. Le imprese che mirano a conseguire i loro obiettivi in misura soddisfacente (*satisficing*) sono tendenzialmente meno innovative, meno aggressive e meno inclini al cambiamento. Se si evolvono, è probabile che lo facciano in risposta ai cambiamenti avviati dai concorrenti. I manager potrebbero giudicare la performance dell'impresa confrontandola con quella dei rivali.
5. Le imprese che adottano un comportamento improntato al *satisficing* potrebbero essere meno aggressive nello sfruttare il loro potere di mercato. D'altro canto, potrebbero essere soggette a una maggiore inefficienza X.

Paragrafo 9.6

1. Molte imprese determinano i prezzi aggiungendo un margine di profitto (mark-up) al costo medio. La determinazione dei prezzi con ricarico è un approccio adottato soprattutto dalle imprese che perseguono un livello di profitto soddisfacente o che non dispongono delle informazioni necessarie a calcolare il prezzo che permette di eguagliare il costo marginale al ricavo marginale.
2. Il mark-up può essere basato su un obiettivo di profitto totale o di profitto unitario. In ciascun caso, è possibile derivare una curva di offerta aggiungendo il corrispondente mark-up alla curva di costo medio.
3. Per le imprese che mirano a incrementare il profitto, la percentuale di mark-up può essere modificata allorché le condizioni di mercato consentono di innalzare l'obiettivo di profitto.

Domande di ripasso

1. Ipotizzate che un'impresa fronteggi una curva di domanda con pendenza negativa. Tracciate un diagramma che illustri le sue curve *RM*, *R'*, *CM* e *C'* (disegnatele in modo tale che l'impresa possa realizzare profitti supernormali). Contrassegnate sul diagramma:
   (a) il livello di produzione e il prezzo che massimizzano il profitto dell'impresa;
   (b) il livello di produzione e il prezzo che massimizzano il ricavo;
   (c) il livello di produzione e il prezzo che massimizzano le vendite (subordinatamente alla realizzazione di almeno un profitto normale).

   Le risposte alle domande (a) e (b) potrebbero essere uguali?

   Le risposte alle domande (b) e (c) potrebbero essere uguali?
2. Le imprese possono calcolare il livello di produzione che massimizza il profitto se non utilizzano i concetti di costo marginale e ricavo marginale?
3. Che cosa si intende per "problema principale-agente"? Fate due esempi a partire dalla vostra esperienza personale.
4. "Un'impresa preferisce sempre un profitto maggiore a uno minore". Siete d'accordo con questa affermazione? È compatibile con le teorie dell'impresa alternative alla massimizzazione del profitto?
5. Un'impresa operante in monopolio o oligopolio e che mira alla massimizzazione del ricavo tende a produrre più di un'impresa che punta a massimizzare i profitti. Questa affermazione si applica anche in regime di (a) concorrenza perfetta e (b) concorrenza monopolistica, considerata la libertà di ingresso nel settore?
6. Quali sono i potenziali costi e benefici delle fusioni per (a) gli azionisti; (b) i manager; (c) i clienti?
7. Perché è difficile sottoporre a verifica l'ipotesi secondo la quale l'impresa mira di massimizzare i profitti *di lungo periodo*?
8. Le teorie comportamentali dell'impresa ci consentono di fare previsioni circa i prezzi e i livelli di produzione delle imprese?
9. Le "offerte speciali" vanno di norma a beneficio dei consumatori?

ONLINE

Sulla piattaforma MyLab dedicata a questo testo troverete materiali di supporto e approfondimento. All'interno dello stesso ambiente è disponibile la piattaforma inglese MyLab Economics che offre ulteriori risorse, un ricco apparato multimediale ed esercizi guidati.

CAPITOLO

10

La teoria della distribuzione del reddito

Sommario del capitolo

Perché le star del cinema, i calciatori e alcuni banchieri hanno redditi da capogiro? Perché, di contro, gli addetti alle pulizie, gli inservienti e gli operai hanno retribuzioni molto basse? La teoria della distribuzione del reddito tenta di rispondere proprio a questo genere di domande e di spiegare perché alcune persone sono ricche e altre povere.

La ragione di queste differenze salariali sta nel funzionamento dei mercati del lavoro. Nei Paragrafi 10.1 e 10.2 esamineremo le dinamiche di questi mercati, concentrandoci in particolare sulla determinazione dei salari nei diversi tipi di mercato: quelli in cui i datori di lavoro sono *wage taker*, quelli in cui possono stabilire il salario e quelli in cui i salari sono definiti dal processo di contrattazione collettiva. Negli ultimi due paragrafi ci occuperemo del capitale e della terra, e vedremo che cosa determina la remunerazione dei loro proprietari.

Questo capitolo esamina la teoria della distribuzione del reddito illustrando in che modo le remunerazioni dei fattori di produzione (lavoro, capitale e terra) dipendano dalle condizioni di mercato. Il Capitolo 11, invece, si occupa della distribuzione del reddito nella pratica, considerando la disuguaglianza, la povertà e le misure adottate dai governi per affrontare il problema.

10.1 La determinazione dei salari in concorrenza perfetta

Mercati del lavoro perfetti

Quando si esamina il mercato del lavoro, è utile distinguere fra mercati perfetti e mercati imperfetti. Sebbene nella realtà pochissimi mercati del lavoro siano perfetti, molti si avvicinano a questo modello almeno in maniera approssimativa.

Le caratteristiche dei mercati del lavoro perfetti sono simili a quelle dei mercati dei beni perfetti: la caratteristica principale è che tutti i soggetti economici sono ***wage taker***. In altre parole, né i datori di lavoro né i lavoratori hanno alcun potere economico di influenzare il salario. Questa situazione è piuttosto consueta. I piccoli datori di lavoro devono probabilmente corrispondere ai loro dipendenti il "salario di mercato", specie se questi rientrano in una categoria chiaramente definita, come quelle degli elettricisti, dei baristi, delle segretarie o degli inservienti. Per quanto riguarda i dipendenti, essere wage taker significa competere con altri lavoratori di pari o simile livello; significa altresì non appartenere a un sindacato e quindi non poter beneficiare della contrattazione collettiva per spingere al rialzo il salario.

Le altre ipotesi che definiscono il mercato del lavoro perfetto sono illustrate nel seguito.

Libertà di ingresso. Non ci sono restrizioni al movimento della forza lavoro. Per esempio, i lavoratori sono liberi di cambiare occupazione o di spostarsi in diverse zone del paese dove i salari sono più elevati. Non ci sono barriere erette dai sindacati, dalle associazioni di categoria o dal governo. Ovviamente, per cambiare lavoro, e magari riqualificarsi, serve del tempo, pertanto questa ipotesi si applica solo nel lungo periodo.

Conoscenza perfetta. I lavoratori sanno perfettamente quali occupazioni sono disponibili, a quali compensi e condizioni. Parimenti, i datori di lavoro conoscono le caratteristiche della forza lavoro disponibile e il suo livello di produttività.

Lavoro omogeneo. Normalmente si parte dal presupposto che, nei mercati perfetti, i lavoratori di una data categoria siano identici in termini di produttività. Per esempio, si suppone che tutti i muratori abbiano uguali competenze e motivazioni.

CF 4 p43 I salari e l'occupazione in concorrenza perfetta sono determinati dall'interazione di domanda e offerta di lavoro nel mercato, come illustrato nella Figura 10.1(a).

Generalmente ci si attende che le curve di domanda e offerta abbiano la stessa pendenza di quelle dei mercati dei beni: quanto più elevato è il salario corrisposto per un certo tipo di lavoro, tanti più lavoratori vorranno svolgere il lavoro in questione e, in generale, più ore saranno disposti a lavorare. Questo determina una curva di offerta di lavoro con pendenza positiva. D'altro canto, quanto più elevati sono i salari che i datori di lavoro devono corrispondere, tanti meno lavoratori essi vorranno assumere. Potrebbero produrre di meno o sostituire il lavoro con altri fattori di produzione, come i macchinari. Così, la curva di domanda di lavoro ha pendenza negativa.

PAROLE CHIAVE

Wage taker Datore di lavoro o dipendente che non ha il potere di influenzare il salario di mercato.

Figura 10.1 Un mercato del lavoro perfettamente concorrenziale.

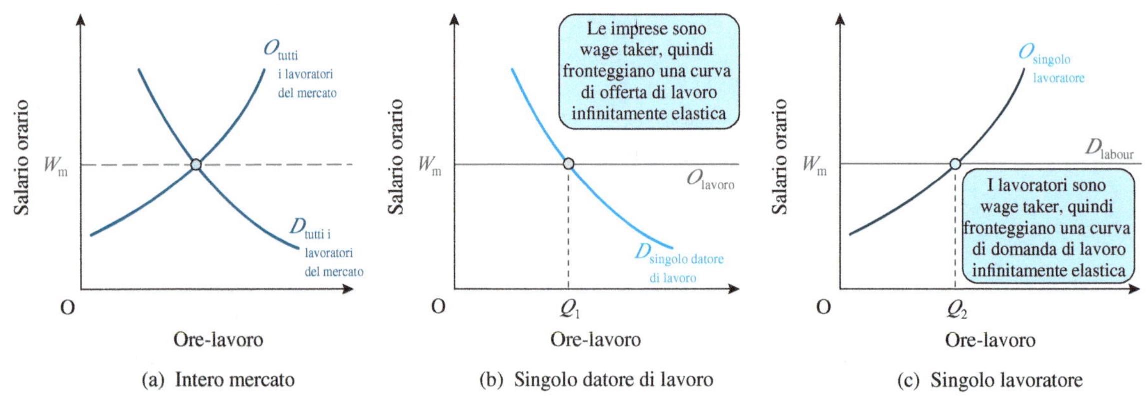

BOX 10.1 ESPLORARE L'ECONOMIA

Il lavoro come fattore di produzione

È questo il modo di trattare un lavoratore?

La teoria secondo la quale i salari dipendono dalla domanda e dall'offerta viene spesso chiamata la teoria "neoclassica" dei salari. Sul piano puramente teorico è scevra di valori e non comporta giudizi morali: per esempio, non stabilisce se la distribuzione del reddito sia equa o meno.

Nella pratica, tuttavia, la teoria neoclassica viene spesso utilizzata per esprimere giudizi morali. La sua applicazione tende a essere associata alle posizioni politiche di centro-destra, quelle generalmente in favore dei mercati e del sistema capitalista. Molti esponenti della sinistra politica sono critici nei confronti di questo sistema di valori e oppongono le seguenti istanze.

- La teoria svilisce il lavoro poiché lo considera un "fattore di produzione", trattandolo alla stregua di un appezzamento di terreno o di un macchinario.
- Legittima inoltre il sistema capitalista, nel quale la terra e il capitale sono nelle mani di pochi individui, mentre la maggior parte delle persone possiede solo il proprio lavoro. Pertanto, i proprietari terrieri e i capitalisti hanno diritto a un reddito derivante dalla proprietà dei mezzi di produzione, anche se questa è distribuita in maniera diseguale.
- Infine, la teoria implica che il lavoro non ha diritti sui beni che produce, i quali sono interamente di proprietà del datore di lavoro, sebbene siano stati prodotti dai lavoratori.

Karl Marx (1818-1883) criticò aspramente questo sistema di valori e il modo in cui il capitalismo provocava ricchezza e povertà estreme. Il filosofo sosteneva che il lavoro fosse l'unica fonte di valore, perché è grazie al lavoro che i macchinari vengono prodotti, la terra arata, le miniere scavate e tutte le altre risorse utilizzate. Pertanto, secondo la sua tesi, la proprietà è una forma di furto. Traendo profitto dall'attività di impresa, continuava Marx, i capitalisti si appropriano di parte del valore prodotto dal lavoro.

Gli economisti neoclassici difendono le loro posizioni contro la "teoria del valore-lavoro" di matrice marxista con una serie di contro-argomentazioni.

- Le loro tesi sono una semplice descrizione del mondo. Sta a chi la interpreta trarne conclusioni a favore del capitalismo.
- Se si utilizza la teoria del valore-lavoro per valutare costi e produzione, si giunge a un'errata allocazione delle risorse. Il lavoro non è l'unica risorsa scarsa. Anche la terra, per esempio, è scarsa e deve essere inclusa nel calcolo dei costi, altrimenti verrà usata in maniera inefficiente.

La Figura 10.1(b) illustra perché il singolo datore di lavoro deve accettare il salario determinato dall'interazione di domanda e offerta: l'offerta di lavoro con cui si confronta è infinitamente elastica. In altre parole, in corrispondenza del salario di mercato W_m, il numero di lavoratori che questo datore di lavoro può assumere è potenzialmente illimitato (ma nessun lavoratore è disposto ad accettare un impiego a un salario inferiore a W_m, perché può sempre trovare un altro impiego a quel salario). In corrispondenza del salario di mercato W_m, il datore di lavoro impiegherà Q_1 ore di lavoro.

La Figura 10.1(c) illustra perché il singolo lavoratore deve accettare il salario di mercato: in questo caso è la curva di domanda di lavoro fronteggiata da quel lavoratore a essere infinitamente elastica. In altre parole, c'è tanto lavoro quanto il lavoratore è disposto a svolgere a questo salario, ma nessuna opportunità di impiego a un salario superiore.

Nel seguito esaminiamo più in dettaglio l'offerta e la domanda di lavoro.

L'offerta di lavoro

Possiamo esaminare l'offerta di lavoro a tre livelli: l'offerta di ore-lavoro da parte di un singolo lavoratore, l'offerta di lavoratori a un singolo datore di lavoro e l'offerta di mercato totale di una data categoria di lavoro.

Offerta di ore-lavoro da parte di un singolo lavoratore

Per il lavoratore, il lavoro comporta due costi principali (o disutilità):

- il lavoro richiede un sacrificio di tempo libero;
- il lavoro stesso può essere sgradevole o noioso.

Ogni ora-lavoro aggiuntiva apporta una disutilità addizionale. Questa ***disutilità marginale del lavoro*** (*DU'*) tende ad *aumentare* al crescere del numero di ore lavorate. Le

PAROLE CHIAVE

Disutilità marginale del lavoro Sacrificio addizionale associato allo svolgimento di un'unità temporale aggiuntiva di lavoro in un dato periodo di tempo (per esempio, un'ora in più al giorno).

ragioni di questo fenomeno sono due: anzitutto, quanto minore è l'ammontare di tempo libero a disposizione, tanto maggiore è la disutilità derivante dal sacrificio di altre ore di tempo libero; in secondo luogo, il disagio connesso allo svolgimento dell'attività lavorativa tende ad aumentare a causa di noia, stanchezza o frustrazione.

CF 8 p107 Questa disutilità marginale crescente (Figura 10.2(a)) tende a creare una curva di offerta individuale di ore-lavoro con pendenza positiva (Figura 10.2(b)). Infatti, per indurre gli individui a lavorare di più, occorre corrispondere loro un salario orario più elevato, che compensi la maggiore disutilità marginale. Ecco perché le ore di straordinario vengono pagate più di quelle normali.

IC 7 p34 In certe circostanze, tuttavia, la curva di offerta di ore-lavoro potrebbe piegare all'indietro (Figura 10.3): infatti, all'aumentare del salario, sull'offerta di lavoro individuale agiscono due forze contrarie. Da una parte, a fronte di salari più elevati le persone tendono a lavorare di più, dal momento che il tempo dedicato allo svago comporta un maggiore sacrificio in termini di reddito e quindi di consumo, quindi sostituiscono il reddito (cioè il lavoro) al tempo libero. Questo è l'***effetto di sostituzione*** associato all'incremento dei salari.

D'altro canto, le persone potrebbero ritenere che un salario maggiore permetta loro di lavorare meno e concedersi più svago. Questo ***effetto di reddito*** riflette il fatto che lo svago è un *bene normale*, cioè un bene il cui consumo aumenta all'aumentare del reddito.

Ci sono due effetti che operano in direzioni opposte, la cui entità relativa determina la pendenza della curva di offerta di lavoro individuale. A livelli di salario inferiori si ipotizza normalmente che l'effetto di sostituzione sopravanzi quello di reddito: un aumento del salario funziona da incentivo e incoraggia le persone a lavorare di più. A livelli di salario più elevati, tuttavia, è possibile che l'effetto di reddito superi quello di sostituzione. All'aumentare dei salari, le persone potrebbero cominciare a preferire la rinuncia a una parte di consumi in cambio di più tempo libero.

Se il salario è abbastanza elevato da consentire all'effetto di reddito di superare quello di sostituzione, la curva di offerta assume pendenza negativa, come accade al di sopra del salario W_1 nella Figura 10.3.

Queste considerazioni sono particolarmente importanti per un governo che sta valutando politiche fiscali.

Figura 10.3 Curva di offerta di lavoro piegata all'indietro.

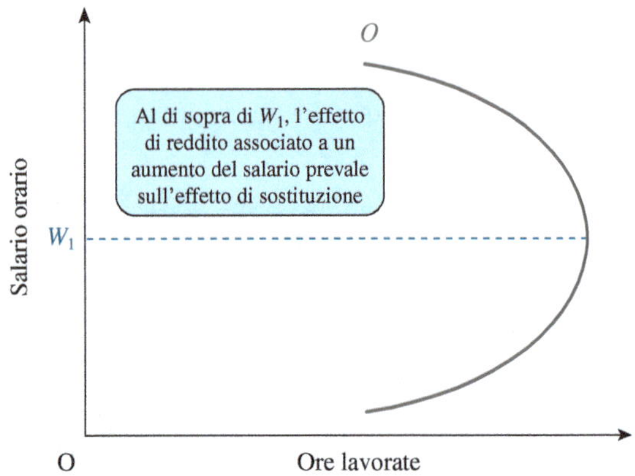

PAROLE CHIAVE

Effetto di sostituzione (associato a un aumento dei salari) L'aumento dei salari provoca un incremento del costo-opportunità del tempo libero, spingendo i lavoratori a sostituire il reddito allo svago e causando un *aumento* del numero di ore lavorate.

Effetto di reddito (associato a un aumento dei salari) A parità di ore lavorate, i lavoratori ottengono un reddito più elevato, e dunque potrebbero decidere di *ridurre* il numero di ore lavorate all'aumentare del saggio di salario.

Figura 10.2 Disutilità marginale del lavoro e offerta di lavoro individuale.

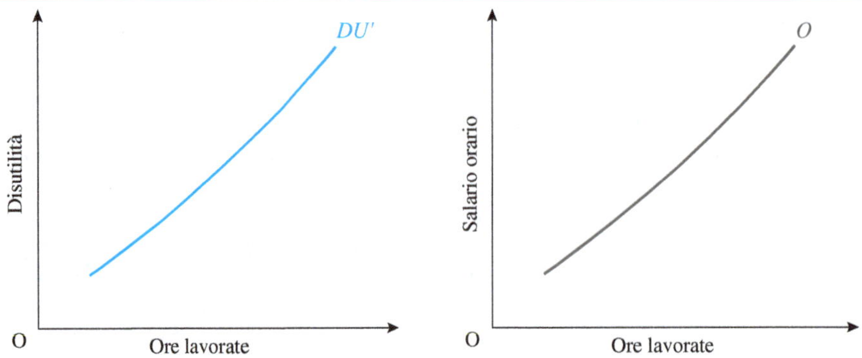

(a) Disutilità marginale delle ore lavorate

(b) Offerta di ore lavorate

*BOX 10.2 ESPLORARE L'ECONOMIA

Usare l'analisi delle curve di indifferenza per derivare la curva di offerta individuale del lavoro

L'analisi delle curve di indifferenza (vedi Paragrafo 4.2) può essere utilizzata per derivare la curva di offerta di lavoro individuale e spiegare perché questa curva potrebbe piegarsi all'indietro.

Ipotizziamo che un individuo possa scegliere il numero di ore-lavoro da svolgere e abbia 12 ore al giorno da dividere fra lavoro e tempo libero (le restanti 12 sono destinate al sonno, agli acquisti, agli spostamenti e così via). Nella figura, in corrispondenza di un salario di €10 la retta di bilancio B_1 illustra tutte le possibili combinazioni di reddito giornaliero e ore di tempo libero. Per esempio, in corrispondenza del punto x l'individuo percepisce un reddito di €80 lavorando otto ore e avendone quattro di tempo libero.

A un salario orario di €20 la retta di bilancio diventa B_2 e a un salario orario di €24 diventa B_3.

La figura riporta altresì tre curve di indifferenza, ciascuna delle quali mostra tutte le combinazioni di reddito e tempo libero che conferiscono all'individuo un particolare livello di utilità. Le curve sono convesse verso l'origine degli assi, a indicare come siano necessari redditi sempre più elevati per compensare ogni ora di tempo libero sacrificata. Alla curva I_3 è associato un livello di utilità più elevato della curva I_2, la quale indica a sua volta un'utilità maggiore di I_1.

CF 1 p11 In corrispondenza di un salario orario di €10, l'individuo può spostarsi lungo la retta di bilancio B_1. Il punto x rappresenta il massimo livello di utilità raggiungibile, a fronte del quale l'individuo offre otto ore di lavoro (e ne ha quattro di tempo libero).

In corrispondenza del più elevato salario orario di €20, l'individuo si colloca sulla retta di bilancio B_2 e massimizza la propria utilità nel punto y, lavorando nove ore. Così, all'aumentare del salario l'individuo è indotto a lavorare un'ora in più. Fino a questo punto, dunque, la curva di offerta individuale avrebbe pendenza positiva: al crescere del salario, aumenta l'offerta di ore-lavoro.

IC 7 p34 In corrispondenza dell'ancor più elevato salario orario di €25, l'individuo si colloca sulla retta di bilancio B_3 e massimizza la propria utilità nel punto z; adesso, però, lavora solo otto ore. La curva ha iniziato a piegarsi all'indietro: in altre parole, l'individuo si trova ora nella posizione di potersi permettere più tempo libero. L'effetto di reddito ha iniziato a prevalere sull'effetto di sostituzione.

La scelta di ore lavorate in corrispondenza di diversi salari.

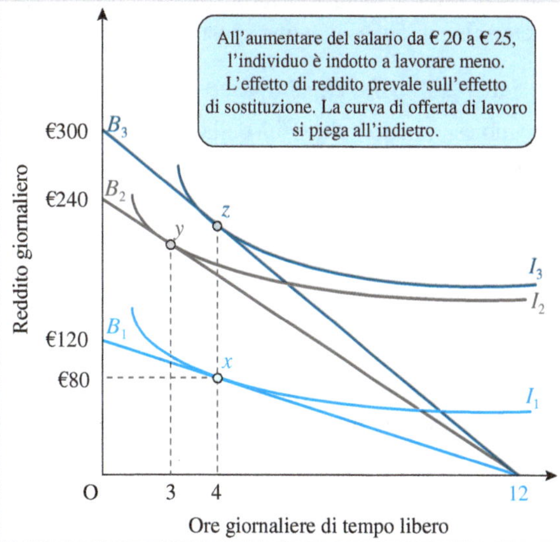

Per esempio, i governi conservatori hanno spesso sostenuto che una riduzione delle imposte sul reddito fosse equivalente a un aumento di stipendio e quindi potesse indurre gli individui a lavorare di più. Tuttavia, questa analisi è corretta solo se l'effetto dominante è quello di sostituzione. Se invece prevale l'effetto di reddito, a fronte di una riduzione delle imposte le persone hanno un incentivo a lavorare *meno*. Ci occuperemo di questi aspetti nel Capitolo 11.

Offerta di lavoro a un singolo datore di lavoro

In concorrenza perfetta l'offerta di lavoro a una particolare impresa è perfettamente elastica, come nella Figura 10.1(b). L'impresa è wage taker, quindi non ha alcun potere di influenzare i salari. Prendiamo il caso di una piccola impresa che voglia assumere receptionist a tempo determinato attraverso un'agenzia interinale. L'impresa dovrà corrispondere il salario di mercato e, a quel livello di salario, sarà presumibilmente in grado di assumere tutte le receptionist che desidera (entro termini ragionevoli).

Offerta di mercato di una data categoria di lavoro

Questa curva ha normalmente pendenza positiva, come nella Figura 10.1(a): quanto più elevato è il salario offerto per un particolare tipo di lavoro, tante più persone saranno disposte a svolgere tale lavoro.

La *posizione* della curva di offerta di lavoro di mercato dipende dal numero di persone disposte e in grado di svolgere il lavoro a ogni dato salario, e tale numero a sua volta dipende da tre fattori.

- Il numero di persone qualificate. Ovviamente, se il lavoro non richiede qualifiche particolari, le persone adatte a svolgerlo saranno molte.
- I benefit extra-salariali o i costi associati allo svolgimento delle specifiche mansioni, come la piacevolezza dell'ambiente lavorativo, la soddisfazione o l'insoddisfazione, lo status, la sicurezza del posto di lavoro, le vacanze, la pensione e anche altri benefici accessori.
- CF 1 p11 I salari e i benefit extra-salariali dei posti di lavoro alternativi.

Una variazione del salario provoca un movimento lungo la curva di offerta, mentre la variazione di una delle altre tre determinanti determina uno spostamento della curva.

Elasticità dell'offerta di lavoro di mercato

Abbiamo esaminato l'elasticità della domanda e dell'offerta nel Capitolo 2; un'analisi simile può essere usata anche per il mercato del lavoro. L'elasticità (reattività) dell'offerta di lavoro a una variazione del salario dipende (a) dalla difficoltà e dai costi di cambiare lavoro e (b) dall'arco temporale preso in esame.

Un altro modo di esaminare l'elasticità dell'offerta di lavoro consiste nel considerare la ***mobilità del lavoro***, cioè la disponibilità e la capacità della forza lavoro di cambiare impiego, trasferendosi in un luogo diverso (mobilità geografica) o in un diverso settore (mobilità occupazionale). La mobilità del lavoro (e quindi l'elasticità dell'offerta di lavoro) risulta maggiore quando in uno stesso luogo sono presenti opportunità di impiego alternative, quando occupazioni diverse richiedono competenze analoghe e quando le persone dispongono di buone informazioni riguardo a queste occupazioni; inoltre, è molto più elevata nel lungo periodo, quando le persone hanno il tempo di trasferirsi o di acquisire nuove competenze e il sistema scolastico riesce ad adattarsi alle mutevoli esigenze del mondo del lavoro.

Se la domanda di una particolare categoria di lavoratori aumenta, il salario aumenta a sua volta. Quanto più anelastica è l'offerta di lavoro, tanto maggiore è l'incremento del salario. I lavoratori già impiegati nel settore trarranno beneficio dall'aumento salariale, pur svolgendo lo stesso lavoro di prima, poiché guadagneranno un sovrappiù rispetto al salario che, in prima istanza, era servito ad attrarli nel settore. Questo sovrappiù prende il nome di ***rendita economica***.

La domanda di lavoro: la teoria della produttività marginale

Nella teoria "neoclassica" tradizionale dell'impresa, che abbiamo esaminato nei Capitoli 7 e 8, si ipotizza che le imprese mirino a massimizzare i profitti. Sulla stessa ipotesi si fonde la teoria neoclassica della domanda di lavoro, generalmente nota come ***teoria della produttività marginale***.

L'approccio della massimizzazione del profitto

Nel decidere quanti lavoratori assumere, un'impresa che mira alla massimizzazione del profitto soppesa i costi e i benefici di assumere personale aggiuntivo, impiegando gli stessi principi utilizzati nel determinare il livello di produzione.

Nel mercato dei beni, l'impresa massimizza il profitto nel punto in cui il costo marginale di un'unità aggiuntiva di *produzione* è pari al ricavo marginale derivante dalla vendita di quell'unità, cioè dove $C' = R'$.

IC 19 p151 Nel mercato del lavoro, l'impresa massimizza il profitto uguagliando il costo marginale di assumere un *lavoratore* in più al ricavo marginale ottenuto dalla vendita del prodotto di quel lavoratore, cioè ponendo C'del lavoro = R'del lavoro. Il ragionamento è semplice: se da un lavoratore in più l'impresa ottiene ricavi maggiori dei costi, i profitti aumentano, quindi conviene assumere quel lavoratore. Tuttavia, all'aumentare del numero dei lavoratori, si innescano rendimenti decrescenti del lavoro (vedi Paragrafo 5.1); a quel punto, ciascun lavoratore addizionale produrrà meno del precedente, generando quindi meno ricavi per l'impresa. Alla fine, il ricavo marginale dei lavoratori addizionali scenderà al livello del loro costo marginale e l'impresa smetterà di assumere lavoratori aggiuntivi perché i profitti avranno raggiunto il livello massimo.

Misurare il costo e il ricavo marginale del lavoro

Costo marginale del lavoro (C'_L). È il costo aggiuntivo di impiegare un lavoratore in più. In concorrenza

PAROLE CHIAVE

Mobilità del lavoro Disponibilità e capacità della forza lavoro di cambiare impiego.

Rendita economica Differenza tra la remunerazione di un fattore di produzione e l'importo minimo necessario per mantenerlo nel suo impiego corrente.

Teoria della produttività marginale Teoria secondo la quale la domanda di un fattore di produzione dipende dal valore del prodotto marginale a esso associato.

perfetta, l'impresa è troppo piccola per influenzare il salario di mercato, quindi fronteggia una curva di offerta orizzontale (Figura 10.1(b)). Perciò, il costo addizionale di impiegare un lavoratore in più è pari semplicemente al salario: $C'_L = W$.

Ricavo marginale generato dal lavoro ($R'P_L$). Il ricavo marginale che un'impresa guadagna dall'impiegare un lavoratore in più prende il nome di ***valore del prodotto marginale del lavoro*** ($R'P_L$) e si calcola moltiplicando il *prodotto fisico marginale del lavoro* (PF'_L) per il ricavo marginale guadagnato dalla vendita di un'unità aggiuntiva di produzione (R'):

$$R'P_L = PF'_L \times R'$$

PF'_L corrisponde alla produzione aggiuntiva dell'ultimo lavoratore; così, se questi produce 100 tonnellate alla settimana (PF'_L), e se l'impresa guadagna €4 in più su ogni tonnellata addizionale venduta (R'), allora $R'P$ del lavoratore è pari a €400. Questo lavoratore addizionale aggiunge €400 al ricavo dell'impresa.

Il livello di occupazione che massimizza il profitto dell'impresa

La curva PF' è stata illustrata nella Figura 6.3: all'aumentare del numero di lavoratori impiegati, presto o tardi si arriva a un punto in cui entrano in gioco i rendimenti decrescenti (punto b). Superato questo punto, la curva PF'_L ha pendenza negativa. La curva $R'P_L$ ha una forma simile alla curva PF'_L, poiché viene semplicemente moltiplicata per una cifra costante, R' (in concorrenza perfetta, $R' = P$ per qualsiasi livello di produzione). La Figura 10.4 illustra le curve $R'P_L$ e C'_L.

Figura 10.4 La quantità di lavoro che massimizza il profitto.

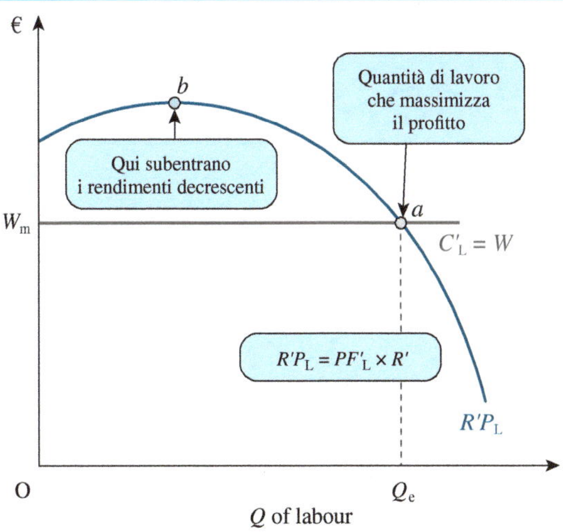

*IN TERMINI MATEMATICI

Il prodotto marginale del lavoro può essere espresso attraverso il calcolo differenziale: è infatti l'incremento della produzione di un bene X associato a una variazione della quantità di lavoro impiegata:

$$PF'_L = \frac{\partial X}{\partial L}$$

Il valore del prodotto marginale del lavoro è quindi dato da:

$$PF'_L = R' \times \frac{\partial X}{\partial L}$$

I profitti vengono massimizzati in corrispondenza della quantità di lavoro (L) che soddisfa l'uguaglianza $W = R'P_L$, vale a dire dove:

$$W = R' \times \frac{\partial X}{\partial L} \quad (1)$$

Da qui possiamo facilmente individuare il livello di *produzione* del bene X che massimizza il profitto (dove $C' = R'$). Riscrivendo l'equazione (1), otteniamo:

$$\frac{W}{\partial X / \partial L} = R' \quad (2)$$

Ipotizzando che il lavoro sia il solo fattore variabile, il costo marginale (della produzione) è il costo aggiuntivo del lavoro necessario (il solo costo extra) per *incrementare la produzione di una unità*. In altre parole:

$$C' = \frac{W}{\partial X / \partial L} \quad (3)$$

vale a dire,

$$C' = R'$$

Non c'è da stupirsi, quindi, che la quantità di lavoro che massimizza il profitto (dove $W = R'P_L$) è quella associata al livello di produzione di massimo profitto (dove $C' = R'$).

CF 8 p107 I profitti sono massimizzati in corrispondenza di un livello di occupazione Q_e, dove C'_L (cioè W) = $R'P_L$. Perché? A livelli di occupazione inferiori a Q_e, $R'P_L$ è superiore a C'_L e l'impresa può incrementare i profitti assumendo altri lavoratori; a livelli di occupazione superiori a Q_e, C'_L è superiore a $R'P_L$ e l'impresa può incrementare i profitti riducendo l'occupazione.

PAROLE CHIAVE

Valore del prodotto marginale (di un fattore)
Ricavo addizionale derivante a un'impresa dall'impiego di un'unità addizionale di un fattore variabile: $R'P_{fattore} = PF'_{fattore} \times R'_{bene}$.

Derivare la curva di domanda di lavoro dell'impresa

Per qualsiasi livello di salario, la quantità domandata di lavoro si trova all'intersezione di W e $R'P_L$ (Figura 10.5). In corrispondenza del salario W_1 viene domandata la quantità di lavoro Q_1; in corrispondenza di W_2 viene domandata la quantità Q_2; in corrispondenza di W_3 la quantità Q_3.

Quindi, la curva $R'P_L$ mostra la quantità di lavoro impiegata in corrispondenza di ciascun salario. Ma questo corrisponde a quanto illustrato dalla curva di domanda di lavoro, quindi la curva $R'P_L$ equivale alla curva di domanda di lavoro.

Le determinanti della domanda di lavoro sono tre.

- *Il salario*, che determina la posizione *sulla* curva di domanda, cioè la "quantità domandata".
- *La produttività del lavoro* (PF'_L), che determina la posizione *della* curva di domanda.
- *La domanda del bene*. Quanto maggiore è la domanda del bene, tanto più elevato è il prezzo di mercato, e quindi tanto più elevati sono il ricavo marginale e la curva $R'P_L$. Anche questo fattore determina la posizione della curva di domanda di lavoro, il che dimostra come quest'ultima (e anche la domanda di altri fattori di produzione) sia una ***domanda derivata***, che dipende cioè dalla domanda del bene. Per esempio, quanto maggiore è la domanda di abitazioni, quindi quanto più elevato è il loro prezzo, tanto maggiore è la domanda di muratori.

Una variazione del salario è rappresentata da un movimento lungo la curva di domanda di lavoro. Una variazione della produttività del lavoro o della domanda del bene provoca invece uno *spostamento* della curva.

Derivare la curva di domanda di lavoro del settore

In questo caso la curva di domanda del settore non è costituita dalla somma delle curve di domanda delle singole imprese. La domanda di lavoro dell'impresa si basa su un prezzo e un ricavo marginale costanti, indipendentemente dal numero di lavoratori impiegati (questa è una delle ipotesi della concorrenza perfetta). Nella Figura 10.6, quando il salario diminuisce da W_1 a W_2 l'impresa impiega più lavoro, spostandosi dal punto *a* al punto *b* lungo la sua curva di domanda $R'P_1$.

Il problema di questa analisi è che una diminuzione dei salari produce un effetto su *tutte* le imprese, che vorranno impiegare più lavoro. Se le imprese assumono più lavoratori, però, la produzione totale del settore aumenta, provocando un calo di P (e R'). Questo causa uno spostamento verso sinistra della curva $R'P$ dell'impresa e una diminuzione del livello di occupazione, al punto *c*. Pertanto, se teniamo conto dell'effetto di una diminuzione dei salari sul prezzo di mercato del bene, la curva di domanda di lavoro dell'impresa è rappresentata dalla curva blu più scura che interseca i punti *a* e *c* nella Figura 10.6.

PAROLE CHIAVE

Domanda derivata Domanda di un fattore di produzione che dipende dalla domanda del bene per la cui produzione viene impiegato.

Figura 10.5 Derivare la curva di domanda di lavoro di un'impresa.

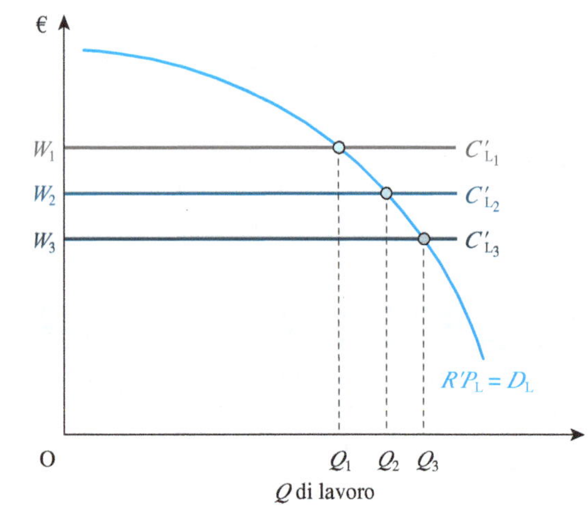

Figura 10.6 Usare le curve di domanda di lavoro dell'impresa per derivare la curva di domanda di lavoro del settore.

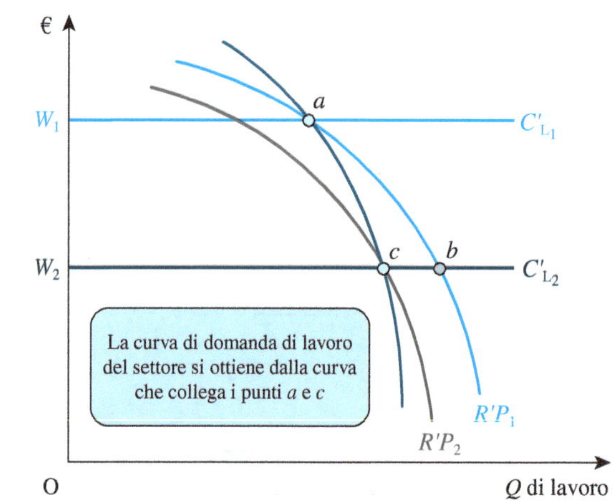

Così, la curva di domanda di lavoro del *settore* è la somma (orizzontale) delle curve blu più scure di ciascuna impresa e risulta pertanto meno elastica delle curve $R'P$ delle singole imprese.

L'elasticità della domanda di lavoro

IC9 p61 L'elasticità della domanda di lavoro (rispetto al salario) è positivamente correlata ai seguenti fattori.

- L'elasticità al prezzo della domanda del bene. Una diminuzione di W si traduce in un aumento dell'occupazione e della produzione, determinando un calo di P. Se la domanda di mercato del bene è elastica, la diminuzione di P provocherà un aumento considerevole delle vendite e dunque del numero di persone assunte.
- IC7 p34 La facilità di sostituzione del lavoro con altri fattori e viceversa. Se il lavoro può essere facilmente sostituito ad altri fattori, una diminuzione di W provocherà un aumento significativo della quantità di lavoro impiegata per questo scopo.
- L'elasticità dell'offerta di fattori complementari. Se è possibile ottenere una notevole quantità di fattori complementari con un aumento di prezzo contenuto, al diminuire dei salari la quantità domandata di lavoro registrerà una considerevole espansione.
- L'elasticità dell'offerta di fattori sostituti. Se i salari diminuiscono e viene impiegato più lavoro, la domanda di fattori sostituti si contrae e il loro prezzo diminuisce. Se l'offerta di tali fattori è elastica, la quantità offerta cala notevolmente e al loro posto viene utilizzato molto più lavoro.
- Il peso dei salari sul costo totale. Se i salari costituiscono un'ampia quota del costo totale, una loro diminuzione provoca un considerevole calo anche di quest'ultimo; pertanto, la produzione aumenta in maniera significativa, al pari della domanda di lavoro.
- La lunghezza dell'orizzonte temporale considerato. Avendo a disposizione tempo sufficiente, le imprese possono reagire a una diminuzione dei salari riorganizzando i processi di produzione per sfruttare l'abbassamento del costo del lavoro.

Salari e profitti in concorrenza perfetta

Il salario (W) è determinato dall'interazione di domanda e offerta nel mercato del lavoro e corrisponde al valore della produzione del lavoratore marginale ($R'P_L$).

La singola impresa realizza un profitto perché la curva $R'P_L$ ha pendenza negativa (rendimenti decrescenti); quindi, l'ultimo lavoratore contribuisce al ricavo dell'impresa in misura minore rispetto a quelli precedentemente impiegati.

Se *tutti* i lavoratori dell'impresa percepiscono un salario pari al valore del prodotto marginale dell'*ultimo* lavoratore, tutti tranne l'ultimo guadagnano un salario inferiore al rispettivo $R'P$. La differenza tra il valore del prodotto marginale di tutti i lavoratori tranne l'ultimo e il salario loro corrisposto rappresenta per l'impresa un surplus rispetto al monte salari (Figura 10.7): una parte di questo surplus viene utilizzato per pagare i costi non salariali, una parte va a costituire il profitto dell'impresa.

La concorrenza perfetta tra le imprese assicura che i profitti restino al livello *normale*. Se il surplus sui salari è tale da consentire all'impresa di realizzare profitti *supernormali*, nuove imprese entrano nel settore. A quel punto, il prezzo del bene (e quindi $R'P_L$) diminuisce e il salario aumenta, finché non restano solo profitti normali.

Uguaglianza e disuguaglianza in concorrenza perfetta

Il mito della piena uguaglianza salariale

A determinate e rigidissime condizioni, un mercato perfettamente concorrenziale conduce alla piena uguaglianza dei salari; in altre parole, tutti i lavoratori percepiscono esattamente la stessa paga.

Le condizioni della piena uguaglianza sono le seguenti:

- tutti i lavoratori hanno competenze identiche;
- esiste una perfetta mobilità del lavoro;
- tutte le occupazioni sono parimenti interessanti per tutti i lavoratori;

Figura 10.7 Salari e profitti.

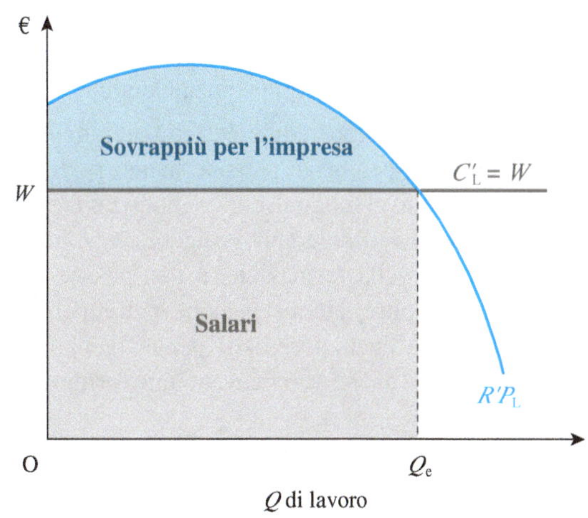

- tutti i lavoratori e le imprese dispongono di informazioni perfette;
- i salari sono interamente determinati da domanda e offerta.

Date queste ipotesi, se in un settore la domanda dei consumatori aumentasse, si rafforzerebbe anche la domanda di lavoro. Di conseguenza, i salari comincerebbero a crescere; attratti dai salari più elevati, molti lavoratori inizierebbero immediatamente ad affluire nel settore, facendo riscendere molto rapidamente i salari al livello del resto dell'economia. Parimenti, se in un settore i salari iniziassero a diminuire, i lavoratori comincerebbero ad abbandonarlo, eliminando eventuali eccedenze di lavoro e arrestando la diminuzione dei salari. A queste condizioni, pertanto, non sarebbe solo la curva di offerta di lavoro fronteggiata da un'*impresa* a essere infinitamente elastica al salario di mercato, ma anche la curva di offerta di lavoro relativa a ciascun settore.

Ovviamente, nel mondo reale queste condizioni non si verificano e non si vedono mercati del lavoro perfettamente concorrenziali. Al contrario, esistono enormi disuguaglianze salariali. Tuttavia, molti ritengono che, se anche i mercati *fossero* perfetti, la disuguaglianza esisterebbe comunque.

Cause di disuguaglianza in concorrenza perfetta

IC4 p13

Nel breve periodo si può avere disuguaglianza anche in concorrenza perfetta, perché occorre tempo per pervenire a un nuovo equilibrio di lungo periodo a seguito di cambiamenti della domanda e dell'offerta. Pertanto, i settori in espansione tendono a corrispondere salari più elevati rispetto ai settori in contrazione.

Anche quando è trascorso il tempo necessario per giungere a un nuovo equilibrio dopo una variazione della domanda e/o dell'offerta, i differenziali salariali di lungo periodo esisteranno comunque, per una serie di ragioni.

- I lavoratori non hanno competenze identiche.
- La mobilità del lavoro non è perfetta, nemmeno nel lungo periodo, perché le persone hanno preferenze diverse riguardo al luogo in cui vogliono vivere e alla professione che desiderano svolgere. A volte non hanno accesso alla formazione o non possono permettersela. Inoltre, alcune persone potrebbero non avere il talento innato necessario per svolgere un particolare lavoro, anche ove ricevano una formazione.
- Le occupazioni differiscono enormemente in termini di competenze necessarie e piacevolezza o sgradevolezza delle mansioni.

Per di più, dal momento che le condizioni della domanda e dell'offerta cambiano continuamente, non si otterrà mai un equilibrio generale di lungo periodo in tutto il sistema economico.

Chi sono i poveri? Chi sono i ricchi?

IC4 p13 CF3 p26

A percepire un basso salario sono, di norma, coloro che possiedono competenze lavorative la cui domanda è bassa o la cui offerta è elevata. La bassa domanda può essere dovuta alla poca domanda del bene o alla bassa produttività del lavoro; l'offerta elevata può essere determinata dalla poca mobilità in uscita dai settori in declino o da un'eccedenza di persone con le stesse competenze o qualifiche. Per esempio, a percepire un salario basso sono in genere i lavoratori poco specializzati o non qualificati, quelli impiegati in un settore in declino, quelli non disposti a trasferirsi e quelli che non vogliono o non possono riqualificarsi.

I lavoratori più pagati sono quelli i cui servizi sono caratterizzati da una domanda elevata o da un'offerta bassa. Quindi, coloro i quali possiedono competenze o talenti relativamente rari o che richiedono molto tempo per la loro acquisizione, e quanti lavorano in settori in espansione, tendono a percepire salari elevati.

Sebbene il movimento del lavoro dagli impieghi poco retribuiti a quelli con retribuzione più elevata tenda a ridurre i differenziali salariali, una considerevole disuguaglianza persisterà anche in concorrenza perfetta. Pertanto, non è possibile eliminare la povertà e la disuguaglianza liberalizzando i mercati e incoraggiando i lavoratori a "stare in piedi sulle loro gambe" o a "rimboccarsi le maniche".

Inoltre, nel mondo reale esistono molte imperfezioni di mercato che tendono ad aggravare la disuguaglianza. Esamineremo queste imperfezioni nel prossimo paragrafo.

Infine, nei sistemi capitalisti la disuguaglianza del reddito scaturisce anche dalla diversa distribuzione della proprietà terriera e finanziaria. Anche in concorrenza perfetta, pertanto, la concentrazione della ricchezza nelle mani di pochi determinerà sempre una considerevole disuguaglianza.

10.2 La determinazione dei salari nei mercati imperfetti

CF 3 p26 È probabile che, nel mondo reale, le imprese e/o i lavoratori abbiano il potere di influenzare i salari, e quindi non siano wage taker. Questa è una delle principali imperfezioni del mercato del lavoro.

Quando un'impresa è il solo datore di lavoro per una certa categoria di lavoratori, si ha una situazione di ***monopsonio***: per esempio, il servizio postale è un datore di lavoro monopsonistico per i postini e gli addetti allo smistamento della corrispondenza. In alternativa, come più spesso accade, si può avere un monopsonio in un mercato locale, in cui una singola impresa può essere l'unico datore di lavoro nella zona. Quando ci sono pochi datori di lavoro, si parla di ***oligopsonio***. Quest'ultimo è molto più comune del monopsonio, esattamente come nei mercati dei beni l'oligopolio è molto più comune del monopolio.

Nei mercati del lavoro monopsonistici o oligopsonistici i datori di lavoro hanno potere di mercato. Se appartengono a un sindacato, anche i lavoratori possono avere potere di mercato: in particolare, quando un unico sindacato siede al tavolo delle trattative per conto di una certa categoria di lavoratori, agisce da monopolista; se i sindacati sono più d'uno, agiscono da oligopolisti.

Quando un datore di lavoro monopsonista fronteggia un sindacato monopolista, si ha un ***monopolio bilaterale***.

Imprese con potere di mercato nelle assunzioni (monopsonio e oligopsonio)

IC 22 p192 Anziché essere wage taker, i monopsonisti (e gli oligopsonisti) sono *wage setter* (hanno il potere di determinare i salari). Per esempio, una grande impresa in una piccola città potrebbe riuscire facilmente a opporsi a un aumento dei salari, o persino ad abbassarli.

Tali imprese fronteggiano una curva di offerta di lavoro con pendenza positiva, come illustrato nella Figura 10.8. Se l'impresa vuole impiegare più lavoro, deve corrispondere un salario più elevato per attrarre lavoratori da altri settori, ma, di converso, quando impiega meno lavoro può pagare un salario più basso.

La curva di offerta rappresenta il salario che si deve corrispondere per attrarre una data quantità di lavoro. Il salario pagato è il *costo medio* del lavoro (CM_L) per l'impresa; la curva di offerta coincide pertanto con la curva CM_L.

Il *costo marginale* di impiegare un lavoratore in più (C'_L) è superiore al salario (CM_L), perché per attrarre ulteriori lavoratori l'impresa deve pagarli di più. Il costo medio del lavoro corrisponde dunque al nuovo, più elevato salario versato al nuovo lavoratore, più il modesto aumento del monte salari degli altri lavoratori: dopo tutto, anche loro verranno pagati di più.

La quantità di lavoro che massimizza il profitto si trova in corrispondenza di Q_1, dove è soddisfatta l'uguaglianza $C'_L = R'P_L$. Il salario pagato è dunque W_1.

Se il mercato del lavoro fosse perfettamente concorrenziale, l'occupazione di equilibrio si troverebbe al più elevato livello Q_2 e il salario al più elevato livello W_2, dove $W = R'P_L$. Pertanto, il monopsonista spinge al ribasso il salario, limitando il numero di lavoratori impiegati.

Forza lavoro con potere di mercato (monopolio o oligopolio dei sindacati)

IC 22 p192 Il successo dei sindacati nell'ottenere salari più elevati dipende dal loro potere e dalla loro disponibilità ad agire; dipende anche dal potere delle imprese di opporsi all'aumento e dalla loro capacità di corrispondere salari più elevati. In particolare, a seconda del tipo di mercato nel quale operano i datori di lavoro, i sinda-

Figura 10.8 Monopsonio.

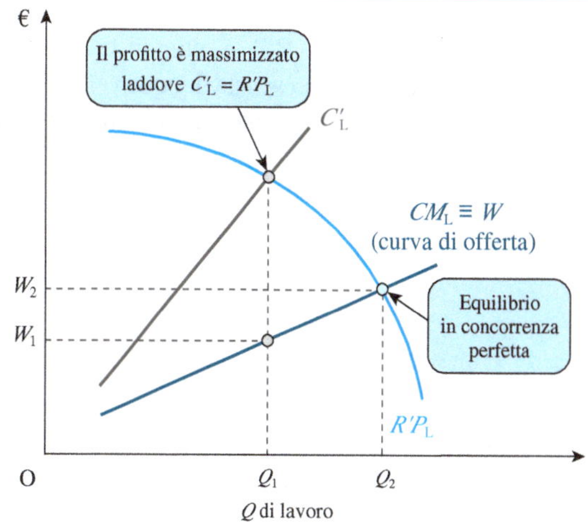

PAROLE CHIAVE

Monopsonio Mercato con un unico acquirente o datore di lavoro.

Oligopsonio Mercato in cui operano solo pochi acquirenti o datori di lavoro.

Monopolio bilaterale Situazione in un cui un monopsonista interagisce con un monopolista.

cati possono avere maggiori o minori opportunità di ottenere condizioni migliori per i loro iscritti.

Se le imprese operano in regime di concorrenza perfetta o monopolistica, i salari possono aumentare unicamente a fronte di una riduzione dell'occupazione. Dal momento che le imprese realizzano solo profitti normali, se i sindacati spingono al rialzo i salari le imprese marginali registrano perdite e finiscono per uscire dal settore. Di conseguenza, l'occupazione diminuisce e la produzione si contrae, provocando un aumento dei prezzi che consentirà alle imprese restanti di corrispondere un salario maggiore.

Questi effetti sono illustrati nella Figura 10.9. Se i sindacati riescono a ottenere un aumento dei salari da W_1 a W_2, l'occupazione diminuisce da Q_1 a Q_2. Si crea quindi un'eccedenza di persone ($Q_3 - Q_2$) che desiderano lavorare in quel settore, dove però non sono disponibili posti di lavoro.

Il sindacato si ritrova così in una posizione di duplice debolezza. Da un lato, la contrattazione al rialzo dei salari provoca una perdita di posti di lavoro; dall'altro si corre il pericolo che le persone rimaste disoccupate accettino di lavorare a un salario inferiore a quello proposto dal sindacato.

In un mercato dei beni concorrenziale, è possibile alzare i salari senza ridurre il livello di occupazione solo se, nell'ambito della contrattazione collettiva, si prevede un aumento della produttività del lavoro con un ***accordo di produttività***. La curva $R'P$, e quindi la curva di domanda nella Figura 10.9, si sposta dunque verso destra.

In un mercato concorrenziale, quindi, il sindacato deve scegliere fra salari e posti di lavoro, pertanto le sue azioni dipendono dagli obiettivi che si prefigge.

Figura 10.9 Un sindacato monopolista che fronteggia i produttori in concorrenza perfetta.

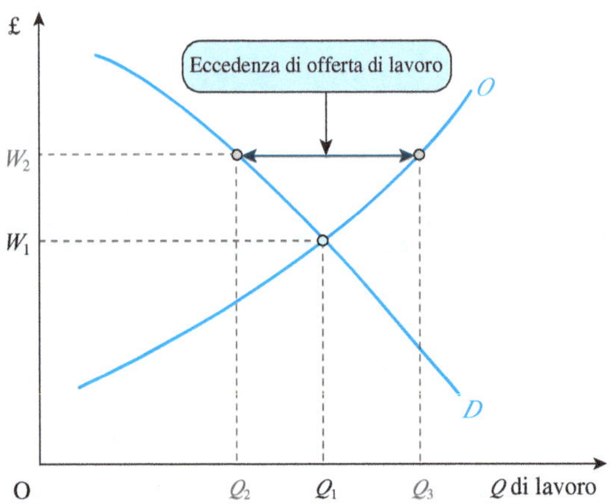

Se vuole *massimizzare l'occupazione*, il sindacato deve accontentarsi del salario W_1 nella Figura 10.9, a meno di non negoziare un accordo di produttività. In corrispondenza di W_1 vengono impiegati Q_1 lavoratori; al di sopra di W_1, la quantità *domandata* di lavoratori è inferiore a Q_1; al di sotto di W_1, la quantità *offerta* di lavoratori è minore di Q_1.

Un sindacato che preferisce ottenere un salario più elevato potrebbe essere pronto a spingere il salario al di sopra di W_1 e ad accettare qualche taglio della forza lavoro. Questa situazione è più probabile se il ridimensionamento del personale può avvenire attraverso un processo di ***riduzione naturale***, vale a dire se i lavoratori vanno in pensione, optano per l'esodo volontario o semplicemente si licenziano per cambiare lavoro.

Imprese e forza lavoro con potere di mercato (monopolio bilaterale)

Generalmente i sindacati più forti sono presenti nei mercati del lavoro monopsonisti. In questi casi, si può pensare che il monopolio sindacale faccia da contrappeso al potere di un datore di lavoro monopsonista. Purtroppo la teoria economica non è in grado di determinare esattamente il livello al quale si attesteranno il salario e l'occupazione in queste circostanze, perché non esiste un simile livello di equilibrio. A conti fatti, il salario e il livello di occupazione dipenderanno dai rispettivi poteri e competenze di negoziazione di sindacati e vertici aziendali.

Per quanto possa sembrare strano, i sindacati, quando affrontano una controparte potente, possono trovarsi in una posizione privilegiata e ottenere concessioni sostanziali per i loro iscritti; spesso riescono persino a strappare un aumento dei salari *senza* che questo comporti un taglio del personale, o addirittura ad associare all'aumento salariale un incremento delle assunzioni. La Figura 10.10 illustra come avviene tutto questo.

Ipotizziamo anzitutto che non ci sia un sindacato: il monopsonista massimizza i profitti impiegando Q_1 lavoratori al salario W_1 (Q_1 soddisfa l'uguaglianza $R'P_L = C'_L$).

PAROLE CHIAVE

Accordo di produttività Accordo in base al quale, in cambio di un aumento salariale, un sindacato accetta che siano modificati i processi lavorativi al fine di incrementare la produzione per lavoratore.

Riduzione naturale (della forza lavoro) Riduzione della forza lavoro di un'impresa attuata senza sostituire quanti si licenziano o vanno in pensione.

Figura 10.10 Monopolio bilaterale.

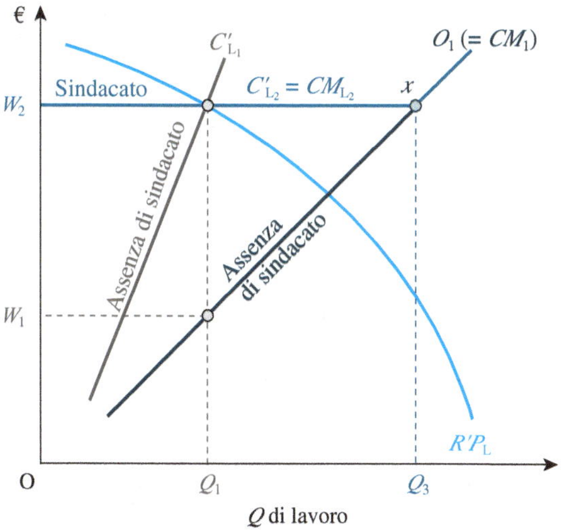

Che cosa accade quando, in una simile situazione, entra in scena un sindacato? I salari, a questo punto, saranno il frutto dei negoziati fra sindacati e vertici aziendali. Una volta siglato l'accordo, il datore di lavoro non può più abbassare il salario impiegando meno lavoratori; inoltre, se tentasse di pagare meno di quanto pattuito, si vedrebbe rispondere con uno sciopero e si troverebbe senza manodopera.

Analogamente, se il salario negoziato è superiore a quello di libero mercato, cioè al salario individuato dalla curva di offerta O_1, il datore di lavoro potrebbe assumere *più* lavoratori senza offrire una retribuzione *maggiore*.

Si genera dunque a una nuova curva di offerta di lavoro, che è orizzontale fino al punto in cui interseca la curva di offerta originale. Per esempio, se il sindacato riesce a negoziare il salario W_2 nella Figura 10.10, la curva di offerta di lavoro sarà orizzontale a questo livello

BOX 10.3 **ESPLORARE L'ECONOMIA**

Qual è l'utilità della teoria della produttività marginale?

Il mondo degli economisti: realtà o fantasia?

La teoria della distribuzione del reddito basata sulla produttività marginale è stata oggetto di molte critiche; valutiamo se in modo giustificato o meno.

Per cominciare, questa teoria è stata criticata perché si fonda sull'ipotesi di concorrenza perfetta. Ma in realtà non è così: piuttosto, si limita ad affermare che per massimizzare i profitti i datori di lavoro devono assumere lavoratori fino al punto in cui il costo marginale dell'ultimo lavoratore è pari al ricavo addizionale apportato da esso: $C'_L = R'P_L$. Questo principio si applica allo stesso modo nei regimi di concorrenza perfetta, monopsonio e oligopsonio.

La teoria in effetti afferma che, in concorrenza perfetta, il salario corrisposto al lavoratore è pari a $R'P_L$, non certo che l'uguaglianza $W = R'P_L$ è soddisfatta anche in altre strutture di mercato.

Una seconda critica è che i datori di lavoro in realtà non applicano i principi dell'analisi marginalista, soppesando i costi e i ricavi di ciascun lavoratore addizionale. Questo accade per due possibili ragioni.

Ignoranza della teoria della massimizzazione del profitto. I datori di lavoro potrebbero avvalersi di regole empiriche, ma puntare nondimeno a massimizzare i profitti.

Questa critica è valida solo se si ritiene che la teoria miri a descrivere il reale comportamento dei datori di lavoro, ma non è così. La teoria si limita ad affermare che le imprese impegnate a massimizzare il profitto pongono di fatto C'_L uguale a $R'P_L$, anche senza rendersene conto.

È impossibile calcolare la produttività marginale di un lavoratore. Se i lavoratori fanno parte di un team, di solito non è possibile distinguere il contributo del singolo individuo. Qual è infatti la produttività marginale di un addetto alle pulizie, di un inserviente o di un qualunque membro della linea di produzione? Analogamente, spesso non è possibile distinguere il contributo dei lavoratori da quello degli strumenti che utilizzano. Un addetto al tornio è inutile senza un tornio, il quale, peraltro, non serve a nulla se non c'è un operatore per farlo funzionare.

Questa è una critica più sostanziale, ma è possibile modificare la teoria per tenere conto di questo problema. In primo luogo, un datore di lavoro può esaminare la composizione del team, o la combinazione di strumenti e lavoratori, e valutare se una riorganizzazione o l'adozione di metodi di produzione alternativi possano incrementare la redditività dell'impresa (cioè accrescere i ricavi più dei costi). In secondo luogo, il datore di lavoro può decidere se espandere o ridurre la dimensione complessiva del team, o il numero di addetti ai macchinari. In questo caso, il team o l'accoppiata lavoratore-macchinario costituiscono il fattore di produzione la cui produttività marginale deve essere raffrontata con i costi.

Aspetti morali. Un'ultima critica concerne la dimensione morale. Se gli economisti concentrano la propria attenzione esclusivamente sulla massimizzazione dei profitti, si potrebbe concludere che legittimino questo genere di comportamento. Ovviamente gli economisti negheranno, affermando che la loro analisi è limitata all'economia positiva. Ciò nondimeno, questa critica ha un peso: ciò che un economista decide di studiare è in parte una decisione normativa.

sulla sinistra del punto *x*; sulla destra di questo punto coinciderà invece con la curva di offerta originale O_1, perché il datore di lavoro, per assumere più di Q_3 lavoratori, dovrebbe pagare un salario superiore a W_2.

Se la curva di offerta è orizzontale al livello di W_2 alla sinistra del punto *x*, la stessa forma avrà anche la curva C'_L. La ragione è semplice: per l'impresa il costo aggiuntivo di assumere un lavoratore addizionale (fino a Q_3) non è altro che il salario; gli altri lavoratori non ricevono alcun aumento. Se C'_L è pari al salario, il livello di occupazione che massimizza il profitto ($C'_L = R'P_L$) si attesta ora nel punto in cui è soddisfatta l'uguaglianza $W = R'P_L$. In corrispondenza del salario negoziato W_2, l'impresa sceglie dunque di impiegare Q_1 lavoratori.

Questo significa che il sindacato può spingere i salari al rialzo da W_1 a W_2 e l'impresa vorrà comunque assumere Q_1 lavoratori. In altre parole, è possibile ottenere un aumento salariale *senza* una perdita di posti di lavoro.

Il sindacato potrebbe spingersi anche oltre. Minacciando un'azione sindacale, potrebbe riuscire a portare i salari al di sopra di W_2 ed esigere comunque che vengano impiegati Q_1 lavoratori (cioè che non ci siano esuberi). Pur di non dover fronteggiare uno sciopero o altre azioni con il conseguente rischio di perdite, l'impresa potrebbe accettare che i profitti scendano al livello normale. Il limite massimo assoluto ai salari è quello che costringe l'impresa a cessare l'attività.

La contrattazione collettiva

A volte, quando i sindacati e i vertici aziendali contrattano i salari e le altre condizioni lavorative, *entrambe* le parti possono trarre beneficio dall'accordo stipulato. Per esempio, l'introduzione di una nuova tecnologia potrebbe tradursi in aumenti salariali, migliori condizioni di lavoro e profitti più elevati. Di solito, però, una delle due parti ottiene benefici a scapito dell'altra; per esempio, un aumento dei salari comporta una riduzione dei profitti.

Nella contrattazione collettiva, entrambe le parti possono mettere in campo diverse "minacce" o "promesse". I sindacati possono *minacciare* varie forme di sciopero, ***picchettaggio*** o ***sciopero bianco***, oppure rifiutarsi di cooperare con la dirigenza, per esempio nel caso dell'introduzione di una nuova tecnologia. In alternativa, in cambio di salari più elevati o migliori condizioni di lavoro, i sindacati possono *offrire* accordi di astensione dallo sciopero, aumento della produzione, riduzione della forza lavoro, o accordi a lungo termine sulla paga.

A loro volta, i datori di lavoro possono *minacciare* i dipendenti con esuberi o riduzione dei benefit. In alternativa, possono *offrire*, in cambio di aumenti salariali di minor entità, trattamenti migliori come bonus di produzione, piani di partecipazione agli utili, ferie più lunghe o maggiore sicurezza del posto di lavoro.

Il risultato della contrattazione. Il successo dei sindacati nella contrattazione collettiva dipende dalla loro solidità finanziaria, dalla determinazione dei loro iscritti e dal grado di sostegno da parte dell'opinione pubblica in generale; dipende inoltre dalla disponibilità dell'impresa a fare concessioni e dalla sua redditività. Le imprese che realizzano lauti profitti sono in una posizione molto più favorevole, quando si tratta di concedere aumenti salariali, rispetto a quelle che operano in un ambiente altamente competitivo.

L'accordo salariale potrebbe essere più vantaggioso per i lavoratori se i sindacati rappresentano solo la ***forza lavoro primaria***: in tal caso, potrebbero ottenere un salario più elevato a spese dei lavoratori non sindacalizzati, i quali potrebbero perdere il lavoro o essere sostituiti da lavoratori part-time o a tempo determinato. La forza lavoro primaria è composta dai cosiddetti ***insider***, i cui sindacati possono impedire agli ***outsider***, normalmente disoccupati o lavoratori precari, di accettare impieghi a salari più bassi.

L'azione sindacale comporta un costo sia per i sindacati che per le imprese: gli iscritti al sindacato perdono giornate di retribuzione, le imprese perdono ricavi. Pertanto, è nell'interesse di entrambi giungere a un accordo. Ciò nondimeno, per ottenere il massimo vantaggio, cia-

PAROLE CHIAVE

Picchettaggio Prassi adottata dagli scioperanti che si radunano presso i cancelli della fabbrica e tentano di impedire l'ingresso dei lavoratori o dei veicoli.

Sciopero bianco Prassi adottata dai lavoratori che limitano le loro mansioni al minimo indispensabile, come previsto dal rispettivo mansionario.

Forza lavoro primaria Lavoratori, normalmente dotati di competenze specifiche, che sono assunti con contratti a lungo termine o a tempo indeterminato.

Insider Lavoratori occupati in grado di sfruttare la propria posizione privilegiata (derivante dalla loro iscruzione a un sindacato o da specifiche competenze di cui sono in possesso) per ottenere un aumento della retribuzione nonostante un eccesso di offerta di lavoro (disoccupazione).

Outsider Disoccupati o lavoratori precari, part-time o assunti a termine, che hanno poco o nessun potere di influenzare i salari o l'occupazione.

scuno deve persuadere l'altro di essere pronto, se necessario, a mettere in pratica le proprie minacce.

L'approccio descritto finora ha natura essenzialmente conflittuale. L'alternativa, per entrambe le parti, è quella di concentrarsi sull'incremento dell'utile netto totale dell'impresa, cooperando per aumentare l'efficienza o la qualità del prodotto. Questo approccio è più plausibile quando sindacati e dirigenza hanno un rapporto di duratura e reciproca fiducia.

Il ruolo del governo nella contrattazione collettiva

Il governo può influenzare il risultato della contrattazione collettiva in diversi modi. Uno di questi consiste nel cercare di creare un precedente: potrebbe per esempio adottare la linea dura per resistere alle richieste di aumenti salariali da parte dei dipendenti pubblici, sperando in tal modo di persuadere le imprese private a fare altrettanto.

Inoltre, il governo potrebbe istituire meccanismi di arbitrato o conciliazione.

Un altro metodo è quello legislativo. Il governo potrebbe varare una legge che limita lo spazio di manovra di imprese o sindacati, che fissa un salario minimo, o che vieta la discriminazione dei lavoratori per diversi motivi.

L'ipotesi del salario di efficienza

Abbiamo visto che un sindacato potrebbe riuscire a costringere un datore di lavoro a corrispondere un salario superiore a quello di mercato; ma anche l'impresa può avere interesse a corrispondere salari più elevati, perfino nei settori non sindacalizzati.

IC 4 p13 Una spiegazione di questo fenomeno è l'***ipotesi del salario di efficienza***, secondo la quale la produttività dei lavoratori aumenta al crescere del salario. Di conseguenza, i datori di lavoro potrebbero essere disponibili a pagare salari superiori al livello di equilibrio, nell'intento di bilanciare l'aumento dei costi salariali con un guadagno di produttività. Ma perché un salario maggiore dovrebbe determinare un aumento della produttività? Le ragioni principali sono tre.

Più impegno nel lavoro

IC 25 p265 In molte occupazioni è difficile monitorare l'impegno che gli individui pongono nel loro lavoro, quindi i lavoratori potrebbero assumere atteggiamenti incuranti o non dare il massimo nello svolgere le proprie mansioni. Questo è un esempio del problema principale-agente (vedi Paragrafo 9.4 e Box 10.5). Il lavoratore, in quanto agente del datore di lavoro (il principale), non agisce necessariamente nell'interesse di quest'ultimo.

L'impresa potrebbe tentare di arginare questo fenomeno imponendo una serie di sanzioni, la più grave delle quali è il licenziamento. Quanto maggiore è il salario percepito dal lavoratore, tanto più elevato è il costo del licenziamento e, quindi, tanto meno probabile è un comportamento negligente da parte del lavoratore. L'impresa trarrebbe beneficio non solo dalla produzione addizionale, ma anche dalla riduzione dei costi necessari a monitorare la performance dei dipendenti. Di conseguenza, il ***salario di efficienza*** per l'impresa si colloca al di sopra del salario di mercato.

Riduzione dell'avvicendamento della manodopera (turnover)

Se i lavoratori ricevono formazione o riqualificazione sul lavoro, la perdita di un dipendente che ha completato il programma di formazione rappresenta un costo significativo per l'impresa. L'avvicendamento della manodopera e i costi relativi possono essere ridotti corrispondendo un salario superiore a quello di mercato. In tal modo, l'impresa vuole garantirsi la fedeltà dei dipendenti.

Motivazione dei lavoratori

CF 5 p46 Un'impresa potrebbe essere indotta a offrire salari superiori a quelli di mercato anche soltanto dal desiderio di motivare la forza lavoro, creando la sensazione di essere un "buon" datore di lavoro, interessato ai suoi dipendenti. Di conseguenza, questi ultimi potrebbero lavorare più alacremente ed essere più disponibili ad accettare l'introduzione di nuove tecnologie (con la riorganizzazione e la riqualificazione che queste comportano).

La possibilità di corrispondere salari di efficienza superiori al salario di mercato dipende dal tipo di occupazione. I lavoratori specializzati riceveranno probabilmente salari di efficienza di molto superiori al livello di equilibrio, soprattutto se l'impresa ha investito tempo e risorse nella loro formazione (e deve quindi sostenere un costo per sostituirli). Di contro, i lavoratori non specializ-

PAROLE CHIAVE

Ipotesi del salario di efficienza Ipotesi che la produttività dei lavoratori sia influenzata dal salario che ricevono.

Salario di efficienza Salario che massimizza il profitto dell'impresa, tenendo conto dei suoi effetti sulla motivazione, l'avvicendamento e l'assunzione dei lavoratori.

BOX 10.4 **ANALISI DI CASI E APPLICAZIONI**

Mercati del lavoro flessibili e impresa flessibile

Sostituire i vecchi metodi di lavoro con i nuovi?

IC 24 p253 Negli ultimi trentacinque anni si sono osservati notevoli cambiamenti nel modo in cui le imprese organizzano la forza lavoro. Le recessioni globali, abbinate al rapido progresso tecnologico, hanno indotto molte imprese a mettere in discussione l'opportunità di assumere lavoratori a tempo indeterminato per svolgere particolari tipi di mansioni, privilegiando la flessibilità di reagire al rapido mutamento delle circostanze. Se la domanda cala, le imprese desiderano ridurre la manodopera senza dover sostenere gli ingenti costi degli esuberi; se la domanda aumenta, vogliono assumere rapidamente nuova forza lavoro. Se la tecnologia cambia, le imprese vogliono poter destinare i lavoratori ad altre funzioni, assumerne di nuovi in un determinato reparto o ridurre quelli impiegati in un altro.

Pertanto, molte imprese mirano ad assumere e impiegare i lavoratori in maniera flessibile. In molti paesi la flessibilità del mercato del lavoro è in aumento, in quanto lavoratori e agenzie di collocamento sono costretti ad adeguarsi alle esigenze della "impresa flessibile".

La flessibilità nell'utilizzo del lavoro può assumere tre forme.

- ***Flessibilità funzionale***. Indica la capacità dell'impresa di trasferire i lavoratori da un ruolo all'altro nell'ambito del processo di produzione. È in contrasto con le tradizionali forme di organizzazione aziendale, in cui le persone venivano assunte per svolgere particolari mansioni e occupavano quel ruolo per tutta la loro carriera. Una forza lavoro funzionalmente flessibile tende a essere caratterizzata da molteplici competenze e da un grado relativamente elevato di formazione.
- ***Flessibilità numerica***. Indica la capacità dell'impresa di adeguare la dimensione e la composizione della forza lavoro alle mutevoli condizioni del mercato. Per ottenere una forza lavoro numericamente flessibile, è probabile che l'impresa assuma molti lavoratori part-time o avventizi, o persino che subappalti specifiche funzioni. Una prassi sempre più comune è quella dei "contratti a zero ore", dove non è garantito alcun orario e le ore effettivamente lavorate possono variare da una settimana all'altra.
- ***Flessibilità finanziaria***. Indica la capacità dell'impresa di variare in maniera flessibile il costo del lavoro. Per larga parte questa è una conseguenza della flessibilità funzionale e di quella numerica. Si può ottenere la flessibilità finanziaria ricompensando lo sforzo individuale e la produttività, anziché corrispondere un determinato salario per un particolare lavoro. In tal caso i livelli salariali sono tendenzialmente negoziati a livello locale, più che fissati su scala nazionale. Il risultato è un ampliamento dei differenziali salariali non solo fra lavoratori specializzati e non specializzati, ma anche fra lavoratori di uno stesso settore in diverse parti del paese.

Il grafico illustra il modo in cui queste tre forme di flessibilità si riflettono nell'organizzazione di un'***impresa flessibile***, un'organizzazione piuttosto diversa da quella dell'impresa tradizionale. La differenza più significativa sta nel fatto che la forza lavoro è segmentata. Il gruppo centrale, proveniente dal ***mercato del lavoro primario***, è composto da lavoratori funzionalmente flessibili, che hanno un posto di lavoro sicuro e sono normalmente assunti a tempo indeterminato. Tali lavoratori sono generalmente ben pagati e percepiscono salari commisurati alle loro competenze scarse.

Il segmento periferico, proveniente dal ***mercato del lavoro secondario***, è più frammentato di quello centrale e può essere suddiviso in un primo e in un secondo gruppo periferico. Il primo gruppo periferico è composto da lavoratori con un livello di specializzazione inferiore a quelli del nucleo centrale e con competenze tendenzialmente generiche anziché specifiche per quell'impresa. Non è infrequente che tali lavoratori vengano assunti attraverso il mercato del lavoro esterno, spesso tramite agenzie; inoltre, possono essere assunti a tempo pieno, ma generalmente non godono della stessa sicurezza del posto di lavoro dei lavoratori appartenenti al gruppo centrale.

L'impresa può godere di una maggiore flessibilità numerica attingendo al secondo gruppo periferico di lavoratori, assunti con diversi tipi di contratti a termine o part-time, spesso tramite agenzie. Alcuni di questi lavoratori potrebbero lavorare da casa o persino in remoto da un altro paese (come l'India) dove i salari sono molto più bassi. Tali lavoratori godono di scarsa sicurezza del posto di lavoro.

Oltre che integrare le fila del primo gruppo periferico, il secondo gruppo può anche fornire lavoratori dotati di competenze molto specifiche. In questo caso l'impresa può subappaltare o avvalersi di liberi professionisti, minimizzando in tal modo il proprio impegno nei confronti di tali lavoratori. Così, l'impresa ottiene allo stesso tempo la flessibilità funzionale e quella numerica.

Il modello giapponese

L'applicazione di nuovi metodi di lavoro flessibili sta prendendo sempre più piede nel Regno Unito, in Europa e nel Nord America. In Giappone la flessibilità è un principio fondante dell'attività di impresa già da molti anni e ha svolto un ruolo cruciale nel successo economico del paese negli anni Settanta e Ottanta. In effetti, si parla persino di un modello di organizzazione aziendale giapponese, che molti concorrenti cercano di emulare.

Il modello è incentrato su quattro principi.

- *Gestione della qualità totale (Total quality management).* Questo principio prevede che tutti i dipendenti si impegnino continuativamente a migliorare tutti gli aspetti della qualità, tanto del prodotto finito quanto dei metodi di produzione.

- *Eliminazione dello spreco.* Secondo il principio del "just-in-time", le imprese devono procurarsi solo le quantità necessarie di materie prime e componenti, nel momento e nella sede giusti. Le giacenze sono ridotte al minimo, quindi l'intero sistema di produzione funziona con uno slack organizzativo minimo o nullo. Per esempio, oggigiorno i supermercati hanno magazzini più piccoli del passato rispetto all'area di vendita totale e ricevono consegne più frequenti.
- *Superiorità del lavoro di squadra.* Lo sforzo collettivo è un elemento vitale nelle prassi lavorative giapponesi. Il lavoro di squadra è considerato utile non solo per incrementare la performance individuale, ma anche per coinvolgere l'individuo nella conduzione dell'impresa e favorire quindi il senso dell'impegno.
- *Flessibilità funzionale e numerica.* Entrambe sono considerate componenti vitali nel mantenimento di elevati livelli di produttività.

L'impresa flessibile

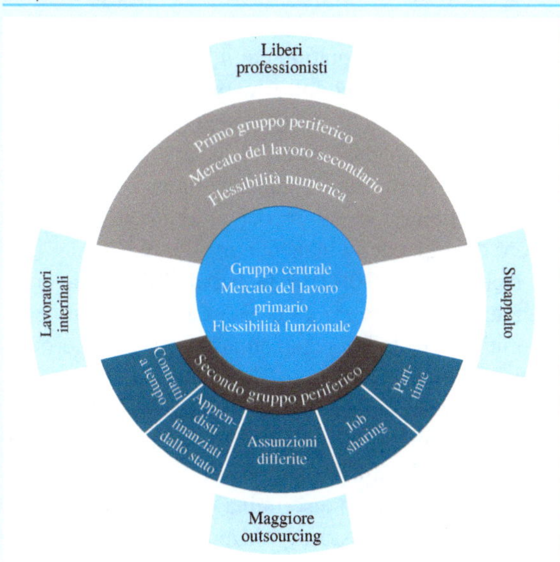

Fonte: Atkinson J., *Flexibility, Uncertainty and Manpower Management*, Institute of Manpower Studies, 1981, IMS Report No. 89.

I principi di questo modello sono oggi ampiamente considerati cruciali per la creazione e la gestione di un'impresa competitiva in un mercato concorrenziale.

La recente esperienza del Regno Unito

Prima della recessione del 2008–2009, il Regno Unito era uno dei paesi dell'UE che più erano riusciti a ridurre la disoccupazione e a creare posti di lavoro. Gran parte del merito di questo fenomeno è stato attribuito alla crescente flessibilità del mercato del lavoro.

Una delle particolarità della crisi iniziata nel 2008 è il fatto che nel Regno Unito la disoccupazione è aumentata poco. Naturalmente 1,6 milioni di persone disoccupate nel 2017 hanno sofferto, tuttavia rimane il fatto che, in relazione alla produzione, le persone che hanno perso il lavoro sono state meno di quanto i modelli economici prevedessero. Una tesi è che ciò sia avvenuto grazie alla flessibilità che ha consentito di ridurre gli orari di lavoro e/o la paga oraria in termini reali senza dover ricorrere ai licenziamenti.

Prendendo come riferimento la maggiore flessibilità nel Regno Unito, altri Stati membri dell'UE – come Italia e Germania – hanno cercato di imitarne le strategie.

PAROLE CHIAVE

Flessibilità funzionale Capacità dell'impresa di trasferire i lavoratori da un ruolo all'altro al mutare delle necessità.

Flessibilità numerica Capacità dell'impresa di modificare le dimensioni della forza lavoro al variare della necessità di manodopera.

Flessibilità finanziaria Capacità dell'impresa di variare il costo del lavoro modificando la composizione della forza lavoro impiegata.

Impresa flessibile Impresa che è in grado di reagire con flessibilità al mutare delle condizioni di mercato modificando la composizione della sua forza lavoro.

Mercato del lavoro primario Mercato della forza lavoro primaria a tempo pieno.

Mercato del lavoro secondario Mercato della forza lavoro periferica, composta di lavoratori assunti a tempo determinato o parziale, o su base permanente ma con una minore sicurezza del posto di lavoro.

zati, il cui scarso impegno può essere facilmente monitorato, che non hanno ricevuto una formazione degna di nota e che possono essere facilmente sostituiti, difficilmente potranno aspirare a un "premio di efficienza". In simili circostanze, anziché tenere alti i salari, le imprese normalmente cercheranno di pagare il meno possibile.

Altre imperfezioni del mercato del lavoro

Il potere contrattuale dei sindacati e delle imprese non è l'unico motivo per cui i mercati del lavoro nel mondo reale si discostano dal modello della concorrenza perfetta.

- Lavoratori e imprese potrebbero disporre di informazioni imperfette.
- I salari potrebbero reagire molto lentamente alle variazioni di domanda e offerta, causando un disequilibrio persistente nei mercati del lavoro.
- Le imprese potrebbero non mirare alla massimizzazione del profitto. Parimenti, i lavoratori potrebbero non cercare di massimizzare il loro "surplus del lavoratore", vale a dire l'eccedenza dei benefici del lavoro (cioè i salari) rispetto alla disutilità del lavoro stesso (disagio e sacrificio di tempo libero).

Discriminazione

IC4 p13 La discriminazione può essere un altro fattore cruciale nella determinazione dei salari, e può assumere diverse forme: discriminazione in base all'etnia, al genere, all'orientamento sessuale, all'età, alla classe sociale, alla religione e così via. Per di più, la discriminazione può avvenire in diversi ambiti della società. In questo paragrafo ci occupiamo della ***discriminazione economica***, in cui i lavoratori in possesso di competenze identiche percepiscono retribuzioni diverse per svolgere lo stesso lavoro, o hanno possibilità differenti di essere assunti o promossi.

Consideriamo il caso della discriminazione razziale attuata dai datori di lavoro. La Figura 10.11 illustra i salari e l'impiego di lavoratori di origine africana e di lavoratori bianchi da parte di un'impresa con potere di monopsonio che pratica la discriminazione razziale contro i lavoratori di colore. Ipotizziamo inoltre, per semplicità, che il numero dei lavoratori di colore sia pari a quello dei lavoratori bianchi; infine, supponiamo non ci siano leggi che vietino all'impresa di discriminare i salari o le assunzioni.

La Figura 10.11(a) illustra le curve C' e $R'P$ per i lavoratori di colore. In assenza di discriminazione, l'impresa assumerebbe Q_{N_1} lavoratori di colore, ponendo $R'P_N = C'_N$. Il salario corrisposto ai lavoratori di colore sarebbe W_{N_1}.

La Figura 10.11(b) illustra la posizione dei lavoratori bianchi. Ancora una volta, in assenza di discriminazione, sarebbero impiegati Q_{B_1} lavoratori bianchi al salario W_{B_1}, lo stesso corrisposto ai lavoratori di colore (notate che in ciascun caso la curva $R'P$ è tracciata partendo dall'ipotesi che il numero di lavoratori assunti nell'ambito dell'altro gruppo etnico sia costante).

Se invece l'impresa discrimina i lavoratori di colore, il numero di lavoratori assunti viene individuato su una curva più bassa, $R'P_N - x$ (dove x è il fattore di discriminazione). L'impresa assume dunque un minor numero di lavoratori di colore, Q_{N_2}, offrendo loro un salario più basso, W_{N_2}.

Vediamo adesso come la discriminazione contro i lavoratori di colore influisce sui salari e sull'impiego dei lavoratori bianchi, esaminando due casi.

Nel primo caso, ipotizziamo che il datore di lavoro pratichi la discriminazione economica in senso esclusivamente negativo, discriminando i lavoratori di colore, ma assumendo i lavoratori bianchi su principi di massimizzazione del profitto. Così, l'impresa assume lavoratori bianchi fino al punto in cui il loro costo marginale è pari al valore del prodotto marginale del loro lavoro. Tuttavia, poiché vengono impiegati meno lavoratori di colore, per ogni data quantità di lavoratori bianchi, il numero di lavoratori complessivamente impiegati è minore, pertanto il valore del prodotto marginale del lavoro dei dipendenti bianchi è maggiore.

Nella Figura 10.11(b) la curva $R'P$ dei lavoratori bianchi si sposta in $R'P_{B_2}$; di conseguenza, il numero di lavoratori bianchi impiegati aumenta a Q_{B_2} e il loro salario sale a W_{B_2}.

Le imprese, tuttavia, possono praticare la discriminazione economica anche *in favore* di certi gruppi. La Figura 10.11(b) illustra anche questo secondo caso, in cui il datore di lavoro discrimina in favore dei lavoratori bianchi: l'impresa assume i lavoratori lungo una curva più elevata, $R'P_{B_2} + y$, dove y è il fattore di discriminazione. L'effetto è un ulteriore aumento del salario e del numero di lavoratori bianchi impiegati, rispettivamente W_{B_3} e Q_{B_3}.

PAROLE CHIAVE

Discriminazione economica Situazione in cui lavoratori con identiche competenze percepiscono salari differenti o subiscono altre forme di discriminazione legate all'etnia, all'età, al sesso e così via.

Figura 10.11 L'effetto della discriminazione razziale praticata da un datore di lavoro monopsonista.

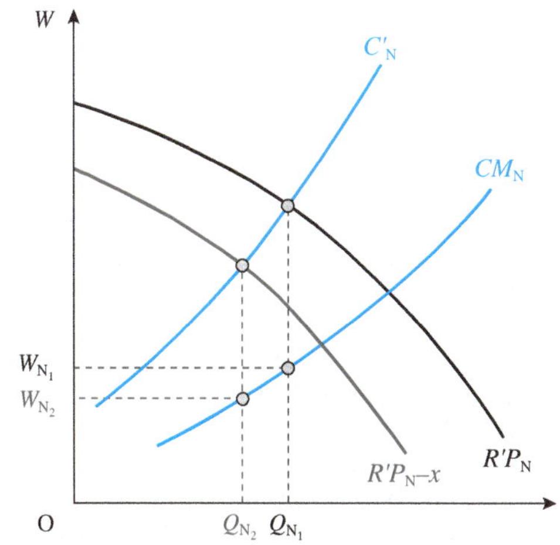

(a) Lavoratori di colore impiegati da un monopsonista che pratica la discriminazione razziale

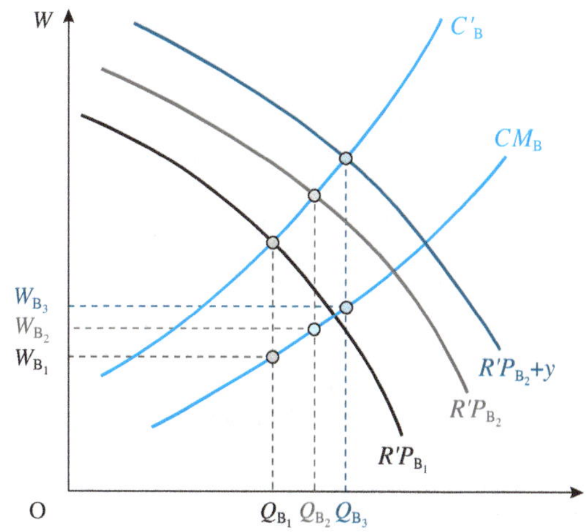

(b) Lavoratori bianchi impiegati da un monopsonista che pratica la discriminazione razziale

Se il governo adesso insiste affinché a pari impiego corrisponda un identico salario, i datori di lavoro reagiscono tagliando ulteriormente le assunzioni di lavoratori di colore. Per risolvere *questo* problema, si potrebbe promulgare una legge in virtù della quale non solo i lavoratori di colore percepiscano lo stesso salario dei lavoratori bianchi, ma abbiano anche le stesse opportunità di essere assunti quando si candidano per un posto di lavoro.

Il tipo di discriminazione appena descritto può essere considerato "irrazionale" se l'impresa mira alla massimizzazione del profitto: infatti, per realizzare una dato livello di produzione, l'impresa dovrebbe corrispondere ai lavoratori bianchi salari maggiori di quelli pagati ai lavoratori di colore. In un mercato concorrenziale, tali imprese potrebbero essere costrette a rinunciare a una simile politica discriminatoria per sopravvivere alla concorrenza dei rivali che non discriminano. Tuttavia, se l'impresa gode di potere di mercato, probabilmente realizzerà profitti sufficienti per continuare a discriminare. La principale pressione ad abbandonare la discriminazione verrà probabilmente dai sindacati, dai clienti, dagli azionisti o dalle organizzazioni che si occupano di parità interrazziale.

Altri esempi di discriminazione non economica derivano dalle differenti opportunità di istruzione. Se il sistema scolastico discrimina i bambini di colore, questi ultimi finiranno probabilmente per essere meno qualificati. In altre parole, questi bambini beneficiano di un minore investimento in ***capitale umano***. In simili circostanze i datori di lavoro, volendo assumere i candidati più qualificati, privilegeranno probabilmente i bianchi. Questo accade soprattutto per le posizioni altamente retribuite, che richiedono un più elevato livello di formazione.

Per risolvere questo problema alla radice, occorre affrontare i punti deboli nei primi stadi del sistema scolastico e spezzare il cosiddetto "circolo vizioso della deprivazione".

Chi sono i poveri? Chi sono i ricchi?

All'elenco che abbiamo stilato alla fine del Paragrafo 10.1 possiamo ora aggiungere i seguenti fattori di impoverimento:

- mancanza di potere economico, non appartenenza a un sindacato o appartenenza a un'organizzazione di lavoratori con scarso potere di contrattazione;
- ignoranza riguardo a migliori opportunità di lavoro;
- mancanza di volontà o capacità di cercare un lavoro migliore;
- discriminazione da parte di datori di lavoro o anche di colleghi.

PAROLE CHIAVE

Capitale umano Qualifiche, abilità e competenze che contribuiscono alla produttività di un lavoratore.

BOX 10.5 ANALISI DI CASI E APPLICAZIONI

Il comportamento al lavoro

Che cosa motiva i lavoratori?

Gran parte del lavoro degli economisti comportamentali si concentra sull'assunzione di razionalità usata nella teoria dei consumatori. Questi modelli predicono in modo accurato il comportamento dei consumatori? A volte i consumatori si comportano in modo che contrasta sistematicamente con l'assunzione di razionalità, per esempio includono i costi sommersi e si fanno catturare dalle offerte speciali? Sono tutte domande interessanti. D'altra parte, la maggior parte delle persone dedica circa il 25% della vita al lavoro, perciò anche questo merita attenzione.

Dan Ariely, professore di psicologia e di economia comportamentale alla Duke University, è uno dei ricercatori più noti al mondo in questo campo. Nel suo secondo libro, *The Upside of Irrationality*,[1] Ariely prende in esame il comportamento nel mondo del lavoro, identificando una serie di ambiti nei quali i risultati sperimentali sembrano contraddire le previsioni della teoria economica.

Gli individui amano il frutto del loro lavoro

Tra gli altri aspetti, Ariely ha studiato l'atteggiamento dei lavoratori nei confronti di ciò che producono e del destino del bene prodotto. Secondo la teoria economica, i lavoratori sono motivati dalla remunerazione per il lavoro svolto e dai costi associati. La teoria non ascrive emozioni al risultato del lavoro degli individui.

Ariely ha condotto un esperimento nel quale ai partecipanti veniva chiesto di costruire modellini di Lego; ogni modellino costruito veniva retribuito – a tasso decrescente – e le persone potevano decidere quanti costruirne. I partecipanti erano divisi in due gruppi: entrambi sapevano che alla fine i modellini sarebbero stati smontati, ma quelli realizzati dal primo gruppo venivano disassemblati in separata sede, mentre quelli realizzati dal secondo gruppo venivano smontati in presenza dei loro costruttori, poco dopo che il lavoro era stato portato a termine.

Come reagivano i "lavoratori" in queste diverse circostanze? Quelli che vedevano i loro modellini restare intatti ne costruivano in media più di dieci a testa, e il 68% continuava a produrli anche quando il prezzo scendeva al di sotto di un dollaro. Di contro, quanti assistevano alla distruzione dei propri modellini ne costruivano in media sette a testa e solo il 20% dei partecipanti era disposto a lavorare per meno di un dollaro al pezzo. Da questo e altri esperimenti, Ariely è giunto alla conclusione che le persone sono più produttive quando il loro lavoro ha un significato, quando la produzione assume un valore.

Bonus e incentivi

Negli ultimi anni si è discusso moltissimo dei bonus percepiti dai banchieri, cosa non sorprendente dato il numero di banche oggetto di salvataggio con fondi pubblici. La reazione degli istituti bancari è stata la più prevedibile: per evitare che i migliori se ne vadano e per indurli a lavorare al meglio, è necessario offrire loro cospicui incentivi.

Se è vero, probabilmente, che concedere sostanziosi bonus è un aspetto importante del reclutamento e della riduzione dell'avvicendamento del personale, non è detto però che questi incentivi contribuiscano realmente a incrementare la produzione. Ariely e i suoi colleghi hanno deciso di verificarlo con una serie di esperimenti in cui ai partecipanti venivano offerti diversi bonus per ricompensare il raggiungimento di molti obiettivi diversi. Questi esperimenti sono stati condotti in India, dove il salario medio è molto basso; in tal modo, gli studiosi hanno potuto offrire bonus che andavano dall'equivalente di un giorno di paga fino all'equivalente di cinque mesi di stipendio.

I risultati sono stati sorprendenti: i destinatari di bonus di bassa e media entità svolgevano il proprio lavoro a un livello pressoché identico, con una performance "molto buona" nel 30% dei casi. Che cosa è accaduto, invece, con gli incentivi più consistenti? I bonus elevati hanno favorito una maggior concentrazione mentale (e fisica, visto che alcuni compiti consistevano in attività fisiche) e quindi una performance migliore? Ebbene, i bonus più sostanziosi hanno avuto di certo un effetto evidente e i risultati sono stati stupefacenti: quanti potevano ricevere un bonus pari a cinque mesi di paga ottenevano un punteggio "molto buono" in meno del 10% dei casi. Come mai? A quanto pare, bonus molto consistenti possono condurre a una performance considerevolmente peggiore, perché la pressione e la paura di non riuscire a ottenere il premio accrescono il livello di stress al punto da deteriorare la performance anziché migliorarla.

L'esperimento di Dan Ariely suggerisce che i bonus troppo elevati siano controproducenti, ma c'è da chiedersi anche se i bonus funzionino in generale. Un progetto di ricerca condotto da Roland Fryer all'Università di Harvard sostiene di no. In uno studio condotto su 200 scuole di New York City che hanno partecipato a un programma di remunerazione in base alla performance, lo studioso ha scoperto che l'offerta di bonus al personale docente non portava a un miglioramento dei risultati degli studenti; inoltre, non aveva alcun impatto sull'assenteismo degli insegnanti né sull'avvicendamento del personale. Quindi, nel mondo reale, come in laboratorio, sembra proprio che – a differenza di quanto affermano le banche – per incentivare il personale non basta pagarlo di più.

1 Ariely, D., *The Upside of Irrationality*, Harper Collins 2010.

Insegnamenti per i datori di lavoro

Gli studiosi ritengono che analizzare il comportamento sia molto importante e, ovviamente, autori come Dan Ariely sono in grado di attirare l'attenzione e l'interesse del grande pubblico. Ciò non toglie che anche i datori di lavoro possano mettere a frutto queste scoperte. Spesso i sondaggi sullo staff evidenziano preoccupazioni circa la qualità della produzione, la comunicazione interna e l'esigenza di far parte del processo decisionale. Se le imprese riescono a comprendere meglio le motivazioni dei lavoratori e a offrire loro ricompense e incentivi che tengano conto di questo aspetto, possono ottenere una maggiore produttività e una forza lavoro più soddisfatta.

10.3 Capitale e profitto

I fattori di produzione diversi dal lavoro

Negli ultimi due paragrafi di questo capitolo prendiamo in esame il mercato degli *altri* fattori di produzione, che possono essere divisi in due grandi gruppi.

Terra. Comprende tutte le risorse produttive fornite dalla natura: in altre parole, non solo la terra ma anche tutte le risorse naturali. Ci occuperemo di questo fattore nel Paragrafo 10.4.

Capitale. Comprende tutti i beni prodotti dall'uomo che vengono utilizzati nella produzione di beni e servizi, dall'altoforno all'autobus, al computer, al capannone industriale e al cacciavite.

I beni strumentali precedentemente descritti sono attività materiali e prendono il nome di capitale *fisico*. Il termine "capitale" viene utilizzato anche in riferimento anche a diversi *titoli*, come azioni e obbligazioni. Questi sono i mezzi con cui le imprese raccolgono finanziamenti per acquistare capitale fisico, e sono indicati come capitale *finanziario*. Essendo solo titoli, tuttavia, non contano come fattori di produzione. Ciò nondimeno, i mercati finanziari svolgono un ruolo importante nel determinare il livello dell'investimento in capitale fisico (ci occuperemo di questi mercati nella parte finale di questo paragrafo).

Prezzi dei fattori e prezzi dei servizi dei fattori di produzione

Una caratteristica tipica della maggior parte dei fattori di produzione diversi dal lavoro è la durata limitata nel tempo. Un macchinario potrebbe avere una vita utile di 10 anni, un pozzo petrolifero potrebbe produrre per 50 anni prima di esaurirsi, e un campo coltivato potrebbe durare per sempre, se curato a dovere. Dobbiamo pertanto distinguere fra il reddito che il proprietario guadagna dalla *vendita* del fattore di produzione e quello che ottiene dal suo *utilizzo* o dalla sua *locazione* (o *noleggio*).

- Il reddito derivante dalla vendita del fattore di produzione è il suo *prezzo*. Così, un macchinario può essere venduto per €20.000 e un ettaro di terra agricola per €15.000.
- Il reddito guadagnato dall'utilizzo di un fattore di produzione è il suo *rendimento*, mentre il reddito guadagnato dalla sua locazione è la *rendita*. Quest'ultimo tipo di reddito rappresenta il valore o il prezzo dei *servizi* dei fattori di produzione, espressi per periodo di tempo. Così, un macchinario potrebbe far guadagnare a un'impresa un rendimento di €1000 all'anno, e un ettaro di terra potrebbe far guadagnare al proprietario una rendita di €600 all'anno.

Ovviamente, il prezzo di un fattore di produzione sarà commisurato al valore dei suoi servizi. Il prezzo di vendita di un ettaro di terra dipende tendenzialmente dal rendimento o dalla rendita che può garantire: un terreno agricolo altamente produttivo avrà un prezzo superiore a quello di un terreno boschivo.

L'impiego di terra e capitale da parte di un'impresa che massimizza il profitto

CF 8 p107 Se un'impresa mira a massimizzare il profitto, sul fronte della domanda si applicano a terra e capitale le stesse regole del lavoro; in altre parole, l'impresa dovrebbe impiegare tali fattori di produzione fino al punto in cui il costo marginale del fattore è pari al valore del prodotto marginale: $C'_f = R'P_f$. La stessa regola si applica sia che l'impresa acquisti i fattori di produzione, sia che li prenda in locazione o a noleggio.

IC 19 p151 La Figura 10.12 illustra i due casi della concorrenza perfetta e del monopsonio. In entrambe le situazioni la curva $R'P_f$ ha pendenza negativa. Questo non è che un altro esempio della legge dei rendimenti decrescenti, ma questa volta applicata alla terra o al capitale. Per esempio, se un agricoltore incrementa la quantità di terra coltivata *tenendo costanti gli altri fattori*, la terra presenta rendimenti decrescenti. Se ven-

Figura 10.12 Impiego di un fattore secondo la quantità che massimizza il profitto.

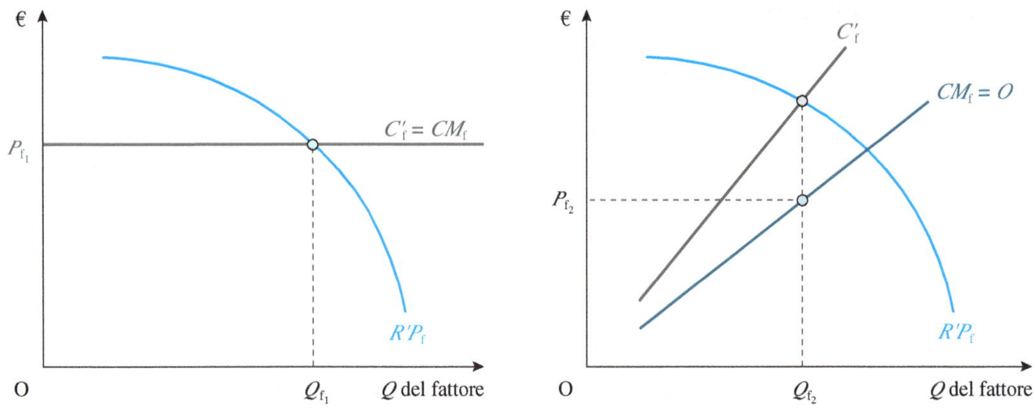

(a) Mercato dei fattori perfettamente concorrenziale

(b) Impresa con potere di monopsonio nel mercato dei fattori

gono utilizzati lo stesso numero di braccianti e la stessa quantità di macchinari e di concimi su un appezzamento di terra più vasto, i rendimenti per ettaro diminuiscono.

Nella Figura 10.12(a) l'impresa è price taker. Il prezzo del fattore è dato da P_{f_1}. I profitti sono massimizzati in corrispondenza di Q_{f_1}, dove $R'P_f = P_f$ (poiché $P_f = C'_f$).

Nella Figura 10.12(b) l'impresa ha potere di monopsonio; pertanto, il prezzo del fattore di produzione dipende dalla quantità impiegata dall'impresa. Ancora una volta, l'impresa impiega il fattore di produzione fino al punto in cui $R'P_f = C'_f$, domandando la quantità Q_{f_2} al prezzo P_{f_2}.

Vi sono differenze tra acquistare un fattore di produzione o prenderlo in locazione o a noleggio, sebbene in entrambi i casi si applichi la regola $R'P_f = C'_f$. Nel caso l'impresa acquisti il fattore di produzione, C'_f è l'esborso aggiuntivo che deve sostenere per l'acquisto di un'unità addizionale del fattore, mentre $R'P_f$ è il ricavo prodotto da quel fattore durante *il suo intero ciclo di vita* (misurato in termini del suo valore al momento dell'acquisto, come vedremo nelle prossime pagine).

Nel caso l'impresa prenda il fattore in locazione o a noleggio, C'_f è il canone versato *per periodo di tempo*, mentre $R'P_f$ è il ricavo addizionale derivante dal fattore *per periodo di tempo.*

La domanda di servizi del capitale

In questo paragrafo ci occupiamo del noleggio di beni strumentali (contrapposto all'acquisto). L'analisi è in tutto e per tutto identica a quella della domanda di lavoro e, come in quel caso, distinguiamo fra domanda della singola impresa e domanda di mercato.

Domanda della singola impresa

Consideriamo il caso di una piccola impresa di tinteggiature che noleggia un'impalcatura per completare un lavoro. Potrebbe servirsi delle scale che già possiede, ma in quel caso impiegherebbe molto più tempo. Se noleggia l'impalcatura per un giorno, potrebbe risparmiare – poniamo – due o tre giornate di lavoro; se la noleggia per due giorni, potrebbe risparmiarne ancora un paio; e noleggiandola per più giorni potrebbe accelerare ulteriormente il lavoro. Tuttavia, è probabile che entrino in gioco i rendimenti decrescenti: quanto più a lungo viene noleggiata l'impalcatura, tanto meno intensivo è il suo utilizzo, quindi tanto minore è il tempo risparmiato. Forse, per alcuni giorni, sarà utilizzata anche laddove si sarebbero potute impiegare le scale con altrettanta efficienza.

Il tempo risparmiato consente all'impresa di prendere altro lavoro, quindi per ogni giorno di noleggio l'impresa guadagna un ricavo addizionale: questo è il valore del prodotto marginale del capitale ($R'P_K$). A causa dei rendimenti decrescenti, la curva assume la normale pendenza negativa (Figura 10.12).

Domanda del mercato

Nel caso dei servizi del capitale, la domanda di mercato si ottiene esattamente nello stesso modo della domanda di lavoro (Figura 10.6): per somma orizzontale delle curve $R'P_K$ delle singole imprese, tenendo conto del fatto che il maggior utilizzo di capitale provoca un aumento della produzione, una riduzione del prezzo del bene e, pertanto, una diminuzione del valore del prodotto marginale. Ciò significa che la curva di domanda di mercato è più ripida rispetto alla somma orizzontale delle curve di domanda ($R'P_K$) di tutte le imprese nel mercato.

L'offerta di servizi del capitale

È necessario distinguere fra (a) l'offerta *a* una singola impresa, (b) l'offerta *di* una singola impresa e (c) l'offerta di mercato.

Offerta a una singola impresa

Facciamo riferimento alla Figura 10.13(a). La piccola impresa che noleggia beni strumentali è probabilmente price taker. In tal caso, fronteggia una curva di offerta orizzontale in corrispondenza del canone di noleggio corrente (R_e). Se invece ha potere di monopsonio, l'impresa fronteggia una curva di offerta con pendenza positiva, come nella Figura 10.12(b).

Offerta di una singola impresa

Facciamo riferimento alla Figura 10.13(b). Sul lato della domanda, l'impresa è probabilmente price taker: deve applicare il canone di noleggio (R_e) di mercato e, se tenta di esigere un canone superiore, perderà clienti in favore dei fornitori rivali.

Vediamo quale forma assume la curva di *offerta* del singolo fornitore. Qui la teoria ha molto in comune con la concorrenza perfetta nel mercato dei beni (vedi Paragrafo 7.2): la curva di offerta corrisponde alla curva C' dell'impresa, con la differenza che in questo caso il costo marginale è il costo aggiuntivo di dare a noleggio per un dato periodo di tempo un'unità addizionale di beni strumentali.

Nel calcolare il costo marginale di dare a noleggio il bene strumentale, sorge però un problema: probabilmente, infatti, il bene avrà un prezzo di acquisto molto elevato ma durerà a lungo. Come distribuire, quindi, gli elevati costi di acquisto su ogni nuovo noleggio? La risposta dipende dal periodo di tempo preso in considerazione.

Breve periodo. Nel breve periodo l'impresa noleggiatrice non acquista nuove attrezzature, ma si limita a dare a noleggio quelle che già possiede. Nel caso di un'impresa di noleggio impalcature, i costi marginali sono i seguenti.

- *Deprezzamento.* La perdita di valore determinata dall'uso, che comporta una diminuzione del prezzo di seconda mano del bene.
- *Manutenzione e gestione.* Dare a noleggio un'attrezzatura comporta ore di lavoro (per esempio, occorre evadere le pratiche burocratiche) e, in alcuni casi, costi di trasporto; inoltre, dopo il noleggio l'attrezzatura potrebbe necessitare di manutenzione.

Probabilmente, questi costi marginali tendono ad aumentare piuttosto lentamente. Per ogni giorno di noleggio di un'attrezzatura, l'impresa deve sostenere gli stessi costi addizionali (o costi appena superiori). Ne risulta una curva di offerta di servizi del capitale relativamente piatta, come nella Figura 10.13(b), fino alla massima capacità di noleggio dell'impresa: una volta che l'impresa ha dato a noleggio tutte le impalcature a sua disposizione, la curva di offerta diventa verticale.

Lungo periodo. Nel lungo periodo l'impresa di noleggio può acquistare nuove attrezzature e quindi offrire tutta la quantità che desidera. La curva di offerta di lungo periodo è dunque relativamente elastica o, se l'impresa è essa stessa price taker (cioè acquista le impalcature al prezzo di mercato), addirittura orizzontale. Questa curva di offerta di lungo periodo giace al di sopra di quella di breve periodo, poiché il costo marginale di lungo periodo comprende il costo di acquisto di ogni impalcatura addizionale.

Figura 10.13 Canone di noleggio di equilibrio di lungo periodo per i servizi di un particolare tipo di capitale.

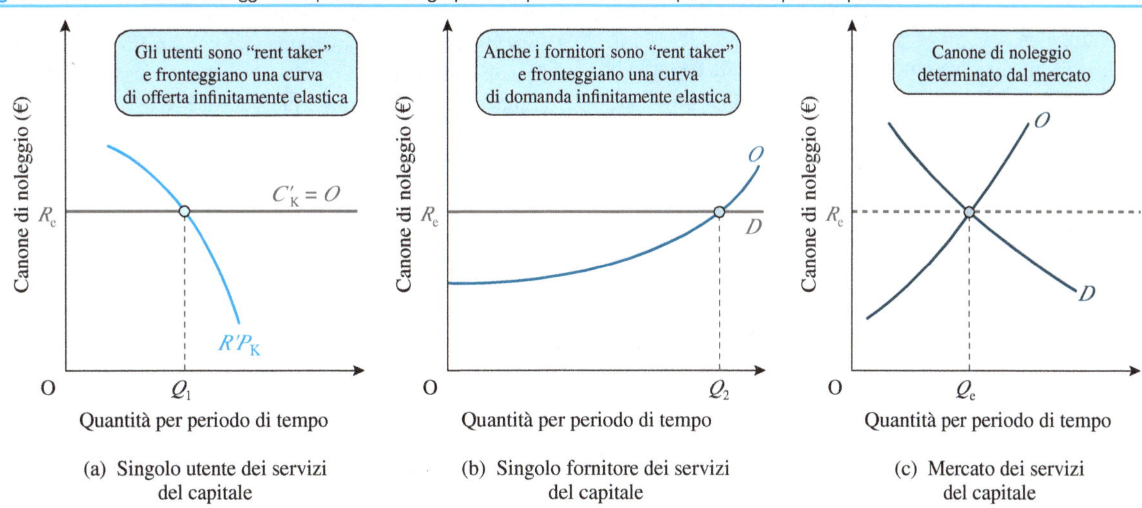

Offerta di mercato

Facciamo riferimento alla Figura 10.13(c). La curva di offerta di mercato di un particolare tipo di bene strumentale è la somma delle quantità offerte da tutte le singole imprese.

Nel breve periodo, l'offerta di mercato è relativamente anelastica, poiché occorre tempo per produrre nuove attrezzature e le scorte dei produttori sono probabilmente esigue. Inoltre, il capitale è *eterogeneo* (i beni strumentali svolgono funzioni differenti), quindi non si può usare, poniamo, una betoniera al posto di un'impalcatura. Infine, le imprese di noleggio potrebbero non essere disposte ad acquistare nuove e costose attrezzature in concomitanza con un aumento della domanda, perché sanno che il picco delle richieste potrebbe essere temporaneo.

Nel *lungo periodo* la curva di offerta dei servizi del capitale è più elastica, perché è possibile produrre una maggiore quantità di beni strumentali. Tuttavia, questa curva non è orizzontale, ma crescente, e la sua elasticità dipende dall'elasticità dell'offerta di beni strumentali alle imprese di noleggio.

La determinazione del prezzo dei servizi del capitale

IC 8 p43 Come mostra la Figura 10.13(c), in un mercato perfettamente concorrenziale il prezzo dei servizi del capitale è determinato dall'interazione di domanda e offerta. Notate come, qui, l'analisi ricalchi quella della determinazione del salario di equilibrio in un particolare mercato del lavoro (Figura 10.1).

Se gli utilizzatori delle attrezzature noleggiate hanno potere di monopsonio, questo sortirà l'effetto di abbassare il canone di noleggio al di sotto di $R'P_K$ (Figura 10.12(b)). Se invece le imprese di noleggio hanno potere di monopolio, l'analisi è simile a quella del monopolio nel mercato dei beni (Figura 7.8). In tal caso, l'impresa massimizza il profitto nel punto in cui il ricavo marginale del noleggio è pari al costo marginale, e dunque riduce l'offerta di beni strumentali da noleggiare, spingendo il canone di noleggio (prezzo) *al di sopra* del costo marginale.

BOX 10.6 ESPLORARE L'ECONOMIA

Stock e flussi

La discussione sulla remunerazione del capitale e della terra porta a operare un'importantissima distinzione: quella tra stock e flussi.

Uno stock è la quantità esistente di qualcosa: un proprietario terriero potrebbe possedere 200 ettari di terra, un agricoltore avere un granaio con 500 tonnellate di cereali, un individuo essere titolare di un conto di risparmio da €1000. Questi sono tutti stock, cioè quantità detenute in un dato momento.

Un flusso è un aumento o una diminuzione della quantità in un determinato arco temporale. Il proprietario terriero potrebbe acquistare altri 10 ettari nel corso di un anno, l'agricoltore usare 10 tonnellate di cereali alla settimana per nutrire il bestiame, l'individuo potrebbe risparmiare €10 al mese.

I salari, la rendita e gli interessi sono tutte remunerazioni di flussi: i salari sono la somma corrisposta al lavoratore per i servizi settimanali o mensili del lavoro; la rendita è l'ammontare corrisposto per l'utilizzo dei servizi della terra in un certo arco di tempo; gli interessi sono la remunerazione annua corrisposta agli individui per poter utilizzare i loro fondi.

Il prezzo di vendita di un'attività è il valore dello stock, poiché è un semplice pagamento, corrisposto in un preciso momento, a fronte del trasferimento dell'intera attività. Così, il prezzo della terra e quello del capitale fanno riferimento al concetto di stock.

Un importante esempio di stock e flussi è rappresentato dal capitale e dagli investimenti. Un'impresa potrebbe avere uno stock di capitale costituito da 100 macchinari, che potrebbe decidere di incrementare con gli investimenti (un flusso). Per esempio, l'impresa potrebbe investire in 10 nuovi macchinari ogni anno, ma questo investimento non accrescerebbe necessariamente lo stock di capitale di 10 macchinari, perché alcuni potrebbero venire rottamati (flusso negativo).

IDEA CHIAVE 26 ***Stock e flussi.*** Uno stock è una quantità di qualcosa in un dato momento. Un flusso è un aumento o una diminuzione di qualcosa in un determinato arco temporale. Questa distinzione è importante e spesso causa confusione.

➤ Domanda e offerta di capitale per l'acquisto

L'alternativa al noleggio dei beni strumentali è il loro acquisto. In questo paragrafo esaminiamo la domanda e l'offerta per l'acquisto di capitale.

La domanda di capitale: l'investimento

CF 8 p107 Le decisioni di una società di ingegneria che voglia dotarsi di nuovi computer, di un'acciaieria che desideri installare un altro altoforno e di un'impresa di traslochi che voglia acquistare un nuovo camion sono dette decisioni di ***investimento***, perché comportano l'acquisto di capitale addizionale.

La domanda di capitale, o "domanda di investimento", di un'impresa che mira alla massimizzazione del profitto, si basa esattamente sugli stessi principi della domanda di lavoro o di servizi del capitale. L'impresa deve soppesare il valore del prodotto marginale di quell'investimento (cioè il denaro che esso farà guadagnare all'impresa) rispetto al costo marginale. Il problema è che il capitale è durevole: continua a produrre beni e servizi e quindi a generare ricavi all'impresa per un considerevole periodo di tempo. Per calcolare i benefici dell'investimento occorre dunque considerare la loro collocazione temporale.

Il problema può essere affrontato in due modi: con il metodo *del valore attuale* e con l'approccio basato sul *tasso di rendimento*. In entrambi i casi l'impresa mette a confronto benefici e costi marginali dell'investimento.

Il metodo del valore attuale. Per calcolare il beneficio di un investimento (*R'P*), l'impresa deve stimare tutti i futuri guadagni generati dall'investimento e poi convertirli al ***valore attuale*** che potrà quindi confrontare con il costo dell'investimento. Consideriamo un semplice esempio.

Ipotizziamo che un'impresa desideri acquistare un macchinario che produrrà l'equivalente di €1000 all'anno (al netto dei costi operativi) per quattro anni e che poi, una volta usuratosi, sarà venduto a un rottamatore per €1000.

Qual è il beneficio del macchinario per l'impresa? A prima vista la risposta potrebbe essere €5000, ovvero il reddito totale guadagnato con questo macchinario. Purtroppo, però, le cose non sono così semplici. Il denaro guadagnato in futuro, infatti, apporta all'impresa un beneficio inferiore rispetto alla stessa somma guadagnata nel presente: se l'impresa dispone del denaro subito, può guadagnare un interesse depositandolo in banca o reinvestendolo in altri progetti.

Per capire meglio, ipotizziamo di avere €100 oggi e di poter guadagnare un interesse del 10% annuo depositandoli in banca. Nel giro di un anno, la somma iniziale sarà aumentata a €110, in due anni sarà pari a €121, in tre anni ammonterà a €133,10, e così via. Questo procedimento di accumulazione degli interessi prende il nome di ***capitalizzazione***.

Ne consegue che €121 ottenuti tra due anni apportano lo stesso beneficio di €100 ricevuti oggi, perché con l'aggiunta degli interessi €100 diventerebbero €121 nell'arco di due anni. Pertanto, con un tasso di interesse annuo del 10%, €121 hanno un *valore attuale* di €100.

Il processo consistente nel ridurre il valore di un importo futuro per calcolarne il valore attuale prende il nome di ***sconto***.

IDEA CHIAVE 27 ***Il principio dello sconto.*** In genere le persone preferiscono i benefici odierni ai benefici futuri. Pertanto, occorre ridurre (scontare) il valore dei benefici futuri per calcolare il loro valore attuale.

Per calcolare il valore attuale si utilizza il cosiddetto ***tasso di sconto***, pari nel nostro esempio al 10%. La formula dello sconto è:

$$VA = \sum \frac{R_1}{(1+r)^t}$$

dove *VA* è il valore attuale, R_t è il ricavo generato dall'investimento nell'anno *t*, *r* è il tasso di sconto (espresso in decimali, per esempio 10% = 0,1) e Σ indica la somma di tutti i proventi annui scontati.

Qual è dunque il valore attuale dell'investimento nel macchinario citato nell'esempio? (Ricordiamo che il macchinario produce €1000 per quattro anni e poi viene venduto al rottamatore per €1000 alla fine di questo periodo).

PAROLE CHIAVE

Investimento Acquisto da parte dell'impresa di attrezzature e materiali che accrescono lo stock di capitale.

Valore attuale Stima del valore *odierno* di un flusso di benefici (e/o costi) futuri.

Capitalizzazione Procedimento che consiste nell'aggiungere a un capitale iniziale gli interessi che maturano nel corso degli anni.

Sconto Processo che consiste nel ridurre il valore dei flussi futuri per calcolare il loro valore attuale.

Tasso di sconto Tasso utilizzato per calcolare il valore attuale di una grandezza futura.

Secondo la formula appena esposta, il valore attuale è:

$$\begin{aligned}
&\quad \text{Anno 1} \quad \text{Anno 2} \quad \text{Anno 3} \quad \text{Anno 4}\\
&= \frac{€1000}{1{,}1} + \frac{€1000}{(1{,}1)^2} + \frac{€1000}{(1{,}1)^3} + \frac{€1000}{(1{,}1)^4}\\
&= €\,909 + €\,829 + €\,751 + €\,1366\\
&= €\,3852
\end{aligned}$$

Perciò il valore attuale dell'investimento (cioè il suo valore del prodotto marginale) è €3852, non €5000 come potrebbe sembrare a prima vista. In altre parole, se l'impresa disponesse oggi di €3852 e li depositasse in banca al tasso di interesse del 10% annuo, otterrebbe un guadagno pari a quello derivante dall'investimento nel macchinario.

Dunque, vale la pena fare questo investimento? Adesso si tratta solo di confrontare il beneficio di €3852 con il costo di acquisto del macchinario: se il costo è inferiore a €3852, conviene investire; se è superiore, per l'impresa è più redditizio tenere i soldi in banca.

La differenza fra il valore attuale dei benefici (VA_b) e il costo (C) dell'investimento è il ***valore attuale netto*** (VAN):

$$VAN = VA_b - C$$

Se il VAN è positivo, conviene effettuare l'investimento.

IC 27 p301 **L'approccio basato sul tasso di rendimento.** Il secondo metodo per valutare la convenienza di un investimento consiste nel calcolarne il tasso di rendimento, detto anche ***efficienza marginale del capitale*** ($E'K$) o ***tasso di rendimento interno*** (TRI).

A tale scopo, usiamo la stessa formula impiegata per derivare il valore attuale dei benefici dell'investimento:

$$VA = \sum \frac{R_1}{(1+r)^t}$$

e poi calcoliamo il valore r in corrispondenza del quale VA è pari al costo dell'investimento: in altre parole, il tasso di sconto che porterebbe l'investimento in pareggio. Se tale tasso fosse, per esempio, pari al 20%, ne seguirebbe che i proventi dell'investimento sarebbero appena sufficienti a coprire i costi se il tasso di interesse corrente (tasso di sconto) si attestasse al 20%. Pertanto, l'investimento equivarrebbe a ricevere un interesse del 20%, cioè avrebbe un tasso di rendimento interno del 20% ($E'K$).

CF 8 p107 Se il tasso di interesse corrente (i) fosse inferiore al 20% (ovvero se $E'K > i$), l'impresa dovrebbe procedere con l'investimento, perché guadagnerebbe di più investendo in questo progetto anziché depositando il denaro in banca.

Questa non è che l'ennesima applicazione della regola generale secondo la quale, se $R'P_f > C'_f$, si dovrebbe impiegare una quantità maggiore del fattore di produzione: l'unica differenza è che, in questo caso, $R'P$ è espresso come tasso di rendimento ($E'K$) e C' è espresso come tasso di interesse (i).

IC 19 p151 La posizione di massimizzazione del profitto è illustrata nella Figura 10.14. All'aumentare dell'investimento, e quindi dello stock di capitale dell'impresa, $E'K$ diminuisce in ragione dei rendimenti decrescenti. Finché $E'K$ è maggiore di i, l'impresa deve incrementare l'investimento, smettendo di investire quando lo stock di capitale raggiunge il livello Q_1. Da quel punto in poi, l'impresa dovrebbe ridurre l'investimento al livello appena sufficiente per sostituire i macchinari usurati e mantenere quindi lo stock di capitale al livello Q_1.

IC 11 p68 **I rischi dell'investimento.** Uno dei problemi connaturati all'investimento è l'incertezza sul futuro. Il rendimento di un investimento dipende dal valore dei beni che produce, il quale risente a sua volta delle condizioni nel mercato dei beni. Tuttavia, il futuro andamento dei mercati dipende dai gusti dei consumatori, dalle azioni dei concorrenti e dallo stato complessivo dell'economia, tutti aspetti che non è possibile conoscere con certezza. Gli investimenti, quindi, sono rischiosi.

Figura 10.14 Lo stock di capitale che massimizza il profitto.

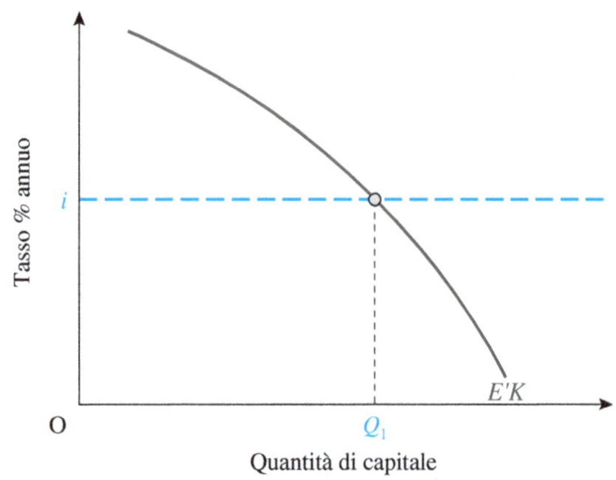

PAROLE CHIAVE

Valore attuale netto di un investimento Differenza fra i benefici scontati e il costo di un investimento.

Efficienza marginale del capitale o tasso di rendimento interno Il tasso di sconto che permette di eguagliare il valore attuale dei rendimenti netti di un investimento al costo dell'investimento stesso.

Il rischio, inoltre, è connaturato anche alla produzione realizzata mediante un investimento. Consideriamo l'esempio delle prospezioni petrolifere. Una società petrolifera potrebbe trovare subito un grosso giacimento, ma anche fare diverse perforazioni a vuoto. Se scopre un giacimento molto ricco e ottiene un ingente rendimento sull'investimento, i profitti non saranno necessariamente annullati dalla concorrenza, perché le altre imprese petrolifere a loro volta corrono il rischio di perforare giacimenti prosciugati.

Per tenere conto del rischio nel calcolo dei benefici di un investimento, occorre utilizzare un tasso di sconto più elevato. Quanto più alto è il rischio, tanto maggiore è il premio che occorre aggiungere al tasso di sconto.

L'offerta di capitale

È necessario distinguere fra l'offerta di capitale *fisico* e l'offerta dei *finanziamenti* con i quali l'impresa acquista il capitale.

Offerta di capitale fisico. In questo caso i principi sono gli stessi che si applicano al mercato dei beni. Non importa se l'impresa offre autoarticolati (capitale) o automobili (bene di consumo): se mira a massimizzare i profitti, produrrà comunque in corrispondenza del punto in cui $C' = R'$.

Offerta di finanziamenti. Un sistema economico ha uno stock di capitale finanziario (o "fondi mutuabili") depositato presso le banche o altre istituzioni finanziarie. Questi fondi possono essere concessi in prestito alle imprese che desiderano investire in nuovo capitale fisico. IC 26 p300 Il risparmio individuale contribuisce ad accrescere lo stock di fondi mutuabili. Questo afflusso di risparmio è costituito dalle risorse rese disponibili quando gli individui si astengono dal consumo. Fra le altre cose, il risparmio dipende dal tasso di interesse, come illustrato nella Figura 10.15. Un aumento del tasso di interesse incoraggia le persone a risparmiare di più, andando così a incrementare l'offerta (cioè lo stock) di fondi mutuabili (un movimento lungo la curva di offerta).

Nel breve periodo questa curva di offerta è relativamente anelastica, perché l'afflusso di risparmio in un periodo di tempo limitato (poniamo, un mese) ha un effetto piuttosto limitato sullo stock totale di fondi; nell'arco di un anno, però, l'effetto è 12 volte superiore. Quanto più lungo è il periodo di tempo considerato, tanto più elastica è la curva di offerta.

Il risparmio dipende anche dal livello di reddito degli individui, dalle loro aspettative sulle future variazioni dei prezzi e dalla loro disponibilità a rinunciare al consumo presente per avere più denaro a disposizione in futuro. Una variazione in una di queste determinanti provoca uno spostamento della curva di offerta.

Figura 10.15 Il mercato dei fondi mutuabili.

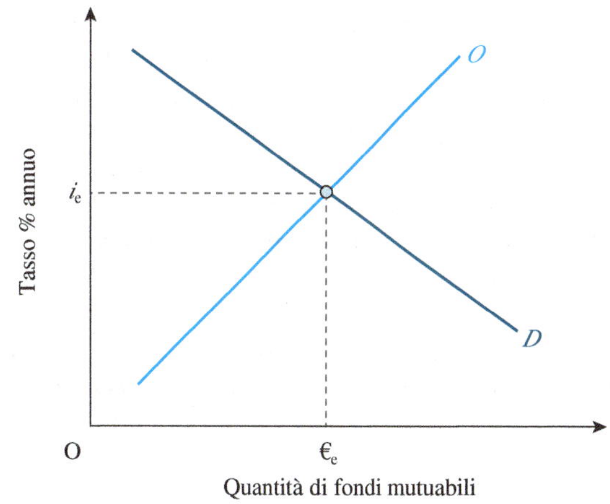

➤Determinazione del tasso di interesse

Il tasso di interesse è determinato dall'interazione di domanda e offerta nel mercato dei fondi mutuabili, come illustrato nella Figura 10.15. Come abbiamo visto, l'offerta rappresenta il risparmio accumulato.

La curva di domanda comprende la domanda di credito delle famiglie e la domanda di fondi per l'investimento da parte delle imprese. La curva ha pendenza negativa, per due ragioni. Anzitutto, le famiglie sono più disposte a indebitarsi se il tasso di interesse è basso, perché questo rende più conveniente l'acquisto di beni e servizi. In secondo luogo, la pendenza negativa della curva di domanda di fondi mutuabili rispecchia i rendimenti decrescenti dell'investimento. Al diminuire del tasso di interesse, per le imprese diventa più redditizio investire in progetti con un tasso di rendimento più basso, quindi la quantità domandata di fondi mutuabili aumenta.

L'equilibrio si trova nel punto in cui la domanda è pari all'offerta, in corrispondenza di un tasso di interesse i_e e di una quantità di fondi mutuabili €$_e$.

Che cosa succede nel mercato al variare della domanda o dell'offerta? Ipotizziamo che la domanda di beni strumentali aumenti, a causa – poniamo – dell'introduzione di una nuova tecnologia che accresce la produttività del capitale. Si registra quindi un aumento della domanda di fondi mutuabili. La curva di domanda si sposta verso destra nella Figura 10.15. Il tasso di interesse di equilibrio aumenta, incentivando il risparmio. Il risultato finale è un aumento della spesa per investimento in beni strumentali.

Capitale e profitto

Che cosa ci dice l'analisi condotta fin qui sui profitti realizzati dalle imprese? Dopo tutto, il profitto è la remunerazione che i proprietari delle imprese ottengono dal possesso e dall'utilizzo del capitale.

Come ricorderete, nel Capitolo 6 abbiamo operato una distinzione tra profitto normale e profitto supernormale. In un contesto perfettamente concorrenziale, tutti i profitti supernormali vengono annullati nel lungo periodo.

In altre parole, nel lungo periodo un'impresa in concorrenza perfetta guadagna solo un ***tasso di rendimento normale*** sul capitale; in altre parole, il rendimento sul capitale (rettificato per il rischio) è esattamente pari al guadagno che i proprietari del capitale otterrebbero se depositassero il denaro in banca. Se il capitale di un'impresa genera un rendimento superiore al normale, altre imprese saranno indotte a investire in beni strumentali simili. Ma all'aumentare dello stock di capitale l'offerta di beni si espande, provocando una diminuzione del prezzo dei beni e dunque del tasso di rendimento sul capitale, fino a riportarlo al livello normale.

Se, tuttavia, i proprietari del capitale godono di potere di monopolio/oligopolio e sono quindi in grado di arginare l'entrata di nuove imprese o impedire l'imitazione delle innovazioni tecnologiche (per esempio, con un brevetto su un particolare processo produttivo), il capitale può continuare a generare un rendimento supernormale.

Finanziare l'investimento

Le fonti della finanza aziendale

Un'impresa può finanziare l'investimento attingendo a tre diverse fonti:

- fondi interni (cioè utili non distribuiti);
- prestiti bancari;
- emissione di azioni o obbligazioni.

La principale fonte di finanziamento delle imprese è generalmente costituita dagli utili non distribuiti. Tuttavia, dal momento che la redditività delle imprese dipende per larga parte dallo stato generale dell'economia, i fondi interni sono di norma soggetti a considerevoli fluttuazioni cicliche. Durante una recessione, quando gli utili tendono a diminuire, questa fonte di finanziamento subisce una contrazione.

Le altre fonti di finanziamento, che comprendono il credito bancario e l'emissione di azioni e obbligazioni, sono dette "fondi esterni" e si suddividono in fonti a breve, medio e lungo termine.

- I finanziamenti a breve termine assumono solitamente la forma di prestiti bancari a breve scadenza o di aperture di credito, e vengono utilizzati dalle imprese per assicurarsi il capitale d'esercizio necessario per le operazioni quotidiane.
- I finanziamenti a medio termine, ancora una volta concessi prevalentemente dalle banche, assumono di norma la forma di prestiti a tasso fisso con un piano rimborso prefissato, che rispecchia il flusso di cassa previsto. Il credito bancario rappresenta la fonte di finanza aziendale più volatile e risente particolarmente dello stato dell'economia. Questo si spiega in parte con la diminuzione della domanda di prestiti durante le recessioni, in parte con l'atteggiamento cauto delle banche nel concedere prestiti a fronte di prospettive economiche poco confortanti, come accaduto nel 2008 a seguito della rarefazione del credito.
- I finanziamenti a lungo termine vengono contratti di norma attraverso l'emissione di ***azioni***. In tal caso investitori privati o istituzioni (come i fondi pensione) acquistano una partecipazione nella società e, di conseguenza, ricevono dividendi sulle azioni. Il livello dei dividendi dipende dagli utili realizzati e distribuiti agli azionisti dall'impresa. La quota dei finanziamenti ottenuti da questa fonte dipende chiaramente dallo stato del mercato azionario.

Nei tardi anni Novanta, con il mercato azionario in rialzo, la quota dei fondi ottenuti con l'emissione di azioni aumentò. Poi, con il declino dei corsi azionari dal 2000 al 2003, questa quota diminuì. Il crollo delle quotazioni avvenuto nel 2008 ridusse ulteriormente la capacità delle imprese di raccogliere fondi sul mercato azionario. Il recupero del mercato azionario nel 2013 ha indotto molte imprese a sperare di poter nuovamente finanziare gli investimenti necessari a riportare la crescita ai livelli precedenti la recessione.

In alternativa, le imprese possono emettere ***obbligazioni societarie***, ovvero titoli emessi a fronte di un pre-

PAROLE CHIAVE

Tasso di rendimento normale Tasso di rendimento (rettificato per il rischio) che si potrebbe guadagnare su un investimento alternativo.

Azione Partecipazione in una società. Gli utili distribuiti della società sono corrisposti agli azionisti sotto forma di dividendi in proporzione al numero di azioni possedute.

Obbligazione societaria Titolo emesso a fronte di un prestito, generalmente a tasso fisso, a un'impresa. Può essere negoziato sul mercato obbligazionario e il suo prezzo di mercato è determinato dalle forze della domanda e dell'offerta.

stito, generalmente a tasso fisso. Gli obbligazionisti hanno diritto di prelazione sul capitale della società e incassano gli interessi prima che gli azionisti ricevano i dividendi.

Negli ultimi anni, nonostante il tradizionale ricorso ai mercati azionari quale fonte di finanziamento esterno a lungo termine, si è registrato un crescente coinvolgimento delle banche. Prima della crisi del credito del 2008, le banche erano più disposte a concedere finanziamenti alle start-up e per la diversificazione. Poi questa disponibilità è calata, e si teme che le banche siano implicitamente caute. L'avversione al rischio favorisce una "predilezione per il breve termine" che si traduce spesso nella richiesta di un rapido rimborso dei prestiti o nell'applicazione di elevati tassi di interesse, e nella scarsa propensione a finanziare gli investimenti a lungo termine.

Il ruolo del mercato azionario

La Borsa valori opera come mercato primario e secondario dei capitali. In quanto ***mercato primario***, è il luogo in cui le società per azioni possono raccogliere finanziamenti emettendo nuove azioni, a beneficio di nuovi azionisti o di quelli esistenti. Per raccogliere capitali in borsa, un'impresa deve essere quotata. In base all'accordo di quotazione, il consiglio di amministrazione della società deve osservare una serie di rigide regole che disciplinano il comportamento verso gli azionisti e l'informativa ai medesimi. In quanto ***mercato secondario***, la Borsa consente agli investitori di acquistare e vendere le azioni e le obbligazioni *esistenti*.

Vantaggi e svantaggi del mercato azionario per la raccolta di capitali

In quanto strumento di raccolta di capitali, il mercato azionario presenta una serie di vantaggi.

- Mette in contatto in maniera relativamente poco onerosa quanti desiderano investire e le imprese alla ricerca di finanziamenti. Rappresenta pertanto un modo per mobilizzare i risparmi e generare produzione.
- Le imprese quotate in borsa sono soggette a una regolamentazione rigorosa. Questo rafforza la fiducia degli investitori, facilitando la raccolta di capitali.
- Il sistema azionario agevola le operazioni di fusione e acquisizione, stimolando la competizione per il controllo societario (vedi Paragrafo 7.3).

Ecco invece i principali punti deboli del mercato azionario quale strumento di raccolta dei capitali.

- I costi di quotarsi in borsa possono essere estremamente elevati, in termini non solo finanziari, ma anche di esposizione pubblica. Le decisioni del consiglio di amministrazione e dei vertici aziendali sono spesso influenzate dalle probabili reazioni del mercato, più che dal miglior interesse dell'impresa. La dirigenza deve sempre tenere conto delle reazioni dei grandi azionisti che controllano ingenti pacchetti azionari.
- CF 3 p26 Spesso si afferma che il mercato soffre di una ***predilezione per il breve termine***. Chi investe in borsa è più preoccupato della performance a breve termine di una società e del suo valore azionario. In risposta a questo, le imprese potrebbero trascurare la performance e il potenziale a lungo termine.

Il mercato azionario è efficiente?

IC 3 p13 Uno dei presunti vantaggi del mercato azionario è il suo ruolo da arena nella quale è possibile determinare in maniera accurata o efficiente il valore delle azioni. Se nel mercato si rendono disponibili nuove informazioni riguardo a una società e alla sua performance, queste vengono rapidamente e razionalmente incorporate nel valore azionario della società stessa. Questa è la cosiddetta ***ipotesi dei mercati efficienti***. Per esempio, se un analista finanziario scopre che, in termini di dividendi effettivi e attesi, un particolare titolo è sottovalutato e rappresenta quindi un "affare", può consigliare gli investitori di acquistare; l'acquisto delle azioni, a sua volta, ne spinge al rialzo il prezzo fino al raggiungimento del vero valore. Pertanto, nel tentativo di approfittare delle inefficienze di prezzo, gli investitori inducono il mercato a diventare più efficiente.

PAROLE CHIAVE

Mercato primario dei capitali Mercato in cui i titoli sono venduti direttamente dall'emittente (cioè l'impresa) e in cui, pertanto, i finanziamenti vengono incanalati direttamente dagli acquirenti (cioè gli azionisti o gli obbligazionisti) all'impresa.

Mercato secondario dei capitali Mercato in cui avviene la compravendita di titoli tra investitori. Si tratta dunque di un mercato di titoli "di seconda mano".

Predilezione per il breve termine Orientamento delle imprese e degli investitori che prendono decisioni sulla base dei risultati societari di breve periodo, anziché delle prospettive a lungo termine di una società. Le imprese potrebbero essere indotte a sacrificare i profitti e la crescita di lungo periodo allo scopo di ottenere rapidamente un rendimento.

Ipotesi dei mercati (dei capitali) efficienti Ipotesi che le nuove informazioni sui risultati presenti o futuri di una società saranno rapidamente e accuratamente incorporate nei suoi corsi azionari.

Il mercato azionario è realmente efficiente nel determinare il prezzo dei titoli? L'informazione viene incorporata razionalmente e rapidamente nei corsi azionari? Oppure gli investitori sono in grado di lucrare sulle inefficienze del mercato azionario?

Possiamo identificare tre livelli di efficienza.

Efficienza debole. I corsi azionari sono spesso soggetti a un andamento ciclico che non rispecchia direttamente la performance dell'impresa. Se l'informazione è imperfetta, chi comprende meglio questi cicli può guadagnare acquistando i titoli quando i prezzi sono al minimo, per rivenderli quando sono al massimo. Costoro traggono dunque vantaggio dall'inefficienza del mercato.

Un numero crescente di analisti ricorre a modelli di analisi tecnica per seguire l'andamento ciclico dei corsi azionari. L'applicazione di queste tecniche e il perfezionamento delle conoscenze contribuiscono ad accrescere l'efficienza del mercato, attenuando l'ampiezza di questi cicli. Ma perché?

Al crescere del numero di investitori che acquistano i titoli di una società quando le quotazioni sono prossime al minimo, l'aumento della domanda impedisce al prezzo di crollare. Analogamente, se gli investitori cominciano a vendere quando il prezzo si avvicina al valore massimo, l'aumento dell'offerta impedisce alle quotazioni di raggiungere il culmine. Questo è un esempio di speculazione stabilizzante (vedi Paragrafo 2.5). All'aumentare del numero di investitori che reagiscono in questo modo, il ciclo finisce per scomparire e si raggiunge un'***efficienza debole***.

Efficienza semi-forte. Si ha una situazione di ***efficienza semi-forte*** quando i corsi azionari incorporano pienamente le informazioni di dominio pubblico. Nella realtà, non tutti gli investitori interpretano tali informazioni correttamente, perché le loro conoscenze sono imperfette. Tuttavia, gli azionisti dispongono di sempre maggiori informazioni (attraverso gli operatori di borsa, i quotidiani, i commentatori online, le relazioni societarie e così via) e i gestori professionali acquistano maggiori pacchetti azionari; il risultato è che l'interpretazione delle informazioni di dominio pubblico diventa più accurata e il mercato evidenzia maggiormente l'efficienza semi-forte.

Se il mercato fosse caratterizzato da efficienza semi-forte, non sarebbe possibile realizzare un guadagno studiando la performance e le prospettive di una società, perché simili dati sarebbero *già* incorporati nel prezzo corrente del titolo. Per decidere quali azioni acquistare, sarebbe sufficiente scegliere qualche titolo a caso dalle pagine finanziarie di un quotidiano.

Efficienza forte. Se il mercato azionario fosse caratterizzato da ***efficienza forte***, i corsi azionari rifletterebbero *tutte* le informazioni disponibili, di pubblico dominio o meno. In tal caso, tutte le informazioni "riservate" dovrebbero essere incorporate nel prezzo delle azioni nel momento stesso in cui diventano disponibili.

CF 5 p46 Se il mercato *non* è efficiente a questo livello, quanti hanno accesso a informazioni riservate possono ottenere elevati rendimenti sui loro investimenti agendo sulla scorta di questi dati. Per esempio, sapendo che a breve verranno annunciati utili superiori alle attese, gli amministratori di una società hanno tutto da guadagnare acquistando subito azioni della stessa, giacché il loro prezzo aumenterà una volta che i risultati saranno resi pubblici. Lucrare sulle informazioni riservate, facendo *insider trading*, è illegale. Tuttavia, è molto difficile dimostrare che gli individui approfittano di informazioni riservate. La Financial Services Authority del Regno Unito, al momento in cui fu sostituita dalla Financial Conduct Authority nel 2013, aveva ottenuto la condanna di 23 persone per insider trading, ma la sua azione veniva ritenuta inefficace.

Considerando le sanzioni per il reato di insider trading e la quantità di informazioni riservate in possesso delle imprese, è improbabile che tali informazioni si riflettano sui corsi azionari, quindi è improbabile che si pervenga all'efficienza forte.

Se i mercati azionari fossero pienamente efficienti, tutti i titoli azionari offrirebbero lo stesso rendimento atteso. Il ***rendimento azionario*** è pari al valore del dividendo corrisposto su ogni azione, espresso in percentuale del corso azionario corrente. Per esempio, se un investitore detiene azioni del valore unitario di €1 e riceve un dividendo annuale di €0,03 per azione, il rendimento azionario è pari al 3%. Perché in un mercato efficiente le azioni avrebbero tutte lo stesso rendimento

PAROLE CHIAVE

Efficienza debole (dei mercati azionari) Situazione in cui la compravendita di azioni attenua l'andamento ciclico dei corsi azionari.

Efficienza semi-forte (dei mercati azionari) Situazione in cui i corsi azionari incorporano rapidamente, pienamente e accuratamente tutte le informazioni di pubblico dominio.

Efficienza forte (dei mercati azionari) Situazione in cui i corsi azionari incorporano rapidamente, pienamente e accuratamente tutte le informazioni disponibili, sia quelle di pubblico dominio sia quelle riservate.

Rendimento azionario Dividendo per azione espresso in percentuale del corso azionario corrente.

atteso? Perché, se così non fosse, gli investitori si precipiterebbero ad acquistare i titoli con un rendimento atteso superiore alla media, spingendone al rialzo il prezzo e provocando una diminuzione del rispettivo rendimento.

Pertanto, sono solo le informazioni impreviste a far deviare i corsi azionari dal livello che rispecchia il rendimento atteso medio. Tali informazioni per natura sono casuali e, in quanto tali, portano i corsi azionari a discostarsi in modo imprevedibile dal livello atteso, ovvero a seguire un ***cammino aleatorio*** (***random walk***). I dati suggeriscono che i corsi azionari tendono in effetti a evidenziare un andamento casuale.

Critiche all'ipotesi dei mercati efficienti

Negli ultimi tempi l'ipotesi dei mercati efficienti è stata messa in discussione da quanti riconducono la crisi finanziaria del 2007-2008 a un'infondata fiducia nella razionalità dei mercati. Costoro affermano che le autorità di regolamentazione non avevano capito il ruolo dell'euforia nei mercati finanziari. Se gli investitori cedono alla convinzione che i corsi azionari (o i prezzi degli immobili) continueranno ad aumentare indipendentemente dalle informazioni soggiacenti, si forma una bolla speculativa, una situazione in cui le attività vengono scambiate a prezzi superiori al loro valore fondamentale.

Secondo gli economisti comportamentali, le bolle speculative sono ascrivibili a una serie di fattori psicologici, fra cui la scarsa attenzione al passato, un eccesso di fiducia e di ottimismo, la tendenza all'imitazione (*herding*). In breve, gli individui pagano un prezzo eccessivo per le attività perché tengono a mente più i rendimenti recenti che le medie storiche, perché ascoltano più le buone notizie che quelle cattive e perché tutti si comportano in questo modo.

Le bolle speculative possono facilmente scoppiare se le convinzioni individuali cambiano, come è accaduto in occasione dell'implosione del mercato immobiliare statunitense iniziata nel 2006 e del successivo collo dei mercati azionari.

Quali sono le implicazioni delle bolle speculative per i responsabili delle politiche economiche? Si potrebbe affermare che una bolla non sia altro che una rappresentazione in grande scala di quanto accade in qualunque mercato, con vincitori e vinti; pertanto, un intervento pubblico potrebbe non essere necessario. Tuttavia, una simile analisi trascura le conseguenze macroeconomiche delle bolle, conseguenze apparse chiaramente evidenti dal 2007 in poi.

Gli economisti comportamentali ritengono pertanto che un'efficace regolamentazione finanziaria debba tenere conto dell'irrazionalità degli investitori.

10.4 Terra e rendita

Rendita: la remunerazione dei proprietari terrieri

Il reddito che la terra assicura ai proprietari è il canone di locazione pagato dagli affittuari. Questa rendita, come la remunerazione degli altri fattori, è determinata da domanda e offerta.

Ciò che differenzia la terra dagli altri fattori di produzione è la sua offerta anelastica. In un certo senso, questa affermazione è ovvia: in quanto fattore di produzione non trasportabile, l'offerta totale di terra in ogni data area è fissa.

Per altri versi, l'offerta di terra non è *totalmente* anelastica: la qualità della terra, infatti, può essere migliorata attraverso opere di bonifica, livellamento, fertilizzazione e così via. Quindi, l'offerta di un determinato tipo di terra può essere incrementata con le opportune migliorie. Resta però da stabilire se tali migliorie accrescano effettivamente la quantità di *terra* o se, piuttosto, costituiscano un *capitale* investito nella terra; in quest'ultimo caso si potrebbe affermare che la rendita più elevata potenzialmente generata da questa terra rappresenti in realtà un rendimento del capitale in essa investito.

Per semplificare l'analisi, ipotizziamo che la quantità di terra sia fissa. Consideriamo il caso di un'area di 10.000 ettari che circonda il paese di Querciolo. La relativa curva di offerta è rappresentata dalla retta verticale nella Figura 10.16. La curva di domanda di quella terra è simile alla curva di domanda di altri fattori di produzione: corrisponde alla curva $R'P$ e ha pendenza negativa a causa dei rendimenti decrescenti della terra. La rendita di equilibrio è r_e, individuata dal punto di intersezione di domanda e offerta.

PAROLE CHIAVE

Cammino aleatorio (*random walk*) Situazione in cui le fluttuazioni del valore di un'azione rispetto al valore "corretto" hanno un andamento casuale, cioè non sistematico.

Figura 10.16 Determinazione della rendita.

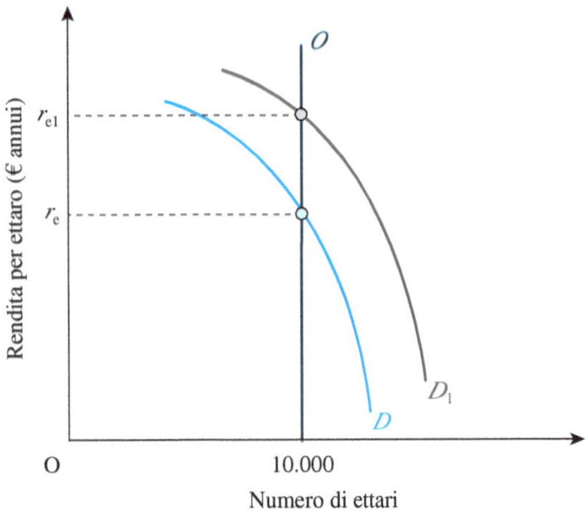

Notate che il livello della rendita dipende interamente dalla *domanda*. Se a Querciolo viene approvato un nuovo piano di sviluppo urbanistico, magari a seguito della crescita dell'occupazione in una città vicina, la curva di domanda si sposta a D_1 e la rendita di equilibrio sale a r_{e1}. Tuttavia, l'offerta di terra resta fissa a 10.000 ettari; i proprietari terrieri percepiscono una rendita maggiore, pur non avendo fatto niente: l'aumento della rendita è un guadagno puramente fortuito.

Ne consegue che le rendite dei terreni al centro di Roma sono assai più elevate di quelle dei terreni nelle aree rurali del Lazio, per il semplice fatto che a Roma la domanda è molto più elevata.

La domanda di terra dipende da *R'P*. Pertanto, sono i diversi valori del prodotto marginale della terra a spiegare le differenze di rendita da un'area all'altra. Tali differenze sono dovute a due ragioni. Nel prosieguo, ricordate che *R'P* = *PF'* (prodotto fisico marginale del fattore) × *R'* (ricavo marginale del bene prodotto con quel fattore).

Differenze di *PF'*. La terra si differenzia per la produttività. La terra fertile ha una produzione maggiore del deserto o della brughiera. Analogamente, i terreni vicini ai centri urbani sono molto più utili a scopi industriali di quelli che si trovano in aree sperdute.

Differenze di *R'*. Quanto più pronunciata è la domanda di un particolare bene, tanto più elevati sono il suo prezzo e il suo ricavo marginale, e quindi tanto maggiori sono la domanda e la rendita della terra sulla quale il bene viene prodotto. Per esempio, se la domanda di abitazioni aumenta rispetto alla domanda di cibo, la rendita dei terreni edificabili aumenta rispetto a quella dei terreni agricoli.

Per concludere: le rendite sono più elevate sui terreni fisicamente produttivi (elevato *PF'*) e utilizzati per produrre beni caratterizzati da una domanda considerevole (elevato *R'*).

Il prezzo della terra

Non tutta la terra viene offerta in locazione: un'ampia parte viene acquistata e venduta. Il suo prezzo dipende dall'ammontare che l'acquirente è disposto a pagare, e questo a sua volta dipende dal valore locativo della terra.

Ipotizziamo che un appezzamento di terra possa fruttare €1000 all'anno. Quale cifra sarebbe disposto a pagare un potenziale acquirente per comprarlo? La formula per calcolare questa cifra è semplice:

$$P = \frac{R}{i} \qquad \textbf{(1)}$$

dove *P* è il prezzo della terra, *R* è la rendita annua e *i* il tasso di interesse di mercato.

Se il tasso di interesse corrente è il 10% (cioè 0,1), secondo la formula un acquirente sarebbe pronto a pagare

$$\frac{€1000}{0,1} = €10.000$$

Per capire la logica di questa formula, immaginiamo che una persona depositi in banca €10.000; a un tasso di interesse del 10%, il deposito frutta €1000 all'anno. Se l'appezzamento di terra garantisce una rendita annua di €1000 e il suo prezzo di acquisto è inferiore a €10.000, è più redditizio comprare la terra che depositare il denaro in banca; ma in tal caso la concorrenza fra i potenziali acquirenti spinge al rialzo il prezzo della terra fino a portarlo a €10.000.

Questo è un altro esempio del principio secondo il quale l'equilibrio si trova nel punto in cui il costo marginale è pari al beneficio marginale. Possiamo dimostrarlo riformulando l'equazione (1) per ottenere

$$Pi = R$$

Il prezzo di equilibrio della terra (*P*) è €10.000 e il tasso di interesse (*i*) è 0,1. Se l'acquirente prende a prestito €10.000 per comprare la terra, deve corrispondere alla banca €1000 all'anno di interessi (cioè *Pi*); questo è il costo marginale annuo. Il beneficio marginale annuo è la rendita (*R*) ottenuta dalla terra.

Chi sono i poveri? Chi sono i ricchi?

IC4 p13 Nel corso del capitolo abbiamo progressivamente arricchito la risposta a queste domande. In quest'ul-

BOX 10.7 ESPLORARE L'ECONOMIA

L'economia delle risorse non rinnovabili

Che cosa accade mentre le risorse diminuiscono?

Con la crescita della popolazione mondiale, aumenta continuamente la domanda di risorse. Alcune di queste sono rinnovabili: le risorse d'acqua sono rifornite dalla pioggia; il suolo, se gestito in modo corretto, può continuare a fornire colture; gli alberi caduti possono essere ripiantumati. Naturalmente, se usiamo queste risorse più velocemente di quanto possano essere rigenerate, le scorte si esauriranno. Siamo tutti consapevoli dei problemi dei mari dove si pesca eccessivamente, o delle foreste pluviali cancellate, o delle riserve idriche inadegute a soddisfare la crescente domanda di acqua.

IC 26 p300 Ma mentre queste risorse possono almeno rigenerarsi, altre, quelle non rinnovabili, non possono farlo. Che cosa determina il prezzo di tali risorse e il loro tasso di esaurimento? Arriveremo a esaurire risorse come petrolio, carbone, gas e vari minerali? Per rispondere a queste domande dobbiamo distinguere tra gli stock disponibili di tali risorse e il loro uso (un flusso). Maggiore è l'uso delle risorse, più velocemente si esauriranno gli stock.

I prezzi aumentano nel tempo

Con il progressivo calo degli stock disponibili, il prezzo delle risorse tenderà ad aumentare. Possiamo quindi attenderci di pagare di più i combustibili fossili con il progressivo esaurimento delle riserve. I proprietari delle riserve (come pozzi di petrolio e miniere) vedranno aumentare il valore delle loro proprietà. Ma con quale velocità saliranno i prezzi? In un mercato perfetto, saliranno al tasso di rendimento di mercato delle altre attività (o rischio equivalente). Questa è la regola di Hotelling, dal nome di Harold Hotelling che elaborò la teoria agli inizi degli anni 1930.

Per capire perché avviene questo, consideriamo che cosa accadrebbe se il prezzo del petrolio salisse più lentamente del tasso di rendimento delle altre attività. I proprietari di pozzi di petrolio vedrebbero che il valore delle loro riserve aumenta meno rapidamente del valore delle altre attività e potrebbero quindi vendere più petrolio ora e investire il denaro nelle altre attività, ottenendo un rendimento più alto. Il petrolio in più in arrivo sul mercato farebbe scendere il prezzo corrente, ma andrebbe anche a ridurre le riserve, creando così una maggiore scarsità per il futuro e quindi un prezzo futuro più elevato. Per questo, il prezzo del petrolio aumenterebbe più velocemente nel tempo (partendo da un nuovo livello base inferiore).

Una volta che il tasso di aumento del prezzo raggiunge il tasso di rendimento di altre attività, si è in equilibrio e non c'è più l'incentivo a estrarre petrolio più rapidamente.

Il prezzo corrente

A questo punto ci chiediamo che cosa determini il livello di prezzo corrente (e non il suo tasso di crescita). Si tratta dell'offerta e della domanda per la risorsa estratta (il suo flusso).

Nel caso di una risorsa usata delle famiglie, la domanda dipenderà da gusti dei consumatori, prezzi di altri bene, reddito e così via. Quindi, maggiore è il desiderio di utilizzare automobili private, più alta è la domanda di petrolio. Nel caso dei minerali usati dalle imprese, la domanda dipenderà dal valore del prodotto marginale delle risorse. In ogni caso, un aumento della domanda causerà un aumento del prezzo della risorsa.

L'offerta dipenderà da tre fattori:

- il tasso di rendimento di altre attività; come abbiamo visto, più alto è il tasso di interesse, più velocemente sarà estratta la risorsa, in modo che i proprietari della miniera o del pozzo possano reinvestire i loro profitti al tasso più elevato;
- lo stock di riserve note: la scoperta di nuove riserve spingerà verso il basso i prezzi;
- i costi di estrazione. Minori sono i costi, maggiore sarà la quantità estratta e, quindi, minore sarà il prezzo di mercato della risorsa.

Stiamo estraendo risorse non rinnovabili al tasso ottimo?

Se le riserve di combustibili fossili e altri minerali sono limitate, corriamo il pericolo che presto si esauriscano? Dovremmo preoccuparci maggiormente di conservarle? In effetti il mercato offre un incentivo alla conservazione di tali risorse. Con il diminuire delle riserve, il perzzo delle risorse non rinnovabili aumenterà, e questo creerà un incentivo a scoprire delle alternative. Per esempio, se i combustibili fossili diventano più costosi, le fonti di energie rinnovabili, come il solare fotovoltaico, l'eolico e il moto ondoso, diventeranno più economiche. Inoltre vi sarà un maggiore incentivo a scoprire nuove tecniche per la generazione e la conservazione di energia.

I mercati, però, sono imperfetti. Come vedremo nel Capitolo 12, quando consumiamo risorse naturali, non teniamo conto di tutti i costi. Per esempio, la combustione di combustibili fossili crea pericolosi effetti ambientali come le piogge acide e l'effetto serra, ma questi costi "esterni" non sono inclusi nel prezzo che paghiamo.

IC 4 p13 C'è poi il problema della distribuzione dei redditi tra le generazioni attuale e futura. Se le risorse non rinnovabili saranno più costose in futuro, dobbiamo conservarle oggi per aiutare i nostri discenednti? Il problema è che i consumatori possono comportarsi in modo del tutto egoistico: "Perché dovremmo conservare le risorse? Quando si esauriranno, noi saremo morti. Quasi tutti si preoccupano del benessere dei loro figli e nipoti, ma chi pensa anche ai figli dei nipoti, che probabilmente non conoscerà mai?

tima parte ci occupiamo della proprietà di terra e capitale. Molte persone non possiedono né l'una né l'altro, quindi non guadagnano alcun profitto, rendita o interesse.

Quanti sono abbastanza fortunati da possedere attività produttive godono di un reddito che dipende (a) dalla quantità posseduta e (b) dal valore locativo.

La quantità di attività possedute

La quantità di attività possedute dipende da molteplici fattori.

- *Lasciti ereditari.* Alcuni nascono in famiglie ricche ed ereditano dai genitori o da altri parenti considerevoli quantità di terra e capitale.
- *Reddito e risparmi pregressi.* Chi gode di un reddito elevato e ne risparmia una quota significativa riesce più facilmente ad accumulare uno stock di attività.
- *Abilità negli investimenti (abilità imprenditoriale).* Le persone più abili nell'investire e nell'organizzare la produzione possono incrementare molto rapidamente il proprio stock di attività.
- *Fortuna.* L'avvio di una nuova impresa comporta sempre rischi sostanziali, compreso il rischio di fallimento.

Il valore locativo

Il valore locativo, ossia il reddito guadagnato su ogni unità di terra e di capitale, è il frutto di molteplici determinanti.

- *Il livello della domanda del fattore.* Questo dipende dal valore del prodotto marginale del fattore ($R'P$), il quale a sua volta dipende dalla produttività fisica (PF') e dalla domanda del bene che concorre a produrre, e quindi dal ricavo marginale (R') generato dal bene.
- *L'elasticità della domanda del bene.* Quanto maggiore è il potere di monopolio dei proprietari del capitale nel mercato dei beni, tanto meno elastica è la domanda del prodotto e tanto maggiori sono i rendimenti supernormali che si possono guadagnare sul capitale.
- CF 6 p63 *L'elasticità dell'offerta del fattore.* Quanto meno elastica è la offerta, tanto più i proprietari del fattore possono guadagnare da una domanda sostenuta che spinge al rialzo la rendita economica derivante dal fattore.
- *L'offerta totale del fattore da parte di altri proprietari.* Quanto più a sinistra si colloca la curva di offerta totale del fattore, tanto più elevata è la rendita economica che ciascuna unità del fattore può generare per ogni dato livello di domanda.

Pertanto, chi è abbastanza fortunato da nascere in una famiglia ricca e da disporre di un considerevole capitale da giovane, chi è un abile investitore e risparmia e reinveste un'ampia porzione dei propri guadagni, chi possiede attività rare e che concorrono a produrre beni molto richiesti, ha buone probabilità di arricchirsi considerevolmente.

Chi non possiede attività, invece, non gode di alcun reddito di capitale. Se quella stessa persona lavora per un salario molto basso o è disoccupata, probabilmente diventerà molto povera.

I paragrafi in pillole

Paragrafo 10.1

1. In un mercato perfetto, i salari sono determinati da domanda e offerta.
2. La curva di offerta di ore-lavoro di un singolo lavoratore riflette la disutilità marginale crescente del lavoro. La sua forma dipende dall'entità relativa degli effetti di sostituzione e di reddito associati a una variazione dei salari. L'effetto di sostituzione è positivo: un salario maggiore incoraggia le persone a lavorare di più, sostituendo il salario al tempo libero. L'effetto di reddito, al contrario, è negativo: un salario maggiore induce le persone a ritenere di potersi permettere più tempo libero. Se l'effetto di reddito prevale su quello di sostituzione, la curva di offerta di ore di lavoro si piegherà all'indietro.
3. L'offerta di lavoro fronteggiata da una particolare impresa in concorrenza perfetta è infinitamente elastica.
4. Normalmente, la curva di offerta di mercato ha pendenza positiva e la sua elasticità dipende dalla mobilità del lavoro.
5. La domanda di lavoro dipende dal valore del prodotto marginale del lavoro dell'individuo, cioè dal ricavo addizionale che un'impresa guadagna dalla produzione realizzata da un lavoratore in più. L'impresa che mira alla massimizzazione del profitto continua ad assumere lavoratori addizionali fino a che $R'P_L$ è pari a C'_L (= W in concorrenza perfetta).

6. L'elasticità della domanda di lavoro dipende dall'elasticità della domanda del bene prodotto, dalla facilità con cui si può sostituire il lavoro ad altri fattori e viceversa, dall'elasticità dell'offerta di fattori sostituti o complementari, dal peso dei salari sui costi totali e dall'orizzonte temporale preso in esame.
7. Sebbene le forze di mercato tendano a eliminare i differenziali salariali, con i lavoratori che passano da impieghi poco pagati a impieghi meglio retribuiti, la disuguaglianza può persistere anche in concorrenza perfetta. Le persone hanno abilità e competenze diverse, e la mobilità del lavoro non è perfetta; inoltre le occupazioni differiscono in termini dei requisiti necessari a svolgerle.
8. La disuguaglianza è causata anche dalle imperfezioni del mercato e dalla distribuzione disomogenea di terra e capitale.

Paragrafo 10.2

1. Un'impresa monopsonistica impiega lavoratori fino al punto in cui $R'P_L = C'_L$. Poiché il salario è minore di C'_L, a parità di altre condizioni, il monopsonista impiega meno lavoratori a un salario inferiore a quello che dovrebbe corrispondere in un mercato del lavoro perfettamente concorrenziale.
2. Se un sindacato detiene potere di monopolio, la sua capacità di ottenere salari più elevati sarà limitata ove il datore di lavoro operi in concorrenza perfetta o monopolistica nel mercato dei beni. Un aumento dei salari costringerebbe l'impresa a ridurre il numero di posti di lavoro.
3. In una situazione di monopolio bilaterale (quella in cui un sindacato monopolista fronteggia un datore di lavoro monopsonista), il sindacato potrebbe avere diverse opportunità per spingere il salario al di sopra del livello di monopsonio senza che l'impresa voglia ridurre il numero di lavoratori impiegati. Non esiste un unico salario di equilibrio; il salario dipende dal risultato della contrattazione collettiva fra sindacato e vertici aziendali.
4. Nell'ambito della contrattazione collettiva, ciascuna parte può formulare varie minacce o promesse. Il risultato della contrattazione dipende dal potere, dall'atteggiamento e dalle capacità di negoziazione di entrambe le parti, dalla redditività dell'impresa e dalle informazioni di cui ciascuno dispone sulla controparte. Il risultato dipende anche dal contesto legislativo nell'ambito del quale avvengono i negoziati.
5. Il potere di mercato non è il solo fattore che differenzia la reale determinazione dei salari dal modello perfettamente concorrenziale. Le imprese e i lavoratori potrebbero disporre di informazioni imperfette riguardo al mercato del lavoro, i mercati del lavoro potrebbero essere caratterizzati da un disequilibrio persistente, oppure le imprese potrebbero non mirare alla massimizzazione del profitto.
6. Nella politica delle assunzioni, le imprese possono discriminare i lavoratori (per etnia, sesso, età, ecc.). Discriminando un particolare gruppo, un datore di lavoro dotato di potere di mercato può tenere bassi i salari dei membri di quel gruppo. A meno che alle imprese non venga impedito per legge di discriminare, la legislazione sul salario equo potrebbe comportare una riduzione dell'impiego dei componenti dei gruppi contro i quali viene attuata la discriminazione.

Paragrafo 10.3

1. È necessario distinguere fra il costo inerente l'utilizzo dei servizi della terra o del capitale attraverso la locazione o il noleggio, da un lato, e quello relativo all'acquisto dei medesimi fattori di produzione, dall'altro.
2. Un'impresa che massimizza il profitto determina la quantità di servizi di terra e capitale da impiegare uguagliando il valore del prodotto marginale del fattore di produzione al suo prezzo (in concorrenza perfetta) o al suo costo marginale (se ha potere di monopsonio).
3. La domanda di servizi del capitale è pari a $R'P_K$. In ragione dei rendimenti decrescenti, il valore del prodotto marginale del capitale diminuisce all'aumentare della quantità di capitale impiegata.
4. L'offerta di servizi del capitale a un'impresa può essere orizzontale o avere pendenza positiva, a seconda che l'impresa operi in concorrenza perfetta o abbia potere di monopsonio. Con ogni probabilità, l'offerta di servizi del capitale da parte di un'impresa nel breve periodo è relativamente elastica fino al punto di massimo utilizzo, poi diventa totalmente anelastica. Nel lungo periodo, l'impresa offerente può acquistare attrezzature addizionali e noleggiarle. Pertanto, la curva di offerta di lungo periodo sarà molto elastica, ma in corrispondenza di un canone di noleggio più elevato rispetto al breve periodo, dal momento che il costo di acquisto delle attrezzature deve essere conteggiato nel canone stesso.
5. Nel breve periodo l'offerta di mercato di servizi del capitale è probabilmente molto anelastica, dato che i beni strumentali tendono ad avere impieghi molto specifici e normalmente non possono essere trasferiti da un utilizzo a un altro. Nel lungo periodo, l'offerta di mercato è più elastica.
6. Il prezzo dei servizi del capitale è determinato dall'interazione di domanda e offerta.

*7. La domanda di capitale per l'acquisto dipende dal rendimento che garantisce all'impresa. Per calcolare questo rendimento, occorre ridurre al valore attuale i futuri proventi generati dall'investimento, scontandoli utilizzando il tasso di interesse corrente (o tasso di sconto). Se il valore attuale dei proventi futuri supera il costo dell'investimento, conviene investire. In alternativa, è possibile calcolare il tasso di rendimento interno dell'investimento e confrontarlo con il rendimento che l'impresa otterrebbe investendo altrove.

8. L'offerta di finanziamenti per l'investimento dipende dall'offerta di fondi mutuabili, la quale a sua volta è influenzata dal tasso di interesse, dal livello generale di risparmio e dalle aspettative circa i futuri livelli di prezzo e reddito.

9. Il tasso di interesse è determinato dalla domanda e dall'offerta di fondi mutuabili. Questo è il tasso di sconto utilizzato da un'impresa nel decidere se effettuare un investimento. Tuttavia, se l'investimento è rischioso, l'impresa applicherà un tasso di sconto più elevato rispetto al tasso di interesse corrente.
10. Le imprese possono finanziare le proprie operazioni attingendo a fonti interne (utili non distribuiti) o a fonti esterne. Queste ultime comprendono il credito bancario e l'emissione di azioni e obbligazioni.
11. La borsa valori funge da mercato primario e secondario per la raccolta di capitali. In quanto mercato primario, canalizza alle imprese i fondi raccolti attraverso l'emissione di azioni e obbligazioni. Funge inoltre da mercato per la compravendita delle azioni e delle obbligazioni esistenti.
12. Il mercato azionario contribuisce a stimolare la crescita e l'investimento facendo da ponte tra le società gli investitori. Regolamentando le imprese e tenendo bassi i costi di transazione, favorisce l'efficienza degli investimenti.
13. Tuttavia, il mercato azionario impone costi alle imprese, che devono sborsare somme ingenti per quotarsi in borsa. Inoltre, l'esposizione pubblica potrebbe indurre i vertici societari a "compiacere" eccessivamente il mercato. Infine, il mercato azionario può favorire una predilezione per il breve termine.
14. Il mercato azionario è relativamente efficiente. Consegue l'efficienza debole riducendo l'andamento ciclico dei corsi azionari; perviene all'efficienza semi-forte consentendo ai corsi azionari di reagire rapidamente e pienamente alle informazioni di pubblico dominio. Non è chiaro invece se sia in grado di conseguire l'efficienza forte, incorporando rapidamente e pienamente tutte le informazioni (sia di pubblico dominio sia riservate).

Paragrafo 10.4

1. La rendita della terra, come il prezzo di altri servizi dei fattori, è determinata dall'interazione di domanda e offerta. L'offerta di terra è totalmente anelastica (o pressoché tale). La curva di domanda della terra ha pendenza negativa ed è pari al valore del prodotto marginale della terra.
2. Il prezzo della terra dipende dal suo potenziale valore locativo (beneficio marginale) e dal costo del servizio del debito contratto per acquistarla (costo marginale). Il prezzo di equilibrio si trova nel punto in cui il beneficio marginale è uguale al costo marginale.
3. Il reddito degli individui dipende non solo dai rispettivi salari, ma anche dalla quantità di terra o capitale posseduta e dal valore locativo di queste attività. Questo è l'elemento finale che determina la distribuzione del reddito nell'economia.

Domande di ripasso

1. Il salario corrisposto da un'impresa e la produzione che essa riesce a realizzare variano con il numero di lavoratori impiegati, come mostra la tabella seguente (le cifre sono orarie):

Numero di lavoratori	1	2	3	4	5	6	7	8
Salario (CML) (€)	3	4	5	6	7	8	9	10
Produzione totale (PFTL)	10	22	32	40	46	50	52	52

Ipotizzate che il prezzo di vendita unitario sia €2.

(a) Copiate la tabella e aggiungete le righe corrispondenti a CT_L, C'_L e $R'P_L$. Inserite le cifre corrispondenti a C'_L e $R'P_L$ negli spazi fra le colonne.

(b) Quanti lavoratori impiega l'impresa al fine di massimizzare i profitti?

(c) Qual è il monte salari orario corrispondente a questo numero di lavoratori?

(d) Qual è il ricavo orario generato da questo numero di lavoratori?

(e) Ipotizzando che l'impresa sostenga altri costi (fissi) equivalenti a €30 all'ora, a quanto ammonta il suo profitto orario?

(f) Ipotizzate che i lavoratori si costituiscano in sindacato e che l'impresa accetti di corrispondere a tutti i lavoratori il salario negoziato. Qual è il livello massimo al quale può arrivare il salario senza indurre l'impresa a tagliare posti di lavoro al di sotto del livello del punto calcolato in (b)? (Vedi Figura 10.10.)

(g) A quanto ammonterebbe ora il profitto orario dell'impresa?

2. Se un'impresa fronteggia una penuria di lavoratori con particolari competenze, può decidere di intraprendere la necessaria formazione in sede; se invece fronteggia una penuria di lavoratori non qualificati, può offrire un piccolo aumento di salario per ottenere manodopera extra. Nel primo caso, l'impresa reagisce a un aumento della domanda di lavoro tentando di spostare la curva di offerta; nel secondo, acconsente semplicemente a un movimento lungo la curva di offerta. Usate il diagramma della domanda e dell'offerta per illustrare ciascun caso. Dato che l'elasticità dell'offerta è diversa in ciascun caso, ritenete che queste siano le migliori politiche che l'impresa può adottare? Che cosa accadrebbe ai salari e alla rendita economica se l'impresa utilizzasse la politica dell'aumento salariale per risolvere il primo problema esposto?

3. Perché i migliori calciatori del mondo guadagnano milioni di euro l'anno, mentre i migliori giocatori di hockey su prato guadagnano molto meno?
4. Per quale ragione nel Regno Unito il salario orario medio delle donne è di circa il 16 per cento inferiore a quello degli uomini e il salario settimanale lordo medio delle donne, inclusi gli straordinari, è inferiore di oltre il 21 per cento?
5. A partire dall'analisi del monopolio bilaterale, se l'approvazione di una legge sul salario minimo costringe i datori di lavoro a corrispondere un salario più elevato ai dipendenti meno retribuiti, si avrà necessariamente una riduzione dell'occupazione?
6. Usando un diagramma come quello della Figura 10.13, mostrate che cosa accade in concorrenza perfetta se la produttività di un particolare tipo di capitale aumenta. Considerate gli effetti sulla domanda, sul prezzo (canone di noleggio) e quantità offerta dei servizi di questo tipo di capitale.
7. Quali potrebbero essere le cause di un aumento del tasso di interesse corrente?
8. In che modo il prezzo di mercato della terra è legato alla sua produttività?
9. In anni recenti sono stati introdotti cambiamenti nella legislazione in materia urbanistica che hanno favorito la trasformazione di proprietà commerciali in residenziali. Quale sarà l'impatto sui valori delle proprietà?

ONLINE

Sulla piattaforma MyLab dedicata a questo testo troverete materiali di supporto e approfondimento. All'interno dello stesso ambiente è disponibile la piattaforma inglese MyLab Economics che offre ulteriori risorse, un ricco apparato multimediale ed esercizi guidati.

PARTE

D

Politica microeconomica

Passiamo ora a esaminare l'applicazione della microeconomia e il suo ruolo nelle politiche pubbliche. Nella Parte C abbiamo analizzato il funzionamento delle economie di mercato a livello micro; nella Parte D ci soffermeremo sulle diverse politiche che si possono adottare per ovviare ai limiti del sistema di mercato.

I governi si pongono diversi interrogativi: quando si può affermare che il potere di monopolio è eccessivo? Qual è il grado di uguaglianza nella distribuzione del reddito che si desidera perseguire? Come si possono rendere i mercati più efficienti?

Nel Capitolo 11 esamineremo le politiche volte a incidere sulla distribuzione nel reddito; nel Capitolo 12 ci soffermeremo sulla questione dei fallimenti del mercato; infine, nei Capitoli 13 e 14 analizzeremo le politiche economiche in materia di ambiente e di impresa.

CAPITOLO

11

Disuguaglianza, povertà e politiche di ridistribuzione del reddito

Sommario del capitolo

Nel Capitolo 10 abbiamo rilevato che sussistono differenze significative tra i livelli dei salari e che tali differenze dipendono dalle condizioni di mercato. Analogamente, abbiamo osservato che le differenti remunerazioni dei proprietari del capitale e della terra dipendono dai rispettivi mercati.

Tuttavia, le differenze tra le remunerazioni dei fattori spiegano solo in parte la disuguaglianza. In questo capitolo approfondiremo la nostra analisi, esaminando più in generale le ragioni per cui alcune persone sono ricche e altre povere, nonché il grado complessivo di disuguaglianza nella società: una società costituita da super-ricchi, con i loro yacht di lusso, ma anche da persone che vivono in condizioni di estrema indigenza, senza i mezzi necessari per assicurare un'alimentazione e un abbigliamento adeguati a se stessi e ai propri figli. Vedremo come il divario tra ricchi e poveri si è tendenzialmente ampliato nel tempo.

Mostreremo inoltre come misurare la disuguaglianza in modo da poter effettuare confronti nel tempo e tra paesi diversi. Analizzeremo la distribuzione dei redditi tra particolari gruppi sociali, definiti per occupazione, età, sesso, composizione dei nuclei familiari o area geografica.

Nella seconda parte del capitolo ci soffermeremo sui possibili provvedimenti che si possono attuare per ridurre la disuguaglianza: ci chiederemo se la soluzione sia quella di tassare molto pesantemente i ricchi, in modo da poter ridistribuire una parte del reddito ai poveri, oppure se una simile misura rischi di disincentivare gli individui dal lavorare con impegno. Valuteremo anche se sia meglio porre l'accento sulle prestazioni sociali, potenziando il sostegno ai poveri, o se così facendo si scoraggino le persone dall'accettare un impiego, per timore di perdere il diritto all'assistenza. Infine, esamineremo gli atteggiamenti dei governi e alcuni dei dibattiti in corso al giorno d'oggi su come ridurre la disuguaglianza senza scoraggiare l'impegno o l'iniziativa privata.

11.1 Disuguaglianza e povertà

IC 4 p13 La disuguaglianza è uno degli argomenti più controversi nel mondo dell'economia e della politica. Alcune persone guadagnano redditi di molto superiori al livello necessario per godere di una vita estremamente agiata, mentre altre hanno difficoltà a soddisfare persino i propri bisogni di base.

La necessità di una ridistribuzione dai ricchi ai poveri è un dato di fatto ampiamente accettato lungo l'intero spettro politico. I governi tassano i ricchi (e coloro che secondo molti non sono ricchi) e trasferiscono parte delle entrate ai poveri, sotto forma di prestazioni sociali in denaro o in natura. Ciò nonostante, permangono notevoli divergenze di opinione sul *livello* appropriato di ridistribuzione.

IC 6 p29 Stabilire se l'attuale distribuzione del reddito sia desiderabile o meno è una questione normativa; di conseguenza, gli economisti non dovrebbero specificare il livello di ridistribuzione che lo stato dovrebbe attuare; possono comunque svolgere un ruolo importante nell'analisi della disuguaglianza e nel valutare l'impatto delle politiche:

- misurando la portata della disuguaglianza ed esaminandone l'evoluzione nel tempo;
- spiegando le ragioni di una particolare distribuzione del reddito e le cause di un aumento o una diminuzione della disuguaglianza;
- analizzando la relazione tra l'uguaglianza e altri obiettivi economici, come l'efficienza;
- individuando diverse politiche pubbliche per risolvere i problemi della disuguaglianza e della povertà;
- esaminando gli effetti di queste politiche sia sulla disuguaglianza stessa sia su altre questioni, come l'efficienza, l'inflazione e la disoccupazione;
- studiando gli effetti di altre politiche, quali la riduzione del disavanzo di bilancio, sulla disuguaglianza e la povertà.

Tipi di disuguaglianza

Esistono diversi modi di esaminare la distribuzione del reddito e della ricchezza.

La distribuzione del reddito

Esistono tre approcci generali per analizzare la distribuzione del reddito. Il primo, noto come ***distribuzione quantitativa del reddito***, consiste nel valutare in che misura il reddito sia distribuito in maniera paritetica tra la popolazione. Il reddito può essere espresso con riferimento ai *nuclei familiari*, ai singoli *percettori di reddito* o a *tutti gli individui*, e può essere calcolato *al lordo* o *al netto* delle imposte e delle prestazioni sociali. Per esempio, si potrebbe essere interessati a conoscere la quota del reddito nazionale al lordo delle imposte guadagnato dal 10% più ricco dei nuclei familiari.

In secondo luogo, è possibile misurare la distribuzione del reddito tra i *fattori di produzione*, detta ***distribuzione funzionale del reddito***. A un livello più *aggregato*, si può esaminare la distribuzione tra le diverse categorie generali di fattori: lavoro, terra e capitale; a un livello più *disaggregato*, si può analizzare la distribuzione all'interno delle singole categorie di fattori, chiedendosi perché alcune occupazioni siano pagate meglio di altre o perché le rendite fondiarie siano più elevate in alcune regioni che in altre. Questo è il tipo di distribuzione che abbiamo esaminato nel Capitolo 10.

Infine, c'è la ***distribuzione del reddito per classi***, che può essere misurata per *classi di persone* – donne, uomini, persone non coniugate, persone coniugate, persone appartenenti a particolari fasce di età o gruppi etnici e così via – oppure per *area geografica*, calcolando le differenze di reddito tra le regioni di un paese.

La distribuzione della ricchezza

Il reddito è un *flusso*, misurato come il denaro ricevuto in un dato periodo di tempo (per esempio, €25.000 all'anno). La ricchezza, per contro, è uno stock (vedi Box 10.6) che misura il valore del patrimonio di una persona in un particolare istante di tempo. La distribuzione della ricchezza può essere misurata in termini dimensionali (per stabilire il grado di uguaglianza della sua distribuzione tra la popolazione), in termini funzionali (calcolando la quota di ricchezza detenuta in diverse forme, come immobili, IC 26 p300 terreni, azioni societarie, depositi bancari e così via), o in base ai detentori della ricchezza, classificati per età, sesso, area geografica e così via.

PAROLE CHIAVE

Distribuzione quantitativa del reddito Misurazione della distribuzione del reddito basata sul livello di reddito degli individui (indipendentemente dalla fonte).

Distribuzione funzionale del reddito Misurazione della distribuzione del reddito sulla base della fonte del reddito stesso (per esempio, da lavoro, da profitti, da rendita e così via).

Distribuzione del reddito per classi Misurazione della distribuzione del reddito tra le classi di soggetti destinatari del reddito stesso (per esempio, proprietari di case e non, residenti del Nord e del Sud, e così via).

Indagine sui redditi sotto una certa soglia: l'analisi della povertà

Un problema fondamentale, in questo caso, è quello di definire che cosa si intende per povertà. La linea di demarcazione tra poveri e non poveri è necessariamente arbitraria. Un individuo considerato povero in un paese economicamente avanzato potrebbe apparire relativamente ricco a un etiope.

La portata e la natura della povertà possono essere analizzate in diversi modi:

- misurando il numero o la percentuale di individui o di nuclei familiari che ricadono nella categoria dei poveri;
- esaminando la distribuzione occupazionale della povertà;
- esaminando la distribuzione geografica della povertà;
- studiando la distribuzione della povertà per età, sesso, gruppo etnico, stato civile, livello di istruzione ed così via.

Non è possibile in questo capitolo sondare tutti gli aspetti della disuguaglianza nei paesi economicamente avanzati. Tuttavia, possiamo illustrare alcuni dei dati più importanti relativi all'Italia, unitamente alle questioni relative alla loro misurazione e interpretazione.

La distribuzione quantitativa del reddito in Italia

La Figura 11.1 illustra la distribuzione quantitativa del reddito in Italia, facendo riferimento al reddito familiare netto. Nel diagramma a torta, i nuclei familiari sono suddivisi in cinque gruppi di pari dimensioni, o ***quintili***, che vanno dal 20% più povero dei nuclei familiari al 20% più ricco. In una situazione ipotetica di perfetta eguaglianza, ogni quintile di famiglie avrebbe una quota di reddito pari al 20% del totale. In realtà, nel 2017 le famiglie del primo quintile, con i redditi equivalenti più bassi, percepiscono il 6,6% del reddito totale, quelle del quintile più ricco il 40%; in altri termini, il reddito delle famiglie più abbienti è di ben 6 volte superiore a quello delle famiglie appartenenti al primo quintile.

Misurare la distribuzione quantitativa del reddito

Due dei metodi più ampiamente utilizzati per misurare la disuguaglianza sono la *curva di Lorenz* e il *coefficiente di Gini*.

Figura 11.1 Distribuzione del reddito familiare per quintili in Italia, 2017.

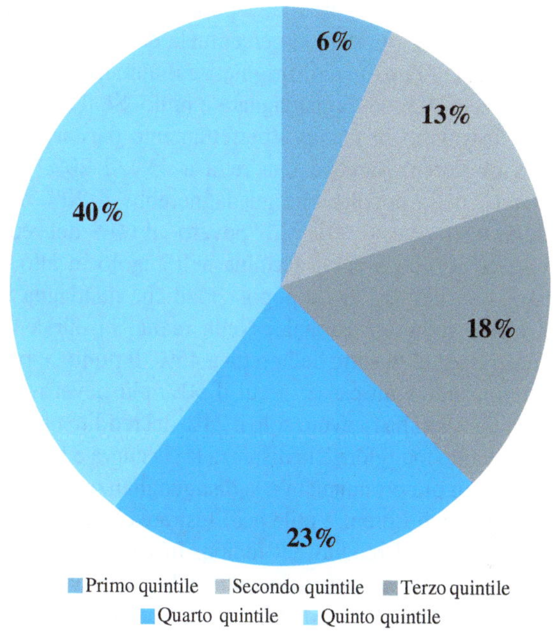

Fonte: EU-Silc-Eurostat

La curva di Lorenz

La Figura 11.2 mostra la ***curva di Lorenz*** per un determinato paese. Sull'asse delle ascisse sono indicate le

Figura 11.2 La curva di Lorenz.

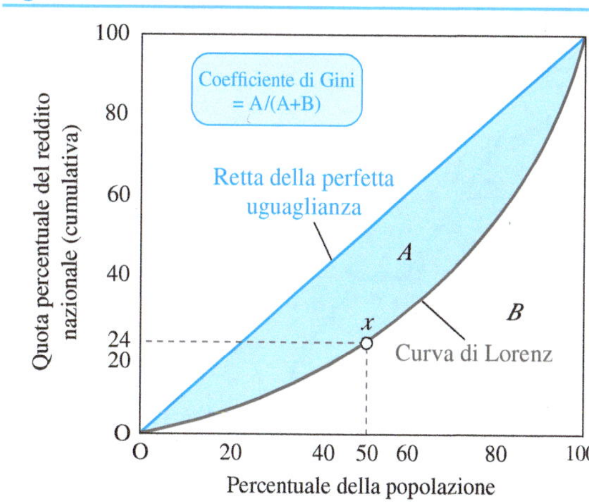

PAROLE CHIAVE

Quintili Suddivisioni della popolazione in cinque gruppi di pari dimensioni (un caso particolare di quantile).

Curva di Lorenz Curva che mostra la quota di reddito nazionale guadagnata da ogni data percentuale della popolazione (disposta in ordine crescente di reddito).

percentuali della popolazione, dalla più povera alla più ricca: pertanto, il punto corrispondente al 40% rappresenta il 40% più povero della popolazione. Sull'asse delle ordinate è riportata la percentuale del reddito percepito. La curva parte dall'origine: se il numero di individui è zero, il reddito guadagnato è nullo. Se il reddito fosse distribuito in maniera perfettamente paritaria, la curva di Lorenz sarebbe una retta a 45°: il 20% più "povero" della popolazione guadagnerebbe il 20% del reddito nazionale, il 60% più "povero" il 60% del reddito e così via. La curva termina nell'angolo in alto a destra, con il 100% della popolazione che guadagna il 100% del reddito nazionale. Nella realtà, la curva di Lorenz giace al di sotto della retta a 45%. Il punto x, per esempio, indica un paese in cui il 50% più povero dei nuclei familiari ha ricevuto solo il 24% del reddito nazionale. Quanto maggiore è la distanza tra la curva e la retta a 45°, tanto più pronunciata è la disuguaglianza.

La curva di Lorenz è utile per illustrare come varia la distribuzione del reddito nel tempo. In un determinato arco temporale, un appiattimento della curva verso la retta a 45° indica un calo della disuguaglianza; viceversa, un suo allontanamento dalla retta a 45° significa un aumento della disuguaglianza.

Il raffronto grafico della curva di Lorenz ha il difetto di essere impreciso. Questo problema è superato dal coefficiente di Gini.

Il coefficiente di Gini

Il ***coefficiente di Gini*** è uno strumento preciso per misurare la posizione della curva di Lorenz. Tale coefficiente è pari al rapporto (talvolta espresso in percentuale) tra l'area compresa fra la curva di Lorenz e la retta a 45°, da un lato, e l'intera area sotto la curva a 45°, dall'altro. Nella Figura 11.2, il coefficiente di Gini, pari al rapporto tra l'area colorata A e l'intera area $A + B$, può essere espresso in termini sia assoluti che percentuali.

Se la distribuzione del reddito è perfettamente paritaria, di modo che la curva di Lorenz coincide con la retta a 45°, l'area A scompare e il coefficiente di Gini è pari a zero; al crescere della disuguaglianza, l'area A si fa progressivamente più grande e il coefficiente di Gini aumenta; nel caso estremo di disuguaglianza totale, in cui una sola persona guadagna la totalità del reddito nazionale, l'area B scompare e il coefficiente di Gini è pari a 1. Ne consegue, dunque, che tale coefficiente è un numero compreso tra 0 e 1, tanto più elevato quanto maggiore è la disuguaglianza. Il coefficiente di Gini dell'Italia calcolato sul reddito nel 2017 è stato pari a 0,33. Dalla Figura 11.3 notiamo come, negli anni successivi la crisi

PAROLE CHIAVE

Coefficiente di Gini Area compresa tra la curva di Lorenz e la retta a 45°, divisa per l'intera area sotto la retta a 45°.

Figura 11.3 Indice di Gini (%) del reddito equivalente disponibile – Italia anni 1995–2018.

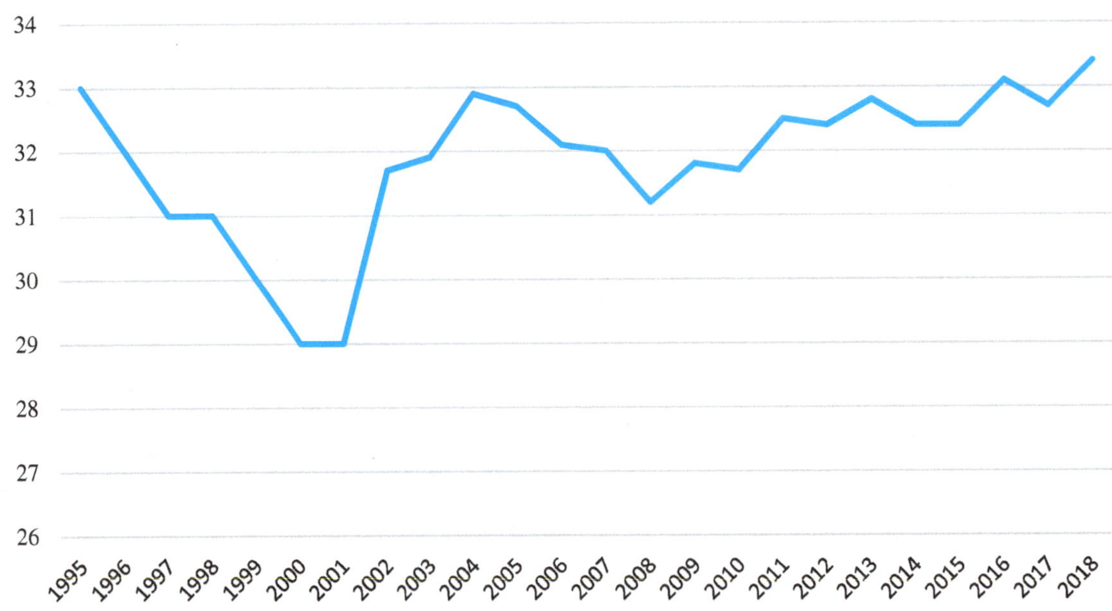

Fonte: EU-Silc-Eurostat

finanziaria, il livello della disuguaglianza in Italia sia aumentato riportandosi in prossimità dei livelli della fine degli anni Novanta dello scorso secolo (0,34).

La Figura 11.4 mostra i coefficienti di Gini per una selezione di paesi dal 2013 al 2015, basandosi sul reddito disponibile, ovvero il reddito dopo la deduzione delle imposte e il ricevimento di benefit in contanti (trasferimenti). Come si vede, l'Islanda aveva il coefficiente di Gini più basso (0,246) e quindi il maggior livello di uguaglianza. Il paese con maggior livello di disuguaglianza era il Sudafrica (0,620), seguito dalla Cina (0,556). La media dei 34 paesi sviluppati che costituiscono l'Organizzazione per la Cooperazione e lo Sviluppo Economico (OCSE) era 0,333, un valore inferiore a quello degli Stati Uniti (0,390) e del Regno Unito (0,360), a indicare un maggior livello di uguaglianza rispetto a questi ultimi.

I coefficienti di Gini hanno il vantaggio di essere relativamente semplici da comprendere e da utilizzare; costituiscono un metodo chiaro per comparare la distribuzione del reddito nello stesso paese in periodi diversi o tra diversi paesi. Tuttavia, non sono in grado di rilevare tutte le caratteristiche della disuguaglianza. Consideriamo il caso dei due paesi illustrati nella Figura 11.5: se l'area *X* è uguale all'area *Y*, i due paesi hanno lo stesso coefficiente di Gini nonostante la diversa struttura della distribuzione del reddito.

Figura 11.5 Curve di Lorenz di due paesi con lo stesso coefficiente di Gini.

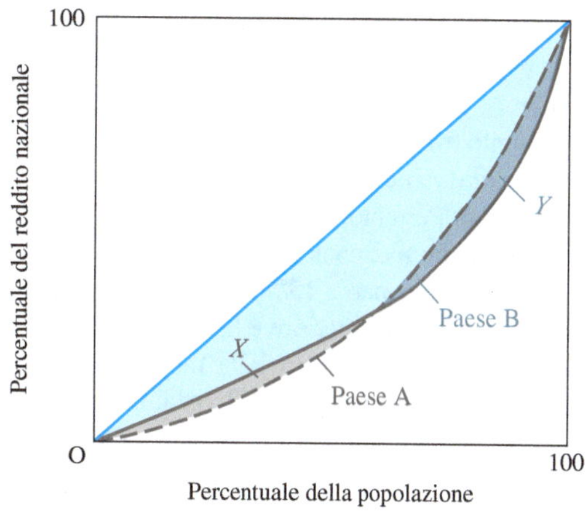

È importante tenere conto di quali statistiche impiegare nei calcoli: se il reddito al netto o al lordo delle imposte, comprensivo o meno delle prestazioni sociali, comprensivo o meno degli affitti, comprensivo o meno di altri redditi non monetari (come il cibo coltivato per consumo personale, un elemento di grande rilevanza in molti paesi in via di sviluppo), o ancora se il reddito riferito ai singoli individui, ai nuclei familiari o alle unità impositive.

Figura 11.4 Coefficienti di Gini per una selezione di paesi, in base al reddito disponibile (2013–2019).

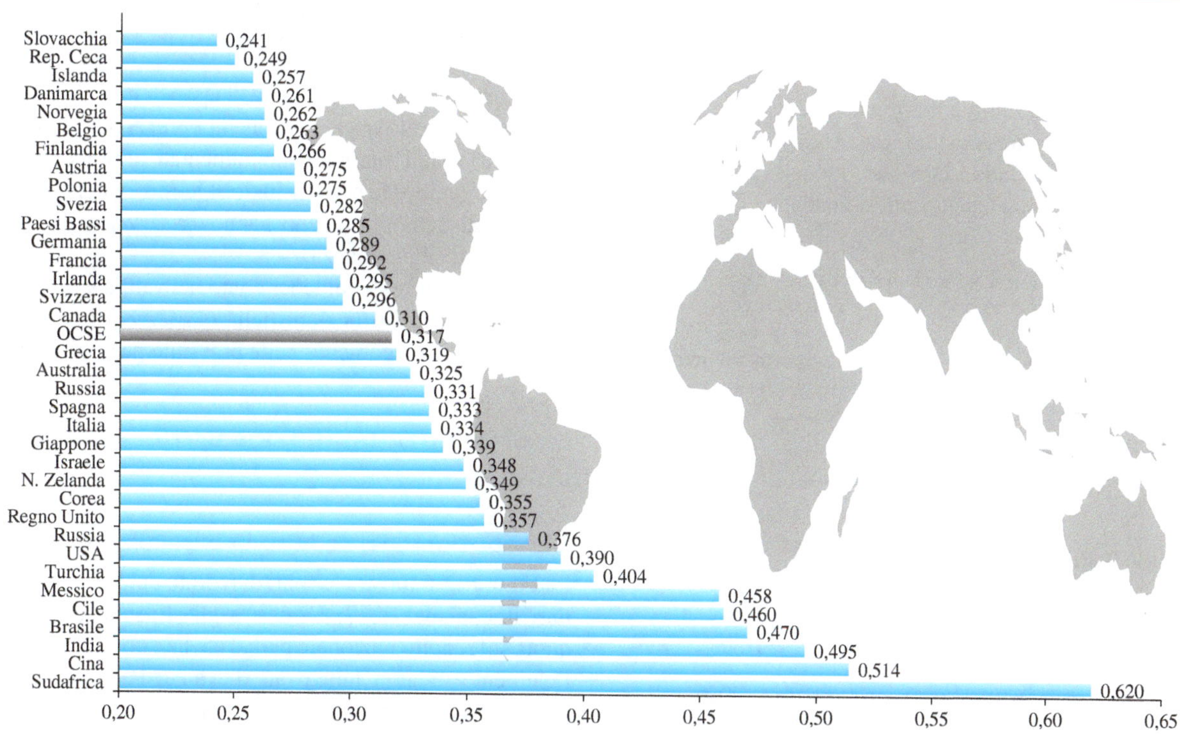

Rapporto delle quote del reddito nazionale riferibili a due diversi quantili della popolazione

Questo è un metodo molto semplice per misurare la distribuzione del reddito. Un rapporto frequentemente usato è quello tra la quota del reddito nazionale riferibile al *40% più povero* della popolazione e la quota relativa al *20% più ricco*. Pertanto, se il 40% più povero guadagna il 15% del reddito nazionale e il 20% più ricco guadagna il 50%, il rapporto è pari a 15/50 = 0,3. Quanto più basso è tale rapporto, tanto maggiore è la disuguaglianza.

Come possiamo osservare dalla Tabella 11.1, il paese con il più alto livello di disuguaglianza, il Sudafrica, ha un rapporto di 0,10. Zambia e Brasile, anch'essi con alti livelli di disuguaglianza, hanno rapporti di 0,17 e 0,19, rispettivamente. Alcuni tra gli ex paesi comunisti mantengono ancora bassi livelli di disuguaglianza. L'Ungheria ha un rapporto di 0,55 e la Romania di 0,62. In generale, i paesi più avanzati hanno un minor livello di disuguaglianza rispetto ai paesi in via di sviluppo. I paesi dell'Europa occidentale hanno rapporti compresi tra 0,4 e 0,65, il Regno Unito 0,49, mentre gli Stati Uniti hanno un maggior livello di diseguaglianza, con rapporto di 0,33.

Le statistiche sul reddito offrono una rappresentazione accurata della disuguaglianza?

Per quanto la distribuzione quantitativa del reddito offra in prima approssimazione un quadro accurato della disuguaglianza, nell'interpretare le statistiche occorre tenere conto di diversi fattori.

IC 13 p103 Il primo è l'utilità marginale decrescente del reddito. Se una persona ricca spende il doppio di una povera, non è affatto detto che ottenga dalla spesa il doppio dell'utilità. Quanto più si guadagna e si spende, tanto minore è l'utilità addizionale che si trae da ogni euro addizionale che viene speso (vedi Paragrafo 5.1). La ragione sta in parte nel fatto che il consumo di quantità sempre maggiori degli stessi prodotti prima o poi viene a noia; inoltre, al crescere del reddito, è probabile che si acquistino versioni di lusso degli stessi prodotti. La tesi di fondo è che un'auto da €40.000 non genera un'utilità pari a quattro volte quella associata a una vettura da €10.000.

Il secondo fattore concerne l'interpretazione dell'evoluzione della disuguaglianza nel tempo. Per esempio, in Italia negli ultimi venti anni la distribuzione del reddito è diventata sempre più schiacciata a favore delle classi più abbienti, tanto che la percentuale di reddito guadagnata dal 10% più povero degli italiani si è ridotta dal 3 % del 1998 all'1,8% del 2016. Tuttavia, la disuguaglianza potrebbe essere cresciuta meno rapidamente di quanto suggeriscono i dati. All'aumentare dei redditi, le persone tendono a spendere proporzionalmente di più per l'acquisto di servizi, come quelli offerti da baby-sitter e personal trainer, e di beni di lusso come abiti griffati e auto potenti, e proporzionalmente di meno per i beni di prima necessità, come l'alimentazione e l'abbigliamento quotidiano. L'argomentazione di fondo, in questo caso, è che i prezzi dei beni e servizi di lusso sono aumentati più rapidamente di quelli dei beni di prima necessità. In altre parole, il tasso di inflazione rilevante per i poveri si è rivelato più basso di quello pertinente ai ricchi. Questo è ciò che è accaduto nel periodo 1990–2005, a indicare che la disuguaglianza è cresciuta meno rapidamente di quanto suggerirebbero le semplici statistiche.

In tempi più recenti, tuttavia, il tasso di inflazione dei poveri ha superato quello dei ricchi; i prezzi dei prodotti alimentari e dell'energia sono aumentati più repentinamente di quelli dei beni di lusso. Questo indicherebbe che le statistiche più recenti hanno *sottostimato* la crescita della disuguaglianza.

Il terzo fattore di cui tener conto nel valutare la disuguaglianza è la distribuzione della *ricchezza*. Ci occuperemo di questo argomento nelle prossime pagine.

Tabella 11.1 Quota di reddito nazionale del 40% della popolazione in proporzione alla quota del 20% più ricco.

Paese	Rapporto del quintile
Sudafrica	0,11
Zambia	0,15
Brasile	0,18
USA	0,32
India	0,45
Regno Unito	0,49
Ungheria	0,55
Danimarca	0,62
Slovenia	0,69

Fonte: World Development Indicators: Distribution of Income or Consumption, Tabella 1.3 (Banca mondiale, vari anni).

La distribuzione funzionale del reddito in Italia

Distribuzione del reddito in base alla fonte

La Figura 11.6 mostra le fonti di reddito dei nuclei familiari italiani nel 2017. I salari e gli stipendi, con una quota sul reddito nazionale pari al 45,1%, costituiscono l'elemento di gran lunga più rilevante. Per contro, la quota di reddito proveniente dalle prestazioni sociali e

Figura 11.6 Distribuzione del reddito per fonte.

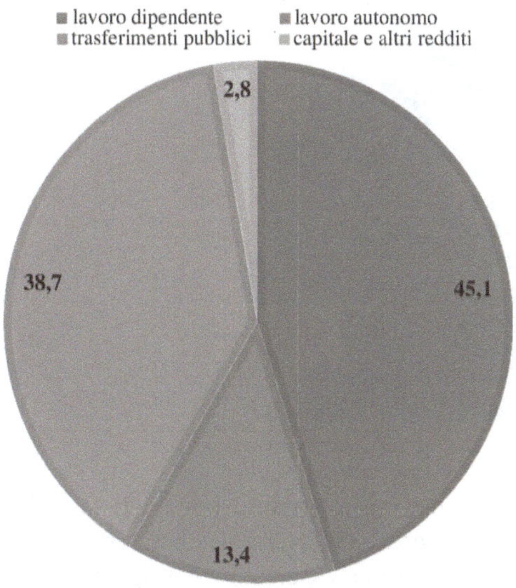

Fonte: EU-Silc-Eurostat

dalle pensioni è pari al 38,7%, a rispecchiare la crescente percentuale della popolazione che ha superato l'età pensionabile, mentre le ulteriori componenti di reddito da capitale e da libera professione e impresa rappresentano rispettivamente il 2,8 e il 13,4%.

Le quote illustrate nella Figura 11.6 celano il fatto che le fonti di reddito differiscono in misura piuttosto marcata tra un gruppo di reddito e un altro. Queste differenze sono evidenziate nella Tabella 11.2, dove risulta che nel 2017 appartengono al quintile più ricco il 29,9 % delle famiglie il cui reddito principale proviene da lavoro autonomo, il 20,2% delle famiglie con reddito principale da lavoro dipendente e il 21,1 % delle famiglie che vivono soprattutto di pensioni e altri trasferimenti pubblici non pensionistici.

Distribuzione di salari e stipendi per occupazione

Una delle cause principali delle differenze di reddito tra gli occupati è la diversità dei salari e degli stipendi guadagnati nelle diverse occupazioni.

A partire dalla fine degli anni Settanta i differenziali salariali si sono ampliati, anche a causa dei cambiamenti che hanno interessato la domanda di lavoro. Molte imprese hanno adottato nuove tecniche che richiedono una forza lavoro assai più istruita e le retribuzioni per alcune di queste occupazioni qualificate hanno registrato un aumento significativo. Al contempo, si è assistito a una diminuzione del numero di posti di lavoro non qualificati nell'industria; parallelamente, il potere dei sindacati di rappresentare questi lavoratori si è indebolito. Laddove permangono occupazioni scarsamente qualificate, i datori di lavoro sono spinti a ridurre i costi del lavoro per competere con imprese ubicate nei paesi in via di sviluppo, dove i salari sono molto più bassi.

Al diminuire delle opportunità di impiego per i lavoratori non qualificati nell'industria, gli individui con poche qualifiche sono costretti a contendersi le occupazioni scarsamente remunerate nel settore dei servizi (per esempio, nei supermercati e nei fast-food). A tenere bassi i salari in questo settore contribuisce anche l'aumento del numero di persone alla ricerca di un lavoro part-time.

Altre determinanti della disuguaglianza del reddito

Differenze nella composizione dei nuclei familiari

IC4 p13 A parità di altre condizioni, quanto maggiore è il numero di persone a carico in un nucleo familiare, tanto minore è il reddito pro capite *dei membri* del nucleo familiare stesso. La Figura 11.7 illustra un esempio estremo di questo fenomeno, mostrando il reddito familiare medio dell'Italia nel 2017 per cinque diverse tipologie di nuclei familiari.

I nuclei familiari con due adulti e tre o più bambini avevano un reddito leggermente superiore di quelli composti unicamente da un uomo e una donna; questo significa che il reddito *di ciascun membro* del primo gruppo di nuclei familiari era nettamente più basso.

Molti nuclei familiari di grandi dimensioni si confrontano con un duplice problema: oltre ad avere un numero relativamente maggiore di figli e anziani a carico,

Tabella 11.2 Fonti di reddito delle famiglie italiane per quintili, 2017.

	indipendente	dipendente	ritirato dal lavoro	In cerca di occupazione	In altra condizione
Primo	20,5	17,4	11,0	58,8	37,3
Secondo	16,0	19,5	22,4	15,6	23,1
Terzo	15,7	20,1	24,2	9,9	18,4
Quarto	17,9	22,7	21,3	8,2	12,9
Quinto	29,9	20,2	21,1	7,5	8,3

Fonte: EU-Silc-Eurostat

Figura 11.7 Reddito familiare netto per tipologia familiare in Italia (in euro), 2017.

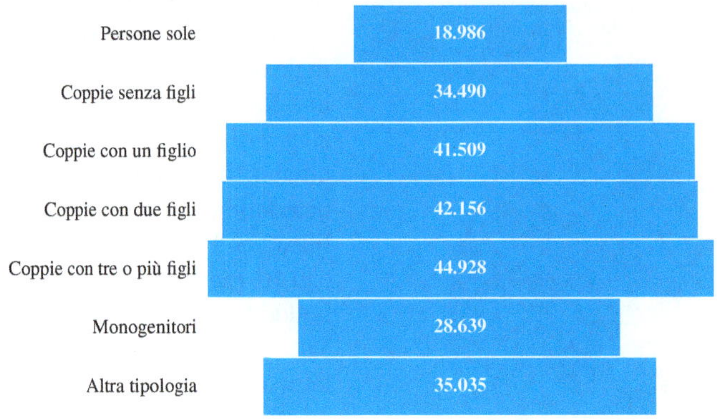

Fonte: EU-Silc-Eurostat

il reddito complessivo del nucleo familiare potrebbe diminuire se uno degli adulti resta a casa a occuparsi della famiglia o lavora solo part-time.

Differenze in base al genere

Nel 2017, le famiglie residenti in Italia hanno percepito un reddito netto pari in media a €31.393 A seconda del genere del percettore principale, il reddito netto è stato di €34.450 per gli uomini e di €26.324 per le donne. A questo proposito, bisogna notare tre importanti fattori:

- le donne sono pagate meno degli uomini a parità di occupazione;
- le donne sono tendenzialmente impiegate in occupazioni con una più bassa retribuzione rispetto agli uomini;
- le donne fanno molti meno straordinari degli uomini.

Differenze nella distribuzione geografica del reddito

La Figura 11.8 mostra i redditi medi netti dei nuclei familiari residenti in diverse ripartizioni geografiche dell'Italia nel 2017. Le differenze di reddito sono ascrivibili alla diversità di strutture industriali, tassi di disoccupazione e costo della vita riscontrabili nelle regioni stesse. Come si può osservare dalla figura, nel Mezzogiorno d'Italia i redditi medi sono nettamente più bassi che nelle altre ripartizioni geografiche del paese.

A livello locale sussistono marcate differenze di reddito tra le aree più benestanti e quelle più depresse. È a questo livello che si possono osservare alcuni degli esempi più estremi di disuguaglianza: non è raro, infatti, imbattersi in quartieri signorili ubicati a un chilometro o due da rioni degradati.

La distribuzione della ricchezza

Alla fine del 2017 la ricchezza netta delle famiglie italiane è stata pari a 9.743 miliardi di euro. La principale forma di investimento delle famiglie è rappresentata dalle abitazioni che con un valore di 5.246 miliardi di euro hanno rappresentato la metà della ricchezza lorda. Le attività finanziarie hanno raggiunto 4.374 miliardi di euro, con un'incidenza sulla ricchezza netta inferiore a quella registrata in altre economie.

Figura 11.8 Reddito familiare netto per ripartizione geografica (in euro), 2017.

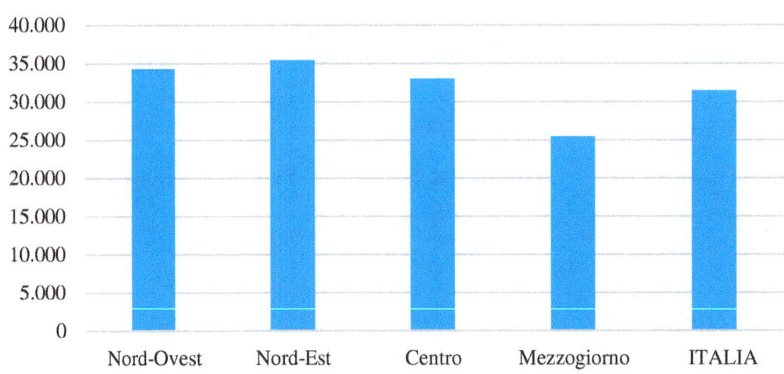

Fonte: EU-Silc-Eurostat

La distribuzione della ricchezza in Italia è caratterizzata da un grado di concentrazione molto più pronunciato di quello del reddito: molte famiglie detengono livelli modesti o nulli di ricchezza; all'opposto, poche famiglie dispongono di una ricchezza elevata. Dall'indagine campionaria della Banca d'Italia sui bilanci delle famiglie italiane risulta che alla fine del 2016, la ricchezza netta detenuta dal 5% delle famiglie italiane più abbienti era pari al 40% della ricchezza complessiva, con un patrimonio netto in media pari a 1,3 milioni di euro. Al tempo stesso, la quota di ricchezza netta detenuta dal 30% più povero delle famiglie, in media pari a circa 6.500 euro, è l'1 per cento.

L'andamento dell'indice di Gini della ricchezza italiana ha registrato un incremento di 5 punti da 60,5% a 64,5% tra il 2004 e il 2012 e un calo di poco meno di 3 punti tra il 2012 e il 2016 (Figura 11.9)

Si possono individuare quattro cause fondamentali della disuguaglianza nella distribuzione della ricchezza.

- *Trasmissione ereditaria.* Consente alla disuguaglianza di perpetuarsi da una generazione all'altra.
- *Disuguaglianza del reddito.* Le persone con un reddito più alto possono risparmiare di più.
- *Propensioni al risparmio differenti.* Chi risparmia una quota maggiore del proprio reddito tende ad accumulare più ricchezza.
- *Talento/fortuna nell'attività imprenditoriale e nell'investimento.* Alcune persone sanno investire abilmente la propria ricchezza, facendola crescere rapidamente.

Le cause della disuguaglianza

IC 4 p13 Passiamo adesso ora individuare le principali cause della disuguaglianza. Il problema presenta molteplici dimensioni, e la struttura e la profondità della disuguaglianza sono determinate da diversi fattori. È errato, pertanto, tentare di trovare una singola causa o persino la causa principale. Tra le possibili determinanti della disuguaglianza si annoverano le seguenti.

- *Disuguaglianza della ricchezza.* Le persone ricche possono ottenere un reddito da fonti diverse dal proprio lavoro.
- IC 11 p68 *Differenti abilità.* Le persone differiscono quanto a intelligenza, forza e così via. Alcune di queste differenze sono innate, altre sono il frutto del processo di "socializzazione" (istruzione, ambiente familiare e così via)
- *Atteggiamenti differenti.* Alcuni individui sono avventurosi, propensi al rischio, disposti a cambiare lavoro, pronti a spingersi avanti; altri sono molto più prudenti.
- *Differenti qualifiche.* Queste differenze sono il portato di una varietà di fattori: abilità, atteggiamento verso lo studio, accesso a buone opportunità di istruzione, reddito dei genitori e così via.
- *Diverso numero di ore lavorate.* Alcune persone lavorano a tempo pieno e fanno gli straordinari, oppure hanno un secondo lavoro; altre lavorano solo part-time.
- *Differenze nell'utilità/disutilità di lavoro.* A parità di altre condizioni, a occupazioni sgradevoli o pericolose dovrebbero essere corrispondere retribuzioni più elevate.
- IC 22 p192 *Differenze di potere.* Il potere di monopolio nell'offerta di fattori di produzione o di beni e servizi, e il potere di monopsonio nella domanda di fattori di produzione, sono distribuiti in maniera diseguale nell'economia.
- *Differenze nella domanda di beni e servizi.* I fattori impiegati nei settori in espansione tendono a evidenziare un ricavo del prodotto marginale più elevato poiché il loro prodotto ha un valore di mercato maggiore.

Figura 11.9 Indice di Gini (%) della ricchezza netta in Italia anni 1991–2016.

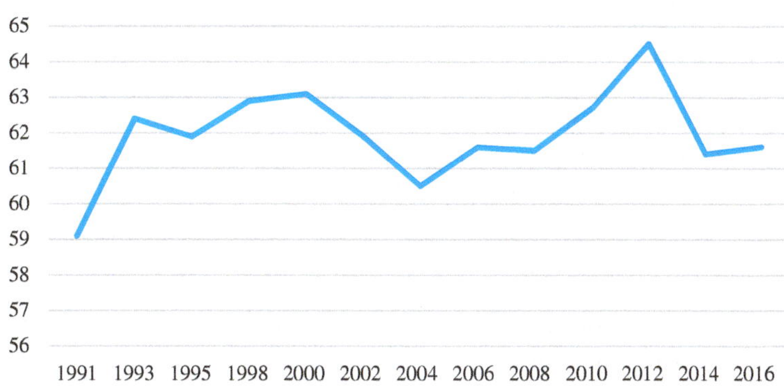

Fonte: EU-Silc-Eurostat

- *Differenze nella composizione dei nuclei familiari.* Quanto maggiore è il numero di persone a carico rispetto ai percettori di reddito, tanto più poveri sono in media i membri del nucleo familiare (a parità di altre condizioni).
- *Discriminazione* in base alla razza, al sesso, all'età, al retroterra sociale e così via.
- *Grado di sostegno pubblico.* Quanto maggiori sono il sostegno e l'assistenza ai poveri, tanto minore è il grado di disuguaglianza nell'economia.
- *Disoccupazione.* Un elevato livello di disoccupazione è una delle principali cause di povertà.

Atteggiamenti dei governi nei confronti della disuguaglianza

La destra politica ritiene che la disuguaglianza svolga una funzione economica importante. Le differenze tra i prezzi dei fattori sono una componente essenziale di un'economia di mercato dinamica, poiché rappresentano i segnali di prezzo che incoraggiano le risorse a trasferirsi verso i settori produttivi nei quali la domanda è in crescita, abbandonando quelli in declino. Se il governo interferisce con questo processo, tassando i redditi elevati e sussidiando quelli bassi, i lavoratori non hanno gli stessi incentivi ad acquisire migliori qualifiche, a ottenere una promozione, a fare gli straordinari o a cercare un impiego migliore; analogamente, i proprietari del capitale non hanno gli stessi incentivi a investire.

Secondo la destra politica, il modo migliore per ridurre la disuguaglianza è quello di incoraggiare una maggiore mobilità dei fattori. Se le curve di offerta dei fattori produttivi sono più elastiche (in virtù della maggiore mobilità), eventuali cambiamenti della domanda causano minori variazioni dei prezzi e quindi una minore disuguaglianza. Ma come si può incoraggiare una maggiore mobilità? La risposta, a giudizio degli esponenti della destra, consiste nel creare una cultura di autosufficienza, che stimoli gli individui a non fare eccessivo assegnamento sull'aiuto dello Stato e, piuttosto, a darsi da fare per accrescere il proprio reddito. Al contempo, questo schieramento politico sostiene che sia opportuno limitare il potere di monopolio dei sindacati e la loro interferenza nei mercati del lavoro. Tali politiche, ad avviso di questa parte politica, favorirebbero una maggiore concorrenza nel mercato del lavoro, contribuendo a ridurre la disuguaglianza e a promuovere la crescita economica e l'efficienza.

L'assistenza pubblica, secondo gli esponenti della destra, dovrebbe essere destinata ad alleviare la "vera" povertà, garantendo una rete di sicurezza minima a quanti non possono lavorare (i malati e i disabili) oppure, su base temporanea, a quanti hanno perso il lavoro per colpe non loro. Anche a questo livello basilare, però, la destra sostiene che l'assistenza pubblica può scoraggiare gli individui dall'impegnarsi di più.

Molti esponenti di centro-sinistra riconoscono che può esistere un *trade-off* tra efficienza e uguaglianza, ma tendono a considerare questa eventualità un problema molto meno grave. A loro avviso, il modo migliore per favorire l'efficienza e la crescita è quello di stimolare l'investimento, creando un contesto propizio alla democrazia industriale, nel quale i lavoratori partecipano alle decisioni di investimento. Tale obiettivo comune, a sua volta, può essere conseguito al meglio in una società più egualitaria e meno individualistica. La sinistra ritiene anche che il governo possa svolgere un ruolo fondamentale nel sostenere l'investimento, magari finanziando la ricerca, erogando sovvenzioni a chi investe o incoraggiando le imprese a pianificare una strategia coordinata.

Le politiche volte a favorire la crescita e l'investimento lascerebbero al governo maggiori spazi di manovra per perseguire una politica di ridistribuzione molto più attiva.

11.2 Tassazione, prestazioni sociali e ridistribuzione del reddito

CF 7 p77
In questo paragrafo esamineremo le politiche di ridistribuzione del reddito, soffermandoci in particolare sull'utilizzo della spesa pubblica e della tassazione. La ridistribuzione del reddito è solo uno dei tre ruoli fondamentali svolti dal sistema dell'imposizione fiscale e della spesa pubblica: il secondo – che sarà trattato nei prossimi due capitoli – consiste nell'ovviare ai fallimenti del mercato che non consentono di allocare le risorse in maniera efficiente, il terzo nell'influenzare il livello complessivo dell'attività economica. L'utilizzo della spesa pubblica e/o della tassazione per realizzare quest'ultimo obiettivo è detto *politica fiscale.*

L'uso della tassazione e della spesa pubblica a scopi di ridistributivi

Tassazione. Se i ricchi sono tassati proporzionalmente di più dei poveri, la distribuzione del reddito al netto delle imposte è più egualitaria della distribuzione del reddito lordo.

Prestazioni sociali. Esistono due ampie categorie di prestazioni sociali: le *prestazioni in denaro*, come gli assegni per figli a carico e le pensioni, che possono essere considerati una forma di sostegno al reddito; e *le* *prestazioni in natura*, che consistono nell'erogazione di beni e servizi gratuiti (come l'istruzione o i trasporti pubblici) o a prezzo ridotto (come i trattamenti odontoiatrici forniti dal servizio sanitario nazionale). Le prestazioni sociali riducono la disuguaglianza se rappresentano una percentuale maggiore del reddito per i poveri rispetto ai ricchi.

Anche se in questo paragrafo ci occuperemo prevalentemente della tassazione e delle prestazioni sociali, esistono altri due tipi di politiche ridistributive.

Interventi legislativi. Possibili esempi sono le norme sul salario minimo e le leggi contro la discriminazione.

Politiche strutturali. Si tratta di provvedimenti tesi a modificare le istituzioni e gli atteggiamenti della società che accrescono o perpetuano le disuguaglianze. Per esempio, un governo può adottare politiche volte a smantellare i privilegi, a incoraggiare l'accesso all'istruzione universitaria, a promuovere la partecipazione azionaria dei lavoratori, a incentivare le imprese a trasferirsi nelle aree caratterizzate da elevata disoccupazione e a stimolare la creazione di nidi di infanzia nei luoghi di lavoro.

Prima di esaminare l'utilizzo della tassazione e della spesa pubblica a scopi ridistributivi, dobbiamo analizzare i requisiti di un valido sistema fiscale e i tipi di imposte a disposizione dei governi.

I requisiti di un valido sistema fiscale

Quali che siano le finalità della tassazione, molti ritengono che nell'approntare e amministrare particolari tipi di imposte occorra rispettare alcuni principi fondamentali.

Equità orizzontale. Secondo il principio dell'***equità orizzontale***, si dovrebbero tassare in egual misura i contribuenti che si trovano nella medesima situazione economica; in altre parole, le imposte andrebbero prelevate in maniera imparziale. Per esempio, quanti guadagnano lo stesso reddito e presentano le medesime circostanze personali (quali numero e tipo di soggetti a carico, importo del mutuo e così via) dovrebbero pagare lo stesso ammontare di imposta sul reddito.

Equità verticale. Secondo il principio dell'***equità verticale***, la tassazione andrebbe ripartita "equamente" tra ricchi e poveri. Tuttavia, il concetto di "equità" in questo caso è fortemente soggettivo. Nessuno ama pagare le tasse, e pertanto i contribuenti ricchi avranno probabilmente un'idea di "tassazione equa" diversa da quella dei poveri. L'utilizzo della tassazione a scopi ridistributivi sarà esaminato in maggiore dettaglio più avanti.

Equità tra i destinatari delle prestazioni sociali. Secondo il ***principio delle prestazioni e controprestazioni***, chi beneficia in misura maggiore della spesa pubblica dovrebbe essere soggetto a una tassazione più elevata. Per esempio, si può sostenere che i lavori stradali andrebbero finanziati con l'imposta sui carburanti; in tal modo, chi utilizza le strade in misura maggiore contribuisce di più alla loro costruzione e manutenzione.

Nella maggior parte dei casi, il principio delle prestazioni e controprestazioni è difficile da mettere in pratica, per due ragioni: in primo luogo, si dovrebbe introdurre un'imposta specifica per ciascun tipo di bene e servizio fornito dallo Stato; in secondo luogo, nel caso di molti beni e servizi pubblici (come l'illuminazione delle strade, la polizia, il contrasto dell'inquinamento atmosferico e così via) è difficile individuare i benefici monetari ottenuti dal singolo individuo.

Basso costo della riscossione. La riscossione delle imposte comporta un costo, che dovrebbe essere minimizzato in relazione alle entrate fiscali.

Difficoltà di evasione. Se una data imposta fosse ritenuta opportuna e necessaria, i contribuenti non dovrebbero essere in grado di sottrarsi al pagamento. A tal fine, occorre operare una distinzione tra ***evasione fiscale*** ed ***elusione fiscale***.

- L'evasione fiscale è illegale. Si ha evasione, per esempio, quando i contribuenti non dichiarano i propri redditi alle autorità tributarie.

PAROLE CHIAVE

Equità orizzontale Principio secondo il quale bisognerebbe riservare lo stesso trattamento fiscale ai contribuenti che si trovano nella medesima situazione economica.

Equità verticale Ridistribuzione dai più abbienti ai meno abbienti. Nel caso della tassazione, tale principio implica che i ricchi debbano pagare in proporzione più imposte dei poveri.

Principio delle prestazioni e controprestazioni Principio secondo il quale le imposte pagate dai contribuenti dovrebbero essere commisurate all'utilizzo dei servizi pubblici.

Evasione fiscale Comportamento che consiste nel sottrarsi illegalmente alla tassazione (per esempio, mediante la mancata denuncia di alcuni redditi).

Elusione fiscale Riorganizzazione dei propri affari volta a ridurre il proprio debito d'imposta.

- L'elusione fiscale è legale, ma indesiderabile dal punto di vista del governo. Si ha un comportamento elusivo quando i contribuenti trovano il modo di gestire i loro affari in modo da ridurre il proprio debito di imposta. L'elusione fiscale è tendenzialmente più diffusa tra i contribuenti ricchi, sia perché hanno molto da guadagnare rispetto ai poveri, sia perché possono permettersi di pagare i servizi di consulenza di commercialisti e fiscalisti. In un periodo di forti tagli alla spesa pubblica, grande attenzione ha suscitato l'elusione fiscale praticata da grandi società come Arcadia e Vodafone.

Assenza di distorsioni. La tassazione altera i segnali di mercato: le imposte su beni e servizi modificano i prezzi di mercato, le imposte sui redditi alterano i salari. Tali distorsioni non dovrebbero comunque avere effetti indesiderabili.

Ipotizzando di partire da una situazione di prezzi non distorti, è auspicabile utilizzare imposte che incidono nella stessa misura percentuale sui prezzi di tutti i beni e i servizi, in modo da lasciare inalterati i prezzi relativi. Se i beni fossero soggetti ad aliquote differenti, si creerebbero distorsioni che sposterebbero il consumo e la produzione dai beni fortemente tassati a quelli gravati da imposte minori.

Tuttavia, se il governo ritiene che i prezzi di mercato siano distorti, può utilizzare la tassazione per alterare i segnali di prezzo nella direzione desiderata.

Comprensibilità per il contribuente. Le imposte dovrebbero essere definite in maniera certa e chiaramente comprensibile per i contribuenti, in modo che questi possano calcolare il proprio debito di imposta. Il metodo di pagamento dovrebbe essere immediato.

Semplicità per il governo. La tassazione è uno degli strumenti utilizzati dai governi per gestire l'economia, quindi la modifica delle aliquote fiscali dovrebbe essere un'operazione relativamente *semplice.* Inoltre, il governo deve essere in grado di *calcolare* nella maniera più accurata possibile l'effetto di variazioni delle imposte sia sulle entrate fiscali complessive, sia sulla distribuzione dell'onere tra i contribuenti.

CF 5 p46 **Effetti disincentivanti minimi.** La tassazione può scoraggiare gli individui dal lavorare più a lungo o con maggiore impegno, dal risparmiare, dall'investire o dal prendere iniziative. Per esempio, un'imposta sul reddito molto alta può disincentivare i lavoratori dal puntare a una promozione o dal fare gli straordinari, dato che una quota elevata del proprio reddito finisce al fisco. Questi disincentivi andrebbero mantenuti al minimo.

Naturalmente non è possibile soddisfare tutti questi requisiti contemporaneamente. Il regime fiscale perfetto non esiste; pertanto, laddove tali requisiti entrano in conflitto, il governo deve trovare una soluzione di compromesso. Uno dei conflitti più gravi è quello tra l'equità verticale e la necessità di minimizzare gli incentivi: quanto più progressivo è il sistema fiscale – si afferma – tanto maggiori sono gli effetti disincentivanti sui contribuenti più ricchi. Esamineremo più approfonditamente questo conflitto più avanti.

Tipi di imposte

Le imposte possono essere suddivise in due ampie categorie: le ***imposte dirette***, versate direttamente dal contribuente al fisco, che comprendono l'imposta sul reddito delle persone fisiche, l'imposta sul reddito delle società e le imposte patrimoniali, gravanti sul capitale e sulla ricchezza; e le ***imposte indirette***, versate attraverso un soggetto terzo. Per esempio, l'imposta sul valore aggiunto (IVA), pur essendo prelevata sui consumi, non viene pagata direttamente dai consumatori al fisco; è versata invece dalle imprese, che la trasferiscono sui consumatori sotto forma di prezzi più elevati (vedi Paragrafo 3.2). Pertanto, il consumatore viene tassato indirettamente quando acquista beni e servizi.

Imposte dirette

Imposta sul reddito delle persone fisiche. Questa imposta è prelevata su tutti i redditi individuali: da salari, stipendi, interessi, dividendi e rendite. In molti paesi una parte del reddito del contribuente – la ***quota di reddito detassato*** – è esente da imposizione fiscale. In parecchie nazioni l'imposta sul reddito dei dipendenti è versata direttamente al fisco dai datori di lavoro mediante il meccanismo della ritenuta alla fonte.

L'aliquota fiscale gravante sull'ultima unità di reddito è detta aliquota marginale. Nella maggior parte dei paesi l'aliquota marginale cresce all'aumentare dello scaglione di reddito su cui è applicata. In molte nazioni

PAROLE CHIAVE

Imposte dirette Imposte sul reddito e sulla ricchezza versate direttamente alle autorità fiscali.

Imposte indirette Imposte che gravano sulla spesa. Sono versate alle autorità fiscali non dai consumatori, bensì indirettamente dai fornitori di beni e servizi.

Quota di reddito detassato Porzione del reddito esente da imposizione fiscale. La quota di reddito detassato varia a seconda delle circostanze del contribuente.

esiste un'aliquota marginale principale pagata dalla maggior parte dei contribuenti, detta ***aliquota base***.

L'aliquota *media* è pari all'imposta sul reddito complessivamente versata espressa in percentuale del reddito totale, ed è generalmente inferiore all'aliquota marginale, poiché in molti sistemi tributari parte del reddito individuale è esente da imposta; inoltre, per i contribuenti ad alto reddito, soggetti ad aliquote marginali elevate, parte del reddito è tassata ad aliquote più basse.

Contributi previdenziali e assistenziali. Tali contributi sono simili alle imposte sul reddito, in quanto sono prelevati in misura percentuale sul reddito individuale secondo un'aliquota che varia in funzione del livello del reddito. A differenza di altre imposte, che vengono versate in un fondo comune per finanziare la spesa pubblica, i contributi previdenziali e assistenziali vanno a coprire una spesa *specifica*, cioè le prestazioni previdenziali e sociali; a tutti gli effetti sono un tipo di "imposta", anche se ufficialmente non sono considerati tali.

Contributi previdenziali e assistenziali a carico dei datori di lavoro. Anche i datori di lavoro sono tenuti a versare contributi per conto dei dipendenti. In alcuni paesi, le piccole imprese sono soggette a un'aliquota ridotta.

Imposta sul reddito delle società. Si tratta di un'imposta sugli utili realizzati dalle società. Nella maggior parte dei paesi, le imprese di minori dimensioni godono di un'aliquota più bassa. Nel calcolare il debito di imposta, di solito, dagli utili si può dedurre la spesa in conto capitale e la spesa per interessi; ciò significa, di fatto, che gli utili reinvestiti non vengono tassati.

Imposta sulle plusvalenze. Questa imposta è dovuta all'atto della vendita di attività, come immobili o azioni, ed è prelevata sull'aumento di valore registrato da tali attività rispetto a una data passata prestabilita, oppure rispetto al momento dell'acquisto, se successivo alla data in questione.

Imposte patrimoniali (o sulla ricchezza). Queste imposte gravano sulle attività patrimoniali detenute o acquisite dagli individui. Una forma di imposta patrimoniale vigente in molti paesi è l'imposta sulle successioni o sulle donazioni *ante mortem*; un'altra è l'imposta gravante sugli immobili di proprietà degli individui, prelevata di norma a livello locale (come l'imposta locale sui redditi, l'imposta locale sulle imprese e l'imposta locale sulle vendite).

Imposta di capitazione. È un'imposta prelevata in somma fissa su tutti i cittadini, indipendentemente dal reddito. Pochissimi paesi si avvalgono di questo tipo di imposta, considerata fortemente iniqua. Un'imposta di capitazione (*poll tax* o *community surcharge*) venne introdotta in Scozia nel 1989 e in Inghilterra e nel Galles nel 1990 in sostituzione dell'imposta locale sugli immobili; ma questo tributo si rivelò altamente impopolare presso l'elettorato, con varie manifestazioni contrarie, e venne sostituito da una *council tax* (ancora una volta basata sul valore degli immobili) nel 1993.

Imposte indirette

Esistono tre tipi fondamentali di imposte indirette, tutti gravanti sulla *spesa*.

PAROLE CHIAVE

Aliquota base Aliquota marginale principale, che si applica ai redditi della maggior parte dei contribuenti.

Tabella 11.3 Il calcolo dell'IVA: un esempio con l'aliquota al 22%.

	Valore aggiunto (1)	IVA (2)	Valore aggiunto più IVA (3)	Prezzo di vendita nella fase successiva (4)
L'impresa A vende materie prime all'impresa B per €12.200	€10.000	€2.200	€12.200	€12.200
L'impresa B lavora le materie prime e le vende all'impresa manifatturiera C per €21.960	€8.000	€1.760	€9.760	€21.960
L'impresa C vende i prodotti finiti a un grossista, l'impresa D, per €30.500	€7.000	€1.540	€8.540	€30.500
L'impresa D rivende i prodotti finiti a un distributore, l'impresa E, per €36.600	€5.000	€1.100	€6.100	€36.600
L'impresa E vende i prodotti finiti ai consumatori per €48.800	€10.000	€2.200	€12.200	€48.800
	€40.000	**+ €8.800**	**= €48.800**	

Imposte generali sulla spesa. Un esempio di questo tipo di tributo è l'***imposta sul valore aggiunto (IVA)***, che rappresenta la principale forma di imposta indiretta nell'Unione europea. L'IVA grava sul valore aggiunto generato dalle imprese in ogni fase del processo di produzione e distribuzione di beni e servizi. Per esempio, un'impresa che acquista forniture per €10.000 e le utilizza per produrre beni che vende a €15.000 (IVA esclusa) è tenuta a pagare l'IVA sulla differenza tra €15.000 e €10.000, ovvero sugli €5000 di valore aggiunto. I fornitori devono esibire fatture comprovanti che l'IVA è già stata versata su tutti i fattori di produzione.

L'esempio nella Tabella 11.3 mostra come l'imposta viene di fatto trasferita sui consumatori. Per semplicità, ipotizziamo che l'aliquota dell'IVA sia il 22% e che ciascuna impresa abbia un unico fornitore.

Il valore aggiunto in ciascuna fase più l'IVA assommano all'importo pagato dal consumatore, in questo caso €48.800. L'IVA complessivamente versata, dunque, equivale a un'imposta sui consumatori: nell'esempio, l'IVA di €8800 è pari al 22% del prezzo al consumo (al lordo dell'imposta), ovvero €40.000. A gennaio 2017 l'aliquota base variava dal 17% in Lussemburgo al 27% in Ungheria, attestandosi in media al 21,5% nei 28 paesi dell'Unione europea.

Molti altri paesi prelevano imposte generali sulla spesa in un *singolo* stadio (vendita all'ingrosso o al dettaglio). Questi tributi sono detti *imposte sugli acquisti* e sono di norma calcolate in percentuale del prezzo del bene in quel particolare stadio.

Imposte sui consumi (o accise). Queste imposte gravano su particolari beni e servizi, come benzina e gasolio, bevande alcoliche, prodotti a base di tabacco e gioco d'azzardo, sono prelevate direttamente sul produttore e vengono versate in aggiunta all'IVA.

L'IVA è un'***imposta ad valorem***, cioè prelevata in percentuale sul valore del bene o del servizio: quanto maggiore è il valore del bene, tanto maggiore è l'imposta pagata. Le accise, invece, sono ***imposte specifiche***, cioè prelevate in somma fissa, indipendentemente dal valore del bene. Pertanto, l'accisa su un litro di benzina verde è la stessa a prescindere dal prezzo praticato dalla stazione di servizio.

Dazi. Detti anche ***tariffe doganali***, sono imposte prelevate sui beni importati dall'estero.

Il peso relativo delle diverse imposte

La Tabella 11.4 mostra il peso relativo dei diversi tipi di imposte in un campione di paesi. Si possono osservare alcune differenze molto pronunciate tra una giurisdizione e l'altra. In Francia le imposte sul reddito rappresentano appena il 18,9% delle entrate fiscali complessive, a fronte del 40,5% negli Stati Uniti. Nel Regno Unito il peso dei contributi previdenziali e assistenziali sulle imposte complessive è inferiore rispetto ad altri

PAROLE CHIAVE

Imposta sul valore aggiunto (IVA) Imposta gravante su beni e servizi, prelevata a ogni stadio del processo di produzione in percentuale del valore aggiunto in quello stadio.

Imposta *ad valorem* Imposta su un bene prelevata in percentuale del valore di quest'ultimo. Può essere un'imposta di tipo monofase o multifase (come l'IVA).

Imposta specifica Imposta su un bene prelevata in misura fissa su ogni unità del bene, indipendentemente dal prezzo di quell'unità.

Dazi (o tariffe doganali) Imposte sui beni di importazione.

Tabella 11.4 Peso relativo di diverse imposte in un campione di paesi, 2018.

Tipo di imposta in percentuale del PIL	Francia	Germania	Giappone	Svezia	Regno Unito	Stati Uniti
Imposta sui redditi individuali e capital gain	9,5	10,4	6,0	12,7	9,1	9,9
Sicurezza sociale: contributi a carico dei dipendenti e dei lavoratori autonomi	4,9	7,7	6,7 [1]	2,7	2,7	3,1
Sicurezza sociale: contributi a carico dei datori di lavoro	11,2	6,7	5,8 [1]	7,0	3,7	3,0
Imposte sulle società	2,1	2,1	4,1	3,0	2,9	1,1
Imposte sui salari	1,5	0,0	0,0	5,1	0,9	0,0
Imposte sugli immobili e sul patrimonio	4,1	1,0	2,6	1,0	4,1	3,0
Imposte sulla spesa	11,5	10,1	6,2	12,3	1,07	4,3
Altre imposte	1,3	0,3	0,0	0,1	0,2	0,0
Carico fiscale complessivo	**46,1**	**38,2**	**31,4** [1]	**43,9**	**33,5**	**24,3**

[1] 2017.

Fonte: dati estratti dalle tabelle con le statistiche sui redditi di *StatExtracts* (OCSE).

paesi, mentre le imposte sugli immobili (soprattutto la *council tax*) rappresentano una percentuale più elevata.

Sussistono inoltre ampie differenze internazionali nella quota della tassazione in capo alle imprese e alle persone fisiche. In Francia le imposte sulle società, quelle sui salari e i contributi previdenziali e assistenziali a carico dei datori di lavoro ammontano al 33% del gettito fiscale complessivo e al 15% del PIL, a fronte del 20,1% e del 5,3%, rispettivamente, negli Stati Uniti.

Anche in termini di carico fiscale complessivo vi sono ampie differenze tra i paesi. In Francia il gettito fiscale corrisponde al 45,5% del PIL, mentre negli Stati Uniti soltanto il 26,4%.

La tassazione come strumento di ridistribuzione del reddito

La tassazione può essere utilizzata per ridurre la disuguaglianza del reddito: a tal fine, i ricchi devono essere tassati in misura proporzionalmente maggiore dei poveri. La portata della ridistribuzione dipende dal grado di "progressività" del sistema fiscale. In questo contesto, le imposte possono essere classificate in tre categorie.

- ***Imposte progressive***. Al crescere del reddito individuale (*Y*), la percentuale di reddito versata in imposte (*T*) aumenta. In altre parole, l'aliquota fiscale *media* (*T*/*Y*) aumenta.
- ***Imposte regressive***. Al crescere del reddito individuale, la percentuale di reddito versata in imposte diminuisce, al pari di *T*/*Y*.
- ***Imposte proporzionali***. Al crescere del reddito individuale, la percentuale di reddito versata in imposte resta invariata, e *T*/*Y* è costante.

In altre parole, la progressività è definita in base a come varia l'aliquota fiscale media (contrapposta all'aliquota *marginale*) al variare del reddito.

Una forma estrema di imposta regressiva è l'imposta di capitazione, che, come abbiamo detto, è prelevata in somma *fissa* indipendentemente dal reddito.

La Figura 11.10 illustra le tre categorie di imposta. La parte (a) mostra l'importo complessivo delle imposte versate da un individuo. Nel caso di un'imposta progressiva la curva diventa via via più ripida, a indicare che l'aliquota fiscale media (*T*/*Y*) aumenta. L'aliquota marginale (Δ*T*/Δ*Y*) è data dalla pendenza: così, tra i punti *x* e *y*, l'aliquota marginale è pari al 40%.

La parte (b) mostra le aliquote medie. Nel caso di un'imposta proporzionale, il contribuente paga lo stesso ammontare su ogni unità di reddito guadagnata; con un'imposta progressiva, l'aliquota media cresce all'aumentare del reddito, sicché un contribuente ricco paga proporzionalmente più imposte di uno povero, mentre l'esatto opposto accade con un'imposta regressiva.

Quanto più ripida è la curva crescente dell'aliquota media, tanto maggiore è la progressività dell'imposta, e tanto meno diseguale è la distribuzione del reddito netto tra la popolazione.

PAROLE CHIAVE

Imposta progressiva Imposta la cui aliquota media, calcolata in relazione al reddito, aumenta all'aumentare del reddito.

Imposta regressiva Imposta la cui aliquota media, calcolata in relazione al reddito, diminuisce all'aumentare del reddito.

Imposta proporzionale Imposta la cui aliquota media, calcolata in relazione al reddito, resta costante all'aumentare del reddito.

Figura 11.10 Diverse categorie di imposta.

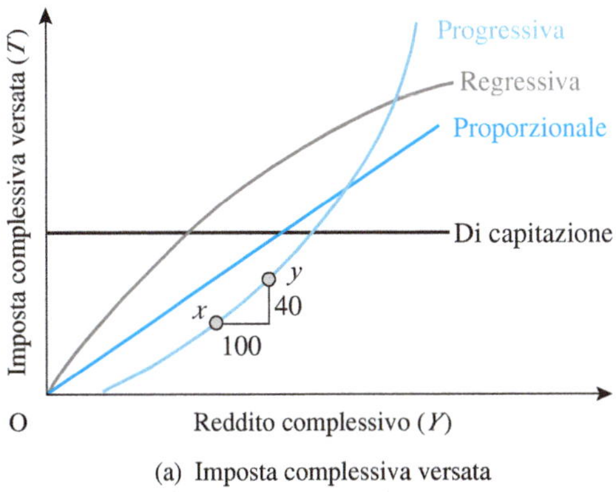

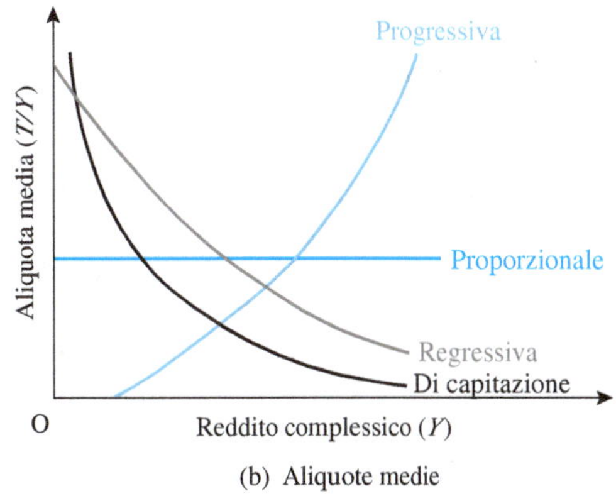

Problemi associati all'utilizzo della tassazione a scopi ridistributivi

Esaminiamo ora i problemi e i costi economici associati all'utilizzo della tassazione a scopi ridistributivi.

Problemi nel realizzare la ridistribuzione

Aiutare i più poveri. La tassazione sottrae reddito ai contribuenti e quindi può ridurre i redditi dei più ricchi. Ma nessun sistema fiscale, per quanto progressivo, può accrescere il reddito dei poveri; per far questo occorrono i sussidi (cioè le prestazioni sociali).

Si potrebbe pensare, tuttavia, di offrire maggiori sgravi fiscali ai poveri; questo è possibile, però, solo se anche i poveri pagano le tasse. Consideriamo i due casi dell'imposta sul reddito e delle imposte su beni e servizi.

- *Imposta sul reddito.* Se il governo riduce l'imposta sul reddito, tutti i contribuenti ne traggono un beneficio. Un abbattimento delle *aliquote* fiscali risulta proporzionalmente più vantaggioso per i ricchi, che hanno una quota maggiore di reddito tassabile in proporzione al reddito totale. Un aumento della *quota di reddito detassato*, d'altro canto, assicura lo stesso sgravio, in valore *assoluto*, a tutti coloro che si trovano al di sopra della nuova soglia di esenzione, e quindi uno sgravio minore in termini proporzionali ai ricchi. In entrambi i casi, tuttavia, non vi è alcun vantaggio per coloro che si trovano al di sotto della soglia di esenzione, che già non versavano comunque alcuna imposta sul reddito e non hanno nulla da guadagnare da una riduzione di tale imposta.
- *Imposte su beni e servizi.* Poiché queste imposte sono generalmente regressive, una riduzione delle loro aliquote avvantaggia i poveri proporzionalmente più dei ricchi. Un effetto ancora più pronunciato si otterrebbe abbassando di più l'aliquota sui beni consumati in misura relativamente maggiore dai poveri.

Un governo potrebbe opporsi a una riduzione del livello complessivo della tassazione, considerati i suoi impegni di spesa. In questo caso, può trasferire il carico fiscale delle imposte regressive a quelle progressive, se vuole avvantaggiare le persone molto povere.

CF 5 p46 **Evasione ed elusione fiscale.** Quanto più elevate sono le aliquote fiscali, tanto maggiore è la tentazione di sottrarsi al pagamento di una parte delle imposte. I contribuenti soggetti alle aliquote più elevate sono tendenzialmente più tentati di non dichiarare l'intero reddito al fisco. Questo tipo di evasione fiscale risulta molto più facile per coloro che non versano tutte le loro imposte mediante ritenuta alla fonte: tra questi si annoverano i lavoratori autonomi e le persone che svolgono lavori occasionali in aggiunta al loro impiego normale. Inoltre, i ricchi riescono spesso a ridurre il proprio debito di imposta – praticando l'*elusione fiscale* – avvalendosi di vari espedienti quali i trust e le scappatoie legali, come per esempio quelle che consentono di dedurre le "spese aziendali" dal reddito.

Incidenza indesiderata della tassazione. Le aliquote elevate gravanti sui lavoratori ad alto reddito potrebbero incoraggiare i datori di lavoro a corrispondere loro salari più elevati; all'estremo opposto, gli sgravi fiscali a vantaggio dei lavoratori a basso reddito potrebbero consentire ai datori di lavoro di ridurre i salari. In altre parole, l'imposta sul reddito incide in parte sul datore di lavoro e solo in parte sui dipendenti. Pertanto, eventuali tentativi di rendere l'imposta sul reddito più "progressiva" sono destinati a fallire, se i datori di lavoro modificano i salari di conseguenza.

L'incidenza dell'imposta sul reddito è determinata dall'elasticità della domanda e dell'offerta di lavoro. Nella Figura 11.11, le curve di domanda e di offerta iniziali di lavoro (prima dell'introduzione dell'imposta) si intersecano nel punto (1), in corrispondenza del quale la quantità di lavoro impiegata al salario W_1 è Q_1. L'introduzione dell'imposta sul reddito provoca uno spostamento verso l'alto della curva di offerta, in misura pari all'ammontare dell'imposta; si ottiene così la nuova curva di offerta di lavoro, O + imposta. Il nuovo equilibrio si trova quindi nel punto (2), con una quantità Q_2 di lavoro impiegato al salario (lordo) W_2.

L'incidenza dell'imposta può essere descritta come segue:

- il gettito fiscale complessivo per il governo è rappresentato dalla totalità dell'area colorata;

Figura 11.11 Incidenza di un'imposta sul reddito: curva di offerta di lavoro elastica.

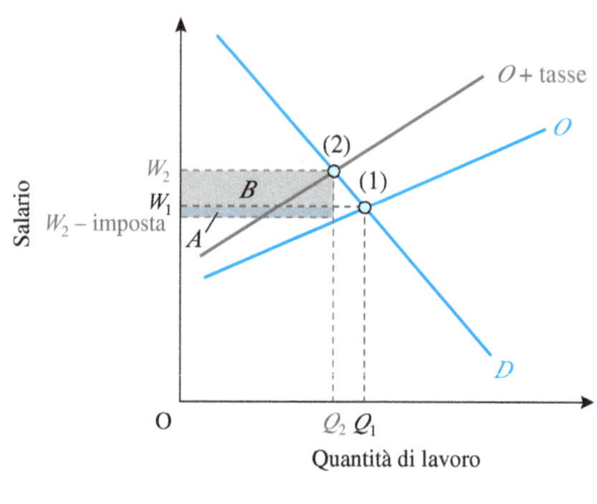

- la quota dell'imposta in capo ai lavoratori corrisponde all'area *A*, poiché il loro salario netto scende da W_1 a W_2 – imposta;
- la quota dell'imposta in capo ai datori di lavoro, che devono corrispondere ai lavoratori un aumento salariale pari a $W_2 - W_1$, è rappresentata dall'area *B*.

Se la curva di offerta di lavoro dei lavoratori ben pagati è relativamente elastica, come illustrato nella Figura 11.11, il salario netto diminuisce in misura relativamente contenuta (la quota dell'imposta in capo ai lavoratori è piuttosto bassa). L'imposta ha dunque un effetto ridistributivo relativamente modesto a danno di questo gruppo di lavoratori.

Naturalmente le imposte sui redditi non gravano solo sui lavoratori di un singolo settore; di conseguenza, gli individui non possono trasferirsi da un settore a un altro per sottrarsi alla tassazione. Ne consegue che l'offerta di lavoro è relativamente anelastica a fronte di un aumento dell'imposta sul reddito, poiché l'unico modo per evitare di pagare l'imposta è lavorare meno. Quanto minore è tale elasticità, tanto maggiore è l'onere dell'imposta in capo ai contribuenti e tanto più efficacemente si può utilizzare l'imposta sul reddito a scopi ridistributivi.

I costi economici della ridistribuzione

IC 3 p13 La ridistribuzione attuata mediante le imposte *indirette* può causare distorsioni nel mercato. Consideriamo dapprima il caso di un'imposta indiretta prelevata su un unico bene. Ipotizziamo per semplicità che vigano ovunque condizioni di concorrenza perfetta. Poiché il prezzo del bene tassato aumenta rispetto a quello di altri beni, si crea una distorsione di mercato: i consumatori iniziano a domandare una maggiore quantità dei beni che, al prezzo originario, rientravano meno nelle loro preferenze. Inoltre, la perdita sopportata da consumatori e produttori (a parità di altre condizioni) è maggiore del guadagno derivante alla società dalle entrate fiscali. Questa dinamica è illustrata nella Figura 11.12.

Figura 11.12 Un'imposta indiretta sul bene X.

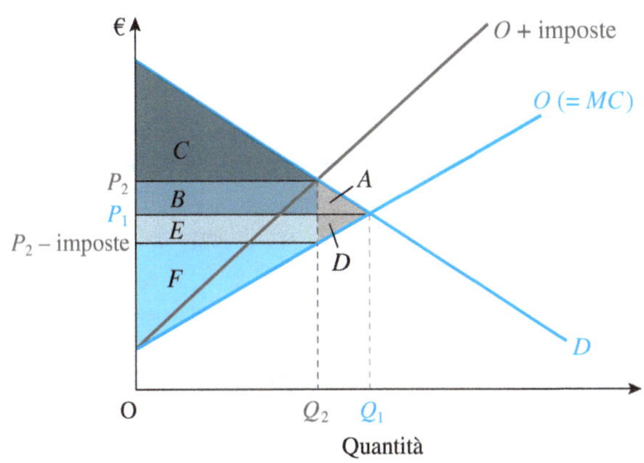

In assenza di imposte, la domanda è pari all'offerta in corrispondenza del prezzo P_1 e della quantità Q_1. A seguito dell'introduzione dell'imposta sul bene, la curva di offerta si sposta verso l'alto nella posizione *O* + imposta, il prezzo aumenta a P_2, la quantità diminuisce a Q_2 e i produttori incassano P_2 – imposta.

Dal momento che il prezzo pagato dai consumatori aumenta, il surplus del consumatore (vedi Paragrafo 4.1) diminuisce da $A + B + C$ (prima dell'introduzione dell'imposta) a *C* (dopo che il prezzo sale a P_2); di conseguenza, la perdita dei consumatori corrisponde alle aree $A + B$.

Al contempo, dopo l'introduzione dell'imposta, i produttori vendono una quantità minore a un prezzo più basso; pertanto, i loro profitti diminuiscono. Nel semplice caso in cui non vi sono costi fissi di produzione, i profitti totali corrispondono semplicemente alla somma di tutti i profitti marginali $[P\ (=R') - C']$ su ciascuna unità venduta. Prima dell'introduzione dell'imposta, i profitti totali delle imprese ammontavano a $D + E + F$; dopo l'imposta, si riducono all'area *F*. Pertanto, i produttori perdono profitti in misura pari a $D + E$.

La perdita di complessiva di surplus del consumatore e del produttore è pari ad $A + B + D + E$; l'aumento delle entrate fiscali corrisponde invece a $B + E$, ovvero all'aliquota fiscale per il numero di unità vendute (Q_2). Si genera dunque una perdita netta per la società pari all'area $A + D$, detta ***perdita secca causata dall'imposta***.

Tuttavia, se il denaro raccolto attraverso la tassazione viene ridistribuito ai poveri, l'aumento del loro benessere potrebbe più che compensare la perdita secca causata dall'imposta; infatti, l'utilità marginale di un euro sacrificato dal consumatore medio è probabilmente inferiore all'utilità marginale di un euro guadagnato da una persona povera.

Inoltre, se l'imposta è prelevata su tutti i beni nella stessa proporzione, non si genera alcuna distorsione dovuta alla riallocazione del consumo da un bene all'altro. Questa è una delle principali giustificazioni per adottare una singola aliquota per l'imposta sul valore aggiunto.

PAROLE CHIAVE

Perdita secca causata da un'imposta indiretta
Perdita di surplus del consumatore e di surplus del produttore, al netto delle entrate fiscali, provocata dall'introduzione di un'imposta indiretta.

Ovviamente, nel mondo reale i mercati sono caratterizzati da notevoli imperfezioni, e non c'è ragione per cui la tassazione debba aggravare tali distorsioni. Anzi, potrebbero esserci valide giustificazioni, in termini di efficienza, per tassare alcuni beni e servizi, come sigarette, alcolici, benzina e gioco d'azzardo, più di altri. Esamineremo queste argomentazioni nel prossimo capitolo.

Malgrado i suoi costi, la ridistribuzione del reddito genera anche benefici per l'intera società e non solo per i destinatari diretti delle politiche ridistributive. Nella misura in cui riduce il crimine, il vandalismo e il degrado urbano, la ridistribuzione è vantaggiosa per tutti, sia in termini finanziari – in virtù dei minori costi associati all'ordine pubblico e all'assistenza sociale – sia in termini più generali, grazie al miglioramento del tenore di vita che proviene da una società più felice e meno divisa.

Tassazione e incentivi

Un'elevata tassazione può comportare un altro tipo di costo economico nella misura in cui crea un disincentivo al lavoro, riducendo la produzione e il consumo a livello nazionale. L'intera questione degli incentivi è un argomento molto controverso sul piano politico. Secondo gli esponenti della destra, esiste un *trade-off* tra produzione ed equità: un'imposta sul reddito elevata e progressiva può favorire una maggiore perequazione del reddito, ma al costo di una contrazione della produzione nazionale; al contrario, una riduzione delle imposte si traduce in un aumento del reddito nazionale, che viene però suddiviso in maniera più diseguale. Ma se ad avere ragione sono gli esponenti della sinistra politica, è possibile avere sia una CF 5 p46 società più equa sia un reddito nazionale maggiore: non c'è alcun *trade-off* tra questi due obiettivi.

IC 7 p34 Nell'analizzare queste opposte argomentazioni, è essenziale distinguere tra l'*effetto di reddito* e l'*effetto di sostituzione* associati a un aumento delle imposte. Al crescere del carico fiscale, infatti, si producono due conseguenze.

- Il reddito diminuisce; di conseguenza, gli individui potrebbero voler lavorare di più per continuare a consumare la stessa quantità di beni e servizi. Questo è l'***effetto di reddito***.
- Il costo-opportunità del tempo libero diminuisce; un'ora addizionale dedicata al tempo libero comporta dunque un minor sacrificio in termini di consumi, perché per ogni ora di lavoro in meno si rinuncia a un reddito netto inferiore. Di conseguenza, gli individui potrebbero sostituire il tempo libero al consumo, e quindi lavorare meno. Questo è l'***effetto di sostituzione***.

L'entità relativa di questi due effetti varia tendenzialmente a seconda del tipo di contribuente e del tipo di modifica apportata al regime fiscale.

Diversi tipi di contribuenti

L'*effetto di reddito* tende a prevalere sull'effetto di sostituzione per i contribuenti che hanno impegni a lungo termine: per esempio, le persone con familiari a carico o quelle che hanno contratto un mutuo o altri debiti. Questi contribuenti potrebbero sentirsi obbligati a lavorare di più per mantenere inalterato il proprio reddito disponibile; per queste persone, chiaramente, le imposte più elevate non sono un disincentivo al lavoro. L'effetto di reddito è verosimilmente piuttosto elevato anche per le IC 7 p34 persone ad alto reddito, i cui introiti sarebbero fortemente decurtati da un aumento delle imposte.

L'*effetto di sostituzione* potrebbe invece essere prevalente per gli individui che non hanno molti impegni: per esempio, per coloro i cui figli sono andati via di casa, per i single e per i percettori del secondo reddito nelle famiglie in cui quella seconda fonte di entrate non è indispensabile per i consumi di base. Un aumento delle aliquote fiscali potrebbe indurre queste persone a lavorare meno.

I percettori di redditi elevati, se da un lato potrebbero essere indotti a lavorare di più a seguito di un *aumento* delle imposte, dall'altro potrebbero essere scoraggiati da una *struttura* fiscale fortemente progressiva. Se fossero soggetti ad aliquote marginali molto elevate, questi contribuenti potrebbero non avere un incentivo a ottenere una promozione o a spendersi maggiormente nel lavoro (vedi Box 11.1).

Diverse modifiche del regime fiscale

Un governo potrebbe voler aumentare le imposte sul reddito per effettuare una ridistribuzione attraverso l'erogazione di maggiori sussidi e altre prestazioni. A tal fine, può effettuare tre operazioni: alzare le aliquote marginali più elevate, aumentare l'aliquota di base e ridurre la quota di reddito detassato.

PAROLE CHIAVE

Effetto di reddito di un aumento delle imposte Aumento delle imposte riduce i redditi individuali e dunque incoraggia le persone a lavorare di più.

Effetto di sostituzione di un aumento delle imposte L'aumento delle imposte riduce il costo-opportunità del tempo libero e induce gli individui a lavorare meno.

BOX 11.1 ESPLORARE L'ECONOMIA

La curva di Laffer: la botte piena e la moglie ubriaca

CF 5 p46 Il professor Arthur Laffer è stato uno dei consiglieri del presidente degli Stati Uniti durante la prima amministrazione Reagan (1981–1984). A quei tempi era anche un fervente sostenitore dei tagli all'imposta sul reddito che, a suo dire, avrebbero favorito un aumento significativo della produzione.

Come se non bastasse, Laffer affermava che la riduzione della pressione tributaria avrebbe prodotto un incremento delle entrate fiscali.

Se (in virtù degli incentivi) gli sgravi fiscali causano un aumento del reddito proporzionalmente maggiore della riduzione dell'aliquota, il gettito fiscale aumenta. Questo effetto è illustrato dall'ormai famosa "curva di Laffer".

Se l'aliquota di imposta è nulla, nulle sono anche le entrate fiscali. All'aumentare dell'aliquota, il gettito fiscale aumenta e la curva assume pendenza positiva. Presto o tardi, però, la curva raggiunge un massimo (in corrispondenza dell'aliquota t_1). Superato quel livello, l'aliquota diventa talmente elevata che il conseguente calo della produzione finisce per vanificare l'effetto dell'aumento dell'aliquota, e la curva inizia a decrescere. Quando l'aliquota fiscale raggiunge il 100%, il gettito scende nuovamente a zero, perché nessuno ha un incentivo a lavorare.

La curva di Laffer non è necessariamente simmetrica: può raggiungere il massimo in corrispondenza di un'aliquota del 40, 50, 60 o persino del 90%. Nondimeno, Laffer e altri esponenti della destra politica sostenevano che le aliquote fiscali fossero superiori a t_1. In realtà, la maggior parte degli studi empirici suggerisce che nella maggioranza dei paesi le aliquote fiscali fossero inferiori a t_1 negli anni Ottanta e che certamente lo sono adesso, dati gli sgravi fiscali introdotti in ogni parte del mondo negli ultimi venti anni.

Entrate fiscali complessive.

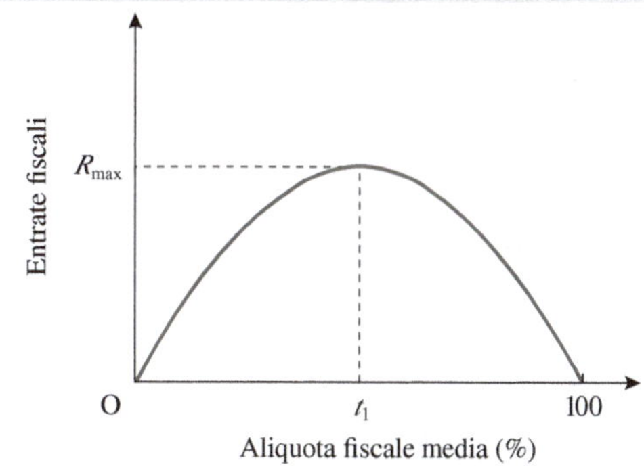

Alzare le aliquote marginali più elevate. Questa può sembrare la maniera più efficace di operare una ridistribuzione del reddito: dopo tutto, a essere penalizzati sarebbero soltanto i ricchi. Un simile provvedimento presenta però alcuni gravi problemi.

- L'effetto di reddito sarà relativamente contenuto, l'aumento delle imposte interessa solo la parte dei redditi assoggettata alle aliquote più elevate. L'effetto di sostituzione, invece, potrebbe essere relativamente pronunciato: i ricchi sono verosimilmente inclini ad attribuire maggior valore al tempo libero e, se una quota consistente dei loro redditi addizionali viene assorbita dalle imposte, potrebbero essere disincentivati dal lavorare con impegno.
- IC 11 p68 Il provvedimento potrebbe dissuadere gli imprenditori dall'assumersi rischi.
- I ricchi potrebbero trasferirsi più facilmente all'estero, e dunque il provvedimento potrebbe causare una "fuga di capitali".

Aumentare l'aliquota di base. Come abbiamo visto, l'effetto di reddito è tendenzialmente più pronunciato per le persone ad alto reddito, soprattutto se hanno contratto impegni significativi come un mutuo di importo ingente. Per queste persone, un aumento delle imposte potrebbe fungere da incentivo a lavorare.

Per i contribuenti che si trovano appena al di sopra della soglia di esenzione, le imposte versate sul reddito *esistente* non subirebbero variazioni di rilievo, poiché la maggior parte di tale reddito è esentasse. Tuttavia, ogni euro *addizionale* di reddito guadagnato verrebbe assoggettato alla nuova aliquota più elevata. L'effetto di sostituzione, pertanto, potrebbe essere superiore all'effetto di reddito, quindi l'aumento dell'aliquota avrebbe un effetto disincentivante.

Per i contribuenti con un reddito inferiore alla soglia di esenzione, l'aliquota marginale resta nulla. Un aumento dell'aliquota base potrebbe tuttavia dissuaderli dal seguire un programma di formazione o di riqualificazione professionale finalizzato a ottenere una retribuzione più elevata.

Infine, un aumento delle aliquote fiscali potrebbe indurre i disoccupati ad abbandonare la ricerca di un impiego.

➤BOX 11.2 ESPLORARE L'ECONOMIA

Sgravi fiscali e incentivi: un'applicazione dell'analisi basata sulle curve di indifferenza[1]

Gli sgravi fiscali incentivano gli individui a lavorare di più? Possiamo rispondere a questa domanda utilizzando le curve di indifferenza (vedi Paragrafo 4.3). L'analisi è simile a quella sviluppata nel Box 9.2. Si ipotizza che gli individui possano scegliere il numero di ore di lavoro giornaliere.

La situazione in assenza di imposta sul reddito

La retta di bilancio illustra le diverse combinazioni di reddito e tempo libero tra cui un individuo può scegliere per un dato livello del salario.

Le curve di indifferenza mostrano tutte le combinazioni di reddito e tempo libero che assicurano all'individuo pari soddisfazione. La combinazione ottima di lavoro e tempo libero, data da Y^* e L^*, si trova nel punto *a*, in corrispondenza della curva di indifferenza più elevata raggiungibile dall'individuo.

(a) In assenza di imposta sul reddito.

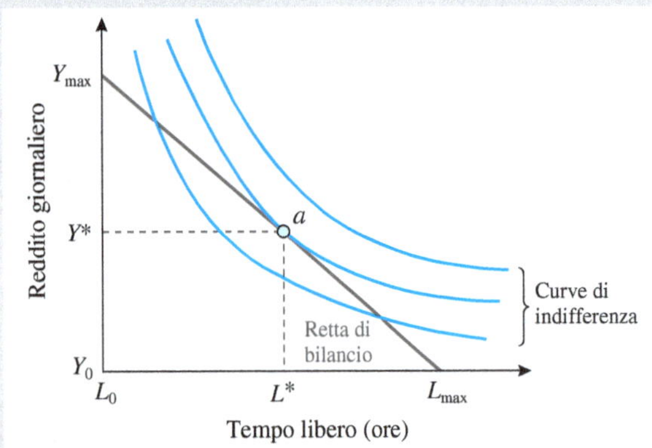

La situazione in presenza di imposta sul reddito

Introduciamo adesso un sistema di imposizione fiscale sul reddito, come illustrato nel diagramma seguente (b).

Ipotizziamo che l'imposta abbia le seguenti caratteristiche.

- Fino al livello di reddito Y_1 non si paga alcuna imposta: Y_1 è la quota di reddito detassato.
- Sui redditi compresi tra Y_1 e Y_2 si paga l'aliquota base. La retta di bilancio diventa più piatta, poiché per ogni ora addizionale di tempo libero sacrificata si guadagna un reddito inferiore.
- Sui redditi superiori a Y_2 si paga l'aliquota marginale più elevata. La retta di bilancio diventa ancora più piatta.

Come illustrato nel diagramma, l'individuo opta adesso per un reddito netto Y^{**} e per L^{**} ore di tempo libero, la combinazione corrispondente al punto *b*. Osservate che L^{**} è superiore a L^*, la quantità ottima di tempo libero in assenza di imposta (punto *a*). In questo diagramma, dunque, l'imposta crea un disincentivo: l'effetto di sostituzione prevale sull'effetto di reddito.

(b) In presenza di imposta sul reddito.

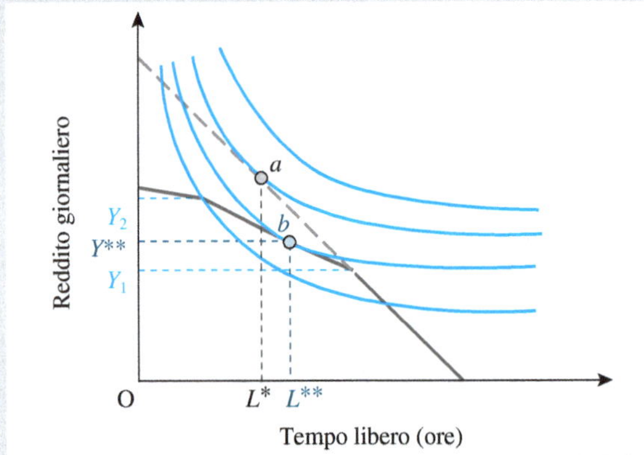

Una riduzione dell'aliquota base

Esaminiamo ora gli effetti degli sgravi fiscali, cominciando con una riduzione dell'aliquota base (diagramma (c)).

Questo provvedimento rende la retta di bilancio più ripida a sinistra del punto *q* (la soglia di esenzione fiscale).

Nel caso degli individui che si trovano esattamente sulla soglia – come la persona X – la riduzione dell'aliquota base non produce alcun effetto. La persona X godeva di L_X ore di tempo libero (punto *a*) prima dello sgravio fiscale e continua a farlo anche dopo.

Nel caso degli individui che si trovano sopra la soglia di esenzione – come la persona W – la riduzione dell'aliquota base

(c) Riduzione dell'aliquota base.

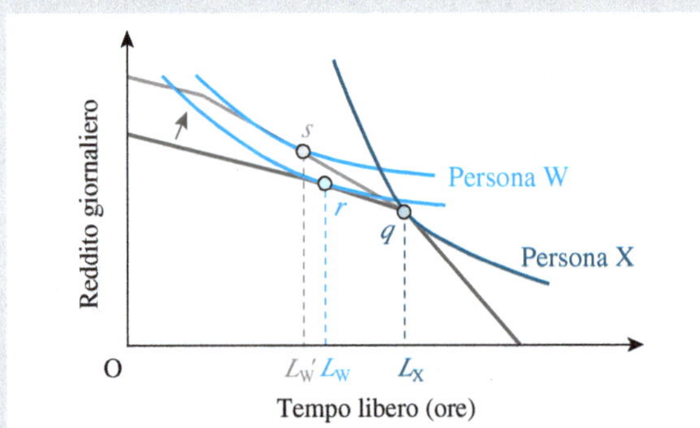

1 Questo box è basato su Ulph, D., "Tax cuts: will they work?", *Economic Review*, marzo 1987.

permette di raggiungere una curva di indifferenza più elevata. La persona W si porta dunque dal punto *r* al punto *s*. Per come è tracciato il diagramma, il punto *s* si trova a sinistra nel punto *r*; pertanto la persona W lavora di più: l'effetto di sostituzione prevale ancora una volta sull'effetto di reddito.

Un innalzamento della soglia di esenzione

Il diagramma (d) illustra l'effetto di un innalzamento della soglia di esenzione a parità di aliquote fiscali.

La soglia oltre la quale i contribuenti iniziano a pagare l'imposta sul reddito aumenta dal punto *t* al punto *u*. La pendenza della retta di bilancio, tuttavia, rimane invariata, poiché le aliquote non sono state modificate.

Nel caso dei contribuenti che già pagavano le imposte, l'aumento della quota di reddito detassato è equivalente a un incremento in somma fissa del reddito: si produce dunque un effetto di reddito; tuttavia, dal momento che le aliquote fiscali non sono mutate, non vi è alcun effetto di sostituzione. Di conseguenza, gli individui lavorano meno. La persona illustrata nel diagramma si sposta dal punto *m* al punto *n*, dove "consuma" L_2 ore di tempo libero anziché L_1.

(d) Innalzamento della soglia di esenzione.

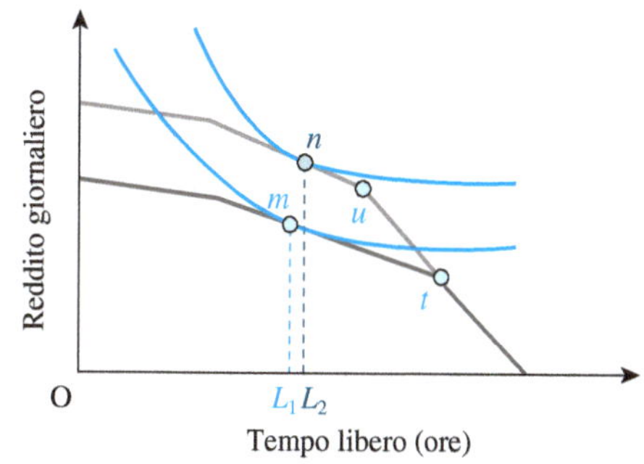

Una riduzione dell'aliquota più elevata

È probabile che questo provvedimento provochi un effetto di reddito relativamente contenuto, fatta eccezione per i contribuenti con un reddito molto elevato. Ne consegue che l'effetto di sostituzione tende a prevalere sull'effetto di reddito, inducendo gli individui a lavorare di più.

Riduzione della quota di reddito detassato. Per quanti si trovano al di sopra della vecchia soglia di esenzione non vi è alcun effetto di sostituzione, poiché le aliquote fiscali rimangono immutate. Vi è tuttavia un effetto di reddito, analogo a quello di un'imposta di capitazione. Il reddito netto di tutti viene decurtato di un importo fisso, e alcuni potrebbero essere costretti a lavorare di più per colmare almeno in parte la differenza. Questo tipo di provvedimento è dunque fortemente regressivo: se il debito d'imposta di tutti aumenta dello stesso importo, i poveri pagano proporzionalmente di più rispetto ai ricchi. In altre parole, una riduzione della quota di reddito detassato non produrrebbe probabilmente effetti disincentivanti, ma non sarebbe un provvedimento indicato nell'ambito di una politica volta a ridurre la disuguaglianza del reddito.

Alla luce di queste argomentazioni teoriche, possiamo concludere che una modifica del regime fiscale produce effetti molto diversi in funzione (a) dei soggetti interessati e (b) della natura delle modifiche stesse.

È opportuno sottolineare un ultimo punto: molte persone non hanno scelta riguardo al proprio orario di lavoro, che di norma è dettato dal loro specifico impiego, indipendentemente dalle modifiche del regime fiscale.

Studi empirici

Tutte le evidenze empiriche suggeriscono che le modifiche del regime fiscale hanno un effetto relativamente trascurabile sul livello di produzione. Le curve di offerta di lavoro sembrerebbero pertanto fortemente anelastiche a fronte di variazioni della tassazione.

Prestazioni sociali

Le prestazioni sociali possono essere erogate in denaro o in natura.

Prestazioni in denaro

Prestazioni basate sul reddito. Le ***prestazioni basate sul reddito*** sono riservate alle persone il cui reddito o i cui risparmi sono inferiori a una certa soglia. Per beneficiare di queste prestazioni, dunque, occorre fare apposita richiesta e dichiarare le proprie condizioni economiche alle autorità.

PAROLE CHIAVE

Prestazioni basate sul reddito Prestazioni sociali il cui ammontare dipende dal reddito o dalla ricchezza del destinatario.

Le prestazioni possono essere erogate sotto forma di sovvenzioni o di prestiti, e possono assumere la forma di un generico sostegno al reddito oppure di un contributo mirato a esigenze specifiche, come le spese per l'affitto, per l'acquisto di carburante o per l'arredamento.

Prestazioni universali. Le ***prestazioni universali*** sono destinate a tutti gli individui che, indipendentemente dal reddito, ricadono in una particolare categoria o soddisfano determinate condizioni (tali condizioni potrebbero includere la continuità contributiva). Tra gli esempi figurano le pensioni pubbliche e alcuni tipi di indennità di disoccupazione, malattia e invalidità.

Prestazioni in natura

Gli individui ricevono dallo Stato altri tipi di prestazioni, sotto forma non di pagamenti monetari diretti, bensì di beni e servizi gratuiti o sussidiati. Nella maggior parte dei paesi le due più importanti categorie di ***prestazioni in natura*** sono l'assistenza sanitaria e l'istruzione, la cui distribuzione si presenta però fortemente disomogenea a causa del fattore età; gli anziani, in particolare, sono tra i maggiori fruitori dell'assistenza sanitaria, ma non dell'istruzione.

Le prestazioni in natura sono consumate più o meno nella stessa misura dai diversi gruppi di reddito. Ciò nonostante, hanno un effetto perequativo, perché per i poveri rappresentano una quota maggiore del reddito rispetto ai ricchi, pur avendo un impatto ridistributivo minore di quello delle prestazioni in denaro.

La Figura 11.13 mostra la spesa destinata alle prestazioni di protezione sociale in un campione di paesi europei; tra queste figurano le indennità di disoccupazione, malattia, invalidità e maternità, gli assegni familiari, gli assegni in caso di morte, i contributi alle spese per l'affitto e le pensioni statali. Si tratta perlopiù di prestazioni in denaro, ma comprendono anche alcune prestazioni in natura; sono escluse da questa categoria l'assistenza sanitaria e l'istruzione. Come si può osservare, il livello delle prestazioni varia in misura significativa da un paese all'altro. Questo si spiega in parte alla luce dei diversi tassi di disoccupazione e delle diverse strutture demografiche che si riscontrano in ciascun paese. Per esempio, l'Irlanda rispetto ad altri paesi dell'Unione Europea presenta una bassissima percentuale di abitanti ultrasessantacinquenni e la minima incidenza della spesa pensionistica sul totale delle prestazioni. La generosità e la copertura delle prestazioni varia notevolmente da un paese all'altro, anche in funzione del livello di reddito pro capite.

Prestazioni sociali e ridistribuzione del reddito

Potrebbe sembrare che le prestazioni basate sul reddito siano un sistema molto più efficiente per ridistribuire il reddito dai ricchi ai poveri, dal momento che il denaro viene destinato a chi ne ha più bisogno. Le prestazioni universali, invece, potrebbero andare a beneficio anche di chi non ne ha necessità. Si potrebbe pensare, per esempio, che le famiglie molto agiate non abbiano bisogno dell'assegno per figli a carico, e che forse il governo farebbe meglio a dirottare le risorse verso coloro che si trovano in un autentico stato di bisogno.

Tuttavia, i tentativi di operare una ridistribuzione attraverso le prestazioni basate sul reddito possono incorrere in alcuni gravi problemi.

- Non tutti coloro che hanno diritto a tali prestazioni fanno richiesta per ottenerle, perché non conoscono le opzioni disponibili, vuoi perché sono scoraggiati dalla complessità della procedura burocratica, vuoi perché sono restii a rivelare le proprie condizioni personali o ancora perché trovano mortificante fare richiesta; pertanto, alcune delle famiglie più povere non ricevono alcuna assistenza. Questo è un problema particolarmente acuto per i pensionati che vivono in povertà.
- La soglia di reddito oltre la quale si perde il diritto alle prestazioni potrebbe essere fissata a un livello troppo basso. Anche qualora venisse innalzata, ci sarebbero comunque persone appena al di sopra della soglia che versano in condizioni difficili.
- Le prestazioni basate puramente sul reddito (o persino le prestazioni universali basate su ampie categorie) ignorano i particolari bisogni di molti poveri. Una persona che guadagna €600 al mese, vive in un piccolo appartamento ben arredato con un canone di affitto contenuto e dispone di un po' di terreno da destinare a orto avrà meno bisogno di assistenza di un'altra persona che pure guadagna €600 al mese, ma vive in una casa fredda e umida con bollette salate da pagare e senza la possibilità di prodursi alimenti da sé. Affinché le prestazioni basate sul reddito siano eque, bisogna tenere conto di *tutte* le circostanze personali di ognuno.

PAROLE CHIAVE

Prestazioni universali Prestazioni erogate a tutti i soggetti appartenenti a una data categoria, indipendentemente dal reddito o dalla ricchezza.

Prestazioni in natura Beni e servizi che lo Stato fornisce direttamente al beneficiario a prezzo nullo o sussidiato. In alternativa, lo Stato può sussidiare la fornitura di tali beni e servizi da parte del settore privato.

Figura 11.13 Prestazioni di protezione sociale in un campione di paesi europei.

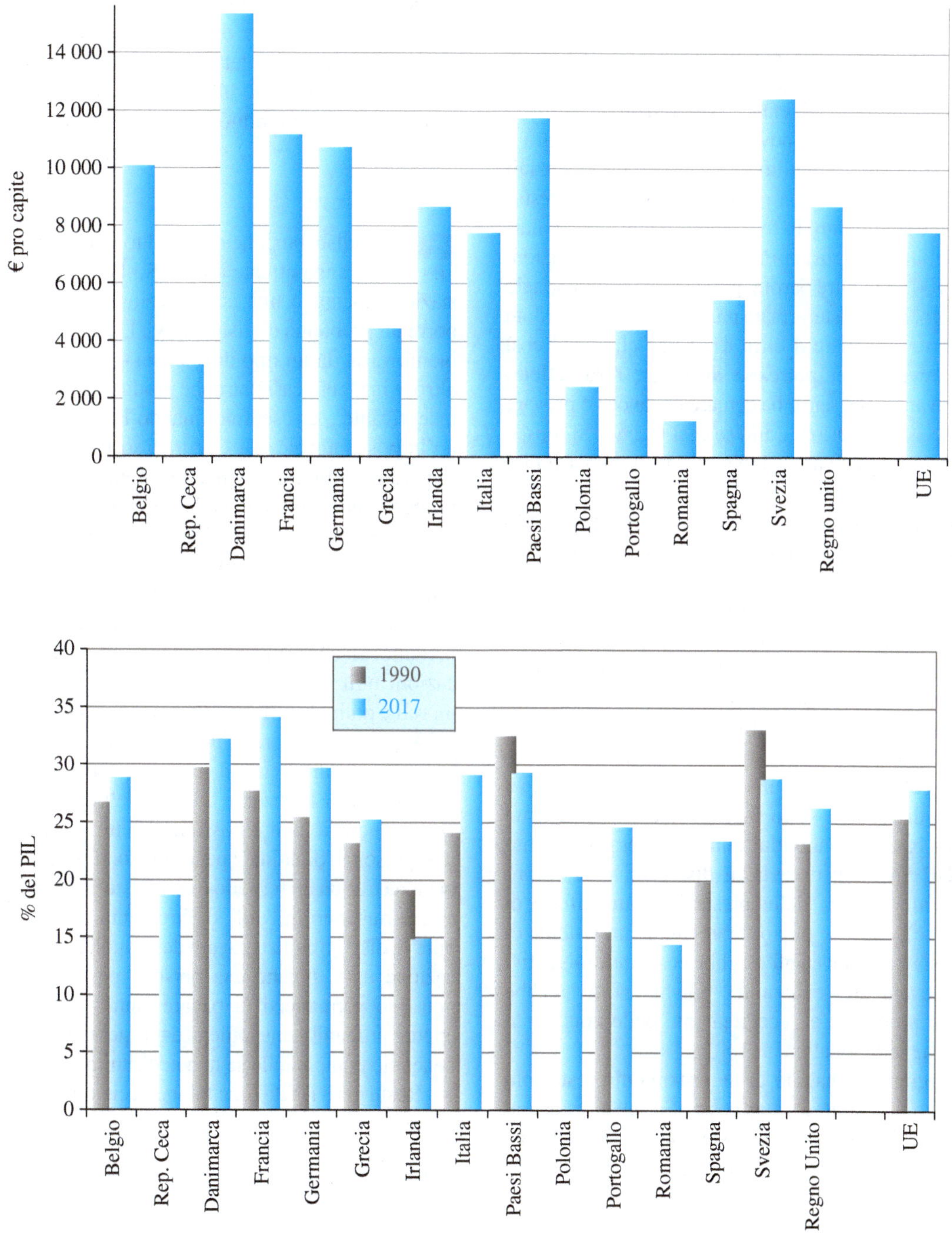

(b) % del PIL

Fonte: basate su dati di protezione sociale, Eurostat, 2020.

Imposte, prestazioni e il problema dei disincentivi: la trappola della povertà

Le prestazioni basate sul reddito, abbinate a un sistema di imposte sul reddito progressive, possono generare un grave problema di disincentivi. All'aumentare dei loro guadagni, i soggetti più poveri iniziano non soltanto a pagare le imposte sul reddito e i contributi previdenziali e assistenziali, ma anche a perdere il diritto alle prestazioni basate sul reddito. In teoria è possibile che, al margine, il debito di imposta più la perdita delle prestazioni superi il 100%; in altre parole, per ogni euro addizionale guadagnato, le imposte versate più le prestazioni perdute potrebbero assommare a oltre €1. Una "aliquota" così elevata, ovviamente, potrebbe avere un forte effetto disincentivante: che senso ha cercare un lavoro o provare ad accrescere il proprio reddito se così facendo si finisce CF 5 p46 per guadagnare poco di più o addirittura per subire una perdita?

Questo problema va sotto il nome di ***trappola della povertà***: molte persone sono intrappolate in una condizione di basso reddito senza alcuna opportunità realistica di migliorare la propria condizione.

Il problema della trappola della povertà potrebbe essere risolto con l'adozione di un sistema di prestazioni universali svincolate dal reddito. Per esempio, *tutti* potrebbero ricevere dallo Stato un pagamento in somma fissa, abbastanza elevato da coprire i bisogni fondamentali. Vi sarebbe comunque un disincentivo, ma limitato a un effetto di reddito: se lo Stato assicurasse a tutti un reddito di base, gli individui non avrebbero altrettanto bisogno di lavorare; tuttavia, il disincentivo al lavoro associato alla perdita delle prestazioni (un effetto di sostituzione) verrebbe meno. In aggiunta, un sistema di IC 7 p34 prestazioni universali avrebbe costi amministrativi relativamente contenuti, poiché non sarebbe necessario procedere all'accertamento delle condizioni economiche individuali.

Il maggiore svantaggio di un sistema di prestazioni universali risiede tuttavia nel costo. Se tali prestazioni fossero erogate a tutti in misura sufficientemente elevata per aiutare i poveri, il costo complessivo sarebbe enorme. Dunque, se è vero che le prestazioni di per sé non avrebbero un effetto disincentivante, la tassazione necessaria per finanziarla creerebbe probabilmente incentivi perversi.

Non esiste una soluzione ideale a questo dilemma. Da un lato, quanto più le prestazioni sono mirate specificamente ai poveri, tanto maggiore è il problema della trappola della povertà; dall'altro, quanto più ampia è la popolazione dei destinatari, tanto maggiore è il costo di assicurare agli individui un dato livello di sostegno. Una possibile proposta di compromesso è l'adozione di un'***imposta sul reddito negativa***, ovvero un sistema combinato di imposte e prestazioni sociali in base al quale, all'aumentare del reddito, gli individui perdono gradualmente il diritto alle prestazioni finché, superato un certo livello di reddito, iniziano a pagare le tasse.

Conclusioni

CF 5 p46 La ridistribuzione del reddito non è priva di costi; che venga attuata attraverso la tassazione, le prestazioni sociali o una combinazione di entrambe, può porre un problema di disincentivi. L'entità di questo problema varia da un tipo di imposta o di prestazione a un altro, e in alcuni casi potrebbe prodursi persino un effetto incentivante, per esempio quando l'effetto di reddito di un'imposta prevale sull'effetto di sostituzione. È dunque importante stimare i particolari effetti di ciascun tipo di proposta non soltanto sulla distribuzione del reddito stessa, ma anche sull'efficienza economica.

In ultima analisi, per decidere quanta parte del reddito si debba ridistribuire e se valga la pena di sostenere i costi della ridistribuzione occorre formulare giudizi normativi; pertanto, gli economisti non sono in grado di fornire indicazioni utili in tal senso, giacché si tratta di questioni morali e politiche. Sfortunatamente non esiste un metodo IC 6 p29 per quantificare l'"utilità" guadagnata dai poveri e persa dai ricchi, in modo da soppesare i benefici netti della ridistribuzione a fronte della perdita di produzione. Tuttavia, non è possibile effettuare tali "confronti interpersonali di utilità": per esempio, il beneficio che una persona trae da un fornello o da una stufa elettrica non può essere misurato in "util" o altre "unità psichiche". Neppure la disponibilità a pagare dei singoli fornisce un'indicazione utile, poiché una persona povera, ovviamente, non può permettersi di pagare tanto quanto una ricca, eppure probabilmente ottiene dagli stessi beni e servizi un beneficio comparabile se non addirittura superiore.

Resta però il fatto che talune decisioni devono essere prese.

PAROLE CHIAVE

Trappola della povertà La situazione in cui gli individui poveri non hanno alcun incentivo a lavorare o a cercare un'occupazione migliore, perché l'aumento di reddito sarebbe in gran parte eroso dall'aumento delle imposte e dalla perdita delle prestazioni sociali.

Imposta sul reddito negativa Sistema combinato di imposte e sussidi. All'aumentare del reddito, gli individui perdono gradualmente il diritto ai sussidi finché, superato un certo livello di reddito, iniziano a pagare le tasse.

I paragrafi in pillole

Paragrafo 11.1

1. Si può analizzare la disuguaglianza esaminando la distribuzione quantitativa del reddito, la distribuzione funzionale del reddito, la distribuzione del reddito per classi oppure la portata e la natura della povertà.
2. La distribuzione quantitativa del reddito può essere illustrata mediante la curva di Lorenz. Quanto maggiore è la disuguaglianza, tanto più la curva risulta inarcata verso l'angolo in basso a destra.
3. La distribuzione quantitativa del reddito può essere altresì misurata con il coefficiente di Gini, che può assumere un valore compreso tra 0 (totale uguaglianza) e 1 (totale disuguaglianza). La distribuzione del reddito può essere misurata inoltre come rapporto tra la quota del reddito nazionale in capo a un dato quantile a basso reddito e quella ascrivibile a un quantile a più alto reddito.
4. La principale fonte di reddito è rappresentata senz'altro da salari e stipendi, quindi la disuguaglianza può essere spiegata in termini di differenziali retributivi.
5. Fra le altre determinanti della disuguaglianza del reddito figurano la differente composizione dei nuclei familiari, il genere e il luogo di residenza.
6. La distribuzione della ricchezza è più diseguale della distribuzione del reddito.
7. Gli atteggiamenti verso le politiche di ridistribuzione variano nell'arco dello spettro politico. Gli esponenti della destra sottolineano il pericolo che le politiche ridistributive possano compromettere gli incentivi. L'approccio migliore al contrasto della disuguaglianza, secondo gli esponenti della destra, consiste nel deregolamentare i mercati in modo da favorire una maggiore mobilità. La sinistra, per contro, ravvisa minori pericoli nella riduzione degli incentivi e pone l'accento sull'importanza morale e sociale della ridistribuzione dai ricchi ai poveri.

Paragrafo 11.2

1. Il governo può intervenire nell'economia attraverso la tassazione e la spesa pubblica per conseguire diversi obiettivi, quali la ridistribuzione del reddito, la correzione delle distorsioni di mercato e la stabilizzazione macroeconomica.
2. Un sistema fiscale efficace deve soddisfare una molteplicità di requisiti, tra i quali l'equità orizzontale e verticale, il principio delle prestazioni e controprestazioni, il basso costo della riscossione dei tributi, la difficoltà di evasione e di elusione fiscale, l'assenza di effetti distorsivi, la comprensibilità per il contribuente, la semplicità per il governo, e la presenza di effetti disincentivanti minimi.
3. Le imposte possono essere suddivise in due categorie: quelle versate direttamente dal contribuente al fisco (come l'imposta sul reddito) e quelle versate indirettamente attraverso un soggetto terzo (come l'IVA).
4. La tassazione può essere progressiva, regressiva o proporzionale. Le imposte progressive tendono a ridurre la disuguaglianza, in misura tanto maggiore quanto più pronunciata è la progressività.
5. Le imposte presentano numerosi limiti quale strumento di ridistribuzione del reddito. In primo luogo, di per sé non permettono di accrescere i redditi dei poveri (tuttavia, una riduzione delle imposte, se attentamente calibrata, può aiutare i soggetti meno abbienti). In secondo luogo, un'imposizione troppo elevata sui ricchi può incoraggiare l'evasione o l'elusione fiscale. Infine, all'aumentare dell'imposta sul reddito gravante sui ricchi, i loro datori di lavoro potrebbero essere indotti a pagare retribuzioni (lorde) più elevate.
6. L'utilizzo delle imposte dirette a scopi ridistributivi comporta un costo in termini di riallocazione delle risorse.
7. Un aumento delle imposte esplica due effetti sull'offerta di lavoro individuale: da un lato, gli individui sono incoraggiati a lavorare di più, per mantenere invariati i propri guadagni (effetto di reddito); dall'altro, le persone sono incentivate a sostituire il tempo libero al reddito (cioè a lavorare meno), poiché diminuisce il costo-opportunità del tempo libero in termini di reddito sacrificato (effetto di sostituzione). L'entità relativa degli effetti di reddito e di sostituzione dipende dal modo in cui viene modificato il regime fiscale. L'effetto di sostituzione di un aumento delle imposte tende a prevalere sull'effetto di reddito per quei contribuenti con pochi impegni, per quanti si trovano appena al sopra della soglia di esenzione e nei casi in cui vengono innalzate le aliquote di imposta più elevate.
8. Le prestazioni sociali possono essere erogate in denaro oppure in natura. Le prestazioni basate sul reddito sono rivolte principalmente alle famiglie povere oppure a basso reddito; le prestazioni universali comprendono le pensioni statali e gli assegni per figli a carico. Tra le prestazioni in natura figurano l'assistenza sanitaria, l'istruzione e le mense scolastiche gratuite.
9. Le prestazioni basate sul reddito possono essere specificamente mirate a chi versa in stato di bisogno, e sono quindi le più efficaci sul piano dei costi. Tuttavia, tali prestazioni possono presentare gravi problemi, quali il numero limitato di richieste, l'esclusione di quanti si trovano appena al di sopra della soglia degli aventi diritto e la mancata considerazione di tutte le circostanze rilevanti che concorrono ai bisogni individuali.
10. Quando l'aumento delle imposte e la perdita delle prestazioni sociali scoraggiano i poveri dal guadagnare di più, si genera una trappola della povertà. Quanto maggiore è la progressività di questo sistema in corrispondenza dei redditi bassi, tanto più pronunciato è l'effetto disincentivante.

Domande di ripasso

1. È possibile utilizzare la tassazione per alleviare la povertà?
2. In che modo le diverse opinioni politiche sulle caratteristiche di un sistema fiscale "efficace" possono entrare in conflitto?
3. Descrivete le diverse caratteristiche di un sistema fiscale proporzionale, progressivo e regressivo. Un'imposta progressiva può avere un'aliquota marginale costante?
4. Illustrate le argomentazioni favorevoli e contrarie a un'imposta di capitazione.
5. In quali circostanze un aumento dell'imposta sul reddito avrebbe un effetto (a) incentivante e (b) disincentivante sull'impegno lavorativo?
6. Che cosa si intende per trappola della povertà? Come dovrebbe essere strutturato un sistema di prestazioni sociali per risolvere al meglio questo problema?
7. Quale approccio si potrebbe adottare per decidere se sia la persona A o la persona B a trarre maggiore beneficio personale da (a) una stufa elettrica; (b) un sussidio per l'abbigliamento di €x; (c) l'istruzione universitaria gratuita; (d) l'assegno per figli a carico? Le vostre risposte vi aiutano a decidere come allocare la meglio le prestazioni sociali?
8. Secondo le statistiche, nel 2012 nel Regno Unito vivevano 2 milioni di pensionati poveri. Si stima che nello stesso anno le famiglie di pensionati possedevano un patrimonio immobiliare di 1.031 miliardi di sterline. Che cosa implicano questi dati circa la disuguaglianza e la povertà?

ONLINE

Sulla piattaforma MyLab dedicata a questo testo troverete materiali di supporto e approfondimento. All'interno dello stesso ambiente è disponibile la piattaforma inglese MyLab Economics che offre ulteriori risorse, un ricco apparato multimediale ed esercizi guidati.

CAPITOLO

12 Mercati, efficienza e interesse pubblico

Sommario del capitolo

Nel Capitolo 11 abbiamo esaminato il problema della disuguaglianza; qui ci occuperemo di un'altra questione fondamentale, quella dell'efficienza (o dell'inefficienza) dei mercati nell'allocazione delle risorse.

Nel Paragrafo 12.1 spiegheremo come un'economia caratterizzata da mercati perfetti può, in determinate circostanze, pervenire alla "efficienza sociale". Nel Paragrafo 12.2 esamineremo il mondo reale, dimostrando come i mercati, di fatto, non raggiungano gli obiettivi sociali; questi fallimenti rappresentano la principale argomentazione in favore dell'intervento pubblico nelle economie di mercato. Nel Paragrafo 12.3 discuteremo i diversi modi in cui un governo può intervenire per correggere i fallimenti del mercato.

Per sostituirsi al mercato e fornire direttamente beni e servizi, il governo ha bisogno di un metodo per determinarne costi e benefici. Nel Paragrafo 12.4 ci soffermeremo sulla "analisi costi-benefici", che consente di valutare l'opportunità di intraprendere progetti pubblici come la costruzione di una nuova autostrada o di un nuovo ospedale. Infine, nel Paragrafo 12.5 esamineremo le ragioni per limitare l'interferenza del governo nell'economia, analizzando i vantaggi dei mercati nel mondo reale e gli svantaggi dell'intervento pubblico.

12.1 L'efficienza in concorrenza perfetta

Molti economisti e politici utilizzano il modello della concorrenza perfetta come riferimento ideale con il quale confrontare i benefici e le imperfezioni dei mercati del mondo reale.

Come abbiamo mostrato nel Capitolo 7, la concorrenza perfetta presenta diversi vantaggi per la società: in concorrenza perfetta, infatti, i profitti supernormali delle imprese vengono annullati nel lungo periodo dall'ingresso di nuovi concorrenti nel settore; di conseguenza, le imprese sono costrette a produrre in corrispondenza del punto di minimo delle rispettive curve di costo medio. Per di più, il timore di essere estromesse dal mercato a causa dell'ingresso di nuovi concorrenti costringe le imprese a cercare metodi di produzione più efficienti, che spostino le curve *CM* verso il basso.

IC 3 p13 L'argomentazione di più vasta portata in favore della concorrenza perfetta afferma che questa struttura di mercato, in determinate condizioni, conduce a un utilizzo *socialmente efficiente* delle risorse di una nazione.

Efficienza sociale: l'ottimo paretiano

Se è possibile apportare cambiamenti nell'ambito del sistema economico – per esempio, modificando la combinazione di beni prodotti o consumati, oppure la combinazione dei fattori di produzione impiegati – in modo tale da arrecare un vantaggio ad alcuni individui senza danneggiarne altri, gli economisti affermano che è possibile realizzare un *miglioramento dell'efficienza sociale*, o un ***miglioramento paretiano***, dal nome di Vilfredo Pareto, uno scienziato sociale italiano vissuto tra la fine dell'Ottocento e l'inizio del Novecento.

Una volta effettuati tutti i possibili miglioramenti paretiani – in altre parole, quando ogni ulteriore cambiamento nel sistema economico apporterebbe un vantaggio ad alcuni solo danneggiando altri – si dice che l'economia ha raggiunto l'***efficienza sociale***, ovvero l'***ottimo paretiano***. Come vedremo, in talune condizioni un mercato perfetto conduce a questa condizione di ottimo.

IC 4 p13 Una precisazione è d'obbligo: il fatto che in un particolare contesto di mercato si raggiunga l'efficienza sociale non implica necessariamente che quel contesto sia *ideale*. Effettuare tutti i miglioramenti paretiani può essere una condizione *necessaria* ma non *sufficiente* per pervenire a un'allocazione ideale delle risorse. Se, per esempio, il governo redistribuisse il reddito dai ricchi ai poveri, non si avrebbe alcun miglioramento paretiano, perché i ricchi sarebbero penalizzati dalla ridistribuzione. Pertanto, sia una distribuzione del reddito perfettamente paritaria sia una fortemente sperequata potrebbero rappresentare un ottimo paretiano, ma qualcuno potrebbe sostenere che una distribuzione meno diseguale sia socialmente più desiderabile. Per il momento, tuttavia, ignoreremo la questione dell'equità per concentrarci solo sull'efficienza sociale.

Vediamo ora perché un mercato perfetto può condurre all'efficienza sociale.

La semplice analisi dell'efficienza sociale: costo e beneficio marginale

IC 2 p12 Come ricorderete dai precedenti capitoli, nel definire la "razionalità" abbiamo spiegato che un individuo razionale sceglie di svolgere un'attività se il beneficio da essa derivante è maggiore del sacrificio che tale attività comporta. In altre parole, un individuo – nel ruolo di produttore, consumatore o lavoratore – può migliorare il proprio benessere dedicandosi maggiormente alle attività il cui beneficio marginale (B') è superiore al costo marginale (C') e riducendo le attività che presentano un costo marginale superiore al beneficio marginale. Rammentate che, quando parlano di "costo", gli economisti fanno riferimento al costo-opportunità, cioè alle alternative *a cui si rinuncia* per svolgere un'attività. Pertanto, se affermiamo che il beneficio marginale di un'attività è superiore al suo costo marginale, intendiamo dire che il beneficio addizionale guadagnato supera qualunque sacrificio, inteso come rinuncia ad attività alternative.

CF 8 p107 Da queste considerazioni discende la regola del ***comportamento economico razionale***, secondo la

PAROLE CHIAVE

Miglioramento paretiano Situazione in cui è possibile modificare la produzione o il consumo in modo da migliorare le condizioni di almeno un individuo senza peggiorare quelle di altri.

Efficienza sociale Situazione di ottimo paretiano.

Ottimo paretiano Situazione in cui sono stati effettuati tutti i possibili miglioramenti paretiani e pertanto è impossibile migliorare le condizioni di un individuo senza peggiorare quelle di un altro.

Comportamento economico razionale Prediligere le attività il cui beneficio marginale supera il costo marginale e rinunciare a parte delle attività il cui costo marginale supera il beneficio marginale.

quale ogni attività andrebbe effettuata fino al punto in cui il beneficio marginale è pari al costo marginale; raggiunto il punto in cui $B' = C'$, infatti, l'individuo persegue in maniera efficiente il proprio interesse, poiché non può migliorare ulteriormente la propria condizione comportandosi diversamente. Questa situazione è detta ***efficienza privata***.

Per analogia, si ha una condizione di efficienza *sociale* laddove, per qualunque attività, il beneficio marginale per la *società* ($B'S$) è pari al costo (opportunità) marginale per la *società* ($C'S$):

$$B'S = C'S$$

IDEA CHIAVE 28 ***L'efficienza allocativa (formulazione semplice) in una qualunque attività si ottiene in corrispondenza del punto in cui il beneficio marginale è pari al costo marginale.*** L'efficienza privata si ottiene laddove il beneficio marginale privato è pari al costo marginale privato ($B'P = C'P$). L'efficienza sociale si ottiene dove il beneficio marginale sociale è pari al costo marginale sociale ($B'S = C'S$).

Vediamo ora perché l'efficienza sociale (cioè l'ottimo paretiano) si ottiene in corrispondenza del punto in cui $B'S = C'S$. Se $B'S$ fosse maggiore di $C'S$, si potrebbe realizzare un miglioramento paretiano incrementando l'attività. Per esempio, se i benefici derivanti ai consumatori dall'aumento della produzione di un bene fossero superiori al costo addizionale sostenuto dai produttori, i consumatori potrebbero pagare ai produttori un prezzo che copre pienamente il costo di produzione; in tal caso, nessun produttore sosterrebbe una perdita, ma i consumatori otterrebbero comunque un beneficio netto, con un guadagno per l'intera società. Parimenti, se $C'S$ fosse maggiore di $B'S$, la società trarrebbe beneficio da una contrazione della produzione.

Gli economisti affermano che, in determinate circostanze, il perseguimento dell'efficienza *privata* conduce anche all'efficienza *sociale*. Affinché questo accada, tuttavia, devono essere soddisfatte due importanti condizioni.

- L'intero sistema economico deve essere caratterizzato da *concorrenza perfetta*, come vedremo nei prossimi paragrafi.
- *Non* devono essere presenti ***esternalità***, cioè costi o benefici addizionali per la società *diversi* da quelli pertinenti al singolo produttore o consumatore. Un esempio di esternalità è l'inquinamento causato dalla produzione, che costituisce un costo per la società di cui però i singoli produttori non tengono conto. In *assenza* di esternalità, i soli costi o benefici per la società sono quelli afferenti i singoli produttori o consumatori: il beneficio marginale sociale ($B'S$) coincide con il beneficio marginale privato ($B'P$) e il costo marginale sociale ($C'S$) coincide con il costo marginale privato ($C'P$).

Per capire come si perviene all'efficienza sociale, occorre esaminare il modo in cui gli individui massimizzano i loro interessi attraverso il mercato.

Pervenire all'efficienza sociale attraverso il mercato

Consumo: $U' = P$

Il beneficio marginale che il consumatore trae dal consumo di un bene è la sua utilità marginale; il costo marginale è il prezzo che il consumatore deve pagare per quel bene.

IC 13 p103 Come abbiamo dimostrato nel Paragrafo 4.1, il consumatore razionale massimizza il surplus del consumatore nel punto in cui è soddisfatta l'uguaglianza $U' = P$: in altre parole, laddove il beneficio marginale è pari al costo marginale del consumo. Ricorderete probabilmente l'esempio di Tania e dei suoi acquisti di carburante: la protagonista del nostro discorso continuava a effettuare spostamenti in auto, e quindi ad acquistare carburante, finché riteneva che gli spostamenti valessero il denaro che doveva sborsare, cioè finché il beneficio marginale che otteneva dall'acquisto di un'ulteriore quantità di carburante (l'utilità marginale) fosse superiore al costo marginale (il prezzo del carburante). Tania smetteva di acquistare ulteriore carburante quando la sua utilità marginale diminuiva (legge dell'utilità marginale decrescente) fino a uguagliare il prezzo. A quel punto, il suo surplus del consumatore era massimizzato e Tania aveva raggiunto un livello di consumo "efficiente".

Come abbiamo visto, quindi, il surplus individuale del consumatore è massimizzato in corrispondenza del livello di produzione che soddisfa l'uguaglianza $U' = P$. Se tutti i consumatori seguono questo criterio, e tutti fronteggiano lo stesso prezzo di mercato, il surplus totale del consumatore è massimizzato. Questo è illustrato nella Figura 12.1: l'utilità totale dei consumatori è rappresen-

PAROLE CHIAVE

Efficienza privata Situazione in cui il beneficio marginale derivante a un individuo da una data attività è pari al costo marginale.

Esternalità Costi o benefici della produzione e del consumo che ricadono sulla società ma non sui produttori o consumatori coinvolti nelle transazioni. Noti anche come costi o benefici "esterni".

Figura 12.1 Surplus totale massimo in concorrenza perfetta.

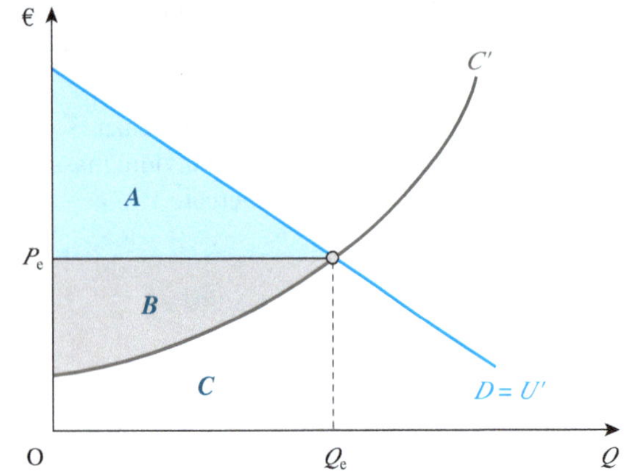

tata dall'area sottostante la curva di domanda (U') (aree $A + B + C$), mentre la spesa totale dei consumatori è $P \times Q$ (aree $B + C$). Il surplus del consumatore è la differenza fra l'utilità totale e la spesa totale: in altre parole, l'area compresa fra il prezzo e la curva di domanda (area A).

Produzione: $P = C'$

Il beneficio marginale che un'impresa trae dalla produzione di un bene è il ricavo marginale (che in concorrenza perfetta è pari al prezzo del bene). Come abbiamo dimostrato nel Capitolo 6, l'impresa razionale massimizza il profitto laddove il ricavo marginale (cioè il prezzo in concorrenza perfetta) è pari al costo marginale di produzione. Ciò equivale ad affermare che l'impresa produce la quantità in corrispondenza della quale il beneficio marginale è pari al costo marginale di produzione.

Il profitto è pari alla differenza tra il ricavo totale e il costo totale. Un concetto correlato è quello di ***surplus totale del produttore*** (*STP*), pari alla differenza tra il ricavo totale e i costi *variabili*: $STP = RT - CVT$. In altre parole, il surplus totale del produttore corrisponde alla somma del profitto totale e del costo fisso totale: $STP = \Pi + CFT$. Tuttavia, poiché (per definizione) non esistono costi fissi marginali, il surplus del produttore e il profitto sono massimizzati in corrispondenza del medesimo livello di produzione.

Il surplus totale del produttore di tutte le imprese nel mercato è illustrato nella Figura 12.1. Il ricavo totale (cioè la spesa totale) è $P \times Q$ (aree $B + C$); il costo variabile totale corrisponde all'area al di sotto della curva C' (area C), ed è pari alla somma di tutti i costi marginali di ciascuna unità prodotta. Il surplus del produttore corrisponde dunque all'area compresa fra il prezzo e la curva C' (area B).

Efficienza privata nel mercato: $U' = C'$

IC 28 p345
CF 2 p25

Nella Figura 12.1 il surplus del consumatore e del produttore sono massimizzati in corrispondenza di Q_e, la produzione di equilibrio in concorrenza perfetta. Pertanto, un mercato perfettamente concorrenziale garantisce la massimizzazione del ***surplus totale*** (aree $A + B$), detto anche ***surplus privato totale***. In corrispondenza della quantità Q_e, $U' = P = C'$.

Se il livello di produzione è diverso da Q_e, il surplus totale è inferiore. Se $Q < Q_e$, $U' > C'$: in questo caso è possibile incrementare il surplus totale espandendo la produzione. Se $Q > Q_e$, $U' < C'$: in questo caso per incrementare il surplus totale bisognerebbe ridurre la produzione.

Efficienza sociale nel mercato: $B'S = C'S$

IC 28 p345

Ipotizzando che siano soddisfatte le due condizioni di (a) concorrenza perfetta e (b) assenza di esternalità, il mercato consente di pervenire a una situazione di ottimo paretiano. Esaminiamo ciascuna delle due condizioni.

Concorrenza perfetta. La concorrenza perfetta garantisce il conseguimento dell'efficienza privata:

$$U' = C' \text{ (per tutti i produttori e i consumatori)}$$

Assenza di esternalità. In assenza di esternalità, $B'S = U'$ (i benefici sociali del consumo coincidono con i benefici afferenti ai singoli consumatori) e $C'S = C'$ (i costi sociali di produzione coincidono con i costi sostenuti dai produttori). Ne consegue che:

$$B'S = U' = P = C' = C'S$$

vale a dire che:

$$B'S = C'S$$

In assenza di esternalità, il surplus totale illustrato nella Figura 12.1 rappresenta il ***surplus sociale totale***.

PAROLE CHIAVE

Surplus totale del produttore Ricavo totale meno costo variabile totale ($RT - CVT$): in altre parole, profitto totale più costo fisso totale ($\Pi + CFT$).

Surplus (privato) totale Surplus totale del consumatore ($UT - ET$) più surplus totale del produttore ($RT - CVT$).

Surplus sociale totale Benefici totali derivanti alla società dal consumo di un bene, meno i costi sociali totali associati alla sua produzione. In assenza di esternalità, il surplus sociale totale coincide con il surplus (privato) totale.

CONCETTO FONDAMENTALE 10 **L'equilibrio generale** PENSARE COME UN ECONOMISTA

Quando tutti i mercati sono in equilibrio

Nei capitoli precedenti abbiamo preso in esame i singoli mercati dei beni e dei fattori. Tuttavia, qualunque cambiamento in un mercato avrà probabilmente una serie di ripercussioni sugli altri; i cambiamenti negli altri mercati, a loro volta, si propagheranno in altri mercati ancora, e così via.

Un'economia di mercato, dunque, si configura come una rete interconnessa. La comprensione di queste connessioni ci aiuta a capire il concetto di "sistema economico".

Se tutti i mercati sono in equilibrio, il sistema economico si trova in una condizione di ***equilibrio generale***. Partendo da questa situazione, ipotizziamo che si verifichi un cambiamento in un solo mercato: per esempio, un aumento dei prezzi del petrolio causato da un'espansione della domanda in Cina e in altri paesi di recente industrializzazione e in forte crescita. Questo cambiamento provoca effetti a catena in tutto il sistema economico: nei settori che utilizzano petrolio, i costi e i prezzi aumentano; il consumo dei prodotti di questi settori diminuisce, mentre aumenta la domanda di beni sostituti la cui produzione richiede una quantità inferiore o nulla di greggio. A causa del rincaro della benzina, alcuni automobilisti potrebbero iniziare a utilizzare i mezzi pubblici o la bicicletta, con potenziali ripercussioni sulla domanda di abitazioni, poiché molti potrebbero decidere di trasferirsi più vicino al posto di lavoro. Questi cambiamenti, a loro volta, potrebbero ripercuotersi su diversi settori dell'edilizia, e così via. Potete continuare voi stessi nell'analisi.

È facile intuire che un singolo cambiamento in un settore può innescare una reazione a catena in tutto il sistema economico: al verificarsi di un unico cambiamento iniziale, l'economia si porta gradualmente verso un nuovo equilibrio generale in cui la domanda e l'offerta si equivalgono in tutti i mercati. Nella realtà, ovviamente, il sistema economico è continuamente soggetto a una serie di "shock", quindi l'economia è in uno stato di perpetuo mutamento e non si ha un equilibrio generale stabile.

Quello di equilibrio generale è un *concetto fondamentale*, perché ci aiuta a comprendere come agiscono le forze di mercato sull'*intero* sistema economico e non solo sulle parti che lo compongono; serve inoltre a capire come si compone il quadro complessivo e in che modo i cambiamenti si riverberano in tutta l'economia.

Il concetto di equilibrio generale trova applicazione in molte altre discipline. Consideriamo la meteorologia. Si potrebbe studiare un singolo sistema meteorologico, come un'area di bassa pressione o un fronte freddo, ma per avere un quadro completo dello sviluppo e del movimento di tali sistemi è necessario considerarli come parti di un quadro più ampio: l'intero sistema meteorologico mondiale, che in ogni momento si muove in direzione di un equilibrio generale in risposta a diversi cambiamenti.

Per esempio, nel breve periodo possiamo osservare come reagiscono i sistemi meteorologici all'avvicendarsi delle stagioni, notando, poniamo, come i sistemi pressori si spostino verso nord durante l'estate dell'emisfero settentrionale. Nel lungo periodo potremmo elaborare un modello per descrivere le reazioni dei sistemi metereologici mondiali ai cambiamenti climatici e rispondere a una serie di domande: si giungerà a un equilibrio generale caratterizzato da un innalzamento del livello dei mari? La corrente del Golfo si sposterà, provocando un abbassamento delle temperature nell'Europa nord-occidentale? I deserti del Nord Africa si estenderanno all'Europa meridionale? E così via.

In economia comprendere il concetto di equilibrio generale significa non solo capire e prevedere il livello di produzione dei settori che compongono il sistema economico, ma anche dotarsi degli strumenti necessari per formulare giudizi di valore ed elaborare le politiche economiche. Come vedremo nel Concetto fondamentale 11, in presenza di alcune condizioni l'equilibrio generale può essere considerato *socialmente efficiente*. Queste condizioni sono (a) la concorrenza perfetta e (b) l'assenza di esternalità.

Se l'efficienza sociale è considerata auspicabile, sul piano politico si potrebbe mirare a rendere i mercati il più perfetti possibile e a internalizzare le esternalità. In questo capitolo esamineremo l'opportunità di adottare o meno queste politiche e, nel caso, la forma che dovrebbero assumere.

CF 3 p26 Se (a) la concorrenza non fosse perfetta, e quindi il ricavo marginale *non* fosse pari al prezzo, e dunque il costo marginale non fosse a sua volta pari al prezzo; oppure (b) vi fossero esternalità, e quindi il beneficio marginale sociale fosse diverso dall'utilità marginale (cioè dal beneficio marginale *privato*) oppure il costo marginale sociale fosse diverso dal costo marginale (privato), si avrebbe una situazione di *inefficienza*. Esamineremo tali fallimenti del mercato nel Paragrafo 12.2.

Interdipendenza, efficienza e la mano invisibile: la semplice analisi dell'equilibrio generale

CF 10 p347 Come abbiamo visto, in concorrenza perfetta e in assenza di esternalità, l'intero sistema economico (una volta raggiunto un equilibrio) è socialmente efficiente; in altre parole, sussiste una situazione generale di ottimo paretiano.

PAROLE CHIAVE

Equilibrio generale Quando tutti i milioni di mercati del sistema economico sono contemporaneamente in stato di equilibrio.

Tuttavia, nessun sistema economico è statico: le condizioni della domanda e dell'offerta sono in continuo mutamento, i gusti cambiano, la tecnologia progredisce e così via; quindi, col passare del tempo, i vecchi livelli di consumo e produzione smettono di essere socialmente efficienti. Ciò nondimeno, in concorrenza perfetta e in assenza di esternalità, si attivano alcune forze che riportano l'economia in una situazione di ottimo paretiano.

In un'economia caratterizzata da mercati perfetti l'ottimo paretiano viene ripristinato non dall'azione del governo, ma dalle singole azioni dei produttori, dei consumatori e dei proprietari dei fattori di produzione che perseguono il proprio interesse: è come se una mano invisibile conducesse l'economia verso l'efficienza sociale (vedi Box 1.3).

IC 5 p22 Il sistema economico reagisce a qualsiasi variazione della domanda o dell'offerta con una serie di cambiamenti successivi in diversi mercati interdipendenti, ripristinando in tal modo l'efficienza sociale. L'intero processo può essere illustrato con un diagramma che mostra il flusso circolare del reddito (Figura 12.2).

Ipotizziamo, per esempio, che i gusti dei consumatori cambino, cosicché l'utilità marginale di un particolare bene aumenta. Questo caso è illustrato nella parte destra del diagramma da uno spostamento della curva U' (la curva di domanda) da U'_1 a U'_2 (cioè da D_1 a D_2). Questo cambiamento innesca una sequenza di eventi, che possiamo seguire percorrendo il diagramma in senso antiorario.

Domanda dei consumatori

All'aumentare dell'utilità marginale (cioè del beneficio marginale sociale del bene, $B'S_g$) il consumo aumenta. La conseguente penuria spinge il prezzo di mercato al rialzo.

Offerta dei produttori

IC 19 p151 Il prezzo di mercato, aumentando, si porta al di sopra del costo marginale (sociale) di produzione; pertanto, per le imprese diventa redditizio espandere la produzione. Questo, a sua volta, provoca un aumento del costo marginale (un movimento verso l'alto lungo la curva di costo marginale, ovvero lungo la curva di offerta) a partire dal punto *a*, a causa dei rendimenti decrescenti. Il prezzo continua a salire fino a che non si raggiunge l'equilibrio in corrispondenza del punto *b*, dove si produce la quantità Q_2 al prezzo P_2 e dove $B'S_{g_2} = C'S_g$.

Domanda dei fattori

All'aumentare del prezzo del bene, il valore del prodotto marginale dei fattori di produzione impiegati aumenta, poiché, come ricorderete, il *valore* del prodotto marginale di un fattore è pari al prodotto *fisico* marginale mol-

Figura 12.2 L'interdipendenza dei mercati dei beni e dei fattori.

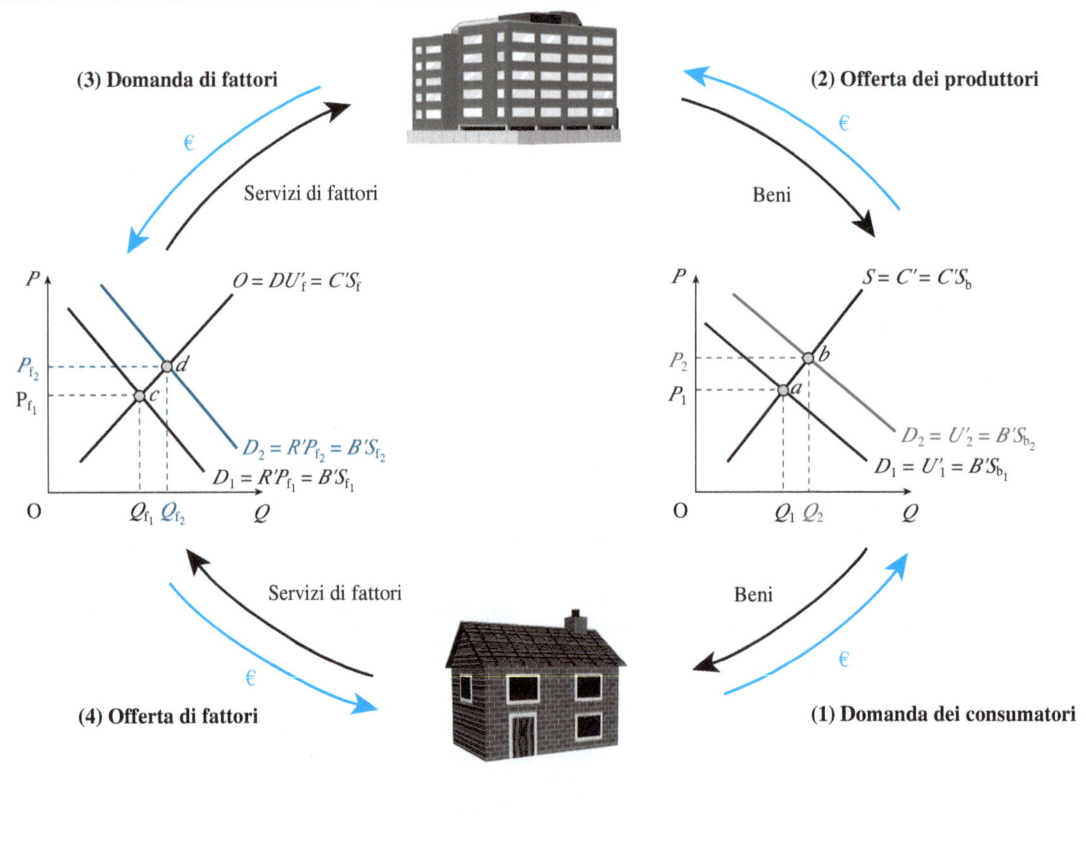

CONCETTO FONDAMENTALE 11 **L'efficienza allocativa privata e sociale** PENSARE COME UN ECONOMISTA

L'economia si occupa dell'allocazione delle risorse scarse. Tutte le scelte – effettuate dai consumatori, dalle imprese, dal governo o da altri soggetti – riguardano l'allocazione delle risorse.

Se acquistate una maglietta che costa €10, scegliete di allocare a quell'acquisto una somma che avreste potuto spendere diversamente. Ma avete speso il denaro nel modo migliore?

Analogamente, un'impresa che sceglie di produrre un bene anziché un altro, o di usare la tecnica di produzione A al posto di una tecnica alternativa, decide di allocare le sue risorse in un modo particolare. Ma si tratta davvero dell'allocazione migliore?

IC 14 p109 Il punto è di stabilire se le risorse siano state allocate *in maniera efficiente*. Un'allocazione delle risorse è efficiente se apporta il massimo beneficio per un dato livello di costi; in altre parole, se riallocando le risorse in modo diverso non si otterrebbe alcun guadagno. Pertanto, la decisione di spendere €10 per una maglietta è un'allocazione efficiente delle risorse se, per la somma spesa, la maglietta vi assicura un beneficio (cioè un'utilità) maggiore rispetto ad altri beni di consumo. La decisione dell'impresa di usare la tecnica A è efficiente se questa conduce a un più elevato saggio di profitto, cioè se il rapporto tra il beneficio marginale (ovvero il ricavo marginale) e il costo marginale della tecnica A è superiore a quello di tutte le altre tecniche di produzione.

Il concetto che abbiamo appena descritto prende il nome di "efficienza allocativa". Si tratta di un *concetto fondamentale* perché ci aiuta a comprendere come utilizzare al meglio le risorse scarse; e come sappiamo, la scarsità è il problema fondamentale dell'economia. È ovvio che gli individui più poveri, con un reddito molto limitato, vorranno spendere il loro denaro nel modo più efficiente possibile. Ma anche le persone molto ricche, che pure possono acquistare tutto ciò che vogliono, sono comunque soggette a limitazioni di tempo e di opportunità.

L'efficienza allocativa è un concetto fondamentale anche per un'altra ragione; in particolare, va messo in relazione con gli obiettivi *sociali*. Se tutti pervengono individualmente a una condizione di *efficienza privata*, l'allocazione delle risorse sarà efficiente anche a livello sociale? La risposta è no, perché le decisioni di ognuno di noi si ripercuotono sugli altri, cioè producono costi e benefici esterni. La presenza di queste esternalità crea una divergenza fra efficienza privata ed *efficienza sociale*. È necessario capire come e perché, e in quale modo, si può pervenire all'efficienza sociale.

IC 4 p13 C'è poi la questione dell'equità. Anche se tutti allocano le proprie risorse nel modo migliore per ciascuno, e anche se non vi sono esternalità, non è detto che l'allocazione delle risorse sia *equa*. Per quanto efficiente sia l'uso che i ricchi fanno del loro denaro, l'opinione pubblica sarà per lo più concorde nel ritenere che sarebbe socialmente desiderabile ridistribuire parte del reddito dei ricchi ai poveri attraverso il sistema delle imposte e dei benefici.

tiplicato per il *prezzo* del bene (vedi Paragrafo 10.1). Il prodotto fisico marginale è invariato, ma dal momento che il prezzo del bene è salito, il prodotto dei fattori vale di più. Nel seguito prenderemo in considerazione il caso di un solo fattore (f).

A seguito dell'aumento del prezzo del bene, il valore del prodotto marginale del fattore finisce per superare il costo marginale per l'impresa. La domanda del fattore di conseguenza aumenta, e la relativa curva si sposta a D_2 ($= R'P_{f_2} = B'S_{f_2}$). Ciò, a sua volta, spinge al rialzo il prezzo del fattore.

Offerta dei fattori

All'aumentare del prezzo del fattore, il beneficio marginale di offrire quel fattore (e quindi il beneficio marginale sociale) aumenta; pertanto, il beneficio marginale finisce per superare il costo marginale (la disutilità marginale, DU'_f) di offrire il fattore. L'aumento dell'offerta del fattore di traduce in un movimento verso l'alto lungo la relativa curva di offerta a partire dal punto c; il prezzo del fattore continua a salire finché non si raggiunge l'equilibrio nel punto d, dove viene offerta la quantità Q_{f_2} al prezzo P_{f_2} e dove $B'S_{f_2} = C'S_f$.

Il processo di aggiustamento non termina qui. Se le imprese esistenti realizzano profitti supernormali, nuovi concorrenti entrano nel settore; analogamente, se i fattori ottengono remunerazioni supernormali, nuovi fattori vengono attratti da altri settori. Questo a sua volta influisce sui prezzi, e dunque sulle quantità, degli *altri* settori, sia nei mercati dei beni che in quelli dei fattori.

CF 10 p347 In altre parole, un singolo cambiamento dei gusti dei consumatori provoca un effetto a catena in tutto il sistema economico, propagandosi attraverso una serie di mercati interdipendenti. Alla fine, l'equilibrio di lungo periodo viene ripristinato e in tutti i mercati torna a essere soddisfatta l'uguaglianza $B'S = C'S$. L'economia ritorna in una posizione di ottimo paretiano senza che il governo debba intervenire, perché la mano invisibile del mercato da sola conduce a questa condizione di efficienza sociale.

Queste argomentazioni costituiscono il nucleo della tesi neoclassica del *laissez-faire*, la filosofia che propugna il non intervento da parte del governo. Secondo questa tesi, in condizioni ideali, il libero perseguimento dell'interesse personale conduce al bene sociale. Poiché un intervento comporta sempre dei costi, il caso neoclassico suggerisce che l'approccio ottimale consiste nel consentire che sia attuato il percorso verso il bene sociale senza impedimenti.

Nelle pagine che seguono esamineremo l'efficienza sociale in maggior dettaglio. Questa trattazione è opzionale: potete passare direttamente al Paragrafo 12.2 senza perdere continuità.

L'analisi intermedia dell'efficienza sociale: i rapporti fra benefici e costi marginali

CF 11 p349 Nella realtà, i consumatori non considerano un bene alla volta, ma scelgono fra più beni; parimenti, le imprese effettuano una serie di scelte relative a quali beni produrre e quali fattori impiegare. Un'analisi più circostanziata dell'efficienza sociale, pertanto, tiene in considerazione tutte le scelte di nuclei familiari e imprese.

Una persona – produttore, consumatore o lavoratore che sia – può trarre un guadagno dall'espandere l'attività X rispetto all'attività Y se:

$$\frac{B'_X}{B'_Y} > \frac{C'_X}{C'_Y}$$

IC 14 p109 La ragione è semplice: se è soddisfatta questa condizione, l'attività X offre un maggiore beneficio in relazione al costo rispetto all'attività Y. Solo quando:

$$\frac{B'_X}{B'_Y} = \frac{C'_X}{C'_Y}$$

non è più possibile ottenere un guadagno incrementando un'attività a scapito di un'altra. Quando è soddisfatta questa condizione, gli individui perseguono in maniera efficiente il loro interesse personale.

Per analogia, l'efficienza sociale si ottiene laddove il rapporto tra il beneficio marginale sociale di due beni è pari al rapporto tra il costo marginale sociale.

IDEA CHIAVE 29 ***L'efficienza sociale (formula equimarginale)*** si ottiene laddove i rapporti tra i benefici marginali sociali sono pari ai rapporti tra i costi marginali sociali per ogni coppia di alternative. Nel caso di due alternative X e Y, questa condizione può essere espressa come:

$$\frac{B'S_X}{B'S_Y} = \frac{C'S_X}{C'S_Y}$$

Come nel caso della semplice analisi dell'efficienza sociale, è possibile dimostrare che – in concorrenza perfetta e in assenza di esternalità – il conseguimento dell'efficienza privata conduce anche all'efficienza sociale, come dimostreremo nei prossimi paragrafi.

Efficienza nel mercato dei beni (analisi intermedia)

Efficienza privata in concorrenza perfetta

IC 14 p109 **Consumo.** La combinazione ottima di consumo di due beni X e Y per un qualsivoglia consumatore è individuata dalla seguente uguaglianza:

$$\frac{U'_X}{U'_Y} \text{ cioè } SMS = \frac{P_X}{P_Y}$$

Il *saggio marginale di sostituzione nel consumo (SMS)* (vedi Paragrafo 4.3) è la quantità del bene Y a cui un consumatore è disposto a rinunciare per incrementare di una unità il consumo del bene X (cioè $\Delta Y/\Delta X$). $SMS = U'_X/U'_Y$: per esempio, se X apportasse un'utilità marginale doppia rispetto a Y, il consumatore sarebbe disposto a rinunciare a due unità di Y per ottenerne una di X (quindi $SMS = 2/1$).

IC 14 p109 **Produzione.** La combinazione ottima di due beni X e Y prodotti da una qualsiasi impresa soddisfa la seguente condizione:

$$\frac{C'_X}{C'_Y} \text{ cioè } SMT = \frac{P_X}{P_Y}$$

Il *saggio marginale di trasformazione nella produzione (SMT)* è la quantità del bene Y che l'impresa deve rinunciare a produrre per incrementare di una unità la produzione del bene X (cioè, $\Delta Y/\Delta X$), in modo tale da lasciare invariati i costi totali di produzione. $SMT = C'_X/C'_Y$: per esempio, se il costo marginale del bene X fosse doppio rispetto a quello di Y, i costi dell'impresa resterebbero costanti qualora questa rinunciasse a produrre due unità di Y per produrne una in più di X ($SMT = 2/1$).

Efficienza sociale in concorrenza perfetta

In ciascuno dei tre casi che seguono ipotizzeremo che non vi siano esternalità.

IC 29 p350 **Efficienza sociale fra consumatori.** Se U'_X/U'_Y del consumatore *a* fosse superiore a U'_X/U'_Y del consumatore *b*, entrambi potrebbero migliorare la propria condizione se *a* cedesse a *b* una parte del bene Y in cambio di una parte del bene X; in questo caso si otterrebbe un miglioramento paretiano. La distribuzione Pareto-ottimale del consumo si trova pertanto laddove:

$$\frac{U'_X}{U'_Y}\text{ persona a} = \frac{U'_X}{U'_Y}\text{ persona b} = \frac{U'_X}{U'_Y}\text{ persona c} \ldots$$

ovvero dove *SMS* è lo stesso per tutti i consumatori.

A questo risultato si perviene automaticamente in concorrenza perfetta, perché ciascun individuo consuma la combinazione di beni che soddisfa l'uguaglianza $U'_X/U'_Y = P_X/P_Y$ e tutti i consumatori fronteggiano gli stessi prezzi (di mercato) e quindi lo *stesso* rapporto P_X/P_Y.

IC 29 p350 **Efficienza sociale fra produttori.** Se C'_X/C'_Y del produttore *g* è superiore a C'_X/C'_Y del produttore *h*, si può realizzare lo stesso livello di produzione a un costo totale inferiore (cioè con meno risorse) a condizione che *g* produca una quantità relativamente maggiore di Y e *h* produca una quantità relativamente maggiore di X; anche in questo caso si otterrebbe un miglioramento paretiano. La distribuzione Pareto-ottimale della produzione fra le imprese si trova pertanto laddove:

$$\frac{C'_X}{C'_Y}\text{ produttore g} = \frac{C'_X}{C'_Y}\text{ produttore h} = \frac{C'_X}{C'_Y}\text{ produttore i} \ldots$$

ovvero dove *SMT* è uguale per tutti i produttori.

Anche a questa condizione si perviene automaticamente in concorrenza perfetta, perché ciascun produttore massimizza i profitti dove è soddisfatta l'uguaglianza $C'_X/C'_Y = P_X/P_Y$ e tutti i produttori fronteggiano gli stessi prezzi (di mercato) e quindi lo *stesso* rapporto P_X/P_Y.

Efficienza sociale nello scambio. Se U'_X/U'_Y (cioè *SMS*) per tutti i consumatori è maggiore di C'_X/C'_Y (cioè *SMT*) per tutti i produttori, si può ottenere un miglioramento paretiano a patto che le risorse vengano riallocate in modo da produrre una maggiore quantità di X e una minore quantità di Y.

Ipotizziamo che *SMS* (cioè $\Delta Y/\Delta X$) = 3/1 e che *SMT* (cioè $\Delta Y/\Delta X$) = 2/1. In questo caso i consumatori sono disposti a rinunciare a tre unità di Y per ottenerne una di X, mentre le imprese devono rinunciare a produrre due sole unità di Y per produrne una di X. I consumatori possono quindi pagare ai produttori un prezzo che copre l'intero costo di produzione delle unità addizionali di X, pur continuando a trarre un beneficio netto dal consumo; si ottiene quindi un miglioramento paretiano.

IC 29 p350 L'allocazione Pareto-ottimale delle risorse si trova pertanto laddove:

SMS sociale (*SMSS*) = *SMT sociale* (*SMTS*)

Ipotizzando che non vi siano esternalità, a questa condizione si perviene automaticamente in concorrenza perfetta, perché (a) in assenza di esternalità il saggio marginale di sostituzione e il saggio marginale di trasformazione privati coincidono, rispettivamente, con il saggio marginale di sostituzione e il saggio marginale di trasformazione sociali e (b) P_X/P_Y è lo stesso per tutti i produttori e i consumatori. In altre parole:

$$SMSS = SMS_{\text{tutti i consumatori}} = \frac{U'_X}{U'_Y}\text{ tutti i consumatori} = \frac{P_X}{P_Y}$$

e

$$SMTS = SMT_{\text{tutti i consumatori}} = \frac{C'_X}{C'_Y}\text{ tutti i consumatori} = \frac{P_X}{P_Y}$$

IC 29 p350 vale a dire:

SMSS = *SMTS*

Alla luce di questo risultato si afferma che il perseguimento dell'interesse privato conduce all'efficienza sociale. Si tratta di una conclusione importante, chiaramente molto allettante per quanti (tra cui molti politici) ritengono di poter contribuire al benessere sociale limitandosi a curare i propri interessi.

La condizione di efficienza sociale è illustrata graficamente nella Figura 12.3. Una curva delle possibilità di produzione (linea grigia) mostra le diverse combinazioni di due beni X e Y che è possibile produrre (vedi Paragrafo 1.1). La pendenza di questa curva, $\Delta Y/\Delta X$, indica la quantità di Y a cui occorre rinunciare per produrre un'unità addizionale di X e corrisponde quindi al saggio marginale di trasformazione (*SMT*).

È possibile tracciare in questo grafico una serie di curve di indifferenza sociale che mostrano le diverse combinazioni di X e Y che assicurano particolari livelli di soddisfazione ai consumatori nel loro complesso. La pendenza di queste curve, $\Delta Y/\Delta X$, illustra la quantità di Y a cui i consumatori sono disposti a rinunciare per ottenere un'unità addizionale di X e corrisponde dunque al saggio marginale di sostituzione nel consumo (*SMS*).

La combinazione Pareto-ottimale di beni si trova nel punto *S*, dove la curva delle possibilità di produzione è

Figura 12.3 Efficienza sociale in concorrenza perfetta.

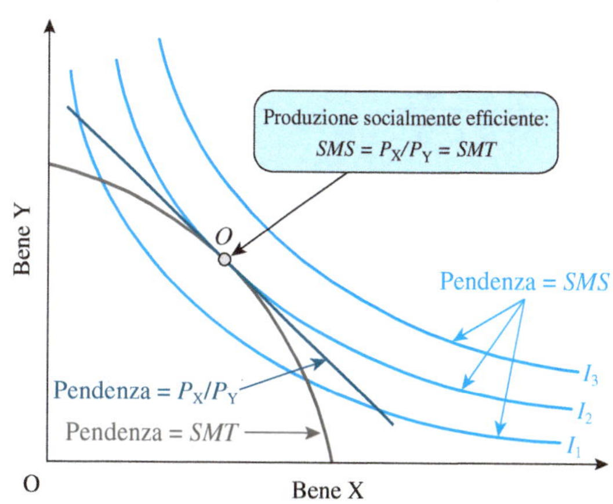

tangente alla curva di indifferenza più elevata possibile. In corrispondenza di qualunque altro punto sulla curva delle possibilità di produzione i consumatori godono di un livello di soddisfazione inferiore. La pendenza della tangente in *S* è pari sia a *SMT* che a *SMS*, quindi anche a P_X/P_Y.

L'efficienza nel mercato dei fattori (analisi intermedia)

CF 11 p349 Un'analisi simile può essere applicata ai mercati dei fattori, per dimostrare che in concorrenza perfetta e in assenza di esternalità si perviene a un utilizzo efficiente dei fattori da parte delle imprese. Ipotizziamo che ci siano due soli fattori di produzione: il lavoro (*L*) e il capitale (*K*).

Se PF'_L/PF'_K dell'impresa *g* è maggiore di PF'_L/PF'_K dell'impresa *h*, è possibile espandere la produzione con la stessa quantità totale di fattori a patto che *g* impieghi relativamente più lavoro e *h* relativamente più capitale; questa riallocazione rappresenterebbe un miglioramento paretiano.

La distribuzione Pareto-ottimale dei fattori di produzione fra le imprese si avrebbe pertanto laddove:

$$\frac{PF'_L}{PF'_K}\text{impresa g} = \frac{PF'_L}{PF'_K}\text{impresa h} = \frac{PF'_L}{PF'_K}\text{impresa i} \ldots$$

Ma anche questa condizione viene soddisfatta automaticamente in concorrenza perfetta, perché, come abbiamo visto nel Paragrafo 6.3, ciascuna impresa produce in corrispondenza del punto in cui è soddisfatta l'uguaglianza $PF'_L/PF'_K = P_L/P_K$ e ciascun produttore fronteggia gli stessi prezzi dei fattori, quindi lo stesso rapporto P_L/P_K. IC 29 p350 In assenza di esternalità, il beneficio marginale privato del lavoro per un'impresa (PF'_L) è pari al beneficio marginale sociale del lavoro ($B'S_L$), e lo stesso vale per il capitale; ne consegue che $PF'_L/PF'_K = B'S_L/B'S_K = P_L/P_K$. Analogamente, sul lato dei costi, in assenza di esternalità $C'_L/C'_K = C'S_L/C'S_K = P_L/P_K$. Pertanto:

$$\frac{B'S_L}{B'S_K} = \frac{C'S_L}{C'S_K}$$

L'analisi intermedia dell'equilibrio generale

CF 10 p347 Si ha un *equilibrio generale* quando tutti i mercati sono in equilibrio. In concorrenza perfetta e in assenza di esternalità, l'equilibrio generale dà luogo all'ottimo paretiano.

Se le condizioni della domanda o dell'offerta cambiano, il risultante disequilibrio causa immediatamente una serie di reazioni interdipendenti in diversi mercati. IC 5 p22 Ipotizziamo, per esempio, che i gusti dei consumatori si modifichino in modo tale che U'_X aumenti e U'_Y diminuisca. Questo cambiamento innescherà la seguente catena di eventi nel mercato dei beni.

Al mutare dei gusti dei consumatori, U'_X/U'_Y diventa maggiore di P_X/P_Y, quindi i consumatori acquistano una maggiore quantità di X rispetto a Y. Di conseguenza, U'_X/U'_Y diminuisce (in ragione dell'utilità marginale decrescente) e P_X/P_Y aumenta (in ragione della relativa penuria di X e di un'eccedenza di Y), contribuendo a ripristinare l'equilibrio in cui $U'_X/U'_Y = P_X/P_Y$. Tuttavia, all'aumentare dei prezzi relativi, P_X/P_Y diventa maggiore di C'_X/C'_Y, e le imprese producono una maggiore quantità di X rispetto a Y. Ne consegue che C'_X/C'_Y aumenta (in ragione dei rendimenti decrescenti), in modo da ripristinare l'uguaglianza $P_X/P_Y = C'_X/C'_Y$. IC 14 p109 Questo processo di aggiustamento di prezzi e quantità continua finché, ancora una volta:

$$\frac{U'_X}{U'_Y} = \frac{P_X}{P_Y} = \frac{C'_X}{C'_Y}$$

Aggiustamenti analoghi si verificano anche nel mercato dei fattori. Il prezzo dei fattori impiegati nella produzione del bene X viene spinto al rialzo e quello dei fattori impiegati nella produzione di Y viene spinto al ribasso; questa variazione dei prezzi relativi incoraggia i fattori a spostarsi dal settore Y al settore X. L'intero processo di aggiustamento continua fino a che l'equilibrio e l'ottimo paretiano non sono ripristinati in tutti i mercati dei beni e dei fattori.

12.2 Le giustificazioni dell'intervento pubblico nell'economia

CF 3 p26 In precedenza si è considerato ciò che accade in condizioni ideali, ma nel mondo reale i mercati non riescono a raggiungere l'efficienza sociale. Parte del problema si deve all'esistenza delle esternalità, parte all'assenza di concorrenza perfetta. In ogni caso, i mercati possono impiegare molto tempo per pervenire a un nuovo equilibrio a causa della considerevole immobilità dei fattori nel breve periodo. Per di più, l'efficienza sociale (cioè l'ottimo paretiano) non è il solo obiettivo economico della società; un altro tipo di fallimento del mercato sta nel mancato raggiungimento di altri obiettivi, come un maggior grado di uguaglianza e una crescita più rapida. In questo paragrafo ci occuperemo dei diversi tipi di fallimento del mercato.

IDEA CHIAVE 30 ***In genere i mercati non riescono a raggiungere l'efficienza sociale.*** Esistono vari tipi di fallimenti del mercato, che costituiscono la principale motivazione per l'intervento pubblico nell'economia.

Le esternalità

Il mercato non perviene all'efficienza sociale se le azioni dei produttori o dei consumatori influiscono anche su altri individui: in altre parole, quando si verificano *esternalità* (effetti collaterali).

IDEA CHIAVE 31 ***Le esternalità sono costi o benefici che ricadono sulla società.*** In presenza di esternalità, anche un mercato altrimenti perfetto non consegue l'efficienza sociale.

Ogni qual volta gli individui sono influenzati positivamente dalle scelte di produzione o di consumo altrui, si dice che ci sono ***benefici esterni***; ogni qual volta gli individui subiscono un'influenza avversa, siamo in presenza di ***costi esterni***.

Così, il costo complessivo per la società (il ***costo sociale***) della produzione di un qualunque bene è il costo privato sostenuto dalle imprese più le esternalità della produzione. Parimenti, il beneficio complessivo derivante alla società (il ***beneficio sociale***) dal consumo di un qualunque bene corrisponde al beneficio privato goduto dai consumatori più le eventuali esternalità del consumo.

Nel seguito esaminiamo quattro diversi tipi di esternalità (in ciascun caso ipotizzeremo che il mercato sia perfetto sotto tutti gli altri aspetti).

Costi esterni di produzione ($C'S > C'P$) in assenza di costi esterni/benefici del consumo

Quando un'impresa chimica scarica le acque di scolo in un fiume o inquina l'aria, la comunità incorre in costi aggiuntivi rispetto a quelli sostenuti dall'impresa. Esistono costi marginali esterni ($C'E_p$) della produzione chimica, come illustrato nella Figura 12.4. In questo esempio ipotizziamo che i costi esterni inizino con la prima unità prodotta e aumentino a un tasso costante.

Il costo marginale sociale ($C'S$) della produzione chimica è uguale al costo marginale *privato* ($C'P$) più i costi marginali esterni $C'E_p$. Graficamente questo significa che la curva $C'S$ si colloca al di sopra della curva $C'P$ a una distanza verticale uguale a $C'E_p$. Ipotizziamo inoltre che non vi siano altre esternalità nel consumo, il che significa che la curva del beneficio marginale sociale ($B'S$) coincide con la curva del beneficio marginale privato ($B'P$).

Il mercato concorrenziale, con produttori e consumatori interessati unicamente a costi e benefici privati, troverà un equilibrio nel punto *a* della Figura 12.4, cioè dove la domanda è pari all'offerta. Il prezzo di equilibrio del mercato è P_{pc} mentre la quantità di equilibrio del mercato è Q_{pc}.

In P_{pc}, $B'P$ è uguale a $B'S$. Il prezzo di mercato riflette sia i benefici privati sia quelli sociali derivanti dall'ultima unità consumata. Tuttavia, la presenza di costi esterni nella produzione significa che $C'S > C'P$.

La ***produzione socialmente ottima*** sarebbe Q^*, dove $P = B'P = B'S$. Nella Figura 12.4 questo valore è illustrato dal punto *c* e mostra chiaramente come i costi esterni di produzione in un mercato perfettamente con-

PAROLE CHIAVE

Benefici esterni Benefici della produzione (o del consumo) goduti da individui *diversi* dai produttori (o consumatori) direttamente coinvolti nelle transazioni.

Costi esterni Costi della produzione (o del consumo) sostenuti da individui *diversi* dai produttori (o consumatori) direttamente coinvolti nelle transazioni.

Costo sociale Costo privato più le esternalità della produzione.

Beneficio sociale Beneficio privato più le esternalità del consumo.

Produzione socialmente ottima Livello di produzione a cui $C'S = B'S$, cioè dove è massimizzato il surplus sociale.

Figura 12.4 Esternalità negativa nella produzione.

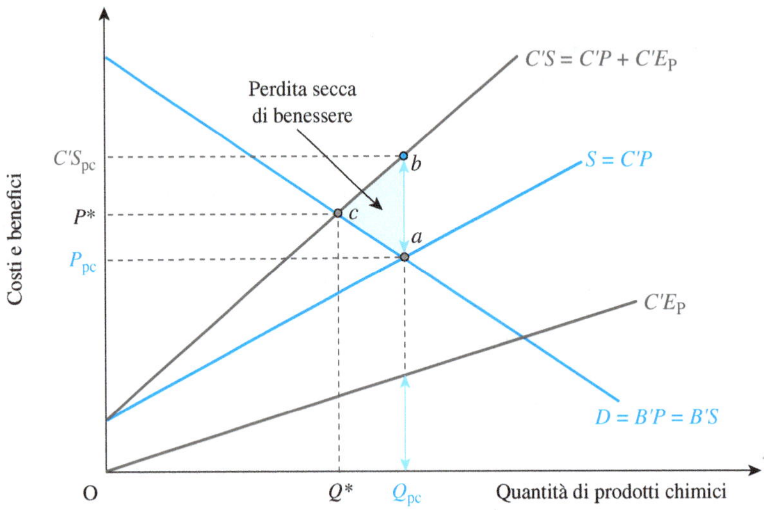

correnziale comporti una sovraproduzione: $Q_{pc} > Q^*$. Dal punto di vista della società, troppi rifiuti sono versati nei fiumi.

Nel punto di equilibrio del mercato (Q_{pc}) vi è una ***perdita secca di benessere*** rispetto alla produzione socialmente ottima (Q^*). In questo contesto, la perdita secca di benessere rappresenta l'eccesso di costi sociali rispetto ai benefici sociali di tutta la produzione al di sopra di Q^*. In Q_{pc} essa è rappresentata dall'area colorata *abc*. In altre parole, il passaggio da Q_{pc} a Q^* rappresenterebbe un *guadagno* di ***surplus sociale*** pari all'area *abc*.

Uno dei motivi per cui in un'economia di libero mercato i costi esterni causano problemi nasce dal fatto che nessuno detiene la proprietà legale dell'aria o dei fiumi e nessuno può dunque impedire alle imprese di usare l'ambiente come discarica, né è in grado di far pagare un prezzo per questo utilizzo. Siccome questo "mercato" *non esiste*, il controllo deve essere esercitato dal governo o dalle autorità locali o di regolamentazione.

Altri esempi di esternalità negative associate alla produzione sono gli allevamenti e le colture che distruggono l'ambiente o la fauna selvatica, e i cambiamenti climatici causati dalle emissioni di CO_2 di centrali di generazione dell'energia, industrie e trasporti.

Benefici esterni di produzione ($C'S < C'P$) in assenza di costi esterni/benefici del consumo

Se un'impresa di silvicoltura piantuma un nuovo bosco, questa attività apporta benefici non solo all'impresa stessa ma anche al resto del mondo, perché contribuisce alla riduzione di CO_2 nell'atmosfera (i boschi sono bacini di assorbimento del carbonio). In questo caso esistono benefici marginali esterni della produzione ($B'E_p$), come illustrato nella Figura 12.5. Abbiamo ipotizzato che tali benefici inizino con il primo albero piantato, ma che diminuiscano a ogni albero piantato in più oltre al primo. In altre parole, $B'E_p$ è una retta inclinata verso il basso.

Date queste esternalità positive, il costo marginale sociale ($C'S$) di fornire legname è minore del costo marginale privato: $C'S = C'P - B'E_p$. Ciò significa che la curva $C'S$ è al di sotto della curva $C'P$ e la loro distanza verticale è uguale a $B'E_p$. Ancora una volta si ipotizza che non vi siano esternalità nel consumo per cui $B'S = B'P$.

Le forze del mercato concorrenziali troveranno una produzione di equilibrio Q_{pc} dove la domanda di mercato ($B'P$) è uguale all'offerta di mercato ($C'P$), nel punto *a*. Il livello di produzione socialmente efficiente, tuttavia, è Q^* e il prezzo socialmente efficiente è P^*, cioè dove $B'S = C'S$ (punto *c*). I benefici esterni della produzione, quindi, si hanno a un livello di produzione inferiore a quello socialmente efficiente. Dal punto di vista della società, il numero di alberi piantati è insufficiente e la perdita secca di benessere causata da questa sottoproduzione è rappresentata dall'area *abc*. Non viene prodotta una quantità tra Q_{pc} e Q^* anche se $B'S > C'S$.

PAROLE CHIAVE

Perdita secca di benessere Perdita di surplus sociale in equilibrio del mercato concorrenziale rispetto all'ottimo sociale dove $C'S = B'S$.

Surplus sociale Differenza tra benefici sociali totali e costi sociali totali.

Figura 12.5 Esternalità positiva nella produzione.

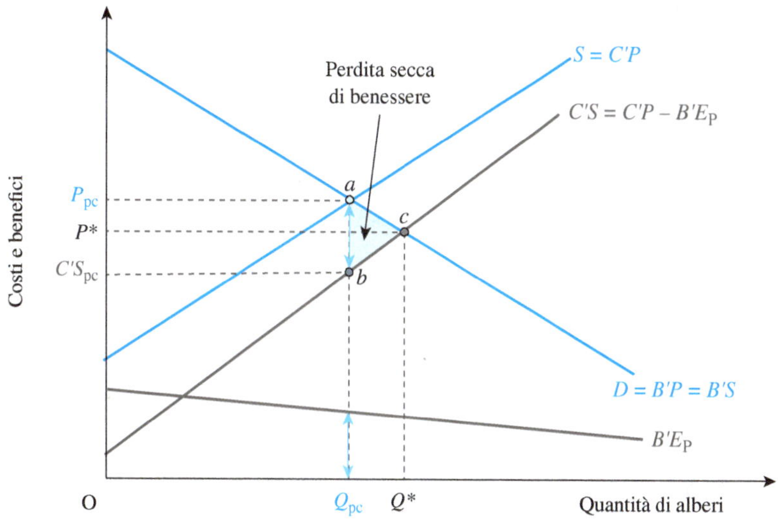

Un altro esempio di beneficio esterno della produzione è dato dalle attività di ricerca e sviluppo; un caso interessante e recente è lo sviluppo della tecnologia degli schermi touchscreen per tablet e smartphone. Se altre imprese hanno accesso ai risultati della ricerca, è chiaro che i benefici si estendono al di là dell'impresa finanziatrice; ma siccome quest'ultima riceve solo i benefici privati, la quantità di ricerca condotta è inferiore al livello ottimo. Questo a sua volta potrebbe diminuire la velocità di innovazione e così influenzare negativamente la crescita economica nel lungo termine.

Costi esterni di consumo ($B'S < B'P$) in assenza di costi esterni/benefici della produzione ($C'S = C'P$)

Bere alcolici può talvolta portare a costi marginali esterni di consumo. Per esempio, vi sono costi legati al fatto che il servizio di polizia notturno deve affrontare una maggiore possibilità di disordini sociali. Anche i costi della sanità pubblica possono aumentare come conseguenza diretta del comportamento delle persone in merito al bere, per esempio attraverso un aumento dei ricoveri in ospedale. E un'altra conseguenza può essere un certo numero di incidenti stradali. A causa di questi costi marginali esterni del consumo ($C'E_c$), il beneficio marginale sociale del consumo di alcolici è minore del beneficio marginale privato: $B'S = B'P - C'E_c$.

La situazione è illustrata nella Figura 12.6, dove si vede che la curva $B'S$ è al di sotto della curva $B'P$. In questo esempio si è ipotizzato che non vi fossero esternalità nella produzione per cui $C'S = C'P$. Le forze del mercato concorrenziale troveranno una produzione di equilibrio Q_{pc} nel punto *a*, mentre il livello di produzione socialmente efficiente è Q^* e il prezzo socialmente efficiente è P^*, cioè dove $B'S = C'S$ (punto *c*). I costi esterni del consumo portano a un livello di produzione superiore al livello socialmente efficiente: $Q_{pc} > Q^*$. Dal punto di vista della società, vi è un eccesso di produzione e consumo di alcolici. La perdita secca di benessere causata da questo eccesso di consumo è rappresentata dall'area *abc*.

Altri esempi di esternalità negativa del consumo sono i viaggi in auto, la musica ad alto volume nei luoghi pubblici, la spazzatura, usare uno smartphone mentre si guida l'auto e il fumo di sigarette (fumo passivo).

Benefici esterni del consumo ($B'S > B'P$) in assenza di costi esterni/benefici della produzione ($C'S = C'P$)

Come viaggiano le persone per andare in centro il sabato a fare acquisti? E per andare a vedere la partita di calcio? Se usano il treno, altre persone ne avranno beneficio, poiché vi sarà meno traffico sulle strade, meno emissioni inquinanti e meno incidenti. Questi benefici marginali esterni del consumo ($B'E_c$) portano a un beneficio marginale sociale del viaggiare in treno maggiore del beneficio marginale privato: $B'S = B'P + B'E_c$).

La situazione è illustrata nella Figura 12.7, dove si vede che la curva $B'S$ è al di sopra della curva $B'P$. La distanza verticale tra le due curve è uguale a $B'E_c$. Anche qui si è ipotizzato che non vi fossero esternalità nella produzione per cui $C'S = C'P$. I benefici esterni del consumo portano a un livello di produzione inferiore a quello socialmente efficiente: $Q_{pc} < Q^*$. Dal punto di vista della società, i viaggi in treno sono troppo pochi. La perdita secca di benessere causata da questo sottoconsumo è rappresentata dall'area *abc*.

Figura 12.6 Esternalità negativa nel consumo.

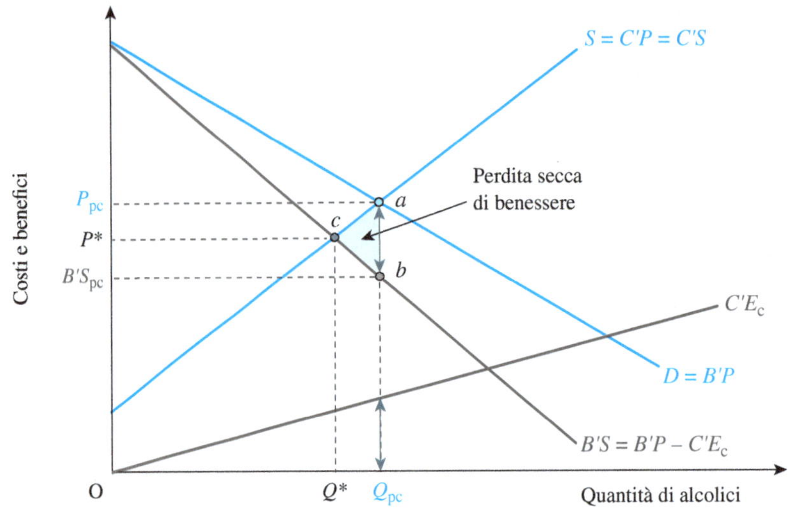

Figura 12.7 Esternalità positiva nel consumo.

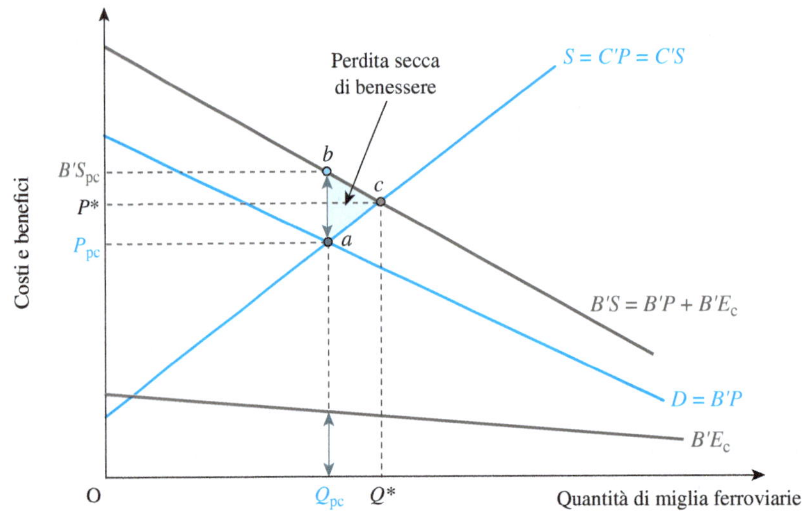

Altri esempi di esternalità positiva del consumo comprendono gli effetti vantaggiosi dell'igiene personale, dei vaccini o del piantare fiori in un giardino con vista dalla strada.

Per riassumere: ogni qual volta esistono benefici esterni, la quantità prodotta o consumata è insufficiente; ogni qual volta si hanno costi esterni, la quantità prodotta o consumata è eccessiva. Il mercato non sarà in grado di uguagliare *B'S* e *C'S*.

Le argomentazioni trattate in precedenza sono state sviluppate nel contesto di concorrenza perfetta con prezzi determinati da domanda e offerta, ma le esternalità possono presentarsi anche in tutti gli altri tipi di mercato.

Beni pubblici

IC 30 p353 Esiste una categoria di beni le cui esternalità positive sono così vaste che il libero mercato – perfetto o imperfetto che sia – non è in grado di produrli: si tratta dei ***beni pubblici***. Fra questi si annoverano i fari marini, la pavimentazione stradale, le dighe, i sistemi fognari, i servizi pubblici come la polizia e persino il governo stesso.

PAROLE CHIAVE

Bene pubblico Bene o servizio caratterizzato da non rivalità e non escludibilità, e che pertanto non può essere fornito dal libero mercato.

Per capire bene che cosa sono i beni pubblici è importante esaminare due caratteristiche fondamentali: la ***non rivalità*** e la ***non escludibilità***. Prima di cominciare la trattazione dei beni pubblici, esaminiamo in modo più approfondito queste due importanti caratteristiche.

Il grado di rivalità

Si ha rivalità quando il consumo di un bene da parte di una persona riduce la quantità disponibile per gli altri consumatori. Il grado di rivalità può variare da un bene all'altro.

Beni perfettamente rivali. A un estremo si collocano i beni perfettamente rivali. Un bene ha questa caratteristica se, quando una o più persone ne aumentano il consumo, impediscono a tutti gli altri consumatori "rivali" di consumarlo. Ciò avviene generalmente con beni non durevoli quali cibo, alcolici e carburante. Per esempio, supponete di avere acquistato una tavoletta di cioccolato che volete consumare direttamente. Ogni pezzo di cioccolato che mangiate viene tolto alla disponibilità di altri consumatori "rivali": loro non possono mangiare lo stesso pezzo che avete mangiato voi! Il bene viene quindi "esaurito" con il consumo.

Esistono anche molti beni durevoli, come i telefoni cellulari, che sono rivali. Per esempio, se utilizzate il vostro telefono cellulare, altre persone non possono usarlo. In questo caso il telefono non viene "esaurito", ma soltanto una persona può normalmente consumare i benefici che esso fornisce in un dato istante, cioè inviare un messaggio o telefonare a qualcuno.

Beni perfettamente non rivali. All'altro estremo si collocano i beni perfettamente non rivali. Un bene ha questa caratteristica se, quando una o più persone ne aumentano il consumo, ciò non ha alcun impatto sulla possibilità per altri consumatori "rivali" di consumarlo. Per esempio, supponete di accendere la vostra televisione o il vostro tablet per guardare una partita di calcio in diretta, o un episodio del vostro programma televisivo preferito. La vostra decisione di guardare il programma non ha alcun impatto sulla possibilità per altre persone di guardare lo stesso programma su un diverso apparecchio. La televisione potrebbe essere rivale, ma la trasmissione televisiva no.

Beni con un grado di rivalità e di non rivalità. Nella realtà, molti beni e servizi non sono né perfettamente rivali né perfettamente non rivali. Per esempio, più persone possono guardare uno stesso video su un telefono cellulare, ma all'aumentare del loro numero si verificherà un "effetto affollamento": quando altre persone ancora cercheranno di vedere il video, impediranno ad altre la visione sullo stesso telefono.

Esistono diversi beni e servizi che sono relativamente non rivali quando il numero di consumatori è basso, ma diventano più rivali quando il consumo aumenta. Per esempio, alcuni beni coprono un'area geografica relativamente piccola, dove l'affollamento, e quindi la rivalità, diventa problematica già con un numero di consumatori relativamente basso. Guardare un corteo di carnevale, per esempio, potrebbe essere non rivale quando gli spettatori sono pochi, ma ben presto i posti lungo la strada si affollano e una buona visione diventa rivale. Un altro esempio è quello di andare a sdraiarsi in spiaggia: lo spazio libero diventa più rivale quando la spiaggia si riempie di persone. In altri casi, come l'accesso a Internet, la rivalità si manifesta soltanto con livelli di utilizzo molto elevati, quando la domanda globale è eccezionalmente alta.

Anziché cercare di classificare molti beni come rivali o non rivali, è più utile attribuire loro diversi *gradi* di rivalità, come è stato fatto lungo l'asse orizzontale della Figura 12.8.

La facilità di escludibilità

Si ha escludibilità quando il fornitore di un bene può escludere alcuni consumatori dal suo utilizzo. Questo avviene per i beni venduti nel mercato: i fornitori consentono di avere il bene soltanto ai consumatori disposti a pagarlo. Come la rivalità, anche il grado di escludibilità varia da un bene all'altro.

Beni facilmente escludibili. A un estremo si collocano alcuni beni che risultano molto facilmente escludibili. In questo caso è possibile implementare un sistema relativamente a basso costo ed efficace che garantisce che soltanto le persone che hanno pagato il bene possano godere dei suoi benefici. Il sistema deve anche impedire a chiunque non paghi il bene di ottenere alcuno dei benefici offerti dal consumo del bene in questione. Per esempio, mentre le trasmissioni televisive hanno un alto grado di non rivalità, è possibile implementare un sistema relativamente semplice e ragionevolmente efficace di escludere coloro che non pagano per la visione dei pro-

PAROLE CHIAVE

Non rivalità Situazione in cui il consumo di un bene o di un servizio da parte di un individuo non pregiudica la fruizione da parte di altri.

Non escludibilità Situazione in cui non è possibile fornire un bene o un servizio a un individuo senza che altri ne godano a loro volta.

Figura 12.8 Classificazione di beni in base al grado di rivalità e alla facilità di escludibilità.

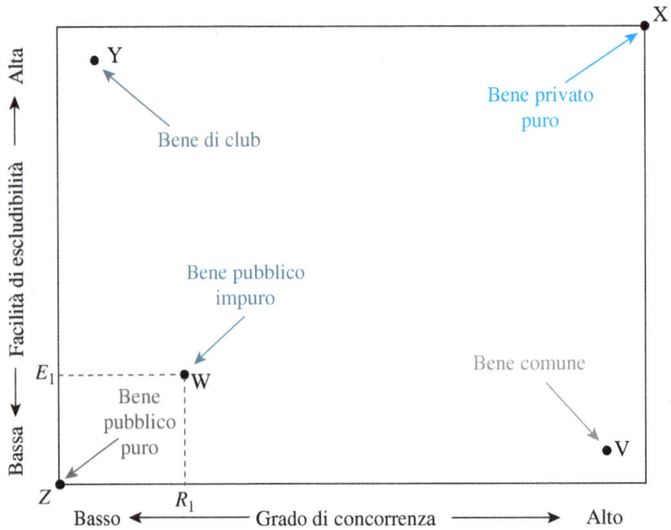

grammi. Se ciò non fosse possibile, i canali televisivi a pagamento e le trasmissioni pay-per-view non potrebbero esistere. Anche YouTube ha introdotto un certo numero di canali accessibili su abbonamento.

Il progresso tecnologico potrebbe comunque modificare la facilità di escludibilità di qualsiasi bene o servizio nel tempo.

Beni perfettamente non escludibili. All'altro estremo si collocano in beni per i quali l'escludibilità è impossibile: i beni non escludibili. Un bene ha questa caratteristica se risulta troppo costoso o semplicemente impossibile implementare un sistema che impedisca alle persone che non pagano di godere dei benefici offerti dal bene in questione. In alcuni casi potrebbe essere teoricamente possibile escludere i non paganti, ma nella realtà i costi di transazione sarebbero troppo alti. Per esempio, potrebbe essere difficilissimo impedire a chiunque di pescare in mare aperto, o di godere dei benefici di camminare in un parco naturale.

Molti beni non sono né perfettamente escludibili né non escludibili. In questi casi è più utile considerare i diversi livelli di facilità con cui si possono escludere i non paganti dal consumo del bene. Anche questa caratteristica è illustrata nella Figura 12.8, questa volta lungo l'asse verticale del grafico.

Beni privati puri

Il bene X nella Figura 12.8 è un bene privato puro. È molto facile escludere chiunque non paghi dal consumo del prodotto, che è perfettamente rivale. Un bene privato puro è tale se i benefici sono accessibili soltanto ai consumatori che lo possiedono (o l'affittano).

In realtà, molti beni sono vicini al punto X e hanno gradi significativi di rivalità e facilità di escludibilità. I prodotti che rientrano in questa categoria possono normalmente essere forniti dal meccanismo di mercato.

Beni pubblici puri

Il bene Z nella Figura 12.8, invece, è perfettamente non rivale e completamente non escludibile, per cui è un ***bene pubblico puro***. Una volta che è stata prodotta una data quantità di un bene pubblico puro, chiunque può ottenere lo stesso livello dei suoi benefici. Quindi, il costo marginale di fornire a un altro cliente una data quantità di un bene pubblico puro è zero. Tuttavia, non si deve fare confusione con il costo marginale di produrre un'altra unità del bene, che comporterebbe l'uso di altre risorse, per cui sarebbe positivo.

Un altro modo di vedere le caratteristiche dei beni pubblici puri è che essi non possono essere venduti in unità separate a clienti diversi. Per esempio, è impossibile che un cliente consumi cinque unità di un bene pubblico puro mentre qualcun altro consuma altre due unità del bene. Una volta prodotte cinque unità per il consumo di una persona, le stesse cinque unità sono liberamente disponibili per il consumo di chiunque altro.

PAROLE CHIAVE

Bene pubblico puro Bene o servizio caratterizzato da perfetta non rivalità e completa non escludibilità, e che pertanto non può essere fornito dal libero mercato.

BOX 12.1 **ANALISI DI CASI E APPLICAZIONI**

La polizia come pubblico servizio

IC32 p362 **Il corpo di polizia potrebbe essere un servizio privato?**

Il corpo di polizia costituisce un esempio efficace di bene o servizio pubblico: i poliziotti forniscono un servizio alla comunità in quanto prevengono e combattono il crimine.

Se gli individui dovessero impiegare privatamente i poliziotti, si produrrebbero benefici esterni nettamente superiori ai benefici privati: un poliziotto può garantire protezione a *molti* individui, ma la maggior parte delle persone non sarebbe in grado di assumere un agente di polizia personale, perché il costo privato supererebbe di gran lunga il beneficio privato. Inoltre, se a combattere il crimine fosse un corpo di polizia privato, le persone che non sostengono il costo di questo servizio non potrebbero essere escluse dai relativi benefici. Si avrebbe dunque un problema di free-rider.

Pertanto, è più sensato che il corpo di polizia sia fornito come servizio pubblico.

Tuttavia, non tutti gli aspetti del servizio di polizia hanno le caratteristiche di un bene pubblico. Quando si tratta di svolgere uno *specifico* compito di sorveglianza, il servizio di polizia può essere fornito dal mercato. Questo è esattamente il ruolo delle società di sicurezza privata che vengono impiegate da banche, negozi, fabbriche e così via per impedire furti o danni alle proprietà. In questi casi, i benefici privati sono superiori ai costi privati.

Ma non sarebbe meglio se questi specifici servizi di sicurezza fossero forniti dalla polizia di Stato anziché da società private? Siccome i benefici *privati* di questi servizi sono considerevoli, vi sono valide ragioni per far pagare il costo del servizio direttamente ai beneficiari e, in teoria, nulla impedirebbe al corpo di polizia di chiedere alle imprese un compenso per questo tipo di servizio. Ma se le società di sicurezza private non fossero autorizzate a operare, il corpo di polizia avrebbe potere di monopolio e, in assenza di regolamentazione, potrebbe applicare prezzi molto elevati. Inoltre, la qualità del servizio potrebbe essere inferiore a quella assicurata da società private in concorrenza fra loro.

D'altra parte, è probabile che i poliziotti svolgano questo lavoro con maggiore competenza. Inoltre, la fornitura pubblica può beneficiare di economie di scala: per esempio, i poliziotti potrebbero essere a conoscenza di attività criminali nella zona che potrebbero rappresentare un pericolo per una particolare proprietà. Infine, c'è la possibilità che le guardie di sicurezza private abbiano nei confronti del pubblico (o verso i criminali) un atteggiamento meno gentile rispetto agli agenti di polizia.

Vi è dibattito sul fatto che i beni pubblici puri esistano davvero o siano solamente un concetto teorico. Uno degli esempi del mondo reale più vicini al concetto di bene pubblico puro è quello della difesa nazionale: una volta effettuato un dato investimento nella difesa nazionale, altre persone possono trarre beneficio dalla protezione che essa offre, senza alcun costo aggiuntivo. Sarebbe anche molto difficile escludere qualcuno del paese dai benefici portati dall'aumento della sicurezza nazionale.

Beni pubblici impuri

Il bene W nella Figura 12.8 è un esempio di ***bene pubblico impuro***. Ha un basso livello di rivalità senza però essere perfettamente rivale, ed è difficile, ma non impossibile, escludere i non paganti dal suo consumo. In realtà, molti beni pubblici ricadono in questa categoria, alcuni sono semplicemente più impuri di altri. Vedremo più avanti che al diminuire del grado di rivalità e della facilità di escludibilità diventa sempre più difficile che il bene sia fornito dal meccanismo di mercato.

Beni di club. Il bene Y ha un basso grado di rivalità, ma l'escludibilità è relativamente facile; in questo caso si parla di ***bene di club***. La connessione a Internet senza fili su un treno o in un bar sono esempi di beni di club, se è richiesta una password; altri esempi sono i servizi TV in abbonamento, come Netflix o Amazon Prime.

Bene comune o risorsa comune. Il bene V ha un alto grado di rivalità, ma l'esclusione dei non paganti è molto difficile. Si tratta di un ***bene comune*** o ***risorsa comune***. L'alto grado di rivalità significa che la quantità o qualità della risorsa comune disponibile a una persona è influenzata negativamente dal numero di altre persone che consumano o utilizzano la stessa risorsa. Poiché è difficile escludere i non paganti, una risorsa comune è potenzialmente disponibile a chiunque, gratuitamente.

La pesca in mare aperto è un esempio di risorsa comune. In assenza di interventi, i pescherecci possono pescare tutto il pesce possibile. Non esiste un "proprietario" del pesce o del mare che possa fermarli. Se un

PAROLE CHIAVE

Bene pubblico impuro Bene che è parzialmente non rivale e non escludibile.

Bene di club Bene che ha un basso grado di rivalità ma è facilmente escludibile.

Bene comune o risorsa comune Bene o risorsa che ha un alto grado di rivalità ma per cui è difficile escludere i non paganti.

peschereccio pesca più pesce, ciò significa che vi sarà meno pesce disponibile per gli altri: i pesci sono *rivali*. Tra gli altri esempi possiamo citare il taglio di alberi nelle foreste pluviali e l'uso dell'atmosfera come "discarica" comune per le emissioni.

Se i produttori/consumatori considerano soltanto i costi e i benefici per se stessi, è inevitabile un sovrautilizzo delle risorse comuni. Poiché il bene è gratuito, un egoismo razionale farà continuare il consumo o l'uso finché il beneficio marginale privato arriva a zero, anche se in questo modo si riduce la quantità o qualità disponibile per altri. Il consumo va oltre il punto in cui $C'S = B'S$. Questo è il caso estremo di esternalità negativa, in cui il costo della risorsa per l'utente è zero.

L'inevitabilità di tale esito è nota come ***tragedia dei beni comuni*** (*tragedy of commons*). L'esaurimento degli stock di pesci, la scomparsa delle foreste pluviali e un'atmosfera molto inquinata forniscono evidenze a supporto della tragedia dei beni comuni.

Tuttavia, è davvero inevitabile che tutte le risorse comuni siano sovrautilizzate? L'economista Elinor Ostrom, vincitrice del premio Nobel, ha scoperto che molte risorse comuni del mondo reale erano consumate in maniera sostenibile. Il suo lavoro è discusso più in dettaglio nel Box 12.2.

Il livello efficiente di produzione per un bene pubblico puro

Il livello socialmente efficiente di produzione è la quantità alla quale il beneficio marginale sociale è uguale al costo marginale sociale. In un mercato concorrenziale senza esternalità la curva del beneficio marginale sociale coincide con quella della domanda di mercato.

La curva della domanda di mercato per un bene privato illustra la somma di tutte le quantità domandate da tutti i consumatori a ogni possibile prezzo. Consumatori diversi vorranno ciascuno acquistare quantità potenzialmente differenti a ciascun prezzo. Queste diverse domande individuali a ciascun prezzo vengono semplicemente sommate tra loro per ricavare la curva di domanda di mercato per un bene privato. Si parla in questo caso di aggregazione o somma orizzontale di curve di domanda individuali.

La curva della domanda di mercato per un bene pubblico puro non può essere ricavata nello stesso modo, perché i consumatori non sono in grado di acquistare e consumare diverse quantità del bene. Una volta che una data quantità di un bene pubblico puro è stata prodotta per un cliente, ogni altro cliente può consumare quella stessa quantità senza costi aggiuntivi.

Perciò, anziché pensare a quante persone siano disponibili ad acquistare a ciascun prezzo, dobbiamo determinare quante persone sono disponibili a pagare *in totale* per ogni possibile livello di produzione. In altre parole, dobbiamo sommare tra loro le massime quantità che ciascun cliente è disponibile a pagare per ogni possibile livello di produzione. La situazione è illustrata nella Figura 12.9.

PAROLE CHIAVE

Tragedia dei beni comuni Quando le risorse sono disponibili a tutti gratuitamente, le persone tendono a eccedere nel loro utilizzo.

Figura 12.9 Livello di produzione efficiente di un bene pubblico puro.

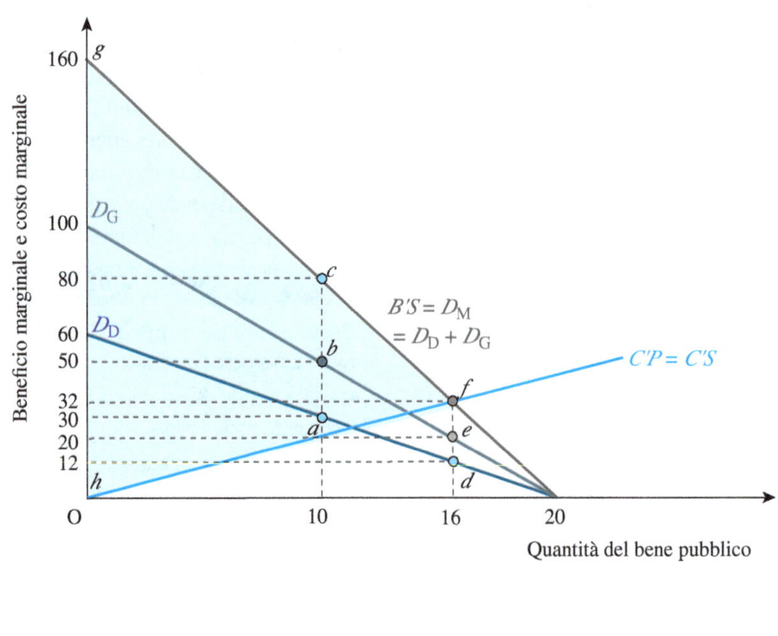

BOX 12.2 ESPLORARE L'ECONOMIA

Una soluzione alla tragedia dei *commons*: utilizzare al meglio le risorse comuni

Una possibile soluzione per evitare la tragedia dei *commons* è quella di modificare lo stato giuridico delle risorse comuni. A tale scopo si può procedere in due modi.

In primo luogo, un governo o un ente intergovernativo può acquisire il controllo della risorsa o regolamentarne l'utilizzo: per esempio, le autorità nazionali o locali potrebbero approvare una legge che vieti di scaricare rifiuti su terreni pubblici o nei fiumi. In alternativa, alcuni governi potrebbero agire di concerto per regolamentare determinate attività (ne sono un esempio le politiche comunitarie dell'UE in materia di pesca o gli accordi internazionali per la messa al bando della caccia alle balene).

IC 4 p13 In secondo luogo, le risorse comuni potrebbero essere privatizzate. I terreni pubblici potrebbero essere venduti o ceduti a privati, conferendo così alla risorsa la caratteristica dell'escludibilità. Questa soluzione solleva ovviamente alcune questioni di equità: in che modo si dovrebbe suddividere la risorsa oggetto di cessione? Come risarcire i precedenti utilizzatori della risorsa dopo la vendita, sempre se sia previsto un risarcimento? Quando, nella Gran Bretagna del XVIII e XIX secolo, entrò in vigore il sistema delle "enclosures", i ricchi aristocratici acquistarono i terreni comuni e li delimitarono con recinzioni. I contadini, spesso molto poveri, che fino a quel momento avevano utilizzato le terre, si trovarono costretti a prenderle in affitto dai proprietari o a migrare in città, dove accettavano di lavorare per salari bassissimi.

Esiste un modo per lasciare le risorse comuni in mano alla collettività senza che vengano sfruttate fino all'esaurimento? Dopo tutto, la teoria economica sembra suggerire che l'eccessivo sfruttamento delle risorse sia inevitabile e che la proprietà comune sia destinata a finire in tragedia.

Atteggiamenti sociali nei confronti delle risorse comuni

In realtà molte risorse comuni vengono utilizzate in maniera sostenibile anche in assenza di regolamentazione pubblica.

> Quando gli economisti hanno iniziato a indagare il reale funzionamento delle risorse gestite in comune, hanno scoperto, con loro grande sorpresa, che spesso la gestione collettiva funzionava piuttosto bene. I pascoli alpini in Svizzera, le foreste giapponesi, i sistemi di irrigazione in Spagna e nelle Filippine sono tutti esempi di risorse comuni che durano da decenni. Alcune reti di irrigazione comuni erano gestite in maniera molto più efficiente dei corrispondenti servizi pubblici e privati. Nonostante gli occasionali fallimenti, sembrava che una gestione accorta potesse scongiurare la tragedia.[1]

IC 4 p13 L'elemento cruciale, in questa analisi, è stabilire se sia possibile stimolare nelle persone un senso di responsabilità individuale ed escogitare dei meccanismi in virtù dei quali gli utilizzatori possono gestire le risorse in modo collettivo, sostituendosi all'amministrazione governativa. Inoltre, occorre giungere a un consenso circa un equo utilizzo di tali risorse, sviluppando in molti casi un sistema di regole.

> In *Governare i beni collettivi*, pubblicato originariamente nel 1990, Elinor Ostrom dell'Indiana University ha descritto le regole necessarie per una corretta gestione delle risorse comuni. La studiosa ha dimostrato che esistono quasi sempre complesse convenzioni che stabiliscono chi può utilizzare le risorse e quando. Chi attinge a una risorsa comune è tenuto a contribuire in pari misura al suo reintegro. L'utilizzo deve essere compatibile con la conservazione della risorsa comune (per esempio, non si può sfruttare illimitatamente un pascolo). Tutti devono avere voce in capitolo nella definizione delle regole. E, di solito, le persone prestano più attenzione al monitoraggio degli abusi e alla risoluzione dei conflitti che alle sanzioni e alle punizioni.[2]

A volte le regole di condotta possono essere profondamente radicate nella cultura. È noto che le popolazioni indigene che vivono in terre marginali, come gli aborigeni australiani o i San nel Kalahari, nutrono una cultura di profondo rispetto per le risorse comuni e considerano la sostenibilità un elemento cruciale della loro filosofia di vita.

> La terra è fondamentale per il benessere delle popolazioni aborigene ed è composta non solo da suolo, rocce o minerali, ma da un intero ambiente che sostiene il popolo e la cultura, e da essi è sostenuto. Per gli aborigeni australiani la terra è al centro di tutta la spiritualità, e questa relazione e lo spirito del "paese" sono temi cruciali per le popolazioni indigene odierne.[3]

Laddove le regole non sono insite nella cultura, è sempre possibile crearle o farle rispettare, magari attraverso lo sviluppo di gruppi di pressione, come Friends of the Earth o gruppi di attivisti locali.

> Ostrom suggerisce che il cosiddetto "miracolo del fiume Reno" – il risanamento della più trafficata via d'acqua europea – deve essere considerato un esempio di gestione efficace delle risorse comuni, perché fu solo grazie al coinvolgimento di gruppi di pressione locali, delle amministrazioni cittadine e regionali e delle organizzazioni non governative che gli inquinatori sono arrivati ad ammettere i costi imponevano agli altri e a tagliare le emissioni. Un ente intergovernativo (la Commissione internazionale per la tutela del Reno) non aveva sortito lo stesso effetto.[4]

L'importanza dell'opera di Elinor Ostrom ha ottenuto il giusto riconoscimento quando la studiosa è stata insignita del premio Nobel per l'Economia nel 2009.

---

1 "Commons Sense", *The Economist*, 31 luglio 2008.

2 *Ibidem.*

3 Australian Indigenous cultural heritage (http://australia.gov.au/about-australia/australian-story/austn-indigenous-cultural-heritage)

4 "Commons Sense", *The Economist*, 31 luglio 2008.

Per semplicità si è assunto che vi siano soltanto due consumatori del bene pubblico, Dino e Giorgio. Nella realtà i consumatori saranno generalmente molti di più. Il massimo importo che Dino è disposto a pagare per consumare la decima unità del bene è illustrata nel punto *a* sulla sua curva di domanda (D_D) ed è €30. Il massimo importo che Giorgio è disposto a pagare per consumare la decima unità del bene è illustrata nel punto *b* sulla sua curva di domanda (D_G) ed è €50.

Basta quindi sommare tra loro le cifre appena descritte per ottenere il beneficio marginale sociale generato dalla produzione della decima unità del bene pubblico, illustrato nel punto *c* e pari a €80. Questo ci fornisce un punto sulla curva del beneficio marginale sociale. Se continuiamo a procedere così per ogni diverso livello di produzione possiamo ricavare la curva del beneficio marginale sociale ($B'S$) illustrata nella Figura 12.9. Tale curva è stata ricavata in questo esempio aggregando in verticale le curve di domanda individuali di Dino e Giorgio: $B'S = D_D + D_G$.

Normalmente la produzione di un bene pubblico ha le stesse caratteristiche della produzione di un bene privato: i costi variano con il livello di produzione in modo molto simile. Perciò il costo marginale (C') per il mercato nel suo complesso si ricaverebbe allo stesso modo che per un bene privato, cioè sommando insieme le quantità che ogni impresa vorrebbe fornire a ogni prezzo – la somma in orizzontale di tutte le curve di costo marginale delle singole imprese. In questo caso è tracciata come retta inclinata verso l'alto.

Assumendo che non vi siano esternalità nella produzione, la curva del costo marginale privato è uguale a quella del costo marginale sociale ($C'P = C'S$). La quantità socialmente efficiente si trova dove $C'S = B'S$, cioè nel punto *f* a un livello di produzione di 16.

Fornitura di beni pubblici puri e problema del free-rider

Supponiamo che un'impresa privata produca 16 unità del bene e applichi a Giorgio un prezzo di €20 per unità (punto *e*) e a Dino di €12 per unità (punto *d*). Questi prezzi sarebbero uguali alle rispettive massime disponibilità a pagare per 16 unità. Se Giorgio agisce in modo egoista e perfettamente razionale possiamo predire che non pagherà per consumare il bene. Il motivo è che, una volta prodotte le 16 unità, potrà consumarle anche se non le ha pagate. Può infatti agire come un ***free-rider*** godendo dei benefici di un bene che è stato pagato da Dino.

IDEA CHIAVE 32 ***Il problema del free-rider.*** Spesso le persone non sono disposte a pagare per qualcosa se possono fruire gratuitamente di ciò che gli altri hanno già acquistato. Questo problema può indurre le persone a non acquistare beni o servizi che apporterebbero benefici a se stessi e alla società nel suo complesso.

Sfortunatamente per Giorgio, se Dino ragiona allo stesso modo, non pagherà il bene nemmeno lui. Se nessuno dei due paga il bene, l'impresa non otterrà alcun ricavo e fallirà rapidamente. Di conseguenza, Dino e Giorgio subiranno una perdita di benessere. A causa del problema del free-rider, le imprese non possono produrre il bene e ricavarne un profitto in un mercato privato, quindi la produzione sarà nulla. Questo fatto crea un'inefficienza sociale che può essere illustrata dall'area della perdita secca di benessere nella Figura 12.9 (l'area colorata *fgh*).

Quando i consumatori sono soltanto due, potrebbe essere possibile trovare un accordo su livelli di contribuzione, ma quando il numero di persone che possono godere del bene pubblico aumenta, il problema del free-rider diventa più probabile. Ciò rende sempre più difficile per le imprese private produrre beni pubblici in un mercato non regolato e senza alcun supporto da parte del governo. Se le imprese applicano un prezzo, in effetti chiedono un contributo volontario a ciascun cliente che può consumare il bene, che lo abbia pagato o meno. Se non si prevedono contributi volontari, il bene non verrà fornito. Alcuni quotidiani, come *The Guardian*, mettono a disposizione un sito web gratuitamente accessibile senza nemmeno una password. Tuttavia, chiedono ai lettori un contributo volontario per aiutare a finanziare il sito (questo però non è un bene pubblico puro, perché i siti dei quotidiani vendono spazi pubblicitari, che sono rivali ed escludibili).

Più un bene pubblico impuro è simile a un bene pubblico puro, più probabile diventa il problema del free-rider. Quindi, è sempre più improbabile che il meccanismo di mercato produrrà il livello socialmente efficiente del bene. In questi casi, potrebbe essere necessario che il bene sia fornito dal governo, o da imprese private sussidiate dal governo.

Notate che non tutti i beni e i servizi prodotti dal settore pubblico rientrano nella categoria dei beni e servizi pubblici. L'istruzione e la sanità sono fornite generalmente dal settore pubblico, ma possono essere fornite anche dal privato, come avviene nella realtà dei fatti.

PAROLE CHIAVE

Problema del *free-rider* Situazione in cui non è possibile escludere altri individui dalla fruizione di un bene che qualcuno ha acquistato.

Potere di mercato

Mancato raggiungimento dell'ottimo paretiano

IC 22 p192 In un mercato imperfetto – sia esso un monopolio o un monopsonio puro, un oligopolio o un mercato in concorrenza monopolistica – le forze della domanda e dell'offerta non riescono ad assicurare l'uguaglianza tra *B'S* e *C'S*, dunque l'ottimo paretiano non viene raggiunto.

Questo è illustrato nella Figura 12.10, che mostra le curve di ricavo e di costo per un monopolista nell'ipotesi che non vi siano esternalità. La quantità socialmente efficiente (ottimo paretiano) si trova in Q_2, dove $B'S = C'S$. Il monopolista, tuttavia, produce la quantità inferiore Q_1, dove $R' = C'$.

Perdita secca associata al monopolio

Ancora una volta, per analizzare la perdita di benessere in regime di monopolio possiamo ricorrere ai concetti di *surplus del consumatore* e *surplus del produttore*, illustrati nella Figura 12.11 (simile alla Figura 12.10). Il diagramma mostra un settore che, inizialmente in concorrenza perfetta, diventa un monopolio (pur continuando a fronteggiare le stesse curve di ricavo e di costo).

In *concorrenza perfetta* il settore produce la quantità Q_{cp} al prezzo P_{cp}, dove $C'(= O) = P(= RM)$, cioè in corrispondenza del punto *a*. Il surplus del consumatore è rappresentato dalle aree 1 + 2 + 3, il surplus del produttore dalle aree 4 + 5. Il surplus totale (cioè la somma del surplus del consumatore e del produttore) viene massimizzato in corrispondenza di questo livello di produzione (cfr. la precedente Figura 12.1).

Che cosa accade in regime di monopolio? Il monopolista produce la quantità Q_m al prezzo P_m (punto *b* sulla curva di domanda), uguagliando il ricavo marginale (*R'*) al costo marginale (*C'*). Il ricavo totale è $P_m \times Q_m$ (aree 2 + 4 + 6); il costo totale corrisponde all'area al di sotto della curva *C'* (area 6) e quindi il surplus del produttore è dato dalle aree 2 + 4. Questo surplus è chiaramente *maggiore* di quello che si avrebbe in concorrenza perfetta (dal momento che l'area 2 è maggiore dell'area 5). Il surplus del consumatore, tuttavia, diminuisce drasticamente. Con una quantità consumata pari a Q_m, l'utilità totale è data dalle aree 1 + 2 + 4 + 6, mentre la spesa del consumatore è rappresentata dalle aree 2 + 4 + 6. Il surplus del consumatore, quindi, corrisponde semplicemente all'area 1 (notate che l'area 2 rappresenta una parte di surplus che è stata trasferita dai consumatori al produttore).

IC 30 p353 Pertanto, il surplus totale in monopolio corrisponde alle aree 1 + 2 + 4, ed è dunque inferiore al livello che si avrebbe in concorrenza perfetta. La "monopolizzazione" del settore ha provocato una perdita di surplus totale pari alle aree 3 + 5, giacché il guadagno del produttore è stato più che compensato dalla perdita subita dai consumatori. Questa riduzione del surplus totale prende il nome di ***perdita secca di benessere*** in monopolio.

Figura 12.10 Il monopolista produce una quantità inferiore all'ottimo paretiano.

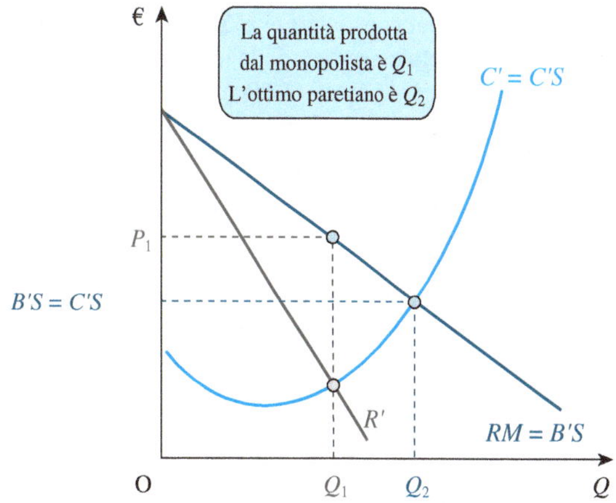

Figura 12.11 Perdita secca in regime di monopolio.

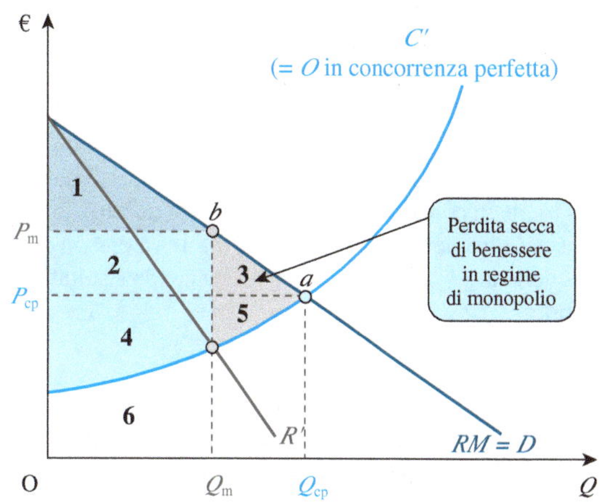

Conclusioni

L'impresa con potere di mercato utilizza meno fattori e produce una quantità inferiore rispetto all'ottimo paretiano; con questo suo comportamento, inoltre, provoca una perdita secca di benessere. Tuttavia, nella misura in cui l'impresa si pone obiettivi *diversi* dalla massimizza-

PAROLE CHIAVE

Perdita secca di benessere Perdita di surplus del consumatore e di surplus del produttore nei monopoli o altri tipi di mercati imperfetti (rispetto alla situazione di concorrenza perfetta).

*IN TERMINI MATEMATICI

Il surplus totale del consumatore (*STC*) è pari alla differenza fra utilità totale e spesa totale (cioè ricavo totale). Il surplus totale del produttore (*STP*) è pari alla differenza fra ricavo totale e costo variabile totale. Pertanto, il surplus totale (*ST*) è dato da:

$$ST = STC + STP = (UT - RT) + (RT - CVT)$$
$$= UT - CVT$$

Ipotizzando che la curva di domanda coincida con la curva di utilità marginale (vedi Paragrafo 4.1), questo ci consente di derivare la funzione di utilità totale. A tale scopo, occorre utilizzare la tecnica del calcolo integrale. Ipotizzando che la funzione di utilità totale sia:

$$UT = bQ - cQ^2$$

e che la funzione di costo variabile totale sia:

$$CVT = jQ - kQ^2 + lQ^3$$

otteniamo la seguente funzione di surplus totale:

$$ST = (bQ - cQ^2) - (jQ - kQ^2 + lQ^3) \qquad (1)$$

Per calcolare la perdita secca di benessere, dobbiamo poi sottrarre il surplus totale in regime di monopolio dal surplus totale in concorrenza perfetta. Per far questo, dobbiamo sostituire nell'equazione (1) prima il valore di Q_{pc} e poi quello di Q_m, e quindi sottrarre il secondo risultato dal primo.

zione del profitto e quindi produce una quantità superiore a quella che massimizza il profitto, tali critiche perdono in parte la loro validità.

Come abbiamo visto nel Capitolo 7, le imprese dotate di considerevole potere di mercato possono apportare *vantaggi* alla società, come le economie di scala e una maggiore attività di ricerca e sviluppo. Questi vantaggi possono controbilanciare il mancato raggiungimento dell'ottimo paretiano. Si potrebbe affermare che, in una situazione ideale, le imprese dovrebbero essere sufficientemente grandi da ottenere economie di scala e al contempo essere persuase o costrette a produrre in corrispondenza di $P = C'$ (ipotizzando l'assenza di esternalità).

L'oligopolio e la concorrenza monopolistica possono dar luogo a ulteriori sprechi, a causa delle ingenti risorse spesso impiegate dalle imprese per farsi concorrenza su fattori diversi dal prezzo; un esempio eloquente è la pubblicità. È difficile prevedere in quale misura gli oligopolisti si discosteranno dall'ottimo paretiano, perché le loro decisioni di prezzo e produzione dipendono dalle loro aspettative circa le azioni dei rivali.

Altri fallimenti del mercato

Informazione perfetta

IC 15 p128 Una delle ipotesi fondamentali della concorrenza perfetta afferma che i consumatori, le imprese e i fornitori di fattori di produzione conoscono alla perfezione tutti i costi e i benefici. Nel mondo reale, però, spesso vi è un notevole grado di incertezza e ignoranza, quindi gli individui non sono in grado di uguagliare i benefici e i costi marginali.

I consumatori acquistano diversi beni solo di rado: di questa categoria fanno parte le automobili, le lavatrici e altri beni durevoli, per non parlare delle abitazioni. Molti individui potrebbero non essere consapevoli della qualità di tali beni finché non li acquistano, e a quel punto è troppo tardi. La pubblicità potrebbe contribuire a mantenere le persone nell'ignoranza, fornendo informazioni fuorvianti circa i benefici di un bene.

Le imprese ignorano spesso le opportunità di mercato, i prezzi, i costi, la produttività dei fattori (specie nel caso del lavoro degli impiegati), le attività dei concorrenti e così via.

CF 9 p129 Molte decisioni economiche vengono prese sulla base di condizioni future attese, ma – dal momento che è impossibile prevedere il futuro con certezza – molte scelte potrebbero rivelarsi errate.

In alcuni casi è possibile ottenere informazioni dal mercato, avvalendosi dei servizi di un'agenzia che vende alle imprese i risultati di ricerche, oppure consultando quotidiani e riviste specializzate. In questo caso, occorre decidere se l'acquisto delle informazioni valga il beneficio che queste apportano; tale decisione potrebbe però rivelarsi problematica se l'individuo non dispone di informazioni sufficienti per giudicare l'attendibilità delle informazioni che desidera acquistare.

IC 25 p265 **Asimmetria informativa.** Una delle forme di ignoranza e incertezza si verifica quando le varie controparti coinvolte in una relazione economica dispongono di informazioni diverse. In questo caso, come abbiamo visto nel Paragrafo 9.4, si parla di asimmetria informativa, un aspetto centrale del problema principale-agente. Consideriamo il caso di un'impresa (il principale) che utilizza i servizi di una banca (l'agente) per finanziare i propri investimenti. La banca probabilmente avrà una conoscenza decisamente migliore dei suoi prodotti e dello stato attuale dei mercati finanziari, e potrebbe vendere all'impresa prodotti non adatti al suo caso allo scopo di ottenere un profitto maggiore. Per esempio, potrebbe concedere prestiti a tasso di interesse fisso pur sapendo che probabilmente i tassi di mercato diminuiranno. L'impresa così si troverebbe a pagare interessi superiori a quelli che avrebbe dovuto pagare nel caso di prestiti a tasso variabile e di conseguenza la banca ne trarrebbe profitti maggiori.

Immobilità dei fattori e ritardo nella risposta

Anche in concorrenza perfetta i fattori potrebbero reagire lentamente ai mutamenti della domanda e dell'offerta; per esempio, il lavoro potrebbe essere altamente immobile dal punto di vista sia occupazionale che geografico. L'immobilità dei fattori può dar luogo a significative variazioni dei prezzi e quindi a profitti supernormali e salari elevati per quanti operano nei settori caratterizzati da domanda crescente o costi in diminuzione. Il lungo periodo potrebbe tardare molto ad arrivare.

IDEA CHIAVE 33 ***Il problema dei ritardi temporali.*** Gli effetti di molte azioni economiche si esplicano su un orizzonte temporale piuttosto lungo. Questo può causare problemi di instabilità e impedire al sistema economico di conseguire l'efficienza sociale.

Nel frattempo le condizioni della domanda e dell'offerta possono subire ulteriori cambiamenti. Pertanto l'economia è in un continuo stato di disequilibrio e il lungo periodo non arriva mai. Mentre le imprese e i consumatori rispondono ai segnali di mercato e si portano verso l'equilibrio, la posizione di equilibrio si allontana e l'ottimo sociale non viene mai raggiunto. Il problema si aggrava in presenza di potere di monopolio/monopsonio, allorché le imprese o i sindacati erigono barriere all'entrata di nuove imprese o fattori di produzione.

Tutelare gli interessi delle persone

IC 25 p265 **Persone a carico.** Non tutti prendono decisioni economiche per conto proprio: molti, infatti, dipendono dalle decisioni prese da altri. I genitori prendono decisioni per conto dei figli, i coniugi per la famiglia, gli adulti più giovani per i più anziani, i manager per conto degli azionisti e così via. Anche questo è un esempio di problema principale-agente.

Un libero mercato reagisce a queste decisioni, indipendentemente dal fatto che siano giuste o sbagliate oppure favorevoli o sfavorevoli per le persone a carico; di conseguenza, un governo potrebbe ritenere opportuno tutelare gli interessi dei soggetti che dipendono dalle decisioni altrui.

Decisioni economiche errate prese dagli individui per conto proprio. Il governo potrebbe ritenere opportuno tutelare gli individui da decisioni che, seppur prese per conto *proprio*, sono dannose o svantaggiose per l'individuo stesso. Come abbiamo visto nel Capitolo 5, questo potrebbe costituire un problema soprattutto quando i benefici del consumo di un dato prodotto sono immediati mentre i costi si presentano in un momento successivo. Le persone potrebbero dare troppo peso ai benefici immediati e non dare invece il giusto peso ai costi di lungo termine delle loro decisioni. Ciò potrebbe accadere per esempio con prodotti come sigarette, alcolici e cibi poco sani.

D'altra parte il governo potrebbe pensare che gli individui consumino una quantità insufficiente di alcuni beni o servizi (detti ***beni di merito***) che apportano un giovamento, come l'istruzione, la medicina preventiva e lo sport. In questo caso, le autorità potrebbero decidere di fornire gratuitamente i beni di merito o di sussidiarne la produzione o, in alternativa, di renderne obbligatorio il consumo (come nel caso della scuola dell'obbligo).

Altri obiettivi

IC 4 p13 Come abbiamo visto nel Capitolo 11, una delle principali critiche mosse al libero mercato attiene al problema della *disuguaglianza*. Il criterio paretiano non fornisce però alcuna guida circa la distribuzione del reddito più desiderabile dal punto di vista della società. La ridistribuzione del reddito va inevitabilmente a beneficio di alcuni e a scapito di altri; di conseguenza, *qualunque* distribuzione del reddito può dar luogo a un ottimo paretiano, perché quest'ultimo rappresenta solo l'allocazione efficiente delle risorse per una *data* distribuzione del reddito.

Oltre all'efficienza sociale e alla riduzione della disuguaglianza, si possono identificare altri obiettivi sociali: il comportamento eticamente corretto (qualunque accezione si voglia dare al termine), la crescita spirituale, la consapevolezza sociale, la cooperazione, lo sviluppo della cultura, la realizzazione, la fine dello sfruttamento e la libertà di possedere, acquistare ed ereditare proprietà. Come abbiamo visto, il libero mercato potrebbe non riuscire a conseguire l'efficienza sociale e potrebbe avere ancora meno successo nel realizzare molti altri obiettivi sociali.

Infine, è improbabile che il libero mercato consegua simultaneamente gli *obiettivi macroeconomici* della crescita sostenuta, della piena occupazione, della stabilità dei prezzi e dell'equilibrio della bilancia dei pagamenti. Questi problemi e i metodi di intervento pubblico atti alla loro risoluzione saranno esaminati nei prossimi capitoli.

PAROLE CHIAVE

Beni di merito (*merit goods*) Beni che, secondo il governo, sono consumati in misura insufficiente e che necessitano pertanto di essere sussidiati o forniti gratuitamente.

BOX 12.3 ESPLORARE L'ECONOMIA

Quanto vale la vita di una persona?

Una domanda difficile per l'analisi costi-benefici

Molti progetti, come nuovi ospedali o nuovi servizi di trasporto, sono finalizzati a salvare vite umane. Questo è ovviamente un beneficio primario, ma si pone il problema di come stimare il valore della vita di una persona.

Secondo alcuni la vita umana non ha prezzo, quindi è impossibile stabilirne il valore. Se, però, con questo si intende che la vita ha un valore *infinito*, ne consegue che il progetto va portato avanti *a prescindere* dai costi, e persino se gli altri benefici sono nulli. Chiaramente, nel valutare le vite salvate dal progetto, occorre attribuire loro un valore inferiore a infinito.

Secondo altri la vita umana non può essere considerata alla stessa stregua degli altri costi e benefici, né essere utilizzata per i calcoli matematici. Tuttavia, stando a questa argomentazione, se il numero di vite salvate deve essere escluso dall'analisi costi-benefici, allora il valore della vita è *zero*. Ancora una volta, non è questo il caso.

Pertanto, se si vuol effettuare un'analisi costi-benefici, occorre attribuire alla vita umana un valore compreso fra zero e infinito. Ma quale?

Alcuni economisti affermano che una vita umana dovrebbe essere valutata in termini di potenziale di guadagno futuro. Questo, però, implica che una persona avrebbe valore solo in quanto fattore di produzione; in tal caso, si dovrebbe forse assegnare valore *negativo* alla vita di un individuo che, per motivi di salute, non è in grado di lavorare e vive col sussidio statale? Certamente no. Secondo questa interpretazione, infatti, la vita di un banchiere varrebbe molto di più di quella di altri lavoratori.

Stando così le cose, si potrebbe tentare di inferire il valore della vita umana dall'osservazione dei comportamenti individuali. Per esempio, si potrebbe esaminare quanto gli individui sono disposti a spendere per la propria sicurezza (manutenzione dell'auto, acquisto di caschi da motocicletta e così via). Ma anche questo approccio presenta notevoli svantaggi: le persone tendono a essere ottimiste. Ovviamente nessuno vuole rischiare la vita, ma tutti sono convinti che gli incidenti capiteranno agli altri, non a loro.

Inoltre, si pone ancora una volta il problema di stimare gli effetti su altre persone, e in particolare la famiglia e gli amici. La somma che le persone sono disposte a spendere per un'assicurazione sulla vita può essere d'aiuto in questa circostanza? Anche in questo caso, le persone sono speranzose. Per di più, ad acquistare l'assicurazione non sono i familiari e gli amici, ma l'interessato, che potrebbe non tenere in debito conto l'effetto sugli altri.

Il Dipartimento dei Trasporti britannico[1] ha valorizzato in £1.790.203 una vita salvata da un progetto per la messa in sicurezza delle strade (in prezzi del 2009). Questo dato si basa in parte sul valore medio (scontato) della produzione che un individuo avrebbe generato per il resto della sua vita se fosse sopravvissuto (£596.674), in parte sui costi dei servizi di emergenza e ospedalieri (£7463), in parte sui costi di assicurazione e danno alla proprietà (£10.965) e in parte sul costo umano calcolato in base alla disponibilità delle persone a pagare (se dovessero farlo) per godersi la vita al di là del consumo di beni e servizi, più i costi derivanti a familiari e amici (£1.175.101).

1 "The Accidents Sub-Objective, TAG Unit 3.4.1", Transport Analysis Guidance (TAG) (DfT, aprile 2011).

Conclusioni

IC 6 p29 Formulare giudizi riguardo all'importanza degli obiettivi sociali esula dai compiti della scienza economica. Gli economisti possono solo valutare i mezzi per raggiungere gli obiettivi dichiarati. In primo luogo, pertanto, gli obiettivi devono essere fissati chiaramente da parte delle autorità; in secondo luogo, tali obiettivi devono essere quantificabili, in modo da poter raffrontare l'efficacia delle diverse politiche.

Alcuni obiettivi, come la crescita del reddito nazionale, la modifica della distribuzione del reddito e la maggiore efficienza sono relativamente facili da quantificare; altri, come la crescita spirituale, non si prestano a una misurazione precisa. Per questa ragione, l'economia tende a concentrarsi sui mezzi per raggiungere una gamma relativamente ridotta di obiettivi. Il pericolo è che, così facendo, gli economisti possano indurre i politici a fare altrettanto, trascurando in tal modo altri obiettivi sociali anche importanti.

CF 1 p11 Alcuni obiettivi possono entrare in conflitto fra loro. Per esempio, la crescita economica potrebbe essere incompatibile con una maggiore uguaglianza. Nel caso di simili *trade-off*, tutto ciò che gli economisti possono fare è dimostrare gli effetti di una data politica e lasciare ai politici il compito di stabilire se i benefici di un obiettivo controbilancino i costi di un altro.

12.3 Forme di intervento pubblico

Di fronte a tutti i problemi del libero mercato, che cosa dovrebbero fare le autorità?

Il governo dispone di diversi strumenti di politica economica: a un estremo, può sostituirsi totalmente al mercato, fornendo direttamente beni e servizi; all'estremo opposto, potrebbe semplicemente tentare di persuadere i produttori, i consumatori o i lavoratori ad agire diversamente. Fra i due estremi, il governo può avvalersi di una serie di strumenti per modificare il modo in cui operano i mercati. Fra questi si annoverano le imposte, i sussidi, le leggi e le autorità di regolamentazione.

Prima di considerare le diverse forme di intervento pubblico e i loro rispettivi meriti, è necessario esaminare un problema generale legato a tutte le forme di intervento: il ***problema del second best***.

In un libero mercato ideale, dove non esistono fallimenti di sorta (una situazione di "first best"), non sarebbe necessario alcun tipo di intervento pubblico; se in questo contesto si verificasse un singolo fallimento, in teoria sarebbe facile correggerlo. Supponiamo che si instauri un monopolio, o che un'impresa inizi a produrre un'esternalità (per esempio, l'inquinamento), con il risultato di creare un divario tra il costo marginale sociale e il beneficio marginale sociale. In principio, al governo basterebbe semplicemente intervenire per riportare la produzione al livello in cui viene soddisfatta l'uguaglianza $C'S = B'S$. Questa è la cosiddetta ***soluzione di first best***.

Ovviamente nel mondo reale la situazione è ben più complessa, poiché esistono numerose imperfezioni: se il governo prova a correggerne una (ripristinando l'uguaglianza $B'S = C'S$), il problema potrebbe aggravarsi altrove. Per esempio, se un aeroporto come Linate sospendesse i voli notturni per non disturbare il sonno dei residenti, le linee aeree potrebbero semplicemente volare su Malpensa. In tal modo il problema si trasferirebbe altrove, imponendo un costo aggiuntivo su quanti abitano vicino a Malpensa.

Poiché non è possibile attuare la soluzione di first best, perfettamente efficiente in un mondo privo di distorsioni, è necessario adottare la ***soluzione di second best***, ricercando il miglior compromesso che consenta di minimizzare gli effetti distorsivi *complessivi* della politica adottata. A seconda dei casi, è possibile applicare alcune *regole* di second best: le esamineremo nelle pagine che seguono, analizzando specifici provvedimenti politici.

Imposte e sussidi

Uno strumento politico particolarmente caldeggiato da molti economisti è quello delle imposte e dei sussidi, che possono essere utilizzati per due importanti finalità microeconomiche: (a) promuovere l'efficienza sociale alterando la composizione di produzione e consumo; e (b) ridistribuire il reddito. Abbiamo esaminato l'impiego di imposte e sussidi ai fini della redistribuzione del reddito nel Capitolo 11; qui ci occupiamo del loro utilizzo per il raggiungimento di una maggiore efficienza sociale.

Le imposte e i sussidi possono essere utilizzati per correggere le imperfezioni del mercato (come le esternalità o il potere di monopolio) che impediscono di conseguire l'ottimo paretiano. In sostanza, l'approccio consiste nel tassare i beni e le attività che il mercato produce in quantità eccessiva, e sussidiare quelle che il mercato produce in quantità insufficiente.

Imposte e sussidi per correggere le esternalità

IC 31 p353 Supponiamo che uno stabilimento chimico produca emissioni inquinanti, imponendo un costo esterno alle persone che respirano i gas di scarico. Il costo marginale sociale della produzione degli agenti chimici è quindi superiore al costo marginale privato dell'impresa: $C'S > C'P$.

IC 30 p353 **La soluzione di first best.** La soluzione di first best quando vi è una sola imperfezione di mercato è semplice: il governo dovrebbe applicare un'imposta uguale al costo marginale esterno (o garantire un sussidio uguale al beneficio marginale esterno).

PAROLE CHIAVE

Problema del *second best* Difficoltà di trovare la maniera migliore di correggere una specifica distorsione del mercato, se vi sono distorsioni anche in altre parti del mercato.

Soluzione di *first best* Soluzione volta a correggere una specifica distorsione del mercato facendo in modo che l'intera economia operi in condizioni di efficienza sociale (ottimo paretiano).

Soluzione di *second best* Soluzione a una specifica distorsione del mercato che prende atto delle distorsioni esistenti altrove e mira a minimizzare gli effetti distorsivi complessivi causati nell'economia dalla soluzione a questa specifica distorsione.

Si parla in questo caso di ***imposta pigoviana*** (o ***sussidio pigoviano***).

In precedenza abbiamo esaminato l'impatto dei costi esterni dell'inquinamento creati dall'industria chimica nel suo complesso. Ora ci concentreremo su una singola impresa di quel settore, per il resto perfettamente concorrenziale. Supponiamo che questa particolare impresa chimica emetta fumi da una ciminiera inquinando l'atmosfera: ciò crea un costo esterno per le persone che respirano quei fumi. Il costo marginale sociale di produrre le sostanze chimiche, quindi, è superiore al costo marginale privato per l'impresa: $C'S > C'P$, come si vede nella Figura 12.12.

In questo esempio si assume che il costo esterno dell'inquinamento cominci con la prima unità di produzione ma rimanga poi costante, quindi $C'E_p$ è una retta orizzontale. La distanza verticale tra le curve $C'S$ e $C'P$ è uguale a $C'E_p$. L'impresa produce la quantità Q_1 dove $P = C'P$ (la produzione di massimo profitto), ma nel fare ciò non tiene conto dei costi esterni dell'inquinamento che impone alla società.

Se il governo introduce un'imposta sulla produzione pari al costo marginale dell'inquinamento, l'impresa viene di fatto costretta a "internalizzare" l'esternalità: dovendo pagare una somma pari al costo esterno che crea, l'impresa ora massimizza i profitti in corrispondenza di Q_2, il livello di produzione socialmente ottimo che soddisfa l'uguaglianza $B'S = C'S$.

Per analogia, se un'impresa producesse un beneficio esterno, nella situazione di first best dovrebbe ricevere un sussidio pari al beneficio marginale esterno.

Un'imposta o un sussidio di questo tipo dovrebbero essere diretti il più vicino possibile alla fonte dell'esternalità. Per esempio, un'impresa che assicuri una formazione ai propri dipendenti, creando in tal modo un beneficio per la società, dovrebbe idealmente ricevere un sussidio commisurato al numero di lavoratori che si avvalgono dei programmi di formazione, anziché un sussidio generale alla produzione. Dopo tutto, un sussidio alla produzione incoraggia l'impresa non solo a formare più lavoratori (effetto desiderato), ma anche a usare più capitale e materie prime (effetto collaterale indesiderato). Questa è una massima generale dell'economia del benessere: *per evitare effetti collaterali, le distorsioni andrebbero corrette alla fonte.*

IC 28 p345 **Imposte e sussidi di second best.** Nella realtà i governi sono chiamati a contrastare le imperfezioni di mercato in un mondo caratterizzato da diverse distorsioni. La Figura 12.13 illustra il caso di un'impresa che produce un costo esterno ($C'S > C'P$) e detiene *al contempo* potere di monopolio. L'impresa massimizza i profitti in corrispondenza di Q_1, dove è soddisfatta l'uguaglianza $C' = R'$ (punto x).

PAROLE CHIAVE

Imposta o sussidio pigoviano Imposta o sussidio progettato per "internalizzare" un'esternalità. L'aliquota marginale di un'imposta o sussidio pigoviano dovrebbe essere uguale al costo (o beneficio) marginale esterno.

Figura 12.12 Utilizzo delle imposte per correggere una distorsione del mercato: un'impresa individuale.

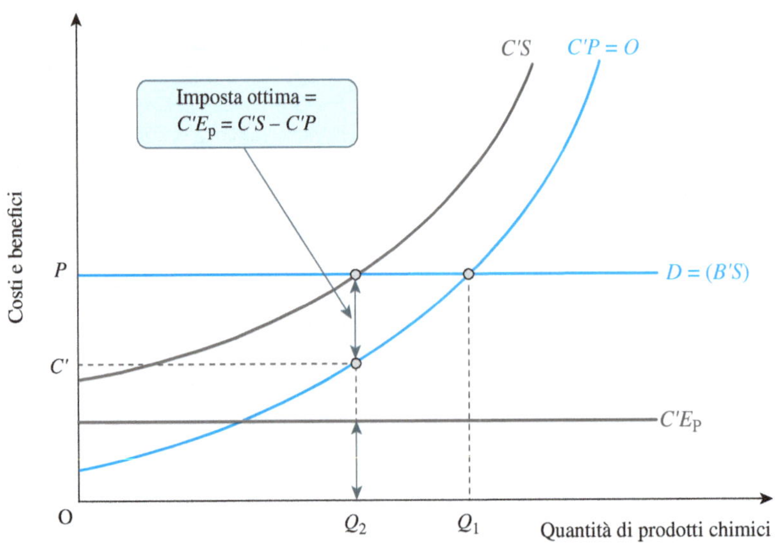

BOX 12.4 **ANALISI DI CASI E APPLICAZIONI**

Fallimenti di mercato multipli

In Italia, il Sistema Sanitario Nazionale fornisce gratuitamente cure ospedaliere, medico generico e prescrizioni per alcune categorie di persone. Il loro costo marginale per il paziente, quindi, è zero. Naturalmente questi servizi usano risorse e quindi devono essere pagati dalla fiscalità.
Ma perché questi servizi non sono venduti direttamente al paziente, risparmiando il denaro dei contribuenti? In effetti esistono varie ragioni per cui il mercato non potrebbe fornire il livello ottimo di cure sanitarie.

Il problema dell'equità

Questo è un problema connesso alla distribuzione del reddito. Poiché il reddito non è distribuito in modo equo, alcune persone saranno potranno permettersi cure migliori di altre, e le più povere potrebbero non essere in grado di pagare alcuna cura. Basandosi sul tema dell'equità, quindi, si sostiene che le cure sanitarie dovrebbero essere fornite gratuitamente, almeno per le persone a basso reddito.
Il concetto di equità applicato solitamente alla sanità è che le persone dovrebbero essere in grado di accedere alle cure in base alle loro esigenze di salute e non in base alla loro capacità di pagare.

Difficoltà di predire le esigenze sanitarie future

Se vi ammalaste all'improvviso e aveste bisogno di un'operazione chirurgica importante, potrebbe essere molto costosa, dovendola pagare. D'altra parte, potreste benissimo passare tutta la vita con poche necessità di cure mediche. In altre parole, vi è un alto grado di incertezza sulle esigenze sanitarie future. Di conseguenza, sarebbe molto difficile pianificare dal punto di vista finanziario e del budget le eventuali spese mediche che si potrebbero dover affrontare in futuro, qualora fossero disponibili solo a pagamento.
Un'assicurazione sanitaria potrebbe fornire una soluzione a questo problema se la probabilità di richiedere diverse cure (a) potesse essere stimata e (b) fosse indipendente tra i diversi individui. Inoltre, non dovrebbero esserci gravi problemi di selezione avversa o rischio morale. Anche se fosse possibile creare un mercato effettivo per le assicurazioni sanitarie, rimarrebbe un problema di equità: i malati cronici, o le persone molto anziane, sarebbero in grado di ottenere una copertura assicurativa e, se sì, potrebbero permettersi di pagare i relativi premi? Questo tema dei "gap" nei sistemi basati su assicurazioni sanitarie porta alla probabile necessità di qualche forma di intervento in tema di equità, anche quando la maggior parte delle cure è fornita da privati.

Esternalità

Le cure sanitarie generano numerosi benefici *esterni* al paziente. Per esempio, se siete stati curati per una malattia infettiva, non siete i soli a beneficiarne, ma anche altri, perché non li infetterete. In più, se avete un lavoro potrete tornarci, riducendo così i problemi per l'economia. Questi benefici esterni delle cure sanitarie possono essere importanti. Se le persone malate devono pagare il costo delle loro cure, potrebbero decidere di non curarsi, soprattutto se sono povere. Nel decidere, considereranno i costi e i benefici, ma probabilmente non terranno conto dell'effetto che la loro malattia ha su altre persone. Il mercato, parificando benefici e costi privati, produrrebbe troppo poche cure sanitarie.

Problemi informativi e ignoranza del paziente

I mercati funzionano bene nell'allocare risorse soltanto se il consumatore dispone della conoscenza necessaria per prendere decisioni informate. Per molti prodotti che acquistiamo sono disponibili informazioni ragionevolmente buone e quindi possiamo valutare quali prodotti/servizi preferiamo. Nel caso delle cure sanitarie la situazione è diversa. Molte informazioni sono complesse e un paziente potrebbe aver bisogno di conoscenze specialistiche per capirle. La natura "irripetibile" di molte cure, inoltre, significa che i pazienti non possono apprendere da acquisti ripetuti.
A volte la domanda di cure sanitarie potrebbe essere urgente. In questi casi le persone non hanno il tempo di guardarsi in giro e potrebbero essere impossibilitati a prendere decisioni razionali a causa di uno stress emotivo. Per questi motivi, un paziente deve affidarsi al parere professionale di altri; deve entrare in una relazione di agenzia con un medico o un fornitore di cure sanitarie.
Per esempio, se avete un dolore al petto, potrebbe essere dovuto semplicemente a uno sforzo muscolare, oppure potrebbe essere un sintomo di malattia cardiaca. Vi affidate al medico (il *fornitore* della cura) affinché vi dia l'informazione, cioè per una diagnosi della vostra condizione. Il punto chiave è se gli incentivi di medico e paziente siano allineati. Se le cure sanitarie fossero fornite attraverso il mercato, medici senza scrupoli potrebbero consigliare cure più costose del necessario; potrebbero anche accordarsi con società farmaceutiche per cercare di convincere i pazienti ad acquistare prodotti di marca più costosi di altri in realtà identici ma più economici. Questo problema esiste anche nei sistemi basati sulle assicurazioni, dove il medico potrebbe essere ancora più incentivato a un eccesso di cure, se il paziente ha copertura sufficiente.
Se le persone dovessero pagare, quelle affette dalle prime fasi di una grave malattia potrebbero rimandare una visita medica fino a quando i sintomi non si fanno acuti, e allora potrebbe essere troppo tardi, per curare efficacemente la malattia, o magari troppo costoso. Con un servizio sanitario gratuito, invece, è probabile che i malati siano diagnosticati prima.

Oligopolio

Se medici e ospedali operassero nel libero mercato come massimizzatori di profitti, difficilmente la concorrenza spingerebbe al ribasso i prezzi. Invece, potrebbero verificarsi collusioni allo scopo di fissare prezzi standard delle cure in modo da proteggere i profitti di ognuno. Anche se i medici operassero in aperta concorrenza, difficilmente i consumatori avrebbero informazioni sufficienti per poter scegliere le alternative con il maggior valore per loro.

Dobbiamo essere prudenti: sostenere che il mercato non sarà in grado di fornire un'allocazione ottima di risorse sanitarie non significa affermare che una *fornitura gratuita* lo farà. Per esempio, se le visite mediche sono gratuite è probabile che alcuni pazienti tenderanno a rivolgersi al medico anche per banalità, e il risultato sarà un consumo superiore al punto socialmente efficiente.

Negli Stati Uniti ci si affida molto di più alle *assicurazioni sanitarie private*. In alternativa, il governo potrebbe semplicemente *sussidiare* le cure sanitarie, in modo da renderle più economiche ma non gratuite. Questo avviene per le prescrizioni e le cure odontoiatriche nel Regno Unito, dove molte persone devono pagare soltanto una parte del costo delle cure. Inoltre, il governo può *regolare* il comportamento dei fornitori di cure mediche per impedire lo sfruttamento dei pazienti. Infatti, soltanto le persone dotate di specifiche qualifiche possono lavorare come medici, infermieri, farmacisti e così via.

Figura 12.13 Utilizzo delle imposte per correggere una distorsione del mercato: imprese con potere di monopolio.

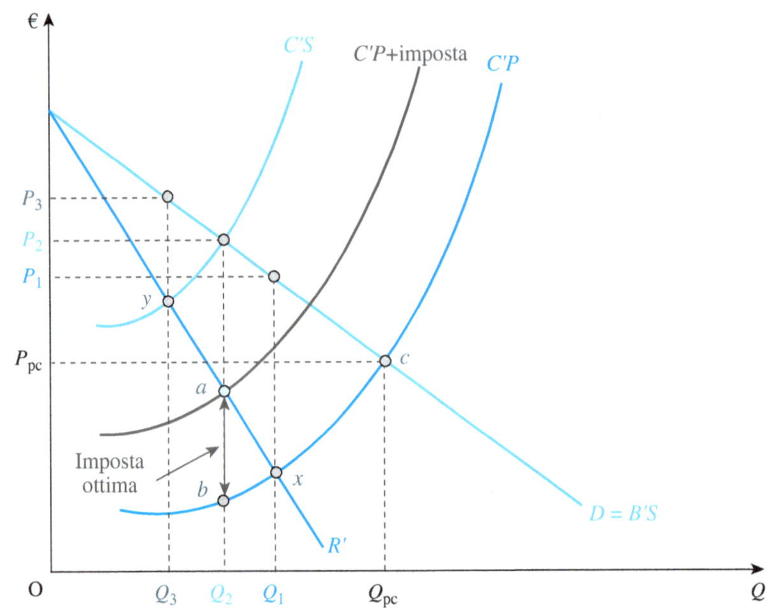

IC 28 p345 In questo caso il livello di produzione socialmente efficiente è Q_2, dove $B'S$ è pari a $C'S$. Notate che in questo caso la perdita di benessere causata dal monopolio è inferiore a quella di un mercato perfettamente concorrenziale: l'eccesso di produzione è infatti inferiore. L'equilibrio di un mercato perfettamente concorrenziale sarebbe nel punto *c*, con prezzo P_{pc} e produzione Q_{pc}. Per indurre un monopolista a produrre la quantità Q_2 occorre applicare un'imposta pari ad $a - b$ (poiché nel punto *a* si ha $R' = C'P$ + imposta). Questa imposta è *inferiore* al costo esterno complessivo, a causa del potere di monopolio. Se si applicasse al monopolista un'imposta *pari* al costo esterno (in modo da far coincidere la sua curva $C'P$ + imposta con la curva $C'S$), l'impresa massimizzerebbe il profitto in corrispondenza del punto *y*, producendo la quantità Q_3 al prezzo P_3. Ma questa soluzione non sarebbe socialmente efficiente, perché $B'S$ sarebbe *superiore* a $C'S$.

Imposte per correggere il monopolio

Fin qui abbiamo esaminato l'uso delle imposte per correggere le esternalità. La tassazione, però, può essere utilizzata anche per regolamentare il comportamento di monopoli e oligopoli.

Volendo affrontare il problema degli eccessivi profitti di monopolio, il governo può prelevare un'imposta

BOX 12.5 **ESPLORARE L'ECONOMIA**

Perdita secca causata da un'imposta su beni e servizi

Le imposte possono essere utilizzate per correggere i fallimenti dei mercati, ma non sono prive di effetti distorsivi: uno di questi è la perdita secca causata dalle imposte gravanti su beni e servizi (vedi Paragrafo 11.2).

Il diagramma mostra le curve di domanda e offerta di un particolare bene. Inizialmente l'equilibrio si trova in corrispondenza del prezzo P_1 e di un livello di vendite Q_1 (dove $D = O$). Successivamente il governo introduce un'accisa sul bene: la curva di offerta si sposta verso l'alto in misura pari all'ammontare dell'imposta, portandosi a O + imposta. Il prezzo di equilibrio aumenta a P_2 e la quantità di equilibrio scende a Q_2. I produttori ricevono un prezzo netto di P_2 – imposta.

Il surplus del consumatore diminuisce, passando dalle aree 1 + 2 + 3 all'arca 1. Il surplus dcl produttorc diminuiscc dalle aree 4 + 5 + 6 all'area 6. Questo però non significa che il surplus totale diminuisca in misura pari alle aree 2 + 3 + 4 + 5, perché il governo ottiene un beneficio dall'aumento delle **entrate fiscali** (con le quali può finanziare una maggiore spesa pubblica, a tutto vantaggio della popolazione). Nel nostro esempio le entrate fiscali corrispondono alle aree 2 + 4.

Ma anche dopo aver considerato le entrate fiscali, si ha comunque una diminuzione del surplus totale pari alle aree 3 + 5. Questa è la **perdita secca** causata dall'imposta.

La perdita di surplus totale dovuta alla tassazione non implica però che le imposte sui beni siano sempre negative. A una simile conclusione si giungerebbe solo in una situazione di first best in cui non vi siano fallimenti del mercato, cioè in un contesto caratterizzato da concorrenza perfetta, assenza di esternalità e una distribuzione del reddito ottimale. In simili circostanze, la perdita di surplus causata da un'imposta rappresenterebbe una riduzione del benessere. Nel mondo reale, fatto di mercati imperfetti e di disuguaglianza, le imposte presentano aspetti più positivi che negativi. Come abbiamo illustrato in questo paragrafo, le imposte possono contribuire a correggere le esternalità e, come spiegato nel capitolo precedente, possono essere utilizzate come mezzo per ridistribuire il reddito. Ciò nondimeno, nel valutare l'opportunità di introdurre imposte su beni e servizi o di innalzare le aliquote fiscali, bisognerebbe idealmente tener conto della perdita secca causata dalla tassazione.

Perdita secca causata da un'imposta indiretta.

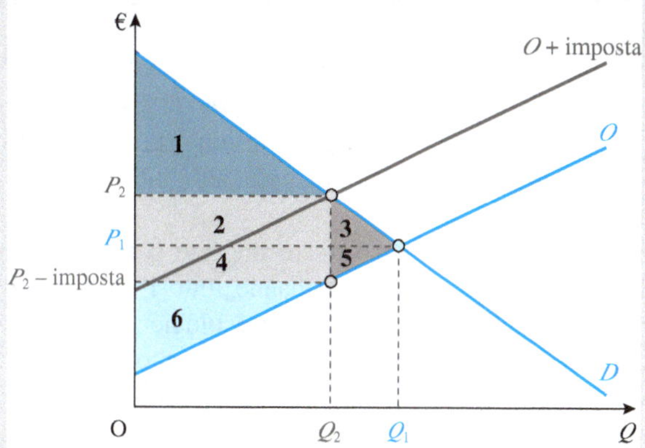

di capitazione (*lump sum*) sul monopolista: ne è un esempio la "windfall tax" applicata nel Regno Unito nel 1997 dal governo inglese sui profitti di diverse imprese di servizi pubblici privatizzate. Nel 2005 fu imposta un'altra tassa sui profitti "in eccesso" delle compagnie petrolifere operanti nel mare del nord. Anche nel 2008 vi erano forti richieste di imporre una tassa sulle imprese del settore energetico, ma questo non è stato fatto. L'impiego delle imposte di capitazione è illustrato nella Figura 12.14.

Essendo prelevata in somma fissa, questo tipo di imposta rappresenta un costo fisso per l'impresa: di conseguenza, il costo marginale rimane invariato e la curva *CM* si sposta verso l'alto.

Il monopolista continua a massimizzare il profitto nel punto in cui è soddisfatta l'uguaglianza $C' = R'$, producendo la quantità Q_1 al prezzo P_1. Tuttavia, il suo profitto diminuisce dalle aree 1 + 2 alla sola area 1: adesso l'area 2 rappresenta l'ammontare dell'imposta versata all'erario. Calibrando l'imposta in modo tale da portare la curva *CM* + imposta di capitazione a intersecare la curva di domanda nel punto *a*, il governo si approprierebbe di *tutto* il profitto supernormale del monopolista.

Figura 12.14 Utilizzo di un'imposta di capitazione per ridurre i profitti di monopolio.

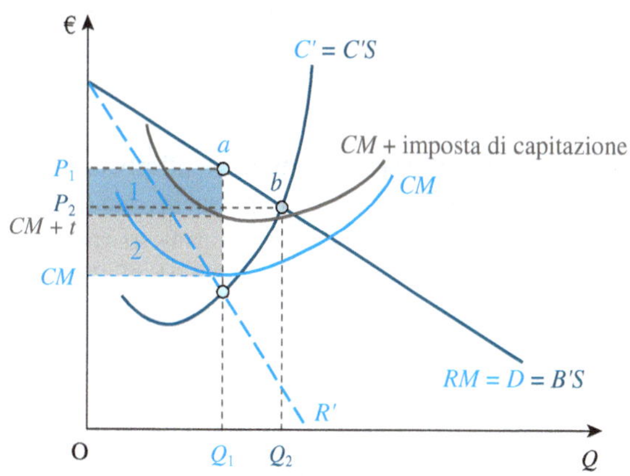

Immaginiamo adesso che il governo desideri anche indurre il monopolista a produrre la quantità socialmente ottima, Q_2, praticando il prezzo P_2: in tal caso, potrebbe adottare un'attenta combinazione di sussidio unitario (in modo da spostare verso il basso le curve *CM* e *C'*) e di imposta di capitazione. Il sussidio dovrebbe essere fissato a un livello tale da portare la curva *C'* a intersecare la curva *R'* in corrispondenza della quantità Q_2; l'imposta di capitazione andrebbe invece prelevata in misura tale da spingere nuovamente verso l'alto la curva *CM* fino a intersecare la curva di domanda nel punto *b*.

Vantaggi di imposte e sussidi

Molti economisti sono favorevoli all'utilizzo di imposte e sussidi per correggere le imperfezioni del mercato (in particolare il problema delle esternalità), perché tali strumenti consentono alle forze di domanda e offerta di continuare a operare, ma costringono al contempo le imprese a farsi carico di tutti i costi e i benefici sociali delle loro azioni (cioè a *internalizzare le esternalità*). Inoltre, dopo l'entrata in vigore, le imposte e i sussidi possono essere modificati in base all'entità del problema.

Per di più, dovendo versare imposte commisurate all'inquinamento, le imprese hanno tutto l'interesse a trovare metodi di produzione più ecologici: l'imposta funge da incentivo a ridurre l'inquinamento nel lungo periodo. Parimenti, il sussidio delle *buone* pratiche incentiva le imprese ad adottarne di nuove.

L'applicazione di un'imposta sull'inquinamento è particolarmente indicata quando le emissioni sono chiaramente misurabili, come nel caso di un particolare rifiuto chimico: in questo caso il governo può prelevare un'imposta al litro o alla tonnellata di quel particolare rifiuto.

Svantaggi di imposte e sussidi

Impossibilità di utilizzare diverse aliquote fiscali e livelli di sussidio. Ogni impresa produce diversi livelli e tipi di esternalità, e opera in contesti caratterizzati da diversi gradi di concorrenza imperfetta. Pertanto, dal punto di vista amministrativo sarebbe piuttosto difficile e costoso applicare una diversa aliquota fiscale a ciascuna impresa (o garantire un diverso livello di sussidio alle imprese che ne hanno diritto). Anche nel caso dell'inquinamento, ove fosse possibile misurare le emissioni di un'impresa, si renderebbe comunque necessaria una diversa aliquota per ciascun inquinante e persino per ciascun ambiente, in funzione della sua capacità di assorbire l'agente inquinante.

IC 15 p128 **Mancanza di conoscenza.** Anche se un governo decidesse di applicare un'imposta pari ai costi marginali esterni di ciascuna impresa inquinante, si porrebbe comunque il problema di misurare tali costi e suddividere le responsabilità. I danni ai corsi d'acqua e alle foreste causati dalle piogge acide rappresentano una fonte di grave preoccupazione sin dagli anni Ottanta, ma quanto è grave il danno? Qual è il suo valore monetario corrente? Quanto durerà? Chi deve essere ritenuto responsabile? A queste domande è impossibile dare una risposta precisa. Pertanto, non è possibile determinare l'imposta sull'inquinamento "corretta" da applicare, poniamo, a una particolare centrale elettrica a carbone fossile.

Modifica dei diritti di proprietà

Una causa di fallimento del mercato è la natura limitata dei diritti di proprietà. Se qualcuno scarica un ammasso di vecchi mobili nel vostro giardino, potete pretenderne la rimozione; ma se qualcuno scarica gli stessi mobili nel *proprio* giardino, che si trova accanto al vostro, che cosa potete fare? Dalle vostre finestre avete una vista sgradita, ma non avete alcun diritto di proprietà sul giardino del vostro vicino.

I diritti di proprietà stabiliscono chi sia il proprietario di un bene, che uso ne può fare, quali sono i diritti vantati da terzi sul bene in questione e quali i modi in cui può essere trasferito. *Estendendo* tali diritti, un soggetto può impedire ad altri di imporgli costi esterni o chiedere un pagamento nel caso lo facciano.

IC 28 p345 Il livello socialmente efficiente del pagamento sarebbe equivalente al costo marginale esterno (e avrebbe lo stesso effetto dell'applicazione di un'imposta di pari ammontare da parte del governo: vedi Figura 12.12). Il ***teorema di Coase***[1] afferma che, in un mercato per altri versi perfettamente concorrenziale, il pagamento si attesta al livello socialmente efficiente. Vediamo perché.

IC 31 p353 Consideriamo il caso di uno stabilimento chimico che inquina un fiume, imponendo un costo a

PAROLE CHIAVE

Teorema di Coase Teorema secondo il quale è possibile "internalizzare" un'esternalità e pervenire al livello socialmente ottimo di produzione mediante un accordo tra i soggetti che patiscono l'esternalità e quelli che la causano (attraverso l'applicazione di sanzioni o l'offerta di compensi).

1 Chiamato così in onore dell'economista Ronald Coase, che ha sviluppato la teoria. Si veda "The problem of social cost", *Journal of Law and Economics*, 1960.

quanti utilizzano quel fiume per la pesca. Se i diritti di proprietà fossero conferiti alla comunità dei pescatori, questi potrebbero chiedere allo stabilimento chimico di pagare una sanzione per unità prodotta. Se la sanzione fosse *inferiore* al costo marginale esterno, i pescatori subirebbero, a causa dell'inquinamento generato dall'ultima unità prodotta, un danno maggiore (in termini di perdita di pescato) rispetto al risarcimento che otterrebbero. Se applicassero una sanzione *maggiore*, spingendo quindi l'impresa a ridurre la produzione al di sotto del livello socialmente efficiente, rinuncerebbero a un risarcimento superiore al danno marginale. Pertanto, sarebbe nell'interesse della parte lesa (cioè dei pescatori) chiedere un risarcimento *pari* al costo marginale esterno.

In alternativa, i diritti di proprietà del fiume potrebbero essere dati all'impianto chimico. In questo caso, la comunità dei pescatori potrebbe offrire all'impresa un pagamento per l'impegno a non inquinare il fiume.

Un risultato interessante è che la soluzione efficiente del problema causato dall'esternalità non dipende dalla parte a cui sono assegnati i diritti di proprietà, cioè l'impianto chimico o la comunità dei pescatori. Tutto ciò che conta è che i diritti di proprietà siano assegnati interamente all'una o all'altra parte e che non vi siano costi di negoziazione.

Nella maggior parte dei casi, tuttavia, questo genere di soluzione è del tutto inattuabile, specie quando viene arrecato un danno *limitato* a *tante* persone e quando i colpevoli sono molti. Per esempio, se una persona fosse importunata dal rumore dei camion che passano vicino alla sua casa, le sarebbe difficile, se non impossibile, negoziare con ogni singola impresa di trasporti che percorre quel tragitto. Che cosa accadrebbe, poi, se una persona volesse impedire ai camion di passare per quella strada, mentre il vicino volesse invece applicare una tariffa di 10 centesimi a tratta? Chi la spunterebbe?

L'estensione dei diritti di proprietà è più fattibile quando i colpevoli sono pochi e facilmente identificabili, e i costi sono chiaramente definiti. Per esempio, un'ordinanza sull'abbattimento dei rumori nelle aree urbane potrebbe vietare l'ascolto di musica ad alto volume, le feste rumorose o le attività che disturbano la quiete pubblica. I singoli cittadini sarebbero tenuti a segnalare le infrazioni, oppure potrebbero chiedere a chi produce rumori molesti un pagamento per non far scattare la denuncia.

Ma persino laddove sono coinvolte solo poche persone, le azioni legali potrebbero essere difficoltose. Portare la gente in tribunale richiede tempo e costi. La giustizia non sempre è gratuita, perciò talvolta si pone un problema di equità. I ricchi possono permettersi una giustizia "migliore", ingaggiando gli avvocati più quotati; pertanto, pur avendo il diritto di citare in giudizio una grande impresa per aver scaricato rifiuti tossici, il singolo individuo potrebbe non avere la forza per sostenere e vincere la battaglia legale.

IC 4 p13 Infine, vi è il tema più ampio dell'equità. Anche se il risultato socialmente efficiente non dipende da chi ha ottenuto i diritti di proprietà, l'equità del risultato ne dipende. L'estensione dei diritti di proprietà potrebbe favorire i ricchi, che normalmente hanno maggiori possedimenti, a spese dei poveri. Prendiamo il caso di una grande tenuta di campagna dove gli escursionisti trascorrono piacevoli momenti di svago: se i diritti di proprietà vengono estesi in modo da impedire alle persone di passeggiare sui terreni, si avrebbe un guadagno per la società?

Ovviamente, modificando i diritti di proprietà, sia pur in modo diverso, si possono affrontare anche le questioni di equità: per esempio, si possono estendere le proprietà *pubbliche*, come i parchi, gli spazi comuni, le biblioteche e gli edifici storici, oppure ridistribuire ai poveri le proprietà dei ricchi. In questo caso la questione non attiene tanto ai diritti conferiti dalla proprietà, quanto all'alterazione della proprietà stessa.

Leggi che proibiscono o disciplinano strutture o comportamenti indesiderabili

Spesso i governi varano leggi e regolamenti per correggere le imperfezioni del mercato. Esaminiamo i tre casi più comuni.

Leggi che vietano o disciplinano comportamenti che impongono costi esterni

Leggi e regolamenti possono essere applicati sia agli individui che alle imprese. Nel caso degli individui, per esempio, è illegale mettersi alla guida dopo aver assunto una dose eccessiva di alcol. La guida in stato di ebbrezza impone costi sugli altri a causa del rischio di incidenti spesso mortali. Altri esempi sono (a) il divieto di fumo nei locali pubblici e (b) il divieto di usare il telefono mentre si guida.

Nel caso delle imprese, è possibile vietare o limitare diverse attività inquinanti, imporre standard di sicurezza nei posti di lavoro e vietare la costruzione di case o fabbriche nelle aree soggette a vincolo paesaggistico.

Nel caso delle risorse comuni, si possono introdurre restrizioni al loro utilizzo. Nell'esempio delle aree di pesca, il governo può fissare un limite al numero di pescherecci o alla quantità di pescato, o ancora specificare le caratteristiche delle reti da pesca; nei casi più estremi, può vietare completamente la pesca per il tempo necessario ai banchi di pesce per riprodursi. Per far rispettare le restrizioni, molti governi hanno esteso le acque territoriali fino a 200 miglia dalla costa.

Vantaggi delle restrizioni legali.

- Sono chiare e semplici da capire, e spesso relativamente facili di amministrare. Ispettori o agenti di polizia possono eseguire controlli a campione per verificare che le norme siano rispettate.
- Se il pericolo è molto grave, potrebbe essere molto più sicuro vietare del tutto una determinata attività anziché affidarsi alle imposte o ai tentativi dei singoli di affermare i propri diritti di proprietà nelle sedi preposte.
- Se occorre prendere una decisione in fretta, si può ricorrere a provvedimenti di emergenza. Per esempio, in una metropoli è più semplice vietare o limitare l'utilizzo delle auto private quando lo smog supera i livelli di guardia, piuttosto che tassarne l'utilizzo.

CF 5 p46 **Svantaggi delle restrizioni legali.** Il problema principale delle restrizioni legali è la loro scarsa incisività. Uno stabilimento chimico a cui venisse imposto di ridurre gli scarichi di acque reflue a 20 tonnellate alla settimana non avrebbe alcun incentivo a ridurli ulteriormente. Se invece il governo tassasse le emissioni inquinanti, l'impresa avrebbe tutto l'interesse a ridurre gli scarichi di acque reflue per abbattere il proprio debito di imposta.

Con le imposte correttive si ottiene dunque un *continuo* incentivo a ridurre l'inquinamento.

Leggi che impediscono o disciplinano i monopoli e gli oligopoli

I governi spesso introducono leggi che proibiscono vari tipi di attività collusive, lo sfruttamento di poteri di mercato da parte di un'impresa dominante e le operazioni di fusione o acquisizione che potrebbero causare un danno alla concorrenza. Questi aspetti saranno esaminati in dettaglio nel Capitolo 14.

Leggi che vietano alle imprese di sfruttare l'ignoranza dei consumatori

Dato che gli individui dispongono di informazioni imperfette, le leggi a tutela dei consumatori vietano alle imprese di vendere beni difettosi o pericolosi, o di pubblicizzarli in maniera falsa o ingannevole.

Purtroppo, le imprese più inclini a sfruttare l'ignoranza dei consumatori sono, di solito, anche le più abili a sottrarsi alle azioni legali.

Autorità di regolamentazione

Un approccio meno diretto del divieto o della restrizione di certe attività è il ricorso alle autorità di regolamentazione. Una volta individuate le possibili situazioni che necessitano di intervento (per esempio, casi di inquinamento o abuso del potere di monopolio), l'autorità di regolamentazione conduce un'indagine e poi stende una relazione con i risultati e i suggerimenti. Qualche volta questi organismi hanno il potere di far rispettare le proprie decisioni, altre volte questo compito spetta a un'autorità superiore.

Il vantaggio di ricorrere alle autorità di regolamentazione sta nella possibilità di utilizzare un metodo adeguato a ciascun caso, adottando la soluzione di volta in volta più appropriata. Tuttavia, le indagini possono essere costose e lunghe e i casi esaminati potrebbero essere pochi; inoltre, anche qualora le imprese ritenute colpevoli si impegnassero a modificare i propri comportamenti, in mancanza di controlli successivi da parte delle autorità di regolamentazione queste promesse potrebbero non essere mantenute.

Controlli dei prezzi

Le autorità possono ricorrere a questo tipo di controlli per impedire a un monopolio o a un oligopolio di alzare troppo i prezzi.

IC 4 p13 I controlli dei prezzi possono servire anche a effettuare una redistribuzione del reddito, fissando i prezzi al di sopra o al di sotto del livello di equilibrio. Per esempio, per tutelare il reddito degli agricoltori si possono introdurre livelli minimi di prezzo per i prodotti agricoli, mentre per tutelare le persone a basso reddito si possono varare norme sul salario minimo. Sul lato del consumo, il controllo dei canoni di locazione può essere utilizzato per aiutare i più poveri a far fronte alle spese per l'abitazione, mentre i livelli massimi di prezzo sui generi alimentari o altri beni essenziali durante un conflitto bellico o altre situazioni di emergenza possono assicurare ai poveri la possibilità di acquistare questi beni. Tuttavia, come abbiamo visto nel Paragrafo 3.1, il problema il controllo dei prezzi può causare una penuria (quando i prezzi sono fissati a un livello troppo basso) o un'eccedenza (in caso di prezzi troppo elevati).

Fornitura di informazioni

IC 15 p128 Quando il fallimento del mercato è causato dalla mancanza di informazione, il governo o altri enti pubblici possono correggere questa distorsione fornendo direttamente le informazioni necessarie. Per esempio, i centri per l'impiego forniscono a quanti cercano lavoro informazioni sulle opportunità di occupazione disponibili, accelerando il processo di “incontro” fra disoccupati e datori di lavoro; in tal modo il mercato del lavoro funziona meglio e l’elasticità dell’offerta di lavoro aumenta.

Altri esempi sono la fornitura di informazioni ai consumatori, poniamo sugli effetti del fumo o del consumo di frutta e verdura, oppure la pubblicazione di statistiche pubbliche su prezzi, costi, occupazione, tendenze di vendita e così via, che consentono alle imprese di pianificare le loro attività con maggiore sicurezza.

Fornitura diretta di beni e servizi

Spesso il mercato non è in grado di fornire alcuni beni pubblici, come le strade, i marciapiedi, l’illuminazione delle zone costiere e la difesa nazionale in quantità socialmente efficienti, a causa del problema del free-rider. Pertanto, il governo centrale o le amministrazioni locali devono finanziare la fornitura ottimale dei beni pubblici imponendo dei pagamenti ai membri della società. Un modo di ottenere tali pagamenti è quello di ricorrere all’imposizione fiscale centrale o locale.

IC 29 p350 Prima di raccogliere i pagamenti, il governo deve cercare di determinare la quantità socialmente efficiente di beni pubblici da fornire. Come si fa, nella pratica, a individuare l’equivalente nel mondo reale del punto *f* nella Figura 12.9? La soluzione è quella di individuare tutti i costi e i benefici per la società, soppesandoli adeguatamente. È qui che entra in gioco l’analisi costi-benefici, di cui ci occuperemo nel Paragrafo 12.4.

Una volta incassati i pagamenti, il governo centrale, le amministrazioni locali o altri enti pubblici possono gestire direttamente la produzione del bene o servizio, o in alternativa incaricare imprese private di farlo, dietro un corrispettivo.

Il governo potrebbe anche fornire gratuitamente o a un prezzo di molto inferiore al costo beni e servizi che *non* hanno le caratteristiche di un bene pubblico, come la sanità e l’istruzione. Le possibili ragioni sono quattro.

Giustizia sociale. La società potrebbe ritenere che la sanità e l’istruzione, come altri *beni di merito*, vadano forniti non tanto in base alla capacità di pagare, ma secondo le necessità.

IC 31 p353 **Ampie esternalità positive.** Persone diverse dal consumatore potrebbero trarre un significativo vantaggio dalla fornitura di questi beni: se, per esempio, un individuo si sottopone a cure mediche per una malattia infettiva, altri sono protetti dal contagio. Quindi, un sistema sanitario gratuito contribuisce a combattere la diffusione delle malattie.

Tutela delle persone a carico. Se l’istruzione non fosse gratuita, se la qualità dell’istruzione dipendesse dalla somma spesa, e se i genitori potessero decidere quanta istruzione assicurare ai loro figli, la qualità dell’istruzione dei bambini dipenderebbe non solo dal reddito familiare, ma anche dall’importanza che i genitori attribuiscono all’istruzione. Un governo potrebbe dunque rendere l’istruzione di base obbligatoria e gratuita al fine di tutelare i bambini dalle cattive scelte dei genitori. Un’argomentazione analoga viene utilizzata per giustificare la fornitura di servizi medici e dentistici pediatrici.

IC 15 p128 **Ignoranza.** I consumatori potrebbero non essere consapevoli dei benefici apportati da alcuni beni e servizi; quindi, se dovessero pagare per ottenerli, potrebbero scegliere (imprudentemente) di farne a meno. Se l’assistenza sanitaria è gratuita, le persone hanno maggiori incentivi a consultare un medico prima che un malessere si trasformi in una malattia grave.

Proprietà pubblica

Questa si differenzia dalla fornitura diretta per il fatto che i beni e i servizi prodotti da imprese di proprietà pubblica (nazionalizzate) vengono venduti sul mercato. I costi e i benefici della proprietà pubblica sono esaminati nel dettaglio nel Paragrafo 14.2.

➤ 12.4 L’analisi costi-benefici

CF 1 p11 IC 31 p353 L’***analisi costi-benefici*** è una tecnica impiegata dai governi per valutare la fattibilità di progetti come una nuova autostrada, un traforo, una linea della metropolitana, un ospedale, un programma sanitario, una diga e così via. L’analisi mira a determinare se i benefici derivanti alla società dal progetto siano superiori ai costi, nel qual caso il progetto dovrebbe essere intrapreso, o se i costi superino i benefici, nel qual caso il progetto andrebbe fermato.

Normalmente le analisi costi-benefici vengono commissionate o dall’istituzione pubblica preposta o da un’autorità locale. A differenza delle tecniche di valutazione dei progetti impiegate dalle imprese private, che tengono conto solo dei costi e dei benefici *monetari pri-*

vati, l'analisi costi-benefici considera anche le *esternalità* e i costi e i benefici privati *non monetari*. Per esempio, l'analisi costi-benefici del progetto di costruzione di una nuova strada potrebbe valutare i costi esterni dell'inquinamento acustico per i residenti e la distruzione dell'ambiente naturale, oltre che i costi e i benefici diretti per gli automobilisti.

La procedura

A prima vista la procedura può sembrare piuttosto semplice e immediata.

- Si individuano tutti i costi e i benefici, compresi i costi e i benefici privati monetari e non monetari, nonché le esternalità.
- IC 31 p353 A ciascun costo e beneficio si assegna un valore monetario; per sommare i costi e i benefici, infatti, è essenziale utilizzare un'unica unità di misura. Com'è facile intuire, assegnare un valore monetario a esternalità quali il rumore, l'inquinamento e la qualità della vita è un'operazione complessa e potrebbe richiedere decisioni soggettive.
- Per tenere conto della probabilità che un costo o un beneficio si materializzi, si moltiplica il valore monetario del costo o del beneficio in questione per la probabilità del suo verificarsi, calcolando così il suo ***valore atteso***. Quindi, il valore atteso di un costo di €100 che può manifestarsi con una probabilità del 60% è €60.
- IC 27 p301 Si tiene conto della collocazione temporale di costi e benefici. Un beneficio di €100 ottenuto oggi è considerato più allettante, per esempio, di un identico beneficio che si materializzerà tra dieci anni. Di conseguenza, è necessario ridurre il valore di costi e benefici futuri per tenere conto di questo aspetto. Le tecniche di sconto (simili a quelle esaminate nel Paragrafo 10.3) vengono utilizzate anche a questo scopo.
- IC 4 p13 È possibile anche tenere conto della distribuzione dei costi e dei benefici. Per esempio, è giusto che alcuni abbiano da guadagnare dal progetto mentre altri siano penalizzati? Questi ultimi riceveranno qualche forma di risarcimento?
- Dopo aver confrontato costi e benefici, si procede a formulare un parere finale. In estrema sintesi, se i benefici superano i costi, si darà parere favorevole alla realizzazione del progetto.

Ciascuna di queste fasi comporta una serie di difficoltà, che esamineremo nelle prossime pagine.

Individuare i costi e i benefici

Individuare i costi e i benefici è relativamente semplice. Qualche difficoltà potrebbe sorgere invece nello stimare i probabili effetti esterni di un progetto.

Costi

IC 2 p12 **Costi monetari diretti (privati).** Questi costi comprendono tutti i costi di costruzione, di esercizio e di manutenzione.

Costi esterni. Questi costi si dividono in due categorie.

- *Costi monetari*, come i profitti persi in favore dei concorrenti. Per esempio, dovendo effettuare l'analisi costi-benefici della costruzione di un tunnel che passa sotto un fiume, tra i costi monetari esterni bisogna includere i profitti persi dalle compagnie di navigazione che offrono il servizio di traghetto.
- *Costi non monetari*, come l'inquinamento, la distruzione del paesaggio, il rumore e altre forme di danno ai residenti locali. In alcuni progetti, come quello di un tunnel, questi costi sono perlopiù limitati alla fase di costruzione; in altri, come il progetto di un nuovo aeroporto, esternalità considerevoli potrebbero essere generate dall'utilizzo delle strutture (per esempio, inquinamento acustico). Queste esternalità non monetarie rappresentano normalmente i costi più difficili da individuare.

Benefici

Benefici monetari diretti (privati). Anche questi benefici sono facili da individuare: consistono negli introiti ottenuti facendo pagare un prezzo per l'utilizzo dell'infrastruttura. Per esempio, i benefici monetari diretti di un ponte a pedaggio corrispondono all'ammontare dei pedaggi pagati dagli utilizzatori del ponte.

Benefici non monetari privati. Questi sono i benefici goduti dagli utilizzatori del progetto al netto del prezzo pagato per usufruirne: in altre parole, il surplus del consumatore. Per esempio, se per attraversare un ponte si pagasse un pedaggio di €1,50, un viaggiatore che fosse disposto a pagare €3 godrebbe di un surplus del consumatore di €1,50. Come ricorderete, il surplus

PAROLE CHIAVE

Analisi costi-benefici Identificazione, misurazione e raffronto dei costi e dei benefici di un progetto per decidere se intraprenderlo o meno.

Valore atteso Valore di un possibile esito moltiplicato per la probabilità del suo verificarsi.

Figura 12.15 Benefici non monetari privati (surplus del consumatore).

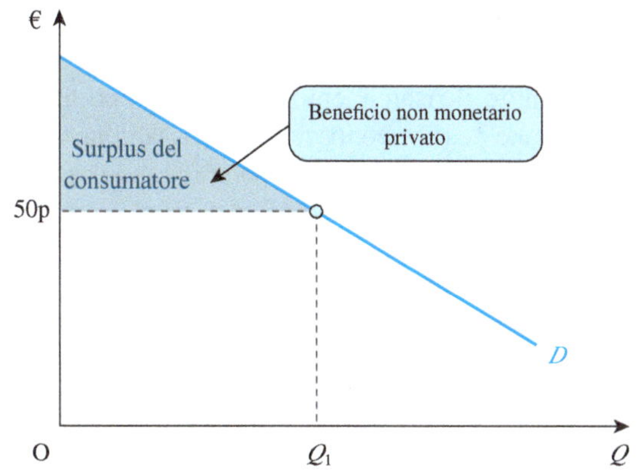

totale del consumatore corrisponde all'area compresa fra la curva di domanda (che illustra la disponibilità a pagare dei singoli consumatori) e il prezzo applicato (Figura 12.15).

IC31 p353 **Benefici esterni.** Questi sono i benefici derivanti a quanti non usufruiscono personalmente del progetto. Per esempio, l'analisi costi-benefici della linea della metropolitana londinese di Victoria ha individuato un beneficio esterno per gli automobilisti del centro cittadino, grazie alla minore congestione del traffico dovuta all'utilizzo della nuova linea della metropolitana. Di solito i benefici esterni non hanno un valore monetario preciso, anche se talvolta possono tradursi in un guadagno finanziario diretto (per esempio, i maggiori profitti realizzati dalle imprese grazie alla riduzione dei costi di trasporto e alle strade meno affollate).

Misurare i costi e i benefici

Se l'individuazione di costi e i benefici può essere relativamente semplice, la loro misurazione di solito è complessa. Le difficoltà dipendono dai tipi di costo e di beneficio, che si dividono in quattro categorie.

Costi e benefici monetari diretti privati

In apparenza, questi costi e benefici sono i più semplici da misurare; allo scopo si utilizzano, di norma, i costi e i ricavi finanziari. Nel caso di una nuova linea della metropolitana, per esempio, tali costi comprendono le spese sostenute per gli scavi e la costruzione, nonché il costo del capitale (come il nuovo materiale rotabile) e i costi di esercizio (come la manodopera, l'energia elettrica e la manutenzione). I ricavi sono rappresentati dal prezzo dei biglietti pagato dai viaggiatori. Tuttavia, nel misurare questi costi e benefici si pongono due problemi.

- Qual *è* l'effettiva entità di questi costi e ricavi finanziari? Utilizzare i prezzi correnti è senz'altro corretto, ma i prezzi aumentano nel tempo, per di più a tassi diversi e imprevedibili. Inoltre, è difficile prevedere la domanda, e di conseguenza i ricavi. Vi è quindi un significativo elemento di *incertezza.*
- I prezzi sono spesso distorti dall'esistenza di un potere di monopolio. In un mercato altrimenti perfetto (situazione di first best) bisognerebbe tenerne conto; ma nel mondo reale, in cui le distorsioni dei prezzi sono connaturate all'intero sistema economico, occorre usare i prezzi correnti. Nel caso di un progetto per una nuova linea della metropolitana, per esempio, è sensato utilizzare i prezzi di mercato, dato che sono quelli pagati dagli automobilisti e dagli utilizzatori di taxi e autobus (i mezzi di trasporto alternativi alla metropolitana). Così, la soluzione di second best consiste nell'utilizzare i prezzi di mercato correnti, *a meno che* la distorsione dei prezzi non riguardi *solo* lo specifico progetto.

Benefici non monetari privati: il surplus del consumatore

Il surplus del consumatore è un beneficio privato – pertiene agli utilizzatori del progetto – ma non fa parte dei benefici monetari del progetto. Questo surplus può essere valutato in due diversi modi.

Il primo consiste nello stimare la curva di domanda e poi determinare l'entità dell'area colorata nella Figura 12.15. Stimare la domanda è molto difficile, perché questa dipende dal prezzo e dalla disponibilità di beni sostituti. La domanda di passaggi attraverso il tunnel della Manica dipende dal prezzo, dalla frequenza e dalla convenienza delle traversate in traghetto; dipende inoltre dal livello generale dell'attività economica a livello nazionale e forse anche mondiale. Per fare un altro esempio, le stime sul traffico aereo (essenziali nel decidere se costruire un nuovo aeroporto) si dimostrano errate nei casi in cui l'economia mondiale cresce più rapidamente o più lentamente di quanto previsto.

Un altro problema è che il surplus del consumatore derivante dal progetto (per esempio, il tunnel della Manica) potrebbe compensare in parte il surplus del consumatore derivante dai servizi concorrenti (per esempio, i traghetti). In questo caso, il beneficio non monetario privato corrisponde al surplus del consumatore *addizionale* di quanti passano da un servizio all'altro, ma pur sempre al surplus del consumatore *totale* di quanti altrimenti non avrebbero attraversato lo stretto della Manica. Questo complica il calcolo.

Un approccio alternativo prevede di tenere conto degli specifici benefici non monetari per i consumatori.

Questo approccio è più utile quando il servizio viene fornito gratuitamente e quindi non è possibile effettuare una stima della curva di domanda. Ipotizziamo che una nuova autostrada permetta di risparmiare 20.000 ore di viaggio alla settimana (per ottenere questo dato, occorre dapprima stimare il tempo risparmiato dall'utente medio dell'autostrada e poi formulare una previsione sul numero di automobilisti che utilizzeranno l'autostrada). Come si stima il valore di queste 20.000 ore? Nel caso di chi viaggia in autostrada per lavoro, si può utilizzare il salario orario medio come misura del valore di ogni ora risparmiata. Nel caso di chi si sposta per diletto, non c'è un unico metodo per effettuare una tale stima; di norma si ipotizza semplicemente che il valore di un'ora risparmiata ammonti a una percentuale del salario orario medio. Questo metodo però è piuttosto arbitrario; un approccio migliore, anche se forse poco pratico, sarebbe tentare di misurare il valore attribuito dai viaggiatori stessi al proprio tempo.

Un altro metodo per valutare il tempo risparmiato sarebbe quello di stabilire quanto gli individui siano disposti a spendere per risparmiare tempo di viaggio. Per esempio, qual è la spesa addizionale che gli individui sarebbero disposti a sostenere per una corsa in taxi che facesse risparmiare loro, poniamo, 10 minuti rispetto a una corsa in autobus? Questo metodo, tuttavia, deve tenere conto del fatto che alcuni potrebbero preferire il taxi anche per altre ragioni, per esempio la comodità.

Esternalità monetarie

IC 31 p353 Le esternalità monetarie vengono normalmente conteggiate al valore nominale: pertanto i costi monetari esterni di una nuova linea della metropolitana comprendono i profitti perduti dai taxi e dalle società di trasporto urbano; tra i benefici monetari esterni di una nuova autostrada si annoverano i profitti realizzati dai proprietari delle stazioni di servizio.

Esternalità non monetarie

Le esternalità non monetarie sono in genere le più difficili da misurare. Il principio generale adottato in questo caso consiste nel valutare quanto le persone sarebbero disposte a pagare per ottenere i benefici o evitare i costi, se potessero. A tale scopo si possono adottare due approcci.

Intervistare i soggetti interessati (somministrare questionari). Prendiamo l'esempio dell'inquinamento acustico causato da un aeroporto o da un'autostrada: in uno scenario del genere si potrebbe chiedere alle vittime dell'esternalità quale sarebbe un risarcimento congruo per il danno subito. Questo approccio comporta due problemi.

- *Ignoranza.* I soggetti interessati non possono stabilire l'entità del danno subito finché l'aeroporto o l'autostrada non saranno completati.
- *Disonestà.* I soggetti interessati hanno un incentivo a ingigantire il risarcimento richiesto. Dopo tutto, se realmente sarà riconosciuto un risarcimento, gli aventi diritto vorranno ottenere il massimo pagamento possibile; se invece non verrà corrisposto alcun risarcimento, quanto più gli interessati enfatizzano i costi subiti, tanto più è probabile che il progetto venga sospeso.

Questi problemi possono essere ridotti interpellando persone che hanno esperienze pregresse di progetti simili e che hanno meno da guadagnare da un comportamento disonesto.

Fare inferenze dai comportamenti individuali. Consideriamo di nuovo il caso dell'inquinamento acustico. Come hanno reagito i soggetti coinvolti in situazioni analoghe? Quanto hanno speso per vetri antirumore o altri sistemi isolanti? A quanto ammonta il costo sostenuto per traslocare in una zona più tranquilla? Tuttavia, ciò che occorre misurare è non solo il costo finanziario, ma anche la perdita di surplus del consumatore. Nel 1968 la Roskill Commission esaminò alcuni siti per la costruzione di un terzo aeroporto a Londra. La valutazione prese in esame i costi dell'inquinamento acustico e stimò la differenza tra prezzi degli immobili nell'area di Gatwick e in altre zone. Il problema di questo approccio è trovare termini di paragone idonei: i quattro potenziali siti per un nuovo aeroporto londinese erano direttamente comparabili a Gatwick?

Un altro esempio di esternalità è la riduzione del numero di incidenti dovuta alla costruzione di una strada più sicura. Come valutare questa esternalità? Ovviamente si devono considerare i benefici monetari derivanti dalle minori spese mediche, ma quanto vale una vita salvata?

Rischio e incertezza

IC 11 p68 Tenere conto dei *rischi* nell'analisi costi-benefici è relativamente semplice: basta moltiplicare il valore di un costo o di un beneficio per la probabilità del suo verificarsi.

Il più delle volte, però, ci si trova in presenza di una situazione di *incertezza*. In questi casi, come abbiamo visto nel Paragrafo 5.1, si sa unicamente che un determinato esito potrebbe verificarsi, ma non è possibile stabilire la probabilità che questo accada.

Come si può, dunque, tenere conto dell'incertezza? L'approccio migliore è utilizzare l'***analisi di sensibilità***. Esaminiamo due casi.

Un singolo esito incerto

Nell'analisi costi-benefici è possibile attribuire a un dato elemento (per esempio, il danno da inquinamento) una serie di possibili valori. La Tabella 12.1 illustra due casi.

Al danno da inquinamento viene attribuito un valore stimato compreso tra un minimo di 10 milioni di euro e un massimo di 50 milioni di euro. Nel caso A, dato che i benefici sono nettamente superiori agli *altri* costi, la convenienza del progetto *non* è influenzata dai diversi valori del danno da inquinamento. Persino in corrispondenza del valore più elevato (50 milioni di euro), il progetto apporta comunque un beneficio netto.

Nel caso B, tuttavia, la convenienza del progetto dipende sensibilmente dal danno causato dall'inquinamento. Se questo supera 20 milioni di euro, il progetto diventa sconsigliabile, quindi il governo deve decidere se sia o meno il caso di assumersi il rischio.

Diversi esiti incerti

Quando gli esiti incerti sono più d'uno, si procede di norma a effettuare tre calcoli costi-benefici: uno relativo allo scenario più favorevole (stimando gli esiti migliori), uno relativo allo scenario più sfavorevole (stimando gli esiti peggiori) e uno relativo allo scenario più verosimile (stimando gli esiti intermedi). Questo approccio può essere utile per stabilire fino a che punto la convenienza di un progetto può essere dubbia.

Scontare i costi e i benefici futuri

IC 27 p301 Come abbiamo visto nel Paragrafo 10.3, lo sconto è una procedura finalizzata a calcolare il valore attuale di costi e benefici che si materializzeranno solo in futuro.

Lo sconto nell'analisi costi-benefici

Per scontare i costi e i benefici futuri si procede come segue.

- Si calcolano i costi e i benefici relativi a ciascun anno di vita del progetto.
- Si sottraggono i costi dai benefici in ciascun anno, per ottenere il beneficio netto relativo a ogni anno.
- Si sconta il beneficio netto di ciascun anno per ottenere il suo valore attuale.
- Si sommano tutti i valori attuali così ottenuti, per ottenere il *valore attuale netto (VAN).*
- Se il valore attuale netto è maggiore di zero, i benefici sono superiori ai costi, quindi vale la pena intraprendere il progetto.

La scelta del tasso di sconto

Oltre alla misurazione di costi e benefici, c'è il problema della scelta del tasso di interesse/sconto.

Nel caso di un progetto intrapreso nel settore privato, l'impresa sceglierebbe probabilmente come tasso di sconto il tasso di interesse di mercato, cioè il tasso che dovrebbe corrispondere a una banca per prendere a prestito il denaro necessario a finanziare il progetto.

Nel caso dell'analisi costi-benefici, tuttavia, è opinione comune che il governo dovrebbe usare un ***tasso di sconto sociale***, che rispecchi le preferenze della società per i benefici presenti rispetto a quelli futuri. Resta però da stabilire quale dovrebbe essere il livello di questo tasso. Se si opta per un tasso elevato, i benefici futuri vengono scontati in misura maggiore e i progetti di lunga durata appaiono meno attraenti rispetto a quelli che garantiscono un ritorno immediato. Poiché il governo ha una responsabilità nei confronti delle future generazioni e non solo di quelle presenti, molti caldeggiano l'impiego di un tasso di sconto relativamente basso.

PAROLE CHIAVE

Analisi di sensibilità Utilizzo di una gamma di possibili valori su costi e benefici incerti per appurare se l'opportunità di intraprendere un progetto sia sensibile a tali diversi valori.

Tasso di sconto sociale Tasso di sconto che riflette le preferenze della società per i benefici presenti rispetto a quelli futuri.

Tabella 12.1 Effetti di diverse stime dei costi di produzione sulla fattibilità di un progetto.

	Costi totali diversi dall'inquinamento (€m)	Costo totale dell'inquinamento (€m)	Benefici totali (€m)	Benefici netti (benefici totali – costi totali) (€m)
	100	10	200	90
Caso A	100	20	200	80
	100	50	200	50
	140	10	160	10
Caso B	140	20	160	0
	140	50	160	– 30

La scelta del tasso di sconto è inevitabilmente arbitraria. Di conseguenza, di solito l'analisi costi-benefici viene effettuata sulla base di due o tre tassi di sconto alternativi, per stabilire se il risultato sia sensibile alla scelta del tasso di riferimento. Se è così, il progetto viene considerato di dubbia convenienza.

L'analisi costi-benefici e le questioni distributive

Pressoché tutti i progetti sono vantaggiosi per alcuni soggetti e svantaggiosi per altri. Per esempio, la maggioranza degli abitanti di una regione potrebbe beneficiare della costruzione di una nuova autostrada, ma chi vive nelle zone circostanti potrebbe subire un danno. Vediamo dunque come tenere conto della distribuzione dei costi e dei benefici.

Il criterio paretiano in senso stretto

Secondo il criterio paretiano in senso stretto, un progetto è inequivocabilmente consigliabile solo se alcuni ne traggono un beneficio e *nessuno* viene penalizzato. Ma esistono davvero progetti che soddisfano questo criterio? Poiché quasi tutti i progetti vanno a detrimento di qualcuno, proviamo a immaginare una situazione in cui sia previsto un risarcimento dei danni: in tal caso possiamo affermare che il progetto dovrebbe essere intrapreso solo se i beneficiari, dopo aver risarcito *completamente* le parti lese, continuassero a trarre vantaggio dal progetto.

In realtà, però, questo non succede mai. Spesso, infatti, le parti lese non vengono risarcite o, se lo sono, non ricevono un risarcimento sufficiente a coprire pienamente il danno. Inoltre, di solito il risarcimento non viene pagato dagli utilizzatori del progetto, ma dai contribuenti (che subiscono quindi una *perdita*, a loro volta).

Il criterio di Hicks-Kaldor

Per aggirare questo problema gli economisti J. R. Hicks e N. Kaldor hanno suggerito un criterio alternativo, secondo il quale è consigliabile intraprendere un progetto se così facendo si può realizzare un *potenziale* miglioramento paretiano, cioè se i beneficiari, *in linea di principio*, possono risarcire i danneggiati e ottenere comunque un beneficio netto dal progetto, anche se nella realtà non pagano alcun risarcimento.

Questo è il criterio su cui si fonda l'analisi costi-benefici convenzionale. Se i benefici di un progetto sono maggiori dei costi, in teoria è possibile risarcire pienamente le persone danneggiate e realizzare ugualmente un beneficio netto.

IC 3 p13 Tuttavia, dal momento che le persone danneggiate hanno di fatto subito un danno, come si giustifica l'utilizzo di questo criterio di valutazione? I suoi fautori sostengono che le questioni di *efficienza* andrebbero tenute separate da quelle di *equità*. In base a questo ragionamento, i progetti dovrebbero essere giudicati secondo criteri di efficienza, e un progetto è considerato efficiente se i benefici sono superiori ai costi.

Le questioni di equità distributiva dovrebbero essere affrontate, invece, con la fiscalità generale e il sistema del welfare.

IC 4 p13 Questa è un'argomentazione "utile", perché consente ai sostenitori di un progetto di trarsi d'impaccio. Ciò non toglie che alcune persone subiscono un danno: a nessuno piace abitare nei pressi di una autostrada, di un aeroporto o di una centrale elettrica, e questi individui non possono sperare di ricevere speciali prestazioni compensative finanziate con la fiscalità generale.

Alla luce di tutto questo, altri economisti sostengono che, nel *misurare* i costi e i benefici, occorre tenere conto degli effetti distributivi.

Tenere conto delle conseguenze distributive

Un modo per tener conto delle conseguenze distributive è quello di attribuire ai costi che ricadono sui singoli individui un peso maggiore rispetto ai costi che si ripartiscono sulla collettività. Il motivo è semplice: il danno derivante a una persona dalla perdita di €10.000 è maggiore dal danno subito da 10.000 persone per la perdita di €1 ciascuna. Anche in questo caso, però, l'entità di questa maggiore ponderazione è frutto di un giudizio, non di un calcolo preciso.

Nella stessa ottica, si potrebbe attribuire un peso maggiore ai costi sostenuti dai poveri rispetto a quelli sostenuti dai ricchi.

Ipotizziamo per esempio che venga costruito un nuovo aeroporto e che, di conseguenza, i prezzi degli immobili residenziali nella zona interessata diminuiscano del 10%. Il prezzo dell'abitazione di una persona abbiente diminuisce da €2.000.000 a €1.800.000, con una perdita di €200.000; il valore della casa di una persona povera diminuisce da €200.000 a €180.000, con una perdita di €20.000.

La perdita subita dalla persona abbiente è otto volte più grave di quella patita dalla persona povera? Probabilmente no. Secondo questa logica, quanto più un individuo è povero, tanto maggiore è il peso che andrebbe attribuito a ogni euro di perdita a cui va incontro. Come vada calcolato questo fattore di ponderazione, tuttavia, è oggetto di dibattito.

12.5 Fallimento dell'intervento pubblico e argomentazioni a sostegno del mercato

CF 7 p77 Anche l'intervento del governo nel mercato può essere fonte di problemi. L'argomentazione a favore del non intervento (*laissez-faire*) o di un intervento molto limitato si basa non tanto sul fatto che il mercato sia il tramite *perfetto* per raggiungere determinati obiettivi sociali, quanto sulla constatazione che i problemi creati dall'intervento pubblico sono più gravi di quelli che tale intervento mira a risolvere.

Svantaggi dell'intervento pubblico

Penuria ed eccedenza. Se il governo interviene fissando i prezzi a livelli diversi da quelli di equilibrio, si creano penurie o eccedenze (vedi Paragrafo 3.1).

Se il prezzo viene fissato *al di sotto* del livello di mercato, si genera una penuria: per esempio, se il canone di locazione delle case popolari viene fissato al di sotto del prezzo di mercato per garantire un alloggio ai più poveri, la domanda finisce per superare l'offerta. In caso di penuria, il governo deve adottare liste d'attesa o un sistema di razionamento, oppure riservare trattamenti di favore a determinate fasce della popolazione; in alternativa, deve acconsentire a un'allocazione basata sull'ordine di arrivo o rassegnarsi alla formazione di code. Inoltre, per alcuni beni potrebbe formarsi un mercato nero (vedi Paragrafo 3.1 e Box 3.2).

Se il prezzo viene fissato *al di sopra* del livello di mercato, si genera un'eccedenza: oltre agli sprechi che questo comporta, i prezzi elevati potrebbero tutelare i produttori inefficienti (il problema delle eccedenze di generi alimentari nell'Unione europea è stato esaminato nel Paragrafo 3.4).

IC 15 p128 **Informazione inadeguata.** Il governo potrebbe non essere a conoscenza di tutti i costi e i benefici delle proprie politiche e, pur mirando a tutelare gli interessi dei consumatori o di altri gruppi, potrebbe non conoscere i desideri delle persone o fraintenderne il comportamento.

Burocrazia e inefficienza. L'intervento pubblico comporta costi amministrativi. Quanto più ampio e articolato è l'intervento, tanto maggiore è il numero di persone e di risorse coinvolte. Queste risorse potrebbero essere utilizzate in maniera inefficiente e l'intervento potrebbe non accrescere il benessere sociale rispetto alla situazione di libero mercato. Ripensiamo al problema della scarsità esaminato nel Capitolo 1: se "consumiamo" risorse per un intervento, dobbiamo assicurarci che il risultato sia decisamente migliore rispetto a quello ottenuto in assenza di intervento.

CF 5 p46 **Mancanza di incentivi di mercato.** Se l'intervento pubblico inibisce le forze di mercato o ne attenua gli effetti (con l'impiego di sussidi, prestazioni sociali, salari minimi e così via), alcuni incentivi utili potrebbero venire meno: i sussidi potrebbero consentire la sopravvivenza di imprese inefficienti, le prestazioni sociali scoraggiare le persone dal lavorare alacremente. Per quanto imperfetto, il mercato tende comunque a incoraggiare l'efficienza premiando maggiormente quanti adottano le soluzioni più efficienti.

Cambiamenti della politica pubblica. La performance industriale può subire un danno da frequenti cambiamenti delle politiche pubbliche. Se le imprese non possono prevedere le aliquote fiscali, i sussidi, i controlli sui prezzi e sui salari, e così via, la pianificazione diventa difficoltosa. Spesso, inoltre, il cambiamento delle politiche economiche comporta un costo sia per le imprese che per i fornitori del settore pubblico, e questo può causare uno spreco di risorse.

Mancanza di libertà individuale. L'intervento pubblico potrebbe anche limitare la libertà di scelta economica degli individui. Oltre al fatto che il perseguimento dell'interesse personale può condurre al benessere sociale, molti affermano che sia di per sé giusto lasciare gli individui quanto più possibile liberi di perseguire i propri interessi, limitando al minimo l'intervento del governo (dove per minimo si intende essenzialmente la vigilanza sulle leggi che tutelano la vita, la libertà e la proprietà).

Vantaggi del libero mercato

Per quanto imperfetti, secondo alcuni i mercati del mondo reale possono presentare vantaggi rispetto alla fornitura pubblica di beni e servizi o persino alla regolamentazione.

CF 4 p43 **Adeguamenti automatici.** L'intervento pubblico richiede un'azione amministrativa; un'economia di libero mercato, invece, conduce ad adeguamenti automatici, per quanto imperfetti, alle variazioni di domanda e offerta.

Anche in regime di oligopolio – si afferma – la concorrenza è sufficiente a spingere le imprese a produrre beni desiderabili a un prezzo non eccessivo per il consumatore, nonché a stimolare la ricerca di metodi di produzione più efficienti. I casi di monopolio puro con barriere all'entrata che impediscono totalmente l'ingresso di nuovi concorrenti sono molto rari.

Vantaggi dinamici del libero mercato. La possibilità di guadagnare elevati profitti di monopolio o oligopolio incoraggia i proprietari del capitale a investire in nuovi prodotti e tecniche di produzione. All'inizio i prezzi potrebbero essere elevati, ma presto o tardi nuove imprese entreranno nel mercato, alimentando la concorrenza. Se il governo tenta di correggere un'allocazione inefficiente delle risorse in regime di monopolio/oligopolio attraverso la regolamentazione o la nazionalizzazione, i benefici di questo intervento potrebbero essere più che controbilanciati da una perdita di innovazione e crescita. Questa è una delle principali tesi della scuola neo-austriaca/libertaria, accesa sostenitrice del libero mercato (vedi Box 12.5).

Elevato grado di concorrenza anche in monopolio/oligopolio. Anche se a prima vista un settore potrebbe apparire caratterizzato da un significativo potere di monopolio, svariati fattori potrebbero comunque favorire un forte grado di concorrenza.

- Il timore che profitti eccessivamente elevati possano indurre altre imprese a entrare nel settore (ipotizzando che il mercato sia contendibile).
- La concorrenza proveniente da settori strettamente collegati (per esempio, i servizi di trasporto su gomma per le ferrovie, l'energia elettrica per il gas).
- La minaccia di concorrenza dall'estero. Stimolare la concorrenza tra gli stati membri era proprio uno dei principali obiettivi dell'Atto unico europeo che, nel 1993, condusse alla rimozione delle barriere commerciali nell'UE.
- Potere controbilanciante. I produttori grandi e potenti spesso vendono i loro prodotti ad acquirenti dotati di altrettanto potere di mercato; in questi casi, il potere dei venditori viene in qualche modo neutralizzato da quello degli acquirenti (e viceversa), Per esempio, non sempre i produttori di detersivi hanno il potere di alzare i prezzi, perché le grandi catene di supermercati, acquistando ingenti volumi, possono ottenere sconti sulla quantità e dunque tenere bassi i prezzi.
- La competizione per il controllo societario (vedi Paragrafo 7.3).

Qual è il grado auspicabile di intervento pubblico nel mercato?

Nel dibattito fra i sostenitori di un maggiore o di un minore intervento pubblico nel mercato non è possibile giungere a conclusioni definitive. Vediamo perché.

- IC 6 p29 Si dibatte su diverse questioni normative che non possono essere risolte con l'analisi economica. Per esempio, si potrebbe affermare che la libertà di fondare un'impresa senza dover sottostare alla regolamentazione pubblica sia auspicabile *in quanto tale*. Questa argomentazione può essere oggetto di discussione ma non di smentita, poiché esprime punto di vista essenzialmente etico.
- In linea di principio, l'opportunità di un intervento pubblico in una data situazione potrebbe essere valutata soppesando i costi e i benefici di questo intervento. Tuttavia, anche qualora fosse possibile individuare tali costi e benefici, la loro misurazione potrebbe rivelarsi assai difficile, se non impossibile, specie quando i costi vengono sostenuti da persone diverse da quelle che ricevono i benefici e quando entrano in gioco le esternalità.
- Spesso è impossibile prevedere l'effetto di un intervento più o meno massiccio, perché ci sono troppi elementi di incertezza.

Ciò nondimeno, gli economisti possono fornire un importante apporto analizzando i problemi del mercato e gli effetti dell'intervento del governo. Nei Capitoli 13 e 14 esamineremo più in dettaglio alcune specifiche aree problematiche.

BOX 12.6 ESPLORARE L'ECONOMIA

Mises, Hayek e la Mont Pelerin Society

La nascita del libertarismo post-bellico

Dopo la Seconda guerra mondiale i governi dei paesi occidentali volevano scongiurare a tutti i costi un ritorno agli elevati livelli di disoccupazione e povertà degli anni Trenta. Sembrava che il libero mercato avesse fallito, e molti sostenevano che i governi dovessero assumersi la responsabilità di correggere e contrastare questi fallimenti. A detta di costoro, l'intervento pubblico doveva comprendere misure come la pianificazione, la nazionalizzazione, la restrizione del potere di monopolio, il controllo dei prezzi, la gestione macroeconomica della domanda e l'erogazione di prestazioni sociali.

Questo nuovo spirito di interventismo preoccupò profondamente un gruppo di economisti e scienziati sociali, che lo consideravano una minaccia alla libertà. Nel 1947 questi studiosi si incontrarono in un hotel sulle Alpi svizzere, dove fondarono la Mont Pelerin Society, che si prefiggeva di denunciare i pericoli del socialismo e di propugnare la libertà del singolo di fare le proprie scelte in ambito economico.

Due dei più influenti esponenti di questa società erano gli austriaci Ludwig von Mises (1881–1973) e Friedrich von Hayek (1899–1992), i discendenti intellettuali della scuola austriaca del XIX secolo, il cui fondatore – Carl Menger – aveva sottolineato, con Jevons e Walras, l'importanza dell'utilità marginale individuale quale base della domanda. La scuola austriaca era famosa per l'enfasi che poneva sulla scelta individuale come fondamento del calcolo economico razionale e per le sue idee profondamente liberiste.

Mises e Hayek (successivamente definiti i neo-austriaci) criticavano il socialismo e propugnavano il libero mercato. Le loro argomentazioni si basavano su due pilastri fondamentali.

L'impossibilità del calcolo razionale in un sistema economico di stampo socialista

CF 8 p107 Nel suo famoso libro intitolato *Socialismo* (1922) Mises scrisse che i sistemi socialisti, data la natura della pianificazione centrale, erano *logicamente* incapaci di pervenire a un'allocazione razionale delle risorse. Dato che la scarsità è il problema economico fondamentale, tutte le società – capitaliste o socialiste che siano – devono operare una serie di scelte. Tuttavia, le scelte razionali richiedono una valutazione dei costi e dei benefici delle diverse alternative, cosa che, a detta di Mises, un'economia centralmente pianificata non è in grado di fare. Infatti, i costi e i benefici possono essere misurati solo in termini di prezzi monetari determinati dall'interazione di domanda e offerta; pertanto, questi prezzi possono essere stabiliti solo in un'economia di mercato.

IC 15 p128 In un'economia centralmente pianificata i prezzi sono fissati dallo Stato, ma nessuna autorità centrale potrà mai disporre di informazioni su domanda e offerta sufficienti per determinare i prezzi in maniera razionale; pertanto, in un sistema economico socialista centralmente pianificato i prezzi non possono che essere arbitrari. Inoltre, in assenza di un mercato per la terra o i capitali, a questi fattori potrebbe non essere neppure attribuito un prezzo, e dunque l'impiego di terra e capitale potrebbe essere soggetto a ingenti sprechi.

Molti socialisti moderati hanno criticato la tesi di Mises secondo la quale in un'economia socialista non sarebbe *logicamente* possibile determinare i prezzi in maniera razionale. In un'economia centralmente pianificata lo Stato in teoria ha la facoltà – se lo vuole – di fissare i prezzi in modo da portare in equilibrio domanda e offerta. E, sempre se lo vuole, lo Stato può fissare un tasso di interesse per il capitale e una rendita per la terra, anche se questi fattori di produzione sono di proprietà statale. E di certo in un'economia mista i prezzi rifletterebbero semplicemente le forze di domanda e offerta come modificate dallo Stato in base ai diversi obiettivi sociali.

IC 15 p128 Hayek si discostò leggermente dalle posizioni di Mises, affermando che in un'economia socialista – e persino in un'economia centralmente pianificata – era possibile istituire un sistema dei prezzi imperfetto. Secondo Hayek, però, un simile sistema sarebbe stato inevitabilmente inferiore al capitalismo, perché le economie socialiste soffrivano di un problema di informazione imperfetta.

Il calcolo dei costi e dei benefici richiede informazioni, che però sono disseminate fra i milioni di consumatori e produttori che operano nel sistema economico. Ogni consumatore è in possesso di informazioni esclusive riguardo ai propri gusti; ogni manager o lavoratore possiede informazioni esclusive riguardo al proprio lavoro. Nessun governo può mai sperare di eguagliare questa conoscenza. Pertanto, la pianificazione è inevitabilmente basata su informazioni altamente imperfette.

Il mercato, di contro, consente di organizzare queste informazioni disseminate senza bisogno di un esercito di burocrati, giacché coordina tutte le decisioni individuali di produttori e consumatori, decisioni che vengono prese in base alle informazioni in possesso del singolo.

> Pertanto il problema economico della società non si riduce semplicemente a come allocare le risorse "date", se per "date" si intende note a un'unica mente che risolve deliberatamente il problema rappresentato da queste "informazioni". È piuttosto un problema di come garantire il miglior utilizzo di risorse note a tutti i membri della società, per fini la cui importanza è nota solo ai singoli individui. O, per dirla brevemente, è il problema di come utilizzare una conoscenza non disponibile ad alcuno nella sua totalità.[1]

1 von Hayek, F., "The price system as a mechanism for using knowledge", *American Economic Review*, settembre, 1945, p. 519.

La mancanza di incentivi dinamici in un sistema economico di stampo socialista

Secondo Mises e Hayek un'economia socialista pianificata non incentiva le persone ad assumersi rischi. Persino una società "socialista di mercato", in cui i prezzi sono fissati in modo da bilanciare domanda e offerta, mancherà comunque di quella cruciale spinta motivazionale rappresentata dalla possibilità di realizzare elevati guadagni personali. Al contrario, nelle economie capitaliste un'impresa che diventa più efficiente o lancia un prodotto nuovo o migliorato può ottenere ingenti profitti. La prospettiva di tali profitti è una fonte di motivazione notevolissima.

> Senza gli sforzi degli imprenditori (inclusi gli azionisti) per ottenere dei profitti, dei proprietari terrieri per ottenere della rendita, dei capitalisti per ottenere interessi e dei lavoratori per i salari, non si può concepire un buon funzionamento dell'intero meccanismo. È soltanto la prospettiva del profitto che dirige la produzione in quei canali in cui le domande dei consumatori sono meglio soddisfatte al minor costo. Se la prospettiva del profitto scompare, il meccanismo del mercato perde la sua molla principale, perché è solo questa prospettiva che lo mette in moto e lo mantiene funzionante. Il mercato è così il punto focale dell'ordine capitalistico della società; è l'essenza del capitalismo. Solo sotto il capitalismo, quindi, esso è possibile. Non può venire "artificialmente" imitato sotto il socialismo.[2]

Oltre a queste critiche squisitamente economiche al socialismo, Mises e Hayek consideravano l'intervento pubblico come un mezzo per spianare la strada al totalitarismo. Quanto più i governi intervengono per correggere questi fallimenti del mercato, tanto più questo intervento tende – nella loro visione – a erodere la libertà individuale; e quanto più gli individui assistono a un intervento governativo in favore di un particolare gruppo della popolazione, tanto più aiuto chiederanno al governo per se stessi. Così, il ruolo dello Stato finisce inevitabilmente per crescere e, con esso, la dimensione della burocrazia pubblica.

Nell'immediato dopoguerra la Mont Pelerin Society ebbe scarsa influenza sulle politiche pubbliche, mentre l'intervento del governo e il "welfare state" godevano del favore della pubblica opinione.

Tuttavia, alla fine degli anni Settanta questa società, insieme ad altri gruppi libertari, ottenne maggior potere grazie a una nuova classe politica che sosteneva con fervore il libero mercato ed era alla ricerca di un sostegno ideologico al proprio credo.

Pensatori libertari come Hayek e Milton Friedman ebbero un profondo impatto su molti esponenti della destra politica, e influenzarono considerevolmente i programmi politici delle amministrazioni Thatcher, Reagan e Bush (senior e junior).

2 von Mises, L., *Socialism: An Economic and Sociological Analysis*, London, Jonathan Cape, p. 138, 1936 (trad. it. *Socialismo: analisi economica e sociologica*, a cura di D. Antiseri, Milano, Rusconi, pp. 166-167, 1990).

I paragrafi in pillole

Paragrafo 12.1

1. Si ha una situazione di efficienza sociale (ottimo paretiano) quando non è possibile migliorare la condizione di qualcuno senza peggiorare quella di qualcun altro. A questa situazione si perviene se gli individui e le imprese si comportano razionalmente in regime di concorrenza perfetta e in assenza di esternalità.
2. Il comportamento razionale prevede che un individuo svolga una quantità maggiore di un'attività il cui beneficio marginale (B') supera il costo marginale (C') e riduca qualunque attività il cui costo marginale superi il beneficio marginale. Il livello di consumo o di produzione ottimo, rispettivamente per un consumatore o per un'impresa, si trova nel punto in cui è soddisfatta l'uguaglianza $B' = C'$. Questa situazione prende il nome di "efficienza privata".
3. In un mercato dei beni perfettamente concorrenziale, il consumatore consegue l'efficienza privata laddove $U' = P$ e il produttore dove $P = C'$; pertanto, $U' = C'$. In assenza di esternalità i benefici e i costi privati coincidono, rispettivamente, con i benefici e i costi sociali. Ne consegue che $U' = B'S$ e $C' = C'S$ e dunque che $B'S = C'S$: una situazione di efficienza sociale (ottimo paretiano).
4. In regime di concorrenza perfetta e in assenza di esternalità, se in qualunque mercato viene meno la condizione di uguaglianza fra beneficio marginale e costo marginale (a causa di spostamenti della curva di domanda o offerta), i prezzi di aggiustano fino a ripristinare l'equilibrio generale, dove $B'S = C'S$ in tutti i mercati: una situazione di ottimo paretiano generale.

*5. Il produttore o il consumatore razionali scelgono la combinazione di due beni in corrispondenza della quale il rapporto tra i benefici marginali è pari al rapporto tra i costi marginali. I consumatori conseguono l'efficienza privata dove:

$$\frac{U'_X}{U'_Y} \text{ cioè } SMS = \frac{P_X}{P_Y}$$

I produttori pervengono all'efficienza privata laddove:

$$\frac{P_X}{P_Y} = \frac{U'_X}{U'_Y} \text{ cioè } SMS$$

da cui:

$$\frac{U'_X}{U'_Y} = \frac{C'_X}{C'_Y}$$

In assenza di esternalità, ciò conduce a una situazione di efficienza sociale in cui:

$$\frac{B'S_X}{B'S_Y} = \frac{C'S_X}{C'S_Y}$$

*6. Anche nei mercati dei fattori, in concorrenza perfetta e in assenza di esternalità, si perviene a una situazione di efficienza sociale ogniqualvolta il rapporto fra i benefici marginali sociali è pari al rapporto tra i costi marginali sociali per ogni coppia di fattori.

*7. Sempre nell'ipotesi di concorrenza perfetta e assenza di esternalità, si ha equilibrio generale quando in tutti i mercati i livello di produzione, di consumo e di scambio sono socialmente efficienti, cioè dove quando il rapporto fra i benefici marginali sociali è pari al rapporto tra i costi marginali sociali per ogni coppia di beni o di fattori.

Paragrafo 12.2

1. Nel mondo reale i mercati non riescono a raggiungere l'ottimo paretiano. Per di più, esistono altri obiettivi oltre all'efficienza sociale e i mercati potrebbero non riuscire a conseguire nemmeno quelli.
2. Le esternalità sono costi o benefici del consumo che ricadono su persone diverse da quelle direttamente coinvolte nelle transazioni. Ogni volta che esistono costi esterni, il mercato (a parità di altre condizioni) conduce a un livello di produzione e di consumo *superiore* a quello socialmente efficiente. Ogni volta che esistono benefici esterni, il mercato (a parità di altre condizioni) conduce a un livello di produzione e di consumo *inferiore* a quello socialmente efficiente.
3. I beni pubblici hanno la caratteristica di essere non rivali e non escludibili. Una volta che è stata prodotta una data quantità di un bene pubblico puro, chiunque può godere dei benefici che fornisce. Il mercato tenderà a fornire una quantità di beni pubblici inferiore al necessario. In assenza di intervento pubblico, non sarebbe possibile impedire alle persone di fruire gratuitamente di tali beni senza contribuire ai relativi costi di produzione (problema del free-rider).
4. Le risorse comuni vengono di norma sfruttate eccessivamente (problema noto come "tragedia dei beni comuni"), poiché gli individui tendono a non tenere conto dell'effetto del proprio utilizzo di tali risorse su altre persone.
5. Il potere di monopolio (a parità di altre condizioni) conduce a un livello di produzione inferiore a quello socialmente efficiente e dunque a una perdita secca di benessere, cioè una perdita di surplus del consumatore e di surplus del produttore.
6. L'informazione imperfetta potrebbe impedire agli individui di consumare o produrre la quantità che sceglierebbero se avessero conoscenze perfette. Potrebbe esserci asimmetria informativa tra acquirenti e venditori, che può dare origine a un problema principale-agente. Le informazioni, tuttavia, a volte potrebbero essere fornite (a pagamento) dal mercato.
7. I mercati possono reagire con lentezza alle variazioni della domanda e dell'offerta. I ritardi temporali insiti nel processo di aggiustamento possono provocare uno stato di disequilibrio permanente e problemi di instabilità.
8. Un sistema di libero mercato potrebbe non tutelare adeguatamente gli interessi delle persone dipendenti dalle decisioni altrui e produrre una quantità insufficiente di beni di merito; potrebbe dar luogo a problemi macroeconomici e a fenomeni di disuguaglianza e povertà; infine, potrebbe essere foriero di diversi problemi di carattere sociale, morale, comportamentale ed estetico.
9. Quelle esposte sono tutte questioni normative, quindi l'economista non può trarre conclusioni di merito ai vantaggi e gli svantaggi del mercato. Ciò che può fare, tuttavia, è evidenziare le conseguenze del mercato e delle diverse politiche pubbliche, oltre che i *trade-off* esistenti fra i diversi obiettivi.

Paragrafo 12.3

1. Se ci fosse una distorsione in una sola parte del sistema economico, sarebbe possibile adottare la soluzione di first best, quindi correggerla. Nel mondo reale, caratterizzato da molte distorsioni, non è possibile attuare la soluzione di first best, quindi si adotta la soluzione di second best, che ricerca il miglior compromesso per minimizzare le distorsioni *relative* nel settore interessato e nelle altre parti del sistema economico.
2. Imposte e sussidi sono un mezzo per correggere le distorsioni del mercato. Nella situazione di first best, è possibile correggere le esternalità applicando aliquote fiscali pari ai costi marginali esterni ed erogando sussidi pari ai benefici marginali esterni. Nella situazione di second best, le autorità possono utilizzare imposte e sussidi per correggere le esternalità che creano distorsioni *relative* fra un settore e altri, o le esternalità che coesistono con altre distorsioni del settore.
3. Imposte e sussidi possono essere utilizzati anche per influenzare il prezzo, il livello di produzione e il profitto di un monopolio. Le autorità possono erogare sussidi per indurre un monopolista a espandere la produzione fino al livello concorrenziale oppure prelevare imposte di capitazione per ridurre i profitti di monopolio senza influire sul prezzo o sul livello di produzione.
4. Imposte e sussidi hanno il vantaggio di indurre le imprese a "internalizzare le esternalità" e di incentivarle a ridurre i costi esterni. Dall'altra parte, il loro utilizzo potrebbe rivelarsi impraticabile qualora ciascun caso richieda aliquote diverse o qualora sia impossibile stabilire con certezza gli effetti delle attività che le imposte e i sussidi mirano a correggere.
5. Grazie all'estensione dei diritti di proprietà, uno o più soggetti possono impedire ad altri di imporre loro costi esterni. Tuttavia, questa soluzione non è fattibile se molte

persone subiscono un costo esterno limitato, o se diverse persone sono vittime di un'esternalità ma hanno opinioni differenti riguardo alla soluzione del problema.

6. Diversi fallimenti del mercato possono essere affrontati con la promulgazione di apposite leggi. Spesso è più facile effettuare i controlli che ricorrere a imposte correttive; inoltre, quando il pericolo è potenzialmente elevato, i controlli sono uno strumento più efficace. Tuttavia, queste misure tendono a essere poco incisive.
7. È possibile istituire autorità di regolamentazione per monitorare e controllare le attività che vanno contro il pubblico interesse (per esempio, il comportamento anticoncorrenziale degli oligopolisti).
8. Se il settore privato non riesce a fornire informazioni adeguate, il governo può colmare questa lacuna. Inoltre, le autorità possono fornire direttamente beni e servizi, qualora questi abbiano le caratteristiche di un bene pubblico oppure qualora il governo ritenga che la fornitura del mercato sia inadeguata.

Paragrafo 12.4

1. L'analisi costi-benefici può aiutare un governo a decidere se intraprendere o meno un particolare progetto pubblico, o quale progetto scegliere tra una serie di alternative. Tale analisi consiste di diverse fasi.
2. Innanzitutto occorre individuare tutti i costi e i benefici del progetto. Fra questi si annoverano i costi diretti di costruzione e di esercizio, i benefici monetari diretti derivanti agli operatori e il surplus del consumatore degli utilizzatori. Inoltre, occorre tenere conto dei costi e dei benefici esterni di quanti non utilizzano le strutture.
3. I costi e i benefici monetari diretti sono relativamente facili da misurare. Ciò nondimeno, il loro valore *futuro* è incerto; inoltre, può sussistere il problema di una distorsione dei prezzi.
4. È difficile stimare il beneficio non monetario privato (surplus del consumatore), perché non è facile desumere la forma e la posizione della curva di domanda. Un approccio alternativo consiste nel concentrarsi su specifici benefici non monetari, come la riduzione dei tempi di spostamento, e poi valutare quanto sarebbero disposte a pagare le persone per fruire di questi benefici.
5. Normalmente le esternalità monetarie vengono conteggiate al valore nominale, mentre le esternalità non monetarie sono molto più difficili da valutare. In quest'ultimo caso, si procede a stimare il valore che i consumatori attribuirebbero a queste esternalità in un contesto di mercato. A tal fine, si possono somministrare questionari o fare inferenze dal comportamento di altre persone in situazioni analoghe.
6. Una volta stimati tutti i costi e i benefici interni ed esterni, occorre rettificare i rispettivi valori per tenere conto del rischio o dell'incertezza.
7. Successivamente, si calcola il valore attuale dei benefici e dei costi futuri utilizzando le tecniche di sconto.
8. L'analisi costi-benefici può anche tenere conto delle questioni distributive. Il criterio di Hicks-Kaldor suggerisce un test di compensazione per stabilire se sia consigliabile intraprendere un progetto; tuttavia, poiché nella pratica non è possibile risarcire pienamente i soggetti danneggiati, occorre tenere conto delle questioni di distribuzione in maniera più specifica.
9. Dopo aver rettificato il valore dei costi e dei benefici per tenere conto del rischio e dell'incertezza, nonché della loro collocazione temporale e degli effetti distributivi, il progetto viene approvato se il suo valore attuale netto (*VAN*) è positivo, cioè se i benefici sociali scontati sono superiori ai costi sociali scontati.

Paragrafo 12.5

1. L'intervento del governo nel mercato può condurre a penurie o eccedenze; basarsi su informazioni inadeguate; essere dispendioso in termini di amministrazione; ridurre gli incentivi; essere dannoso se le politiche cambiano troppo di frequente; e infine sopprimere alcune libertà.
2. Di contro, un libero mercato favorisce adeguamenti automatici alle variazioni delle condizioni economiche; la prospettiva di profitti di monopolio/oligopolio potrebbe stimolare le imprese ad assumersi rischi e a intraprendere attività di ricerca, sviluppo e innovazione; un monopolio o un oligopolio potrebbero nondimeno essere caratterizzati da un elevato grado di concorrenza reale o potenziale.
3. È impossibile trarre conclusioni definitive riguardo al livello ottimo di intervento pubblico. Ciò è in parte dovuto alla natura normativa della questione, in parte alle difficoltà di misurare costi e benefici dell'intervento o del non intervento, e in parte alle difficoltà di prevedere gli effetti delle politiche governative, specie sul lungo periodo.

Domande di ripasso

1. Ipotizzate che un'impresa scarichi rifiuti in un fiume. Di conseguenza, i costi marginali sociali (*C'S*) sono maggiori dei costi marginali (privati) dell'impresa (*C'*). La tabella illustra diversi livelli di *C'*, *C'S*, *RM* e *R'* al variare della produzione.

Produzione	1	2	3	4	5	6	7	8
C'(€)	23	21	23	25	27	30	35	42
C'S(€)	35	34	38	42	46	52	60	72
RT(€)	60	102	138	168	195	219	238	252
RM(€)	60	51	46	42	39	36,5	34	31,5
R'(€)	60	42	36	30	27	24	19	14

(a) Qual è il livello di produzione che massimizza i profitti dell'impresa?

(b) Qual è il livello socialmente ottimo di produzione (ipotizzando l'assenza di esternalità sul lato della domanda)?

(c) Qual è il costo marginale esterno associato a questo livello di produzione?

(d) Qual è il livello di tassazione necessario per indurre l'impresa a ridurre la produzione al livello socialmente efficiente?

(e) Perché l'imposta è inferiore all'esternalità marginale?

(f) Perché potrebbe essere giusto applicare un'imposta di capitazione su questa impresa?

(g) Perché un'imposta di capitazione non influirebbe sul livello di produzione dell'impresa (ipotizzando che, nel lungo periodo, l'impresa realizzi almeno un profitto normale)?

2. Perché si potrebbe affermare che una ridistribuzione del consumo, pur non comportando un miglioramento paretiano, sia comunque auspicabile?
3. Ipotizzate che una nazione non abbia alcuna forma di istruzione pubblica. Per quali ragioni il sistema scolastico privato potrebbe non garantire un'allocazione ottima delle risorse al settore dell'istruzione e all'interno di esso?
4. Perché potrebbe essere più auspicabile vietare alcune attività che causano danni ambientali anziché tassarle?
5. Illustrate la distinzione fra i beni forniti dallo Stato, i beni pubblici e i beni di merito.
6. Discutete i vantaggi e gli svantaggi di estendere i diritti di proprietà in modo che tutti possano impedire a chicchessia di imporre loro qualsivoglia costo (oppure chiedere un risarcimento nel caso lo facciano).
7. L'industria alimentare fornisce una grande quantità di informazioni riguardo ai suoi prodotti. Perché, nonostante questo, il governo conduce spesso campagne per una sana alimentazione?
8. Ritenete che tutti gli investimenti dovrebbero essere soggetti alla valutazione dei costi e dei benefici da parte della società?
9. Esponete un'argomentazione favorevole a (a) un maggiore e (b) un minore ruolo del governo nell'allocazione delle risorse.

ONLINE

Sulla piattaforma MyLab dedicata a questo testo troverete materiali di supporto e approfondimento. All'interno dello stesso ambiente è disponibile la piattaforma inglese MyLab Economics che offre ulteriori risorse, un ricco apparato multimediale ed esercizi guidati.

CAPITOLO

13 Le politiche ambientali

Sommario del capitolo

Fino a che punto è opportuno affidare tutto al mercato, nel mondo reale? A che livello dovrebbe intervenire il governo? Queste sono domande di carattere normativo, e le risposte possono dipendere dalle convinzioni politiche della persona. I politici di destra tendono a favorire un minor grado di intervento pubblico, mentre quelli di sinistra generalmente preferiscono un grado di intervento maggiore.

Negli ultimi due capitoli della Parte D esaminiamo alcuni argomenti che illustrano bene i punti di forza e di debolezza del mercato e dell'intervento pubblico. Nel Capitolo 13 ci occupiamo dell'ambiente, un campo in cui l'esistenza di esternalità porta a un sostanziale fallimento del mercato. Iniziamo considerando problematiche ambientali più ampie per poi passare a considerare le politiche alternative per affrontare l'inquinamento e il traffico nelle aree urbane.

Come vedremo, l'approccio degli economisti si concentra sui costi e i benefici di varie politiche e su come tali costi e benefici vadano soppesati. Agli scienziati spetta valutare se il riscaldamento globale è un fenomeno reale e determinare le conseguenze fisiche delle nostre azioni, come il livello di riscaldamento che potrebbe risultare da un particolare livello di emissioni in atmosfera. Spetta tuttavia agli economisti il compito di valutare le implicazioni per varie politiche pensate per affrontare i problemi.

13.1 L'economia dell'ambiente

Difficilmente passa un giorno intero senza che qualche problematica ambientale sia citata nelle notizie dei media: un altro avviso sul riscaldamento globale, un'impresa in tribunale per scarico illecito di rifiuti, siccità o inondazioni attribuite all'inquinamento, cattiva qualità dell'aria nelle grandi città. Anche i tentativi dei politici di migliorare le norme ambientali causano controversie e guadagnano i titoli della stampa: per esempio, l'impatto delle politiche pubbliche per il cambiamento climatico sulle bollette energetiche dei consumatori.

Quasi tutti vorrebbero un ambiente più bello e pulito, ma c'è ampio disaccordo su quante persone dovrebbero pagare tutto ciò. Il miglioramento ambientale di solito richiede di sostenere dei costi, che siano per il recupero di rifiuti o la pulizia degli inquinanti, o in termini del prezzo elevato da pagare per prodotti "verdi" quali alimenti biologici, automobili a basse emissioni ed energia elettrica da fonti rinnovabili.

CF 1 p11 Gli economisti si occupano di scelte, e le scelte razionali richiedono di soppesare costi e benefici. CF 8 p107 Le persone si stanno rendendo conto sempre di più che tali costi e benefici dovrebbero includere anche gli effetti sull'ambiente, sul pianeta che condividiamo tra noi e con le generazioni future.

Il problema ambientale

Perché l'ambiente viene usato in modo non ottimo? Perché i politici che tentano di affrontare le problematiche ambientali sono sempre al centro di controversie? Per rispondere a queste domande dobbiamo capire la natura della relazione economica tra gli esseri umani e il mondo naturale.

Noi tutti traiamo beneficio dall'ambiente in tre modi:

- come attrattiva di cui godere;
- come fonte di prodotti primari (cibo, materie prime e altre risorse);
- come luogo dove possiamo scaricare rifiuti.

CF 1 p11 Le relazioni tra questi usi dell'ambiente e il resto dell'economia sono illustrate nella Figura 13.1. Purtroppo, solitamente all'aumentare di uno o più di questi benefici diminuiscono un po' gli altri.

L'uso dell'ambiente come risorsa produttiva riduce il suo valore di attrattiva. L'agricoltura intensiva, con la rimozione di aree verdi e foreste, spoglia la campagna della sua bellezza e può portare a un declino di specie animali e vegetali. Miniere e cave sono tristi. La silvicoltura a scopo commerciale spesso viene effettuata a spese delle foreste naturali di latifoglie.

Figura 13.1 L'economia e l'ambiente.

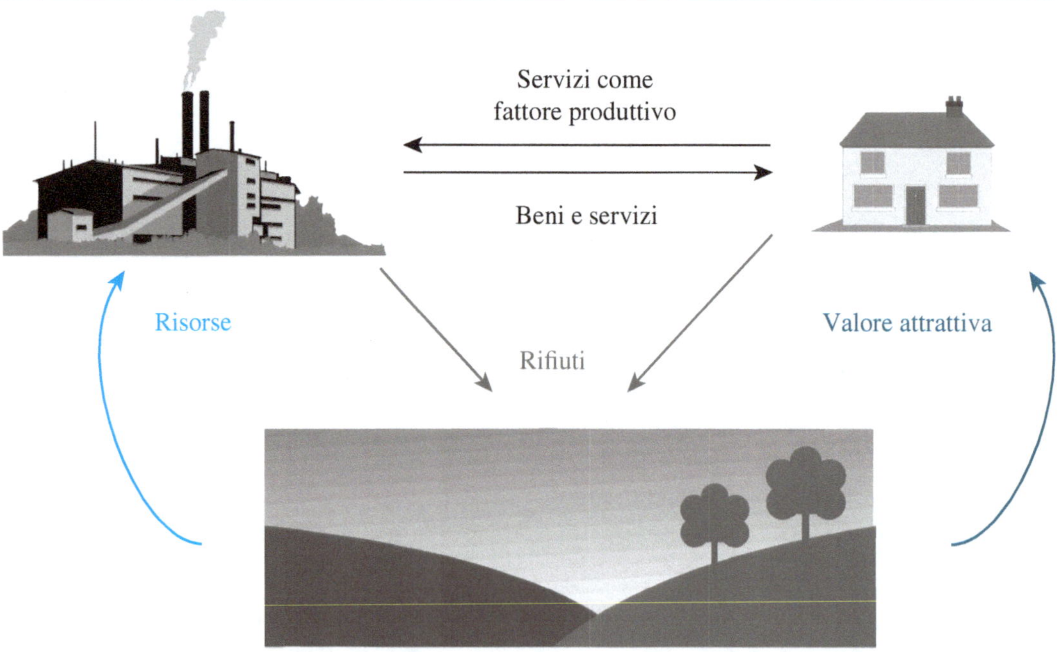

Similmente, l'uso dell'ambiente come discarica per rifiuti ne riduce il valore di attrattiva. L'ambiente diviene sporco e triste. La combustione di combustibili fossili si scarica nell'atmosfera e contribuisce al riscaldamento globale.

Questi conflitti esistono da sempre, ma ora stanno peggiorando? Esaminiamo alcuni argomenti a favore o contro questa idea.

Pressione demografica e limitazione delle risorse

Come abbiamo visto nel Box 6.1, all'aumentare del numero di persone che affollano un mondo in cui l'offerta di terreno è fissa, si verificheranno rendimenti decrescenti del lavoro. Per mantenere costante la produzione di cibo (e non parliamo nemmeno di aumentarla), si deve fare in modo che la terra renda sempre di più. Una risposta a questa sfida è stata quella di utilizzare sempre più fertilizzanti e pesticidi. In modo analogo, se la popolazione mondiale, che è in crescita, vuole consumare sempre più materie prime, questo genererà un aumento della domanda di risorse naturali, molte delle quali non sono rinnovabili e causano inquinamento. Con IC 19 p151 la rapida crescita di paesi quali Cina e India, la pressione sull'ambiente è in drastico aumento.

L'ambiente è in grado di assorbire la maggior parte dei tipi di rifiuti fino a determinati livelli di emissioni, oltre i quali però si avrà probabilmente un'accelerazione dei danni ambientali. A parità di altri elementi, al crescere della popolazione e dei rifiuti, anche il degrado ambientale tenderà a crescere a un ritmo più elevato.

Ci sono motivi di ottimismo?

Nonostante la pressione demografica, ci sono vari fattori che aiutano a ridurre il degrado ambientale.

Sviluppo tecnologico. Molti nuovi processi industriali sono più puliti e utilizzano le risorse in modo più efficiente, generano meno rifiuti e causano così un rallentamento nell'estrazione di vari minerali e combustibili fossili. Per esempio, i dati della Banca Mondiale indicano che la quantità di CO_2 emessa per $ di PIL è diminuita da 0,468kg nel 1990 a 0,343kg nel 2014 (a prezzi del 2011). In più, la minore produzione di rifiuti, o il loro riciclo, spesso è nell'interesse commerciale delle imprese, poiché consente un taglio dei costi. Nel 2013, il dipartimento per l'energia e il cambiamento climatico inglese ha stimato che le grandi imprese nel Regno Unito avrebbero potuto fornire 1900 miliardi di sterline in benefici sociali netti se avessero investito in azioni di risparmio energetico. Gran parte di questi soldi sarebbero dovuti a minori costi per le imprese, che hanno quindi un incentivo sia a usare le nuove tecnologie più CF 5 p46 pulite, sia a fare ricerca per sviluppare tecniche ancora più pulite ed efficienti.

Aumento dei prezzi delle risorse non rinnovabili. Come abbiamo visto nel Box 10.6, quando le risorse diventano più scarse, i loro prezzi aumentano. Questo incoraggia le persone a usarle in minore quantità, servendosi di tecnologie più efficienti o passando ad alternative rinnovabili nel momento in cui diventano disponibili.

Opinione pubblica. Dato che la consapevolezza dei danni ambientali è aumentata, è salita anche la pressione dell'opinione pubblica a fare qualcosa per porvi rimedio. Molte imprese vedono l'opportunità di trarre profitto da una "immagine verde" e dalla promozione di un atteggiamento positivo verso la responsabilità sociale d'impresa. Inoltre, i governi vedono un possibile vantaggio elettorale dalle politiche per creare un ambiente più pulito, più verde.

Nonostante questi sviluppi, tuttavia, il degrado ambientale continua ad aggravarsi in molti aspetti.

I dati della Banca Mondiale mostrano che le emissioni globali di CO_2 hanno continuato ad aumentare. Per esempio, le tonnellate di CO_2 pro capite sono aumentate da 3,986 nel 1999 a 4,981 nel 2014. Anche la variazione tra paesi è significativa: le cifre per Qatar, USA, UK e Rwanda nel 2014 erano rispettivamente di 43,9; 16,5; 6,5; 0,1. L'UN Environment Report pubblicato a novembre 2019[1] ha concluso che nel 2030 le emissioni dovrebbero ridursi del 25% per limitare l'aumento del riscaldamento globale a 2°C.

Uso ottimo dell'ambiente

Se i livelli attuali di inquinamento e degrado ambientale sono troppo alti, è possibile individuare un uso ottimo dell'ambiente? Per fare questo dobbiamo tornare ai primi principi dell'efficienza e anche considerare il nostro approccio alla ***sostenibilità***.

Diversi approcci alla sostenibilità

Possiamo individuare quattro diversi approcci all'ambiente e alla sostenibilità.

PAROLE CHIAVE

Sostenibilità La capacità dell'ambiente di sopravvivere all'uso che ne viene fatto per l'attività economica.

1 *The Emission Gap Report, 2019* (UN Environment, novembre 2019).

BOX 13.1 ANALISI DI CASI E APPLICAZIONI

Un forte avvertimento

Gli economisti possono offrire soluzioni, ma non risolvere il problema

L'analisi del riscaldamento globale non è compito esclusivo dei climatologi, anche gli economisti hanno un ruolo importante nell'esaminarne le cause e le conseguenze, nonché le possibili soluzioni. E queste soluzioni avranno un impatto importante sull'economia.

Lo studio sul cambiamento climatico forse più influente in tempi recenti è stato lo *Stern Review* del 2006, una revisione indipendente condotta da Sir Nicholas Stern, allora a capo del Government Economic Service ed ex responsabile per l'economia della Banca Mondiale. In questo caso è stato un economista, usando i metodi tipici dell'economia, ad analizzare uno dei più gravi problemi che il mondo si trova ad affrontare.

> Il cambiamento climatico presenta una sfida unica per l'economia: è il più grande e ampio fallimento del mercato della storia. L'analisi economica deve quindi essere globale, affrontare orizzonti temporali molto lunghi, essere focalizzata su rischio e incertezza, esaminare la possibilità di cambiamenti importanti, non marginali.[1]

Affrontare orizzonti temporali molto lunghi presenta alcuni problemi particolarmente interessanti. I benefici per la società ottenuti da azioni sul clima effettuate oggi si verificheranno nel futuro. Il problema è che i costi di queste politiche – prezzi più alti e minori consumi – saranno sostenuti oggi. Per poter effettuare una valutazione delle politiche ambientali, quindi, è necessario *scontare* i benefici sociali futuri (cfr. i Paragrafi 10.3 e 12.4) in modo da poterli confrontare con i costi sociali attuali. Ma quale tasso di sconto sociale scegliere? Questo è un problema importante e i risultati ottenuti da qualsiasi valutazione economica che consideri costi e benefici su periodi di tempo così lunghi sono molto sensibili al tasso di sconto utilizzato. Stern ha utilizzato un tasso di sconto sociale relativamente basso, per cui i benefici e i costi futuri acquisivano un valore più elevato. Alcuni economisti hanno criticato il suo report affermando che sarebbe stato necessario scegliere un tasso di sconto molto più alto.

Prima le cattive notizie...

Secondo il report di Stern, in mancanza di interventi, le temperature globali salirebbero di circa 2–3°C entro i prossimi 50 anni. E di conseguenza l'economia mondiale subirebbe una contrazione media fino al 20%. Le economie dei paesi più duramente colpiti da alluvioni, siccità e calo dei raccolti si contrarrebbero molto di più. L'innalzamento dei mari potrebbe causare lo spostamento di circa 200 milioni di persone. La siccità potrebbe generare decine o centinaia di milioni di "rifugiati climatici".

... e poi le buone

Tuttavia, Stern concluse che queste conseguenze si potrebbero evitare – e a un costo relativamente basso – mettendo in atto gli interventi opportuni abbastanza presto. Secondo il report, sacrificare soltanto l'1% del PIL globale potrebbe essere sufficiente per stabilizzare le emissioni di gas serra a un livello sostenibile. Per raggiungere questo scopo, sarebbe necessario agire per tagliare le emissioni da varie fonti (vedete il grafico). Ciò richiederebbe una combinazione di quattro interventi:

- ridurre la domanda dei consumatori di beni e servizi ad alta intensità di emissioni;
- aumentare l'efficienza, per risparmiare sia in termini di denaro sia di emissioni;
- agire sulle emissioni non strettamente legate alla generazione di energia, per esempio evitare la deforestazione;
- passare a tecnologie a basse emissioni di CO_2 per elettricità, riscaldamento e trasporti.

Come è facile attendersi da un report sviluppato da un economista, le proposte sono concentrate su politiche di incentivi, che possono comprendere la tassazione delle attività inquinanti; sussidi per alternative verdi, incluso lo sviluppo di tecnologie verdi; stabilire un prezzo per il carbonio sul mercato delle quote (cfr. il paragrafo 13.2 sul trading di di-

Emissioni di gas serra nel 2000, per fonte

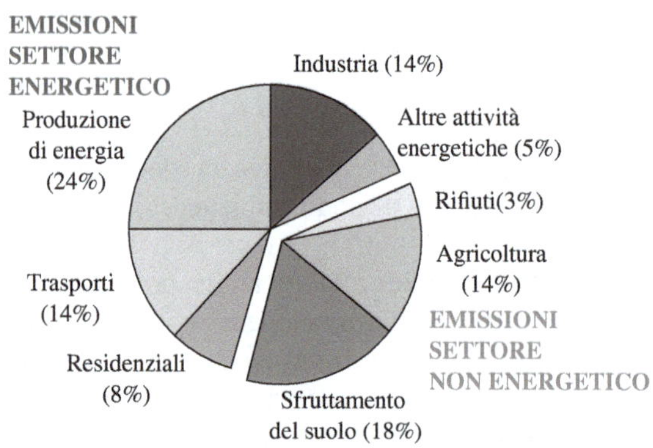

Emissioni totali nel 2000: 42 $GtCO_2e$.

Le emissioni del settore energetico sono soprattutto di CO_2 (alcune non CO_2 nell'industria e altre attività energetiche).

Le emissioni del settore non energetico sono sia di CO_2 (sfruttamento del suolo) sia non CO_2 (agricoltura e rifiuti).

Fonte: *Stern Review on the Economics of Climate Change*, Office of Climate Change (OCC) (Stern Review, 2006), Executive Summary, Figura 1 basata su dati tratti dal database online World Resources Institute Climate Analysis Indicators Tool (CAIT) versione 3.0.

ritti di emissione) e regolarne la produzione; incoraggiare un cambiamento comportamentale attraverso l'educazione, una migliore etichettatura dei prodotti e stimolando il dibattito pubblico.

Ascoltare gli avvertimenti?

Oggi, più di 10 anni dopo il Stern Report, dobbiamo chiederci quanti progressi sono stati effettuati. Abbiamo già visto che l'OCSE è molto preoccupato dell'impatto ambientale sulla crescita e preme per una risposta globale. E i governi nazionali stanno agendo rapidamente?

Nel 2014, l'IPCC (Intergovernmental Panel on Climate Change (IPCC) ha emesso il suo quinto report di valutazione (AR5)[2] – il primo fu pubblicato nel 1990. Questo importante documento consiste di tre report di corrispondenti gruppi di lavoro e una sintesi generale. Il primo gruppo di lavoro ha esaminato gli aspetti squisitamente scientifici. Il secondo ha considerato impatti, adattamento e vulnerabilità, mentre il terzo si è concentrato sulla mitigazione del cambiamento climatico. Gli economisti hanno fornito importanti contributi al secondo e al terzo gruppo.

Il report sull'impatto[3] ha confermato che gli effetti del cambiamento climatico sono già in corso su tutti i continenti e gli oceani, e ha concluso che il mondo è mal preparato ai rischi conseguenti.

Come il report di Stern, anche questo documento afferma che esistono le opportunità per reagire a questi rischi, anche se saranno sempre più difficili da gestire con alti livelli di riscaldamento globale.

Il report dettaglia gli impatti del cambiamento climatico già avvenuti, i rischi futuri e le opportunità di agire per ridurli. Individua come vulnerabili persone, industrie ed ecosistemi in tutto il mondo. Rileva che il rischio del cambiamento climatico deriva da vulnerabilità (mancanza di preparazione) ed esposizione (persone o attività in pericolo) che si sovrappongono a pericoli (possibilità di eventi climatici scatenanti o tendenze). Ognuna di queste tre componenti può essere individuato come elemento su cui agire per ridurre il rischio.

Oggi sta prendendo piede un approccio alla riduzione del rischio del cambiamento climatico, ma focalizzato più sulla risposta a eventi passati che alla preparazione per un futuro che cambierà. Secondo Chris Field, copresidente del gruppo di lavoro II:

> L'adattamento al cambiamento climatico non è un programma esotico mai provato prima. Governi, imprese e comunità di tutto il mondo stanno costruendo esperienza che costituisce un punto di partenza per interventi più decisi e ambiziosi che saranno molto importanti, dato che il clima e la società continuano a evolversi.[4]

Meno di un mese dopo questo report, anche il gruppo di lavoro sulla mitigazione del cambiamento climatico ha pubblicato i suoi risultati,[5] riepilogando le diverse opzioni disponibili ai politici e riaffermando la conclusione che i peggiori effetti del cambiamento climatico possono essere prevenuti, se si agisce in modo opportuno.

Una parte del report sulla mitigazione del cambiamento climatico è proprio un riepilogo destinato ai politici. Riconosce che per ottenere riduzioni sostanziose delle emissioni saranno necessari importanti cambiamenti negli schemi di investimento. Riporta alcuni progressi ottenuti nelle politiche, particolarmente a livello nazionale. Tali politiche sono spesso settoriali e coinvolgono le misure normative, finanziarie e informative che gli economisti raccomandavano da tempo.

Tuttavia, c'è un notevole ritardo tra l'implementazione delle politiche e l'effettivo impatto sull'ambiente. AR5 ha rilevato che l'aumento delle emissioni a partire dal 2008 non mostra ancora una deviazione dal trend precedente. Naturalmente il cambiamento climatico non è vincolato ai confini nazionali, e questo evidenzia il potenziale per una cooperazione internazionale, come vedremo nel Box 13.4.

L'IPPC sta ora lavorando sul sesto report di valutazione che sarà pubblicato nel 2022.

1 *Stern Review on the Economics of Climate Change, Executive Summary* (HM Treasury, 2006).

2 *The Fifth Assessment Report* (AR5) (IPCC, 2014).

3 *Climate Change 2014: Impacts, Adaptation, and Vulnerability, from Working Group II of the IPCC* (IPCC, 2014).

4 "IPCC Report: 'severe and pervasive' impacts of climate change will be felt everywhere", UN and Climate Change (ONU, 31 marzo 2014).

5 *Climate Change 2014: Mitigation from Climate Change, from Working Group III of the IPCC* (IPCC, 2014).

L'approccio del libero mercato. Con l'approccio più estremo, potremmo considerare il mondo come se fosse tutto per noi: una risorsa che appartiene ai singoli proprietari che ne possono fare ciò che vogliono, o un "bene comune" come l'aria e i mari, che le singole persone possono usare a loro vantaggio. Con questa visione del mondo ci basta semplicemente soppesare, per ogni attività, i costi e i benefici marginali per noi. La sostenibilità, in questo mondo di libero mercato, si raggiunge soltanto nella misura in cui i prezzi delle risorse aumentano quando si genera scarsità e nella misura in cui le tecnologie amiche dell'ambiente sono vantaggiose per gli interessi privati delle imprese o dei consumatori.

CF 4 p43

L'approccio dell'efficienza sociale. Un approccio meno estremo è quello che tiene conto dei costi e benefici sociali dati dall'uso dell'ambiente, cioè i costi e i benefici non solo per il diretto produttore o consumatore, ma per le persone in generale. In questo caso varrebbero le regole standard per l'efficienza sociale: usare risorse per fornire beni/servizi fino al punto in cui il beneficio marginale sociale è uguale al costo marginale sociale. Anche se questo approccio tiene conto delle esternalità ambien- CF 11 p349 tali (come l'inquinamento), lo fa solo nella misura in cui esse danneggiano gli *esseri umani.*

Tuttavia, in questo approccio generale si può tenere conto in modo più esplicito della sostenibilità considerando i costi che, usando l'ambiente, oggi addebitiamo alle generazioni *future.* Per esempio, potremmo tenere conto degli effetti del cambiamento climatico non solo per noi stessi, ma anche per i nostri figli e i loro discendenti. A seconda di come le persone vedono l'equità "intergenerazionale" si potrebbe attribuire un peso maggiore o minore ai costi futuri (rispetto ai presenti) e a IC 27 p301 benefici futuri (si veda il Paragrafo 12.4 per la scelta di un tasso di sconto sociale).

L'approccio conservazionista. Molti ambientalisti sostengono che le nostre responsabilità non andrebbero limitate a noi stessi o alle generazioni future, ma dovrebbero includere l'ambiente di per sé. Questa visione implica di dare una minore importanza al consumo materiale e alla crescita economica, e invece un maggior peso alla conservazione degli ecosistemi. Una crescita del consumo sarebbe eticamente accettabile soltanto se non causasse alcun degrado ambientale (o un degrado minimo). La conservazione dell'ambiente è quindi considerata come un *vincolo* etico sull'attività umana.

L'approccio di Gaia. L'approccio più forte alla sostenibilità presuppone un punto di vista etico fondamentalmente diverso. In questo caso la Terra stessa, e le sue varie specie di animali e piante, sono titolari di diritti morali. Secondo questa ***filosofia di Gaia***, le persone sono meri custodi del pianeta, che non appartiene a loro, non più di come un cane appartiene alle pulci sulla sua schiena! Questa visione dell'ambiente è simile a quella di alcuni popoli indigeni che vivono in aree marginali come gli aborigeni in Australia, il popolo San (Bushmen) del Kalahari e vari altri popoli "cacciatori-raccoglitori" dei paesi in via di sviluppo. Secondo la loro etica, la terra che essi lasciano ai loro discendenti deve essere altrettanto buona, se non migliore, di quella che hanno ereditato dai loro antenati. La conservazione è una "direttiva primaria". Questo approccio all'ambiente è stato chiamato *deep green.*

PAROLE CHIAVE

Filosofia di Gaia Il rispetto per i diritti dell'ambiente che non devono essere toccati dall'attività umana. Gli esseri umani dovrebbero vivere in armonia con il pianeta e le altre specie. Abbiamo il compito di essere custodi dell'ambiente naturale, affinché possa continuare a essere un sistema che si auto-mantiene e si auto-regola.

Prendere decisioni ottime su questioni ambientali

IC 6 p29 La scelta tra i quattro approcci descritti è sostanzialmente normativa, perciò gli economisti non possono ergersi a giudici tra di essi.

Nondimeno, gli economisti possono aiutare a individuare decisioni ottime *all'interno* di un dato insieme di valori. La maggior parte degli economisti ambientali adotta un approccio coerente con la visione dell'efficienza sociale, che può essere facilmente modificato per adattarsi alla visione conservazionista. La principale area di disaccordo riguarda il *valore* da attribuire a specifici costi e benefici ambientali.

Consideriamo il caso della produzione di un bene da parte di un'impresa in un mercato perfettamente concorrenziale, che porta benefici ai consumatori ma implica un inquinamento ambientale. Qual è il livello ottimo di produzione di questo bene? Le scelte sono illustrate nella Figura 13.2.

La linea $C'E_{inquinamento}$ rappresenta il costo esterno dell'inquinamento per ogni unità aggiuntiva del bene prodotta dall'impresa. Questo diagramma è molto simile a quello della Figura 12.12, ma ora ipotizziamo che fino a Q_1 non vi siano costi esterni: l'ambiente riesce a sostenere i rifiuti generati. Ipotizziamo anche che la curva diventi più ripida all'aumentare della produzione, perché l'ambiente è sempre più in difficoltà nel sostenere i rifiuti. Il costo esterno marginale dell'inquinamento, quindi, aumenta.

IC 28 p345 Un'impresa orientata alla massimizzazione del profitto produrrà Q_4 unità, con costi esterni di inquinamento C_4. Il livello *socialmente* efficiente di produzione (dove $B'S = C'S$), tuttavia, è Q_3, con il minore costo esterno di inquinamento, C (ipotizziamo che non vi siano altre esternalità). Nella pratica non è affatto facile individuare questo livello di produzione socialmente efficiente, dato che occorre *misurare* i costi di inquinamento, cosa assai problematica come vedremo nel Paragrafo 13.4.

Un approccio più conservazionista potrebbe essere quello di fissare un costo massimo di inquinamento, per

Figura 13.2 Livello ottimo di un'attività che inquina.

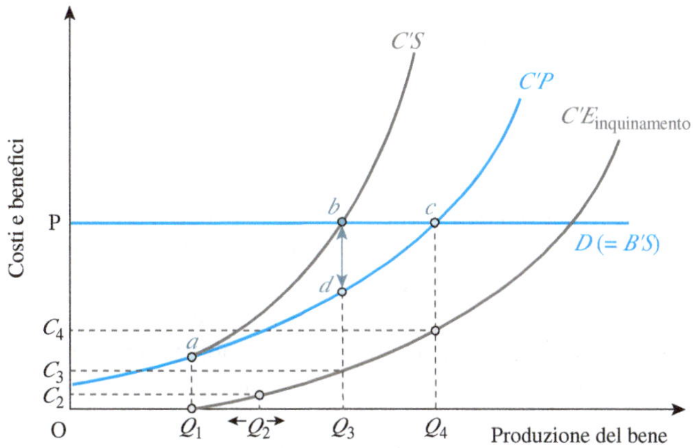

esempio C_2. Così il livello di produzione ottimo sarebbe limitato a Q_2.

Un approccio "di Gaia" sarebbe quello di limitare la produzione a Q_1 per evitare qualsiasi inquinamento. Naturalmente, passando ad approcci più "verdi" diventa sempre più importante cercare metodi meno inquinanti per produrre il bene (in modo da spostare verso il basso la curva *C'E*) e beni alternativi che comportino un minore inquinamento (in modo da ridurre la necessità di consumare il bene più inquinante).

Fallimenti del mercato

Un elemento che appare chiaro da tutti gli approcci verso la sostenibilità, a parte quello del libero mercato, è che il mercato non sarà in grado di fornire una protezione adeguata all'ambiente. E in effetti il mercato fallisce, per vari motivi.

IC 30 p353 **Esternalità.** Abbiamo visto in precedenza (Figura 13.2) che l'inquinamento può essere classificato come una "esternalità negativa" di produzione o consumo. Nel caso della produzione ci sono costi marginali esterni (*C'E*), per cui i costi marginali sociali (*C'S*) sono maggiori dei costi marginali privati (*C'P*) per chi inquina. Il fallimento del mercato nel pareggiare *C'S* e il beneficio marginale sociale (*B'S*) è dovuto al fatto che a consumatori o imprese mancano i diritti di proprietà appropriati.

L'ambiente come risorsa comune. L'aria, i mari e molte altre parti dell'ambiente non sono di proprietà privata. Sono considerati "beni comuni globali", e di conseguenza è estremamente difficile escludere i non paganti dal consumo dei benefici che tali beni producono. A causa di questa proprietà di "non escludibilità", l'ambiente spesso può essere consumato a prezzo nullo. Se il prezzo di un bene o servizio per l'utente è nullo, non vi è alcun incentivo a risparmiare nel suo utilizzo. IC 1 p8 Molte parti dell'ambiente, tuttavia, sono *scarse*: il loro uso è *rivale*. Se le persone aumentano il loro uso dell'ambiente, impediscono ad altri consumatori rivali di goderne. Questo può portare alla *tragedia dei beni comuni* (cfr. Paragrafo 12.2).

IC 15 p128 **Ignoranza.** Ci sono stati molti casi di persone che hanno causato danni ambientali senza nemmeno accorgersene, soprattutto quando gli effetti si accumulavano su periodi molto lunghi. Considerate il caso degli aerosol: soltanto negli anni 1980 gli scienziati hanno collegato il loro utilizzo alla riduzione dello strato di ozono. Anche quando i problemi sono ben noti agli scienziati, i consumatori non sempre apprezzano appieno i costi ambientali delle loro azioni. Perciò, anche se le persone vorrebbero essere più "amiche dell'ambiente" nelle loro attività, a volte mancano delle conoscenze per esserlo davvero.

IC 27 p301 **Problemi intergenerazionali.** Gli effetti più pericolosi per l'ambiente di molte attività si realizzano nel lungo periodo, mentre i benefici sono spesso immediati. Di conseguenza, consumatori e imprese sono spesso pronti a continuare varie attività lasciando alle generazioni future il peso delle conseguenze ambientali. Il problema, quindi, riflette l'importanza che le persone attribuiscono al presente rispetto al futuro.

13.2 Le politiche per affrontare l'inquinamento e i suoi effetti

Una politica ambientale può assumere varie forme, che è utile suddividere in tre categorie principali: (a) quelle che tentano di agire attraverso il mercato modificando i diritti di proprietà o dando segnali di mercato (per esempio usando tariffe, imposte o sussidi); (b) quelle che prevedono l'uso di leggi, regolamenti e controlli (per esempio limiti legali sul volume delle emissioni di biossido di zolfo); (c) quelle che tentano di combinare gli approcci (per esempio con il *cap and trade*, letteralmente "limite e commercio"). Nei paragrafi seguenti esaminiamo in maggiore dettaglio ognuna di queste tre categorie.

Politiche basate sul mercato

Le politiche che un governo adotta per ridurre l'inquinamento dipendono dall'approccio adottato verso la sostenibilità, cioè da quanto "verde" sia tale approccio.

Se i governi adottano un approccio alla sostenibilità basato sull'efficienza sociale, i problemi ambientali sono visti come il risultato di una mancata corrispondenza dei prezzi ai costi e benefici marginali sociali. In questo paragrafo vediamo come sia possibile correggere i mercati in modo che raggiungano l'efficienza sociale.

Estendere i diritti di proprietà privati

Se coloro che soffrono per l'inquinamento, o che lo causano, hanno dei diritti di proprietà, è possibile introdurre delle tasse da pagare per il diritto a inquinare. Secondo il teorema di Coase (cfr. Paragrafo 12.3), questo porterebbe a ottenere un livello di produzione socialmente efficiente.

Possiamo usare la Figura 13.2 per illustrare il teorema di Coase. Se la produzione è inizialmente minore di Q_3, il profitto marginale per chi inquina sarebbe superiore ai costi esterni che l'inquinamento causa per chi ne soffre. In questo caso, se chi soffre per l'inquinamento imponesse all'inquinante una tassa superiore al costo di inquinamento marginale dei sofferenti, ma minore del profitto marginale dell'inquinante, entrambe le parti trarrebbero vantaggio da una maggiore produzione del bene. Tale situazione può continuare fino a Q_3, dopodiché il costo di inquinamento marginale supera il profitto marginale. Non esiste una tassa che possa compensare appieno la sofferenza della vittima e lasciare comunque un profitto all'inquinante. Il livello di produzione di equilibrio, quindi, è Q_3, il livello socialmente efficiente. CF 2 p25

Analogamente, se l'impresa che inquina ha il diritto di inquinare, le vittime potrebbero offrirle un pagamento per persuaderla a non inquinare più; la loro disponibilità a pagare arriverebbe però fino a uguagliare il costo sostenuto per l'inquinamento. L'impresa taglierebbe la produzione soltanto se il pagamento fornito fosse almeno pari al profitto perduto, cosa che accadrebbe a livelli di produzione superiori a Q_3. Una volta che la produzione è calata al di sotto di Q_3, la somma massima che la vittima sarebbe disposta a pagare sarebbe inferiore a quella minima che l'impresa sarebbe disposta ad accettare, e anche in questo caso il livello di equilibrio si otterrebbe in Q_3.

Estendere i diritti privati di proprietà in questo modo normalmente non è una strada praticabile quando vi sono molti inquinatori e molte vittime, ma i governi a volte seguono il principio per cui le vittime pagano gli inquinatori affinché inquinino di meno. Infatti, un elemento dell'accordo di Parigi sul clima del 2015 è che i paesi sviluppati forniscano 73 miliardi di euro di risorse finanziarie ai paesi in via di sviluppo per aiutarli a ridurre le emissioni di gas serra (vedi Box 13.3 per ulteriori dettagli sugli accordi di Parigi).

Inoltre, l'estensione ai singoli di diritti privati di proprietà consente a volte di ottenere benefici diretti per l'ambiente. In molti paesi in via di sviluppo, i contadini o i poveri che abitano nelle periferie urbane non sono incentivati a investire nei terreni dove lavorano o vivono. Tuttavia, se si dessero loro diritti di proprietà sicuri, probabilmente si prenderebbero più cura della proprietà. Per esempio, i contadini sono molto più propensi a piantare alberi se sanno che avranno il diritto a tagliare la legna o a raccogliere i frutti anche parecchi anni dopo.

Introdurre tariffe per l'uso dell'ambiente

In precedenza abbiamo visto come l'ambiente possa essere considerato una risorsa comune o naturale per cui l'utente non paga alcun prezzo. Per esempio, le emissioni generate da una centrale elettrica a carbone possono essere disperse nell'atmosfera senza alcun costo per l'impresa, mentre la società deve sostenere dei costi. Un'impresa potrebbe anche usare risorse dell'ambiente nel suo processo di produzione senza pagare alcun prezzo. Per esempio, potrebbe estrarre acqua, tagliare alberi per la legna o estrarre minerali dal terreno (se possiede o prende in affitto l'area). Con un prezzo nullo queste risorse tenderanno a essere sfruttate a un tasso non ottimale per la società, cioè troppo rapidamente.

Per superare questi problemi il governo potrebbe introdurre ***tariffe ambientali*** per l'uso di risorse che altrimenti sarebbero gratuite. Quindi si potrebbero applicare *tariffe sulle emissioni* alle imprese che scaricano rifiuti. Un altro esempio è l'imposizione di *tariffe d'uso* alle famiglie per la raccolta della spazzatura. Se si adotta un approccio alla sostenibilità basato sull'efficienza sociale, il livello ottimo di uso dell'ambiente sarebbe quello a cui i benefici marginali sociali e i costi marginali sociali di tale uso sono uguali. Questa situazione è illustrata nella Figura 13.3, che mostra il caso dell'emissione di rifiuti tossici in un fiume da parte di un impianto chimico.

Si ipotizza che tutti i benefici dello scaricare i rifiuti nel fiume vadano all'impresa (cioè che non ci siano benefici esterni). I benefici marginali privati e sociali sono quindi uguali ($B'P = B'S$). La curva è inclinata verso il basso perché, con la domanda del bene inclinata verso il basso, una produzione più elevata porta a un beneficio marginale minore, e così anche i rifiuti associati.

E i costi marginali? In assenza di tariffe, il costo marginale privato di usare il fiume per emettere i rifiuti è zero. L'inquinamento del fiume, tuttavia, impone un costo esterno a coloro che lo usano per la pesca o per rifornirsi di acqua. Il costo marginale esterno aumenta con la sempre minore capacità del fiume di sopportare livelli di emissioni crescenti. Dato che non c'è alcun costo privato, il costo marginale sociale è uguale al costo marginale esterno.

In assenza di una tariffa ambientale, l'impresa emetterà L_1, perché quello è il livello in cui il suo costo marginale privato (= 0) è uguale al suo beneficio marginale privato. Il livello socialmente efficiente di emissioni è L_2 e il livello socialmente efficiente di imposta sulle emissioni, quindi, è P_2.

Se queste tariffe sono pensate per ottenere una riduzione dell'inquinamento, devono essere basate su *unità* di emissioni o di uso della risorsa (come nella Figura 13.3). Le *tariffe a importo fisso*, invece, cioè quelle indipendenti dai livelli di emissioni o di uso, *non* incoraggeranno le famiglie a ridurre il consumo d'acqua o i rifiuti domestici, dato che non otterrebbero così alcun risparmio; tali tariffe hanno un tasso *marginale* nullo. Se l'impresa della Figura 13.3 dovesse pagare una tariffa sull'inquinamento fissa, sceglierebbe comunque di emettere rifiuti al livello L_1.

Figura 13.3 Una tassa sulle emissioni inquinanti.

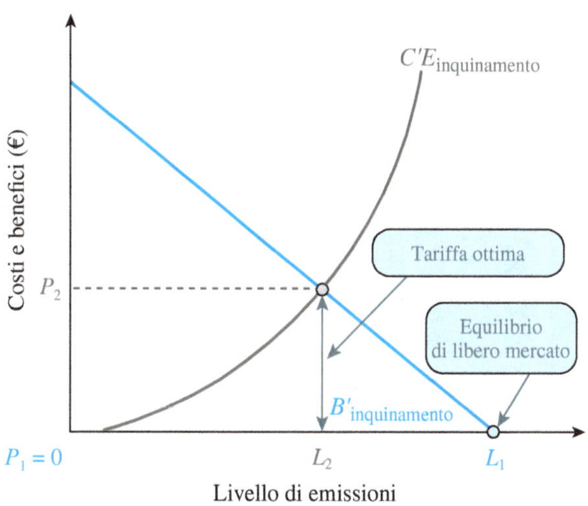

Tasse ambientali ("verdi") e sussidi

Invece di applicare una tariffa sull'uso dell'ambiente, si potrebbe imporre una tassa sul livello di produzione (o di consumo) di un *bene* ogni volta che a questo siano associati costi ambientali esterni. Queste si chiamano ***tasse ambientali***. In questo caso il bene ha già un prezzo di mercato, che però è inferiore al costo marginale per la società: la tassa ha l'effetto di aumentare il prezzo, facendolo avvicinare al costo marginale sociale $C'S$.

Per ottenere un livello di produzione socialmente efficiente, la tassa dovrebbe essere uguale al costo marginale esterno (la distanza $b - d$ nella Figura 13.2) e così il prezzo sarebbe uguale a $C'S$. In questo modo i costi dell'esternalità sarebbero completamente internalizzati.

Un'alternativa è quella di sussidiare attività che riducano l'inquinamento (come l'isolamento dei tetti); in questo caso l'importo dei sussidi dovrebbe essere uguale al beneficio marginale esterno.

Tasse ambientali e sussidi sono in teoria mezzi per raggiungere l'efficienza sociale, tuttavia hanno anche importanti limitazioni (vedi Box 13.2).

Politiche non basate sul mercato

Sistemi di comando e controllo (leggi e regolamenti)

Un modo di affrontare il problema dell'inquinamento è stato quelli di fissare livelli massimi di emissioni o di utilizzo delle risorse, o livelli minimi accettabili di qualità ambientale, e quindi di punire le imprese che violavano

PAROLE CHIAVE

Tariffe ambientali Tariffe applicate per l'uso di risorse naturali (per esempio l'acqua o i parchi naturali) o per l'uso dell'ambiente come discarica di rifiuti (per esempio le emissioni di una fabbrica o i liquami versati nei fiumi).

Tassa ambientale (verde) Tassa sulla produzione pensata per colpire gli effetti avversi sull'ambiente. Il livello socialmente efficiente di una tassa ambientale è uguale al costo marginale ambientale della produzione.

BOX 13.2 ANALISI DI CASI E APPLICAZIONI

Le tasse verdi

Sono la risposta perfetta al problema dell'inquinamento?

È in aumento il ricorso alle tasse "verdi" per scoraggiare l'inquinamento. Secondo le stime dell'ufficio nazionale per la statistica del Regno Unito, le tasse ambientali hanno portato allo stato inglese 50,149 miliardi di sterline nel 2018 (il 6,9% del totale di tasse e contributi) e le famiglie hanno pagato in media 689 sterline di tasse verdi nel 2016. La tabella seguente elenca alcune delle più importanti tasse ambientali introdotte nel Regno Unito. Le tasse sugli idrocarburi (cioè le accise su benzina e diesel) sono di gran lunga quelle più significative e contano per il 56% del totale complessivo delle tasse ambientali.

Il ricavo da tasse ambientali nel Regno Unito in percentuale sul PIL negli ultimi 20 anni è rimasto più o meno stabile attorno al 2–3%. Il grafico mostra un confronto tra vari paesi dove si vede che le tasse ambientali sono più alte della media nei paesi scandinavi, rispecchiando il forte interesse per l'ambiente di quei paesi, e sono più basse negli Stati Uniti.

In ogni caso, l'uso di tasse per affrontare l'inquinamento presenta diversi problemi.

Individuare l'aliquota fiscale socialmente efficiente. Sarà difficile individuare la curva $C'E_{inquinamento}$ per ogni impresa (cfr. Figura 13.3), dato che ognuna probabilmente produrrà quantità diverse di inquinanti per ogni dato livello di produzione. Anche se due imprese producono quantità identiche di inquinanti, il danno ambientale potrebbe essere diverso, dato che la capacità dell'ambiente di assorbire gli inquinanti sarà diversa da una località all'altra. Inoltre, anche l'impatto umano varierà. Possiamo aggiungere questi aspetti al fatto che gli effetti dannosi tendono ad accumularsi nel tempo, e fare previsioni in merito è irto di difficoltà.

IC 15 p128 *Problemi di anelasticità della domanda.* Meno elastica è la domanda per il prodotto, meno efficace sarà una tassa pensata per causare una riduzione della produzione e quindi dell'inquinamento. Le tasse sui carburanti (per cui sappiamo che la domanda è anelastica) dovrebbero essere altissime per ottenere riduzioni significative dei gas esausti che contribuiscono al riscaldamento globale e alle piogge acide.

IC 9 p61 *Problemi con il commercio internazionale.* Se un paese impone alle sue industrie delle tasse sugli inquinanti, i suoi prodotti saranno meno competitivi sul mercato globale. Per compensare questo, potrebbe essere necessario concedere alle industrie detrazioni fiscali per le esportazioni. Inoltre, si dovrebbero imporre delle tasse anche sulle importazioni di prodotti della concorrenza da paesi in cui non ci sono tasse verdi equivalenti.

Effetti sull'occupazione. La riduzione della produzione nei settori colpiti dalle tasse verdi porterebbe a una riduzione dell'occupazione. Tuttavia, se l'effetto fosse quello di incoraggiare gli investimenti in nuove tecnologie più pulite, il livello di occupazione potrebbe anche non cadere. Inoltre, si potrebbero generare opportunità di lavoro altrove se i ricavi ottenuti dalle tasse verdi fossero investiti in prodotti alternativi (per esempio autobus e treni anziché automobili).

Ricavi da tasse verdi in percentuale del PIL.

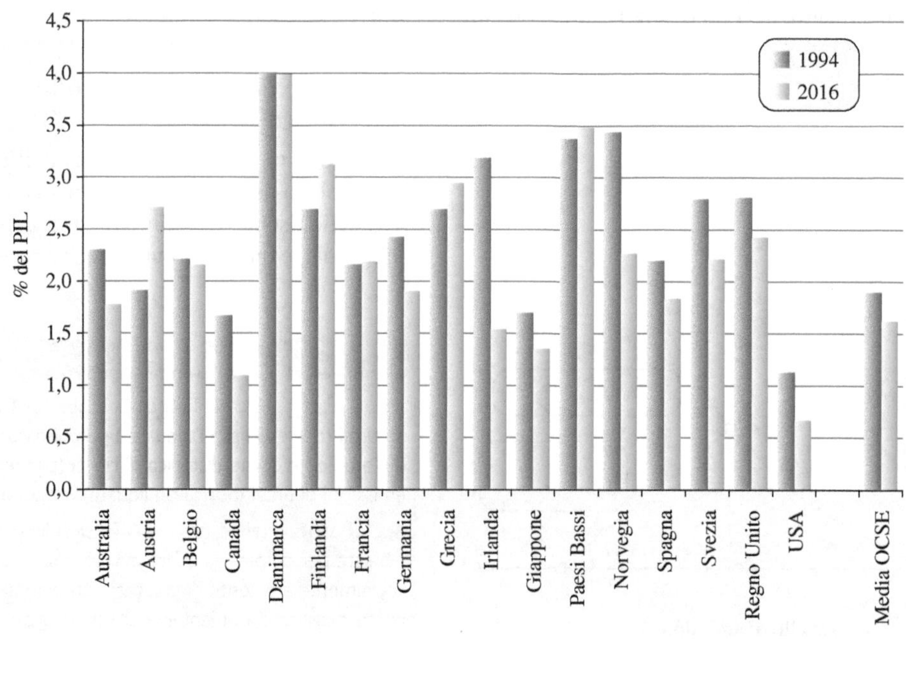

Tasse e tariffe ambientali nel Regno Unito.

Tassa	Ricavo milioni di £ (2018)
Tassa sugli idrocarburi (benzina e diesel)	27919
Prelievo per il cambiamento climatico	1908
Contributi obbligatori per l'energia rinnovabile	5949
Modello di commercio delle emissioni	328
Schema di efficienza energetica CRC	373
Tasse sui passeggeri di voli aerei	3513
Premi nel settore ferroviario	1153
Tasse sui veicoli	
Privati	4233
Aziendali	2329
Tassa sulle discariche	864
Prelievo sugli aggregati	381
Altro	1199
Total	**50149**

Fonte: *Environmental Taxes*, Tabella 1 (ONS, 4 giugno 2019).

Effetti redistributivi. Molte tasse ambientali sono regressive. Il povero spende in benzina una quota più elevata del suo reddito rispetto al ricco, perciò una "carbon tax" sulla benzina ha l'effetto di redistribuire redditi a sfavore dei poveri. Inoltre, il povero spende in cibo una quota più elevata del suo reddito rispetto al ricco; di conseguenza, le tasse sull'agricoltura, pensate per ridurre l'uso intensivo di fertilizzanti e pesticidi, tendono anch'esse a colpire i poveri più dei ricchi.

Tuttavia, non tutte le tasse verdi sono regressive. Il ricco spende in veicoli a motore una quota maggiore del suo reddito rispetto al povero, quindi le tasse su carburanti e altri aspetti dei veicoli a motore potrebbero avere anche un effetto progressivo.

Nonostante questi problemi, le tasse verdi possono comunque portare i livelli di produzione più vicino a quelli socialmente efficienti. Inoltre hanno l'importante vantaggio di fornire un incentivo alle imprese per trovare metodi di produzione più puliti in modo da ottenere risparmi fiscali.

tali limiti. Misure di questo tipo sono note come ***sistemi di comando e controllo (CAC)***. Naturalmente è necessario che vi siano ispettori che possano monitorare la quantità di inquinamento, e le multe devono essere sufficienti a fare da deterrente per le imprese che tendano a superare i limiti.

Praticamente tutti i paesi hanno normative ambientali di qualche tipo. Per esempio, l'Unione europea ha oltre 230 tra leggi e norme riferite a settori come l'inquinamento dell'aria e dell'acqua, il rumore, la commercializzazione e l'utilizzo di prodotti chimici pericolosi, la gestione dei rifiuti, l'impatto ambientale di nuovi progetti (come centrali elettriche, strade e cave), il riciclaggio, il danneggiamento dello strato di ozono e il riscaldamento globale.

Generamente gli approcci per progettare sistemi di comando e controllo sono tre.[2]

- ***Standard tecnologici***. L'obiettivo potrebbe essere la quantità di inquinanti generati, a prescindere dall'impatto ambientale. Con il miglioramento della tecnologia per ridurre gli inquinanti, si potrebbero imporre standard più rigidi basati sulla tecnologia "allo stato dell'arte" (purché i costi non fossero eccessivi). Per esempio, L'Unione europa nel 1992 ha introdotto la direttiva Euro 1 che fissava i livelli autorizzati di emissioni dannose per le nuove automobili a benzina e diesel nell'area europea, riferiti a ossidi di azoto (NOx), monossido di carbonio (CO), idrocarburi (HC) e particolato (PM). Nel settembre 2015 è entrata in vigore la sesta versione della direttiva, Euro 6, che impone per le nuove auto diesel i seguenti limiti – CO: 0,5g/km; NOx: 0,08g/km; PM: 0,005g/km. Imprese come Volkswagen che hanno violato queste regole hanno dato origine al cosiddetto *scandalo dieselgate*.

PAROLE CHIAVE

Sistemi CAC (comando e controllo) Uso di leggi o regolamenti associati a ispezioni e penali (per esempio multe) in caso di non adempienza.

Standard tecnologici Livelli di inquinamento corrispondenti a quelli che si potrebbero ottenere utilizzando le migliori tecnologie di controllo dell'inquinamento disponibili.

2 Vedi R. K. Turner, D. Pearce e I. Bateman, *Environmental Economics* (Harvester Wheatsheaf, 1994), p. 198.

- ***Standard ambientali***. Qui al centro c'è l'impatto ambientale. Per esempio, si potrebbero fissare degli standard per la purezza dell'aria o dell'acqua. In base alla posizione geografica e al numero di inquinatori presenti, si potrebbe raggiungere un dato standard con livelli diversi di emissioni o scarichi. Se lo scopo è un ambiente più pulito, questo approccio è più efficiente degli standard tecnologici.
- ***Standard di impatto sociale***. In questo caso ci si concentra sugli effetti per le persone. Si potrebbero imporre standard più rigidi nelle aree densamente popolate. La maggiore o minore efficienza di questo approccio rispetto agli standard ambientali dipende dall'approccio alla sostenibilità. Se l'obiettivo è l'efficienza sociale, gli standard di impatto sociale sono preferibili; se l'obiettivo è proteggere l'ambiente di per sé (un approccio più verde in senso profondo), gli standard ambientali risultano preferibili.

Valutazione dei sistemi di comando e controllo. Data l'incertezza relativa agli impatti ambientali degli inquinanti, soprattutto nel lungo periodo, spesso è meglio adottare il principio di precauzione e fissare standard ambientali rigidi per le emissioni. Sarà sempre possibile modificarli in seguito se gli effetti si rivelano meno dannosi, mentre potrebbe essere troppo tardi per annullare i danni apportati nel caso in cui gli effetti si rivelino più dannosi del previsto. Le tasse possono essere un mezzo più sofisticato per raggiungere un livello di produzione socialmente efficiente, ma i metodi di comando e controllo sono di solito più facili da progettare e da capire per le imprese, nonché più semplici da implementare.

Accordi volontari

Anziché imporre leggi e regole, il governo può cercare di sottoscrivere accordi volontari (AV) con le imprese affinché riducano le emissioni inquinanti. Per esempio, il governo inglese gestisce un sistema di accordi sul cambiamento climatico (CCA, *climate change agreements*). Si tratta di accordi volontari con cui le imprese si impegnano a ridurre l'uso di energia e le emissioni di biossido di carbonio (CO_2) in cambio di una riduzione della Climate Change Levy (una tassa sulle fatture di carburanti).

Gli accordi volontari possono prevedere un contratto formale, e quindi avere valore legale, oppure limitarsi a più generici impegni delle imprese. Questi accordi sono utili se (a) le imprese credono che consentiranno loro di migliorare l'immagine presso i clienti e quindi aumentare le vendite; (b) esiste sullo sfondo una minaccia del governo di introdurre leggi e regole nel caso in cui non fosse possibile stabilire accordi volontari; (c) ci sono incentivi di carattere finanziario (come i CCA).

Spesso le imprese preferiscono gli accordi volontari alle regole, perché possono negoziarli in modo da personalizzarli in base alla loro situazione particolare e inserirli nella pianificazione. Il risultato è che le imprese hanno a volte la possibilità di raggiungere obiettivi ambientali a un costo inferiore, e ciò va evidentemente a vantaggio della loro posizione competitiva.

Educazione

L'atteggiamento delle persone è molto importante per determinare le conseguenze ambientali delle loro azioni. Fortunatamente per l'ambiente, non sempre le persone pensano esclusivamente a massimizzare il proprio interesse individuale; a volte sono disposte a pagare prezzi più elevati per prodotti "verdi" e a riciclare i prodotti quando possibile. Vi è evidenza che l'atteggiamento delle persone è cambiato notevolmente negli ultimi decenni, in parte grazie all'educazione ambientale e a una migliore informazione sul tema.

I diritti negoziabili

Negli ultimi anni una politica sempre più popolare è quella dei ***diritti negoziabili***, o sistema *cap-and-trade* (letteralmente "tetto e commercio"). Si tratta di una combinazione dei sistemi di comando e controllo e dei sistemi basati sul mercato.

Un tetto all'inquinamento

Inizialmente è necessario fissare alcuni criteri per determinare quali fabbriche, impianti e insediamenti produttivi saranno interessati dal programma. I politici devono poi fissare un limite o "tetto" al volume totale di inqui-

PAROLE CHIAVE

Standard ambientali Standard minimi richiesti all'imprese in riferimento all'ambiente (per esempio la qualità dell'aria o dell'acqua).

Standard di impatto sociale Riferimento focalizzato sugli effetti sulle persone (per esempio sulla salute o la felicità).

Diritti negoziabili Diritti emessi o venduti alle imprese dalle autorità che consentono loro di produrre un dato livello di inquinamento. Le imprese che non hanno diritti sufficienti per raggiungere i loro livelli di inquinamento possono acquistarne altri per coprire la differenza, mentre quelle che riducono i loro livelli di inquinamento possono vendere eventuali diritti corrispondenti al surplus ottenuto, realizzando un profitto.

nanti che le suddette organizzazioni avranno il diritto di produrre, nel loro insieme, prima di incorrere in penali di tipo finanziario.

Una volta fissato un tetto aggregato, si assegnano o vendono alle imprese i *diritti* o *permessi di inquinare*, detti anche autorizzazioni. Ogni autorizzazione in possesso di un'impresa le fornisce il diritto di produrre un dato volume di inquinanti. Il volume totale di tutte le autorizzazioni deve essere pari al tetto aggregato fissato dalle autorità. La quantità di autorizzazioni assegnate negli anni seguenti a ciascuna impresa viene poi ridotta di una certa percentuale – il tetto viene abbassato – per incentivare le imprese a investire in tecnologie più rispettose dell'ambiente.

Il numero di diritti assegnati a un singolo impianto, fabbrica o insediamento produttivo all'inizio del programma viene spesso determinato in base all'attuale livello di inquinamento. Questo approccio è chiamato ***grandfathering*** (il termine inglese *grandfather* significa letteralmente "nonno", qui è utilizzato nel senso di fare riferimento alla situazione acquisita prima dell'introduzione di nuovi vincoli). Una forte critica a questo metodo sostiene che non sia equo nei confronti delle imprese che hanno già investito in tecnologie più pulite: perché chiedere a queste imprese di realizzare in futuro le stesse riduzioni di emissioni delle imprese che utilizzano ancora vecchie tecnologie inquinanti? Oggi un numero crescente di autorizzazioni viene assegnato tramite aste, vedi il Box 13.4.

Tutte le imprese interessate dal programma devono monitorare e riportare i livelli di inquinanti generati dalla loro produzione. Al termine di ogni anno devono poi inviare alle autorità una quantità di autorizzazioni corrispondente al livello di inquinanti generato. Ogni autorizzazione può essere usata una sola volta. Se un'impresa non riesce a inviare un numero sufficiente di autorizzazioni, è soggetta al pagamento di forti penali.

Il programma ETS UE. Il più grande sistema di tipo cap-and-trade del mondo è quello denominato ETS UE (*Emissions Trading Scheme Unione europea*), descritto nel Box 13.4, che interessa gli insediamenti ad alto consumo di energia in quattro macrosettori in cui si generano emissioni superiori a determinati livelli soglia: il settore energetico (elettricità, petrolio, carbone), quello dei metalli ferrosi (ferro, acciaio), minerario (cemento, vetro, ceramica) e quello della pasta di legno (carta e cartone). L'Ue ha fissato un tetto complessivo sulle emissioni aggregate di CO_2 prodotte dalle imprese di questi settori, pari a 2 084 301 856 tonnellate per il 2013. Il tetto è poi diminuito tra il 2014 e il 2020 a un tasso annuo dell'1,74% della quantità totale media di autorizzazioni emesse tra il 2008 e il 2012. Questo equivale a un calo di 38 264 246 autorizzazioni per anno nel periodo considerato.

Attività di scambio in un sistema cap-and-trade

La parte "trade" dello schema fa riferimento alla possibilità per le imprese di vendere e acquistare autorizzazioni in un mercato secondario, dopo che sono state allocate dalle autorità. Ma in quali circostanze un'impresa sarà interessata a vendere o acquistare un'autorizzazione?

Consideriamo un esempio: un'organizzazione stima che a fine anno non avrà autorizzazioni a sufficienza per il livello di emissioni previsto. Se non riesce a ridurre le emissioni, per esempio installando nuove apparecchiature, o se farlo sarebbe troppo costoso, può acquistare dei diritti in più.

Per acquistare diritti (autorizzazioni) nel mercato secondario, è necessario che vi siano altre imprese che dispongono di autorizzazioni in eccesso e quindi siano disponibili a venderle. Potrebbero essere imprese che hanno recentemente effettuato investimenti per un processo di produzione più efficiente.

Il prezzo che le imprese pagano per acquistare, o che ricevono dal vendere, diritti di emissione nel mercato secondario dipenderà dai livelli di domanda e offerta, i quali a loro volta saranno pesantemente influenzati dal numero iniziale di autorizzazioni distribuite dalle autorità, dallo stato dell'economia e dagli sviluppi tecnologici.

Il principio dei diritti negoziabili può essere utilizzato come base per stabilire accordi internazionali sulla riduzione dell'inquinamento, vedi il Box 13.3 per ulteriori dettagli.

Valutazione del sistema dei diritti negoziabili

CF 2 p25 Alcuni sostengono che un importante vantaggio del sistema cap-and-trade rispetto alla maggior parte dei sistemi di comando e controllo sta nel fatto che il primo può ridurre l'inquinamento con un costo molto inferiore per la società. Illustriamo questa tesi usando un esempio.

Supponete che vi siano soltanto due imprese, ognuna delle quali possiede un solo impianto che inquina l'ambiente. I processi di produzione delle imprese A e B attualmente emettono nell'atmosfera 2000 tonnellate di CO_2 ogni anno, 1000 tonnellate per ciascuna impresa.

PAROLE CHIAVE

Grandfathering Quando i diritti di emissione allocati a un'impresa si basano sui suoi livelli di emissione correnti (per esempio, i livelli consentiti a tutte le imprese potrebbero corrispondere all'80% dei livelli attuali).

Per ridurre le emissioni di CO_2, l'impresa dovrebbe sostenere un costo di €100 per tonnellata, mentre l'impresa B un costo di €200 per tonnellata.

Supponete che il governo voglia ridurre le emissioni da 2000 a 1600 tonnellate. Potrebbe farlo fissando un tetto alle emissioni per entrambe le imprese di 800 tonnellate di CO_2. Ogni impresa riceverebbe autorizzazioni corrispondenti a tale quantità. Senza la possibilità di commercializzare i diritti di emissione, l'impresa A dovrebbe spendere €20 000 per rispettare il tetto (200 tonnellate × €100), mentre l'impresa B dovrebbe spendere €40 000 (200 tonnellate × €200). Quindi, il costo per la società di ridurre le emissioni totali da 2000 a 1600 tonnellate è di €60 000.

Con la possibilità di scambiare sul mercato i diritti di emissione, invece, il costo si può ridurre a meno di €60 000. Se le due imprese negoziassero i diritti di emissione a un prezzo compreso tra €100 e €200 per tonnellata, diciamo €150, potrebbero guadagnare entrambe. L'impresa A sarebbe incentivata a ridurre le sue emissioni a 600 tonnellate, con un costo di €40 000 (400 tonnellate × €100), ma poi potrebbe vendere i diritti non utilizzati (200 tonnellate) all'impresa B per €30 000 (200 tonnellate × €150), la quale potrebbe quindi mantenere le sue emissioni al livello di 1000 tonnellate. Il costo netto per l'impresa A è di soli €10 000 (€40 000 – €30 000), rispetto ai €20 000 necessari per portare le emissioni a 800 tonnellate senza la possibilità di negoziare i diritti. Il costo per l'impresa B è di €30 000, invece dei €40 000 necessari per ridurre le emissioni a 800.

La società otterrà così la stessa riduzione totale di emissioni inquinanti (da 2000 tonnellate a 1000), ma a un costo molto inferiore: €40 000 anziché €60 000. Il minore incremento dei costi significa che gli aumenti di prezzo per i consumatori saranno inferiori a quelli che si sarebbero verificati altrimenti.

Un potenziale svantaggio del ricorso ai diritti negoziabili è la possibilità che l'inquinamento si concentri in alcune aree geografiche. Altri problemi sono esaminati nel Box 13.3.

Confronto con i sistemi di comando e controllo. In teoria si potrebbe ottenere lo stesso risultato in un sistema di comando e controllo, se i politici conoscessero i costi di compliance delle diverse imprese. In questo caso, si potrebbe imporre all'impresa A uno standard per le emissioni di 600 tonnellate e all'impresa B di 1000 tonnellate. Tuttavia, questo richiederebbe che le autorità raccogliessero enormi quantità di informazioni dettagliate sui costi specifici degli impianti, per poter calcolare lo standard di emissioni appropriato per ogni attività, mentre il sistema cap-and-trade consente ai politici di ottenere lo stesso risultato senza la necessità di raccogliere tutti questi dati.

Confronto con le tasse/tariffe verdi. È possibile mettere a confronto l'approccio dei diritti negoziabili e quello delle tariffe o tasse verdi. Con lo schema cap-and-trade, le autorità determinano la quantità di inquinamento e il mercato determina il prezzo. Con una tassa verde, le autorità determinano il prezzo dell'inquinamento e il mercato determina la quantità. In particolar circostanze, tasse verdi e diritti negoziabili generano lo stesso risultato.

Fino a che punto ci si può affidare ai governi?

Se occorre affidarsi ai governi affinché stabiliscano la tassazione o le norme migliori in tema di ambiente, è necessario che soddisfino diverse condizioni.

In primo luogo, serve la volontà di proteggere l'ambiente. Ma i governi devono rendere conto ai loro elettorati e spesso devono anche soddisfare in qualche modo vari gruppi di pressione, come i rappresentanti delle grandi imprese. Negli USA, per esempio, i tagli alle emissioni di gas serra sono stati aspramente osteggiati dalle imprese automobilistiche, energetiche e altre grandi imprese che hanno potenti rappresentanti eletti al Congresso. In sostanza, è necessario che in un paese vi sia la volontà politica per poter realizzare miglioramenti significativi nelle politiche ambientali. Uno dei problemi è che molti degli effetti ambientali delle azioni compiute oggi interesseranno le generazioni future; ma i governi sono eletti dalle generazioni di oggi, che non sempre sono pronte a effettuare i necessari sacrifici. E questo ci riporta all'importanza dell'educazione e della formazione.

In secondo luogo, deve essere possibile individuare qual è il miglior obiettivo, e per fare ciò è necessario individuare un insieme di obiettivi chiari in tema di sostenibilità, oltre a eventuali conflitti tra gli obiettivi umani ed ecologici. Serve anche conoscere quali sono gli effetti ambientali di varie attività, come l'emissione di CO_2 in atmosfera, e su questo gli scienziati non sempre concordano.

Infine, c'è da considerare il problema che molti fattori ambientali sono globali e non soltanto locali o nazionali. Molte richiedono un'azione concertata dai governi di tutto il mondo. La storia degli accordi internazionali sull'ambiente, tuttavia, è segnata da difficoltà di intesa tra i paesi, che sembrano più preoccupati dei loro interessi nazionali. Per capire le difficoltà di raggiungere accordi internazionali, possiamo basarci sulla teoria dei giochi (vedi il Paragrafo 8.3).

Teoria dei giochi e accordi internazionali

Supponete che il mondo possa trarre benefici da una riduzione delle emissioni di gas serra e che tali benefici superino i costi di dover tagliare alcune attività (come i trasporti a motore o la generazione di energia elettrica) che rilasciano quei gas in atmosfera. Quali interventi sarebbero nell'interesse di un *singolo* paese, come gli USA? Per un paese, la soluzione ottima sarebbe quella di poter mantenere le proprie emissioni mentre gli *altri* paesi tagliassero le loro. Questo approccio porterebbe la maggior parte dei benefici agli USA ma nessuno dei costi. Tuttavia, quando *tutti* i paesi rifiutano di tagliare le emissioni, non guadagna nessuno! Questo è un esempio di *dilemma del prigioniero* (vedi il Box 8.3 del Capitolo 8) ed è illustrato nella Tabella 13.1.

Supponete che vi sia un accordo internazionale (come quello del summit di Kyoto del dicembre 1997) per ridurre le emissioni inquinanti. Se tutti i paesi rispettano l'accordo, il risultato è quello della casella A: un moderato guadagno per tutti. Che cosa dovrebbe fare il Congresso statunitense? Indipendentemente da ciò che faranno gli altri paesi (tre possibilità: tutti rispettano tutti l'accordo; solo alcuni lo rispettano; nessuno lo rispetta), sarà nell'interesse degli USA *non* rispettare l'accordo: questa è la strategia dominante. La casella D è preferibile alla casella A; E è preferibile a B; F è preferibile a C. Ma quando *tutti* i paesi ragionano così, il mondo finisce per trovarsi nella casella F, dove non vi è alcuna riduzione dell'inquinamento e nessun altro paese ottiene un guadagno.

IC 23 p221

L'accordo potrà avere successo soltanto se i paesi credono che gli altri (a) ratificheranno l'accordo e (b) ne rispetteranno i termini. E questo richiede fiducia in tutti i protagonisti, oltre che la capacità di monitorare i risultati.

L'altra questione problematica è relativa all'equità. La maggior parte dei paesi riterrà che le sia chiesto troppo, mentre agli altri sia chiesto troppo poco. I paesi sviluppati vorranno adottare un approccio di grandfathering. Il punto di partenza sarebbero i livelli correnti di inquinamento, e a ogni paese sarebbe chiesto di apportare lo stesso taglio percentuale di emissioni. I paesi in via di sviluppo, invece, vorranno che la gran parte dei tagli alle emissioni, se non tutti, siano a carico dei paesi sviluppati. Dopo tutto, i paesi ricchi producono livelli di inquinanti pro capite molto più alti dei paesi poveri, e danneggiare la crescita nei paesi in via di sviluppo avrebbe un impatto molto più grave sui livelli di povertà assoluta.

IC 4 p13

13.3 L'economia del traffico

La congestione del traffico è un problema che molti paesi devono affrontare, soprattutto nelle grandi città e nelle ore di punta. Il problema è diventato sempre più grave quando le persone hanno cominciato a usare sempre di più le loro automobili. I veicoli bloccati nel traffico causano enormi costi ai paesi.

Non sono soltanto gli automobilisti a soffrire per la congestione del traffico. Le strade bloccate rendono difficile la vita ai pedoni e l'aumento del traffico porta a un aumento degli incidenti e a importanti problemi di inquinamento.

Negli ultimi cinquanta anni il numero di veicoli-chilometri percorsi sulle strade in Italia è cresciuto ad un tasso di gran lunga superiore a quello della lunghezza delle strade pubbliche. La maggior parte dei passeggeri e delle merci viaggia su strada. Nel 2018, il 91% dei pas-

Tabella 13.1 Risultati delle strategie di riduzione delle emissioni inquinanti, riferiti a un singolo paese: gli USA.

Strategia USA	**Strategia di altri paesi** Tutti riducono l'inquinamento	Alcuni riducono l'inquinamento	Nessuno riduce l'inquinamento
Ridurre l'inquinamento	**A** Guadagno netto moderato per tutti	**B** Piccola perdita per gli USA; guadagno per paesi che non riducono l'inquinamento	**C** Grande perdita per gli USA; leggero guadagno per gli altri paesi
Non ridurre l'inquinamento	**D** Alto guadagno per gli USA; piccolo guadagno per altri paesi	**E** Guadagno abbastanza alto per gli USA; perdita per gli altri paesi	**F** Nessun guadagno per alcun altro paese

BOX 13.3 ANALISI DI CASI E APPLICAZIONI

Coordinamento internazionale sul cambiamento climatico

Dal protocollo di Kyoto all'accordo di Parigi

Nel 1992 i governi di tutto il mondo si sono incontrati a Rio de Janeiro e hanno formato la Convenzione quadro delle Nazioni Unite sui cambiamenti climatici (UNFCCC, United Nations Framework Convention on Climate Change), che ha lo scopo di limitare la concentrazione di gas serra nell'atmosfera per evitare il cambiamento climatico. I rappresentanti dei paesi coinvolti nell'UNFCC si incontrano annualmente dal 1995 nelle Conferenze delle UNFCC (COP).

La terza conferenza, COP3, si è tenuta a Kyoto in Giappone nel 1997, e ha prodotto una bozza di accordo per ridurre le emissioni di gas serra del 5,2% (rispetto ai livelli del 1990) entro l'anno 2012.

Per diventare un trattato con valore legale, il Protocollo di Kyoto doveva essere firmato e ratificato da nazioni responsabili per almeno il 55% delle emissioni di gas serra, ma nel marzo 2001 il governo USA annunciò che non avrebbe ratificato l'accordo, perciò non fu possibile raggiungere il target del 55% fino a quando il parlamento russo votò per firmare l'accordo, nel mese di ottobre 2004.

Il trattato entrò finalmente in vigore il 16 febbraio 2005 e fu ratificato da 192 paesi in totale. Di questi, 39 paesi dell'Allegato 1 (paesi sviluppati o "in transizione") hanno concordato specifici livelli di riduzione delle emissioni. Per esempio, il Regno Unito aveva un target di riduzione del 12,5% per il 2012.

Sistemi basati sul mercato

Benché in origine non fosse stato pensato per questo, l'accordo ha trasformato il cambiamento climatico in un mercato in cui il diritto di inquinare può essere acquistato e venduto attraverso un sistema di crediti di emissione. Questi crediti si possono guadagnare riducendo i livelli delle emissioni al di sotto di quelli concordati, oppure creando condizioni che aiutino a minimizzare l'impatto dei gas serra sul riscaldamento globale, per esempio piantando boschi (che assorbono carbonio).

All'interno del Protocollo di Kyoto ci sono tre meccanismi distinti basati sul mercato:

- commercio delle emissioni;
- implementazione congiunta (JI, *joint implementation*);
- meccanismo di sviluppo pulito (CDM, per *clean development mechanism*).

Commercio delle emissioni. I paesi che hanno ratificato il Protocollo di Kyoto possono attuare tra di loro lo scambio commerciale dei diritti di emettere sei gas serra. Se un paese riduce le emissioni al di sotto del suo limite concordato, può vedere la riduzione aggiuntiva in forma di credito. Se un paese ha difficoltà nel ridurre le emissioni, può acquistare tali crediti in una sorta di mercato (il Box 13.4 spiega come il commercio delle emissioni di CO_2 è cominciato all'interno dell'Unione europea nel gennaio 2005).

Implementazione congiunta (JI). Con l'articolo 6 del Protocollo di Kyoto, un paese industrializzato può guadagnare crediti investendo in progetti che riducano le emissioni in altri paesi industrializzati (principalmente i paesi dell'ex blocco sovietico). Questi crediti, che in questo caso si chiamano "unità di riduzione delle emissioni" (ERU, *emission reduction units*) vanno quindi a ridurre il requisito di riduzione delle emissioni del paese che li ha acquisiti.

Meccanismo di sviluppo pulito (CDM). Questo meccanismo è simile all'implementazione congiunta, ma in questo caso un paese o una società del mondo industrializzato guadagna crediti, chiamati in questo caso "riduzioni certificate delle emissioni" (CER, *certified emissions reductions*) investendo in programmi per ridurre le emissioni in paesi in via di sviluppo. Per esempio, un tipico progetto CDM o JI potrebbe prevedere l'installazione di pannelli solari, la piantumazione di alberi o l'investimento in un impianto che produca lampadine a basso consumo di energia.

Valutazione del Protocollo di Kyoto

Il Protocollo di Kyoto è stato oggetto di critiche su numerosi piani, tra cui i seguenti.

- Molti commentatori hanno sostenuto che il target del 5,2% fosse troppo basso. Il Gruppo intergovernativo sul cambiamento climatico ha stimato che, per evitare gravi danni al clima, sia necessario ridurre le emissioni di gas serra del 60–80% rispetto ai livelli del 1990.
- Alcune delle riduzioni di emissioni effettivamente realizzatesi sarebbero avvenute comunque. Per esempio, la Russia aveva emissioni di CO_2 nettamente minori del livello del 1990 e grazie a questo ha acquisito un gran numero di crediti di emissione vendibili. Tuttavia, questo non è stato il risultato della politica ambientale russa, ma la conseguenza del crollo dell'industria russa avvenuto nei primi anni 1990 e della sostituzione di impianti inquinanti e inefficienti con altri più efficienti e puliti.

- Solo un numero relativamente piccolo di paesi sviluppati ha concordato di fissare target di emissioni a livello nazionale. Paesi in via di sviluppo come Cina, India, Brasile e Messico non avevano alcun obbligo di ridurre le emissioni, anche se dovevano monitorarle e fornire relazioni sui livelli. A causa della rapida crescita economica avvenuta in questi paesi negli ultimi 20 anni, questi paesi ora sono responsabili di una quota sempre maggiore delle emissioni globali. Si è stimato che Cina e India da sole oggi siano responsabili di un terzo delle emissioni di anidride carbonica globali.
- Il governo USA sotto la presidenza di George W. Bush ha notevolmente indebolito l'efficacia del trattato con la decisione di uscire dal protocollo; introdusse invece le sue iniziative Clear Skies e Global Climate Change nel febbraio 2002, con incentivi fiscali che incoraggiavano programmi per le energie rinnovabili e l'efficienza nei consumi di carburante, ma non obbligavano le imprese a raggiungere alcun target di emissioni di CO_2.

Da Kyoto a Parigi

Nel dicembre 2007 si tenne la conferenza COP13 a Bali. Dato che i termini dell'accordo di Kyoto scadevano nel 2012, i delegati si accordarono su un nuovo cronoprogramma per ottenere riduzioni molto più sostanziose delle emissioni. Si sperava che un accordo finale sarebbe stato raggiunto a dicembre 2009 in occasione della conferenza COP15 a Copenaghen. Tuttavia, dopo una quindicina di giorni di dispute tra leader, si arrivò soltanto a un "accordo" non vincolante che si limitava a riconoscere la necessità di contenere l'aumento della temperatura globale a un massimo di 2°C, senza alcun impegno specifico per raggiungere tale obiettivo.

Nel mese di dicembre 2010 fu raggiunto un modesto accordo a seguito di un summit di due settimane tenutosi a Cancún in Messico (COP16). Tale accordo includeva la costituzione di un fondo denominato "Green Climate Fund" con cui le nazioni ricche avrebbero cercato di aiutare le finanze dei paesi poveri con investimenti per il cambiamento climatico.

Nel 2011 il Canada divenne il primo paese ad annunciare il ritiro dall'accordo di Kyoto, sostenendo che non fosse efficace dato che né la Cina né gli USA ne facevano parte e diversi paesi al di fuori dell'Unione europea erano ben lontani dai target prefissati. Giappone e Russia annunciarono che non avrebbero adottato altri target Kyoto nel periodo dopo il 2012.

Un'estensione del Protocollo di Kyoto per coprire il periodo dal 2012 al 2020 fu approvata a Doha, in Qatar, nel dicembre 2012 (COP18); soltanto per 37 paesi (principalmente europei, oltre all'Australia) furono fissati target vincolanti.

Nel dicembre 2015 ebbe luogo la conferenza COP21 a Parigi. Dopo due settimane di intensi dibattiti si arrivò all'Accordo sul clima di Parigi, il primo nuovo accordo globale sul clima da 18 anni.

Tutte le parti concordarono quanto segue.

- Tutti i paesi devono agire per ridurre le emissioni in modo da contenere l'aumento della temperatura a meno di 2°C in più rispetto ai livelli pre-industriali. Vanno intrapresi ulteriori sforzi per contenere questo aumento a meno di 1,5°C.
- Si riconosce che con gli impegni presi da tutti i paesi prima della conferenza la limitazione dell'aumento della temperatura globale sarebbe di 2,7°C nello scenario migliore.
- È necessario agire affinché tra il 2050 e il 2100 le emissioni globali siano pari alle quantità che possono essere assorbite dai pozzi naturali (alberi, suolo e così via) e da tecnologie di cattura del carbonio.
- Entro il 2020 i paesi più ricchi devono raccogliere 73 miliardi di euro per assistere i paesi in via di sviluppo nel sostenere il costo del passaggio alle energie rinnovabili.

Nessuno di questi obiettivi è legalmente vincolante. Si tratta di aspirazioni, più che di impegni effettivi. Tuttavia, a differenza di quanto avvenne con il Protocollo di Kyoto, tutti i firmatari, e non solo le nazioni più ricche, hanno preso un'importante obbligazione legale.

Ogni paese ora è impegnato a sviluppare un piano per il cambiamento climatico e a renderlo pubblico affinché sia analizzato e valutato ogni cinque anni. Sono stati introdotti degli standard comuni di reportistica, in modo che risulti più facile in tutto il mondo controllare e valutare le azioni di ogni singolo paese. In particolare, sarà più facile osservare (a) quanto inquinamento produce un paese; (b) quali politiche utilizza o pianifica di introdurre per ridurre le emissioni inquinanti; (c) come stanno funzionando queste politiche.

Il 5 ottobre 2016 la soglia per l'entrata in vigore dell'accordo fu raggiunta, quando 55 parti responsabili per il 55% delle emissioni totali di gas serra ratificarono il trattato. L'accordo è entrato ufficialmente in vigore il 4 novembre 2016. Tuttavia, il 4 novembre 2019 il governo USA ha notificato alle Nazioni Unite l'intenzione di uscire dall'Accordo di Parigi. Tale notifica ha iniziato un processo lungo un anno per l'uscita degli USA dall'accordo sul clima avvenuta effettivamente il 4 novembre 2020

Durante gli ultimi 25 anni di conferenze intergovernative sul cambiamento climatico, le emissioni globali sono continuate ad aumentare. Sarà interessante vedere quale impatto avrà l'accordo sul clima di Parigi senza la partecipazione degli USA.

BOX 13.4 ANALISI DI CASI E APPLICAZIONI

Uscire dal cambiamento climatico attraverso il mercato

Il sistema di commercio delle emissioni di carbonio dell'Unione europea

L'Unione europea ha introdotto lo schema ETS UE (*emissions trading scheme Unione europea*) nel gennaio 2005 come principale strumento politico per raggiungere i target ambientali fissati dal Protocollo di Kyoto (vedi Box 13.3). L'articolo 17 di questo trattato sosteneva il ricorso al commercio delle emissioni, e uno schema simile adottato negli USA aveva già ridotto le emissioni di biossido di zolfo e di protossido di azoto. L' ETS UE ha creato un mercato dei diritti o autorizzazioni per le emissioni di CO_2, con l'obiettivo ultimo di incentivare le imprese a ridurre le emissioni.

Le fasi I e II

La prima fase dello schema andava dal gennaio 2005 a dicembre 2007. Circa 12 000 impianti industriali in 27 paesi ricevettero circa 2,2 miliardi di diritti di emissione di CO_2, chiamati EUA (*emission unit allowances*). Ogni EUA assegnato a un'impresa le dà il diritto di emettere una tonnellata di CO_2 in atmosfera. Gli impianti interessato dallo schema erano responsabili, complessivamente, di circa il 40% delle emissioni di CO_2 dell'Unione europea ogni anno.
Le imprese che non hanno EUA sufficienti per il loro livello annuo di emissioni possono acquistare altri EUA per coprire la differenza, mentre quelle che riducono le emissioni possono vendere eventuali EUA in eccesso di cui dispongono. Lo scambio dei diritti di emissione può avvenire direttamente tra le imprese o attraverso intermediari che operano in tutta Europa.
Alla fine di dicembre 2007 tutti i diritti esistenti persero validità e iniziò la seconda fase di trading, destinata a durare fino alla fine del 2012. Questa seconda fase operava sotto gli stessi principi generali della prima, ma consentiva alle imprese di usare i crediti dei meccanismi di "implementazione congiunta" e di "sviluppo pulito" corrispondenti ai progetti previsti dal Protocollo di Kyoto (vedi il Box 13.3). In altre parole, le imprese potevano scambiare emissioni nella Ue con riduzioni di emissioni ottenute in paesi al di fuori della Ue.

La fase III

La fase III dell' ETS UE entrò in azione l'1 gennaio 2013, introducendo due novità significative.

Passaggio a un tetto riferito a tutta l'Unione europea. Il tetto sulle emissioni totali delle fasi I e II era stato fissato in modo decentrato: ogni stato membro doveva sviluppare un piano di allocazione nazionale (NAP) che definiva il tetto sulle emissioni per quel paese, la quantità totale di EUA emessi e come erano assegnati a ogni impianto industriale. Ogni NAP doveva essere approvato dalla Commissione europea prima di poter essere implementato. I numerosi NAP furono sostituiti nella fase III da un singolo tetto valido in tutto la Ue e riferito al volume totale di emissioni e al numero totale di EUA da emettere. Questo tetto fu ridotto di 38 264 246 tonnellate l'anno, perciò nel 2020 le emissioni consentite erano del 21% inferiori a quelle del 2005.

Aste per i diritti. Nelle fasi I e II la maggior parte delle EUA erano state assegnate gratuitamente agli impianti interessati dallo schema. Si utilizzò il metodo del grandfathering (descritto in precedenza) per determinare il numero di EUA da assegnare a ciascun impianto, basandosi quindi sui livelli di emissione correnti. La Commissione europea consentiva agli stati membri di assegnare in asta fino al 5% delle EUA nella fase 1 e fino al 10% nella fase II, ma questa possibilità fu sfruttata solo raramente, infatti il 96% delle EUA fu allocato gratuitamente durante la fase II.
Nella fase III vi fu un notevole aumento nella quota di EUA assegnate all'asta. A partire dal 2013, la maggior parte delle imprese del settore dell'energia ha già acquistato tutte le autorizzazioni di emissione all'asta. La media negli altri settori durante l'intera fase III è stata poco inferiore al 50%. Soltanto le imprese del settore manifatturiero e di quello energetico in alcuni stati membri continueranno a ricevere la maggior parte delle EUA gratuitamente.
L'Ue raccomanda inoltre che metà dei ricavi generati dalle aste delle EUA sia usata per finanziare misure per ridurre le emissioni di gas serra.

Valutazione delle prime tre fasi dell'ETS

L'introduzione della politica basata sul mercato più importante al mondo per affrontare il cambiamento climatico fu ben accolta da molti economisti e politici; altri, però, hanno sollevato obiezioni su numerosi aspetti.

L'allocazione dei diritti di emissione. Alcuni erano molto critici sull'assegnazione gratuita dei diritti di emissione nelle fasi I e II. I politici che avevano progettato lo schema pensavano che fosse importante perché (a) le imprese hanno bisogno di tempo per adattarsi e (b) l'impatto sui costi delle imprese potrebbe causare problemi di competitività con le imprese dei paesi al di fuori dell'Unione europea. Tuttavia, dopo che il sistema fu introdotto, da più parti si levarono accuse circa il fatto che imprese del settore dell'energia utilizzassero i diritti assegnati gratuitamente semplicemente per realizzare "profitti piovuti dal cielo". Il maggiore ricorso alle aste nella fase III è stato utile per affrontare alcune di queste problematiche.

Il livello del tetto. L'impatto dello schema dipende dalla domanda di EUA rispetto al numero di quelle emesse dalle autorità, cioè dal livello del tetto complessivo alle emissioni. Se l'offerta di autorizzazioni supera notevolmente la domanda nel mercato secondario, il prezzo scenderà a un livello relativamente basso e le imprese non saranno abbastanza incentivate a investire in nuove tecnologie più efficienti.

Questo è stato un grande problema nella fase I dello schema, dato che il prezzo delle EUA è sceso da un picco di €30 a soli €0,02. Benché la situazione sia poi migliorata, il prezzo è rimasto sotto i €10/tonnellata dalla fine del 2011 fino alla 2017; si tratta di un livello di prezzo ritenuto da molti ben al di sotto di quello necessario per incentivare importanti cambiamenti nei processi produttivi.

Ma perché il prezzo era così basso? Una spiegazione semplice è che il numero iniziale di EUA emesse era basato sui livelli di attività economica stimati prima della crisi finanziaria globale, e tale numero non fu adattato al seguito del crollo dell'attività economica. Ciò ha causato una forte pressione al ribasso sui prezzi.

Un altro problema fu la scelta di allocare le EUA in modo decentralizzato attraverso i piani di allocazione nazionale (NAP). Questo ha incentivato alcuni paesi a tentare di ingannare il sistema fissando nei loro NAP un tetto aggregato superiore al volume di emissioni prodotte. In questo modo era possibile mantenere bassi i costi per le imprese che operavano in quei paesi, favorendo la competitività nazionale.

Le imprese potrebbero anche aver fatto pressione sui governi esagerando l'impatto potenzialmente negativo che l'emissione di un numero troppo limitato di EUA avrebbe avuto sui costi e la competitività futura. Nella fase III del sistema si è tentato di affrontare questo problema sostituendo i NAP con un singolo tetto riferito a tutta l'Unione europea.

Si è stimato che nel 2013 vi fosse un eccesso di autorizzazioni alle emissioni di 2,1 miliardi. Nel tentativo di affrontare questo problema l'Ue introdusse nel febbraio 2014 una politica cosiddetta di *back-loading* (rinvio) che ha portato a rimandare l'asta di 900 milioni di autorizzazioni fino al 2019. Il *back-loading* è una misura temporanea mirata a far aumentare il prezzo delle EUA rimandando nel tempo l'asta di ulteriori autorizzazioni – senza una riduzione effettiva.

Nel mese di ottobre 2015 l'Unione europea ha introdotto una riserva di stabilità di mercato (MSR, *market stability reserve*), diventata operativa a gennaio 2019. Si tratta di una misura più a lungo termine pensata per aiutare lo schema ETS UE a gestire gli squilibri tra domanda e offerta. La riserva MSR controlla il volume delle autorizzazioni messe all'asta in qualsiasi momento sulla base del numero totale di autorizzazioni circolanti. Per esempio, se il numero totale di autorizzazioni circolanti supera 833 milioni, le autorità riducono la quantità messa all'asta del 12% di questo totale. Le autorizzazioni che non sono messe all'asta vengono inserite nella riserva MSR. Invece, se il numero di autorizzazioni in circolazione è troppo basso (meno di 400 milioni), se ne fanno uscire altre dalla riserva MSR. Anche i 900 milioni di autorizzazioni interessate dal *back-loading* sono state poste nella riserva MSR anziché essere messe all'asta.

La fase IV

A novembre 2017 vi fu l'accordo sulle proposte per la fase IV dello schema ETS UE, che sarà operativa dal 2021 al 2030. Sono previste le seguenti modifiche.

- Il tetto annuo sul numero totale di EUA diminuirà più velocemente, di circa 48 milioni di tonnellate per anno, rispetto ai 38 milioni di tonnellate per anno previsti in fase III.
- Con un meccanismo di riserva MSR rivisto, se il surplus di emissioni supera 833 milioni, il numero di autorizzazioni messe all'asta ogni anno verrà ridotto del 24% del numero totale di autorizzazioni circolanti (era del 12% in fase III).
- Se il numero di autorizzazioni presenti nella riserva MSR è maggiore del numero totale messe all'asta l'anno precedente, le autorizzazioni saranno rimosse dal mercato in modo permanente.

Nel complesso è ancora difficile valutare l'impatto dello schema ETS UE. Disaggregare l'effetto dei diritti di emissione dagli effetti di altri fattori economici e cambiamenti politici è enormemente complicato. Tuttavia, c'è generale accordo sul fatto che i sistemi e i processi messi in atto abbiano le potenzialità per risultare efficaci.

La decisione del Regno Unito di uscire dall'Unione europea solleva numerose problematiche. Nel momento in cui scriviamo, il governo inglese sembra preferire la strada di stabilire un ETS UK collegato all'ETS UE, con una scelta simile a quella della Svizzera. Un importante problema da risolvere è se il collegamento tra i due schemi sia "a senso unico" (le autorizzazioni ETS UE possono essere usate dalle imprese inglesi) o "a doppio senso" (le autorizzazioni UE e UK possono essere usate in entrambi i sistemi).

seggeri-chilometri e l'86,7% delle tonnellate-merci chilometri in Italia sono stati sostenuti dalle strade, mentre le ferrovie hanno assorbito soltanto il 6,5% del traffico passeggeri e il 13,1% del traffico merci.

Il governo dovrebbe fare qualcosa? La congestione del traffico è un prezzo da pagare per i benefici che otteniamo dall'uso delle auto? Ci sono cose che si potrebbero fare per migliorare la situazione senza creare troppe difficoltà a chi viaggia?

Più avanti in questo paragrafo esamineremo vari schemi di intervento e i relativi costi e benefici, ma prima è necessario esaminare l'attuale sistema di allocazione dello spazio stradale, per valutare se soddisfi o meno gli obiettivi della società riguardo ai trasporti.

Il sistema attuale di allocazione dello spazio stradale

L'allocazione dello spazio stradale dipende dalla domanda e dall'offerta. La domanda è quella degli individui che basano le loro decisioni su considerazioni per lo più di carattere privato, mentre l'offerta è solitamente prodotta dal governo centrale o dagli enti locali.

La domanda di spazio stradale (da parte degli automobilisti)

La domanda di spazio stradale può essere considerata per lo più una domanda *derivata.* Le persone non vogliono il viaggio in auto di per sé, ma voglio arrivare a destinazione. Maggiore è il beneficio che ottengono arrivando a destinazione, maggiore è il beneficio dato dall'uso della loro auto per arrivarci.

Come la domanda di altri beni e servizi, anche la domanda di spazio stradale ha diverse determinanti. Se si vuole ridurre la congestione del traffico, è importante sapere come tale domanda reagisce alle variazioni in ognuno di tali determinanti: è importante considerare le varie elasticità della domanda.

Prezzo. È il *costo marginale* di un viaggio per l'automobilista che lo compie; comprende carburante, olio, manutenzione dell'auto, deprezzamento, tasse e pedaggi vari.

IC 9 p61 L'elasticità al prezzo della domanda di viaggi in automobile tende a essere relativamente bassa. Anche con un aumento notevole del prezzo del carburante, per esempio, il calo del traffico sarà modesto.

CF 6 p63 Le stime dell'elasticità al prezzo della domanda di carburanti per viaggi stradali nei paesi industrializzati variano generalmente da –0,1 a –0,5 per il breve periodo, mentre l'elasticità di lungo periodo è un po' più elevata, ma si conferma in generale una domanda anelastica.[3]

Il basso livello di elasticità della domanda al prezzo suggerisce che gli schemi per affrontare la congestione del traffico che si limitino ad aumentare i costi per gli automobilisti non potranno avere un grande successo.

IC 2 p12 Oltre ai costi monetari, il viaggio in auto ha anche costi in termini di tempo. Secondo i dati elaborati nel 2019 dalla società olandese TomTom (*Tom Tom Traffic Index*) in Italia viaggiando in auto si impiega mediamente il 24% del tempo in più rispetto a quello previsto in assenza di congestione. Il costo opportunità di stare in auto è dato dalla migliore attività alternativa che si potrebbe praticare: rilassarsi, lavorare, dormire o quant'altro. La congestione del traffico, aumentando la durata del viaggio, aumenta anche il costo opportunità.

Reddito. All'aumentare del reddito, il tasso di proprietà e di utilizzo di automobili aumenta notevolmente. La domanda di spazio stradale è elastica rispetto al reddito.

La Figura 13.4 mostra i costi per la gestione di automobili come percentuale della spesa famigliare nel Regno Unito, per quintili di reddito familiare. Più alto è il reddito familiare, maggiore è la percentuale di reddito spesa in automobili. In effetti la spesa in automobili del quintile più ricco è doppia rispetto al quintile più povero, in percentuale sulla spesa familiare totale. Evidentemente l'elasticità della domanda al reddito è significativamente maggiore di 1.

Il dato si riflette anche nelle statistiche internazionali sul possesso di automobili. La Figura 13.5 mostra la crescita di automobili possedute dal 1980 al 2017 in alcuni paesi europei. Con l'aumento dei redditi nazionali, è aumentato anche il numero di auto di proprietà. Le persone vedono il viaggio in auto come un "bene di lusso" rispetto ad alternative come il trasporto pubblico, andare a piedi o in bicicletta. Inoltre, la crescita delle periferie urbane ha causato un aumento delle distanze di viaggio per andare al lavoro.

La conseguenza di tutto ciò è che, se i paesi continueranno a crescere economicamente, la proprietà e l'uso di automobili tenderanno anch'essi ad aumentare in maniera significativa, una conclusione in linea con la maggior parte delle previsioni.

Prezzo dei sostituti. Se le tariffe di autobus e treni scendessero, le persone potrebbero usare di più questi mezzi di trasporto al posto dell'auto. L'elasticità incro-

3 Vedi *Road Traffic Demand Elasticities* (Department for Transport, 2015).

Figura 13.4 Costi delle autovetture in percentuale della spesa delle famiglie in UK, 2017/18.

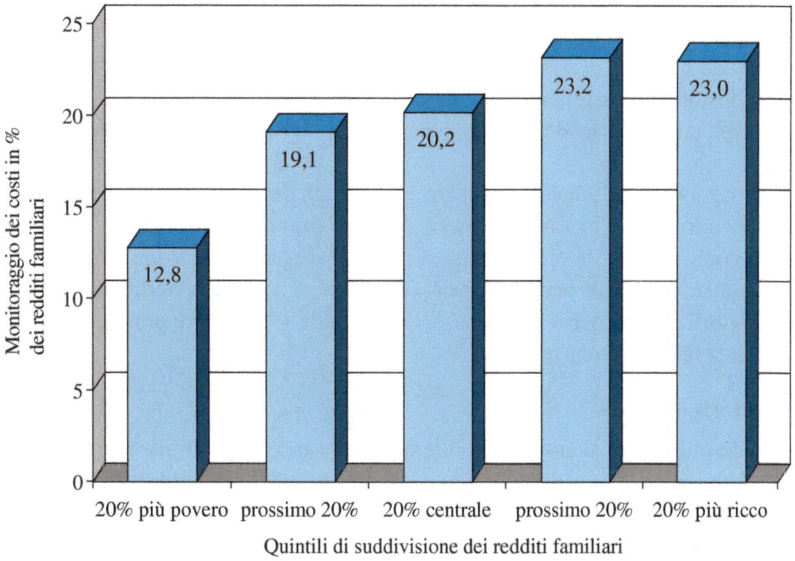

ciata al prezzo della domanda, tuttavia, tende a essere relativamente bassa, dato che la maggior parte delle persone considera queste alternative come sostituti non particolarmente appetibili rispetto al viaggiare nella propria auto. Le automobili sono considerate più confortevoli e convenienti.

IC 9 p61 Il "prezzo" dei sostituti comprende anche il tempo richiesto per viaggiare con questi mezzi alternativi. Più veloce è il viaggio in treno rispetto a quello in auto, minore sarà il costo temporale per il viaggiatore e quindi maggiore sarà il numero di persone che passerà dall'auto al treno.

Prezzo dei complementi. La domanda di spazio stradale dipende anche dal prezzo delle auto. Più costano le auto, meno saranno le persone che avranno auto di proprietà e quindi meno saranno le auto in strada.

La domanda dipende anche dal prezzo di servizi complementari quali il parcheggio. Un aumento delle tariffe di parcheggio farà calare la domanda di viaggi in auto. Tuttavia, anche in questo caso l'elasticità incrociata della domanda al prezzo tenderà a essere relativamente bassa. Nella maggior parte dei casi l'automobilista è disposto a pagare la tariffa più alta per il parcheggio, oppure sceglie di parcheggiare altrove, in strade laterali per esempio.

Figura 13.5 Aumento delle automobili di proprietà in vari paesi europei. *Fonte: Passenger cars per 1000 inhabitants* (Eurostat, 2019)

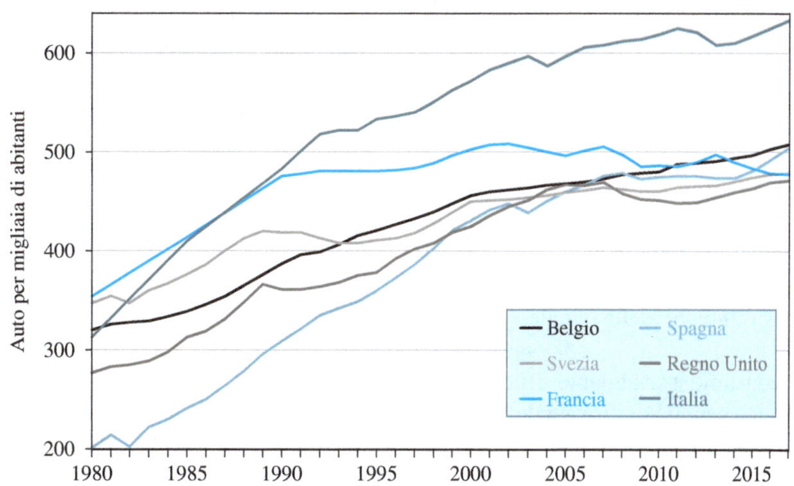

Gusti/utilità. Un altro fattore che spiega la preferenza accordata da molte persone ai viaggi in auto è il piacere che traggono da esso rispetto alle modalità di trasporto alternative. La proprietà di un'auto è considerata da molte persone altamente desiderabile, e quando ci si abitua a viaggiare nella propria auto, spesso si è riluttanti a rinunciare.

Un'importante caratteristica della domanda di spazio stradale è che fluttua notevolmente. Ci saranno periodi di picco della domanda, come durante le ore di punta e nei fine settimana di vacanza. In questi periodi si possono formare ingorghi terribili. In altri periodi, invece, le stesse strade potrebbero essere praticamente vuote.

L'offerta di spazio stradale

L'offerta di spazio stradale può essere esaminata in due contesti: il breve e il lungo periodo.

Il breve periodo. Nel breve periodo, come abbiamo visto, l'offerta di spazio stradale è costante. Quando non vi è congestione, l'offerta è più che sufficiente per soddisfare la domanda e rimane capacità stradale libera. Nei momenti di congestione vi è pressione sull'offerta fissa. La massima offerta per una qualsiasi strada viene raggiunta nel punto in cui vi è il massimo flusso di veicoli al minuto lungo di essa.

Il lungo periodo. Nel lungo periodo, le autorità possono costruire nuove strade o migliorare quelle esistenti. Ciò richiederà una valutazione dei costi e dei benefici associati.

Individuare un livello socialmente efficiente di uso della strada (breve periodo)

CF 11 p349 Il sistema attuale che prevede l'offerta *pubblica* di strade e la proprietà *privata* delle automobili difficilmente potrà portare a un'allocazione ottima dello spazio stradale. E allora come possiamo individuare il livello socialmente ottimo?

Nel breve periodo, l'offerta di spazio stradale è fissa. Il problema dell'allocazione ottima dello spazio stradale nel breve periodo, quindi, riguarda l'*uso* ottimo dello spazio stradale esistente. Si tratta di una questione di *consumo* più che di offerta. Per questo motivo, dobbiamo concentrarci sull'utente delle strade, più che sull'offerta di strade.

IC 28 p345 Un livello di consumo socialmente efficiente si verifica dove il beneficio marginale sociale dell'uso della strada è uguale al suo costo marginale sociale ($B'S = C'S$). Ma quali sono beneficio marginale sociale e costo marginale sociale dell'uso di un'auto?

Il beneficio marginale sociale dell'uso della strada

IC 31 p353 Il beneficio marginale sociale è uguale al beneficio marginale privato più le esternalità. Il beneficio marginale privato è il beneficio diretto per l'utente dell'auto e si riflette nella domanda di viaggi in auto, di cui abbiamo precedentemente esaminato le determinanti. I benefici esterni sono pochi, il principale si ha quando il guidatore porta con sé altre persone.

Il costo marginale sociale dell'uso della strada

IC 31 p353 Il costo marginale sociale è uguale al costo marginale privato più le esternalità. Il costo marginale privato per l'automobilista comprende il costo del carburante, dell'usura, dei pedaggi e così via, e anche il costo temporale del viaggio. Possono anche esserci costi esterni notevoli, tra cui i seguenti.

Costi di congestione: tempo. Quando una persona usa un'automobile su una strada congestionata, contribuisce alla congestione, per cui va a rallentare il traffico ancora di più e ad aumentare il tempo di viaggio degli altri automobilisti. La situazione è illustrata nella Tabella 13.2 (che riporta cifre immaginarie).

La colonna (1) riporta il numero di auto che viaggiano lungo una data strada al minuto. La colonna (2) riporta il tempo richiesto per ogni auto, che può essere considerato il costo temporale marginale che l'automobilista sostiene per effettuare il viaggio. È il costo temporale marginale privato. Fino a tre auto al minuto non vi è congestione e quindi il traffico scorre bene, a ogni auto bastano 5 minuti per completare il viaggio. All'aumentare del traffico, però, la strada si fa sempre più congestionata e quindi i tempi di viaggio aumentano. Non sono solo le auto in più a essere obbligate a viaggiare più lentamente, ma tutte le auto sulla strada. Le auto in più, quindi, impongono un costo di congestione agli utenti già esistenti della strada. Nel momento in cui sette auto al minuto entrano nella strada, il tempo di viaggio è aumentato a 16 minuti.

La colonna (3) riporta la somma dei tempi di viaggio di tutti gli automobilisti sulla strada. Per esempio, con sei auto in strada, ognuna che richiede 11 minuti per il viaggio, il tempo di viaggio totale per tutte e sei è di 66 minuti. La colonna (4) riporta l'aumento del tempo di viaggio totale quando un'auto in più entra sulla strada. Quindi, quando entra in strada la settima auto, il tempo di viaggio totale passa da 66 a 112 minuti, con un aumento di 46 minuti. Questo è il costo aggiuntivo per

Tabella 13.2 Tempo necessario per viaggiare tra due punti lungo una data strada.

Densità del traffico (auto che entrano nella strada al minuto) (1)	Tempo di viaggio per auto (costo temporale privato marginale: in minuti) (2)	Tempo di viaggio totale per tutte le auto (costo temporale totale: in minuti) (3) = (1) × (2)	Tempo di viaggio extra quando il traffico aumenta di un'auto in più (costo temporale marginale sociale: in minuti) (4) = Δ(3)	Costo temporale aggiuntivo imposto ad altri utenti della strada da un'auto in più (costo temporale esterno marginale: in minuti) (5) = (4) − (2)
1	5	5	5	0
2	5	10	5	0
3	5	15	5	0
4	6	24	9	3
5	8	40	16	8
6	11	66	26	15
7	16	112	46	30

tutti gli utenti della strada: in altre parole, è il costo marginale sociale. Ma di questi 46 minuti, 16 sono il costo marginale privato sostenuto dall'automobilista in più e soltanto i 30 minuti rimanenti sono i costi *esterni* imposti agli altri utenti della strada. Tali costi esterni sono riportati nella colonna (5).

I costi temporali possono essere convertiti in costi monetari conoscendo il valore del tempo delle persone. Se il tempo valesse 10 centesimi al minuto, i costi di congestione (costi esterni) imposti dalla settima auto sarebbero di €3 (30 minuti × 10 centesimi al minuto).

Costi di congestione: monetari. La congestione del traffico fa aumentare il consumo di carburante, e le continue ripartenze fanno salire i costi di usura. Quando un automobilista si aggiunge alla congestione, quindi, ci saranno altri costi monetari imposti agli altri automobilisti. Si potrebbe creare una tabella simile alla Tabella 13.2 in cui riportare tali costi.

Costi ambientali. Quando gli automobilisti usano una strada, riducono la qualità dell'ambiente per gli altri. Le auto emettono fumi e generano rumore. Questi danneggiano pedoni e altri automobilisti, e possono essere particolarmente dannosi per le persone che abitano lungo la strada. Viaggiare in auto può causare incidenti, un problema che aumenta quando i guidatori sono più impazienti a causa dei ritardi causati dal traffico. Inoltre, come abbiamo visto nel Paragrafo 13.1, i gas esausti contribuiscono al riscaldamento globale e alle piogge acide.

Il livello socialmente efficiente di uso della strada

Il punto in cui il beneficio marginale sociale dell'uso di auto (o della strada) è uguale al costo marginale sociale può essere tracciato su un grafico. Nella Figura 13.6 i costi e i benefici sono riportati sull'asse verticale e misurati in termini monetari. Quindi, a ogni costo o beneficio non monetario (come i costi temporali) occorre assegnare un valore monetario. L'asse orizzontale misura l'uso della strada in termini di auto che passano al minuto per un punto specifico.

IC 28 p345

Per semplicità si assume che non vi siano benefici esterni generati dall'uso di auto e che, quindi, beneficio marginale privato e beneficio marginale sociale coincidano. La curva *B'S* è inclinata verso il basso, perché utenti della strada diversi attribuiscono un valore diverso a questo particolare viaggio. Se il costo marginale (privato) di effettuare il viaggio fosse elevato, soltanto

Figura 13.6 Utilizzo effettivo e ottimo della strada.

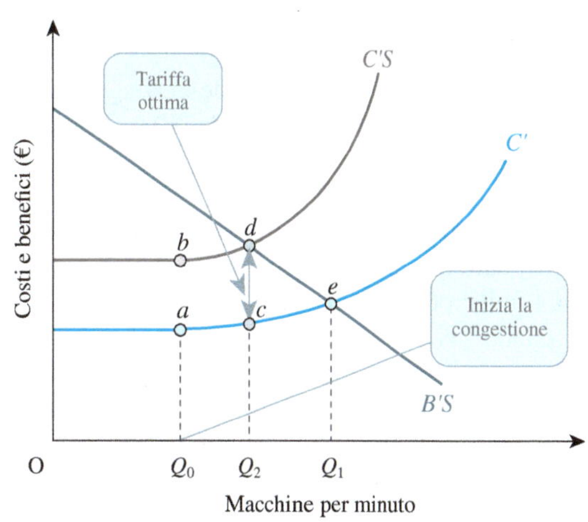

coloro per cui il viaggio ha un beneficio marginale alto percorrerebbero la strada. Se il costo marginale di effettuare il viaggio calasse, aumenterebbe il numero delle persone che farebbero il viaggio: sono le persone che scelgono di fare il viaggio al punto in cui il costo marginale di usare l'auto è sceso al livello del loro beneficio marginale. Quindi, maggiore è il numero di auto in un dato periodo di tempo, minore è il beneficio marginale.

La curva del costo marginale privato *C'P* tende a essere costante fino al livello di traffico in cui comincia a verificarsi la congestione, il punto *a* nella Figura 13.6. Oltre questo punto, il costo marginale tende a salire dato che aumentano i costi temporali e il consumo di carburante.

La curva del costo marginale sociale (*C'S*) è tracciata sopra quella del costo marginale privato. La differenza verticale tra le due rappresenta i costi esterni. Fino al punto *b* i costi esterni sono semplicemente quelli ambientali, mentre oltre il punto *b* vi sono anche costi esterni di congestione, dato che gli utenti della strada rallentano il viaggio di *altri* utenti. Questi costi esterni aumentano progressivamente all'aumentare del volume IC 31 p353 di traffico [come si vede nella colonna (5) della Tabella 13.2].

Il livello attuale di traffico sarà in Q_1, dove il costo marginale privato e il beneficio marginale privato sono uguali (punto *e*). Il livello socialmente efficiente di traffico, invece, sarà a livello inferiore Q_2, dove il costo marginale sociale è uguale al beneficio marginale sociale (punto *d*). In altre parole, il sistema attuale di allocazione dello spazio stradale tende a portare a un uso eccessivo della strada.

Individuare un livello socialmente ottimo di spazio stradale (lungo periodo)

Nel lungo periodo, l'offerta di spazio stradale non è fissa. Le autorità devono quindi valutare quali nuovi piani adottare, e ciò comporta l'utilizzo di qualche forma di *analisi di costi-benefici* (cfr. Paragrafo 12.4).

Il livello socialmente efficiente di costruzione di strade sarà quello a cui il beneficio marginale sociale della costruzione è uguale al costo marginale sociale. Ciò significa che i piani di costruzione meritano di essere IC 28 p345 adottati purché il loro beneficio marginale sociale superi il loro costo marginale sociale.

13.4 Le politiche per il trasporto urbano

Vediamo ora alcune possibili soluzioni per il problema della congestione del traffico. Si possono raggruppare in tre categorie: offerta diretta, regolamentazione e leggi, modifica dei segnali di mercato.

Offerta diretta (soluzioni sul lato dell'offerta)

La soluzione della strada

Una soluzione ovvia al problema della congestione del traffico è di costruire altre strade. Tuttavia, questo approccio presenta problemi seri.

IC 4 p13 **L'obiettivo dell'equità.** Il primo problema riguarda l'*equità*. Dopo tutto, l'efficienza sociale non è l'unico possibile obiettivo economico. Per esempio, quando si costruisce una strada urbana ad alto scorrimento, coloro che abitano accanto subiranno rumori e fumi. Gli utenti della strada ottengono un guadagno, ma i residenti locali subiscono una perdita. Il punto è se ciò sia equo.

Più il governo cerca di soddisfare gli automobilisti costruendo strade sempre migliori, meno saranno le persone che utilizzeranno il trasporto pubblico, che quindi tenderà a scadere. Coloro non possiedono un'auto ne avranno una perdita, e si tratta in genere dei gruppi più vulnerabili: poveri, anziani e disabili, bambini.

La costruzione di nuove strade può portare a un *potenziale* miglioramento paretiano: in altre parole, se i vincenti dovessero compensare pienamente i perdenti (per esempio attraverso tasse o pedaggi), rimarrebbe comunque un guadagno netto per loro. Il problema è che tali compensazioni raramente avvengono davvero. Quindi non c'è alcun miglioramento paretiano reale.

La congestione potrebbe non essere risolta. Aumentando la quantità di spazio stradale, si rischia di incoraggiare più persone a usare l'auto.

CF 5 p46 Un buon esempio è quello dell'autostrada M25 di Londra. Nella pianificazione della strada il governo non solo ha sottostimato il tasso di aumento del traffico generale, ma ha anche sottostimato l'effetto diretto di incoraggiamento delle persone a usare l'autostrada anziché altre strade alternative, o altri mezzi di trasporto, o a non viaggiare del tutto. Ha sottostimato anche l'effetto di incoraggiamento delle persone ad andare ad abitare più lontano dal posto di lavoro usando l'autostrada per il pendolarismo. Il risultato è che oggi c'è un grave problema di congestione dell'autostrada e molti tratti sono stati ampliati rispetto al piano originale di strada a tre corsie, portandoli a quattro, cinque e in alcune parti sei corsie.

Nuove strade possono generare più traffico, con uno scarso effetto sulla congestione nel lungo periodo.

L'impatto ambientale delle nuove strade. Le nuove strade causano perdita di terreni agricoli, distruzione di molti habitat naturali, rumore, separazione di comunità di cittadini e danni ai residenti locali. Nella misura in cui incoraggiano un aumento del traffico, contribuiscono all'inquinamento energetico e al consumo delle riserve naturali di petrolio.

È importante tenere conto di questi costi quando si pianificano le strade. Il problema, tuttavia, è che i costi ambientali vengono spesso ignorati, o considerati soltanto come danni collaterali, senza essere presi sul serio. In parte perché sono difficili da valutare, e in parte perché spesso c'è una forte lobby a favore delle strade che convince i politici a ignorare o a sminuire le preoccupazioni in tema di ambiente.

Offerta di trasporti pubblici da parte dello stato o degli enti locali

Una soluzione alternativa, sul lato dell'offerta, è quella di aumentare l'offerta di trasporto pubblico. Per esempio, se un ente locale gestisce un servizio di autobus locali e decidesse di investire in nuovi autobus, aprire nuovi itinerari e attuare una politica di biglietti a basso prezzo, questo potrebbe incoraggiare le persone a rinunciare all'uso dell'auto.

Per poter essere efficace, l'alternativa deve essere attraente. Molte persone sono disposte a usare l'autobus soltanto se le corse sono frequenti, poco costose, confortevoli e affidabili negli orari, e se vi fossero itinerari sufficienti per portarle vicino alla destinazione desiderata.

Una politica adottata spesso dagli enti locali è quella di adottare piani basati su parcheggi di interscambio. In questo caso l'ente pubblico fornisce spazi di parcheggio gratuito o a basso prezzo al di fuori dei centri cittadini e mette a disposizione corse in autobus economiche per raggiungere il centro. Questi piani sono efficaci soprattutto quando sono usati in combinazione con l'applicazione di tariffe per l'ingresso delle auto private nei centri cittadini.

Regole e leggi

Una strategia alternativa è quella di limitare l'uso delle auto mediante varie forme di regolamentazioni e leggi.

Limitare l'accesso alle auto

Un approccio prevede la riduzione dell'accesso delle auto ad aree soggette ad alti livelli di congestione del traffico. Si utilizzano spesso le misure seguenti: corsie riservate per autobus e biciclette, corsie riservate a veicoli con più persone a bordo (due o più), aree pedonali e divieto di immissione nelle strade laterali dalle strade principali.

Tuttavia, queste misure presentano un grave difetto: non tendono a risolvere il problema della congestione, ma solo a deviarlo. Le corsie riservate per i mezzi pubblici tendono ad aumentare la congestione nelle corsie per le auto; il divieto di immissione nelle strade laterali tende ad aumentare la congestione in quelle principali; le aree pedonali spesso fanno aumentare il traffico nelle strade attorno.

Limitazioni ai parcheggi

CF 5 p46 Un'alternativa alla limitazione dell'accesso alle auto è quella di limitare il parcheggio. Vietando alle auto di parcheggiare lungo le strade congestionate si migliora il flusso del traffico. Inoltre, se il parcheggio è difficoltoso, le persone sono scoraggiate dall'usare l'auto per recarsi nel centro cittadino.

Anche le limitazioni ai parcheggi, al di là del fatto che sono assai sgradite agli automobilisti, hanno seri svantaggi.

- Gli automobilisti tendono a girare e girare alla ricerca di un parcheggio, contribuendo così alla congestione del traffico.
- Il fenomeno del parcheggio in aree vietate può peggiorare anziché ridurre la congestione del traffico e creare pericoli di incidente.
- Gli automobilisti si sentono spinti a parcheggiare lungo le strade laterali nelle aree residenziali, a danno dei residenti.

Cambiare i segnali di mercato

La soluzione favorita da molti economisti è quella di usare il meccanismo dei prezzi. Come abbiamo visto, una delle cause di congestione del traffico è che gli utenti della strada non pagano per intero il costo marginale sociale di tale uso. Se fosse possibile obbligarli a farlo, si potrebbe ottenere un uso socialmente ottimo dello spazio stradale.

Nella Figura 13.6 per fare ciò si sarebbe dovuto imporre agli automobilisti una tariffa pari a $d - c$. Internalizzando le esternalità della congestione del traffico e ambientale in questo modo, il flusso del traffico sarà ridotto al livello socialmente ottimo Q_2.

Ma come si fa a imporre questi costi esterni agli automobilisti? Esistono vari modi, che esaminiamo nel seguito.

Aumentare le tasse esistenti

In genere agli automobilisti sono addebitati tre tipi principali di tasse: accise sui carburanti (un importo al litro più IVA), tasse sull'acquisto di auto nuove e tasse sulle patenti. Aumentando queste tasse si potrebbe raggiungere il livello ottimo di uso delle strade?

L'aumento delle tasse sull'acquisto di auto e sulle patenti potrebbe avere qualche effetto sulla riduzione del numero totale di auto, ma probabilmente avrà uno scarso effetto sul loro uso. Il problema è che queste tasse non aumentano il costo *marginale* dell'uso delle auto, quindi non lo scoraggiano.

Le tasse sui carburanti, invece, costituiscono un costo marginale per l'uso dell'auto. Più si usa l'auto, più carburante si consuma e quindi più tasse si pagano. Queste tasse sono anche correlate al livello di congestione del traffico, poiché il consumo di carburante tende ad aumentare con l'aumento del traffico. In ogni caso, non sono la soluzione ideale. Il problema è che *tutti* gli automobilisti pagheranno un aumento delle tasse sul carburante, anche quelli che viaggiano su strade non congestionate. Per avere un effetto significativo sulla congestione del traffico, bisognerebbe applicare un notevole aumento delle tasse sui carburanti che non sarebbe equo nei confronti di chi non causa alcuna congestione, soprattutto le persone che viaggiano su lunghe distanze. Inoltre, come hanno dimostrato le recenti proteste in vari paesi, l'aumento delle tasse sui carburanti può rendere il governo molto impopolare.

Introdurre tasse nuove

Un'alternativa all'aumento delle tasse esistenti è quella di introdurne di nuove. Una tassa utilizzata in vari paesi negli ultimi anni è quella sugli spazi per parcheggiare le auto, in particolare quelli messi a disposizione dalle aziende per i loro dipendenti. Il problema delle tasse sui parcheggi, tuttavia, è simile a quello della limitazione dei parcheggi: le persone tendono semplicemente a cercare parcheggio in strade vicine (un'esternalità negativa imposta ai residenti) e a volte girano intorno finché non trovano un posto (contribuendo così alla congestione del traffico).

Applicare tariffe per le strade

CF 11 p349 CF 2 p25

Le tasse sono un mezzo indiretto di affrontare la congestione del traffico. Un altro approccio prevede l'addebito di tariffe per l'uso delle strade, dove l'entità della tariffa corrisponde al costo marginale sociale; si tratta di un mezzo diretto di ottenere un uso efficiente dello spazio stradale. Maggiore è la congestione, più alta dovrebbe essere la tariffa; questo incoraggerebbe le persone non solo a considerare mezzi di trasporto alternativi, ma anche a viaggiare, ove possibile nelle ore non di punta.

Pedaggi variabili. I pedaggi sono usati in molti paesi e possono essere adattati in modo da riflettere il costo marginale sociale.

Un problema, tuttavia, è che anche nel caso dei pedaggi pagati con sistemi semiautomatici possono formarsi code nelle ore di punta. Un altro problema è che i pedaggi possono spingere le persone a usare le strade secondarie per entrare in città, portandovi traffico. Le città hanno reti di strade molto articolate e in molti casi non è difficile evitare i pedaggi. Infine, se i pedaggi sono addebitati agli automobilisti che *entrano* in città, non influiscono sul traffico dei residenti, ma sono proprio questi ultimi che potrebbero più facilmente trovare mezzi di trasporto alternativi e quindi potrebbero portare un notevole contributo alla riduzione del traffico.

Tariffe per aree con restrizione d'accesso. Un mezzo semplice e pratico per far pagare agli automobilisti l'uso di strade congestionate dal traffico è la definizione di aree con restrizione d'accesso. Gli automobilisti dovranno pagare (normalmente una tariffa giornaliera) per l'uso dell'auto in queste aree. Le prime versioni di questi piani richiedevano l'acquisto di biglietti da rendere visibili sull'auto, un po' come nei parcheggi a pagamento, ma poi sono state realizzate versioni che utilizzano sistemi elettronici.

L'introduzione della Congestion Charge a Londra nel febbraio 2003 è un esempio di questo tipo. Gli automobilisti devono pagare una tariffa standard di 11,50 sterline al giorno per entrare nell'area più centrale di Londra (la *congestion zone*) tra le 7:00 e 18:00 dal lunedì al venerdì. Il pagamento può essere effettuato in vari modi, tra cui bollettini postali, Internet, telefono, messaggi SMS e presso vari negozi e stazioni di servizio. Gli automobilisti possono ottenere uno sconto di 1 sterlina al giorno se usano un sistema di pagamento automatizzato, mentre la tariffa diventa di 14 sterline se pagano entro la mezzanotte del giorno seguente.

Quando un'auto entra nella congestion zone di Londra, il numero di targa viene registrato da una telecamera e un computer verifica poi il corretto pagamento, addebitando una multa di 130 sterline in caso di irregolarità. Secondo un report dell'azienda dei trasporti di Londra il livello di traffico è diminuito del 10% nei primi 10 anni dall'introduzione della Congestion Charge, anche se è diminuita la velocità media del traffico. Un beneficio non previsto è che la tassa sembra aver ridotto il numero di incidenti stradali del 40%.

La Congestion Charge di Londra non è una tassa di tipo marginale, nel senso che non varia in base al grado di congestione o al tempo passato nell'area, o alla distanza percorsa. Questo è un problema intrinseco delle aree a restrizione d'accesso, tuttavia la semplicità di questo strumento lo rende facile da comprendere e relativamente economico da gestire.

A Londra sono state introdotte anche altre tariffe per affrontare più direttamente il problema dell'inquinamento. Nell'aprile 2019 è stata introdotta la Cleaner Vehicle Discount (CVD) in sostituzione di un meccanismo simile, l'Ultra Low Emission Discount. Con la CVD, i veicoli che emettono al più 75g/km di $CO2$ e rispettano lo standard Euro VI hanno diritto a uno sconto del 100%. Da ottobre 2021, lo sconto sarà riservato alle sole auto elettriche.

Le preoccupazioni crescenti sulla qualità dell'aria hanno portato a introdurre una tassa sulla tossicità (T-charge) nell'ottobre 2017, poi sostituita dalla Ultra Low Emission Zone (ULEZ) nell'aprile 2019. L'ULEZ è in vigore 24 ore su 24, 7 su 7: ogni veicolo che entra nella congestion zone e non rispetta lo standard Euro IV (veicoli a benzina) ed Euro VI (diesel) deve pagare una tariffa aggiuntiva di 12,50 sterline.

Le autorità londinesi sono sempre più impegnate a usare meccanismi di tariffazione per gestire i costi esterni dovuti a congestione del traffico ed emissioni inquinanti.

Pedaggi elettronici variabili. Lo schema favorito di molti economisti ed esperti di traffico è quello dei pedaggi stradali elettronici e variabili. È l'approccio che mette in relazione più diretta il prezzo che l'automobilista deve pagare con il livello specifico di costo marginale sociale. Maggiore è la congestione del traffico, più alta è la tariffa imposta all'automobilista. Idealmente la tariffa dovrebbe essere uguale al costo marginale della congestione più eventuali costi marginali ambientali aggiuntivi a quelli creati sulle strade ad accesso libero.

In varie parti del mondo sono stati adottati o considerati sistemi diversi. Uno prevede l'uso di dispositivi fissi sulle strade in grado di registrare i numeri di targa delle auto che passano. Un altro prevede l'uso di sensori da montare sulle auto. Le tariffe sono registrate su un computer centrale che notifica il pagamento ai proprietari delle auto. Diverse città di tutto il mondo, come Barcellona, Dallas, Orlando, Lisbona, Oklahoma City e Oslo, stanno già utilizzando sistemi simili.

Un altro sistema prevede di installare in auto un dispositivo in cui si inserisce una smart card; sulle strade apposite strutture rilevano il passaggio dell'auto e addebitano direttamente la carta. Un sistema simile è stato introdotto nel 1997 sulla circonvallazione di Stoccolma e nel 1998 a Singapore.

Con entrambi questi sistemi, la tariffa può essere facilmente variata in base al livello di congestione (e di inquinamento). Si possono prevedere sistemi di tariffazione a fasce, da visualizzare lungo la strada o diffondere tramite radio locali in modo che gli automobilisti sappiano quanto devono pagare.

Il meccanismo più sofisticato prevede di montare in tutti i veicoli un ricevitore, la cui posizione viene localizzata da sistemi satellitari che inviano il dato a un'unità centrale; questa provvede ad addebitare le tariffe in base a posizione, distanza percorsa, ora del giorno e tipo di veicolo. I pagamenti possono essere gestiti attraverso carte o sistemi di fatturazione centralizzata. È probabile che sistemi di questo tipo inizialmente saranno riservate ai camion.

Nonostante l'entusiasmo con cui questi schemi sono accolti dagli economisti, i problemi non mancano.

- Stimare il livello dei costi esterni è difficile.
- Gli automobilisti devono essere informati in anticipo delle tariffe, in modo da poter pianificare l'ora in cui mettersi in viaggio.
- Possono esservi resistenze politiche, per cui gli amministratori potrebbero essere riluttanti a introdurre sistemi di pedaggio stradale per timore di perdere il sostegno della popolazione.
- Se la domanda è relativamente anelastica, la tariffe devono essere molto alte per avere un impatto significativo sulla congestione del traffico.
- I costi dell'installazione di apparecchi e infrastrutture per la gestione degli addebiti e dei pagamenti possono essere molto alti.
- Se i pedaggi sono introdotti soltanto in alcune aree, le persone tenderanno a spostarsi nelle aree ad accesso libero.
- Potrebbe nascere un nuovo settore di evasione fiscale elettronica!

BOX 13.5 ANALISI DI CASI E APPLICAZIONI

L'economia e l'ambiente

La crescita verde: una strada verso il futuro

Le recessioni generalmente sono cattive notizie: la produzione cala e si perdono posti di lavoro, consumatori e imprese devono affrontare situazioni di incertezza. Eppure, nel breve periodo una crisi può avere effetti positivi per l'ambiente. Tra il 2007 e il 2008 il traffico stradale nel Regno Unito è diminuito dello 0,8%%, con ulteriori cali dello 0,9% e dell'1,6% nel 2009 e nel 2010, rispettivamente.[1] Le cause probabili furono i redditi più bassi, meno merci da trasportare e meno persone che dovevano recarsi al lavoro. Le risorse non rinnovabili vengono consumate più lentamente in un periodo di crisi, dato che le famiglie riducono i consumi, aumentano il riciclo e riutilizzano prodotti che in altre situazioni avrebbero gettato subito.

Per altri aspetti, tuttavia, una recessione può velocizzare il degrado ambientale. Le imprese sono meno propense a investire in tecnologie pulite; i consumatori potrebbero rimandare la sostituzione di autoveicoli con modelli più efficienti e puliti; i governi potrebbero scegliere di distogliere risorse dalle iniziative ambientali a programmi per la creazione di posti di lavoro.

Crescita economica e agenda verde

IC1 p8 Ripensate al primo capitolo di questo libro, in cui abbiamo individuato il problema fondamentale dell'economia, la scarsità. Abbiamo visto come la crescita economica possa fornire una soluzione: consentirci di produrre di più e così soddisfare meglio i nostri desideri e le nostre esigenze.

In generale, economisti e politici hanno presentato la crescita economica come un fatto positivo, che porta a livelli di benessere più alti e fornisce alla società l'opportunità di una migliore redistribuzione per ridurre la povertà. Tuttavia, la lobby verde non sostiene con pari entusiasmo tale rappresentazione. La crescita economica è stata dipinta come dannosa, con un'ampia accettazione del principio per cui esisterebbe un trade-off tra crescita e degrado dell'ambiente.

L'idea che la crescita possa non essere vantaggiosa non è nuova. Nel 1848 John Stuart Mill scrisse: "A quale scopo finale tende la società con il suo progresso industriale? Quando il progresso si ferma, in quali condizioni pensiamo che lascerà l'umanità?". Nel 1973 fu pubblicata un'influente raccolta di saggi di E. F. Schumacher intitolata *Piccolo è bello*; quest'opera accese il dibattito sulla crescita e il suo impatto sul benessere, che continua ancora oggi.

> Se pensate che l'obiettivo più importante della politica pubblica sia di far passare la crescita dall'1,9% al 2% e poi ancora al 2,1%, state seguendo una sorta di falso mito. Lo stiamo seguendo prima di tutto perché, se ce ne rendiamo conto, stiamo effettuando attività pericolose per il clima, ma anche perché tutte le evidenze mostrano che andando oltre il livello standard di vita raggiunto ad esempio dal Regno Unito, un'ulteriore crescita non si traduce automaticamente in benessere e felicità per gli esseri umani.[2] (Lord Turner, ex presidente della Financial Services Authority inglese).

Nel 2010, la New Economics Foundation pubblicò un report intitolato "Growth isn't possible. Why we need a new economic direction" in cui argomentava che la crescita economica è limitata dalla capacità di produzione finita delle risorse sulla terra.[3]

Tuttavia, visti i livelli di povertà nel mondo, un minore impegno nella crescita deve implicare una prosecuzione delle diseguaglianze o l'accettazione del fatto che i paesi industrializzati potranno mantenere livelli di vita più elevati. Ciò è impensabile per molti, che invece pensano di poter ottenere la crescita in modo sostenibile, un modo che consenta di ottenere maggiore benessere garantendo allo stesso tempo la buona salute del pianeta nel lungo termine. Gran parte del lavoro svolto dall'OCSE in campo ambientale si focalizza su questo aspetto – cosa che non sorprende, dato che l'istituzione ha il compito di sostenere lo sviluppo a livello globale. Nel 2012 l'OCSE ha evidenziato tre aspetti che i governi dovrebbero considerare nel formulare politiche per la crescita:

- Imporre un prezzo sulle emissioni di carbonio e altri inquinanti.
- Sostenere l'innovazione verde e garantire che si diffonda oltre i confini nazionali.
- Favorire gli investimenti privati di capitale che sosterranno la crescita con tecnologie più pulite.

L'OCSE riconosce che vari governi di tutto il mondo stanno impegnandosi per promuovere uno sviluppo più verde, come testimoniano vari esempi quali la strategia per la crescita 2020 dell'Unione europea, la strategia nazionale e il piano quinquennale per la crescita verde della Corea, l'attenzione per lo sviluppo verde del 12-esimo piano quinquennale cinese, il *New Growth Path* e il *Green Economy Accord* del Sudafrica.

---

1 *Transport Statistics Great Britain 2013*, Department of Transport.

2 Citato in *Growth Isn't Possible. Why We Need a New Economic Direction* (New Economics Foundation, 25 gennaio 2010).

3 Ibidem.

Fornire sussidi per mezzi di trasporto alternativi

Un modo alternativo per ridurre l'uso delle auto è quello di sussidiare i prezzi di altri mezzi di trasporto come autobus e treni. Ma abbassare i prezzi potrebbe non essere sufficiente. Il governo dovrebbe anche investire direttamente o sussidiare un servizio di trasporto pubblico migliore: corse più frequenti, itinerari più numerosi, autobus e treni più confortevoli.

I sussidi a favore del trasporto pubblico non devono essere visti come un'alternativa all'introduzione di tariffe per l'uso delle strade. Se i pedaggi stradali servono a convincere le persone a non usare l'auto, le alternative devono essere attraenti. Se il trasporto pubblico non è visto come un buon sostituto per l'auto, l'elasticità della domanda di uso di auto rimarrà probabilmente bassa. Questo problema è riconosciuto dal governo inglese, che incoraggia le autorità locali ad applicare varie forme di pedaggi e tariffe ai parcheggi per i dipendenti, a condizione che i ricavi generati siano reinvestiti per migliorare il trasporto pubblico. Tutte le autorità locali devono produrre piani quinquennali per il trasporto locale che considerino tutte le forme di trasporto. Questi piani devono considerare obiettivi di riduzione del traffico e aumento del ricorso al trasporto pubblico.

I sussidi per il trasporto pubblico possono anche essere giustificati sul terreno dell'equità, poiché tali mezzi sono utilizzati soprattutto dalle persone a basso reddito.

Conclusioni

Difficilmente un'unica politica può fornire la soluzione definitiva. Alcune politiche o mix di politiche sono più adatte a particolari situazioni. È importante che i governi sappiano imparare dalle esperienze del loro paese ma anche di altri, per trovare la soluzione ottima per ogni problema specifico.

I paragrafi in pillole

Paragrafo 13.1

1. L'ambiente genera benefici per gli esseri umani in tre modi: come attrattiva, come fonte di prodotti primari e come luogo dove scaricare rifiuti.
2. Data la crescente pressione demografica e la domanda di crescita economica, la pressione sull'ambiente è destinata ad aumentare. Queste pressioni possono essere alleviate, tuttavia, usando tecnologie più pulite, aumentando l'efficienza nell'uso delle risorse naturali e con un comportamento più "verde" di consumatori, imprese e governi.
3. Il concetto di uso "ottimo" dell'ambiente dipende dall'approccio delle persone verso la sostenibilità. E tale approccio può variare, dal considerare l'ambiente semplicemente come una risorsa destinata all'uso umano, a un estremo, a vedere l'ambiente come titolare di diritti morali, all'altro estremo.
4. Con l'approccio dell'efficienza sociale alla sostenibilità, il livello di produzione ottimo di un bene è quello a cui il costo marginale ambientale esterno è uguale al beneficio marginale netto per gli utenti (assumendo che non vi siano altre esternalità).
5. Il mercato fallisce nell'ottenere un uso socialmente efficiente delle risorse perché grandi parti dell'ambiente sono una risorsa comune, perché produzione o consumo spesso generano esternalità ambientali, a causa dell'ignoranza degli effetti ambientali delle nostre azioni, e perché non ci preoccupiamo delle generazioni future.

Paragrafo 13.2

1. Un approccio alla protezione dell'ambiente è di ricorrere al mercato, cosa che si può fare estendendo i diritti di proprietà privati. In molti casi, tuttavia, questo approccio non è praticabile. Un altro approccio è quello di imporre tariffe per l'uso dell'ambiente o tasse per unità di produzione. Il problema di questi metodi è quello di individuare i livelli di tariffa o tassa appropriati, dato che questi possono variare in base all'impatto ambientale.
2. Un altro approccio è quello di usare sistemi di comando e controllo, come rendere illegali determinate prassi, o imporre dei limiti agli scarichi. Si tratta di un'alternativa a tasse e tariffe, meno sofisticata ma più sicura quando i costi ambientali di certe azioni sono ignoti. Tra le altre alternative agli approcci basati sul mercato vi sono gli accordi volontari e l'educazione ambientale.
3. I diritti negoziabili sono un mix di sistemi di comando e controllo e basati sul mercato. Le imprese ricevono i diritti di emettere un certo livello di inquinanti e tali diritti possono essere scambiati sul mercato. Un'impresa che può ridurre il suo livello di inquinamento in modo relativamente poco costoso può vendere questo credito a un'altra impresa per cui invece sarebbe più costoso ridurre gli inquinanti emessi. Il sistema è un modo efficiente e amministrativamente economico di limitare l'inquinamento a un livello fissato, tuttavia può portare alla concentrazione dell'inquinamento in alcune zone e può ridurre l'incentivo per le imprese a trovare metodi di produzione più puliti.

4. I governi possono fare molto per ridurre l'inquinamento, ma l'azione governativa difficilmente porta a risultati perfetti (in qualsiasi modo vegano intesi). I governi tendono a concentrarsi di più su considerazioni politiche di breve periodo e non dispongono di informazioni perfette. Inoltre, dato che molti effetti ambientali attraversano naturalmente i confini nazionali, i governi potrebbero "giocare" a livello internazionale per tentare di ridurre i costi per il loro paese di qualsiasi azione internazionale volta a proteggere l'ambiente.

Paragrafo 13.3

1. L'aumento delle automobili di proprietà e del loro uso ha portato a un crescente problema di congestione del traffico.
2. L'allocazione di spazio stradale dipende da domanda e offerta. La domanda dipende dal prezzo per gli utenti di usare le loro auto, dal loro reddito, dal costo di mezzi di trasporto alternativi, dal prezzo delle auto e dei servizi complementari (come i parcheggi) e dal comfort e dalla convenienza del trasporto in auto. L'elasticità della domanda di uso di automobili al prezzo, e l'elasticità incrociata al prezzo, tendono a essere basse: molte persone non sono disposte a passare a modalità di trasporto alternative. L'elasticità al reddito, invece, è alta: la domanda di automobili e del loro uso aumenta rapidamente al crescere del reddito.
3. L'offerta di spazio stradale nel breve termine è fissa. Nel lungo termine dipende dai programmi pubblici per la costruzione di infrastrutture stradali.
4. L'attuale sistema con proprietà pubblica delle strade e proprietà privata delle automobili difficilmente potrà portare a un'allocazione ottima dello spazio stradale.
5. Nel breve periodo, lo spazio stradale è fissato e l'allocazione dipende dalle decisioni private degli utenti. Il problema è che gli utenti dei veicoli a motore creano due tipi di esternalità: costi di inquinamento e costi di congestione. Quindi, $C'S > C'$. A causa di queste esternalità, l'uso effettivo dello spazio stradale (dove $B' = C'$) tende a essere maggiore del livello ottimo (dove $B'S = C'S$).
6. Nel lungo periodo, il livello socialmente efficiente di spazio stradale sarà quello in cuibenefici ($B'SLP$) e costi marginali ($C'SLP$) a lungo periodo siano uguali. Si dovrebbero adottare i nuovi programmi di uso delle strade per cui $B'SLP > C'SLP$. I governi devono quindi condurre qualche forma di analisi al fine di stimare questi costi e benefici.

Paragrafo 13.4

1. Esistono vari tipi di soluzioni per i problemi di congestione del traffico, tra cui la fornitura diretta di spazio stradale aggiuntivo o di trasporti pubblici migliori da parte del governo o delle autorità locali; normative e leggi (come la limitazione dell'accesso alle automobili attraverso l'impiego di corsie riservate per autobus e piste ciclabili, aree pedonali e varie forme di divieto di parcheggio); opportuni segnali di mercato (usando tasse, tariffe per l'uso delle strade, sussidi per mezzi di trasporto alternativi).
2. Tra i problemi associati alla costruzione di nuove strade vi sono il calo del trasporto pubblico, il fatto di attirare traffico aggiuntivo nelle strade e i costi ambientali.
3. Il principale problema delle limitazioni di accesso alle auto è che tendono semplicemente a spostare la congestione del traffico altrove. Il principale problema delle limitazioni di parcheggio è che possono addirittura aumentare la congestione del traffico.
4. L'aumento delle tasse è efficace per ridurre la congestione del traffico soltanto se aumenta il costo marginale dell'uso di auto. E anche quando lo fa, come avviene per le accise sui carburanti, il costo aggiuntivo è soltanto indirettamente correlato ai costi di congestione, dato che si applica a tutti coloro che usano le auto e non soltanto a coloro che causano congestione.
5. Le tariffe per l'uso delle strade sono la soluzione preferita da molti economisti. Mediante appositi dispositivi elettronici è possibile far pagare una tariffa agli utenti della strada ogni volta che si creano congestioni. Questo dovrebbe incoraggiare gli utenti che hanno meno necessità di viaggiare a farlo di più nei periodi di scarso traffico, o a utilizzare modalità di trasporto alternative, mentre gli utenti che traggono maggiore utilità dal trasporto possono continuare a usare le loro auto, ma pagando un prezzo. Pedaggi variabili e tariffe di ingresso sono forme alternative di tariffazione per la congestione del traffico, ma generalmente sono meno efficaci rispetto ai pedaggi stradali elettronici variabili.
6. Per essere efficace, una tariffa per l'uso della strada deve essere affiancata da sostituti alternativi. Una politica completa, quindi, dovrebbe includere dei sussidi per un trasporto pubblico più efficiente. I ricavi richiesti potrebbero essere ottenuti proprio dalle tariffe d'uso delle strade.

Domande di ripasso

1. Supponete che all'aumentare della densità del traffico lungo un tratto di strada si arrivi a un punto in cui il traffico inizia a rallentare. La seguente tabella fornisce il tempo necessario a un'automobile per percorrere il tratto di strada (in minuti) in base al numero di auto che entrano nella strade al minuto.

Auto che entrano nella strada	5	6	7	8	9	10	11
Tempo di viaggio	10	10	11	13	16	22	30

   (a) Copiate la tabella e aggiungete le seguenti righe: (i) tempo di viaggio totale per tutte le auto; (ii) tempo di viaggio extra quando il traffico aumenta di un'auto (costo temporale sociale marginale); (iii) costo temporale aggiuntivo imposto ad altri utenti della strada per ogni auto in più che entra nella strada (costo temporale esterno marginale). (Cfr. la Tabella 13.3).

   (b) Ipotizzate che il tempo valga 10 centesimi di euro al minuto. Tracciate su un grafico il costo temporale privato marginale (tempo di viaggio) e il costo temporale sociale marginale.

   (c) Ipotizzate che sia introdotto un pedaggio elettronico per la strada. Quale tariffa si dovrebbe applicare quando la densità del traffico raggiunge (i) 6 auto per minuto; (ii) 8 auto per minuto; (iii) 11 auto per minuto?

   (d) Quali informazioni aggiuntive vi servirebbero per poter determinare il livello di densità del traffico socialmente efficiente su questo particolare tratto di strada?

2. Ipotizzate che in un settore vi siano diverse imprese chimiche, ognuna delle quali produce diversi livelli di un effluente il cui danno ambientale dipende dalla posizione dell'impresa. Mettete a confronto i meriti relativi di usare imposte ambientali, diritti negoziabili e controlli come mezzi per raggiungere i livelli socialmente ottimi di effluenti generati da queste imprese.

3. Elaborate un'argomentazione, da un punto di vista deep green, per rifiutare l'approccio di "efficienza sociale" all'ambiente.

4. Perché l'impegno ad affrontare il riscaldamento globale potrebbe essere ostacolato da una scarsa comprensione della probabilità nel pubblico generale?

5. Nel 2007 la Cina ha preso il posto degli USA come maggiore emittente di CO_2 al mondo. Tuttavia, le emissioni pro capite degli USA sono triple rispetto alla Cina. Quali problematiche emergono da ciò per la formulazione di una politica globale per la riduzione delle emissioni di CO_2?

6. Elaborate un'argomentazione a sostegno dell'adozione di una politica di singoli diritti negoziabili per l'emissione di carbonio, allocati a tutti i cittadini di un paese. Una tale politica potrebbe essere estesa a livello globale?

7. Mettete a confronto i meriti relativi di aumentare le accise sui combustibili per i veicoli a motore e i pedaggi stradali come mezzi per ridurre la congestione del traffico urbano.

8. Perché il fatto che la domanda di trasporto auto privato non è elastica al prezzo costituisce un problema per formulare una politica per la riduzione del traffico? Che cosa si potrebbe fare per cambiare l'elasticità al prezzo della domanda in una direzione favorevole?

9. Come vi ponete riguardo la misurazione dei costi esterni del trasporto su strada?

10. In molte aree di Londra si utilizzano permessi di parcheggio per i residenti, a tariffe che variano in base alle emissioni di carbonio del veicolo registrato. Spiegate il pensiero alla base di questa politica.

11. A partire dal 2008, il governo inglese garantisce agli over-60 in Inghilterra e Galles la possibilità di viaggiare in autobus gratuitamente nelle ore non di punta. Che cosa pensate dell'impatto di questa politica sull'uso delle auto? Vi sarebbe motivo per estendere la politica a (a) viaggi in autobus gratuiti per i pensionati a tutte le ore del giorno, come avviene in Scozia; (b) viaggi in autobus gratuiti per tutti?

12. Nel 2010 il numero di passeggeri che hanno usato gli aeroporti inglesi è diminuito del 3,4% rispetto al 2009. Nel 2015 i passeggeri sono aumentati del 5,5% rispetto al 2014. Si può dedurre qualcosa da ciò riguardo l'atteggiamento delle persone verso l'ambiente e il loro comportamento?

ONLINE

Sulla piattaforma MyLab dedicata a questo testo troverete materiali di supporto e approfondimento. All'interno dello stesso ambiente è disponibile la piattaforma inglese MyLab Economics che offre ulteriori risorse, un ricco apparato multimediale ed esercizi guidati.

CAPITOLO

14 Le politiche pubbliche in materia di imprese

Sommario del capitolo

In questo capitolo proseguiamo l'analisi delle politiche pubbliche volte ad affrontare le imperfezioni dei mercati, concentrandoci in particolare sul problema del potere di mercato e sui diversi provvedimenti che i governi e i rispettivi enti pubblici possono adottare per impedire alle imprese di abusare di una posizione di monopolio o di oligopolio.

Nel Paragrafo 14.1 esamineremo la "politica della concorrenza", che, come vedremo, può essere mirata a contrastare l'abuso del potere monopolistico, la collusione tra oligopolisti e le fusioni (o concentrazioni) che conferiscono alle imprese una posizione dominante nel mercato.

Successivamente, nel Paragrafo 14.2 ci soffermeremo sulle privatizzazioni e sulla misura in cui i settori privatizzati debbano essere regolamentati per impedire un abuso del potere di mercato. Valuteremo inoltre se sia possibile introdurre in questi settori un grado di concorrenza tale da rendere superflua la regolamentazione.

La relazione tra governo e imprese è sempre tendenzialmente complessa. I governi sono soggetti a una duplice pressione: garantire la tutela dei consumatori e al tempo stesso favorire un contesto imprenditoriale dinamico e redditizio, in grado di assicurare elevati livelli di occupazione, produzione e crescita. In questo capitolo esamineremo i conflitti che da ciò possono scaturire.

14.1 Politica della concorrenza

Concorrenza, monopolio e interesse pubblico

CF 3 p26 I mercati del mondo reale sono per la maggior parte imperfetti; le imprese che operano al loro interno godono, in varia misura, di potere di mercato. L'esercizio di tale potere potrebbe essere lesivo dell'interesse pubblico; pertanto, molti governi hanno adottato misure legislative volte a regolamentare o a contrastare i monopoli e gli oligopoli.

IC 22 p192 Si potrebbe pensare che il potere di mercato sia sempre un elemento negativo, soprattutto dal punto di vista dei consumatori: dopo tutto, consente alle imprese di realizzare profitti supernormali a scapito di questi ultimi. Quanto maggiore è il potere di mercato di un'impresa, tanto più elevati sono i prezzi rispetto ai costi di produzione; inoltre, la mancanza di concorrenza fa venire meno l'incentivo a perseguire una maggiore efficienza.

Tuttavia, il potere di mercato non è necessariamente deleterio. Non sempre le imprese sfruttano appieno la loro posizione di potere, magari perché pensano che profitti molto elevati potrebbero indurre potenziali concorrenti a superare infine le barriere all'entrata, o forse perché non mirano aggressivamente a massimizzare i profitti. Anche laddove realizzano profitti supernormali consistenti, queste imprese potrebbero comunque praticare prezzi più bassi rispetto a settori più concorrenziali, perché godono di economie di scala. Infine, gran parte dei profitti potrebbe essere destinata all'attività di ricerca e sviluppo e a nuovi investimenti, dai quali i consumatori potrebbero trarre beneficio in virtù di prodotti nuovi o migliori, venduti a prezzi più bassi.

La politica della concorrenza potrebbe puntare a vietare diversi tipi di strutture, per esempio le fusioni che sfociano in una quota di mercato superiore a un certo livello. La maggior parte dei paesi, tuttavia, preferisce porre l'accento sul carattere più o meno anti-concorrenziale delle prassi adottate da particolari monopolisti o oligopolisti. Alcune di queste prassi, come gli accordi collusivi sui prezzi da parte degli oligopolisti, possono essere dichiarate illegali; altre possono essere analizzate caso per caso, per stabilire se siano ammissibili o meno. Tale approccio si fonda non tanto sulla presunzione che esista un potere contrario all'interesse pubblico, quanto sull'idea che taluni utilizzi di quel potere potrebbero essere dannosi per la società.

Gli obiettivi della politica della concorrenza

La politica della concorrenza può darsi tre possibili obiettivi.

Abuso di potere da parte dei monopoli e degli oligopoli esistenti: la politica in materia di monopoli

La politica in materia di monopoli mira a impedire l'abuso di posizione dominante di mercato da parte delle imprese, ovvero l'abuso del loro potere economico. Nonostante il riferimento al monopolio, questa politica si applica anche all'azione individuale di molti grandi oligopolisti che affrontano una concorrenza assai limitata. Per esempio, la maggior parte delle autorità per la concorrenza considera una quota di mercato maggiore del 50% quale forte evidenza che un'impresa ha una posizione dominante. Una volta individuata una posizione dominante, le autorità per la concorrenza solitamente soppesano i costi e i benefici per il pubblico generati dal comportamento delle imprese.

IC 22 p192 Come abbiamo visto nella Figura 7.10 del Capitolo 7, posto di fronte alle stesse curve di costo di un settore in concorrenza perfetta, un monopolista applica un prezzo più elevato, produce una quantità inferiore e realizza maggiori profitti. Si parla in questo caso di ***abuso di sfruttamento*** (*exploitative abuse*), una pratica d'impresa che danneggia direttamente il cliente. Altri esempi sono la riduzione di qualità del prodotto, limitazioni alla gamma di prodotti e scarsi livelli del servizio clienti. D'altro canto, un monopolista può anche conseguire sostanziali economie di scala, grazie alle quali ottenere costi minori e applicare un prezzo inferiore a quello vigente in concorrenza perfetta (Figura 7.11); inoltre, può destinare una parte dei suoi profitti all'investimento e all'attività di ricerca e sviluppo (R&S), producendo in tal modo beni o servizi migliori e/o a prezzi più bassi.

Ne consegue che il governo (o l'authority preposta alla regolamentazione, se distinta da quest'ultimo) deve stabilire se un provvedimento volto a imporre una riduzione del prezzo possa penalizzare l'attività di R&S e altri investimenti, con conseguenze negative per i consumatori nel lungo periodo.

PAROLE CHIAVE

Abuso di sfruttamento Pratiche che danneggiano direttamente i clienti, come l'applicazione di prezzi elevati a prodotti di qualità scarsa.

Le autorità per la concorrenza tendono a evitare i casi di abusi di sfruttamento a causa della difficoltà di individuare correttamente e correggere questo tipo di comportamento. Per esempio, misurare le differenze tra prezzo e costi è molto difficile nel mondo reale, e richiede di elaborare grandi quantità di informazioni complesse fornite dalle imprese coinvolte. Anche la regolazione dei prezzi è un'attività complessa. Per questi motivi, le autorità per la concorrenza si occupano principalmente di ***abusi di esclusione***.

Abusi di esclusione. Si tratta di pratiche che limitano o impediscono una reale concorrenza da parte di rivali effettivi o potenziali, per esempio creando barriere strategiche all'ingresso nel mercato. Questi abusi possono essere una condizione necessaria e preliminare all'attuazione da parte dell'impresa di strategie di sfruttamento più dirette. Se un'impresa limita o impedisce la concorrenza oggi, potrebbe essere in grado di sfruttare i consumatori applicando prezzi più elevati in futuro.

Tra gli esempi più citati di abusi di esclusione in situazioni di concorrenza vi sono i seguenti.

- *Prezzi predatori.* Il prezzo è fissato da un'impresa dominante al di sotto dei costi variabili medi dei concorrenti, e perfino di quelli dell'impresa stessa, allo scopo di far fallire i concorrenti. Una volta ottenuto lo scopo, il prezzo verrà aumentato.
- *Sconti esclusivi.* Si presentano ai clienti offerte speciali a cui possono accedere se accettano di fare "tutti o quasi" i loro acquisti del prodotto rivolgendosi all'impresa dominante.
- ***Contratti leganti (tying)***. Si tratta di accordi in cui un'impresa che controlla la fornitura di un primo prodotto (quello legante) insiste affinché i suoi clienti acquistino un secondo prodotto (quello legato) sempre dalla stessa impresa, senza rivolgersi alla concorrenza.
- *Rifiuto di fornitura e compressione dei margini.* Si verificano quando un'impresa verticalmente integrata ha una posizione dominante in un mercato upstream (per esempio un mercato di componenti) ma affronta la concorrenza in fasi più avanzate del processo di produzione (per esempio l'assemblaggio). Se i concorrenti nel mercato downstream sono completamenti dipendenti dalla fornitura di alcuni fattori produttivi da parte dell'impresa dominante nel mercato upstream, allora quest'ultima potrebbe *rifiutare di rifornirli*, allo scopo di farli fallire e ottenere così una posizione dominante anche nel mercato downstream. L'impresa dominante, anziché rifiutare esplicitamente di rifornire i suoi concorrenti downstream, potrebbe adottare un approccio più sottile, applicando prezzi elevati per il fattore produttivo in modo che i rivali non siano in grado di coprire i costi e quindi falliscano. Si parla in questo caso di ***compressione dei margini***.
- *Discriminazione dei prezzi.* Questa pratica costituisce un abuso se i prezzi più bassi sono usati per portare i concorrenti al fallimento.
- ***Vincoli verticali***. In questo caso l'impresa che vende impone delle condizioni a un'impresa che acquista (o vice versa). Per esempio, un produttore potrebbe imporre ai rivenditori delle regole sulla presentazione del prodotto o sulla fornitura di servizi post vendita, oppure potrebbe rifiutarsi di rifornire particolari negozi (per esempio, i produttori di profumi potrebbero rifiutarsi di rifornire le drogherie).

Rafforzamento del potere di mercato attraverso operazioni di fusione e acquisizione: la politica in materia di concentrazioni

La politica in materia di concentrazioni si pone l'obiettivo di controllare le potenziali operazioni di fusione e acquisizione, soppesandone costi e benefici per la società pubblica e l'impatto sull'economia generale, e impedendo quelle considerate lesive dell'interesse pubblico.

Per quanto concerne i vantaggi, le imprese che danno vita a una concentrazione potrebbero essere in grado di razionalizzare e ridurre i costi; le fusioni orizzontali, in particolare, potrebbero favorire il conseguimento di economie di scala, con la concentrazione della produzione in un minor numero di stabilimenti un utilizzo più efficiente di capitale e lavoro, oltre che dei magazzini e delle flotte di trasporto, grazie alla distribuzione su grande scala.

Anche le fusioni verticali presentano potenziali benefici: per esempio, le diverse fasi del processo di pro-

PAROLE CHIAVE

Abusi di esclusione Prassi che limitano o impediscono una reale concorrenza da parte di rivali effettivi o potenziali.

Contratti leganti (tying) Quando un'impresa è disposta a vendere un primo prodotto (legante) soltanto se il cliente acquista anche un secondo prodotto (legato).

Compressione dei margini Quando un'impresa integrata verticalmente con posizione dominante in un mercato upstream applica deliberatamente prezzi elevati per un fattore produttivo necessario alle imprese di un mercato downstream, allo scopo di farle fallire.

Vincoli verticali Condizioni imposte da un'impresa a un'altra che è suo fornitore o cliente.

duzione potrebbero essere riunite in un singolo stabilimento, con un significativo risparmio sul trasporto e la movimentazione delle merci.

Ci sono poi le economie di costo che si applicano a tutti i tipi di fusione: orizzontale, verticale e conglomerato di imprese. I servizi centrali quali finanza e risorse umane possono essere uniti e razionalizzati. Un maggior vigore finanziario potrebbe consentire all'impresa nata dalla fusione di ottenere sconti di prezzo dai fornitori, e i profitti congiunti potrebbero consentire una maggiore attività di R&S e di investimento.

Tuttavia, le fusioni si traducono inevitabilmente in una maggiore concentrazione del potere economico, che potrebbe essere utilizzato a detrimento dei consumatori. Questo scenario è particolarmente probabile nel caso delle fusioni orizzontali, in conseguenza delle quali diminuisce il numero di imprese tra cui i consumatori possono scegliere. Ma anche la creazione di un conglomerato di imprese può dare luogo a comportamenti anticoncorrenziali. In particolare, facendo leva sui profitti realizzati in un mercato nel quale gode di un potere di monopolio, un conglomerato può attuare, in un mercato concorrenziale, una politica di ***sussidio incrociato***, abbassando i prezzi fino a estromettere i concorrenti.

Nel decidere con quanta fermezza contrastare le concentrazioni, il governo deve valutare le ripercussioni di queste operazioni sul comportamento delle imprese. Se le autorità adottano una politica liberale, questa potrebbe indurre le imprese a una maggiore efficienza. I manager di una società, temendo un'acquisizione, saranno maggiormente incentivati a garantire la solidità dell'impresa, di modo che gli azionisti si convincano che sotto l'attuale proprietà la società sarà più redditizia di quanto non sarebbe se fosse controllata da altri soggetti. Questa competizione per il controllo societario (vedi Paragrafo 7.3) potrebbe favorire un abbattimento dei costi, a vantaggio dei consumatori; tuttavia, potrebbe anche incentivare le imprese a sfruttare ancora di più il potere di monopolio di cui godono, per conquistare il controllo di altre società, oppure per convincere gli azionisti a non votare in favore di un'offerta di acquisizione da parte di un'altra impresa.

Le politiche pubbliche mirate al controllo societario devono assicurarsi che le fusioni potenziali incoraggino la concorrenza piuttosto che ridurla.

Collusione oligopolistica: la politica in materia di prassi restrittive

Nella maggior parte dei paesi, l'approccio adottato verso i casi di collusione oligopolistica, noti come ***pratiche restrittive della concorrenza***, tende a essere più intransigente rispetto a quello verso le operazioni di fusione e il potere monopolistico. Il motivo è che è molto improbabile che un accordo finalizzato a ridurre, limitare o impedire la concorrenza possa essere nell'interesse della società. L'esito più probabile, infatti, è quello di maggiori profitti per le imprese e prezzi più alti per i consumatori.

Tra gli esempi di pratiche restrittive comunemente citate nei casi di concorrenza vi sono i seguenti.

- *Fissazione di prezzi in orizzontale.* Si tratta di accordi diretti o indiretti tra imprese rivali, finalizzati a fissare prezzi superiori ai livelli concorrenziali. Esistono vari modi per accordarsi sui prezzi:
  - fissare un livello minimo al di sotto del quale non scendere con i prezzi;
  - aderire a un listino prezzi reso pubblico;
  - aumentare i prezzi di un importo assoluto o di un fattore percentuale;
  - applicare a tutti i clienti lo stesso importo per la consegna;
  - trasferire tutti i costi aggiuntivi in prezzi più alti.
- *Condivisione del mercato.* Sono accordi su come spartirsi mercati o clienti tra le imprese. I criteri possono essere l'area geografica, il tipo di prodotto o il tipo di cliente. Per esempio, due o più catene di supermercati potrebbero accordarsi per aprire un solo punto vendita in ogni provincia.
- *Limitazione della produzione.* Le imprese si accordano su quote di produzione da rispettare.
- ***Turbativa d'asta.*** A seguito di un bando a presentare offerte, le imprese si accordano tra loro sulle offerte, anziché presentarle in modo indipendente. Per esempio, possono accordarsi affinché una presenti un'offerta con un prezzo elevato e l'altra con un prezzo leggermente inferiore. Oppure, una o più imprese potrebbero accordarsi per non presentare offerte, ritrattarle o inviarne una con un prezzo troppo alto.
- *Condivisione di informazioni.* Le imprese possono condividere tra loro informazioni riservate, quali piani futuri per i prezzi, progetti di prodotto e produzione.

PAROLE CHIAVE

Sussidio incrociato Utilizzo dei profitti realizzati in un mercato per sussidiare i prezzi in un altro.

Pratiche restrittive della concorrenza Prassi adottate di comune accordo da due o più imprese per limitare la concorrenza.

Turbativa d'asta Quando due o più imprese si accordano in segreto sulle offerte da presentare per un contratto. I prezzi saranno superiori a quelli che sarebbero stati presentati in un processo d'asta realmente concorrenziale.

Vietare o smantellare un cartello formale è relativamente facile; impedire la collusione tacita è ben più complesso. Può essere molto difficile dimostrare che le imprese abbiano stipulato accordi informali a porte chiuse.

La politica della concorrenza nell'Unione europea

CF 7 p77 La legislazione europea in materia di concorrenza è contenuta negli articoli 101 e 102 del trattato sul funzionamento dell'Unione europea del 2009, nonché in una serie di regolamenti in materia di fusioni entrati in vigore nel 1990 e modificati nel 2004. Dopo di allora sono stati approvati altri emendamenti minori, spesso concentrati su aspetti specifici.

L'articolo 101 disciplina le prassi restrittive della concorrenza e l'articolo 102 l'abuso di potere dominante. Gli articoli si applicano principalmente alle imprese operanti in due o più stati membri dell'UE e non ai monopoli e agli oligopoli il cui ambito di attività è limitato a un singolo paese membro. La responsabilità dell'attuazione delle norme è in capo alla Commissione europea, che monitora la compliance, indaga sui comportamenti e impone sanzioni in caso di condotta contraria alla legge.

Le imprese possono ricorrere in appello contro le decisioni della Commissione europea rivolgendosi al *Tribunale dell'Unione europea*, che ha il potere di sovvertire le decisioni prese dalla Commissione europea e di modificare gli importi delle sanzioni comminate. La Commissione europea e/o le imprese coinvolte possono fare appello contro le decisioni del *Tribunale dell'Unione europea* rivolgendosi alla *Corte di giustizia europea.* Tuttavia, è possibile appellarsi alla *Corte di giustizia europea* soltanto su punti di diritto.

La politica UE in materia di prassi restrittive della concorrenza

L'articolo 101 copre tutti gli accordi tra imprese, le decisioni di associazioni di imprese e le pratiche concordate che abbiano per oggetto o per effetto di impedire, restringere o falsare il gioco della concorrenza; in altre parole, copre tutti i tipi di collusione oligopolistica considerati lesivi degli interessi dei consumatori.

La legislazione è strutturata allo scopo di impedire il *comportamento* collusivo, non le *strutture* oligopolistiche (ovvero la semplice esistenza della cooperazione tra imprese). Per esempio, gli accordi tra oligopolisti non rientrano nell'Articolo 101 se soddisfano tutte le condizioni seguenti: (a) migliorano direttamente la qualità del bene/servizio per il cliente; (b) sono l'unico modo per poterlo fare; (c) non eliminano la concorrenza; (d) i consumatori ricevono una quota equa dei benefici risultanti.

Se due o più imprese sono ritenute colpevoli di aver adottato prassi restrittive della concorrenza che contravvengono l'Articolo 101, come quelle descritte in precedenza, possono essere costrette a cessare l'attività con effetto immediato, nonché subire sanzioni finanziarie.

Sanzioni. Nella Tabella 14.1 sono riportate le più importanti sanzioni imposte dalla Commissione europea su singole imprese che operavano come cartello.

Tabella 14.1 Le sanzioni più alte comminate dalla Commissione europea.

Anno	Impresa	Caso	Importo in €
2016	Daimler	Camion	1 008 766 000
2017	Scania	Camion	880 523 000
2016	DAF	Camion	752 679 000
2008	Saint-Gobain	Vetri per auto	715 000 000
2012	Philips	TV / monitor	705 296 000
2012	LG Electronics	TV / monitor	687 537 000
2016	Volvo/Renault	Camion	670 448 000
2016	Iveco	Camion	494 606 000

Fonte: Cartel Statistics, Competition DG, Commissione europea (novembre 2019).

Quattro delle sanzioni di importo più elevato fanno riferimento a un solo caso. La Commissione europea decise a luglio 2016 che i produttori di camion MAN, Volvo/Renault, Daimler, Iveco e DAF erano colpevoli di aver formato un cartello.[1] In particolare, avevano stabilito con un accordo collusivo di fissare il prezzo di fabbrica dei camion per 14 anni e di trasferire ai clienti i costi richiesti per l'adesione alle nuove regole sulle emissioni dell'Unione europea.

L'entità di qualsiasi sanzione imposta a un'impresa dipende da vari fattori. Inizialmente le autorità calcolano il ricavo anno che le imprese generano dalle vendite dei prodotti direttamente influenzate dalle attività che hanno limitato la concorrenza, dette "vendite rilevanti". Per esempio, nel caso delle buste di carta citato nel Box 14.1, la Commissione europea ha stimato che la società Bong aveva realizzato vendite per 140 milioni di euro attraverso attività di cartello intraprese con altre quattro società.

L'ammontare iniziale della sanzione base viene poi calcolata con una percentuale del valore delle vendite rilevanti annue che arriva a un massimo del 30%, ma generalmente va dal 15% al 20%. La percentuale è scelta in base alla gravità dell'abuso, che dipende da fattori

1 "Commission fines truck producers €2.93 billion for participating in a cartel", comunicato stampa (Commissione europea, 19 luglio 2016).

BOX 14.1 ANALISI DI CASI E APPLICAZIONI

L'approccio della UE ai cartelli tra imprese

Nel mese di settembre 2010 la Commissione europea iniziò un'indagine nel mercato europeo delle buste di carta standard e personalizzate. Nel dicembre 2014 la Commissione stabilì che le imprese Bong (Svezia), GPV e Hamelin (Francia), Mayer-Kuvert (Germania) e Tompla (Spagna) erano colpevoli di attività che miravano a limitare la concorrenza nel mercato. Le imprese parlavano delle riunioni in cui venivano discussi i dettagli degli accordi di cartello indicandole come "incontri di golf" o "mini-golf"!

Gli accordi di cartello avevano influenzato direttamente il mercato delle buste di carta in Danimarca, Francia, Germania, Norvegia, Svezia e Regno Unito. Le imprese furono giudicate coinvolte nelle seguenti prassi restrittive della concorrenza in violazione dell'articolo 101:

- distribuire i clienti tra i membri del cartello, accordandosi per non rivolgersi ai clienti "appartenenti" ad altre imprese;
- accordarsi su aumenti dei prezzi;
- coordinare le risposte alle richieste di offerta avviati dai principali clienti europei;
- scambiarsi informazioni riservate su clienti e volumi di vendita.

I dettagli su vendite e imprese sono riportati nella tabella, con le sanzioni imposte.

La percentuale del valore delle vendite usata per calcolare l'importo della sanzione fu fissata al 15% in questo caso (riga 2 della tabella). Quattro delle cinque imprese iniziarono a far parte del cartello l'8 ottobre 2003 e il loro coinvolgimento in attività lesive della concorrenza è proseguito fino al 22 aprile April 2008, quindi per queste imprese il moltiplicatore di durata (riga 3) fu fissato a 4,5. Hamelin entrò nel cartello un mese dopo rispetto agli altri, perciò nel suo caso il moltiplicatore fu fissato a 4,416. Un tasso del 15% fu usato anche per calcolare la commissione di ingresso (riga 5). Le cifre finali degli importi di base delle sanzioni sono riportate nella riga 7 della tabella, e la Commissione le arrotondò al migliaio più vicino.

Fu considerato un'eccezione il caso in cui le vendite di buste di carta influenzate dalle attività di cartello costituissero una quota importate del fatturato totale di un'impresa. Quindi, gli importi non corretti delle sanzioni superavano la soglia del 10% del fatturato stabilita dalle autorità. Le sanzioni furono ridotte in modo da tenere conto di (a) il valore delle vendite interessate per ogni impresa in rapporto al fatturato e (b) il livello di coinvolgimento nelle pratiche lesive della concorrenza. Sfortunatamente, gli importi base delle sanzioni comminate a ciascuna impresa dopo questi aggiustamenti non sono pubblicate nella relazione pubblica.

Per la comunicazione sulle riduzioni delle sanzioni del 2006 sappiamo che Tompla ricevette una riduzione del 50% sull'importo base corretto della sanzione, Hamelin del 25% e Mayer-Kuvert del 10%. Tutte e cinque le imprese ottennero un'altra riduzione del 10% per la sottoscrizione di un accordo e per non aver fatto ricorso in tribunale. Due imprese dichiararono di non essere in grado di pagare la sanzione senza entrare in gravi difficoltà finanziarie e ottennero così un'ulteriore riduzione.

Gli importi finali delle sanzioni pagate dalle imprese sono riportati nell'ultima riga della tabella.

La commissaria Margrethe Vestager incaricata della politica per la concorrenza dichiarò:

Tutti usano le buste di carta. Quando i componenti di un cartello aumentano i prezzi di articoli usati quotidianamente dalle famiglie, lo fanno a spese di milioni di europei. La lotta della Commissione contro i cartelli sanziona un tale comportamento e fa anche da deterrente, proteggendo i consumatori. In questo caso abbiamo chiuso la busta, l'abbiamo sigillata e restituita al mittente con un messaggio chiaro: non ingannare i clienti, non fare cartello.[1]

		Bong	GPV group	Hamelin	Meyer-Kuvert	Tompla
1.	Valore delle vendite rilevanti (€)	140 000 000	125 086 629	185 521 000	70 023 181	143 316 000
2.	Percentuale (15%) del valore delle vendite rilevanti(€)	21 000 000	18 762 994	27 828 15	10 503 477	21 497 00
3.	Moltiplicatore di durata	4,5	4,5	4,416	4,5	4,5
4.	Moltiplicatore di durata × 15% delle vendite (€)	94 500 000	84 433 475	122 889 110	47 265 646	96 738 300
5.	Più la commissione di ingresso (€) (= riga 2)	21 000 000	18 762 994	27 828 150	10 503 477	21 497 400
6	Importo base della sanzione (€) (= riga 4+5)	115 500 000	103 196 000	150 717 260	57 769 000	118 235 000
7	Ammontare finale della sanzione	3 118 000	1 651 000	4 996 000	4 991 000	4 729 000

1 "Antitrust: Commission on fines five envelope producers over 19.4 million in cartel settlement". Comunicato stampa della Commissione europea, 11 dicembre 2014.

quali le quote di mercato delle imprese coinvolte e la dimensione dell'area geografica interessata.

Una volta calcolata questa somma iniziale, viene moltiplicata per il numero di anni durante i quali le imprese hanno violato l'articolo 101. Nel caso dei produttori di camion questo "moltiplicatore di durata" era 14.

Alla sanzione viene poi aggiunta un'altra somma detta "commissione di ingresso". Anch'essa è calcolata come percentuale del valore delle vendite rilevanti dell'impresa, ma in questo caso non viene corretta con un moltiplicatore di durata.

La cifra viene poi corretta con fattori aggravanti o attenuanti. Per esempio, la sanzione potrebbe essere aumentata in caso di violazione ripetuta, o se l'impresa è vista come "capofila", o quando si ritenga che l'impresa sia molto meno coinvolta nelle attività del cartello.

La somma finale della sanzione imposta alle imprese ha un tetto per cui non può essere superiore al 10% del ricavo annuo totale. Questo tetto diventa rilevante soltanto nei casi in cui le attività di cartello rappresentano una parte notevole dell'attività dell'impresa (come nel caso delle buste di carta discusso nel Box 14.1).

Riduzione della sanzione per collaborazione con la Commissione. L'entità della sanzione base può essere ridotta se le imprese componenti di un cartello forniscono informazioni utili per le indagini della Commissione. Tali imprese ricevono una "Comunicazione di trattamento favorevole". Per ottenere ciò l'impresa deve fornire informazioni dettagliate sulle riunioni del cartello e specificare le precise modalità con cui sono state messe in opera le prassi contro la concorrenza. La prima società che fornisce questo tipo di informazioni può ricevere un'immunità totale ed essere esentata dal pagamento delle sanzioni (trattamento di favore Tipo 1A) ove si tratti di un nuovo caso che l'impresa porta all'attenzione della Commissione. Se il caso è già sotto indagine da parte della Commissione, la prima impresa che fornisce informazioni dettagliate può eventualmente ricevere l'immunità totale a discrezione della Commissione (trattamento di favore Tipo 1B). Nel caso dei produttori di camion, MAN ha ricevuto l'immunità totale Tipo 1A poiché ha rivelato per prima l'esistenza del cartello alla Commissione, perciò non ha dovuto pagare alcuna sanzione.

Le altre imprese che forniscono informazioni possono ricevere sanzioni ridotte (trattamento di favore Tipo 2). La seconda impresa che fornisce questo tipo di informazioni può ricevere una riduzione fino al 50%, la terza fino al 30% e le successive fino al 20%.

Le imprese possono ricevere un'ulteriore riduzione del 10% se accettano la decisione della Commissione e l'importo di tutte le sanzioni comminate. Un accordo di questo tipo velocizza la decisione finale e può ridurre i costi amministrativi per le parti coinvolte, evitando i costi legali di possibili ricorsi.

Lo scopo di tutte queste riduzioni è quello di incoraggiare le imprese a cooperare con le autorità. Inoltre aumenta anche l'incentivo per ciascuna impresa a tradire le altre componenti del cartello per evitare sanzioni.

La politica UE in materia di monopoli

L'articolo 102 riguarda l'abuso di posizione dominante ed è stato esteso per comprendere le operazioni di fusione. L'attuazione della politica segue un processo in due fasi.

In primo luogo, la Commissione europea deve definire il mercato interessato, cioè individuare quali prodotti e fornitori sono sostituti l'uno dell'altro. Poi deve decidere se l'impresa ha una posizione dominante nel mercato individuato. A questo scopo, esaminerà fattori quali quote di mercato, posizione dei concorrenti, forza di contrattazione dei clienti, misure di redditività ed esistenza di eventuali barriere all'ingresso.

In secondo luogo, se vi sono evidenze che l'impresa ha una posizione dominante, la Commissione valuta se l'impresa stia utilizzando il suo potere di mercato per limitare la concorrenza. Come si è visto in precedenza, sembra che siano maggiormente considerati i casi di abusi di esclusione rispetto agli abusi di sfruttamento.

Se un'attività è ritenuta colpevole di abusi di esclusione che contravvengono l'articolo 102, come quelli discussi all'inizio di questo capitolo, è soggetta a ordine di cessare l'attività con effetto immediato e a sanzioni pecuniarie. Le sanzioni per qualsiasi violazione dell'articolo 102 sono calcolate in modo molto simile a quelle dell'articolo 101: si prende una percentuale del ricavo annuo generato dalla vendita dei prodotti interessati dalla condotta illegale, e la cifra viene poi moltiplicata per un fattore di durata; in questo caso però non sono applicate commissioni di ingresso.

L'articolo 102 riporta anche alcune indicazioni su come un'impresa dominante può difendere il proprio comportamento, motivandolo sul terreno dell'efficienza. L'impresa deve provare ognuno dei fatti seguenti.

- Le efficienze sono il diretto risultato della condotta esclusiva.
- Le stesse efficienze non si potrebbero ottenere se l'impresa adottasse un comportamento diverso e meno anticoncorrenziale.
- Le efficienze prodotte dalla condotta esclusiva sono superiori ai corrispondenti effetti negativi.
- La condotta non porta all'eliminazione dal mercato di tutti o la maggior parte dei concorrenti.

Le politiche UE in materia di concentrazioni

Nella legislazione vigente (2004) sono proibite le fusioni o acquisizioni che *impediscono in modo significativo un'efficace concorrenza* nella UE (test SIEC).[2] Questo può avvenire attraverso la dominanza di una singola impresa (fusioni e acquisizioni portano a un rafforzamento del potere di mercato di un'unica impresa) o attraverso la dominanza di un collettivo di imprese (la riduzione del numero di imprese conseguente a una fusione o acquisizione facilita la collusione).

Per questo motivo, l'UE indaga sulle "grandi" operazioni di fusione e acquisizione che hanno una "dimensione europea". Una fusione o acquisizione è considerata di "dimensione europea" quando non più di due terzi dell'attività europea di ciascuna impresa è condotta in un unico stato membro. Se un'impresa conduce più di due terzi della sua attività in un solo stato membro, invece, spetta invece all'autorità per la concorrenza di quello stato indagare su fusioni e acquisizioni.

Soglie. Le operazioni di fusione e acquisizione sono considerate "grandi" se superano una delle due soglie di turnover previste.

La prima soglia è superata se (a) le imprese coinvolte realizzano vendite globali combinate maggiori di 5 miliardi di euro e (b) almeno due delle imprese realizzano, singolarmente, vendite per oltre 250 milioni di euro nell'Unione europea.

La seconda soglia è superata se (a) le imprese coinvolte realizzano vendite globali combinate di oltre 2,5 miliardi di euro; (b) in ognuno di almeno tre stati membri le vendite combinate di tutte le imprese coinvolte sono superiori a 100 milioni di euro; (c) in ognuno di almeno tre stati membri, almeno due delle imprese coinvolte realizzano vendite sul mercato interno per oltre 25 milioni di euro; (d) le vendite nell'intera UE di ognuna di almeno due imprese sono maggiori di 100 milioni di euro.

Se una di queste due soglie è superata e la prevista fusione o acquisizione è giudicata di dimensione europea, le imprese devono comunicare una notifica formale della loro intenzione alla Commissione europea. Nel 2019 sono state inviate 382 notifiche, dal 1999 sono state comunicate circa 300 notifiche per anno.

Indagini. Una volta effettuata una notifica, la Commissione deve svolgere un'indagine preliminare (Fase 1), che normalmente viene completata in 25 giorni lavorativi. Al termine della Fase 1 la maggioranza dei casi controversi (oltre il 90%) è solitamente risolta e viene deciso di consentire la fusione senza condizioni, oppure specificando determinate condizioni. Solitamente le condizioni da rispettare riguardano la vendita di alcune delle attività della nuova impresa formata a seguito della fusione.

In un piccolo numero di casi al termine della Fase 1 si rilevano problemi di concorrenza e si decide di procedere con un'indagine formale e più approfondita dell'operazione (Fase 2). Nel 2019, otto delle 382 notifiche effettuate dalla Commissione europea hanno portato a indagini di Fase 2. Tali indagini normalmente vengono completate in meno di 90 giorni lavorativi, 110 nei casi più complessi. Al termine della Fase due ci sono tre possibilità: (a) la fusione può procedere senza condizioni; (b) la fusione può procedere con alcune condizioni da rispettare; (c) la fusione è proibita.

Valutazione del processo. Il processo di controllo delle concentrazioni adottato dall'Unione europea è molto rapido e poco oneroso sul piano amministrativo. I regolamenti in materia sono potenzialmente rigorosi ma anche flessibili, perché riconoscono che fusioni e acquisizioni *possono* risultare nell'interesse dei consumatori se portano a riduzioni di costi; in questi casi sono autorizzate.

Questa flessibilità è stata criticata da chi ritiene che la Commissione europea sia stata facilmente convinta dalle imprese a consentire di attuare fusioni e acquisizioni con pochi limiti. In effetti, da quando le attuali misure di controllo su fusioni e acquisizioni sono state implementate nel 1990, oltre 7600 operazioni di fusione o acquisizione sono state notificate, ma soltanto 270 sono state oggetto di un'indagine di Fase 2 e, di queste, soltanto 30 sono state proibite (fino a dicembre 2019).

Tre operazioni sono state proibite nel 2019. Per esempio, nel mese di febbraio 2019 la Commissione ha bloccato l'acquisizione di Alstom da parte di Siemens. Si tratta di due tra i più grandi fornitori di sistemi di segnalazione per ferrovie e metropolitane. Nel mese di giugno 2019, la Commissione ha bloccato anche la fusione tra due dei più grandi produttori di acciaio, Tata Steel e Thyssen Krupp. In entrambi questi casi, le indagini di Fase 2 sono arrivate alla conclusione che le operazioni di fusione o acquisizione avrebbero portato a un aumento dei prezzi.

Il fatto che le fusioni bloccate siano così poche mette in luce un problema per i politici dell'Unione europea: c'è un trade-off tra incoraggiare la concorrenza all'interno della UE e incoraggiare le società europee a diventare leader mondiali. Per poter competere nei mercati *mondiali* normalmente servono imprese grandi, che rischiano di arrivare ad acquisire un potere di monopolio all'interno della UE.

La Commissione europea appare comunque assumere un atteggiamento più rigoroso verso le fusioni e acquisizioni con la commissaria Margrethe Vestager. Per esempio, le operazioni vengono sempre più spesso controllate anche per il loro impatto sull'innovazione, oltre che sui prezzi e le opportunità di scelta dei prodotti.

BOX 14.2 **ANALISI DI CASI E APPLICAZIONI**

Il prezzo della tranquillità

Sfruttare il potere di monopolio nella vendita di garanzie estese su elettrodomestici o prodotti di elettronica

Se entrate da MediaWorld, Euronics, Unieuro o qualsiasi altro negozio per acquistare un elettrodomestico o un prodotto di elettronica, come un lettore di DVD, un frigorifero o un computer, l'addetto alle vendite proverà quasi certamente a vendervi una garanzia estesa, della durata di tre o cinque anni, che prolunga la copertura offerta dalla normale garanzia del prodotto oltre la tipica scadenza di uno o due anni. A volte le garanzie estese coprono anche altri rischi, come quello di danno accidentale o di furto.

Le garanzie estese sono assai redditizie per i distributori: basti pensare che nel 2002 alla vendita di tali coperture erano ascrivibili, rispettivamente, il 40 e l'80% dei profitti di due importanti catene di elettronica del Regno Unito, Dixons e Comet. Non c'è da stupirsi, quindi, che gli addetti alle vendite facciano di tutto per convincere i clienti ad acquistarle.

Nel 2002 l'Office of Fair Trading (OFT, l'autorità per la concorrenza del Regno Unito) ha pubblicato una relazione sulle garanzie estese, nella quale si affermava: "[L]e informazioni e il grado di concorrenza non sono sufficienti ad assicurare ai consumatori un buon rapporto qualità/prezzo, e molti distributori di elettrodomestici e articoli di elettronica possono realizzare profitti significativi dalla vendita delle garanzie estese".

> Le ricerche condotte dall'OFT indicano che i consumatori potrebbero sentirsi spinti a prendere una decisione frettolosa in merito all'acquisto di una garanzia estesa unitamente al loro nuovo prodotto. Un'elevata percentuale di consumatori non aveva neppure pensato di comprare una garanzia estesa prima di entrare nel punto vendita.
>
> Gli acquirenti devono valutare con attenzione se convenga realmente acquistare una garanzia estesa. Le ricerche dell'OFT hanno rivelato che la riparazione di una macchina lavabiancheria costa in media £45–£65. Se una garanzia estesa di cinque anni su una lavabiancheria costa in media £150–£300, l'elettrodomestico dovrebbe guastarsi almeno quattro volte affinché l'acquisto della garanzia sia conveniente per il consumatore.
>
> Una recente relazione di *Which?* [la maggiore associazione di consumatori del Regno Unito, *N.d.T.*] ha evidenziato che gli elettrodomestici moderni sono di norma piuttosto affidabili; per esempio, l'81% delle lavabiancheria non si guasta mai nei primi sei anni. [...]
>
> Alcuni addetti alle vendite ricevono una provvigione per ogni garanzia estesa che riescono a vendere, e dunque sono impazienti di convincere il consumatore a firmare.[1]

1 OFT News Release, PN 68/02, ottobre 2002.

Nel timore che i distributori sfruttassero il loro potere di mercato al punto di vendita, approfittando dell'ignoranza dei consumatori, l'OFT ha deciso di demandare il caso alla Competition Commission (CC), che ha pubblicato la sua relazione nel dicembre 2002.

La CC ha riscontrato l'esistenza nel mercato di un "monopolio complesso",[2] del valore di 900 milioni di sterline all'anno, che agiva a danno dell'interesse pubblico. È dunque giunta alla conclusione che fosse in atto un abuso di potere di mercato.

> Se il mercato fosse perfettamente concorrenziale e i cinque maggiori venditori di garanzie estese realizzassero un rendimento non superiore al costo del capitale,[3] secondo le nostre stime i prezzi delle garanzie estese sarebbero, in media, fino a un terzo più bassi. [...]
>
> Molte delle prassi che abbiamo identificato nel corso delle nostre indagini operano o potrebbero operare a scapito dell'interesse pubblico. Tali prassi si traducono in una mancanza di scelta, prezzi eccessivi, informazioni insufficienti, concorrenza carente al punto di vendita, pressione all'acquisto limitata ma non irrilevante, alcune condizioni potenzialmente svantaggiose, e una carenza di informazioni sull'ampiezza della protezione assicurata dai programmi di assistenza.[4]

Nonostante questi risultati, la CC non ha suggerito di proibire ai commercianti la vendita abbinata di garanzie estese ed elettrodomestici, benché molte di tali garanzie fossero ritenute "inique e anticoncorrenziali". Piuttosto, ha raccomandato che i commercianti esponessero il prezzo della garanzia estesa insieme a quello del relativo prodotto, sia nei punti vendita che negli annunci pubblicitari, che i negozi fornissero ai consumatori informazioni sui loro diritti, e che ai consumatori venisse riconosciuta la possibilità di ottenere un rimborso completo in caso di cancellazione del contratto di garanzia entro 45 giorni dall'acquisto.

Il segretario di Stato per il commercio e l'industria ha accettato questi risultati e ha ordinato che venissero applicati, come poi effettivamente accaduto nell'aprile del 2005.

2 Si ha un monopolio complesso quando diverse società, operando separatamente (dunque non in maniera collusiva), sono in grado di sfruttare un particolare vantaggio di mercato a danno dei consumatori.

3 Una misura del "profitto normale".

4 Sommario di *Extended Warranties on Domestic Electrical Goods: A Report on the Supply of Extended Warranties on Domestic Electrical Goods within the UK*, Competition Commission, dicembre 2003 (www.competition-commission.org.uk/rep_pub/reports/2003/485xwars.htm).

14.2 Privatizzazione e regolamentazione

Nazionalizzazione e privatizzazione

A partire dai primi anni Ottanta diversi paesi hanno adottato ampi programmi di privatizzazione, in particolare nei settori delle telecomunicazioni, del gas, dell'acqua, dell'acciaio, dell'elettricità e delle ferrovie. Molti governi vedono nella privatizzazione una maniera di dare nuovo slancio a settori inefficienti, nonché un'opportunità preziosa per raccogliere nuove entrate e alleviare così i problemi di bilancio.

Nel 2008, tuttavia, molti governi sono tornati ad avvalersi della nazionalizzazione totale o parziale, soprattutto nel caso delle banche che erano a rischio di fallimento. Questo processo è stato agevolato dall'autorizzazione a sostenere le istituzioni finanziarie concessa dall'UE ai paesi membri, subordinatamente al rispetto delle condizioni relative agli aiuti di Stato.

Pro e contro della privatizzazione

Argomentazioni a favore della privatizzazione

Forze di mercato. La prima argomentazione è che la privatizzazione espone le imprese restituite al settore privato alle forze di mercato che dovrebbero assicurare i benefici di una maggiore efficienza, di una crescita più rapida e di una più pronunciata reattività ai desideri dei consumatori. Questa argomentazione può essere scomposta in tre parti.

- *Maggiore concorrenza nel mercato.* Se la privatizzazione comporta la suddivisione del settore in parti concorrenti (per esempio, centrali elettriche distinte che competono nella vendita di elettricità a diverse società di distribuzione), la concorrenza risultante può spingere al ribasso costi e prezzi.
- *Maggiore concorrenza per i finanziamenti.* Dopo essere stata privatizzata, un'impresa deve finanziare i suoi investimenti attraverso il mercato, emettendo azioni oppure contraendo prestiti da istituzioni finanziarie. Così facendo entra in concorrenza con altre società, quindi deve dimostrare la capacità di utilizzare i fondi in maniera redditizia.
- *Responsabilità e trasparenza nei confronti degli azionisti.* Gli azionisti desiderano ottenere un ottimo rendimento sui loro investimenti, quindi fanno pressione sulle società privatizzate affinché producano risultati soddisfacenti. Se la società non realizza utili abbastanza elevati, gli azionisti possono sempre vendere le loro azioni, provocando un calo dei corsi azionari ed esponendo la società al rischio di un'acquisizione. Il mercato per il controllo societario incentiva dunque le imprese private a essere efficienti. Nel Regno Unito, per esempio, i settori dell'acqua e dell'elettricità sono stati interessati da un'ondata di fusioni e acquisizioni, a seguito della quale la maggior parte delle 12 società elettriche regionali e diverse imprese idriche sono state rilevate, spesso da società di altri paesi.

Minore interferenza da parte del governo. Nelle ***industrie nazionalizzate***, spesso i manager sono chiamati a modificare i propri obiettivi per ragioni politiche; di volta in volta, potrebbero essere costretti ad abbassare i prezzi nell'ambito di una politica tesa a contrastare l'inflazione, oppure ad alzarli per consentire al governo di raccogliere maggiori entrate e finanziare così una riduzione delle imposte. In altri casi, possono essere invitati a ridimensionare i propri piani di investimento, magari perché il governo desidera risparmiare sulla spesa.

La privatizzazione emancipa le imprese da questi vincoli e consente loro di prendere decisioni economiche più razionali e di pianificare gli investimenti futuri con maggiore certezza.

Finanziamento degli sgravi fiscali. La vendita o la quotazione in borsa di una o più imprese nazionalizzate consente al governo di raccogliere maggiori entrate, e dunque riduce il suo fabbisogno di finanziamento. Di fatto, quindi, il governo può utilizzare i proventi delle privatizzazioni per finanziare sgravi fiscali. Tuttavia, vi è il rischio che, per massimizzare le entrate raccolte, il governo voglia rendere i settori oggetto di privatizzazione quanto più redditizi possibile, magari vendendoli sotto forma di monopolio. Ma questo, probabilmente, sarebbe lesivo degli interessi dei consumatori.

Potenziali problemi della privatizzazione

I mercati in cui operano le imprese privatizzate difficilmente sono perfetti. Inoltre, lo stesso processo di privatizzazione può creare problemi.

IC 22 p192 **Monopoli naturali.** La tesi secondo la quale la privatizzazione espone le imprese alle forze di mercato perde validità se un monopolio pubblico viene

PAROLE CHIAVE

Industrie nazionalizzate Industrie di proprietà dello stato che producono beni o servizi venduti sul mercato.

semplicemente sostituito da un monopolio privato, come accade con le imprese idriche. I critici della privatizzazione sostengono che, quanto meno, un monopolio pubblico non mira a massimizzare i profitti e dunque a sfruttare i consumatori.

Alcuni settori sono caratterizzati da economie di scala talmente pronunciate da poter accogliere al loro interno una sola impresa. Classici esempi di questi settori, detti monopoli naturali, sono le infrastrutture di trasporto e trasmissione utilizzate per i servizi di pubblica utilità: la rete elettrica, i gasdotti, la rete ferroviaria. Queste infrastrutture rappresentano una quota relativamente elevata dei costi totali di tali settori. Tuttavia, quanto più intensivo è l'utilizzo della rete elettrica o dei gasdotti, tanto minore è il loro costo per unità di elettricità o di gas distribuita.

Nella Figura 14.1 ipotizziamo che la produzione totale del settore sia Q_1. Poiché nel settore è presente una sola impresa, il suo costo medio di lungo periodo è dato da $CMLP_1$. Supponiamo adesso che il settore venga diviso in due imprese di uguali dimensioni, ciascuna con la propria rete. Se la quantità totale rimane al livello Q_1, le due imprese producono Q_2 ciascuna al più elevato costo medio di lungo periodo $CMLP_2$.

Ogni qualvolta è presente un monopolio naturale, dunque, è più efficiente avere un unico produttore monopolista, in modo da evitare duplicazioni inutili.

Il problema è che, in un libero mercato, il monopolista può sfruttare il suo potere economico per alzare i prezzi. La condizione di massimizzazione del profitto di lungo periodo è illustrata nella Figura 14.2, in cui il monopolista produce Q_m al pezzo P_m, con un costo medio di lungo periodo $CMLP_m$.

Tuttavia, se il settore restasse nazionalizzato, oppure venisse privatizzato ma soggetto a regolamentazione, lo si potrebbe gestire come un monopolio e dunque sfruttare appieno le economie di scala; al contempo, si potrebbe imporre al monopolio di praticare un prezzo elevato quanto basta per coprire i costi (compresi i profitti normali), e dunque realizzare profitti non superiori a quelli di un settore altamente concorrenziale. Nella Figura 14.2, il monopolio naturale produrrebbe la quantità Q_n al prezzo P_n. Torneremo a occuparci della regolamentazione alla fine di questo paragrafo.

Pianificazione e coordinamento della produzione. La costruzione e l'utilizzo delle strade influenzano la domanda di trasporto ferroviario e viceversa; le decisioni nei settori del carbone, dell'elettricità, del gas e del petrolio (e in larga misura in quello dell'acciaio) hanno ripercussioni le une sulle altre. Se tutti questi settori venissero nazionalizzati, sarebbe più semplice coordinare le relative decisioni in modo da perseguire l'interesse pubblico; inoltre, si potrebbe pianificare in maniera più razionale l'infrastruttura della nazione. Se invece questi settori fossero in mani private, il coordinamento potrebbe essere insufficiente oppure degenerare nella collusione oligopolistica, a detrimento dei consumatori. Nel caso estremo, una stessa società potrebbe avere un monopolio in più di un settore: per esempio, in alcune regioni del Regno Unito una stessa impresa gestisce i servizi di autobus e di trasporto ferroviario.

Figura 14.1 Monopolio naturale.

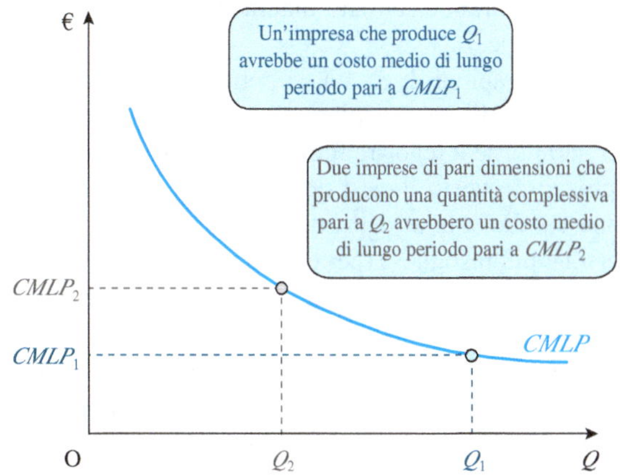

Figura 14.2 Un monopolio naturale che massimizza il profitto.

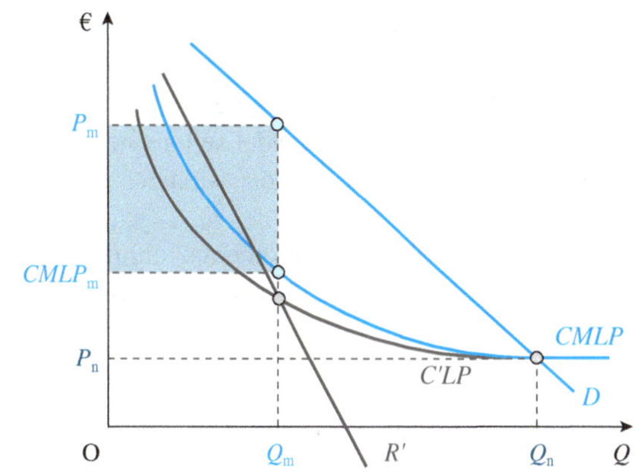

IC31 **p353** **Problemi di esternalità e di disuguaglianza.** Diversi settori possono generare notevoli benefici esterni e tuttavia essere scarsamente redditizi: una linea ferroviaria o una rete metropolitana, per esempio, possono alleviare sensibilmente la congestione del traffico, a beneficio degli utenti sia delle strade sia delle ferrovie. Altri settori potrebbero imporre significativi costi esterni: per esempio, le centrali nucleari producono scorie radioattive con un elevato costo di smaltimento e/o

pongono rischi per la salute delle future generazioni; le centrali a carbone causano inquinamento atmosferico e piogge acide.

IC4 p13 Per ragioni di equità, si potrebbe sostenere l'opportunità di sussidiare alcuni servizi di trasporto per garantirne il regolare funzionamento e/o tenere bassi i prezzi: è questo il caso degli autobus che servono le zone rurali, oppure delle tariffe agevolate offerte alle persone più bisognose (per esempio, i pensionati).

Come vengono risolti questi problemi di esternalità e di equità nei settori privatizzati? I fautori delle privatizzazioni affermano che le esternalità possano essere gestite attraverso un adeguato sistema di imposte, sussidi e regolamentazione anche in un settore privatizzato; analogamente, le questioni di equità e di giustizia sociale possono essere affrontate con i sussidi e la regolamentazione. Un servizio di autobus che opera in perdita può essere sussidiato in modo da poter essere gestito con profitto anche da un'impresa privata.

I detrattori delle privatizzazioni sostengono invece che le esternalità siano estremamente diffuse e debbano essere adeguatamente affrontate dal settore stesso e non semplicemente attraverso un occasionale intervento pubblico.

La valutazione di queste argomentazioni dipende in gran parte dalla severità della legislazione e della regolamentazione in materia.

Regolamentazione: determinare il prezzo e il livello di produzione ottimi di breve periodo

I settori privatizzati, se lasciati liberi di operare nel mercato, hanno potere di monopolio, generano esternalità e probabilmente non tengono conto delle questioni di equità. Una possibile soluzione a tutti questi problemi consiste nell'incaricare un'authority indipendente di regolamentare il comportamento delle imprese privatizzate, di modo che producano in corrispondenza del prezzo e del livello di produzione socialmente ottimi.

L'esatta definizione di "socialmente ottimo" in questo contesto dipende dai problemi da prendere in considerazione. Consideriamo tre casi: nel primo il settore privatizzato è un monopolio (forse un monopolio naturale), ma non vi sono altri problemi; nel secondo occorre tener conto anche delle esternalità e nel terzo delle questioni di equità.

Il settore privatizzato è un monopolio

IC28 p345 **La situazione di "first best": $P = C'$.** Ipotizziamo che tutte le altre imprese nell'economia operino in concorrenza perfetta, e dunque producano in corrispondenza di $P = C'$. Questa è l'immaginaria situazione di first best. In un simile scenario, l'impresa privatizzata dovrebbe essere obbligata a seguire la stessa regola di determinazione del prezzo: $P = C'$. Come abbiamo visto nel Paragrafo 12.1, questa condizione equivale al livello di produzione corrispondente all'ottimo paretiano, nel quale il surplus totale del consumatore e del produttore è massimizzato.

La teoria del "second best": $P = C' + Z$. Abbandoniamo l'ipotesi che il resto dell'economia operi in concorrenza perfetta. Se negli altri settori le imprese determinano il prezzo con un ricarico medio, poniamo, del 10% sul costo marginale, la teoria del second best suggerisce che l'impresa privatizzata dovrebbe fare altrettanto; in questo modo, infatti, il consumo non sarebbe dirottato dai settori con costi relativamente bassi (al margine) verso quelli con costi più elevati. La regola di second best consiste dunque nel porre $P = C' + Z$, dove Z in questo caso è pari al 10%.

Il settore privatizzato produce esternalità

IC29 p350 Nella situazione di first best, il settore privatizzato dovrebbe produrre la quantità tale per cui il prezzo è pari al costo marginale sociale (non privato): $P = C'S$. La soluzione di second best consiste nel produrre la quantità che soddisfa l'uguaglianza $P = C'S + Z$ (dove Z è il ricarico medio sul costo marginale sociale applicato in altri settori).

La difficoltà pratica nell'applicare tali regole sta nel fatto che l'authority deve identificare e misurare le esternalità, compito per nulla facile (vedi Paragrafo 12.4).

Il comportamento del settore privatizzato pone problemi di equità

IC4 p13 Supponiamo che il governo chieda all'authority di insistere sull'applicazione di un prezzo inferiore al costo marginale, poiché desidera aiutare alcuni gruppi sociali (pensionati, bambini, abitanti delle zone rurali, individui a basso reddito e così via). Quale dovrebbe essere il prezzo applicato?

In pratica, si possono seguire due semplici regole. Si può chiedere al settore privatizzato di praticare prezzi uniformi, nonostante i maggiori costi sostenuti per servire talune categorie di persone (per esempio, i clienti rurali di un servizio postale privatizzato); oppure si può utilizzare una semplice formula (per esempio, prezzi dimezzati per pensionati e bambini). Queste sono spesso le uniche due soluzioni praticabili nella realtà, data l'impossibilità di individuare le specifiche esigenze di singoli clienti.

Si pongono poi due ulteriori questioni.

- Il prezzo più basso deve essere sussidiato dal governo centrale o locale, oppure dall'impresa privatizzata e dunque da altri utenti del servizio (ai quali andrebbe applicato un prezzo più elevato)? Giustizia vorrebbe che questa forma di sostegno fosse finanziata dalla comunità nel suo insieme – cioè dai contribuenti – e non soltanto dagli altri utenti del servizio.
- Se alcuni individui hanno bisogno di aiuto, non sarebbe meglio assicurare loro agevolazioni fiscali o specifiche prestazioni, anziché servizi sussidiati *ad hoc*? Per esempio, non sarebbe più opportuno pagare agli anziani pensioni più elevate, anziché offrire loro tariffe agevolate per gli autobus?

Il lungo periodo

Nel breve periodo taluni fattori di produzione sono fissi: per esempio, è possibile incrementare la produzione di elettricità utilizzando in maniera più efficiente le centrali elettriche esistenti, il cui numero però è fisso. Vi è dunque un limite alla quantità di elettricità che può essere generata nel breve periodo. A mano a mano che ci si approssima a tale limite, il costo marginale dell'elettricità tende ad aumentare rapidamente; per esempio, occorre attivare le centrali alimentate a gasolio, che presentano costi operativi più alti.

Nel lungo periodo tutti i fattori di produzione sono variabili; per esempio, si possono costruire nuove centrali elettriche. Pertanto, i costi marginali di lungo periodo non aumentano al crescere della produzione; anzi, potrebbero persino diminuire in virtù delle economie di scala.

Tuttavia, a differenza di quelli di breve periodo, i costi marginali di lungo periodo comprendono i costi del capitale addizionali sostenuti per espandere la produzione. Così, il costo marginale di lungo periodo dell'elettricità è dato da tutti i costi addizionali necessari per produrre una unità aggiuntiva, ovvero, i costi operativi (carburante, lavoro ecc.) più i costi del capitale (centrali elettriche, piloni ecc.).

La regola per la determinazione del prezzo e del livello di produzione ottimi di lungo periodo è semplice: l'autorità di regolamentazione deve richiedere al settore di produrre la quantità in corrispondenza della quale il prezzo è pari al costo marginale sociale di lungo periodo (*C'SLP*), come illustrato nella Figura 14.3.

IC 26 p300 Nel breve periodo, il prezzo e il livello di produzione ottimi sono dati, rispettivamente, da P_{BP} e Q_{BP}, in corrispondenza dei quali $P = C'S$ (di breve periodo). Non è escluso che questo livello di produzione sia molto costoso: gli impianti e le attrezzature esistenti vengono sfruttati al massimo e i rendimenti decrescenti potrebbero essere molto pronunciati.

Figura 14.3 Determinazione del prezzo in base al costo marginale nel breve e nel lungo periodo.

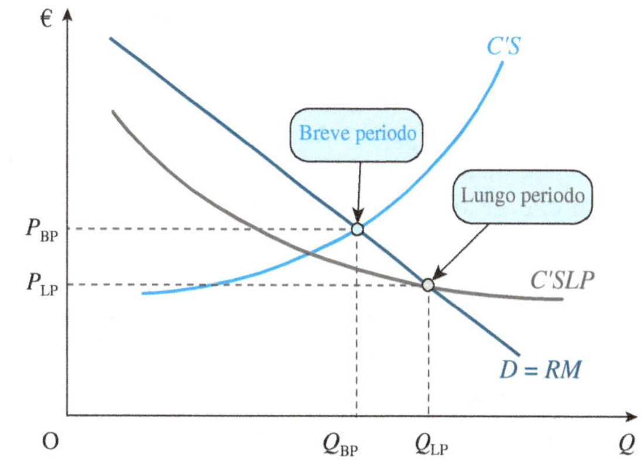

Nel lungo periodo, se $C'SLP < C'S$, può essere auspicabile espandere la capacità produttiva. Il prezzo e il livello di produzione ottimi di lungo periodo si trovano in corrispondenza di P_{LP} e Q_{LP}, dove $P = C'SLP$. Questa è la regola per la soluzione di first best. Nella situazione di second best, il settore produce la quantità che soddisfa l'uguaglianza $P = C'SLP + Z$ (dove Z è il ricarico medio sul costo marginale sociale di lungo periodo applicato in altri settori).

Stimolare la concorrenza nei settori privatizzati

IC 22 p192 In presenza di un monopolio naturale, è impossibile che in un libero mercato si realizzi la concorrenza. Naturalmente, il settore potrebbe essere artificialmente parcellizzato dal governo, che potrebbe impedire alle imprese di controllare una quota di mercato superiore ad una certa soglia; questo, però, comporterebbe un aumento dei costi di produzione, poiché le imprese produrrebbero in un punto più arretrato di una curva di costo medio di lungo periodo decrescente.

Molti comparti dei settori privatizzati, tuttavia, non sono monopoli naturali. In genere, è solo la rete o l'infrastruttura di trasporto a presentare queste caratteristiche: nel caso del gas e dell'acqua, sono le condutture; nel caso dell'elettricità, la rete elettrica nazionale e le linee elettriche locali; nel caso delle ferrovie, i binari. Sarebbe uno spreco duplicare questi investimenti.

Altri comparti di questi settori, tuttavia, sono stati perlopiù aperti alla concorrenza (con l'eccezione dell'acqua). Oggi esistono pertanto molti produttori e distributori di elettricità e gas, che hanno accesso per legge alla rete elettrica nazionale e locale e ai gasdotti.

Per stimolare la concorrenza nei settori privatizzati, talvolta le authority pongono specifici limiti al comportamento delle imprese consolidate, impedendo così che sfruttino la loro posizione dominante nel mercato per erigere barriere all'entrata di nuovi concorrenti.

Con l'introduzione della concorrenza in questi settori, la regolamentazione dei massimali di prezzo è stata progressivamente abbandonata; in ultima analisi, si punta ad applicare questa forma di regolamentazione solo alle imprese che gestiscono le reti e le infrastrutture di trasporto, che operano in regime di monopolio naturale.

Anche nei casi di monopolio naturale, è possibile introdurre nel mercato un elemento di contendibilità, per esempio assicurando agli operatori una licenza per un periodo di tempo prestabilito (con un sistema di ***concessione***). Questo è l'approccio utilizzato nel caso dell'attività radiotelevisiva: una società che ottiene una concessione ha il monopolio sul servizio di trasmissioni televisive su determinate frequenze. Il processo di attribuzione delle concessioni può essere fortemente concorrenziale: per esempio, si può indire una gara d'appalto invitando le imprese partecipanti a presentare offerte in concorrenza, in cui si specificano il prezzo e la qualità del servizio.

Un altro approccio consiste nel dare a tutte le imprese pari accesso alla rete rilevante. Per esempio, le società che gestiscono le reti elettriche regionali devono applicare la medesima tariffa per l'utilizzo della rete sia a se stesse che ai concorrenti.

Ma nonostante i tentativi di favorire la concorrenza, molti settori privatizzati sono ancora dominati da grandi imprese che possiedono un notevole potere di mercato. La concorrenza è lungi dall'essere perfetta, e vi sono ampie opportunità di praticare la leadership di prezzo o altre forme di collusione oligopolistica. Sebbene la regolamentazione attraverso la formula dei prezzi sia stata progressivamente abbandonata parallelamente all'introduzione di elementi di concorrenza, le authority hanno mantenuto il compito di impedire la collusione e l'abuso di potere di mercato.

I paragrafi in pillole

Paragrafo 14.1

1. Nella maggior parte dei paesi la politica della concorrenza riconosce che i monopoli, le concentrazioni e le prassi restrittive possono generare sia costi che benefici per i consumatori. In generale, però, le prassi restrittive sono tendenzialmente più lesive degli interessi dei consumatori rispetto ai monopoli e alle concentrazioni.
2. La legislazione dell'Unione europea si applica alle imprese che operano in due o più stati membri. L'articolo 101 del trattato sul funzionamento dell'Unione europea copre le prassi restrittive della concorrenza, l'articolo 102 l'abuso di posizione dominante. Altri regolamenti disciplinano il controllo delle concentrazioni.
3. La legislazione dell'UE pone l'accento sulle prassi restrittive della concorrenza anziché sulla semplice esistenza di accordi tra imprese o sulla posizione dominante in un mercato. Le prassi che, al termine di un'indagine, sono ritenute lesive della concorrenza vengono proibite, e i trasgressori sono passibili di elevate sanzioni pecuniarie, anche in caso di prima violazione.

Paragrafo 14.2

1. Tra le argomentazioni economiche a favore della privatizzazione figurano una maggiore concorrenza, non solo nei mercati dei beni ma anche in quello della finanza aziendale e del controllo societario; e la raccolta di entrate per finanziare gli sgravi fiscali.
2. Le argomentazioni economiche contrarie alla privatizzazione dei servizi di pubblica utilità comprendono il fatto che le imprese privatizzate potrebbero godere di potere di mercato, perché le reti infrastrutturali sono monopoli naturali; la maggiore difficoltà nella pianificazione e nel coordinamento dei settori dei trasporti e dell'energia; e i problemi di esternalità e le questioni di equità nella distribuzione che si pongono nei settori privatizzati.
3. Le autorità di regolamentazione potrebbero obbligare le imprese ad applicare il prezzo socialmente efficiente. In una situazione di first best, il prezzo ottimo è pari al costo marginale sociale; nel mondo reale questa condizione non è soddisfatta, perché i prezzi in altri settori differiscono dai costi marginali sociali. In un mondo ideale i prezzi dovrebbero comunque *rispecchiare* i costi marginali sociali, che sono tuttavia difficili da identificare e misurare.
4. Nel lungo periodo, il prezzo e il livello di produzione ottimi soddisfano l'uguaglianza tra prezzo e costo marginale sociale di lungo periodo. Se $C'SLP < C'S$, è auspicabile investire in capacità addizionale.
5. Per quanto concerne i prezzi, le imprese soggette a regolamentazione sono tenuti a rispettare la formula "IPD – X", o una variante, in tutti i settori in cui si rileva un livello insufficiente di concorrenza. Questo significa che le potenziali riduzioni di costo sono trasferite ai consumatori; al contempo, queste imprese possono trattenere i profitti addizionali realizzati nel caso in cui riescano ad abbattere i costi in misura superiore a X. Ciò dà loro un incentivo a conseguire guadagni di efficienza ancora maggiori, ma non fornisce una spinta all'innovazione.
6. Molti comparti dei settori privatizzati non sono monopoli naturali. In questi casi, la concorrenza può essere uno strumento più efficace per perseguire l'interesse pubblico. Sono stati fatti diversi tentativi di stimolare la concorrenza nei settori privatizzati, spesso su iniziativa delle authority. Tuttavia, molte imprese privatizzate continuano a godere di un significativo potere di mercato, e dunque le authority devono conservare la capacità di prevenire l'abuso di tale potere.

Domande di ripasso

1. I governi o le authority devono sempre mirare a eliminare i profitti supernormali dei monopolisti o degli oligopolisti?
2. Mettete a confronto i pro e i contro di vietare certi tipi di struttura di mercato oppure certi tipi di comportamento.
3. Molti sostengono che la performance di un'impresa o di un settore dipende molto di più dal grado di concorrenza che si trova fronteggiare, piuttosto che dal fatto di essere in mani pubbliche o private. Commentate questa argomentazione.
4. Se due o più imprese applicano prezzi simili, possiamo dedurre che sia in atto un processo collusivo? Quali prove occorrono per accertare l'esistenza di collusione?
5. Le authority dei settori dei servizi di pubblica utilità che sono stati privatizzati con la creazione di diverse imprese distinte dovrebbero autorizzare (a) fusioni orizzontali (tra società del settore); (b) fusioni verticali; (c) fusioni con imprese di altri settori?
6. Sintetizzare i benefici relativi per i consumatori di (a) la privatizzazione di un'industria nazionalizzata, (b) l'introduzione della concorrenza in un settore controllato dallo Stato.
7. Se l'authority di un settore adotta una formula IPD – X per la regolamentazione dei prezzi, il valore di X dovrebbe essere modificato al mutare delle condizioni di mercato?
8. Esaminate le argomentazioni a favore della proprietà pubblica in un settore con le caratteristiche di un monopolio naturale.
9. Se la regolamentazione dei prezzi comporta una riduzione dei profitti, ciò implica sempre un calo degli investimenti? In che modo un governo potrebbe incentivare l'innovazione all'interno di un settore regolamentato?

ONLINE

Sulla piattaforma MyLab dedicata a questo testo troverete materiali di supporto e approfondimento. All'interno dello stesso ambiente è disponibile la piattaforma inglese MyLab Economics che offre ulteriori risorse, un ricco apparato multimediale ed esercizi guidati.

APPENDICE

A

Alcune tecniche di analisi economica

Come avrete notato, molte pagine di questo libro sono ricche di diagrammi, tabelle ed equazioni. Questo però non significa che per studiare l'economia dovete padroneggiare molte tecniche matematiche; le tecniche necessarie sono in realtà poche, ma vi facciamo spesso ricorso in molti diversi contesti. Se non avete solide basi matematiche, potete imparare rapidamente i rudimenti necessari; se invece avete già familiarità con questi argomenti, potreste provare a rassicurare i colleghi che hanno appena iniziato a studiarli. In questa appendice prendiamo in considerazione alcuni semplici strumenti e tecniche matematiche con cui avrete a disposizione una sorta di "cassetta degli attrezzi" che vi sarà utile per lo studio dell'economia."

Diagrammi come immagini

In molte occasioni si utilizzano diagrammi per illustrare graficamente le relazioni economiche. Una fotografia o un'immagine su un quotidiano spesso offre una rappresentazione di un evento più eloquente di quanto non faccia una mera descrizione verbale; allo stesso modo, un diagramma in economia può illustrare una relazione con un'immediatezza e una chiarezza che le semplici parole non consentirebbero di ottenere.

Per esempio, analizzando i dati economici potremmo scoprire che, all'aumentare del reddito, gli individui spendono molto di più per l'intrattenimento e lo svago e solo un po' di più per l'alimentazione. Possiamo illustrare molto efficacemente questa relazione ricorrendo a un semplice grafico.

Nella Figura A.1 il reddito di un individuo è misurato lungo l'asse orizzontale (detto asse delle ascisse), mentre la spesa per l'alimentazione e l'intrattenimento è misurata lungo l'asse verticale (o asse delle ordinate). In questo diagramma sono tracciate solo due linee che mostrano, rispettivamente, come variano la spesa per l'intrattenimento e la spesa per l'alimentazione all'aumentare del reddito. Potremmo utilizzare un diagramma di questo tipo per dare una rappresentazione grafica a dati reali, ma anche come una semplice immagine schematica; in questo secondo caso non occorre indicare i dati sugli assi, perché ci limitiamo a illustrare le *forme* delle due curve. Queste forme rivelano che la spesa per l'intrattenimento aumenta più rapidamente della spesa per l'alimentazione e che, superato un certo livello di reddito, la prima diventa più elevata della seconda.

Figura A.1 Effetto dell'aumento del reddito di un individuo sulla sua spesa per l'alimentazione e l'intrattenimento.

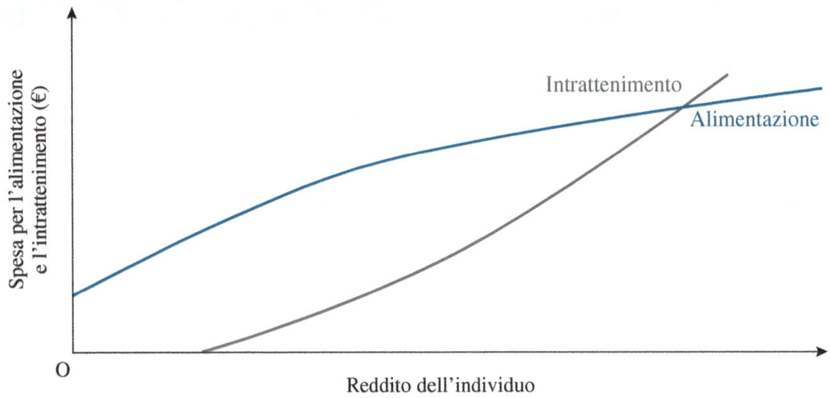

Diagrammi per rappresentare dati statistici del mondo reale

In molte circostanze potremmo essere interessati a rappresentare graficamente dati tratti dal mondo reale. Per esempio, potremmo voler mostrare come è variata negli anni la disoccupazione in un dato paese, oppure come è distribuito il reddito tra diversi gruppi della popolazione. Nel primo caso occorre esaminare dati di una *serie storica*, nel secondo *dati traversali*.

Dati di una serie storica

La Tabella A.1 riporta il livello della disoccupazione in Italia tra il primo trimestre del 2010 e il quarto trimestre del 2019. I dati di una ***serie storica*** vengono spesso rappresentati in tabelle di questo tipo che, poiché contengono le cifre precise, costituiscono un utile punto di riferimento per sottoporre a verifica una teoria e valutare la bontà delle sue previsioni.

I dati della Tabella A.1 sono trimestrali; tuttavia, in base all'orizzonte temporale considerato per esaminare l'andamento di una variabile, potrebbe essere appropriato utilizzare intervalli temporali più lunghi o più corti. Per esempio, se volessimo analizzare l'evoluzione della disoccupazione negli ultimi cinquanta anni, potremmo utilizzare dati annuali oppure dati medi riferiti a periodi di tempo più lunghi; se invece volessimo esaminare l'andamento della disoccupazione nel corso di un anno, probabilmente useremmo dati mensili o persino settimanali.

I dati di una serie storica si prestano anche a una rappresentazione grafica. In effetti, i dati di una tabella possono essere riportati direttamente su un grafico. Nel grafico della Figura A.2 sono tracciati i dati contenuti nella Tabella A.1. Ogni punto del grafico corrisponde a una cifra della tabella, e i punti sono uniti tra loro a formare una linea continua. Così, per conoscere il livello della disoccupazione in un qualsiasi momento compreso tra il primo trimestre del 2010 e il quarto trimestre del 2019, basta individuare la data di interesse sull'asse delle ascisse, tracciare un'immaginaria retta verticale fino alla linea che abbiamo appena tracciato e poi leggere sull'asse delle ordinate il relativo livello della disoccupazione.

Chiaramente un grafico come questo non consente di desumere il valore di ciascun punto con la stessa accuratezza di una tabella, però fornisce un quadro molto più immediato dell'andamento della variabile nel tempo, permettendo di stabilire, per esempio, se le variazioni siano diventate sempre più pronunciate (una curva progressivamente più ripida) o piuttosto più contenute (una curva progressivamente più piatta). Inoltre, è possibile leggere dal grafico il probabile valore assunto da un punto *compreso* tra due osservazioni.

PAROLE CHIAVE

Serie storica Dati che mostrano l'andamento di una variabile (per esempio, il prezzo delle uova) nel tempo.

Tabella A.1 Disoccupazione in Italia, 1° trimestre 2010 – 4° trimestre 2019.

	T1	T2	T3	T4	T1	T2	T3	T4	T1	T2	T3	T4	T1	T2	T3	T4	T1	T2	T3	T4
	2010				2011				2012				2013				2014			
Disoccupazione (milioni)	2,22	2,05	1,82	2,13	2,11	1,90	1,86	2,37	2,73	2,65	2,44	2,94	3,22	3,02	2,81	3,20	3,44	3,10	2,97	3,42
	2015				2016				2017				2018				2019			
	3,30	3,10	2,67	3,054	3,08	2,98	2,80	3,15	3,13	2,83	2,73	2,90	2,99	2,79	2,39	2,79	2,85	2,53	2,33	2,55

Fonte: dati tratti da "Disoccupazione, dati trimestrali", Istat.

Figura A.2 Disoccupazione in Italia, 1° trimestre 2010 – 4° trimestre 2015.

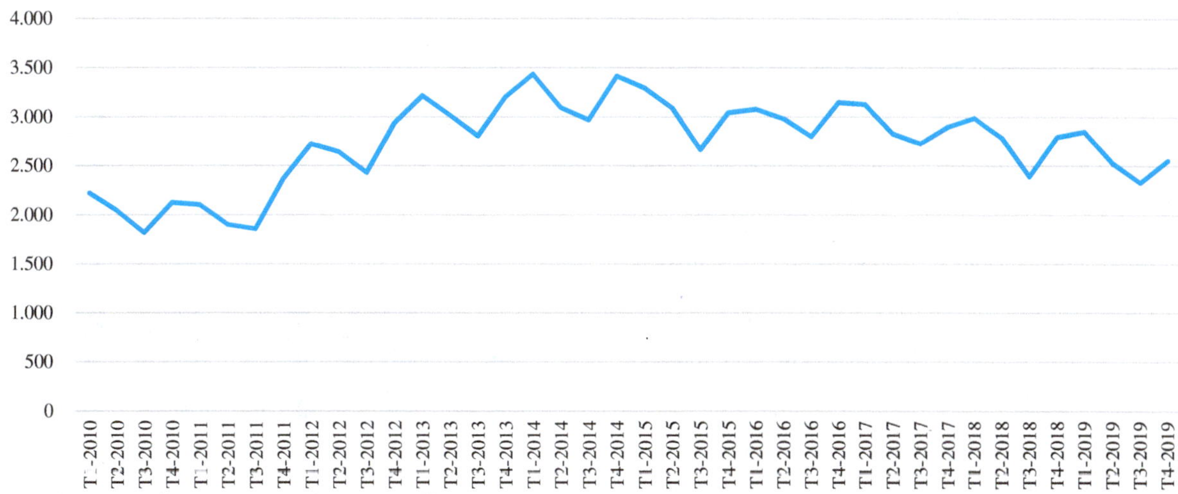

Fonte: dati tratti da "Disoccupazione, dati trimestrali", Istat.

Si possono anche tracciare su un unico grafico i dati relativi a due serie storiche, per illustrarne la relativa evoluzione nel tempo. La Tabella A.2 riporta i dati sulla crescita economica in Italia per il periodo in esame e la Figura A.3 illustra graficamente questi dati unitamente a quelli della Tabella A.1. Otteniamo così un quadro più

Tabella A.2 Crescita economica in Italia, 1° trim. 2010 – 4° trim. 2019 (variazione % rispetto allo stesso trimestre dell'anno precedente).

	T1	T2	T3	T4	T1	T2	T3	T4	T1	T2	T3	T4	T1	T2	T3	T4	T1	T2	T3	T4
	2010				2011				2012				2013				2014			
Crescita economica (%)	0,6	1,9	1,9	2,2	2,0	1,5	0,4	–1,1	–2,3	–3,2	–3,2	–2,7	–2,7	–2,0	–1,4	–0,9	–0,1	–0,2	–0,4	–0,4
	2015				2016				2017				2018				2019			
	0,2	0,5	0,8	1,1	1,5	1,0	1,0	0,9	1,1	1,2	1,2	1,1	1,0	0,9	0,6	0,6	0,3	0,4	0,4	0,2

Fonte: dati tratti da "Conti economici, dati trimestrali", Istat.

Figura A.3 Crescita economica in Italia, 1° trim. 2010 – 4° trim. 2015.

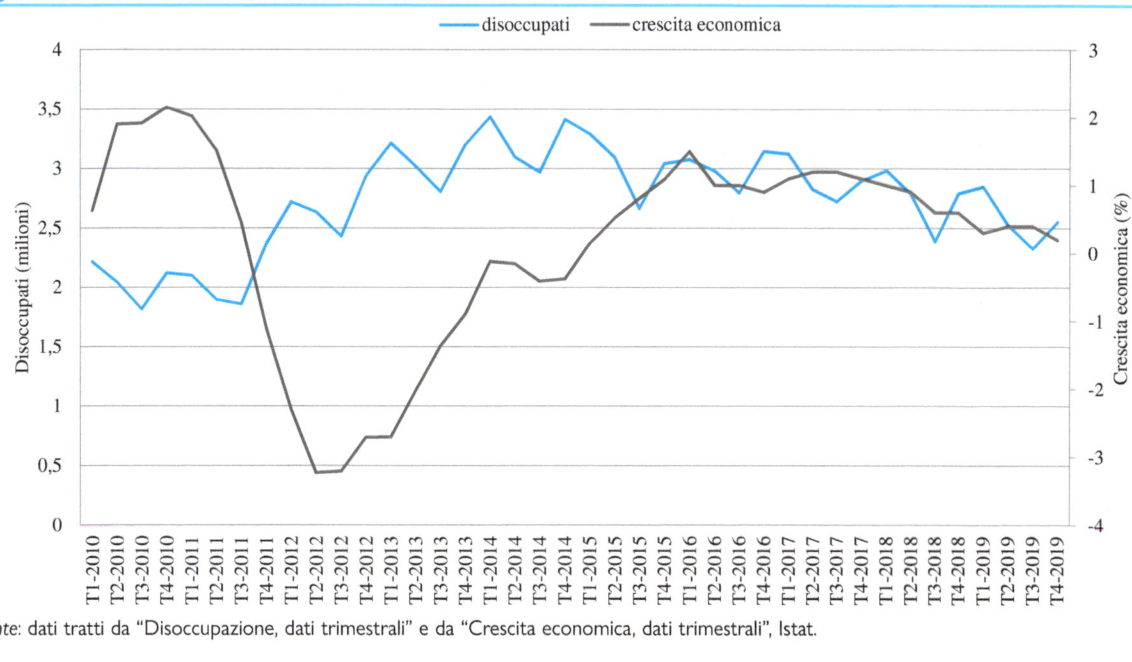

Fonte: dati tratti da "Disoccupazione, dati trimestrali" e da "Crescita economica, dati trimestrali", Istat.

chiaro di come è variato nel tempo il livello di disoccupazione in relazione alla crescita economica (e viceversa) nel periodo considerato. Osservate che ciascuna variabile è indicata su un diverso asse verticale, con una scala di misurazione differente, per tenere conto delle diverse unità di misura utilizzate.

Tutti i paesi sviluppati pubblicano serie storiche sulle principali variabili macroeconomiche, come reddito nazionale, prezzi, occupazione, disoccupazione, tassi di interesse, importazioni ed esportazioni. Le statistiche ufficiali contengono anche i dati microeconomici sulla distribuzione del reddito, la performance di particolari settori, la composizione della spesa dei nuclei familiari e così via. Statistiche microeconomiche sono pubblicate anche dalle imprese, dalle associazioni di consumatori, dai sindacati, dagli enti benefici e da altre organizzazioni. Molte fonti di dati sono liberamente disponibili anche su Internet.

Dati trasversali

I ***dati trasversali*** contengono osservazioni relative a diverse variabili effettuate nello stesso momento: per esempio, le quantità di cibo e abbigliamento acquistate in corrispondenza di diversi livelli di reddito dei nuclei familiari, o i costi di un'impresa, o un settore in corrispondenza di diversi livelli di produzione.

Un esempio di dati traversali è riportato nella Tabella A.3, che mostra la distribuzione del reddito netto dei nuclei familiari in Italia. I nuclei familiari sono suddivisi in cinque gruppi di pari dimensioni (o "quintili") in funzione del rispettivo reddito: il 20% piu povero dei nuclei familiari è collocato in un gruppo, il 20% successivo nel secondo quintile e così via. Se esaminiamo i dati relativi al 2018, notiamo che al 20% più povero faceva capo il 6,6% del reddito complessivo dei nuclei familiari, mentre al 20% più ricco era ascrivibile il 40% del reddito.

I dati trasversali sono spesso rappresentati in un diagramma. Nella Figura A.4 i dati sono illustrati con un *istogramma*, mentre nella Figura A.5 sono raffigurati con due *diagrammi a torta* (o *a settori*).

È possibile anche rappresentare i dati trasversali relativi a due o più diversi momenti, presentandoli dunque

Figura A.4 La distribuzione del reddito familiare netto in Italia: uso di un istogramma.

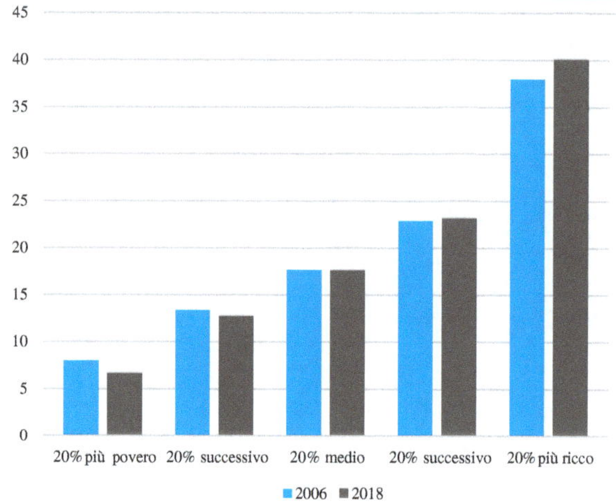

come una serie storica. La Tabella A.3 contiene i dati sulla distribuzione nel reddito nel 2006 e nel 2018; se disponessimo di una serie storica più completa, potremmo illustrare graficamente l'andamento delle quote di reddito riconducibili a ciascun gruppo nel tempo.

Ottenere un quadro veritiero dalle statistiche

"Esistono le bugie e le menzogne sfacciate. E poi ci sono le statistiche". Questo famoso adagio denuncia, sia pur scherzosamente, il frequente abuso che si fa delle statistiche. Avete mai notato come i politici riescano quasi sempre a produrre statistiche per "dimostrare" di aver ragione sui loro avversari? E non sono solo i politici a comportarsi così. Spesso i quotidiani presentano le statistiche nella maniera più adatta a "fare notizia"; le imprese presentano i dati sui propri risultati nella migliore luce pos-

PAROLE CHIAVE

Dati trasversali Informazioni che mostrano come una determinata variabile (per esempio, il consumo di uova) differisca tra diversi gruppi o individui in un dato momento.

Tabella A.3 Reddito netto delle famiglie italiane.

	Quintili di nuclei familiari					
	20% più povero	**20% successivo**	**20% medio**	**20% successivo**	**20% più ricco**	**Totale**
2006	8,0	13,4	17,7	22,9	38,0	100
2018	6,6	12,7	17,6	23,1	40,0	100

Fonte: dati tratti da "Reddito e condizioni di vita", Istat.

Figura A.5 La distribuzione del reddito familiare netto in Italia: l'uso di un diagramma a torta.

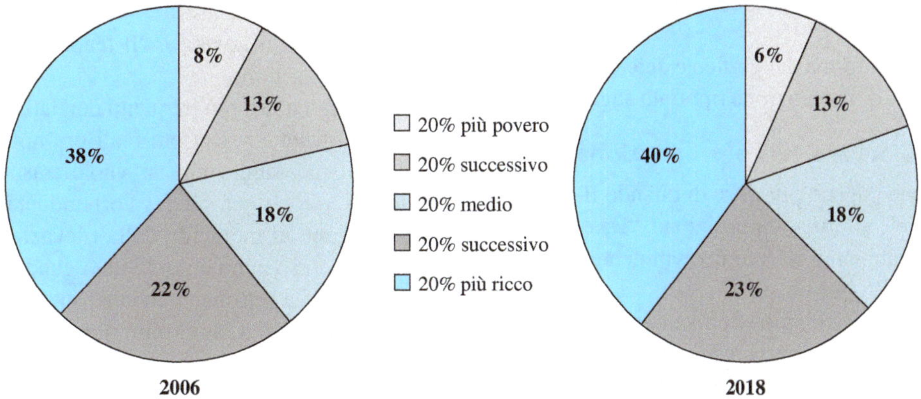

sibile; e i gruppi di pressione che si battono per una causa (come la tutela dell'ambiente) citano i dati statistici nella maniera più favorevole alla loro posizione.

Non è difficile manipolare i dati in modo da creare un quadro gravemente distorto di una determinata situazione. Esaminiamo gli esempi più comuni.

Uso selettivo dei dati

Non è raro che qualcuno selezioni solo le statistiche più adatte a sostenere la propria tesi, ignorando tutte le altre. Per esempio, ipotizziamo che la disoccupazione sia aumentata e che l'inflazione sia diminuita. Il governo, per dimostrare l'efficacia delle proprie politiche, porrà l'accento sui dati relativi all'inflazione; i partiti all'opposizione, invece, faranno l'esatto contrario, concentrandosi sulle statistiche relative alla disoccupazione per evidenziare il fallimento delle politiche governative.

Rappresentazione grafica dei dati

Due grafici potrebbero presentare esattamente gli stessi dati, ma trasmettere un'impressione molto diversa al riguardo. La Figura A.6 mostra la relazione tra la quantità consumata di un particolare alimento e il reddito individuale, utilizzando i dati fittizi della Tabella A.4.

Il diagramma (a) riporta *esattamente le stesse informazioni* del diagramma (b), ma a un primo sguardo il diagramma (a) sembra indicare che la quantità di cibo acquistata aumenti sensibilmente al crescere del red-

Figura A.6 La relazione tra reddito dei consumatori e consumo di un particolare alimento, usando grafici con scale diverse sugli assi.

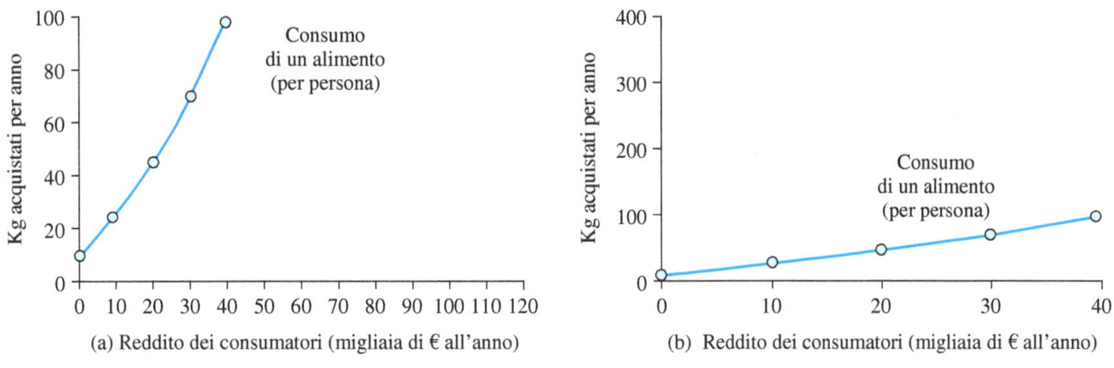

Tabella A.4 Acquisto annuo pro capite di un particolare alimento.

Reddito dei consumatori (€ all'anno)	0	5000	10.000	15.000	20.000
Quantità di alimento acquistata pro capite (kg all'anno)	10	25	45	70	100

dito, mentre il diagramma (b) pare suggerire che la quantità acquistata cresca moderatamente all'aumentare del reddito.

Chiaramente la forma del grafico è determinata dalla scelta della *scala* di misurazione riportata sugli assi.

Utilizzo di valori assoluti o proporzionali

"Oggi le persone pagano più tasse di quando il governo è salito al potere", afferma l'opposizione. "Da quando ci siamo insediati abbiamo ridotto notevolmente le imposte", controbatte il governo.

Chi ha ragione? Paghiamo effettivamente più o meno tasse? È possibile che il governo e l'opposizione dicano entrambi la verità. Se i redditi sono aumentati, probabilmente paghiamo complessivamente più tasse; dopo tutto, quanto più guadagniamo, tanto maggiore è l'importo dell'imposta sul reddito che siamo tenuti a versare; inoltre, quanto più spendiamo, tanto maggiore è l'IVA che paghiamo. Pertanto, in termini assoluti, è probabile che paghiamo più tasse.

D'altro canto, se il governo ha ridotto le aliquote fiscali, è probabile che la *quota* del reddito versata in imposte sia diminuita. In altre parole, una quota più piccola di un totale più grande può nondimeno rappresentare un aumento in senso assoluto.

Ignorare i problemi di distribuzione

"Le condizioni della persona media sono migliorate notevolmente grazie a questo governo", sostiene un ministro. "Sotto questo governo la povertà è aumentata sensibilmente", dichiara l'opposizione, "più della metà della popolazione sta peggio di quando il governo ha preso il potere".

Ancora una volta, si potrebbe pensare che una di queste due affermazioni sia infondata, ma in realtà potrebbero essere vere tutte. Per ***media*** si intende una grandezza calcolata dividendo il totale per il numero di parti che lo compongono. Per esempio, il reddito medio è pari al reddito nazionale totale diviso per i membri della popolazione, cioè al reddito *pro capite*. Se il termine "media" fosse usato in questa accezione, il governo potrebbe avere ragione: il reddito pro capite potrebbe essere aumentato.

Se però pochissime persone si sono arricchite notevolmente, mentre il resto della popolazione si è lievemente impoverito, il reddito ***mediano*** (cioè il reddito della persona che occupa il posto centrale nella distribuzione del reddito) è probabilmente diminuito. Per esempio, se la popolazione è composta di 50 milioni di persone, il reddito mediano è quello facente capo alla venticinque milionesima persona più ricca. Il reddito di questa persona potrebbe essere diminuito.

Valori reali o nominali

"I redditi sono cresciuti del 5% nel corso dell'ultimo anno", dichiara il governo. "Il tenore di vita è calato", critica l'opposizione.

Uno degli abusi più frequenti dei dati statistici consiste nell'utilizzare valori ora reali ora nominali, in funzione del messaggio che si vuole trasmettere. I dati ***nominali*** sono i semplici valori monetari espressi ai prezzi vigenti al momento della rilevazione. Per esempio, se lo scorso anno un individuo guadagnava un salario di €100 alla settimana, mentre quest'anno guadagna €105 alla settimana, in termini nominali il suo salario è aumentato del 5%.

Tuttavia, se nel frattempo i prezzi hanno segnato un incremento dell'8%, con un aumento salariale del 5% l'individuo può acquistare il 3% di beni in meno. In altre parole, il suo salario ***reale*** è diminuito del 3%. Dunque, per stabilire se il tenore di vita di una nazione o di un individuo sia migliorato o peggiorato nel tempo, bisogna depurare i dati sul reddito dagli effetti dell'inflazione.

IDEA CHIAVE 34 ***La distinzione tra dati nominali e reali.*** I dati nominali sono espressi ai prezzi correnti. I dati reali sono depurati degli effetti dell'inflazione.

L'orizzonte temporale di riferimento per i confronti

"Tra il 1982 e il 1980 il Regno Unito ha registrato una crescita media del 3,5% all'anno in termini reali", dichiarò il governo conservatore del tempo. "Tra il 1979 e il 1993 il Regno Unito ha conseguito una crescita reale di appena l'1,6% all'anno", lo rampognò l'opposizione. Anche in questo caso avevano ragione entrambi, ma le due parti avevano scelto di ignorare oppure di considerare i periodi dal 1979 al 1982 e dal 1990 al 1993, quando i tasso di crescita reale del Regno Unito ha segnato valori negativi.

PAROLE CHIAVE

Media (aritmetica) Somma dei valori degli elementi di un campione divisa per il numero dei componenti del campione.

Mediana Valore dell'elemento centrale di un campione.

Valori nominali Valori monetari misurati ai prezzi correnti.

Valori reali Valori monetari corretti per l'inflazione.

Numeri indice

I dati di una serie storica sono spesso espressi sotto forma di ***numeri indice***. Consideriamo i dati della Tabella A.5, che mostra i numeri indice relativi alla produzione manifatturiera in Italia dal 1995 al 2015.

A un anno, selezionato come ***anno base*** (nel nostro caso il 2010) viene assegnato un valore pari a 100. La produzione realizzata negli altri anni viene quindi espressa come variazione percentuale rispetto a 100. Il numero indice associato al 1995 è 108,7: ciò significa che la produzione manifatturiera del 1995 è stata dell'8,7% superiore a quella del 2010. Il numero indice del 2009 è 93,5, a indicare che nel 2009 la produzione manifatturiera è stata inferiore del 6,5% rispetto al 2010.

L'uso dei numeri indice permette di rilevare immediatamente eventuali variazioni al rialzo e al ribasso e di confrontare facilmente un anno con un altro. Per esempio, la Tabella A.5 mostra chiaramente che dal 1996 al 2000 la produzione manifatturiera è aumentata, per poi ridursi leggermente dal 2001 al 2003. In seguito, un drastico calo si è registrato dal 2007 al 2009 e dal 2012 al 2014.

Usare i numeri indice per calcolare le variazioni percentuali

Per calcolare il tasso di crescita percentuale annuo relativo a un dato anno, è sufficiente derivare la variazione percentuale dell'indice rispetto all'anno precedente utilizzando la seguente formula:

$$\left(\frac{I_t - I_{t-1}}{I_{t-1}}\right) \times 100$$

dove I_t il valore dell'indice nell'anno in questione e I_{t-1} è il valore dell'indice nell'anno precedente.

Per esempio, per trovare il tasso di crescita della produzione manifatturiera dal 1999 al 2000 dobbiamo prima stabilire di quanto è aumentato l'indice ($I_t - I_{t-1}$); la risposta è 117 – 113,5 = 3,5. Ma questo *non* significa che il tasso di crescita sia il 3,5%. Secondo la nostra formula, il tasso di crescita è pari a:

$$\frac{117 - 113{,}5}{113{,}5} \times 100$$
$$= 3{,}5 / 113{,}5 \times 100$$
$$= 3{,}08$$

L'indice dei prezzi

Il più noto indice dei prezzi è probabilmente l'***indice dei prezzi al consumo (IPC)***, che rileva i prezzi di un paniere di beni e servizi acquistati dalla famiglia media. L'andamento di questo indice, quindi, mostra come varia nel tempo il costo della vita. L'incremento annuo dell'IPC ci dà la misura più comune del tasso di inflazione: per esempio, se l'indice aumenta da 100 a 110 in un arco di 12 mesi, possiamo affermare che l'inflazione si è attestata al 10%.

L'uso delle medie ponderate

L'IPC è una ***media ponderata*** dei prezzi di molti articoli. Anche l'indice della produzione manifatturiera che abbiamo esaminato in precedenza era una media ponderata dei livelli di produzione di molti settori diversi.

Per spiegare come si calcola una media ponderata, consideriamo il caso di tre settori A, B e C. Ipotizziamo che nell'anno base (anno 1) la produzione di A ammontasse a 7 milioni di euro, quella di B a 2 milioni e quella di C a 1 milione, per un totale di 10 milioni di euro. Attribuiamo adesso alla produzione di ciascun settore un fattore di ponderazione commisurato alla sua quota di produzione totale. Il settore A ottiene un fattore di ponderazione pari a 0,7, perché genera sette decimi della produzione totale, il settore B ottiene un fattore di ponderazione di 0,2 e il settore C di 0,1. A questo punto possiamo semplicemente moltiplicare l'indice di ciascun settore per il rispettivo fattore di ponderazione e sommare i dati così ottenuti per ottenere l'indice della produzione industriale complessiva.

PAROLE CHIAVE

Numero indice Valore di una variabile espresso come 100 più o meno la deviazione percentuale da un anno base.

Anno base (per i numeri indice) Anno il cui numero indice corrispondente è posto pari a 100.

Indice dei prezzi al consumo (IPC) Indice dei prezzi dei beni acquistati da una famiglia tipo.

Media ponderata Media di diversi elementi, a ciascuno dei quali viene attribuito un fattore di ponderazione commisurato alla sua importanza. I fattori di ponderazione devono assommare a 1.

Tabella A.5 Produzione manifatturiera in Italia (2010 = 100).

1995	1996	1997	1998	1999	2000	2001	2002	2003	2004	2005
208,7	107,7	111,3	113,4	113,5	117,0	116,1	114,6	113,4	114,4	112,4
2006	**2007**	**2008**	**2009**	**2010**	**2011**	**2012**	**2013**	**2014**	**2015**	
115,9	118,8	115,0	93,5	100,0	100,4	102,8	91,5	90,5	92,1	

Fonte: "Indice della produzione industriale", Istat.

L'indice relativo a ciascun settore nell'anno 1 (l'anno base) è pari a 100, pertanto l'indice medio ponderato è anch'esso uguale a 100. La Tabella A.6 mostra che cosa succede nell'anno 2: la produzione del settore A diminuisce del 10%, sicché il relativo indice scende a 90; la produzione del settore B aumenta del 10% e quella del settore C si espande del 30%, di modo che i due indici di questi settori salgono, rispettivamente, a 110 e 130. Tuttavia, come si può osservare dalla tabella, nonostante due settori su tre abbiano fatto registrare un aumento della produzione, l'indice della produzione industriale complessiva è *diminuito* da 100 a 98, perché, essendo il settore A di dimensioni nettamente superiori agli altri due, la contrazione della sua produzione ha più che controbilanciato l'aumento della produzione registrato da B e C.

Il calcolo dell'indice dei prezzi al consumo è un po' più complicato, perché questo indice viene compilato in due fasi. In primo luogo, i prodotti vengono raggruppati in diverse categorie, come cibo, abbigliamento e servizi. Per ognuna di queste categorie si calcola quindi un indice medio ponderato: per esempio, l'indice dei prezzi del cibo è una media ponderata dei prezzi del pane, delle patate, dell'olio da frittura e così via. In secondo luogo, a ciascun gruppo viene attribuito un fattore di ponderazione per il calcolo di un indice complessivo.

Relazioni funzionali

Spesso gli economisti analizzano il modo in cui una variabile economica influisce su un'altra: per esempio, possono studiare la relazione tra il prezzo delle automobili e l'acquisto di vetture, tra le imposte o il reddito disponibile e la spesa per consumi, tra il costo di produzione delle macchine lavabiancheria e il prezzo dell'acciaio, o ancora tra la disoccupazione e il livello della spesa pubblica. Queste relazioni tra variabili economiche sono dette ***relazioni funzionali*** e devono essere espresse in maniera precisa, preferibilmente in forma di tabella, di grafico o di equazione.

Relazioni lineari semplici

Le relazioni di tipo lineare danno luogo a una linea retta se espresse in forma grafica. Consideriamo l'esempio di un'ipotetica relazione tra il gettito complessivo dell'imposta sul valore aggiunto (V) e il livello di spesa per consumi (C) in un sistema economico. Questa relazione funzionale può essere scritta così:

$$V = f(C)$$

Questo non è altro che un modo sintetico per dire che il gettito dell'IVA è una funzione del livello di spesa per consumi (cioè dipende da quest'ultima).

Per sapere esattamente a quanto ammonta il gettito raccolto in corrispondenza di ogni dato livello della spesa per consumi, dobbiamo esplicitare questa relazione funzionale. Facciamolo nei tre modi precedentemente indicati.

Sotto forma di tabella. La Tabella A.7 contiene alcuni valori di C e i corrispondenti livelli di V. È facile leggere dalla tabella il gettito dell'IVA a fronte di un particolare livello della spesa per consumi. È chiaramente più difficile, invece, stabilire a quanto ammonti V se la spesa per consumi si attesta, poniamo, a 23,4 miliardi di euro oppure a 47,6 miliardi di euro.

Sotto forma di grafico. Nella Figura A.7 sono rappresentati graficamente i dati della Tabella A.7. Ogni punto del grafico corrisponde a una delle righe della tabella. Unendo i punti a formare una linea continua possiamo desumere l'ammontare del gettito dell'IVA corrispondente a un livello di spesa per consumi diverso da quelli elencati nella tabella. Un grafico presenta l'ulteriore vantaggio di evidenziare visivamente la forma della relazione.

È consuetudine indicare la *variabile indipendente* (ovvero quella che non dipende dall'altra) sull'asse orizzontale (o delle ascisse) e la *variabile dipendente* sull'asse verticale (o delle ordinate). Nel nostro esempio

PAROLE CHIAVE

Relazione funzionale Relazione matematica che mostra come una variabile è influenzata da una o più altre variabili.

Tabella A.6 Costruire un indice basato su una media ponderata.

		Anno 1		Anno 2	
Settore	**Ponderazione**	**Indice**	**Indice × ponderazione**	**Indice**	**Indice × ponderazione**
A	0,7	100	70	90	63
B	0,2	100	20	110	22
C	0,1	100	10	130	13
Totale	1,0		100		98

Tabella A.7 Una funzione del gettito dell'IVA.

Spesa per consumi (mld di € all'anno)	Gettito dell'IVA (mld di € all'anno)
0	0
10	2,2
20	4,4
30	6,6
40	8,8
50	11

Figura A.7 Grafico della funzione del gettito dell'IVA: $V = 0{,}22C$.

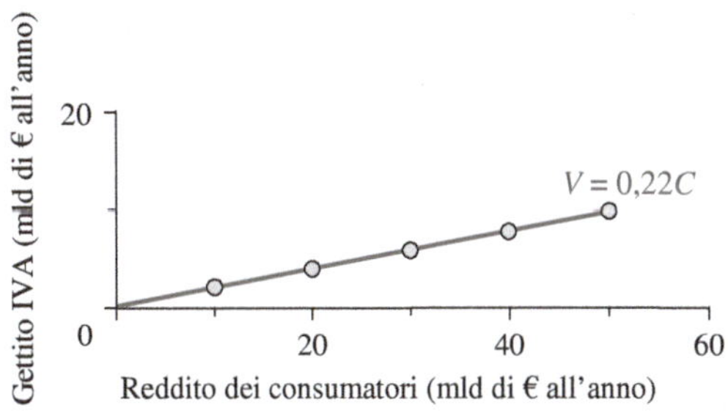

il gettito dell'IVA dipende dalla spesa per consumi: pertanto, il gettito è la variabile dipendente e la spesa per consumi è la variabile indipendente.

Sotto forma di equazione. I dati della Tabella A.7 possono essere riassunti dall'equazione:

$$V = 0{,}22C$$

Questa forma funzionale si applicherebbe qualora l'IVA fosse prelevata in misura del 22% su tutti i beni e i servizi.

Il principale vantaggio di un'equazione è la sua precisione. Conoscendo la forma funzionale, possiamo calcolare *esattamente* il gettito dell'IVA per ogni dato livello di spesa per consumi.

Questa particolare funzione dà luogo a una retta che passa per l'origine degli assi (l'angolo in basso a sinistra): ciò significa che quando la variabile indipendente ha valore pari a zero, è nullo anche il valore della variabile dipendente.

Quando una retta non passa per l'origine degli assi, la corrispondente equazione assume la seguente forma:

$$y = a + bx$$

dove y denota la variabile dipendente, x la variabile indipendente e a e b sono due parametri che assumono specifici valori.

Tabella A.8 $y = 4 + 2x$

x	y
0	4
1	6
2	8
3	10
4	12
5	14

Figura A.8 $y = 4 + 2x$

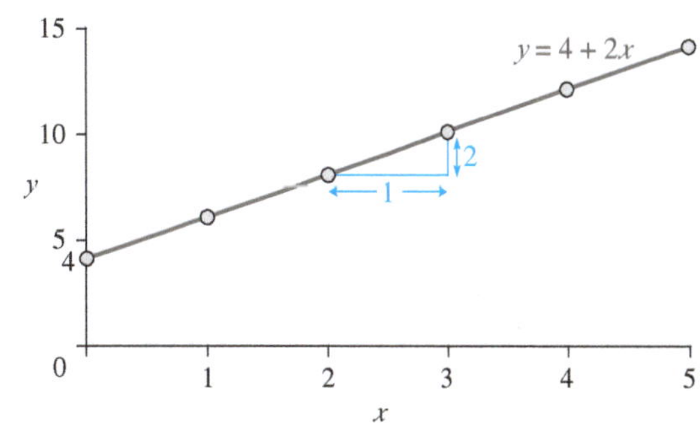

Per esempio, l'equazione della retta potrebbe essere la seguente:

$$y = 4 + 2x$$

Da qui si ottengono la Tabella A.8 e la Figura A.8.

Osservate due caratteristiche della relazione tra l'equazione e il grafico.

- Il punto in cui la retta interseca l'asse delle ordinate ($y = 4$) è individuato dalla costante a. Se il valore di a è negativo, la retta interseca l'asse delle ordinate *al di sotto* dell'asse delle ascisse.
- La pendenza della retta è data dal parametro b. Nel nostro esempio la pendenza è pari a 2/1: a ogni incremento unitario di x corrisponde un incremento di 2 unità di y.

Funzioni non lineari

Le funzioni non lineari contengono un termine elevato al quadrato (o ad altra potenza). Tali funzioni, se rappresentate graficamente, danno luogo a una curva. A titolo di esempio, consideriamo la seguente equazione:

$$y = 4 + 10x - x^2$$

Da qui si ottengono la Tabella A.9 e la Figura A.9.

Come si può osservare, y aumenta in misura progressivamente minore e a un certo punto inizia a diminuire, perché, all'aumentare di x, il termine $-x^2$ diventa via via più influente, fino a più che controbilanciare il termine $10x$.

Tabella A.9 $y = 4 + 10x - x^2$

x	y
0	4
1	13
2	20
3	25
4	28
5	29
6	28
7	25

Tabella A.10 $CT = 20 + 5Q + Q^2$

x	y
0	20
1	26
2	34
3	44
4	56
5	70
6	86
7	104
8	124

Figura A.9 $y = 4 + 10x - x^2$

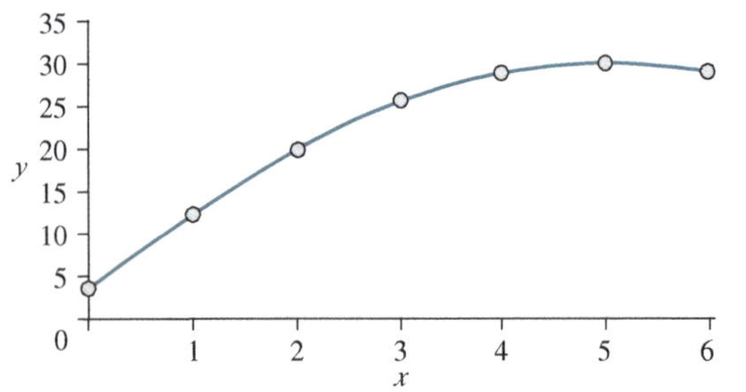

Figura A.10 Una funzione di costo totale: $CT = 20 + 5Q + Q^2$

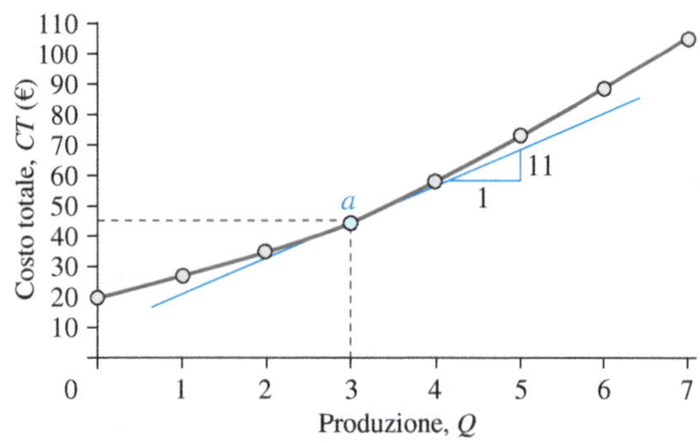

➤ Elementi di calcolo differenziale

In alcuni paragrafi contrassegnati da asterisco e in diversi box "In termini matematici" facciamo ricorso ad alcuni elementi di calcolo differenziale. In particolare, utilizziamo una tecnica chiamata ***differenziazione***, che consente di calcolare il tasso di variazione di una variabile rispetto a un'altra. Lo scopo di questo paragrafo non è spiegare la logica sottostante alle procedure di differenziazione, ma semplicemente enunciare le regole necessarie ai nostri fini. Se vi interessa sapere come vengono derivate queste regole, potete consultare un testo di matematica.

Vediamo anzitutto in quali circostanze potrebbe essere utile conoscere il tasso di variazione di una variabile rispetto a un'altra. Consideriamo il caso di un'impresa che desideri espandere la propria attività. I titolari dell'impresa vorranno sapere di quanto aumenteranno i costi al crescere della produzione, cioè vorranno conoscere il tasso di variazione dei costi associato a variazioni della produzione.

Supponiamo che la funzione di costo dell'impresa abbia la seguente forma:

$$CT = 20 + 5Q + Q^2 \qquad (1)$$

dove CT è il costo totale di produzione e Q è la quantità prodotta.

Da questa equazione sono derivate la Tabella A.10 e la Figura A.10.

Il tasso di variazione dei costi associato a un incremento unitario della produzione è dato dalla *pendenza* della curva di costo nella Figura A.10. Quanto maggiore è la pendenza, tanto più rapidamente i costi aumentano al crescere della produzione. Per calcolare la pendenza della curva in un punto, tracciamo la tangente alla curva in quel punto e misuriamo la pendenza della tangente. La pendenza della curva nel punto *a* è pari a 11: in altre parole, a fronte di un incremento unitario della produzione i costi aumentano di €11. (Ovviamente, dal momento che la relazione funzionale ha la forma di una curva, il tasso di variazione dei costi differisce a secondo del livello di produzione.)

Il tasso di variazione dei costi è detto ***costo marginale***. L'attributo marginale si applica al tasso di variazione di qualsiasi variabile che aumenta al crescere della quantità: per esempio, il *ricavo marginale* è il tasso di variazione del ricavo ottenuto dalle vendite associato a una variazione della quantità venduta.

PAROLE CHIAVE

Differenziazione Tecnica matematica per calcolare il tasso di variazione di un variabile rispetto a un'altra.

Costo marginale Tasso di variazione del costo totale rispetto alla quantità prodotta.

BOX A.1 **ANALISI DI CASI E APPLICAZIONI**

Quando una buona notizia è davvero tale?

La situazione migliora oppure peggiora più lentamente?

A partire dal secondo trimestre del 2008 la disoccupazione nel Regno Unito registrò un continuo aumento per diversi mesi; alla fine del terzo trimestre del 2009 si contavano 750.000 disoccupati in più. Quali buone notizie poteva mai trarre il governo da questi dati?

Le autorità, sempre alla ricerca di un barlume di speranza sul fronte economico, dichiararono al tempo che la disoccupazione stava aumentando più lentamente (ovvero che il tasso di crescita della disoccupazione era in calo). Questa affermazione era perfettamente corretta.

Per dimostrarlo, ipotizziamo che N sia il numero di persone senza lavoro. Il tasso di variazione della disoccupazione è dunque dN/dt (dove t indica il tempo). Un dato positivo per dN/dt rappresenta un aumento della disoccupazione, un dato negativo una diminuzione. Il valore è dato dalla pendenza del tracciato verde nel diagramma. A partire dal secondo trimestre del 2008 questo dato risulta positivo: una cattiva notizia, insomma.

Ma il governo propose un'interpretazione più favorevole: ricorrendo alla derivata seconda, d^2N/dt^2, dimostrò che il tasso di crescita della disoccupazione dai primi del 2009 era diminuito. Il valore della derivata seconda corrisponde alla pendenza del tracciato grigio nel diagramma. Secondo quanto proclamato dal governo, questo dimostrava che l'economia era avviata sul cammino della ripresa: una buona notizia, finalmente.

Questo modo di utilizzare il calcolo differenziale è una spada a doppio taglio; tanta sofisticheria in campo statistico presta il fianco alle critiche dell'opposizione politica, che un giorno, se volesse, potrebbe dichiarare che un calo della disoccupazione è una cattiva notizia. Ma oserebbe davvero farlo?

Disoccupazione nel Regno Unito.

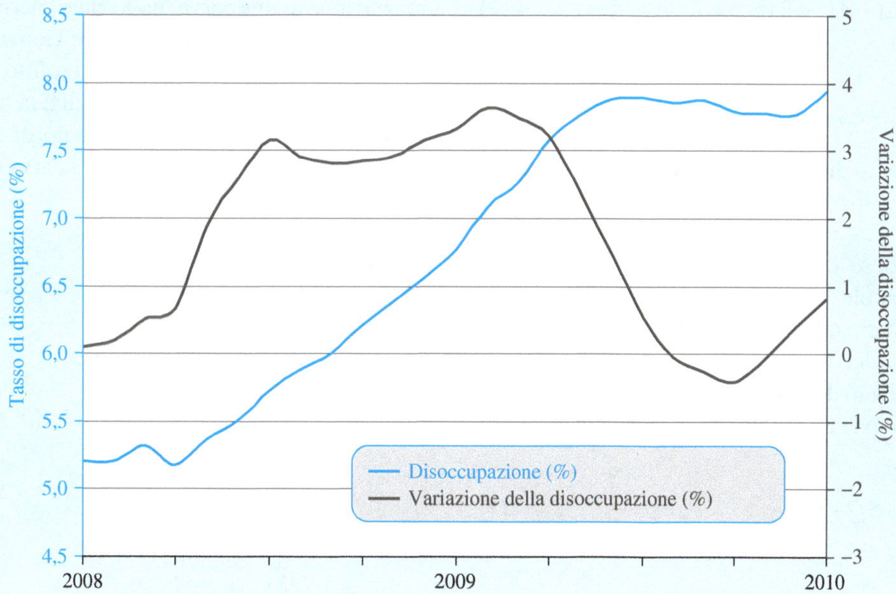

Fonte: dati tratti da *Labour Market Statistics* (National Statistics).

Possiamo utilizzare la tecnica della differenziazione per ottenere un valore marginale da un'equazione totale, ovvero per calcolare la pendenza della curva totale. Supponiamo di avere la seguente equazione:

$$y = 10 + 6x - 4x^2 + 2x^3 \quad \textbf{(2)}$$

L'equazione che si ottiene dalla differenziazione è indicata dalla notazione dy/dx, dove dy indica il tasso di variazione di y associato a un incremento unitario di x (dx).

Le regole per differenziare un'equazione semplice come la (2) sono molto elementari.

1. Il termine costante (10) si cancella. La ragione dovrebbe essere evidente: una costante, per definizione, non provoca una variazione di y all'aumentare di x, e a noi interessa proprio calcolare il tasso di variazione di y.
2. Si cancella la x dal termine in cui la variabile indipendente è elevata a 1 e si lascia semplicemente il parametro associato. Pertanto il termine $6x$ diventa semplicemente 6.
3. Per quanto riguarda i termini elevati al quadrato, al cubo e così via., il termine va moltiplicato per il valore della potenza e quest'ultimo va ridotto di una unità. Per esempio, nel caso del termine $4x^2$, il 4 va moltiplicato per 2 (il valore della potenza) e la potenza va ridotta da 2 a 1 (ma x elevato a 1 è pari semplicemente a x). Quindi, dopo la differenziazione, $4x^2$ diventa $8x$. Nel caso del termine $2x^3$, il 2 va moltiplicato per 3 (il valore della potenza), e la potenza va ridotta da 3 a 2. Quindi, dopo la differenziazione, $2x^3$ diventa $6x^2$.

Applicando queste tre regole all'equazione

$$y = 10 + 6x - 4x^2 + 2x^3 \quad \textbf{(2)}$$

si ottiene:

$$dy/dx = 6 - 8x + 6x^2 \quad \textbf{(3)}$$

Per trovare il tasso di variazione di y rispetto a x per un dato valore di x, basta sostituire tale valore nell'equazione (3).

Per esempio, se $x = 4$, $dy/dx = 6 - (8 \times 4) + (6 \times 16) = 70$. In altre parole, se $x = 4$, y aumenta di 70 per ogni incremento unitario di x.

Ritornando alla funzione di costo data nell'equazione (1), possiamo derivare l'equazione del costo marginale applicando le tre regole sopra enunciate all'equazione

$$CT = 20 + 5Q + Q^2 \quad \textbf{(1)}$$

Otteniamo così:

$$dCT/dQ = 5 + 2Q \quad \textbf{(4)}$$

Quindi, se la produzione è pari a 3, il costo marginale (dCT/dQ) è $5 + (2 \times 3) = 11$, che come abbiamo detto è la pendenza della tangente alla curva nel punto *a*.

Trovare il punto di massimo o di minimo di una curva

Il calcolo differenziale si presta anche a un altro importante utilizzo: l'individuazione del punto di massimo o di minimo di una curva. Questa tecnica ha molte applicazioni di vasta portata. Per esempio, un'impresa potrebbe voler conoscere il punto di minimo della propria curva di costo medio (una curva che mostra come varia il costo per unità di prodotto all'aumentare della produzione); ma è probabile anche che voglia sapere quale è il livello di produzione che le consente di realizzare il massimo profitto. Esaminiamo quest'ultimo caso.

Supponiamo che l'equazione del profitto totale (Π) sia:

$$\Pi = -20 + 12Q - Q^2 \quad \textbf{(5)}$$

Da questa equazione si ottiene il profitto associato a diversi livelli di produzione, come riportato nella Tabella A.11. La Figura A.11 esprime le stesse informazioni in forma grafica.

Si nota immediatamente dal grafico che il profitto è massimizzato in corrispondenza di un livello di produzione pari a 6 unità. Tuttavia, avremmo potuto ottenere questo risultato direttamente dall'equazione del profitto totale, senza bisogno di compilare una tabella o tracciare un grafico. Vediamo come.

Ricordate che l'equazione che si ottiene dalla differenziazione di una curva (nota come "derivata prima") ci dà la pendenza della curva stessa. Come potete vedere dal grafico, nel punto di massimo profitto (la parte superiore della curva) la pendenza è nulla: la tangente è orizzontale. Quindi, per trovare il punto di massimo della curva basta differenziare la relativa curva e porre la derivata prima pari a zero.

Tabella A.11 $\Pi = -20 + 12Q - Q^2$

x	y
0	–20
1	–9
2	0
3	7
4	12
5	15
6	16
7	15
8	12
9	7
10	0

Figura A.11 Una funzione del profitto totale: $\Pi = -20 + 12Q + Q^2$

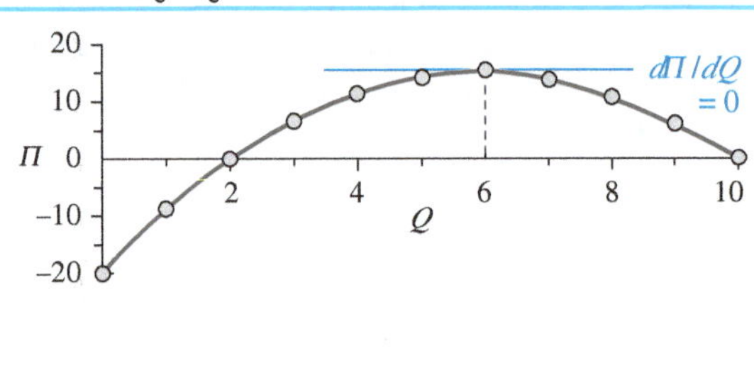

Dato che:

$$\Pi = -20 + 12Q - Q^2 \quad \textbf{(5)}$$

possiamo scrivere:

$$d\Pi/dQ = 12 - 2Q \quad \textbf{(6)}$$

Ponendo l'equazione (6) pari a zero, otteniamo:

$$12 - 2Q = 0$$
$$\therefore \quad 2Q = 12$$
$$\therefore \quad Q = 6$$

Pertanto, i profitti sono massimizzati in corrispondenza di una produzione di 6 unità, il risultato che abbiamo ottenuto dalla tabella e dal grafico.

Il test della derivata seconda

La tecnica che abbiamo appena descritto pone però un problema. Come facciamo a stabilire dall'equazione (6) di aver trovato un *massimo* anziché un *minimo*? La difficoltà nasce dal fatto che la pendenza di una curva è nulla *sia* in un punto di massimo *che* in un punto di minimo.

Per distinguere tra i due casi, occorre effettuare il ***test della derivata seconda***, differenziando l'equazione una seconda volta. In questo modo, si ottiene il tasso di variazione della *pendenza* della curva originaria. Se osservate la Figura A.11, all'aumentare della produzione la tangente passa dall'avere pendenza positiva all'essere orizzontale all'avere pendenza negativa. In altre parole, la pendenza della curva diminuisce progressivamente, cioè il suo tasso di variazione è *negativo*. Pertanto, se differenziamo l'equazione della pendenza (cioè la derivata prima) dovremmo ottenere un valore negativo.

Se differenziamo un'equazione per la seconda volta otteniamo la cosiddetta ***derivata seconda***, che viene indicata dalla notazione d^2y/dx^2.

Se differenziamo l'equazione (6):

$$d\Pi/dQ = 12 - 2Q \quad \textbf{(6)}$$

otteniamo:

$$d^2\Pi/dQ^2 = -2 \quad \textbf{(7)}$$

Notate che le regole per il calcolo della derivata seconda sono le stesse che si applicano per il calcolo della derivata prima. Dato che la derivata seconda in questo caso è negativa, abbiamo dimostrato di aver effettivamente trovato il punto di massimo profitto (in corrispondenza di $Q = 6$) e non il punto di minimo.

Differenziazione parziale

Molte relazioni in economia riguardano più di due variabili. Per esempio, la domanda di un prodotto dipende non solo dal prezzo, ma anche dal reddito, dal prezzo dei beni sostituti e complementari e così via; analogamente, i costi di produzione di un'impresa dipendono non solo dalla quantità prodotta, ma anche dai salari, dai prezzi dei materiali impiegati, dalla produttività di lavoratori e macchinari e così via.

Queste relazioni possono essere espresse in forma funzionale come segue:

$$y = f(x_1, x_2, x_3, \ldots, x_n)$$

dove x_1, x_2 ecc. sono le diverse determinanti di y. Consideriamo un semplice esempio in cui il costo totale di un'impresa (CT) dipende da due variabili: la quantità prodotta (Q) e il salario (W). La funzione di costo totale ha dunque la seguente forma:

$$CT = f(Q, W)$$

Ipotizziamo che la funzione di costo totale di una particolare impresa sia:

$$CT = 20 + 10Q - 4Q^2 + 2Q^3 + 6W \quad \textbf{(8)}$$

Supponiamo di voler sapere come varia il costo totale dell'impresa al variare della quantità prodotta, tenendo il salario costante; in alternativa, potremmo voler sapere come varia il costo totale al variare del salario, tenendo costante la quantità. Per far questo utilizziamo la tecnica della ***differenziazione parziale***, una procedura in tutto e per tutto simile alla differenziazione semplice, applicata però unicamente alla variabile che non viene tenuta costante.

Quindi per trovare il tasso di variazione dei costi rispetto alla quantità nell'equazione (8), differenziamo l'equazione rispetto a Q e ignoriamo il termine W, il quale, essendo tenuto costante, viene trattato proprio

PAROLE CHIAVE

Test della derivata seconda Se la derivata seconda di una funzione è negativa (positiva), il punto corrispondente è un massimo (minimo).

Derivata seconda Tasso di variazione della derivata prima, ottenuto dalla differenziazione di quest'ultima.

Differenziazione parziale Con riferimento alle funzioni contenenti due o più variabili indipendenti, tecnica matematica utilizzata per calcolare il tasso di variazione della variabile dipendente rispetto a una singola variabile indipendente, nell'ipotesi che le altre variabili indipendenti restino costanti.

come la costante (20) nell'equazione (1). Usando le regole della differenziazione, la derivata parziale di *CT* rispetto a *Q* è:

$$\frac{\partial TC}{\partial Q} = 10 - 8Q + 6Q^2 \qquad \textbf{(9)}$$

Anziché il simbolo *d*, utilizzato nella differenziazione semplice, questa volta ricorriamo al simbolo ∂. A parte questo, le regole della differenziazione parziale sono esattamente le stesse di quelle applicate alla differenziazione semplice.

Supponiamo adesso di voler scoprire come variano i costi totali dell'impresa in funzione del salario a parità di produzione. In questo caso calcoliamo la derivata parziale dell'equazione (8) rispetto a *W* e otteniamo:

$$\frac{\partial TC}{\partial W} = 6$$

In altre parole, se il salario aumenta di €1 il costo totale aumenta di €6.

PAROLE CHIAVE

Derivata parziale Derivata di una funzione di due o più variabili indipendenti rispetto a una sola di queste variabili, mantenendo le altre costanti.

L'appendice in pillole

1. I diagrammi in economia possono essere utilizzati come immagini, per illustrare in maniera semplice e immediata i tratti salienti di una relazione economica.
2. Le tabelle, i grafici e i diagrammi sono utilizzati anche per sintetizzare i dati tratti dal mondo reale, siano essi dati di una serie storica e/o dati trasversali.
3. Per ottenere un quadro accurato dai dati economici è importante essere consapevoli dei diversi modi in cui è possibile abusare delle statistiche: per esempio, qualcuno potrebbe fare un uso selettivo dei dati, scegliere gli assi di un grafico in modo da far apparire una tendenza più o meno pronunciata o una curva più o meno ripida, confondere i valori assoluti e relativi, ignorare le questioni di distribuzione, utilizzare valori nominali o reali a secondo del messaggio che intende comunicare oppure selezionare l'orizzonte temporale di riferimento per presentare le statistiche nella luce più favorevole o sfavorevole.
4. Esprimendo i dati di una serie storica in forma di numeri indice è possibile evidenziare chiaramente le tendenze nei dati nonché comparare l'andamento nel tempo di due o più serie storiche (magari misurate originariamente in unità differenti). Per far questo si sceglie un anno base e si pone uguale a 100 il valore dell'indice in quell'anno. La variazione percentuale del valore di una variabile è pari alla variazione percentuale dell'indice (*I*), calcolata utilizzando la seguente formula:

   $$\left(\frac{I_t - I_{t-1}}{I_{t-1}}\right) \times 100$$

   Uno stesso indice può comprendere diversi elementi, a ciascuno dei quali viene attribuito un fattore di ponderazione che rispecchia l'importanza relativa di quell'elemento nell'indice. Tutti i fattori di ponderazione devono assommare a 1.
5. Le relazioni funzionali possono essere espresse in forma di equazione, tabella o grafico. Nell'equazione lineare $y = a + bx$, il termine a dà l'intercetta verticale (il punto in cui la retta interseca l'asse delle ordinate) e il termine b dà la pendenza della retta. Se una funzione contiene un elemento elevato a potenza (per esempio, $y = a + bx + cx^2$), il grafico corrispondente è una curva.

*6 Per calcolare il tasso di variazione di una variabile rispetto all'altra si fa ricorso al calcolo differenziale. Secondo le regole della differenziazione, nel calcolare la derivata prima di un'equazione avente la seguente forma:

$$y = a + bx + cx^2 + dx^3$$

il termine a scompare, il termine bx diventa b, il termine cx^2 diventa $2cx$, il termine dx^3 diventa $3dx^2$ e così via; in altre parole, ogni termine elevato a potenza viene moltiplicato per il valore della potenza, e quest'ultimo viene ridotto di 1.

*7. Per trovare il valore di x in corrispondenza del quale y assume un valore massimo o minimo, occorre differenziare l'equazione corrispondente e porre la derivata prima pari a zero. Per verificare se il valore di x così trovato sia un punto di massimo o di minimo, bisogna calcolare la derivata seconda: se questa è negativa, ponendo la derivata prima pari a zero si trova un punto di massimo; se è positiva, si trova un punto di minimo.

Indice analitico

A

B

C

D

E

F

G

H

I

J

K

L

M

N

O

Q

R

S

T

U

V

W